本报告出版得到

国家重点文物保护专项补助经费

资助

山西考古报告

黄河蒲津渡遗址

（上）

山西省考古研究所　编著

刘永生　主编

科学出版社

北京

内 容 简 介

位于山西省永济县蒲州古城西门外的蒲津渡遗址是黄河古代著名的三大渡口之一。早在战国秦昭襄王时，已在此架设浮桥以通秦、晋。唐代开元盛世改建完成了著名的蒲津渡浮桥。作为桥头形象的铁牛以其精湛的工艺造型、高超的铸造技术、实用的工程价值，历来为世人所瞩目。在国家文物局的重视下，蒲津渡遗址经历了前后两次科学发掘，即 1991 年 3 ~ 6 月，和 1999 年 10 月至 2000 年 4 月进行的发掘工作，清理出黄河蒲津渡渡口遗址从唐代至近代的地层，揭示出堤坝、渡口遗存，清理出四头铁牛、四尊铁人、两座铁山、三个铁墩及七根排列成北斗星状的铁柱等文物。全书分为蒲津渡遗址考古发掘报告、铁质文物研究与保护报告和土建工程报告三部分，全面细致地介绍了黄河蒲津渡遗址的发掘和保护工作。

本书适合考古学、历史学等相关学科的研究者和爱好者参考、阅读。

图书在版编目(CIP) 数据

黄河蒲津渡遗址／山西省考古研究所编著；刘永生主编．—北京：科学出版社，2013.3

（山西考古报告）

ISBN 978-7-03-036765-5

Ⅰ.①黄… Ⅱ.①山…②刘… Ⅲ.①黄河－渡口－文化遗址－研究报告－永济县 Ⅳ.①K878.44

中国版本图书馆 CIP 数据核字（2013）第 035785 号

责任编辑：孙 莉 范雯静／责任校对：郑金红

责任印制：赵德静／封面设计：谭 硕

科学出版社 出版

北京东黄城根北街 16 号

邮政编码：100717

http：//www.sciencep.com

中国科学院印刷厂 印刷

科学出版社发行 各地新华书店经销

*

2013 年 3 月第 一 版 开本：889 × 1194 1/16

2013 年 3 月第一次印刷 印张：38 3/4 插页：46

字数：1 057 000

定价：480.00 元

参与单位

山西省考古研究所
山西省运城市文物局
山西省永济市文物局
中国国家博物馆文物科技保护中心
北京科技大学冶金与材料史研究所
北京科技大学腐蚀与保护工程系

序

《黄河蒲津渡遗址》即将出版了。从蒲津渡遗址的发掘到这本报告的出版，历经足足20年。无论是这本报告的分量，还是经历的年数，都是沉甸甸的。参与蒲津渡考古发掘、资料整理与报告编写，和遗址及其有关文物保护的人员很多，杨富斗和刘永生却是其中的主要人员。富斗早已逝世，能将此事善其始终的则是已达花甲之年的刘永生同志。永生要我为这本报告写个序，我也觉得有话要说，现在我把我要说的话说出来。

一、关于考古报告难见到的内容

这本报告除一般能在考古报告见到的内容外，还有在其他考古报告中难以见到的内容。这些内容是：

（1）铁器的认知与保护报告；

（2）遗址保护工程报告；

（3）蒲津渡遗址保护工程大事记。

《山西永济蒲津渡遗址出土铁器群的材质分析研究》这篇中关于铁器的认知测试，在其他考古报告中也有，但这个《铁器群的材质分析研究》和常见于其他考古报告的铁器材质分析研究的不同之处，就是直接服务于该处铁人、铁牛的保护所需的和所作的材质的认知。总之，《黄河蒲津渡遗址》之所以能够如此大规模地公布有关蒲津渡遗址的保护资料，是因为在做这遗址考古工作之时，就为遗址的保护做了大规模的探索工作，并将这大规模探索工作得到的某些认识付之于实践的结果。这一点非常重要。

保护文物当是考古工作一项很重要的根本追求，但考古发掘既是保护文物，又是破坏文物，如果对不能得到妥善保护的遗存进行了考古发掘，或在考古发掘时遇到需要保护的遗存时不去进行保护，或在未找到妥善的保护方法的情况下一味地发掘下去，这就违背了考古的根本目的，违背了考古工作者应遵循的职业道德，乃至从性质上来说也违背了有关文物保护的法规。蒲津渡遗址发掘过程中，如此重视遗存的保存、保护，并在实践上获得相当好的效果，是值得称道，也应引为借鉴的考古作为。同时，我认为如此规模地公布蒲津渡遗存的保护资料，也实现了两个目的：一是关于遗存的保护措施，虽已得到有关专家的论证，并得到有关部门批准，但仍需扩大人群的知情范围，将其公布出来，以便接受更广大的公众的审查；二是公开地保存这些档案，除公开地累积文物保护的经验外，也能达到使保护措施得到公开的历史检验的效果。这种有关文物保护的公正、公开、高尚的追求，也值得我们考古与文物保护同仁赞扬，并应予以效仿。

二、关于考古发掘和考古报告本体

蒲津渡遗址考古发掘工作，先后由杨富斗和刘永生主持。发掘期间我去过工地两三次，对于考古发掘和遗存保护说过一些仅供参考的意见。这个将要出版的《黄河蒲津渡遗址》的前一稿本，刘永生送给我看过，我提出一些意见，随后他作了再次修改。这一修改的稿子较前一稿本增幅约达22.8%。关于考古发掘和考古报告本体，我要说的话是：

（1）发掘工作是按照田野工作相关法规的规定进行的，质量水平较高，重要的是自上而下找到了唐代、北宋、金元、明代和清代至民国诸时期的道路及与其相关时期的活动面，并以这道路及活动面为纲，大致理清了相关时期的遗迹及其相应的堆积，从而基本上揭示出这渡口始建、复建、使用与废弃的大略过程。

（2）这是对渡口这类遗迹进行的第一次发掘，无前人的经验可作为借鉴，因此，只能在摸索中前进。既然是摸索，发掘过程中注意不到之处和使用技术及方法处理不当从而造成的失误之事，确实是在所难免。但这第一次发掘渡口遗存所积累的经验，则是十分宝贵的。我们应该予以重视。

（3）《黄河蒲津渡遗址》这一考古报告本体的主要内容，包涵了蒲津渡渡口遗址的发掘，蒲州古城的勘探和结语这三部分。就其主要内容——蒲津渡渡口遗址的发掘来看，又主要分为三部分，即第三章、第四至第八章和第十章。第三章地层分析与文化分期，讲的基本上是怎样进行发掘和对发掘所揭示出来的遗存与情况所作出的诸如年代这类主要内容的判断；第四至第八章依年代或层位分别介绍了唐代、北宋、金元、明代和清至民国诸时期的遗迹与遗物；第十章是报告作者提出的对遗存的认识。

这报告应引起我们注意的成功之处是：尽力以文字、绘图和照片的形式，大量地保存了蒲津渡遗址。同时，作者虽对遗存提出了自己的认识，或力求通过对遗存分析提出自己的认识，但对材料的叙述或说明却保持着客观的态度，并在提出认识时，力求坚持务实求真的治学理念。

三、关于文物保护工程

蒲津渡遗存的保护，可以实行的办法，无非是两类六法。所谓两类，即是搬迁与原地两类。

搬迁这类保护可有两法。

其一，是舍弃遗址，将遗址中被视为的重要遗存，如铁人、铁牛等这类珍贵文物，搬迁到博物馆进行保护展示。这不是蒲津渡遗址的保护的办法。

其二，是将遗址实行整体易地搬迁，进行保护展示。这法使蒲津渡遗址脱离了原址、原环境，实质上也是将其作为博物馆的藏品，进行保护与展示，也非遗址保护。

这两法的保护对象，虽有部件与整体之别，但都是博物馆藏品的保护，而非遗址的保护。故对蒲津渡遗址的保护，不应采用这类两法中的任何一法。

原地这类保护，则有四法。

其一，不作考古发掘，让其继续掩埋于地下。

其二，作考古发掘，发掘后将其掩埋于地下。

其三，是考古发掘后，对蒲津渡遗址实行原地、原位、原貌保护与展示。

其四，是原地升高蒲津渡遗址，即当下实行的保护与展示的方案。这个方案将蒲津渡遗址升高了12.2米。

原地原环境是遗址保护应遵循的基本原则。上述四法均符合或基本符合这一原则。蒲津渡的保护应在这四法中选择。具体选择这四法中的哪一法，则需考虑如下三个因素。

其一，是河床的提高。导致蒲津渡兴衰的原因有两个，即使用价值和河床状况。这里无需讨论蒲津渡的兴衰，以及这两个原因和这两个原因处于何等关系中导致蒲津渡兴衰这类问题。我们需在此指出的是：正是河床的提高掩埋了蒲津渡。

其二，泥土、砖、石和铁是构成蒲津渡的材质。铁人、铁牛这类铁质文物是蒲津渡的精华，同时，从抗腐蚀能力来看，泥土无所谓腐蚀问题，铁则弱于砖、石，因此，铁质文物的保护，当是蒲津渡遗址保护的重点。

其三，是展示。展示应当受保护制约。展示只能在文物得到确实保护前提下进行展示，展示有损于文物保护则不能展示。

因为展示处于铁质文物保护这一次要地位，故下面关于蒲津渡遗址保护应采用何法的讨论，当主要考虑河床提高和铁质文物保护这两个因素。

前文所说的四法的前面两法的可能区别，仅是考古发掘后的铁质文物作了保护的处理，但都是让这些铁质文物继续埋于土壤中。置于地面上的铁质文物，导致腐蚀的因素，少于埋在土中的铁质文物，同时，地面上的铁质文物腐蚀的可控性，多于地下的铁质文物。故这两法都不能用于铁质文物的保护。

前文所说的第三法，即原地、原位、原貌保护与展示，当是最理想之法。要实行这法保护蒲津渡遗址及其中的铁质文物，则需将现已提高的河床，先至少要降至北宋时期的水平，然后还要防止这降下的河床再增高的可能性。这工程不仅艰难、复杂、巨大，而且能否作出这样的工程，也成问题。能否不谋求河床降低的情况下，在蒲津渡遗址的外侧建筑围堰以实现蒲津渡遗址的原地、原位、原貌的保护？难，一是筑堰工程巨大、复杂、艰难，耗力、耗物、耗资庞大，能否建成？能否承受这庞大人力、物力和财力？二是即使筑成围堰，不仅解决不了围堰外侧河床继续增高导致淹没围堰的问题，也改变了原来的环境致使景观失衡，还难以降低围堰内侧的地下水位，解决不了铁人、铁牛地下地上接点保护上的难题。所以这原地、原位、原貌保护蒲津渡遗址的设想，只是一个难以实现的美好愿景。

现下实行的将蒲津渡遗址原地整体提高12.2米的方案，除仍存在着河床继续提高及与之相随的地下水位上升的威胁外，还存在着这样一些问题：一是原地提升了的“原地”，并非遗址原在的原地；二是遗址提升后的景观，已非原来的景观。这一方案虽有如此失真，颇不是理想的追求，但是目下可以实现的蒲津渡遗址保护的方案。

我有这样一个梦，待将来有条件之时，再将蒲津渡遗址下落到原地，实现原地、原位、原貌遗址的保护这一美好的理想追求。

四、又想起了杨富斗

我常常想念杨富斗。见了《黄河蒲津渡遗址》考古报告，首先在我脑海中升起的就是杨富斗，且久久不能离去，以致心境失衡。为了平衡这失衡的心境，得将我对杨富斗的一些感念写点出来。这或许有点自私，但我的心情却难以自己。

20世纪的80年代，我才认识杨富斗。我们聊过天，一起吃过饭，但无深交，还没有成为无话不谈的朋友。下面的几点，是他留给我的最深印象。一是感觉他土，不像个知识分子，总觉得他是个刚耕耘大地后回家的农民；二是经他仔细认真耕耘，由他负责管理的侯马工作站，像条理清楚的垄台，上面种植的庄稼，郁郁葱葱，硕果累累，给人丰收在望的感觉；三是他和当时我这类考古工作者不同，除忙着建设考古外，还将他经手发掘的金墓，除将两座迁至侯马考古工作站外，在稷山马村，就地维修保护了六座，并从其他地方迁回两座，在这里搞了个山西宋金墓葬保护中心对外开放。这一举措，从考古研究单位来看，具有首创意义，即使在今天，仍是凤毛麟角。他如此重视文物保护，对于当时将被发掘出的遗址、墓葬及其出土品仅视为学术研究的标本而尚未认为是文物的我来说，虽有较大的触动，却未引起较深的认识。我对文物保护认识的自觉，是1987年到故宫工作之后，甚至是于20世纪90年代才生成的。也就是说，我到这个时候，才有了杨富斗的这类文物保护的认识。

这是20世纪80年代我所感悟的杨富斗。

到了90年代，杨富斗和我成了至交，成了可以交心的朋友。随着我们之间的交往，我对他的认识愈深。

1989年，我被卷入到5月19日和6月3日先后宣布为动乱、暴乱那场春夏之交的政治风波之中，8月3日，有关当局令我停职反省。1989~1990年间，我虽收到一些境内外邀请，但均未得到批准，而不能成行。到停职反省一年之后，我才能被批准离开北京。五年之后，才能出访台湾，出席“中研院”史语所召开的学术会议。1990年8月之后的这一年，我对山西、河北和辽宁作了系列的访问。首站便是山西。我同夫人马淑芹在太原下了火车，来站台迎接我们的是一群年轻的朋友。他们将我们夫妇接到预先安排的宾馆。到了宾馆，我又见到还有一些年轻的朋友在宾馆等候我们。兴奋驱除了疲劳，我和这些年轻朋友挤在房间聊起天来，气氛热烈火爆。通过聊天，我才知道我之被邀请，是杨富斗的谋划，是他的操盘，是杨富斗的邀请。他邀请我的目的，全是让我散心。这次山西之行，产生了对山西的新感觉和对杨富斗的新认识。

以往我对山西的感觉，是山山交错，沟壑纵横，能收进眼帘的视野，能用狭小两字形容。这次所到之处，处处感到人文仗义豪放，温暖宜身，放眼自然，海阔天空，心神舒畅。

我们这一行人，先往北游，通过五台山，到了大同，又从大同折回太原，到了侯马，才见到杨富斗。杨富斗还是那个杨富斗，话语不多，仍是那副刚耕耘大地后回家的模样，不过，我从他的眼光中看到了他深藏于身心的侠骨柔情。这次见面，我没有向他说声“谢谢”。因为，我想到的不是“谢谢”，而是敬意。这敬意我只能埋在心灵深处。

1991年5月11日到12日，国家文物局召开蒲津渡遗址考古发掘与保护现场办公会议，张柏副局长邀请我参加了这次会议。在发掘的遗址上，我见到主持发掘工地的杨富斗。这是我第一次在考古工地会见杨富斗。他衣服上散着斑斑的泥点，脸上铺满了尘埃，通过他对遗址发掘情况的介绍，我认识到他是一位深谙层位学与类型学能自行操刀把握大型、复杂遗址发掘的学者。这样的学者，在中国田野考古学者中并不多见。

1992年4月，杨富斗被任命为山西省考古研究所代理所长。上任之初，他带领所内的领导班子，专程来京到我家里，征求怎样办好山西省考古研究所的意见，我们意气相投，交谈坦诚、直率，我的一些建议，基本上被他接受了。据我了解，他在担任三年零四个月代理所长期间，爱护年轻人，尊重年轻人，认真听取年轻人的意见，用心培养年轻人，为年轻人创造了一个自由思考、坦心交流的学术环境。当时的年轻人，现在都成了在全国亮得出的业务骨干，当和他的这些举措有着至为密切的关系，可以说，他为山西省考古所培育了一大批人才。在他的主持下，于1993年和1994年，先后召开了“山西省考古学会第三届年会”和“丁村文化与晋文化国际学术研讨会”。后一次会议，是山西省考古所的创举，著名的学者云集，于国内和国际均产生重大的良好影响。在他用心安排下，山西省考古研究所将大量人力投入到了以经济建设、文物保护为主的田野考古工作中，积累了大量科学资料。在他大力组织与领导下，短短时间，出版了包括《侯马铸铜遗址》《上马墓地》《晋都新田》《三晋货币》《三晋考古》及《汾河湾——丁村文化与晋文化考古学术研讨会文集》等10部著作。通过这些工作，杨富斗为山西考古研究所迎来了春天，将山西考古学推进到了黄金时代，使山西考古所成了中国考古界的一面旗帜。

1995年8月，杨富斗被免去山西省考古研究所代理所长职务，改任《文物季刊》主编。这一职务是在1999年7月被免去的。他在担任《文物季刊》主编期间，集中精力，狠抓刊物质量，为提高刊物学术水平做了大量工作。在这些工作中，据我所知，一是他注重刊出具有创新论述著作的同时，也注重发表资料性较新、较强的文章；二是他联系了一批知名学者，为刊物撰稿，同时，他也用心发现新秀，将一些冒出火花的年轻考古学者团结在刊物周围，认真为刊物撰写著作。因他措施得当和勤勉工作，较短时间内即打开局面，提高了刊物的学术质量，将《文物季刊》这一一般性刊物办成在全国文物考古界颇具影响的刊物。正当他继续为提高这一刊物的学术水平勤奋地努力工作的时候，有关领导却找他谈话，要撤销这一专业性、学术性较强的《文物季刊》，办为面向大众的《文物世界》。杨富斗认为可另办《文物世界》，但不同意有关领导撤销《文物季刊》的决定，便将这一意见直陈那位领导。在那位领导固执决定的时候，杨富斗作了多方努力，包括找到了我。我除向山西方面有关人士说过话外，还向时任国家文物局局长的张文彬反映了意见。张文彬同意我的意见，去做那位领导的工作。后来张文彬对我做了回复，说那位领导太固执，听不进他的意见。这样，《文物季刊》被撤销了，《文物世界》诞生了，同时，杨富斗在事先不知的情况下，被那位领导免去了主编职务。

新诞生的《文物世界》，送过我两、三期，我认为办得很糟，便给编辑部去了一信，说我不愿意再见到这样的刊物，不要再寄送给我了。从此我同这《文物世界》绝了缘。据说这个刊物现在还在办，但在文物考古界没有什么影响。历史已经证明，杨富斗要将《文物季刊》继续办下去的意见是正确的。真理不一定能战胜谬误，因为这谬误是被权利护着的。

杨富斗被免去主编职务后，我曾劝他要想得开一些，不要和自己过不去，是非让历史去检验，今后你就专心去写金墓报告吧！他说我会处理好的。但杨富斗性格内向，有气憋着，被免去主编一职后的四个月，因从未发现过自己有冠心病，终因冠心病突发而离开了人世。有人说他是被气死的，这说法当有些道理。得知杨富斗逝世的消息后，我首先想到的是，我为什么不像他对我那样，安排一个地方让他去散散心啊！

杨富斗就是这样一位终身为推进考古学、考古及文物保护事业发展的具有侠义心肠的战士。他值得我们怀念，我们还要向他学习。

我常常想念杨富斗，我又一次想起了杨富斗。

看了《黄河蒲津渡遗址》，我有话要说，要说的话就是这个序。

张忠培

成稿于 2011 年 2 月 27 日于小石桥寓所

目　　录

（上）

壹　山西永济黄河蒲津渡遗址考古发掘报告

目 录

（上）

壹 山西永济黄河蒲津渡遗址考古发掘报告

（下）

贰　蒲津渡遗址铁器群近期抢救保护项目研究报告

叁　蒲津渡遗址保护工程竣工报告

插图目录

插 表 目 录

彩版目录

壹　山西永济黄河蒲津渡遗址考古发掘报告

第一章　绪　　言

蒲州故城位于山西省永济市蒲州镇西，扼于黄河岸边，古代处于关中通往东方的三条道路的必经之地，被称为河东、河北陆道西入关中的第一锁钥。由于蒲州特殊的地理位置，历代为兵家必争之地。

河东大地，人杰地灵，人文荟萃，史不绝书。在这里曾经演绎过许多著名的历史篇章，留下了众多的历史文物。史传中华民族的祖先尧舜禹中的舜所都蒲阪，黄河上著名的唐代蒲津浮桥，都位于此。唐代著名诗人柳宗元的诗赋，广为传颂的唐代诗人王之涣的《登鹳雀楼》的诗篇，以及极富影响的爱情故事——戏剧《西厢记》就是在这里产生的。

1988 年，永济县为开发旅游资源，寻找埋藏已久的蒲州城西门外黄河故道下的黄河铁牛，1989 年 8 月挖掘出土 4 尊铁牛、4 尊铁人及铁柱等唐代蒲津桥遗物。面对在地表下 7 米，泡于泥水中的已生锈的铁牛等文物，保护问题引起各级领导的关注。20 世纪 90 年代，在报纸和网上，常可见到"抢救保护黄河铁牛"的呼吁，人民代表更是自铁牛被挖出来后就连年提案，呼吁保护铁牛，在文物保护的众多提案中名列前茅。当事同志至今仍对当年提案的答复记忆犹新。

黄河铁牛挖掘出土后，蒲津渡和蒲州故城遗址再次被重视。国家文物局副局长黄景略到现场视察后指出：应对遗址进行科学考古发掘。1990 年 10 月，由山西省副省长吴达才主持召开的永济铁牛保护现场办公会上出现了两种意见，一种意见是要立即建铁牛公园、铁牛馆；另一种意见是将铁牛挖出运到普救寺保护。山西省文物局局长贾立业和考古部门同志则力陈铁牛和蒲津渡渡口遗址科学发掘的重要性。吴省长听取意见后果断决策：按照文物法规定程序，由文物部门对遗址进行发掘后提出保护意见。

蒲津渡遗址保护工程是在进行科学的考古发掘后提出的一项文物保护工程。

1991 年，经报请国家文物局批准，由时任山西考古研究所侯马工作站站长的杨富斗担任领队，省、地、县联合组成考古发掘队，于同年 3 ~ 6 月进行了第一次考古发掘。蒲津渡遗址位于蒲州古城西门外，自 20 世纪 30 年代之后已完全被覆盖于黄河河滩中。铁牛底板位于海拔 331 米，而现今地表为海拔 336 ~ 337 米，黄河改道向西 3 公里，黄河水平面平常五月份为海拔 334 米。遗址位于富水含沙层下，抽水井不间断排水以控制水位，保证考古发掘工作面可以分清土层。由上自下清理出清代蒲津渡渡口，铁牛的护卫石墙的建筑遗迹，南北方向土铺面大道；明代蒲津渡渡口，码头口，石堤坝，堤坝下柏木桩地基，堤上铁榫卯加固工程遗迹，铁牛周围砖石围护地基，南北方向石块砌成的大路路基。呈现在观众面前的是由石堤拱卫的码头口遗迹、石砌路面和以积石为基础的铁牛、铁人、铁山、铁柱墩围护圈，其后是北斗七星状铁柱（起护卫作用），侧旁有金元遗迹和明正德年碑座遗迹。

蒲津渡遗址自发掘出土后，遗址与铁质文物保护成为大众关注话题，国内外报纸多有报道。遵照专家领导的意见，在相当长一段时间，坚持"原地、原位、原貌"的保护原则制定保护工程方案。但终因在黄河滩施工难度大，不能保证对铁质文物的保护万无一失，且工程造价较高，经费无法落实而搁浅。1993年3月，山西省考古研究所、中国历史博物馆科技部、北京科技大学冶金史研究所、防护与腐蚀工程系联合组成蒲津渡遗址铁器群近期抢救保护方案课题组后，铁质文物的研究与保护方案取得了重要成果。1994年1月30日，江泽民总书记亲临永济视察了蒲津渡遗址博物馆，看了铁牛等文物后赞不绝口，指示：这是国宝，一定要保护好。1996年4月，国务委员李铁映到永济视察蒲津渡遗址博物馆，提出将牛与水隔开的设想。1997年3月10日，国家文物局正式批准了将铁牛原位提升或顶升12.2米，下做隔水层的保护工程方案。同时，要求进一步搞清楚铁牛下部结构和遗址地层情况，为保护提供科学依据。山西省考古所提交了发掘方案和铁质文物保护方案，国家文物局组织专家论证后，同意两方案的实施。

经报请国家文物局批准，由原省考古所副所长刘永生担任领队，1999年10月至2000年4月进行了第二次考古发掘。在第一次基础上再次组织省、地、市（1994年永济撤县设市）联合考古队。本着搞清楚铁牛整体构造和地层情况的工作思路，在第一次发掘的基础上发掘600平方米。

第二次发掘时，因连年天旱，黄河滩水位有所下降，但四周若不抽水，遗址仍然被没于1米深的水中。为保证搞清铁牛下部的结构和地层情况，采用了连幕式排水井点控制水位。挖沉箱控水保证了考古发掘工作的正常进行，清理出铁牛地锚下部结构和铁人下部结构。遗址面中清理出宋代复修蒲津桥的工程遗址层面、路面、渡口遗址。在距地表10米之下发现了唐代地层。发掘证实了唐代铁牛是经过复建，从而坐落在宋代地层之中；揭露了唐代蒲津渡桥头引桥道路、护路工程和不同时期的地层层位。

黄河古渡是交通史上弥足珍贵的实物例证。蒲津渡浮桥是桥梁史上最重要的浮桥例证。我国著名桥梁专家茅以升曾非常关注黄河蒲津渡浮桥，其弟子桥梁专家唐寰澄对蒲津渡的发掘评价很高，对铁牛的出土予以极高赞誉，尤其认为铁牛在桥梁工程中的价值应重新认识评价。牛下斜柱桩的构造和作用是古代桥梁工程的典范。

铁器群的出土和研究在冶金史上有着重要的价值，铁牛的铸造工艺代表了唐代低硅灰口铁铸造水平。低硅灰口铁的发明使用是中国古代冶铁史在技术上的又一飞跃，是17世纪以前居世界领先地位的十大钢铁技术之一。铁牛等大型铸件是珍贵的实例，是数百年工匠长期实践经验的总结。起地锚作用的铁牛，牛后轴及牛下锚桩的斜撑形式都表明了我国低硅灰口铁冶炼铸造技艺运用于工程技术的进步程度，是中华民族的骄傲。

在雕塑铸造和造型艺术上，铁牛等造型既有盛唐时期的雄浑大气，又有雍容富贵之气魄，写实与夸张相结合的现实主义手法造就出唐代铁牛、铁人等形象。

在考古学上，虽说此为唐代遗物，后为宋代移动，但蒲津渡遗址的发掘为唐代以来黄河渡口的变化和黄河的变迁提供了珍贵资料。尤其是唐代地层以上13米全部取土样保存，为研究黄河的环境变化提供了实物，这是前所未有的。渡口的变化、地层的变化为研究黄河蒲津渡的历史演变提供了最宝贵的资料。

“蒲津渡与蒲州故城遗址”于2001年6月25日被国务院公布为第五批全国重点文物保护单位。

遗址保护工程在各级领导的关怀支持下，在设计与施工单位的精心施工下，经过文物和科技工作者的艰苦努力，又历时5年，于2005年初，完成了蒲津渡遗址的保护工程。使铁质文物的保护进入了良性循环的程序，为蒲津渡遗址的出土文物创造了新的保护环境。

第二章　遗址概述

第一节　地理位置与历史沿革

山西永济黄河蒲津渡遗址位于山西省永济市西三十里蒲州镇蒲州古城西门外（图一），东经110°17′10″，北纬34°50′50″。现地表海拔336～337米。

蒲津渡遗址位于黄河中游，是黄河中游古代三大渡口之一，也是古代连接秦晋交通的重要通道之一，在政治、经济、军事诸方面都有着极其重要的战略意义，为历代兵家必争之地。

永济地处黄河中游，宋代以前黄河在这里也曾是岸陡流急，河床稳定。宋代之后河床渐抬高，水流也飘忽不定。俗话说的三十年河东，三十年河西，就发生在这块富饶的土地上。于今这里是黄河的小北干流，河面宽阔，河床不稳定。对于小北干流的治理也曾投入了大量的人力物力。黄河给这块土地带来了希望和辉煌，同时也伴随着艰辛和苦涩。在20世纪60年代初还曾紧贴蒲州古城西城流过的黄河，1966年将古城西北角冲垮，而今已远去城西3公里以外。

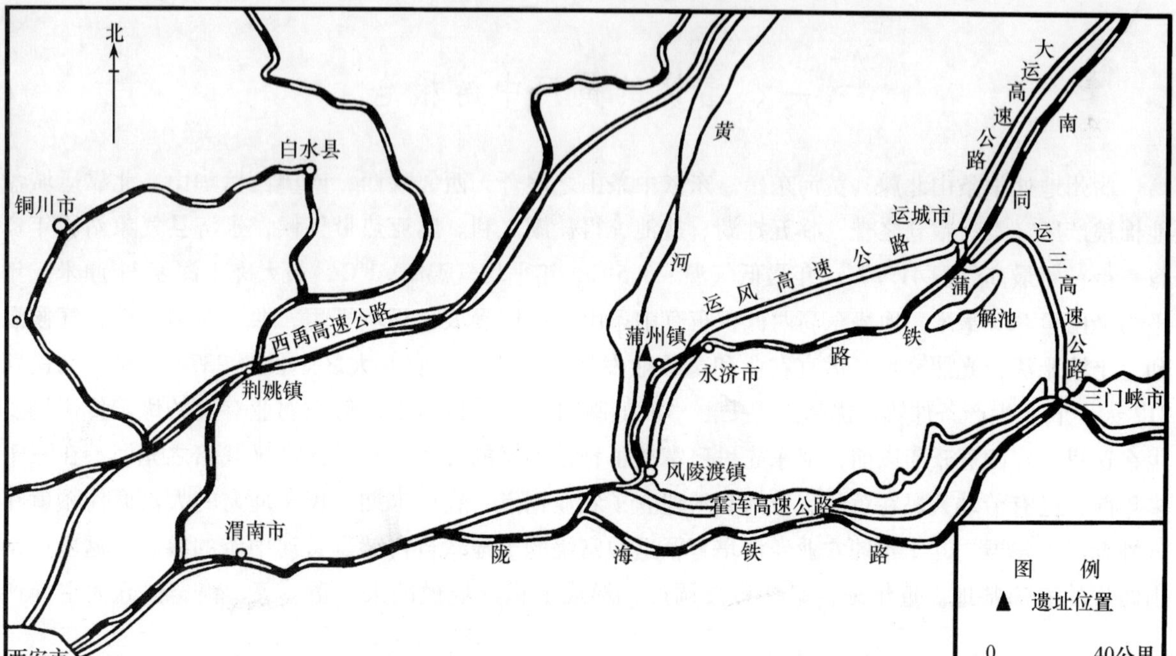

图一　蒲津渡遗址地理位置图

蒲州故城有着深厚的历史文化底蕴，史传舜都蒲坂。蒲坂又名长原、长坂，《元和郡县志》记载，“长原亦名蒲坂，在（河东）县东二里，其原出龙骨”。故址在蒲州老城东南隅。春秋秦晋战于河曲，即其地也。战国为魏蒲邑。“秦始皇东巡见长坂，故加反”，称曰蒲坂。西汉仍称蒲坂县，属河东郡。王莽改名蒲城，东汉改为蒲坂县。山西省博物馆青铜藏品中有东汉“甫反田官”。魏、晋、北魏、北齐、北周均名蒲坂县。晋时先后为秦州治、雍州治。北魏神䴥元年（428 年）为河东郡治。故治在蒲州古城东南二里的外城部位。北周建国第二年（558 年）“于河东置蒲州”。隋开皇十六年（596 年）蒲坂县移治城东，于蒲坂故城置河东县。大业三年（607 年）蒲坂县并入河东县。唐、五代、宋、金、元俱名河东县。唐武德三年（620 年）蒲州来治，后为河中府治。《旧唐书·地理志》记载，河中府，隋河东郡。武德元年（618 年），置蒲州，治桑泉县（故城在今临晋县东北）。二年，置蒲州总管府。三年，移蒲治河东县，依旧置总管府。九年（626 年），又置都督府。其年，罢都督府。开元九年（721 年）正月，置中都，改蒲州为河中府。同年六月，罢中都，依旧为蒲州，又与陕、郑、汴、怀、魏为“六雄”。十二年（724 年），升为“四辅”。天宝元年（742 年），改为河东郡。上元元年（760 年），复为蒲州①（彩版一，1）。宋代为河中府治，金天会六年（1128 年）降河中为蒲州，天德元年（1149 年），复升河中府，元初仍为河中府治。明洪武三年（1370 年），废元河中府，改河东县为蒲州。清雍正六年（1728 年）置永济县，属蒲州府。民国元年裁府留县。

1948 年，永济县解放后，县治移往赵伊镇。1959 年，为保证三门峡水库蓄水，旧城内居民全部移出。1994 年永济县改市。

第二节　自然环境与遗址概况

一、富饶的黄河中游粮仓

蒲州地处中条山北麓，黄河东岸。东依中条山之尾脊，西邻陕西，南望西岳华山，北靠运城盆地棉粮产区，素有粮仓之誉，临五姓湖、盐池，得盐湖之利。属亚热带气候，永济县气象站历年资料查得：年最高气温 41.7℃，年最低气温 -5.5℃，年平均气温 20.1℃，最大冻土深度 31 厘米。年平均降雨量 525 毫米。地势东高西低，东有中条山，山麓漫坡，板块平坦，西有黄河漫滩，气候温和，土壤肥沃，光照充足，适宜农业和畜牧业发展，是传统的农业大区。日照 2374 小时，无霜期 212 天，农业生产条件较为优越。历史上“河滨制陶”、“舜耕历山”等与农业有关的优美传说均发生在这里。在四五千年以前，河东先民已掌握了种植高粱的技术，开中国高粱栽培之先河。在三千多年前，已有劳动人民在黄河、汾河谷地建立了农业据点。春秋末期，善于理财的大富商倚顿就在五姓湖经营发展。几千年的农业经济培育了这块富饶的土地，自古就是黄河中游的粮仓。这里也是山西省的麦棉基地。近年来，坚持科技调产，形成了粗具规模的果、畜、菜、粮、棉五大主导产

① （唐）杜佑《通典》卷一百七十九，州郡九，河东郡，蒲州。唐初为蒲州，开元九年五月置中都改为河中府，寻罢仍旧。或为蒲州，或为河东郡。领县八。河东，汉蒲坂县。春秋秦晋战于河曲，即其地也，有蒲津关，后魏大统四年造浮桥，九年筑城为防。大唐开元十二年，河两岸开东西门，各造铁牛四，铁人四。其牛下并铁柱连腹，入地丈余，并前后铁柱十六。

业，粮经比例由过去的8∶2调整为5∶5。成为全国优质果品基地和芦笋基地之一①。

自古以来，蒲州为山陕豫交通要道之重要城镇，为中原与关中运送重要战略经济物资盐铁的通道。20世纪50年代，黄河上风陵渡大桥的修通，逐渐改变了这里的经济结构。铁路横贯永济东西，到蒲州折向南去。公路纵横交叉，交通便利。

蒲津渡遗址位于旧蒲州城西100~200米处（图二），地处河滩地，距现黄河堤岸约3000米。

勘察资料可以看出，从唐代至今的1200多年中，共沉积20米左右。现遗址滩地地面标高336.5米左右。黄河在此处年平均含沙量为32千克/米，汛期含沙量高达49千克/米。距近60年资料，黄河在此处平均每年淤高0.01~0.015米，现防洪堤顶约337.9米，防洪标准达二十年一遇标准②。

另据山西省三门峡库区管理局介绍，今后黄河滩地进行淤灌开发，逐年淤高，远期滩面淤高预计为338米。

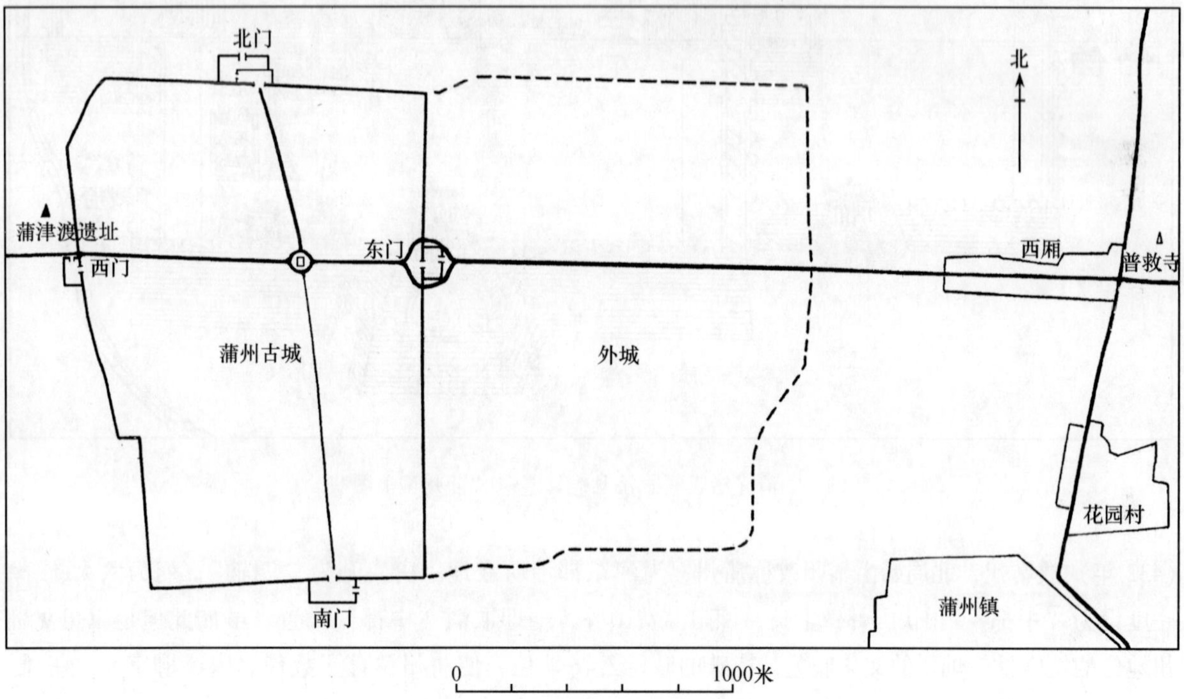

图二 蒲津渡遗址与蒲州古城、蒲州镇相对位置图

二、黄河的古城、古渡、古桥

1. 蒲州古城

蒲州故治在今永济县驻地（赵伊镇）西北二十八里蒲州老城（图三）。蒲坂始于汉，北魏延和元年

① 永济县志编纂委员会：《永济县志》，山西人民出版社，1991年。

② 水利部山西省水利水电勘测设计研究院：《山西省蒲津渡口遗址保护工程地质勘察报告》，1992年。

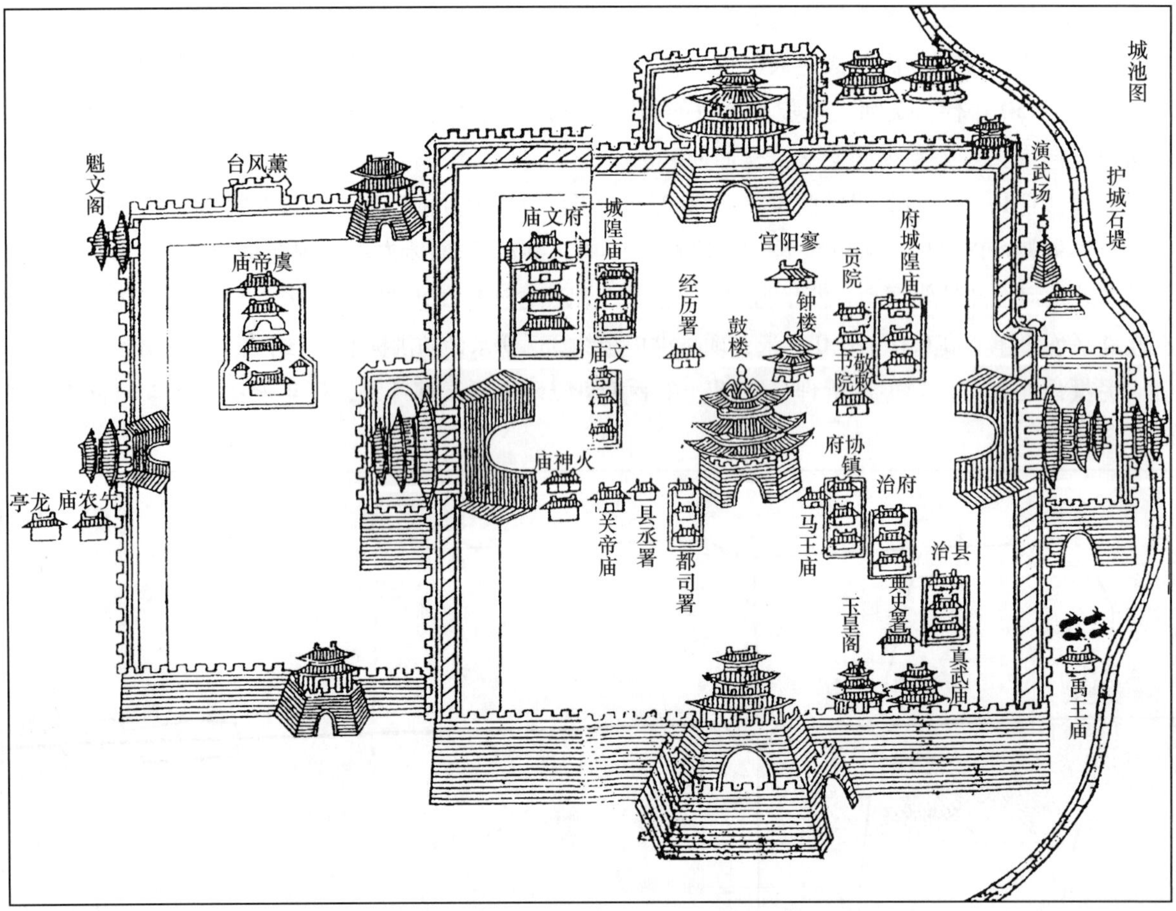

图三　清光绪版《永济县志》卷一“蒲州城池图”

(432年）改秦州，北周始由秦州改称蒲州，为河东郡治所在地。唐代升为“四辅”，列为六大雄镇，一度设为“中都”，很快因韩覃上疏，谏阻滥费国弊，随即取消“中都”设置。虽如此但足以可见蒲州地位的特殊性。灿烂的文化底蕴，特殊的政治经济地位，使蒲州孕育了数代名家，柳宗元、王维、司空图、卢伦等声名远播。蒲州在唐代文化的传承序列里多有记载，但唐代的古城遗迹却所存无几。

金代之前古城东西长3公里，南北长2公里。城中鼓楼居东西城门轴线中稍偏西。东门仍存遗迹，东北、东南城角仍较完整地保存于地面之上，城墙遗迹仍存，清晰可辨。在外城东南角夯土中多夹杂有唐代早期瓷片。金代末年古城东部放弃后收缩至现存城的形式。金建城八里三百四十九步。元代末年进行了修葺。明洪武四年裹砖，高三丈八尺，堞高七尺。嘉靖三十四年，地震城遭破坏。康熙元年，城又缩小成为如今看到的，城周六里十五步。

明代的蒲州一度英才荟萃，明代中晚期朝中张四维、韩旷两位首辅，杨博、王崇古两位尚书均出自蒲州。明正德十六年《石津记》记载，自成化来仅逾三纪，已六兴工矣，多次对于日渐侵蚀的河岸进行维修加固。对西城外铁牛等进行了保护。明王崇古《重修黄河石堤记》记载，唐开元中，东西修石岸。铸铁牛，系铁缆，维浮桥。历代河患频仍，河西石岸、铁牛俱崩没。大庆关基地，洗剥殆尽。东岸势迫蒲城仅数丈（图四）。

图四 乾隆十九年版《蒲州府志》卷一“铁牛图”

明代河患频仍，万历年间修堤筑坝。“通计新堤自北沮南，长一千三百一十九丈。堤高出河上数尺，屹如重城。始万历庚辰，历四载至癸未（1583 年）乃竣。王尚书崇古为碑记功。自堤成之后，河亦西稍远，无冲齿催剥之患。计万历癸未（1583 年）至今乾隆甲戌（1754 年），百七十年，河壖久淤为陆，而堤岸巍独存，其砧砥骈巩处尚如故。”①

清代，黄河河道侧移，西墙已直接受到黄河的冲刷，城西北角已经坍塌，城中多次被黄河侵蚀。1940 年前后，城西部已化为一片野草茫茫的沼泽，只有东门附近和东关还有一部分住户，但也没有像样的人家，人口两三千人②。20 世纪 60 年代后对城西北角进行加固，城外又修建防洪堤。1991 年发掘时西城为一片水泽。90 年代后期，黄河水量减少，西移，水位下降。古城内的水塘全部干涸。少数养鱼池，也只有靠深水泵抽水维持。古城鼓楼周边仅存几个农场、造纸厂等少数单位。近几年，黄河滩地种植了芦笋，城里又建起芦笋加工厂，冷清的古城又增添了生气。

现存四周城墙基本完整，东西长 1.5 公里，南北长约 2 公里，四门及瓮城均存在。现存城墙高 2 ~ 4 米，外城墙处多有淤土堆埋。北城门额现存有明代洪武六年匾额。

普救寺距铁牛 4 公里。东门至鼓楼台 0.5 公里；至西门 1.5 公里。西门至废弃的东城门遗址 3 公里。

---

① 《蒲州府志·山川》（乾隆版）。

② 〔日〕水野清一、日比野丈夫著，孙安邦等译：《山西古迹志》，山西古籍出版社，1993 年。

2. 蒲津渡

津，水渡也（《说文》）。蒲津渡是一处历史悠久的大渡口。在唐代张说所写的《蒲津桥赞》中记载：河桥有三，蒲津为其一。黄河中游有著名的三大渡口：蒲津、孟津、茅津。历史上都曾演绎过壮丽的史诗。蒲津由于位于蒲阪，《续通典》记载，自河东而言，亦曰蒲阪津（简称蒲津）。自关中而言，亦曰夏阳津。孟津又称盟津，由于近河阳城，又称河阳津。茅津所在的平陆县，春秋为大阳邑，汉属大阳县，又称大阳津。这三大渡口曾分别建起过三座著名的浮桥。

在战国时期，秦昭襄王向东扩张，曾两次在蒲津建浮桥。《春秋后传》记载，秦昭襄王二十年（前287年）"秦始作浮桥于河"。《史记·秦本纪》：秦昭襄王五十年（前257年）"初作浮桥"。《史记正义》云："在同州东渡河，即蒲津桥也。"

蒲津常是重要的战略渡河地点。历代多有在蒲津渡河架设舟桥的记载：楚汉相争，韩信曾在夏阳津导演了用木罂缶渡河的故事。三国时期，曹操西征马超、韩遂，夜渡蒲津。从此蒲坂津即称蒲津。东魏高欢于大统二年率大军从蒲津建浮桥渡河，进攻西魏。之后，西魏宇文泰和隋文帝都在蒲津渡建浮桥。唐宋自不必多言。金末蒲津桥毁于战火，明初大将徐达在蒲津再建浮桥。

同时，蒲津也是一条重要的经济命脉，河东的盐、山西的铁都要通过这条道路运到关中。《隋书·食货志》中记载："户口岁增，诸州调物，每岁河南自潼关，河北自蒲坂，达于京师，相属于路，昼夜不绝者数月。"

3. 蒲津关

后魏大统四年造浮桥，九年筑城为防。

北周始建关。北周韦瑱"镇蒲津关，带中潬城主"。唐后通称蒲津关。《元和郡县志》云，蒲津关在河东县西四里。蒲津关在唐代被立为六座上关之一，地位等同于潼关。按照考古调查，唐时河东县治应在如今蒲州古城的东南部位。蒲津关自然就在蒲州古城城西的部位。

宋代大中祥符四年（1011年），宋真宗到汾阴祭后土时改称大庆关。至1934年黄河大水，冲毁大庆关①。

蒲津渡遗址是至今发掘的黄河上最大的古渡口。1990年10月，山西省人民政府决定由山西省文物部门组织进行工作。1991年，由山西省考古所报经国家文物局批准，组成由地市参加的联合考古队，对遗址进行了考古发掘（彩版一，2；彩版二，1）。发掘面积约2000平方米，分前后两次进行，下探深度约13米。从近代一直到唐代可分出地层十六个，最吸引人的是发掘出唐代蒲津桥遗物铁牛地锚、铁人，明代石堤坝和有卵石铺面的渡口遗迹。

4. 蒲津桥

蒲津桥为浮桥。浮桥的结构形式有两种：①传统的形式，是在船或浮箱上架梁，再铺桥面。②舟梁合一的形式，或船只首尾相连，成纵列式，将舟体紧密排列成带式。为保持浮桥轴线位置不

① 李春荣：《山西黄河今古》，山西省地方志编委办公室，1987年。

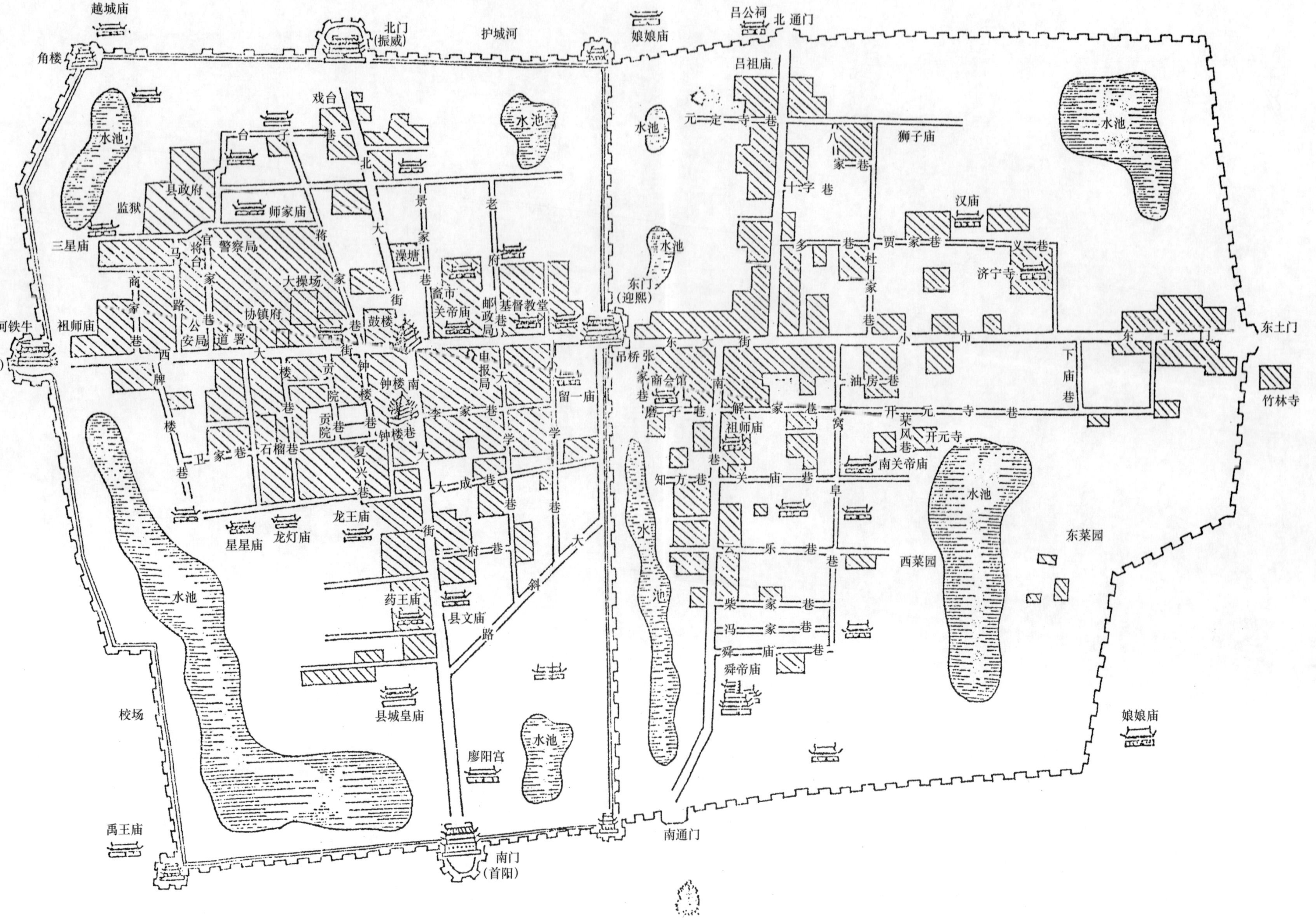

图五　民国十年蒲州古城（永济县城）

致偏移，在上、下游需设缆索锚碇。为与两岸接通，在两岸需设置边渡梁或跳板。为适应水位涨落，两岸还应设置升降码头或升降栈桥。蒲津桥属于第一种，并且是曲浮桥。

从史料中可以看到，蒲津浮桥自北魏大统四年（538 年）开始已成建制，九年（543 年）设城防守卫。只是规模形制逊于开元浮桥。"横亘百丈，连舰千艘。"用竹索联结，只是竹索易毁，每年春汛初冬季节绠断航破，影响交通。

茅以升先生主编的《中国古桥技术史》认为，蒲津浮桥在唐开元九年时已建成为永久性浮桥。在岸上铸有铁牛为地锚，用竹苇为缆以系舟船，但是地锚力弱，不耐洪水冲击，建成三年后又进行重建。

首先，以沉重的铁牛、铁人、铁山埋在两岸，供系缆之用，大幅度增加了地锚的力度。其次，以环状铁索将做浮体的舟船连在一起，主缆两端固定在地锚上；不仅以抗拉性强、经久耐用的铁索取代了容易损坏的竹缆，而且，因铁索的重量使浮体不易漂移，增加了桥面的稳定性；同时又提升了对抗水流的能力。此外，还针对河中淤积，予以疏通，并加大浮体船间的距离，一则减少所需船只的数量，再者可以让冬春时节凌汛期的浮水顺利通过，减低淌凌对浮桥的威胁。

《新唐书·地理志》中记载，大唐开元十二年，河两岸开东西门各造铁牛四，其牛下并铁柱连腹入地丈余，并前后铁柱十六。

《资治通鉴》记载，唐玄宗开元九年（721 年），丙辰（正月）改蒲州为河中府，置中都官僚，一准京兆、河南。六月，乙卯，罢中都，复为蒲州。……十二月，新作蒲津桥，熔铁为牛以系絙（絙：大索，粗绳索）时铸八牛，牛下有山，皆铁也，夹岸以维浮梁。蒲津东岸即河东县，西岸即河西县①。

《唐会要》桥梁目记载，"开元九年十二月九日，增修蒲津桥，絙以竹苇，引以铁牛。命兵部尚书张说刻石为颂。"

浮桥改建成后，张说有《蒲津桥赞》，历代文人雅士多有赞颂。"于是大匠蒇事，百工献艺，赋晋国之一鼓，法周官之六齐，飞廉扇炭，祝融理炉，是炼是烹，亦错亦锻，结而为连锁，镕而为伏牛。偶立于两岸，襟束于中潬。锁以持航，牛以系缆，亦将厌水物，垫浮梁，又疏其舟间，画其鹢首，必使奔澌不突，积凌不溢。新法既成，永代作则。"但关于蒲津桥的桥长、桥宽、具体科学做法却都让人不得要领。

一百多年后，日本平安时代著名的入唐八家之一，清益僧圆仁（794～864 年，日本下野国都贺郡人）于838年与其弟子一行四人，跟随第十八次遣唐使节藤原常嗣入唐。他归国后所著《入唐求法巡礼行记》卷三记载，唐文宗开成五年（840 年）八月十三日，"到河中节度府，……侧有蒲津关，到关得勘入，便渡黄河，浮船造桥，阔二百步许。黄河两流造桥两处，南流不远两派合。却过七重门，向西行五里，到河西入八柱寺宿"。圆仁过蒲津桥时的二百步许，估计它的长度约为一千尺，300 多米。这是最接近真实的记录。

关于蒲津桥，《元和郡县志》记载，蒲津关今造舟为梁，其制甚盛，每岁征竹索价，谓之桥脚钱，数至二万。由于定期修理，故能持续好几百年之久，为跨越黄河三大浮桥中年代最久远且最有

① 司马光：《资治通鉴》卷二百一十二，唐纪二十八，玄宗开元九年。

名的一座。其他两座，《唐六典》中曾一一列举，分别是公元 637 年丘行恭所建之大阳桥，地点在陕州；西晋武帝泰始十年（274 年）杜预在今河南孟津附近的黄河架设河阳浮桥，曾持续使用达 800 多年。唐代徐坚所著之《初学记》类书提及蒲津桥，于公元 721 年大加修理。公元 724 年用生铁铸成牛形的铁锚以固定浮桥之缆索。北宋僧人怀丙于公元 1065 年用巧妙的方法寻回这些被猛烈洪水冲走的铁锚。李约瑟著《中国之科学与文明》（第十册）第 309 页记载：从第八世纪起我们也知道关于保养这些重要桥梁的很多资料，尤可注意的是唐朝政府河工部于公元 737 年颁布的许多诏令原稿的断简残篇，在这里我们知道那些守桥吏、水手和竹木匠永守此职，并免除兵役和其他徭役，在大水时活动于防卫危险的浮木之冲击，并注意于结冰时解除所有环结。替换之平底船（浮桥脚船）在专用之造船厂制造，并须有全桥之半数供应备用，对于必须之竹缆的制造，储存和定期试验都有规定。

如在所有的其他文明国家一样，浮桥常在军事行动中列为要图，因为它们非常容易搭造，也非常容易拆除。

蒲津浮桥自唐开元九年（721 年）改建，到金元光元年（1222 年）毁于战火，历 500 年辉煌。从帝王到文人墨客多有赞誉。到明洪武二年（1369 年）正月，因军事需要，明朝大将徐达又在蒲津搭建起浮桥。到明正德十四年时，史鲁《石津记》中记载，唐玄宗铸铁牛为浮桥，功绩浩大，若兹而荒林土坡，断岸曲磴，无异无人境①。可以看出到此时已不再辉煌的桥头的颓废情景。但在明代，河患频仍，修筑堤坝时特意向外突出，将残存的桥头铁牛等遗迹裹于堤坝内，修筑的护卫石坝与蒲州古城相映成为“重城”。

清代蒲州知府周景柱在《开元铁牛铭》记载，蒲西郭外黄河之岸侧，有铁牛四。自唐开元中所铸凡八。其四在秦之朝邑，东西分向，用以为河桥。及金元世，桥废渡绝，而牛之存者如故，阅千年有余岁矣②。发思古之悠情，是对文物的感叹。清代加强了对文物的保护，修筑了保护铁牛遗迹的青砖护卫墙。

在民国十年（1921 年）的蒲州古城（永济县城）图中西门外标明有镇河铁牛（图五）。

蒲津桥遗物是迄今已发现的最大一组唐代铁器群。黄河沿岸多有铁牛用做镇河神物。由于在中华文化中有阴阳五行之说。土为坤，牛为坤，土克水，水来土屯，以牛来镇水。另一种解释，是用牛型以纪念治水工程中尽心竭力、忠于职守、默默奉献、鞠躬尽瘁的“孺子牛”。

蒲津桥东岸桥梁工程浮桥地锚的重要遗物为唐开元铁牛四尊、铁人四个、铁山两座、铁墩四座、七星状铁柱一组。出土时这些铁器锈蚀斑驳，面目全非（彩版二，2）。

铁牛每尊 45 ~ 75 吨各不相同。牛体大硕壮，形象生动，牛呈用力后蹲状。长约 300 厘米，宽约 110 厘米，高约 150 厘米。每牛的后酋部位有一横轴，长 220 厘米，轴头有不同纹饰（彩版三，1）。

如清代蒲州知府周景柱所形容，“观其矫角、昂首、体蹲而力屃，足以任重，足以励猛，坚足以地觗，强足以距。其目似怒，其耳如聆，其处有度，其伏甚固。”牛形状体格较高大，骨骼粗壮，

① 《永济县志》（光绪版）卷十九。（明）史鲁：《石津记》，遗址出土该文碑铭。

② 《蒲州府志》（乾隆版）卷二十一，清朝蒲州知府周景柱《开元铁牛铭》。

肌肉丰满，体质强健。头部方正。肩部宽厚，中部宽深，肋长而开张。背腰平直宽长，长短适中，结合良好。背腰平直，荐尾略高，尾甩在牛背。四肢端正，粗壮结实，两前肢相距较宽，蹄大坚实。头较大，颈短粗，垂皮发达，鬐甲高而宽；牛角基粗壮形似犀牛角。

牛下各有六根斜柱，形成完整的铁牛地锚锚柱（彩版三，2）。

每尊牛外侧各有牧牛铁人一尊。每尊高约190厘米，重约3吨（彩版四，1、2）。形象各异，雕塑采用了现实主义的手法，生动地表现了各个人物的不同特征。“或作先牵，或作回叱。其面目意色，各宛然肖发。”

另有两座铁山、四个铁柱墩，排列成北斗七星状的铁柱七根。铁柱五根单立，两根横连。斗口朝西，斗柄指北。铁器群总重约300余吨。

第三章　地层分析和文化分期

第一节　1991 年 3 ~ 6 月第一次考古发掘

一、遗址分区和布方

（一）第一次发掘地点、面积及时间安排

第一次考古发掘经国家文物局批准，由山西省考古研究所研究员杨富斗担任领队，组成省、地、市联合考古队，自 1991 年 3 月至 6 月完成发掘。发掘清理面积 2000 平方米，出土了铁牛四尊，铁人四尊，铁山两座，铁柱墩三个，北斗七星状铁柱一组，以及明、清两代渡口遗址，码头遗址，明代堤坝等。

地点——蒲津渡遗址位于蒲州故城西门外向北 110 余米，距西城墙外 50 余米。其西面距黄河堤岸约 3 公里。现地表即遗址的覆盖地层为现代黄河的冲积河漫滩，为 19 世纪 50 年代后期因三门峡蓄水而淤积的灰黄色粉、细砂，今已开发有三十万亩滩涂地。该遗址中见到的重要遗物“铁牛”的底板高程为 329. 8 米，已埋于现地表层下 6. 4 米深（现地表的黄海高程为 336. 2 米）。遗址坐落在埋藏阶地的轻亚黏土之上，其西 15 米远即为河床区的强补给含水层。虽然地下水位随季节而变化，但一般仍在 335. 5 米左右，远远高于遗址之上。

面积——该遗址为唐代黄河蒲津渡桥渡口，范围很大，曾设想分作三期来发掘：即第一期发掘以“铁牛”为中心一部分，意图于弄清桥头堡的构造，该浮桥的结构等外部形态与布局。第二期则由遗址的南侧向蒲州故城西门处扩方一段，试图探索蒲津桥渡口的军事、经济设施及上桥的引路等。第三期则向遗址的北侧扩方，找到县志中记载的大禹庙，向东扩方至蒲州故城的西墙，揭示出渡口与庙、城的关系，以期较为全面地搞清渡口及使用的全貌。

本次发掘以第一期的设想为重点，发掘面积以“铁牛”为中心，包括东部的“七星铁柱”及护河石坝以西的河床部位（因县文物部门反映，物探表明在坝西外侧的北面有较“铁牛”更强的金属磁场反应）。现地表的动土面积为东西向 45 米，南北 60 米，共计 2700 平方米。因向下取土至遗址地面需要 6 米的深度，四周要留下不至塌方的斜坡壁，另需在南北两端留下机械推土的通道，实际留下发掘面积为 1750 平方米（东西向 35 米，南北向 50 米）。

时间——上级领导曾要求，俟过年后的旧历正月十五，即进入工地开始工作，以抓紧在春夏之际的“枯水期”内完成任务。我们也曾设想，发掘时间取决于发掘的进度和保证遗址考古的质量方面，而这一切又都取决于是否能较好地解决水渗沙动的问题。预想以石坝为界，将石坝西外侧的河床先挖下去一段，以便能控净石坝东内的遗址中的渗水，在其后的安排中使现场能逐层下切。力争4月底完成大面积的揭露，5月上旬从事重点遗迹的解剖工作，5月下旬侧重测绘和取证资料。争取在当地麦收（6月1日）前结束工作。实际发掘中，因遗址情况复杂和遗址周围排水、遗址内排渗的客观原因，时间要求未能如愿。但仍在规定时间内发掘至与“铁牛”底板同一高度的文化地层，后期工作较为紧张（具体发掘进度见后述）。

首先根据勘查了解的场地周围情况，安排为降低地下水位的井点，又检查上一次发掘时保留下来的渗水井和水泵、电源线路等，着手增加井点的挖掘，相应的配套设施，重新安装原有的五眼抽水井（其中两眼井还又先后掏淤3米左右）。因现地表是滩地，原先做的水渠排泄常因淤积，防渗和维护不易，遂决定将坝西外侧的三眼井的场地南北两端新增井分别组合，做砖砌灰浆的蓄水池用以集中抽水。又铺设大口径的瓷瓦管道两条，分别从石坝西的西北角和西南角两处向东面的蒲州故城西墙缺口连接，将抽取的水泄入故城内侧的大鱼塘里。尽管鱼塘水面也高于遗址地面，但明代的砖砌城墙形成一道相对牢靠的隔水墙，极大地解决了排水又蓄水的问题。更换电线杆三根，重设电缆线，安置住宿，伙房等后勤事务（发掘队于3月12日进驻距工地东面约二华里的县农牧场）。

（二）分区与布方

蒲津渡遗址的地层水文情况如前所述，在本次发掘开工前的情况是：场地的平面呈不规则的三角形，南北向30余米，东西向30余米，基本上将“铁牛”及坝西外侧部分包括在内，七星铁柱在东部边缘。场地取土后因停工一年多时间的水流砂淤和坝西外侧北端的一号排水井积水淤沙，使得场地剖面状如锅底，最深处在“铁牛”的位置。当时的情况是全部被水淹没，水平面在现地表以下约2米处；抽排场地明水后，暴露出“铁牛”的脊背，其腹以下全在淤沙内，至现地表深度在5米左右。

1. 扩方抽水

本次发掘的主要困难在于地下水位发掘的遗址面，被粉、细砂的淤积河滩所覆盖。首先必须使地下水位在发掘的这一局部场地内有效下降并得以控制，才进而谈得上解决因渗水流动而砂动淤积的问题。这一点上，县文物部门在上一次挖掘（1989年8月）的过程中，积累了针对性较强的宝贵经验。我们曾设想，为着闭水阻砂而用化纤编织袋，就地装砂垒砌发掘的场地四壁（还曾设想用钢板连接以为封闭，因核算后觉得代价高昂而放弃）。又经群策群力，充分讨论，我们最终决定采取扩大场地的动土取土范围，使场地四壁形成斜坡下切，但保证所需的发掘遗址面积，因而使工地呈开口大、底子小的斗状场地。借鉴上一次挖掘的经验，重新配备石坝西在现代河床的三眼排水井（其深度均在20米以下，超过发掘的遗址深度；其水供得上连续不断的抽排）。又将石坝东，遗址东侧的四、五号井重淘装配使用，还决定在遗址场地的南北两侧增打排水井（后在南侧打井三眼，北侧打井一眼）。总之，关于控制地下水位的问题，我们围绕遗址四周不断的排渗，侧重加强对石坝西外侧的强补给水层的不间断的抽排。这样做的代价是多取土方，因增设井点水泵而相应增加发掘经费，但是有效地控制了地下水在遗址这一局部的水位，避免了在淤沙中不能发掘的困境。即：扩方抽水是我们在发掘中一直坚持始终并证明行之有效的方法，它使得这一特殊情况下仍能正常发掘，相较之下其成本较工程部门对于此问题的解决要低得多。

2. 扩方清淤

工作有时是相互穿插进行的，并不能截然分开。在先期准备大致就绪、可以抽水时，转入设想中的扩大取土面积，并随即清除上一次挖掘后重新淤回遗址场地内的泥沙的阶段。原挖掘约1000平方米的面积被扩大至2700余平方米的动土范围，即在石坝西面基本维持原场地边缘；取掉淤积，约在坝西10米以远。控制住地下水后用推土机将遗址上部5米左右的现代淤沙推往四周外围，清出以铁牛、七星柱为中心的周边50米×80米的场地范围。在东部四号井以东5米处开始向西斜坡下切取土，在七星铁柱以东10米以远，约在石坝以东35米以远。共东西相距45米。南北两侧尽场地可能扩大动土范围在60米之远（场地北侧有上一次挖掘时所盖的四间工房，南侧有新打的井点和疏水管）。为配合取土工作将石碑拉到遗址场地以外，另行保存。扩方下切至4米深以后，先在石坝西向下取土，后又在遗址范围内将淤积的泥沙清除外运（基本取土使用了推土机械）。

3. 布方发掘

清淤取土至地表下5米余处时，即确认已到现代河床堆积的黑青色淤积层后，停止使用推土机械。为了能够借用省水利勘察设计院测绘的准确平面图，借用坐标的科学性，我们以“四号井”点为端布方：东西30米，南北50米，编号从南往北、从西向东排列。我们在遗址范围内布置10米×10米的探方五排（南北向），每排三个探方（东西向），分布15个探方（图六）。利用罗盘反复校正后确定一条东西向的直线（后成为T401～T403的北壁边线）为纵向基线，向西相距5米后分段，20米的西端处为基点；又测出南北向的直线［此线在石坝（东）内，“铁牛”头首处］作为横向基线。东以七星柱最东边5米，西至明代石坝以西10米为界；南以南边一组铁牛以南10米，北至七星柱最北边之北5米为界。使其成为南北向五排探方的每第二个探方的西壁边线。依基线布方，使得T101、T201、T301、T401、T501的探方东部包括进来全部的石堤坝。使得T102、T202、T302、T402、T502沿石坝（东）内侧包含了以“铁牛”为中心的主要遗物、遗迹。使得T103、T203、T303、T403、T503包括了已暴露在地面上的“七星铁柱”及其南北两侧。每排探方由具有多年工作经验的技工负责。预留各探方的西、北壁各一米宽的隔梁，然后用人工进行逐层清理。清除现代河床淤沙，砖瓦堆积后即出土了本遗址的第一个文化地层（详情后述）。

本次发掘的参加人员，均被严格要求按照正规的田野考古操作规程来进行。在控制水位，扩方取淤完成后，在遗址范围内布置10米×10米的探方（图六），分别安排从事田野考古多年的技术工人领方负责，并配有五、六名民工服从其调遣。工地发掘期间，强调人工逐层清理出土，注意探方内遗址的平、剖面结合印证，弄清楚相互的叠压打破关系后，先做较晚期的地层或冲积坑。要求随时注意其土质土色的变化，找出相应人为遗迹和活动地面，清理中不得漏掉任何微小的遗物，发掘中保留各探方之间的“隔梁”便于出土，便于相邻探方间在剖面的互证，最后统一测绘后再打掉。提倡各探方间的相互征询，共同认识。当探方内个别的遗迹界限在平面上反映不清楚时，允许做几十厘米范围的小探沟去查明叠压或打破的关系。要求随时记录探方内的各种遗迹、遗物现象和坐标，随时填单收集出土的较小物件。

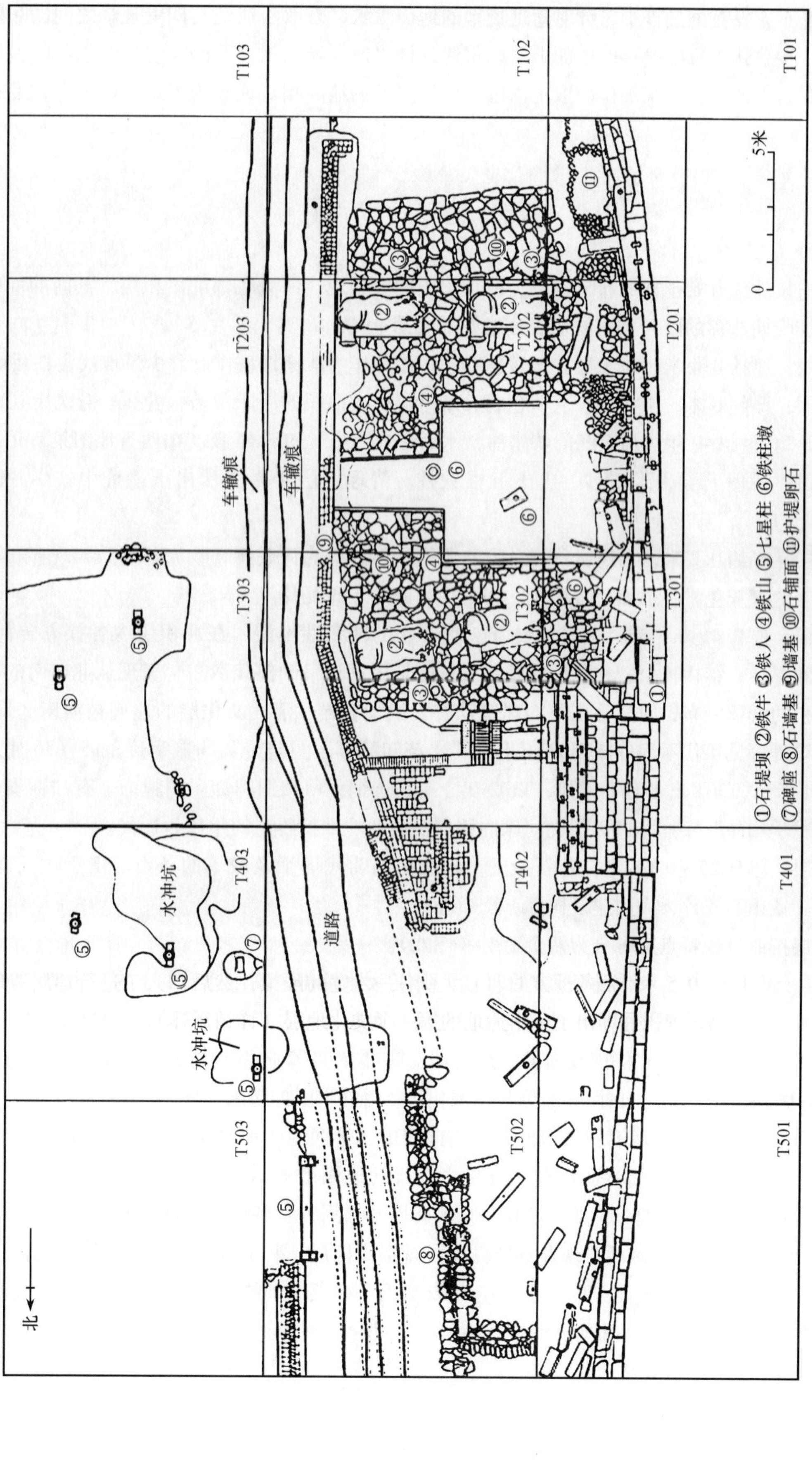

图六　蒲津渡遗址发掘布方图

在遗址布方发掘的过程中，针对遗址场地的地面渗水，采取沿遗址与四壁现场之间的东侧，开挖排水沟，在确认无重要遗存的地面上疏以很浅的排水道，导向坝外西侧。随坝内东部的遗址发掘进度，加深石坝西外侧河床部位的取土深度，使得遗址场地内相对地较为干燥，保证考古发掘较顺利的进行。

二、地层分析

扩方清淤后，开始正规的布方发掘，清理出土的即是现代河床底部的淤积层，其间的堆积砖瓦来自于遗址晚期遗存的破坏。总的地层分述如下（图七）：

第1层：厚约0.4米，耕土层。灰黄色粉、细沙。作为滩涂地耕作。含少量现代瓷，瓦片。

第2层：厚约6米，淤沙层。灰黄色粉、细砂层，大面积的河床覆盖，叠压。分为七层的淤积沙层，应是20世纪40年代初至三门峡水库蓄水后形成。另，1961年版《山西省地图集》记载黄河从这里流过。清理上层3米淤沙，出土五根铁柱。清理上层4米淤沙出土遗址中铁牛、铁人等文物。

第3层：厚约0.2米，河床淤积层。青灰色的淤沙，应为河底腐朽物淤污所致。现存石坝基本上同于河床的青灰色淤沙层面，较硬实，亦含少量的碎、砖瓦片。

第4层：厚0.4～0.8米，散乱的砖瓦、骨等物的冲积性堆淤，在冲积层内各探方砖瓦遍布，石头块泥沙混杂，结构疏松，在下层建筑物废墟附近的堆积呈倾斜状散布，表现从北向南的冲积趋势。大面积的淤积分布，因其叠压下的建筑遗迹，淤积有异。清代文化层的遗迹被河床底部叠压。除有人、兽骨可见年代不远外，T503出土有“永济知县李□□监造”印戳字迹条砖（36厘米×18厘米×8厘米），T301出土有手榴弹，T302出土有民国铜元币和铜牌饰。铜牌饰上有“西安城隍庙巷，专做军学用品”字样，可以明确河床冲积层及破坏性堆积砖瓦的年代为现代。

第5层：厚0.25～0.65米，砖石杂土，南北向的明代堤坝及散落的条石。出土物式样杂碎，小为珠玑、钱币、瓷片，大为建筑构件、铁锚等。

第5层按照堆积特点又可分为两个亚层（图八）。

5A层：厚0.2～0.5米。石坝受到坝（西）外的大水冲击，高出遗址的上层“女墙”被掀翻，倒塌在坝内，待泥沙冲积淤层相对的稳定一段时间后而成为河底。分布在五排探方的每排第一个探方内，T101～T501。铁牛东侧南北向的一道砖墙，南部在T102向西拐弯，在北部也向西与石坝码头渡口处相接呈“┏┓”形。在南北两侧与石坝相接，将铁牛围护起来（图六）。

T302的北部，铁牛北墙有斜坡道的踏步。此墙的上平面为砖铺地，一直通入T402，残留面积十余平方米，在靠近南北向墙基处有一条与之并行的地面散水道，宽0.5米，残存长度3.8米。1、2号铁牛的北侧砖墙相通于南北向的铁牛东侧砖墙，东侧砖墙墙基向北斜着进入T402。在两墙结合处有水道口。T302铺地砖面与现存石坝码头（现存高四层，其下即石阶，呈“┌┐”形）的下一层处相平行。码头处没有被掀翻的石条。在T502处有一砖石垒砌的墙基，呈“┘┌”状，坐北朝南，但其西墙基不甚明确，与坝内护坝石相间杂（图六、九）。

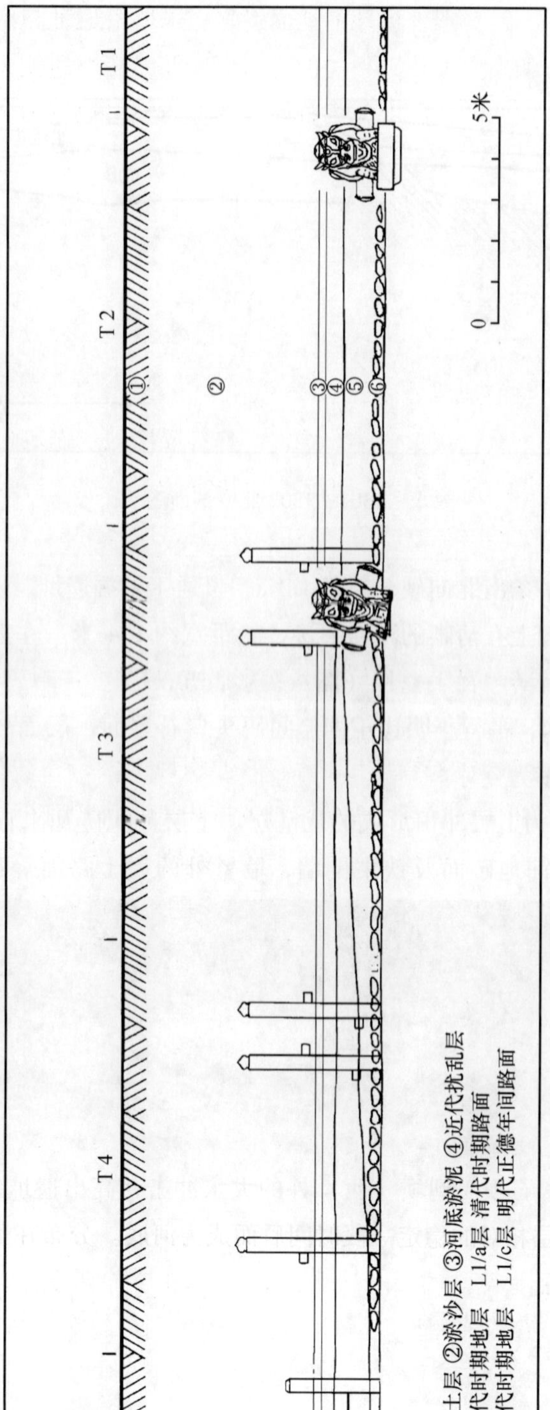

图七　第一次考古发掘地层南北剖视图

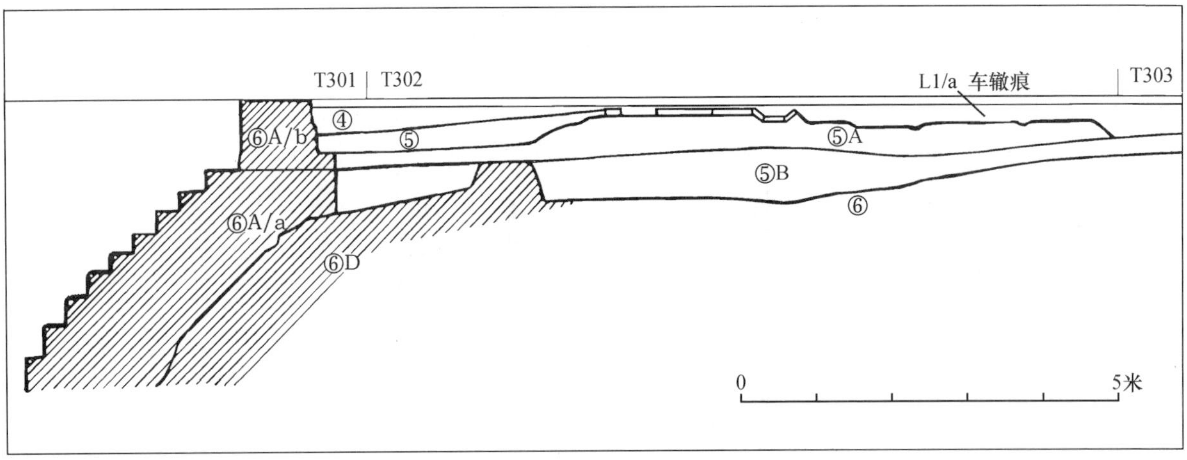

图八　T301、T302 北壁剖面图

铁牛东侧围墙沿外侧有一条南北向硬土路面 L1/a，贯通于发掘遗址，宽约 3 米，其路面路土呈千层饼式的层层淤积叠压，面上有清晰的车辙痕迹，轮距宽约 1.4 米。在上层围墙与路面之下仍有一层路土。出土的遗物多为碎砖、瓦、瓷片（图八；彩版五，1）。

5B 层：厚 0.05 ~ 0.25 米，平行于明代正德年间码头口石层面，层面较平整，在西北部有卵石铺就的半圆形平面。出土物多为瓷片。

5A 层在遗址的东部，多为上层冲积形成的扰乱层。上层冲积砖瓦来自于第 1 文化层的建筑遗迹，与码头口石坝相平行的铺地砖面及铁牛围墙，墙壁外的硬土路面等遗址，应是使用于清代，

图九　1991 年 4 月发掘清理清代遗迹现场

毁于清末民国初期。5B层简洁平整，是远离水患的情形，应该是明末清初，黄河西移的时期形成的。

第6层：厚0.3~5米，明代地层，包含石坝、石路面、土石堆积，主要由黄砂石、石灰石、卵石构成轻亚黏土，黄褐色土。水利筑路工程堆积，出土物多明代青花、黑褐釉瓷片。可分五个亚层。

6A层：最典型的标志是从南向北的略向西突出的弧形石堤坝，高4米，上层面宽约1米，贯穿遗址T101~T501。石堤坝（东）内侧出现层状铺砌的大小石块间以白灰土，可以印证《永济县志》里记载的“坝内顽石”，用以保护堤坝，加固其抗拒力。其护坝石块有2~3层，厚0.7~1米，应该是与堤坝垒砌石块同时，且石坝（东）内侧的壁面不甚平整，凹凸中也有铺砌的白灰土，而坝（西）外侧用白灰浆勾缝石条，平整坚固。坝上石条现在所见的两排平铺层上，有束腰铁锭卯榫，呈束腰形。见于记载中的明代石堤修筑于正德十四年，明代万历年间再次修筑加固。

6B层：厚0~0.3米，铁牛的四周平铺石块地面。在南北向的L1补铺卵石路面。

在T402、T302的西侧，出土“冂”形的石块垒砌码头口，“码头”在南北两端保留有较中部高出两层的铺砌石条。石条长约1.4米，厚约0.2米，宽0.4~0.5米。同层码头渡口石块与“铁牛”四周的铺地石面相平行，且码头的南边框还凭借于“铁牛”四周的铺地石面，因此推测同为明万历年间所砌造（彩版五，2）。

石头下填土呈黑褐色，其结构紧密，质地较硬，土中主要包含炭粒、砖块、瓦块等，出土物有钧瓷片、白瓷圈足碗、青花瓷片、青瓷碗片、黑釉厚胎瓷片、泥质素面折沿方唇陶盒。“皇宋通宝”一枚，“正隆元宝”一枚。

6C层：厚0.1　0.35米，T403处有一个碑趺的龟形底座，其石碑断裂，字面漫漶有损，但有明确纪年：明代正德十六年的《石津记》（县志录其文，文字有缺略）（图一〇）。

铁牛东边南北向的L1由石块作为“砑石”，铺作南北向的基线，然后加填石块铺地。在T302与T402交汇处形成“十”字形，通向码头口。在南段东西两侧又加铺相向的路面（彩版一〇）。

与上层码头口相同，位置东移2米，码头口西外侧为石块铺就的斜坡面，其石质为石灰岩，不同于上层的砂岩质石条，用工及尺寸也有不同，似较为工细一些。斜坡面T402处与码头渡口石块平行着一层路面，但其上下还是可以明确分开的，石头下填土为黑褐色，其结构紧密，质地较软。主要包含木炭粒，瓦片。填土中没有采集遗物。

石堤坝因保护而未能揭取，但探索发现九层石阶下的坝外侧有柏木桩，石堤下部柏木桩加固地基。因此种做法已见于明代正德年间的记载，推测为同期所为，即九层石阶由斜坡而至石砌码头是一次形成。九层石阶之上部分为万历年间二次所筑。其他探方内的石坝段仍有护坝石出土，这一地层的遗迹被上层淤积土层直接叠压，其年代相对明确。明代万历、正德两次修筑堤坝渡口，维护铁牛工程的遗迹鲜明，碑文均有明确记载（彩版六，1）。

6D层：宽1.5~2米，厚3米。修筑石堤时的堆积层，分布于明代石堤内侧（东侧），多为褐色土夹杂碎石填实。出土有白釉瓷碗、盘，白釉褐花碗，青白釉碗、盘，豆青釉碗、盘，黑褐釉瓷碗等残片。

6E层：宽0.55米，厚0.1~2米。修筑石堤前堆积层的分布与石堤内侧填充层并列，分布不匀，褐色土，结构紧密，质地较硬。出土有罐、瓮、缸、黑釉碗、青釉瓷片等。

第6层下开口的遗迹有H13。

图一〇　《石津记》碑文拓片局部

第7层：厚度0.2～1.5米。轻亚黏土，黄土、黑褐色土。在石铺路面下叠压一层南北向土路面（L1），颜色黑黝黝的，与两组铁牛之间的东西向路面（L2）相交叉。遗迹分布西北厚，东南薄。

T402的棕色黏土夯实的建筑台基（彩版六，2），坐西向东，面积5.25米×5.2米，深度1.5米。残存九层砖，宽度在0.75米。四角有石柱础，门部位有石台阶。整个台基向东北方向倾斜，在台基东侧的地面上亦出现向下沉陷撕裂的缝隙。

在T302出土有“正隆□□”、“开元通宝”钱币。T202与T302的探沟内，出土有宋代“泥人”残块。出土的瓷片多为宋金时期耀州窑豆青釉印花碗。

在T202、T302部分、T402、T103、T203、T303、T403的遗址面上，大致清楚金元时期文化层的遗迹布局。此层下开口的遗迹有H1～H10、H12、H14～H17。

第一次发掘解剖局部的工作表明T403西侧的铁柱仍被叠压于第3层之下的硬土活动面，铁柱被第3层覆盖而打破其下层，为先铸件后栽埋。在4号铁牛的基座之下解剖牛座四周，由长方形条砖（26厘米×15厘米×5厘米）围砌三层，再向下无砖层。砖围内的底座下为淤沙，其铁牛“腹下铁桩”入地深在3.1～3.25米，钎探向下遇到硬面。另外，在T202的铁山之间所见的剖面表明，三层其下有硬面，有向两侧铁牛处斜下去的坑状堆积，中部凸出的较纯净的泥沙，约深1.5米，判定仍为文化层。由于控制水位不到位，无法继续下探。

三、文化分期与年代判断

本次发掘渡口遗址中重要的遗存物，见于记载的有唐代铁牛、铁人。排列北斗七星状铁柱在目前所见的县志、府志中没有提及，或只是提到“铁牛前后十六根铁柱”，又有“三十六根铁柱”之说。所见县志在提及明正德年间治理河堤时，提到“修”石坝，下横木桩。而铁山二未提及。以上遗物在布方发掘初始即已见到，因此弄清它们的坐落地层当是极为重要的，我们此次发掘的目的就是搞清楚唐代铁牛及其同期地层遗存（当时部分同志认为存在唐代地层被毁或已不存的可能性）。

现在遗址揭示第1层至第3层为黄河淤积沙层。上部开发为耕土层，下部为河床淤积层。第4层扰乱层中夹杂有近现代物品，如铜牌饰、铜元、骨骼、杂物，属于近现代所堆积。其大致形成于清末或民国初期，结束于20世纪40年代初。又于50年代末，迅速淤积至现地表。第5层上部为建筑垃圾叠压，5A层揭示出有序的排列遗迹，如建筑遗迹、道路、护卫铁牛围墙等。5B层揭示出相对平稳的环境现象。出土的遗物瓷片、钱币均表现出明显的清代时期主导特征，判断这一文化层属于明末至清代晚期地层堆积。第6层是特征最鲜明的地层，明代堤坝巍然耸立，地面石铺路面赫然入目。碑文记载确切可信，文献资料查之有据。出土物品中瓷片亦表现出明代特征，发掘出土的地层现象亦印证了这一文化地层属于明代时期。第7层的道路被叠压在明代地层之下，表现出遭劫难的损坏情形。同地层房屋遗迹特征明显，出土物中瓷器残片和正隆元宝钱币表现出金元时期文化特征，证实此层属于金元时期。

明代正德年间的石块铺路面在4号铁牛处，与其底座相碰，低于底座的上面而高于底的下面，与石面平层的棕褐污土层（金元时期的硬面）不清，但在下20厘米处又有黄褐色的沙土层（后发掘证实此层就是北宋时期复修蒲津桥工程的回填土层）。铁山的坐落处是金元时期棕褐污土层，还垫有石块。铁牛底座四周的围砖框仅有三四层，其下为淤沙，可理解为埋没铁桩固定所为。因再未能向下解剖，推测铁牛的同期地层很可能在第4层硬面。七星铁桩被第三、四层硬土面覆盖式相衔接，其下叠压的硬面（第四层）似有开口，先铸件后埋没，证其地层与铁牛同期。目前所见石块路面都是明代所作，从正德年间创始，经隆庆至万历都有维修，其由如前所述。

蒲津渡遗址在明代（第一、二石铺地层）继续作渡口码头而沿用，而其维舟的浮桥地锚则有可能在明初时临时使用过。唐时河分两股，因有一桥锁三城之说。但在金末元初，桥舟毁于战火兵焚。明代正德年间石坝基本与铁牛地板平行，应该是留出了再利用的空间。明代万历年间综合利用并维修石堤时已将石坝高高加固，同蒲州城墙相类，因而称之为“重城”。清代又将铁牛围以砖墙，显然将其作为前代遗留的镇河祥物式艺术珍品来对待。记载中有金末元初浮桥毁于战火之说，而坝西外侧河床的黑色淤泥层下，地质探测发现有堤坝石块及其下的褐色的砂层，深度超过现石坝的底部。推测铁牛在第三石铺地层下的宋金时期，可能已据河岸东的台基上，牵铁索浮桥。而七星铁柱可能是辅助物，与其同时使用。因受今后保护考虑所限，第三石铺地层与石坝的关系未能明确。解剖范围尚小，第四地层的范围、布局及可能与铁牛的关系不能明确。由于排水工程有限，水位无法控制，未能继续向下发掘。遗留有一些问题，铁牛未见底，甚或其下可否还有地层未搞清（图版七，1）。

蒲津渡遗址第一次考古发掘时代：

第1、2层：现代地层。20世纪40年代后淤积，埋没铁牛，尤其是50年代后期，三门峡水库建设后，黄河河床迅速抬升淤积粉沙层5米。

第3层：可见到铁牛牛角，七星柱柱头。

第4层："民国"时期地层。为碎砖瓦淤积层，出土有铁锚、铜牌饰、子弹、手榴弹、瓷片等杂物。

第5层：清代地层。主要遗存有1号铁牛北边的石砌房屋基础、砖铺平台、水道、斜坡戗茬路面、铁牛东侧围墙及外侧的泥土路面大道。

第6层：明代地层。主要遗存有堤坝、明正德十六年《石津记》碑、小码头渡口、石铺路面，出土青花瓷片等。

第7层：金元时期地层。出土房基遗迹、宋金瓷片和钱币。

第二节　1999年10月至2000年4月第二次考古发掘

铁牛等文物出土后，遗址与铁质文物成为大众关注话题，国内外报纸多有报道，中央到地方各级领导都很关心铁牛的保护。保护方案经过合理变更，1997年3月10日国家文物局正式批准了铁牛原位提升或顶升12.2米，下做隔水层的保护工程方案。

在批准保护工程方案同时，针对第一次发掘没能解决的遗留问题，要求进一步搞清楚铁牛下部结构和遗址地层情况。为保护提供科学依据。山西省考古所提交了发掘方案和铁质文物保护方案，国家文物局组织专家论证后，同意两方案的实施。

1999年10月~2000年4月进行了第二次考古发掘。经国家文物局批准，由原省考古所副所长刘永生担任领队，组织省地市联合考古队，工作基本按照第一次发掘原则进行。本着搞清楚铁牛整体构造和唐代地层情况的工作思路，在第一次发掘的基础上发掘600平方米。

第二次发掘为保证搞清铁牛下部的结构和地层情况，采用了连幕式排水井点的方法来控制水位，挖沉箱控水以保证考古发掘工作的正常进行（彩版七，2）。在两组铁牛之间距地表10米之下发现了遗址面中的唐代地层（彩版八），为唐代蒲津桥引桥道路。东西向，面宽7米，两侧木桩木板围护，道路面加横木加固。清理出宋代遗址层面、路面、埋藏铁牛地锚工程遗迹、围护地锚基础的石围堰等。证实了铁牛、铁人等坐落在宋代地层之中（彩版九）。清理出铁牛下部结构，每尊牛下柱桩均为六根，长度3.6~3.8米。每尊牛均为单体。发掘出的实物回答了有些同志坚持认为四尊牛下部连成一片的论点，解答了疑惑（彩版一○，1）。每尊铁人下部均有1.4米左右的柱桩以固定铁人（彩版一○，2）。北斗七星状的五根单体长度均有6米左右，一组H形联体铁柱高约5米，横柱3米（彩版一一）。基本搞清楚了铁牛铁人等的埋藏情况和自唐代以来蒲津渡的地层堆积状况。

工作基本结束后按照领导和专家的意见，认真进行了工地自查和资料补充工作。2000年4月考古发掘工作结束时，报请国家文物局和省文物局组织专家直接到工地进行检查验收。

2000年4月18日，国家文物局张柏副局长带领著名考古学家、中国考古学会理事长徐苹芳先生，著名考古学家、中国考古学会副理事长张忠培先生，和北京科技大学冶金史研究所所长韩汝玢教授等专家到永济蒲津渡遗址考古工地检查验收（彩版一二）。山西省文物局高可副局长带领省考古研究所所长张庆捷研究员、王克林研究员、吴振录研究员等专家也参加了检查验收工作。

参加检查验收的专家对此次考古发掘基本搞清楚自唐以后的历代地层叠压关系和文化内涵（图一一；彩版一三、一四）给予了充分肯定。其十六层的地层揭示出黄河淤积抬升的变迁，是难得的环境考古的实物资料。铁牛埋藏坑的开口在宋代层位，其坑内的埋藏，坑底的层位与唐代路面的关系是此次考古发掘的重大收获，为今后的文物研究保护工作提供了基础。

一、遗址分区与布方

蒲津渡遗址1999～2000年的发掘是在1991年发掘的基础上又一次大规模的考古发掘；对铁牛以下及其周围地层作更进一步的探究工作。本次发掘从1991年发掘所留的石头面开始清理。由于发掘重点集中于搞清楚铁牛上下左右的结构（彩版一四，1），发掘基本遵循1991年发掘的探方分布，集中精力于两组铁牛和七星柱周围的遗址堆积和文化层情况，重新做编组排方，由南至北排列编为一、二、三探方，后因工作需要扩方增加出第四探方（图一二、表一）。

表一 蒲津渡遗址第二次考古发掘探方一览表

T1	T2	T3	T4
H1～6、15	H7、11、12、16	H8、13、14、9	H9、10、17
TG5	TG2、3、6	TG1、2、3	TG1、4
3、4号铁牛坑	1、2号铁牛坑	七星柱	房基
积水坑			灶坑
坝前	坝前		坝前

注：H15归于TG4表述。房基、H12打破H17。

第一探方（T1）：明代堤坝东边为西界，向东10米，南边一组铁牛（3、4号牛）南侧约2米为南界，向北10米，组成10米×10米探方。包括3、4号铁牛周边范围，H1～H6、H15，TG5，积水坑，坝前。

第二探方（T2）：顺序向北排，面积10米×10米。包括1、2铁牛周边范围，H7、H11、H12、H16，TG2、TG3、TG6，坝前。

第三探方（T3）：面积27米×10米，方向正南北。第一探方北边向东延伸至土坡约10米，为第三探方南边，第二探方东边向北延伸至北部坑边土坡。包括七星柱周边范围，H8、H9、H13、H14，TG1、TG2、TG3。

第四探方（T4）：以第三探方西壁为东边，保留0.5米隔梁，向西扩方3米，以TG4为基础，经二次扩方，至明代石坝东，形成10米×11米第四探方。TG4向南北延伸，贯通遗址第一至第三探方北半部。包括H9、H10、H17，TG1、TG4，房基，灶坑。

二、地层分析

1999年第二次发掘，在第一次发掘基础上布方继续发掘。遗址区按探方划分，TG1、TG2、TG3清理的地层，编号按照第一次发掘顺延，分别为第8、9、10层。

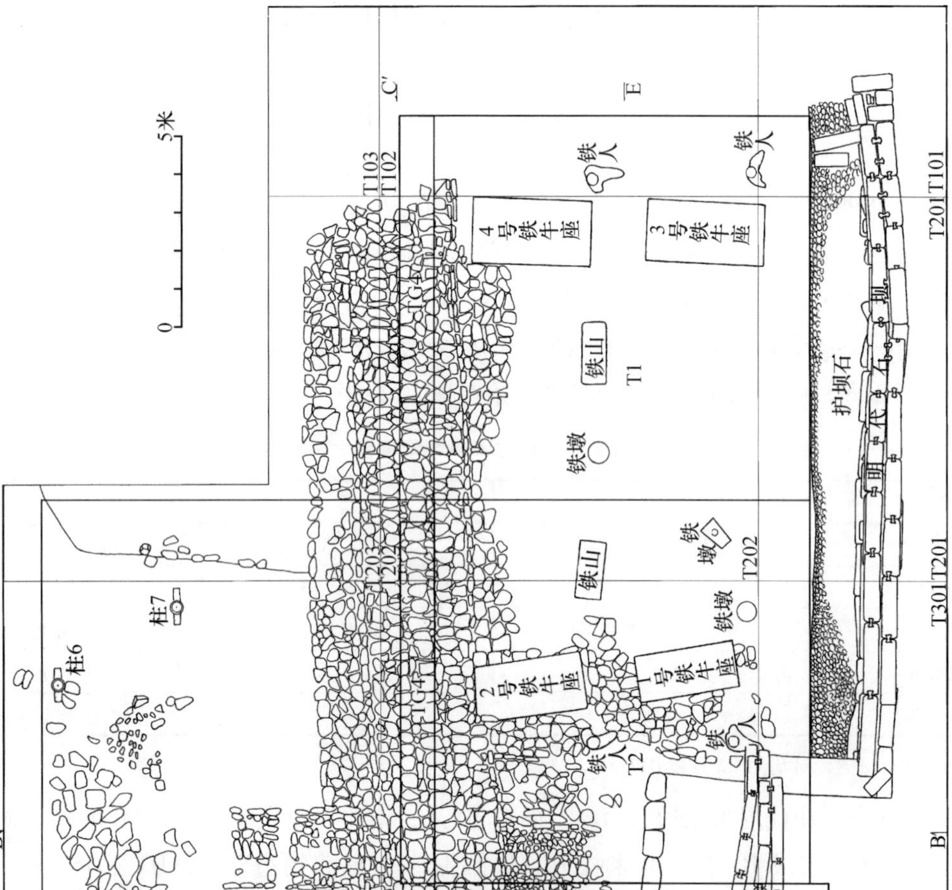

图一二　第二次考古发掘布方位置图

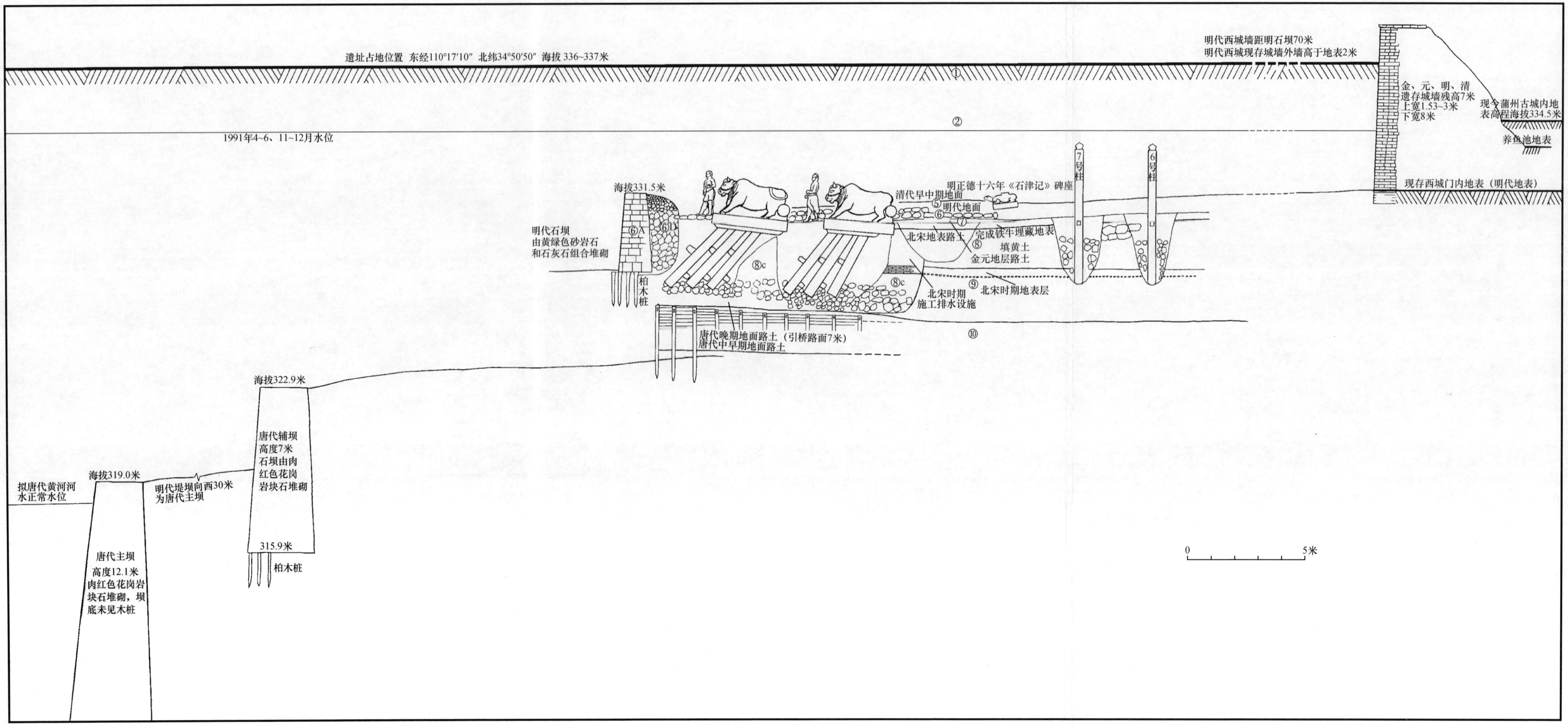

图一一　蒲津渡遗址考古发掘地层东西剖视图

遗址区东部，保留铁牛东边南北向路面（L1）。为协助工程队支护铁牛，以铁牛底板为基点，向南北各3米，自铁牛底板向下清理至1米左右。清理其余部分。两组铁牛间的东西向道路被毁严重（L2/a）（图一三），道路遗迹显示从此上桥的东西向道路渐被废弃，南北向道路改通码头口。

图一三　东西向道路路面发掘出土情形

对于第一次发掘的地层本节不再做详细阐述，主要阐述从第6层明代地层以下发掘出的地层（图一四）。

第8层：厚2.35～3.75米，轻亚黏土，黄褐色。黄沙土，黏土（胶泥土），黄红色。胶泥夯筑做基础坑，土石回填地锚坑，黄土分层回填。石块没有分布全探方，仅分布在铁牛地锚埋藏坑东南北三面，呈围堰形堆积。探方的西半部，铁牛南边，黄褐土结构紧密，质地较硬，土中包含有木炭粒，有大量的瓦片，出土有黑釉圈足缸、黑釉圈足碗底、青釉刻印纹瓷片，为人为的回填层。在T1西边铁牛前面为了加固基础，有夯筑现象。按土石不同分A、B、C、D、E五个亚层。

8A层：黄沙土，分布在遗址范围内，分布不均匀，土结构细密，质地较硬，包含物极少，有少量瓦当，砖块。人为堆积形成。

在两组铁牛中间一条宽约7米的东西大道，叠压关系清晰，使用时间较长。黄土垫层厚薄不均，每层0.1～0.15米，约10层，分别用a、b、c等表示，堆积层约1.5米。应是北宋治平年间复修蒲津桥时堆积加高。

8B层：高低不平，有石头不规律排列，层厚0.17～1米，分布于T3范围铁牛的东、北、南三侧。现判断为加固地层，围护石堰保证铁牛基础稳固（图一五）。

8C层：厚2～2.5米，胶泥夯土面，分布于铁牛周边T202、T203、T302、T303探方大部，南北两侧高1～2米，北薄南厚，被铁牛底板下埋柱子的坑打破。1号铁牛前侧（西侧）胶泥夯土被明代石坝和坝后填土打破，范围不详。

砖排水槽建于胶泥夯土面上，地层中出现的砖排水槽是围在铁牛周围，现残存1号铁牛北侧，2号铁牛南侧和东侧，断断续续一层或三层。1号铁牛左侧（南侧）及其前侧（西侧）被明代石坝坝后填土破坏失痕，残存砖排水槽大的轮廓呈长方形，现在有些歪曲变形。砖排水槽保存较好的现存4层砖，高0.23米，宽0.35米，平卧错缝，砖排水槽设置西南高东北低，东北角有八字开出水口，东南角有排水口，口向东，两个开口的砖槽底均平铺石头块。

4号铁牛周围发现胶泥夯土，夯土距4号铁牛底板下平面（底板西南角）1.2米。4号铁牛锚柱埋藏坑打破胶泥夯层。埋藏坑平面呈椭圆形，长径约4.7米，短径约3米。

8D层：厚约2.5～3.5米。上层厚1.5～2米，1、2号铁牛下基坑内黄褐色沙土，略泛灰色，其结构紧密，质地稍硬，包含木炭粒和木炭小块。下层厚0～0.45米。从铁牛底板下（2号铁牛底板西南角为基准）2米至铁柱末端，填土中夹有大量的石头块。

坑内出土有黑釉瓶残片，青釉刻花圈足碗残片，白瓷圈足碗残片，2号铁牛南侧底板下2.2米

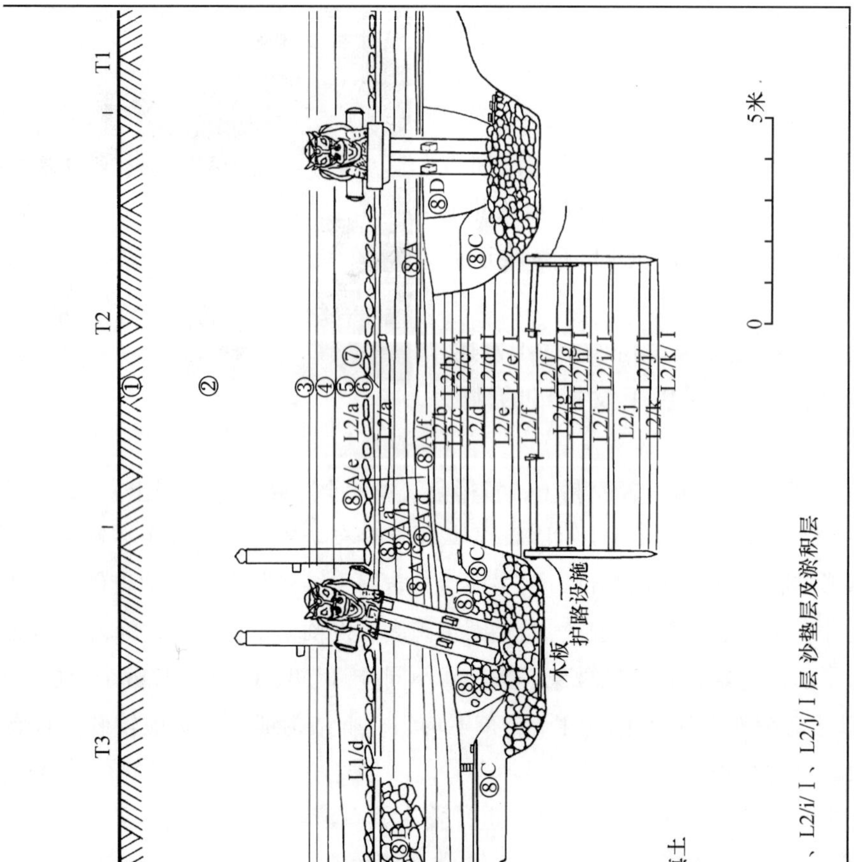

图一四　第二次考古发掘地层南北剖视图

出土“太平通宝”钱币一枚。证实了这是宋代填土地层。

4 号铁牛锚柱回填土做法同 1、2 号铁牛。下层石块厚度约 1 米，延伸到胶泥夯土下面。坑口出土白釉印花圈足细瓷碗、青釉印花碗残片、白釉器盖残片、白釉圈足盆残片等。

图一五　石围护堰

8E 层：3 号铁牛南北是一种较纯沙土，做好沙土地基后挖铁牛锚柱坑。东部与 4 号铁牛锚柱坑共用胶泥夹层基础，锚柱后边两根柱子几乎是紧贴着东壁。西部被明代石坝打破叠压。南壁坡度较大，处在支护铁牛架子下，范围不详。基坑的北壁制作整齐。

回填土成分做法与 1、2、4 号牛坑相同。锚柱末端下是石头堆积，厚度约 1 米，石头块也是向坑外土层下延伸。

3 号铁牛基坑出土青釉印花碗残片、酱釉剔花罐瓷片、黑瓷缸残片等，出土“元祐通宝”钱币一枚。南壁发现三层由坑外倒进坑内的砖，砖上印有“官”字纹饰。

铁牛锚柱下的石头层做法。通过北支护架下剖面，结合 TG6 扩方东壁剖面进行分析后确认，铁牛埋藏坑范围的地基全部进行了石头层加固。人为运上夯筑堆积后，再挖掘形成埋藏坑。西边被石坝打破，南边压于支护架下。具体范围尚未确定。

铁人固定坑，上部呈圆形，开口较大，用石块与土混合填筑，坑的下部为长方形，底部夯筑。

此层下开口的遗迹有 H11 和铁牛锚柱坑，叠压于第 9 层。铁人、七星柱埋藏坑开口于 8A 层。

第 9 层：厚 0.5～1.3 米。灰褐色轻亚黏土硬面，分布于 TG4 北部，距地表约 9 米。北宋时期活动层面，出土房屋墙体、三座灶坑遗迹。它与 99TG1 中 Z1 的边面相连，清理出此面后停止，出土物有泥质素面陶钵、灯盏、青瓷碗和白釉瓷碗残片等。

遗迹有 T4 范围房基，灶坑 Z1、Z2、Z3 叠压于本层下。

位于两组铁牛之间东西向道路的 TG5 发掘至 9A 层发现第一层路土（L2/d 层）。以下发现 3 层堆积，薄厚不等。总厚约 1.3 米（L2/d、L2/d/Ⅰ可视作 L2/d 的两个亚层，Ⅰ代表路面下淤沙层，后同）。

L2/d、L2/e 层：路面，厚 0.4～0.45 米。如酥皮点心堆积，车辙痕迹明显，出土少量瓷片，如白釉碗、青釉圈足碗等。

L2/d/Ⅰ、L2/e/Ⅰ层：淤积沙，厚 0.1～0.25 米。较纯净。

第 10 层，厚约 4 米以上。轻亚黏土，黑褐色。距地表约 11 米以下部位，铁牛地锚埋藏坑底部。位于两组铁牛之间东西向道路的 TG5 发掘至 10A 层发现第三层路土（L2/f 层）。从出土瓷片种类判断，应该是唐代晚期地层。以下发现 11 层堆积，薄厚不等。

L2/f 层：路面，厚 0.2～0.65 米。如酥皮点心堆积，车辙痕迹明显，出土少量瓷片。多为白釉平足碗、白釉宽圈足碗等瓷片。

L2/f/Ⅰ层：淤积沙，厚 0.05～0.65 米。较纯净。

再向下黑沙涌出，水位不便控制，无法继续发掘，遂停止。东西大道两侧出现护路板桩加固路基，路面中出现横木加固路面。河沙淤积次数频繁，垫土中出土遗物破碎，均显示唐代瓷器器物特征，可以确认这是唐代早期至中期地层。

共清理第6、7、8、9、10层五个地层堆积，灰坑17个，灶2个。其中H9和H10，在99TG1中清理记录，H11和H12在99TG2中清理记录。分别记述分析如下：

1. T1

1.1　位置

T1位于遗址区南端，北与T2相连，布方面积10米×10米，方向正北。

1.2　地层堆积与包含物

在1999年第二次发掘前地面为明代石铺面层，石块呈不规则形，南部石头较平整，石头层可以分为两层，即6B层、6C层石头，下面均有填土。

6B层石头：主要分布在T1和T2中铁牛两侧，T1中石头层面与铁牛底板下平面相平。6B层石头下填土呈黑褐色，其结构紧密，质地较硬，土中主要包含炭粒、砖块、瓦块等，出土物有钧瓷片、白瓷圈足碗、青花瓷片、青瓷碗片、黑釉厚胎瓷片、泥质素面折沿方唇陶盒。“皇宋通宝”一枚，“正隆元宝”一枚。

6C层石头：主要分布在探方的东部，4号铁牛的后边，这一层石头块亦是不规则石头块，但是它有一定的排列规律，其主体是一条石头路纵贯整个遗址区，可看出有形的石头面约3米宽，它的结构是用石头块立起排列，当做路牙，两个路牙之间用大石头块成排平铺，大石头块缝中间填小石头块或土，两个路牙两侧也铺有石头，呈不规则状。6C层石头下填土为黑褐色，其结构紧密，质地较软。主要包含木炭粒，瓦片。此层石头下填土中没有采集遗物。清理完6C层石头后，遗址区东边铁牛后边有一个路面（L1/d），保留该路面。T1以铁牛底板为基点，向南北3米，进一步清理，所清理的目的是分两个步骤清理至铁牛下面柱子的地层。第一步骤先将铁牛底板以下清理至1米左右，告一段落，交工程队支护铁牛，再清理其余部分。

T1清理地层数个（图一六、一七）。

6D层：石坝前的护坝石，主要分布在探方的西部，厚1.15米（未到底）黑褐色黏土，受水浸，泛青色。护坝石有层次排列，石头层之间填土，填土约0.15米厚。

6E层：还未到底部，本层没有分布全探方，主要分布在探方的西半部，呈黑褐色，其结构较密，质地较硬，本层在T1西边铁牛的前面有夯打现象，别处则无夯打。牛前夯打是为了加固铁牛。

第7层：厚0.35～0.75米，本层没有分布全探方，仅分布在铁牛南边，土色呈黑褐色，其结构紧密，质地较硬，土中包含有木炭粒和大量的瓦片，出土有黑釉圈足缸、黑釉圈足碗底、青釉印花瓷片。本层为金元时期人为的回填层（图一八）。

8A层：厚0～0.45米，本层在探方的东南部没有分布，土色为浅黄褐色，其结构紧密，质地稍硬。土中包含有木炭粒，未出土遗物。

两个铁牛底板下残留有两至三层手纹砖，平卧错缝，支护于铁牛底板下。经清理，两个铁牛两侧均有明显的界线。土色呈深褐色，泛黑，结构略密，沙性较大，土中包含有小炭粒、木炭粒、砂粒或石块、铁锈块，遗物极少。

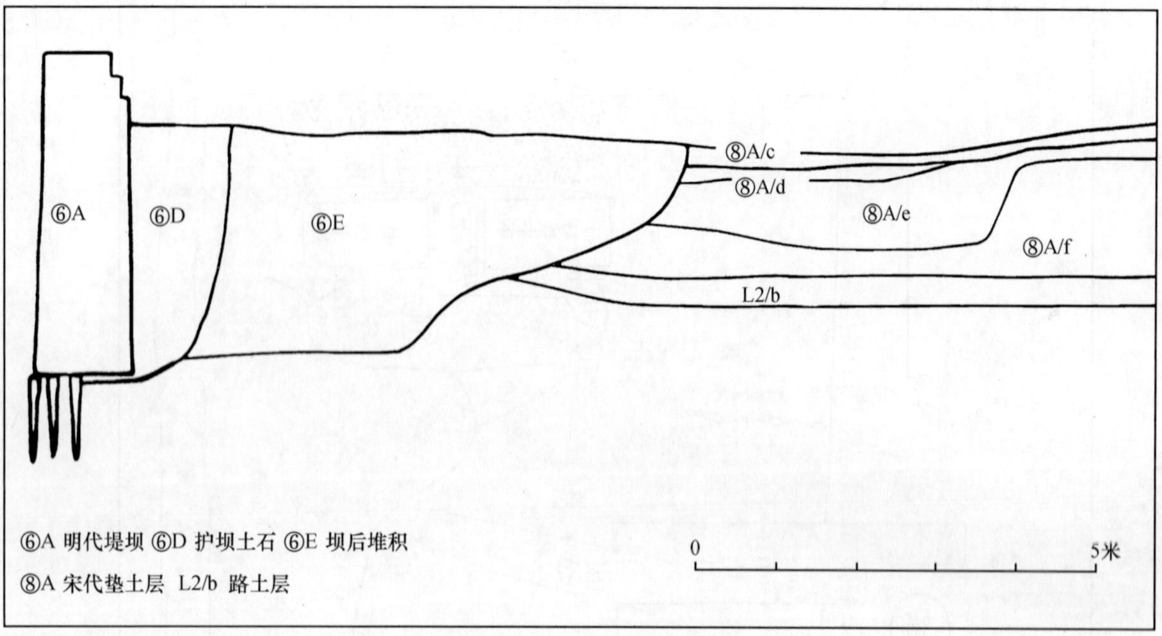

图一六　T1 北壁剖面图

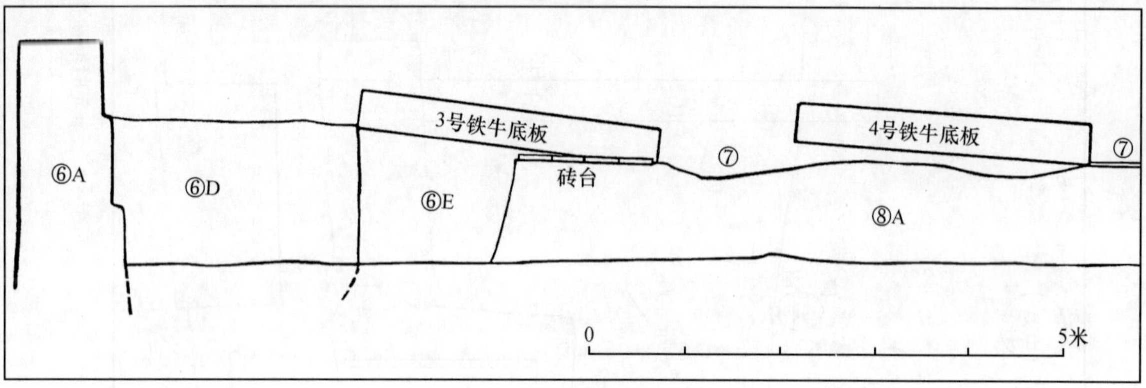

图一七　T1 东西剖面图

铁牛南侧加固铁人所挖的坑，开口于⑧A 层，直径约 1 ~ 1.3 米，深约 1 米。上部呈圆形，开口较大，用石块与土混合填筑，坑的下部为长方形，底部夯筑。

8C 层：胶泥夯土层，厚约 2 米。分布于 4 号铁牛周围，黄红色，结构紧密，较纯净。夯土距 4 号铁牛底板下平面（底板西南角）1.2 米。4 号铁牛锚柱坑打破胶泥夯层。未出土遗物。

8D 层：该层分布在探方大部，纯沙土，结构细密，质地较硬，包含物极少。3 号铁牛周围是一种较纯沙土，3 号铁牛锚柱坑打破沙土。回填土分为两层不同堆积。上层相同于第 8A 层黄褐色沙土，略泛灰色，从坑口堆积至牛底板下（底板西南角为基准）2.4 米间。其结构疏松，质地较软，包含有木炭粒及炭粒。

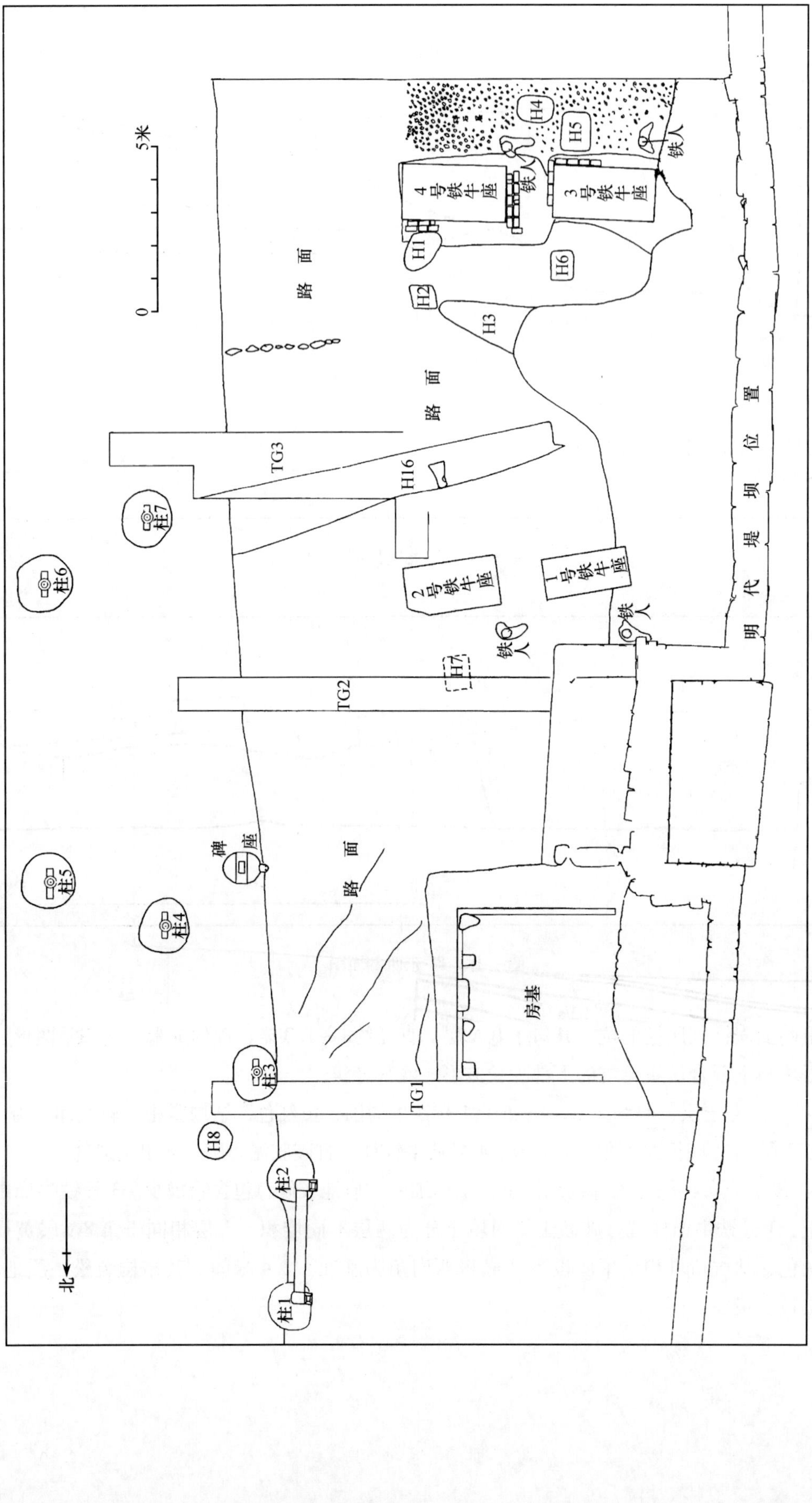

图一八　金元时期遗迹平面图

下层，石头块掺杂沙土堆积，厚0.8米，大量的石头块分布于铁柱周围与铁柱之间的缝隙中。锚柱立于下部石头块上，厚度约1米。石块做法与1、2号牛坑相同，石头块一直延伸到胶泥夯土下面。

出土物有细白瓷印花圈足碗、白瓷盖残片、青釉印花碗残片、酱釉剔花瓷片、白釉圈足盆残片、黑瓷缸残片等。钱币“元祐通宝”一枚。南壁发现三层由坑外倒进坑内的砖，砖上印有“官”字。

1.3　时代判断

T1中6B层属于明代晚期堆积，6C、6D层属于明代中期正德年间，6E层属于元明时期（图七）。第7层属于金元时期，第8层属于北宋时期堆积。8A层属于北宋时期复修工程回填土层，8C属于北宋时期锚柱埋藏坑胶泥夯筑基础层，8D层属于锚柱坑回填土石层。通过TG5的发掘，判断出第9层属于北宋时期地层，第10层属于唐代地层（图一一）。

2. T2

2.1　位置

T2位于遗址区中部，南与T1相连，布方面积10米×10米，方向正北。

2.2　地层堆积与包含物

T2在1999年第二次发掘前地面为明代石铺面（图一九、二〇），与T1情况基本相同。发掘出东西向道路的L2层后对遗址的地层认识更为明确，为整体地层树立了标尺。

第7层：厚0.05~0.15米，轻亚黏土，黑褐色。东西向道路比较明显，H16破坏了L2/a层面。

8A层：厚1.5~2米，轻亚黏土，黄褐色。分布于铁牛东、南、北三边，西部被6D、6E层打破。包含物较少，有黑褐釉瓷片、青釉印花碗等残片。

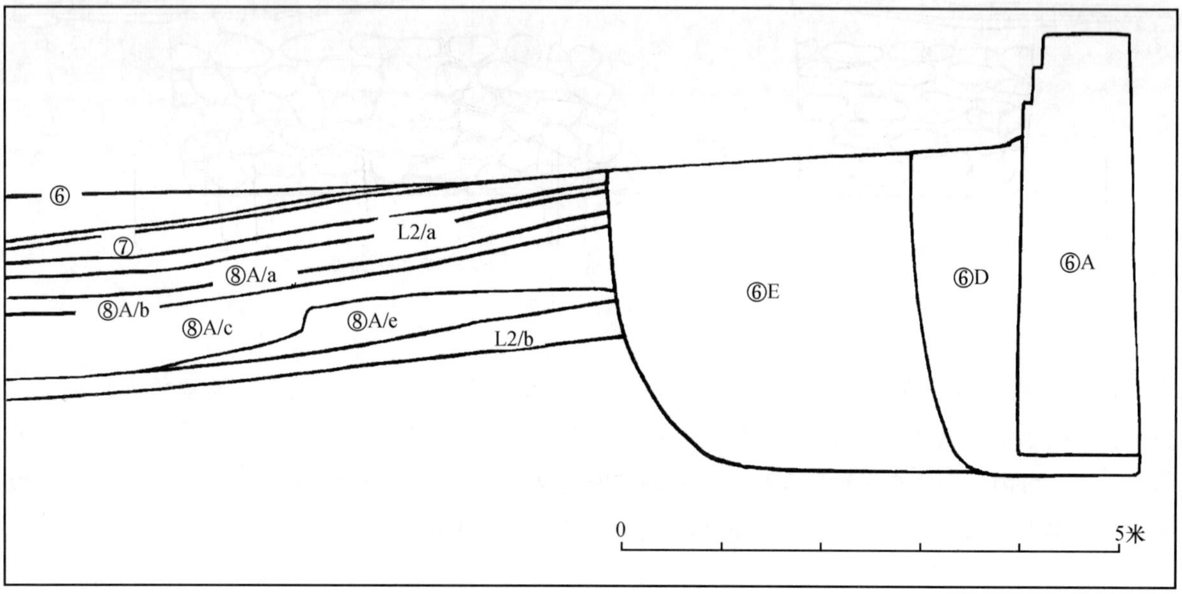

图一九　T2南壁剖面图

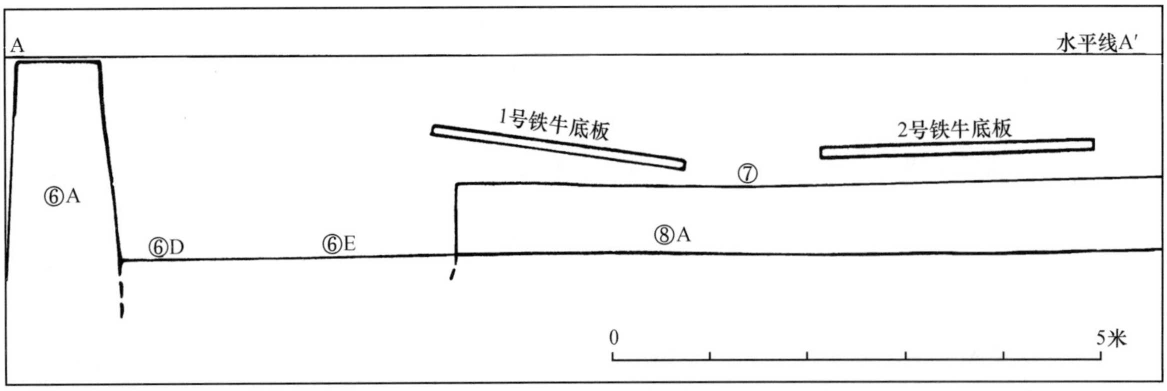

图二〇　T2 铁牛南侧剖面图

8C 层：胶泥夯土层面，遍布于铁牛周边。东、南、北边厚 2.4 米左右，夯层厚 10 厘米。被铁牛锚柱埋藏坑打破，1 号铁牛西边胶泥夯土被明代石坝和坝后填土打破。1、2 号铁牛锚柱埋藏坑，宽 4 米，西边被石堤打破，范围不详。坑底部有很多石块，向外延伸至胶泥夯土下，坑底石头层厚 1 米左右，石头层下为黑褐色土。为便于施工，解剖 1 号铁牛南侧和 2 号铁牛周边夯土；在夯层中出土有瓷碗片、“景德元宝” 和 “开元通宝”。

在铁牛埋藏坑周边有排水槽建于胶泥夯土面上，1、2 号铁牛北侧排水槽保存较好，四层砖，高 23 厘米，宽 35 厘米，长 7 米，平卧错缝。2 号铁牛南侧和东边，断断续续出土一层或三层砖，1 号铁牛南侧及西边被明代石坝坝后填土破坏失痕，残存排水槽呈长方形，有些歪曲变形。排水槽系统西南高，东北低，东北角出水口呈 “八” 字形。东南角有排水口，口向东，两个出水口处底部均平铺石块（图二一）。

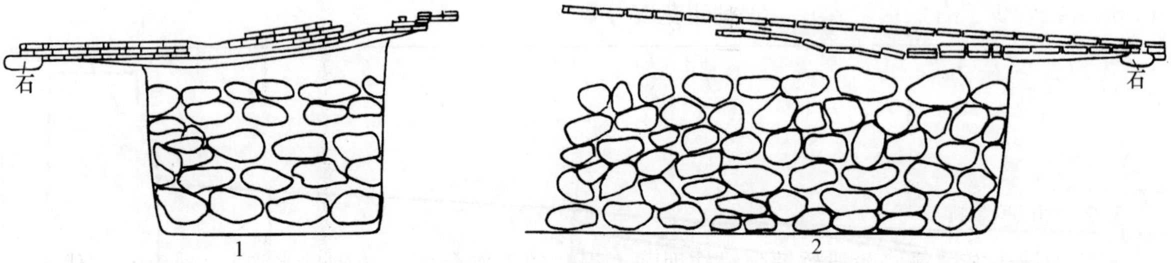

图二一　1、2 号铁牛埋藏坑东壁、北壁剖视图及砖砌排水设施

1. 东壁　2. 北壁

8D 层：埋藏坑内填土，厚约 2 米。黄褐色沙土，略泛灰色，其结构紧密，质地稍硬，包含木炭粒和木炭小块。从铁牛底板下（2 号铁牛底板西南角为基准）2 米至铁柱末端，填土中夹有大量的石头块。坑内出土物有黑釉瓶残片、青瓷刻花圈足碗残片、圈足白瓷碗残片，2 号铁牛南侧底板下 2.2 米出土 “太平通宝” 一枚。更证实了这是属于北宋时期的填土地层。

3. TG2

3.1　位置

位于 T2 探方北部，面积 1.2 米×14 米，方向正南北，自明代石坝阶梯向东 14 米。本探沟北壁为 T2 探方北壁（图二二、二三）。

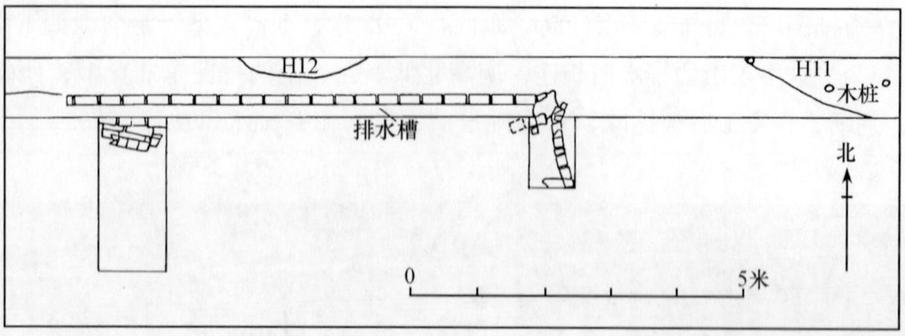

图二二　TG2 平面图

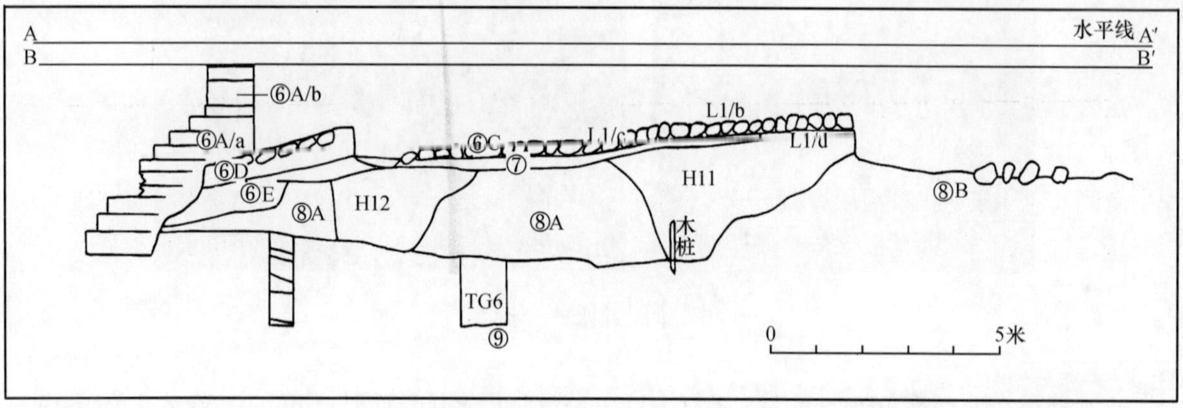

图二三　TG2 北壁剖面图

3.2　重要发现

宋代地层中发现复修蒲津桥铁牛锚柱埋藏工程时的工作台面（砖砌排水沟）。遗物有唐代斜格砖、瓷碗口沿和腹片、陶片。

3.3　地层堆积与包含物

本方接 1991 年发掘层面，西部为明代石坝，坝后填土为扰乱层。东部有木桩 3 根，直径 0.25 米，向下 1 米打破 8A～8C 层。用途判断为加固 H11 积水坑地基。时代同为明代。

第 7 层：黄褐色土。东西方向路面，东高西底，路面厚度 0.03～0.05 米，土质坚硬。

包含遗物：黑釉圈足碗、盏、缸底、盆口沿。白釉圈足碗底、口沿、器物盖、青釉瓷碗残片、泥质灰陶盆残片。

第 8 层：

8A 层：黄细沙土堆积层，布满全方和四邻相联结，土质坚硬，厚度 0.1～1.9 米；上层的路面厚度0.1～0.55米；下平面距2号铁牛座下平面2.65米，加夯筑。包含遗物有泥质陶盆口、底，内壁布纹板瓦，筒瓦，黑釉瓷碗残片。

8B层厚0.4～0.9米。工作台面遗物有黑釉瓷碗口沿、白釉瓷碗残片、板瓦残片。判断为复修蒲津桥时期埋藏铁牛地锚的第二期填土（图二三）。

8C层：胶泥夯土基础层，厚约1.3～2米。工作面厚度0.05～0.08米；有东西走向两排砖，两排间隔0.2米，南排倒塌，每排有4层砖高，东西长7.05米，西高东低，走向微偏东南，在东北角处石头铺底。与2号铁牛东南侧排水槽相连，南高北低。西、南两排向东北交汇；西排砖在拐角处现存0.15米，判断工程完工后被拆除，东边排水槽，东南角有排水口遗迹（图二二、二四；彩版一五，1）。

图二四　排水槽出水口

排水槽在东北部拐角处向东2.8米有H11，为当时积水坑；砖长0.32～0.36米，宽0.16～0.185米；厚度0.05～0.06米，纹饰有网格纹、绳纹。

8D层：厚1.35米，黄褐细沙土，8C层工作台面以下至铁牛锚柱下底平面，土质坚硬，加夯筑。下部多夹杂石块。共分3个台阶，1、2台阶厚度0.15米；第3个台阶，厚度0.85米。本层包含大量煤炭粒，炉灰渣。在位于两层分界线与铁柱底平面有炉灰渣，厚0.01米。本层包含物铜钱（残）半枚、板瓦、筒瓦、瓷器残片。

T2在1999年度的发掘中，通过清理TG2发现砖排水槽遗迹，断定1号铁牛和2号铁牛周围可能还有残存的砖槽，确定先将1、2号铁牛埋藏坑清理至砖排水槽层面（图二一）。

3.4　时代判断

根据现有情况，判断6层属于明代时期，7层属于金元时期。8A层属于宋代时期垫填土；8C层属于北宋时期移动铁牛时夯土台基，铁牛地锚埋藏坑明显开口于本层，下部有卵石加固基础；8D层属于北宋时期地锚桩柱填埋层。

4. TG3

4.1　位置

TG3位于第8层，T2东边，2号铁牛的东南，面积2米×9米，方向正东西。TG3与T2连通。其目的是了解L1（南北向）以下各地层地貌和堆积特征（图二五）。

4.2　地层堆积

在TG3南部发掘宽1米，深2.2米。共清理地层堆积两层8个，路面7个。另外还有灰坑1个。地层堆积关系如下：⑦→L2/a→⑧A/a→⑧A/b→⑧A/c→⑧A/e→⑧A/f→L2/b→L2/b/Ⅰ→L2/C→L2/C/Ⅰ→⑧A/j→L2/e→⑧A/k→L2/e/Ⅰ。

4.3　时代判断

在第7层，东西向道路L2/a与南北向道路L1/d属于同一层面，属于金元时期地层，被H16打破，应属于金末元初蒲津桥遭劫难时期。东西向道路被南北向道路取代。在第8层，东西向道路为主，垫土多为黄土、黄褐土，堆积迅速形成。夹杂物较少，属于北宋时期复修蒲津桥时期的工程所为。

5. T3

5.1　位置

位于发掘区东部，面积为27米×10米，方向正南北（图一二、一八）。

5.2　地层分析

6C层：本方接第6层明代地层层面。厚0.35~0.5米，明代碑座下地层，距水平线1.4米，深黄褐色土，结构舒散，土质较软。H13明代淋灰池打破本层。6A、6B层直接叠压6C层石头和路面。

第7层：厚0.1~0.3米，位于6C层石头之下，包含L1/d面。相对明代渡口台阶石，6C层石头和T1~T4的6C层石头相联结；下叠压南北路面L1/d，其南部与东西路面L2/a相交汇；T1与T2联结。东部硬面和L2相连接分布满方，L2/a由河卵石铺砌。

8B层：厚0.17~1米，高低不平，有石头不规律排列，现判断为加固地层，围护石堰，保证铁牛基础稳固（彩版一五，2）。

5.3　出土遗物

堆积层包含物有七星柱、明代碑座、明代淋灰池。遗物有铜钱：崇宁重宝、元祐通宝、元丰通宝、大观通宝、祥符通宝、熙宁通宝、嘉祐通宝。残损铜钱有治平通宝、元祐通宝等。陶瓷杂物有：泥质红陶杯、泥质灰陶盆口沿腹片、砖块、板瓦片、缸底、缸口沿、白釉瓷刻花碗口沿、腹部残片、印花盆口沿残片、青釉瓷印花碗残片、青釉刻花碗残片、黑釉瓷碗口沿、圈足底、黑釉刻花瓷碗圈足底、酱色釉瓷碗圈足底、绞胎瓷碗残片。

5.4　时代判断

根据出土遗物判断第6层属于明代时期，第7层属于金元时期，第8层属于宋代时期。黄褐色土，土质松软，距水平线1.75米。

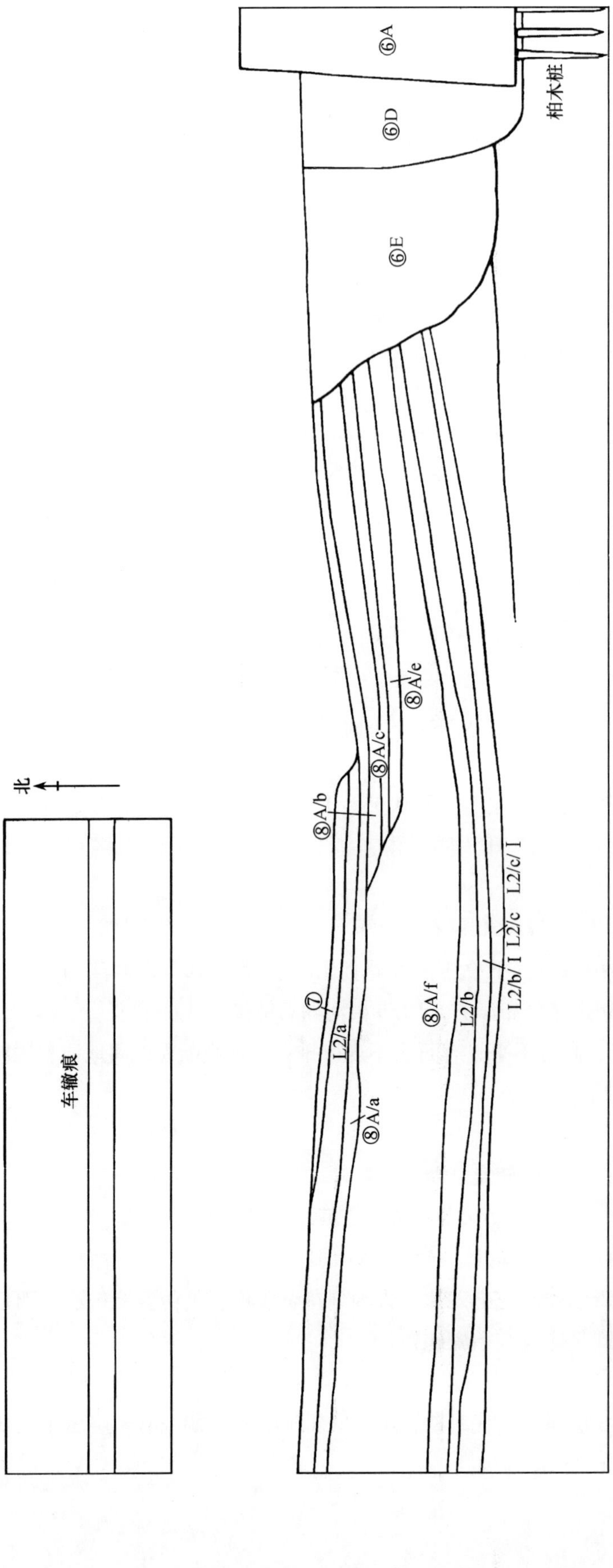

图二五　TG3平面示意图、剖面图

注：TG3东半部被毁，平面图无法绘出。

七星柱基础情况：七个基础坑同开口在8A层硬面下，打破8A层、8C层，形状口大底小（图一八、七一）。4号、7号基础坑圆形口径为1.65～1.7米。7号基础坑深2.75米，内填黄褐色土，用石头加固。出土青釉荷叶边瓷碗，较完整。夹杂出土物有青釉瓷片、黑釉缸底。4号基础坑深2.65米，开口距水平均线1.3米，坑内填土为黄褐色花土，以石头加固七星柱，夹杂出土物有黑釉瓷片、青釉瓷片等。

8A层属于北宋时期。七星柱开口层相对属于同时期。

6. TG1

6.1　位置

位于遗址区北部，铁牛北，明代坝基东，南北向大路西侧，南壁顺F1北墙下切，东西剖切房基北边基础（图二六）。

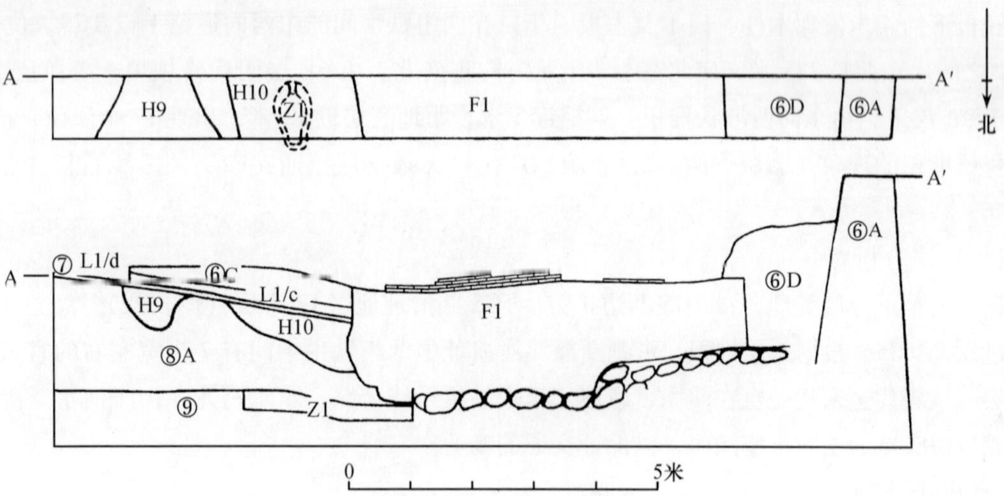

图二六　TG1平、剖面图

6.2　地层分析

第6层：6C层石头下的填土可分为a、b、c、d四小层。

6C/a层，厚0.2～0.3米，黏土，其结构紧密，质地稍硬，土中净。

6C/b层，厚0.03～0.15米，黑色沙土，其结构紧密，包含有大量木炭粒。

6C/c层，厚0.05～0.1米，淤积体沙土。

6C/d层，厚0.05米，棕褐色，包含有少量木炭粒。

以上所述的4个小层均为坡状堆积，呈东高西低状。

第7层：厚0～15米，东部为L1/d层路面遗迹，西部主要是F1金代建筑遗迹。建筑基础为夯筑。

8A层：厚0.5～1.5米，垫土层，按土色不同可分为a、b两小层。

8A/a层：沙土，黄褐色，厚0.5～1.5米，其结构细密，质地较软，本层较纯净，包含物极少，出土一小块炭。呈坡状堆积，东高西低。主要分布在探沟东部，西部被F1及石坝打破失痕。

8A/b层：黑褐色，厚0～0.2米，本层分布在探沟西半部，呈坡状堆积，东高西低，其结构疏松，出土物有瓦片、绳纹砖块、白瓷碗片，本层呈坡状堆积，东高西低。

第 9 层：黑褐色活动层面，向下地层未作清理。Z1 处在 TG1 的中部，灶面处在第 9 层，该灶的火门处在探沟以外。灶在 TG1 中暴露的只有火塘部分。

6. 3　时代判断

经过清理，结合多单位、地层出土遗物做出时代判断，第 6 层石坝、石铺路面属于明代时期。第 7 层 F1 为金代建筑遗迹，L1/d 层路面属于金元时期地层。8A 层为北宋时期填土。第 9 层为北宋时期地层。

7. TG5

7. 1　位置

位于 T1 西北角，L2 中部（图二七），目的是了解坝后地层堆积。在 1 号铁牛南侧 1 米左右，距铁牛底板下约 4 米发现木柱、横木及木板。于是在两组铁牛间的东西向道路上设 TG5，位置在 1、3 号铁牛之间。东西长 2. 5 米，南北宽 1. 2 米，方向正南北。由 6E 层明代修坝填土叠压层下开口，地层位于 8A 层下，由东向西坡状堆积。下挖近 5 米，距地表层近 12 米，出现 17 个层位，出现了 8 层路面叠压堆积的现象（彩版一四，2；彩版二四，1），最下层挖通夹砂层，黑沙涌起，水无法控制，放弃。

7. 2　地层分析

发掘从上至下分层清理，在 TG5 西边扩方。TG5 共清理地层 17 个层（图二八）。

通过发掘 TG5，根据地层堆积，可判断蒲津渡遗址中两组铁牛中间有 7 米宽左右的官道，直通蒲津桥头。从唐代至宋代一直在使用，应属于繁忙的主干线公路，车水马龙。由于河水泛滥，路面淤积，渡口桥头路面不断维修加固，以保证交通的畅通。

7. 3　出土遗物

TG5 出土加固路面的遗物，东西方向贯穿发掘遗址，路面宽 7 米，稍呈西高东低，两侧经过木桩护板加护。路面每组桩间加一组横木加固，以加强路面强度。

TG5 第 6 层，第三路土层（L2/f 层），黑褐色，自身厚 0. 4 米左右，在清理路面当中，在探沟中间紧靠南壁的地方发现两个木橛（下尖、上方），长 55 ~ 65 厘米不等，插在路土下面沙层中，同时在路土下沙层面上平放着两根木杠，各长约 3. 3 米，直径 13 厘米，呈“人”字形排列。两根木橛按两根木头凿出的卯口宽度，从豁口处硬打入，将横木固定于路面中。根据此痕迹在 TG5 西南扩方，木桩南端与北端有所不同，两根横木头在南端均有榫头，分别插入两根立桩的卯孔内，立桩北侧横插有木板，用以挡护路土。

TG5 西北扩方，了解北边木桩及平横木杠的结构，平横木杠北端榫头插入立桩卯孔中，其南端亦有木橛从木头边侧卯口处固定打入土中，同时在立桩的南侧横插木板，与路南相同。所不同的是南边是每两个木桩为一组，每组相距约 1 米，北边则是单根桩。用途一样。结合剖面，第三层路土（L2/f 层）维护工程是在第四层路土（L2/g 层）之上维护加工形成的，该层路面呈坡状，西高东低，出土物有白釉平底碗、青瓷碗、黑釉缸等残片。

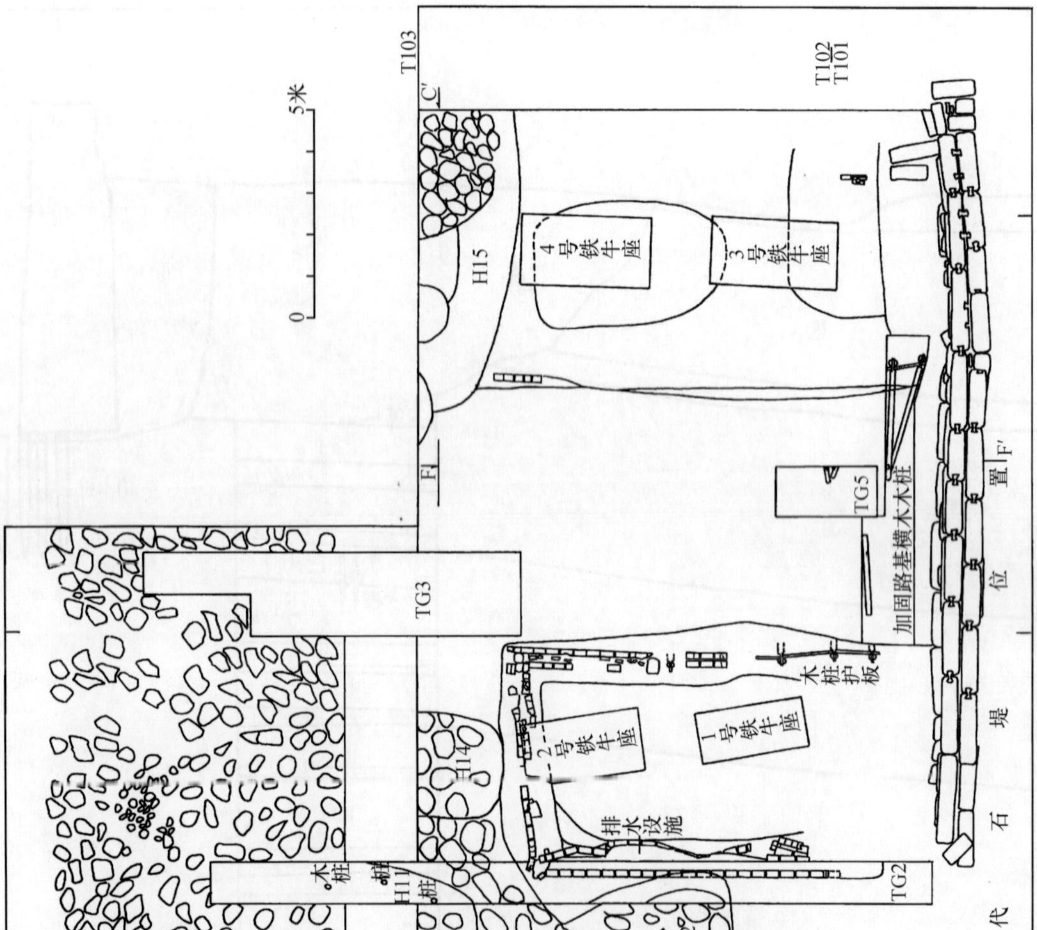

图二七　北宋时期遗迹平面图

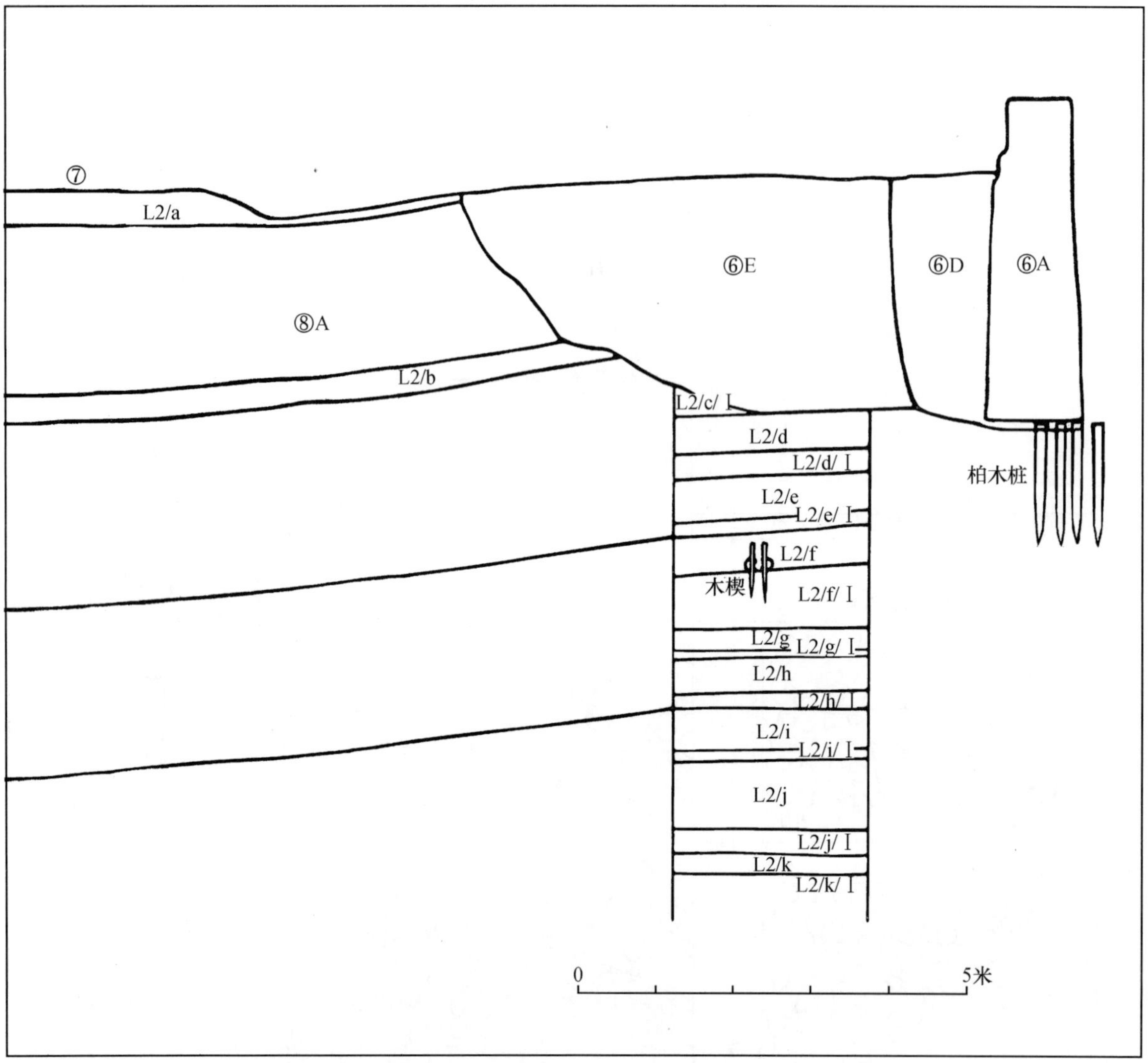

图二八　TG5 南壁剖面图

第 12 层，第六层路土（L2/i 层）中所出土的瓷片是比较单一的典型唐代瓷器残片。经国家博物馆（原中国历史博物馆）文物保护实验室能谱仪检测，出土于第七层路土（L2/j 层）的 G5∶173 瓷片釉面与隋、唐河北邢窑白瓷釉表面成分相近。

8. TG4

8.1　位置

TG4 在遗址区中部偏东，方向正北，贯穿遗址南北。它是以 T1、T2 东壁向北延伸为基线，作为 TG4 的东壁，向西 0.5 米留作隔梁，向西扩 3 米，向南 TG4 连 T2、T1，北接 TG1，中间横穿 TG2、TG3。TG4 长 30.5 米，宽 3 米。后又沿 2、4 号铁牛东侧向东拓宽 2 米，实际发掘长度 27.5 米，两组铁牛之间 3 米未开挖，留做观察对比（图一二、二九）。

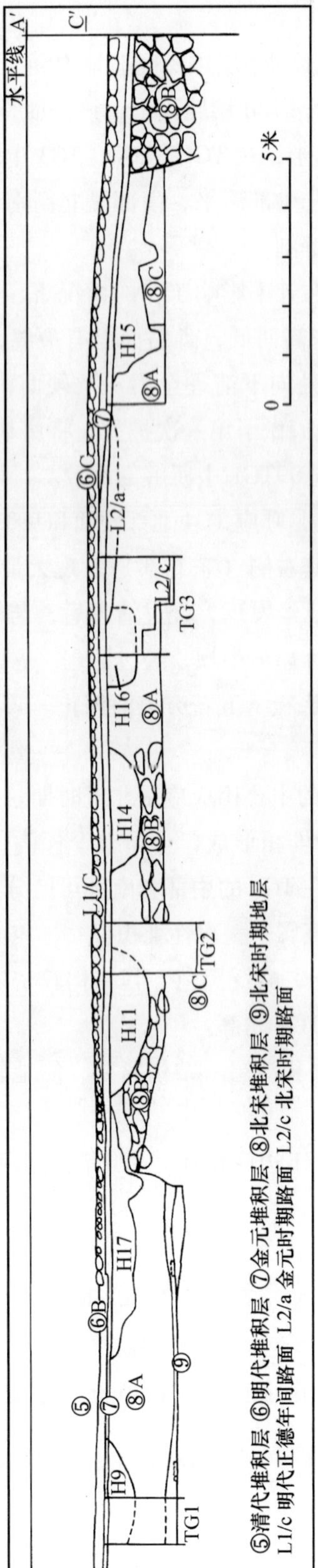

图二九　TG4 南北剖面图

8.2　发掘经过

发掘 TG4 目的是综合清理更大范围的地层以探究遗址内涵。

TG4 开始清理的基础面在第 7 层的 L1/d 层路面上，该路面是硬土路面，路面是处在 2 号和 4 号铁牛东边的一条南北向路面。宽 4 ~ 5 米，在 TG1、TG2、TG3 中均对该路做过解剖。

路面不平整，北部呈东高西低状，中部略平，南部呈北高南低坡状。TG4 在 2 号铁牛和 4 号铁牛中间有 3 米宽，留作参考剖面，未解剖。

发掘的同时做铁牛的支护工作，在互不影响工作的情况下，先清理 TG4 北部 10 余米（以 TG1 南壁向南起算）。其路土面呈坡状，东高西低，且路面上有裂缝，形成上下错位，成因推断可能与明代嘉靖三十四年的地震有关。将此处向下清理至第 9 层硬面，该硬面与 99TG1 中的灶在同一层面，硬面被 F1（房基）打破，所以我们做了第一次扩方，将房基自东向西做了 1/2。证实房基将第 9 层硬面已全部破坏失痕，房基堆积同 99TG1 中所解剖一致。

清理 2 号铁牛东及其东北部，目的是呼应 TG4 北部硬面和 99TG3 底层的路面，即 TG3 中的 L2/d。在此清理过程中，在 2 号铁牛后边及其右侧（东北部）发现大量的石头块，为第 8B 层围护桥头地锚基础的石围堰。这类石头块在上层已经发现，经过清理后，与它们相应的石头块向西延伸，我们做了第二次扩方，了解其范围，并且拆掉了小坝，经过清理，这个石头层被 TG2 中 H12 打破。

最后清理 TG4 南部，至 4 号铁牛底板下五花夯土面停止。

8.3　地层分析

在 TG4 清理发掘过程中发现地层的主要构成应是北宋时期。

8A 层：厚 1.5 米，黄沙土，人为堆积形成，分布整个探沟，其结构紧密，质地较硬，土中包含极少炭屑，没有出土遗物，该土层在 TG4 的中部和南部可区分，当时垫土层次稍加夯打。TG4 北部则略次一些，层次不是很明显。应该属于一次性堆积。

8B 层：厚 0.1 ~ 0.3 米，灰褐色土，略泛黑色，其结构较密实，质地稍硬，包含很多木炭块和炭块，没有出土遗物。本层仅分布在 TG4 北部。

8C 层：厚 0 ~ 0.3 米，黄沙土，淤积沙层。结构紧密，质地较软，纯净沙土，没有出土物，仅分布于 TG4 北部。

第 9 层：褐色硬面，与 99TG1 中 Z1 边面相连，出土泥质素面陶钵 2 个，灯盏 2 个，还有青釉圈足底碗和白釉瓷碗残片。

8.4　时代判断

从出土物判断，第 6 层的 6B、6C 两层石铺路面属于明代所建。第 7 层，金代房屋建筑遗迹打破北宋堆积地层。L1/d 层活动层面，黑色，结构紧凑，质地坚硬，土中包含多种杂物，出土“十二生肖”花钱 1 枚，本层属于金元时期。第 8 层为回填土，北部第 9 层出土鼓风灶、灶坑、墙基等遗迹，属于北宋时期。

9. TG6

9.1　位置

铁牛北侧由于有支护钢架基础不能扩方，胶泥土范围不清，所以在 2 号铁牛北侧挖了一条探沟，编号TG6（图二三、三〇；彩版二四，2）。南北向，与TG2相交叉。上部已被清理至8B层，底部与1、2号牛坑持平。南北分布不等。胶泥土夯筑构成，夯层10厘米。下层与灰褐土相界，上部形成活动硬面，工程排水槽筑于其上部。层位应该是复建铁牛地锚时，特意堆积加固形成的地基基础部分。

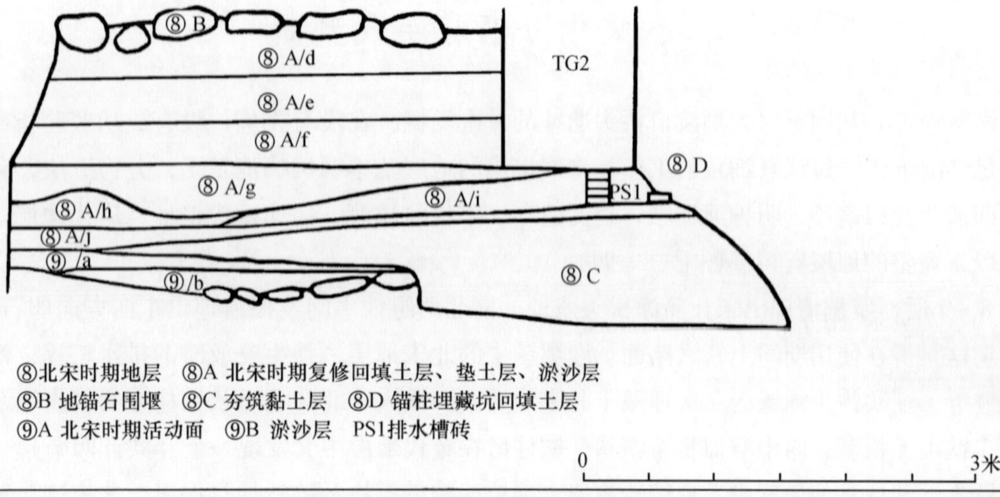

图三〇　TG6东壁剖面图

9.2　地层分析

TG6中清理地层共计9层。

8B层：厚0.3米，石块堆积层，铁牛地锚地基加固的石围堰北部。

8A/d～8A/f层：厚0.7～1米，黄沙土，其结构紧密，质地较硬，包含极少的木炭屑，没有出土遗物。

8A/g层：厚0～0.4米，灰褐色土，其结构密实，质地稍硬，出土有青瓷片、白瓷素纹碗残片、酱釉刻花碗残片、一枚“开元通宝”。该层是TG4中8B层向南的延续层，该层在2号铁牛北侧排水槽边结束。

8A/h层：厚0～0.25米，淤积沙层，其结构紧密，质地较软。本层在TG6中形成夹角，仅分布在探沟的北部。

8A/i层：厚0～0.25米，灰褐土，其结构紧密，质地较硬，土中包含木炭粒。本层分布在TG6的南部，在探沟中形成夹角，本层是建砖排水槽时形成的垫土层。

8A/j层：厚0.1～0.15米，褐色硬面，其结构紧密，质地稍硬，这一层与TG4中8C是同一个地层，它直接叠压铁牛边胶泥夯层，铁牛锚桩埋藏坑边砖排水槽就建在此面上。

8C层：厚0～0.8米，胶泥夯筑层，黄红色黏土，结构紧密，呈梯形，下宽上窄，宽2.5米左右。夯层约10厘米。下部是石头基础。

9层：厚0～0.31米，可分为两小层。沙土，浅灰色，结构紧密，质地发软，出土有高足杯器物座。灰褐土，夹杂碎石块，被铁牛边胶泥夯土坑打破。

9.3 时代判断

TG6 内 8A 层至第 9 层出土物以瓷器为主，多为白瓷碗、豆青釉刻花瓷碗、黄褐釉瓷碗、酱褐釉瓷罐、瓷碗等。第 8 层属于北宋时期复修蒲津桥时加固地基固定锚桩的填土垫层。第 9 层属于北宋时期活动层面地层。

三、文化分期与年代判断

蒲津渡遗址是我国黄河大型渡口桥头遗址的首次发掘，在没有先例，没有成功经验指导，资料设备不足情况下，经过认真细致的工作，将发掘出的地层基本明确搞清楚了，分为五层，分属五个时期，即清代渡口遗迹，明护河堤坝，金元遗存，宋代蒲津渡、蒲津桥头遗址，唐代地层。获取了自唐代以来完整的地层资料（图七、一四）。

第 8 ~ 9 层，发掘清理出宋代蒲津桥头遗址。南北两组铁牛间发掘清理出东西方向卵石铺路面，可以确定这是桥在使用期间上桥之路面。埋填铁牛的北宋地层，铁牛安放时的排水工程，锻造作坊炉火遗迹等，证实铁牛地锚为二次埋藏于北宋地层中。铁人和北斗七星状铁柱亦为二次埋藏于宋代地层中，铁山无根基，内中空似将军帽状，铁柱墩在金代地层中又发现一个（共计四个）。

在铁牛下部柱桩的清理中发现铸造痕迹、冶铸残陶范模块及铸造加热保温工艺遗迹、铸造铁牛时大型模具的支撑钢筋板架。

发掘中发现用于桥梁工程中的铁牛下部柱桩斜度为 35° ~ 45°，非常符合工程力学受力最佳角度。柱桩均在 1.5 米左右距离出现反向伸出的“出脚”，保证了柱桩的稳固性，增大了前后、左右、上下活动的阻力，保证了上部铁牛的稳定、坚固。

在距现地表 6 米以下发现宋代地层中围护桥头的拱卫石堰。宋代晚期蒲津渡遗址路面距现地表约 7 米。宋代桥梁使用通道为东西向道路。

第 9 层，宋代中期路面，距现地表约 8 ~ 9 米，呈北高南低走势，铁牛移放位地表距现地表约 8 米。可看到开掘基槽，铺筑石块基础，堆放胶泥土加固地基，而后开挖置牛坑位及周边排水工程设施的遗迹。此地层的时代是此次发掘的关键地层，尤为慎重。

确定时代的依据有：上下层位的叠压；埋藏物件，如牛下柱出土木板的 ^{14}C 年代测定；地层中出土的最晚钱币宋代“太平通宝”和大量时代最晚为宋代的典型瓷器残片；建筑材料用砖尺寸、纹饰特征等。

第 10 层，L2/f ~ L2/k 为唐代地层，位于现地表 11 米以下。南北两组铁牛地锚之间，发现东西方向路土地层，木桩护板路面之下引桥层面。出土物均为唐代典型平底瓷器残片。较纯净，已不见后世遗物，由之确定为唐中期地层。同时距现地表深 14.3 米，距明代堤坝向西 15 米，在水文地质勘探时发现由红花岗岩石块砌成的石坝一条，坝下有木桩做基础，坝高 7 米。由花岗岩石坝再向西 15 米（即明代堤坝向西 30 米），还有一条石坝亦是花岗岩石块砌成，坝顶距现地表深 17.5 米，坝高 12 米。判断此坝应为唐代蒲津桥工程所为。由于条件所限，不能发掘，只能凭发现地层与勘探资料予以判断。

至此，遗址地层基本搞清，唐代地层、宋代埋藏、金元时期遗存、明代遗存、清代遗存均可分别揭示。铁牛结构、桥头遗存分布、冶铸痕迹等均有不同收获，各地层出土瓷器遗物1500余件，反映出渡口汇集南来北往各种文化信息的兼容性和繁华程度，种种资料的获取达到了考古发掘的基本目标。

蒲津渡遗址最吸引人的是硕大无比、气势恢弘的桥头铁牛，其已被树立成为蒲津渡遗址的典型形象，展示于外界。遗址、遗物的保存以四尊唐代铁牛为代表，辅之以四尊铁人、两座铁山、四个铁柱墩、北斗七星状铁柱，组成气势恢弘的世界最大规模的古代运用于桥梁工程技术的低硅灰口铁铁器群。

四尊铁牛分南北两组前后相随列阵于渡口，铁人分别于外侧做驭牛状，造型生动，制作精美，体现了盛唐时期的艺术造型风格（彩版一六～一八）。

自1991年考古发掘后，对铁牛、铁人、铁山、铁柱墩、北斗七星状铁柱等分别进行了金相分析，成分检测，硫印实验等科学测定。四牛四人虽形态稍有异，特别是南边一组铁牛底座有40厘米厚底板，而北边一组仅见5厘米左右底板，西北部位牛下底板几乎不见，但经检测得知，四牛均为低硅灰口铁铸成，且成分一致，金相相同，应是同时期先后铸成。铁牛铸造是采用传统泥范浑铸法进行的，牛角、牛耳、后轴及牛身板下铁柱是预先铸成的。特别是东南部位铁牛厚底板下发现的支撑骨架为钢筋条，经北京科技大学冶金史研究所做成分检测证明为唐代所制成的钢筋条。铁质成分的分析不能证实有宋元以后的铸造。每尊牛后轴头花纹图案虽各不相同，但均为盛唐风格。

铁人、铁山、铁柱墩、北斗七星状铁柱等铁质文物的成分检测大多显示出均为低硅灰口铁。在七星柱个别柱的柱头部位进行的硫印测试显示含硫较高，可能是锈层厚，测试面未做干净，锈层中存在硫化物（由于细菌作用产生）等原因造成的。

铁器群的材质组织及成分研究表明，本遗址铁器群是以低硅灰口铁铸件为主，含硫不高，是木炭冶铸的产物，在唐代用低硅灰口铁铸造大型铸件，应是中国冶铸史上的重大成就之一。

铁柱墩发现四个，铁山两座，均与史料记载有所不同。主要是由于历史的变化，沧桑更替，发生了许多变化。但实物残留的遗迹确切记载了遗物存在的实用价值。

遗址的科学发掘为许多学科的研究提供了极有价值的资料，为研究唐、宋两代的政治、经济、文化、交通、冶金、桥梁工程技术等均提供了可贵的资料。

蒲津渡遗址第二次考古发掘出土地层时代

第6层：明代地层。发现第一、二层石铺面，明代淋灰池。出土有手印大砖。

第7层：金、元时期地层。明代下层填垫土层，灰坑，房基。出土小手印砖，耀州窑瓷片。

第8、9层：宋代地层。位于TG5二层路面淤积层（L2/e层）之上，包括黄土垫层，铁牛地锚复建工程基坑，排水槽，围护铁牛基础的石围堰圈，七星柱坑，红胶泥黏土层下层面，石块下坑基。出土定窑、钧窑等宋代典型瓷片。

第10层：TG5三层路面（L2/f层）之下-八层路面（L2/k层）下，木桩护板路面之下引桥层面。属唐代地层。出土白瓷平底碗，绳纹、X纹、“官”字方格纹砖。

第四章　唐代时期

第一节　文化分期

唐代地层位于现地表11米以下，发现路土层，出土物均为唐代典型平底瓷器残片。较纯净，已不见后世遗物，由之确定为唐中期地层。同时距现今地表深13米，距明代堤坝向西15米，在水文地质勘探时发现由红花岗岩石块砌成的石坝一条，坝下有木桩做基础垒砌，坝高7米。稍向西15米，距现地表深18米，还有一条石坝亦是花岗岩石块砌成，坝高12米。如此大的工程绝非一般力量所为，判断此坝应为唐代蒲津桥工程所为。由于条件所限，不能发掘，只能凭发现地层和勘探资料予以判断（图三一）。

南北两组铁牛间有东西大道，东低西高呈坡状堆积（图二七、二八）。TG5（东西长2.5米，南北宽1.2米，方向正南北）的发掘明确，由明代修坝填土叠压层6E层下开口，距地表层下约12米，出现了17个层位，8层路面堆积的现象，在路面上留有车辙痕，车辙痕宽度约10厘米，深5～20厘米，两道车辙痕间距为1.4～1.5米（图三二）。

发掘从上至下分层清理，TG5西边扩方。TG5共清理地层17层，其中8层为路土层。

地层堆积：

L2/c/Ⅰ层（TG5第1层）：沙土，黄褐色，其结构细密，质地较硬，沙土中有很多水锈斑点，无出土物。

L2/d层（TG5第2层）：第一路土层，与第9层北宋时期地面相对应。黑褐色，厚0.4～0.45米，其结构紧密，质地坚硬，土中包含炭粒、炭末，未出土遗物，路面呈坡状，西高东低。

L2/d/Ⅰ层（TG5第3层）：淤积沙土，厚0.2～0.25米，土中有很多黄色水锈斑，结构细密，质地较硬，无出土遗物，坡状堆积，西高东低。

L2/e层（TG5第4层）：第二路土层，黑色，厚0.4～0.45米，最厚处达0.7米，其结构紧密，质地坚硬，土中包含炭粒和炭末，在路面上清理出车辙印痕。出土有碎瓷片，大致分为青瓷片和白瓷片，大多是碗瓷片，另外出土有绳纹砖块和陶器足。

L2/e/Ⅰ层（TG5第5层）：淤积沙土，黑褐色，略泛青色，厚0.15米左右，结构细密，质地硬，无出土遗物，呈坡状堆积，西高东低。

L2/f层（TG5第6层）：第三路土层，应属于宋代至唐代晚期地层。黑褐色，厚0.4米左右。在清理路面过程中，在探沟中间紧靠南壁的地方发现两个木橛（下尖、上方），长55、65厘米不等，插在路土下面沙层中。同时在路土下沙层面上平放着两根木杠，各长约3.3米，直径13厘米，

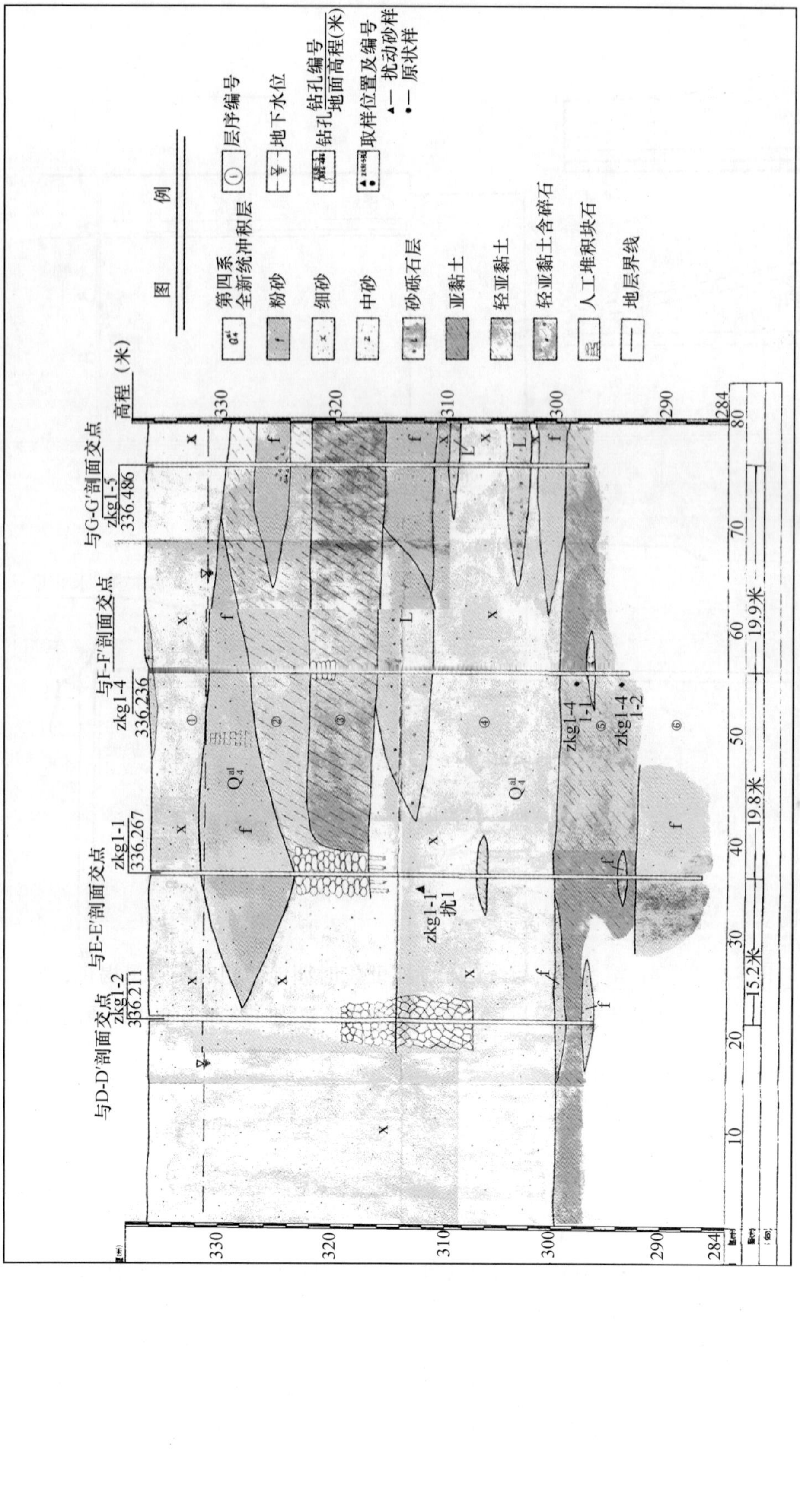

图三一 蒲津渡口遗址保护工程C-C'工程地质剖面图（水利部山西水利水电勘测设计研究院保护工程方案中提供）

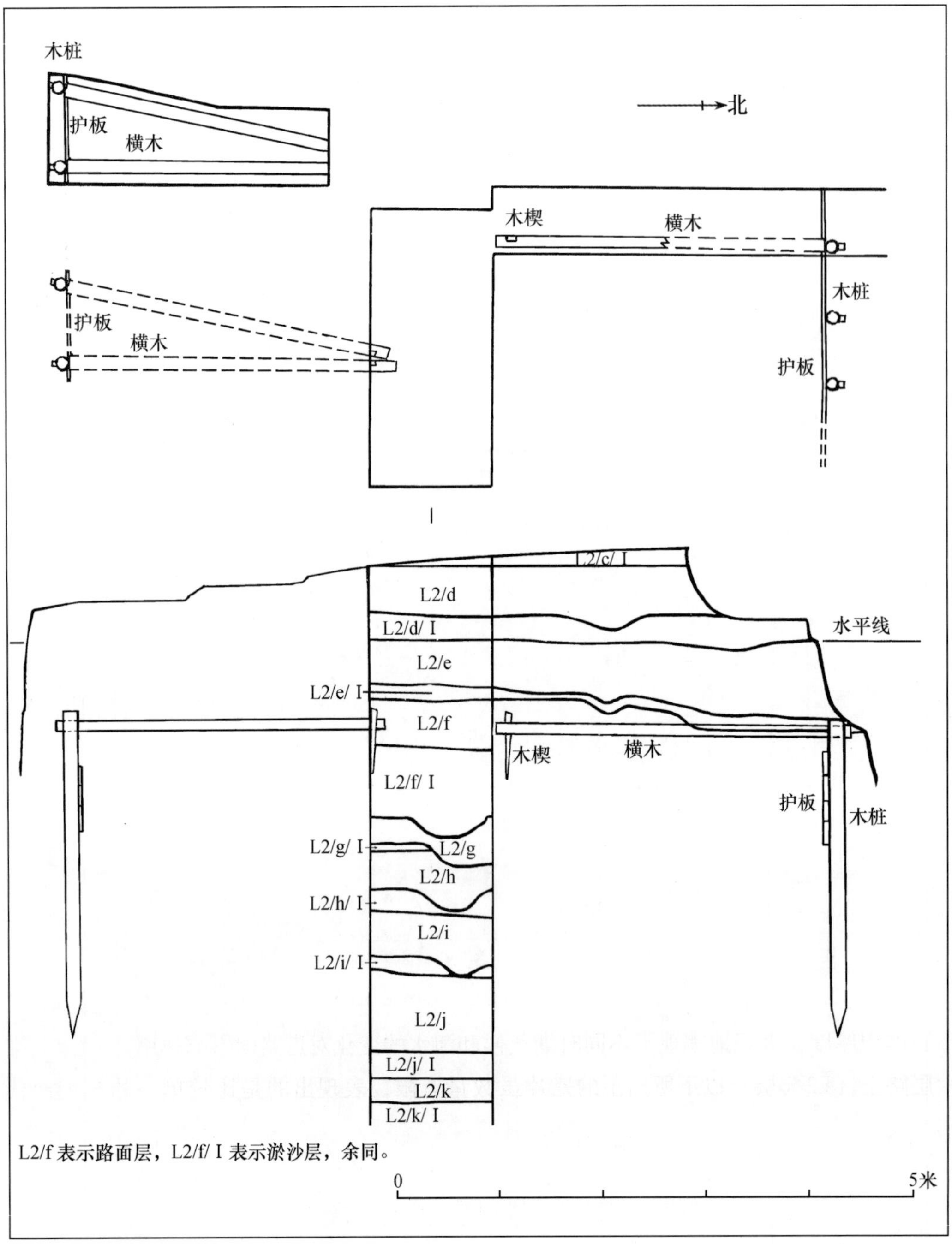

图三二　TG5 平面及西壁剖面图

呈“人”字形排列。两根木橛按两根木头凿出的卯口宽度，从豁口处硬打入，将横木固定于路面中。

根据此痕迹在 TG5 西南、西北扩方，了解南、北边木桩及横木杠的结构。在立桩的内侧横插木板，路南、北边做法相同。木桩南端与北端所不同的是，南边是每两个木桩为一组，两根桩相距约 1 米。北边则是单根木桩，每根立桩长约 3 米。横木杠外端榫头插入立桩卯孔中，其内端有木橛从木头边侧卯口处固定打入土中，用以加固路面。

第三层路土，路面呈坡状，西高东低，出土有白釉平底碗、青瓷碗、黑釉缸等残片。

L2/f/Ⅰ层（TG5第7层）：淤积沙土，褐色，略泛青色，厚55～65厘米，其结构细密，质地较硬，无出土物。坡状堆积，西高东低。

L2/g层（TG5第8层）：第四层路土，黑褐色，厚20～25厘米，其结构紧密，质地坚硬，土中包含有炭末和炭粒，出土有白瓷碗片、青瓷碗片、青瓷圈足碗底、黑瓷碗残片。路面呈坡状，西高东低。路面有东西向车辙印痕。

L2/g/Ⅰ层（TG5第9层）：淤积沙层，黄褐色，厚5～15厘米，在探沟西北角车辙下没有堆积，无出土遗物。

L2/h层（TG5第10层）：第五层路土，黑褐色，厚35厘米，其结构紧密，质地坚硬，土中包含炭末，没有出土遗物，路面上有车辙印痕。

L2/h/Ⅰ层（TG5第11层）：淤积沙土，黑褐色，厚5～20厘米，结构紧密，质地较硬，没有出土遗物。

L2/i层（TG5第12层）：第六层路土，应属于唐代中期地层。黑褐色，厚40厘米，其结构紧密，质地坚硬，土中有小石头块、小碎木头块，出土物多为平底白瓷碗残片。

L2/i/Ⅰ层（TG5第13层）：淤积沙土层，褐色，厚10～20厘米，其结构紧密，质地较硬，没有出土遗物。

L2/j层（TG5第14层）：第七路土层，黑褐色，厚65厘米左右，在清理至该路面时，探沟内四壁淤沙层不断往外渗水，出土物均为平底碗残片。

L2/j/Ⅰ层（TG5第15层）：淤积沙土，褐色，厚25厘米左右，结构细密，质地较软，土中没有出土遗物。

L2/k层（TG5第16层）：第八路土层，在清理这层路土时，G5内水很大，所以在探沟西边先做下去，路土厚20厘米，没有发现遗物。

L2/k/Ⅰ层（TG5第17层）：沙层，褐色，在这一层地下水涌出，被迫停止发掘。

发掘TG5和两组牛坑，根据地层堆积，判断蒲津渡遗址中两组铁牛中间有7米左右宽的官道，层位的不同堆积厚度，客观地表现了不同时期气候和河水的变化对道路的影响作用。

第六层路土（L2/i层）以下所出土的瓷片虽数量有限，表现出的是比较单一的典型唐代瓷器残片。第七层路土（L2/j层）出土的白釉瓷片釉面与隋唐河北邢窑白瓷釉面成分相近。

第二节　唐代文化遗存

一、文化遗迹

1. 道路

根据地层堆积，判断蒲津渡遗址中南北两组铁牛中间有7米左右的官道引桥，直通蒲津桥头。从唐代至宋、金时代一直在使用。

唐代晚期地层相对应的应该是TG5中的第三层路土（L2/f层）。南北两侧在路土下沙层面上分别平放着两根横木杠，各长约3.3米，直径13厘米。呈“人”字形排列，两根木橛按两根木头凿出的卯口宽度，从豁口处硬打入，将横木固定于路面中，以加强路面强度。两根横木头在南北两端均有榫头，分别插入两根立柱的卯孔内，立柱内侧横插有木板，用以挡护路土。

南边是每两个木桩为一组，北边则是单根。每桩间距约1米。工程是在第四层路土之上维护加工形成第三层路面。该层路面呈西高东低坡状，贯穿发掘遗址。该引桥道路不断维修，宋代复修蒲津桥后道路增高，仍使用此通道（彩版一九，1），直至金代末年蒲津桥被破坏为止。

第六层路土（L2/i层）以下所出土比较纯净单一的典型唐代瓷器残片，表现出地层、出土物与时代的一致。

2. 其他

TG5位于T1西北角，目的是了解坝后地层堆积。另外，在1号铁牛南侧1米左右，距铁牛底板下约4米发现木桩、横木及木板（彩版一九，2、二〇）。

二、文 化 遗 物

（一）瓷器

本层发掘范围有限，层内可确定时代的遗物主要依据为出土瓷器碎片。地层在距今地表11米下，瓷片的时代特征明显，主要是平足白瓷碗。TG5第12层［第六层路土（L2/i层）］以下所出土的瓷片，是比较纯净的单一的典型唐代瓷器残片。瓷片碎小，个体各不相同，不属于短时间集中弃置，可以反映在相当长时间内的器物特征，有一定的代表性（表二）。经国家博物馆文物保护实验室能谱仪检测，出土于第七层路土层（L2/j层）的00TG5.14.⑦:173瓷片釉面与隋、唐河北邢窑白瓷釉表面成分相近。

表二　唐代地层出土瓷片统计表

名称	白釉平足底瓷碗	灰白釉平足瓷碗	黄白釉平足瓷碗	白釉宽圈足瓷碗	白釉荷叶边盏碗	白釉瓷罐	白褐釉瓷罐	褐釉瓷片
类型	Aa	Ab	Ac	Ba	Ca	Ad	Ed	不成器型
特征	白釉	灰白釉	黄白釉			内外白	内褐外白	
数量	4	3	4	2	1	1	1	1
出土层位	12.⑥ 14.⑦	12.⑥	12.⑥ 14.⑦	12.⑥	12.⑥	12.⑥	12.⑥	12.⑥ 14.⑦

注：12.⑥即第L2/i层。14.⑦即第L2/j层。

TG5中第12层［第六层路土（L2/i层）］，采用00TG5.12.⑥表示。13件瓷器标本，以白釉平足底碗为主，白釉瓷碗残底片，黄白釉瓷碗底残片，灰白釉瓷碗残片，白釉瓷罐口沿残片等少量。

第14层［第七层路土（L2/j层）］，采用00TG5.14.⑦表示。出土瓷片5件，大部分为典型白釉平足碗残片，釉色黄白，釉质晶莹光洁。瓷片多破碎，现将能看出大致器型的标本依据其器型与釉色、胎质，分为一定类型以供参考。

1. 白釉瓷碗

分三型。

A型　平足碗，11件。分三亚型。

Aa型，白釉平足底瓷碗，4件。

00TG5.12.⑥:171，白釉瓷碗残底片，长5.7厘米，宽3.2厘米，残高1.5厘米。足高0.5厘米。底直径4.8厘米。瓷碗残片。斜壁微鼓腹，内凹平底心，平足底。内外施釉。内底心残留一支钉痕，直径约0.2厘米。外壁施釉至下腹部位。底足内外露胎。足外壁直，底平，浅圆旋凹，外边斜削，底有脊棱。胎质稍粗，土黄色。釉色骨白稍泛黄色，釉质晶莹光洁。釉面稍有光泽，细微若橘皮状（图三三，4；彩版五四，6）。

00TG5.12.⑥:175，白釉瓷碗残底片，长3.5厘米，宽2厘米，高1.1厘米。平足高0.4厘米。斜壁微鼓腹，圆凹底，平足底。内壁施釉，平足露胎，外壁直，底平，稍浅圆旋凹，底外边旋削滚棱。胎质细密，土白色。釉色灰白色，釉质晶莹光洁，釉面微若橘皮状，可见微细晶裂痕（图三三，3；彩版五四，5）。

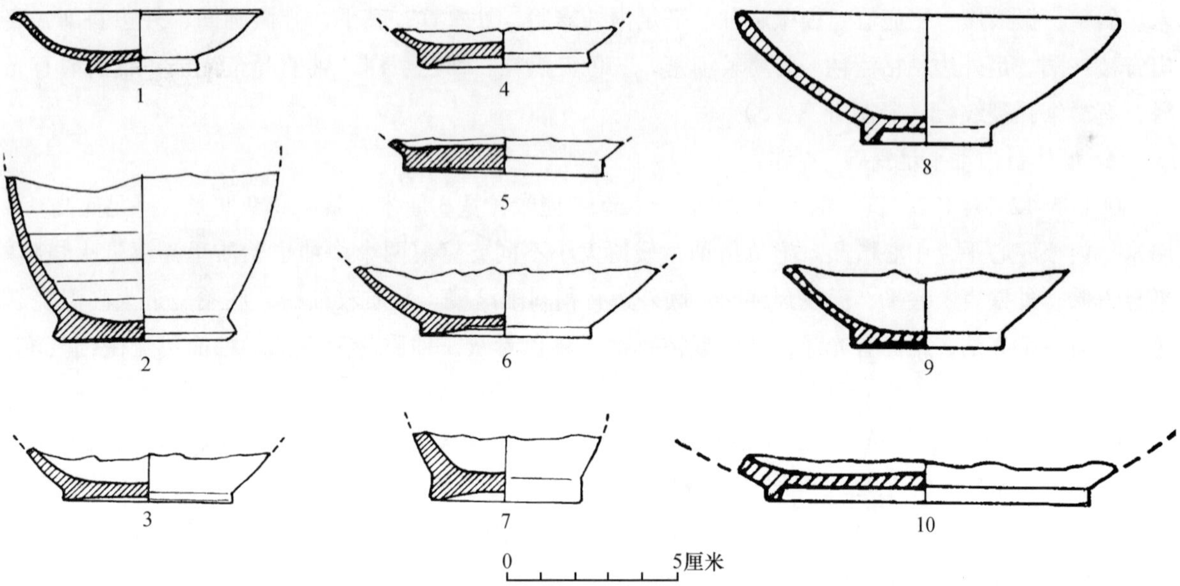

图三三　2000年TG5出土部分器物

1. 白釉瓷盏碗（003N:089）　2. 黑褐釉瓷罐（99T1:036）　3. 白釉瓷碗残底（00TG5.12.⑥:175）　4、6. 白釉瓷碗残底（00TG5.12.⑥:171、00TG5.12.⑥:174）　5. 黄白釉瓷碗残底（00TG5.12.⑥:172）　7. 褐釉瓷罐残底（00TG5.12.⑥:177）　8. 白釉瓷碗（00TG5.4.②:146）　9. 白釉平底瓷碗残底（00TG5.14.⑦:173）　10. 豆青釉瓷盘残底（00TG5.4.②:157）

00TG5. 14. ⑦: 173，白釉平底瓷碗残底片，长 6. 5 厘米，宽 3 厘米，残高 2. 3 厘米。平足高 0. 5 厘米。残底片。微鼓腹。内圆凹平底，平足底碗残片。内壁施釉，外壁半挂。底心残留两支钉痕，状若黄豆。平足内外露胎。外壁由根至底稍向外斜削。足底平，心微凹。外圈斜削。胎质较细密，土白色。釉色牙白色，釉质晶莹光洁，釉面有光泽（图三三，9）。

00TG5. 14. ⑦: 190，白釉平底瓷碗残底片，长 6 厘米，宽 2. 5 厘米，残高 1. 1 厘米。平足高 0. 6 厘米。微鼓腹，内圆凹平底。内壁施釉，底心残留一支钉痕，状若大米。平足内外露胎。外壁由根至底稍向外斜削。足底平，心微凹。外斜削滚棱。胎质较细密，土白色。釉色为牙白色，釉质晶莹光洁，釉面有光泽。

Ab 型，灰白釉平足瓷碗，3 件。

00TG5. 12. ⑥: 178，灰白釉瓷碗残片，长 5. 6 厘米，宽 4 厘米，瓷片为器物肩部，残留口沿部痕迹。内外施釉。内壁釉不匀，多有釉聚点痕。外壁釉色均匀。釉色灰白，釉聚重处呈浅绿色。釉质晶莹光洁，釉面微呈“棕眼”痕，可见晶裂片纹痕。胎质细密，铁灰色夹黑粒较多（彩版五三，5）。

00TG5. 12. ⑥: 179，灰白釉瓷碗口沿残片，长 4. 5 厘米，宽 3. 3 厘米，残高 3. 3 厘米。厚圆卷折棱唇，侈口，斜壁微鼓腹。内外施釉，外壁半挂釉至中腹部位，釉色灰白，釉质晶莹亮洁，釉面有光泽，有微细晶裂纹痕。胎质较细密，灰白色（彩版五三，5）。

00TG5. 12. ⑥: 183，灰白瓷碗残底片，长 3 厘米，宽 2. 1 厘米，残高 1. 3 厘米。平足高 0. 4 厘米。斜壁，微鼓腹，平底心。内壁施釉。平足内外露胎，外壁直，底平，心微圆凹，外边斜削，底出脊棱一圈。足外边稍粘流釉。胎质较细密，灰色夹黑粒。釉色灰白，釉质晶莹光洁，釉面薄有光泽，有微细晶裂纹痕（彩版五三，5）。

Ac 型，黄白釉平足瓷碗，4 件。

00TG5. 12. ⑥: 172，黄白釉瓷碗残底片，长 5. 7 厘米，宽 3 厘米，残高 0. 9 厘米。平足底高 0. 4 厘米。内壁底心平，中心微凸。施黄白釉，残留大小不同支钉痕两个。釉边胎质呈高温近火烧痕。平足露胎，外壁直，底平，微浅圆旋凹，底外边有稍斜削滚棱。胎质较细密，底胎呈近火高温烧红色。釉质晶莹亮洁，釉面有光泽，外壁残留釉痕，釉色青灰，釉质晶莹亮洁，釉面可见微细气泡，晶裂痕（图三三，5；彩版五四，3）。

00TG5. 12. ⑥: 176，黄白釉瓷碗残底片，长 3. 5 厘米，宽 1. 8 厘米，残高 1. 1 厘米。平足底 0. 4 厘米。斜壁，平底心，平足底碗残片。内壁施釉。内底心残留一支钉痕，若一粒大米形。平足露胎，外壁直，底平，微浅圆旋凹，底边斜削滚棱。胎质细密，土白色。釉色黄白色，釉质晶莹亮洁，釉面有光泽，有微细晶裂纹痕。

00TG5. 14. ⑦: 169，白釉平足底瓷碗残片，长 10 厘米，宽 6. 5 厘米，残高 2. 2 厘米。平足底高 0. 6 厘米。斜壁微鼓腹，内圆凹心底，平足底碗残片。内壁施釉，有残留一支钉痕，支钉两端粘大小各一块痕。小若大米，大若黄豆。平足内外露胎。外壁直，底平，中心微凹，底边向外斜削滚棱。胎质密实，土白色夹微黑粒。釉色黄白色，釉质晶莹光洁，釉面稍有光泽，有均匀细微晶裂片纹痕（彩版五三，3）。

00TG5. 14. ⑦: 170，白釉瓷碗残底片，长 6. 8 厘米，宽 4. 5 厘米，残高 2 厘米。平足底高

0.5 厘米。微鼓腹，内平底心，平足底内外施釉。内底心残留一支钉痕。直径约 0.4 厘米。外壁施釉至足底边。流釉至底。平足底露胎。足外壁直，底平，心微圆凹。刀旋痕明显。胎质较细密，灰白色。釉色黄白色。釉质晶莹亮洁，釉面有光洁，可见微细均匀晶裂片纹痕（彩版五三，3）。

B 型　圈足碗

Ba 型，白釉宽圈足瓷碗，2 件。

00TG5.12.⑥:181，白釉瓷碗口沿残片，长 3.7 厘米，宽 1.8 厘米，残高 1.5 厘米。口沿残片，尖棱圆唇，卷折沿，侈口，斜壁鼓腹。内外施釉。釉色黄白色，釉质晶莹光洁，釉面有光泽，可见微细晶裂纹痕。胎质细密，土白色。

00TG5.12.⑥:174，白釉瓷碗残底片，长 7.5 厘米，宽 5 厘米，残高 2 厘米。宽足高 0.3 厘米，瓷碗残片。侈口，斜壁，微鼓腹，凹平底，宽圈足。内外施釉。内底心残留两个支钉痕，支钉直径约 0.3 厘米。外壁施釉至下腹部位。有流釉痕。宽圈足内外露胎，足外壁直，内壁圆旋，浅凹呈喇叭口状。足底稍平宽，向内斜倾。足内心浅凹平。釉色骨白色，釉质晶莹光洁，釉面有光泽，可见细微晶裂纹痕。胎质稍粗，灰白色夹微黑粒（图三三，6；彩版五四，4）。

C 型　花边异型碗

Ca 型，白釉荷叶边盏碗，1 件。

00TG5.12.⑥:180，白釉荷叶边盏碗口沿残片，长 3.8 厘米，宽 2.7 厘米。侈口，圆唇，荷叶边凹缺沿斜壁，微鼓腹。内外施釉。胎质较细密，浅灰褐色。釉色牙白色，釉质晶莹亮洁，釉面有光洁，微有“棕眼”痕，可见细微晶裂纹痕（彩版五四，1）。

2. 瓷罐

分两型。

A 型　圆唇，直口，高领，束颈，圆折溜肩罐。

Ad 型，内外白釉罐，1 件。

00TG5.12.⑥:182，白釉瓷罐口沿残片，长 3.5 厘米，宽 2.7 厘米，残高 3 厘米。圆唇，直口，高领，束颈，圆折溜肩小罐残片，肩领部位残留纽系痕。内外施釉。釉色骨白色，釉质晶莹光洁，釉面有光泽，有微细晶裂纹痕。胎质较粗松，土白色（彩版五四，2）。

E 型　侈口，斜腹壁，圆凹内底，平底罐。亚型 Ed 型，内褐釉外白釉罐，1 件。

00TG5.12.⑥:177，白褐釉瓷罐残底片，长 4 厘米，宽 2.5 厘米，残高 1.8 厘米。平足底高 0.5 厘米。斜腹壁，圆凹内底，平底罐，残片。内外施釉。内底心残留大块釉疵痕。内壁施釉酱褐釉，色不匀。外壁残留釉至下腹近底。釉色骨白色。釉质晶莹光洁，釉面有光泽，釉重处有细微晶裂纹痕。平底足露胎，外壁直，底平微圆凹，旋削刀痕明显。胎质稍粗，土白色，夹微黑粒较多（图三三，7）。

3. 不成器型瓷片

褐釉瓷片，1 件。

00TG5. 14. ⑦: 191，褐釉瓷片，长 3. 5 厘米，宽 2 厘米。内外施釉。釉色褐色夹杂黑褐斑点痕。内壁圆旋出棱，釉厚薄不匀，釉薄处呈青褐，厚处呈黑褐。釉质晶莹亮洁，釉面有光泽，微若橘皮状。胎质细密，灰色夹黑粒（彩版五三，5）。

绿琉璃彩釉残片，1 件。

00TG5. 12. ⑥: 134，绿琉璃彩釉残片，长 3 厘米，宽 2 厘米。外壁施绿釉，釉色深浅不匀，釉质晶莹，釉面晶裂明显，胎质细密，土白色（彩版五三，5）。

（二）铁器

蒲津桥东岸桥梁工程浮桥地锚，重要遗物为唐开元铁牛四尊、铁人四个、铁山两座、铁墩柱四座、七星状铁柱一组。出土时这些铁器锈蚀斑驳，面目全非（彩版二一、二二）。

1. 铁牛

铁牛每尊 45 ~ 75 吨各不相同。牛体大硕壮，形象生动，牛呈现为着力后坐状（图三四至图三八）。长约 300 厘米，宽约 110 厘米，高约 150 厘米。每头牛的后部位有一横轴，长 220 厘米（表三）。轴头有不同纹饰。如清代蒲州知府周景柱所形容“观其矫角、昂首、体蹲而力员，足以任重，足以励猛，坚足以地觝，强足以距。其目似怒，其耳如聆，其处有度，其伏甚固”。牛形状体格较高大，骨骼粗壮，肌肉丰满，体质强健。头部方正。肩部宽厚，中部宽深，肋长而开张。背腰平直宽长，长短适中，结合良好。背腰平直，荐尾略高，尾甩在牛背。四肢端正，粗壮结实，两前肢相距较宽，蹄大坚实。头较大，颈短粗，垂皮发达，鬐甲高而宽；牛角基粗壮，形似犀牛角。

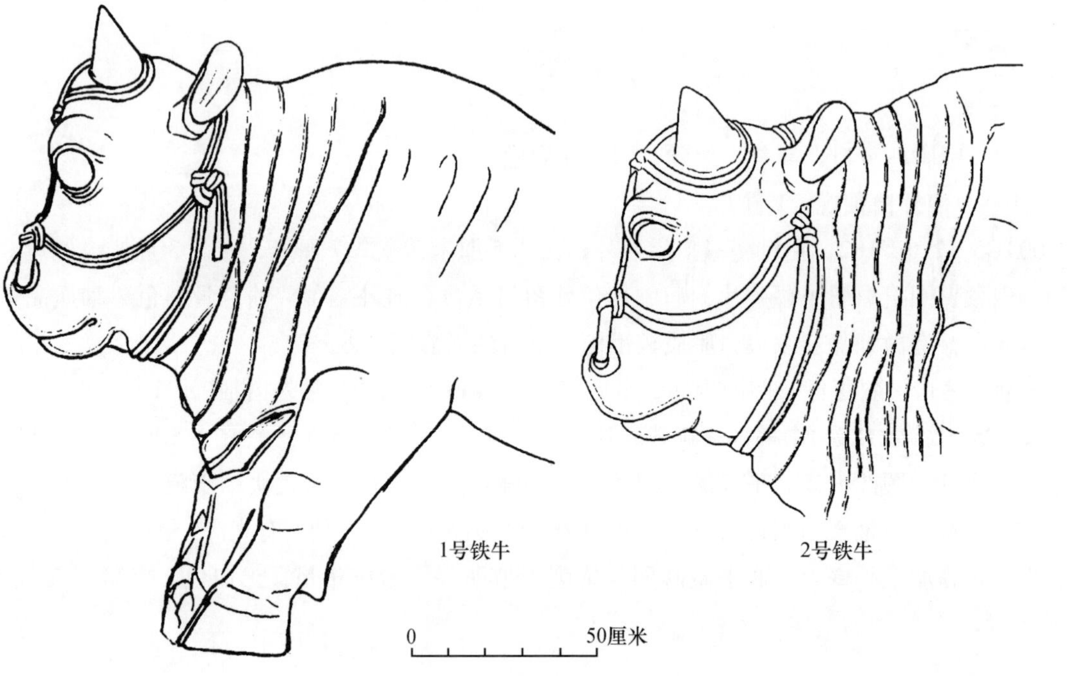

图三四　1、2 号铁牛头部

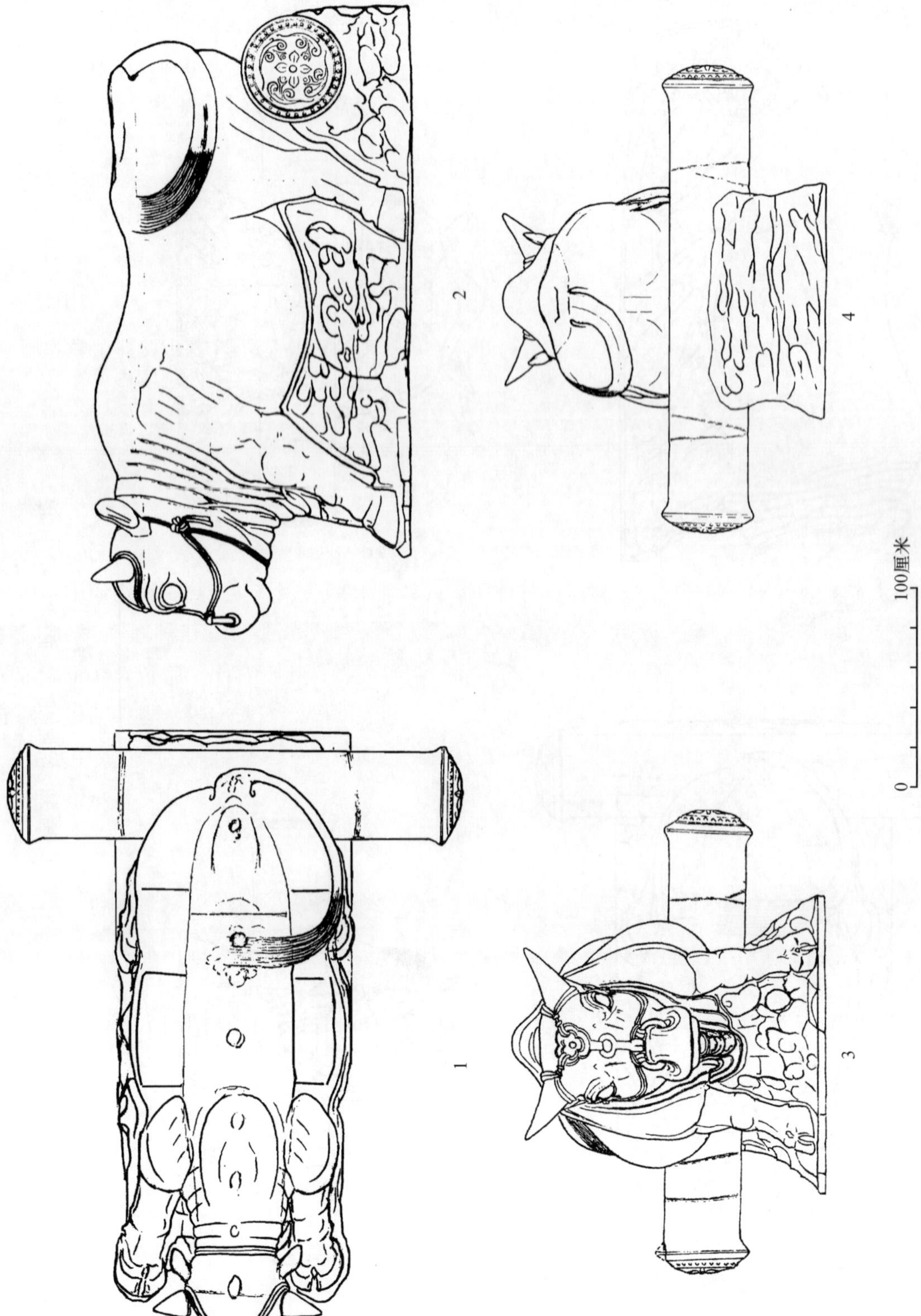

图三五　1号铁牛

1. 俯视图　2. 侧视图　3. 前视图　4. 后视图

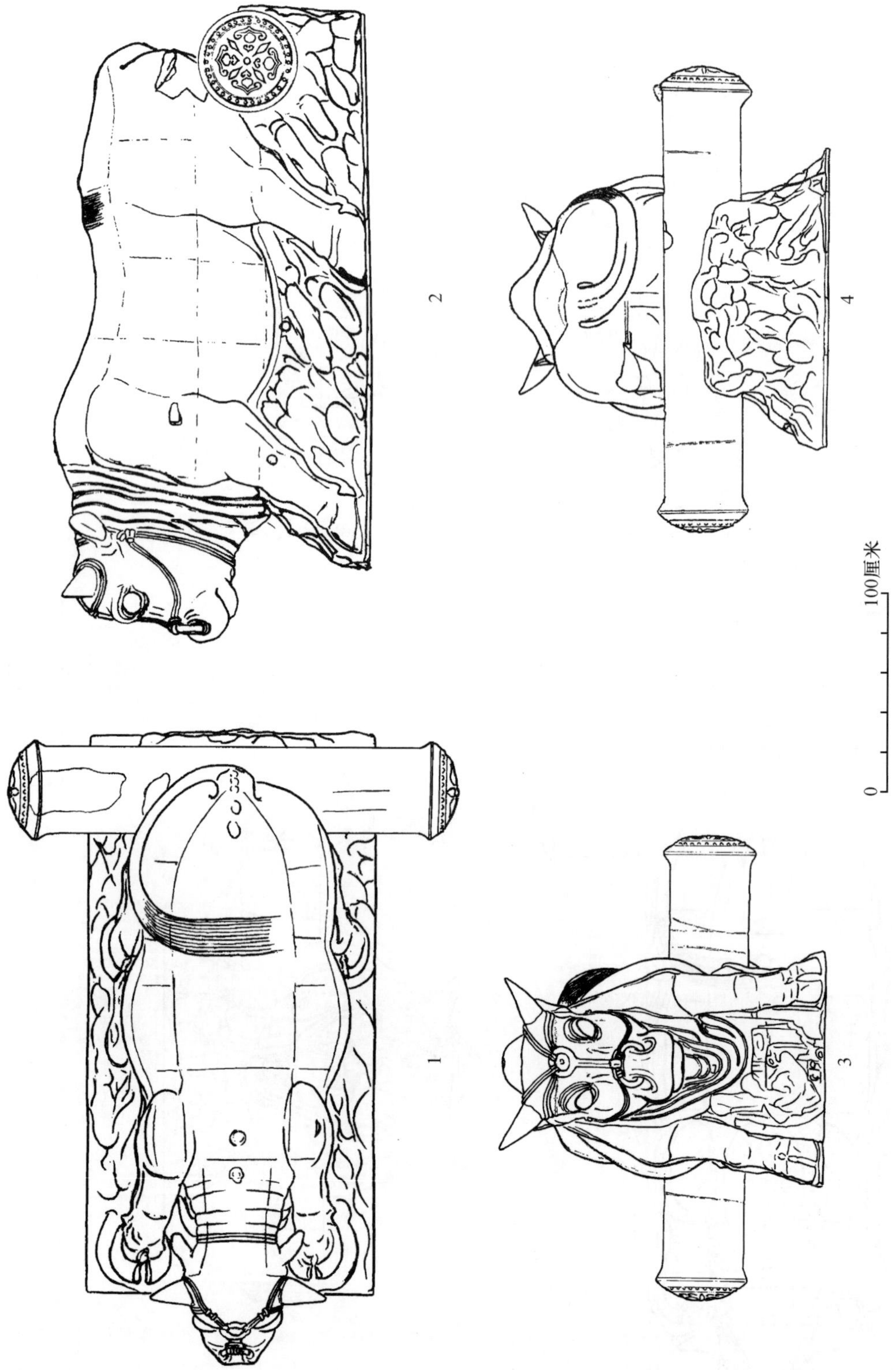

图三六　2号铁牛

1. 俯视图　2. 侧视图　3. 前视图　4. 后视图

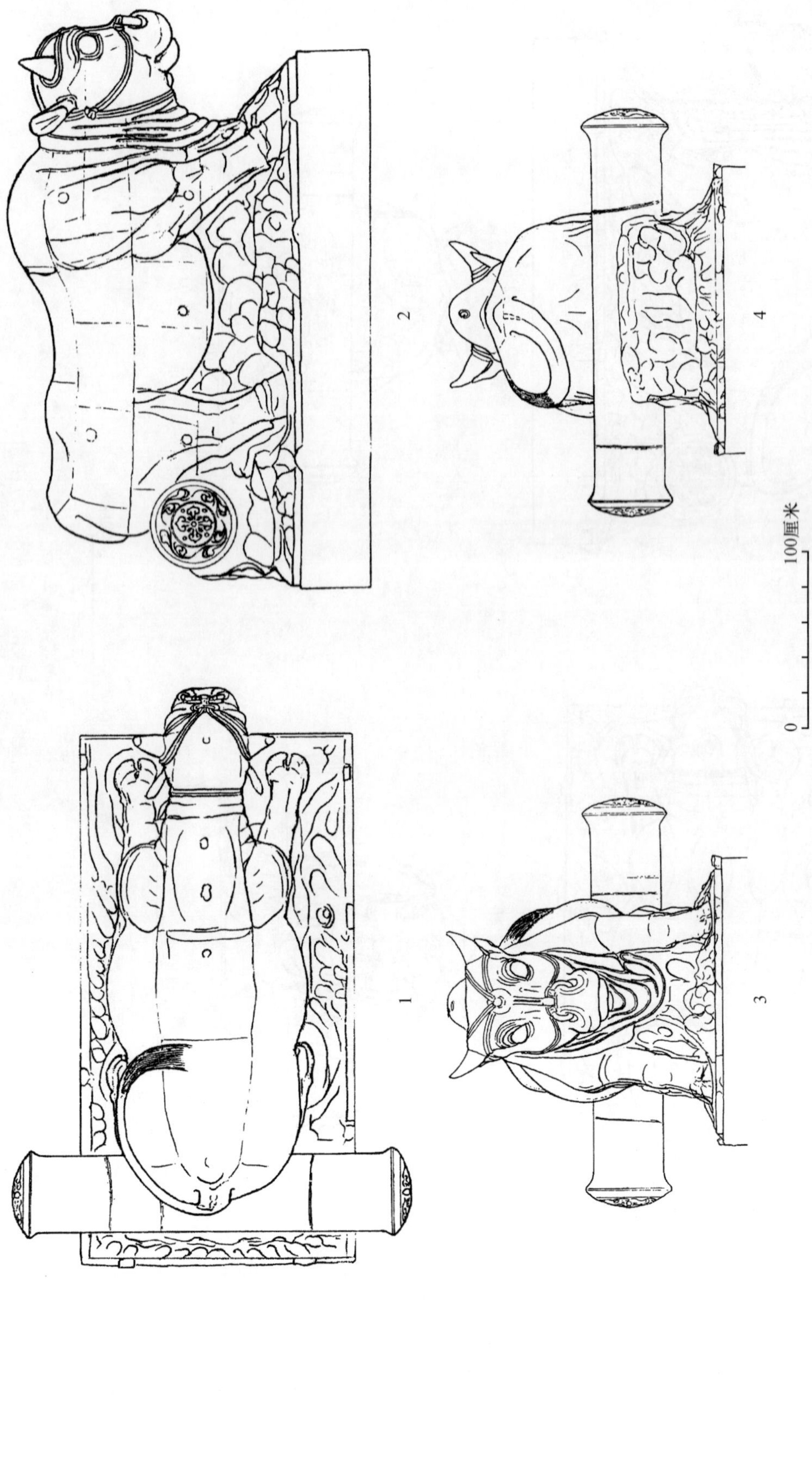

图三七 3号铁牛
1. 俯视图 2. 侧视图 3. 前视图 4. 后视图

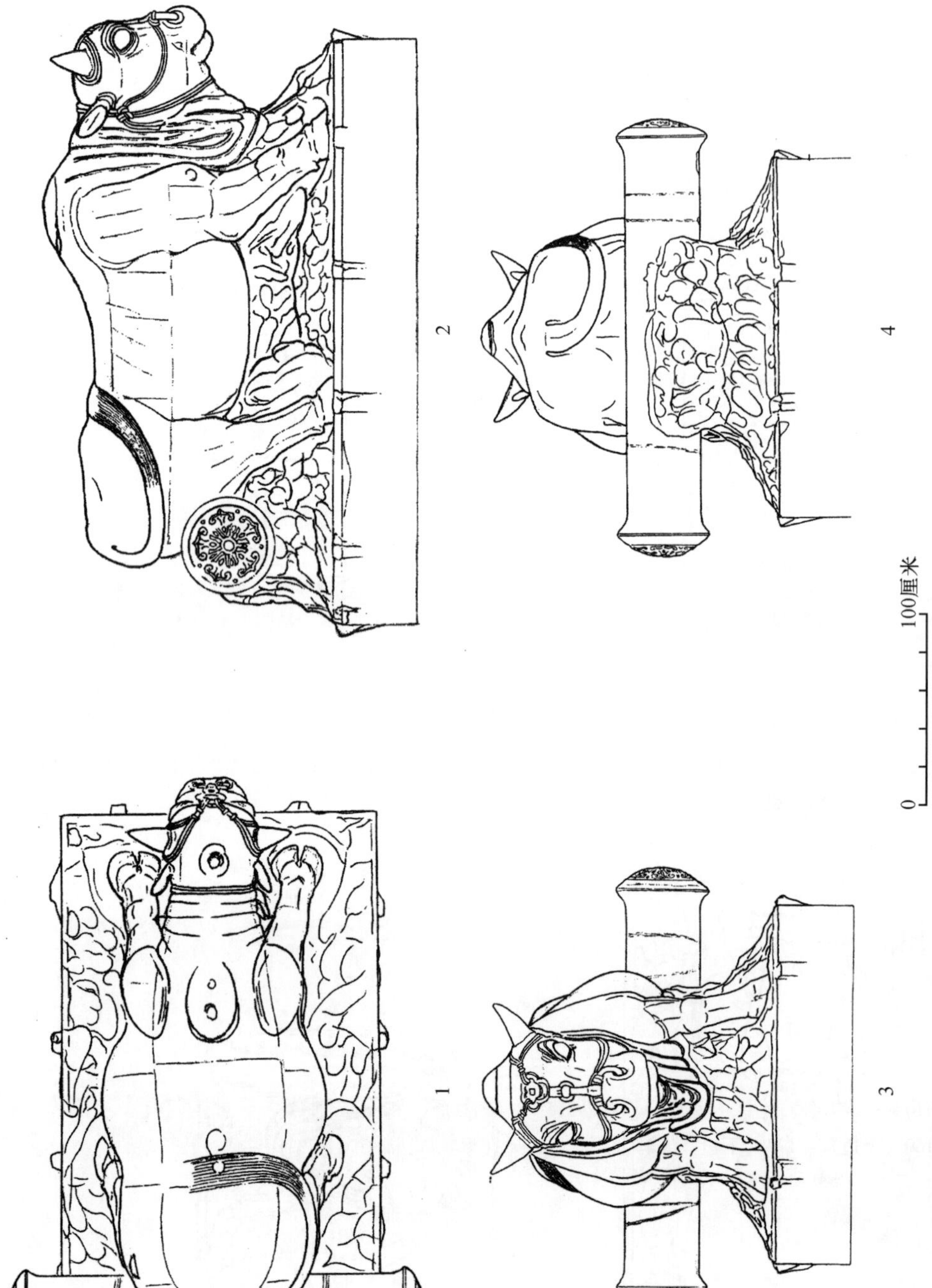

图三八　4号铁牛

1. 俯视图　2. 侧视图　3. 前视图　4. 后视图

表三　蒲津渡遗址出土铁牛尺寸　（单位：厘米）

项目	1号铁牛	2号铁牛	3号铁牛	4号铁牛
总长	316	322	325	330
牛长	300	305	300	300
牛宽（腹部）	109	122	115	125
腹部	左53、右56	左61、右61	左60、右55	左62、右63
角距	85	95	82	91
耳距	72	64	72	68
后轴棱部间距	212	205~210	213	208
后轴直径（周长）	43.6（137）	42.3（133）	44.6（140）	42（132）
底座长	273、264	285	308	310、315
底座宽	120	150	160	190
锚柱长	380	380	360	360
锚柱直径（周长）	40（126）	40（126）	44.2（139）	41（129）
出脚长、宽	30×15	30×15	30×15	30×15

注：

铁牛总长统计情况（总长统一为牛身长加尾后至底座后边沿尺寸）

1号牛

牛长300，底座长273（左边）~264（右边），宽120。

牛尾至后座边沿16，牛头鼻部出前座残边40，总长313~304，或316。

2号牛

牛长305，底座长285，宽150（前148~后150），后边由左至右127处边角断裂缺失。

牛尾距底座后边17，牛头出前边沿33，总长318，或322。

3号牛

牛长300，底座长308，前后座上下规矩宽160。牛头出前边沿22，牛尾距后底边25。总长320~330，或325。

4号牛

牛长300。

底座：左边310+8（前冒口）+7（后冒口）；右边315+8（前冒口）+7（后冒口）。

座宽：前宽160（上边）~177（下边）+8（前冒口）+8（后冒口）计176~193；后宽177（上边）+8（前冒口）+8（后冒口）计193（冒口为浇注时留下的气孔）。

牛头出底座前沿21，后尾距底座后边沿30。总长330，或321。

牛倾斜角度

1号牛（西北）　底板，牛前上翘，前后为10°，牛下柱35°。牛身南北倾斜为3°。

2号牛（东北）　铁地板牛前下沉1°，牛下柱18°。

3号牛（西南）　底板，牛前上翘，前后为12°，牛下柱45°。

4号牛（东南）　底板，牛前上翘，前后为10°。

圆柱体直径统计方面，牛后轴和七星柱量取周长。铁人下部柱桩和牛下部锚柱采用带锈计算周长，供参考。

牛下各有六根斜柱，形成完整的铁牛地锚的锚柱（图三九、四〇）。后轴头图案各不相同（图四一），锚柱气势磅礴，坚固实用（彩版二一）。

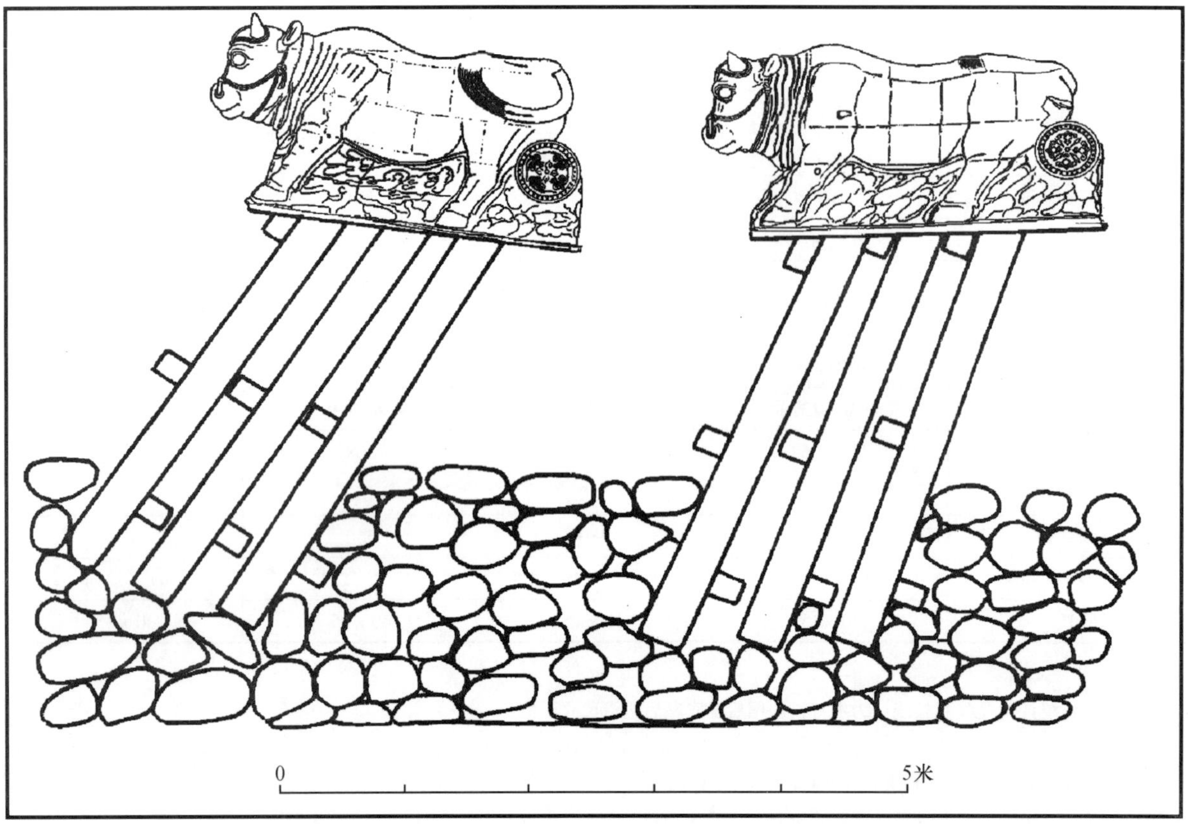

图三九　1、2 号铁牛锚桩侧视图

图四〇　3、4 号铁牛锚桩侧视图

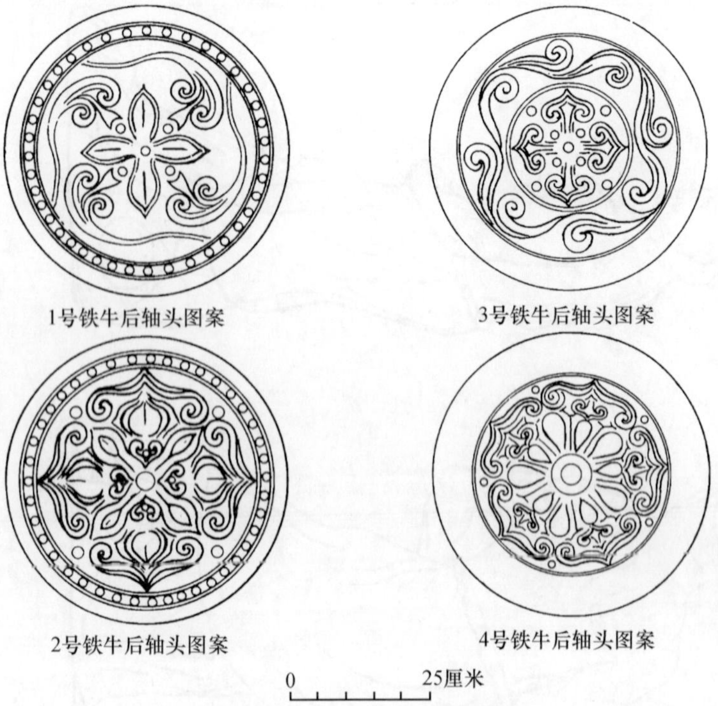

图四一　1~4号铁牛后轴图案

2. 铁人

每尊铁牛外侧各有牧牛铁人一尊。地表人像高约190厘米，埋于地下部分130厘米（彩版二二；表四）。每尊形象各异，“或作先牵，或作回叱。其面目意色，各宛然肖发”。1、2、3号铁人均袒胸赤膊，下身系围裙（图四二~四五）。从2、3号铁人围裙的错缝可清楚看出这种极简单的装束，2号铁人围裙叠错缝在左侧腿边，1、3号铁人围裙叠错缝在前档部位。4号铁人的服饰是典型的唐人服饰，头上戴前踣式幞头，襕袍，文官形式（图五七）。4号铁人襕袍领口明显左领翻折于前胸，右领翻折帔于后背，腰间系带，袍的前襟掠起掖在左侧腰间，襟角垂于左腿外侧，右袖脱出斜拢在右侧腰间，为半臂袍。袍内穿无领半袖“背子”，也称半臂。铸造时遗留的模范接缝被误认为翻领。内身着长袖衫，袖口挽于小臂。足穿尖足靴。右腿支撑，左腿向前迈出，左臂屈折于前胸，右臂抬起贴于胸侧，左右两手握拳于身侧，作向前着力状。将唐代小吏的服饰形象逼真地展现出来。

表四　蒲津渡遗址出土铁人尺寸　　（单位：厘米）

项目	1号铁人	2号铁人	3号铁人	4号铁人
总高（地上部位）	185	190	185	203
人高（包括头发）	183	188	183	195
人宽（肩部）	62	52	57	62
身下柱高、直径	140、30	140、30	140、30	140、30

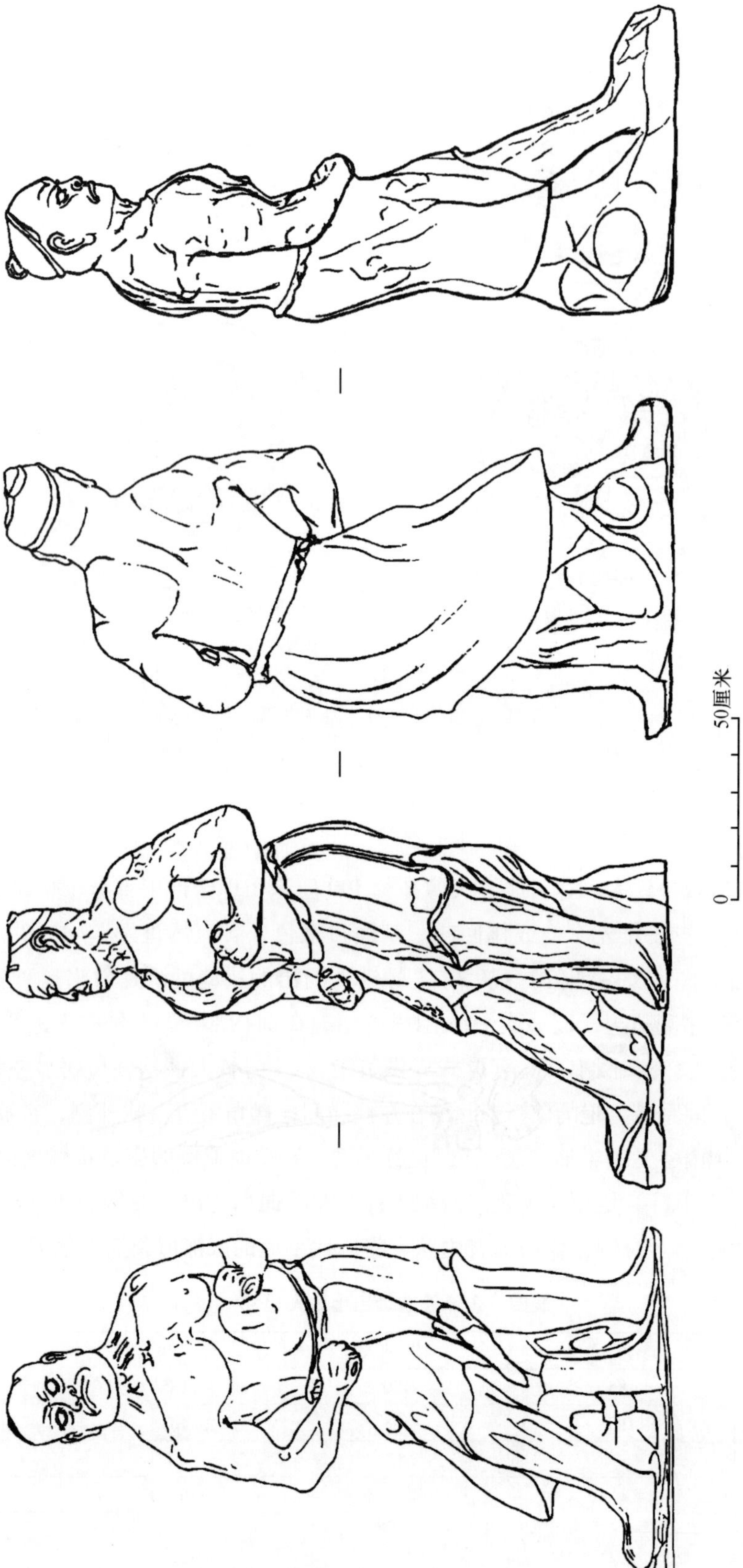

图四二　1号铁人

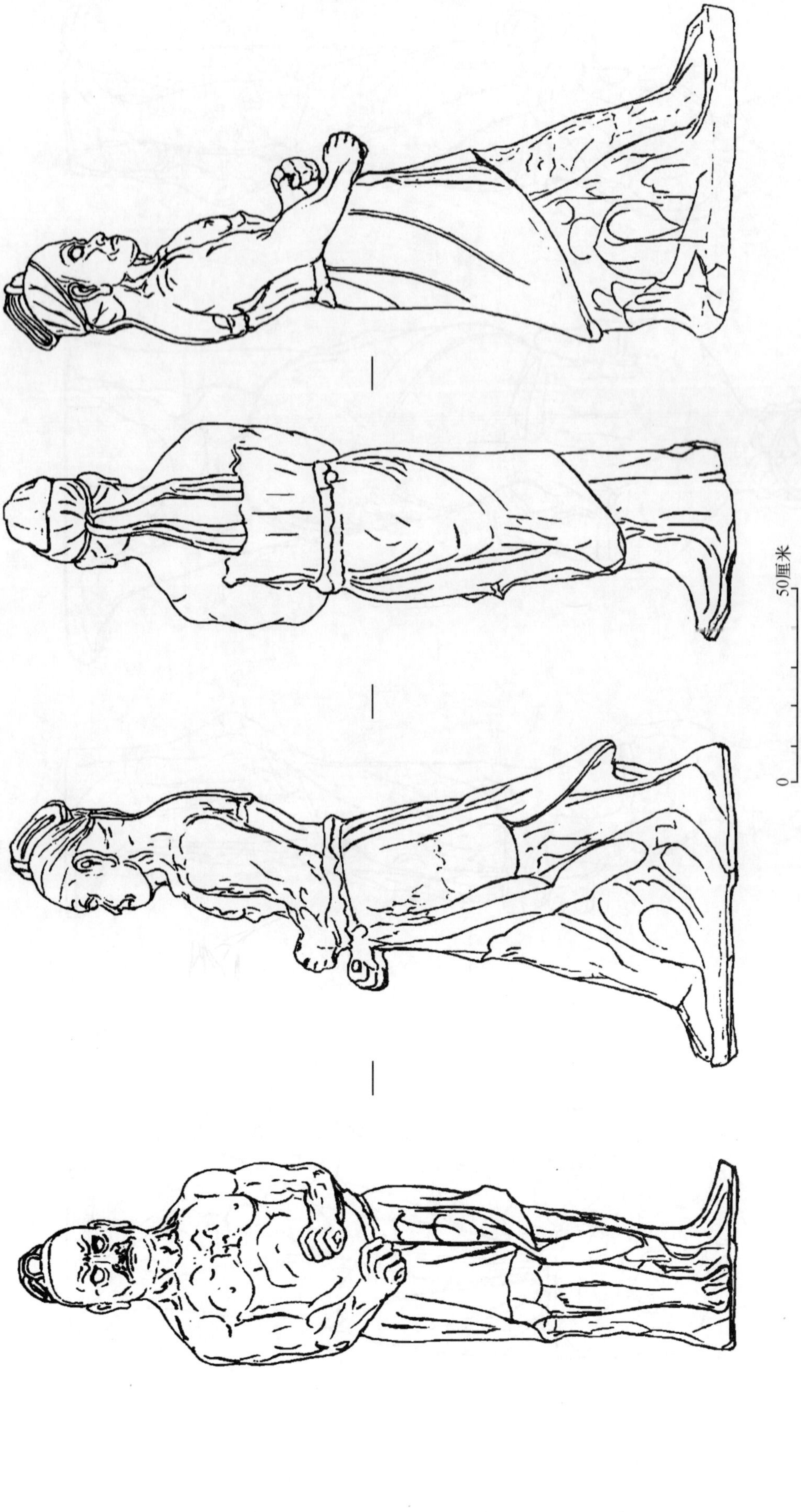

图四三 2号铁人

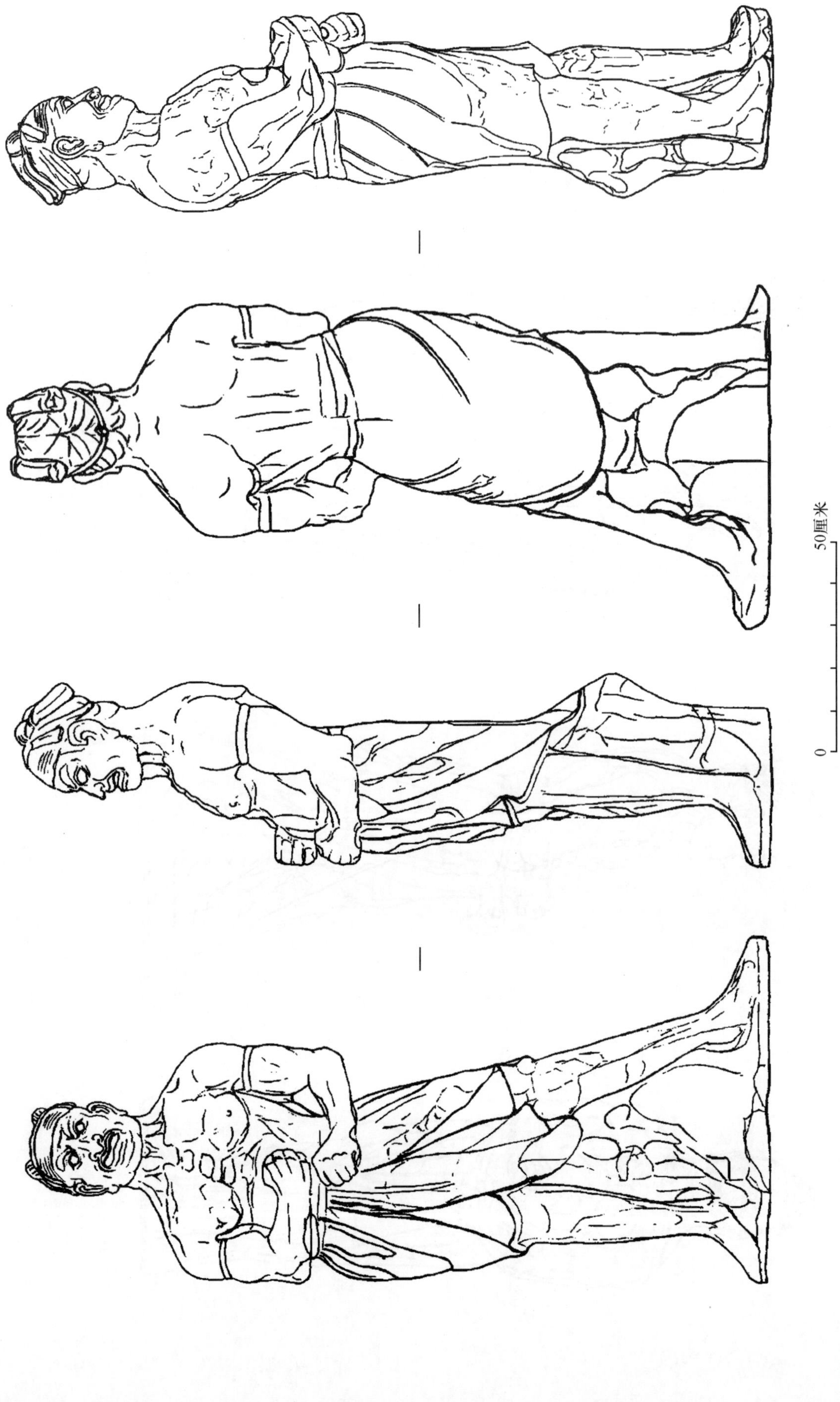

图四四　3号铁人

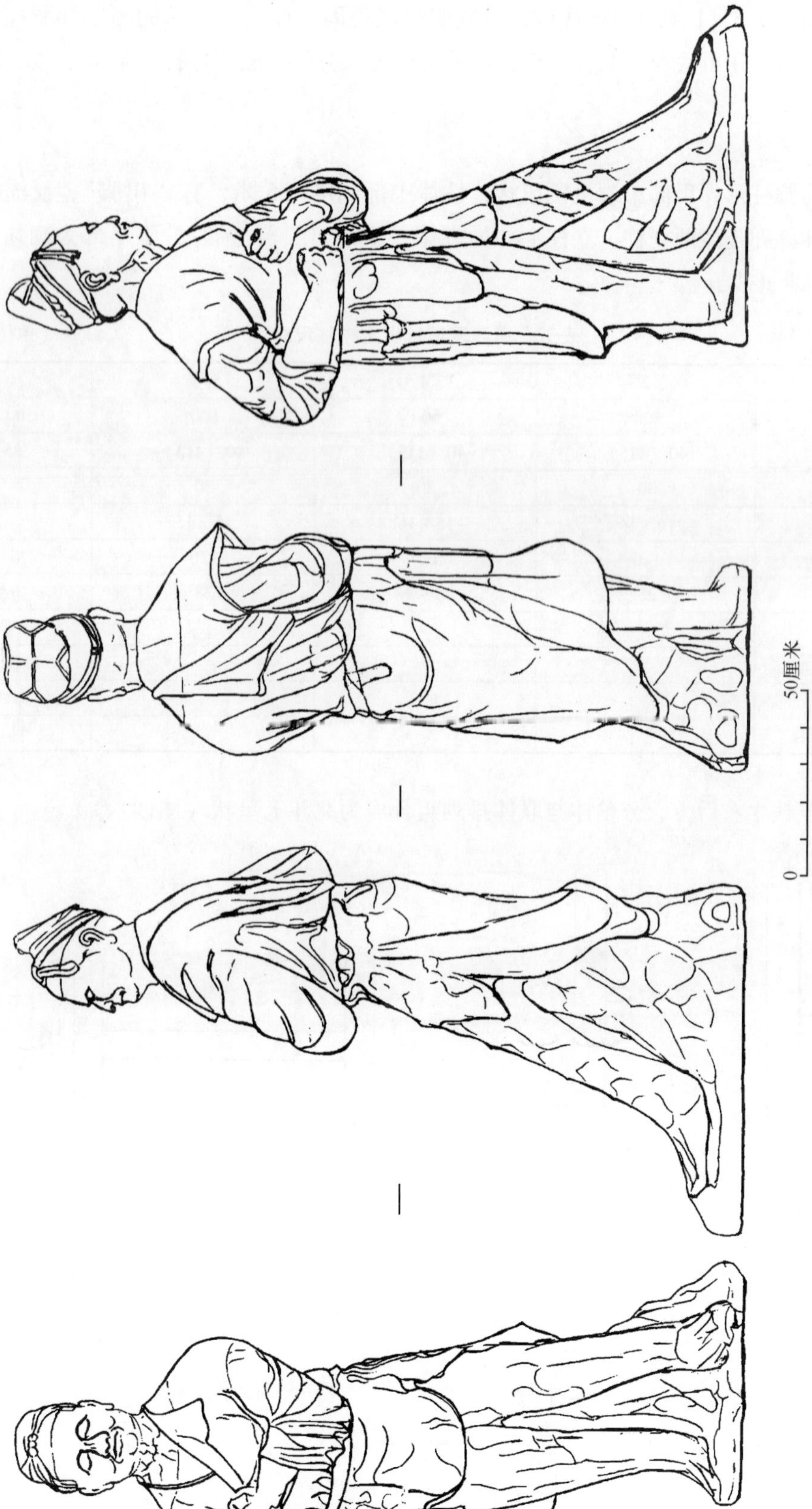

图四五 4号铁人

铁人下部均有1.3～1.4米的铁柱桩，以利于埋藏稳固。埋铁人下部的固定柱所挖的坑，上部呈圆形，开口较大，用石块与土混合填筑，坑的下部为长方形，底部夯打（彩版二二，2）。

3. 铁柱

单体铁柱为圆柱形，顶部束颈呈桃钮状，柱体中部间隔1.5米，有“出脚”，反向排列。联体铁柱为一圆柱体榫卯连接两立柱，立柱上部为方体，顶部如“覆斗形”。下半部为圆体，两柱分别反向饰有“出脚”（表五）。

表五　蒲津渡遗址出土铁柱尺寸　　（单位：厘米）

七星柱	1、2号	3、4号	5号	联体
长	600	600	600	500×2　372
直径（周长）	40（115）	40（113）	40（113）	35（112）
出脚长	30	30	30	30
出脚高、宽	16×14	15×16	15×15	15×16
出脚反向间距	120	120	120	横柱长300
桃型柱头（高）	28	28～29	28	方型长160
				覆斗高10
				横柱上距顶95
				卯口30×13
				榫口26×9

铁柱分布于铁牛右后方，分单体与联体排列组合成为北斗七星状（图四六）。

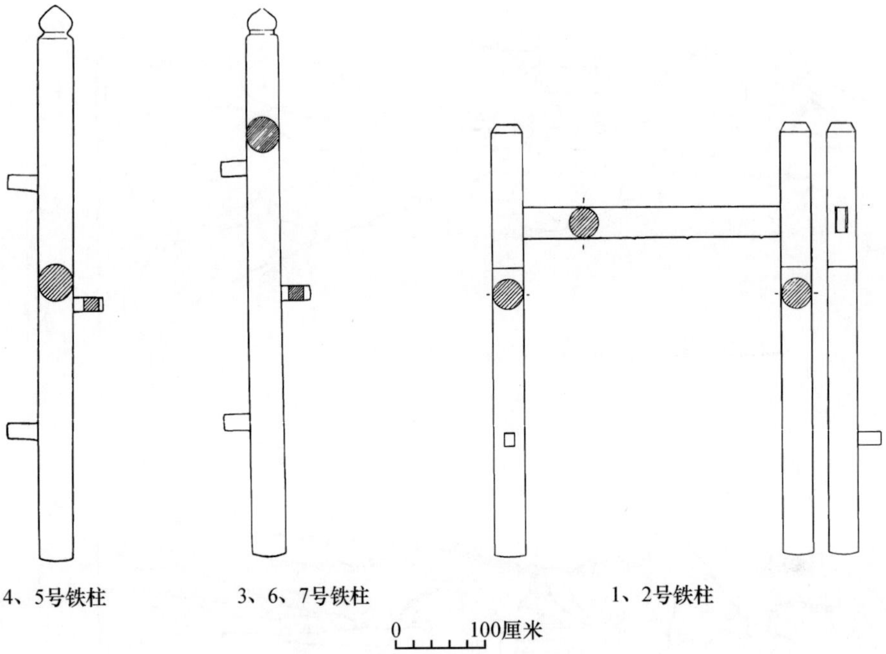

图四六　铁柱分体图

4. 铁柱墩

铁柱墩四个，高矮两式，柱中部有双向穿孔，亦可见磨损痕（图四七；表六）。

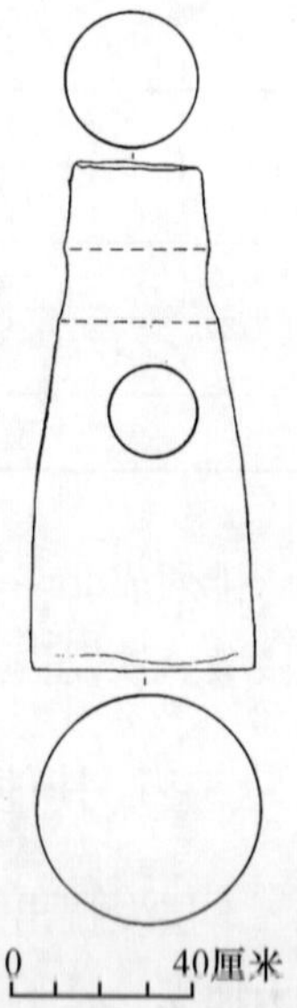

图四七 铁柱墩

表六 蒲津渡遗址出土铁柱墩尺寸 （单位：厘米）

项目	1号铁柱墩	2号铁柱墩	3号铁柱墩	4号铁柱墩
高	110	78～80	50	76
底直径（周长）	50	40（126）	40（137）	50
顶直径	29	33	31	30
孔直径	20	15	15	13
距顶部	19	19	残断	20
距底部	48	25	26	15

5. 铁山

铁山两座应有一定使用价值，山峰谷间有磨损痕迹，内中空（图四八；表七）。

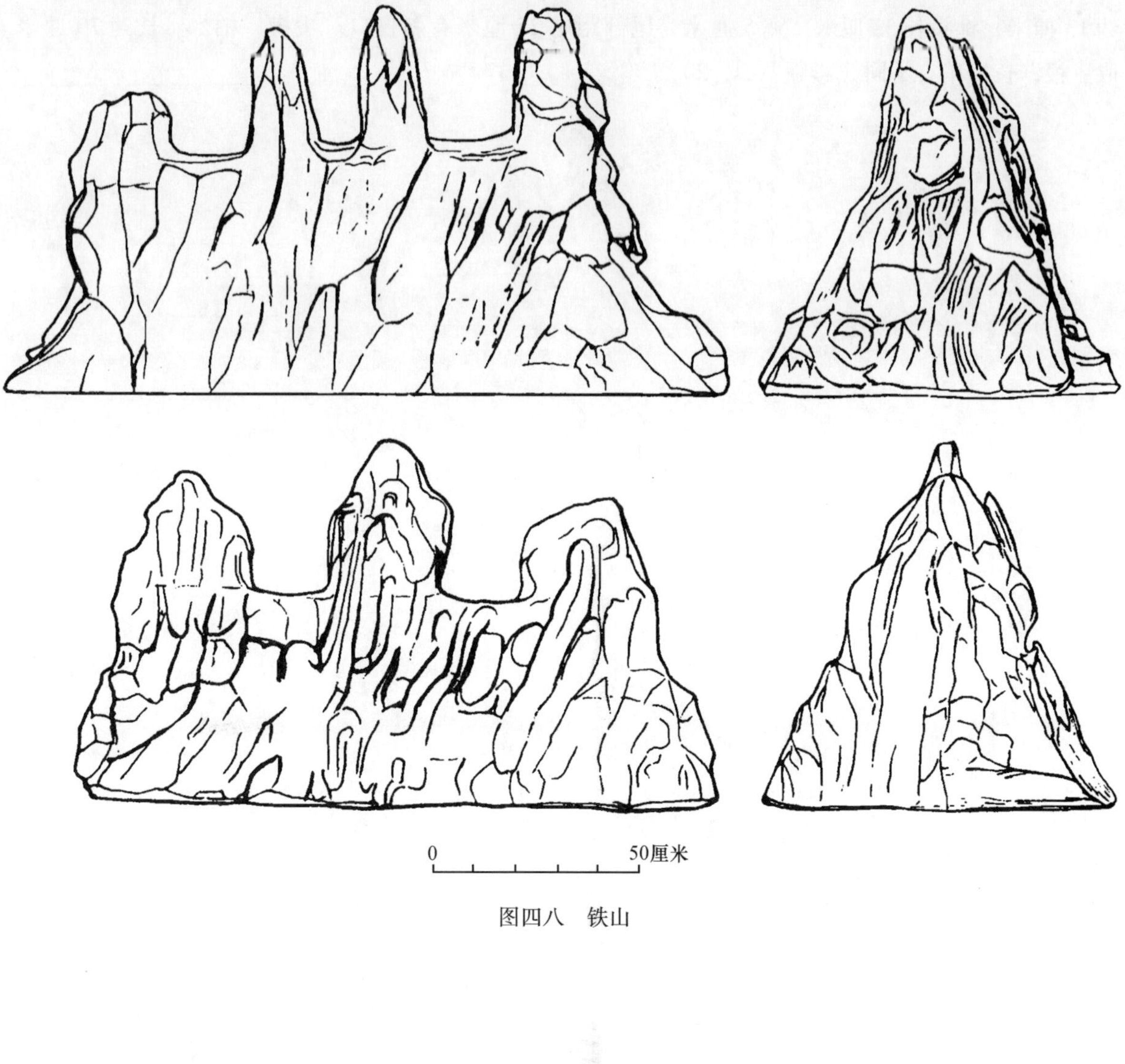

图四八 铁山

表七　蒲津渡遗址出土铁山尺寸　　（单位：厘米）

项目	1 号铁山	2 号铁山
长	174	155
宽	88	87
高	90	87
壁厚	25 ~ 30	25 ~ 30

排列成北斗七星状的铁柱七根，五根单立，两根横连。斗口朝西，斗柄指北。两座铁山，四个铁柱墩。铁器群总重约 300 余吨。

（三）其他

本层发掘出土道路、加固路边的护路木桩和版筑用板（两木桩之间的木板），以及路面加固的横木加楔，是不可多得的工程实物例证。

TG5 出土加固路面遗物（无编号）：护路木桩，柏木。卯榫部残断，残长 310 厘米，直径约 13 厘米，下尖，周边削棱。榫口长 17 厘米，宽 5 厘米（彩版一九，2）。护路木板，长 2 ~ 3 米，宽 15 ~ 25 厘米，厚 3 厘米，宽窄弯曲不等（彩版二〇，1）。木桩横拉加固木，柏木。长 330 厘米，中部直径约 13 厘米，榫头长 32 厘米，宽 5 厘米，尾部距尾 25 厘米有斜楔口。尖楔，柏木。长约 70 厘米。取三根，长短稍有不同（彩版二〇，2）。

第五章 北宋时期

第一节 文化分期

各探方的第8、9文化层属于北宋时期地层。其中的第4文化层为基础的文化层中出土瓷器和钱币均显示出北宋时期的特征。

第4文化地层被揭示时，在距现地表6米以下发现8B层宋代地层围护桥头的拱卫石堰。宋代晚期蒲津渡遗址路面8A层距现地表约7米。宋代桥梁使用通道为东西向道路。第9层宋代中期路面距现地表约8～9米，呈北高南低走势，铁牛移放位平面距现地表约8米。8C层可见开掘基槽，铺筑石块基础，堆放胶泥土加固地基，而后开挖置牛坑位及周边排水工程设施（图二七）。出土的瓷片多为白瓷圈足碗、豆绿色的印花青釉瓷（宋代耀州窑瓷），按照考古时代依从晚期器物，这层地面遗存及使用年代应属于北宋时期。

发掘区域的西部由于被6A层明代修筑石堤坝打破，在1、3号铁牛的西部呈现6B、6C明代扰乱层。西北部位被第7层金代房基打破覆盖。第二次发掘时因连年天旱，黄河滩水位有所下降，但四周若不抽水，遗址仍然被没于1米深的水中。为保证搞清铁牛下部的结构和地层情况，采用了连幕式排水井点控制水位。挖沉箱控水保证了考古发掘工作的正常进行，发掘清理出第8层宋代蒲津桥桥头遗迹。南北两组铁牛间发掘清理，发现第8A层叠压着东西方向L2/a层卵石铺路面，可以确定这是桥在使用期间上桥之路面。在第8层埋填铁牛的宋代地层，发现铁牛地锚复修安放时的排水工程、锻造作坊炉火遗迹等。铁人为二次埋藏于宋代地层中。北斗七星状铁柱亦为二次埋藏于宋代地层中。铁山无根基，内中空，状似将军帽。

在铁牛锚柱的清理中发现铸造痕迹，冶铸残陶范模块及铸造加热保温工艺遗迹，铸造铁牛时支撑大型模具的钢筋板架。

发掘中发现桥梁工程中的铁牛下部柱桩的斜度在35°～45°，符合工程力学受力最佳角度。柱桩均在1.5米左右距离出现反向伸出的“出脚”，保证了柱桩的稳固性，增大了前后、左右、上下活动的阻力，保证了上部铁牛的稳定、坚固。

重要发现：第9层为北宋时期基础地层，是蒲津桥重建恢复时的活动层面；第8层多为人工堆积，是复修铁牛时的工程台面，遗留有宋代加固桥头地锚的工程遗迹，如胶泥夯筑基础、地锚埋藏坑、砖砌排水槽、铁牛地锚复位后填实加固桥头遗迹。出土有唐代格砖、典型宋代瓷碗等。此地层的时代是此次发掘的关键地层（图四九）。

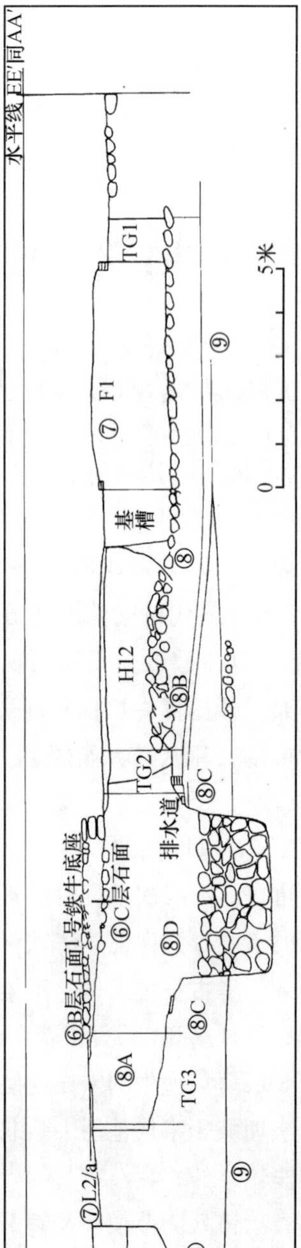

图四九　第二次考古发掘遗址南北剖面图

时代确定：上下层位叠压的埋藏物件和牛下锚柱顶端出土木板经^{14}C测定年代相当于北宋（1020～1120年）。第8层中出土的最晚钱币宋代“太平通宝”、“景德元宝”和大量宋代典型瓷器残片及建筑材料用砖尺寸、纹饰特征等，以及第9地层出土“景德元宝”钱币证实，铁牛二次搬迁移动为北宋时期。据史书记载北宋治平年间（1064～1067年），怀丙和尚完成捞铁牛，复修蒲津桥均在此期间。

第二节　北宋文化遗存

一、文化遗迹

（一）房址、灶坑

1. Z1

Z1处在TG1的中部，灶面处在第9层，该灶的火门位于探沟以外（图二六、五〇），在TG1中现暴露的只有火塘部分。整体形状呈椭圆形，长0.9米，宽0.6米，残高0.15米。火门朝北，烟囱向南。火塘底部较平，火塘长0.55米，宽0.4米。烟囱宽0.1米。灶的西边有一层炭面，厚0.04米。

Z1位于北宋时期活动层面，应为宋代移动铁牛、修筑蒲津桥工程时期所为。

图五〇　Z1发掘情形

2. Z2

Z2位于TG4东部，Z1的南边，与Z1相距0.6米（图二七、五一）。

图五一　Z2发掘情形

Z2是在第9层面上修建，由石块垒砌筑成。南北向，火门面西，烟道朝东。灶台呈长方体，南北长1.75米，东西宽0.85米，残高0.35米。

灶坑呈不规则圆形，口径0.5米，深0.25米。灶坑的东西两侧各有一个宽0.3米的豁口，西边豁口有一块单砖夹立于豁口之间，砖下部与灶坑底部有0.08米的空隙，砖面向西的地面上有长0.3米，宽0.2米的棕褐色烧结面，判断该灶的火门位于西面，上述的砖下空隙可能是风道。东边豁口的砖已塌入坑底部。

根据灶坑壁部烧烤程度看，该灶使用时间不长。

图五二　Z3 发掘情形

3. Z3

Z3 位于 TG4 北部，Z2 的东边，二者相距 0.8 米左右（图二七、五二）。

Z3 暴露于第 9 层面，根据残留迹象，该灶呈长方体，不规则石块垒砌，长 0.75 米，宽 0.65 米，残高 0.2 米。灶坑内径长 0.4 米，宽 0.3 米。在灶坑中间有一个长方形炉灰坑，长 0.15 米，宽 0.12 米，深 0.15 米，底部略比口部大。灶坑内北、西、南三面壁上都有瓦片，而东边向外延伸，经解剖，向东为宽度 30 厘米斜坡状地下风道，外壁有 2 厘米厚的红烧土，烧土外有 3 厘米厚纯净黄褐土泥包裹。从灶坑壁的烧结面看，第一，火大火温高；第二，使用时间较长。在灶的东边，遗留的黑褐土中包含大量的炭块、木炭块。

在 Z3 的西边和北边残存有曲尺形残墙，在南边残存有砖基。北墙残存长 2.5 米，西墙残存长 3 米，屋南北长约 4 米，东边不详。房屋的基础部分由砖与石头排列砌筑（彩版二三，1），或许是施工中作坊的临时性建筑。

（二）道路

从第 7 层开始，在两组铁牛之间，出现一条宽约 6 米的东西向道路堆积，编号为 L2。L2 跨越了第 7～10 层。其中第 8 层厚约 2.5 米，分为 7 小层，为北宋时期堆积地层；第 9 层厚 1.3 米，分为四小层，为北宋时期复修蒲津桥时期地层。

由 T2 和 TG3 解剖第 8 层可知，L2 共有 5 小层，分别为 L2/a～L2/e 层（图二〇、二五；彩版二三，2）。

L2/a 层：东西向，该路面在 L2 中出现，清理出其路面宽约 6 米，与 L2 位置、方向相同。厚 0.1～0.2 米左右，由黑色黏土组成，结构紧密，质地较硬。路面上有一条车辙印痕，宽 0.1～0.18 米，深 0.08 米。该层路面中没有发现遗物。

L2/a 层与 L2/b 层之间为 8A 层堆积，有道路痕迹，为工程期间短期行为，不再单独分述。

L2/b 层：东西向，该路向西边延伸至 T2 中，TG3 中没有发现拐弯痕迹，路土呈黑褐色，其结构紧密，质地坚硬，路土层中有铁锈黄痕迹。路面上有一条东西向的车辙印痕，宽 0.18 米左右，深 0.05 米。路土厚 0.1～0.25 米，在 TG4 中，该路面西南边薄，北边厚。

L2/b/Ⅰ层：淤积沙土，厚 0.1～0.3 米。结构细密，质地较硬，没有包含遗物，出土有瓦片。

L2/C 层：东西向，黑褐土，坚硬密实，厚 0.2～0.3 米。小石掺杂。

L2/a～L2/c 层为同一条路的叠压情况，体现了道路被使用、淹没，再使用、再淹没，再使用的演变历程，讲述了该路是通向蒲津渡桥的交通要道这一历史事实。

通过 TG5 的解剖，发现此层的 L2 共分四小层（L2/d→L2/d/Ⅰ→L2/e→L2/e/Ⅰ），厚约 1.3 米，亦为北宋时期东西向道路遗迹（图二八；彩版二四，1）。

活动面：

在TG4的第9层发现褐色硬面（图四九），它与TG1中Z1边面相连，此层面出土Z2、Z3、房屋基础等，遗物有陶钵、灯盏、青瓷圈足碗和白釉瓷碗残片。

（三）灰坑

本层中灰坑9个，可分为不规则灰坑和工作遗留灰坑两种。不规则灰坑多为宋金时期垃圾坑，主要有H3～H6。工作遗留灰坑有H7、H9～H11、H15。其中，H15是位于4号铁牛东南部的大灰坑，出土宋代钱币较多。

1. H3

位于T1的北部，两组铁牛之间路面的南边（图五三，1）。坑口处在6C层石头下，坑的西部被6E层打破。在T1中呈半椭圆形（斜三角形），东西2.6米，南北1.4米，底为斜坡状，深0.9米。坑内填土呈棕褐色，其结构疏松，质地较软，土中包含有木炭粒。出土物有青釉印花瓷片、白釉黑花罐、黑釉圈足碗、黑油滴釉碗等。在该坑的底部有一块长0.7米、宽0.5米的黑色黏土堆积，厚0.4米，经清理为一块积砂堆积。出土有铁渣、琉璃、烧过的砂、红烧土块、带“官”字的砖。联系周围地层，该坑为宋金时期坑，其用途不详。

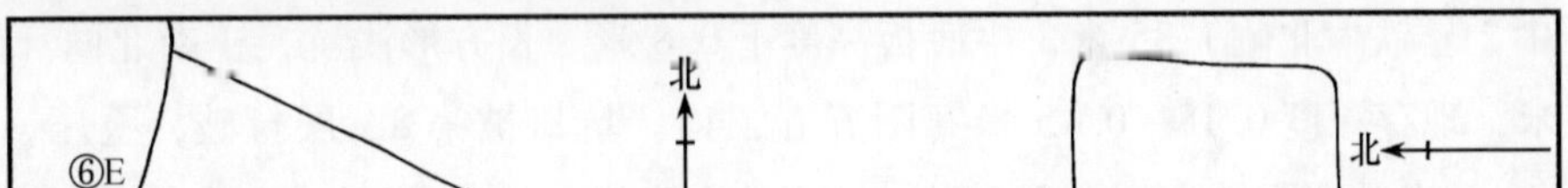

图五三　H3～H7平、剖面图

1. H3　2. H5　3. H4　4. H7　5. H6

2. H4

位于 T1 西边，3、4 号铁牛东南侧约 1.4 米，呈长方形（图五三，3）。开口在牛底板高度下 0.4 米，坑口打破 8A 层，长 1.1 米，宽 0.6 米，深 0.5 米。填土堆积由大量的琉璃、范砂、铁渣组成。

3. H5

位于 3 号牛南侧，呈长方形，在铁牛底板高度下 0.6 米，长 1.2 米，宽 0.8 米，深约 1 米。被第 7 层碎砖层打破，有砖瓦碎片，无其他出土物（图五三，2）。

4. H6

位于 T1 西边，3 号铁牛北侧 1 米左右。牛底板高度下 0.6 米。灰坑呈长方形直壁平底状，长 0.9 米，宽 0.7 米，深 1.1 米（图五三，5）。坑内填土呈浅褐色黏土，结构紧密，质地较软，土质杂乱，包含有水锈斑点、木炭粒。出土物极少，有炭块及白瓷盆、黑褐釉碗、黑釉罐等瓷片。该坑开口在第 8 层的宋代时期。用途不详。

5. H7

位于 T2 中 2 号铁牛北侧 1.35 米，牛底板高度下 0.8 米。长方形浅坑，正南北向。南北长 1 米，东西宽 0.82 米，现存深度 0.18 ~ 0.45 米（图五五，4）。坑口被第 8A 层打破，叠压，开口距 2 号牛底板下平面 0.8 米，底距铁牛下平面 1 米。坑内从东向西一次性堆积，为浅黄褐色含沙土，包含遗物有泥质灰陶、绳纹砖块、布纹筒瓦和板瓦、黑釉粗瓷缸残片、黑釉细瓷碗残片、炼渣等。根据出土遗物判断为宋代。为工作遗留自然坑，后被填充（99T1H7 与 00TG4H9 为相连接灰坑）。

6. H9

位于 TG1 东部，与 H10 相邻，H9 在 TG1 中暴露局部，坑的南、北两边均在探沟外（图二六）。位于第 7 层 L1/d 层黑土路面下 1 ~ 2 米。H9 在探沟内呈不规则喇叭口形，斜坡锅底状，坑壁及底部未作加工；坑口在探沟中 1.05 ~ 2 米，深 0.65 米。填土呈褐色，泛黑，其结构疏松，质地松软；坑底部有一层炉渣，土中包含有炭块和炭粒、小砖块、小瓦片，出土物有陶范（残缺）、铜钱（残缺不清）、黑釉瓷碗片、黑釉瓷缸。另外在清理过程中发现很多兽骨。根据 H9 内填土判断为生活垃圾坑。根据出土物判断时代属于宋。

7. H10

位于 TG1 中部偏东，F1 东边，与 T2 结合处。H10 在 TG1 中仅暴露了局部，南、北两边均在探沟以外（图二六）。第 6 层明代石铺路面下即见。呈长方形，东西长 2 米左右，深 0.7 米。南北延伸到 T2 内 2 米。斜坡状，坑壁及底部未作加工。填土呈灰褐色，略泛黑，其结构疏松，质地松软，土中主要包含木炭粒，出土物有玉璧底形白瓷碗、黑色釉平底碗、青瓷平底碗、黑色釉素面盆。根据出土遗物判断时代属于宋。

8. H11

位于T2东部，T3西部，分布于TG2东部（图二二、二三），坑口现于8A层下，在7A层黑土路面下即可见，打破8B层，坑口距铁牛底板下平面0.4米。上部为石块堆放，黑褐色土，含乱石块，土质软，现存深1.9米。口东西长5.5米，北部未到边。形状为口大，底小，斜坡壁。距坑口下1.3米发现柱3根，围绕坑南壁，沿东西方向排列。木桩直径0.15米，柏木质，判断为加固桩。出土遗物有黑釉瓷碗口沿，白釉瓷圈足底碗腹残片、圈足底、口沿，青蓝釉瓷片，泥质灰陶板瓦。应为宋代重新定位铁牛时的工程排积水坑。

9. H15

位于T1内（图二九），TG4南部，4号铁牛东侧，在TG4东壁下，一部分位于探沟以外。南北长6米，东西宽2.75米，深0.5～0.9米。开口于7A层黑土路面（L1/d），打破8A层。斜坡，北高南低，坑壁及坑底未作加工。南部与积水坑相连，被破坏。

坑内堆积青灰色土，其结构疏松，质地松软，包含大量的木炭粒。出土有钧瓷碗残片、青瓷碗残片、白瓷碗残片、黑釉瓮口沿、黑釉梅瓶残片。同时还出土了25枚铜钱，铜钱锈斑较厚，有一部分看不清字迹，可辨认出的有“咸平元宝”、“崇宁重宝”、“天禧元宝”、“元祐通宝”、“祥符通宝”、“开元通宝”、“皇宋通宝”等。根据其堆积判断应为宋代移动铁牛修复桥梁时期的生活垃圾坑。

（四）探沟

为解剖地层探索性的探沟有6条。TG1的灶坑遗迹发现于第9层宋代遗迹平面，牛坑的填土、垫土均在第9层以上。TG6清出铁牛埋藏坑的开口层面，确定了铁牛埋藏于宋代中早期地层中。尤其重要的是TG5发现从第9层宋代至第10层唐代的叠压路面，确定了蒲津渡蒲津桥的位置时代。

1. TG1

1.1　位置

位于遗址区北部，明代坝基东，面积1米×15米。方向正南北。TG1南壁顺F1北边墙体下切，东西向剖切房基北边基础（图二六）。

1.2　地层堆积与包含物

探沟内H9、H10叠压8A层，底层为第9层，内含Z1遗迹。

8A层：沙土层，厚0.5～1.5米，主要分布在探沟东部，西部被F1及石坝打破失痕。其结构细密，质地较软，本层较纯净，包含物极少，出土一小块炭。呈坡状堆积，东高西低。

第9层：黑褐色，厚0～0.2米，本层分布在探沟西半部，呈坡状堆积，东高西低，其结构疏松，出土物有瓦片、绳纹砖块、白瓷碗片，本层呈坡状堆积，东高西低。

第9层下的地层未作清理。Z1处在TG1的中部，灶面处在第9层下，该灶的火门处在探沟以外。灶在TG1中现暴露的只有火塘部分。

经过清理，结合多单位、地层出土遗物做出以下判断：第 9 层属北宋地层，8A 层为北宋复修蒲津桥头工程填土。西部有 8B 层石块堆积、七星柱埋藏坑。

2. TG2

2.1　位置

位于 T2 探方北部，面积 1.2 米 ×14 米，方向正南北，从明代石坝阶梯向东 14 米（图二二）。

2.2　重要发现

埋藏铁牛地锚时施工台面砖砌排水槽，遗物有唐代格砖，瓷碗口沿，腹部残片。

2.3　地层堆积与包含物

8A 层：厚度 0.1 ~1.9 米，黄细沙土。为台地堆积层，布满全方和四邻相连结，下平线距 2 号铁牛下平面 2.65 米，土质坚硬，夯土包含遗物有泥质陶器、盆口沿、器物底、板瓦、筒瓦、黑釉瓷器底。西南部被 H11 打破，有木桩 3 根，直径 0.25 米，向下 1 米打破 8A、8B 层；用途判断为加固地基，同为北宋时期。

8B 层：厚 0.4 ~0.7 米，土石块堆积覆盖探沟东部，下部为 8A 层黄褐土堆积。出土物较少。为护卫铁牛地锚石围堰部分，西南部被 H11 打破。

8C 层：为复修蒲津桥，埋藏铁牛地锚时的工作台面，厚度 0.05 ~0.08 米。有东西走向排水槽，东西长 7.05 米，南北两排砖，间隔 0.2 米，每排高有 4 层砖，南排倒塌。东南拐角处有石头铺底，成出水口状。由东向南与 1、2 号牛坑南侧排水槽相连；西排砖在拐角处现存 0.15 米，判断为工程过程中损失或完工后拆除。出土遗物有黑釉碗、白釉碗残片，灰陶板瓦片，判断为北宋时期第二期填土。T302 出土有“泥人”残块。出土的瓷片多为豆绿色的青釉印花碗。

排水槽西南高东北低，在东北角出水口向东 2.8 米，有 H11 为当时积水坑；修筑排水槽的砖长 0.32 ~0.36 米，宽 0.16 ~0.185 米；厚度 0.05 ~0.06 米。纹饰有网格纹、绳纹。

本层土质坚硬，为夯筑土。共分三个台阶，上两层厚度 0.15 米；第三个台阶，厚度 0.85 米，判断为当时埋藏铁牛地锚周围的台基，叠压北宋时期地层。

8D 层：工作台面至铁牛锚柱下底平面，厚 1.35 米，本层为黄褐细砂土包含大量煤炭粒、炉灰渣。在下平面有厚约 0.01 米的炉灰渣，为两层分界线与锚柱底平。包含物有铜钱半枚、泥质灰陶板、筒瓦、器物残片。

2.4　时代判断

8A 层为宋代时期填土，属于北宋时期完工层面；8B 层为加固铁牛地基石围堰；8C 层为于北宋移动铁牛时期夯土台基，上层工作层面延伸向北连接第 9 层北宋时期地层；8D 层为牛坑内回填土石层。均属于北宋时期修筑桥头地锚工程堆积层。

3. TG3

TG3 位于 T2 东边，2 号铁牛的东南侧，面积 2 米 ×9 米，方向正东西。与 T2 连通，其目的是了解第 7 层 L1（南北向）以下各地层地貌和堆积特征（图二五）。

在第 7 层，南北道路与两组铁牛之间东西道路相交，遂解剖东西道路，逐层清理 TG3 至 8A 层面，关系清楚。在探沟南面发掘了1米宽，清理至深2.2米（距第7层地表）北宋时期的路面停止，共清理路面6个，地层堆积2层（第7层、8A层），灰坑1个（H16）。

4. TG4

位于遗址区中部偏东，方向正北，长27.5米，宽3米。它是以T1、T2东壁为基线作为TG4的东壁，向西留0.5米隔梁，向西扩宽3米；TG4北接TG1，横穿TG2、TG3。向南面的T1、T2内延伸，在2、4号铁牛东部发掘2米宽。两组铁牛之间保留3米（图二九）。

TG4发掘的目的是清理出贯穿遗址南北范围的地层，探究遗址内涵。

TG4的清理工作开始于第7层的路面，该路面是遗址区最先暴露出来的硬土路面，在99年清理出其范围。此为2、4号铁牛东边的一条南北向路面，宽4~5米左右，在TG1、TG2、TG3中均做过解剖工作。

TG4发掘以前路面地貌不平整，北部呈东高西低状，中部略平，南部呈北高南低坡状。在2、4号铁牛中间保留3米宽作为参考剖面，未发掘清理。

发掘的同时，起吊铁牛工程队做铁牛的支护工作，在互不影响工作的情况下，先清理TG4北部10余米（自TG1南壁起）。第7层东高西低呈坡状，且上有裂缝，形成上下错位，土呈黑色、结构紧密，质地坚硬，包含多种杂物，出土“十二生肖”花钱1枚。

8A层：黄沙土，人为堆积形成，厚1.5米左右，分布整个探沟，其结构紧密，质地较硬，土中包含极少炭屑，没有出土遗物。该土层在TG4的中部和南部可区分当时垫土层次，为稍加夯打；TG4北部则略次一些，层次不是很明显。

8B层：灰褐色土，略泛黑色，厚0.1~0.3米，其结构较密实，质地稍硬，包含很多木炭块和炭块，没有出土遗物。本层仅分布在TG4北部。

8E层：黄沙土，系一个淤积沙层，自身厚0~0.3米。结构紧密，质地较软，纯净沙土，没有出土物，仅分布于TG4北部。

由此向下清理至第9层活动硬面，该硬面与99TG1中的Z1在同一硬面，硬面被F1（房基）打破，所以我们作第一次扩方，自东向西将房基发掘1/2。发现房基下部8B层卵石堆积已将硬面全部破坏失痕。

TG4的中部，即2号铁牛东部及其东北部，呼应TG4北部第9层硬面和TG3底层路面L4。清理发现2号铁牛东边及其东北部第8B层有数量众多的石头块，且石头块个大。与它们相应的石头块向东西延伸，我们作第二次扩方以了解其范围，并且拆掉了小坝。经过清理，8B石头层在TG4西壁处失痕，主要被T2中H12打破。这些石头层形成了对铁牛地锚的弧形围护石堰。

TG4南部，清理至4号铁牛底板下胶泥夯土面停止。

8A层：厚0~0.45米，本层在探方的东南部没有分布，土色为浅黄褐片土，其结构紧密，质地稍硬。土中包含有木炭粒，未出土遗物。

8D层：厚约1~2米，该层分布探方大部，纯黄沙土夹杂胶泥土，结构细密，质地较硬，包含物极少，出土有瓦当，砖块等。

TG4 清理发掘的过程中，共清理地层堆积 5 个，第 7 层、8A 层、8B 层、8C 层、第 9 层。灰坑 8 个，分别编号为 H9、H10、H11、H12、H14、H15、H16、H17。灶 2 个，分别编号为 Z2、Z3。

5. TG5

上部 5 层亦为第 8、9 层，属于宋时期地层路面堆积（图二八；彩版二四）。

6. TG6

位于 2 号铁牛北侧（彩版二四，2），南北向排列，与 TG2 相交叉（图二三、三〇），底部与 1、2 号牛坑持平。南北分布不等。胶泥土夯筑构成，夯层 10 厘米。下层与第 9 层灰褐土相界，上部形成活动硬面，工程排水槽筑其上部。应该是复建铁牛地锚时，特意堆积加固形成的地基基础部分。

与 TG2 结合对照，确认第 9 层北宋地层、宋代蒲津桥地锚移位埋藏工程北部范围以及工程做法。地层分析前章已有记述。

（五）铁牛坑、铁人坑、七星柱坑及其他

1. 铁牛坑

在本层内的铁牛埋藏坑是一个非常重要的发现。第 9 层为宋代地层，第 8 层宋代堆积后再次开挖铁牛埋藏坑 3 个。8C 层可见修筑排水槽，疏浚水道。可以理解为工期较长。铁牛的基槽开口部位完整，说明铁牛在移动过程中采取了保护基坑的必要措施。

四个牛坑开口于距牛底板下 1 米左右的 8C 层，按牛坑开口线计算分为三部分：1、2 号铁牛，两牛坑相贯为一坑；3、4 号铁牛，各为一坑。

1 号、2 号铁牛周围有残存的砖排水槽。砖槽建于 8C 层胶泥夯土面上，胶泥夯土面被铁牛锚柱埋藏坑打破。2 号铁牛南侧和东边，排水槽断断续续残存一层或三层。1 号铁牛南侧及西侧被明代石坝坝后填土破坏失痕。残存排水槽大的轮廓呈长方形，有些歪曲变形，砖槽保存较好的有 4 层砖，高 23 厘米，宽 35 厘米，平卧错缝，砖槽东北角低，在拐角有八字形出水口，砖槽东南角有圆形排水口，两个口的砖槽底部均平铺石头块（图五四；彩版二五，1）。

1 号铁牛西部胶泥夯土被明代石坝和坝后填土打破，1、2 号铁牛锚柱埋藏坑，南北边高 2.4 米左右，西边被石堤打破，范围不详（图五五）。

坑内填土为沙土，呈黄褐色，略泛灰色，其结构紧密，质地稍硬，包含木炭粒和木炭小块。从铁牛底板下（2 号铁牛底板西南角为基准）2 米至铁柱末端，填土中夹有大量的石头块，厚约 2 米左右（图五六）。

坑内出土有黑釉瓶残片、青釉刻花圈足碗残片、白瓷圈足碗残片，2 号铁牛南侧底板下 2.2 米出土“太平通宝”一枚（彩版六五，3）。

坑底部有很多石头块，铁牛锚柱立于石头上，这些石头向外延伸至胶泥夯土下，从 1、2 号铁牛埋藏坑剖面看，坑底石头层厚 1 米左右，石头层下为黑褐色土，1 号铁牛南侧和 2 号牛左右，8D 层周边夯土夯层厚 10 厘米；在夯层中出土有瓷碗片，“景德元宝”和“开元通宝”。

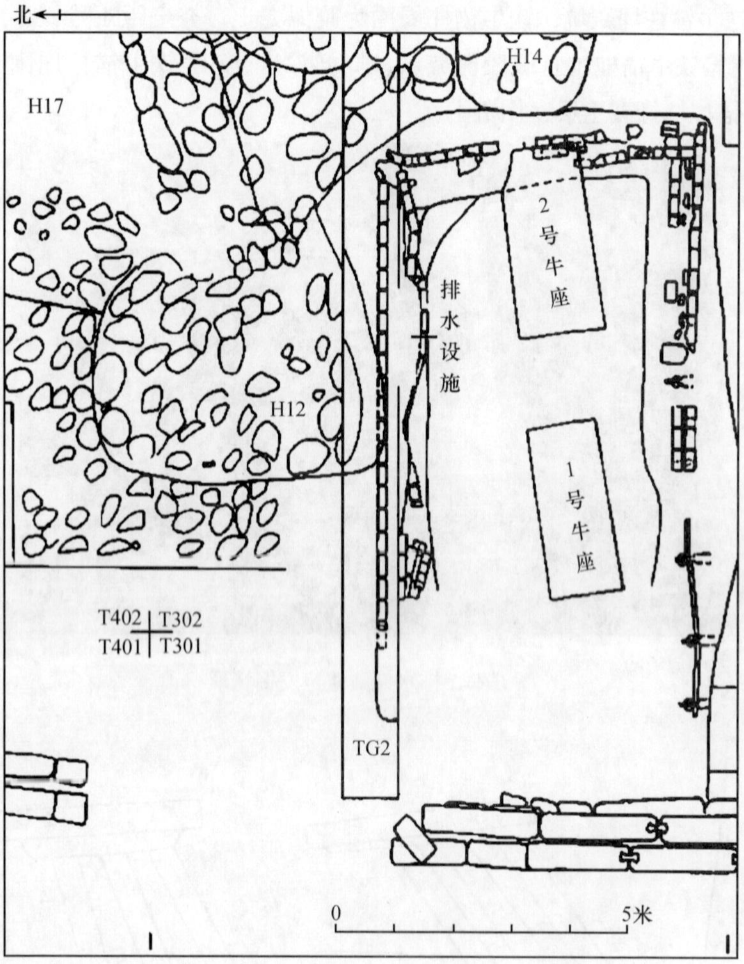

图五四　宋代工程排水设施遗迹平面图

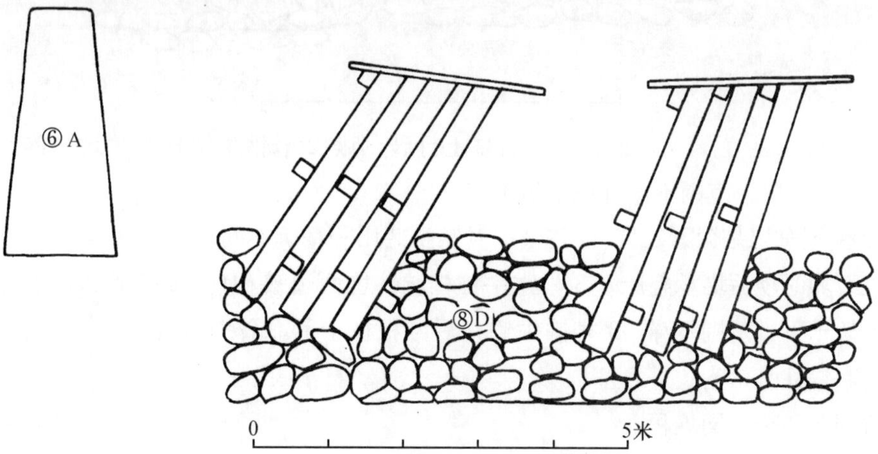

图五五　1、2号铁牛埋藏坑侧视图

在3号、4号铁牛锚柱埋藏坑，铁牛锚柱周围为胶泥夯土，夯土距4号铁牛底板下平面（底板西南角）1.2米。4号铁牛锚柱坑打破胶泥夯层。同样深度，3号铁牛锚柱周围是没有夹胶泥的较纯土，但3号铁牛锚柱坑打破土层（图五七）。

图五六　排水设施遗迹发掘情形

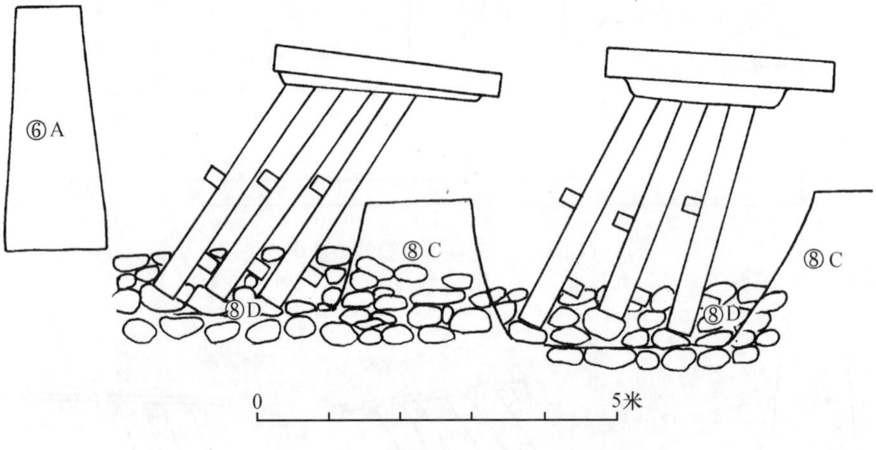

图五七　3、4号铁牛锚柱埋藏坑侧视图

3、4号铁牛埋藏坑是分开的坑，与1、2号铁牛共用一基坑不同。

明代修筑石坝时坝后堆积叠压着3号铁牛锚柱坑，坑西边被6D、6E明代地层打破，由于南边处在支护铁牛架子下，范围不详。3号铁牛锚柱后两根柱子紧靠着埋藏坑东壁。3号埋藏坑的南壁坡较大，拟判断锚柱是由南边进入基坑。

坑内共清理了两个不同堆积。

8D/a层：黄褐色沙土，略泛灰色，从坑口堆积至牛底板下（底板西南角为基准）2.4米。其结构疏松，质地较软，包含有木炭粒及炭粒。

8D/b 层：石头块掺杂沙土堆积，厚 0.8 米，大量的石头块分布于铁柱周围和铁柱之间的缝隙中。

出土物有青瓷印花碗残片、黑瓷缸残片、酱釉剔花瓷片等，出土“元祐通宝”一枚。

3 号铁牛六根锚柱顶端是石头堆积，石头块向坑外土层下延伸。

3 号锚柱埋藏坑的南壁发现三层由坑外倒进坑内的砖，砖上拓有“官”字。

4 号铁牛锚柱埋藏坑平面呈椭圆形，坑的西边已伸到了 3 号铁牛底板下，长径 4.7 米左右，短径 3 米左右。该坑中共清理两个不同堆积。

a 层：黄褐色沙土，略泛灰色，这层堆积比较厚，从坑口一直到底板下（底板西南角为基准）2.8 米，其结构疏松，质地较软，包含有木炭粒。

b 层：石头块掺杂黄褐色沙土堆积，厚 0.5 米。石头块紧密地分布在底板下柱子之间。淤积颗粒沙层，厚 0.1 米左右，主要淤积在铁柱末端石头面上。

坑口出土白细瓷印花圈足碗、青瓷印花碗残片、白瓷器盖残片、白釉圈足盆残片等。4 号铁牛六根锚柱立于石头块上，石块厚度约 1 米，延伸到胶泥夯土下面。

铁牛锚柱下的石头范围，经判断应是布满胶泥夯土的范围。结合 TG6 扩方东壁剖面，该石头层东边、北边范围已确认，胶泥层下均有石头层。西边被石坝打破，南边压于支护架下，准确范围不详。

两组铁牛锚柱埋藏坑的区别：

(1) 1、2 号铁牛与 3、4 号铁牛在锚柱坑方面（彩版一六，1），前者为合并坑，后者是独立坑。

(2) 1、2、4 号铁牛锚柱埋藏坑均有胶泥夯土层。3 号铁牛锚柱坑地层堆积为纯沙土。

(3) 为使工程进展顺利，锚柱埋藏坑周边曾筑排水槽。1、2 号铁牛锚柱坑周边残存砖排水槽，3、4 号铁牛东北侧胶泥夯土边排水槽仅存有五层砖。

(4) 1、2 号铁牛锚柱坑下部所填的石头块大，3、4 号铁牛锚柱坑柱端所填的石头块小。

2. 铁人固定坑

开口在 8A 层，上部呈圆形，开口较大，用石块与土混合填筑，坑的下部为长方形，底部夯筑。

3. 七星柱

七个基础坑同开口在 8A 层，开口距水平均线 1.3 米，打破 8A 层，形状口大底小（图五八）。基础坑圆形口径 1.65 ~ 1.7 米，坑深 2.65 ~ 2.75 米。内填土黄褐色土，石头加固，夹杂出土物有青釉瓷片，黑釉缸底。

时代为宋代。相对于 8A 层为同时期，略晚于 8A 层。

T302 与 T302 的探沟内，出土有“泥人”残块。出土的瓷片多为豆绿色的印花青釉瓷（是宋瓷），按照考古时代依从晚期器物，这层地面遗存时期及使用年代应为北宋时期。

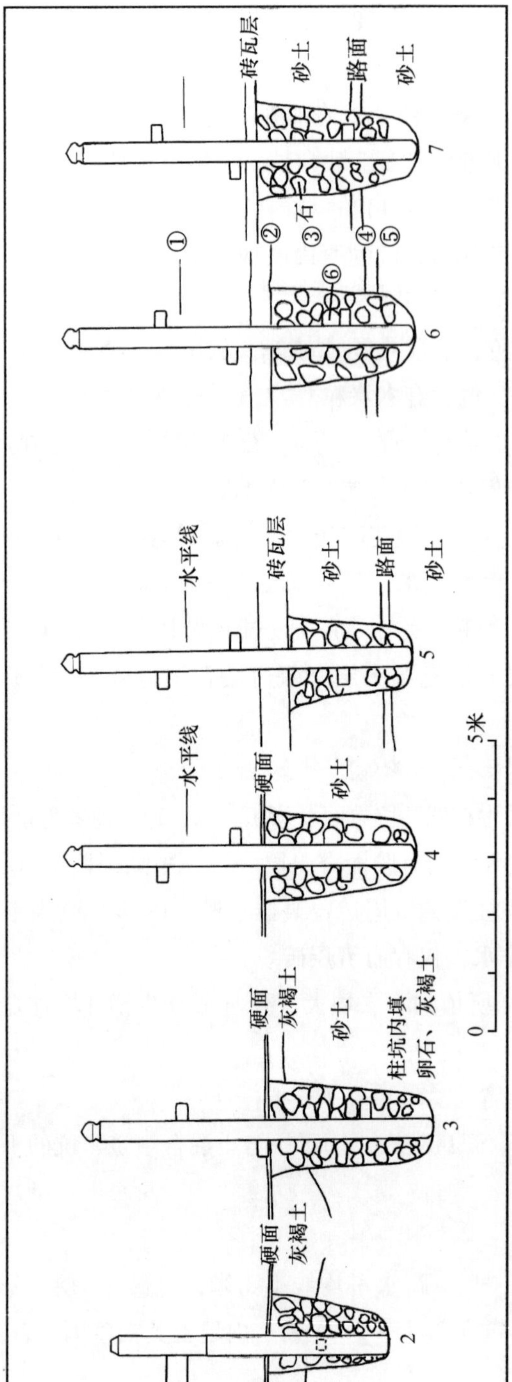

图五八　七星柱埋藏坑剖面图

1～7. 七星柱埋藏坑

二、文化遗物

（一）瓷器

本层中瓷器出土残片较多，典型的北宋时期器物是宋代定窑白瓷（表八）。白釉平底浅盘，尖圆唇，侈口，斜壁微鼓腹，平凹底。内外施釉。底心平，刻绘莲花卷草图案，底外边削线棱。釉色牙白色，釉质晶莹光洁，釉面有光泽。胎质细密洁白，如00H17:091（图五九，1；彩版四六，4）。

表八　北宋地层出土瓷器统计表

名称	类型	数量	编号
白釉平足瓷碗	Aa	3	003N:089，00TG56③:145、147
白釉瓷碗	Ab	1	00H11:002
白釉瓷平足底碗	Ac	6	00H11:007、013，001N:105、106，004N:124，00TG6②:136
白瓷宽足底碗	Ba Ⅰ	7	91T402③:19，99H3:042、058，00H11:004，00TG4④:224，00TG56③:150，00TG6⑤:138
白釉瓷片	BA Ⅰ	39	91T402③:17、18，00H10:140、138，00H15:074，001-2N:062、065、066、068、069褐白、102、110、111、112、114、130，003N:093、094、090，004N:115、117、122、123，99TG1②:182、179，99TG2③:207、186，99TG3:218，00TG4④:200灰白釉、209、227，00TG54②:146、180、183褐白釉，00TG58④:160、161、166牙白，00TG6②:132，00TG6⑥:146
白釉印花瓷片	Bc Ⅰ	10	001-2N:122，004N:114，99TG1②:181，99TG2③:185、208，00TG2④:147、162，00TG4④:210、217，00H10:145灰白
白釉印花瓷片	Bc Ⅱ	2	99H3:050、055
白釉印花瓷片	Bc Ⅴ	1	99TG2③:191
黄白釉瓷残片	Bd Ⅰ	2	91T203③:023，001-2N:071
白釉黑花瓷碗	Be Ⅰ	1	00H11:018
白釉黑花瓷碗	Be Ⅱ	3	91T303②:042，99TG2③:184、209
白釉瓷盅碗	Bg	1	00TG4④:205
白釉瓷碗	Bh Ⅲ	6	001-2N:101，004N:112、113、118、120、145
素胎瓷碗	Bj	1	003N:091
白釉瓷花瓣棱边沿碗	Ca	4	91T303②:039，99TG1②:184，001-2N:103，003N:100
白釉瓷瓜棱碗	Cb	1	001-2N:091
青白釉瓷碗	A	1	99TG2③:174
青白釉碗	Ba	3	91T303②:040、041，91T402③:016
青白釉瓷碗	Ca	6	00H15:078，001-2N:087，004N:125、116，00TG54②:189、188
青绿釉刻花碗	Aa	4	91T303②:034、035、036、037
青绿釉瓷碗	Ac	1	99TG2③:190

续表

名称	类型	数量	编号
黄绿釉瓷碗	Aa	5	00H10:144，00H11:011，001-2N:073，004N:135、133
黄绿釉瓷碗	B	9	99TG1②:188，99H3:045、047、048、049，00H10:141，00H15:069、072、080
黄褐釉瓷碗	Cb	1	00TG6②:133
豆青釉压花瓷碗	AaⅠ	7	99TG1②:180、185，99H3:046，00H15:075、079、081、083
豆青釉瓷碗	AbⅠ	9	99TG2③:092，00TG2④:163，00TG4④:206，00TG.5.8.④:158，00H9:013，001-2N:133、067、075，003N:099
浅豆青釉瓷碗	AcⅠ	8	99H3:052，00H9:012，00H15:071，001-2N:074、080、081，003N:098、197
豆青釉薄瓷碗	Ae	1	00H15:084
豆青釉印花瓷碗	BaⅠ	3	004N:131、137、142
豆青釉瓷碗	BbⅠ	12	99TG3:215，00TG4:197，00TG4④:202，00TG6⑤:142，001-2N:201，004N:128、129、132、134、138、143、150
豆青釉瓷碗	BcⅠ	3	99H3:053，001-2N:082，00TG4④:225
豆青釉瓷碗	Ca	1	001-2N:061
豆青釉瓷碗	Cb	2	00TG5.4.②:157，00TG5.6.③:154
青褐釉瓷碗	Aa	3	99TG3:216，00TG5.8.④:164，00H11:005
青褐釉瓷碗	Ab	4	001-2N:085，003N:095，00TG5.4.②:179、184
青灰釉瓷碗	Ba	2	001-2N:064、123
青釉瓷碗	Ca	1	004N:119
青釉荷叶边瓷碗	Cb	1	99T3:140（7号铁柱坑出土）
浅蓝钧瓷片	AaⅠ	7	91T303②:038，91T402③:015、032、033，00H9:014，00H11:003、006
蓝灰釉瓷碗	AbⅠ	2	00H15:076、077
蓝灰釉瓷碗	AcⅡ	2	99TG2③:189，00TG5.8.④:159
黑釉“油滴”瓷碗	AaⅡ	3	99H3:059，99TG1:193，99TG2③:171
黑釉瓷碗	AbⅠ	13	99TG2③:019、170、177，99H7:105，00H9:005、008、010，00H10:134、146，003N:092、105，004N:108、145
黑褐釉浅瓷碗	Ac	2	00H15:070，002N:063
黑釉白边瓷碗	Ad	2	002N:076，00TG6⑤:139
黑褐釉瓷碗	BaⅠ	9	99TG1②:178，00H11:008、009、010、014，00H15:062、066、067、068
黑褐釉瓷碗	Bb	1	00H9:007
酱黑釉瓷碗	BcⅠ	1	00TG6⑤:141
黑釉瓷碗	Bd	1	002N:020、115，004N:109
黑釉瓷碗	Ca	7	91T402③:012、014、036、037，99H3:056、057，002N:078
白釉瓷盏盘	AaⅠ	1	00H10:150
豆青釉瓷盘	AcⅢ	1	99H3:054
白釉平底瓷浅盘	AaⅡ	1	00H17:091
白釉瓷盘碗	Ba	1	00H9:011

续表

名称	类型	数量	编号
蓝釉瓷盘	BbⅠ	1	00TG4: 198
蓝釉瓷盘	BbⅡ	1	00TG5. 8. ④: 163
黑褐釉瓷盘	BcⅢ	1	00H15: 065
白釉高足盏盘	Ca	1	99H3: 051
豆青釉瓷高足器	Cc	2	001-2N: 083，004N: 139
酱褐釉瓷钵	零星小件器物	1	99TG2③: 196
黑釉灯盏碗	零星小件器物	2	99TG2③: 181，00TG4④: 222
白釉瓜棱瓣瓷壶	零星小件器物	2	00TG4④: 211，001-2N: 090
白釉瓷盖	零星小件器物	3	99TG2③: 182，004N: 126、127
酱褐釉瓷盖	零星小件器物	2	00H10: 042，001N: 107
黑釉瓷瓶	零星小件器物	1	00H15: 086
高领卷沿黑釉瓷罐	Aa	5	91T402③: 013，99TG2③: 148，001N: 129，00TG56③: 156，00TG58④: 162
棕褐釉瓷罐	Ab	1	00H9: 003
黑釉瓷罐	Ba	5	00H9: 001，00H11: 001，00H15: 064，003N: 107、087
黑釉粗瓷罐	BcⅠ	9	99H7: 145，99TG2③: 126、172、197、198、199、205、206、210
豆青釉瓷罐（壶）	Bd	1	003N: 096
黑釉瓷罐	CaⅠ	2	00TG5. 4. ②: 178，00TG6②: 129
棕釉瓷罐	CbⅠ	3	91T402③: 034，99TG1: 194，00H15: 073
褐色瓷罐	CcⅠ	1	00H9: 002
青白釉瓷罐	Cd	1	99TG2③: 173
素胎瓷罐	Cf	4	003N: 088，004N: 144，00TG6: 131，001-2N: 089
黑釉瓷罐	Da	2	99TG1②: 189，00TG4④: 219
黑釉粗瓷罐	Ea	5	99TG1: 191，00TG5. 4. ②: 177，00TG5. 6. ③: 148、155，00TG5. 8. ④: 162
褐釉瓷罐底	Eb	1	00TG5. 12. ⑥177
黑褐釉瓷罐	Fa	1	003N: 106
白釉黑花瓷罐	Ga	3	99H3: 044，002N: 079，003N: 104（褐花 2）
白釉珍珠地刻花瓷枕残片	Ab	1	001-2N: 072
黑釉瓷瓮	A	1	00H15: 063
三彩釉残片	不成器型瓷片	2	001-2N: 131、132
黑釉虎子	不成器型瓷片	1	002N: 077
黑褐釉瓷盆	AaⅠ	4	99TG1: 192、195，00TG2④: 164，00H9: 006
绿褐釉瓷盆	Ba	2	91T402③: 035，00H9: 004
白瓷盆	Ca	1	99H6: 104
褐绿釉盆	Cb	1	99TG2③: 195
豆青釉盆	Ce	1	00TG6②: 135
白釉瓷盆	Da	1	001-2N: 120
灰白色釉瓷盆	Db	1	004N: 111
黑釉瓷盆	DC	1	99H3: 060

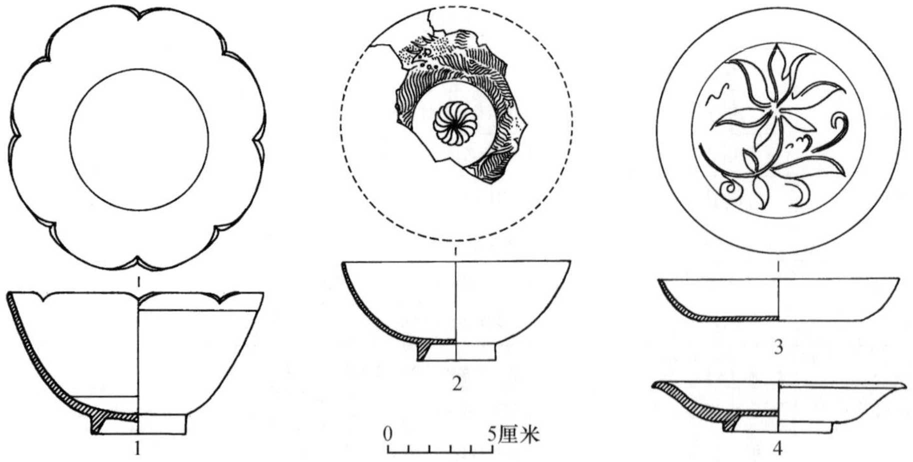

图五九　出土器物图

1. 白釉平底瓷浅盘（00H17∶091）　2. 白瓷印花图案碗　3. 青釉荷叶边瓷碗（99T3∶140）
4. 豆青釉瓷盘（00H17∶129）

青绿釉刻花碗，厚唇，侈口，微鼓腹，圈足。碗内壁中刻牡丹花草图案，上下有边饰；内底心刮釉一圈。外壁刻二道圈纹饰，内外满釉；圈足内心施釉，足底无釉，向内外削有脊。釉色青绿，晶莹厚润光洁。胎质细腻。如91T3032∶34（彩版四一，1）。

宋金时期钧窑瓷器特色：蓝釉圆唇，微敛口，圆鼓腹碗。内外施釉。釉色蓝，口沿部位釉呈浅绿褐色，釉质晶莹、厚润、光洁，釉面有光泽，有微细气泡“棕眼”痕。内唇边有晶裂纹痕，胎质晶莹细腻，灰色，如00H17∶110。蓝灰釉瓷碗，内外施釉。釉色蓝灰色，由底至口沿渐变为深蓝褐色、褐色。釉质晶莹厚润，光洁，釉面有光泽，有细微气泡“棕眼”痕。有釉流蚓，聚融痕。胎质较细密，铁灰色，如：00H17∶108。浅灰果绿釉，侈口，斜壁微鼓腹，圆凹心（鸡心底）圈足碗。内外施釉。足底刮釉露胎。釉色浅灰果绿色，釉边薄部位呈棕色。釉质晶莹、厚润、光洁，釉面有光泽，有釉色融流痕。圈足外壁由根至底稍向内斜收，釉流融覆盖，斜面微呈“抓不住”状。内壁呈喇叭口状，足底微向内外边斜削呈脊状。足内心凹平，中心微凸。胎质较细密，土灰色，如：00H17∶098。浅蓝釉，侈口，鼓腹，圆凹平底，圈足碗残底片。内外施釉。足底刮釉露胎。圈足壁微呈喇叭口状外撇，足底平，稍外倾斜。足内心凹平，中心微凸，有聚釉滴痕。胎质细密，灰褐色。釉色浅蓝色（湖蓝色），釉边薄部呈棕褐色。釉质晶莹、厚润、光洁，釉面有磨蚀痕，可见细小气泡“棕眼”痕，有釉流蚓痕，如：00H17∶121。灰褐釉盘，圆唇，翻卷沿口，圆鼓腹。内外施釉。釉色灰褐，杂黄褐斑点痕，有红、黄、绿、金星点，唇口褐色，釉质晶莹厚润光洁，釉面有光泽，可见均匀气泡密布。胎质较细密，灰褐色，如00H17∶105。

在7号铁柱坑内出土一件耀州窑青釉荷叶边瓷碗，较完整（图五九，1；彩版四九）。出土于宋代地层中。

1. 北宋时期地层出土瓷器

（1）碗

1）白釉碗　88 件。

A 型　平足瓷碗，10 件。

Aa 型，牙白釉色平足瓷碗，3 件。分别为：003N∶089（亦可称作灯盏），00TG56③∶145、147。

Ab 型，灰白釉色平足瓷碗，1 件。00H11∶002。

Ac 型，黄白釉色平足底碗，6 件。分别为：001N∶105、106，004N∶124，00H11∶007、013，00TG61②∶136。

B 型　圈足碗，73 件。

Ba 型Ⅰ式，白釉宽足碗，7 件。分别为：91T402③∶19，99H3∶042、058，00H11∶004，00TG4④∶224，00TG56③∶150，00TG6⑤∶138。

Bb 型Ⅰ式，白釉圈足碗瓷片，39 件。分别为：91T402③∶17、18，00H10∶138、140，00H15∶074，001-2N∶062、065、066、068、069、102、110、111、112、114、130，003N∶090、093、094，004N∶115、117、122、123，99TG1②∶179、182，99TG2③∶186、207，99TG3∶218，00TG4④∶200 灰白釉、209、227，00TG54②∶146、180、183 褐白釉，00TG58④∶160、161、166 牙白，00TG6②∶132，00TG6⑥∶146。

Bc 型，白釉鼓腹碗瓷片，13 件。

Bc 型Ⅰ式，白釉鼓腹碗瓷片，10 件。分别为：99TG1②∶181，99TG2③∶185、208，001-2N∶122，004N∶114，00H10∶145 灰白，00TG2④∶147、162，00TG4④∶210、217。

Bc 型Ⅱ式，深鼓腹碗瓷片，2 件。分别为：99H3∶050、055。

Bc 型Ⅴ式，棱折碗瓷片，1 件。99TG2③∶191。

Bd 型Ⅰ式，白釉印花瓷片，2 件。分别为：91T203③∶023，001-2N∶071。

Be 型，白釉黑花瓷碗，4 件。

Be 型Ⅰ式，白釉黑花瓷碗，1 件。00H11∶018。

Be 型Ⅱ式，白釉黑花瓷碗，3 件。分别为：91T303②∶42，99TG2③∶184、209。

Bg 型，白釉瓷盅碗，直口，直腹壁。1 件。00TG4④∶205。

Bh 型Ⅲ式，白釉瓷碗，圆唇，敞口，圆折沿，深鼓腹。6 件。分别为：001-2N∶101，004N∶112、113、118、120、145。

Bj 型，素胎瓷碗，1 件。003N∶091。

C 型　花瓣棱边沿碗，5 件。

Ca 型，白釉瓷花瓣棱边沿碗，4 件。分别为：91T303②∶039，99TG1②∶184，001-2N∶103，003N∶100。

Cb 型，白釉瓷瓜棱碗，1 件。001-2N∶091。

2）青白釉瓷碗　10 件。

A 型　微鼓腹，宽圈足，青白釉瓷碗。1 件。99TG2③∶174。

Ba 型，厚唇，敛口，鼓腹，圈足，青白釉碗。3 件。分别为：91T303②:040、041，91T402③:016。

Ca 型，圆唇，侈口，鼓腹，青白釉瓷碗。6 件。分别为：00H15:078，001-2N:087，004N:116、125，00TG54②:188、189。

3）青绿釉碗　5 件。

Aa 型，青绿釉刻花碗，4 件。分别为：91T303②:034、035、036、037。

Ac 型，青绿釉碗，素面，1 件。99TG2③:190。

4）黄绿釉碗　15 件。

Aa 型，黄绿釉碗，素面。5 件。分别为：00H10:144，00H11:011，001-2N:073，004N:135、133。

B 型　黄绿釉压花碗，9 件。分别为：99TG1②:188，99H3:045、047、048、049，00H10:141，00H15:069、072、080。

Cb 型，黄褐釉瓷碗，刻花。1 件。00TG6②:133。

5）豆青釉瓷碗　46 件。

A 型　微鼓腹，25 件。

Aa 型 I 式，豆青釉压花瓷碗，7 件。分别为：99TG1②:180、185，99H3:046，00H15:075、079、081、083。

Ab 型 I 式，豆青釉刻花瓷碗，9 件。分别为：99TG2③:092，00TG2④:163，00TG4④:206，00TG58④:158，00H9:013，001-2N:067、075、133，003N:099。

Ac 型 I 式，浅豆青釉瓷碗，素面。8 件。分别为：99H3:052，00H9:012，00H15:071，001-2N:074、080、081，003N:098、197。

Ae 型，豆青釉薄瓷碗，深腹。1 件。00H15:084。

B 型　鼓腹，18 件。

Ba 型 I 式，豆青釉印花瓷碗，3 件。分别为：004N:131、137、142。

Bb 型 I 式，豆青釉刻花瓷碗，12 件。分别为：99TG3:215，00TG4:197，00TG4④:202，001-2N:201，004N:128、129、132、134、138、143、150，00TG6⑤:142。

Bc 型 I 式，豆青釉瓷碗，素面。3 件。分别为：99H3:053，001-2N:082，00TG4④:225。

C 型　圈足，3 件。

Ca 型，豆青釉瓷碗，1 件。001-2N:061。

Cb 型，豆青釉瓷碗，釉色泛褐。2 件。分别为：00TG5. 4. ②:157，00TG5. 6. ③:154。

6）青釉碗　11 件。

A 型　青褐釉，7 件。两亚型。

Aa 型，青褐釉瓷碗，宽圈足，微鼓腹。3 件。分别为：99TG3:216，00TG5. 8. ④:164，00H11:005。

Ab 型，青褐釉瓷碗，圆棱唇，微鼓腹。4 件。分别为：001-2N:085，003N:095，00TG54②:179、184。

B 型　青灰釉，2 件。

Ba 型，青灰釉瓷碗，2 件。分别为：001-2N:064、123。

C 型　青釉，2 件。

Ca 型，青釉瓷碗，圆棱唇，侈口，束颈，圆棱肩，鼓腹。1 件。004N:119。

Cb 型，青釉荷叶边瓷碗，1 件。99T3:140（7 号铁柱坑出土）。

7）蓝钧瓷碗 11 件。

Aa 型Ⅰ式，浅蓝钧瓷片，7 件。分别为：91T303②:038，91T402③:015、032、033，00H9:014，00H11:003、006。

Ab 型Ⅰ式，深蓝釉瓷碗，2 件。分别为：00H15:076、077。

Ac 型Ⅱ式，蓝灰釉瓷碗，2 件。分别为：99TG2③:189，00TG58④:159。

8）黑釉瓷碗 41 件。

A 型 斜壁微鼓腹碗，20 件。

Aa 型Ⅱ式，黑釉“油滴”瓷碗，3 件。分别为：99H3:059，99TG1:193，99TG2③:171。

Ab 型Ⅰ式，黑釉瓷碗，13 件。分别为：99TG2③:019、170、177，99H7:105，00H9:005、008、010，00H10:134、146，003N:092、105，004N:108、145。

Ac 型，黑褐釉浅瓷碗，2 件。分别为：00H15:070，002N:063。

Ad 型，黑釉白边瓷碗，2 件。分别为：002N:076，00TG6⑤:139。

B 型 鼓腹碗，14 件。

Ba 型Ⅰ式，黑褐釉瓷碗，侈口。9 件。分别为：99TG1②:178，00H11:008、009、010、014，00H15:062、066、067、068。

Bb 型，黑褐釉瓷碗，直口。1 件。00H9:007。

Bc 型Ⅰ式，酱黑釉瓷碗，1 件。00TG6⑤:141。

Bd 型，黑釉瓷碗，敛口。3 件。分别为：002N:020、115，004N:109。

C 型 折腹碗，7 件。

Ca 型，黑釉瓷碗，圆唇，微侈口，折腹，圈足。7 件。分别为：91T402③:012、014、036、037，99H3:056、057，002N:078。

（2）盘

残片 9 件。

A 型 平底盘，2 件。

Aa 型Ⅰ式，白釉瓷盏盘，1 件。00H10:150。

Ac 型Ⅲ式，豆青釉瓷盘，1 件。99H3:054。

B 型 圈足盘，4 件。

Ba 型，白釉瓷盘碗，1 件。00H9:011。

Be 型Ⅰ式，蓝釉瓷盘，1 件。00TG4:198。

Be 型Ⅱ式，蓝釉瓷盘，1 件。00TG5. 8. ④:163，釉色偏灰。

Bc 型Ⅲ式，黑褐釉瓷盘，1 件。00H15:065。

C 型 高圈足盘，3 件。依釉色不同分为两亚型。

Ca 型，白釉高足盏盘，1 件。99H3:051。

Cc 型，豆青釉瓷高足器，2 件。分别为：001-2N:083，004N:139。

（3）罐

残片　43 件。

A 型　方圆棱唇，高直领，圆肩罐。6 件。

Aa 型，高领卷沿黑釉瓷罐，5 件。分别为：91T402③∶013，99TG2③∶148，001N∶129，00TG56③∶156，00TG58④∶162。

Ab 型，棕褐釉瓷罐，1 件。00H9∶003。

B 型　宽厚反卷唇，侈口，束颈，斜圆溜肩，圆鼓腹罐。15 件。

Ba 型，黑釉瓷罐，5 件。分别为：00H9∶001，00H11∶001，00H15∶064，003N∶087、107。

Bc 型Ⅰ式，黑釉粗瓷罐，9 件。分别为：99H7∶145，99TG2③∶126、172、197、198、199、205、206、210。

Bd 型，豆青釉瓷罐（壶），1 件。003N∶096。

C 型　鼓腹圈足罐。11 件。

Ca 型Ⅰ式，黑釉瓷罐，2 件。分别为：00TG54②∶178，00TG6②∶129。

Cb 型Ⅰ式，棕釉瓷罐，3 件。分别为：91T402③∶034，99TG1∶194，00H15∶073。

Cc 型Ⅰ式，褐色瓷罐，1 件。00H9∶002。

Cd 型，青白釉瓷罐，1 件。99TG2③∶173。

Cf 型，素胎瓷罐，4 件。分别为：003N∶088，004N∶144，001-2N∶089，00TG6∶131。

D 型　圆唇，敛口，缩颈，斜折肩，斜壁罐。2 件。

Da 型，黑釉瓷罐，2 件。分别为：99TG1②∶189，00TG4④∶219。

E 型　侈口，斜腹壁，平底罐。5 件。

Ea 型，黑釉粗瓷罐，5 件。分别为：99TG1∶191，00TG5. 4. ②∶177，6③∶148、155，8④∶162。

F 型　圆棱唇，直领，束颈，圆折肩，圆鼓腹罐。1 件。

Fa 型，黑褐釉瓷罐，1 件。003N∶106。

G 型

Ga 型，白釉黑花瓷罐，3 件。分别为：99H3∶044，002N∶079，003N∶104（褐花 2）。

（4）盆

残片，12 件。

A 型　斜腹平底盆。

Aa 型Ⅰ式，黑褐釉瓷盆，黑釉。4 件。分别为：99TG1∶192、195，00TG2④∶164，00H9∶006。

B 型　圆唇，侈口，束颈，圆溜肩，鼓腹盆。

Ba 型，绿褐釉瓷盆，褐色釉。2 件。分别为：91T402③∶035，00H9∶004。

C 型　宽折沿，圆唇，敛口，束颈，圆鼓腹盆。3 件。

Ca 型，白瓷盆，1 件。99H6∶104。

Cb 型，褐绿釉盆，1 件。99TG2③∶195。

Ce 型，豆青釉瓷盆，1 件。00TG6②∶135。

D 型　侈口，斜壁，平底，圈足盆。3 件。

Da 型，白釉瓷盆，1 件。001-2N∶120。

Db 型，灰白色釉瓷盆，1 件。004N∶111。

Dc 型，黑釉瓷盆，1 件。99H3∶060。

（5）瓮　1 件。

黑釉瓷瓮，A 型，1 件。00H15∶063。

（6）瓷枕　1 件。

白釉珍珠地刻花瓷枕残片，Ab 型，1 件。001-2N∶072。

（7）其他

1）零星小件器物残片　11 件。

黑釉灯盏碗，2 件。分别为：99TG2③∶181，00TG4④∶222。

酱褐釉瓷钵，1 件。99TG2③∶196。

白釉瓜棱瓣瓷壶，2 件。分别为：00TG4④∶211，001-2N∶090。

白釉瓷盖，3 件。分别为：99TG2③∶182，004N∶126、127。

酱褐釉瓷盖，2 件。分别为：00H10∶042，001N∶107。

黑釉瓷瓶，1 件。00H15∶086。

2）不成型瓷片　3 件。

三彩釉残片，2 件。分别为：001-2N∶131、132。

黑釉虎子残片，1 件。002N∶077。

2. 各探方、灰坑、探沟、路土层出土瓷片

T203

91T203③∶23，白釉印花瓷片，Bd 型Ⅰ式。长 5 厘米，高 3 厘米。撇口鼓腹小碗，口沿微尖，唇微厚，内外施釉，内壁有印花纹饰，近底绘白釉双圈，内底刮釉。胎质灰白，工艺精巧纤细。釉色晶莹圆润。

T303

（1）青绿釉刻花碗　Aa 型，4 件。

91T303②∶34，青绿釉刻花碗残片，Aa 型。长 13.5 厘米，宽 7.5 厘米，足高 0.5 厘米。残存口沿至底部。厚唇侈口，微鼓腹，圈足。碗内壁中刻牡丹花草图案，上下有边饰；内底心刮釉一圈。外壁刻二道圈纹饰，内外满釉；圈足内心施釉，足底无釉，向内外削有脊。胎质细腻，釉色晶莹厚润光洁（图六〇，6；彩版四一，1）。

91T303②∶35，青釉刻花碗残片，Aa 型。长 9.7 厘米，宽 7.5 厘米，残高 4.5 厘米，足高 0.7 厘米。内外施釉，碗心部位刮釉一圈，底心微凹。外壁施釉至足底边，圈足内无釉，足底平，两侧削棱。胎质细腻，釉色浅绿，晶莹亮洁。纹饰为莲叶水纹图案。

91T303②∶36，青釉刻花碗残片，Aa 型。残片长 5.2 厘米，宽 5 厘米。内外施釉，碗内刻花纹路清晰，釉色晶莹光洁。

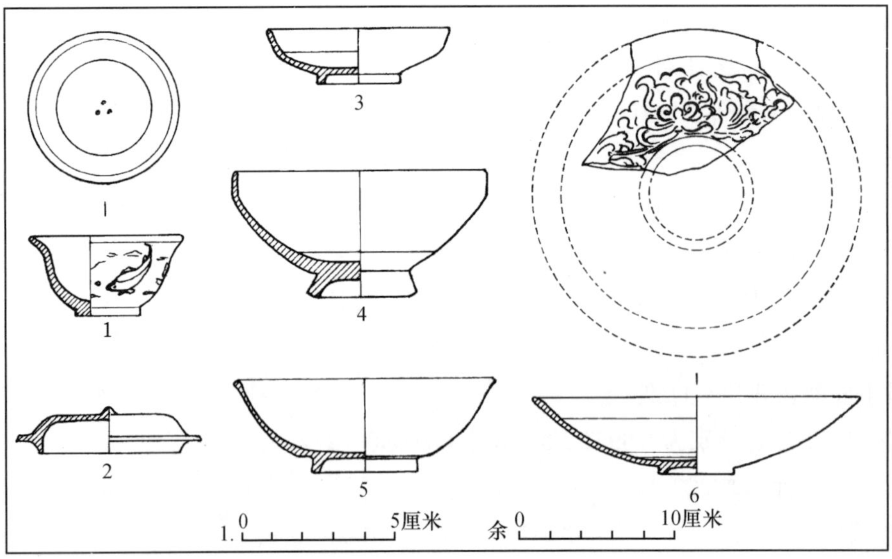

图六〇　1991 年发掘出土器物图

1. 91T401①: 03 青花瓷酒盅　2. 91T502①a: 30 白釉瓷器盖　3. 91T402①: 4 白釉瓷盘　4. 91T402③: 12 黑釉瓷碗　5. 91T502①a: 25 白瓷碗　6. 青绿釉刻花碗（91T303②: 34）

91T303②: 37，青釉刻花碗残片，Aa 型。残片长 3 厘米，宽 2.8 厘米，足高 0.6 厘米。有残圈足部分，内外施釉，器内心刮釉一圈，器外釉至圈足底部，圈足内施釉，圈足底平整。胎质土灰细腻，釉色光洁。

（2）白釉黑花瓷碗残片　Be 型Ⅱ式，1 件。

91T303②: 42，白釉黑花瓷碗残片，Be 型Ⅱ式。长 5.5 厘米，宽 5.5 厘米，近方形残碗壁，内外施化妆土，清釉，外壁可见残存黑褐色图案，釉薄发涩，胎粗，白色泛黄。

（3）白釉荷叶边瓷碗残片　Ca 型，1 件。

91T303②: 39，白釉荷叶边瓷碗残片，Ca 型。口沿残片，长 5 厘米，宽 3.5 厘米。鼓腹薄唇折沿，边沿做荷叶边。薄胎细白，釉色亮洁。

（4）青白釉碗残片　Ba 型，2 件。

91T303②: 40，青白釉碗残片一，Ba 型。口沿长 6 厘米，宽 5.8 厘米。呈三角形，厚唇敛口，内外薄施青釉，胎质细腻，釉涩。

91T303②: 41，青白釉碗残片二，Ba 型。圈足底残片，长约 6 厘米，宽约 5 厘米，残高 2 厘米，足高 0.7 厘米。器内满釉，底平，中部可见砂痕粘釉，底边沿有酱色，深浅两道圈纹。釉色清白，有化妆土铺底。外壁半挂釉，圈足底心无釉，足底平整，外侧斜削滚边。

（5）蓝釉钧窑瓷残片　Aa 型Ⅰ式，1 件。

91T303②: 38，蓝釉钧窑瓷残片，Aa 型Ⅰ式。长 6.2 厘米，宽 6 厘米。为浅碗残存口沿部分，厚唇敛口直壁碗残片，内外施釉，釉色浅蓝，有均匀白斑点，口沿釉薄呈浅绿色，釉有橘皮“棕眼”，外壁釉不到底。胎浅灰质细腻，釉光洁厚润。

T402

（1）白釉瓷片　Bb型Ⅰ式，2件。

91T402③:17，白釉瓷片，Bb型Ⅰ式。长5厘米，宽3厘米，残高1.5厘米，足高0.5厘米。圈足底，器内外施釉，内心刮釉一圈，外壁釉至圈足外边沿，釉色呈骨白色，釉薄施有光泽，胎质细腻，白色夹微小黑点。圈足内无釉，足底由内至外斜削，底心内凹。

91T402③:18，白瓷残片，Bb型Ⅰ式。长6厘米，宽4厘米，残高2.5厘米，足高0.4厘米。直腹圈足碗残片，内外施白釉，内壁底部边有压棱痕，心微凹。外壁施釉至圈足外底边，圈足内无釉，足心凹，足底无釉，足底由内向外微斜削，内外有棱。胎质细白，有微黑点，釉色白润有亮光，晶莹光洁。

（2）白瓷平底碗残片　Ba型Ⅰ式，1件。

91T402③:19，白瓷平底碗残片，Ba型Ⅰ式。长8厘米，宽4.5厘米，残高4厘米，足高0.3厘米。平底鼓腹白瓷碗残片，内外施白化妆土清釉，内壁满釉，外壁半挂，下半至底无釉色，玉璧底，胎质粗杂，釉胎无光泽，磨砂状，釉薄涩。

（3）青白釉瓷片　Ba型，1件。

91T402③:16，青白釉瓷片，Ba型。长5厘米，宽4厘米。圆唇侈口碗残片，内外施釉，内壁施白化妆土青釉，外壁口沿下有二道压痕，从口沿以外施青釉，浅黄绿色，釉色薄涩，胎质较细，土黄夹黑点。

（4）浅蓝钧瓷片　Aa型Ⅰ式，3件。

91T402③:15，浅蓝钧瓷片，Aa型Ⅰ式。长6.2厘米，宽4厘米。厚圆唇侈口残片，口沿呈灰绿，内外壁浅蓝釉色。胎质较粗，灰色夹黑点。釉面有裂纹，多有黑点气泡，釉面有光泽，橘皮"棕眼"明显。

91T402③:32，蓝釉钧窑瓷片一，Aa型Ⅰ式。长7厘米，宽6.5厘米，残高2厘米，足径5.5厘米，足高1厘米，圈足碗底残片，内壁心底稍平。浅蓝釉色，釉浓厚约1毫米，满布蜂窝状小孔，似排列大小不等的气泡所致。外壁施釉黏稠，至圈足外边流结成块，气泡不匀。圈足心内微凸施釉，流挂足边。足底平无釉。胎厚笨，质较粗，土黄色。圈足部位火烧呈近火烧红土色。釉质稠厚，气泡多，夹雪花点，色涩，无光泽。

91T402③:33，蓝釉钧窑瓷片二，Aa型Ⅰ式。长9厘米，宽7.5厘米，残高3厘米，足径6.4厘米，足高1厘米。圈足碗底残片，内壁施釉，心底微凹圆。外壁施釉大半不到底，圈足内外无釉。足底宽平整齐，足底心有干裂缝旋痕。胎厚笨，质较粗，土褐色夹黑点较多。圈足部位近火，呈火红色。釉色浅蓝多杂白点，厚润有光泽。

（5）高领卷沿黑釉瓷罐残片　Aa型，1件。

91T402③:13，高领卷沿黑釉瓷罐残片，Aa型。残高6.5厘米，宽6厘米。卷唇直领圆肩罐残片，内外施黑釉，釉色经磨损呈灰涩稍亮，胎质粗，土黄色夹黑点。

（6）黑釉瓷碗残片　Ca型，4件。

91T402③:12，黑釉瓷碗残片，Ca型。长15厘米，宽10厘米，高8.5厘米，足高1.8厘米。圆唇微侈口折腹圈足碗（残）。内外施釉，旋痕明显，内底刮釉一圈，宽笨，心微凹，外壁施釉不到底，口沿下有折圈棱痕二道。圈足内外无釉露胎，圈足高 2 厘米，宽 1 厘米，足底留小平，外边斜削，内心凹。胎质粗，土黄夹黑点，外壁下部呈火烧红色，釉色酱黑杂混，厚则光洁，薄则粗涩（图六〇，4；彩版三八，2）。

91T402③: 14，黑釉瓷片，Ca 型。长 4.5 厘米，宽 3 厘米。圆唇侈口边沿残片，釉色晶莹光洁。

91T402③: 36，黑釉瓷碗残片，Ca 型。长 10 厘米，宽 10 厘米，残高 3 厘米，足径 5.7 厘米，足高 0.8 厘米。圈足碗残片，内外施釉，内壁施釉，底心刮釉一圈，外壁半挂釉，圈足内外无釉。足底平，圈足内心凹，有裂缝旋痕，心微凸。胎厚，胎质较粗，土黄色夹黑点，釉色黑，厚润有光泽。

91T402③: 37，黑釉粗瓷碗残片，Ca 型。长 8.5 厘米，宽 7 厘米，残高 3 厘米，足径 7 厘米，足高 1.6 厘米。圈足粗瓷碗底残片，内壁底心刮釉一圈，心微凹，外壁施釉至圈足底，圈足内施釉，内心有凸尖，足底滚圆无釉，胎厚笨，质粗，釉色黑，稍粗，有光泽。

（7）酱釉瓷罐残片　Cb 型Ⅰ式，1 件。

91T402③: 34，酱釉瓷罐残片，Cb 型Ⅰ式。长 10.5 厘米，宽 8 厘米，残高 5.5 厘米，足径 6.4 厘米，足高 0.7 厘米。圈足鼓腹罐残片，内外施釉，内壁满施釉色，外壁半挂下腹部，圈足内外无釉。足底宽平，足外边滚圆，圈足根部斜削内收。圈足心平整有旋刀痕。胎质较粗，呈土黄色。釉色酱黑色，薄涩。

（8）绿褐釉瓷盆残片　Ba 型，1 件。

91T402③: 35，褐绿釉瓷平底器物残片，Ba 型。长 7 厘米，宽 6 厘米，残高 1.2 厘米，足径 4.8 厘米。内壁施釉，草绿色有黑斑点，气泡孔等。外壁无釉，底平旋切而成。胎质较粗，土黄色杂黑点，釉色涩。

H3

（1）白釉瓷碗底残片　Ba 型Ⅰ式，2 件。

99H3: 042，白釉瓷碗底残片，Ba 型Ⅰ式。长 6.7 厘米，宽 4.5 厘米，残高 2.3 厘米。圈足高 0.4 厘米，足底宽 1.7 厘米。瓷碗残片，侈口，鼓腹，圆凹底，圈足碗底残片。内外施釉。内底心残留支痕一片。外壁施釉至圈足底边。内壁釉面磨蚀无光泽。圈足底露胎。圈足外壁直，内壁呈喇叭口状，足底平，外边稍斜削滚圆呈脊棱状。足内心凹平，中心微凸。胎质晶莹，较细密，有隙孔，洁白色夹细微黑粒。釉色牙白色，釉质晶莹光洁，釉面微细若橘皮。

99H3: 058，白釉瓷大碗残底片，Ba 型Ⅰ式。长 9.3 厘米，宽 5.3 厘米，残高 3 厘米。圈足高 1.1 厘米，足底宽 1.2 厘米。瓷碗残片。微鼓腹，凹平底，圈足大碗残底片。内壁施釉。圈足内外露胎。足外壁向内外斜削滚圆微呈脊棱，足内心凹平。胎质较细密，土黄色。釉色黄白色，釉质晶莹光洁，釉面磨蚀可见细微晶裂片纹痕。

（2）白釉瓷碗残片　Bc 型Ⅱ式，2 件。

99H3: 050，白釉瓷碗残片，Bc 型Ⅱ式。长 5 厘米，宽 5 厘米，残高 5 厘米。瓷碗残片。方圆唇，微敞口沿，束颈，深鼓腹碗残片，外腹壁刻旋棱饰，内外施釉。唇口刮釉露胎，外壁半挂釉至中腹部。釉色白色泛灰褐色，釉质晶莹光洁，釉面有光泽，有细微晶裂纹痕。胎质较密实，土白色。

99H3:055，白釉瓷碗残片，Bc 型Ⅱ式。长 8.2 厘米，宽 7.5 厘米，残高 7.5 厘米。瓷碗残片。厚圆棱唇，侈口，深鼓腹碗残片。内外施釉，唇口刮釉露胎，釉色黄白色，釉质晶莹光洁，釉面有光泽，外壁磨涩，可见细微晶裂纹痕。胎质较细密，土黄色。

（3）白釉高足盏盘残片　Ca 型，1 件。

99H3:051，白釉高足盏盘残片，Ca 型。长 5.6 厘米，宽 3 厘米，残高 3.2 厘米。高足盏盘残片，微圆鼓腹，平底，高柄足盏盘残片。高柄饰竹节棱箍。内外施釉。釉至高柄足下部。高柄足呈喇叭筒形，内壁露胎。胎质洁白细腻。釉色洁白，釉质晶莹光洁，釉面有光泽，有流聚釉痕。

（4）黄绿釉瓷碗残片　B 型，4 件。

99H3:045，黄绿釉瓷碗残片，B 型。长 9.5 厘米，宽 5.5 厘米，残高 2.8 厘米，瓷碗残片，侈口，圆唇，斜壁微鼓腹，浅腹碗残片。内壁微呈印花痕，图案不清。内外施釉。内底心刮釉一圈，釉色黄绿色，釉质薄涩，釉面亚光。有微细晶裂片纹痕。胎质细密，灰白色夹微黑粒较多。

99H3:047，黄绿釉瓷碗残片，B 型。长 5 厘米，宽 4 厘米，残高 3 厘米。瓷碗残片。圆唇，微敞口，斜壁微鼓腹碗残片。内外施釉。内壁中腹部残留压印花纹饰，图案不详。釉色黄绿（豆青色泛黄绿）色，釉质晶莹厚润，光洁，釉面有光泽，有微“棕眼”痕，有细微晶裂片纹痕。胎质晶莹细腻，浅灰色。

99H3:048，黄绿釉瓷碗残片，B 型。长 3.5 厘米，宽 3.3 厘米，残高 2.5 厘米。瓷碗口沿残片。侈口，圆唇，斜壁微鼓腹碗口沿残片。内壁残留压花纹饰痕，图案不详。内外施釉。釉色黄绿色，唇口外边灰白色。釉质薄涩。釉面磨蚀。胎质晶莹细腻，灰色。

99H3:049，黄绿彩釉纹饰瓷碗口沿残片，B 型。长 5.1 厘米，宽 2.7 厘米，残高 3 厘米，瓷碗残片，尖圆唇，侈口，斜壁微鼓腹碗残片。内外施釉。内壁压印花纹图案，枝叶、花朵、花瓣纹饰。釉色黄绿色，唇口釉呈棕黄色，花瓣、枝叶、棱边亦呈棕黄色，灰白边围饰，釉色厚薄变化形成特殊效果。釉质晶莹光洁，釉面有磨蚀痕。胎质细密，土黄色。

（5）豆青釉压花瓷碗残片　Aa 型Ⅰ式，1 件。

99H3:046，豆青釉压花瓷碗残片，Aa 型Ⅰ式。长 5 厘米，宽 4.8 厘米。碗腹壁残片，内壁压饰花纹，图案不详。内外施釉。釉色豆青色，釉质晶莹光洁，釉面可见不匀气泡“棕眼”痕，釉面有磨蚀。胎质晶莹细腻，灰白色。

（6）豆青釉瓷碗口沿残片　Ac 型Ⅰ式，1 件。

99H3:052，豆青釉瓷碗口沿残片，Ac 型Ⅰ式。长 4.2 厘米，宽 2.9 厘米，残高 2.1 厘米。口沿残片。厚反卷折圆唇，敞口，斜壁微鼓腹碗口沿残片。内外施釉。釉色豆青泛黄绿色，唇口釉聚处呈绿色。釉质晶莹光洁，釉面有光泽，有细微气泡“棕眼”痕，有微细晶裂片纹痕。胎质晶莹细腻，灰色。

（7）豆青釉瓷碗口沿残片　Bc 型Ⅰ式，1 件。

99H3:053，豆青釉瓷碗口沿残片，Bc 型Ⅰ式。长 3 厘米，宽 2.8 厘米，残高 3 厘米。瓷碗口沿残片，侈口，圆唇，鼓腹碗口沿残片。内外施釉。釉色豆青色稍泛黄绿色。唇口釉色稍呈褐色，釉质晶莹光洁。釉面有磨蚀，可见大小不匀气泡，有微细晶裂片纹痕。胎质晶莹细腻，灰褐色。

（8）黑油滴釉瓷碗残片　Aa 型Ⅱ式，1 件。

99H3:059，黑油滴釉瓷碗残片，Aa型Ⅱ式。长6厘米，宽3.8厘米，残高3.2厘米，圈足高0.8厘米，足底宽0.9厘米。瓷碗残片。斜壁微鼓腹，鸡心底，圈足碗残底片。内壁施釉，外壁下腹及圈足内外露胎。圈足外壁直，内壁呈喇叭口状，足底平。足内心凹平。胎质较细密，土黄色。釉色黑褐色，分布均匀大小银白斑点痕。俗称“油滴”痕。釉质晶莹光洁，釉面有微细“棕眼”痕。有磨蚀。

（9）黑釉瓷碗残底片　Ca型，2件。

99H3:056，黑釉瓷碗残底片，Ca型。长6.7厘米，宽4.3厘米，残高3.3厘米。圈足高0.8厘米，足底宽0.6厘米。瓷碗残片，侈口，微鼓腹，圆凹底，圈足碗残底片。内外施釉。内底心刮釉一圈，外壁半挂釉至下腹部位。外壁下底及圈足内外露胎。足外壁由根至底稍向外斜削。内壁呈喇叭口状，足底向内外边斜削呈脊棱状，足内心凹平。中心微凸。胎质较细密，土黄色。釉色酱黑色。釉边呈棕色，釉质晶莹光洁，釉面微有“棕眼”痕。

99H3:057，黑釉瓷碗残底片，Ca型。长9厘米，宽4.7厘米，残高3.1厘米。圈足高1.4厘米，足底宽0.5厘米，瓷碗残片。侈口，微鼓腹，圆凹底，圈足碗残底片。内壁施釉。底心刮釉一圈。圈足内外壁截面呈梯形状，向底斜收，足底平，微向外边斜。足内心陷凹平，胎质晶莹较细密，浅灰色。釉色酱黑色，釉边呈棕色。釉质晶莹光洁，釉面微呈橘皮“棕眼”痕。

（10）豆青釉瓷盘残片　Ac型Ⅲ式，1件。

99H3:054，豆青釉瓷盘口沿残片，Ac型Ⅲ式。长3.3厘米，宽2.1厘米，残高2.3厘米。盘口沿残片，侈口，圆唇，圆折腹盘口沿残片。内外施釉。釉色豆青色，釉质晶莹光洁，厚润，釉面微呈橘皮痕，有细微晶裂片纹痕。胎质晶莹细腻，灰褐色。

（11）白釉黑花瓷罐残片　Ga型，1件。

99H3:044，白釉黑花瓷罐残片，Ga型。残片一，长5.3厘米，宽4.7厘米。残片二，长5.4厘米，宽5.2厘米。残片三，长7.5厘米，宽4.5厘米。瓷罐残片。宽厚反折卷圆唇，敛口，束颈，斜圆溜肩，圆鼓腹罐残片。肩腹部残留鼻纽系痕。内外施釉。唇口沿部刮釉露胎。外壁施黄白色釉，颈部绘一道圈纹，肩部一道圈纹不连续，腹部绘饰圈纹，花草枝叶纹饰，完整图案不详，纹饰图案为黑褐色。内壁施黑褐釉。釉质晶莹亮洁，釉面有光泽，微有晶裂纹痕。胎质较细密，土黄褐色。

（12）黑釉瓷盆残片　Dc型，1件。

99H3:060，黑釉瓷盆残片，Dc型。长7.6厘米，宽4.5厘米。盆残片。尖圆棱唇口，侈口，斜折肩齿棱形外壁，心底微张，圆凹底，平底盆残片。内外施釉。唇口刮釉露胎，外壁釉至近底边。釉色酱黑色，釉边棱部位呈棕色。釉质晶莹光洁，釉面外壁有光泽，内壁磨涩亚光，盆底平露胎，胎质稍粗，砂粒明显，土黄色。

此器物亦可为瓷盘盒下底，较罕见。

H6

99H6:104，白瓷盆口沿残片，Ca型。长5.5厘米，宽3.5厘米，残高5.2厘米。盆口沿残片。宽沿折棱圆唇口，微敛口沿，束颈，棱肩，圆鼓腹盆口沿残片。内外施釉。唇口宽沿刮釉露胎，釉色白稍泛青灰色。釉质晶莹光洁，釉面微有“棕眼”痕，可见细微晶裂片纹痕。胎质晶莹细腻，灰白色。

H7

99H7:105，黑褐釉瓷碗残片，Ab型Ⅰ式。长5.2厘米，宽4.2厘米，残高3厘米。瓷碗残片。圆唇，侈口，微鼓腹碗残片，内外施釉，釉色黑褐色，釉质薄涩。胎质较细，土黄色。

99H7:145，黑釉粗瓷罐口沿残片，Bc型Ⅰ式。长20厘米，宽11厘米，残高18厘米。瓷罐口沿残片。厚圆卷棱唇，敛口，束颈，斜溜肩，圆鼓腹罐口沿残片。内外施釉。唇口沿内外露胎，釉色黑褐色，釉边呈棕褐色。釉质晶莹光洁，釉面微若橘皮“棕眼”痕。胎质粗糙，砂粒明显，土黄色。

H9

（1）豆青瓷碗残片 2件。

00H9:013，豆青釉瓷碗残片，Ab型Ⅰ式。长4.8厘米，宽3厘米。碗腹壁残片。内外刻饰放射状叶茎纹饰图案，菊瓣形纹饰。不完整。内外施釉，釉色豆青色泛灰色。釉质晶莹光洁，釉面微若橘皮痕。胎质晶莹细腻，浅灰色。

00H9:012，豆青釉瓷碗残片，Ac型Ⅰ式。长6.5厘米，宽4.7厘米，残高3.5厘米。瓷碗残片，侈口，斜壁微鼓腹，凹圆底，圈足碗残片。内外施釉。足底刮釉露胎。圈足外壁直，内壁呈喇叭口状。足底平，外边斜削滚圆。足内心凹平。胎质薄俏，晶莹细腻，有隙孔，灰白色。釉色豆青泛绿色，釉质晶莹光洁，釉面有光泽，可见微细气泡“棕眼”痕。

（2）浅蓝釉钧窑瓷碗 1件。

00H9:014，浅蓝釉钧窑瓷碗残片，Aa型Ⅰ式。长8厘米，宽5厘米，残高4.5厘米。圈足高1.2厘米，足底宽0.6厘米。瓷碗残片。侈口，微鼓腹，圆凹底，圈足碗残片。内外施釉。外壁半挂釉至下腹近底部。圈足内外露胎。足壁微呈喇叭口状外撇。足底平，外边滚棱。足内心凹平，中心微凸。胎质较细密，铁灰色夹黑粒，有高温近火烧红痕。釉色浅天蓝色，杂蓝褐点痕，釉质晶莹，浓稠，厚润光洁，釉面有光泽，有微若橘皮状“棕眼”痕。

（3）黑褐釉瓷碗 4件。

00H9:005，黑釉瓷碗残片，Ab型Ⅰ式。长14厘米，宽7.6厘米，残高4.5厘米，圈足高0.8厘米。瓷碗残片，侈口，微鼓腹，圆凹底，圈足碗残片。内外施釉。底心刮釉一圈。外壁半挂釉至下腹部位。内壁釉色酱黑色，釉边呈棕褐色。釉质晶莹光洁，釉面有光泽，微呈橘皮状，有细微“棕眼”痕。外壁釉色棕色（深咖啡色），釉质薄涩。外壁下腹底及圈足内外露胎。圈足外壁呈棱箍形，内壁呈喇叭口状。足底平，外边滚圆。足内心陷凹平，中心微凸。胎质较细密，有隙孔，土白色。

00H9:008，黑褐釉瓷碗残底片，Ab型Ⅰ式。长13.3厘米，宽11厘米，残高5厘米。圈足高0.8厘米，足底宽0.8厘米。瓷碗残底片。侈口，斜壁微鼓腹，凹平底，圈足碗残底片。内外施釉。底心刮釉一圈，外壁半挂釉至下腹部位。釉色黑褐色，罩银灰色，釉边呈棕褐色，釉质晶莹光洁。釉面有光泽，微有“棕眼”痕，罩银晶亮色，高温近火烧结状。外壁下腹及圈足内外露胎，足外壁近直，内壁呈喇叭口状，足底向内外边稍斜削滚棱呈脊棱状。足内心陷凹平。胎质晶莹较细密，灰白夹黑粒色。

00H9:010，黑釉瓷碗残片，Ab型Ⅰ式。碗口直径约19.2厘米，残高6.3厘米。瓷碗残片。圆唇，侈口，微鼓腹碗残片。内外施釉。底心刮釉一圈。外壁半挂釉至下腹部位。釉色酱黑色，杂褐点痕。釉质晶莹光洁，釉面有光泽，有细微“棕眼”痕。有细微晶裂纹痕。胎质稍粗，砂粒明显，土黄色。

00H9∶007，黑褐釉瓷碗残片，Bb 型。长 7.3 厘米，宽 6.1 厘米，残高 6.1 厘米。瓷碗残片。圆唇，直口，圆壁鼓腹碗残片。内外施釉。釉色黑褐色，杂棕色于内外口沿部位，外壁下腹部位，棕、褐斑点痕若缤纷落下。釉质晶莹光洁，釉面有细微“棕眼”痕。胎质较细密，土黄色（彩版四四，4）。

（4）白瓷盘残片　1 件。

00H9∶011，白釉瓷盘残片，Ba 型。长 9.8 厘米，宽 3.7 厘米，残高 2.5 厘米，圈足高 0.6 厘米，足底宽 0.5 厘米。瓷盘（碗）残片。侈口，折腹，凹圆底。内壁底心边刻一道圈纹，内心刻荷花瓣花饰，图案不详。内外施釉。底心残留两支钉痕，状若大米粒。圈足内外施釉，足底刮釉露胎，足外壁直，内壁微呈喇叭口状，足底平微向内倾斜。足内心凹平，中心微凸。足外壁残留勾抓痕。胎质晶莹细腻，灰白色。釉色牙白色，釉质晶莹光洁，釉面有光泽（彩版四四，4）。

（5）瓷罐残片　3 件。

00H9∶003，棕褐釉双耳罐残片，Ab 型。口径 13.5 厘米，残高 17.8 厘米。瓷罐残片。方圆棱唇，侈口，直领宽斜棱口沿。高颈、圆溜肩，圆鼓腹罐残片。肩领部对称饰麻花纽系。内外施釉。唇口刮釉露胎。釉色外壁棕褐色，内壁呈褐色。釉质晶莹光洁，釉面薄不匀，多涩疵，显糙。胎质晶莹较细腻，灰白色夹微黑粒（图六一，1；彩版四四，3）。

00H9∶001，黑釉瓷罐残片，Ba 型。长 8 厘米，宽 7.8 厘米，残高 8 厘米。瓷罐残片，尖唇反卷折沿，敞口，束颈，圆溜肩，圆鼓腹罐残片，外壁肩腹部饰附加堆花瓣纽。内外施釉。釉色黑褐色，唇口沿，棱边釉呈棕褐色。釉质晶莹光洁，釉面有光泽，有微细“棕眼”痕。

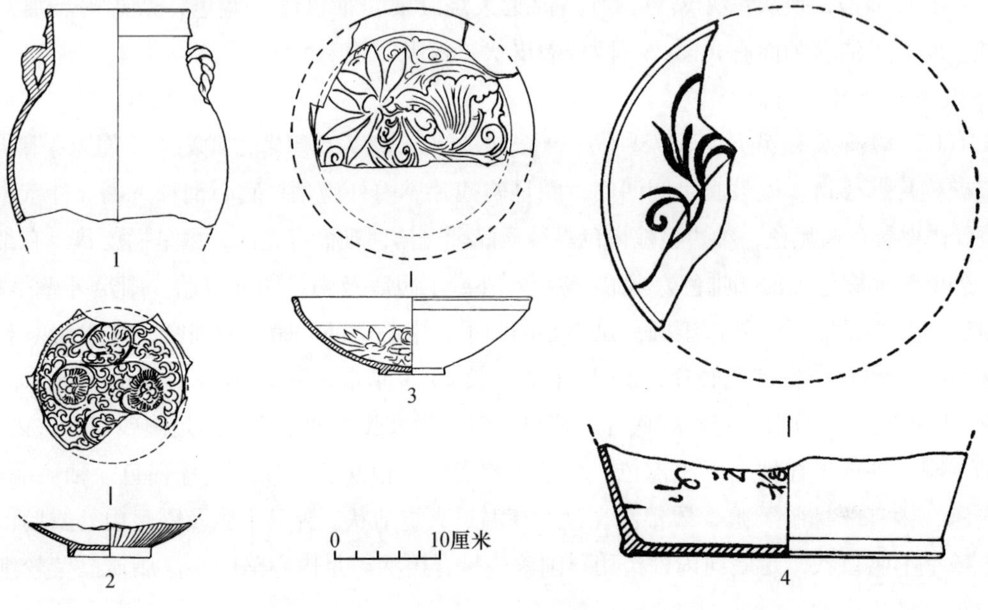

图六一　H9 出土器物图

1. 棕褐釉双耳罐（00H9∶003）　2. 青绿釉刻花碗（99T1C∶006）　3. 绿釉刻花碗（99T1C∶008）　4. 白釉褐彩盆（99T1C∶032）

00H9∶002，褐色瓷罐残底片，Cc 型Ⅰ式。底径 12 厘米，残高 10.5 厘米，瓷罐残底片，斜腹壁微鼓腹，内平底，圈底凹平罐残片。内外施釉。釉色褐色，釉质晶莹光洁，釉面薄，亚光，有细微晶裂纹痕。内壁釉面薄涩。罐底露胎。圈底近平边外滚圆，制作粗糙，不平整，内壁微呈喇叭口状，底内心凹平。胎质较密实，土黄色。

（6）瓷盆残片　2 件。

00H9∶006，黑褐釉瓷盆残底片，Aa 型Ⅰ式。长 7.8 厘米，宽 5 厘米，残高 2.2 厘米。瓷盆残片。斜腹壁，平底盆残底片。内外施釉。内底心刮釉一圈，外壁釉至近底边。釉色黑褐色杂棕色斑点痕。釉边棱部呈棕色。釉质晶莹光洁，釉面有光泽，有细微橘皮“棕眼”痕。盆底平，露胎。胎质较密实，褐灰色夹黑粒，有高温近火烧红痕。

00H9∶004，绿褐釉瓷盆残片，Ba 型。长 27 厘米，高 14.5 厘米。瓷盆残片。尖棱反卷圆唇，侈口，束颈，圆溜肩，鼓腹，平底盆残片。内外施釉。唇口沿露胎，釉色绿褐色，釉边呈黑褐色。釉质晶莹光洁。釉面薄，微若橘皮状。底平，中心微凹平露胎。胎质稍粗，土黄色。

H10

（1）白釉圈足碗瓷片

① 白釉瓷碗底残片，Bb 型Ⅰ式，2 件。

00H10∶140，白釉瓷碗底残片，Bb 型Ⅰ式。长 5.3 厘米，宽 3.7 厘米，残高 1.7 厘米。圈足高 0.5 厘米，足底宽 1.4 厘米。瓷碗底残片。斜壁微鼓腹。圆凹平底心，圈足碗底残片。内壁施釉，外壁下腹涂白化妆土，圈足内外露胎稍粘涂化妆土，足外壁直，内壁微显呈旋凹边棱，足底平斜向内倾，底外边斜削滚圆呈脊棱状。足内心微凹平。胎质稍粗，土黄色夹黑粒，有高温近火烧红痕。釉色黄白色，釉质晶莹光洁，釉面微有晶裂纹痕。

00H10∶138，白釉瓷碗残片，Bb 型Ⅰ式。长 7.8 厘米，宽 4.7 厘米，残高 2.7 厘米。圈足高 0.6 厘米，足底宽 0.8 厘米。瓷碗残片。侈口，斜壁微鼓腹，圆凹底，圈足碗残片。内外施釉。底心残留两个支钉痕，每支钉痕直径约 0.3 厘米。外壁半挂釉至中腹部位。圈足内外露胎。圈足内外壁微呈喇叭口状外撇。足底平，足内心凹平，中心微凸。胎质较细密，土黄色。釉色灰白色，釉质晶莹薄涩，釉质处有晶裂纹痕。

② 灰白釉瓷（碗）口沿残片，Bc 型Ⅰ式，1 件。

00H10∶145，灰白釉瓷（碗）口沿残片，Bc 型Ⅰ式。长 3.5 厘米，宽 2.5 厘米。残高 2.5 厘米。口沿残片。侈口，反卷方棱唇口沿，束颈，圆鼓腹钵（碗）口沿残片。内外施釉。唇口刮釉至白化妆土色，釉色灰白色，釉质晶莹光洁，釉面有光泽，有细微晶裂纹痕。胎质晶莹细密。褐色夹微黑粒。

（2）黄绿釉瓷碗残片

① 黄绿釉瓷碗口沿残片，Aa 型，1 件。

00H10∶144，黄绿釉瓷碗口沿残片，Aa 型。长 2.8 厘米，宽 1.7 厘米。残高 2.5 厘米。侈口，圆唇，鼓腹碗残片。内外施釉。釉色浅黄绿色，釉质晶莹光洁，釉面薄，有细微晶裂纹痕。胎质晶莹细密，土白色夹微黑粒。

② 绿釉瓷残片，B 型，1 件。

00H10∶141，绿釉瓷残片，B 型。长 3.5 厘米，宽 3.4 厘米。腹壁残片。内壁压印花叶饰图案。内外施釉。釉色绿黄色，釉质薄涩，釉面亚光。胎质晶莹、细腻，浅灰色。

（3）黑釉瓷碗残片　Ab 型Ⅰ式，2 件。

00H10∶134，黑釉瓷碗残底片，Ab 型Ⅰ式。长 5.3 厘米，宽 4 厘米，残高 2.2 厘米。圈足高 0.9 厘米。足底宽 1.8 厘米。瓷碗残底片。鼓腹，圆凹底，圈足碗残底片。内壁施釉，底心刮釉一圈。外壁下腹及圈足内外露胎。足外壁由根至底稍向外斜削，足底三分之一向外，三分之二向内斜削滚棱呈脊棱状，外壁呈棱箍状。足内壁微呈凹旋边痕。足内心微凹平，中心微凸。胎质晶莹细密，灰褐色。釉色酱黑色，釉边呈棕色。釉质晶莹光洁，釉面有光泽，有细微“棕眼”痕。

00H10∶146，黑釉瓷碗残片，Ab 型Ⅰ式。长 4.5 厘米，宽 3.2 厘米，残高 3.7 厘米。瓷碗残片。微尖圆唇，侈口，斜壁微鼓腹碗残片。内外施釉。釉色黑褐色，杂棕、褐斑点痕。唇口棱呈棕褐色。釉质晶莹光洁，釉面有光泽，有微细“棕眼”痕。胎质细密，土白色。

（4）瓷盘残片　1 件。

00H10∶150，白釉瓷盏盘残片，Aa 型Ⅰ式。长 3.7 厘米，宽 2.2 厘米，残高 1 厘米。盏盘残片。敞口，斜壁微鼓腹，平底盏盘残片。内外施釉。外壁釉至近底边。底露胎。底平，中内心凹平。胎质晶莹洁白细腻。釉色微黄白色，釉质晶莹光洁，釉面有光泽。

（5）零星瓷片　1 件。

00H10∶042，酱褐釉瓷盖残片，长 3.7 厘米，宽 3.2 厘米。瓷盖残片。圆唇，宽沿凹心盖残片。外壁施釉，釉色酱褐色，釉质晶莹光洁，釉面亚光。胎质稍粗，土白色。

H11

（1）白釉平足碗残片

① 白釉平足瓷残片，Ab 型，1 件。

00H11∶002，白釉平足瓷残片，Ab 型。长 6 厘米，宽 3.9 厘米，残高 2 厘米。平足 0.4 厘米。瓷碗残片，侈口，圆鼓腹，圆凹底，平足碗残片。内壁施釉。底心残留两个支钉痕，状若小米粒。外壁及下腹平足内外露胎。足外壁直，底平，心微凹，底外边斜削呈脊棱状。刀旋痕明显。胎质较细密，灰褐色夹黑粒。釉色灰白，釉质晶莹光洁，釉面有光泽。

② 白釉瓷碗残片，Ac 型，2 件。

00H11∶007，白釉瓷碗残片，Ac 型。长 5 厘米，宽 3 厘米，残高 3.1 厘米。瓷碗残片。圆唇，敞口沿，斜壁微鼓腹碗残片。内外施釉。外壁半挂釉至口沿下 1.7 厘米。釉色黄白色，釉质晶莹，釉面磨蚀，可见微细晶裂纹痕。胎质稍粗，砂粒明显，土白色。

00H11∶013，白釉平足瓷碗残片。Ac 型。长 4 厘米，宽 3.5 厘米，残高 1.7 厘米。平足高 0.7 厘米，瓷碗残片。侈口，斜壁微鼓腹，圆凹底，平足碗残片。内壁施釉，外壁下腹及平足内外露胎。足外壁由根至底向内斜削，底平，心微凹，底边斜削滚棱呈脊棱状。胎质较细密，土白色。釉色黄白色，釉质晶莹光洁，釉面微若橘皮状，有细微晶裂纹痕。

（2）白釉圈足碗残片

① 白釉瓷碗残片，Ba 型Ⅰ式，1 件。

00H11∶004，白釉瓷碗残片，Ba 型Ⅰ式。长 4.5 厘米，宽 3 厘米，残高 1.7 厘米。圈足高 0.4

厘米，足底宽1.8厘米。瓷碗残片。侈口，微鼓腹，圆凹底，宽圆足碗残片。内外施釉。外壁施釉至圈足底边。圈足底刮釉留心。足外壁近直，内壁微凹旋棱，足底平，底外边稍削滚圆呈脊棱状。足内心微凹平，中心微凸留釉。胎质晶莹，洁白，细腻。釉色洁白，釉质晶莹光洁，釉面有光泽，微有“棕眼”点痕。

② 白釉黑花碗残片，Be型Ⅰ式，1件。

00H11:018，白釉黑花碗残片，Be型Ⅰ式。长16厘米，宽11.7厘米，残高6.2厘米。圈足高1.2厘米，足底宽1厘米。瓷碗残片。侈口，斜壁鼓腹，凹圆底，圈足碗残片。内外施釉。底心刮釉一圈。外壁半挂釉至中腹部。釉色牙白色，内壁绘棕褐色花草，图案不详，涂白化妆土底色上绘黑褐色彩，上罩施清釉，微有凸痕。外壁釉边薄涩，外壁下腹部露胎，墨绘不规则痕。圈足内外露胎。足外壁由根至底稍向外斜削，足内壁圆旋微呈喇叭口状。足底少平向内微斜削，向外边斜削滚圆呈脊棱状。足内心凹平，中心微凸，底心不平整，胎质稍粗糙，土白色。釉质晶莹光洁，釉面有光泽，可见细微晶裂纹痕。

（3）黄绿釉瓷碗残片　Aa型，1件。

00H11:011，黄绿釉瓷碗残片，Aa型。长4.8厘米，宽2.5厘米，残高1.9厘米。圈足高0.9厘米，足底宽0.2厘米。瓷碗残底片。圆鼓腹，圆凹底心，圈足碗残底片。内外施釉。圈足内外施釉，足底刮釉露胎。足外壁直，内壁微呈喇叭口状。足内心凹平，中心微凸。胎质细密，土白色。釉色浅黄绿色，釉质晶莹光洁，釉面有光泽，微呈橘皮状，有细微晶裂纹痕。

（4）青褐釉瓷碗残片　Aa型，1件。

00H11:005，青褐釉瓷碗残片，Aa型。长6.5厘米，宽4.7厘米，残高2.5厘米。圈足高0.5厘米，足底宽1.1厘米。瓷碗残片，侈口，斜壁微鼓腹，圆凹底，宽圈足碗残片。内外施釉。外壁半挂釉至下腹部位。外壁下腹底及圈足内外露胎。足外壁呈棱箍状，内外壁圆旋微呈喇叭口状，足底平。足内心凹平，中心微凸。胎质晶莹，较细密，灰色夹黑粒。釉色青褐色泛灰。釉质晶莹光洁，釉面薄，微呈橘皮痕。

（5）浅蓝灰釉瓷碗残片　Aa型Ⅰ式，2件。

00H11:003，浅蓝灰釉瓷碗残片，Aa型Ⅰ式。长5.3厘米，宽4.8厘米。瓷碗腹壁残片。内外施釉。釉色浅蓝灰色，釉质晶莹光洁厚润，釉面有光泽，微呈橘皮状痕。有微小气泡。胎质晶莹较细密，铁灰色。

00H11:006，蓝釉瓷碗残片，Aa型Ⅰ式。长4.5厘米，宽3厘米。瓷碗腹壁残片。内外施釉。外壁半挂釉。釉色蓝色，杂蓝灰斑点痕。釉质晶莹光洁厚润，釉面有光泽，有细微“棕眼”痕，可见釉流蚓痕，有细微晶裂片纹痕。胎质晶莹细密，浅灰色（彩版四五，5）。

（6）黑褐釉瓷碗残片　Ba型Ⅰ式，4件。

00H11:008，黑褐釉瓷碗残片，Ba型Ⅰ式。长6.2厘米，宽3.7厘米，残高4.1厘米。瓷碗残片。圆唇，微敞口，微束颈鼓腹碗残片。内外施釉。釉色黑褐色杂棕、褐点痕。釉质晶莹光洁，釉面有光泽，微呈橘皮“棕眼”痕。胎质细密，土黄红色。

00H11:009，黑釉瓷碗残片，Ba型Ⅰ式。长5.5厘米，宽4厘米，残高2.5厘米。瓷碗残片。圆唇外有棱沿，侈口，斜壁微鼓腹浅碗残片。内外施釉。釉色黑褐色，釉质晶莹，釉面亚光，微呈橘皮“棕眼”状。胎质细密，土白色。

00H11∶010，酱黑釉瓷口沿残片，Ba 型Ⅰ式。长 4.7 厘米，宽 2.5 厘米，残高 2.5 厘米。口沿残片。圆唇，微侈口，直壁高领口沿残片。内外施釉。釉色酱黑色，唇口呈棕褐色。釉质晶莹光洁，釉面微有“棕眼”痕。有釉流蚓痕。胎质较细密，灰褐色。

00H11∶014，黑釉瓷碗（盘）残底片，Ba 型Ⅰ式。长 8.7 厘米，宽 6.4 厘米，残高 3.7 厘米。圈足高 1 厘米，足底宽 0.8 厘米。瓷碗残片。侈口，斜壁微鼓腹，圆凹底，圈足浅碗残底片。内外施釉。内底心刮釉一圈，外壁半挂釉至下腹部。外壁下腹部及圈足内外露胎。圈足壁微呈喇叭口状外撇。足底半平，底外边斜削滚圆。足内心陷凹平，中心微凸，刀旋痕明显。胎质晶莹细密，灰白色。釉色酱黑色，釉边呈棕褐色，釉质晶莹光洁，釉面亚光，微若橘皮状，有磨蚀。

（7）瓷罐残片　1 件。

00H11∶001，黑釉瓷罐口沿残片，Ba 型。长 5 厘米，宽 4.2 厘米，残高 5 厘米。瓷罐残片。反卷尖圆唇折沿，敛口，束颈，斜溜棱肩鼓腹罐残片。内外施釉。唇口刮釉露胎。釉色漆黑，釉边棱呈棕褐色。釉质晶莹光洁。釉面有光泽，微有“棕眼”痕。有釉流蚓痕。胎质较细密，土黄色夹棕褐粒。

H15

（1）白釉瓷碗残片　Bb 型Ⅰ式，1 件。

00H15∶074，白釉瓷碗口沿残片，Bb 型Ⅰ式。长 5.9 厘米，宽 3.1 厘米，残高 2.6 厘米。口沿残片，厚圆微棱唇口，侈口，斜壁微鼓腹碗。内外施釉。釉色骨白色，釉质晶莹光洁，釉面亚光，微有晶裂纹痕。胎质稍粗松，土白色。

（2）青白釉瓷碗残片　Ca 型，1 件。

00H15∶078，青白釉瓷碗口沿残片，Ca 型。长 3.4 厘米，宽 2.5 厘米。瓷碗口沿残片。圆棱唇，侈口，微束颈，斜溜肩，鼓腹碗口沿残片。内外施釉。外壁半挂釉。釉色青白色泛灰，釉质晶莹光洁，釉面有光泽，有细微晶裂纹痕。胎质晶莹细腻，灰白色夹微细黑粒。

（3）黄绿釉瓷碗残片　B 型，3 件。

00H15∶069，黄绿釉压花瓷碗残片。B 型。长 21 厘米，宽 13.2 厘米，高 7.5 厘米，圈足高 0.6 厘米，瓷碗残片。宽厚圆棱唇，内壁中腹部位上下压印两道圈纹饰，中部压印水浪纹荷花图案。内外施釉。内底心刮釉一圈。圈足内外施釉。足底刮釉露胎。足外壁近直，内壁微呈喇叭口状，足底向外边斜削呈棱脊状，足内心凹平，中心微凸。胎质晶莹细腻，灰白色。釉色黄绿色，釉质晶莹光洁，釉面薄，亚光，釉边呈棕色，棱边泛白。釉面稍有磨蚀痕。

00H15∶072，黄绿釉瓷碗残底片，B 型。长 8.7 厘米，宽 4.2 厘米，残高 2 厘米。圈足高 0.8 厘米，足底宽 0.9 厘米。瓷碗残片。侈口，微鼓腹，圆凹底，圈足碗残片。内壁施釉。底心粘砂一圈。釉色浅黄绿色。釉质晶莹光洁，釉面亚光，微有晶裂纹痕，外壁下腹及圈足内外露胎。圈足外壁直，内壁呈喇叭口状，足底平，足内心凹平。胎质晶莹细密，灰白色夹细微黑粒。

00H15∶080，黄褐釉压花瓷碗残片，B 型。长 5 厘米，宽 1.8 厘米，腹壁残片。内壁压印枝叶纹饰，图案不详。内外施釉。釉色黄褐色，釉质晶莹光洁，釉面有光泽，有细微“棕眼”痕。胎质细密，土白色。

（4）豆青釉瓷片

① 豆青釉瓷碗残片，Aa型Ⅰ式，4件。

00H15:075，豆青釉瓷碗残片，Aa型Ⅰ式。长4.3厘米，宽3.8厘米，残高3厘米。瓷碗口沿残片，厚圆棱唇。侈口，斜壁微鼓腹碗口沿残片，内壁是腹部压印花纹，图案不详。内外施釉。釉色豆青色泛黄褐色，釉厚部呈绿褐色。釉质晶莹光洁，釉面可见细微大小不匀气泡“棕眼”痕，有细微晶裂纹痕。胎质晶莹细腻，灰褐色。

00H15:079，豆青釉压印花瓷碗残片。Aa型Ⅰ式。长3.8厘米，宽2.7厘米。腹壁残片，内壁压印花纹，图案不详，内外施釉。釉色豆青色，釉质晶莹光洁，釉面微有气泡“棕眼”痕，有细微晶裂纹痕。胎质晶莹细腻，浅灰色。

00H15:081，豆青釉瓷碗口沿残片，Aa型Ⅰ式。长4.7厘米，宽2.6厘米，残高2.7厘米。口沿残片。侈口，圆唇，微鼓腹碗口沿残片。内外施釉。釉色豆青色，釉质晶莹光洁，釉面微有大小不匀气泡“棕眼”痕。胎质晶莹细腻，浅灰色。

00H15:083，豆青釉瓷碗口沿残片，Aa型Ⅰ式。长3.8厘米，宽2厘米，残高3厘米。口沿残片。内外施釉。釉色豆青色，釉质晶莹光洁。釉面有光泽，有大小不匀气泡“棕眼”痕。胎质晶莹细腻，浅灰色。

② 浅豆青釉瓷碗残片，Ac型Ⅰ式，1件。

00H15:071，浅豆青釉瓷碗残片。Ac型Ⅰ式。长13厘米，宽8.1厘米，残高5.5厘米。瓷碗残片。圆唇，侈口，微鼓腹碗残片。内外施釉。外壁釉至口沿下1厘米左右。釉色浅豆青绿色泛灰。釉边呈棕色，釉质晶莹光洁，釉面薄有光泽，有细微晶裂纹痕。胎质晶莹较细密，灰褐色。

③ 豆青釉薄瓷碗口沿残片，Ae型，1件。

00H15:084，豆青釉薄瓷碗口沿残片，Ae型。长3.2厘米，宽1.8厘米，残高3.1厘米。口沿残片，圆唇，敞口卷沿，深腹微鼓碗口沿残片。内外施釉。釉色豆青泛黄，釉质晶莹光洁，釉面有光泽，微有气泡“棕眼”痕。胎质薄，晶莹细腻，灰白色。

（5）蓝灰釉瓷碗残片　Ab型Ⅰ式，2件。

00H15:076，蓝灰釉瓷碗口沿残片，Ab型Ⅰ式。长3.7厘米，宽3.2厘米，残高3.2厘米。尖圆唇，侈口，鼓腹碗口沿残片。内外施釉。釉色蓝灰色，釉边棱呈绿褐色。釉质晶莹光洁浓稠，厚润。釉面有光泽，细微若橘皮状，有气泡“棕眼”痕，可见细微晶裂片纹痕。胎质晶莹细腻，铁灰色。

00H15:077，蓝釉瓷碗残片，Ab型Ⅰ式。长4.6厘米，宽3.8厘米，残高2.3厘米。圈足高0.8厘米。瓷碗残片，斜壁微鼓腹，圆凹底，圈足碗残底片。内外施釉。圈足外壁近直，施釉，足底平刮釉露胎。胎质晶莹细腻，灰白色。釉色湖蓝色，釉质晶莹光洁厚润，釉面有光泽，有细微气泡“棕眼”痕。有微细晶裂片纹痕。

（6）黑褐釉浅瓷碗残片

① 黑褐釉浅瓷碗残片，Ac型，1件。

00H15:070，黑褐釉浅瓷碗残片，Ac型。长15.5厘米，宽9.5厘米，高3.7厘米，碗口直径约17厘米。圈足高0.7厘米，直径8厘米，足底宽0.7厘米。瓷碗残片。圆唇，侈口，斜壁微鼓腹，圆凹底，圈足浅碗残片。内外施釉。内底心刮釉一圈，外壁半挂釉至下腹部，外壁下腹部及圈足内外露胎。圈足外壁近直，内壁圆旋微呈喇叭口状，足底平，外边斜削滚圆，足内心凹平。胎质晶莹细密，灰白色夹细微黑粒。釉色黑褐色杂棕点痕，釉边棱呈棕褐色，外壁大部呈棕褐色。釉质晶莹光洁，釉面有光泽，微有“棕眼”痕，有釉流蚓痕。

② 黑釉瓷碗残片，Ba 型Ⅰ式，4 件。

00H15∶062，黑釉瓷碗残片，Ba 型Ⅰ式。长 9.5 厘米，宽 6.5 厘米，残高 5.2 厘米。圈足高 1.5 厘米，足底宽 0.5 厘米。瓷碗残片。侈口，鼓腹，圆凹底，圈足碗残片。内外施釉。底心刮釉一圈，外壁半挂釉至下腹部，外壁呈喇叭口状，足底平，外边斜削滚棱。足内心陷凹平。胎质晶莹较细腻，灰色夹微细黑粒。釉色漆黑色，釉边呈棕色，釉质晶莹光洁，釉面有光泽，微有“棕眼”痕。

00H15∶066，黑釉瓷碗残片，Ba 型Ⅰ式。长 8.7 厘米，宽 8.5 厘米，残高 3.7 厘米。圈足高 1.1 厘米。足底宽 0.5 厘米。瓷碗残片。侈口，微鼓腹，圆凹底，圈足碗残片。内外施釉。内底心刮釉一圈，宽 2 厘米。外壁半挂釉至下腹部位。外壁下腹及圈足内外露胎。圈足外壁呈棱箍状滚棱，内壁呈喇叭口状，足底平，外边斜削滚圆。足内心凹平，中心微凸，刀旋痕明显。胎质较细密，土黄红色。釉色黑褐色，釉边呈棕色，釉质晶莹光洁，釉面有光泽，微有“棕眼”痕，釉面有部分罩蒙一层褐灰金属色，为高温近火烧结痕。

00H15∶067，黑釉瓷碗残片，Ba 型Ⅰ式。长 11.7 厘米，宽 6.3 厘米，残高 2.8 厘米。圈足高 0.6 厘米，足底宽 0.6 厘米，圈足直径 7.7 厘米。瓷碗残片。侈口，斜壁微鼓腹，凹平底，圈足碗残片，内壁中部刻一道圈纹。内外施釉。底心刮釉一圈，外壁半挂釉至中腹部位。外壁下腹部位及圈足内外露胎。外壁腹部及足内心墨书字，可辨识为“□□元年十月”，余不识，圈足壁微呈喇叭口状外撇。足底平，微向外倾斜，外边削棱滚圆，足内心凹平，底心薄俏。胎质较薄晶莹细腻，灰白色夹微细黑粒。釉色酱黑色，釉边棱处呈棕色。釉质晶莹光洁，釉面稍有光泽，微呈橘皮状。

00H15∶068，黑釉瓷碗残片，Ba 型Ⅰ式。长 8 厘米，宽 6 厘米，残高 3 厘米。圈足高 0.6 厘米，足底宽 0.5 厘米。瓷碗残片，侈口，鼓腹，圆凹底，圈足碗残片。内外施釉。圈足外壁有釉流聚痕，内壁足心施薄釉呈褐色。足底刮釉露胎。足外壁直，内壁微呈喇叭口状，足底少平向内外边斜削呈梯形。足内心凹平。胎质稍粗，砂粒明显，土黄色。釉色漆黑色，釉边呈黑褐色，釉质晶莹厚润光洁，釉面有光泽，微有“棕眼”痕。

（7）黑褐釉瓷盘残片　Bc 型Ⅲ式，1 件。

00H15∶065，黑褐釉瓷盘残片，Bc 型Ⅲ式。长 10 厘米，宽 6 厘米，残高 2.7 厘米，圈足高 1 厘米，足底宽 0.9 厘米。瓷盘残片。侈口，斜壁微鼓腹，圆凹底，圈足盘残片。内外施釉。外壁半挂釉至下腹底部位。圈足内外露胎。外壁直，内壁微呈喇叭口状，足底平。足内心凹平。胎质较细密实，土白色。内壁釉色黑。周边有褐色釉，釉质晶莹光洁，釉面有光泽。微有“棕眼”痕。外壁釉黑边呈棕褐色，釉质薄涩。

（8）瓷罐残片

① 黑褐釉瓷罐残片，Ba 型，1 件。

00H15∶064，黑褐釉瓷罐残片，Ba 型。长 12 厘米，宽 8.5 厘米，残高 7 厘米。瓷罐残片。圆卷棱唇，微侈口，束颈，圆溜肩，圆鼓腹罐残片。肩部饰圆乳头饰，有棱痕。内外施釉。唇口沿内外露胎，内壁露胎至肩部，以下施薄釉，面涩。外壁釉色黑褐色，釉质晶莹薄涩。胎质较粗，土白色。

② 棕釉瓷罐残片，Cb 型Ⅰ式，1 件。

00H15:073，棕釉瓷罐残片，Cb 型Ⅰ式。长 4.5 厘米，宽 4 厘米，残高 3.5 厘米，圈足高 0.5 厘米，足底宽 0.5 厘米。瓷碗残片。圆鼓腹，圆凹底，圈足罐残片。外壁施釉至下腹部位，内壁腹底和外壁五腹及圈足内外露胎。圈足微呈喇叭口状外撇，足底平，外边斜削滚圆。足内心凹平，底壁薄。胎质晶莹细密，浅白色夹微细黑粒。釉色棕色，釉质晶莹光洁，釉面薄涩，有砂疵痕。

（9）黑釉瓷瓮口沿残片　1 件。

00H15:063，黑釉瓷瓮口沿残片，A 型。长 11 厘米，宽 6 厘米，残高 4.8 厘米。口沿残片。尖棱宽厚卷折圆唇口沿，敛口，束颈，圆肩，圆鼓腹瓮口沿残片。内外施釉。唇口刮釉露胎，胎质稍粗，土白色。釉色酱黑色，釉边棱薄处呈棕褐色，釉质晶莹光洁，釉面有光泽，微有橘皮“棕眼”痕。

（10）零星器物残片　1 件。

00H15:086，黑釉瓷瓶口沿残片，直径 5 厘米，残高 1.5 厘米。瓶口残片。尖棱厚圆唇口沿，敛口，束颈。圆溜肩瓶口沿残片。内外施釉。釉色黑褐色，唇口棱边釉呈棕褐色。釉质晶莹光洁，釉面稍有光泽，微有橘皮“棕眼”痕。胎质晶莹细密，灰白色。夹微细黑粒。

TG1

（1）白瓷碗残片

① 白釉瓷碗残片，Bb 型Ⅰ式，2 件。

99TG1②:179，白釉瓷碗底残片，Bb 型Ⅰ式。长 3.3 厘米，宽 3.2 厘米，残高 1.2 厘米，圈足高 0.3 厘米。足宽 0.5 厘米。瓷碗残片。侈口，斜壁，微鼓腹，圈足碗残片。内壁施釉，底心有支钉痕。圈足内外露胎，涂白化妆土，足外壁直，内壁呈口状，足底向内外边斜削滚圆出圆脊。足内心凹，中心微凸。胎质细密，土黄色。釉色牙白色，釉质晶莹亮洁，釉面有光泽。

99TG1②:182，白釉瓷碗口沿残片，Bb 型Ⅰ式。长 5 厘米，宽 3.5 厘米，残高 3 厘米。瓷碗残片。圆唇，敞口，斜腹壁微鼓碗残片。内外施釉。外壁半挂釉至中腹部。釉色牙白色。釉质晶莹光洁，釉面有微细晶裂纹痕。胎质稍粗，土黄白色。

② 白釉瓷碗口沿残片，Bc 型Ⅰ式，1 件。

99TG1②:181，白釉瓷碗口沿残片，Bc 型Ⅰ式。长 8 厘米，宽 6.8 厘米，残高 6 厘米。瓷碗残片。厚卷圆唇，喇叭敞口，圆折沿，鼓腹碗口沿残片。内外施釉。外壁釉至口沿下 1 厘米左右，以下施白化妆土。唇口沿刮釉。釉色牙白色，釉质晶莹亮洁，釉面有细不匀晶裂纹痕。胎质较细密，土白色。

③ 白釉瓷盏边沿残片，Ca 型，1 件。

99TG1②:184，白釉瓷盏边沿残片，Ca 型。长 5 厘米，宽 1.7 厘米。盏边残片。尖边唇外折，宽沿荷叶边盏碗残片。内外施釉。釉色洁白，釉质晶莹光洁，釉面有光泽。胎质薄俏，晶莹洁白细腻。

（2）豆青釉瓷碗残片　Aa 型Ⅰ式，2 件。

99TG1②: 180，豆青釉瓷碗底残片，Aa 型Ⅰ式。长 3.8 厘米，宽 3.2 厘米，残高 1.8 厘米。圈足高 0.3 厘米。瓷碗残片。侈口，斜腹壁微鼓，凹平底，圈足碗残片。内外施釉。外壁施釉至圈足底边。圈足外壁直，内壁呈喇叭口沿，足底向内外边斜削露胎，不工整，足内心凹，施釉粘砂严重。胎质晶莹细腻，有隙孔，灰白色。釉色豆青泛绿。优雅俏丽，釉质晶莹亮洁，釉面有光泽。

99TG1②: 185，豆青釉瓷碗口沿残片，Aa 型Ⅰ式。长 5 厘米，宽 2.5 厘米，残高 2 厘米。瓷碗残片，尖圆唇，侈口，斜壁微鼓腹碗口沿残片，内壁腹部残存压花纹饰，图案不详。外壁饰一道圈。内外施釉。釉色豆青色泛灰。釉质晶莹厚润，釉面有光泽，可见大小不匀气泡及“棕眼”痕。胎质晶莹细腻，灰色。

（3）黄绿釉印花瓷碗残片　1 件。

99TG1②: 188，黄绿釉印花瓷盏碗残片。B 型。长 2.5 厘米，宽 2.3 厘米。印花瓷盏碗残片，内外壁印花纹饰施釉，釉色黄绿，釉质晶莹亮洁，釉面有光泽。可见大小不匀气泡微“棕眼”痕。晶裂片纹痕。胎质薄俏，洁白细腻。

（4）黑釉瓷碗

① 黑釉瓷碗残片，Aa 型Ⅱ式，1 件。

99TG1: 193，黑釉瓷碗残片，Aa 型Ⅱ式。长 9 厘米，宽 5 厘米。残高 4.2 厘米。圈足高 0.8 厘米，足底宽 1 厘米。瓷碗残片。侈口，微鼓腹，鸡心底圈足碗残片。内外施釉。外壁施釉至下腹部。圈足见外露胎。外壁直，内壁园旋呈喇叭口状。足底平。足内心凹平。胎质较粗，土黄色。釉色漆黑，釉质晶莹厚润，釉面有光泽，有“棕眼”痕。

② 黑釉瓷碗残片，Ba 型Ⅰ式，1 件。

99TG1②: 178，黑釉瓷碗残片，Ba 型Ⅰ式。长 9.5 厘米，宽 6.5 厘米，残高 3 厘米。圈足高 1 厘米，足底宽 0.4 厘米。瓷碗残片。侈口，鼓腹，圆凹底，圈足碗残片。内外施釉。内底心刮釉一圈。圈足内外施釉，足底刮釉露胎。圈足呈喇叭口状，内外壁稍外斜。足底向内外边斜削滚圆。足心凹。中心微凸。胎质稍粗，土白色。釉色漆黑，釉质晶莹光洁，釉面有“棕眼”痕。

（5）瓷罐残片

① 酱褐釉瓷罐底残片，Cb 型Ⅰ式，1 件。

99TG1: 194，酱褐釉瓷罐底残片，Cb 型Ⅰ式。长 11 厘米，宽 5.5 厘米，残高 3.5 厘米。瓷罐残片。鼓腹，平底，圈足罐残底片。内外壁施釉。外壁施釉至下腹部。圈足内外露胎，圈足外壁由根至底稍向外斜削，内壁呈喇叭口状，足底向内外边稍斜削出脊棱。足心内凹一半。中心微凸。胎质较密实，土白色。釉色酱褐色，釉质薄涩。

② 黑釉瓷罐残片，Da 型，1 件。

99TG1②: 189，黑釉瓷罐残片，Da 型。长 6.5 厘米，宽 5.5 厘米，残高 6.2 厘米。瓷罐残片。圆唇，敛口，微缩颈，斜折肩，斜壁罐残片，内外施釉。唇口内边刮釉露胎，外壁半挂釉至折肩下 2 厘米。以下腹部露胎。釉色漆黑，釉质晶莹光洁，釉面微若橘皮状，外壁多有疵点。胎质较粗，砂粒明显，土黄色。

③ 黑釉粗瓷罐残底片，Ea 型，1 件。

99TG1∶191，黑釉粗瓷罐残底片，Ea型。底径约18厘米，残高9.5厘米。侈口，斜腹壁，平底罐残片。内底可见三支钉痕，每个直径约0.5厘米。外壁施釉至底边，制作刀旋痕明显，底平，粘釉。胎质粗，砂粒明显，土白色。釉色黑褐色，釉质晶莹光洁，釉面若橘皮状，有"棕眼"痕。

（6）瓷盆残片　Aa型Ⅰ式，2件。

99TG1∶192，黑釉瓷盆残片。Aa型Ⅰ式。长10.3厘米，宽8.5厘米，高3.5厘米。瓷盆残片。斜壁，平底盆残片。内外施釉。内壁底心刮釉一圈。外壁釉至底边。盆底平露胎。胎质较粗，铁灰色，底心呈近火高温色。釉色黑褐色夹杂棕色斑痕，釉质晶莹光洁，釉面微若橘皮状，多疵点。

99TG1∶195，黑釉瓷盆口沿残片，Aa型Ⅰ式。长6.8厘米，宽5.4厘米，残高5.2厘米。瓷盆残片。厚圈卷唇，侈口，斜壁微鼓腹盆残片。内外施釉。唇口刮釉露胎。胎质较粗，灰色。釉色黑褐色，唇口釉边呈棕绿色。釉质晶莹亮洁，釉面有光泽。微有"棕眼"痕。

TG2

TG2后分别用②、③、④表示探沟内第8A层位。出土标本分别有：

（1）白瓷碗残片

① 白釉瓷碗口沿残片，Bb型Ⅰ式，2件。

99TG2③∶186，白釉瓷碗口沿残片，Bb型Ⅰ式。长3.5厘米，宽3厘米，残高2.7厘米。口沿残片。厚圆卷棱唇，侈口，斜壁微鼓腹碗口沿残片。内外施釉。釉色牙白色，釉质晶莹厚润亮洁，釉面有光泽，可见细微晶裂片纹痕。胎质细密，土白色。

99TG2③∶207，白釉瓷碗底残片，Bb型Ⅰ式。长6厘米，宽5厘米，残高1.5厘米。圈足高0.4厘米，足底宽0.8厘米。瓷碗残片。斜壁，平底，圈足碗残底片。内壁施釉。圈足内外露胎涂白化妆土，足外壁由根至底稍向外斜削。内壁圆旋呈喇叭口状，足底三分之一向外边斜削，三分之二向内边斜削，底出脊滚圆。足底心凹平。胎质稍粗，土黄色。釉色牙白色，釉质晶莹厚润亮洁，釉面有光泽，可见微细晶裂纹痕。

② 白釉瓷碗残片，Bc型Ⅰ式，4件。

99TG2③∶185，白釉瓷碗残片，Bc型Ⅰ式。长5.7厘米，宽3.7厘米。白釉瓷碗圆鼓腹壁残片，内壁近底凹圆。内外施釉。釉色牙白色，釉质晶莹亮洁，釉面有光泽，有晶裂片纹痕。胎质细腻，土白色。

99TG2③∶208，白釉瓷碗残片，Bc型Ⅰ式。长4.5厘米，宽3厘米。残高3.7厘米。瓷碗残片。圆唇，外敞圆折沿，鼓腹碗残片。内外施釉。外壁半挂釉至中腹部位。外壁上腹部粘釉胎一圈，为套烧粘釉。胎质细密，土白色。釉色白泛青黄。釉质晶莹光洁，釉面有微细晶裂片纹痕，釉重部呈黄绿色。

00TG2④∶147，白釉瓷碗残片，Bc型Ⅰ式。长18厘米，宽11.4厘米，残高9.7厘米。直径约2.5厘米。瓷碗残片，侈口，厚卷圆棱唇。圆鼓腹碗残片。内外施釉。唇口刮釉一圈。外壁釉至下腹部位。外壁有明显轮制棱痕。外壁下腹部可见高温近火红色。胎质稍粗，有隙孔，砂粗明显，土黄色。釉色牙白色，稍泛黄，釉质晶莹光洁，釉面厚处可见微细晶裂纹痕。

00TG2④∶162，白釉瓷碗口沿残片，Bc型Ⅰ式。长4厘米，宽3.3厘米，残高3.2厘米。瓷碗残片。圆唇，敞口，圆鼓腹瓷碗残片。内外施釉。胎质稍粗，土黄色。有高温近火红色。釉色牙白色，釉质晶莹亮洁，釉面有光泽，可见微细晶裂片纹痕。

③ 白釉瓷碗残片，Bc 型Ⅴ式，1 件。

99TG2③: 191，白釉瓷碗口沿残片，Bc 型Ⅴ式。长 3.5 厘米，宽 3 厘米。残高 3 厘米。瓷碗残片。厚卷圆棱唇。侈口，棱折，鼓腹碗残片。内外施釉。唇口刮釉。外壁釉薄涩，粘砂。胎质细密，灰色。釉色白色泛青，釉质晶莹亮洁，釉面有光泽，可见细微晶裂片纹痕。

④ 白釉褐花瓷碗残片，Be 型Ⅱ式，2 件。

99TG2③: 184，白釉褐花瓷碗残片，Be 型Ⅱ式。长 6.3 厘米，宽 5.4 厘米，残高 5 厘米。瓷碗残片。圆卷棱唇，敞口，斜壁鼓腹碗残片。向外施釉，内壁施白釉泛灰。腹壁中部白底色土上绘褐色圈一道，上施透明釉，外壁施釉至唇口下 2 厘米部位，以下部分露胎。釉质晶莹光洁，釉面微若橘皮，可见细微晶裂片纹痕。胎质细密，灰色。

99TG2③: 209，白釉褐花瓷残片，Be 型Ⅱ式。长 5 厘米，宽 2 厘米，内壁涂白化妆土，绘咖啡色花草施清釉。釉质晶莹亮洁，釉面有光泽，可见晶裂片纹痕。外壁上部施釉薄涩，下部露胎。胎质细密，土黄色。

（2）青白釉瓷碗残片　A 型，1 件。

99TG2③: 174，青白釉瓷碗底残片，A 型。长 7.6 厘米，宽 5.2 厘米，残高 2.2 厘米。圈足高 0.3 厘米，足底宽 1.5 厘米。瓷碗残片。侈口，微鼓腹，圆凹底，宽圈足碗残片。内外施釉。内底心可见一支钉痕，直径约 0.4 厘米。外壁施釉至圈足边，内壁磨蚀无光，圈足外壁直，足内心稍凹一半，内壁斜圆旋。足底宽平。圈足内外露胎。胎质晶莹洁白细腻，有隙孔。釉色青白色。釉质晶莹光洁。

（3）青黄釉瓷碗残片　Ac 型，1 件。

99TG2③: 190，青黄釉瓷碗口沿残片，Ac 型。长 3.5 厘米，宽 3.5 厘米。残高 3.4 厘米，瓷碗残片。敛口，圆唇，鼓腹碗口沿残片。内外施釉。唇口刮底色，釉呈青绿色，内外釉色青黄色，釉质晶莹光洁，釉面可见细微晶裂纹痕。胎质较细密，有隙孔，土灰色。

（4）豆青釉瓷碗残片　Ab 型Ⅰ式，2 件。

99TG2③: 92，豆青釉瓷碗残片，Ab 型Ⅰ式。长 5 厘米，宽 3 厘米。瓷碗残片，外壁残留刻花纹饰，内壁残边可见近底部凹圆。内外施釉。釉色豆青色泛深绿色。釉质晶莹厚润亮洁，釉面微有气泡“棕眼”。胎质晶莹细腻，铁灰色。

00TG2④: 163，豆青釉瓷碗底残片，Ab 型Ⅰ式。长 3.5 厘米，宽 2 厘米，残高 1.5 厘米。瓷碗残底片，斜腹壁，圆凹底，圈足碗残底片。内壁刻花纹饰图案，外壁刻斜棱纹饰。内外施釉。圈足内外施釉，足底内外斜削刮釉出脊棱。足外壁直，釉满。内壁稍斜。足内心凹平，足内外粘砂。胎质细腻，浅灰色。釉色豆青色，釉质晶莹光洁，釉面可见大小不等的气泡“棕眼”痕。

（5）蓝灰釉瓷碗残片　Ac 型Ⅱ式，1 件。

99TG2③: 189，蓝灰釉瓷碗残片，Ac 型Ⅱ式。长 8 厘米，宽 4.5 厘米。瓷碗残片。斜壁微鼓腹部位残片。内外施釉，釉色蓝灰色，釉质晶莹厚润，釉面亚光，微若橘皮。可见大小不匀气泡。胎质稍粗，铁灰色。

（6）黑褐釉瓷碗残片　4 件。

① 酱黑釉瓷碗残片，Aa 型Ⅱ式，1 件。

99TG2③: 171，酱黑釉瓷碗残片，Aa 型Ⅱ式。长 7.5 厘米，宽 4.5 厘米，残高 2.9 厘米。圈足高 0.7 厘米，足底宽 0.9 厘米。瓷碗残片。侈口，斜壁，鸡心底，圈足碗残底片。内外施釉。圈足外边施釉，足内心中施釉，釉色不匀。圈足外壁由根至底稍外斜削。内壁圆旋削呈喇叭口，足底平，外边斜削滚圆。足内心凹平。中心微凸。胎质较粗，土黄色。釉色酱黑色，杂褐点痕。釉质晶莹光洁，釉面微若橘皮状。釉薄处呈酱褐色，薄涩。

② 黑褐釉瓷碗口沿残片，Ab 型Ⅰ式，3 件。

99TG2③: 19，黑褐釉瓷碗口沿残片，Ab 型Ⅰ式。长 5.5 厘米，宽 4 厘米，残高 3.7 厘米。侈口，圆唇，微鼓腹碗口沿残片。内外施釉。胎质稍粗，有隙孔，土灰色。有高温近火烧痕。釉色黑褐色杂锈褐斑点痕，口沿内外，锈褐色为主。釉质晶莹亮洁。釉面有光泽，微有“棕眼”痕。

99TG2③: 170，黑釉瓷碗残片，Ab 型Ⅰ式。长 9.5 厘米，宽 7.2 厘米，残高 3.2 厘米。圈足高 1 厘米。瓷碗残片。侈口，斜壁，圆凹底，圈足碗残底片。内外施釉。内底心刮釉一圈。外壁半挂釉至下腹部位。圈足内外露胎。足外壁由根至底向外斜削。足底向内外边棱斜削滚棱，外壁呈脊棱状，微有旋槽一道。内壁呈喇叭口状。足内心凹，中心微有凸尖。刀旋痕明显。胎质稍粗，土白色。釉色漆黑，釉边呈咖啡痕。釉质晶莹光洁，釉面微若橘皮状，有“棕眼”痕。

99TG2③: 177，黑釉瓷碗残片，Ab 型Ⅰ式。长 8.5 厘米，宽 5.6 厘米，残高 3.3 厘米。圈足高 0.8 厘米。瓷碗残片，侈口，斜壁微鼓腹，圆凹底，圈足碗残片。内外施釉。内底心刮釉一圈。外壁半挂釉至下腹部位。圈足内外露胎。足外壁圆旋出棱箍两道。内壁旋呈敞喇叭口状，足底滚圆。足内心凹平，中心微凸，刀旋痕明显。胎质较粗，土白色。釉色漆黑色。釉质晶莹光洁，釉面若橘皮状。釉边呈咖啡色。

（7）零星器物残片　3 件。

99TG2③: 181，黑釉灯盏残片，长 4.3 厘米，宽 3.2 厘米，高 2.2 厘米。灯盏残片。圆唇，斜壁平底盏碗。内壁施釉。釉色黑褐色，晶莹光洁，有微细“棕眼”痕。胎质较粗，土黄红色。

99TG2③: 182，白釉瓷器盖残片，长 5.2 厘米，宽 3.7 厘米，残高 2.3 厘米。瓷器盖残片。圆肩顶，宽沿，斜棱唇，子口斜收尖唇沿。内壁穹庐圆顶。外壁施釉。内壁露胎。胎质洁白细腻。釉色牙白色，釉质晶莹光洁，釉面有光泽，有晶裂纹痕。

99TG2③: 196，酱褐釉瓷钵残片，长 5 厘米，宽 4.3 厘米，残高 4 厘米。瓷钵残片。圆唇，侈口，束颈，斜折尖棱肩，鼓腹钵残片。内外施釉。釉色酱褐色，尖棱薄部位釉呈棕色。釉质晶莹光洁，釉面有光泽，有釉流蚓痕。有细微“棕眼”痕。胎质细密，灰褐色。

（8）瓷罐残片　10 件。

① 酱褐釉瓷罐残底片，Bc 型Ⅰ式，8 件。

99TG2③: 126，酱褐釉瓷罐残底片，Bc 型Ⅰ式。长 9.7 厘米，宽 8.4 厘米，残高 4.8 厘米。瓷罐底残片，斜鼓腹，圆凹底，平实心底足残片。内壁下腹底露胎，外壁施釉至底底边。釉色酱褐色，釉质粗涩，釉面多孔，似近火烧结状。底足出斜棱圆收，平底面，粘釉砂，高温烧结状。底心下部沉重器物稳。胎质较粗，砂粒明显，土黄色。

99TG2③: 172，酱褐釉瓷罐残片，Bc 型Ⅰ式。长 8 厘米，宽 6.5 厘米，残高 2.5 厘米。圈足高

1 厘米，足底宽 1. 2 厘米，直径约 11 厘米。瓷罐底残片，斜壁，平底，圈足罐残底片。内外施釉。外壁釉至下腹近底边。圈足外壁由根至底向外稍斜削。内壁直，足底向内外边斜削出棱滚圆。足内心凹平，刀旋痕明显。内壁底心制作粗糙刀旋棱痕明显。胎质粗，砂粒明显，土黄色。釉色酱褐色，釉质薄涩。

② 黑釉瓷罐残片，Aa 型，1 件。

99TG2②: 148，黑釉瓷片，Aa 型。长 7. 3 厘米，宽 4. 3 厘米。器物腹壁，有轮箍痕。内外施釉。釉色黑，釉质薄涩。胎质晶莹细腻，浅灰色。

99TG2③: 197，黑釉瓷罐残片，Bc 型 Ⅰ 式。长 7 厘米，宽 4 厘米，残高 3. 8 厘米。瓷罐残片。厚卷圆唇，束颈，圆肩鼓腹罐残片。内外施釉。唇口沿露胎。胎质较细密，灰白色。釉色酱黑色，釉质薄涩，釉面亚光。

99TG2③: 198，黑釉瓷罐残片，Bc 型 Ⅰ 式。长 4 厘米，宽 3 厘米，残高 3 厘米。瓷罐残片。圆卷折棱唇，敛口，微鼓腹罐残片。内外施釉。唇口沿刮釉露胎。胎质细密，土白色。釉色酱黑色，釉质晶莹光洁，釉面有若橘皮状，微有“棕眼”痕。可见釉流融痕。

99TG2③: 199、200，酱黑釉瓷罐残片，Bc 型 Ⅰ 式。长 6. 7 厘米，宽 4 厘米，残高 4 厘米。瓷罐残片。侈口，圆唇，束颈斜肩，鼓腹罐残片。内外施釉。口沿刮釉露胎，釉色酱黑褐色，杂酱褐点痕。釉质晶莹亮洁，釉面有光泽，微若橘皮状。胎质稍粗，土灰色夹微黑粒（图六二，6；彩版六一，4）。

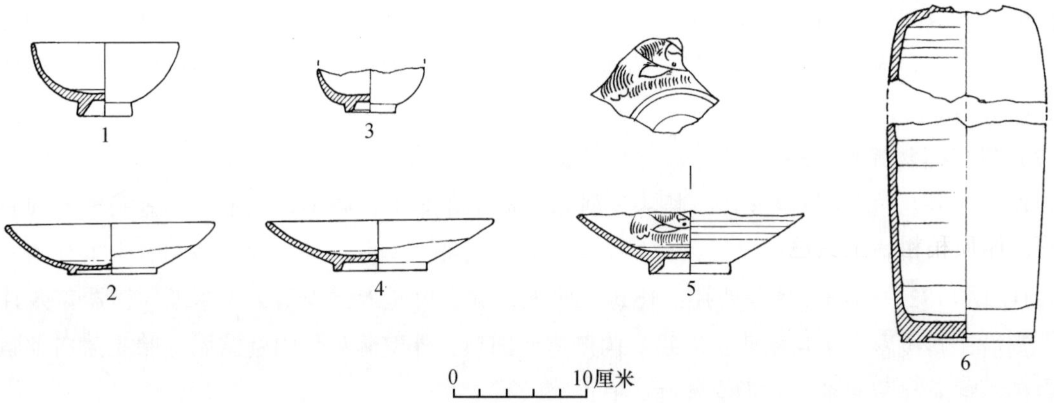

图六二　99T1 采集部分器物图

1. 青釉瓷碗（99T1: 047）　2. 黑釉瓷碗（99T1C: 012）　3. 深蓝釉瓷碗残片（99T1C: 104）　4. 黑釉瓷碗（99T1C: 005）　5. 豆青釉鱼纹刻花瓷碗残片（99B: 016）　6. 酱黑釉瓷罐（99TG2③: 199、200）

99TG2③: 205，黑釉罐残片，Bc 型 Ⅰ 式。长 11 厘米，宽 7. 5 厘米，残高 9 厘米。瓷罐残片，圆卷斜尖棱口沿，敛口，斜直领，圆溜肩，鼓腹罐残片。肩领部残留牛鼻纽系痕。内外施釉。釉色黑褐色，釉质晶莹，釉面微呈橘皮状，亚光面涩。胎质较粗，有隙孔，土白色夹黑粒。

99TG2③: 206，黑釉瓷罐残片，Bc 型 Ⅰ 式。长 10 厘米，宽 5. 7 厘米，残高 5. 5 厘米。瓷罐残片。厚圆卷棱唇，敛口，束颈斜领，溜肩罐残片。内外施釉。唇口沿露胎，胎质晶莹细密，有隙孔，土白色。釉色酱黑色，釉质晶莹光洁，釉面有光泽，有细微“棕眼”痕。外壁釉面磨蚀较重。

99TG2③:210，黑釉瓷罐残片，Bc型Ⅰ式。长3厘米，宽2.7厘米，残高2.6厘米。罐口沿残片。尖唇，敛口，斜折棱口沿边，束颈，圆肩罐残片。内外施釉。釉色漆黑色。釉薄处呈棕褐色，釉质晶莹光洁浓稠。釉面有光泽，微有“棕眼”痕。胎质稍粗，灰褐色夹细微黑粒。

③ 青白釉瓷罐残片，Cd型，1件。

99TG2③:173，青白釉瓷罐（钵）残片，Cd型。长7厘米，宽5.5厘米。残高4厘米，圈足高1厘米，足底宽1.3厘米。瓷器底残片。鼓腹，圆凹底，圈足器物底残片。内外施釉。内底心刮釉一圈，宽约2.5厘米。内壁施釉，外壁底腹部薄施清釉，面涩，圈足外壁由根至底向外斜削稍滚圆壁。内壁园旋呈喇叭口状，足底三分之一向外边，三分之二向内边斜滚圆呈脊。足内心凹。圈足外壁薄釉，足底粘釉，有高温近火红黑色，内心露胎。胎质较细密，浅灰白色。釉色青白，釉面有微细晶裂纹痕，釉面沾染大小不匀锈点斑痕。

（9）瓷盆　2件。

00TG2④:164，黑釉瓷盆残片，Aa型Ⅰ式。长15厘米，宽8.7厘米，残高4厘米。瓷盆残片，侈口，斜壁，平底，盆残片。内外施釉。内底可见一支钉痕，外壁施釉至底边。胎质较粗，有隙孔，土黄色。釉色漆黑色，釉质晶莹亮洁，釉面微有“棕眼”痕。内壁釉面磨蚀。

99TG2③:195，褐绿釉瓷盆口沿残片，Cb型。长7.3厘米，宽5厘米，残高4.5厘米。瓷盆残片，方唇，宽卷折沿，束颈小斜折肩。鼓腹盆残片。内外施釉。口沿部位刮釉露胎，可见支圈痕。唇边施釉，外壁施釉不匀。釉色褐绿色，釉质薄涩，釉面微呈橘皮状。胎质较细密，有隙孔，土白色。

TG3

深度仅至排水渠的位置（第4层路土），代表的时代可早至铁牛二次移动复修安装地层，七星柱7号柱坑出土荷叶边碗（99T3:140）的地层之上。

99TG3:218，白釉瓷碗口沿残片，Bb型Ⅰ式。长4.5厘米，宽2.7厘米。残高2厘米。瓷碗残片。圆唇，侈口，斜壁微鼓腹碗口沿残片。内外施釉。釉色黄白，釉质晶莹光洁，釉面有细微晶裂片纹痕。胎质稍粗，土黄色。

99TG3:215，豆青釉瓷碗口沿残片，Bb型Ⅰ式。长3.7厘米，宽1.7厘米，残高1.2厘米。G3、217，豆青釉瓷碗底残片，长4.8厘米，宽4厘米，残高1.5厘米。圈足高0.3厘米，足底宽0.4厘米。两件残片应为同一件瓷碗。口沿残片。圆唇，敞口，圆折沿，斜壁鼓腹碗残片。内壁有刻花图案遗痕。碗底残片，斜壁微鼓腹，凹平底，圈足碗残片。内外施釉。圈足外施釉，足外壁稍向外斜削，内壁呈喇叭口状，足底平，外边斜削刮釉露胎。足内心凹平，中心微凸。胎质细腻，浅灰色。釉色豆青，釉质晶莹光洁，釉面有光泽，微有气泡“棕眼”痕，可见细微晶裂片纹痕。

99TG3:216，青釉瓷碗残片，Aa型。长7厘米，宽4.6厘米，残高2.5厘米。圈足高0.9厘米。瓷碗残片。斜壁微鼓腹，圆凹底，圈足碗残底片。内外施釉。外壁施釉至下腹近底边。圈足内外露胎。外壁由根至底向外斜削，足底由中向内外边斜削，出棱脊，外壁出棱脊，内壁圆旋稍由底向内根斜。足内心凹平，中心微凸。胎质较细密，有隙孔，土白色夹微黑粒。釉色浅灰绿色，釉质薄涩，釉面微若橘皮状。

TG4

与TG1、2南北相接，与F1东相连。以T3西隔梁为界，东南部与第8B层护牛石围相叠。第9

层北部发掘出鼓风灶，灶坑，墙基等遗迹。第 4 层即第 8A 层，瓷器编号中用 00TG4④表示。

（1）白釉瓷碗底残片

① 白釉瓷碗底残片，Ba 型Ⅰ式，1 件。

00TG4④: 224，白釉瓷碗底残片。Ba 型Ⅰ式。长 11 厘米，宽 8.5 厘米，残高 2.8 厘米。圈足高 0.6 厘米，圈足直径 7.5 厘米。瓷碗残片。侈口，微鼓腹，凹圆底，圈足碗底残片。内外施釉。内壁底心残留三个支钉痕。每钉直径 0.3 厘米。外壁施釉至下腹部，釉色黄白色，釉质晶莹光洁，釉面有微细晶裂片纹痕。圈足内外露胎涂白化妆土。足外壁由根至底稍向外斜削。足底平向内心倾斜，外边斜削，外壁呈棱脊状，内壁圆旋削呈喇叭口状。足内心凹平，中心微凸。胎质较密实，土白色夹微黑粒（彩版五一，1）。

② 灰白釉瓷碗残片，Bb 型Ⅰ式，3 件。

00TG4: 200，灰白釉瓷碗残片，Bb 型Ⅰ式。长 5 厘米，宽 4.2 厘米，残高 4 厘米。瓷碗残片。圆唇，侈口，斜壁微鼓腹碗口沿残片。内外施釉。内壁釉色灰白色，釉质薄涩，釉面磨蚀，可见细微“棕眼”痕。晶裂纹痕。唇口部釉下棱边呈浅棕色。外壁有制作棱槽痕饰，釉薄涩，唇下棱边呈深咖啡色，高温近火烧痕。胎质细密，浅灰色。

00TG4④: 209，白釉瓷碗残片，Bb 型Ⅰ式。长 9.5 厘米，宽 5.6 厘米，高 3.5 厘米。直径约 11 厘米。圈足底 0.4 厘米，足底宽 0.8 厘米。瓷碗残片。圆唇，侈口，斜壁微鼓腹，圆凹底，圈足碗残片。内外施釉。内底心残存一支钉痕，直径约 0.3 厘米。外壁白化妆土涂至中腹部，施釉至圈足底边。圈足粘釉不匀。足外壁直，内壁圆旋呈喇叭口状，足底三分之一向外边斜削滚棱，三分之二向内壁斜削，足底出脊棱滚圆。足内心凹平，中心微凸。胎质密实，铁灰色。釉色灰白色，不匀。釉质晶莹亮洁，釉面有光泽（图六三，4；彩版五〇，3）。

00TG4④: 227，白釉瓷碗残片，Bb 型Ⅰ式。长 8.5 厘米，宽 5.2 厘米，残高 5 厘米。瓷碗残片。厚圆棱唇，敞口，束颈、斜壁微鼓腹碗残片。内外施釉。外壁半挂釉至中腹部，外壁旋削刻圈棱三道。胎质稍粗，土白色夹微黑粒。釉色黄白色，釉质晶莹亮洁，釉面有光泽，可见晶裂纹痕，外壁釉面薄涩。

③ 白釉瓷碗残片，Bc 型Ⅰ式，2 件。

00TG4④: 210，白釉瓷碗残片，Bc 型Ⅰ式。长 7 厘米，宽 4 厘米，残高 3 厘米。瓷碗残片。圆唇，微敛口，鼓腹碗残片。内外施釉。釉色牙白，釉质晶莹光洁，釉面有光泽，可见微细晶裂纹痕。胎质细密，土白色。

00TG4④: 217，白釉瓷碗口沿残片。Bc 型Ⅰ式。长 3.7 厘米，宽 3 厘米，残高 2.5 厘米。瓷碗残片。圆唇，敞口，圆折沿鼓腹碗残片。内外施釉。釉色黄白，釉质晶莹光洁，釉面有光泽，可见细微晶裂纹痕。胎质细密，灰褐色。

④ 白釉瓷盅碗口沿残片，Bg 型，1 件。

00TG4④: 205，白釉瓷盅碗口沿残片，Bg 型。长 5.5 厘米，宽 2 厘米。残高 2 厘米。盅碗残片。圆唇，直口，直腹壁盅碗残片。内外施釉。胎质薄俏，壁厚不足 0.2 厘米，晶莹洁白细腻。釉色牙白色，釉质晶莹光洁，釉面有光泽，可见细微晶裂纹痕。

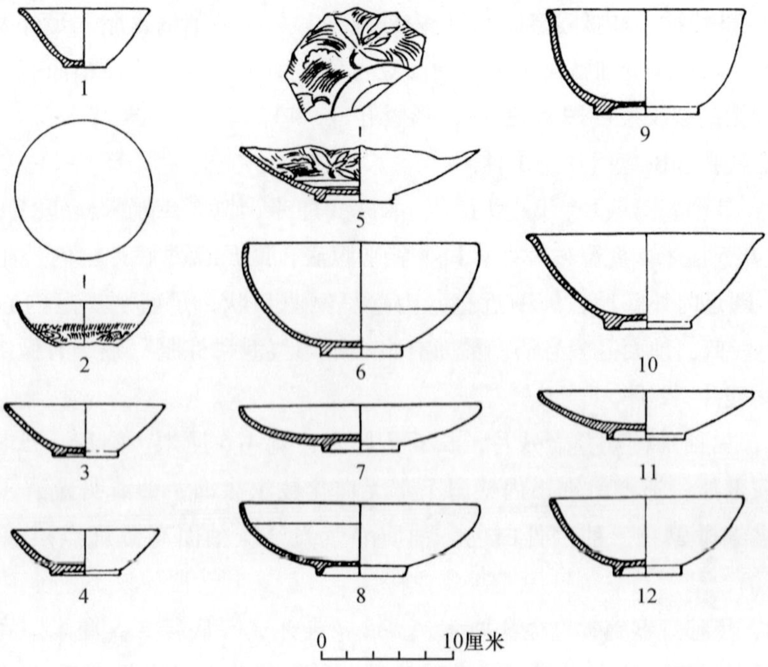

图六三 99-00出土器物图

1、8. 豆青釉瓷碗（001-2N:074、00TG4④:225） 2. 印花白瓷碗（99T1C:013） 3、4. 白釉瓷碗（00TG1:175、00TG4④·209） 5. 豆青釉刻花瓷碗残片（99T3:050） 6. 黑釉瓷碗（002N:020） 7. 豆青釉瓷盘（99T3:042） 9、12. 白釉瓷碗（00H17:097、00H17:088） 10. 白釉宽圈足碗（00C:036） 11. 蓝灰釉钧瓷盘（99T3:041）

（2）豆青釉瓷碗残片

① 豆青釉刻花瓷碗残片，Ab型Ⅰ式，1件。

00TG4④:206，豆青釉刻花瓷碗残片，Ab型Ⅰ式。长6厘米，宽4.5厘米，残高约3.4厘米。瓷碗残片，圆唇，敞口，斜壁微鼓腹碗残片。内壁刻羽毛排列状图案纹，外壁刻相同纹饰，羽片稍宽大。口沿外壁刻一道圈纹。内外施釉，釉色豆青色，釉质晶莹光洁，釉面微有气泡“棕眼”痕，可见微细晶裂片纹痕，胎质薄俏，晶莹细腻，灰色。

② 豆青釉刻花纹瓷碗残片，Bb型Ⅰ式，2件。

00TG4④:197，豆青釉刻花瓷碗残片，Bb型Ⅰ式。长4厘米，宽3.5厘米，残高2.2厘米。瓷碗残片。微鼓腹，圆凹底，圈足碗残底片。内壁刻花纹图案，刀法娴熟。花饰图案不详。内外施釉。圈足内外施釉不匀。足底平刮釉露胎，外壁直，内壁微呈喇叭口状。足内心凹平，中心微凸。胎质晶莹细腻，有隙孔，灰色。釉色豆青，釉质薄涩（彩版五〇，3）。

00TG4④:202，豆青釉瓷片，Bb型Ⅰ式。长4厘米，宽2.2厘米。瓷片为莲瓣纹器物残片。内外施釉。外壁刻饰莲瓣纹饰。釉色浅豆青泛绿色，釉质晶莹光洁，釉面可见微细晶裂片纹痕。胎质晶莹细腻，灰色。

③ 豆青釉瓷碗残片，Bc型Ⅰ式，1件。

00TG4④:225，豆青釉瓷碗残片，Bc型Ⅰ式。长13.6厘米，宽9厘米，高5.5厘米。直径约18厘米。圈足高0.9厘米，足底宽0.3厘米。瓷碗残片。圆唇，侈口，鼓腹，圆凹底，圈足瓷碗残片。内壁腹部刻一道槽圈纹。内外施釉。圈足内外施釉，足底平刮釉露胎。足外壁直，内壁呈喇叭口状。足内心凹平。胎质晶莹细腻，灰色。釉面豆青色，釉质晶莹光洁，釉面有光泽，可见均匀气泡“棕眼”痕。细微晶裂纹痕（图六三，8；彩版五〇，4）。

（3）蓝釉瓷盘残片　Be 型Ⅰ式，1 件。

00TG4④：198，蓝釉瓷盘残片，Be 型Ⅰ式。长 4.3 厘米，宽 3.8 厘米，残高 1.8 厘米。圈足高 0.5 厘米，足底宽 0.5 厘米。瓷盘残片。侈口，斜平腹底，圈足盘残底片。内外施釉。外壁施釉至腹底近圈足部位。圈足内外露胎，外壁近直，内壁呈喇叭口状，足底平。足内心凹平。胎质较细密，浅灰色。釉色浅蓝，釉面晶莹光洁。釉面有大小不匀气泡“棕眼”痕，有微细晶裂片纹痕。

（4）零星器物残片　2 件。

00TG4④：211，白釉瓜棱瓣瓷壶残片，长 6.7 厘米，宽 4.6 厘米。圆肩，瓜棱瓣腹壁壶残片。内外施釉。外壁肩部压一道槽棱饰，内壁肩下部无白化妆土涂饰，釉清明光洁，呈灰色。胎质晶莹细密，灰褐色夹细微黑粒。釉色骨白色。釉质晶莹光洁，釉面有微疵点痕。釉厚部可见晶裂纹痕。

00TG4④：222，黑釉灯盏碗，直径 9 厘米，高 2.7 厘米，平底径 3.5 厘米。宽圆唇，敞口，微敛内唇，斜壁，内凹圆底，外平底盏碗。内壁施釉，釉色黑褐色，釉质晶莹光洁，釉面微呈橘皮状。胎质晶莹细密，浅灰色（彩版五一，1）。

（5）黑釉瓷罐残片　Da 型，1 件。

00TG4④：219，黑釉瓷罐残片，Da 型。长 6.5 厘米，宽 4 厘米，残高 4 厘米。瓷罐残片，厚圆棱唇，微侈口，束颈，斜折肩，斜壁微鼓腹。内外施釉。唇口内刮釉露胎，外壁施釉至折肩下 1.5 厘米，釉色黑褐色，外壁釉色杂褐点斑痕。釉边呈深咖啡色。釉质晶莹光洁，釉面微若橘皮状，胎质粗，砂粒明显，土黄色。

TG5

在探方 1、2 交接部位，两组铁牛间东西大道上，位置在 1、3 号牛之间，东西长 2.5 米，南北宽 1.2 米，方向正南北。由明代修坝填土叠压层下开口，地层位在第 3、4 层路面层，由东向西成上坡状堆积。下挖近 5 米，距地表层近 12 米，出现 17 层位，出现 8 层路面现象堆积，一层路面上复一层沙土，厚薄不一。

第 4 层出现的第二层路土（L2/e 层），用 00TG5.4.②表示。

（1）白釉瓷碗残片　Bb 型Ⅰ式，3 件。

00TG5.4.②：146，白釉瓷碗残片，Bb 型Ⅰ式。长 9 厘米，宽 6 厘米，高 3.5 厘米，足高 0.5 厘米。瓷碗残片。圆唇，侈口，微鼓腹，圆凹底，圈足碗残片。内壁施釉，底心残存一支钉痕，支钉若大米粒。外壁施釉至下腹，足底露胎。圈足底，心凹平，外壁外斜，外边斜削，底滚棱。胎质稍细，土白色。釉色黄白色，釉质晶莹光洁。釉面磨蚀，可见细微晶裂纹痕（图三三，8；彩版五三，1）。

00TG5.4.②：180，白釉瓷碗残片，Bb 型Ⅰ式。长 5.7 厘米，宽 3 厘米。瓷碗口沿残片。圆棱唇，侈口，斜壁微鼓腹碗残片。内外施釉。外壁半挂釉至中腹部位。釉色黄白色，釉质晶莹光洁。釉面可见微细晶裂纹究。胎质稍粗，土黄色。

00TG5.4.②:183，褐白釉瓷碗口沿残片，Bb型Ⅰ式。长3.7厘米，宽2.6厘米，残高2.5厘米。瓷碗残片。尖圆唇，侈口，唇微敛，微鼓腹碗口沿残片。内外施釉，釉色褐白色，釉质晶莹亮洁，釉面有光泽，有微细晶裂纹痕。胎质细腻，褐白色。

（2）青白釉瓷残片　Ca型，2件。

00TG5.4.②:189，青白釉瓷残片，Ca型。长3.6厘米，宽2厘米。内外施釉。釉色青白稍泛绿，釉质晶莹光洁，釉面微若橘皮状。胎质晶莹，洁白细腻。

00TG5.4.②:188，青白釉瓷残片，Ca型。长3.8厘米，宽2厘米。内外施釉。釉色青白，釉质晶莹光洁，釉面有光泽，微有“棕眼”痕。胎质薄俏，晶莹洁白，细腻。

（3）豆青釉瓷盘残底片　Cb型，1件。

00TG5.4.②:157，豆青釉瓷盘残底片，Cb型。长6.7厘米，宽3.7厘米，残高1.3厘米。圈足高0.7厘米，足底宽0.3厘米。瓷碗残底片。凹平底，圈足碗残片。内外施釉。圈足内外施釉，足底釉，内外边斜削出脊棱。外壁直，外边棱，内壁直，圆旋稍呈喇叭口状，足内心凹平。胎质细腻，土灰色。釉色豆青泛褐。釉质晶莹光洁，釉面稍磨蚀，可见细微晶裂纹痕（图三三，10；彩版五三，2）。

（4）青釉瓷碗口沿残片　Ab型，2件。

00TG5.4.②:179，青釉瓷碗口沿残片，Ab型。长5.2厘米，宽4厘米，残高3.5厘米。瓷碗残片。圆唇，侈口，鼓腹碗口沿残片。内外施釉。外壁半挂至下腹部位。釉色青褐色，釉质晶莹光洁，釉面有大小不匀的气泡“棕眼”，有微细晶裂纹痕。胎质稍粗，土黄色夹微黑粒。口沿上部呈高温近火黑红色。

00TG5.4.②:184，青褐釉瓷残片，Ab型。长4厘米，宽2.6厘米。内外施釉。釉色青褐色，釉质晶莹光洁，釉面可见微气泡“棕眼”痕。胎质较细密，土灰色夹微黑粒。

（5）瓷罐残片

① 黑釉瓷罐残片，Ca型Ⅰ式，1件。

00TG5.4.②:178，黑釉瓷罐底残片，Ca型Ⅰ式。长6厘米，宽3.8厘米，残高2.2厘米。圈足高0.7厘米，足底宽0.5厘米。瓷罐残片。鼓腹，圆凹底，圈足罐残底片。外壁施釉至下腹底部位。内壁底心，外壁底，圈足内外露胎。圈足外壁由根至底稍向外斜削，足底平，外边斜削，外壁成脊棱状。内壁圆旋至底，足内心平。胎质较细密，土褐灰色，有部分呈高温近火黑烧结状。釉黑褐色，釉质晶莹光洁，釉面微有“棕眼”痕。

② 褐釉瓷罐残片，Ea型，1件。

00TG5.12.⑥:177，褐釉瓷罐底残片，Ea型。长10厘米，宽4厘米。残高2.1厘米。平足高1.1厘米。罐底残片。斜腹壁，平底，平足罐。内外施釉。内壁制作痕明显粗糙。施褐釉，泛青绿色，釉质薄涩，外壁有流釉残存于底边。底足平，心稍凹。外壁直，外边棱斜削。胎质粗，土褐色夹黑粒较多。釉色酱褐色，釉质晶莹光洁，釉面有光泽（图三三，7）。

L2/f

第6层出现的第三层路土（L2/f层），用00TG5.6.③表示。

（1）白釉瓷碗残片

① 白釉瓷碗残片，Aa型，2件。

00TG5. 6. ③: 145，白釉瓷碗残片，Aa 型。长 7 厘米，宽 4. 5 厘米，残高 2. 2 厘米，足高 0. 6 厘米。瓷碗残片。侈口，微鼓腹，圆凹底，平足碗残片。内壁施釉，底心残存两支钉痕，支钉直径约 0. 4 厘米。外壁下腹及足底露胎。足底平，心微凹，外壁直，外边斜削，底滚棱。胎质稍粗，土白色。釉色黄白色，釉质晶莹光洁。釉面磨蚀，可见细微晶裂纹痕（彩版五二）。

00TG5. 6. ③: 147，白釉瓷碗底残片，Aa 型。长 5. 4 厘米，宽 2. 8 厘米，残高 1 厘米，平足高 0. 5 厘米。内底圆凹，平足碗残底片。内壁施釉，釉色灰白色，釉质薄涩，釉面磨蚀，可见细微晶裂纹痕。外壁足边残流釉，釉色灰白。足底平心微凹。足外壁直，底外边斜削滚棱。胎质较粗，土白色（彩版五二）。

② 白釉瓷器底残片，Ba 型Ⅰ式，1 件。

00TG5. 6. ③: 150，白釉瓷器底残片，Ba 型Ⅰ式。长 3 厘米，宽 1. 8 厘米，残高 0. 9 厘米。圈足高 0. 4 厘米，足底宽 1 厘米。残底片。内壁底平，施釉，釉色青白色，釉质晶莹光洁。釉面磨蚀，可见气泡“棕眼”痕。圈足底宽平稍向内倾斜。外边斜削出棱滚圆。足底稍呈圆棱脊。足内壁斜削呈喇叭口状。足底凹平。圈足内外露胎。胎质晶莹洁白细腻（彩版五二）。

（2）豆青釉瓷碗残底片　Cb 型，1 件。

00TG5. 6. ③: 154，豆青釉瓷碗残底片，Cb 型。长 2. 3 厘米，宽 2 厘米，残高 1. 5 厘米。圈足高 0. 5 厘米，足底宽 0. 4 厘米。瓷碗残底片。斜壁，凹平底，圈足碗残片。内外施釉。圈足内外施釉，足底刮釉，内外边斜削出脊棱。外壁直，外边棱滚圆，内壁直，圆旋稍呈喇叭口状，足内心凹平。胎质细腻，土白色。釉色豆青泛褐。釉质晶莹光洁，釉面稍磨蚀，可见细微晶裂纹痕（彩版五二）。

（3）瓷罐残片

① 黑釉罐残片，Aa 型，1 件。

00TG5. 6. ③: 156，黑釉罐残片，Aa 型。长约 9 厘米，宽 6 厘米。瓷罐残片。斜高领，圆溜肩，鼓腹罐残片。肩部残留纽系痕。内外施釉。外壁施黑褐釉，内壁施釉薄，呈酱褐色。釉质晶莹光洁，釉面有光泽，微有“棕眼”痕。胎质较粗，灰褐色（彩版五二）。

② 酱褐釉瓷罐残底片，Ea 型，2 件。

00TG5. 6. ③: 148，褐灰釉瓷器残底片，Ea 型。长 3 厘米，宽 1. 7 厘米，残高 1. 5 厘米。残瓷片，斜壁，圆凹底心，平底器物残片。内壁施釉，外壁下部及平底露胎，刀旋痕明显。胎质细密，土褐色。釉色褐绿，釉质薄涩，釉面亚光，杂有棕色釉斑痕（彩版五二）。

00TG5. 6. ③: 155，酱褐釉瓷罐残底片，Ea 型。长 3. 5 厘米，宽 3 厘米，残高 1. 5 厘米，平底足高 0. 8 厘米。内壁底旋棱明显，斜腹壁，平底足瓷罐残片。内壁施釉。釉色酱褐色，釉质薄涩。底平，心微凹。底边斜削，外壁直。胎质稍粗。晶莹灰色夹黑粒。

L2/g

发掘第 8 层出现的第四层路土（L2/g 层），用 00TG5. 8. ④表示。

（1）白釉瓷片　Bb 型Ⅰ式，3 件。

00TG5. 8. ④: 160，白釉瓷片，Bb 型Ⅰ式。长 5. 7 厘米，宽 3 厘米。内外施釉。釉色洁白，釉质晶莹亮洁。釉面有光泽，微有“棕眼”痕。胎质晶莹，洁白细腻（彩版五一，2）。

00TG5. 8. ④: 161，白釉瓷片，Bb 型Ⅰ式。长 3. 6 厘米，宽 2. 3 厘米。内外施釉。釉色黄白色，釉质晶莹光洁，釉面微若橘皮，有晶裂纹痕。胎质较细，有隙孔，土白色（彩版五一，2）。

00TG5.8.④:166，白釉瓷片，Bb 型Ⅰ式。长 3.7 厘米，宽 1.4 厘米。下腹部位残片，内壁施釉，外壁露胎。胎质细密，土白色。釉色黄白色，釉质晶莹光洁，釉面薄，有光泽，可见细微晶裂纹痕。

（2）豆青釉碗残片 Ab 型Ⅰ式，1 件。

00TG5.8.④:158，豆青釉碗口沿残片，Ab 型Ⅰ式。长 3.5 厘米，宽 2.4 厘米，残高 2.3 厘米。瓷碗残片。圆唇，敞口，斜壁碗残片。内壁口沿刻圈纹一道，腹壁刻纹饰线一道，图案不详。内外施釉。釉色豆青色。釉质晶莹、厚润、亮洁，釉面有光泽，有微气泡“棕眼”痕。胎质细腻，铁灰色（彩版五一，2）。

（3）青褐釉瓷碗残片 Aa 型，1 件。

00TG5.8.④:164，青褐釉瓷碗口沿残片，Aa 型。长 2.8 厘米，宽 1.7 厘米。口沿残片。侈口，圆唇，圆折棱，鼓腹碗口沿残片。内外施釉。釉色青褐色，唇口呈褐色。釉质晶莹亮洁，釉面有光泽，可见细微晶裂纹痕。胎质细密，深灰色（彩版五一，2）。

（4）蓝灰釉瓷碗口沿残片 Ac 型Ⅱ式，1 件。

00TG5.8.④:159，蓝灰釉瓷碗口沿残片，Ac 型Ⅱ式。长 3.1 厘米，宽 2.5 厘米。残高 2.5 厘米。瓷碗口沿残片。尖圆唇，侈口，斜壁，微鼓腹碗口沿残片。内外施釉。釉色蓝灰色。釉质晶莹光洁浓稠，釉面有大小不匀气泡，微有“棕眼”痕。

（5）灰釉瓷盘底残片 Bc 型Ⅱ式，1 件。

00TG5.8.④:163，灰釉瓷盘底残片，Be 型Ⅱ式。长 3 厘米，宽 2 厘米，残高 1.3 厘米。圈足高 0.6 厘米，足底宽 0.3 厘米。盘底残片。平底，圈足盘残片。内外满施釉。圈足外壁直，内壁呈喇叭口状，足底平，足内心凹平。足底外边棱釉色呈棕色，胎质中见边棱呈高温近火烧红色。胎质较细密，灰色，夹黑。釉色灰色，釉面晶莹光洁，釉面可见晶裂纹痕（彩版五一，2）。

（6）黑褐釉罐瓷片 Aa 型，1 件。

00TG5.8.④:162，黑褐釉罐瓷片，Aa 型。长 3.3 厘米，宽 1.7 厘米。外壁施黑釉，釉色漆黑，釉质晶莹亮洁，釉面微有“棕皮”痕。内壁制作旋痕明显，施褐釉，釉质晶莹光洁，釉面薄。胎质较密实，褐灰色（彩版五一，2）。

TG6

②、⑤、⑥等表示在该探沟中出土的层位。②即第 8A/g 层，⑤即第 8A/j 层，⑥即第 8C 层。

（1）白釉瓷碗残片

① 白釉瓷碗残片，Ac 型，1 件。

00TG6②:136，白釉瓷碗残底片，Ac 型。长 3.7 厘米，宽 3.1 厘米，残高 1.2 厘米。平底足高 0.4 厘米。瓷碗底残片。侈口，斜壁，微鼓腹，内底心平，平足底碗残片。内壁施釉，内底心残留一支钉痕，直径约 0.2 厘米。外壁下腹及平足内外露胎。足外壁直，底平，心微圆凹，底外边斜削滚棱，底边呈脊棱状。胎质稍粗，土白色。釉色黄白，釉质晶莹光洁。釉面微若橘皮状，可见细微晶裂片纹痕。

② 白釉瓷碗残片，Ba 型Ⅰ式，1 件。

00TG6⑤:138，白釉瓷碗残片，Ba 型Ⅰ式。长 5.5 厘米，宽 4 厘米，残高 3.5 厘米。圈足高

0.4 厘米，足底宽 0.9 厘米。瓷碗残片，侈口，斜壁，凹平底，圈足碗残片。内外施釉。外壁施釉至下腹近底部。圈足内外露胎涂饰白化妆土，足外壁近直，内壁圆旋微呈喇叭口状，足底向内外边斜削滚棱呈棱脊。足内心凹平。胎质稍密实，土黄色。釉色洁白，釉质晶莹亮洁，釉面有光泽，可见细微晶裂片纹痕。

③ 白釉瓷碗口沿残片，Bb 型Ⅰ式，2 件。

00TG6②:132，白釉瓷碗口沿残片，Bb 型Ⅰ式。长 6 厘米，宽 4 厘米，残高 3 厘米。厚卷圆棱唇，侈口，鼓腹碗残片。内外施釉，釉色洁白，釉质晶莹亮洁，釉面有光泽，有微细晶裂纹痕。胎质细密，土黄色。

00TG6⑥:146，白釉瓷碗残片，Bb 型Ⅰ式。长 8.5 厘米，宽 5.2 厘米，残高 3 厘米。瓷碗残片。侈口，斜壁，微鼓腹，内凹圆底心，圈足碗残片。内壁底圆折有痕。内外施釉。底心有一支钉痕，直径约 0.5 厘米。釉色骨白色，釉质薄涩。圈足内外露胎，涂饰白化妆土，足外壁由根至底稍向外边斜削，内壁圆旋微呈喇叭口状。足底向内外边斜削滚圆呈棱脊状。足内心凹平。胎质较细密，土白色微泛粉色。

（2）豆青釉刻花瓷碗残片　Bb 型Ⅰ式，1 件。

00TG6⑤:142，豆青釉刻花瓷碗残片，Bb 型Ⅰ式。长 5.8 厘米，宽 3 厘米。瓷碗下腹部位残片，鼓腹。内壁刻花草枝叶图案，外壁刻斜突棱放射状排列。内外施釉。釉色豆青，釉质晶莹亮洁，釉面有光泽，有微细大小不匀气泡“棕眼”痕。可见细微晶裂纹痕，胎质晶莹细腻，浅灰色（彩版五八，3）。

（3）黄褐釉瓷碗残片　Cb 型，1 件。

00TG6②:133，黄褐釉瓷碗残片，Cb 型。长 5.3 厘米，宽 3.2 厘米。黄褐釉微鼓腹瓷碗残片。内外施釉。内壁刻水纹花草图案纹饰，底心刮釉一圈。外壁釉至下腹部位。釉色黄褐色，釉质晶莹亮洁，釉面有光泽，有细微晶裂片纹痕。釉边呈棕色。胎质较细密，土白色（彩版五八，3）。

（4）黑釉瓷碗残片

① 黑白釉瓷碗残片，Ad 型，1 件。

00TG6⑤:139，黑白釉瓷碗残片，Ad 型。长 5 厘米，宽 3.8 厘米，残高 3.6 厘米。侈口，圆唇，斜壁碗残片。内外施釉。口沿内 1 厘米处压浅槽一道。内外口沿 1 厘米施白釉，余则腹壁施黑釉。白釉釉质晶莹亮洁，釉面有光泽，有微细晶裂纹痕。黑白釉相接处釉呈褐色。腹壁部位黑釉磨涩，釉面亚光，可见细微橘皮“棕眼”痕。胎质细密，土白色（彩版五八，3）。

② 酱黑釉瓷碗残片，Bc 型Ⅰ式，1 件。

00TG6⑤:141，酱黑釉瓷碗残片，Bc 型Ⅰ式。长 8 厘米，宽 2.8 厘米。底腹部残片。鼓腹，圆凹平底残片。内外施釉。内底心刮釉一圈，釉色酱黑色，釉质晶莹光洁。内壁釉面磨蚀。外壁近腹底釉不匀，釉色浅处呈棕色，釉面光洁。胎质细密，土黄色。

（5）黑褐釉瓷罐残片

① 黑褐釉瓷罐残片，Ca 型Ⅰ式，1 件。

00TG6②:129，酱褐色（咖啡色）釉瓷罐残底片，Ca 型Ⅰ式。长 9 厘米，宽 7 厘米，残高 2 厘米，圈足高 2 厘米。足底宽 1.5 厘米。罐底残片，平底心，圈足罐底残片。内壁施釉。圈足外壁近直，稍向外斜削。足底向内外边斜削出棱脊。内壁微呈喇叭口状。足内心两层圆凹平，足底粘黑褐釉痕。胎质较粗，土黄色，有高温近火烧红痕。釉色酱褐色（咖啡色），杂黑褐色釉。釉质薄涩。

② 素胎罐残片，Cf 型，1 件。

00TG6②:131，素胎罐残片，Cf 型。长 5.5 厘米，宽 4 厘米，残高 2.7 厘米。圈足高 0.4 厘米，足底宽 0.4 厘米。斜壁微鼓腹，圈足底罐残片。圈足外壁呈棱箍状，足底平，内壁呈喇叭口状，足内心凹平，中心微凸。罐内壁旋制痕明显。胎质较细密，土白色。

（6）豆青釉瓷盆残片　Ce 型，1 件。

00TG6②:135，豆青釉瓷盆口沿残片，Ce 型。长 4.3 厘米，宽 2.4 厘米，残高 2.2 厘米。口沿残片。尖圆唇，侈口，宽边反折沿，鼓腹盆口沿残片。内外施釉。釉色豆青色，釉质晶莹光洁，釉面有细微均匀气泡“棕眼”痕。胎质晶莹细腻，浅灰色。

1-4 号铁牛锚柱埋藏坑

发掘中明确牛坑开口于牛底板下 1 米左右，上部按探方掌握，标本归于 1、2 探方及有关探沟，灰坑。至牛底板下 1 米经支护后，向下清理发掘，按牛坑开口线分为三部分：北组为西北牛 1 号，东北牛 2 号，两牛坑相贯为一坑；南组西南牛 3 号，东南牛 4 号，各为一坑。瓷器编号中分别用 1-2N，3N，4N 表示各坑出土瓷器。

（1）白釉碗残片　34 件。

1）白釉平足底碗残片，4 件。

① 白釉瓷盏碗残片，Aa 型，1 件。

003N:089，白釉瓷盏碗残片，Aa 型。长 6.2 厘米，宽 4 厘米，高 1.8 厘米。平足底高 0.3 厘米，直径 3.4 厘米。瓷灯盏碗残片。圆唇，敞口沿，微鼓腹，内圆凹心底，平足底盏碗残片。内壁施釉。唇口刮釉一圈。外壁及平足内外露骨胎，口沿下有流釉痕呈灰色。足外壁直，底平心凹圆，胎质细密，土白色。釉色黄白色，釉质晶莹光洁，釉面有光泽，釉厚部位可见细微晶裂纹痕（图三三，1；彩版五五，3）。

② 白釉瓷平底碗残片，Ac 型，3 件。

001N:105，白釉瓷平底碗残片，Ac 型。长 9.5 厘米，宽 5 厘米，残高 3.2 厘米。平足底高 0.6 厘米。瓷碗残片。侈口，斜壁微鼓腹，内圆凹心，平足底碗残片。内壁施釉。底心残留一支钉痕，直径约 0.3 厘米。釉色黄白色。釉质晶莹光洁，釉面微涩，有光泽，有细微晶裂纹痕。外壁下腹部及平足底露胎。足外壁直，底平，心微凹，底外边斜削呈棱脊。胎质稍粗，有隙孔，土白色（彩版五七，2）。

001N:106，白釉瓷平底碗残片，Ac 型。长 5 厘米，宽 3.2 厘米，残高 1 厘米。足底高 0.4 厘米。瓷碗残片，侈口，斜壁，内凹平底，平足碗底残片。内壁施釉，底心残留一支钉痕，状若大米。外壁下腹部及平足内外露胎。足外壁直，底平内心凹，外边斜削呈棱脊状。胎质较细密，土白色。釉面骨白色泛黄，釉面微若橘皮状。

004N:124，白釉平足瓷碗残片，Ac 型。长 4.2 厘米，宽 3.5 厘米，残高 2.1 厘米。平足高 0.5 厘米。瓷碗残片，侈口，斜壁微鼓腹，凹圆底心，平足底碗残片。内外施釉。内壁施釉，平足底内外露胎，外壁近直，底平，心微凹，底向外边斜削滚圆呈脊棱。釉色黄白色，釉质晶莹光洁，釉面有光泽，有细微晶裂片纹痕。胎质较细密，土白色。

2）白釉瓷圈足碗残片，27 件。

① 白釉瓷碗残片，Bb 型Ⅰ式，17 件。

001-2N∶062，白釉瓷碗残片，Bb 型Ⅰ式。长 8.8 厘米，宽 5.6 厘米，残高 4.1 厘米。圈足高 0.4 厘米，足底宽 1.3 厘米。瓷碗残片，侈口，斜壁微鼓腹，凹圆底，圈足碗残片。内外施釉。内底心残留一到钉痕，直径约 0.3 厘米。外壁半挂釉至下腹部位。下腹及圈足内外露胎薄涂白化妆土。足外壁由根至底稍向外斜削。内壁圆旋微呈喇叭口状。足底三分之一向外边，三分之二向内边斜削滚圆呈脊棱。足内心凹平，中心微有凹旋痕。胎质较细密，土白色。釉色牙白色，釉质晶莹亮洁，釉面有光泽，釉质部分可见细微晶裂纹痕（彩版五七，2）。

001-2N∶065，白釉瓷碗底残片，Bb 型Ⅰ式。长 4.5 厘米，宽 3 厘米，残高 2.2 厘米。圈足高 0.3 厘米，足底宽 0.8 厘米。瓷碗残片。侈口，微鼓腹，圆凹底，足碗残底片。内外施釉。内底心残留一支钉痕，直径约 0。3 厘米。外壁施涂底色至下腹部。圈足内外露胎涂白化妆土。足外壁直，内壁呈喇叭口状，足底向内外边斜削滚圆。足内心凹平。胎质稍粗，土褐色，有高温近火烧红状。釉色白色稍泛青。釉质晶莹光洁，釉面可见细微晶裂纹痕。

001-2N∶066，白釉瓷碗底残片，Bb 型Ⅰ式。长 7.8 厘米，宽 3.8 厘米，残高 2.5 厘米。圈足高 0.5 厘米，足底宽 1 厘米。瓷碗残片。侈口，斜壁微鼓腹，凹圆底，圈足碗底残片。内外施釉。内底心残留一支钉痕，直径约 0.4 厘米。外壁施釉至下腹部。圈足内外涂饰白化妆土。足外壁由根至底稍向外斜削，足底三分之一向外，三分之二向内斜削，呈棱脊状，足内壁圆旋微呈喇叭口状。足内心凹平。中心微凸。胎质较细密，有隙孔，土白色。釉色骨白色，釉质晶莹薄涩，釉面磨蚀（彩版五七，2）。

001-2N∶068，白釉瓷碗残片，Bb 型Ⅰ式。长 5.8 厘米，宽 2.8 厘米，残高 1.7 厘米。圈足高 0.6 厘米，足底宽 1.5 厘米。瓷碗残底片。微鼓腹。圆凹底。圈足碗底残片。内壁施釉。圈足内外露胎，薄涂白化妆土，足外壁由根至底稍斜削，内壁微呈喇叭口状，足底三分之一向外，三分之二向内斜削滚圆成脊棱状。足内心凹平。胎质稍粗，土黄色。釉色牙白色，釉质晶莹亮洁，釉面有光泽，可见微细晶裂纹痕。

001-2N∶102，白釉瓷碗残片，Bb 型Ⅰ式。长 5 厘米，宽 3 厘米，残高 2.2 厘米。瓷碗碗残片。敞口，圆唇，圆卷折沿，微鼓腹碗残片。内外施釉。釉色牙白色，釉质晶莹光洁厚润，釉面有光泽，胎质薄俏，晶莹洁白细腻。

001-2N∶110，黄白釉瓷残片，Bb 型Ⅰ式。长 4.7 厘米，宽 2.9 厘米，瓷器腹壁残片。内外施釉，釉色黄白（浅黄），釉质晶莹亮洁，釉面有光泽，有细微均匀晶裂片纹痕。胎质较细密，有隙孔，土白色。

001-2N∶111，白釉瓷碗口沿残片，Bb 型Ⅰ式。长 5.5 厘米，宽 2.8 厘米，残高 2.2 厘米。口沿残片，圆唇，敞口微外折沿，外沿有束棱，斜壁鼓腹碗残片。内外施釉。釉色牙白色，釉质晶莹亮洁，釉面有光泽，微有“棕眼”痕，有细微晶裂片纹痕。胎质较细密，土黄色夹微黑粒。

001-2N∶112，白釉瓷碗口沿残片，Bb 型Ⅰ式。长 4.4 厘米，宽 2.5 厘米，残高 2 厘米。口沿残片。侈口，圆唇，内唇稍显棱，斜壁微鼓腹碗口沿残片。内外施釉。釉色牙白色，釉质晶莹亮洁，釉面有光泽，有细微晶裂纹痕。胎质稍粗，土黄色，有高温近火烧红痕。

001-2N:114，黄白釉瓷碗残片，Bb型Ⅰ式。长3.8厘米，宽3.2厘米，残高2.7厘米。瓷碗残片，侈口，圆唇，宽反折棱沿，斜腹壁微鼓碗口沿残片。内外施釉。釉色黄白（浅黄）色。釉质晶莹亮洁，釉面有光泽，有微细晶裂纹痕。胎质较细密，土白色夹微黑粒。

001-2N:130，白釉瓷碗残片，Bb型Ⅰ式。长8厘米，宽8厘米，残高5.5厘米。瓷碗残片，圆唇，敞口沿，斜壁微鼓腹碗残片。内外施釉，外壁半挂，涂白化妆土至中腹部，施釉至底。釉色牙白色泛黄，无白化妆土部分釉色清灰。釉质晶莹亮洁，釉面有光泽，有细微均匀晶裂片纹痕。胎质较细密，土白色夹黑粒。

003N:090，白釉瓷碗残底片，Bb型Ⅰ式。长7.5厘米，宽5.5厘米，残高2.1厘米。圈足高0.4厘米。瓷碗残片。侈口，斜壁微鼓腹，凹平底心，圈足碗底残片。内外施釉。内底心刮釉一圈。外壁半挂釉至中腹部位。外壁呈喇叭口状，足底向内外边斜削呈棱脊状。足内心陷凹平，中心微凸。刀旋痕明显。胎质晶莹洁白细腻。釉色洁白，釉质晶莹光洁，釉面有光泽（彩版五五，3）。

003N:093，白釉瓷碗口沿残片，Bb型Ⅰ式。长6.5厘米，宽4厘米，残高3.2厘米。瓷碗残片，侈口，厚圆唇，斜壁微鼓腹碗口沿残片。内外施釉。釉面黄白色，釉质晶莹光洁，釉面有细微晶裂纹痕，有磨蚀痕。胎质晶莹细腻，黄白色。

003N:094，白釉瓷碗口沿残片，Bb型Ⅰ式。长6.5厘米，宽4厘米，残高3.3厘米。瓷碗残片。侈口，尖圆棱唇沿，斜壁微鼓腹碗口沿残片。内外施釉。釉色牙白色，釉质晶莹光洁，釉面有光泽，可见微细裂纹痕。口沿外部位釉面多疵点痕，面涩。胎质较细密，土白色。

004N:115，白釉瓷碗残片，Bb型Ⅰ式。长3.8厘米，宽3厘米，残高3.5厘米。瓷碗残片。圆唇，侈口，鼓腹碗口沿残片。内外施釉。唇口刮釉露胎。釉色黄白色，釉质晶莹光洁，釉面有光泽，有细微晶裂片纹痕。胎质较密实，有隙孔，土白色。

004N:117，白釉瓷碗残片，Bb型Ⅰ式。长5厘米，宽3.4厘米，残高3.4厘米。瓷碗残片，尖圆棱唇，侈口，斜壁微鼓腹碗口沿残片，内外施釉。釉色黄白色，釉质晶莹光洁，釉面有光泽，有微细晶裂纹痕。胎质较细密，土黄色。

004N:122，白釉瓷碗残片，Bb型Ⅰ式。长6.5厘米，宽5.7厘米，瓷碗残片。鼓腹，圆折凹底心，圈足碗底残片。内外施釉。外壁半挂釉至下腹部位。釉色牙白色，釉质晶莹光洁，釉面有光泽，有细微晶裂片纹痕。足外壁直，外壁下腹釉边薄涩呈淡白色。内壁圆旋微呈喇叭口状，足底三分之一向外边，三分之二向内边斜削滚圆呈斜倾脊棱状。足内心凹平，中心微凸。胎质较细密，土黄色（彩版五六，1）。

004N:123，白釉瓷碗残片，Bb型Ⅰ式。长5.3厘米，宽3.6厘米，残高3.1厘米。圈足高0.7厘米，足底宽0.8厘米。瓷碗残片。侈口，鼓腹，圆凹底，圈足碗底残片。内外施釉。内底心刮釉一圈。外壁釉至下腹部。釉边沿部分无底化妆土色呈清釉色。外壁腹底及圈足内外露胎。圈足壁呈喇叭口状稍外撇。足底向内、外边斜削呈现脊棱状。外边棱滚圆。足内心凹平。釉色黄白泛淡绿，釉质晶莹光洁，釉面有细微晶裂片纹痕。胎质密实，土黄色稍泛褐红色。

② 白釉瓷碗残片，Bc 型Ⅰ式，2 件。

001-2N∶122，白釉瓷碗残片，Bc 型Ⅰ式。长 7.5 厘米，宽 5.5 厘米，残高 4.2 厘米。瓷碗残片，厚圆棱唇，侈口，鼓腹碗口沿残片。内外施釉。釉色黄白，釉质晶莹亮洁，釉面有光泽，有细微晶裂片纹痕。胎质稍粗，土黄色。

004N∶114，白釉瓷碗残片，Bc 型Ⅰ式。长 5.5 厘米，宽 3.3 厘米，残高 5.1 厘米。瓷碗残片。厚圆棱唇，侈口，鼓腹碗口沿残片。内外施釉。唇口刮釉，釉色黄白色，釉质晶莹光洁，釉面有光泽，有细微晶裂片纹痕。胎质较细密，土黄色。

③ 黄白釉瓷残片，Bd 型Ⅰ式，1 件。

001-2N∶071，黄白釉瓷残片，Bd 型Ⅰ式。长 4.2 厘米，宽 2.9 厘米。瓷器腹壁残片。外壁呈放射状脊棱纹饰，内外施釉。釉色黄白，釉质晶莹光洁，釉面有光泽，有微细均匀晶裂片纹痕。胎质较细密，土黄色。

④ 白釉瓷碗残片，Bh 型Ⅲ式，6 件。

001-2N∶101，白釉瓷碗残片，Bh 型Ⅲ式。长 10 厘米，宽 7.6 厘米，残高 5 厘米。瓷碗残片。圆唇，敞口圆折沿，深鼓腹凹底碗残片。内外施釉。外壁半挂釉至下腹部。釉色青白色，釉质晶莹亮洁。釉面有光泽。胎质较细密，土褐色。

004N∶112，白釉瓷碗残片，Bh 型Ⅲ式。长 6.6 厘米，宽 3.5 厘米，残高 2.8 厘米。瓷碗残片。圆唇，敞口宽圆折沿，斜壁微鼓腹碗口沿残片。内外施釉。外壁釉至口沿下部，以下露胎。釉色骨白色，釉质晶莹薄涩，釉面有多疵痕。胎质较细密，土白色。

004N∶113，白釉瓷碗残片，Bh 型Ⅲ式。长 4 厘米，宽 3.2 厘米，残高 3 厘米。瓷碗残片。圆唇，敞口曼圆折沿，鼓腹碗口沿残片。内外施釉。外壁白色釉至沿下约 1 厘米，以下施清釉 1.5 厘米，足下露胎，釉色洁白微泛灰，釉质晶莹光洁，釉面有光泽，微若橘皮状。外壁口沿下釉呈棕色薄涩。胎质晶莹细腻，褐灰色。

004N∶118，白釉瓷碗残片，Bh 型Ⅲ式。长 6.7 厘米，宽 4 厘米，残高 3.1 厘米。瓷碗残片，圆唇，敞口宽圆折沿，鼓腹碗口沿残片。内外施釉。釉色黄白色，釉质晶莹光洁，釉面有光泽，有微细晶裂片纹痕，胎质较细密，土黄色。

004N∶120，白釉瓷碗残片，Bh 型Ⅲ式。长 5.3 厘米，宽 4.5 厘米，残高 3.2 厘米。瓷碗残片，圆唇，敞口圆折沿，斜壁微鼓腹碗口沿残片。内外施釉。釉色黄白色，釉质晶莹光洁，釉面有光泽，有微细晶裂片纹痕。胎质较细密，土黄色。

004N∶145，白瓷碗残片，Bh 型Ⅲ式。直径 11 厘米，高 4.6 厘米。圈足高 0.7 厘米，足底宽 0.3 厘米。圈足直径约 3.8 厘米。瓷碗残片，侈口，尖圆卷唇，深鼓腹，圆凹底心圈足碗。内外施釉，内壁满施，内底刮釉一圈，底心饰旋花图案。内壁饰戏水印花图案，外壁半挂釉至下腹部。圈足内外露胎，圈足外壁由根至底直削，近足底内收。足底平，足心平。足内壁圆旋斜直。刀旋痕明显。釉色黄白色。釉质晶莹厚润，釉面光洁，有均匀细微晶裂，外壁釉面多疵点。胎质洁白细腻（4 号牛坑中，距底板下 2.8 米出土）。

⑤ 素胎瓷碗残片，Bj 型，1 件。

003N∶091，素胎瓷碗残片，Bj 型。长 10 厘米，宽 10 厘米，残高 2.7 厘米，圈足高 1 厘米，足底宽 0.5 厘米。圈足直径 7.5 厘米。侈口，斜壁微鼓腹，内底心凹平，圈足碗残片。圈足外壁直，内壁圆旋微呈喇叭口状。足底平微向个斜倾，外边斜削，足内心凹平，中心微有凸痕，刀旋痕明显。胎质密实，土白色。应为半成品，未施釉。

3）白釉异形边碗残片，3 件。

① 白釉瓷碗残片，Ca 型，2 件。

001-2N∶103，白釉瓷碗残片，Ca 型。长 3.2 厘米，宽 2.5 厘米，残高 2.2 厘米。瓷碗残片。敞口，圆唇敞口折沿微鼓腹碗口沿残片。宽口沿有若荷叶卷缺口状。内外施釉。釉色洁白，釉质晶莹，细腻、光洁。釉面有光泽，微若橘皮状。胎质薄俏，晶莹、洁白、细腻。

003N∶100，白釉瓷花瓣棱边沿碗口残片，Ca 型。长 4 厘米，宽 2.6 厘米，残高 2.2 厘米。尖圆唇，侈口，花瓣形边沿圆折腹瓷碗口沿残片。内外施釉。釉色牙白色，釉质晶莹光洁，釉面有光泽，可见微细晶裂片纹痕。胎质细密，土褐色夹细微黑粒。

② 白釉瓷瓜棱碗残片，1 件。

001-2N∶091，白釉瓷瓜棱碗残片，Cb 型。长 4.3 厘米，宽 3.5 厘米，残高 3.4 厘米。瓷碗残片，侈口，圆唇，深腹微鼓，碗口沿残片。外壁饰瓜棱状。内外施釉。唇口刮釉露胎，釉色牙白色，釉质晶莹光洁，釉面微若橘皮状，外壁面有磨蚀，釉厚聚处有微细晶裂纹痕。胎质稍粗，砂粒明显，土黄色。

（2）青白釉碗残片

① 褐白釉瓷碗残底片，B 型，1 件。

001-2N∶069，褐白釉瓷碗残底片，B 型。长 4.5 厘米，宽 3.5 厘米，残高 1.5 厘米，圈足高 0.4 厘米，足底宽 1 厘米。瓷碗残底片。微鼓腹浅圆凹底，圈足碗残底片。内外施釉。外壁釉至圈足底边，圈足外壁施釉，内心足底露胎，外壁由根至底稍向外斜削，内壁呈喇叭口状，足底平斜向内倾底外边斜削滚棱。足内心凹平。胎质晶莹密实，灰白色。釉色褐白色泛浅绿色。釉质晶莹光洁，釉面有磨蚀，可见细微晶裂纹痕。

② 青白釉瓷碗口沿残片，Ca 型，3 件。

001-2N∶087，青白釉瓷碗口沿残片，Ca 型。长 3.5 厘米，宽 2.5 厘米，残高 2.8 厘米。口沿残片，侈口，反卷折圆唇宽厚棱唇沿，鼓腹碗口沿残片。内外施釉。釉色清白色，釉质晶莹厚润，釉面有光泽，微有气泡“棕眼”痕。胎质晶莹洁白细腻。

004N∶116，青白釉瓷碗口沿残片，Ca 型。长 4.5 厘米，宽 3 厘米，残高 2.2 厘米。厚圆唇，侈口，斜壁微鼓腹碗口沿残片。内外施釉。釉色青白泛灰色，釉质晶莹光洁，釉面微有橘皮状痕，有细微晶裂纹痕。胎质晶莹细腻，灰白色。

004N∶125，青白釉瓷碗残片，Ca 型。长 6.02 厘米，宽 4.3 厘米，残高 2 厘米。圈足高 0.8 厘米，足底宽 0.6 厘米。瓷碗残片。侈口，鼓腹，圆凹底，圈足碗残底片。内壁施釉，底心刮釉一圈。外壁下腹部及圈足内外露胎。圈足外壁近直，内壁微呈喇叭口状，足底向内，外边斜削滚棱呈脊棱状。足内心凹平，中心微凸。胎质细密，土白色。釉色青白色，釉质晶莹光洁，釉面有光泽，微有晶裂纹痕。

（3）青褐釉瓷碗残片

1）青褐釉瓷碗残片，Ab 型，2 件。

001-2N∶085，青褐釉瓷碗残片，Ab 型。长 7.7 厘米，宽 6 厘米，残高 5 厘米。瓷碗残片。圆棱唇，敞口沿，微鼓腹碗残片。内外施釉。釉色青褐色。釉质晶莹光洁厚润，釉面有光泽，细微若橘皮状，微有“棕眼”痕。胎质细腻、铁灰色。

003N∶095，青褐釉印花瓷碗残片，Ab 型。长 6.5 厘米，宽 3.8 厘米。腹壁部残片。内壁印花草纹饰。内外施釉，有内底心刮釉痕。外壁半挂釉至下腹部。釉色青褐色，釉质晶莹光洁，釉面有光泽，有细微晶裂纹痕。胎质细密，土白色。

2）青灰釉瓷碗残片，Ba 型，2 件。

001-2N∶064，青灰釉瓷碗残片，Ba 型。长 5.9 厘米，宽 4 厘米，残高 1.5 厘米。圈足高 0.4 厘米，足底宽 0.4 厘米。瓷碗残片。斜壁微鼓腹，凹平底，圈足碗残片。内外施釉。圈足外壁直，内壁微呈喇叭口状，足底向内斜平状，外边斜削，足内心凹平。圈足满施釉。足外边釉色呈褐色。胎质晶莹细腻，铁灰色。釉色青灰色，釉质晶莹光洁，釉面亚光，微若橘皮状。釉面有磨蚀痕。

001-2N∶123，青灰釉瓷碗残片，Ba 型。长 6 厘米，宽 4.3 厘米，残高 3 厘米。圈足高 0.7 厘米，足底宽 0.3 厘米，瓷碗残片。侈口，鼓腹，圆凹底，圈足碗残片。内外施釉。圈足内外施釉，足底刮露胎。圈足外壁直，内壁圆旋微呈喇叭口状，足底稍向内壁斜平，足外边斜削滚棱。足内心凹平。胎质晶莹细腻、浅灰色。釉面青灰色。釉质晶莹光洁，釉面有光泽，有磨蚀部位呈亚光，微有橘皮状（彩版五八，1）。

3）青釉瓷碗残片

① 青釉瓷碗残片，Ca 型，1 件。

004N∶119，青釉瓷碗残片，Ca 型。长 6 厘米，宽 3.3 厘米，残高 3 厘米。瓷碗残片。圆棱唇，侈口，束颈，圆棱肩鼓腹碗残片。内外施釉。外壁半挂釉至中腹部。釉色清稍呈褐绿色，釉质薄涩，外壁釉稍呈灰色痕。胎质较细密，土褐色。

② 青釉荷叶边瓷碗，Cb 型，1 件。

99T3∶140，青釉荷叶边瓷碗，Cb 型。直径 12.4 厘米，高 6.5 厘米，圈足高 0.8 厘米，直径 4.5 厘米，足底宽 0.3 厘米。八瓣荷叶边，尖圆唇，侈口，斜壁微圆鼓腹，叶瓣有茎痕，凹圆底，圈足碗。内外施釉。内壁近底饰一道圈痕，外壁口沿下饰一道圈痕，下腹部三道微折痕。圈足内外施釉，足内心尖凸，内壁斜削呈敞口斜面，足底刮釉露胎，釉色青褐色，釉质晶莹光洁，釉面有光泽，多有冰裂纹。胎质较粗，灰白色，多有夹砂鼓凸（图五九，3；彩版四九）。

（4）黄绿釉瓷碗残片　Aa 型，3 件。

001-2N∶073，黄绿釉瓷碗残片，Aa 型。长 5.5 厘米，宽 3.4 厘米，残高 2 厘米。圈足高 0.9 厘米，足底宽 0.5 厘米。瓷碗残片。侈口，斜壁微鼓腹，凹圆底，圆足碗残片。内外施釉，釉色内壁呈黄绿色，外壁下腹及圈足内外呈绿褐色。圈足内外施釉。圈足微呈喇叭口状外撇。足底平，外边滚棱。足底刮釉，粘砂较重。足内心凹平，中心微凸。胎质较细密，浅灰色。釉质晶莹光洁，釉面有光泽，有微细橘皮“棕眼”痕，可见细微晶裂片纹痕。

004N∶133，黄绿釉印花瓷碗残片，Aa 型。长 4.8 厘米，宽 2.8 厘米。碗腹壁残片，内壁压印花瓣纹饰图案。内外施釉。釉色黄绿色，釉质晶莹光洁。釉面有光泽，有微气泡“棕眼”痕，有细微晶裂纹痕。胎质晶莹细腻，灰白色。

004N:135，黄绿釉印花瓷碗残片，Aa型。长5厘米，宽4厘米。瓷碗腹壁残片。内壁压饰水纹荷叶图案。内外施釉，釉色黄绿色，釉质晶莹亮洁，釉面微若橘皮状，有细微晶裂片纹痕，胎质晶莹细腻，灰白色。

（5）豆青釉瓷碗残片

① 豆青釉刻花瓷碗残底片，Ab型Ⅰ式，4件。

001-2N:067，豆青釉刻花瓷碗残底片，Ab型Ⅰ式。长7.5厘米，宽3.7厘米，残1.8厘米，圈足宽0.4厘米，足底宽0.3厘米。瓷碗残片，侈口，斜壁微鼓腹，圆凹底，圈足碗残片。内壁刻饰缠枝牡丹花图案，枝叶繁茂，花团锦簇。技法娴熟。内外施釉。圈足内外施釉，足底平刮釉露胎。足外壁直，内壁呈喇叭口状，足内心凹平，中心微凸。足边有粘砂痕。胎质晶莹细腻，浅灰色。釉色豆青色泛绿，釉质晶莹光洁，釉面有光泽，有微细气泡“棕眼”痕（彩版五八，1）。

001-2N:075，豆青釉印花瓷碗残片，Ab型Ⅰ式。长5.7厘米，宽4.5厘米，残高3.7厘米。瓷碗残片。圆唇，敞口沿微鼓腹碗残片。内壁口沿空约一厘米，腹部印花，似缠枝牡丹图案，繁花枝叶满饰。外壁口沿下一道圈饰，腹部刻饰放射状斜棱饰图案。内外施釉。釉色豆青泛绿。釉质晶莹光洁，釉面微有不匀气泡“棕眼”痕，胎质晶莹细腻洁白，有隙孔（彩版五八，1）。

001-2N:133，豆青釉刻花瓷碗残片。Ab型Ⅰ式。长8厘米，宽5.5厘米，残高2.8厘米。圈足高0.5厘米，足底宽0.6厘米。瓷碗残片，内壁刻牡丹花叶图案，一枝大花朵盛开，枝叶围衬，疏密有致，技法娴熟。可惜残片无法目睹全貌。外壁斜刻饰放射状叶茎图案，不整齐。内外施釉。釉色豆青色，釉质晶莹光洁厚润，釉面有光泽，有微细“棕眼”痕。圈足内外施釉，足底向内外边斜削釉刮釉露胎，足底呈脊棱状。圈足外壁直，内壁微呈喇叭口状，足内心凹平，中心微凸。胎质晶莹细腻，浅灰色。出自1号牛下铁柱末端石头缝中（彩版五八，1）。

003N:099，豆青釉印花瓷残片，Ab型Ⅰ式。长4.7厘米，宽2.3厘米，腹壁残片。内外印花纹饰，图案不详。内外施釉，釉色豆青色，釉质晶莹厚润光洁，釉面有均匀微气泡“棕眼”痕。胎质晶莹细腻，浅灰色。

② 豆青色瓷碗残片，Ac型Ⅰ式，5件。

001-2N:074，豆青釉瓷碗残片，Ac型Ⅰ式。长8.3厘米，宽8.1厘米，高4.6厘米。瓷碗残片。侈口，圆唇，鼓腹碗残片。内外施釉。内心凹圆，小圈足，心底凸尖，施釉粘砂，足底刮釉露胎。釉色豆青色，釉质晶莹光洁，釉面光洁，淡雅俏丽，微有橘皮痕，可见微细晶裂纹痕。胎质细腻密实，铁灰色（图六三，1；彩版五七，3）。

001-2N:080，豆青釉瓷碗残片，Ac型Ⅰ式。长4.2厘米，宽3.2厘米，残高3.7厘米。口沿残片，厚圆卷棱唇，侈口，斜壁微鼓腹碗口沿残片。内外施釉。釉色豆青色泛绿黄色，釉质晶莹光洁，釉面有微细“棕眼”痕，可见细微晶裂片纹痕。胎质晶莹细密，有隙孔，灰白色。

001-2N:081，豆青釉瓷碗残片，Ac型Ⅰ式。长4.2厘米，宽3厘米，残高2.8厘米。瓷碗残片。圆唇，侈口，鼓腹碗残片。外壁口沿下0.7厘米处刻一道圈饰。内外施釉。釉色豆青泛黄色。釉质晶莹光洁，釉面有细微气泡“棕眼”痕。有部位呈微细晶裂纹痕。胎质薄俏，晶莹细腻，灰白色。

003N∶098，豆青釉瓷碗口沿残片，Ac 型Ⅰ式。长 5.7 厘米，宽 3.3 厘米，残高 3.2 厘米，瓷碗口沿残片。圆唇，侈口，鼓腹碗残片。内外施釉。釉色豆青色，釉质晶莹光洁，釉面有微“棕眼”痕，可见微细较大片晶裂纹痕。胎质晶莹细腻，较松有隙孔，灰白色。

003N∶197，豆青釉瓷碗残片，Ac 型Ⅰ式。长 5 厘米，宽 4 厘米，残高 2.7 厘米。瓷碗残片。圆唇，敞口沿，斜腹壁碗口沿残片。内外施釉。釉色淡豆青色，釉质晶莹光洁，釉面亚光，雅致清淡，微细有若橘皮状。胎质晶莹细细腻，浅灰色。

③ 豆青釉瓷碗残底片，Ba 型Ⅰ式，3 件。

004N∶131，豆青釉瓷碗残底片，Ba 型Ⅰ式。长 5.4 厘米，宽 3 厘米，残高 1.8 厘米。圈足高 0.7 厘米。足底宽 0.5 厘米。瓷碗残片。鼓腹，圆凹底，圈足碗底残片。内外施釉。内底心刻饰花叶纹图案。釉色豆青泛蓝灰色。釉质晶莹光洁，釉面有细微橘皮状，“棕眼”痕。圈足内外施釉，足底刮釉露胎。釉边微呈棕黄色。足外壁直，内壁微呈喇叭口状，足底三分之一向外，三分之二向内斜削滚棱呈脊棱状。足内心凹平。胎质晶莹细腻，浅灰色。

004N∶137，豆青釉瓷碗残底片，Ba 型Ⅰ式。长 5.5 厘米，宽 4.5 厘米，残高 3 厘米。圈足高 0.5 厘米。瓷碗残片。侈口，鼓腹，圆凹底，圈足碗底残片。内外施釉。底心刮釉一圈，内壁压花，饰荷叶纹图案。圈足外壁施釉，足底至内心露胎有粘痕。足外壁直，足内壁微呈喇叭口状。足底少平，向内边斜削呈斜坡状。足内心凹平。胎质晶莹细密，灰白色。釉色豆青泛绿褐色，釉质晶莹光洁，釉面有细微气泡“棕眼”痕。有细微晶裂片纹痕（彩版五六，1）。

004N∶142，豆青釉印花瓷碗残片，Ba 型Ⅰ式。长 3.6 厘米，宽 2.6 厘米。碗腹壁残片。内壁压印花叶纹饰图案。内外施釉。釉色豆青泛褐色，釉质晶莹光洁，釉面可见细微不匀气泡“棕眼”痕。胎质晶莹细腻，浅灰色。

④ 豆青釉瓷残片，Bb 型Ⅰ式，8 件。

001-2N∶201，豆青釉瓷碗盏残片，Bb 型Ⅰ式。长 4 厘米，宽 2 厘米，残高 2.2 厘米。盏碗口沿残片。侈口，尖棱唇，斜折棱沿，鼓腹盏碗口沿残片。内壁腹部印花，为枝叶蔓卷纹饰，微有凸痕。内外施釉，釉色豆青色，釉质晶莹光洁，釉面有光泽，有细微气泡“棕眼”痕。内壁釉面有磨蚀。胎质洁白细腻。

004N∶128，豆青釉瓷残片，Bb 型Ⅰ式。长 3.5 厘米，宽 2.5 厘米，碗腹壁残片。内外施釉。釉色豆青色，釉质晶莹光洁，釉面有可见细微分布不匀大小气泡“棕眼”痕。胎质晶莹细腻，浅灰色。

004N∶129，豆青釉瓷碗残片，Bb 型Ⅰ式。长 3 厘米，宽 2.8 厘米，残高 2.8 厘米。瓷碗残片，侈口，圆唇，鼓腹碗残片。内外施釉。釉色豆青色，釉质晶莹光洁，釉面有光泽，有微“棕眼”痕。有细微晶裂片纹痕。胎质晶莹细腻，灰色。

004N∶132，豆青釉瓷碗残片，Bb 型Ⅰ式。长 6.5 厘米，宽 4.2 厘米，残高 3.3 厘米。瓷碗残片。圆唇，敞口圆折沿，束颈，鼓腹碗残片。内壁中腹部刻一道圈纹饰，圈饰下刻水纹图案残缺严重，完整图案纹饰不详。内外施釉。釉色豆青色泛黄绿色，外壁唇沿下部呈咖啡色，灰、褐边痕。釉质晶莹光洁，釉面光泽，有微橘皮“棕眼”痕，有细微晶裂片纹痕。胎质晶莹细腻，灰白色。

004N∶134，豆青釉瓷碗残片，Bb型Ⅰ式。长4厘米，宽3.5厘米，残高3.2厘米。瓷碗残片，圆唇，敞口，斜壁，鼓腹碗残片。外壁中腹部饰四道旋棱。内外施釉。釉色豆青色，唇口外棱边呈棕黄色。釉质晶莹光洁，釉面可见气泡“棕眼”痕。胎质晶莹细腻，灰色。

004N∶138，豆青釉印花瓷碗残片，Bb型Ⅰ式。长4厘米，宽3厘。碗腹壁残片。内外壁印饰花纹图案。内外施釉。釉色豆青色。釉质晶莹亮洁，釉面有光泽，有微细不匀气泡“棕眼”痕。有细微晶裂片纹痕。胎质晶莹细腻。浅灰色。

004N∶143，豆青釉瓷碗残口沿片，Bb型Ⅰ式。长3.1厘米，宽2厘米，残高1.7厘米。口沿残片。圆唇，敞口圆折沿鼓腹碗口沿残片。内外施釉。釉色豆青色，釉质晶莹光洁，釉面厚润有光泽。胎质晶莹细腻，浅灰色。

004N∶150，豆青釉刻花瓷碗残片，Bb型Ⅰ式。长4.3厘米，宽3厘米，残高3.2厘米。瓷碗残片，侈口，圆唇，鼓腹碗残片。内壁刻饰花纹，图案不详，外壁口沿下刻一道圈纹饰，下刻饰叶茎状放射形斜棱纹痕。内外施釉。釉色豆青泛褐色，釉质晶莹亮洁浓稠，釉面有微不匀气泡“棕眼”痕。胎质细腻，铁灰色。

⑤ 豆青色瓷碗残片，Bc型，1件。

001-2N∶082，豆青色瓷碗残片，Bc型。长5.5厘米，宽3.2厘米，残高2.7厘米。瓷碗残片。侈口，圆唇，宽圆棱外唇边沿，鼓腹碗残片。内壁中腹部微呈一道棱圈。内外施釉。釉色豆青色，釉质晶莹光洁，釉面亚光，淡雅俏丽，微有橘皮痕，可见微细晶裂纹痕。胎质薄俏，细腻密实，灰白色。

⑥ 豆青釉瓷碗底残片，Ca型，1件。

001-2N∶061，豆青釉瓷碗底残片，Ca型。直径8厘米，残高1.4厘米，圈足高0.8厘米，足底宽0.8厘米。平底心微凹，圈足碗残底片。内外施釉。圈足内外施釉，足底刮釉露胎，部分不到底边。外壁稍外撇，内壁呈喇叭口状，足底平斜少向内倾，粘砂严重。足内心凹，中心微凸。胎质较密实，铁灰色。釉色豆青色，釉质晶莹光洁，釉面亚光微若橘皮状。

（6）黑釉瓷碗残片

① 黑釉瓷碗残底片，Ab型Ⅰ式，4件。

003N∶105，黑褐釉瓷碗残片，Ab型Ⅰ式。长6厘米，宽3.3厘米，残高4.5厘米。瓷碗残片。侈口，圆唇，斜壁微鼓腹碗残片。内外施釉。釉色酱黑色夹杂棕褐色斑点痕。釉质晶莹光洁，釉面微若橘皮状痕。有微细釉流蚓痕，由底向口沿方向流动，可看出应为复碗装窑烧制形成。胎质稍粗，土黄色夹黑粒。口沿部近火烧褐色，土褐色夹黑粒，近火高温部位呈淡黄色。

003N∶092，黑釉瓷碗残底片，Ab型Ⅰ式。长10厘米，宽9.3厘米，残高3.3厘米。圈足高1.7厘米，足底宽0.8厘米。圈足直径8.6厘米。瓷碗残底片。平底心，圈足碗残底片。内外施釉。底心刮釉一圈。圈足内外施釉。足底刮釉露胎。圈足壁微呈喇叭状外撇。足底外边斜削滚圆。足内心凹平。胎质较细密实，土白色。釉色黑褐色，釉边呈棕褐色。釉色晶莹光洁，釉面微有橘皮状，可见细微晶裂纹痕，有磨蚀。

004N∶108，黑釉瓷碗残底片，Ab型Ⅰ式。长12厘米，宽11厘米，残高4厘米，圈足高1厘米，直径8厘米，足底宽0.8厘米。瓷碗残底片。侈口，斜壁鼓腹，凹圆底，圈足碗残底片。内外施釉。内底心刮釉一圈，外壁施釉至下腹部位。外壁下腹部及圈足内外露胎。圈足外壁由根至底稍向外斜削，内壁呈喇叭口状，足底平，外边棱斜削滚圆。足内心凹平。胎质较密实，土黄色。釉色酱黑色，刮釉边呈棕褐色。釉质晶莹光洁，釉面有光泽微若橘皮状。

004N∶145，黑釉瓷碗残底片，Ab型Ⅰ式。长4厘米，宽3厘米，残高2厘米。圈足碗残底片。内外施釉。圈足内外施釉，足底刮釉露胎。圈足壁呈喇叭口状稍外撇。足底少平向内外壁斜削。足内心凹平，中心微凸。胎质晶莹细腻，褐色。釉色漆黑色，釉质晶莹厚润光洁，釉面有光泽，微有“棕眼”痕。釉薄处呈黑灰褐色，釉边呈棕色痕（彩版五六，1）。

② 黑釉盏碗残片，Ac型，1件。

002N∶063，黑釉盏碗残片，Ac型。长5.2厘米，宽3.8厘米，残高1.8厘米。盏碗残片。侈口，斜壁，平底盏碗残片。内壁施釉。釉色酱黑色，釉质晶莹光洁，釉面有微橘皮“棕眼”痕。胎质细密，灰白色。

③ 黑釉白边瓷碗残片，Ad型，1件。

002N∶076，黑釉白边瓷碗残片，Ad型。长6.2厘米，宽5厘米，残高5厘米。瓷碗残片。侈口，圆唇，斜壁，微鼓腹碗口沿残片。内外施釉。施釉不匀，釉有未到之处露胎，施白化妆土底色，釉重部呈浅绿色，微有晶裂痕。白边以下施黑釉，釉色酱黑色，釉边杂褐斑痕。釉质晶莹光洁，釉面有光泽，有微细橘皮“棕眼”痕。胎质细密，土褐色（彩版五三，4）。

④ 黑釉瓷碗残片，Bd型，3件。

002N∶020，黑釉瓷碗残片，Bd型。长16.4厘米，宽15厘米，直径约17厘米，高8.5厘米，圈足高0.9厘米，足底宽0.8厘米。瓷碗残片。尖圆唇，敛口，圆壁，鼓腹，圈足碗残片。内外施釉，外壁半挂釉至中腹部。外壁下腹部及圈足内外露胎。圈足呈喇叭口状外撇。足底平稍向外斜，外边滚棱。足内心凹平，中心微凸，刀旋痕明显。胎质细密，灰白色。釉色漆黑色，釉质晶莹光洁，釉面有细微橘皮“棕眼”痕③层2号牛北侧1.8米，牛下平0.6米处出土（图六三，6；彩版四五，6）。

004N∶109，黑釉瓷碗口沿残片，Bd型。长11.7厘米，宽6.5厘米，残高8厘米。瓷碗口沿残片，圆唇，敛口，圆肩鼓腹碗口沿残片。内外施釉。釉色酱黑色，口沿釉薄处呈棕褐色点痕。釉质晶莹光洁，釉面有光泽，微有橘皮“棕眼”痕。胎质较细密，土黄色。夹黑褐粒。

002N∶115，黑釉盏碗残片，Bd型。长5.3厘米，宽2.8厘米，残高2.6厘米。圆唇，敛口，圆壁鼓腹盏碗残片。内壁口沿以下施釉，余及外壁露胎，釉色酱黑色，釉质晶莹光洁，釉面微若橘皮状。胎质稍粗，土白色。

⑤ 黑釉瓷碗残片，Ca型，1件。

002N∶078，黑釉瓷碗残片，Ca型。长4.7厘米，宽4厘米，残高3厘米。瓷碗残片，侈口，圆唇，斜壁圆折腹碗残片。内外施釉。内底心刮釉一圈，外壁半挂釉至圆折腹部位。釉色酱黑色，釉质晶莹光洁，釉面微有橘皮“棕眼”痕。胎质密实，土白色。

（7）瓷盘残片

豆青釉瓷高足器残片，Cc型，2件。

001-2N∶083，豆青釉瓷高足形器柄残片，Cc型。长4.7厘米，宽4厘米，残高3厘米。箍棱形柄高足器残片，器形微鼓腹，圆平底，两道圆箍棱柄。外壁施釉，釉至第二道棱边，内壁露胎。高足柄内空，制作痕迹明显。胎质细腻，灰褐色。釉色豆青色，泛灰白色，釉质晶莹光洁，釉面有磨蚀。

004N∶139，浅豆青釉瓷高足杯残片，Cc 型。长4.5 厘米，宽1.9 厘米。杯腹壁残片，瓜棱状腹壁残存柄痕。内外施釉。釉色浅豆青色泛灰色。釉质晶莹厚润光洁，釉面有光泽，可见微细气泡“达眼”痕。内壁釉薄，胎质晶莹细腻，灰白色。

（8）零星小件器物残片

① 瓷壶残片，1 件。

001-2N∶090，白釉瓜棱瓣瓷壶残片，长6.3 厘米，宽5 厘米。瓜棱瓣壶残片。壶肩腹部位，呈圆肩瓜棱瓣型腹壁。内外施釉。内壁薄涂白化妆土，釉色清明光洁。外壁施釉至下腹部釉色骨白色，釉质晶莹光洁。釉面有光泽，有微细晶裂片纹痕。肩部釉面有疵点，有磨蚀。胎质较细密，土白色，有高温近火烧红痕。

② 器物盖残片，3 件。

001N∶107，酱黑釉瓷器盖残片，长3.7 厘米，宽2.3 厘米，高1.5 厘米。方唇，直壁边，圆折棱顶盖残片。圆折棱部旋刻凹槽一道。外壁施酱黑釉，棱边釉色呈棕褐色。唇口边露胎。内壁顶施清釉，中心刮釉露胎。釉质晶莹光洁，釉面微有“棕眼”痕，有磨蚀。胎质晶莹洁白细腻。

004N∶126，白釉瓷盖残片，长6 厘米，宽3.6 厘米，残高2.8 厘米。瓷盖残片。方唇宽沿圆顶，子口斜收，内壁呈穹庐状盖残片。外壁施釉至唇下边。余则露胎。釉色黄白。釉质晶莹光洁，釉面有光泽，有细微晶裂纹痕。胎质晶莹稍粗，砂粒明显，土白色夹黑粒。

004N∶127，白釉瓷器盖残片，长5 厘米，宽3.4 厘米。器盖残片，平顶微圆肩，顶心饰桥纽状，外壁施釉，内壁露胎。釉色洁白，釉质晶莹光洁，釉面薄，胎质薄俏晶莹、洁白、细腻。

（9）瓷罐残片

① 黑釉高领瓷罐残片，Aa 型，1 件。

001N∶129，黑釉高领瓷罐残片，Aa 型。长8.5 厘米，宽5.8 厘米。残高5 厘米。瓷罐残片。斜方棱唇，高斜领，溜肩罐残片。内外施釉。唇口露胎。釉色酱黑色，杂棕褐釉聚流痕色。釉质晶莹亮洁，釉面有光泽，有微细“棕眼”痕。胎质较细密，土白色。

② 黑釉粗瓷罐残片，Ba 型，2 件。

003N∶087，黑釉粗瓷罐残片，Ba 型。长17 厘米，宽7 厘米，残高8.3 厘米。瓷罐残片。厚圆棱唇，敞口圆折沿，束颈。圆折肩，鼓腹罐残片。内外施釉，唇口沿至肩部露胎。釉色酱褐色。釉质晶莹薄涩。釉面微有橘皮“棕眼”痕。内壁釉色黑褐釉质薄涩。胎质较粗砂粗明显，土黄色。有部分胎质高温近火有烧结黑色状。

003N∶107，黑褐釉粗瓷罐残片，Ba 型。长14 厘米，宽9 厘米，残高10 厘米。瓷罐残片。厚圆棱唇，敞口沿，束颈，斜溜肩鼓腹罐残片。肩膀腹部有宽鼻纽系。内外施釉。唇口沿刮釉露胎，外唇口壁有流釉痕，釉色黑褐色，杂有薄厚不匀状，釉质晶莹亮洁，釉面有光泽，有细微“棕眼”痕。釉聚部位厚润，釉薄部位可见细微流蚓痕。胎质较粗，砂粗明显，土黄色。

③ 豆青釉瓷罐（壶）残片，Bd 型，1 件。

003N∶096，豆青釉瓷罐（壶）园肩圆腹残片，Bd 型。长5 厘米，宽5 厘米。豆青釉瓷圆肩圆腹器物（罐、壶）残片。内外施釉。内壁半挂釉，釉边及薄处呈棕色，面涩。外壁有光泽。胎质细密，铁灰色。胎可分五层，内外釉层，中为铁灰色胎，外边浅灰色，内边高温近火红色。

④ 素胎瓷罐残片，Cf 型，3 件。

003N:088，素胎瓷罐残片，Cf 型。长 9.5 厘米，宽 5.2 厘米，残高 3.9 厘米。圈足高 0.5 厘米，足底宽 0.3 厘米。瓷罐残片。斜腹壁微鼓，圆凹底，圈足罐残片，圈足外壁由根至底向外斜削。足底平，外边斜削，外壁呈脊棱箍状。内壁圆旋微呈喇叭口状。足内心凹平，底甚薄。胎质晶莹细密，浅灰色。

004N:144，素胎口沿残片，Cf 型。长 3.3 厘米，宽 1.9 厘米，残高、宽同。圆唇，微敞口，高领，束颈，斜肩口沿残片。胎质较细密，土褐红色夹细微黑粒。

001-2N:089，素胎瓷罐残片，Cf 型。长 4 厘米，宽 3.5 厘米，残高 3.2 厘米。罐底残片，喇叭口形，圆唇口，附加堆纹纽残痕，内壁呈旋制圆箍棱状。胎质较密实，土黄色（彩版五三，4）。

⑤ 黑褐釉瓷罐，Fa 型，1 件。

003N:106，黑褐釉瓷罐残片，Fa 型。长 9.3 厘米，宽 6 厘米，残高 6 厘米。瓷罐残片。圆棱唇，直领，束颈，圆折肩，圆鼓腹罐残片。内外施釉。唇口刮釉露胎，内壁半挂釉至下腹部。釉色黑褐色，釉边，棱釉薄部位呈棕色。釉质晶莹光洁，釉面微有“棕眼”痕。胎质较细腻，晶莹灰白色夹微黑粒（彩版五五，3）。

⑥ 白釉褐花罐残片，Ga 型，2 件。

002N:079，白釉褐花瓷残片，Ga 型。长 4.8 厘米，宽 4 厘米。瓷罐腹部残片。内外施釉。内壁施黑釉，外壁施白褐花釉。釉质晶莹光洁，釉面有磨蚀痕。胎质细密，土褐色。

003N:104，白釉褐花瓷残片，Ga 型。长 3.8 厘米，宽 2.5 厘米，腹壁残片。内外施釉。内壁施褐釉，釉质晶莹光洁，釉面有光泽，有疵点痕，有细微晶裂片纹痕。外壁施白底褐花釉，釉质晶莹光洁，釉面薄有光泽，有涩疵点痕。胎质密实，土黄色（彩版五五，3）。

（10）瓷盆残片

① 白釉瓷盆残底片，Da 型，1 件。

001-2N:120，白釉瓷盆残底片，Da 型。长 12.5 厘米，宽 6 厘米，残高 4.8 厘米，圈足底宽 0.7 厘米。瓷盆残片。侈口，斜壁，平底，圈足盆残底片。内外施釉。足底内外露胎，外壁底边束根微外撇，足底平，外边斜削呈脊棱状，足内壁呈喇叭口状，盆底内心微凹平。胎质稍粗，土黄色。釉色青白色泛绿，釉质晶莹光洁，釉面有光泽，可见微细晶裂纹痕。外壁施釉近底边，釉面有聚釉点呈浅绿色，流釉至底边烧呈褐色。

② 灰白色釉瓷盆残底片，Db 型，1 件。

004N:111，灰白色釉瓷盆残底片，Db 型。长 7 厘米，宽 6 厘米，残高 4.4 厘米。瓷盆残片，侈口，斜壁，内底微圆凹底平圈足，内心凹平盆残片。内外施釉。外壁有刻饰圈纹一道。釉色灰白泛青色，内壁釉色灰白。釉质晶莹光洁。釉面有光泽。底平圈足饰白化妆土，凹平底心施釉不匀，流聚釉呈青灰色。胎质较细密，灰色，近火高温呈铁灰色。

（11）瓷枕残片　Ab 型，1 件。

001-2N:072，白釉珍珠地刻花瓷枕残片，Ab 型。长 5.5 厘米，宽 2.8 厘米。器壁平整。内壁露胎，外壁刻饰图案，白化妆土涂底，刻小圆圈饰地，刻花叶纹饰，图案不详，外壁施釉，釉色骨白色，刻饰图案线条，施深褐色彩，釉质晶莹光洁，釉面有微细晶裂纹痕。胎质较密实，土白色（彩版五三，4）。

（12）不成型瓷片　3件。

001-2N:131，三彩釉残片，长2.7厘米，宽2厘米，残高2厘米。小盏碗残片。厚圆棱唇，口微敛，鼓腹小盏碗残片。内外施釉。外壁半挂釉至中腹部位，有流釉至下腹。釉色黄白蓝三色不匀，深浅不匀。釉质晶莹光洁，釉面有细微晶裂纹痕。胎质较细密，土白色。

001-2N:132，白绿釉彩残片，长3厘米，宽2.4厘米。器物腹部残片。外壁微鼓、露胎。内壁施釉。釉色白底杂绿斑点痕。釉质晶莹光洁，釉面有磨蚀痕，可见细微晶裂纹痕。胎质稍粗，砂粒明显，土黄色（彩版五三，4）。

002N:077，黑釉虎子口颈残片，长6.5厘米，宽5.2厘米，圆唇，微敛口，高颈领，喇叭状领根。内外施釉。内壁半挂历至领中部。釉色酱黑色，釉质晶莹光洁，釉面有微橘皮“棕眼”痕，胎质稍粗，灰白色夹微黑粒。

（二）钱币

本层内出土钱币较多，时代可分为两大阶段：宋代英宗治平之后和治平之前。也就是宋代修复蒲津桥前后。地层区分基本以铁牛底板之下1米左右为界，范围以铁牛护卫围堰范围内外区分界。第8A层1号牛铁底板下4米出土钱币最晚是“景德元宝”。石围堰范围出土“大观通宝”、“圣宋元宝”、“至和元宝”、“元祐通宝”等。七星柱范围6～7号柱南出土“崇宁重宝”，3号柱西北出土“嘉祐通宝”一枚。

小炉Z2北边出“景德元宝”一枚。该层位应该是宋代复修铁牛时的地层，维修工匠的活动层。

91T102③层，铜钱三枚。

“元丰通宝”、“元祐通宝”钱币各一枚，方孔圆钱。直径2.5厘米，行、草书字体，宽边光背。“圣宋元宝”钱币一枚，方孔子圆钱。直径2.5厘米，篆书字体，宽边光背。

91T203④层下，铜钱二枚，均为“圣宋元宝”。其一，直径3厘米，方孔圆钱，行书体字，宽边光背。其二，直径2.5厘米，方孔圆钱，篆体字，宽边光背。

91T303和探沟内出土铜钱为“熙宁元宝”一枚，直径2.5厘米。方孔圆钱，篆书光背。

T1

3号牛（3N）下填土中出土“元祐通宝”一枚。

H15出土19枚铜钱，可辨认者“崇宁重宝”一枚，“元祐通宝”篆书体一枚。“至和元宝”一枚，“咸平元宝”一枚。

T2

1号牛左侧夯土层距牛底板4米，“景德元宝”半枚。剪边锈边不清。可做断代依据之一，景德为北宋真宗年号（公元1004～1007年）。由此可印证铁牛下填土为北宋时期所为。

2号牛（2N）后夯层中出土残“开元通宝”半枚。背面有指印纹。

2号牛（2N）南侧灰坑中出“祥符元宝”一枚。于2号牛（2N）底板下2.2米，南侧第二根柱之南 0.6 米处出土“太平通宝”一枚，“太平通宝”为北宋时期货币，这是此间最重要的发现，由此确定铁牛下填土为宋代地层（图六四）。

H16 出土“至元通宝”一枚，“皇宋通宝”一枚。

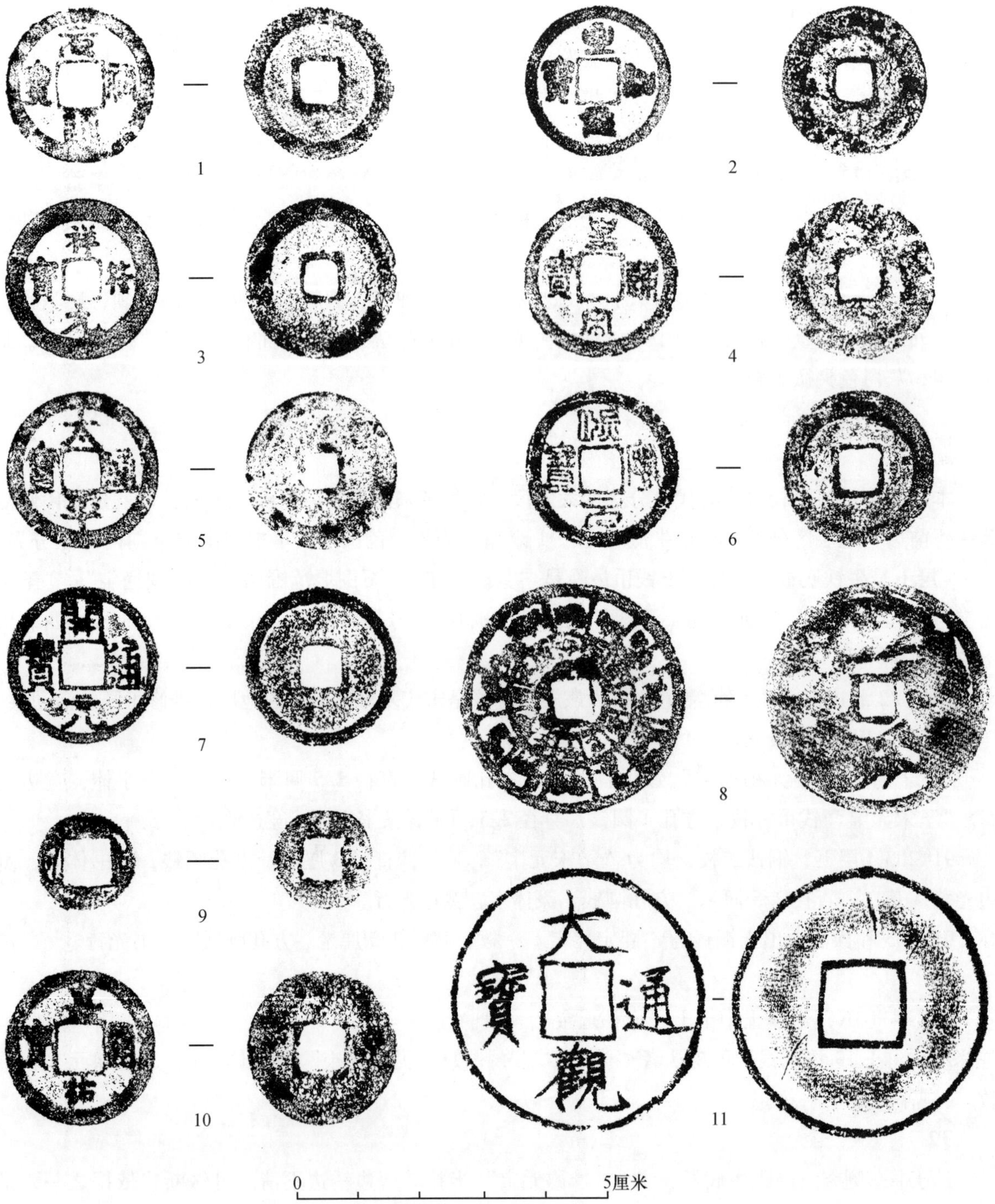

图六四　出土钱币拓片

1、2. T1③出土　3～6. T2③出土　7、9～11. T3③出土　8. TG4 南北向道路出土

T3

护牛石围石头上填土中出土“大观通宝”大钱一枚；“圣宋元宝”一枚；“至和元宝”二枚；“元祐通宝”一枚（字不清）；“元□□宝”一枚，字模糊不识（图六四）。

6~7号柱南2.05米出土“崇宁重宝”一枚（图六五）。

H3龟座南侧下1.7米出土“大观通宝”一枚，弯折。

3号柱西北1.76米出土“嘉祐通宝”一枚。

房基④层中，小炉北边出“景德元宝”一枚。

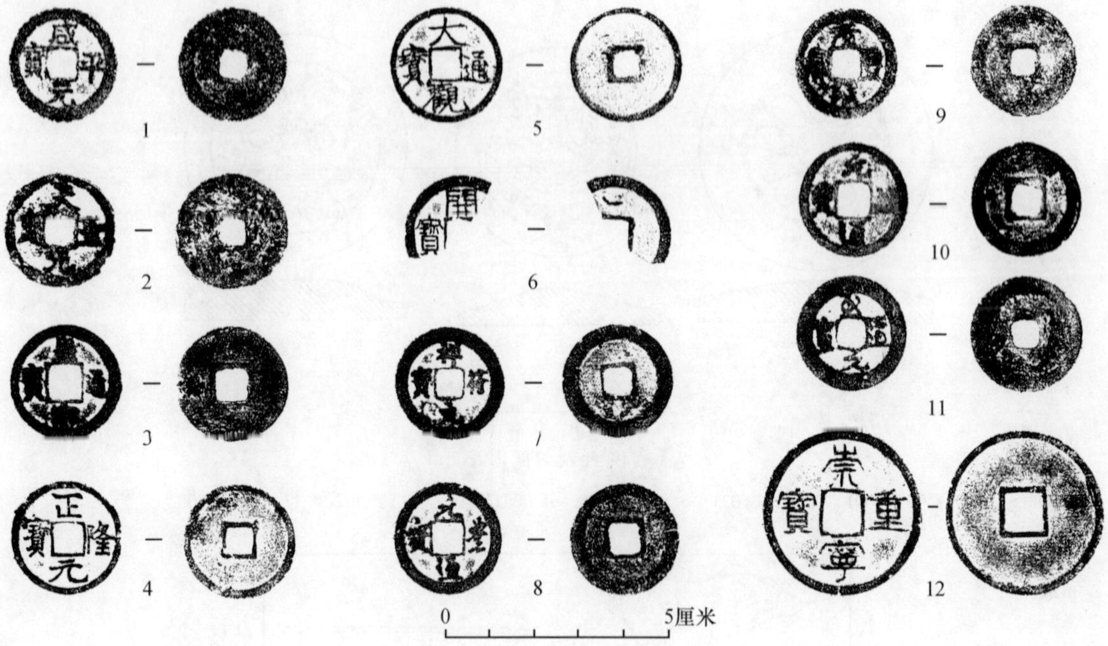

图六五　出土钱币拓片

1~4. T1②出土　5~8. T2②出土　9~12. T3②出土

三、其　　他

各探方出土陶器、琉璃、建筑材料等器物标本分别有：

T1

99T1∶001，瓦当残片，长12.5厘米，宽5.5厘米，厚2厘米，直径约14厘米，瓦当面边约1厘米。内饰一道圈棱，四分图案，为卷云头纹。两两相对，残存一组半。中心有一道圈棱饰，内饰连珠纹等（图六六，1；彩版三六，8）。

99T1C∶031，瓦当残片，长12厘米，厚1.8厘米，直径约14厘米，图案边宽2.5厘米。饰连珠纹边棱圈，内为七瓣花饰，八点蕊心（图六六，2；彩版三七，2）。

99T1∶046，灰陶器物残件，长97厘米，宽9.6厘米，高5.4厘米。饰物残件，背面两边饰花朵纹图案。中伸出一臂，固定一盆。盆宽折沿束颈圆腹，下有支柱于平台。似一灶台锅釜明器残物（图六七，3；彩版三六，8）。

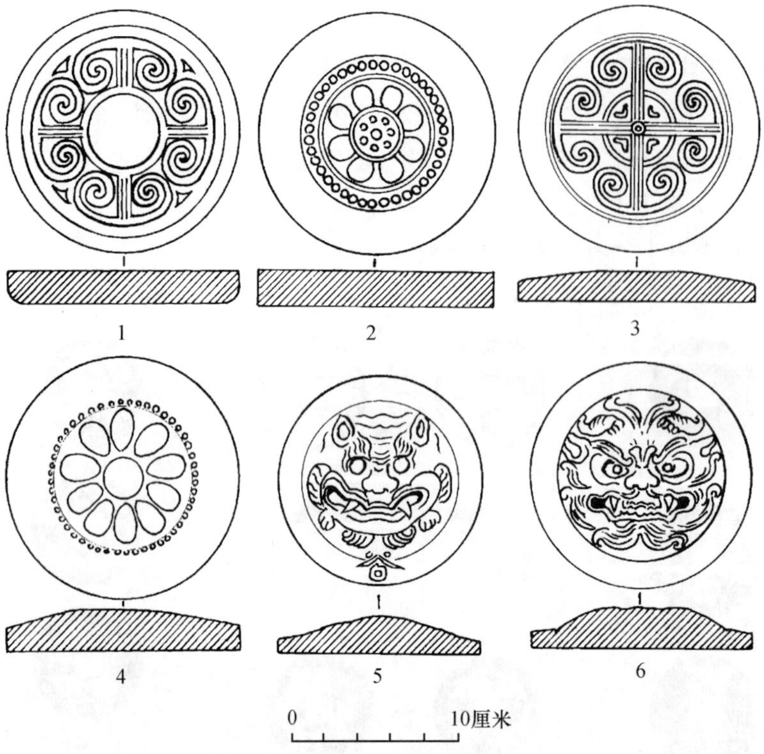

图六六　瓦当

1. 99T1:001　2. 99T1C:031　3. 00TG6:128　4. 00TG1:190　5. 91T402③:11　6. 99B:002

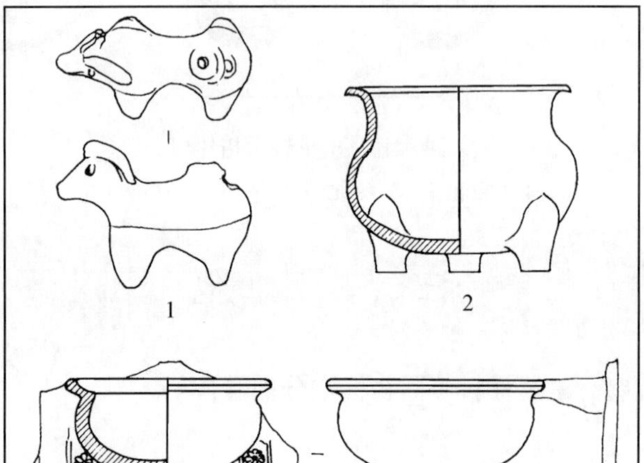

图六七　部分小件器物图

1. 91T401①:04 黑釉陶羊叫子　2. 99T1C:026 黄釉陶香炉　3. 99T1:046 灰陶器物残件

993N 牛下柱坑中出土“官”字印纹残砖，长 30.5 厘米，宽 14.5 厘米，高 5 厘米。砖面印“官”字印纹（图六八，3）。

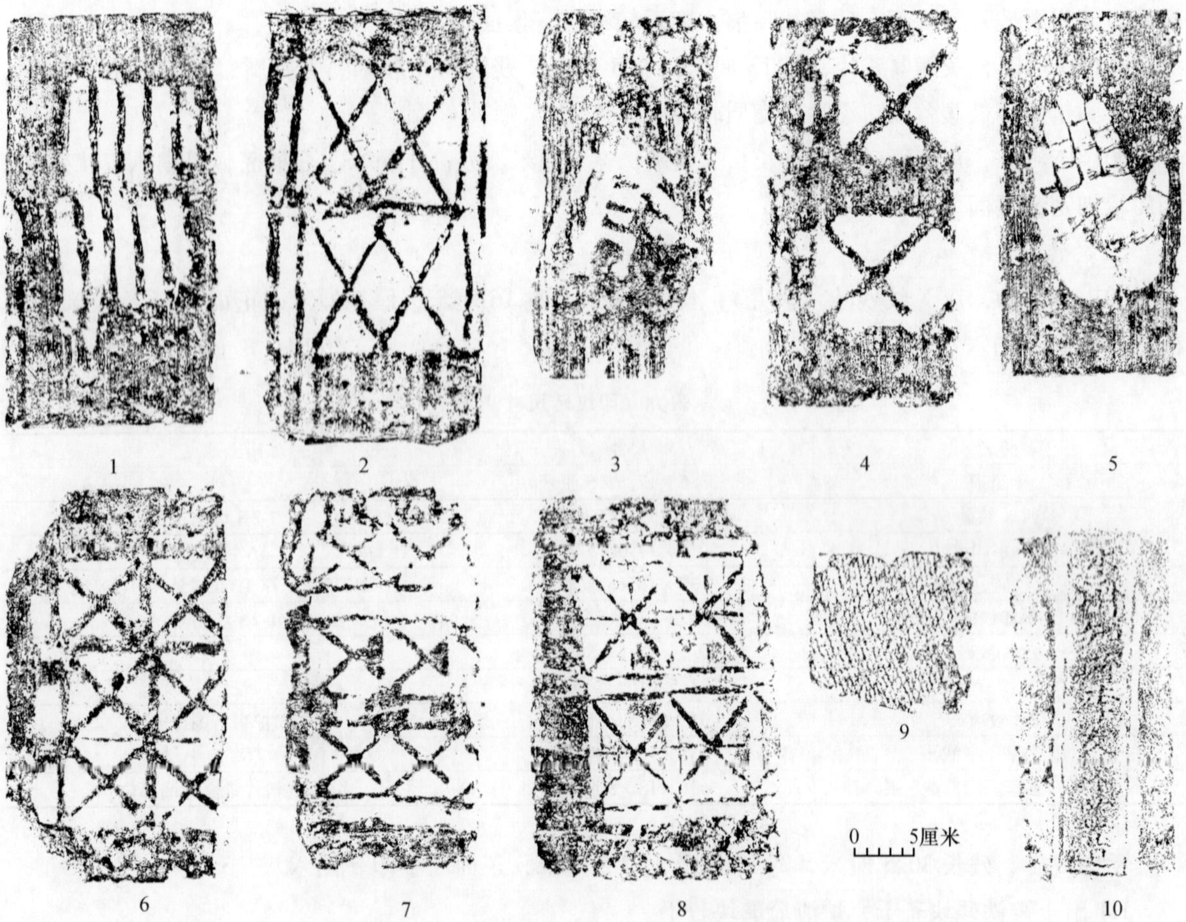

图六八　蒲津渡遗址出土砖印纹（拓片）

1. 十道痕　2. 四X纹砖　3. "官"字印纹砖　4. 双X纹砖（001-2N∶100）　5. 手印纹砖　6. 六X纹砖　7. 双X纹三组砖　8. 双X纹方砖　9. 绳纹（半截）T2H17出土砖　10. "永济知县李□□监造"砖

99T1C∶032，残圆形覆莲砖台座，直径21厘米，高8.5厘米。中心有穿孔，直径2.5厘米。底饰宽座边，上饰六瓣覆莲纹饰（彩版三六，7）。

T303

探沟内出土陶泥塑三，陶泥质，刻划均很精细（彩版三五，4）。按考古时代从晚期器物为依据，这层地面遗存时期及使用年代应为宋时期。

91T303②∶01，侍女头，残，高4.5厘米，厚1.5厘米。高发髻，有饰物，眉目清秀，下残损。

91T303②∶02，武士身躯，高5.6厘米，厚1厘米，三缕长须，着团花战袍，左手扶兽头，右手执器物。

91T303②∶03，双腿之下，高3.2厘米，厚1厘米，下裙衣摆，双足等均很细致。

1、2号铁牛

（1）陶器

001-2N∶059，灰陶罐残片，长15.5厘米，宽11厘米，残高8.8厘米。方唇，平口沿，侈口，高领，溜肩罐残片，肩部有残鼻纽系痕。陶质较细密，素面。

001-2N∶104，灰陶盆残片，长13厘米，宽5厘米，残高4.5厘米。方圆唇，反卷折沿，束颈，短领，圆折肩，鼓腹盆残口沿片。陶质较细密，素面。

001-2N∶108，灰陶豆底残片，长6.7厘米，宽5厘米，残高3厘米。豆柄底，呈喇叭口状残片，陶质较细密，素面。

（2）砖

001-2N∶100，双X纹残砖（表九），长32厘米，宽16厘米，厚5厘米，正面印双X纹饰，方砖截半使用（图六八，4）。

表九　印纹砖尺寸

砖名	尺寸	出土地点
十道痕	33.5×17.5×5厘米	
四X纹砖	36×17.5×5厘米	1-2N坑出土
“官”字印纹砖	30.5×14.5×5厘米	3N坑出土
两X纹砖（3件）	32×16×5厘米	H12出土，00TG2∶145，001-2N坑
手印纹砖	30.5×15×5厘米	1-2N坑出土
六X纹砖	30.5×17.5×5厘米	
双X纹三组砖	31.5×16×5厘米	
双X纹方砖	31×20.5×5厘米	T3护牛石围出土
绳纹砖（半截）	35×18×6厘米	TG2出土
“永济知县李□□监造”砖	36×18×8厘米	T503清代维修城墙部位

手印纹砖，残长30.5厘米，宽15厘米，厚5厘米，正面压手印（图六八，5）。

H4出土铸铁残块若干，炉渣琉璃块若干。

H6出土残砖，00H6∶032，长26厘米，宽16厘米，厚5.5厘米，方砖截半为长方砖使用，正面印纹饰为三棱饰边，中为X纹，残缺。

H9出土陶印模范残块，1件。00H9∶015，长5.8厘米，宽3.8厘米，高1.8厘米，直径约6厘米。圆形印模残块，外圆盖形，圆唇边，内壁饰龙形高浮雕式印模，残存为龙尾部位，龙爪，龙鳞可辨认，工艺较精细，为器物纽饰，饰附加堆纹，红陶，陶质较细密。

TG1

00TG1∶190，瓦当残片，直径14厘米，厚2.5厘米。瓦当面磨蚀较严重，图案棱边模糊，阔边宽约2.5厘米，中饰10辫花图案，中心圆花蕊。唐代典型莲花纹瓦当①（图六六，4）。

TG2

（1）琉璃残片　2件。

99TG2③∶204，绿琉璃彩釉残片，长2.5厘米，宽2厘米，内外施釉，釉色以绿为主杂白色，釉质晶莹光洁，釉面可见晶裂纹痕，泛土彩色。胎质较粗，砂粒明显，红陶土色（彩版五八，4）。

99TG2③∶194，蓝琉璃彩釉残片，长1.7厘米，宽1.6厘米，外壁刻回纹图案，施蓝琉璃彩釉。釉质晶莹，釉面多晶裂痕。泛七彩色。胎较薄，内壁露胎，红陶土色（彩版五八，4）。

① 刘敦桢：《中国古代建筑史》第五章“陕西西安唐大明宫遗址出土瓦当”，中国建筑工业出版社，1980年。

（2）陶器　2件。

00TG2④:150，灰陶盆口沿残片，长13厘米，宽7厘米，残高6厘米。素面灰陶盆口沿残片。尖棱圆唇宽圆折沿微鼓腹盆残片。陶胎较细密，深灰色。

00TG2④:210，彩绘陶俑残片，长2.5厘米，宽2厘米，面目全非，有白色打底，红、黑彩绘各二道（彩版五八，4）。

（3）砖　1件。

00TG2:145，绳纹砖（半截），长35厘米，宽18厘米，厚6厘米，正面印两组图案，三棱饰边，X纹饰，背面光。胎质较粗，灰褐色。截半做长砖使用于护牛排水渠边（图六八，9）。

TG4

④层即第8A层。

（1）陶器　4件。

00TG4④:213，陶壶残片，残片若干，肩腹部残片稍大，长7厘米，残高5.5厘米。壶嘴长5厘米。圈足底残长1.8厘米，足底0.7厘米。圆肩鼓腹，长流嘴，圈足底陶壶残片。腹部旋刻数道线纹。圈足外壁出脊棱，足底平，足内壁圆旋呈敞口喇叭状，足内心凹平。胎质较细密，土白色。壶内底制作粗糙，旋痕明显。

00TG4④:221，灰陶盆，直径13厘米，高6.3厘米，残口沿灰陶盆，圆反卷唇，宽斜尖折沿，斜直壁，微鼓腹，圆底心，平底盆残片。素面，陶质夹砂粗糙，灰色。

00TG4④:220，灰陶盆，直径12.6厘米，高6厘米，平底直径7.3厘米。残口沿灰陶盆，尖圆唇，斜腹壁，圆底心，平底盆残片。素面，陶质夹砂粗糙，灰色。

00TG4④:207，灰陶盆口沿残片，长15.5厘米，宽6.3厘米，残高6.3厘米。陶盆残片。圆卷方棱唇，宽沿圆卷，束颈，斜溜折肩，鼓腹盆残片。素面，陶质稍粗，灰色。

（2）琉璃残片　1件。

00TG4④:215，绿釉琉璃彩残片。长5厘米，宽3.8厘米，绿釉琉璃残片，胎质较粗，土白色。琉璃釉面，绿色，棕褐色，釉面光洁，有晶裂痕。

TG5

探沟5内第4层第二层路土（L2/e层）。

00TG5.4②:187，绿釉琉璃残片，长2.8厘米，宽1.8厘米。红陶胎质，外壁施琉璃釉彩，釉色绿，浓淡有致。釉质晶莹，釉面有晶裂纹痕，泛七彩色。

绳纹砖残片若干。

TG6

00TG6:128，灰瓦当残片，长11.5厘米，宽8.5厘米，厚1.8厘米。直径约14厘米。外边宽1.5厘米，内饰一道圈纹。内中十字双线分界，云头纹饰为主，四组云头，两两相对，中心有同心圆纹一道，内十字通贯，分割。小折痕饰中填空（图六六，3）。

00TG6:125，灰陶盆口沿残片，长13.6厘米，宽6.5厘米，残高6.5厘米。方唇，宽反卷折沿，束颈，圆肩鼓腹盆残片。素面，陶质细密。

第六章　金元时期

第一节　文化分期

以各探方第3文化层为基础的文化层中出土的瓷器和钱币均显示出元代之前的特征，第3文化地层被揭示时，T101、T201、T301、T401、T501多被明代修筑堤坝时的6D、6E层破坏。在清理出土的T302部分、T402及T202部分和T103、T203、T303、T403的遗址面时，已大致上弄清楚第3文化地层的遗迹布局（图一八）。主要有T402的棕色黏土夯实的建筑台基F1与第7层贯穿遗址的南北向L1/d层路面。T402的房基夯土台坐落在该层硬面上，呈正方形，坐西向东。南北向的路在两组铁牛之间有东西向L2/a层路面与之交汇形成十字形，东西向L2/a层路两侧石块作为“砑石”，铺作南北向的基线，路面黝黑，此处稍高，南北两侧向下延伸。在南段路面平整宽阔。在T302同层硬土面上出土有“正隆”币，在T302出土有“开元通宝”币，T302与T302的探沟内，出土有“泥人”残块。铁柱墩在H16金元时期地层中又发现一个（共计四个）。按考古时代从晚期器物为依据，这层地面遗存时期及使用年代应为金元时期。

上下层位叠压的埋藏物件证实，铁牛经过二次搬迁移动。根据史书记载北宋治平年间（1064～1067年）怀丙和尚完成捞铁牛，复修蒲津桥应在第8层的北宋时期。本层表现出的特征是层面破坏较多，典型的是两组铁牛之间的L2路面破坏严重，可能是桥废止时期的行为，或是金末两军争夺拉锯时期，为战事所需破坏交通要道作出的特殊处理。东西通道L2路面止于此层。H16出土的元代钱币“至元通宝”为此提供了可供参考的依据。之后，进入元代，在两组铁牛东边出现第7层南北通道L1/d层路面。这些迹象表明此时蒲津浮桥已毁坏，以往两组铁牛间通向桥面的L2路面也被废止，桥头的铁牛地锚作为前朝遗物保留在原地。作为黄河上的渡口，这里仍旧在使用。南北通道的路面体现出此一阶段道路的使用还是比较繁忙的。

第二节　金元文化遗存

一、文化遗迹

1. 房址

F1房基位于遗址区北部，铁牛北，明代坝基东，南北大路西侧。围墙已塌毁，现仅存房基，呈四方形，坐西向东，面积5.3米×5.3米，残高0.4米（图二六、六九；彩版二五，2）。整个台基向东北方向倾斜，在台基东侧的石铺地面亦相应的向下陷沉，东侧有地层下陷撕裂的缝隙。残留基础四角有不规则石柱础，墙体用单砖砌筑；砖墙壁残存的宽度在75厘米，门道宽95厘米，两侧均有不规则石柱础。东南侧中部有石护阶，护阶两侧有石柱础（图七〇）。砖长0.26米，宽0.17米，厚0.05米。砖的一面有明显的左手印。TG1南壁是顺F1北边墙体下切，东西剖切房基北边基础。TG4曾南北剖切截取东边基础，因房基叠压打破上层南北大路的路面，T402的夯土台基坐落在第8B层石围堰基础上，夯层坚硬。

F1基础下面的填土经过夯打，夯层坚硬，采用平夯，分层夯筑。房子基础下夯土，最上层是三合土夯筑，主要由白灰和黏土组成，其结构紧密，质地坚硬，该层厚5厘米。三合土下夯层所用的土均由黏土所夯筑（即五花夯土），夯层厚8～10厘米，黏土夯层总厚0.5米。在其下部有1.3米左右厚的夯层，夯土为黑褐色土中夹有细沙，夯层偏厚，一般在15厘米左右，土中包含有大量的木炭粒，有少量有白灰粒。

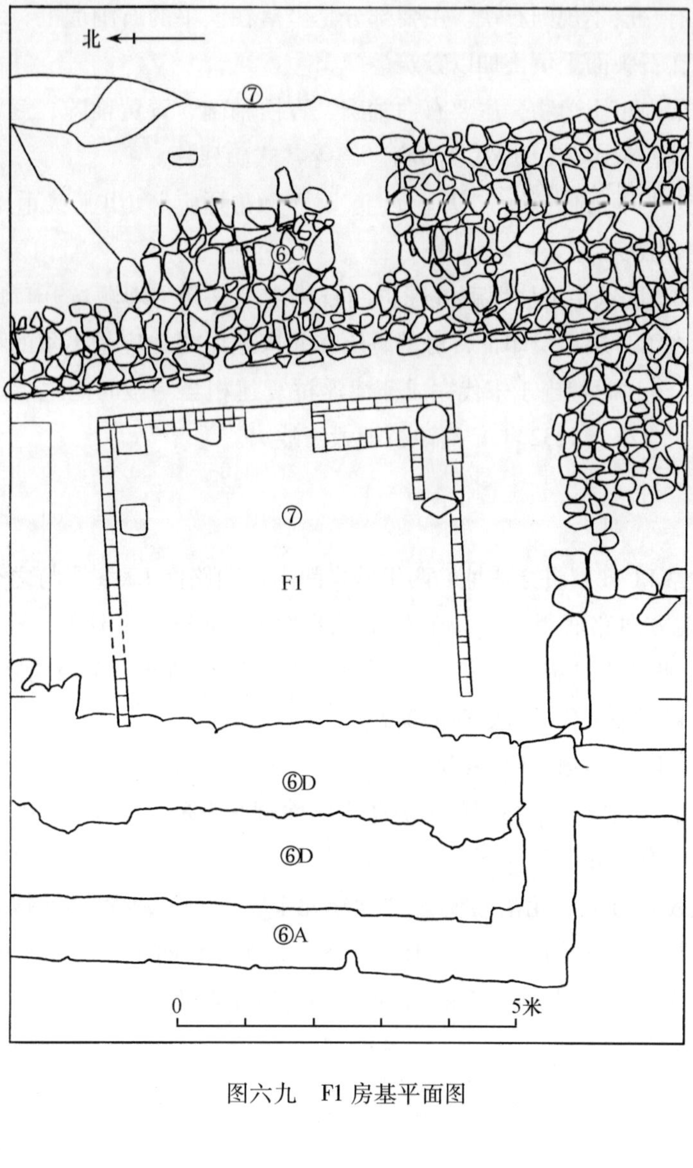

图六九 F1房基平面图

图七〇　房基出土情形

在夯层的底部，有一层不规则石块。主要部分是坐落在铁牛的石围堰上，北部基础做法采用夹石填土深2米左右，在石头面上填土加以夯筑。

在房基黑褐色夯层中出土遗物，主要有白釉碗、青白釉碗、青黄釉碗、豆青釉印花碗、黄绿釉碗、蓝灰釉钧瓷碗、黑白釉盏碗、黑釉“油滴”碗等各式碗残片。

5枚铜钱，分别为“开元通宝”、“天圣元宝”、“嘉祐通宝”。出土钱币中时代最晚的是金代“正隆元宝”、南宋“绍熙元宝”。

房基座叠压在第8B层铁牛锚柱埋藏坑围护圈石块之上，铁牛埋藏坑开口地层相应层面，工程期间使用的灶火坑所在第9层地层印证，房基叠压在北宋地层之上应是不争的事实。房基砖的尺寸与金代时期的砖相吻合①。时代当于宋代完成蒲津浮桥复建相当一段时间之后。出土的金代于南宋钱币判断应当在金代。金末（1232年）蒲津桥即毁于战火。

2. 道路

第7层南北向的路L1/d层贯穿遗址，两组铁牛间东西向路面L2/a层与之交汇，形成十字路口（彩版二六，1）。南北方向路面稍低下，在南段宽阔平整，北段向下延伸，有不同下沉断裂痕迹。东西向路L2/a层路面两侧作“砑石”组成（彩版二六，2）。判断，东西向路从两组牛之间通行，应该是通行浮桥的道路，是金代桥毁之前的道路。

TG4第7层路面，L1/d→第7层→L2/a。

L1/d：第7层南北向道路，东高西低呈坡状，路面宽5.5米，厚0～0.15米，东薄西厚，南部宽阔平整，北部路面多有沉降裂痕（图七一；彩版二六，3）。土色呈黑色，结构紧密，质地坚硬，主要包含木炭粒、炭粒。出土“元祐通宝”、“熙宁元宝”、“十二生肖”花钱各一枚。车辙印痕清楚，车轮距90～95厘米，车轮沟深约5厘米。道路南北向，与两组牛之间东西路相交处为路最高点（彩版二七，1）。路面残留马蹄印三四个，可看出有钉掌痕迹。

① 参考侯马金代董氏墓用砖。

图七一　1999 年发掘金元时期路面情形

L2/a：两组铁牛之间，第 7 层东西向道路，路面宽约 6 米，厚 0.15 ~0.2 米。其结构由很多石头块与土掺杂组成，结构紧密，质地坚硬。路面长期使用呈黑色，道路车辙印痕明显。向东延伸到七星柱东，道路横向有被人为破坏痕迹。桥头遗迹的一个铁柱墩散落在开挖的斜沟 H16 之中。西部被坝后堆积和明代筑坝工程破坏。

遗址中东西方向通向蒲津桥头的路止于第 7 层，东西方向 L2/a 层曾为主导道路。第 7 层以上出现绕行于铁牛之后的南北方向 L1/d 道路（图一四）。

3. 灰坑、探沟

本层中灰坑 7 个，为解剖地层探索性的探沟 5 条。灰坑中多为自然坑，垃圾坑，较为重要的是 H12，出土金代钱币“正隆元宝”。在 1、2 号牛之间，对于确定地层年代有着重要价值。H16 中出土了一个铁柱墩，是废弃柱墩后所为，应该在金代。H17 坑中出土钱币“正隆元宝”，F1 房基打破了 H17，可以确定房基修建在“正隆”之后。TG1、TG2、TG3 在 1999 年度完成，TG4 在 2000 年度完成。完成了相应层位的年代判断。探沟判断应为宋、金时期堆积生活垃圾坑。

H1

在 T1 中不规则灰坑 2 个，为金、元时期垃圾坑。

H1 位于 T1 东边，4 号铁牛的东北角，距铁牛底板 0.25 米。东西 1.2 米，南北 1.5 米，深 0.45 米。呈不规则椭圆状，锅底形，开口在第 6C 层石头层下（图七二，1）。坑壁及底部未作加工，填土呈青灰色，其结构疏松，质地松软。土中包含少量的木炭粒、砖块、瓦块，出土物有少量的黑瓷片，器型不明。

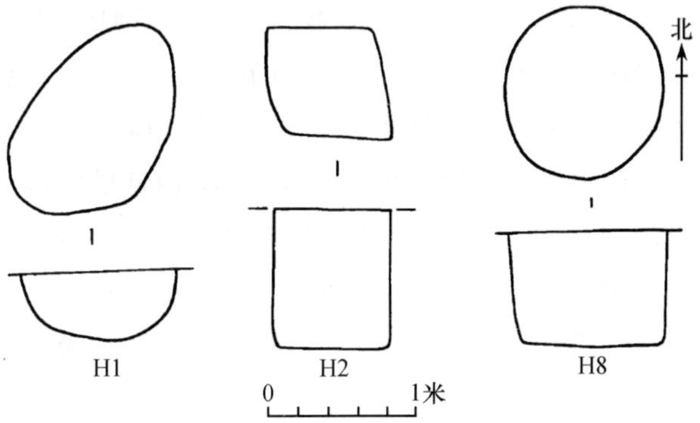

图七二　H1、H2、H8 平、剖面图

H2

H2 位于 T1 东北角，在 H1 的北边 1 米处。长 0.8 米，宽 0.7 米，深 0.9 米（图七二，2）。平面呈平行四边形，开口在第 6C 层石头填土下。打破 L2、L3。填土呈黄褐色花土，其结构疏松，质地较软。土中包含有少量的木炭粒，未出土遗物。

H8

T3 中灰坑为工作遗留灰坑。

H8 位于 T3 北部，距西壁 2.8 米，距北壁 4.5 米，七星柱 2、3 号柱东侧。圆形，口大底小。口径 1.05 米，底径 0.95 米，深 0.75 米。口距水平线 1.3 米；开口在 6C 层明代石铺路面层下，打破第 7 层，叠压 8A 层。堆积深黄褐色土；土质软，结构密，包含煤炭渣，无出土物，为一次性堆积。采集标本砖块。时代约为金元时期（图七二，3）。

H12

T2 中出土灰坑 3 个。

H12 位于 T2 的 TG2 中部，向 TG4 延伸，位于 1、2 号铁牛中间，距铁牛 2.5 米（图二二、二七）。东西长 3.45 米，南北长 6 米，深 1.5 米。椭圆形、大口、小底。开口在第 7 层黑路土下，打破 8A、8B 层，至第 8B 层石围堰层。坑内堆积，深黄褐土，乱石头，土质软，结构松散。包含遗物，内饰布纹板瓦，陶盆口沿，黑釉瓷盆口沿，柿色釉瓷器碎片，出土铜钱有金代“正隆元宝”。时代约为金代晚期。

H14

H14 位于 T2 的 TG4 中部，2 号铁牛东北部，处在 TG4 东壁下，一部分处在探沟以外（图二九）。开口于第 7 层路面下。东西长 2.5 米，南北 1.5 米，深 0.75 米。在 TG4 中呈半圆状，斜壁平底状，坑壁较整齐，未作加工。坑内堆积呈黑褐色黏性沙土，其结构疏松，质地较软，主要包含有木炭粒、小烧土块。出土物以瓷碗片为主，主要有黑釉圈足碗、酱釉圈足碗、白瓷碗、青花勾画填色花碗、三彩瓷等器物残片。

判断为金元时期生活垃圾坑。

H16

H16 位于 T2 东南部，在 TG3 中，该沟仅暴露了一部分。2 号铁牛南侧，第 7 层黑土路面下即可见（图一八、二九）。层位关系：L1→H16→L2。

H16 呈东西长 10 米余，向东延伸打破 T3，至七星柱的 7 号柱坑被破坏。南北宽约 1.5 米，由东向西渐窄，深 1.5 米，由东向西渐升高呈坡状，底部不平，壁部未作加工。

沟内填土为褐色，略泛黑，其结构疏松、质地松软，土中包含炉渣、炭粒、木炭粒、白灰粒、兽骨、石头块等，出土遗物有钧瓷碗片、褐釉耳系罐、圈足缸。“至元通宝”、“皇宋通宝”各一枚，H16 中底部出铁墩一个。

时代判断为金元时期。由于金末元初战争的原因，破坏蒲津桥后，为阻止敌兵，遂损坏桥头道路。

H17

H17 位于 TG4 北部，H11 西北，一部分处在 TG4 东壁以外。开口于第 7 层路面下，打破 7 层，黑土路面下即可见，至8A层黄沙土层（图二九）。H12和房基（F1）打破H17。

H17在TG4中呈半圆形，东西长6米，南北长5.1米，深0.8米。坑壁坡形，坑底洼凸不平，坑壁不整齐，未作加工。坑内堆积呈黑褐色土，底部土色略泛浅黄或青色，受兽骨或兽肉腐蚀形成，其结构疏松，质地松软，填土呈颗粒形，由于水长久浸蚀，黏性较大，土中包含物以木炭粒为主，有兽骨、动物牙齿及其他存在杂物。

H17出土有大量的铜钱，经统计共88枚。其残缺的未统计，有很多铜钱锈蚀，字迹不清，目前可看清字的约14种，有“正隆元宝”、“熙宁元宝”、“崇宁重宝”、“皇宋通宝”、“太平通宝”、“天禧元宝”、“元祐通宝”、“祥符通宝”、“天圣元宝”、“政和通宝”、“嘉祐通宝”、“开元通宝”等大小不同样式铜钱。时间跨度较长。

出土骨梳子一把，骨簪1个。同时出土还有很多瓷片，有白瓷、青瓷、钧瓷、黑釉瓷等，从器型上看大多为碗，有盆、器盖、瓷枕等，有典型宋代定窑白瓷盘，如H17:091，白釉平底浅盘残片。其中，钧瓷碗残片占相当一部分。

TG1

位于遗址区北部，明代坝基东。开口于6C层。面积1米×15米，深1.5米。TG1东西剖切房基北边基础，探沟1南壁是顺F1北边墙体下切的（图二六）。

6C层之下第7层路面（L1）为金元时期路面。房基（F1）为金代建筑，打破路面。

TG2

在第7层面清理出H12。

TG3

在第7层南北道路与两组铁牛之间东西道路相交，遂解剖东西道路，逐层清理至8A层面，关系清楚，在探沟南面发掘了1米宽，清理至2.2米（距第7层地表）北宋时期的路面停止，TG3共清理路面6个，地层堆积2个（第7层、8A层），灰坑1个（H16）。

TG4

TG4位置在遗址区中部偏东，长27.5米，宽3米。方向正北，它是以T1、T2东壁作为TG4的东壁，向西保留0.5米隔梁，向西扩宽3米；TG4北接TG1，中间横穿T2、TG2、TG3。向南延伸至T1，在2、4号铁牛东拓宽2米。2、4号铁牛之间保留3米参考剖面。发掘TG4目的是清理由南至北地层探究遗址内涵。

TG4开始清理是在第7层路面上，暴露出来硬土路面，是处在2、4号铁牛东边的一条南北向路面。此路面宽6米左右，在TG1、TG2、TG3中均对该路做过解剖工作。路面地貌不平整，北部呈东高西低状，中部略为平，南部呈北高南低状。

发掘的同时，起吊铁牛工程队作铁牛的支护工作，在互不影响工作的情况下，先清理TG4北部10余米，第7层路土面呈坡状（图二九），路面上有裂缝，形成路面上下错位，成因推断可能与明代嘉靖三十四年地震有关。清理至第9层活动硬面，该硬面与TG1中的Z1在同一层面，硬面被F1房基下部第8B层石围堰石块打破。

综上所述，在这一过程中，共清理灰坑7个分别编号为H1、H2、H8、H12、H14、H16、H17。探沟编号分别为TG1、TG2、TG3、TG4。这层地面遗存时期及使用年代应为金元时期。

二、文化遗物

(一) 瓷器

第7层出土的瓷器残片显示出明显的金代特色（表一〇）。

表一〇　金元地层出土瓷器统计表

名称	类型	数量	编号
白釉瓷平底碗	Aa	1	99T3:008
白釉平底瓷碗	Ab	3	00H16:047，00H17:102、106
高圈足白釉瓷碗	Ba Ⅰ	4	99T1:006、041，99T2:010，00H17:101
白釉瓷碗	Ba Ⅱ	1	00H17:097
白釉瓷盏碗	Bb Ⅰ	12	00F:009，00TG1:175，99T1:024、002、042、050、032、033、043，00H16:056，00H17:115，99T3:031
白瓷碗	Bb Ⅱ	5	91T302③:22，99T1:022，99T2:005、006，99T3:060
白釉瓷碗	Bc Ⅰ	12	99T1:030、039，99T3:047，00F:008、039、041、024，00TG1:153、155、161，00H16:021，00H17:088
白瓷碗	Bc Ⅱ	1	99T2:004
白釉瓷碗残片	Bc Ⅲ	2	00H12:011，00H14:025
白釉瓷碗	Bc Ⅳ	3	99T3:002，00H16:023、039
白釉瓷碗	Bd Ⅰ	1	00H17:104
白釉瓷碗	Bd Ⅱ	1	00H16:038
白釉褐花碗	Be Ⅰ	2	00H14:023，00H16:024
白釉红彩瓷碗	Bf	1	00H17:113
白釉瓷碗	Bh Ⅰ	2	00TG1:152、164
白釉瓷碗	Bh Ⅱ	1	00TG1:162
白釉瓷碗	Da Ⅰ	2	00TG3①:212，00H17:116
白釉瓷碗	Dd Ⅰ	1	00TG1①:183
白釉瓷碗	Dd Ⅱ	1	00TG1:154
白釉瓷碗	EC	1	00H16:055
白釉刻花瓷碗	Ed	1	99T3:035
白釉红绿彩瓷碗	Ee	1	99T3:011
青白釉瓷碗	Ba	2	00F:013、017
褐白釉瓷碗	Bc	1	00H16:036
青白釉红黄彩瓷碗	Bf	1	00H16:057
青白釉瓷碗	Ca	4	91T302③:23、24、25，99T2:003
青白釉瓷碗	Ea	2	00TG1:148、163
青黄釉瓷碗	Eb	2	00TG1:147、150

续表

名称	类型	数量	编号
青褐釉瓷碗	Ab	1	00H16:020
青褐釉瓷碗	Ac	1	00H14:021
青灰釉瓷碗	Bb	1	00F:070
青灰釉瓷碗	Bc	2	00H17:084，99T3:96
青釉瓷碗	Ca	7	99T1:047、049，99T3:024、028、063、064、101
青釉瓷碗	Cd	1	99T2:021
青釉瓷碗	Ce	1	99T3:089
青釉瓷碗	Cf	1	99T3:032
青绿釉刻花瓷碗	Aa	7	91T302③:18、19、20、21，00H17:111、114、124
青绿釉印花瓷碗	Ab	3	00H17:118，99T3:061，00F:038
豆青釉印花瓷碗	Aa Ⅰ	8	99T1:010、021，99T3:001、016、034、051、062，00TG1①:187
豆青釉刻花瓷碗	Ab Ⅰ	8	99T1：005、040，99H2：034，99T3：050，00F：023、030、059，00H17:120
豆青釉刻花瓷碗	Ab Ⅱ	1	00F:022
豆青瓷碗	Ac Ⅰ	6	99T1:023，00F:048、051，00H17:122、125、134
灰釉（豆青灰）钧瓷碗	Ac Ⅱ	2	99T1:028，027
豆青釉钧窑瓷碗	Ad	3	99T2:007，99T3:106，00H17:119
豆青釉印花瓷碗	Ba Ⅰ	5	99T2:016，00TG1:151，00H17:100、132、133
豆青釉瓷碗	Ba Ⅱ	1	99T1:004
浅豆青釉瓷碗残片	Bc Ⅰ	7	99T1：012、020，99T3：060，00TG1：160，00F：033，00H12：012，00H17:131
浅豆青釉瓷碗	Bc Ⅲ	1	00TG1:157
豆青釉瓷碗	Ca	2	00F:056、057
豆青釉花边瓷碗	Ce	1	00F:054
浅黄绿釉瓷碗	Aa	3	00F:027，00H16:042、043
黄褐釉瓷碗	Ab	1	00F:046
绿釉瓷碗	Ac	1	00TG1:168
黄绿釉印花瓷碗	B	2	00H16:035、045
黄釉刻花瓷碗	Ca	3	91T302③:17，91T403:39，99T2:013
黄绿釉刻花瓷碗	Cb	3	00F:047，00TG1:165，00H16:033
黄釉刻花碗	Cc	1	99T3:003
黄绿釉刻花碗	Cd	1	99T3:109
绿釉刻花碗	Ce	1	99T3:005
青黄釉瓷碗	Cf	1	99T3:030
浅蓝灰釉钧瓷碗	Aa Ⅰ	4	91T302③:26，99T3:095，00F:050、049
浅蓝灰釉瓷碗	Aa Ⅱ	6	99T2:008，00H16:050、051、052，00F:012，00H17:121
蓝釉瓷碗	Ab Ⅰ	2	99T3:038，00H17:110

续表

名称	类型	数量	编号
浅灰果绿釉瓷碗	AbⅡ	1	00H17:093
蓝灰釉瓷碗	AcⅠ	9	99T3:017、093，00F:045、069，00TG1:158、159，00H16:049，99T1:027、028
蓝釉瓷碗	AcⅡ	1	00H17:108
灰色釉瓷碗	Bc	1	99T3:96
青花釉瓷碗	AaⅠ	2	99T1:011、031
青花釉瓷片	AbⅡ	1	00F:042
青花瓷虫盏	EC	1	99T1:015
黑釉瓷碗	AaⅠ	2	99T3:118，00F:004
黑油滴釉瓷碗	AaⅡ	4	99T3:110、122，00TG1:190，99H1:030
黑褐釉瓷碗	AbⅠ	20	91T302③:27，99T2:011、026，99T3:006、012、022、025、030、072、116，00F:015、018、019、043，00H16:027、028、029、031，00H17:098，00H14:022
棕褐釉瓷碗	AbⅡ	3	00F:005、040，00TG1:149
黑褐釉瓷碗	AbⅣ	3	99T1:007、045、052
黑白釉盏碗	Ad	1	00TG1:174
褐绿釉瓷碗	Af	3	99T3:023、028、048
黑褐釉瓷碗	BaⅠ	8	99T3:014、054、087、114、133，00F:014、029、035
棕褐釉瓷碗	BcⅠ	11	00H16:048，00H17:049、070、075、076、078、081、087、090、092、094
酱褐釉瓷碗	BcⅡ	4	99T3:056、026、121、055
黑褐釉瓷碗	Bd	1	99T3:019
褐釉浅碗	Cb	1	99T2:012
酱褐釉瓷碗	Cc	1	99T3:083
黑白二色釉瓷碗	Da	1	00T3:119
绞胎釉瓷碗		1	99T3:129
三彩釉瓷碗	零星小件器物	1	00H14:024
黑褐釉瓷灯盏碗	零星小件器物	2	00H17:086，00TG1①:177，99T3:046
豆青釉盏座	零星小件器物	1	00H17:103
黑褐釉瓷钵	零星小件器物	3	99H1:035、037，00H16:034
豆青釉瓷钵	零星小件器物	2	00F:058，00H17:128
青白釉瓷高足杯	零星小件器物	1	00F:011
灰釉瓷高足器	零星小件器物	1	99T2:001
白釉瓜棱瓣瓷壶	零星小件器物	1	00F:028
豆青釉刻花瓷器盖	零星小件器物	1	99T3:036，00H17:117
白釉瓷盖	零星小件器物	1	00F:010
黑釉瓷盖	零星小件器物	1	00F:031

续表

名称	类型	数量	编号
白釉瓷盏盘	AaⅠ	1	00H17:138
绿褐釉瓷盘	AcⅠ	1	00H17:126
黑釉瓷盘	AcⅡ	1	00F:034
豆青釉印花瓷盘	AcⅢ	1	99T3:104
灰褐釉瓷盘	Ae	1	00H17:105
黄白釉褐花瓷盘	Ba	2	00F:032，00H16:040
豆青釉瓷盘	BcⅠ	2	99T3:042，00H16:046（3、4号铁柱坑内）
豆青釉瓷盘	BcⅡ	1	00H17:129
青釉瓷盘	BdⅡ	1	99T3:081
蓝灰釉钧瓷盘	BeⅡ	3	99T3:041、098，00H17:127
黑釉瓷盘	Bf	1	99T3:053
黑褐釉罐	Aa	1	00H16:030
酱黑褐釉瓷罐	Ab	1	99T2:014
黑釉瓷罐	Ba	2	99T3:088、132
白釉瓷罐	Bb	1	00TG1:171
黑釉粗瓷罐	BcⅠ	1	99T1:039
酱红釉瓷罐	BcⅡ	1	99T3:019
豆青釉瓷罐	Bd	1	99T2:015
黑釉罐	CaⅠ	3	91T302③:28、29，99T2:009
黑釉罐	CbⅠ	13	99T1：003、046、053、054，99T2：027，99T3：067、112、115，00H16:019，00F:003、016、020，00H17:137
黑釉剔花罐	CbⅡ	1	00H16:032
黑褐釉罐	CcⅠ	3	00TG3①:211，99T1:055，00H17:080
黑褐釉素底瓷罐	CcⅡ	2	00F:025，00H17:068
黑褐釉瓷罐	CcⅢ	1	00H16:010
白瓷罐	Cd	2	99T1:035、032
素胎瓷罐	Ce	2	00H17:096、099
酱褐红釉瓷罐	Db	1	99T3:088
灰白釉罐	DC	1	00TG3①:213
黑褐釉平底小罐	Eb	3	99T1:036，99T3:065、071
酱黑褐釉瓷罐	Fa	1	99T2:029
褐绿釉瓷罐	GC	2	99T3:033、044
黑褐釉腰鼓形罐	Gb	5	99T1:051，99T3:049，00H17:064、066、067
豆青釉瓷罐	Ha	1	00F:026
棕褐釉小口罐	Hb	2	00H16:017，00H17:082
酱褐釉瓷罐	HC	1	00H17:089
黑褐釉瓷盆	AaⅠ	2	99T2:028，99T3:013

续表

名称	类型	数量	编号
黑釉刻花纹盆	AaⅡ	1	00F∶009
酱红釉瓷盆	Ac	1	99T2∶022
酱褐釉瓷盆	Bb	1	99T3∶074
黑褐釉瓷盆	Cb	2	00F∶001、072
蓝灰釉钧瓷盆	Cd	1	99T2∶017
白釉瓷盆	Da	1	00F∶007，00H17∶063
黑釉瓷盆	DC	4	99T3∶130，00F∶002，00H17∶065、069
黑褐釉盆	Eb	1	99T1∶009，00H12∶010
白釉刻花瓷盆	Ed	1	99T3∶058
青白釉瓷盆	Fa	1	00F∶036
酱褐釉瓷盆	Fb	1	99T3∶124
黑釉粗瓷瓮	A	2	99T3∶131，99T1∶038
白釉刻花枕	Aa	1	99T3∶108
白釉褐底花饰瓷枕	Ac	1	00H17∶092
青白釉瓷枕	B	1	99H1∶033
白釉瓷片	不成器型瓷片	1	99T3∶043
黑白釉刻花罐	不成器型瓷片	1	99T3∶076
黑釉瓷罐	不成器型瓷片	1	99T3∶084
黑釉刻花瓷罐	不成器型瓷片	1	99T3∶085

例如黄釉刻花瓷碗（91T302∶17），厚唇，敛口，微鼓腹碗残片，内壁中部有圈纹一道，外壁腹上部有二道圈纹，腹壁刻双撇刻纹，口沿饰一道纹。釉色浅黄，晶莹亮洁。胎质黄白。此为金代耀州窑较典型碗。黑釉罐底残片，胎质灰白粗糙。圈足，足底平整，足心内无釉，器内施黑釉，内心乳状凸钉粘砂，如鸡腿瓶罐之类器物（91T302∶29）。

豆青釉刻花瓷碗残片（00F∶022），侈口，斜壁微鼓腹，圆凹心底（鸡心底），圈足碗残片。内壁刻饰花卉图案，似牡丹花饰。内外施釉。外壁施釉至腹底，近圈足刻饰圆棱一道。圈足内外露胎，足圆心施釉，釉呈棕褐色。圈足外壁直，内壁微呈喇叭口状，足底平，足内心凹平，中心微凸。釉色豆青色，微泛黄。外壁下腹边杂棕褐色斑痕。釉边薄部呈棕色。胎质晶莹细腻，呈灰色。

出土的白釉瓜棱瓣瓷壶残片（00F∶028），应该是在金元时期墓葬壁画中多见的白釉瓜棱瓣执壶。斜壁微鼓腹，圈足壶外壁饰瓜棱瓣状。内外施釉。内壁施釉近底，圈足内外壁施釉不匀，未涂白化妆土部分釉呈青色，釉边呈棕色。足底刮釉露胎，圈足壁呈喇叭口状微外撇，足底边斜削滚圆呈脊棱状。内底心露胎粗糙，刀旋痕明显。外壁釉色灰白色，内壁青色。釉质晶莹光洁。釉面有光泽，釉稍厚部有微细晶裂纹痕。胎质较密实，土黄色夹细微黑褐粒。

红绿白釉瓷碗、绞胎釉瓷碗、黑油滴釉瓷碗、黑釉鼓腹薄瓷碗、黑釉剔花瓷罐、黑白釉刻花罐、白釉刻花瓷盆等形式多样，虽是残片但确亦表现出时代的特征。

1. 金元时期地层出土瓷器

（1）白釉碗 59件。

A型 平底瓷碗，4件。

Aa型，牙白色釉平底碗，1件。侈口，心底微圆凹，平底瓷碗残片，内壁施釉。底可见一支钉痕，直径约0.3厘米。外壁下腹部及平足底露胎。足外壁近直，稍有由根向底外斜，足底边斜削。底平，心微凹。釉色牙白，釉质晶莹光洁。如：99T3:008。

Ab型，灰白色釉平底碗，3件。侈口，斜壁微鼓腹，圆凹底，平底碗残底片。内壁施釉，底心残留一支钉痕，直径约0。4厘米。平足外壁直，底平心微凹。釉色骨白稍泛灰，釉质晶莹薄涩。如：00H16:047，00H17:102、106。

B型 圈足碗，48件。

Ba型，高宽圈足碗，5件。

Ba型Ⅰ式，白瓷宽足底碗，4件。侈口，鼓腹，圆凹底，高圈足（玉璧底）瓷碗残片，内壁施釉，心底可见一支钉痕，若大米状。外壁下腹部及圈足底内外露胎，圈足底旋平，向内斜倾。足底边宽1.3厘米。釉色牙白，晶莹光洁。釉色洁白，稍泛青绿。如：99T1:006、041，99T2:010，00H17:101。

Ba型Ⅱ式，白釉瓷碗，深壁鼓腹，1件。厚圆唇，微敞口，微束颈，深壁鼓腹，圆凹底，宽圈足碗残片。内外施釉。釉色牙白色。如：00H17:097。

Bb型，圈足碗，17件。

Bb型Ⅰ式，白釉瓷盏碗，12件。圆唇反卷折沿，微鼓腹盏碗残片。内外施釉。内壁底心可见一支钉痕，釉色牙白色。釉聚部位微呈黄绿。如：00F:009，00TG1:175，99T1:002、024、032、033、042、043、050，00H16:056，00H17:115，99T3:031。

Bb型Ⅱ式，白瓷碗 内底边刮釉一圈，5件。侈口，鼓腹，内外施釉，内底边刮釉一圈。外壁半挂釉至下腹部，外壁可见四道旋压槽痕饰。釉色牙白，釉质薄涩。足底向内外边稍削滚圆。如：91T302③:22，99T1:022，99T2:005、006，99T3:060。

Bc型，鼓腹碗，18件。

Bc型Ⅰ式，白釉瓷碗，尖圆唇，侈口，鼓腹，圆凹底，圈足碗。12件。内壁施釉，外壁下腹及圈足内外露胎。圈足外壁呈圆棱箍状，足底宽1.2厘米。釉色黄白色。内底心饰一道微凸棱圈。底心残留一支钉痕，状若芝麻大。釉色牙白色（00F:008、00TG1:153、00TG1:155）宽沿圆折，鼓腹碗残片。内外施釉。釉色黄白（00TG1:161）。圆折鼓腹碗，釉色骨白（99T3:047）。釉色灰白（99T1:030、039）。如：99T1:030、039，99T3:047，00F:008、024、039、041，00TG1:153、155、161，00H16:021，00H17:088。

Bc型Ⅱ式，白瓷碗，厚圆卷唇，侈口，深鼓腹，圆凹底，圈足大碗。1件。内外施釉，内壁满施，外壁半挂釉至下腹部。圈足内外露胎。如：99T2:004。

Bc型Ⅲ式，白釉瓷碗残片，宽圆棱唇，微敛口，束颈，圆鼓腹碗。2件。内外施釉。唇口刮釉露白色化妆土涂层。外壁半挂釉至下腹部位。胎质稍粗，土白色。釉色牙白色稍泛黄色。如：

00H12∶011、00H14∶025。

Bc 型Ⅳ式，白釉瓷碗口沿残片，3 件。厚方圆棱唇，侈口，微束颈，鼓腹碗。外壁有旋棱痕。内外施釉。唇口刮釉露胎，饰白化妆土。釉色牙白色，釉质晶莹光洁。如：99T3∶002、00H16∶023、00H16∶039。

Bd 型，刻饰花纹碗，2 件。

Bd 型Ⅰ式，白釉瓷碗，圆唇，敞口，微鼓腹碗。1 件。残片，外壁中腹部刻一道圈饰。内外施釉。釉色牙白色微泛绿，釉质晶莹光洁。如：00H17∶104。

Bd 型Ⅱ式，白釉瓷碗，圆唇，侈口，深壁鼓腹，外壁刻饰尖牙边棱茎花叶纹饰。1 件。口沿残片。内外施釉。唇口刮釉露胎。釉色骨白色，釉质薄涩。如：00H16∶038。

Be 型Ⅰ式，白釉褐花碗，绘棕色彩花卉。2 件。圆唇，敞口，微鼓腹碗残片。内外施釉。内壁涂白色化妆土底色。图案不详，釉下彩。彩绘部分微有凸痕。釉色牙白色，花色棕色浅咖啡色，釉质晶莹光洁。如：00H14∶023、00H16∶024。

Bf 型，白釉红彩瓷碗，绘红彩花草图案。1 件。圆唇，侈口，鼓腹碗残片。内外施釉。外壁半挂釉至中腹部位。内壁口沿下至中腹红彩绘四道圈纹，下腹底绘红彩花草图案。釉上彩，釉色土白色微褐，釉质晶莹薄涩。红彩硃砂红色，面涩。如：00H17∶113。

Bh 型，圆唇，敞口，卷折沿，鼓腹碗，3 件。

Bh 型Ⅰ式，白釉瓷碗，圆唇，敞口，卷折沿，鼓腹碗。釉色洁白。2 件。瓷碗残片。内外施釉。唇口边沿刮釉一圈。如：00TG1∶152、164。

Bh 型Ⅱ式，白釉瓷碗，尖圆唇，敞口，敞圆折沿，微鼓腹，浅腹碗。1 件。口沿残片。内外施釉。釉色洁白。釉质晶莹光洁。如：00TG1∶162。

D 型　粗瓷碗，4 件。

Da 型，白釉瓷碗，侈口，微鼓腹，粗瓷圈足碗。2 件。残片，内外施釉。底心刮釉一圈。外壁半挂釉至下腹部位。圈足内外露胎。釉色骨白，釉质薄涩。如：00TG3①∶212，00H17∶116。

Dd 型，白釉瓷碗，斜壁圆折腹粗瓷。2 件。

Dd 型Ⅰ式，圆唇，敞口，斜壁圆折腹碗。1 件。残片，内外施釉。釉色牙白色，釉质晶莹亮洁。如：00TG1①∶183。

Dd 型Ⅱ式，圆唇，敛口，斜腹微敞，折底腹粗瓷碗。1 件。残片，内外施釉。釉色牙白色。如：00TG1∶154。

E 型　白釉鼓腹细瓷碗，3 件。

Ec 型，白釉侈口，鼓腹，圆凹底，圈足细瓷碗。1 件。残片，内外施釉。内底残留支钉，圈足砂痕。外壁釉至下腹底边，有流釉至圈足。圈足内外露胎。足底残留支钉五个，每钉直径约 0.3 厘米，分布均匀，精俏。釉色骨白色。如：00H16∶055。

Ed 型，白釉刻花瓷碗，内壁线刻花草图案。1 件。碗底腹部位残片。内外施釉，线刻花草图案刀法娴熟。釉色洁白，釉质晶莹厚润，釉面有光泽。如：99T3∶035。

Ee 型，白釉红绿彩瓷碗，1 件。侈口，鼓腹，平底，圈足碗残片。内外施釉，内壁绘红绿彩花纹图案。圈足由根向底斜内收，内外施釉。足底刮釉滚尖圆。釉色白中泛蓝。釉质晶莹光洁，厚润细腻精细。红彩暗红，绿彩浅绿，釉上彩。如：99T3:011。

（2）青白釉瓷碗　11件。

B型　青白釉，厚唇，敛口，圈足碗，4件。

Ba型，青白釉，厚唇，敛口，鼓腹，圈足碗，2件。圈足碗残底片。内外施釉。内底心刮釉一圈，外壁施釉至下腹底，流釉至圈足底边。圈足内外露胎。如：00F:013、017。

Bc型，褐白釉圆棱唇，侈口，鼓腹碗。1件。残片，内外施釉。外壁半挂釉至口沿下1.5厘米左右。釉色褐白色，釉质晶莹薄涩。如：00H16:036。

Bf型，青白釉红黄彩瓷碗，Bf型，1件。微鼓腹，圆凹底，圈足碗残片。内壁施釉。外壁下腹及圈足内外露胎，圈足内外壁截面呈梯形，足底平，足内心凹平。胎质较细密，褐灰色。釉色青白，釉上彩，绘花枝纹饰，枝为棕红色，花为胭脂红色，须枝为红黄，浅红棕色，彩釉稍涩。如：00H16:057。

C型　青白釉，圆唇，侈口，鼓腹，圈足碗。

Ca型，4件。瓷碗残片。碗内心底刮釉一圈，心微凹，碗内施青白釉色，外壁半挂釉，底部圈足无釉，足底有棱，内斜削，外削棱成滚圆，近根内收，有棱。有旋痕。如；91T302③:23、24、25，99T2:003。

E型　青白釉，尖圆唇，侈口，斜壁，圈足碗，4件。

Ea型，尖圆唇，侈口，斜壁，浅凹圆底，圈足碗。2件。残片。内外施釉。内壁底心刮釉一圈。圈足内外及外壁下腹部位露胎。圈足外壁由根至底向外斜削，内壁呈喇叭口状，足底平，内外边滚棱。釉色青白。如：00TG1:148、163。

Eb型，青黄釉，侈口，斜腹壁，圆凹底，圈足碗，2件。残片。内壁施釉，底心压一道槽圈，圈边一圈粘砂。外壁下腹及圈足内外露胎。圈足外壁直。如：00TG1:147、150。

（3）青褐釉瓷碗　15件。分三型。

A型　青褐釉，2件。

Ab型，青褐釉瓷碗，侈口，斜壁微鼓腹，圆凹底，圈足碗。1件。圈足碗残片。内壁施釉。外壁大部及圈足内外露胎。釉色青褐色泛黄色，釉质晶莹薄涩，釉面粗，多有疵痕白点。如：00H16:020。

Ac型，青褐釉瓷碗，侈口，鼓腹，圆凹底，圈足碗。1件。残片，内外施釉。内底心刮釉一圈，外壁半挂釉至下腹部位。如：00H14:021。

B型　青灰釉，3件。

Bb型，褐灰釉瓷碗，尖圆唇，微敛口，圆鼓腹。1件。碗口沿残片。内外施釉。釉色褐灰色。如：00F:070。

Bc型，青灰釉瓷碗，侈口，微鼓腹。2件。圆凹底，圈足碗残片。内外施釉。底心刮釉一圈。釉色青灰色，釉质晶莹光洁。胎质细，土黄色，如：00H17:084。胎质较粗，黑灰色，如：99T3:96。

C型　青釉，10件。

Ca型，青釉瓷碗，圆唇，侈口，鼓腹，圈足。7件。碗残片，内外施釉，内壁心圆凹，底刮釉一圈。外壁半挂釉至下腹部。釉质晶莹光洁，浅豆青色。釉重处可见不匀气泡，晶裂。如：99T1∶047、049，99T3∶024、028、063、064、101。

Cd 型，青釉瓷碗，圆唇，敞口，微鼓腹浅碗。1 件。浅碗残片，内壁施釉，外壁施釉至口沿下部。釉色青绿，釉质晶莹光洁。如：99T2∶021。

Ce 型，青釉瓷碗，卷圆唇，侈口，压槽，鼓腹。1 件。口沿残片，内外施釉。釉色青灰，釉质晶莹光洁。口沿部釉呈浅灰。外壁釉色泛绿，多气泡疵点。如：99T3∶089。

Cf 型，青釉瓷碗，圆唇，侈口，口沿外壁微压槽，微鼓腹，1 件。口沿残片。内外施釉，外壁施釉五分之一。釉色青泛绿。釉薄涩，外壁釉边及外唇边沿呈深棕色，粗涩。如：99T3∶032。

（4）青绿釉碗　10 件。

Aa 型，青绿釉刻花瓷碗，7 件。碗内底心刮釉一圈，外壁釉不到圈足，釉根呈铁锈色。圈足，内心无釉，足外侧斜削，足平面，内壁刻花纹明显，釉色晶莹厚润亮洁。胎质铁黑色。侈口，唇外折，外壁刻花。釉色浅黄绿色（00H17∶114）。釉色褐绿色（00H17∶111）。如：91T302③∶18、19、20、21，00H17∶111、114、124。

Ab 型，青绿釉印花瓷碗，3 件。斜壁微鼓腹，圆凹底，圈足碗残底片。内壁底心饰蔓枝花草，图案不详。内外施釉。圈足内外施釉，足底刮釉露胎，有粘砂痕。釉色青绿色，釉边薄部呈棕色。釉质晶莹光洁。如：00H17∶118，00F∶038，99T3∶061（3 号柱北）。

（5）豆青釉瓷碗　45 件。

A 型　豆青釉斜壁微鼓腹碗。28 件。

Aa 型，豆青釉印花瓷碗。Aa 型Ⅰ式，8 件。侈口，厚圆唇，斜壁微鼓腹，圆凹底，圈足浅腹碗，内壁腹中部印花一周，图案为蔓枝花叶纹饰，内底边刻一道圈纹，底中印花一朵。外壁素面。内外壁施釉，内底心刮釉一圈。外壁半挂釉至圈足底边。内壁釉色豆青，淡雅。外壁釉似烟熏火缭，釉色褐灰，无光泽。00TG1①∶187，方尖唇。如：99T1∶010、021，99T3∶001、016、034、051、062，00TG1①∶187。

Ab 型，豆青釉刻花瓷碗，9 件。

Ab 型Ⅰ式，豆青釉刻花瓷碗，8 件。侈口，斜壁微鼓腹，圆凹底，圈足碗残片。内壁刻饰图案为水中荷花叶纹饰，技术精湛，刀法娴熟。内外施釉。圈足内外施釉足底刮釉。釉色豆青色，色彩青翠，釉边薄部呈棕褐色。00F∶59，豆青泛黄色。如：99T1∶005、040，99H2∶034，99T3∶050，00F∶023、030、059，00H17∶120。

Ab 型Ⅱ式，豆青釉刻花瓷碗，1 件。侈口，斜壁微鼓腹，圆凹心底（鸡心底），圈足碗残片。内壁刻饰花卉图案，残缺不全，似牡丹花饰。内外施釉。釉色豆青色，微泛黄。如：00F∶022。

Ac 型，浅豆青釉瓷碗，8 件。

Ac 型Ⅰ式，豆青瓷碗，6 件。尖圆唇，侈口，斜壁微鼓腹碗残片。外壁唇口下饰宽棱边。内外施釉。底心刮釉一圈。外壁下腹和圈足内外露胎。釉色豆青色，唇口釉色呈褐色。如：99T1∶023，00F∶048、051，00H17∶122、125、134。

Ac 型Ⅱ式，灰釉（豆青灰）钧瓷碗，2 件。瓷碗残片，鸡心底，圈足。内壁满施釉，外壁施釉至圈足边。有聚釉于底边，釉色豆青泛灰色，釉质厚润浓稠，釉面光洁。如：99T1∶028。釉色浅蓝（蓝灰），如99T1∶027。

Ad型，豆青釉钧窑瓷碗，3件。侈口，圆折腹，圆凹心，圈足瓷碗残片。内外施釉，外壁施釉至圈足边。釉色豆青，泛浅灰蓝。釉质浓稠厚润光洁。如：99T2∶007，99T3∶106，00H17∶119。

B型　豆青釉鼓腹碗，14件。

Ba型，印花瓷碗，6件。

Ba型Ⅰ式，豆青釉印花瓷碗，厚卷圆唇，侈口，鼓腹。5件。残片，内壁腹部印花叶纹图案一圈。内外壁施釉。釉色豆青色，釉质厚润亮洁，釉面有细微晶裂，片面较大。如：99T2∶016，00TG1∶151，00H17∶100、132、133。

Ba型Ⅱ式，豆青釉瓷碗，1件。侈口，鸡心底碗残片。内壁印花，水纹图案。内外施釉，釉色豆青泛绿，釉质晶莹亮洁。如：99T1∶004。

Bc型，豆青釉瓷碗，8件。

Bc型Ⅰ式，豆青釉瓷碗残片，7件。圆卷唇，微侈口，直壁微鼓，鼓腹，圆凹底，圈足碗内外施釉，内壁底心刮釉一圈。外壁半挂釉至上腹部。圈足内外壁直，足底平。釉色豆青泛棕黄，釉质薄涩。如：99T1∶012、020，99T3∶060，00TG1∶160，00F∶033，00H12∶012，00H17∶131。

Bc型Ⅱ式，浅豆青釉瓷碗，1件。圆卷唇，侈口，鼓腹浅碗残片。内外施釉。釉色浅豆青色。如：00TG1∶157。

C型　豆青釉花边圈足碗，3件。

Ca型，豆青釉瓷碗，2件。侈口，斜壁，小凹平底，圈足碗残片。内外施釉。足底刮釉露胎。外壁有疵痕斑点灰白色。圈足外壁直，内壁呈喇叭口状，足底平。釉色豆青泛黄色，釉边薄处呈棕褐色，釉质晶莹光洁，釉面亚光。如：00F∶056、057。

Ce型，豆青釉花边瓷碗，1件。圆唇，花边状，侈口，斜壁微鼓腹碗口沿残片。外壁压印饰一道圈棱，内壁中腹部印花纹饰，图案不详。内外施釉。如：00F∶054。

（6）黄绿釉瓷碗　17件。

A型　黄绿釉瓷碗，素面。5件。

Aa型，浅黄绿釉瓷碗，3件。侈口，鼓腹，圆凹底，圈足碗残片。外壁近底部刻一道圈纹。内外施釉。内底刮釉一圈，外壁施釉至下腹近底边。釉色浅黄绿色，外壁釉边呈棕褐色。如：00F∶027，00H16∶042、043。

Ab型，黄褐釉瓷碗，1件。圆唇，微侈口，圆折鼓腹，斜壁微鼓腹碗残片。内外施釉。釉色黄褐色，唇口内外釉呈蓝褐色渐变。如：00F∶046。

Ac型，绿釉瓷碗，1件。圆唇，侈口，直壁微鼓，圆腹瓷碗残片。内外施釉。釉色浅绿色，釉质晶莹厚润亮洁。如：00TG1∶168。

B型　黄绿釉印花瓷碗，2件。如：00H16∶035、045。

C型　刻花瓷碗，10件。

Ca型，黄釉刻花瓷碗，厚唇，敛口，3件。厚唇，敛口，微鼓腹，胎质黄白，釉色浅黄，晶莹亮洁，内壁中部有圈纹一道，外壁腹上部有二道圈纹，上部有二道刻饰纹，口沿饰一道纹。此为金代耀州窑较典型碗。如：91T302③∶17，91T403∶39，99T2∶013。

Cb 型，黄绿釉刻花瓷碗，厚卷圆棱唇，侈口。3 件。斜壁微鼓腹碗残片。内壁是腹部压印饰一道圈纹，下饰荷花瓣纹图案。内外施釉。如：00F∶047。尖圆唇，敞口，斜壁微鼓腹碗。如：00TG1∶165、00H16∶033。

Cc 型，黄釉刻花碗，内壁底心刻花纹饰，1 件。侈口，圆凹底，圈足碗残底片。施釉，底心釉面有瑕疵痕。外壁下腹及圈足内外露胎。如：99T3∶003。

Cd 型，黄绿釉刻花碗，1 件。圆唇，圆直口，微鼓腹碗残片，内外刻纹饰，内壁腹部残留圈纹一道。外壁口沿饰一道圈纹饰，中腹饰二道圈纹，两组圈纹中刻双撇叶纹饰，内外施釉，釉色黄泛绿。如：99T3∶109。

Ce 型，绿釉刻花碗，1 件。侈口，圆凹底，圈足碗残片，外壁腹部刻花草图案。内外壁施釉，内壁底心刮釉一圈，呈棕色出棱。外壁施釉至圈足边。圈足内心陷凹平，施釉。心底较薄。釉色翠绿，釉质晶莹厚润。如：99T3∶005。

Cf 型，青黄釉瓷碗，1 件。方尖唇出棱。圆折，鼓腹浅碗（盘）残片。内外施釉，外壁釉半挂至口沿上 2 厘米位。胎质较细密，土黄色，夹黑粒。釉色青泛黄。釉质晶莹光洁。如：99T3∶030。

（7）蓝灰釉钧瓷碗　21 件。

Aa 型，浅蓝灰釉钧瓷碗，10 件。

Aa 型Ⅰ式，浅蓝灰釉钧瓷碗，4 件。侈口，斜壁微鼓腹，圆凹底，圈足碗残片。内外施釉。外壁施釉至腹底圈足边。圈足内心施釉，内外壁施薄釉不匀呈棕色。足底刮釉露胎。釉色浅蓝色（湖蓝色）。如：91T302③∶26，99T3∶095，00F∶049、050。

Aa 型Ⅱ式，浅蓝灰釉瓷碗，6 件。尖圆唇，微侈口（直口），圆鼓腹，圆凹底，圈足碗。内外施釉。外壁施釉至下腹底流釉至圈足外壁中。圈足内外壁露胎，釉色浅蓝灰色泛湖蓝色，唇口釉呈浅褐灰色，釉质晶莹、厚润、光洁，釉面有光泽。侈口，鼓腹，凹平底，圈足。如 99T2∶008，00H16∶050、051、052，00F∶012，00H17∶121。

Ab 型，蓝釉钧瓷碗，3 件。

Ab 型Ⅰ式，蓝釉瓷碗，2 件。圆凹底，鼓腹，圈足碗残底处，内外施釉，内壁及圈足内施蓝白釉，外壁施深蓝色釉，外壁蓝釉磨蚀较重。如：99T3∶038，00H17∶110。

Ab 型Ⅱ式，浅灰果绿釉瓷碗，1 件。侈口，斜壁微鼓腹，圆凹心（鸡心底）圈足碗残片。内外施釉。足底刮釉露胎。釉色浅灰果绿色，釉边薄部位呈棕色。釉质晶莹、厚润、光洁。圈足外壁由根至底稍向内斜收，釉流融覆盖，斜面微呈“抓不住”状。如：00H17∶093。

Ac 型，蓝灰釉钧瓷碗，10 件。

Ac 型Ⅰ式，蓝灰釉瓷碗，9 件。瓷碗残片。侈口，圆唇，鼓腹，鸡心底，圈足碗残片。内外施釉，外壁施釉至腹底部。圈足内外露胎，外壁直，内壁呈喇叭口状，足底微平向外斜削滚圆。釉色蓝灰，杂灰白斑点痕，唇口部位釉呈褐色渐变。聚釉处有呈深蓝色，釉质晶莹厚润浓稠，釉面有光泽。如：99T3∶017、093，00F∶045、069，00TG1∶158、159，00H16∶049，99T1∶027、028。

Ac 型Ⅱ式，蓝灰釉瓷碗，1 件。圆唇，微敛口，圆鼓腹碗残片。内外施釉。釉色蓝灰色，由底至口沿渐变为深蓝褐色、褐色。釉质晶莹、厚润、光洁。如：00H17∶108。

（8）青花釉瓷碗　4件。

A型　青花釉瓷碗，3件。

Aa型Ⅰ式，青花釉瓷碗，2件。瓷碗残片，平底，鼓腹，圈足碗残片，内外施釉，内心青花绘花草纹饰。外壁残存线条图案。圈足外壁绘三道圈纹饰。釉质晶莹光洁，厚润。青花色艳。如：99T1:011、031。

Ab型Ⅱ式，青花釉瓷，1件。腹壁残片。内外施釉。外壁施青花彩釉，饰“草节节”纹饰，色蓝灰，色重处有锈斑痕。如：00F:042。

E型　青花盏碗。

Ec型，青花盅盏，1件。口沿残片，圆唇，侈口。内外施釉，内外唇边各二道圈纹，外壁绘花草图案。釉色清淡稍灰，青花色浅微晕。釉质晶莹光洁，釉面多有均匀气泡。胎质晶莹，洁白细腻。如：99T1:015。

（9）黑釉瓷碗

A型　黑釉斜壁微鼓腹碗，36件。

Aa型，黑釉瓷碗，6件。

Aa型Ⅰ式，黑釉瓷碗，2件。侈口，斜壁微鼓腹，鸡心底，圈足碗残片。内外施釉。外壁施釉至下腹近底，流釉至圈足。圈足外壁出鼓棱。足平底。釉色漆黑色，釉质晶莹浓稠，釉面涩。如：99T3:118。釉色黑褐色，杂棕褐斑点痕。如：00F:004。

Aa型Ⅱ式，黑油滴釉瓷碗，4件。侈口，圆唇，鼓腹碗口沿残片。内外施釉。釉色黑，釉质晶莹厚润光洁。釉面均匀分布灰色雪花状斑痕即“油滴”。大点似雪片纷纷，小点如雪花点点。如：99T3:110、122，00TG1:190，99H1:030。

Ab型，侈口，斜壁微鼓腹，圆凹底，圈足瓷碗，26件。

Ab型Ⅰ式，黑褐釉瓷碗，20件。侈口，斜壁微鼓腹，圆凹底，圈足瓷碗残片。内外施釉。内底心刮一圈，宽约2.6厘米。内壁施黑釉，杂铁锈，褐点，内心釉粘砂，有疵点较多，足外壁呈棱箍状。釉色漆黑，釉质厚润光洁。如：91T302③:27，99T2:011、026，99T3:006、022、025、072、116，00F:015、018、019、043，00H14:022。釉色黑杂褐点，如：00H16:027、028、029、031，00H17:098，99T3:012。有微小雪花状银白斑痕“油滴”。如：99T3:030。

Ab型Ⅱ式，棕褐釉瓷碗，3件。侈口，圆唇。斜壁微鼓腹碗口沿残片。外口沿边微有棱。内壁刻饰花纹，图案残缺不详。釉色棕褐色，口沿部微淡，外壁褐色稍甚。如：00F:005、040，00TG1:149。

Ab型Ⅳ式，黑褐釉瓷碗，3件。如：99T1:007、045、052。

Ad型，黑白釉盏碗，1件。圆唇，敞口，棱肩，斜壁盏碗口沿残片。内外施釉。唇口至棱肩施白釉，腹壁下施黑釉。胎质薄俏，洁白细腻。如：00TG1:174。

Af型，褐绿釉瓷碗，3件。侈口，斜壁微鼓腹，圆凹底，圈足瓷碗残片。内外施釉。内底刮釉一圈。外壁半挂釉至下腹部位。釉色褐绿，釉质光洁，釉面薄。如：99T3:023、028、048。

B型　黑褐釉鼓腹碗。

Ba型，黑褐釉瓷碗。

Ba 型Ⅰ式，黑褐釉瓷碗，8 件。侈口，圆唇，鼓腹碗口沿残片，内外施釉。釉色黑褐泛深蓝。唇口呈一道棕色边唇线。釉质晶莹厚润，釉面亮洁。如：99T3∶014、054、087、114、133，00F∶014、029、035。99T3∶087，卷圆唇，鼓腹碗口沿残片。外壁口沿下微有压槽痕。

Bc 型，褐釉瓷碗，15 件。

Bc 型Ⅰ式，棕褐釉瓷碗，11 件。圆唇，侈口，圆鼓腹碗残片。内外施釉。唇口刮釉露胎，釉色酱黑色，杂棕褐点痕。如：00H16∶048，00H17∶070、075、078、081、087、090、094。釉色酱褐色，00H17∶049、092。釉色棕褐色，釉边呈黑褐色，00H17∶076。

Bc 型Ⅱ式，酱褐釉瓷碗，4 件。尖圆唇，侈口，鼓腹，凹圆底，圈足瓷碗残片。内外壁施釉。外壁半挂釉至中腹。釉色酱褐杂铁锈色斑点痕，唇口沿釉色黄褐。釉质晶莹光洁。如：99T3∶056。底心刮釉一圈，釉酱黑色。如：99T3∶026、055、121。

Bd 型，黑褐釉瓷碗，1 件。敛口，圆唇，鼓腹碗口沿残片。内外施釉。釉色黑褐杂窑变棕、青、黄等不匀色。釉质晶莹亮洁，釉面有光泽。如：99T3∶019。

C 型　酱褐釉瓷碗，2 件。

Cb 型，褐釉浅碗，1 件。尖圆唇、侈口、微鼓腹、平底、圈足浅碗，残片内外施釉，内壁底刮釉一圈。外壁半挂釉至中下腹。釉色酱褐，釉质薄涩，釉面光洁。如：99T2∶012。

Cc 型，酱褐釉瓷碗，1 件，敞口，尖圆唇，深腹微鼓，圆折底瓷碗残片。内壁满施釉；外壁釉至唇口边，下腹至底施釉。外壁大部露胎，线刻纹饰，横纹稀，竖纹、曲线纹成组排列，表面涂薄釉，面涩，呈棕色。釉色酱褐，釉质晶莹亮泽。如：99T3∶083。

D 型　黑白釉瓷碗。

Da 型，黑白二色釉瓷碗，1 件。侈口，尖圆厚唇，鼓腹，平底圈足碗残片。外壁是腹上部旋压宽带槽。圆棱。上下黑白釉分色。内外施釉。内壁底心可见一支钉痕，直径约 0.5 厘米，平整磨砂。内壁及外壁宽带槽之上施白釉，釉色黄白，釉质薄涩。外壁宽带槽之下至圈足内外施黑釉褐色，釉质厚润光洁。如：00T3∶119。

（10）零星小件器物

① 特色碗

绞胎釉瓷碗，1 件。侈口，方卷圆唇出棱，鼓腹碗残片。内外施釉，口沿刮釉露胎。釉色青黄，釉质晶莹厚润，白瓷土与咖啡色土料绞和，纹理变化无穷，自然和谐。口沿为单色白瓷土。施釉后表面呈青白、黑褐融、聚、分、合纹理。如：99T3∶129。

三彩釉碗，1 件。如：00H14∶024。

② 灯盏

黑褐釉瓷灯盏碗，3 件。灯盏残片。厚圆唇，敛口，斜壁凹平底心，平底盏碗残片。内壁施釉，釉色黑。外壁及平底露胎，刀旋痕明显。胎质较细密，土白色。如：00H17∶086，00TG1①∶177，99T3∶046。

豆青釉盏座台，1 件。烛台残片。侈口，宽圆卷沿，深腹，圆凹底，外壁高领，束颈，宽沿棱肩，束腹，敞底烛台残片。内外施釉。外壁釉色豆青色，沿棱边呈棕褐色。如：00H17∶103。

③ 钵

黑褐釉瓷钵，3 件。厚圆棱唇，直壁，棱肩，圆鼓腹钵残片。内外施釉。外壁半挂釉至下腹部位。釉色黑褐色杂棕、褐色。唇内沿呈棕褐色。变色无拘，颜色自然。釉质晶莹光洁。如：99H1∶035、037，00H16∶034。

豆青釉瓷钵，2 件。圆唇，侈口，束颈，斜溜肩，圆鼓腹钵残片。内壁肩折部刻二道圈纹，腹壁刻水纹状纹饰，图案残缺不详。外壁肩下刻饰三道圈纹。内外施釉。釉色豆青色。如：00H17∶128。宽卷折圆棱唇，敛口，如：00F∶058。

④ 高足杯

青白釉瓷高足杯，1 件。杯残片，圆凹底高柄足，近杯底有棱箍一道，底呈喇叭口状。内外施釉。外壁釉至棱箍下少许，有流釉至底。高柄足下部内外及底露胎。釉色青白色，外壁釉青白泛黄。如：00F∶011。

灰釉瓷高足器，1 件。喇叭口状螺纹高足器物残片，上部施釉，釉质薄涩。足外壁饰二棱三槽，足底滚圆。如：99T2∶001。

⑤ 壶

白釉瓜棱瓣瓷壶，1 件。斜壁微鼓腹，圆凹底，圈足壶（罐）残片。外壁饰瓜棱瓣状。内外施釉。内壁施釉近底，圈足内外壁施釉不匀。外壁釉色灰白色，内壁青色。如：00F∶028。

⑥ 器物盖

豆青釉刻花瓷器盖，2 件。圆肩帽宽边沿，圆唇，子口直壁圆唇，穹庐内壁盖残片，外壁顶肩部刻花草图案，刀法洗练，外壁施釉至唇边内。内壁露胎。胎质晶莹细密，灰色。釉色豆青。如：99T3∶036，00H17∶117。

白釉瓷盖，1 件。圆唇宽沿圆顶，子口斜收敛。尖圆唇，内壁呈穹庐状。外壁施釉。宽沿下稍粘釉，内壁子口内外露胎。胎质较细密，土白色。釉色骨白色。如：00F∶010。

黑釉瓷盖，1 件。瓷盖残片。方尖唇斜宽沿圆顶，平收沿，斜敛尖唇子口，内壁敛口，圆穹庐顶状瓷盖残片。外壁盖顶施釉，宽沿边釉不匀，沿下及子口内外露胎。如：00F∶031。

（11）瓷盘　16 件。依形制不同分成两型。

A 型　平底瓷盘，6 件。

Aa 型，白釉瓷盏盘，2 件。

Aa 型Ⅰ式，白釉瓷盏盘，1 件。尖圆唇，侈口，微鼓腹，盏盘口沿残片。内外施釉。唇口刮釉露胎，釉色牙白色。如：00H17∶138。

Aa 型Ⅱ式，白釉平底瓷浅盘，1 件。尖圆唇，侈口，斜壁微鼓腹，平凹底，平底盘残片。内外施釉。底心平，刻绘莲花卷草图案，底外边削线棱。胎质细密洁白。釉色牙白色，釉质晶莹光洁，釉面有光泽。如：00H17∶091。典型宋代定窑白瓷盘。

Ac 型，绿褐釉瓷盘，3 件。

Ac 型Ⅰ式，绿褐釉瓷盘，1 件。尖圆唇，直口浅沿，圆折腹，斜腹底微鼓盘残片。内外施釉。釉色浅绿褐色，内壁向口沿渐变，呈浅褐圈，黄褐圈。如：00H17∶126。

Ac 型Ⅱ式，黑釉瓷盘，1 件。瓷盘残片。微鼓腹，圆凹平底，圈足盘（浅碗）残片。内壁施釉。底心刮釉一圈。外壁下腹底及圈足内外露胎。圈足厚笨。如：00F:034。

Ac型Ⅲ式，豆青釉印花瓷盘1件。侈口，圆唇浅腹盘残片。内壁中部有印花残痕，内外施釉。釉色豆青浅绿，内壁釉面晶莹亮洁。如：99T3:104。

Ae型，灰褐釉瓷盘，1件。圆唇，翻卷沿口，圆鼓腹盘残片。内外施釉。釉色灰褐色，杂黄褐斑点痕，有红、黄、绿、金星点，唇口褐色，釉质晶莹厚润光洁。如：00H17:105。

B型　圈足瓷盘，10件。

Ba型，白釉圈足瓷盘，2件。按黄白釉褐花特征分出式样。

Ba型Ⅱ式，黄白釉褐花瓷盘，2件。尖圆唇，侈口，圆折腹，斜下腹壁微鼓，圈足盘残片。下腹壁旋棱呈波形。内外施釉。唇口刮釉露胎，外壁釉至圆折腹边。釉色黄白色，釉边呈浅棕色。内壁绘棕褐色，阳光四射状图案。釉下彩。釉质晶莹光洁，釉面薄。如：00F:032，00H16:040。

Bc型，豆青釉瓷盘，3件。依唇口、腹部变化分成两式。

Bc型Ⅰ式，豆青釉瓷盘，2件。侈口，圆唇，圆折腹，斜平壁微鼓腹，浅圆凹底心，圈足盘残片。内外施釉。足底刮釉露胎。圈足壁微呈喇叭口状外撇，足底平，釉色豆青色，釉边呈棕色。如：99T3:042，00H16:046（3、4号铁柱坑内）。

Bc型Ⅱ式，豆青釉瓷盘，1件。尖圆唇，直口浅沿，圆斜腹微鼓盘残片。内外施釉。圈足，足内心凹平。圈足壁呈喇叭口状稍向外撇，足底平，外边滚棱，圈足釉边呈棕色。釉色豆青色。如：00H17:129（图五九，4）。

Bd型Ⅱ式，青釉瓷盘，1件。瓷盘残底片，浅腹，底微凹，圈足盘残片。内壁施釉，底心刮釉一圈。残存外壁及圈足内外露胎。足外壁直，内壁呈喇叭口状圆旋削。足底平。釉色青，釉质晶莹，釉面薄涩。如：99T3:081。

Be型Ⅱ式，蓝灰釉钧瓷盘，3件。瓷盘残片，侈口，尖圆唇，圆折微鼓腹壁，圆凹底，小圈足盘残片。内外施釉，外壁施釉至圈足边，圈足内外露胎，刮釉，清釉粘流。外壁直，内壁呈喇叭口状，足底平。釉色浅蓝灰色，杂布黄褐斑点痕。釉质晶莹厚润。如：99T3:041、098，00H17:127。

Bf型，黑釉瓷盘，1件。侈口，微鼓腹，平底圈足盘残片。内外施釉。内底心刮釉一圈。外壁半挂釉至中腹边。下腹底及圈足内外露胎，足外壁由根至底稍向外斜削，足底平稍外倾斜，外边滚圆。釉色漆黑，有褐斑。釉质晶莹亮洁。如：99T3:053。

（12）罐　52件。依形制、釉色不同特征分出10型。

A型　厚圆棱唇，直口，束颈，斜圆溜肩，圆鼓腹罐，2件。

Aa型，黑褐釉罐，1件。瓷罐残片。厚圆棱唇，直口，束颈，斜圆溜肩，圆鼓腹罐口沿残片。外壁施釉。内壁及唇口外至肩中部露胎。胎质粗，砂粒明显，土黄色。釉色黑褐色。釉质晶莹薄涩，釉面亚光。如：00H16:030。

Ab型，酱黑褐釉瓷罐，1件。卷圆唇，侈口，高领，溜肩，鼓腹罐。肩领部位有双脊提系纽。内外施釉，唇口内外刮釉留圈纹釉。釉色酱黑褐色，系纽脊等部位釉色呈铁锈色。如：99T2:014。

B型　厚圆卷唇，敛口，束颈，微圆溜肩，鼓腹，圈足平底罐，6件。

Ba型，黑釉瓷罐，2件。厚圆卷唇，敛口，束颈，微圆折溜肩，鼓腹斜壁，圈足平底瓷罐残片。内外施釉。唇口内刮釉露胎。釉色黑褐色杂酱褐痕。釉质晶莹光洁。如：99T3:088。釉色漆黑，如：99T3∶132。

Bb型，白釉瓷罐，1件。尖圆唇，敞口，束颈，溜肩鼓腹罐残片，内外施釉，唇口沿刮釉露胎。釉色黄白。如：00TG1∶171。

Bc型，黑釉圆卷唇，溜肩鼓腹，粗瓷罐，2件。

BcⅠ型，黑釉粗瓷罐，1件。圆卷唇，溜肩鼓腹罐口沿残片。内外施釉，釉色黑，釉质稠涩。如：99T1∶039。

BcⅡ型，酱红釉瓷罐，1件。瓷罐残片。敛口，尖圆唇，鼓棱沿，斜颈，溜肩罐残片。唇口刮釉，内外壁施釉。内壁施釉至颈部，釉色酱褐色。外壁釉色酱褐红色。咖啡色杂褐色斑点痕。釉质晶莹亮洁。如：99T3∶019。

Bd型，豆青釉瓷罐，1件。圆唇，束颈，溜肩罐残口沿，内外施釉，釉质晶莹光洁，釉色豆青，釉面厚润有光泽。如：99T2∶015。

C型　鼓腹圈足罐，27件。依釉色不同分出五个亚型。

Ca型，黑釉瓷罐，Ca型Ⅰ式，3件。圈足厚笨，内壁无釉，外壁施黑釉，圈足心施釉，足底边粘沙粒。内底微圆凹。内壁施釉，釉色黑，偶见铁锈色釉点。釉光洁，有"棕眼"痕，釉质晶莹。如：91T302③∶28、29，99T2∶009。

Cb型，黑釉鼓腹，圈足罐，14件。依文饰不同分出两式。

Cb型Ⅰ式，黑釉罐，13件。罐残片，凹圆底，鼓腹，圈足罐残片，内外施釉，内底粘砂严重。外壁施釉至下腹近底。圈足内外露胎。足底宽平。釉色黑，釉面光洁。如：99T1∶053、054。凹平底，如：00F∶016。釉色酱黑色，如：99T1∶046，99T3∶067、115，00H17∶137。釉色酱褐色。如：99T1∶003，99T2∶027，99T3∶112。外壁近底出一道圈槽痕，圈足外壁呈平棱箍状。釉色棕褐色。如：00F∶003、020，00H16∶019。

Cb型Ⅱ式，黑釉剔花罐，1件。罐腹壁残片。内外施釉。外壁釉色酱黑色。剔刻花纹字迹，图案残缺不详，釉质晶莹、厚润、光洁，釉面有光泽，微有"棕眼"痕。内壁釉色酱褐色，釉面薄而光洁。如：00H16∶032。

Cc型，黑褐釉罐，6件。依足底不同分出三式。

Cc型Ⅰ式，黑褐釉罐，3件。圆腹瓷罐，胎较薄，器形较大，外施黑釉。内施褐绿釉。釉质薄涩。如：00TG3①∶211，00H17∶080。深腹园凹底，圈足罐，釉黑褐色。如：99T1∶055。

Cc型Ⅱ式，黑褐釉素底瓷罐，2件。瓷罐残片。圆鼓腹，圆凹底，宽圈足（玉璧底型）瓷罐残片。内外施釉至下腹部，内外底露胎。下腹底及圈足内外露胎。釉色黑褐色。如：00F∶025。微鼓腹，圆凹平底，宽圈足底罐。釉色外壁棕褐色，内壁黑褐色。如：00H17∶068。

Cc型Ⅲ式，黑褐釉瓷罐，1件。瓷罐残底片。斜壁鼓腹，收腹微敞底边，高圈足底罐残片。外壁施釉至底边。内壁底部及圈足内外露胎。釉色黑褐色，釉质晶莹光洁。如：00H16∶010。

Cd型，白瓷罐，2件。鼓腹，圆凹底，内壁施釉，釉质晶莹亮洁，釉色青白。如：99T1∶032、035。

Ce型，素胎瓷罐，2件。鼓腹，圈足底罐残片。内底粗糙，刀旋痕明显。圈足外壁呈棱箍状，内壁呈喇叭口状，足底平，外边斜削。如：00H17∶096、099。

D型　圆唇，敛口，斜折肩，鼓腹罐，2件。

Db 型，酱褐红釉瓷罐，1 件。斜折肩，腹箍棱罐残片，内外施釉，内壁施釉酱褐至肩折部位。内壁此下露胎。外壁施酱褐红。深咖啡色杂褐斑点痕。釉质晶莹光洁，釉面薄。如：99T3∶088。

Dc 型，灰白釉罐，1 件。圆唇，敛口，斜凹肩折棱，棱出齿口痕，圆鼓腹罐残片。内外施釉。釉色灰白色，釉质晶莹光洁。如：00TG3①∶213。

E 型　侈口鼓腹平底罐。

Eb 型，黑褐釉平底小罐，3 件。平底，鼓腹罐残片，内壁呈旋纹状，棱脊明显，内外施釉，内壁施釉酱褐色，外壁施釉至下腹部。足底平外壁斜削成棱脊状。足根束颈。釉黑色。胎质细密灰色。如：99T1∶036，99T3∶065、071。

F 型　侈口圆唇束颈突折沿肩鼓腹罐。

Fa 型，酱黑褐釉瓷罐，1 件。侈口，圆唇，束颈，突折沿肩，鼓腹罐残片。内外施釉，釉质晶莹光洁，釉色酱黑褐色。釉面厚润有光泽。如：99T2∶029。

G 型　圆唇敛口直腰鼓腹罐，7 件。

GC 型，褐绿釉瓷罐，2 件。瓷罐残片。圆唇，敛口，直腹壁罐残片。内外施釉，内壁半挂釉。唇口刮釉露胎。釉色褐绿色，釉质薄涩。釉面亚光。如：99T3∶033、044。

Gb 型，黑褐釉腰鼓形罐，5 件。高腰鼓形，腹壁微鼓，圈足底罐残片，内壁施青褐色釉，釉面薄涩，内底心刀旋痕明显，有尖，残流黑釉，外壁施釉至下腹部，釉色黑褐，釉质光洁。下腹部及圈足内外露胎。外壁斜削成棱呈圈足状，内心凹平，内边圆旋，足底宽平，向外边斜削，滚边棱。如：99T1∶051，00H17∶064、066、067。釉色酱褐色，如：99T3∶049。

H 型　异型罐。4 件。

Ha 型，豆青釉瓷罐，1 件。圆鼓腹，圆凹底，圈足罐残片。外壁饰瓜棱瓣状。内外施釉。外壁釉至下腹流釉至足底边，内壁至下腹部。釉色豆青色泛褐色，釉边薄部位呈棕褐色。釉质晶莹光洁。如：00F∶026。

Hb 型，棕褐釉小口罐，2 件。罐残片。宽厚卷圆棱唇，尖唇口，敛口，斜领，束颈，斜平圆溜肩，鼓腹小口罐残片。内外施釉。外壁釉色棕褐色，上部棕黑色，下半部棕褐色。唇口棱部位釉呈褐色。如：00H16∶017，00H17∶082。

HC 型，酱褐釉瓷罐，1 件。圆唇，侈口，束颈，棱肩鼓腹罐口沿残片。内外施釉。釉色酱褐色。唇棱边釉呈棕褐色，釉质晶莹光洁。如：00H17∶089。

（13）盆　18 件。

A 型　斜腹平底盆，4 件。

Aa 型，斜腹壁，平底瓷盆，3 件。

Aa 型Ⅰ式，黑褐釉瓷盆，2 件。斜腹壁，平底瓷盆残片。内外施釉，内底可见二个支钉痕，每钉直径约 0.5 厘米。釉色黑褐杂有“棕眼”斑痕，外壁施釉近底，有浓流釉痕。釉色漆黑，釉质晶莹，厚润光洁。如：99T2∶028，99T3∶013。

Aa 型Ⅱ式，黑釉刻花纹盆，1 件。盆底残片。内壁施黑釉，刻花，底边刻饰一道圈纹，内心刻水波鱼鳞状，花叶纹饰，图案残缺不详。底残留支钉痕较粗糙。盆底露胎面涩圈足外壁刻二道圈纹，内壁微凹呈喇叭口状，足底向内外斜削滚圆呈脊棱状。黑釉釉质晶莹光洁。如：00F∶009。

Ac 型，酱红釉瓷盆，1 件。厚卷圆唇，侈口，微鼓腹盆残片，内外施釉，唇口边刮釉。釉色酱红褐色。釉质晶莹厚润，釉面光洁。如：99T2∶022。

B 型　侈口圆唇鼓腹盆。

Bb 型，酱褐釉瓷盆，1 件。瓷盆残片。侈口，圆唇，微鼓腹，瓷盆残片。内外施釉。唇口至内壁施黑褐色釉，杂酱褐红斑点。外壁施酱褐红色釉，深咖啡色为主杂褐点。如：99T3∶074。

C 型　宽折沿圆唇束颈圆鼓腹盆，3 件。

Cb 型，黑褐釉瓷盆，2 件。瓷盆口沿残片，宽厚圆唇，反卷折沿口，束颈，斜溜棱肩，圆鼓腹盆口沿残片。内外施釉。口沿内外露胎。釉色内壁黑褐色，釉质晶莹光洁。如：00F∶001、072。

Cd 型，蓝灰釉钧瓷盆，1 件。宽平沿，方圆唇，折沿，折腹器物残片，内外施釉，外壁半挂施釉至折腹部位。釉色蓝灰，蓝釉泛紫。釉质晶莹光洁，棱边处釉色青明。如：99T2∶017。

D 型　侈口斜壁平底心圈足盆，5 件。

Da 型，白釉瓷盆，2 件。侈口，斜壁，平底心，圈足盆残底片。外壁底边收折外撇。内外施釉。外壁半挂釉至下腹部位。外壁下腹及圈足内外露胎。釉色牙白色，釉质晶莹光洁。如：00F∶007，00H17∶063。

Dc 型，黑釉瓷盆，4 件。瓷盆残片，侈口，斜壁，平底，圈足盆残片。内外施釉。内底心刮釉一圈，外壁釉至圈足底边。圈足外壁斜收束颈，施釉。底内心凹平，中心旋凸平，足底斜平滚圆，内壁斜削呈龇口斜面，刀旋痕明显。胎质较粗，土黄色。釉色漆黑，釉质晶莹光洁。如：99T3∶130，00F∶002，00H17∶069、065。

E 型　圆唇宽沿侈口鼓腹盆，3 件。

Eb 型，黑褐釉盆，2 件。宽方圆棱唇，卷折沿，侈口，束颈，溜折肩，鼓腹盆残片。内外施釉，外壁施釉至底棱边，釉色黑褐色，釉质晶莹光洁，内壁多制作痕迹。盆底露胎。底边削圆，底微凹平。如：99T1∶009，00H12∶010。

Ed 型，白釉刻花瓷盆，1 件。白釉刻花宽沿，折腹瓷盆部分残片，内壁可见刻宽窄单双道纹饰及点线图案，涂白化妆土，施青釉。釉质晶莹光洁，釉面厚润。外壁施酱褐釉，釉质薄涩。如：99T3∶058。

F 型　宽厚方棱唇，微敛口，圆鼓腹瓷盆，2 件。

Fa 型，青白釉瓷盆，1 件。宽厚方棱唇，微敛口，圆鼓腹盆口沿残片。内外施釉。唇口刮釉露白化妆土色。如：00F∶036。

Fb 型，酱褐釉瓷盆，1 件。盆口沿残片。内外施釉。胎质较粗，土白色。釉色酱褐色，釉质薄涩。如：99T3∶124。

（14）瓮　2 件。

A 型　黑褐釉瓮，1 件。瓮口沿残片，宽厚圆卷唇，束颈，溜肩。内壁口沿下有肩折棱。内外施釉，内壁自折棱以下，外壁自圈唇外边。釉色酱褐色，釉质较粗涩。如：99T1∶038，99T3∶131。

（15）瓷枕　3 件。

A 型　2 件。

Aa 型，白釉刻花枕，1 件。斜平宽沿出边瓷枕，左下角残片。外施白釉，残留刻饰二道纹图案，釉下彩绘呈咖啡色微凸起。釉色骨白色，釉质晶莹薄涩。如：99T3∶108。

Ac 型，白釉褐底花饰瓷枕，1 件。瓷枕面残片。外壁施釉。白化妆土剔地刻饰花纹，填涂褐彩，面施清釉。如：00H17∶092。

B 型　青白釉瓷枕，1 件。瓷枕四周壁残片。平整，外壁施釉。釉色青白，釉质晶莹光洁。如：99H1∶033。

（16）不成型瓷片

白釉瓷片，1 件。圆溜肩器物残片，外壁施釉，釉色牙白，晶莹亮洁，厚润有光泽。釉重处泛黄绿色。如：99T3∶043。

黑白釉刻花罐，1 件。瓷罐下腹壁残片。内外施釉。内壁施黑釉。外壁刻饰圈纹一道施黑褐釉，上施白釉，下施白釉圈一道。白圈下绘褐釉圈一道。以下施褐绿釉夹黑，下部褐釉，釉质晶莹光洁。如：99T3∶076。

黑釉瓷罐，1 件。鼓腹，鼻纽系瓷罐壁残片，内外施釉。釉色黑褐，鼻纽棱边呈棕褐色。釉质粗涩，釉面微有光泽。胎质粗。如：99T3∶084。

黑釉刻花瓷罐，1 件。黑刻釉鼓腹瓷罐残片，内外施釉。内壁半挂黑褐釉。外壁刻釉饰二道圈纹。胎质细腻，土灰色。釉色漆黑。釉质晶莹亮洁。如：99T3∶085。

2. 各探方、灰坑等遗迹单位出土瓷器残片标本

T302

（1）白釉圈足瓷残片　Bb 型Ⅱ式，1 件。

91T302③∶22，白釉圈足瓷残片，Bb 型Ⅱ式。长 4.4 厘米，宽 2.7 厘米，足高 0.4 厘米。内心刮釉一圈，底心平，外壁施釉至圈足底，圈足内心凹削，足底平整，胎质骨白细腻。

（2）青白釉瓷碗残片　Ca 型，3 件。

91T302③∶23，青白釉瓷碗残片一，Ca 型。口沿长 7 厘米，宽 3.5 厘米，厚唇侈口，釉色青白，晶莹光洁，胎质灰白。

91T302③∶24，青白釉瓷碗残片二，Ca 型。碗底残片，长 10.5 厘米，宽 9 厘米，足径 6 厘米，圈足高 1.1 厘米。碗内心底刮釉一圈，心微凹，碗内施青白釉色，外壁半挂釉，底部圈足无釉，足底有棱，内斜削，外削棱成滚圆，近根内收，有棱。有旋痕。

91T302③∶25，青白釉瓷碗残片三，Ca 型。碗底残片，直径 8.8 厘米，高 3.5 厘米，仅剩碗底，碗心内刮釉一圈，圈足高 2.7 厘米，足外少量粘化妆土清釉，足底向外斜削，无棱，不施釉，足心凹。

（3）青绿釉刻花瓷碗残片　Aa 型，4 件。

91T302③∶18，青绿釉刻花瓷碗残片，Aa 型。长 7.6 厘米，宽 5 厘米，足高 0.7 厘米，残碗底片，碗内底心刮釉一圈，外壁釉不到圈足，釉根呈铁锈色。圈足，内心无釉，足外侧斜削，足平面，内壁刻花纹明显，釉色晶莹厚润亮洁。胎质铁黑色。

91T302③∶19，青绿釉刻花纹瓷碗残片，Aa 型。长 4.2 厘米，宽 2.3 厘米，足高 0.6 厘米。圈足平整，内壁刻花，碗底心凹陷，外壁有扇棱纹饰，圈足内施釉，足底无施釉，釉色厚润光洁。

91T302③:20，青绿釉瓷口沿残片一，Aa型。长2.8厘米，宽2.4厘米，侈口唇外折，外壁刻花，釉色晶莹厚润。

91T302③:21，青绿釉瓷口沿残片二，Aa型。长5厘米，宽3.2厘米，侈口厚唇，无纹饰，薄施釉色，晶莹光洁。

（4）黄釉刻花瓷碗残片　Ca型，1件。

91T302③:17，黄釉刻花瓷碗残片，Ca型。长4厘米，宽3厘米。残存碗口沿局部，厚唇，敛口，微鼓腹，胎质黄白，釉色浅黄，晶莹亮洁，内壁中部有圈纹一道，外壁腹上部有二道圈纹，上部有二道刻饰纹，口沿饰一道纹。此为金代耀州窑较典型碗。

（5）蓝釉钧瓷残片　Aa型Ⅰ式，1件。

91T302③:26，蓝釉钧瓷残片，Aa型Ⅰ式。长10厘米，宽7厘米，足高1.3厘米。胎质粗厚笨，圈足内外施釉，内壁满釉，外釉流结圈足根部，足底心无釉，足底平整，釉色厚润，浅蓝中有白点，橘皮“棕眼”，胎质深灰色。

（6）黑釉瓷碗残片　Ab型Ⅰ式，1件。

91T302③:27，黑釉瓷碗残片，Ab型Ⅰ式。长9.5厘米，宽4厘米，残口沿腹部，撇口厚唇微鼓腹，内外施黑釉，内心刮釉，外壁半挂釉，釉色均匀，胎质灰色夹黑点。

（7）黑釉瓷罐残片　Ca型Ⅰ式，2件。

91T302③:28，黑釉瓷罐残片，Ca型Ⅰ式。残片10厘米×9厘米，残高4厘米，足径8.3厘米，足高1.5厘米。圈足厚笨，内壁无釉，外壁施黑釉，圈足心施釉，足底边粘沙粒。

91T302③:29，黑釉罐底残片，Ca型Ⅰ式。残长径11.5厘米，残高7.5厘米，足径10.2厘米，圈足高3厘米。胎质灰白粗糙。圈足，足底平整，足心内无釉，器内施黑釉，内心乳状凸钉粘砂，如鸡腿瓶罐之类器物。

T403

91T403:39，黄釉刻花瓷片，Ca型。长4.5厘米，宽2.8厘米。圆唇，敛口，鼓腹碗残片，内外施釉，外壁刻纹饰，腹壁刻双撇刻纹，口沿刻一道圈纹，釉色青柿黄，薄涩，纹饰内色重。釉面有开片纹，部分釉面碱蚀严重。胎较粗呈灰色。为金代耀州窑瓷器。

T4 房基

（1）白釉瓷碗

① 白釉瓷碗残片，Bb型Ⅰ式，1件。

00F:009，白釉瓷碗口沿残片，Bb型Ⅰ式。长4.4厘米，宽3厘米，残高3.3厘米。瓷碗残片，厚圆棱唇，侈口，斜壁微鼓腹碗口沿残片。内外施釉。釉色牙白色，釉质晶莹光洁，釉面有光泽，有微细晶裂纹痕。胎质较细密，土褐色。

② 白釉瓷碗残片，Bc型Ⅰ式，4件。

00F:008，白釉瓷碗残底片，Bc型Ⅰ式。长5厘米，宽3.8厘米，残高2.5厘米。圈足高1.2厘米，足底宽0.6厘米。瓷碗残片。侈口，鼓腹，圆凹平底，圈足碗残片。内底心饰一道微凸棱圈。底心残留一支钉痕，状若芝麻大。内外施釉。圈足内外露胎，外壁有部分施釉为腹底流釉所致，足外壁直，内壁微呈喇叭口状，足底平，内心凹平。胎质洁白细腻。釉色牙白色，釉质晶莹光洁，釉面有光泽，有细微晶裂纹痕。

00F∶024，白釉瓷碗残底片，Bc 型Ⅰ式。长 11.3 厘米，宽 8.4 厘米，残高 2.5 厘米。圈足高 0.7 厘米，足底宽 0.6 厘米。瓷碗残片。侈口，鼓腹，圆凹底，圈足碗残片。内壁施釉。内底心可见六个支钉痕，每钉直径约 0.3 厘米。外壁下腹部及圈足内外露胎。圈足外壁近直，内壁呈喇叭口状，足底一半斜稍向外倾，外边斜削滚圆。足内心凹平，中心微凸。胎质稍粗，土黄色。釉色黄白稍泛浅绿色，釉质薄。

00F∶039，白釉瓷碗底残片，Bc 型Ⅰ式。长 7.2 厘米，宽 3.3 厘米，残高 3.2 厘米。圈足高 0.6 厘米，足底宽 1.2 厘米。瓷碗残片。侈口，鼓腹，圆凹底，圈足碗底残片。内壁施釉，外壁下腹及圈足内外露胎。圈足外壁呈圆棱箍状，内壁微呈喇叭口状，足底平斜向内倾，底外边斜削滚圆，底微呈脊棱。足内心凹平。胎质较细密，土黄色。釉色黄白色，釉质晶莹光洁，釉面稍有光泽，有细微晶裂片纹痕。

00F∶041，白釉瓷碗残底片，Bc 型Ⅰ式。长 10 厘米，宽 6.1 厘米，残高 3 厘米。圈足高 0.6 厘米，足底宽 1.3 厘米。瓷碗残片。侈口，鼓腹，圆凹底，圈足碗残底片。内壁施釉。外壁下腹及圈足内外露胎涂白化妆土。圈足内外壁微呈喇叭口状稍外撇。足底三分之一向外，三分之二向内边斜削滚圆呈脊棱状。足内心凹平。胎质较细密，土白色。釉色黄白色，釉质晶莹光洁，釉面较薄有光泽，有细微晶裂纹痕。

（2）青白釉瓷碗　Ba 型，2 件。

00F∶013，青白釉瓷碗残底片，Ba 型。长 7 厘米，宽 3 厘米，残高 2.1 厘米。圈足高 1.2 厘米，足底宽 0.5 厘米。瓷碗残底片。凹平底，圈足碗残底片。内外施釉。内底心刮釉一圈，外壁施釉至下腹底，流釉至圈足底边。圈足内外露胎，足外壁近直，内壁微呈喇叭口状，足底一半，内外边稍斜削滚棱。足内心凹平，中心微凸。胎质较细腻，土黄白色夹微细黑粒。釉色内壁青白色，外壁底部釉呈褐色，釉质晶莹光洁，釉面有光泽，微有晶裂纹痕，有磨蚀痕。

00F∶017，青白釉瓷碗残片，Ba 型。长 6.3 厘米，宽 4 厘米，残高 2.3 厘米，圈足高 0.5 厘米，足底宽 0.5 厘米。瓷碗残片。侈口，斜壁，凹圆底，圈足碗残片。内外施釉。内底心刮釉一圈，圈足内外壁及足底刮釉露胎。足壁微呈喇叭口状稍外撇。足底平，内外边斜削滚圆，足内心凹平，中心微凸，刀旋痕明显。胎质较细密，土黄色夹黑粒。有高温近火烧痕。内壁釉色青白色。外壁下腹及圈足内心釉色棕色，釉面薄涩，内壁釉质晶莹光洁，釉面有光泽，有细微晶裂纹痕。

（3）青灰釉瓷碗　Bb 型，1 件。

00F∶070，褐灰釉瓷碗口沿残片，Bb 型。长 2.8 厘米，宽 2.5 厘米，残高 2.5 厘米。瓷碗口沿残片。尖圆唇，微敛口，圆鼓腹碗口沿残片。内外施釉。釉色褐灰色，釉质晶莹光洁，厚润，釉有光泽，微若橘皮状。胎质晶莹细密，铁灰色。

（4）青绿釉瓷碗　Ab 型，1 件。

00F∶038，褐绿釉瓷碗残底片，Ab 型。长 8 厘米，宽 5.5 厘米，残高 2.2 厘米。圈足高 1.1 厘米，足底宽 0.5 厘米。瓷碗残底片。侈口，微鼓腹，底心凹平，圈足碗残底片。内壁施釉。内底心刮釉一圈。外壁下腹及圈足内外露胎。足外壁近直，内壁呈喇叭口状，足底平。足内心凹，中心微凸，有圆凹棱尖状刀旋痕。胎质较细密，土白色。釉色褐绿色，釉边棕褐色。釉质晶莹光洁，釉面亚光，微呈橘皮状。

（5）豆青釉瓷碗

① 豆青釉刻花瓷碗残片，Ab 型Ⅰ式，3 件。

00F:023，豆青釉刻花瓷碗残片，Ab 型Ⅰ式。长 5 厘米，宽 3.7 厘米，残高 2.8 厘米，圈足高 0.5 厘米，足底宽 0.5 厘米。侈口，斜壁微鼓腹，圆凹底，圈足碗残片。内壁刻饰荷花纹饰，图案残缺不全。内外施釉。内底心刮釉一圈。外壁施釉至圈足底边，圈足外壁呈棱箍状，内壁微呈喇叭口状，足底平，内外边斜削。足内心凹平，外壁施釉，足底内心露胎。胎质晶莹细密，浅灰色。釉色豆青色，棱突边呈灰白痕，釉边呈棕褐色。釉质晶莹光洁，釉面微有气泡，有细微晶裂纹痕，有磨蚀痕。

00F:030，豆青釉刻花瓷碗残底片，Ab 型Ⅰ式。长 6 厘米，宽 5.5 厘米，残高 2.5 厘米，圈足高 0.6 厘米，足底宽 0.4 厘米。侈口，斜壁微鼓腹，圆凹心底，圈足碗残片。内壁刻饰荷花叶枝蔓图案不详。内外施釉。圈足内外施釉足底刮釉。釉色不匀，圈足外壁直，内壁微呈喇叭口状。足底平，内外边微斜削。足内心凹平，中心微凸。胎质晶莹细腻，灰色。釉色豆青色，色彩青翠，釉边薄部呈棕褐色。釉质晶莹光洁厚润，釉面有光泽，微有气泡“棕眼”痕，有细微晶裂片纹痕。

00F:059，豆青釉刻花瓷碗残片，Ab 型Ⅰ式。长 5.5 厘米，宽 4.4 厘米。碗腹壁残片，内壁刻水波纹荷叶图案纹痕，残缺不全。内外施釉。釉色豆青泛黄色，釉质晶莹光洁。釉面有光泽，微有气泡“棕眼”痕，有细微晶裂纹痕。胎质晶莹细腻，浅灰色。

② 豆青釉刻花瓷碗残片，Ab 型Ⅱ式，1 件。

00F:022，豆青釉刻花瓷碗残片，Ab 型Ⅱ式。长 7.5 厘米，宽 4 厘米，残高 2 厘米。圈足高 0.7 厘米，足底宽 0.4 厘米。侈口，斜壁微鼓腹，圆凹心底（鸡心底），圈足碗残片。内壁刻饰花卉图案，残缺不全，似牡丹花饰。内外施釉。外壁施釉至腹底，近圈足刻饰棱圆一道。圈足内外露胎，足圆心施釉。釉呈棕褐色。圈足外壁直，内壁微呈喇叭口状，足底平，足内心凹平，中心微凸。胎质晶莹细腻，灰色。釉色豆青色，微泛黄。外壁下腹边杂棕褐色斑痕。釉边薄部呈棕色。

③ 豆青釉瓷碗残片，Ac 型Ⅰ式，2 件。

00F:048，豆青釉瓷碗残片，Ac 型Ⅰ式。长 4.5 厘米，宽 3.8 厘米。腹壁残片。内外施釉。釉色豆青色。釉质晶莹、厚润、光洁，釉面有光泽，有细微气泡“棕眼”痕。有细微晶裂片纹痕。胎质细密，灰色夹细微黑粒。

00F:051，豆青釉瓷碗残片，Ac 型Ⅰ式。长 4.4 厘米，宽 3.2 厘米，残高 3.2 厘米。尖圆唇，侈口，斜壁微鼓腹碗残片。外壁唇口下饰宽棱边。内外施釉。釉色豆青色，唇口釉色呈褐色。釉质晶莹光洁，釉面有光泽，有气泡“棕眼”痕。胎质薄俏，晶莹细腻，浅灰色。

④ 豆青釉瓷碗残片，Ca 型，2 件。

00F:056，豆青釉瓷碗残片。Ca 型。长 4.4 厘米，宽 3.3 厘米，残高 1.8 厘米，圈足高 0.3 厘米，足底宽 0.3 厘米，圈足直径 3.4 厘米。侈口，斜壁，小凹平底，圈足碗残片。内外施釉。足底刮釉露胎。外壁有疵痕斑点灰白色。圈足外壁直，内壁呈喇叭口状，足底平，向外微斜倾。足内心凹平，中心微凸。圈足底多有不平整处。胎质细腻，浅灰色。釉色豆青色，釉质晶莹光洁，釉面亚光，色泽淡雅。有细微晶裂片纹痕，微有疵痕。

00F: 057，豆青釉瓷碗残片，Ca 型。长 5.7 厘米，宽 3.8 厘米，残高 2.3 厘米。圈足高 0.7 厘米，足底宽 0.9 厘米。侈口，斜壁，圆凹底，圈足碗残片。内外施釉。内底心刮釉一圈。外壁施釉至圈足底边。圈足外壁施釉，釉色不匀。足底内心露胎。圈足外壁由根至底稍向外斜削，内壁微呈喇叭口状，足底三分之一向外，三分之二向内边斜削滚圆呈脊棱状。足内心凹平，中心微凸。胎质晶莹细密，灰褐色。釉色豆青泛黄色，釉边薄处呈棕褐色，釉质晶莹光洁，釉面亚光。

⑤ 豆青釉花边瓷碗残片，Ce 型，1 件。

00F: 054，豆青釉花边瓷碗口沿残片，Ce 型。长 3.3 厘米，宽 3 厘米，残高 2.7 厘米。圆唇，花边状，侈口，斜壁微鼓腹碗口沿残片。外壁压印饰一道圈棱，内壁中腹部压印花纹，图案不详。内外施釉。胎质晶莹细腻，灰色。釉色青色泛黄，唇棱边棕黄色，釉质晶莹光洁，釉面微有气泡“棕眼”痕，有细微晶裂片纹痕。

（6）黄绿釉瓷碗

① 黄绿釉瓷碗残片，Aa 型，1 件。

00F: 027，浅黄绿釉瓷碗残片，Aa 型。长 7.8 厘米，宽 3.8 厘米，残高 2.2 厘米。圈足高 0.7 厘米，足底宽 0.7 厘米。侈口，鼓腹，圆凹底，外壁近底部刻一道圈纹。内外施釉。内底防刮釉一圈，外壁施釉至下腹近底边，外壁腹底及圈足内外露胎。足外壁呈棱箍状，内壁微呈喇叭口状，足底一半，外边斜削。足内心凹平，中心微凸。胎质细密，土黄褐色。釉色浅黄绿色，外壁釉边呈棕褐色，无白化妆土部分呈褐色。釉质晶莹光洁，釉面有光泽，细腻，有微细晶裂片纹痕。

② 黄褐釉瓷碗残片，Ab 型，1 件。

00F: 046，黄褐釉瓷碗残片，Ab 型。长 7 厘米，宽 5.3 厘米，残高 5 厘米。圆唇，微侈口，圆折鼓腹，斜壁微鼓腹碗残片。内外施釉。釉色黄褐色，唇口内外釉呈蓝褐色渐变。釉质晶莹厚润，光洁，浓稠有气泡。釉面稍有光泽，微若橘皮状。胎质较细密，褐灰色。有高温近火烧红痕。

③ 黄绿釉刻花瓷碗残片，Cb 型，1 件。

00F: 047，黄绿釉刻花瓷碗残片，Cb 型。长 6.8 厘米，宽 4.2 厘米，残高 4.2 厘米。厚卷圆棱唇，侈口，斜壁微鼓腹碗残片。内壁是腹部压印饰一道圈纹，下饰荷花瓣纹图案。内外施釉。胎质晶莹细腻，褐色。釉色黄绿色，唇口边花瓣棱边泛灰白痕，釉质晶莹光洁，釉面亚光。

（7）浅蓝灰釉瓷碗

① 浅蓝灰釉瓷碗残片，Aa 型 I 式，2 件。

00F: 050，浅蓝灰釉瓷碗残片，Aa 型 I 式。长 5 厘米，宽 4 厘米，残高 2.6 厘米。圈足高 1 厘米，足底宽 0.6 厘米。侈口，斜壁微鼓腹，圆凹底，圈足碗残片。内外施釉。外壁施釉至腹底圈足边。圈足内心施釉，内外壁施薄釉不匀呈棕色。足底刮釉露胎。圈足壁微呈喇叭口状稍外撇，足底平，内外边滚棱。足内心凹平。胎质细密，浅灰色。釉色浅蓝色，釉边，薄部呈棕褐色。釉质晶莹厚润，光洁，釉面有光泽，微有橘皮痕。

00F: 049，浅蓝釉瓷碗残片，Aa 型 I 式。长 5.8 厘米，宽 3.8 厘米。腹壁残片。内外施釉。釉色浅蓝色。釉质晶莹、厚润、光洁，釉面有光泽，有细微气泡“棕眼”痕，有釉流蚓痕。胎质细腻，铁灰色。

② 浅蓝灰釉瓷碗残片，Aa 型Ⅱ式，1 件。

00F:012，浅蓝灰釉瓷碗残片，Aa 型Ⅱ式。长 7.5 厘米，宽 6.5 厘米，残高 2.8 厘米。圈足高约 1.2 厘米，直径约 4.9 厘米。侈口，鼓腹，凹平底。内底心压一道圈纹。内外施釉。圈足外壁施釉，内心露胎。外壁直，内壁微呈喇叭口状。足内心凹平。足底残损。胎质晶莹、洁白、细腻。釉色淡蓝白色，釉聚厚处稍呈浅蓝色，釉质晶莹光洁，细腻。釉面有光泽，有细微晶裂片纹痕，若开片状（彩版四三，2）。

③ 蓝灰釉瓷碗残片。Ac 型Ⅰ式，2 件。

00F:069，蓝灰釉瓷碗口沿残片。Ac 型Ⅰ式。长 4.5 厘米，宽 3.6 厘米，残高 3.5 厘米。圆唇，微侈口，圆鼓腹碗口沿残片。内外施釉。釉色蓝灰色，杂灰白斑点痕，唇口部位釉呈褐色渐变。釉质晶莹、厚润、光洁，釉面有光泽，有细微气泡“棕眼”痕，有釉流蚓痕。胎质晶莹细密，浅灰色夹黑粒。

00F:045，蓝褐釉瓷碗残片，Ac 型Ⅰ式。长 6 厘米，宽 5 厘米。腹壁残片。内外施釉。釉色蓝褐色，釉质晶莹、厚润、光洁，釉面有光泽，微呈橘皮状。胎质较细密，褐灰夹微小黑粒。

（8）青花釉瓷片　Ab 型Ⅱ式，1 件。

00F:042，青花釉瓷残片，Ab 型Ⅱ式。长 5.2 厘米，宽 2.8 厘米。腹壁残片。内外施釉。外壁施青花彩釉，饰“草节节”纹饰，色蓝灰，色重处有锈斑痕。胎质晶莹、洁白、细腻。

（9）黑褐釉瓷碗

① 黑褐釉瓷碗残片，Aa 型Ⅰ式，1 件。

00F:004，黑褐釉瓷碗残底片，Aa 型Ⅰ式。长 5.5 厘米，宽 3.2 厘米，残高 2.5 厘米。圈足高 1.1 厘米，足底宽 0.8 厘米。侈口，微鼓腹，圆凹心底（鸡心底），圈足碗残底片。内外施釉。足底刮釉露胎。圈足外壁直，内壁呈喇叭口状，足底平，内外边稍削棱。足内心凹平。胎质较密实，土褐色夹小黑粒。釉色黑褐色，杂棕褐斑点痕，釉薄处呈棕褐色。釉质晶莹光洁。釉面有光泽，微有“棕眼”痕，有釉流蚓痕。

② 黑釉瓷碗残片，Ab 型Ⅰ式，4 件。

00F:015，黑釉瓷碗（盘）残片，Ab 型Ⅰ式。长 11 厘米，宽 6.8 厘米，残高 2.7 厘米。圈足高 0.6 厘米，足底宽 0.5 厘米。侈口，斜壁微鼓腹，圆凹心底，圈足碗残片。内外施釉。内底心刮釉一圈，外壁施釉至下腹近底部，外壁下腹底及圈足内外露胎。圈足外壁呈圆棱箍状，内壁呈喇叭口状。足底平，外边斜削滚圆，内边微削棱。足内心凹平，中心微凸。胎质较细密，土黄白色。釉色黑褐色，釉边呈棕色。釉质晶莹光洁，釉面稍有光泽，微呈橘皮状。

00F:018，黑釉瓷碗残片，Ab 型Ⅰ式。长 10 厘米，宽 6.5 厘米，残高 4 厘米。圈足高 1.3 厘米，足底宽 1 厘米。侈口，鼓腹，圆凹底，圈足碗残片。内外施釉。外壁至中腹部位。内底心刮釉一圈。外壁中下腹及圈足内外露胎。圈足外壁微呈圆棱箍状，内壁呈喇叭口状，足底稍平，外边斜削滚圆。足内心凹平，中心微凸。胎质较细密，有隙孔干泥，土黄色。釉色酱黑色，釉边呈棕褐色。釉质晶莹光洁。釉面有光泽，微呈橘皮状。

00F:019，黑釉瓷碗残片，Ab 型Ⅰ式。长 8 厘米，宽 5 厘米，残高 2.8 厘米。圈足高 0.7 厘米，足底宽 0.7 厘米。侈口，微鼓腹，圆凹心底，圈足碗残片。内外施釉。足底刮釉露胎。圈足外壁近直，内壁呈喇叭口状，足底平，内外边稍棱。足内心凹平，中心微凸。胎质较密实，灰白色夹微小黑粒。釉色黑色杂棕褐斑点痕。釉边薄部位呈褐色。釉质晶莹光洁，釉面有光泽，微有“棕眼”痕。有银灰色痕。

00F:043，黑釉瓷碗残片，Ab型Ⅰ式。长10厘米，宽8厘米，残高3.8厘米。圈足高2.1厘米，足底宽0.4厘米。侈口，斜壁微鼓腹，圆凹底，圈足碗残片。内外施釉。内底心刮釉一圈，外壁施釉至下腹近底部，外壁下腹及圈足内外露胎。足外壁由桶至底微向外斜削。内壁圆旋微呈喇叭口状。足底稍平，外边斜削滚圆，呈内尖外圆棱状，足内心凹平。胎质较粗糙，砂粒明显，土白色。釉色酱黑色，釉边呈棕褐色。釉质晶莹光洁，釉面稍有光泽，微呈橘皮状。

③ 棕褐釉瓷碗残片，Ab型Ⅱ式，2件（彩版四三，3）。

00F:005，棕褐釉瓷碗口沿残片，Ab型Ⅱ式。长4厘米，宽2.6厘米，残高3.3厘米。侈口，圆唇。斜壁微鼓腹碗口沿残片。外口沿边微有棱。内壁刻饰花纹，图案残缺不详。内外施釉。釉色棕褐色，口沿部微淡，外壁褐色稍甚。釉质晶莹光洁，釉面有光泽，微有气泡“棕眼”痕，有细微晶裂片纹痕。胎质晶莹、细腻。

00F:040，褚褐釉瓷碗残底片，Ab型Ⅱ式。长5.3厘米，宽2.7厘米，残高2.8厘米。圈足高0.8厘米，足底宽0.7厘米。侈口，斜壁微鼓腹，圆凹底，圈足碗残底片。内壁施釉。外壁下腹及圈足内外露胎。圈足外壁直，内壁呈喇叭口状，足底平。足内心凹平。胎质较细密，土褐色。釉色褚褐色杂黑褐点痕。釉质晶莹光洁，釉面稍有光泽，若橘皮状，有“棕眼”痕。

④ 黑釉瓷碗残片，Ba型Ⅰ式，3件。

00F:014，酱黑釉瓷碗残底片，Ba型Ⅰ式。长7.3厘米，宽4.3厘米，残高2厘米。圈足高1厘米，足底宽0.5厘米。侈口，微鼓腹，凹平底心，圈足碗残底片。内外施釉。内底心刮釉一圈。外壁下腹及圈足内外露胎。圈足壁呈喇叭口状稍外撇。足底稍平，内外边斜削滚圆。足内心凹平，中心微凸。胎质较细密，土白色。釉色酱黑色，釉边呈棕色。釉质晶莹光洁，釉面稍有光泽，微呈橘皮状。

00F:029，黑褐釉瓷碗残片，Ba型Ⅰ式。长7.2厘米，宽6厘米，残高3.5厘米。圈足高1.3厘米，足底宽0.8厘米。侈口，鼓腹，圆凹平底，圈足碗残片。内壁施釉。内底心刮釉一圈。外壁下腹及圈足内外露胎。圈足外壁由根至底稍内收敛削。足内壁微呈喇叭口状，足底平，外边斜削滚圆。足内心凹平。胎质细密，土黄白色。釉色黑褐色，釉边呈褐色。釉质晶莹光洁，釉面稍有光泽，微呈橘皮状。

00F:035，黑釉瓷碗残底片，Ba型Ⅰ式。长6厘米，宽5.5厘米，残高1.7厘米。圆凹心足高0.5厘米。侈口，鼓腹，圆浅凹底，圆凹心足碗底残片。内壁施釉。外壁下腹及足内外露胎。足外壁直，底圆凹，底边削棱滚圆。胎质稍粗松，土黄色。釉色黑褐色。釉质晶莹光洁，釉面亚光，微呈橘皮状（彩版四三，3）。

（10）零星小件器物

00F:058，豆青釉瓷钵残片，长4.5厘米，宽3厘米，残高3厘米。宽卷折圆棱唇，敛口，鼓腹钵残片，外壁口沿棱下刻一道圈纹，腹壁刻饰花纹图案不详。内外施釉。釉色豆青色，唇口泛灰白痕。釉质晶莹厚润，亮洁，釉面有光泽，有微细气泡“棕眼”痕。胎质晶莹细腻，浅灰色。

00F:011，青白釉瓷高足杯柄底残片，底口直径4.5厘米，残高5.2厘米。高足杯残片，杯残，圆凹底高柄足，近杯底有棱箍一道，底呈喇叭口状。内外施釉。外壁釉至棱箍下少许，有流釉至底。高柄足下部内外及底露胎。喇叭口状柄底足，底平，外边斜收滚棱。内心锥凹。胎质较细密，土黄色。釉色青白色，外壁釉青白泛黄。釉质晶莹光洁，釉面薄稍有光泽，釉稍厚处有细微晶裂纹痕。

00F:028，白釉瓜棱瓣瓷壶（罐）残片，长7厘米，宽5厘米，残高4.5厘米。圈足高1厘米，足底宽0.8厘米。斜壁微鼓腹，圆凹底。外壁饰瓜棱瓣状。内外施釉。内壁施釉近底，圈足内外壁施釉不匀，未涂白化妆土部分釉呈青色，釉边呈棕色。足底刮釉露胎，足内心露胎，圈足壁呈喇叭口状微外撇，足底三分之一向外，三分之二向内边斜削滚圆呈脊棱状。足内心凹平。内底心露胎粗糙，刀旋痕明显。胎质较密实，土黄色夹细微黑褐粒。外壁釉色灰白色，内壁青色。釉质晶莹光洁。釉面有光泽，釉稍厚部有微细晶裂纹痕。

00F:010，白釉瓷盖残片，长4厘米，宽2.8厘米，残高2.8厘米。圆唇宽沿圆顶，子口斜收敛。尖圆唇，内壁呈穹庐状。外壁施釉。宽沿下稍粘釉，内壁子口内外露胎。胎质较细密，土白色。釉色骨白色，釉质晶莹光洁，釉面有光泽，有微细晶裂纹痕。

00F:031，黑釉瓷盖残片，长7.5厘米，宽4.5厘米，残高2.9厘米。方尖唇斜宽沿圆顶，平收沿，斜敛尖唇子口，内壁敛口，圆穹庐顶状瓷盖残片。外壁盖顶施釉，宽沿边釉不匀，沿下及子口内外露胎。胎质晶莹细密，浅灰色。釉色酱黑色，棱边薄部釉呈棕褐色。釉质晶莹光洁，釉面有光泽，微有橘皮“棕眼”痕。

（11）瓷盘残片

① 黑釉瓷盘残片，Ac型Ⅱ式，1件。

00F:034，黑釉瓷盘残片，Ac型Ⅱ式。长7厘米，宽3.5厘米，残高3.2厘米。圈足高1.5厘米，足底宽0.5厘米。微鼓腹，圆凹平底，圈足盘（浅碗）残片。内壁施釉。底心刮釉一圈。外壁下腹底及圈足内外露胎。圈足厚笨，外壁由根至底斜削敛，内壁呈大喇叭口状，足底平斜向外边倾。足内心陷凹平，底薄俏。胎质晶莹细密，灰褐色。釉色漆黑色，釉边呈褐色。釉质晶莹光洁，釉面微呈橘皮状。

② 白釉褐花瓷盘残片，Ba型Ⅱ式，1件。

00F:032，白釉褐花瓷盘残片，Ba型Ⅱ式。长7厘米，宽4.2厘米，残高2.2厘米。圈足高0.8厘米，足底宽0.7厘米。斜壁，凹平底，圈足盘残片。内外施釉。内壁底心施白化妆土绘褐彩花纹，图案残缺不详。外壁腹底及圈足内外露胎。圈足外壁由根至底稍斜削收敛，内壁呈喇叭口状，足底平，足内心凹平。胎质细腻，土褐灰色夹微细黑粒。釉色白釉泛灰黄色，褐彩呈黑褐色，面微涩。外壁施酱黑釉，釉边薄部位呈棕褐色。釉质晶莹光洁，釉面稍有光泽，微呈橘皮痕（彩版四五，4）。

（12）瓷罐残片

① 棕褐釉瓷罐残片，Cb型Ⅰ式，3件。

00F:003，棕褐釉瓷罐残片，Cb型Ⅰ式。长9.5厘米，宽7厘米，残高4.2厘米。圈足高0.5厘米，足底宽1.8厘米。鼓腹，圈足，圆凹底。内外施釉。圈足壁微呈喇叭口状稍外撇，足底平，外边稍削棱。足内心凹平，中心微凸。胎质晶莹细密，灰褐色夹微细黑粒。釉色外壁棕红色，内壁棕褐色。釉质晶莹光洁，釉面涩多疵痕。

00F∶016，酱黑釉瓷罐残片，Cb 型Ⅰ式。长 8.5 厘米，宽 4.5 厘米，残高 2.8 厘米。瓷罐残片。鼓腹，圆凹内底。内外施釉。罐底露胎，边稍平，内壁呈喇叭口状，底内心凹平，中心微凸。胎质较细密，土白色。釉色酱黑色。釉边棕褐色，薄处呈褐色。釉质晶莹光洁，釉面稍有光泽，微呈橘皮状。内壁底釉薄涩多疵痕。

00F∶020，棕褐釉瓷罐残片，Cb 型Ⅰ式。长 6.8 厘米，宽 5 厘米，残高 4 厘米。圈足高 1.2 厘米，足底宽 1.4 厘米。鼓腹，圆凹底。外壁施釉至下腹部位。内外下腹底及圈足内外露胎。外壁近底出一道圈槽痕，圈足外壁呈平棱箍状，内壁呈大喇叭口状，足底平，二分之一向外边斜削呈坡棱。足内心凹平。罐底心薄。胎质较细密，灰褐色。釉色棕褐色，釉质晶莹光洁，釉面近边薄涩。

② 黑褐釉素底瓷罐残片，Cc 型Ⅱ式，1 件。

00F∶025，黑褐釉素底瓷罐残片，Cc 型Ⅱ式。长 7.5 厘米，宽 4 厘米，残高 2.5 厘米，圈足高 0.5 厘米，足底宽 1.2 厘米，圈足直径约 4.7 厘米。圆鼓腹，圆凹底，宽圈足（玉璧底型）瓷罐残片。内外施釉至下腹部，内外底露胎。下腹底及圈足内外露胎。沾粉红色彩。圈足外壁由根至底斜削外撇，内壁圆旋微凹，呈喇叭口状，足底一半，微向内倾斜，外边斜削底呈脊棱状。足内心凹平，中心微凸。胎质较细密，土褐色。釉色黑褐色，釉质晶莹光洁，釉面有光泽。

③ 豆青釉瓷罐残片，Ha 型，1 件。

00F∶026，豆青釉瓷罐残片，Ha 型。长 8.7 厘米，宽 6 厘米，残高 5 厘米。圈足高 0.8 厘米，足底宽 1 厘米。圆鼓腹，圆凹底，圈足。外壁饰瓜棱瓣状。内外施釉。外壁釉至下腹流釉至足底边，内壁至下腹部。圈足内外施薄釉，足底刮釉露胎。釉色棕褐色为主，其余色不匀。足外壁直，内壁微呈喇叭口状，足底一半，外边斜削滚棱。足内心凹平。胎质晶莹细腻，铁灰色夹黑粒。有隙孔开裂。釉色豆青色泛褐色，釉边薄部位呈棕褐色。釉质晶莹光洁，釉面稍有光泽，微呈橘皮状。

（13）瓷盆残片

① 黑釉刻花纹瓷盆残片，Aa 型Ⅱ式，1 件。

00F∶009，黑釉刻花纹瓷盆残底片，Aa 型Ⅱ式。长 11.5 厘米，宽 8.5 厘米，残高 1.8 厘米。圈足高 1 厘米。内壁施黑釉，刻花，底边刻饰一道圈纹，内心刻水波乡长鱼鳞状，花叶纹饰，图案残缺不详。底残留支钉痕较粗糙。盆底露胎面涩圈足外壁刻二道圈纹，内壁微凹呈喇叭口状，足底向内外斜削滚圆呈脊棱状。底内心凹平，中心再凹旋平。胎质较细密，有隙孔干泥痕，灰褐色。黑釉釉质晶莹光洁，釉面微有“棕眼”痕。釉边呈棕色（彩版四五，4）。

② 黑褐釉瓷盆残片，Cb 型，2 件。

00F∶001，黑褐釉瓷盆口沿残片，Cb 型。长 13.5 厘米，宽 7.5 厘米，残高 9.5 厘米。宽厚圆唇反卷折沿口，束颈，斜溜棱肩。内外施釉。口沿内外露胎。釉色内壁黑褐色，釉质晶莹光洁，釉面薄，微有光泽，微呈橘皮状。外壁釉褐色，釉质薄涩，粗糙。胎质粗，砂粒明显，土白色。

00F∶072，黑褐釉瓷盆残片，Cb 型。长 12.5 厘米，宽 6.5 厘米，残高 4.6 厘米。圈足高 1 厘米。斜壁，圆凹平底。内外施釉。外壁施釉至下腹近底边。圈足内外露胎。外壁由根部刻棱圈一道，由根至底向外撇斜削。内壁呈喇叭敞口状，足底平。外边斜削滚棱。足内心凹平。胎质稍粗，土白色。釉色外壁黑褐色，杂棕褐斑点痕，釉边呈棕褐色。内壁不平整，釉呈深浅棕褐色。外壁釉质晶莹光洁，釉面吸光泽，微有橘皮痕。内壁釉薄涩。

③ 白釉瓷盆残片，Da 型，1 件。

00F:007，白釉瓷盆残片，Da 长 9.5 厘米，宽 6 厘米，残高 5 厘米。圈足高 1.2 厘米，足底宽约 1 厘米。侈口，斜壁，平底心圈足。内外施釉。外壁半挂釉至下腹部位。外壁下腹及圈足内外露胎。圈足外壁由根至底稍向外斜削，内壁呈大喇叭口状，足底平，向内外边斜削滚棱呈宽脊棱状。足内心凹平。胎质较细密，土黄色。釉色黄白色，釉质晶莹光洁，釉面有光泽，有细微晶裂片纹痕。

④ 黑釉瓷盆残片，Dc 型，1 件。

00F:002，黑釉瓷盆残底片，Dc 型。长 7.5 厘米，宽 6 厘米，残高 3.7 厘米。圈足高 1 厘米。侈口，凹平底，圈足。内外施釉。圈足底心露胎。足外壁由根至底斜削外撇。内壁呈大喇叭敞口状。足底平，外边斜削。施釉后棱边不显呈滚圆状。足底心凹平。胎质细密，土白色夹棕褐微粒。釉色黑杂褐色斑点痕。釉边棱部呈棕褐色。釉质晶莹光洁，釉面有光泽，微有“棕眼”痕。

⑤ 青白釉瓷盆残片，Fa 型，1 件。

00F:036，青白釉瓷盆口沿残片，Fa 型。长 5 厘米，宽 3.9 厘米，残高 3.9 厘米。宽厚方棱唇，微敛口，圆鼓腹。内外施釉。唇口刮釉露白化妆土色。胎质较细密，灰色，有高温近火烧结痕。釉色青白色，釉质晶莹光洁，内壁釉面高温近火烧瑕疵较多，外壁釉面薄涩。

TG1

TG1 路土硬面层出土标本用“TG1①”标明。

（1）白釉瓷碗残片

① 白釉瓷碗残片，Bb 型Ⅰ式，1 件。

00TG1:175，白釉瓷碗残片，Bb 型Ⅰ式。直径约 12 厘米，高 4 厘米，圈足高 0.4 厘米，直径 4.8 厘米，足底宽 1 厘米。圆唇，侈口，斜壁微鼓腹，凹底，圈足。内外施釉。内底可见两支钉痕，大小不一。外壁半挂釉至下腹部，流釉至圈足边。有白化妆土变色不匀状。圈足内外露胎。外壁由根至底稍外斜削。足底向内外斜削滚棱。内壁呈喇叭口状圆旋削。足内心凹，中心稍凸，刀旋留突尖。胎质稍粗，砂粒明显，土白色。釉色牙白色，釉质晶莹光洁，釉面有晶裂纹痕（图六三，3；彩版五〇，1）。

② 白釉瓷碗残片，Bc 型Ⅰ式，3 件。

00TG1:153，白釉瓷碗口沿残片，Bc 型Ⅰ式。长 6 厘米，宽 4.7 厘米，残高 5.5 厘米。侈口，厚卷圆唇，鼓腹。内外施釉。釉色牙白色，釉质薄涩，釉面重处有细微晶裂痕。胎质较细密，有隙孔，土白色。

00TG1:155，白釉瓷碗残片，Bc 型Ⅰ式。长 7.2 厘米，宽 4 厘米，残高 3.7 厘米。侈口，圆唇，鼓腹。内外施釉。唇口刮釉一圈，釉色洁白，釉质晶莹亮洁，釉面有光泽，有疵点，有均匀细微晶裂片纹痕。胎质较密实，土黄色。

00TG1:161，白釉瓷碗口沿残片，Bc 型Ⅰ式。长 4 厘米。白釉瓷宽沿圆折，鼓腹。内外施釉。釉色黄白，釉质晶莹光洁，釉面有光泽，可见细微晶裂纹痕。胎质较细密，土白色。

③ 白釉瓷碗残片，Bh 型Ⅰ式，2 件。

00TG1∶152，白釉瓷碗口沿残片，Bh 型Ⅰ式。长 6.5 厘米，宽 5 厘米，残高 5.2 厘米。圆唇，敞口，敞圆折沿斜壁鼓腹碗残片。内外施釉。唇口边沿刮釉一圈。釉色白色，釉质薄涩，釉面有微细晶裂纹痕。胎质稍粗，有隙孔，土黄色。

00TG1∶164，白釉瓷盅碗口沿残片，Bh 型Ⅰ式。长 4.3 厘米，宽 2 厘米，残高 1.8 厘米。圆唇，敞口卷折沿，鼓腹。内外施釉，口沿部刮釉一圈。釉色牙白色，釉质晶莹光洁，釉面有微细晶裂片纹痕。胎质较细密，土黄色。

④ 白釉瓷碗残片，Bh 型Ⅱ式，1 件。

00TG1∶162，白釉瓷碗残片，Bh 型Ⅱ式。长 5 厘米，宽 3.7 厘米，残高 2.3 厘米。尖圆唇，敞口，敞圆折沿，微鼓浅腹碗口沿残片。内外施釉。釉色洁白，釉质晶莹光洁，釉面有光泽，微有疵点，胎质薄俏，洁白细腻。

⑤ 白釉瓷碗残片，Dd 型Ⅰ式，1 件。

00TG1①∶183，白釉瓷碗口沿残片，Dd 型Ⅰ式。长 5 厘米，宽 3.2 厘米，残高 2.3 厘米。圆唇，敞口，斜壁圆折腹。内外施釉。釉色牙白色，釉质晶莹亮洁，釉面有光泽，可见晶裂片纹痕。胎质较密实，土黄色夹微黑粒（彩版五〇，2）。

⑥ 白釉瓷碗残片，Dd 型Ⅱ式，1 件。

00TG1∶154，白釉瓷碗口沿残片，Dd 型Ⅱ式。长 7 厘米，宽 5.6 厘米，残高 3.5 厘米，圆唇，敛口，斜腹微敞，底折腹。内外施釉。釉色牙白色。釉质晶莹光洁，釉面微有疵点，釉厚处有晶裂纹。胎质较细密，土白色。

（2）青白釉瓷碗

① 青白釉瓷碗残片，Ea 型，2 件。

00TG1∶148，青白釉瓷碗残片，Ea 型。长 5 厘米，宽 4 厘米，残高 2.2 厘米。圈足高 0.5 厘米，足底宽 0.4 厘米。侈口，斜壁，凹浅圆底。内壁施釉，底心刮釉一圈。圈足内外及外壁下腹部位露胎。圈足外壁由根至底向外斜削，内壁呈喇叭口状，足底平，内外边滚棱，足内心凹平，中心微凸，刀旋痕明显，胎质稍粗，土黄色夹黑微粒。釉色青白，釉质晶莹亮洁，釉面有晶裂片纹痕。

00TG1∶163，青白釉瓷盏碗口沿残片，Ea 型。长 4 厘米，宽 2.5 厘米，残高 1.5 厘米。尖圆唇，敞口，斜腹壁。内外施釉。釉色青白，釉质晶莹光洁，釉面薄涩。胎质晶莹洁白细腻。

② 青黄釉瓷碗残片，Eb 型，2 件。

00TG1∶147，青黄釉瓷碗残片，Eb 型。长 6.6 厘米，宽 5 厘米，残高 2.8 厘米。圈足高 0.6 厘米，足底宽 0.8 厘米。侈口，斜腹壁，圆凹底。内壁施釉，底心压一道槽圈，圈边一圈粘砂。外壁下腹及圈足内外露胎。圈足外壁直，内壁呈喇叭口状，足底平，外边斜削滚棱。足内心陷凹平。底壁薄。胎质细密，土白色。釉色青黄色，釉质薄涩，釉面亚光。若“棕眼”，有微细不匀晶裂痕。

00TG1∶150，青黄釉瓷碗残底片，Eb 型。长 5.5 厘米，宽 2.5 厘米，残高 1.5 厘米。圈足高 0.7 厘米，足底宽 0.8 厘米。圆凹底，圈足碗残底片。内壁刻纹饰，施釉。圈足内外露胎。外壁直，内壁圆旋喇叭口状，足底平，外边棱滚圆。足内心凹平。刀旋痕明显。胎质细密，有隙孔，土白色。釉色青黄色，釉质晶莹光洁。釉面若微细“棕眼”，有细微晶裂片纹痕。

（3）豆青釉瓷碗

① 豆青釉瓷碗残片，Aa型Ⅰ式，1件。

00TG1①：187，豆青釉瓷碗口沿残片，Aa型Ⅰ式。长3.8厘米，宽1.8厘米，残高1.4厘米。方尖唇，敞口，斜壁。内壁腹部留压花图案，纹饰不详。内外施釉，釉色豆青，釉质晶莹亮洁，釉面有光泽，可见微晶裂片纹痕，气泡“棕眼”痕。胎质薄俏，晶莹细腻，浅灰色。

② 豆青釉印花瓷碗残片，Ba型Ⅰ式，1件。

00TG1：151，豆青釉印花瓷碗残片，Ba型Ⅰ式。长8厘米，宽5.5厘米。内壁鼓腹印饰水浪纹图案。内外施釉。残留底心可见有刮釉一圈痕。釉色豆青泛黄绿色。花纹突起部位釉呈磨蚀灰白色。釉质晶莹光洁，釉面有细微晶裂片纹痕。磨蚀面涩少光泽。胎质晶莹细腻，浅灰色（彩版五〇，1）。

③ 浅豆青釉瓷碗残片，2件。

00TG1：160，浅豆青釉瓷碗口沿残片，Bc型Ⅰ式。长3.8厘米，宽2.5厘米，残高3.8厘米。00F：033，浅豆青釉瓷碗残底片，Bc型Ⅰ式。长8厘米，宽6厘米，残高5.5厘米。圈足高0.8厘米，足底宽0.3厘米。两残片为同一器物，无法相接，但观察此器物可合为一。圆唇，微侈口，直壁微鼓，圆鼓腹底，圆凹底，圈足，内外施釉。釉质浅豆青色。釉质晶莹厚润亮洁，釉面有光泽，唇口稍呈黄色。圈足底釉边呈浅棕黄色。釉厚处呈绿色。可见分布不匀气泡及“棕眼”痕。圈足内外施釉。圈足外壁出根至底向内斜削。内壁呈喇叭口状，足底稍平，外边斜削滚圆。足底及内壁刮釉露胎。足心凹平，中心微凸。釉色豆青泛黄色。胎质晶莹细腻，灰白色（彩版五〇，2）。

④ 浅豆青釉瓷碗残片，1件。

00TG1：157，浅豆青釉瓷碗残片，Bc型Ⅱ式。长4.5厘米，宽3厘米，残高2厘米。圆卷唇，侈口，鼓腹浅碗残片。内外施釉。釉色浅豆青色，釉质晶莹厚润光洁，釉面观察到均匀气泡。胎质晶莹细腻，浅灰色。

（4）黄绿釉瓷碗残片

① 绿釉瓷碗残片，Ac型，1件。

00TG1：168，绿釉瓷碗残片，Ac型。长6.3厘米，宽4.7厘米，残高6厘米。圆唇，侈口，直壁微鼓，圆腹瓷碗残片。内外施釉。釉色浅绿色，釉质晶莹厚润亮洁，釉面有光泽，可见气泡“棕眼”，细微晶裂片纹痕。胎质晶莹细腻，浅灰色（彩版五〇，1）。

② 黄绿釉瓷碗残片，Cb型，1件。

00TG1：165，黄绿釉瓷碗残片，Cb型。长4.2厘米，宽3.2厘米，残高3厘米。尖圆唇，敞口，斜壁微鼓腹碗残片。内外施釉。釉色黄绿色，釉质晶莹光洁，釉面若细棕眼，胎质晶莹细腻，黄白色（彩版五〇，2）。

（5）蓝灰釉瓷碗残片　Ac型Ⅰ式，2件。

00TG1：158，蓝灰釉瓷碗口沿残片，Ac型Ⅰ式。长4厘米，宽3.5厘米，残高3.6厘米。侈口，圆唇，圆鼓腹碗残片。内外施釉。釉色蓝灰色，釉质晶莹光洁，釉面微若橘皮状，可观察到大小不均匀气泡。胎质较密实，灰色。

00TG1：159，蓝褐釉瓷碗残片，Ac型Ⅰ式。长4.2厘米，宽2.5厘米，残高2.4厘米。圆唇，侈口，鼓腹。内外施釉，釉色蓝褐色，口沿部位釉色稍泛绿。釉质晶莹亮洁，厚润，釉面有气泡“棕眼”痕，晶裂纹痕。胎质细密，黑灰色。

（6）黑釉瓷碗

① 黑“油滴”釉瓷碗残片，Aa型Ⅱ式，1件。

00TG1∶190，黑“油滴”釉瓷碗残片，Aa型Ⅱ式。长2.3厘米，宽1.8厘米。内外施釉。釉色黑，均匀分布雪花状，银白色斑痕“油滴”俏丽雅稚，釉质晶莹光洁，釉面微若橘皮状。胎质晶莹细腻，灰白色（彩版五〇，2）。

② 褐釉瓷碗残片，1件。

00TG1∶149，褐釉瓷碗残片，Ab型Ⅱ式。长7.5厘米，宽3.6厘米，残高3厘米。侈口，斜腹壁微鼓，圆凹底，圈足。内外施釉。内底心刮釉一圈，外壁半挂釉至下腹近底。圈足内外露胎，足外壁直，内壁呈喇叭口状，足底平，外边削棱滚圆，足内心陷凹平。胎质较细密，土白色。釉色褐色，釉质薄涩（彩版五〇，1）。

③ 黑白釉盏碗残片，Ad型，1件。

00TG1∶174，黑白釉盏碗残片，Ad型。长2厘米，宽1.5厘米，残高1.3厘米。圆唇，敞口，棱肩，斜壁盏碗口沿残片。内外施釉。唇口至棱肩施白釉，腹壁下施黑釉。釉质晶莹亮洁，白釉面有微晶裂纹痕。黑釉面微若橘皮状。胎质薄俏，洁白细腻。

（7）白釉瓷罐口沿残片　Bb型，1件。

00TG1∶171，白釉瓷罐口沿残片，Bb型。长3.7厘米，宽2.3厘米，残高2厘米。尖圆唇，敞口，束颈，溜肩鼓腹罐残片，内外施釉，唇口沿刮釉露胎。釉色黄白，釉质晶莹光洁，釉面有微细晶裂片纹痕。胎质稍粗，土黄色。

（8）零星小件器物　1件。

00TG1①∶177，酱褐釉灯盏残片，长7.5厘米，宽4.5厘米，高3厘米。直径约11厘米。足高0.4厘米。厚圆唇，敞口，微鼓腹，平底，平凹足。内外施釉。内底心刮釉一圈，外壁施釉至口沿下部。外壁大部及底露胎，足底圆凹，足外壁直。胎质较粗，土白色。制作粗糙。釉色酱褐色，釉质薄涩，釉面多疵点，粘砂（彩版五〇，2）。

TG3（东端沙土内）

00TG3①∶212，白釉瓷碗残片，Da型Ⅰ式。长4.5厘米，宽3.5厘米，残高2.5厘米。圈足高0.7厘米。侈口，微鼓腹，圆凹底，圈足。内外施釉。外壁半挂釉至下腹部位。圈足内外露胎。圈足外壁由根至底向外斜削。足底外边斜削，外壁出棱脊。足底向内壁稍斜削，底成脊棱，足内壁圆旋呈喇叭口状。足内心凹平。胎质细密，有隙孔，土褐色。釉色骨白，釉质薄涩，釉面磨蚀。

00TG3①∶211，黑褐釉罐残片，Cc型Ⅰ式。大小若干块片，无法黏接，为圆腹瓷罐，胎较薄，器形较大，外施黑釉。内施褐绿釉。釉质薄涩。釉面流蚓清晰可见。胎质晶莹细腻，灰白色，多有隙孔。

00TG3①∶213，灰白釉罐残片，Dc型。长4.5厘米，宽3.8厘米，残高3.5厘米。圆唇，敛口，斜凹肩折棱，棱出齿口痕，圆鼓腹罐残片。内外施釉。釉色灰白色，釉质晶莹光洁，釉面有光泽，若橘皮，有细微晶裂纹痕。胎质细密，灰色夹黑粒。

T1

（1）白瓷碗残片

① 高圈足白瓷碗残片，Ba 型Ⅰ式。2 件。

99T1①:006，高圈足白瓷碗残片，Ba 型Ⅰ式。长 9 厘米，宽 7 厘米，残高 3.2 厘米。圈足高 1.6 厘米，足底高 0.8 厘米。平底鼓腹高圈足。内外施釉，内壁底边饰一道圈纹饰，底心刮釉一圈。外壁施釉至下腹部。底部及圈足内外露胎。釉色洁白，稍泛青绿。晶莹亮洁，厚润，釉面有分布不匀晶裂纹。圈足外壁直，足根部内剔一凹槽。足底平，足外边棱斜削。足内心凹陷平，底心留刀旋尖痕，内壁呈喇叭口状。胎质较粗，浅灰色。

99T1①:041，高圈足白瓷碗残片，Ba 型Ⅰ式。直径 7.4 厘米，残高 2.5 厘米。圈足高 1.4 厘米，足底宽 0.8 厘米。内壁底平，刮釉一圈。釉色洁白，釉质晶莹亮洁，釉面磨蚀，有细微晶裂纹。圈足内外露胎，足根至底向外斜削。足底至外边棱滚圆。内心凹陷，底平，底心留刀旋尖痕。内壁呈喇叭口状。胎质较粗，有隙孔，土白色。

② 白瓷碗残片，Bb 型Ⅰ式，7 件。

99T1:002，白瓷碗残片，Bb 型Ⅰ式。长 7 厘米，宽 5.5 厘米，残高 1.7 厘米。圈足高 0.5 厘米，直径 4.5 厘米，足底宽约 1 厘米。侈壁，内底心微圆凹。内壁施釉，底心有三个支钉痕，痕若大米粒形。外壁半挂悉到下腹部，圈足底内外露胎，有白化妆土涂饰。圈足外壁直，边棱斜削，足底平。内心凹，与外壁心圆稍偏心。内壁呈喇叭口状。底心旋突尖。胎质较粗，土白色夹黑粒较多。釉色牙白，釉质晶莹有光洁，有光泽，可见橘皮，细微晶裂纹（彩版五五，2）。

99T1:024，白瓷碗残片，Bb 型Ⅰ式。长 8.5 厘米，宽 7.5 厘米，残高 4.7 厘米。圈足高 0.6 厘米，足底宽 1.4 厘米。侈口，微鼓腹，圆凹底。圈足。内外壁施釉，内壁底心可见一支钉痕，钉痕直径 0.3 厘米。外壁半挂釉，至下腹部。圈足白化妆土涂饰，薄厚不匀。足外壁由根至底稍外斜削，底边棱边斜削滚圆，足底向内倾斜平，内壁刀旋斜圆，内心凹，心微凸。胎质稍粗，土白色。釉质薄涩，色黄白，釉面有涩点。

99T1:032，白瓷碗口沿残片，Bb 型Ⅰ式。长 5.2 厘米，宽 3.2 厘米，残高约 2.7 厘米。侈口。圆唇，内外施釉，釉色黄白，釉质晶莹光洁，釉面有细微晶裂纹。胎质细腻，灰白色。

99T1:033，白瓷碗口沿残片，Bb 型Ⅰ式。长 3 厘米，宽 2.4 厘米。敞口，圆唇，鼓腹。内外施釉。釉色牙白，釉质晶莹厚润，釉面有少量“棕眼”瑕疵，有细微晶裂。胎质洁白细腻。

99T1:042，白瓷碗残片，Bb 型Ⅰ式。长 7 厘米，残高 2.5 厘米，圈足高 0.6 厘米，足底宽 1.2 厘米。侈壁，内底凹平，内壁施釉，底可见一支钉痕，钉痕直径约 0.5 厘米。外壁下腹底部和圈足内外露胎涂施白化妆土。圈足外壁直，足底中棱向外斜削滚圆，向内心斜削。足内心凹，内壁圆旋削。胎质较粗，土黄色。釉色牙白，釉质光洁，釉面可见细微晶裂纹痕。

99T1:043，白瓷碗残片，Bb 型Ⅰ式。长 6.3 厘米，宽 2.7 厘米。残片为碗底部分，内外施釉，釉色黄白，釉质晶莹光洁，可见细微晶裂。胎质较细密，土黄色。

99T1:050，白瓷碗口沿残片，Bb 型Ⅰ式。长 4.2 厘米，宽 3.8 厘米，残高 3.2 厘米。侈口，卷圆厚唇，内外施釉，釉质晶莹光洁，色牙白，有均匀细微晶裂痕。胎质较细密，土白色。

③ 白瓷碗残片，Bb 型Ⅱ式，1 件。

99T1①:022，白瓷碗残片，Bb 型Ⅱ式。长 5 厘米，宽 3.5 厘米，残高 2.7 厘米，圈足高 1 厘米。足底宽 0.7 厘米。壁斜，底平，内壁施釉，内底心刮釉一圈。外壁下腹部及圈足内外露胎。圈足底至外壁滚圆，足根束颈，足内心凹陷平，内壁呈喇叭口状圆旋，刀痕明显。胎质较细密，土白色。釉色青白，釉质晶莹光洁，釉面有细微晶裂纹。

④ 灰白釉瓷碗残片，Bc 型Ⅰ式，2 件。

99T1:030，灰白釉瓷碗口沿残片，Bc 型Ⅰ式。长 4.3 厘米，宽 2.5 厘米，残高 2.5 厘米。侈口，圆唇，外唇下有微棱，鼓腹，碗残片，内外施釉，釉色灰白，釉质晶莹光洁，釉面有橘皮“棕眼”状，有细微晶裂，片面较大。胎质细腻，灰白。

99T1:039，灰白釉瓷碗口沿残片，Bc 型Ⅰ式。长 7.3 厘米，宽 5.4 厘米，残高 4.7 厘米。侈口，厚卷圆唇。内外施釉，釉色灰白，釉质薄涩，釉面多有气泡点痕。胎质细密，灰白。

（2）青釉碗残片　Ca 型，2 件。

99T1:047，青釉碗残片，Ca 型。长 7.5 厘米，宽 6 厘米，直径约 11 厘米，高 5.5 厘米，圈足高 0.8 厘米，足底宽 0.4 厘米，底平宽 0.2 厘米。圈足直径约 4.2 厘米。侈口，圆唇，鼓腹，圈足碗残片，内外施釉，内壁心圆凹，底刮釉一圈。外壁半挂釉至下腹部。釉质晶莹光洁，浅豆青色。釉重处可见不匀气泡，晶裂。釉边呈棕色痕。圈足内外露胎。圈足呈喇叭口状，足底稍平，外边棱滚圆。足心内凹。胎质晶莹细密，色灰白，尖黑粒（图六二，1）。

99T1:049，青釉碗口沿残片，Ca 型。长 5.5 厘米，宽 3.5 厘米，残高 2.9 厘米。瓷碗口沿残片，侈口，圆唇，鼓腹碗残片。内外施釉，釉质薄涩，色青绿色。磨蚀严重。胎质晶莹细密，色浅灰。

（3）豆青瓷碗残片

① 豆青釉印花瓷碗残片，Aa 型Ⅰ式，2 件。

99T1:010，豆青印花瓷碗口沿残片，Aa 型Ⅰ式。长 4 厘米，宽 3.3 厘米，残高 3 厘米。圆唇，侈口，内外壁印花纹饰。内外施釉，釉质晶莹光洁，釉色豆青，釉面多“棕眼”气泡，有晶裂痕少许，胎质细腻，灰白色。

99T1:021，豆青釉印花瓷碗残片，Aa 型Ⅰ式。长 7.5 厘米，宽 4.2 厘米，残高 3 厘米。圈足高 0.6 厘米，直径 4.8 厘米。足底宽 0.5 厘米。侈口，圆底心，印花圈足碗，内壁腹部印花，内外施釉，底心刮釉一圈，外壁施釉至底足边，釉色豆青色淡雅，釉质晶莹光洁，釉面有橘皮“棕眼”，有晶裂。圈足底，内心露胎。足底平，向内外边斜削。外壁由根向底微斜削。内壁呈喇叭口状，足内心凹，中心微凸，有刀旋痕。胎质较粗，有隙孔，浅灰色。

② 豆青刻花碗残片，Ab 型Ⅰ式，2 件。

99T1:005，豆青刻花碗残片，Ab 型Ⅰ式。长 7 厘米，宽 5 厘米，残高 2.5 厘米，圈足高 1 厘米，足底宽 0.5 厘米。平底，圈足，内外壁残存圈纹，刻花纹饰，大小，图案不详，内底刮釉圈。内外壁施釉，釉色豆青，釉质晶莹厚润，釉面有“棕眼”，细微晶裂痕。圈足底平，外壁直施釉，足底外边棱斜削，足内壁呈喇叭口状，内心凹深陷平，施釉。胎质较粗，有隙孔，浅灰色。

99T1:040，豆青釉刻花瓷碗残片，Ab 型Ⅰ式。长 6.8 厘米，宽 4.1 厘米。瓷碗腹部残片，内外壁刻花水纹叶瓣图案，内外壁施釉，釉质晶莹光洁，釉色青泛绿，釉面多“棕眼”，可见晶裂痕。胎质细腻，浅灰色（彩版五五，2）。

③ 豆青瓷碗残片，Ac 型Ⅰ式，1 件。

99T1①:023，豆青瓷碗残片，Ac 型Ⅰ式。长 5 厘米，宽 4 厘米，残高 2.7 厘米。圈足高 0.7 厘米，足底 0.5 厘米。内壁施釉，底心刮釉一圈。外壁下腹和圈足内外露胎。足外壁根至底稍斜削，足平底，外边棱斜削，足内心凹陷平，内壁呈喇叭口状。胎质较粗细密，土白色。釉色豆青色，釉面有光洁。

④ 豆青釉瓷碗残片，Ba 型Ⅱ式，1 件。

99T1:004，豆青釉瓷碗残片，Ba 型Ⅱ式。长 6.2 厘米，宽 5.2 厘米，残高 2.5 厘米。圈足高 0.6 厘米，足底宽 0.5 厘米。圈足直径约 5.4 厘米。侈口，鸡心底，内壁印花，水纹图案，内外施釉，釉色豆青泛绿，釉质晶莹亮洁，有光泽，釉面多见“棕眼”气泡，大小不匀。圈足内外施釉，釉边呈棕色，内心釉色棕黄。足底中有向内外边斜削出脊棱，刮釉露胎，足内外壁微斜倾，足心凸圆。胎质较细，有隙孔，灰白色。

⑤ 豆青釉瓷片，Bc 型Ⅰ式，2 件。

99T1:020，豆青釉瓷残片，Bc 型Ⅰ式。长 3 厘米，宽 3 厘米，残高 2.5 厘米。瓷碗口沿残片，口沿部釉色豆青泛棕黄，内外壁釉色豆青，釉质晶莹厚润，有气泡“棕眼”晶裂纹痕。胎质细腻，灰色。

99T1:012，豆青釉瓷片，Bc 型Ⅰ式。长 4.3 厘米，宽 3 厘米。瓷器腹部残片。内外施釉，釉色豆青，釉质晶莹厚润，有光泽，釉面有明显晶裂和不匀气泡。胎质细腻，浅灰色。

（4）蓝灰釉钧瓷碗残片　Ac 型Ⅰ式，2 件。

99T1:027，蓝釉钧瓷碗残片，Ac 型Ⅰ式。长 7.8 厘米，宽 5 厘米，残高 3 厘米。圈足底高 1.1 厘米，足底宽 0.7 厘米。鸡心底，内外施釉，外壁施釉至圈足边，釉色浅蓝（蓝灰）釉质晶莹光洁，肥厚浓稠。聚釉多有气泡，釉边呈浅绿色。圈足外壁由根至底斜直，足底平，内心凹，内壁圆旋削，足心稍凸。刀旋痕明显。胎质较粗，晶莹灰白色。

99T1:028，灰釉（豆青灰）钧瓷碗残片，Ac 型Ⅰ式。长 8.5 厘米，宽 4.5 厘米。残高 2.6 厘米，圈足高 0.8 厘米，足底宽 0.6 厘米。鸡心底，圈足。内壁满施釉，外壁施釉到圈足边。有聚釉于底边，釉色豆青泛灰色，釉质厚润浓稠。釉面光洁。圈足呈喇叭口状，露胎。外壁由根束颈向底斜出，足底平斜，内壁斜削，底心凹平。胎质较粗，色土灰，火候很高，有烧结痕。

（5）青花釉瓷碗残片

① 青花釉瓷碗残片，Aa 型Ⅰ式，2 件。

99T1:011，青花瓷圈足底残片，Aa 型Ⅰ式。长 3.4 厘米，宽 2 厘米，残高 1.5 厘米。足高 1.1 厘米。内壁底平，有青花圈线纹图案。外壁施釉至圈足底边。足外壁直，绘二道圈纹饰，足根绘一道纹饰釉质光洁，青花色清心淡雅。圈足底，内心露胎，足底斜削滚圆。内壁呈喇叭口状，足心平凹。胎质洁白细腻。

99T1:031，青花釉瓷碗残片，Aa 型Ⅰ式。度 6.3 厘米，宽 3.8 厘米，残高 2.2 厘米。圈足高 1 厘米，足底宽 0.6 厘米。平底，鼓腹，圈足碗残片，内外施釉，内心青花绘花草纹饰。外壁残存线条图案。圈足外壁绘三道圈纹饰。釉质晶莹光洁，厚润。青花色艳。圈足底，内心露胎，足底向内斜旋削，足底向内斜倾，外壁直，外壁至足底斜削边滚圆。内壁圆旋削，足内心凹平。胎质洁白细腻（彩版五五，2）。

② 青花瓷盅盏残片，Ec 型，1 件。

99T1:015，青花瓷盅盏残片，Ec 型。长 2.9 厘米，宽 2.4 厘米。口沿残片，圆唇，侈口。内外施釉，内唇边二道圈纹，外唇边二道圈纹，外壁绘花草图案。釉色清淡稍灰，青花色浅微晕。釉质晶莹光洁，釉面多有均匀气泡。胎质晶莹，洁白细腻。

（6）黑釉高圈足碗　Ab 型Ⅳ式，3 件。

99T1:007，黑釉粗瓷碗残片，Ab 型Ⅳ式。直径 7 厘米，残高 2.7 厘米。圈足底高 1.9 厘米。粗瓷碗残底，内底平，心圆凹。内外施釉，底刮釉一圈。外壁施釉至圈足根，有流釉。圈足内外露胎。呈喇叭口状，外壁根部直壁，中部斜旋削束腰。足底滚圆。内壁斜旋。足心凹不平整。胎质粗夹砂明显，呈土白色。釉色黑，质光洁，釉面有橘皮状“棕眼”。

99T1:045，黑釉瓷碗残片，Ab 型Ⅳ式。长 9.3 厘米，宽 4.4 厘米。残高 2.8 厘米。圈足高 1.1 厘米，足底宽 0.6 厘米。内底心平，内壁施釉，釉色黑光洁，面有“棕眼”。底刮釉一圈。外壁下腹部及圈足内外露胎。圈足壁呈喇叭口状，外壁稍斜，内壁明显。足底外边削棱滚圆。足内心凹，心中留刀旋凸尖。胎质较粗，土白色。

99T1:052，黑釉瓷碗残片，Ab 型Ⅳ式。长 11.7 厘米，宽 5.3 厘米，残高 4.5 厘米。圈足高 1.7 厘米，足底宽 0.9 厘米。侈口，平底，高圈足粗瓷碗。内外施釉，内壁底刮釉一圈，圈足内外施釉，底刮釉露胎，向外边斜削滚圆。外壁直，内壁呈喇叭口状，内心凹陷，底平。胎质较粗，土白色。釉色黑亮，光洁，釉质厚润，釉面微显“橘皮”。

（7）瓷罐残片

① 白瓷罐残片，Bb 型，2 件。

99T1:032，白瓷罐残片，Bb 型。长 8.7 厘米，宽 5.2 厘米，残高 2 厘米。圈足高 0.6 厘米，足底宽 0.7 厘米。鼓腹，内底平，内外壁施釉，外壁半挂，施釉近底。圈足内外露胎，白化妆土涂饰。足外壁直，足底滚圆。内心凹平，内壁圆旋削有棱边。胎质较粗，土白色有隙孔。釉色青白，釉质光洁，釉面有细微晶裂纹。

99T1:035，白瓷罐残片，Bb 型。长 10 厘米，宽 5 厘米，残高 4.5 厘米，圈足高 1 厘米，足底宽 1.7 厘米。鼓腹，圆凹底，内壁施釉，釉质晶莹亮洁，釉色青白，多杂浅茶色斑点。釉面厚润，有晶裂纹。胎质较粗，土白色。

② 黑釉粗瓷罐残片，Bc 型Ⅰ式，1 件。

99T1:039，黑釉粗瓷罐口沿残片，Bc 型Ⅰ式。长 7 厘米，宽 5.2 厘米，残高 4.8 厘米。圆卷唇溜肩鼓腹罐口沿残片。内外施釉，釉色黑，釉质稠涩，釉面多“橘皮”“棕眼”。胎质稍粗，有隙孔，土白色。

③ 黑褐釉罐底残片，Cb 型Ⅰ式，4 件。

99T1:003，酱褐釉罐底残片，Cb 型Ⅰ式。长 7.8 厘米，宽 3 厘米，残高 2.3 厘米。平底足高 2.3 厘米。罐残片内底凹，刀旋制作痕明显。露胎。外壁残留釉至足边。足外壁中部斜削出棱边。底平，心微凹，底边至外壁斜削。釉色酱褐色，面光洁。胎稍粗，有隙孔，土白色多夹黑粒。

99T1:046，黑釉罐残片，Cb 型Ⅰ式。长 9 厘米，宽 5.5 厘米，残高 3.1 厘米。圈足高 0.7 厘米，足底宽0.5厘米。圆鼓腹，圆底，圈足。内外施釉，均半挂至下腹部，内外底，圈足露胎，釉色酱黑色，釉质薄光洁。圈足呈喇叭口状，足底平，外边棱斜削滚边棱。足心凹，中心微凸，刀旋痕明显。

99T1:053，黑釉罐残片，Cb型Ⅰ式。长9.3厘米，宽6.3厘米，残高3.5厘米，足高0.7厘米，足底宽1.6厘米。凹圆底，鼓腹，圈足罐残片，内外施釉，内底粘砂严重。外壁施釉至下腹近底。圈足内外露胎。足底宽平，外壁边由根至底稍斜，足底外边滚边棱，内心稍凹平，中心有刀旋痕明显。胎质较粗，土白色。釉色黑，釉面光洁。

99T1:054，黑釉罐残片，Cb型Ⅰ式。长7.7厘米，下腹径11厘米。底直径6.5厘米。凹平底，鼓腹罐残片，内外施釉，外壁施釉近底，底心凹平。底内边斜，底边平，内外露胎。釉色黑，釉面有“橘皮”“棕眼”，面光洁，胎较粗，土白色。

④ 黑褐釉粗瓷罐残片，1件。

99T1:055，黑褐釉粗瓷罐残片，Cc型Ⅰ式。残高7.3厘米，下腹直腹径19.5厘米，圈足底直径15.8厘米，足高1.5厘米，足底宽1.3厘米。深腹圆凹底，圈足罐残片。内外施釉，内壁制作旋痕迹明显，满施釉。外壁施釉至下腹底部。釉质薄涩，黑褐色。圈足呈喇叭口状。足根束颈，外边棱斜面削，外壁呈脊棱。足底平，由内向外斜倾，内心凹平，内壁圆旋，刀痕明显。胎质较粗，土白色夹黑粒不匀。

⑤ 黑褐釉瓷罐残片，1件。

99T1:036，黑褐釉瓷罐残片，Eb型。长5.5厘米，宽5厘米，残高4.7厘米。平底足高0.7厘米。平底，鼓腹罐残片，内壁呈旋纹状，棱脊明显，内外施釉，内壁施釉酱褐色，外壁施釉至下腹部。足底平外壁斜削成棱脊状。足根束颈。胎质细密灰色。釉黑色，釉色内外稍不同，釉面，外壁磨蚀，内壁釉面光洁，釉色褐黄、棕色点夹杂，釉面多有疵点（图三三，2）。

⑥ 黑褐釉腰鼓形罐残片，1件。

99T1:051，黑褐釉腰鼓形罐残片，Gb型。残高24.5厘米，底直径10厘米。高腰鼓形腹圈足底罐残片，内壁施青褐色釉，釉面薄涩，内底心刀旋痕明显，有寄语尖，残流黑釉，外壁施釉至下腹部，釉色黑褐，釉质光洁。下腹部及圈足内外露胎。外壁斜削成棱呈圈足状，内心凹平，内边圆旋，足底宽平，向外边斜削，滚边棱。胎质较粗，灰白色夹黑粒。

（8）黑褐釉盆残片　1件。

99T1:009，黑褐釉盆残片，Eb型。长22厘米，宽10厘米，残高4.2厘米。瓷盆残底片，内外施釉，外壁施釉至底棱边，釉色黑褐色，釉质晶莹光洁，内壁多制作痕迹。盆底露胎。底边削圆，底微凹平。有刀旋痕迹明显。胎质较粗，土白色。

（9）酱褐釉瓮残片　1件。

99T1:038，酱褐釉瓮残片，A型。长15厘米，宽10厘米，残高8.5厘米。壁厚1.5厘米。瓮口沿残片，宽厚圆卷唇束颈溜肩。内壁口沿下有肩折棱。内外施釉，内壁自折棱以下，外壁自圈唇外边。釉色酱褐色，釉质较粗涩，釉面有裂纹。胎质粗夹砂明显，土白色。

H1

（1）黑釉棕斑瓷碗残片　1件。

99H1∶030，黑釉棕斑瓷碗残片，Aa型Ⅱ式。长10厘米，宽4.5厘米，残高4厘米。厚圆棱唇，侈口，唇内微有圆棱。鼓腹碗残片。内外施釉，釉色黑褐色杂棕色斑痕，唇口釉至呈棕棕褐色，有釉流蚓痕，釉质晶莹光洁，釉面有光泽，有微细“棕眼”痕。胎质稍粗，有隙孔，灰褐色夹黑粒。

（2）零星小件器物　钵残片，2件。

99H1∶035，酱褐釉瓷钵口沿残片，长6厘米，宽2.7厘米，残高2.7厘米。腹壁残片，长5厘米，宽4厘米。内外施釉。外壁半挂釉至下腹部位。釉色酱褐色杂棕、褐色。唇内沿呈棕褐色。变色无拘，颜色自然。釉质晶莹光洁。釉面有光泽，有细微“棕眼”痕。胎质晶莹细密，灰白色。

99H1∶037，黑釉瓷钵口沿残片，长4.3厘米，宽3.7厘米，残高3.6厘米。厚圆棱唇，直壁棱肩圆鼓腹钵口沿残片。内外施釉。釉色漆黑色，棱唇边釉稍呈棕褐色。釉质晶莹厚润光洁，釉面有光泽，有细微“棕眼”痕。胎质较细密，灰褐色夹黑粒。

（3）青白釉瓷枕残片　B型，1件。

99H1∶033，青白釉瓷枕残片，B型。长9厘米，宽3.8厘米，瓷枕四周壁残片。平整，外壁施釉。釉色青白，釉质晶莹光洁，釉面有微细晶裂纹痕。胎质较细密，有隙孔，灰白色。

H2

99H2∶034，豆青釉瓷碗口沿残片，Ab型Ⅰ式。长4.3厘米，宽1.8厘米，残高1.6厘米。圆唇敞口沿微鼓腹碗口沿残片。内壁有刻花纹饰，如羽毛状排列，图案不详，内外施釉，釉色豆青色，釉质晶莹光洁。釉面有光泽，有细微气泡“棕眼”痕，胎质薄俏，晶莹细腻，浅灰色。

H12

00H12∶011，白釉瓷残片，Bc型Ⅲ式。长3厘米，宽1.5厘米。内壁施釉，釉色牙白色，釉质晶莹光洁，釉面有光泽。有细微晶裂片纹痕。胎质细腻，土白色。

00H12∶012，豆青釉瓷残片，Bc型Ⅰ式。长2.3厘米，宽1.8厘米。残底片内壁施豆青色釉，釉质晶莹，釉面有气泡“棕眼”痕。外壁施黄绿釉，釉质晶莹薄涩。可见刀旋痕。胎质晶莹细腻，灰色。

00H12∶010，黑褐釉瓷盆残片，Eb型。长7.5厘米，宽4.5厘米，残高4.5厘米。宽方圆棱唇，卷折沿，侈口，束颈，溜折肩，鼓腹盆残片。内外施釉。釉色黑褐色，棱唇部呈棕褐色。釉质晶莹光洁。釉面亚光，微若橘皮状。胎质较密实，土黄色。

H14

（1）白釉瓷碗残片

① 白釉瓷碗残片，Bc型Ⅲ式，1件。

00H14∶025，白釉瓷碗残片。Bc型Ⅲ式。长10厘米，宽8.7厘米，残高9厘米。宽圆棱唇，微敛口，束颈，圆鼓腹碗残片。内外施釉。唇口刮釉露白色化妆土涂层。外壁半挂釉至下腹部位。胎质稍粗，土白色。釉色牙白色稍泛黄色。釉质晶莹光洁，釉面有光泽，釉厚处有细微晶裂纹痕。外壁釉面薄涩。有流釉痕呈褐绿色（彩版四五，5）。

② 白釉褐花碗残片，Be 型Ⅰ式，1 件。

00H14∶023，白釉褐花碗残片，Be 型Ⅰ式。长 9.3 厘米，宽 5.3 厘米。残高 7.5 厘米。圆唇，敞口沿，微反卷斜壁鼓腹碗残片，外壁呈旋制出棱痕迹。内外施釉。内壁涂白化妆土，绘棕褐彩花卉图案，上施清釉。花卉图案不完整，可见技法娴熟。釉质晶莹光洁，釉面有光泽，有细微晶裂片纹痕，外壁釉质薄涩。胎质较细密，土黄色（彩版四五，5）。

（2）青褐釉瓷碗残片　Ac 型，1 件。

00H14∶021，褐釉瓷碗残片，Ac 型。长 10.7 厘米，宽 7.7 厘米，残高 4.5 厘米。圈足高 0.8 厘米，足底宽 0.8 厘米。侈口，鼓腹，圆凹底。内外施釉。内底心刮釉一圈，外壁半挂釉至下腹部位。外壁下腹部及圈足内外露胎。圈足外壁由根至底稍向外斜削，内壁呈喇叭口状。足底平，外边斜削滚棱。足内心凹平，中心微凸。胎质稍粗，土白色。釉色褐色，釉质晶莹光洁，釉面薄，微呈橘皮状。

（3）黑釉瓷碗残片　Ab 型Ⅰ式，1 件。

00H14∶022，黑釉瓷碗残片，Ab 型Ⅰ式。长 13.5 厘米，宽 12.5 厘米，残高 4.7 厘米。圈足高 1 厘米，足底宽 1 厘米。侈口，斜壁微鼓腹，圆凹底，圈足。内外施釉。内底心刮釉一圈，宽 2.7 厘米。外壁半挂釉至下腹部位。外壁下腹及圈足内外露胎，圈足外壁直，内壁呈喇叭口状，足底平，内外边斜削，外边滚圆。足内心凹平，中心微凹尖，刀旋痕明显。胎质较密实，土黄色。釉色酱黑色，釉边呈棕褐色。釉质晶莹光洁，釉面有光泽，有细微“棕眼”痕。

（4）零星小件器物　三彩釉碗残片，1 件。

00H14∶024，三彩釉瓷碗残片，长 6 厘米，宽 3.2 厘米，残高 2.2 厘米。圆唇，敞口，宽斜折沿，鼓腹碗残片。内壁腹部剔宽带一道。内壁唇口至腹剔宽带之上施绿釉，宽带施浅绿釉，宽带下刻一道圈饰，以下施黄绿彩釉，外壁绿釉施至唇沿下少许，唇下 1 厘米涂白化妆土。釉质晶莹光洁，釉面薄，釉稍厚处有细微晶裂纹痕。釉面泛七彩光，胎质较细密，稍酥，土黄白色（彩版四五，5）。

T2

（1）白釉瓷碗残片

① 白釉瓷碗残片，Ba 型Ⅰ式，1 件。

99T2∶010，白釉瓷碗残片，Ba 型Ⅰ式。长 8.3 厘米，宽 4 厘米，残高 3.1 厘米。足高 0.6 厘米。瓷碗残片，侈口，圆凹底，圈足瓷碗残片，内壁施釉，心底可见一支钉痕，若大米状。外壁下腹部及圈足底内外露胎，圈足底旋平，向内斜倾，足外壁由根至底斜削，根束收，足外壁底边斜削成脊棱。足心内凹，内壁呈喇叭口状。圈足底为玉璧底变形发展而成。足底边宽 1.3 厘米。胎质稍粗，有隙孔，土黄色。釉色牙白，晶莹光洁，釉面有光泽，可见细微晶裂纹痕（彩版五六，3）。

② 白瓷碗残片，Bb 型Ⅱ式，2 件。

99T2∶005，白瓷碗残片，Bb 型Ⅱ式。长 11 厘米，宽 7 厘米，瓷碗壁残片，侈口，鼓腹，内外施釉，外壁半挂釉至下腹部，外壁可见四道旋压槽痕饰。胎质较粗，灰白色夹黑粒较多。釉色牙白，釉质薄涩，釉面磨蚀涩。

99T2∶006，白瓷碗残片，Bb 型Ⅱ式。长 18 厘米，宽 13.5 厘米，高 11.7 厘米。圈足高 0.8 厘米，足底宽 1.2 厘米。圈足直径约 12 厘米。侈口，厚圆卷唇，深鼓腹，圆凹底心圈足大碗。内外施釉，内壁满施，外壁半挂釉至下腹部。圈足内外露胎，圈足外壁由根至底稍外斜削，足根内收。足底平，向内外边壁斜削，足心内凹，中心微凸圆。足内壁圆旋斜直。刀旋痕明显。胎质较粗，土白色。外壁下腹部呈紫砂色。近火高温所致。釉质晶莹厚润，黄白色，釉面光洁，有均匀细微晶裂，外壁釉面多疵点（彩版五六，2）。

③ 白瓷碗口沿残片，Bc 型Ⅱ式，1 件。

99T2∶004，白瓷碗口沿残片，Bc 型Ⅱ式。长 4 厘米，宽 2.6 厘米，口沿残片，侈口，厚卷圆唇，外壁有旋棱痕。内外施釉，釉色牙白，晶莹光洁，釉重处有晶裂。胎质较细，土白色。

（2）青白瓷碗残片　Ca 型，1 件。

99T2∶003，青白瓷碗残片，Ca 型。长 7 厘米，残高 4.3 厘米，圈足高 0.7 厘米。侈口，平底心，圈足。内外施釉，外壁半挂至下腹部。底部及圈足内外露胎，圈足外壁由根至底内收斜削，足底向内外边壁斜削成脊棱。内壁呈喇叭口状，足底心凹平。胎质洁白细腻，有隙孔。釉色青白，釉质晶莹亮洁、厚润有光泽，色白淡雅，聚釉边有气泡，晶裂少许。

（3）青釉瓷碗残片　Cd 型，1 件。

99T2∶021，青釉瓷碗残片，Cd 型。长 7.2 厘米，宽 5.4 厘米，残高 4.7 厘米。敞口圆唇，微鼓腹浅碗残片，内壁施釉，外壁施釉至口沿下部。外壁口沿下釉面呈粘砂状深棕色。外壁腹部露胎呈棕红色。胎质较细腻，灰色夹黑粒。釉色青绿，釉质晶莹光洁，釉面有细微晶裂痕。磨蚀较多。

（4）豆青釉瓷碗

① 豆青釉钧窑瓷碗残片，Ad 型，1 件。

99T2∶007，豆青釉钧窑瓷碗残片，Ad 型。长6 厘米，宽4.6 厘米。侈口，圆凹心，圈足瓷碗残片。内外施釉，外壁施釉至圈足边。釉色豆青，釉质浓稠厚润光洁，釉面有大片晶裂纹痕。圈足内外露胎，足外壁直，足底平，内壁呈喇叭口状，足心凹平。胎质细密，灰色夹黑粒较多。

② 豆青釉印花瓷碗残片，Ba 型Ⅰ式，1 件。

99T2∶016，豆青釉印花瓷碗残片，Ba 型Ⅰ式。长 7.8 厘米，宽 6.4 厘米，残高 5.5 厘米。厚卷圆唇，侈口，鼓腹，印花碗残片。内壁腹部印花叶纹图案一圈。内外壁施釉。釉色豆青色，釉质厚润亮洁，釉面有细微晶裂，片面较大。胎质晶莹细腻，灰色（彩版五六，3）。

（5）黄釉刻花碗残片　Ca 型，1 件。

99T2∶013，黄釉刻花碗残片，Ca 型。长 6.2 厘米，宽 5.2 厘米，残高 5.2 厘米。圆唇，侈口，鼓腹刻花碗残片。内壁腹部刻二道，下部叶饰图案不详。外壁口沿下至中腹部位刻二道圈纹，圈饰间刻双撇纹饰，内外施釉，外壁半挂至下腹底部。釉色黄，釉质晶莹厚润，亮洁有晶裂。刻花部位釉色呈青黄泛绿，釉面磨蚀较重而面涩。胎质较细，湿土色（彩版五六，3）。

（6）蓝釉钧瓷碗残片　Aa 型Ⅱ式，1 件。

99T2∶008，蓝釉钧瓷碗口沿残片，Aa 型Ⅱ式。长 5 厘米，宽 3 厘米，残高 3.5 厘米。圆唇，侈口（直口）鼓腹碗残片。内外施釉，釉色浅蓝，釉质晶莹光洁，厚润有光泽，有大片晶裂纹痕。胎质较粗，灰色。

（7）零星小件器物

99T2∶001，灰釉瓷高足器残片，残高 3.5 厘米，喇叭口状螺纹高足器物残片，上部施釉，釉质薄涩。足外壁饰二棱三槽，足底滚圆。胎质较细密，灰色。

（8）黑褐釉瓷碗

① 黑褐釉碗残片，Ab 型Ⅰ式，2 件。

99T2∶011，酱黑釉碗残片，Ab 型Ⅰ式。长 11 厘米，直径 6.5 厘米，足底宽 0.5 厘米。侈口，圆凹底，圈足碗残片。内外施釉，内底心刮釉一圈。外壁半挂釉下腹部，釉持晶莹光洁，釉色酱黑，杂铁锈，褐点，内心釉粘砂，有疵点较多。圈足内外露胎，外壁直，内壁呈喇叭口状，足底平，外边棱斜削滚边棱。足内心凹平。刀旋痕明显。中心留小突尖痕。胎质较粗，土黄红色。

99T2∶026，黑褐釉瓷碗残片，Ab 型Ⅰ式。长 12 厘米，宽 6.8 厘米，残高 4.5 厘米。圈足高 1 厘米，足底宽 1 厘米。瓷碗残片，侈口，圆凹底，圈足碗残片。内外施釉，内底心刮釉一圈，外壁半挂釉至下腹部。釉色黑褐色，釉质薄涩。外壁下腹及圈足内外露胎。圈足外壁由根至底稍斜面旋削。内壁呈喇叭口状，足底平略向外壁斜倾。足内凹陷，心底平，有刀旋痕明显。胎质较粗，土白色。

② 褐釉浅碗残片，Cb 型，1 件。

99T2∶012，褐釉浅碗残片，Cb 型。直径约 16 厘米，圈足高 0.8 厘米，直径 7.3 厘米。足底宽 0.5 厘米。浅碗残片，尖圆唇侈口微鼓腹平底圈足浅碗，残片内外施釉，内壁底刮釉一圈。外壁半挂釉至中下腹。釉色酱褐，釉质薄涩，釉面光洁。有流釉黏稠（釉色酱褐点夹杂），下腹底及圈足内外露胎，足外壁直，内壁呈喇叭口状，足底平，足底外边棱斜削。足内心凹，心中微凸，有刀旋痕。胎质较粗，土白色（彩版五七，1）。

（9）瓷罐残片

① 黑褐釉瓷罐残片，Ab 型，1 件。

99T2∶014，黑褐釉瓷罐残片，Ab 型。长 9.2 厘米，宽 7.6 厘米，残高 7 厘米。黑褐釉罐残片，卷圆唇，侈口，高领，溜肩，鼓腹罐。肩领部位有双脊提系纽。内外施釉，唇口内外刮釉留圈纹釉。釉色黑褐色，系纽脊等部位釉色呈铁锈色。釉质晶莹厚润，釉面光洁有橘皮状。胎质较细密，土白色。

② 豆青釉瓷罐残片，Bd 型，1 件。

99T2∶015，豆青釉瓷罐残片，Bd 型。长 6 厘米，宽 2.5 厘米，残高 2.5 厘米。圆唇束颈溜肩罐口沿残片，内外施釉，釉质晶莹光洁，釉色豆青，釉面厚润有光泽，有气泡和不规则晶裂纹。胎质较细密，灰色（彩版五六，3）。

③ 黑釉瓷罐残片，Ca 型Ⅰ式，1 件。

99T2∶009，黑釉瓷罐残片，Ca 型Ⅰ式。长 6.7 厘米，宽 4 厘米，残高 2.5 厘米。圈足高 1.2 厘米，足底宽 1.9 厘米。黑釉瓷罐底残片。内底微圆凹。内壁施釉，釉色黑，偶见铁锈色釉点，釉光洁，有"棕眼"痕，釉质晶莹。釉面磨蚀较重。外壁施釉近底。圈足内外露胎。足外壁由根向底斜削，足底平向内心斜倾，足底向外壁边斜削滚边。足内施圆削，足内心凹平。胎质较粗，有隙孔，土白色夹黑粒。

④ 酱釉罐残片，Cb 型Ⅰ式，1 件。

99T2∶027，酱釉罐残底片，Cb 型Ⅰ式。长 10 厘米，残高 6.5 厘米。圈足底宽 1.9 厘米。酱釉罐残片，平底，圈足罐残片，内外施釉，外壁施釉近底部不匀。外壁釉色，酱褐色，内壁釉酱黄色。釉质薄涩。圈足外壁由罐外壁延伸外撇。足底平，外边斜削滚棱。内壁旋削，内心浅凹平。刀旋痕明显，胎质粗，土黄色。

⑤ 酱黑褐釉瓷罐残片，Fa 型，1 件。

99T2∶029，酱黑褐釉瓷罐口沿残片，Fa 型。长 7 厘米，宽 6.7 厘米，残高 5.7 厘米。侈口，圆唇束颈，突折沿肩，鼓腹罐残片。内外施釉，釉质晶莹亮洁，釉色酱黑褐色，釉面厚润有光泽。棱边釉色多呈棕色，釉面有轻微橘皮状。胎质较粗，土黄色。

（10）瓷盆残片

① 黑釉瓷盆残片，Aa 型，1 件。

99T2∶028，黑釉瓷盆底残片，Aa 型。长 11 厘米，残高 5 厘米。侈口，直腹，圆凹底盆残片。内外施釉，外壁釉至底边。釉色黑，釉质晶莹亮洁，有光泽，釉面稍有“棕眼”，内壁底釉浓稠不匀。底平，内心凹平。胎质较粗，有隙孔，土黄色。

② 酱红釉瓷盆残片，Ac 型，1 件。

99T2∶022，酱红釉瓷盆口沿残片，Ac 型。长 8 厘米，宽 5.4 厘米，残高 5.2 厘米。厚卷圆唇，侈口，微鼓腹盆残片，内外施釉，唇口边刮釉。釉色酱红褐色。釉质晶莹厚润，釉面光洁。可见釉融流痕。有橘皮状。胎质较粗，口沿上部呈土黄色，下部呈灰色，夹黑粒较多，下部近火高温所致。

③ 蓝灰釉钧瓷盆残片，Cd 型，1 件。

99T2∶017，蓝灰釉钧瓷盆残片，Cd 型。长 3 厘米，宽大 3 厘米，残高 1.7 厘米。方圆唇，宽平折沿，折腹盆口沿残片，内外施釉，外壁半挂施釉至折腹部位。釉色蓝灰，蓝釉泛紫。釉质晶莹光洁，棱边处釉色清明，釉面有晶裂纹痕。胎质较粗，灰色夹黑粒。

H16

（1）白釉碗

① 白釉平足碗残底片，Ab 型，1 件。

00H16∶047，白釉平足碗残底片，Ab 型。长 7.7 厘米，宽 5 厘米。平足高 0.5 厘米。侈口，微鼓腹，圆凹底。内壁施釉，底心残留一支钉痕，直径约 0.4 厘米。平足外壁直，底平心微凹，底外边斜削滚圆呈脊棱状。胎质稍粗松。土白色。釉色骨白稍泛灰，釉质晶莹薄涩。釉面有磨蚀。

② 白釉瓷碗残片，Bb 型Ⅰ式，1 件。

00H16∶056，白釉瓷碗残底片，Bb 型Ⅰ式。长 4.3 厘米，宽 2.1 厘米，残向 1.6 厘米。圈足高 0.8 厘米，足底宽 0.4 厘米。圆凹平底，圈足碗底残片。内外施釉。内底心残留一支钉痕，直径 0.2 厘米。外壁施釉至下腹底，有流釉至圈足边。圈足内外露胎。外壁直，内壁微呈喇叭口状，足底平。足内心陷凹平。胎质较细密，土红白色。釉色牙白色，釉聚部位微呈黄绿，釉质晶莹光洁，釉面微有晶裂纹痕。

③ 白釉瓷碗残片，Bc 型Ⅰ式，1 件。

00H16∶021，白釉瓷碗残片，Bc 型Ⅰ式。长 11 厘米，宽 9 厘米，残高 3.6 厘米。圈足高 0.5 厘米，足底宽 1.2 厘米。圈足直径 8.8 厘米。侈口，鼓腹，凹圆底，圈足碗残片。内外施釉。外壁半挂釉至下腹部位。圈足内外露胎，稍有流釉粘砂痕。足外壁直，内壁圆旋微呈喇叭口状。圆不规则，足底三分之一向外，三分之二向内斜削滚圆呈脊棱状。足内心凹平，中心微凸。胎质较密实，土黄红色。釉色白色稍泛黄，釉质晶莹光洁，釉面薄，稍有光泽，釉稍厚处有细微晶裂痕。

④ 白釉瓷碗口沿残片，Bc 型Ⅳ式，2 件。

00H16:023，白釉瓷碗口沿残片，Bc 型Ⅳ式。长 7.5 厘米，宽 4.7 厘米，残高 4.7 厘米。厚方圆棱唇，侈口，微束颈，鼓腹碗口沿残片。外壁有旋棱痕。内外施釉。唇口刮釉露胎，饰白化妆土。釉色黄白色，釉质晶莹光洁，釉面有光泽，有细微晶裂片纹痕。胎质较细密，土黄色。

00H16:039，白釉瓷碗口沿残片，Bc 型Ⅳ式。长 5 厘米，宽 3.1 厘米，残高 2.9 厘米。圆唇，敞口沿，微束颈，鼓腹碗口沿残片。内外施釉。釉色黄白色。釉质晶莹光洁，釉面有光泽，有土褐色斑痕，有细微晶裂纹痕。胎质较细密，土黄色。

⑤ 白釉瓷碗残片，Bd 型Ⅱ式，1 件。

00H16:038，白釉瓷碗口沿残片，Bd 型Ⅱ式。长 5.2 厘米，宽 4.2 厘米，残高 4.2 厘米。圆唇，侈口，深壁鼓腹碗口沿残片。外壁刻饰尖牙边棱茎花叶纹饰，残缺不完整。内外施釉。唇口刮釉露胎。釉色骨白色，釉质薄涩。胎质较细，土黄色夹微细黑粒。

⑥ 白釉棕褐花瓷碗残片，Be 型Ⅰ式，1 件。

00H16:024，白釉棕褐花瓷碗残片，Be 型Ⅰ式。长 6.5 厘米，宽 4.7 厘米，残高 4.8 厘米。圆唇，敞口微鼓腹碗残片。内外施釉。内壁涂白色化妆土底色。绘棕色彩花卉。图案不详，釉下彩。彩绘部分微有凸痕。釉色牙白色，花色棕色浅咖啡色，釉质晶莹光洁，釉面有光泽，有微细晶裂片纹痕。胎质较细密，土黄色（彩版四四，2）。

⑦ 白釉瓷碗残片，Ec 型，1 件。

00H16:055，白釉瓷碗残片，Ec 型。长 4.3 厘米，宽 3.5 厘米，残高 1.7 厘米。圈足高 0.9 厘米，足底宽 0.3 厘米，圈足直径 3.6 厘米。侈口，鼓腹，圆凹底，圈足细瓷碗残片。内外施釉。内底残留支钉，圈足砂痕。外壁釉至下腹底边，有流釉至圈足。圈足内外露胎。圈足壁呈喇叭口状外撇。足底平，稍向内倾斜，外边斜削滚圆，足底残留支钉五个，每钉直径约 0.3 厘米，分布均匀，精俏，足内心凹平。胎质薄俏，洁白细腻。釉色骨白色，釉质晶莹光洁，釉面薄，微有涩。

（2）青白釉瓷碗

① 褐白釉瓷碗残片，Bc 型，1 件。

00H16:036，褐白釉瓷碗口沿残片，Bc 型。长 7.4 厘米，宽 6 厘米，残高 4.3 厘米。圆棱唇，侈口，鼓腹碗残片。内外施釉。外壁半挂釉至口沿下 1.5 厘米左右。釉色褐白色，釉质晶莹薄涩。胎质稍粗，土褐色。

② 青白釉红黄彩瓷碗残片，Bf 型，1 件。

00H16:057，红黄彩釉瓷碗残片，Bf 型。长 3.8 厘米，宽 2.5 厘米，残高 2.3 厘米。圈足高 0.6 厘米，足底宽 0.4 厘米。微鼓腹，圆凹底，圈足碗残片。内壁施釉。外壁下腹及圈足内外露胎，圈足内外壁截面呈梯形，足底平，足内心凹平。胎质较细密，褐灰色。釉色青白，釉上彩，绘花枝纹饰，枝为棕红色，花为胭脂红色，须枝为红黄，浅红棕色，彩釉稍涩，釉质晶莹光洁，釉面有光泽，微有橘皮状（彩版四四，2）。

（3）青釉瓷碗残片　Ab 型，1 件。

00H16:020，青釉瓷碗残片，Ab 型。长 11.5 厘米，宽 6.5 厘米，残高 4.2 厘米，圈足高 1 厘米，足底宽 0.8 厘米。侈口，斜壁微鼓腹，圆凹底，圈足碗残片。内壁施釉。外壁大部及圈足内外露胎。圈足外壁由根至底稍向外斜削，内壁圆旋微呈喇叭口状，足底斜平向外倾，足内心凹一半，中心微凸。胎质较细密，土白色。釉色青褐色泛黄色，釉质晶莹薄涩，釉面粗，多有疵痕白点，有磨蚀痕，可见细微晶裂纹痕。

（4）黄绿釉瓷碗

① 黄绿色瓷碗残片，Aa 型，2 件。

00H16:043，黄绿色瓷碗残片，Aa 型。长 6 厘米，宽 3.7 厘米，残高 2.5 厘米。反折卷圆宽厚棱唇，侈口，斜壁微鼓腹碗残片。内外施釉。釉色黄绿色，釉质晶莹光洁，釉面有光泽，有细微气泡，有细微晶裂纹痕。胎质晶莹细腻，褐白色。

00H16:042，黄绿釉瓷碗口沿残片，Aa 型。长 5 厘米，宽 2.2 厘米，残高 2.2 厘米。尖圆唇，侈口，圆鼓腹碗口沿残片。内外施釉。釉色黄绿色，泛灰。唇棱边呈棕色，釉质晶莹光洁，釉面有光泽，微有磨蚀痕，有细微晶裂片纹痕。胎质细密，有干泥隙孔，土褐色。

② 黄绿釉印花瓷碗残片，B 型，2 件。

00H16:045，黄绿釉印花瓷碗残片，B 型。长 7.8 厘米，宽 4.3 厘米，残高 5 厘米。厚圆棱唇，侈口，微束颈，斜壁微鼓腹碗残片。内壁中腹部位至压印圈纹，荷花纹饰，残缺不全。内外施釉。釉色黄绿色，釉质晶莹光洁，釉面亚光，有细微晶裂纹痕。胎质晶莹细腻，浅灰色。

00H16:035，浅黄绿釉印花瓷碗残片，B 型。长 8.5 厘米，宽 5 厘米，残高 4.2 厘米。圈足高 0.6 厘米。侈口，斜壁微鼓腹，圆凹底，圈足碗残片。内壁中腹部位有压印水浪纹，荷叶纹饰下饰一道圈纹。内外施釉。底心刮釉一圈。圈足外壁施釉。足底及圈足内露胎。圈足壁呈喇叭口状稍外撇，足底稍平，内外边斜削，截面呈梯形。足内心凹平，胎质晶莹细腻，浅灰色。釉色浅黄绿色，釉边呈棕色。釉质晶莹光洁，釉面有光泽，有微小气泡，有细微晶裂纹痕。

③ 黄釉刻花纹瓷碗残片，Cb 型，1 件。

00H16:033，黄釉刻花纹瓷碗残片，Cb 型。长 5 厘米，宽 4 厘米，残高 4.1 厘米。圆唇，圆鼓腹碗残片。内壁腹部刻一道圈饰，唇口刮饰一道圈纹，外壁腹部上下各刻饰一道圈纹，中刻饰双草叶纹。外壁唇沿下饰微凸鸡冠状撇。内外施釉。釉色杏黄色，刻饰纹痕呈黄绿色，釉质晶莹光洁，釉面有光泽，有细微晶裂片纹痕。胎质稍粗，褐红色（彩版四四，2）。

（5）浅蓝灰釉瓷碗

① 浅蓝灰釉瓷碗残片，Aa 型Ⅱ式，3 件。

00H16:050，浅蓝灰釉瓷碗残片，Aa 型Ⅱ式。长 5.5 厘米，宽 5.4 厘米，残高 3.4 厘米。圈足高 1 厘米，足底宽 0.4 厘米。侈口，圆鼓腹，圆凹底，圈足碗残片。内外施釉。外壁施釉至下腹底流釉至圈足外壁中。圈足内外壁露胎，有流釉痕，足内心施釉，足底刮粘釉露胎。圈足壁微呈喇叭口状外撇，足底一半，足内心凹平。胎质细腻，铁灰色。釉色浅蓝灰色，釉质晶莹、厚润、光洁，釉面有光泽，有不匀气泡“棕眼”。

00H16:051，浅蓝灰釉瓷碗口沿残片，Aa 型Ⅱ式。长 4.8 厘米，宽 4.2 厘米，残高 4 厘米。尖圆唇，侈口，圆鼓腹碗口沿残片。内外施釉。釉色浅蓝灰色，唇口釉呈褐色。釉质晶莹光洁厚润，釉面有光泽，有不均匀气泡“棕眼”痕。胎质细腻，铁灰色。

00H16:052，浅蓝灰釉瓷碗口沿残片，Aa型Ⅱ式。长5厘米，宽4.3厘米，残高4.3厘米。尖圆唇，微侈口，圆鼓腹碗口沿残片。内外施釉。釉色浅蓝灰色泛湖蓝色，唇口釉呈浅褐灰色，釉质晶莹、厚润、光洁，釉面有光泽，有细微晶裂片纹痕，微有“棕眼”痕。胎质晶莹，较细密，灰褐色。

② 蓝釉瓷碗残片，Ac型Ⅰ式，1件。

00H16:049，蓝釉瓷碗残片，Ac型Ⅰ式。长9厘米，宽5.5厘米。碗下腹壁残片。内外施釉。外壁施釉至下腹部位，不到底。釉色蓝泛灰色微点痕，釉边薄部位呈微绿褐色。釉质晶莹、厚润、光洁，釉面有光泽，有大小不匀气泡“棕眼”痕。有釉流蚓痕。胎质晶莹、细腻，洁白（彩版四四，2）。

（6）黑釉瓷碗

① 黑釉瓷碗残片，Ab型Ⅰ式，4件。

00H16:027，黑釉瓷碗残片，Ab型Ⅰ式。长10厘米，宽6.3厘米，残高4.2厘米。圈足高1.3厘米，足底宽0.6厘米。侈口，斜壁微鼓腹，圆凹底，圈足碗残片。内外施釉。内底心刮釉一圈，外壁半挂釉至下腹部位。外壁下腹底及圈足内外露胎。足外壁由根至底稍向外斜削，内壁呈喇叭口状，足底平斜向外倾，内外边斜削滚圆，足内心陷凹平，中心微凸，胎质晶莹，较密实，土白色。釉色酱黑色，釉边呈棕色。釉质晶莹光洁，釉面有光泽，有微细“棕眼”痕。

00H16:028，黑釉瓷碗残片，Ab型Ⅰ式。长10厘米，宽7厘米，残高3.2厘米。圈足高0.7厘米，足底宽0.7厘米。侈口，微鼓腹，圆凹平底，圈足碗残片。内外施釉。内底心刮釉一圈，外壁半挂釉至中腹部位，外壁下腹及圈足内外露胎。圈足外壁由根至底稍向外斜削，内壁呈喇叭口状，足底平，外边斜削滚棱。足内心凹平，中心微凸。刀旋痕明显，胎质稍粗，砂粒明显，土白色。釉色酱黑色，釉边呈棕色，釉质晶莹光洁，釉面稍有光泽，微呈分布不匀“棕眼”痕。

00H16:029，黑褐釉瓷碗残片，Ab型Ⅰ式。长9.7厘米，宽7.5厘米，残高4厘米。圈足高0.7厘米，足底宽1厘米。侈口，斜壁微鼓腹，圆凹底，圈足碗残片。内壁施釉。外壁中腹以下及圈足内外露胎。圈足外壁由桶至底向内斜收，内壁呈喇叭口状，足底平稍向外倾斜，外边斜削滚棱。足内心凹平，中心微凸尖，刀旋痕明显。胎质较细密，土黄色。釉色黑褐色，杂棕褐点痕，釉质晶莹光洁，釉面微呈橘皮状“棕眼”痕。

00H16:031，褐釉瓷碗残片，Ab型Ⅰ式。长7厘米，宽5.5厘米，残高3.2厘米。圈足高0.7厘米，足底宽0.5厘米。侈口，斜壁微鼓腹，圆凹底，圈足碗残片。内外施釉。外壁半挂釉至下腹部位。外壁下腹及圈足内外露胎。足外壁呈棱箍状，内壁呈喇叭口状，足底平，外边斜削滚圆。足内心凹平，中心微凸。胎质较细密，土黄色。釉色黑褐色，釉质薄涩，釉面亚光。

② 黑釉瓷碗残片，Bc型Ⅰ式，1件。

00H16:048，黑釉瓷碗残片，Bc型Ⅰ式。长14厘米，宽9厘米，高7.2厘米。圈足高0.8厘米，足底宽0.8厘米。圆唇，敞口微束颈，圆鼓腹，圆凹底，圈足碗残片。内外施釉。内底心刮釉一圈，外壁半挂釉至中腹部位。外壁下腹部及圈足内外露胎。圈足壁微呈喇叭口状外撇。足底平，内外边棱斜削，足内心凹平，中心微凸。胎质稍粗，砂粒明显，土白色。釉色酱黑色，釉边呈棕色。釉质晶莹光洁，釉面薄，稍有光泽，微呈橘皮状（彩版四二，3）。

（7）零星小件器物　钵残片，1 件。

00H16∶034，黑褐釉瓷钵残片，长 7.8 厘米，宽 6 厘米，残高 5.1 厘米。圆唇，微侈口，束颈，斜折棱肩，鼓腹鉢残片。内外施釉。釉色酱褐色，唇棱边釉呈棕褐色，杂棕褐斑点痕。釉质晶莹光洁，釉面有光泽，呈晶莹灰，微呈“棕眼”痕。胎质较细密，褐灰色夹微黑粒。

（8）瓷盘残片

① 黄白釉褐花瓷盘残片，Ba 型Ⅱ式，1 件。

00H16∶040，黄白釉褐花瓷盘残片，Ba 型Ⅱ式。长 6.4 厘米，宽 3.8 厘米，残高 2.6 厘米。尖圆唇，侈口，圆折腹斜下腹壁微鼓盘残片。下腹壁旋棱呈波形。内外施釉。唇口刮釉露胎，外壁釉至圆折腹边。釉色黄白色，釉边呈浅棕色。内壁绘棕褐色，阳光四射状图案。釉下彩。釉质晶莹光洁，釉面薄，釉厚部位色微绿，有细微晶裂纹痕。胎质较细密，土白色。

② 豆青釉瓷盘残片，Bc 型Ⅰ式，1 件。

00H16∶046，豆青釉瓷盘残片，Bc 型Ⅰ式。长 7 厘米，宽 6.5 厘米，残高 2 厘米，圈足高 0.7 厘米，足底宽 0.5 厘米。侈口，斜平壁微鼓腹，浅圆凹底心，圈足盘残片。内外施釉。足底刮釉露胎。圈足壁微呈喇叭口状外撇，足底平，足内心凹平，中心微凸。胎质晶莹细腻，浅灰色。釉色豆青色，釉边呈棕色。釉稍薄处亦呈浅棕色，釉质晶莹光洁厚润，釉面有光泽，微有气泡“棕眼”痕，有细微晶裂片纹痕。

（9）瓷罐残片

① 黑褐釉罐口沿残片，Aa 型，1 件。

00H16∶030，黑褐釉罐口沿残片，Aa 型。长 13.8 厘米，宽 7.3 厘米，残高 7.3 厘米。厚圆棱唇，直口，束颈，斜圆溜肩，圆鼓腹罐口沿残片。外壁施釉。内壁及唇口外至肩中部露胎。胎质粗、砂粒明显，土黄色。釉色黑褐色。釉质晶莹薄涩，釉面亚光。

② 棕褐釉瓷残片，Cb 型Ⅰ式，1 件。

00H16∶019，棕褐釉瓷残片，Cb 型Ⅰ式。长 8 厘米，宽 6 厘米，腹壁残片。内外施釉。釉色棕褐色，釉质晶莹光洁，釉面薄亚光，微若橘皮痕。内壁釉面薄涩。胎质稍粗，土白色。

③ 黑釉剔花罐残片，Cb 型Ⅱ式，1 件。

00H16∶032，黑釉剔花罐残片，Cb 型Ⅱ式。长 6.5 厘米，宽 5.4 厘米。罐腹壁残片。内外施釉。外壁釉色酱黑色。剔刻花纹字迹，图案残缺不详，釉质晶莹、厚润、光洁，釉面有光泽，微有“棕眼”痕。内壁釉色酱褐色，釉面薄光洁。胎质晶莹细密，灰白色，夹微细黑粒（彩版四四，2）。

④ 黑褐釉瓷罐残片，Cc 型Ⅲ式，1 件。

00H16∶010，黑褐釉瓷罐残底片，Cc 型Ⅲ式。长 10 厘米，宽 4 厘米，残高 5 厘米，圈足高 2 厘米。斜壁鼓腹，收腹微敞底边，高圈足底罐残片。外壁施釉至底边。内壁底部及圈足内外露胎。圈足壁呈喇叭口状外撇，足底向内外壁斜削滚棱呈棱脊状。足内心凹平，刀旋痕明显。胎质较粗，土褐色。釉色黑褐色，釉质晶莹光洁，釉面微若橘皮状。

⑤ 棕褐釉小口罐残片，Hb 型，1 件。

00H16∶017，棕褐釉小口罐残片，Hb 型。长 15 厘米，宽 10.3 厘米，残高 11 厘米。口沿直径 5.6 厘米，内口径约 3.8 厘米。罐残片。宽圆棱沿，尖唇口，敛口，斜领，圆溜肩，鼓腹小口罐残片。内外施釉。外壁釉色棕褐色，上部棕黑色，下半部棕褐色。内壁釉薄呈棕褐色，釉质晶莹光洁，大部釉面薄涩粗糙。胎质较细密，土白色。

H17

（1）白釉瓷碗

① 白釉平足瓷碗残片，Ab 型，2 件。

00H17∶102，白釉平足瓷碗残片，Ab 型。长 6.7 厘米，宽 4.7 厘米，残高 2.4 厘米，平足高 0.5 厘米。侈口，斜壁微鼓腹，圆凹底，平足碗残片。内壁施釉。底心残留一支钉痕，直径约 0.3 厘米，外壁下腹及平足内外露胎。足外壁由至底稍向外斜削，底平，中心微凸，底外边斜削滚棱呈脊棱状。胎质较细密，灰褐色。釉色灰白色，釉质晶莹光洁，釉面有光泽，不平整呈凹洼痕，可见微细晶裂纹痕（彩版四七，2）。

00H17∶106，白釉平足瓷碗残片，Ab 型。长 6.3 厘米，宽 3.8 厘米，残高 1.6 厘米，平足高 0.4 厘米。侈口，微鼓腹，圆凹平底。内壁施釉。内底心残留两支钉痕，每钉直径 0.3 厘米。外壁下腹及平足内外露胎。足外壁直，底平，心微凹，底外边斜削呈棱脊状。胎质较细密，土白色。釉色灰白色，杂灰褐斑痕。釉质晶莹光洁，釉面薄（彩版四七，2）。

② 黄白釉玉璧底瓷碗残片，Ba 型Ⅰ式，1 件。

00H17∶101，黄白釉玉璧底瓷碗残片，Ba 型Ⅰ式。长 6.7 厘米，宽 4.5 厘米，残高 2.7 厘米。足高 0.5 厘米，足底宽 2.4 厘米。侈口，鼓腹，内心圆凹。内外施釉。内底心残留一支钉痕，直径约 0.9 厘米。外壁施釉至下腹部位。外壁下腹及足内外露胎，足外壁由根至底稍向外斜削，足底平，底呈玉璧状。胎质较细密，土白色夹微黑粒。釉色黄白色泛灰，釉质晶莹光洁，釉面有光泽，微有“棕眼”痕，可见细微晶裂片纹痕（彩版四七，2）。

③ 白釉瓷碗残片，Ba 型Ⅱ式，1 件。

00H17∶097，白釉瓷碗残片，Ba 型Ⅱ式。长 12.5 厘米，宽 6.8 厘米，高 8 厘米，圈足高 0.6 厘米，足底宽 1.3 厘米。厚圆唇，微敞口，微束颈，深壁鼓腹，圆凹底，宽圈足碗残片。内外施釉。唇口刮釉露白化妆土，内底心施釉不至露白色化妆土，粘红色彩。外壁半挂至中腹部位。外壁下腹及圈足内外露胎涂白化妆土。圈足外壁直，内壁圆旋微呈喇叭口状，足底稍平向内外边微斜削滚圆呈脊棱状。足内心凹平。胎质稍细密，土黄色。釉色牙白色，釉质晶莹光洁，釉面有光泽，可见细微晶裂片纹痕（图六三，9；彩版四六，5）。

④ 白釉瓷盏碗残片，Bb 型Ⅰ式，1 件。

00H17∶115，白釉瓷盏碗残片，Bb 型Ⅰ式。长 3.8 厘米，宽 2.5 厘米，残高 2.3 厘米。圆唇反卷折沿，微鼓腹盏碗残片。内外施釉。釉色牙白色，釉质晶莹光洁，釉面有光泽，微有“棕眼”痕。胎质薄俏，晶莹、洁白、细腻。

⑤ 白釉瓷碗残片，Bc 型Ⅰ式，1 件。

00H17∶088，白釉瓷碗残片，Bc 型Ⅰ式。长 11.4 厘米，宽 8 厘米，高 6 厘米。碗口直径约 15

厘米。圈足高 0.8 厘米，直径 4.7 厘米。足底宽 0.5 厘米。尖圆唇，侈口，圆鼓腹，圆凹底。内外施釉。内底心残留三支钉痕，若芝麻粒状。外壁半挂釉至口沿下 2 厘米左右，外壁釉以下露胎涂白化妆土至下腹，圈足边。圈足内外露胎。足外壁呈棱箍状，内壁呈喇叭口状，足底平，外边斜削。足内心凹平。胎质较细密，土黄色。釉色黄白色，釉质晶莹光洁，釉面有光泽，有细微晶裂片纹痕（图六三，12；彩版四六，6）。

⑥ 白釉瓷碗残片，Bd 型Ⅰ式，1 件。

00H17∶104，白釉瓷碗残片，Bd 型Ⅰ式。长 5.2 厘米，宽 4.5 厘米，残高 4.2 厘米。圆唇，敞口，微鼓腹碗残片。外壁中腹部刻一道圈饰。内外施釉。釉色牙白色微泛绿，釉质晶莹光洁，釉面有光泽。釉厚处有微细气泡“棕眼”痕，有细微晶裂纹痕，釉色微绿。胎质薄，晶莹、洁白、细腻。

⑦ 白釉红彩瓷碗残片，Bf 型，1 件。

00H17∶113，白釉红彩瓷碗残片，Bf 型。长 3.6 厘米，宽 3.2 厘米，残高 2.7 厘米。从瓷碗残片可观察口沿至腹壁及彩绘形式。圆唇，侈口，鼓腹碗残片。内外施釉。外壁半挂釉至中腹部位。内壁口沿下至中腹红彩绘四道圈纹，下腹底绘红彩花草图案。釉上彩，釉色土白色微褐，釉质晶莹薄涩。红彩硃砂红色，面涩。胎质较细密，土黄红色（彩版四七，2）。

⑧ 白釉瓷碗残片，Da 型Ⅰ式，1 件。

00H17∶116，白釉瓷碗底残片，Da 型Ⅰ式。长 5.5 厘米，宽 3 厘米，残高 3 厘米。圈足高 1 厘米。足底宽 0.7 厘米。斜壁微鼓腹，凹圆底，圈足碗残底片。内壁施釉。底心刮釉一圈。外壁下腹及圈足内外露胎涂白化妆土。圈足外壁直，内壁喇喇叭口状，足底平，外边斜削滚圆，足内心凹平。胎质较细密，土白色。釉色牙白色，釉质晶莹光洁，釉面有光泽。

（2）青灰釉瓷碗　Bc 型，1 件。

00H17∶084，青灰釉瓷碗残片，Bc 型。长 16.5 厘米，宽 13 厘米，残高 4.2 厘米。圈足高 0.6 厘米，足底宽 0.7 厘米。圈足直径 5.8 厘米。侈口，微鼓腹，圆凹底。内外施釉。底心刮釉一圈。外壁中下腹部及圈足内外薄釉露胎。呈棕色，面涩。圈足内外近直，足底平，外边滚棱。足内心凹平，中心微凸。胎质较细密，土黄色。釉色青白色，釉质晶莹光洁，釉面薄有光泽，有细微晶裂纹痕。

（3）青绿釉瓷碗

① 青绿釉刻花瓷碗残片，Aa 型，3 件。

00H17∶111，褐绿釉刻花瓷碗残片，Aa 型。长 8.5 厘米，宽 6.2 厘米。腹底壁残片。内壁刻二道圈纹，饰水波浪，荷花，荷叶纹图案，残缺不全。内外施釉。内底心刮釉一圈。釉色褐绿色，釉质晶莹光洁，釉面有光泽，有不匀微细气泡“棕眼”痕，有细微晶裂纹痕。胎质较细密，土褐色（彩版五八，5）。

00H17∶114，浅黄绿釉刻花瓷碗残片，Aa 型。长 4.5 厘米，宽 2.5 厘米。腹壁残片。内壁刻饰水波浪纹饰，图案残缺不详。内外施釉。釉色浅黄绿色，釉质晶莹光洁，釉面有光泽，微有“棕眼”痕，有细微晶裂纹痕。胎质较薄，晶莹细腻，褐灰色。

00H17∶124，青绿釉瓷碗残底片，Aa 型。长 7 厘米，宽 2.7 厘米，残高 1.4 厘米，圈足高 0.6

厘米，足底宽0.6厘米。微鼓腹，凹平底，圈足。内壁底心刻饰水纹，图案不详。内外施釉圈足内外施釉，足底刮釉露胎，圈足外壁直，内壁微呈喇叭口状，足底向内外边稍斜削中脊棱状，足内心凹平，胎质晶莹细腻，铁灰色。釉色青绿色，釉边薄部呈棕色。釉质晶莹光洁，釉面有光泽，微气泡“棕眼”痕。

② 青绿釉印花瓷碗残片，Ab型，1件。

00H17:118，青绿釉印花瓷碗残片，Ab型。长4.5厘米，宽3.2厘米，残高1.9厘米。圈足高0.6厘米，足底宽0.3厘米。斜壁微鼓腹，圆凹底，圈足碗残底片。内壁底心印饰蔓枝花草，图案不详。内外施釉。圈足内外施釉，足底刮釉露胎，有粘砂痕。圈足微呈喇叭口状外撇，足底平，底外边斜削滚棱。足内心凹平，中心微凸。胎质晶莹细腻，褐灰色。釉色青绿色，釉边呈棕色。釉质晶莹光洁，釉面微有气泡“棕眼”痕，有细微晶裂片纹痕。

（4）豆青釉瓷碗

① 豆青釉刻花瓷碗残片，Ab型Ⅰ式，1件。

00H17:120，豆青釉刻花瓷碗残片，Ab型Ⅰ式。长11厘米，宽9.5厘米，残高3.1厘米。圈足高0.6厘米，足底宽0.5厘米。圈足直径5.6厘米。侈口，斜壁微鼓腹，圆凹底，圈足碗残片。内壁刻饰荷花，荷叶枝蔓纹图案。技法娴熟，纹饰生动形象，舒朗大方。内外施釉。釉色豆青色，釉质晶莹光洁，釉面有光泽，微有气泡“棕眼”痕，有细微晶裂片纹痕。圈足内外施釉，足底刮釉露胎，釉边呈棕褐色，足内心釉薄涩不匀，釉色棕褐杂色。圈足外壁直，内壁呈喇叭口状，足底向内外边斜削呈脊棱状，足内心凹平，中心微凸。胎质晶莹、细腻，浅灰色（彩版四七，3）。

② 豆青釉瓷碗残片，Ac型Ⅰ式，3件。

00H17:122，豆青釉瓷碗残片，Ac型Ⅰ式。长7厘米，宽6厘米，残高4.2厘米。圈足高0.7厘米，足底宽0.2厘米。侈口，微鼓腹，圆凹底，圈足碗残片。内外施釉。釉色豆青色，泛黄褐色。釉质晶莹光洁，釉面有细微气泡“棕眼”痕。圈足内外施釉，足底刮釉露胎。釉色棕黄色，釉面稍薄。圈足外壁由根至底微向内收敛，内壁圆旋微呈喇叭口状，足底向内外斜削呈脊棱状。足内心凹平。胎质较薄，晶莹细腻，浅灰色。

00H17:125，豆青釉瓷碗残底片，Ac型Ⅰ式。长5.5厘米，宽2.8厘米，残高1.7厘米。圈足高0.6厘米，足底宽0.4厘米。微鼓腹，圆凹底，圈足。内外施釉。内底心刮釉一圈，圈足内心施釉，内外壁施釉不匀，釉边薄处釉呈棕褐色。足底刮釉露胎。足内外壁微呈喇叭口状外撇。足底向内外边微斜削呈脊棱状，足内心凹平。胎质晶莹细腻，灰褐色。釉色豆青色，釉质晶莹光洁，釉面微有气泡“棕眼”痕，有细微晶裂纹痕。

00H17:134，豆青釉瓷碗残片，Ac型Ⅰ式。长4.2厘米，宽3.5厘米，残高3.1厘米。圆唇，侈口，微圆卷束颈，微鼓腹碗残片。内外施釉。釉色豆青色，釉质晶莹光洁，釉面稍有光泽，有微细气泡，微若橘皮状。胎质薄俏，晶莹、细腻，浅灰色。

③ 豆青釉刻花瓷碗残片，Ad型，1件。

00H17:119，豆青釉刻花瓷碗残片，Ad型。长5.7厘米，宽4.3厘米。腹底壁残片。内壁刻饰水浪纹饰，图案残缺不详。内外施釉。底心刮釉一圈。釉色豆青色泛灰褐色斑痕。釉质晶莹光洁，釉面有光泽，微呈釉流蚓痕，有微细晶裂片纹痕。胎质晶莹细腻，浅灰色（彩版五八，5）。

④ 豆青釉印花瓷碗残片，Ba 型Ⅰ式，3 件。

00H17∶100，豆青釉印花瓷碗残片，Ba 型Ⅰ式。长 12 厘米，宽 6 厘米，残高 5 厘米。圆棱唇，侈口，圆鼓腹碗残片。内壁口沿下至中腹部压印二道圈纹，中饰蔓枝卷草叶纹，线条舒展，图案大方。内外施釉。釉色豆青色，釉质晶莹光洁，釉面有光泽，微有不匀气泡，有细微晶裂纹痕。胎质晶莹细腻，浅灰色（彩版五八，5）。

00H17∶132，豆青釉印花瓷碗残片，Ba 型Ⅰ式。长 7.5 厘米，宽 4.6 厘米，残高 4 厘米。圆唇，侈口，束颈，棱肩，圆鼓腹碗残片。内壁中腹部位印饰叶纹，图案不详。内外施釉。釉色豆青色。釉质晶莹光洁，釉面有光泽，微有气泡“棕眼”痕。有细微晶裂片纹痕。胎质晶莹、细腻，灰白色。

00H17∶133，豆青釉印花瓷碗残片，Ba 型Ⅰ式。长 8.3 厘米，宽 4.1 厘米，残高 3.6 厘米。圆棱唇，侈口，束颈，棱肩，圆鼓腹碗残片。内壁中腹部印饰花纹，图案不详。内外施釉。釉色豆青泛黄，釉质晶莹光洁，釉面有光泽，稍涩。胎质晶莹细密，浅灰色。

⑤ 豆青釉瓷碗残片，Bc 型Ⅰ式，1 件。

00H17∶131，豆青釉瓷碗残片，Bc 型Ⅰ式。长 5.1 厘米，宽 4 厘米，残高 4 厘米。厚圆唇，侈口，鼓腹碗残片。内外施釉。釉色豆青泛黄，唇口棱部位釉呈浅棕色，釉质晶莹光洁，釉面有光泽，有微小气泡“棕眼”痕。胎质晶莹细密，褐灰色。

（5）浅蓝釉瓷碗

① 浅蓝釉瓷碗残底片，Aa 型Ⅱ式，1 件。

00H17∶121，浅蓝釉瓷碗残底片，Aa 型Ⅱ式。长 8 厘米，宽 6.8 厘米，残高 3 厘米。圈足高 1.1 厘米，足底宽 0.5 厘米。侈口，鼓腹，圆凹平底，圈足碗残底片。内外施釉。足底刮釉露胎。圈足壁微呈喇叭口状外撇，足底平，稍外倾斜。足内心凹平，中心微凸，有聚釉滴痕。胎质细密，灰褐色。釉色浅蓝色（湖蓝色），釉边薄部呈棕褐色。釉质晶莹、厚润、光洁，釉面有磨蚀痕，可见细小气泡“棕眼”痕，有釉流蚓痕。

② 蓝釉瓷碗残片，Ab 型Ⅰ式，1 件。

00H17∶110，蓝釉瓷碗残片，Ab 型Ⅰ式。长 10.6 厘米，宽 9.4 厘米，残高 7.8 厘米。圆唇，微敛口，圆鼓腹碗残片。内外施釉。釉色蓝，口沿部位釉呈浅绿褐色，釉质晶莹、厚润、光洁，釉面有光泽，有微细气泡“棕眼”痕。内唇边有晶裂纹痕，胎质晶莹细腻，灰色（彩版四七，1）。

③ 浅灰果绿釉瓷碗残片，Ab 型Ⅱ式，1 件。

00H17∶098，浅灰果绿釉瓷碗残片，Ab 型Ⅱ式。长 9 厘米，宽 5.5 厘米，残高 4.3 厘米。圈足高 0.8 厘米。足底宽 0.5 厘米。侈口，斜壁微鼓腹，圆凹心（鸡心底）圈足碗残片。内外施釉。足底刮釉露胎。釉色浅灰果绿色，釉边薄部位呈棕色。釉质晶莹、厚润、光洁，釉面有光泽，有釉色融流痕。圈足外壁由根至底稍向内斜收，釉流融覆盖，斜面微呈“抓不住”状。内壁呈喇叭口状，足底微向内外边斜削呈脊状。足内心凹平，中心微凸。胎质较细密，土灰色（彩版四七，1）。

④ 蓝灰釉瓷碗残片，Ac 型Ⅱ式，1 件。

00H17∶108，蓝灰釉瓷碗残片，Ac 型Ⅱ式。长 8.8 厘米，宽 5.9 厘米，残高 4.9 厘米。圆唇，微敛口，圆鼓腹残片。内外施釉。釉色蓝灰色，由底至口沿渐变为深蓝褐色、褐色。釉质晶莹厚润，光洁，釉面有光泽，有细微气泡“棕眼”痕。有釉流蚓，聚融痕。胎质较细密，铁灰色。

（6）黑釉瓷碗

① 黑釉瓷碗残片，Ab型Ⅰ式，1件。

00H17∶093，黑釉瓷碗口沿残片，长12.5厘米，宽8.2厘米，残高7.8厘米；瓷碗底残片，长13厘米，宽11厘米，残高7.8厘米。圈足高0.8厘米，足底宽0.6厘米。两大片不相接，但釉色，质料应为一器，合二而一记录。瓷碗高约11厘米，碗口直径20厘米。内外施釉。外壁中腹部位施釉有漏。内底心刮釉一圈，圈足底刮釉一圈，圈足底刮釉露胎，圈足外壁直，内壁呈喇叭口状，足底向内外斜削呈脊棱状，足内心凹平，中心微凸。胎质薄，晶莹细腻，灰白色。釉色酱黑色，釉边，唇口，棱釉薄处呈棕褐色，釉质晶莹光泽，釉面有光泽，微有橘皮“棕眼”痕（彩版四六，3）。

② 浅绿褐釉瓷碗残片，Af型，2件。

00H17∶085，浅绿褐釉瓷碗残片，Af型。长6.7厘米，宽6.4厘米，残高4.7厘米。圆棱唇，侈口，圆鼓腹碗残片。内外施釉。外壁半挂釉至中腹部位，流釉至下腹。釉色浅绿褐色，釉质薄涩，釉面涩。胎质较细密，土黄红色。

00H17∶130，浅绿褐釉瓷碗残片，Af型。长7.5厘米，宽5.3厘米，残高4.2厘米。圆棱唇，侈口，圆鼓腹碗残片。内外施釉。釉色浅绿褐色。外壁及唇棱边釉呈棕褐色。釉质晶莹光洁。釉面薄涩有光泽，有气泡“棕眼”痕，有细微晶裂纹痕。胎质晶莹细密，灰褐色。

③ 酱褐釉瓷碗残片，Bc型Ⅰ式，10件。

00H17∶049，酱褐釉瓷碗残片，Bc型Ⅰ式。长10厘米，宽9.5厘米，残高2厘米。圈足高0.7厘米，足底宽1厘米。圈足直径7.4厘米。微鼓腹，圆凹底，圈足碗残片。内外施釉。足底刮釉露胎，圈足壁呈喇叭状微外撇。平底向内外边斜削滚圆呈脊棱状。足内心凹平，中心微凸，底心施釉不满有漏釉，刀旋痕明显。胎质细密，土黄色。釉色酱褐色，内底心釉呈褐斑点痕一圈，外壁腹底，圈足心釉呈棕褐色，棕色不匀。釉质晶莹光洁，釉面有磨蚀，有细微橘皮“棕眼”痕。

00H17∶070，黑褐釉瓷碗残片，Bc型Ⅰ式。长18.6厘米，宽10.8厘米，高8.7厘米。圈足高1.2厘米，足底宽1.1厘米。圈足直径8厘米。圆唇，侈口，鼓腹，圆凹底，圈足碗残片。内外施釉。内底心刮釉一圈，外壁半挂釉至下腹部位。外壁下腹部及圈足内外露胎。足壁微呈喇叭外撇，足底平，外边斜削滚棱。足内心凹平，中心微凸，刀旋痕明显。胎质较细密，土白色，夹微细黑粒。釉色黑褐色，釉边呈棕色，釉质晶莹光洁，釉面稍有光泽，微呈橘皮状。内底边呈细微晶裂纹痕（彩版四五，7）。

00H17∶075，黑釉瓷碗残片，Bc型Ⅰ式。长13.5厘米，宽11.7厘米，残高5厘米。圈足高1.1厘米，足底宽0.5厘米。圈足直径7.5厘米。侈口，微鼓腹，圆凹平底，圈足碗残片。内外施釉。内底心刮釉一圈，外壁半挂釉至下腹部位，外壁下腹及圈足内外露胎，足壁微呈喇叭口状外撇。足底平，外边斜削。足内心凹平。胎质晶莹细腻，灰白色夹微细黑粒。釉色漆黑，釉边呈棕褐色。釉质晶莹光洁，釉面亚光，微有橘皮状痕，微涩。

00H17∶076，棕褐釉瓷碗残片，Bc型Ⅰ式。长11.3厘米，宽6.3厘米，残高3.2厘米。圈足高0.8厘米，足底宽0.9厘米。内外施釉。内底心刮釉一圈，外壁半挂釉至下腹部位。外壁下腹及圈足内外露胎。足壁微呈喇叭口状外撇。足底平，足内心凹平，中心微凸。胎质晶莹细腻，浅灰色。釉色棕褐色，釉边呈黑褐色。釉质晶莹光洁，釉面亚光，微呈橘皮状。

00H17:078，黑褐釉瓷碗残片，Bc型Ⅰ式。长14厘米，宽11厘米，残高4.3厘米。圈足高1厘米，足底宽0.8厘米。圈足直径6.8厘米。侈口，鼓腹，圆凹底，圈足碗残片。内底心压圈痕一道。内外施釉。足底刮釉露胎。圈足壁微呈喇叭状向外撇，足底三分之一向外，三分之二向内边斜削滚圆呈脊棱坡状。足内心凹平，中心微凸。足心施釉不满而有露胎。胎质晶莹细密，浅灰色夹微细黑粒。釉色黑褐色，釉面微呈银灰痕，釉边微呈棕色，釉质晶莹光洁，釉面亚光，微有橘皮“棕眼”痕（彩版四六，1）。

00H17:081，黑釉瓷碗残片，Bc型Ⅰ式。长9.3厘米，宽5.7厘米，残高4厘米。圈足高0.8厘米，足底宽0.7厘米。侈口，微鼓腹，圆凹底，圈足碗残片。内外施釉。内底心刮釉一圈，足底刮釉露胎，圈足外壁由根至底微内收敛，内壁圆旋微呈喇叭口状，足底平，内外边斜削滚圆棱。足内陷凹平。胎质较薄，晶莹细密，褐色。釉色酱黑色。杂褐色点痕，釉边、薄部位呈棕褐色。釉质晶莹光洁，釉面微呈橘皮状。

00H17:087，黑釉瓷碗残片，Bc型Ⅰ式。长13厘米，宽11厘米，残高3.2厘米。圈足高0.6厘米，足底宽0.8厘米。圈足直径6.9厘米。微鼓腹，圆凹底，圈足碗残片。内外施釉。足底刮釉露胎。圈足壁呈喇叭口状微外撇。足底稍平，向内外边斜削滚圆呈脊棱状，足心内陷凹平，中心微凸。胎质较细密，土褐色。釉色酱黑色，外壁杂棕褐色斑痕，釉边呈棕色，釉质晶莹光洁，釉面有光泽，有“棕眼”痕（彩版四六，2）。

00H17:090，黑釉瓷碗口沿残片，Bc型Ⅰ式。长8.2厘米，宽4.8厘米，残高4.8厘米。圆唇，侈口，微鼓腹碗残片。内外施釉。釉色酱黑色，杂棕褐斑点痕，釉质晶莹光洁，釉面有光泽，微若橘皮状。胎质细密，褐色。

00H17:092，酱褐釉瓷碗残片，Bc型Ⅰ式。长7厘米，宽5厘米，残高3.2厘米。圈足高0.9厘米，足底宽1厘米。圆鼓腹，圆凹底，圈足碗残片。内外施釉。外壁釉至下腹近底。圈足内外露胎。足外壁近直，内壁微呈喇叭口状，足底平，外边斜削滚棱。足内心凹平。胎质晶莹细腻，浅灰色夹微细黑粒。釉色酱褐色杂棕、褐斑点痕，釉边薄处呈棕褐色。釉质晶莹光洁，釉面有光泽，有细微橘皮状。

00H17:094，黑釉瓷碗残片，Bc型Ⅰ式。长17.2厘米，宽6厘米，残高5.2厘米。圆唇，侈口，圆鼓腹碗残片。内外施釉。唇口刮釉露胎，釉色酱黑色，杂棕褐点痕。釉边呈棕褐色。釉质晶莹光洁，釉面微若橘皮状，稍有光泽。胎质较薄，晶莹细密，灰白色。

（7）瓷盘残片

① 白釉瓷盏盘残片，Aa型Ⅰ式，1件。

00H17:138，白釉瓷盏盘口沿残片，Aa型Ⅰ式。长3厘米，宽2.2厘米，残高1.4厘米。尖圆唇，侈口，微鼓腹。内外施釉。唇口刮釉露胎，釉色牙白色，釉质晶莹光洁，釉面有光泽，微有橘皮“棕眼”痕。胎质薄晶莹、洁白、细腻。

② 白釉平底瓷浅盘残片，Aa型Ⅱ式，1件。

00H17:091，白釉平底瓷浅盘残片，Aa型Ⅱ式。直径11.6厘米，高1.9厘米。尖圆唇，侈口，斜壁微鼓腹，平凹底。内外施釉。底心平，刻绘莲花卷草图案，底外边削线棱。胎质细密洁白。釉色牙白色，釉质晶莹光洁，釉面有光泽。典型宋代定窑白瓷盘（图五九，3；彩版四六，5）。

③ 绿褐釉瓷盘残片，Ac 型Ⅰ式，1 件。

00H17:126，绿褐釉瓷盘残片，Ac 型Ⅰ式。长 12 厘米，宽 6.5 厘米，残高 3.5 厘米。尖圆唇，直口浅沿，圆折腹斜腹底微鼓盘残片。内外施釉。釉色浅绿褐色，内壁向口沿渐变，呈浅褐圈，黄褐圈。口沿部黄褐色唇口呈棕褐色痕，外壁底腹部浅绿褐色，褐色稍重，向口沿渐变浅褐色，黄褐色。釉色有流聚融合痕，釉质晶莹厚润光洁，釉面有光泽，微有气泡“棕眼”痕，有细微晶裂片纹痕，胎质晶莹细腻，灰色（彩版四七，4）。

④ 灰褐釉瓷盘残片，Ae 型，1 件。

00H17:105，灰褐釉瓷盘残片，Ae 型。长 7 厘米，宽 4.7 厘米，残高 2.1 厘米。圆唇，翻卷沿口，圆鼓腹盘残片。内外施釉。釉色灰褐色，杂黄褐斑点痕，有红、黄、绿、金星点，唇口褐色，釉质晶莹厚润光洁，釉面有光泽，可见均匀气泡密布。胎质较细密，灰褐色。

⑤ 豆青釉瓷盘残片，Bc 型Ⅱ式，1 件。

00H17:129，豆青釉瓷盘残片，Bc 型Ⅱ式。长 9.5 厘米，宽 5 厘米，高 2.2 厘米。尖圆唇，直口浅沿，圆斜腹微鼓盘残片。内外施釉。圈足，足内心凹平。圈足壁呈喇叭口状稍向外撇，足底平，外边滚棱，圈足釉边呈棕色。釉色豆青色，口沿部黄褐色唇口，外壁底腹部均匀豆青色，微有漏釉。釉质晶莹厚润光洁，釉面亚光，微有橘皮“棕眼”痕，有细微晶裂片纹痕，胎质细腻，灰色（类秘窑瓷色）（图五九，4；彩版四八，2）。

⑥ 蓝灰釉瓷盘残片，Be 型Ⅱ式，1 件。

00H17:127，蓝灰釉瓷盘残片，Be 型Ⅱ式。长 12.6 厘米，宽 6.3 厘米，盘口径约 18 厘米。高 4.1 厘米。足高 0.7 厘米，直径约 5.6 厘米。足底宽 0.4 厘米。尖圆唇，侈口，圆鼓腹浅边。斜底，腹微鼓，小圈足底盘残片。内外施釉。圈足内心施釉，足内外壁施釉不匀，足底刮釉露胎。圈足外壁直，内壁呈喇叭口状，足底平，微向外倾斜，足内心凹平，中心微凸。胎质细腻，灰色。釉色蓝灰色，杂布黄褐斑点痕。唇口呈褐色，釉边呈棕色，釉质晶莹光洁，釉面稍有光泽，有细微晶裂纹痕，微呈橘皮状。花褐斑点痕为晶裂纹痕部泛出（彩版四八，1）。

（8）瓷罐残片

① 黑釉瓷罐残片，Cb 型Ⅰ式，1 件。

00H17:137，黑釉瓷罐口沿残片，Cb 型Ⅰ式。长 6.5 厘米，宽 4.4 厘米，残高 4.4 厘米。圆唇，微敛口，鼓腹罐口沿残片。内外施釉。唇口刮釉露胎，釉色酱黑杂棕褐斑点痕，釉质晶莹光洁，釉面有光泽，微有橘皮痕。胎质晶莹细腻，灰白色夹微细黑粒。

② 黑釉瓷罐残片，Cc 型Ⅰ式，1 件。

00H17:080，黑釉瓷罐残底片，Cc 型Ⅰ式。长 6.5 厘米，宽 3.8 厘米，残高 3 厘米。圈足高 0.6 厘米，足底宽 0.8 厘米。鼓腹，圆凹底，圈足罐残底片。外壁施釉至下腹近底部。内壁及圈足内外露胎。内壁刀旋痕明显。圈足壁微呈喇叭口状外撇。足底一半，外边斜削滚圆。足内心凹平，底胎极薄。胎质较细密，土白色。釉色黑褐色，釉质晶莹光洁，釉面有光泽，微呈橘皮痕。

③ 棕褐釉瓷罐残片，Cc 型Ⅱ式，1 件。

00H17∶068，棕褐釉瓷罐残片，Cc 型Ⅱ式。长 13 厘米，宽 13 厘米，残高 4.1 厘米。宽圈足高 0.9 厘米，足底宽 1.8 厘米。微鼓腹，圆凹平底，宽圈足底罐残片。内外施釉。足底施釉，足底外壁由根至底向外斜削，外边斜滚棱，足底平，底内心微凹平，中心微凸。胎质细密，浅灰褐色。釉色外壁棕褐色，内壁黑褐色，釉质晶莹光洁，釉面稍有光泽，微呈橘皮痕。

④ 素胎瓷罐残片，Cf 型，2 件。

00H17∶096，素胎瓷罐残片，Cf 型。长 6.5 厘米，宽 5.5 厘米，残高 2 厘米。圈足高 0.6 厘米，足底宽 0.4 厘米。鼓腹，圈足底罐残片。内底粗糙，刀旋痕明显。圈足外壁呈棱箍状，内壁呈喇叭口状，足底平，外边斜削。足内心凹平。胎质较细密，土灰色夹微黑粒。外壁足底有近火烧痕。

00H17∶099，素胎瓷罐残片，Cf 型。长 5.8 厘米，宽 5.1 厘米，残高 1.8 厘米。圈足高 0.5 厘米，足底宽 0.5 厘米。圈足直径 4.4 厘米。圆鼓腹，圈足罐残片。内底粗糙，刀旋痕明显。圈足壁呈喇叭口状稍向外撇，足底平，外边滚棱，足内心凹平，中心微凸。胎质较细密，浅灰色。

⑤ 黑褐釉瓷罐残片，Gb 型，3 件。

00H17∶064，黑褐釉瓷罐残片，Gb 型。长 14 厘米，宽 10.3 厘米，残高 4.5 厘米，圈足高 1.1 厘米，足底宽 1 厘米。鼓腹，圆凹底，圈足罐残片。内外施釉。外壁半挂釉至下腹部位。外壁下腹部及圈足内外露胎。圈足外壁由根至底微斜向外撇，内壁圆旋微呈喇叭口状，足底平，外边稍斜削。内边大斜削呈漏斗状。足内心凹平，中心微凸。胎质稍粗，土黄色。釉色黑褐色，杂棕褐色斑点痕。釉质晶莹光洁，釉面有光泽，微有橘皮“棕眼”痕。

00H17∶066，黑褐釉瓷罐残片，Gb 型。长 13.6 厘米，宽 6 厘米，残高 11 厘米。圈足高 0.8 厘米，足底宽 1.2 厘米。鼓腹，凹圆底，圈足罐残片。内外施釉。圈足外壁施釉，足底，内心露胎。足外壁由根至底斜削稍向外撇，内壁圆旋微呈喇叭口状，足底平，内外边斜削滚棱。足内心浅凹平。胎质较细密，褐色。釉色外壁黑褐色，杂棕褐色斑点痕，内壁黑褐色微杂棕褐点痕。釉边呈棕褐色。釉质晶莹光洁，釉面有光泽，微有橘皮“棕眼”痕。

00H17∶067，黑褐釉瓷罐残片，Gb 型。长 16.7 厘米，宽 11 厘米，残高 12 厘米。圈足高 1.2 厘米，足底宽 1.6 厘米。圆鼓腹，腰鼓形，凹平底心，圈足底罐残片。内外施釉。外壁釉至下腹部。外壁下腹及圈足内外露胎。足外壁由根至底向外稍斜削，根部呈棱边，足内壁圆旋浅凹，足底平，外斜削滚圆。足内心微凹平。胎质细密，灰白色。釉色黑褐色杂棕褐斑点痕。釉边呈棕色。内壁釉色酱褐色，釉质晶莹光洁，釉面稍有光泽，微呈橘皮“棕眼”痕。内壁釉面薄涩。

⑥ 黑褐釉小口罐口沿残片，Hb 型，1 件。

00H17∶082，黑褐釉小口罐口沿残片，Hb 型。长 6.3 厘米，宽 4.7 厘米，残高 3.2 厘米。口沿直径约 4.8 厘米，唇沿宽 1 厘米。厚卷圆棱唇，敛口小口径，短领，束颈，斜平圆肩罐口沿残片。内外施釉。外壁釉至肩部。釉色黑褐色，唇口棱部位釉呈褐色。釉质晶莹光洁，釉面有光泽，微有“棕眼”痕。胎质较细密。褐色夹微黑粒。

⑦ 酱褐釉瓷罐口沿残片，HC 型，1 件。

00H17∶089，酱褐釉瓷罐口沿残片，HC 型。长 5.8 厘米，宽 2.8 厘米，残高 2.8 厘米。圆唇，侈口，束颈，棱肩鼓腹罐口沿残片。内外施釉。釉色酱褐色。唇棱边釉呈棕褐色，釉质晶莹光洁。

釉面有光泽，微有“棕眼”痕，有釉流蚓痕。胎质稍粗，褐色。

（9）瓷盆残片

① 白釉瓷盆残片，Da 型，1 件。

00H17:063，白釉瓷盆残片，Da 型。长 13.8 厘米，宽 9.4 厘米。残高 4 厘米。斜壁，凹平底，外壁底边收折外撇，圈足盆残片。内外施釉。外壁施釉近底，流釉至圈足底边。圈足底露胎。足外壁由根至底斜削外撇，内壁呈喇叭口状，足底平，底外边斜削。外壁呈棱脊状，足内心凹平。胎质较细密，土白色夹棕色微粒。釉色牙白色，釉质晶莹光洁，釉面有光泽，有细微晶裂纹痕。

② 黑褐釉瓷盆残片，Dc 型，2 件。

00H17:065，黑褐釉瓷盆残片，Dc 型。长 13.5 厘米，宽 11.3 厘米。残高 4.2 厘米，平底圈宽 6 厘米左右。侈口，斜壁，平底盆残片。内外施釉。釉色内壁黑褐色，外壁棕褐色，釉质晶莹光洁，内壁釉面稍有光泽，微有橘皮痕，外壁釉面薄涩。盆底露胎，平底，内心旋凹平，中心微凸。胎质较细密，土白色。

00H17:069，黑褐釉瓷盆残片，Dc 型。长 15.5 厘米，宽 8 厘米，残高 4.3 厘米。圈足高 1.5 厘米，足底宽 1 厘米。侈口，斜壁，平底，圈足盆残片。内外施釉。圈足内外露胎。外壁有流釉痕。圈足外壁稍向外斜撇，内壁呈大喇叭口状斜敞，足底微向内外边斜削滚圆呈脊棱状。足内心底凹平，中心再旋凹平。胎质较细密，土白色。釉色黑褐色，釉质晶莹光洁，釉面薄涩。

（10）零星小件器物

00H17:086，黑釉瓷灯盏碗残片，长 6 厘米，宽 5.6 厘米，残高 1.5 厘米。平底直径 3.5 厘米。灯盏残片。侈口，斜壁凹平底心，平底盏碗残片。内壁施釉，外壁及平底露胎，刀旋痕明显。胎质较细密，土白色。釉色黑。釉质晶莹光洁，釉面有细小“棕眼”痕。

00H17:103，豆青釉瓷盏座残片，直径 6 厘米，残高 4 厘米。侈口，宽圆卷沿，深腹，圆凹底，外壁高领，束颈，宽沿棱肩，束腹，敞底盏座残片。内外施釉。外壁釉色豆青色，沿棱边呈棕褐色，上口内釉色流呈绿褐色，黑褐色，底心釉呈棕黄色，釉质晶莹光洁，釉面有光泽，可见均匀气泡。胎质晶莹细腻，浅灰色夹微细黑粒（彩版五八，2）。

00H17:117，豆青釉瓷盖残片，长 8.7 厘米，宽 3 厘米，残高 2.6 厘米。圆唇宽沿，圆盖顶，子口回缩直壁，圆棱唇。内壁穹庐状。内外施釉。子口唇刮釉露胎，外壁至子口外壁釉色豆青色，唇棱子口边釉呈棕黄色，杂棕黄斑痕。釉质晶莹光洁，釉面有光泽，微有气泡橘皮“棕眼”痕，有细微晶裂纹痕。内壁釉色棕黄，釉质晶莹薄涩。胎质晶莹细密，浅灰色。

00H17:128，豆青釉瓷钵残片，长 8.5 厘米，宽 5.1 厘米，残高 5.1 厘米。圆唇，侈口，束颈，斜溜肩，圆鼓腹钵残片。内壁肩折部刻二道圈纹，腹壁刻水纹状纹饰，图案残缺不详。外壁肩下刻饰三道圈纹。内外施釉。釉色豆青色，釉质晶莹光洁，釉面有光泽，微有气泡“棕眼”痕，有细微晶裂片纹痕。胎质晶莹细腻，铁灰色。

（11）瓷枕残片　Ac 型，1 件。

00H17:092，白釉褐底花饰瓷枕残片，Ac 型。长 11 厘米，宽 5.3 厘米。瓷枕面残片。外壁施釉。白化妆土剔地刻饰花纹，填涂褐彩，面施清釉。釉质晶莹光洁，釉面有光泽，有细微晶裂片纹痕。胎质稍粗，砂粒明显，土黄红色（彩版三八，3）。

T3

（1）白釉瓷碗

① 白釉瓷平底碗残片，Aa 型，1 件。

99T3∶008，白釉瓷平底碗残片，Aa 型。长 6.7 厘米，宽 4.5 厘米，残高 2.3 厘米。足底高 0.6 厘米。侈口，心底微圆凹，平底瓷碗残片，内壁施釉。底可见一支钉痕，直径约 0.3 厘米。外壁下腹部及平足底露胎。足外壁近直，稍有由根向底外斜，足底边斜削。底平，心微凹。胎质较细密，土白色夹黑粒。釉质晶莹光洁，釉面有光泽，有不匀分布晶裂纹痕（彩版五九，2）。

② 白釉瓷圈足碗残片，Bb 型Ⅰ式，1 件。

99T3∶031，白釉瓷圈足碗残片，Bb 型Ⅰ式。长 11 厘米，宽 5 厘米，残高 5 厘米，圈足高 0.7 厘米。足底宽 1 厘米。侈口，底凹圆，圈足碗残片。内外施釉，内底可见一支钉痕，直约 0.4 厘米。外壁施釉至下腹近底。圈足内外饰白化妆土。圈足外壁直，内壁圆旋削，足底向外边斜三分之一，向内边斜削三分之二，足底出棱脊。足内心凹平，中心微凸。胎质细密，土白色。釉色洁白（牙白色），釉质晶莹光洁，釉面有不匀，细微晶裂纹痕（彩版五九，2）。

③ 白釉瓷盏碗残片，Bb 型Ⅱ式，1 件。

99T3∶066，白釉瓷盏碗残片，Bb 型Ⅱ式。长 5.5 厘米，宽 4 厘米，残高 2 厘米。圈足高 0.3 厘米。足底宽 0.8 厘米。侈口，凹圆底，圈足碗残片。内外施釉。内壁底涂白化妆土施釉，外壁下腹部露胎施釉。内壁釉色白色，圈足外露胎，涂白化妆土。足外壁直，内壁圆旋削，足底向内外边稍削滚圆。足内心凹平。胎质较粗，土黄色。釉质晶莹厚润光洁，有细微晶裂纹痕（彩版五九，2）。

④ 白瓷碗残片，Bc 型Ⅰ式，1 件。

99T3∶047，白瓷碗口沿残片，Bc 型Ⅰ式。长 4.5 厘米，宽 3.8 厘米，残高 3.5 厘米。圆唇微撇口，圆折鼓腹碗残片。内外施釉。胎质较粗，土白色夹黑粒较多。近火高温有变红黑部分。釉色骨白。釉质薄涩，釉面磨蚀，可见釉重处晶裂纹痕。

⑤ 白瓷碗残片，Bc 型Ⅳ式，1 件。

99T3∶002，白瓷碗口沿残片，Bc 型Ⅳ式。长 4.1 厘米，宽 3.2 厘米。足高 3.6 厘米。方圆唇，敞口，鼓腹碗口沿残片，外壁中腹部有三道压槽，内外施釉，釉色牙白，釉质晶莹厚润，釉面有光泽，可见细微晶裂纹痕，外壁口沿下 2 厘米无涂白化妆土部分釉色青。胎质较粗，夹黑粒，土黄色。

⑥ 白釉刻花瓷碗残片，Ed 型，1 件。

99T3∶035，白釉刻花瓷碗残片，Ed 型。长 6 厘米，残 2.5 厘米。残片为碗底腹部位。内外施釉，内壁线刻花草图案。刀法娴熟。釉色洁白，釉质晶莹厚润，釉面有光泽，偶见晶裂纹痕。胎质较细密，土白色。

⑦ 红绿彩白釉瓷碗残片，Ee 型，1 件。

99T3∶011，红绿彩白釉瓷碗残片，Ee 型。长 2.8 厘米，残高 1.3 厘米。圈足高 0.3 厘米。侈口，鼓腹，平底，圈足碗残片，内外施釉，内壁绘红绿彩花纹图案。圈足由根向底斜内收，内外施釉。足底刮釉滚尖圆。足内心凹平。胎质晶莹，洁白，细腻。胎中有隙孔疵。釉色白中泛蓝。釉质晶莹光洁，厚润细腻精细。红彩暗红，绿彩浅绿，釉上彩（彩版五九，1）。

（2）青褐釉瓷碗

① 青灰釉瓷碗残片，Bc 型，1 件。

99T3∶96，青灰釉瓷碗残片，Bc 型。长 5.3 厘米，宽 4.6 厘米，瓷碗残片。腹部微鼓碗残片，内外施釉。釉色青灰，釉质晶莹厚润光洁。胎质较粗，黑灰色。

② 青釉瓷碗残片，Ca 型，5 件。

99T3∶024，青釉瓷碗残片，Ca 型。长 1.3 厘米，宽 6.5 厘米，残高 4.7 厘米。圈足高 1.2 厘米，足底宽 0.8 厘米。侈口，圆凹底，圈足瓷碗残片。内壁施釉，底心刮釉一圈。外壁下腹及圈足内外露胎。圈足外壁近直，内壁呈喇叭口状。足底平，滚棱。足内心凹平，中心微凸。刀旋痕迹明显。外壁呈近火色。胎质较密，土白色。釉色淡青，釉质薄涩，釉面磨涩。

99T3∶028，青釉瓷碗残片，Ca 型。长 11 厘米，宽 4.5 厘米，残高 3.7 厘米。圈足高 0.9 厘米，足底宽 0.5 厘米。侈口，凹圆底，圈足瓷碗底残片。内外施釉，内底心刮釉一圈，外壁半挂施釉至下腹部。圈足内外露胎。足外壁由根向底向外稍斜削。内壁呈喇叭口状，足底平，外边棱斜削滚棱。足内心凹平。胎质细密，浅灰色。釉色青。釉质晶莹光洁，釉面有微细晶裂，磨蚀严重。

99T3∶063，青釉瓷碗底残片，Ca 型。长 7 厘米，宽 4 厘米，残高 3.5 厘米。圈足高 1.1 厘米，足底宽 1.1 厘米。足宽 0.7 厘米。鼓腹，圆凹底，圈足碗残片。内外施釉，内底心刮釉一圈。外壁施釉至下腹部。外壁釉边残留涂底白化妆土。圈足内外露胎。足外壁呈斜坡束腰突棱状。反视若卷圆唇束颈斜领溜肩状。内壁微斜直，足底平，外边棱斜削滚圆。足内心深凹。胎质较粗，土白色。釉色浅青，釉质晶莹光洁，釉面有均匀晶裂纹痕。

99T3∶064，青釉瓷碗残片，Ca 型。长 5 厘米，宽 3 厘米，残高 2 厘米。圈足高 0.8 厘米，足底宽 0.9 厘米。心底微圆凹，圈足瓷碗（盘）残片，内壁施釉，底心刮釉一圈。圈足内外壁直，足底滚圆。足内心凹平。胎质较细，土白色。釉色淡青，釉质薄光洁。

99T3∶101，青釉瓷碗口沿残片，Ca 型。长 11.5 厘米，宽 8.5 厘米，残高 5.7 厘米。侈口，圆唇，鼓腹碗残片，内外施釉，内壁底心刮釉一圈。外壁施釉三分之一，有聚釉流釉。釉色青泛浅绿色，内壁釉面光洁有光泽，有晶裂纹痕。外壁釉边呈棕色，釉聚外有晶裂，无化妆土底部分釉色清。胎质较细密，灰色。

③ 青釉瓷碗残片，Ce 型，1 件。

99T3∶089，青釉瓷碗口沿残片，Ce 型。长 8 厘米，宽 3.5 厘米，残高 3 厘米。侈口，卷圆唇，压槽，鼓腹碗口沿残片，内外施釉。釉色青灰，釉质晶莹光洁，有光泽，有微细晶裂纹痕。口沿部釉呈浅灰口沿。外壁釉色泛绿，多气泡疵点。胎质细腻，灰色。

④ 青釉瓷碗口沿残片，Cf 型，1 件。

99T3∶032，青釉瓷碗口沿残片，Cf 型。长 12 厘米，宽 6 厘米，残高 4.2 厘米。圆唇，侈口，口沿外壁微压槽，微鼓腹瓷碗口沿残片。内外施釉，外壁施釉五分之一。釉色青泛绿。釉薄涩，外壁釉边及外唇边沿呈深棕色，粗涩。磨蚀严重。胎质细密，浅灰色。

（3）青绿釉印花瓷片　Ab 型，1 件。

99T3∶061，青绿釉印花瓷片，Ab 型。长 7.3 厘米，宽 5 厘米。内壁印花图案，有圈纹，花草枝叶纹饰。内外施釉。釉色青绿，釉质晶莹厚润亮洁。釉面有光泽，可见晶裂片纹痕。胎质晶莹细腻，浅灰色。（此选一代表出自3号柱北，其余碎片不选。）

（4）豆青釉瓷碗

① 豆青釉瓷碗残片，Aa型Ⅰ式，5件。

99T3∶001，豆青釉瓷碗口沿残片，Aa型Ⅰ式。长9.3厘米，宽4.7厘米，残高3.3厘米。侈口，厚圆棱唇，斜壁微鼓腹瓷碗残口沿，内壁腹部有印花圈纹图案，残留部分太小，图案不详，内外施釉。釉色豆青，晶莹厚润，釉面有光泽，有晶裂片纹痕。胎质晶莹细密，灰白色。

99T3∶016，豆青釉瓷碗残片，Aa型Ⅰ式。长4厘米，宽3.7厘米。瓷碗腹部残片，微鼓腹。内壁印花朵枝叶图案，内外施釉。釉色豆青泛黑绿。釉质晶莹光洁，釉面有橘皮“棕眼状，大小气泡较多。胎质细腻，灰色。

99T3∶034，豆青釉瓷碗口沿残处片，Aa型Ⅰ式。长5.6厘米，宽3.4厘米，残高3厘米。侈口，厚卷圆棱唇，微鼓腹碗口沿残片，内外施釉。釉色豆青泛灰。釉质晶莹厚润，釉面微似橘皮，有不匀晶裂纹痕。胎质晶莹细密，灰色。

99T3∶050，豆青釉刻花瓷碗残片，Aa型Ⅰ式。长12厘米，宽8.5厘米，残高4.2厘米。圈足高0.4厘米。足底宽0.3厘米。侈口，斜壁，微鼓腹，圆凹底，圈足碗残片。内壁刻花，图案为水中荷花叶纹饰，技术精湛，刀法娴熟。底心边刻一道圈纹饰。内外施釉。内底心刮釉一圈，露胎出边棱。外壁施釉至圈足底边。圈足内外施釉，足底露胎。足外壁由根至底微斜收，足底向内边斜削，内壁出棱。足内心陷凹，中心微凸。足内心施釉薄涩，粘砂，色杂呈棕黄。胎质晶莹较细密，浅灰色。釉质晶莹光洁，厚润有光泽，釉面有气泡“棕眼”，微细晶裂片纹痕（图六三，5；彩版六〇，1）。

99T3∶062，豆青釉印花瓷碗残片，Aa型Ⅰ式。长10.3厘米，宽5.5厘米。残高3厘米。圈足高0.7厘米，足底宽0.7厘米。斜壁，微鼓腹，圆凹底，圈足瓷碗残片。内壁腹部印花，图案局部残留，不详。底心刻一道圈纹，内外施釉。内底心刮釉一圈，外壁施釉至圈足底边。圈足底至内心露胎。足外壁由根至底稍外斜削，内壁呈喇叭口状，底向内外边斜削出棱脊。足内心凹平。胎质晶莹较细密，浅灰色。釉色豆青色泛绿，釉质晶莹厚润，有光泽，可见细微晶裂纹痕。有“棕眼”。

② 豆青釉印花瓷碗残片，Ab型Ⅰ式，1件。

99T3∶051，豆青釉印花瓷碗残片，Ab型Ⅰ式。长13.5厘米，宽9厘米，高5.5厘米，圈足高0.5厘米，直径6.2厘米。侈口，厚圆唇，斜壁微鼓腹，圆凹底，圈足浅腹碗，内壁腹中部印花一周，图案为蔓枝花叶纹饰，内底边刻一道圈纹，底中印花一朵。外壁素面。内外壁施釉，内底心刮釉一圈。外壁半挂釉至圈足底边。内壁釉色豆青。外壁釉似烟熏火燎，釉色褐灰，无光泽，近底部烧呈铁锈红色。圈足外壁稍直，底边外棱斜削，外壁中部出棱突。足底稍平，稍向外斜，内壁边斜削三分之二，刮釉出棱，三分之一呈喇叭口状施釉至足底心。足底心陷凹，心微凸。足底内外棱斜边露胎、粘砂，釉呈铁锈红色，面涩。胎质晶莹细密，呈灰色。釉质晶莹光洁，厚润有光泽，釉面有“棕眼”，有晶裂纹痕（二号柱北出土）（彩版五九，4）。

③ 豆青釉瓷碗残片，Ad型，1件。

99T3∶106，豆青（浅灰蓝）釉瓷碗残片，Ad型。长8.1厘米，宽3厘米，残高4厘米。圈足高0.7厘米，足底高0.4厘米。圆折腹，圆凹底，圈足碗残片，内外施釉，外壁施釉至圈足外壁中部。圈足外壁施釉。半截，釉边蓝浅棕色。圈足内陷凹平，内壁足底露胎，外壁直，内壁呈喇叭口状，足底平向外边稍斜倾，胎质晶莹细腻，呈浅灰色夹黑粒。釉色豆青泛浅灰蓝，釉质晶莹光洁，细腻厚润有光泽，放大可见釉中有不匀气泡。

④ 豆青釉瓷碗残片，Bc 型Ⅰ式，1 件。

99T3:060，豆青釉瓷碗残片，Bc 型Ⅰ式。长 18.5 厘米，宽 12 厘米，高 6 厘米。碗口直径约 20 厘米。圈足底高 0.7 厘米，足底宽 0.8 百厘米。圈足直径约 8.4 厘米。圆卷唇，鼓腹，圆凹底，圈足碗。内外施釉，内壁底心刮釉一圈。外壁半挂釉至上腹部，偶流釉至中腹。外壁下腹部及圈足内外露胎。圈足内外壁直，足底平。向内外边斜削棱。足心凹平。刀旋痕明显。胎质细密，土灰色夹黑粒。釉色豆青，釉质薄涩（彩版六一，3）。

（5）黄绿釉碗

① 黄釉刻花碗残片，Cc 型，1 件。

99T3:003，黄釉刻花碗残片，Cc 型。长 5.2 厘米，宽 4.7 厘米，残高 2 厘米，圈足高 0.8 厘米，足底宽 0.9 厘米。侈口，圆凹底，圈足碗残底片。内壁底心刻花纹饰，施釉。底心釉面有瑕疵痕。外壁下腹及圈足内外露胎。圈足截面呈梯形，内壁向底斜旋削，足底向外壁稍斜平。足内心凹平，中心微凸，有刀旋痕明显。胎质细密，浅灰色。釉质晶莹光洁，色黄，釉面有光泽，有明显晶裂片纹痕（彩版五八，6）。

② 黄绿釉刻花碗残片，Cd 型，1 件。

99T3:109，黄绿釉刻花碗口沿残片，Cd 型。长 5.2 厘米，宽 3.7 厘米，残高 3.7 厘米。圆唇，圆直口微鼓腹碗残片，内外刻纹饰，内壁腹部残留圈纹一道。外壁口沿饰一道圈纹饰，中腹饰二道圈纹，两组圈纹中刻双撇叶纹饰，内外施釉，釉色黄泛绿。胎质细密，浅灰色（彩版五九，1）。

③ 黄绿釉刻花碗口沿残片，Ce 型，1 件。

99T3:005，黄绿釉刻花碗口沿残片，Ce 型。长 6.2 厘米，宽 4.5 厘米。残底片，圈足高 0.4 厘米，足底宽 0.9 厘米。侈口，圆凹底圈足碗残片，外壁腹部刻花草图案。内外壁施釉，内壁底心刮釉一圈，呈棕色出棱。外壁施釉至圈足边。圈足内心陷凹平，施釉。心底较薄。足底不刮釉露胎，外壁由根向底内收斜削，露胎。内壁呈喇叭口状施釉，足底向内壁斜削刮釉露胎。内壁出棱脊。胎厚笨，胎质晶莹细腻，灰色。釉色翠绿，釉质晶莹厚润，釉重处聚釉如琉璃状，釉面有气泡“棕眼”，晶裂片纹痕。

④ 青黄釉瓷碗残片，Cf 型，1 件。

99T3:030，青黄釉瓷碗口沿残片，Cf 型。长 3.7 厘米，宽 3.5 厘米，残高 2.2 厘米。方尖唇出棱。圆折，鼓腹浅碗（盘）残片。内外施釉，外壁釉半挂至口沿上 2 厘米。胎质较细密，土黄色，夹黑粒。釉色青泛黄。釉质晶莹光洁，釉面有细微均匀晶裂片纹。

（6）浅蓝釉钧瓷碗

① 浅蓝釉钧瓷碗残片，Aa 型Ⅰ式，1 件。

99T3:095，浅蓝釉钧瓷碗残片，Aa 型Ⅰ式。长 7.5 厘米，宽 3.7 厘米，残高 3.2 厘米，圈足高 1.2 厘米，足底宽 0.4 厘米。侈口，斜壁微鼓腹，圆凹底，圈足碗残片。内外施釉。外壁施釉至腹底部，有流釉至圈足底。圈足内外施釉。外壁直，内壁呈喇叭口状，足底平刮釉露胎，内壁半截刮釉露胎，釉边呈棕色。足内心陷凹平。胎质较细密，灰色夹黑粒。釉色浅蓝，釉质晶莹厚润浓稠，釉面有光泽，可见气泡“棕眼”，晶裂片纹痕，釉流蚓痕。聚釉厚润亮洁如琉璃状。

② 蓝釉瓷碗残片，Ab 型Ⅰ式，1 件。

99T3:038，蓝釉瓷碗残片，Ab 型Ⅰ式。长 4.2 厘米，宽 2 厘米，残高 2.4 厘米，圈足高 0.9 厘米，足底宽 0.2 厘米。圆凹底，鼓腹，圈足碗残底片。内外施釉，内壁及圈足内施蓝白釉，外壁施深蓝色釉，外壁蓝釉磨蚀较重。圈足由根向底内收斜旋削，足内外施釉，足底刮釉露胎，足底稍平，向内外边斜削滚圆，足内心凹平。胎质晶莹洁白细腻。釉质晶莹光洁，细腻厚润，有光泽。

③ 蓝灰釉钧瓷碗残片，Ac 型Ⅰ式，2 件。

99T3:017，蓝褐釉瓷碗口沿残片，Ac 型Ⅰ式。长 5.7 厘米，宽 3.2 厘米，残高 5 厘米。侈口，圆唇，鼓腹碗残片。内外施釉。釉色蓝褐色为主，杂褐红、青、黄等色变，釉质厚润光洁。胎质细密，灰黑色夹黑粒（彩版五九，1）。

99T3:093，蓝灰釉钧瓷碗残片，Ac 型Ⅰ式。长 7.8 厘米，宽 3.5 厘米，残高 2.5 厘米。圈足高 1 厘米，足底宽 0.4 厘米。鸡心底，圈足碗残片。内外施釉，外壁施釉至腹底部。圈足内外露胎，外壁直，内壁呈喇叭口状，足底微平向外斜削滚圆。足内心陷凹，中心微凸。胎质较细密，铁灰色。露胎部分呈近火高温红色。釉色蓝灰，聚釉处有呈深蓝色，釉质晶莹厚润浓稠，釉面有光泽，可见气泡，流蚓痕，聚釉呈琉璃状晶莹可人（彩版五八，6）。

（7）黑褐釉瓷碗

① 黑釉瓷碗底残片，Aa 型Ⅰ式，1 件。

99T3:118，黑釉瓷碗底残片，Aa 型Ⅰ式。长 5 厘米，宽 3.8 厘米，残高 1.8 厘米。圈足高 1 厘米，足底宽 0.8 厘米。鸡心底，圈足碗残片。内外施釉。外壁施釉至下腹近底，流釉至圈足。圈足外壁出鼓棱。足平底，足内心凹平，中心微凸，内壁圆旋，刀旋痕明显。胎质较细腻，土白色。釉色漆黑色，釉质晶莹浓稠，釉面涩，若粗橘皮状（彩版六〇，2）。

② 黑油滴釉瓷碗残片，Aa 型Ⅱ式，2 件。

99T3:110，黑油滴釉瓷碗口沿残片，Aa 型Ⅱ式。长 4 厘米，宽 3.5 厘米。圆唇，侈口，鼓腹碗口沿残片，内外施釉。釉色黑，釉质厚润光洁，釉面若橘皮状，均匀分布雪花状银灰斑痕。似满天雪花散落，晶莹俏丽，大点似雪片纷纷，小点如雪花点点。胎质细密，土褐色（彩版六〇，3）。

99T3:122，黑油滴釉瓷碗口沿残片，Aa 型Ⅱ式。长 9.5 厘米，宽 4.1 厘米，残高 3.8 厘米。侈口，圆唇，鼓腹碗口沿残片。内外施釉。釉色黑，釉质晶莹厚润，光洁，釉面均匀分布灰色雪花状斑痕即“油滴”，釉面可见少量“棕眼”。胎质较粗，土褐色夹黑粒（彩版六〇，3）。

③ 黑釉碗残片，Ab 型Ⅰ式，7 件。

99T3:006，黑釉碗残片，Ab 型Ⅰ式。长 11.5 厘米，宽 6.4 厘米，残高 3.3 厘米。圈足高 0.8 厘米，足底宽 0.7 厘米。侈口，斜壁，微鼓腹，圆凹底，圈足碗残片。内外施釉。内壁色黑。釉质晶莹厚润，釉面有橘皮“棕眼”痕。外壁及圈足内外釉色黑褐色，色不匀。釉质晶莹光洁，釉面薄。圈足外壁直，内壁呈喇叭口状。足底刮釉露胎，向内外边斜削出棱滚圆。足内心凹平，中心微凸。足底心胎较薄。胎质较细密，有隙孔，灰白色，夹黑粒。

99T3:012，黑釉瓷碗底残片，Ab 型Ⅰ式。直径 6.2 厘米，残高 2 厘米。圈足高 1 厘米，足底宽

0.4厘米。圆底微凹，圈足碗底残片，内外施釉。圈足外壁由根至底稍向外斜削，足底平，外边斜削出棱。内壁呈喇叭口状。足内心凹平，中心微凸。胎质较粗，土黄色。釉色黑杂褐点，釉质晶莹光洁，釉面有橘皮“棕眼”痕。

99T3:022，黑釉瓷碗残片，Ab型Ⅰ式。长10厘米，宽7厘米，残高3.5厘米。圈足高1.2厘米，足底宽1厘米。侈口，斜壁微鼓腹，平底，圈足粗瓷碗残片。内外施釉。内底心刮一圈，宽约2.6厘米。外壁施釉至下腹，有流釉至圈足底。圈足内外露胎，外壁直，根部有刀旋束槽一道。内壁呈圆旋喇叭口状。足底二分之一平，外边斜削滚圆。足底心陷凹平，中心微凸，刀旋痕明显。胎质较粗，有隙孔，土黄色。釉色黑褐。釉边呈棕色。釉质晶莹亮洁，釉面薄有光泽。

99T3:025，黑釉瓷碗残片，Ab型Ⅰ式。长10.5厘米，宽5厘米，残高3.5厘米。圈足高0.8厘米，足底宽0.8厘米。侈口，斜壁微鼓腹，圆凹底，圈足瓷碗残片。内外施釉。内底心刮釉一圈。外壁半挂釉至下腹部。圈足内外露胎，外壁直，内壁呈喇叭口状，足底三分之二平，外边棱斜削。足内心陷凹平。刀旋痕明显。胎质较细密，土黄色。釉色黑，釉边呈棕色，釉质晶莹亮洁，釉面有微细“棕眼”痕。

99T3:030，黑褐釉瓷碗残片，Ab型Ⅰ式。长10.7厘米，宽6.7厘米。残高3.8厘米。圈足高0.8厘米，足底宽0.6厘米。侈口，斜壁微鼓腹，圆凹底，圈足瓷碗残片。内外施釉。内壁施黑釉，釉色漆黑，釉质厚润光洁，釉面微有橘皮“棕眼”，有微小雪花状银白斑痕“油滴”。外壁及圈足内外，施酱褐色釉，釉质晶莹光洁，釉面较薄。可见碗覆盖釉流向碗口边痕。圈足外壁赴，内壁呈喇叭口状，足底刮釉露胎，少平向内外边壁斜削滚棱。足内心凹，中心微凸，底胎薄。胎质晶莹较细，有隙孔，土白色（彩版六〇，2）。

99T3:072，褐绿釉瓷碗残片，Ab型Ⅰ式。长9.5厘米，宽4.7厘米。残高4厘米。圈足高0.8厘米，足底0.6厘米。侈口，斜壁微鼓腹，圆凹底，圈足瓷碗残片。内外施釉。内底刮釉一圈。外壁半挂釉至下腹部位。下腹及圈足内外露胎。圈足呈喇叭口状。外壁向外斜，足底平，外边削棱滚圆，足内心陷凹，中心微凸，刀旋痕明显。胎质较粗，土黄色，夹黑粒。釉色褐绿，釉质光洁，釉面薄。

99T3:116，黑釉瓷碗残片，Ab型Ⅰ式。长6厘米，宽4.6厘米。残高4.5厘米。圈足高1.4厘米，足底宽0.6厘米。斜壁微鼓腹，圆凹底，圈足碗残片。内外施釉。内底心刮釉一圈，涩圈宽3.6厘米。外壁施釉至中腹下。圈足内外露胎，足外壁由根至底向外斜削，足底平，外边斜削，外壁出棱脊。内壁稍呈喇叭状旋削，足内心陷凹平。胎质较细密，土白色。釉色黑，釉边呈棕色。釉质晶莹光洁，釉面有微细橘皮“棕眼”痕。

④ 黑釉瓷碗残片，Af型，3件。

99T3:23，黑釉瓷碗口沿残片，Af型。长4.8厘米，宽4.2厘米，残高3.2厘米。侈口，圆唇鼓腹碗口沿残片，内外施釉。釉色黑，釉质晶莹亮洁，厚润，釉面有光泽，可见微细棕色粒，有若细橘皮状。胎质较细密，土白色。

99T3:28，黑褐釉瓷碗口沿残片，Af型。长6.7厘米，宽4.3厘米。残高3.2厘米。侈口，圆唇，微有肩棱，鼓腹碗口沿残片。内外施釉。釉色黑褐，釉质薄涩，釉面若细橘皮。胎质较细腻，灰白色。

99T3∶048，黑褐釉瓷碗口沿残片，Af型。长4.2厘米，宽3.5厘米，残高3.1厘米。侈口，圆唇，鼓腹碗口沿残片，内外施釉。釉色黑褐泛深蓝。唇口呈一道棕色边唇线。釉质晶莹厚润，釉面亮洁，有光泽，微有“棕眼”，釉流蚓痕。胎质较细密，土白色。

⑤ 黑褐釉瓷碗残片，Ba型Ⅰ式，5件。

99T3∶014，黑褐釉瓷碗残片。Ba型Ⅰ式。长7.3厘米，宽5.4厘米，残高4.6厘米。圈足高0.8厘米，足底宽0.7厘米。圆鼓腹，圆凹底，圈足碗残片。内外施釉。内壁施黑褐釉，外壁半挂酱褐釉至下腹部。足底平。足内心凹。胎质较粗，土灰色。底部点近火高温烧红色。釉质晶莹光洁，釉面有橘皮状。

99T3∶054，黑釉瓷碗残片。Ba型Ⅰ式。长11.3厘米，宽8.7厘米，残高5厘米。圈足高1.6厘米。足底宽0.6厘米。侈口，鼓腹，圆凹底，圈足粗瓷碗残片。内外施釉。内底心刮釉一圈。外壁施釉至近底圈足边。圈足外壁直，内壁呈喇叭口，足底平，外边斜削滚圆，足内心凹平，刀旋痕明显。胎质较粗，夹砂明显，土黄色。釉色黑褐色，釉质晶莹光洁，外壁釉面多疵点。

99T3∶087，酱釉瓷碗口沿残片，Ba型Ⅰ式。长6厘米，宽5厘米，残高3.7厘米。侈口，卷圆唇，鼓腹碗口沿残片。外壁口沿下微有压槽痕。内外施釉。釉色酱褐色，色不匀，外壁酱色为主泛褐色。釉质晶莹光洁，釉面若橘皮状，有釉融流蚓痕。胎质晶莹细腻，灰白色（彩版六〇，3）。

99T3∶114，黑釉瓷碗残片，Ba型Ⅰ式。长8.7厘米，宽6.5厘米，残高3.3厘米。圈足高0.6厘米。鼓腹，圆凹底，圈足碗残片。内外施釉。内壁釉色漆黑，釉质晶莹厚润，釉面有橘皮“棕眼”痕。外壁及圈足内外施酱褐釉色不匀。釉质晶莹光洁，釉面薄，微若橘皮。圈足外壁直，内壁呈喇叭口状，足底刮釉露胎，向内外边斜削出棱滚圆。足内心凹，中心微凸。胎质较粗，土黄色。

99T3∶133，酱褐色釉瓷碗口沿残片，Ba型Ⅰ式。长3.8厘米，宽3.8厘米，残高3.2厘米。圆唇，侈口，鼓腹碗口沿残片。内外施釉。釉色酱褐色，分布不匀，唇边呈青绿色，釉质晶莹光洁，釉面若橘皮，有瑕疵点。胎质晶莹细腻，灰白色。

⑥ 酱褐釉瓷碗残片，Bc型Ⅱ式，4件。

99T3∶026，酱褐釉瓷碗残片，Bc型Ⅱ式。长7.8厘米，宽5.5厘米，残高1.8厘米。圈足高0.6厘米。侈口，圆凹底，圈足碗残片。内壁施釉，底心刮釉一圈。外壁下腹及圈足内外露胎。外壁由根至底向外稍斜削。内壁呈喇叭口状，足底向内外斜削滚圆，足内心凹，中心有刀旋凸痕。胎质较细密，土白色。釉酱黑色，釉质晶莹光洁，釉面有橘皮状。

99T3∶055，酱褐釉瓷碗残片，Bc型Ⅱ式。长9.5厘米，宽6厘米，残高3厘米，圈足高0.8厘米，足底宽0.5厘米。斜壁微鼓腹，圆凹底，圈足碗残片。内壁施釉，底心刮釉一圈。外壁下腹部及圈足外露胎。圈足外壁由根至底下向外斜削，腹底出平棱。足内壁呈喇叭口状，足底平，外边棱斜削滚圆，足内心凹平，中心微凸。胎质较粗，土黄色，夹黑粒。釉色酱褐，釉质薄涩，釉面若橘皮状。

99T3∶056，酱褐釉瓷碗残片，Bc型Ⅱ式。长5.8厘米，宽8.7厘米，高9.0厘米，直径20厘米。圈足高0.8厘米，足底宽0.8厘米。侈口，尖圆唇，鼓腹，凹圆底，圈足瓷碗残片。内外壁施釉。外壁半挂釉至中腹下部。胎质较粗，土黄色。釉色酱褐杂铁锈色斑点痕，唇口沿釉色黄褐。釉质晶莹光洁，釉面有气泡“棕眼”，釉流蚓痕，向内心聚（彩版四五，2）。

99T3:121，酱褐釉瓷碗残片，Bc型Ⅱ式。长11厘米，宽8厘米，残高3.5厘米。圈足高0.8厘米，足底宽1厘米。侈口，斜壁微鼓腹，圆凹底，圈足碗残片。内外施釉。内底心刮釉一圈。外壁半挂釉至腹部（有流釉痕）。外壁底腹部及圈足内外露胎，圈足呈喇叭口状，外壁斜削，足底平，外边棱滚边。足内心凹平，中心微凸尖，刀旋痕明显。釉色酱褐泛棕色，釉质薄涩，釉面磨蚀无光。

⑦ 黑褐釉瓷碗残片，Bd型，1件。

99T3:019，黑褐釉瓷碗口沿残片，Bd型。长6.3厘米，宽4厘米，残高5厘米。敛口，圆唇，鼓腹碗口沿残片。内外施釉。釉色黑褐杂窑变棕、青、黄等不匀色。釉质晶莹亮洁，釉面有光泽，有"棕眼"，釉流蚓痕。胎质较粗，有隙孔，土白色。

⑧ 酱褐釉瓷碗残片，Cc型，1件。

99T3:083，酱褐釉瓷碗残片，Cc型。长9厘米，宽6厘米，残高5.5厘米。敞口，尖圆唇，深腹微鼓，圆折底瓷碗残片。内壁满施釉；外壁釉至唇口边，下腹至底施釉。外壁大部露胎，线刻纹饰，横纹稀，竖纹、曲线纹成组排列，表面涂薄釉，面涩，呈棕色。大部釉色酱褐，釉质晶莹亮泽，釉面有光泽，微有"棕眼"。胎质晶莹细腻，灰白色（彩版六〇，3）。

⑨ 黑白二色釉瓷碗残片，Da型，1件。

00T3:119，黑白二色釉瓷碗残片，Da型。长9厘米，宽7厘米，高5.7厘米。圈足高0.5厘米，足底宽0.8厘米。侈口，尖圆厚唇，鼓腹，平底圈足碗残片。外壁是腹上部旋压宽带槽。圆棱。上下黑白釉分色。内外施釉。内壁底心可见一支钉痕直径约0.5厘米，平整磨砂。内壁及外壁宽带槽之上施白釉，釉色黄白，釉质薄涩，口沿釉重处光洁。外壁宽带槽之下至圈足内外施黑釉褐色，釉质厚润光洁，有橘皮状。圈足呈喇叭口状。内外壁斜削，足底刮釉露胎向内外边斜削出棱滚圆。足内心露胎陷凹平，胎质细腻，灰色。

（8）瓷盘残片

① 豆青釉印花瓷盘残片，Ac型Ⅲ式，1件。

99T3:104，豆青釉印花瓷盘口沿残片，Ac型Ⅲ式。侈口，圆唇浅腹盘残片。内壁中部有印花残痕，内外施釉。釉色豆青浅绿，内壁釉面晶莹亮洁，有晶裂片纹痕，外壁釉质薄涩。胎质较细密，浅灰色。

② 豆青釉瓷盘残片，Bc型Ⅰ式，1件。

99T3:042，豆青釉瓷盘残片，Bc型Ⅰ式。长10.5厘米，宽7.3厘米，高3.6厘米。直径约20厘米。圈足高0.7厘米，足底宽0.4厘米。侈口圆唇，圆折腹斜壁微鼓腹，圆凹底，圈足盘残片，内外施釉。釉色豆青，釉质晶莹厚润，釉面有光泽，可见均匀气泡和晶裂片纹痕。釉面有瑕疵斑痕。圈足内外施釉，足底平斜削，滚边，刮釉露胎。釉边呈棕色。足内心凹平。胎质较细密，土灰色（4、5号铁柱坑内出土。）（图六三，7；彩版五九，3）。

③ 青釉瓷盘残片，Bd型Ⅱ式，1件。

99T3:081，青釉瓷盘残片，Bd型Ⅱ式。长7厘米，宽4.2厘米，残高1.8厘米。圈足高0.5厘米，足底宽0.7厘米。浅腹，底微凹，圈足盘残片。内壁施釉，底心刮釉一圈。残存外壁及圈足内外露胎。足外壁直，内壁呈喇叭口状圆旋削。足底平，外边棱斜面削。足底心凹平。胎质细密，土白色夹黑粒。内壁底心呈高温火烧黑红状。釉色青，釉质晶莹，釉面薄涩。

④ 蓝灰釉钧瓷盘残片，Be 型Ⅱ式，2 件。

99T3∶041，蓝灰釉钧瓷盘残片，Be 型Ⅱ式。长 10.3 厘米，宽 8.6 厘米，高 3.6 厘米。直径约 17 厘米。圈足高 0.5 厘米，足底宽 0.4 厘米。侈口，尖圆唇，圆折微鼓腹壁，圆凹底，圈足盘残片。内外施釉，外壁施釉至圈足边，圈足内外露胎，刮釉，清釉黏流。外壁直，内壁呈喇叭口状，足底平。足内心凹平施釉，中心微凸。施釉流聚现圆突。胎质较细密，土灰色。釉色浅蓝泛灰，釉质晶莹厚润，釉面有光泽，可见流釉痕，偶有晶裂纹。口沿边釉呈青色，可见气泡流蚓痕（图六三，11；彩版五九，3）。

99T3∶098，蓝灰釉钧瓷盘残片，Be 型Ⅱ式。长 6 厘米，宽 5 厘米，残高 2 厘米。圈足高 0.4 厘米，足底宽 0.4 厘米。瓷盘残片，侈口，腹壁斜微鼓腹，浅平微凹底，圈足盘残片。内外施釉。圈足内外施釉不匀，足底平刮露胎，外边棱滚圆，外壁直，内壁呈喇叭口状，足内心凹平。胎质晶莹细密，灰色夹黑粒。釉色蓝灰，釉质厚润光洁，釉面磨蚀，可见晶裂纹痕。

⑤ 黑釉瓷盘残片，Bf 型，1 件。

99T3∶053，黑釉瓷盘残片，Bf 型。长 12 厘米，宽 9.5 厘米，残高 2.5 厘米。圈足高 1 厘米，足底宽 0.7 厘米。侈口，微鼓腹，平底圈足盘残片。内外施釉。内底心刮釉一圈。外壁半挂釉至中腹边。下腹底及圈足内外露胎，足外壁由根至底稍向外斜削，内壁呈喇叭口状，足底平稍外倾斜，外边滚圆。足内心凹平。中心微凸。刀旋痕明显。胎质较粗，土白色。釉色漆黑，有褐斑。釉质晶莹亮洁，釉面微呈橘皮状。

（9）瓷罐残片

① 黑釉瓷罐残片，Ba 型，2 件。

99T3∶088，黑釉瓷罐口沿残片，Ba 型。长 5 厘米，宽 4 厘米，残高 3.8 厘米。厚圆卷唇，敛口，束颈，微圆折溜肩，鼓腹罐残片。内外施釉。唇口内刮釉露胎。釉色黑褐色杂酱褐痕。釉质晶莹光洁，釉面微有“棕眼”，可见釉流蚓痕。胎质较粗，砂粒明显，土灰色。

99T3∶132，黑釉粗瓷罐残片，Ba 型。口沿部分长 13 厘米，宽 9 厘米，残高 10.5 厘米。腹底部分，底直径 15 厘米，残高 8 厘米。圆唇，敛口，束颈，圆溜肩，鼓腹，斜壁，圈足平底瓷罐残片。内外施釉。唇口内外露胎。外壁唇边有流釉痕。外壁半挂釉至下腹部。下腹壁及底部露胎，底边沿平，内心凹平。胎质粗砂粒明显，土白色。釉色漆黑，釉质晶莹光洁，釉面有流蚓痕。

② 酱红釉瓷罐残片，Bc 型Ⅱ式，1 件。

99T3∶019，酱红釉瓷罐口沿残片，Bc 型Ⅱ式。长 6 厘米，宽 3.7 厘米，残高 3.8 厘米。敛口，尖圆唇，鼓棱沿，斜颈，溜肩罐残片。唇口刮釉，内外壁施釉。内壁施釉至颈部，釉色酱褐色。外壁釉色酱褐红色。咖啡色杂褐色斑点痕。釉质晶莹亮洁，釉面微若桔眼状。胎质较细密，土灰色夹黑粒（彩版四五，1）。

③ 酱褐釉圈足底罐残片，Cb 型Ⅰ式，3 件。

99T3∶067，酱褐釉圈足底罐残片，Cb 型Ⅰ式。长 5.5 厘米，宽 3 厘米，残高 1.8 厘米。圈足高 0.6 厘米，足底宽 0.7 厘米。圆鼓腹，浅凹底圈足罐残底片。内壁施釉，底不平整，有旋痕。外壁底，圈足内外露胎，足外壁由根至底向外斜削，足底平，外边斜削，外壁出脊棱。足内壁呈喇叭口状旋削。足内心凹平。胎质细密，灰褐色。釉色，酱褐色，釉质薄涩。釉面多疵点。

99T3:112，酱褐釉瓷罐残片，Cb型Ⅰ式。长8.6厘米，宽4.5厘米，残高3厘米。圈足高0.6厘米，足底宽0.7厘米。鼓腹，微凹底，圈足瓷罐残片。内外施釉。外壁施釉至下腹近底部位。釉色瓷罐残片，内外施釉。外壁施釉至下腹近底部位。外壁由根至底向外斜削。足底平，内壁呈喇叭口状。足内心凹平。刀旋痕明显，胎质晶莹细腻，有隙孔，灰白色夹细微黑粒。釉色酱褐，釉色晶莹光洁，釉面薄，有微若橘皮状“棕眼”。圈足内外露胎。

99T3:115，酱褐釉瓷罐残片，Cb型Ⅰ式。长6.8厘米，宽4.4厘米，残高3.5厘米。圈足高0.7厘米。足底宽0.4厘米。圆鼓腹，凹底，圈足罐残片，内壁露胎，外壁施釉近底。下腹底至圈足内外露胎。圈足呈喇叭口状，外壁由根至底向外斜削，腹底出棱边。足底平，外边斜削滚圆。内壁旋削斜壁。足内心凹平，中心微凸。胎质晶莹细腻，灰白色夹黑粒。釉色酱黑色。釉质薄，釉面光洁。

④ 酱褐红釉瓷罐残片，Db型，1件。

99T3:088，酱褐红釉瓷罐残片，Db型。长9.5厘米，宽5.2厘米。斜折肩腹箍棱罐残片，内外施釉，内壁施釉酱褐至肩折部位。内壁此下露胎。外壁施酱褐红。深咖啡色杂褐斑点痕。釉质晶莹光洁，釉面薄，微若桔眼状。胎质细密，土灰色夹微黑粒（彩版四五，1）。

⑤ 黑釉瓷罐残片，Eb型，2件。

99T3:065，酱褐釉平底小罐残片，Eb型。长3.5厘米，宽3.2厘米。残高2厘米。斜鼓腹平底小罐残片。内壁施釉，釉色酱黑色杂融，釉质晶莹亮洁，釉面多有疵点。外壁下腹底部露胎，平底足，刀旋痕明显。胎质晶莹细密，有隙孔，灰白色。

99T3:071，黑釉瓷罐残片，Eb型。长9.3厘米，宽5厘米，残高3.7厘米。底沿宽0.5厘米。鼓腹，微凹底，足底沿瓷罐残片。内外施釉。外壁半挂施釉至下腹部。内壁底心粘砂疵。外壁下底部及底露胎。底心凹平。胎质细密。土灰色。釉色酱黑色，釉质晶莹光洁。釉面微若橘皮状。

⑥ 褐绿釉瓷罐残片，GC型，2件。

99T3:033，褐绿釉瓷罐残片，GC型。长4.8厘米，宽4.2厘米，残高4.3厘米。圆唇，敛口，直壁微鼓腹罐残片。内外施釉。唇口刮釉露胎。釉色褐绿，釉质薄涩。釉面亚光。胎质较粗，土白色。

99T3:044，褐绿釉瓷罐口沿残片，GC型。长5厘米，宽4.5厘米。残高4.7厘米。圆唇，敛口，直腹壁罐残片。内外施釉，内壁半挂釉。唇口刮釉露胎。釉色褐绿色，釉质薄涩。釉面亚光。胎较薄，质较粗，土白色。

⑦ 酱褐釉罐残片，Gb型，1件。

99T3:049，酱褐釉罐残片，Gb型。长10厘米，宽7.3厘米，残高7.8厘米。高桶形腹壁微鼓，内壁微圆，凹底，外壁斜边凹底瓷碗残片。外壁施釉至中腹壁部位。内壁轮制箍痕明显，露胎。外壁底部收束出槽痕，底斜平底心凹圆旋。胎质较粗，有隙孔，土灰色，夹细黑粒。釉色酱褐色，釉质薄涩，釉面有光泽。

（10）瓷盆残片

① 黑褐釉瓷盆残片，Aa型Ⅰ式，1件。

99T3:013，黑褐釉瓷盆残底片，Aa型Ⅰ式。长12.5厘米，宽7厘米，残高2厘米。底足边宽

1.4 厘米。斜腹壁，平底瓷盆残片。内外施釉，内底可见两个支钉痕，每钉直径约 0.5 厘米。釉色黑褐杂有“棕眼”斑痕，外壁施釉近底，有浓流釉痕。釉色漆黑，釉质晶莹厚润光洁，釉面微呈橘皮状。盆底心凹平露胎。胎质较粗，有隙孔，土黄色。

② 酱褐釉瓷盆残片，Bb 型，1 件。

99T3∶074，酱褐釉瓷盆残片，Bb 型。长 6 厘米，宽 4.7 厘米，残高 4.8 厘米。侈口，圆唇，微鼓腹。内外施釉。唇口至内壁施黑褐色釉，杂酱褐红斑点。外壁施酱褐红色釉，深咖啡色为主杂褐点。釉质晶莹亮洁，釉面微若“棕眼”，有釉流蚓痕。胎质晶莹较粗，灰白色。

③ 黑釉瓷盆残片，Dc 型，1 件。

99T3∶130，黑釉瓷盆残片，Dc 型。长 15 厘米，宽 8 厘米，残高 3 厘米。侈口，斜壁，平底，圈足盆残片。内外施釉。内底心刮釉一圈，外壁釉至圈足底边。圈足外壁斜收束颈，施釉。底内心凹平，中心旋凸平，足底斜平滚圆，内壁斜削呈敞口斜面，刀旋痕明显。胎质较粗，土黄色。釉色漆黑，釉质晶莹光洁，釉面有光泽，可见细微“棕眼” 痕。

④ 白釉刻花瓷盆残片，Ed 型，1 件。

99T3∶058，白釉刻花瓷盆残片，Ed 型。长 10 厘米，宽 5.3 厘米。白釉刻花宽沿，折腹瓷盆部分残片，内壁可见刻宽窄单双道纹饰及点线图案，涂白化妆土，施青釉。釉质晶莹光洁，釉面厚润，有晶裂残片纹痕，釉重处呈青褐色可见气泡。外壁施酱褐釉，釉质薄涩。胎质较粗，夹砂明显，有隙孔，土灰白色。

⑤ 酱褐釉瓷盆口沿残片，Fb 型，1 件。

99T3∶124，酱褐釉瓷盆口沿残片，Fb 型。长 14.2 厘米，宽 7.5 厘米，残高 6 厘米。内外施釉。胎质较粗，土白色。釉色酱褐色，釉质薄涩。釉面多疵点，微细若橘皮。

（11）零星小件器物

99T3∶129，绞胎釉瓷碗口沿残片，长 4 厘米，宽 3.3 厘米。残高 3.7 厘米。侈口，方卷圆唇出棱，鼓腹碗残片。内外施釉，口沿刮釉露胎。釉色青黄，向质晶莹厚润，有光泽。釉重处有气泡和细微晶裂纹痕，胎质较细密，白瓷土与咖啡色土料绞和，纹理变化无穷，自然和谐。口沿为单色白瓷土。施釉后表面呈青白、黑褐融、聚、分、合纹理（彩版五九，1）。

99T3∶046，酱红釉瓷灯盏残片，长 4.5 厘米，高 2 厘米。敛口，厚圆唇，斜腹壁，平底灯盏残片。内壁下腹底施釉，釉色酱红色。釉质晶莹亮洁。胎质较粗，土白色。

99T3∶036，豆青釉刻花瓷器盖残片，长 6 厘米，宽 3.2 厘米，残高 3.2 厘米。圆肩帽宽边沿，圆唇，子口直壁圆唇，穹庐内壁盖残片，外壁顶肩部刻花草图案，刀法洗练，外壁施釉至唇边内。内壁露胎。胎质晶莹细密，灰色。釉色豆青，釉质晶莹厚润，釉面有光泽，有晶裂纹痕。

（12）黑釉粗瓷瓮残片　A 型，1 件。

99T3∶131，黑釉粗瓷瓮残片，A 型。口径约 28 厘米，残高 9 厘米。敛口，宽卷圆唇，束颈，圆溜肩，鼓腹瓮残片。内外施釉。唇口边露胎。釉色酱黑，釉质晶莹光洁，釉面若“棕眼” 稍涩，胎质厚笨较粗，土白色。

（13）白釉刻花枕残片　Aa 型，1 件。

99T3∶108，白釉刻花枕残片，Aa 型。长 6 厘米，宽 2.8 厘米，残高 3 厘米。斜平宽沿出边瓷枕，左下角残片。外施白釉，残留刻饰二道纹图案，釉下彩绘痕呈咖啡色微凸起。釉色骨白色，釉质晶莹薄涩，磨蚀严重。胎质较细密，土白色。

（14）不成型瓷片

99T3:043，白釉瓷片，长4.3厘米，宽3.6厘米。圆溜肩器物残片，外壁施釉，釉色牙白，晶莹亮洁，厚润有光泽。釉重处泛黄绿色，有细微晶裂纹痕。内壁有涂白化妆土施釉痕。胎质较细密，土黄色。

99T3:076，黑白釉刻花罐残片，长5.5厘米，宽4厘米。瓷罐下腹壁残片。内外施釉。内壁施黑釉。外壁刻饰圈纹一道施黑褐釉，上下各施白釉圈一道。白圈下绘褐釉圈一道。以下施褐绿釉夹黑，下部褐釉，釉质晶莹光洁。釉面微若橘皮状。胎质晶莹较细密，土白色夹微细黑粒。

99T3:084，黑釉罐残片，长8厘米，宽5.5厘米。瓷罐残片。鼓腹，鼻纽系瓷罐壁残片，内外施釉。釉色黑褐，鼻纽棱边呈棕褐色。釉质粗涩，釉面微有光泽。胎质粗，砂粒明显，土黄色。

99T3:085，黑釉刻花罐残片，长12.4厘米，宽5.8厘米。黑刻釉鼓腹瓷罐残片，内外施釉。内壁半挂黑褐釉。外壁刻釉饰二道圈纹。胎质细腻，土灰色。釉色漆黑。釉质晶莹亮洁，釉面有光泽，微若橘皮状（彩版四五，1）。

（二）钱币

本层内出土钱币较多，时代可分为两大阶段：宋代英宗治平之后至金元时期。也就是宋代修复蒲津桥之后。地层区域分基本以铁牛底板之下40厘米左右为界，范围以铁牛护卫围堰范围内外区分界。复修范围内房基位置发现最晚的钱币是“正隆元宝”、“绍熙元宝”（彩版四三，1）。

房基中出土北宋钱币：“天圣元宝”一枚，“景祐通宝”一枚，均残；南宋光宗时期（1190～1195年）钱币“绍熙元宝”一枚。由此证实房基的修建是在北宋工程完成后的一百多年后才完成的。

H17中出土钱币60余枚。少数“开元通宝”“五铢”钱币，时代多为宋金时期钱币，治平之前的钱币有：“太平通宝”二枚；“景德元宝”楷书一枚；“祥符元宝”宽边二枚，“天禧元宝”半枚；“天禧通宝”楷书二枚；“天圣元宝”楷书一枚；“嘉祐元宝”各一枚；“嘉祐通宝”一枚。

治平之后的钱币有：“熙宁元宝”楷书一枚，篆体一枚；“熙宁重宝”一枚，锈平；“元丰通宝”行书体三枚，篆体二枚；“元祐通宝”宽边篆字一枚，锈平；“元符通宝”一枚；“崇宁重宝”四枚；“政和通宝”楷书二枚，宽边篆体一枚；“皇宋通宝”一枚；“圣元通宝”楷书二枚；“圣宋元宝”篆体一枚；“圣宋通宝”一枚。

金代钱币：“正隆元宝”三枚，碎残十数枚，有“淳化”“天禧”等。该灰坑存在的时间较长。

各探方及灰坑出土钱币标本：

T102③层出土铜钱三枚，其中“元丰通宝”、“元祐通宝”钱币各一枚，方孔圆钱。直径2.5厘米，行、草书字体，宽边光背。“圣宋元宝”钱币一枚，方孔子圆钱。直径2.5厘米，篆书字体，宽边光背。

T403③层出土“正隆元宝”一枚，直径2.5厘米。方孔圆钱，楷书体，光背（图七三，2）。

T1东西向路面车辙中，出土“天禧通宝”一枚，第一层石头下出土“正隆元宝”一枚。

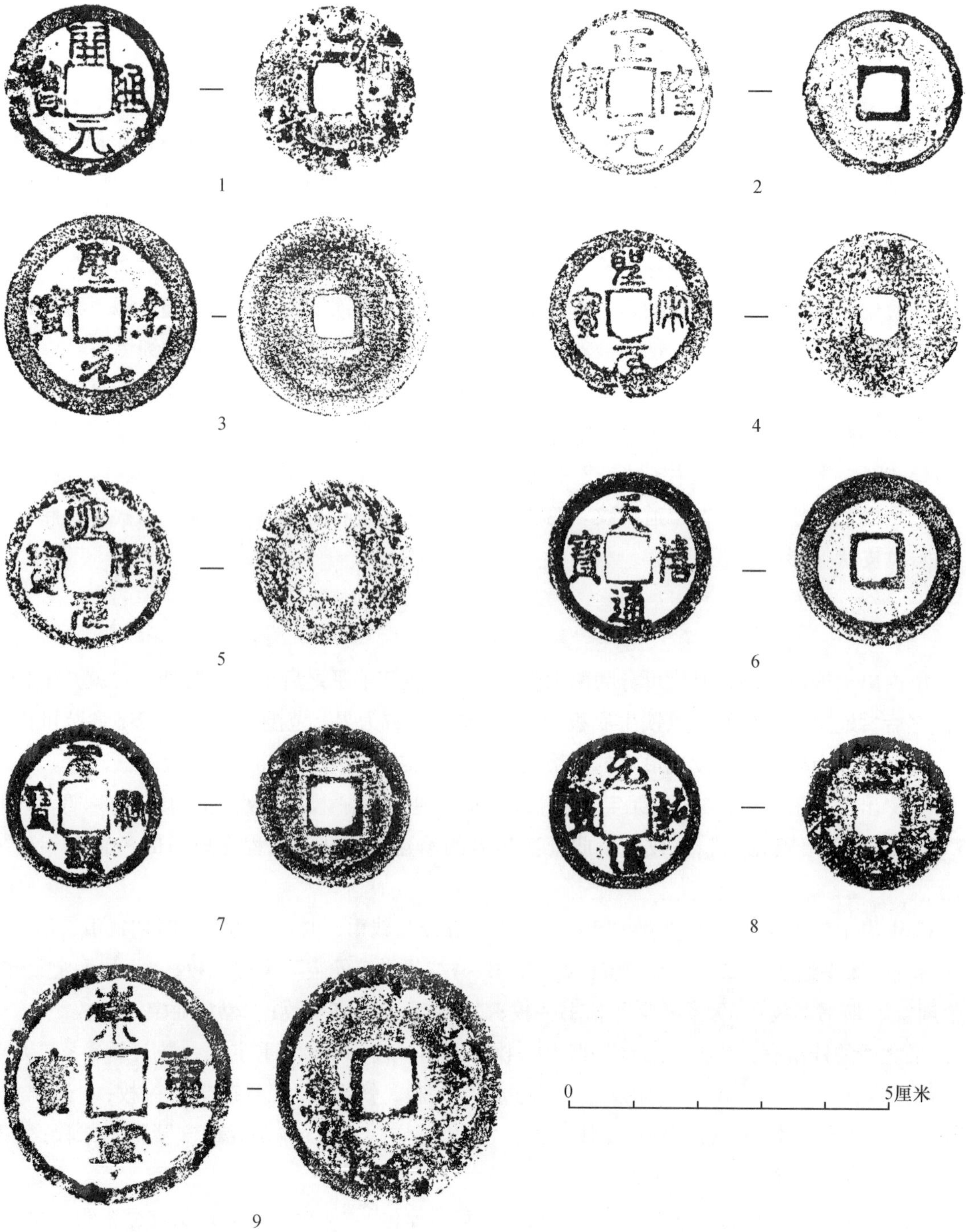

图七三　出土钱币拓片

1. T203 道路出土　2. T403③出土　3、4. T303④出土　5. TG3 出土　6～9. T1①出土

T2 铁牛北小坝填土出“开元通宝”一枚（图七四，1）。“元祐通宝”一枚，“熙宁重宝”一枚，“祥符元宝”一枚，“元丰通宝”一枚，小“大观通宝”一枚。

H16 出土“至元通宝”一枚，“皇宋通宝”一枚。

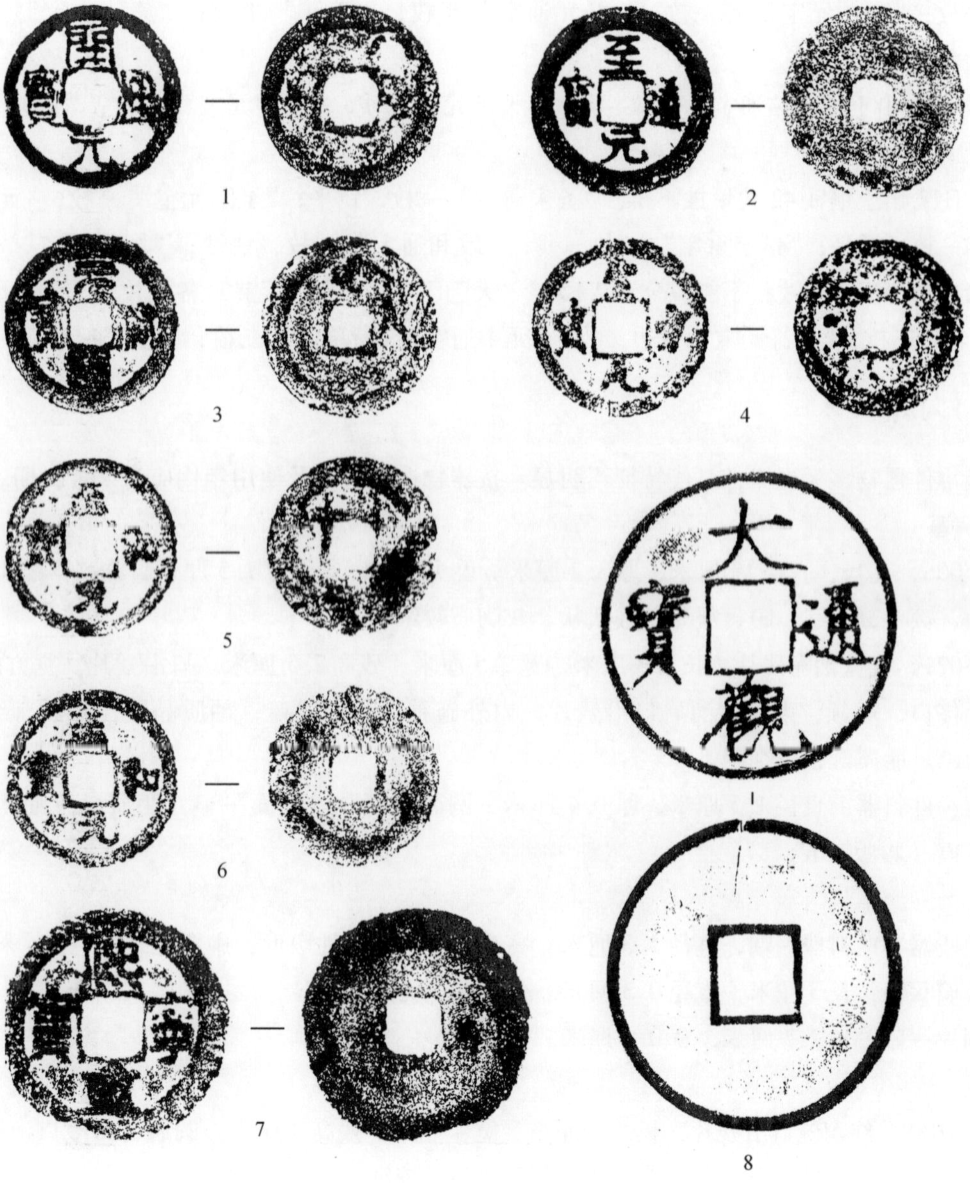

0　5厘米

图七四　出土钱币拓片

1～3. T2①出土　4～8. T3①出土

TG3南北向路面出土篆体“熙宁元宝”一枚（图七三，5）。

TG4南北路中出土“十二生肖”花钱一枚，背面残损不辨（图六四）。

00H17出土铜钱：“崇宁重宝”一枚；“太平通宝”二枚；“元符通宝”一枚；“元丰通宝”篆体一枚；“元丰通宝”行书体一枚，篆体一枚；“□□元宝”行草体一枚；“熙宁元宝”篆体一枚；“政和通宝”楷书一枚，宽边篆体一枚；“天禧通宝”楷书二枚；“圣元通宝”楷书二枚；“天圣元宝”楷书一枚；“景德元宝”楷书一枚；“圣宋元宝”篆体体一枚；“熙宁元宝”楷书一枚；“嘉祐通宝”一枚；“嘉祐元宝”各一枚；“开元通宝”半枚；“五铢”半枚；“崇宁重宝”一枚（图七五、七六）。

F1 房基中出土“嘉祐通宝”一枚，残；“天圣元宝”残，“绍熙元宝”一枚，“景德元宝”一枚（图七六）。

T4、H17 出土铜钱 42 枚锈蚀不辨。“圣宋通宝”一枚，锈平；“至□元宝”一枚；“元祐通宝”宽边篆字一枚，锈平；“崇宁重宝”一枚，残；“政和通宝”一枚，锈蚀；“熙宁元宝”一枚，锈蚀；锈蚀严重不识者 5 枚；不能识全者 2 枚（“天□□宝”“□□元宝”各一枚）。较锈重不拓者：“正隆元宝”三枚，“祥符元宝”宽边二枚，“元丰通宝”（行草体）二枚，“皇宋通宝”一枚。

（三）其他

零星小件器物多无规律，时代特征不明显。按器物遗存时期及使用年代应为宋金时期。

T4 房基

00F:006，瓦当，直径 13 厘米，厚 3.2 厘米。兽头瓦当。边沿宽 1.5 厘米，饰高浮雕兽头面饰，头上长角，额头刻王字，瞪目龇牙做威武状。灰陶质较细密。

00F:021，浅蓝釉陶残片。长 3.3 厘米，宽 2.5 厘米，残高 2.5 厘米。口沿残片。宽方棱沿，方折棱唇，侈口，矮领，束颈，溜肩口沿残片。内外施釉。釉色浅蓝，釉质晶莹，釉面有细微晶裂纹，磨蚀痕。胎质红，较细密。

另有一件料器，直径 1.5 厘米，厚 0.4 厘米，圆若大药片。表面平整。胎质晶莹细腻，洁白，微有刀旋痕（彩版三五，1）。

H1

小件残器，白料珠一颗，直径 1.3 厘米，高 0.7 厘米。圆柱墩形，中穿孔，白色料，料质疏。

残玻璃状簪，长 3 厘米，直径 0.3 厘米。面磨蚀，为中间部位。

锈铜片一截，长 2.7 厘米，宽 0.4 厘米。

H2

99H2:041，红陶碗口沿残片，长 4.4 厘米，宽 4 厘米，残高 4 厘米。圆唇，微敛口，鼓腹碗口沿残片，口沿外边饰黑色彩绘带一道。磨蚀严重。胎质较细，火候不高。

H12

残砖破瓦若干块，残砖可见双“X”饰印痕。

H17

00H17:151，骨簪一支，长 9.7 厘米，扁圆背，前锐尖，后圆尾，尾部微翘。骨黄色素面光洁（彩版三八，3）。

00H17:152，残骨梳，长 7.7 厘米，宽 3.5 厘米，圆弧形背宽边，梳齿排列细密，残缺断裂不全。骨黄褐色（彩版三八，3）。

00H17:093，琉璃彩釉陶枕残片，长 6.7 厘米，宽 4 厘米。釉陶枕面残片。红陶胎。刻直线纹饰边，内饰花纹图案，涂白化妆土饰底，上施绿、黄、红彩釉色装饰图案。釉质晶莹，釉面剥落较多，残存可见细微晶裂纹痕，釉面有七彩色。

图七五　H17①出土钱币拓片

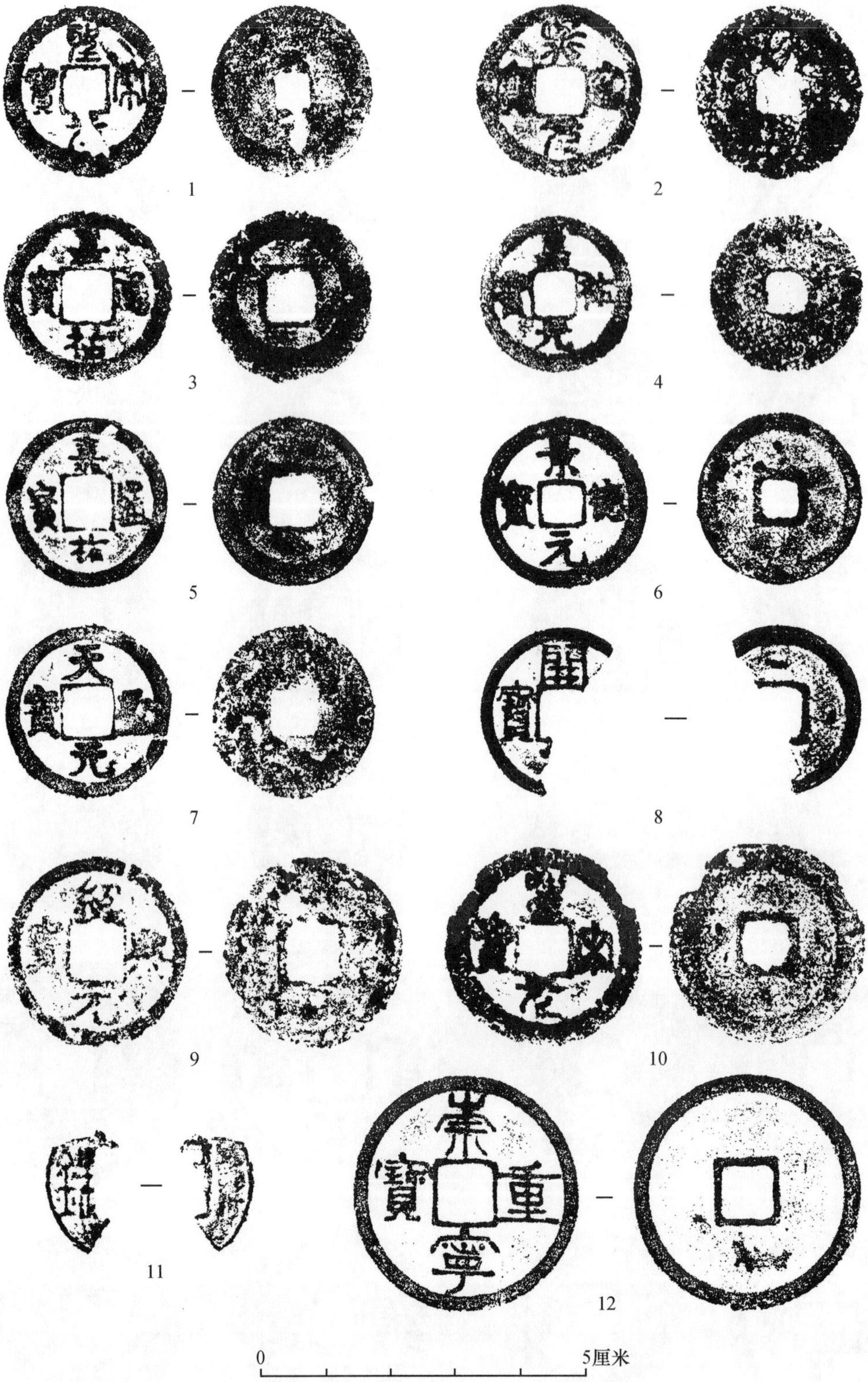

图七六　H17、F1出土钱币拓片

1～4、8、10～12. H17出土　5～7、9. F1夯层出土

00H17∶136，绿琉璃釉残足，长4.5厘米，高2厘米。釉陶器物残足。陶胎，绿釉，釉质晶莹光洁，釉面微有晶裂纹痕，泛七彩光。

00H17∶125，红陶印模残片，长4.5厘米，宽2.8厘米，残高1.8厘米。弧盖状印模，斜方格纹印饰。红陶泥烧制。

另有一件未编号的残石杵，直径13厘米，高18厘米。圆头，花岗岩石。底有杵杆窝，直径3.5厘米，深4.4厘米。

T2

T2②层石头下填土出土有陶器。

99T2②∶029，灰陶盆残片，长11厘米，宽7厘米，残高6.5厘米。侈口，平折宽沿卷圆唇，鼓腹盆残片，灰陶质。

99T2②∶019，灰陶罐残片，长12.3厘米，宽7.5厘米，残高6厘米。侈口，平折宽沿卷折圆唇，束颈，高领，溜肩罐残片。深灰陶质，面涩。

99T2∶030，八角覆莲砖台座残块，直径23厘米，高9厘米，八边每边长8厘米，底边高3厘米，圆台高2厘米。八角平台上圆台面接刻六片覆莲瓣型砖台座，中有穿孔，可插杆（彩版三六，6）。

T3

99T3∶111，灰陶盆残片，长16.6厘米，残高6.5厘米。侈口，圆卷唇，宽沿，束颈，圆溜肩，鼓腹盆口沿残片。素面，陶质灰红，胎质较粗。

99T3∶059，兽头瓦当残片，长12厘米，宽6.5厘米。厚2.5厘米。直径14厘米。瓦当面外边2.3厘米。宽边素面，内饰一道圆棱，中饰凸面兽头，龇牙裂嘴，竖耳瞪眼，毛发皆乍卷做威武状。

99T3∶079，陶塑高足杯，高7.5厘米，杯口直径4.5厘米，杯底直径3.3厘米。平口深腹，红陶土。为前后两块模范压制，前为人面首形，模糊不清，捏制草率如玩具。底平，中有一孔。

T3 护牛石围

双X纹残方砖，长31厘米，宽20.5厘米，厚5厘米，正面素，背面印上下三道横纹饰，中间数个“X”纹，分为上下两组，残留一组半（图六八，8）。

残筒瓦，长28厘米，宽14.2厘米，高7.8厘米，口宽2.5厘米。半圆筒状。前后饰子母口。

残建筑构件有圆凹槽形砖，羽毛状饰、残脊饰构件等。

第七章　明代时期

第一节　文化分期

蒲津渡遗址发掘第6层中第二文化地层明代的文化遗迹现象是鲜明突出的。五排探方的每排第一个探方内，被清理出土后的第6A层石堤坝由北向南，稍向西突出呈弧形。堤坝（东）内侧出现第6D/a层层状铺砌的大小石块间以白灰土，为“坝内顽石”，用以保护堤坝之用，加固其抗拒力。其护坝石块有2～3层，厚约70～100厘米。石坝（东）内侧的壁面不甚平整，凹凸中也有铺砌的白灰土，而坝（西）外侧用白灰浆勾缝石条，平整坚固。有石条散落在堤坝内，堤坝上层两排条石平铺，下层三排条石平铺，有“束腰”形铁锭卯榫相联结。“铁牛”的四周清除上层砖瓦冲积层及其堆积杂物和污泥时，已见到镶嵌的石块地面——6B层。

从出土碑刻记铭、器物特征和有关文字记录，可以判断堤坝、码头渡口处石坝、路面等遗迹是明代正德、万历年间的工程，是见于记载中的大规模修堤年代。在明代的地层上部出现了5B层相对整齐的地层平面（图七七）。

图七七　1991年明代石铺路面发掘情形

文化地层被叠压在0.4~0.6米的上层堆积下。在T302、T402的西侧，出土“门”形的石块垒砌码头渡口，与上层码头相同，位置东移2米。围框的石块码头东外侧为石块铺就的斜坡面，可见其石质为石灰岩，不同于上层的砂岩质石条，用工及尺寸也有不同，似较为工细一些。T402处与码头石块平行着一层路面。T403处有一个碑趺的龟形底座，有断裂石碑陈于其北侧，石碑字面虽漫漶有损，但有明确纪年：明代正德十六年的“石津记”（县志上有其文，文字略缺少，撰者为史鲁）。因码头石块与“铁牛”四周6B层铺地石面相平行，且码头的南边框还凭借于“铁牛”四周铺地石面，因此堤坝码头口第九层条石石阶以上可推测同为明万历年间所砌造。在上层东侧围墙与路面之下仍有一层路土。出土的遗物多为碎砖、瓦、瓷片。石堤坝揭取证实九层石阶由码头斜坡石面至正德碑座是一次形成（6C层）。明正德年间筑成码头口。石坝外侧下部有柏木桩，此种作法已见于明代正德年间的记载，应为同期完成。石砌码头渡口第九层石阶以上及堤坝加层加固为明代万历年间第二次大规模维修时所修建。其他探方内的石坝段仍有护坝石的出土，如T401、T501，T501进至T502的石块为是堤坝上部散落部分，这一地层的遗迹被上层淤积土层直接叠压，其年代相对明确。

6A层：明代石堤坝，高4米，坝顶宽1米。下宽上窄，收分明显，由石灰石与砂岩石条石砌筑，基础由柏木桩加固地基。上部条石间由铁榫联结，堤坝浑然一体，形成蒲州古城前一道重城。河水冲击上部后做的女墙有倒塌移动，但堤坝主体巍然屹立。

6A/a层：明代万历年间修葺完成的上部，高约1米。

6A/b层：明代正德年间修筑石坝，高3米有余。

6B层：分布于遗址大部分位置，厚0.15~0.35米。明代万历年间大规模修筑完成，堤坝维护，L1/b石路面，铁牛四周石铺面。

6C层：分布于遗址大部分位置，厚0.1~0.3米。明代正德年间大规模维修，完成石堤坝的修筑，整修铁牛周边环境，铺筑L1/c石路面，整齐严密。

6D层：本层没有分布全探方，主要分布在探方的西半部，呈黑褐色，其结构较密，质地较硬，为修筑明代石坝后的回填层。在T1西边铁牛的前面有夯筑现象，夯筑为加固铁牛基础和明代堤坝。

6D/a层：石坝东侧的护坝石，主要分布在探方的西部，厚1.15米（未到底）黑褐色黏土，受水浸蚀泛青色。护坝石有层次排列，石头层之间填土。约0.15米厚有一层石头。

回填层，厚0.35~0.75米，本层没有分布全探方，仅分布在铁牛南边，土色呈黑褐色，其结构紧密，质地较硬，土中包含有木炭粒，有大量的瓦片，出土有黑釉圈足缸，黑釉圈足碗底，青釉印花瓷片。

6E层：长约20米，宽1.5~5米，深度呈不规则斜坡状。主要分布在T1、T2堤坝回填土层6D层东部，为明代筑坝前堆积，呈黑褐色。如《石津记》所描述的：“荒陵土坡，断岸曲磴。”时期的堆积层。

第二节 明代文化遗存

一、文 化 遗 迹

（一）石坝

本层中发现最鲜明的是从南至北的6A层石堤坝，贯穿于T101～T501，稍带弧度围护铁牛渡口遗址。以铁牛遗迹为主体，形成重城，为明代数次修建。坝顶宽1米，高4米。下部有柏木桩加固地基。上部条石由束腰铁卯锭加固，坝内侧由块石白灰，用米汤汁与石灰水灌砌，加固。从发掘情况看到，女墙均已被后期水患冲垮掀翻，倒于内侧为多。正德年间修筑至码头口石阶九层条石位置。万历年间大规模修筑加高加固堤坝，自万历八年（1580年）开工，万历十二年（1584年）完工。工程告竣，河堤高出水面数尺，堤上又筑女墙，中间设置渡口。现存码头处有被掀翻的石条，应是明代建造或使用。发掘出的现象印证了明代正德十六年（1521年）史鲁《石津记》和明代万历年间王崇古《重修黄河石堤记》的记载。

（二）道路

L1位于T102、T103至T502间，宽3米，贯穿发掘遗址南北。在T302道路分路向西通码头渡口。路面为石块铺筑。道路明确可以分为上下两层：下层第6C层L1/c为明代正德年间建筑石铺路（图七八），上层6B层L1/b为明代万历十二年建筑石铺路（图七九；彩版七，2），两层石头下均有填土。

6C层L1/c面：主要分布在发掘遗址的东部，2号铁牛的东边。石头路由不规则石头块砌筑，南北横贯整个遗址区，宽约3米。它的结构是两侧用石头块立作路砑，中间用大石头块排列平铺，南部石头块面较大，筑路面较平整，大石头块缝中间填小石头或土，路砑外侧也铺有石头呈不规则状。石路面下填土为黑褐色，其结构紧密，质地较软。主要包含木炭粒、瓦片。填土中没有采集到遗物。

6B层L1/b面：主要分布在T1和T2中铁牛两侧，T1中石块呈不规则形，石头层面与铁牛底板下平面相平。石路面下填土呈黑褐色，其结构紧密，质地较硬，土中主要包含炭粒、砖块、瓦块等，出土物有钧窑瓷片、白釉圈足碗、青花瓷片、青釉瓷碗片、黑釉厚胎瓷片、素面折沿方唇陶盆残片等。“皇宋通宝”、“正隆元宝”各一枚。

鉴于以上迹象，我们采取的方法是将石块按区域划分、编号，然后取走；再按区域各自堆放。以利于后期复原明代遗迹。

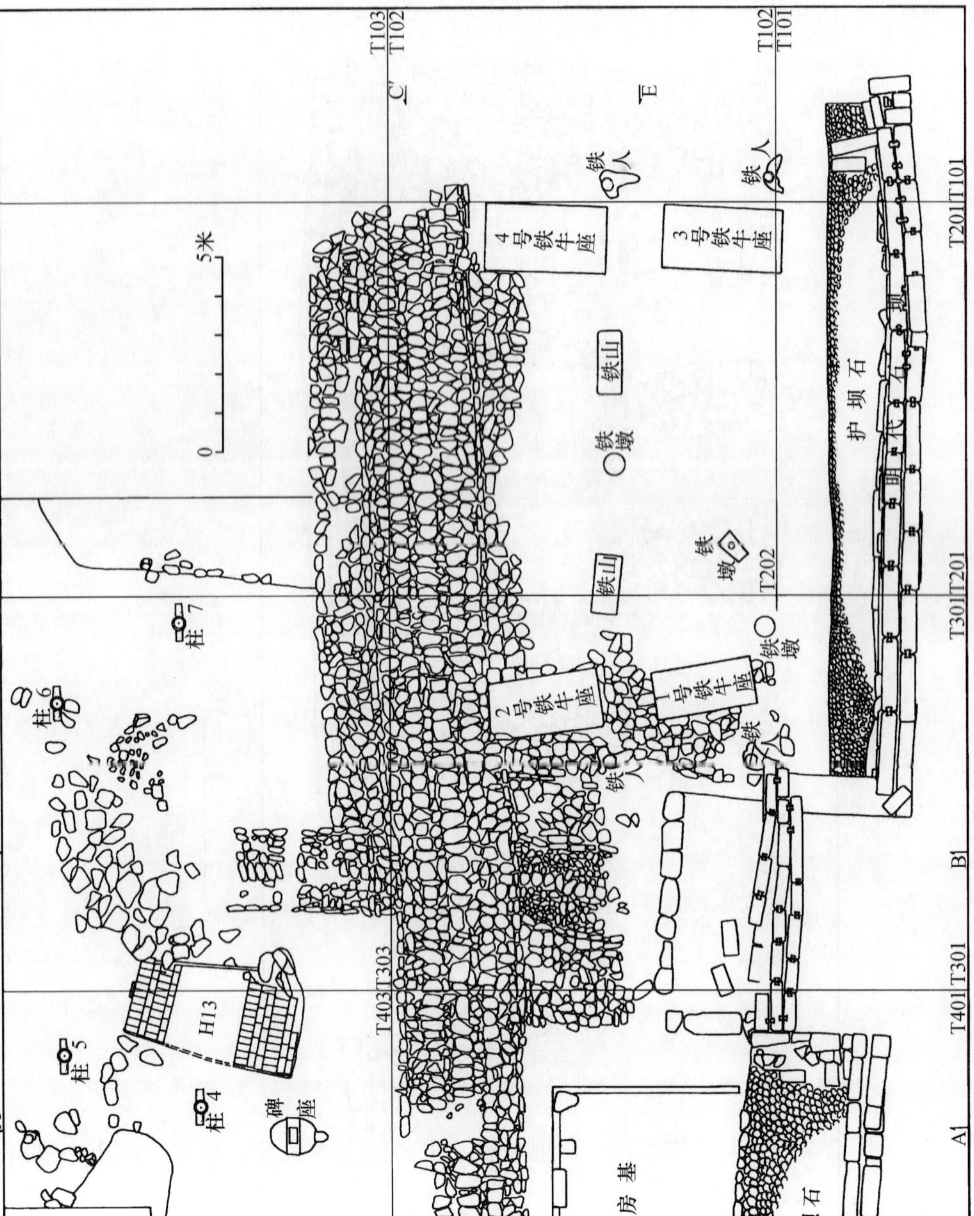

图七八　明代第二层石路面

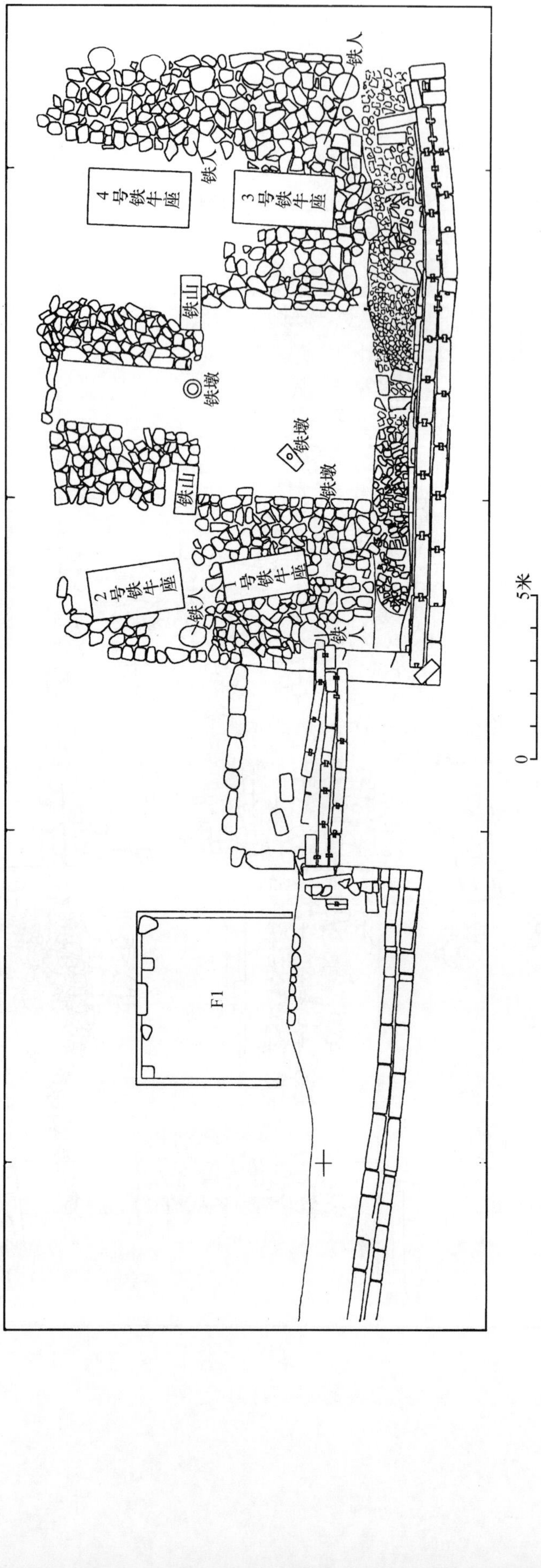

图七九　明代第一层石铺面

（三）灰坑

1. H13

H13位于T3中部，距七星柱4号柱南侧1.1米（图八〇；彩版二七，3）。形状为长方形、东西长4.7米；南北宽2.9～2.1米，深度0.86～1米；底长4.5米，口大、底小，底铺砖，中部被现排水沟打破。口距水平线0.9米，底距水平线1.76～1.9米，内堆积白灰渣，深黄褐色土；土质较硬，结构紧密，包含遗物有碎砖块。开口在6B层平面；叠压6C层。砖长0.36～0.38米，宽0.14米，厚0.07米。

判断是明代万历年间砌石坝时的工程遗留淋灰池。

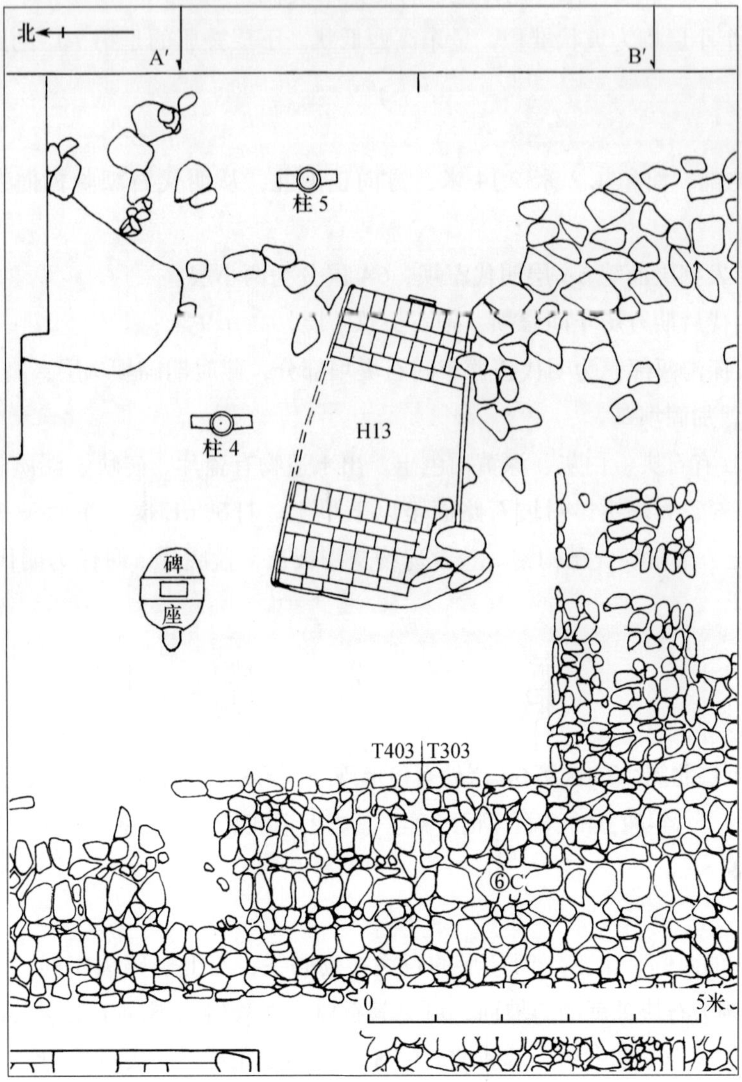

图八〇 H13平面位置图

2. TG1

为解剖遗迹层位内涵，布置两条探沟。

TG1 位于遗址区北部，明代坝基东，面积 1 米×15 米，深 1.5 米。方向正南北（图二四）。

TG1 开口在 6C 层下，明代石路面下有 0.2～0.4 米的垫土层。这里所叙述 6C 层石头下的填土，可分为 a、b、c、d 四小层。

6C/a 层，厚 0.2～0.3 米，黏土，其结构紧密，质地稍硬，土中净。

6C/b 层，厚 0.03～0.15 米，黑色沙土，其结构紧密，包含有大量木炭粒。

6C/c 层，厚 0.05～0.1 米，淤积沙土。

6C/d 层，厚 0.05 米，棕褐色，包含有少量木炭粒。

以上所述的 4 个小层均为坡状堆积，呈东高西低状。下层叠压的是第 7 层的路面。

3. TG2

TG2 位于 T2 北部，面积 1.2 米×14 米，方向正南北，从明代石坝阶梯向东 14 米（图二二、二三）

本方接 1991 年发掘层面第 6A 层明代石坝，6A 层分为两小层。

6A/b 层：为明代后期万历年间修坝，砌石头总 4 层，高 0.9 米；

6A/a 层：分布探沟西部，为明代正德年间石堤坝部分，此时期砌坝 9 层，高 3 米。继续向下在河床底部筑柏木桩，加固坝基。

从上层至底层，有石头、白灰、深黄褐色土。出土遗物有瓷片、砖块、泥质灰陶、灰陶板瓦。

6D 层：分布西部，为码头口斜坡石路面至以下垫土。打破 6E 层。东西长 3.75 米，厚 0.4～0.5 米。浅黄褐色土，土质硬，结构密。包含遗物灰陶板瓦，盆底片。时代为明代正德年间。

（四）其他

1. 明代石碑

石碑断裂散于上层北侧，T403 第 6B 层处有龟形碑座（彩版二八，1～3）。其石碑字面漫漶，有明确纪年，为明代正德十六年树立的《石津记》碑。县志上记载其文，文字有缺失，撰者为史鲁。

2. 码头渡口

在 T402、T302 的西侧，出土“冂”形的石块垒砌码头，与上层码头相同，位置东移 2 米，围框的石块码头西外侧为石块铺就的斜坡面，可见其石质为石灰岩，不同于上层的砂岩质石条，用工及尺寸也有不同，似较为工细一些。其斜坡面的铺石按斜度在石坝码头石阶的第七层（图八一）。

因码头渡口石块与“铁牛”四周铺地石面相平行，且码头的南边框还凭借于“铁牛”四周铺地石面，因此可推测同为明正德年间所砌造。第 6A 层石堤坝下部九层石阶为正德年间建筑，以上直立部分为万历年间所建筑，可以归于第 6B 层。堤坝下外侧可见柏木桩，此种作法见明代正德

1

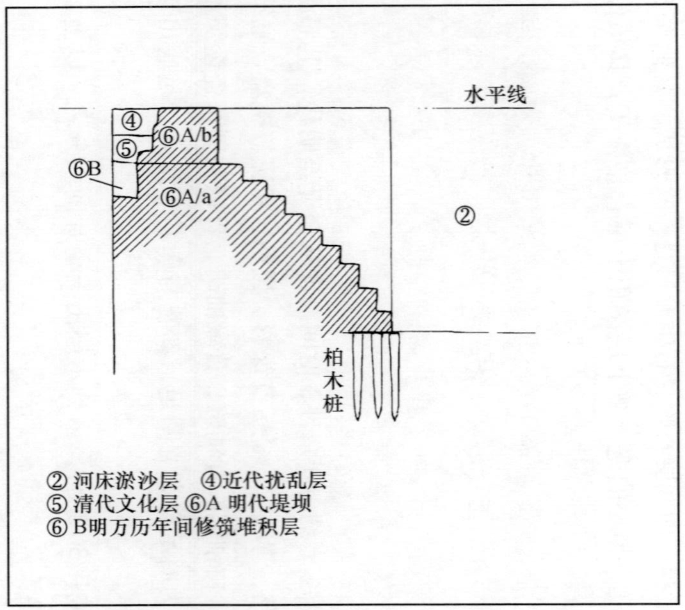

2

0　3米

图八一　渡口平、剖面图

1. 明代渡口平面图　2. T401 石坝、渡口台阶剖面图年间的记载，应为同期所为的遗存，即九层石阶、石砌渡口是一次形成。其他探方内的石坝段有护坝石的出土，如T401、T501。这一地层的遗迹被上层淤积土层直接叠压，其年代相对明确（彩版二八，4）。

二、文化遗物

（一）瓷器

本层中出土遗物中以瓷片为多，约100余件，时间跨度从金元至明代，上部由于多为河流冲击形成，主要特点是杂、碎。青花、青釉、白瓷、红绿彩、黑釉、粗瓷等碗盘、缸罐、灯盏各种形式的器物均出现。白釉褐花碗、青白釉碗、青釉碗、黄绿釉碗、青绿釉刻花瓷盘等虽已残破，但仍不失昨日的精细。其中碗盘又分为圈足与高宽圈足，刻花与印花等样式。足底出现圈足“抓不住”样式。

在明代地层中出土青花釉瓷片30余件。占到本层出土瓷片的三分之一以上，碗、盘、盅、盏式样精巧，更为典型，有代表性。

如91T402③23，青花瓷碟残片。内外施釉，内壁满釉，底部平，近底部绘双圈饰，花鸟图案，笔触纤细精巧，青花色彩青翠俏丽。外壁施釉至圈足底边，圈足内施釉，心底平，绘二道圈饰，中写“回”字。圈足底无釉，由内向外斜削，足内边有棱，圈足呈“抓不起”形状。胎质细腻，青白，釉色滋润光洁。器形精巧，器内外均有聚釉点痕，橘皮、棕眼，气泡大中小不匀。胎釉间有棕黄釉边。

瓷器釉色中的气泡亦有不同的特征，以青花为代表可以看出早晚变化，明永乐前青花釉的气泡大小不匀，且分散疏朗，而嘉靖、弘治则气泡均匀了，也不再大小不匀。

在地层时代比较明确的情况下，瓷片为断代起到了细化的作用，反映出时代特征（表一一）。

表一一　明代地层出土瓷器统计表

名称	类型	数量	编号
黄白釉瓷碗	BcⅠ	2	99B:098、023
白釉褐花瓷碗	BeⅠ	1	99B:034
白釉黑花瓷碗	BeⅡ	1	99B:045
黄白釉瓷碗口沿残片	BhⅣ	2	99B:044、082
白釉瓷碗	DaⅠ	3	99B:041、043、056
白釉瓷碗	DaⅡ	1	99B:058
白釉瓷碗	DaⅢ	1	99B:061
白釉瓷碗	DbⅡ	1	99B:039
白釉瓷碗	Eb	1	99B:100
白釉瓷碗（典型）	Ed	1	99B:031
青白釉瓷碗	CbⅠ	1	99B:033

续表

名称	类型	数量	编号
青白釉瓷碗	CbⅡ	1	99B:066
青釉瓷碗	Ce	2	91T402③:31，99B:042
豆青釉印花瓷碗	AaⅡ	4	99B:051、054、055、095
豆青釉瓷碗	AaⅢ	2	99B:053、096
豆青釉鱼纹刻花瓷碗	AbⅢ	4	99B:016、018、030、050
灰豆青釉瓷碗	AcⅡ	1	99B:047
豆青釉印花瓷碗	Ba	1	99B:048
豆青釉刻花纹瓷碗	BbⅠ	1	99B:021
豆青釉瓷碗	BcⅠ	2	99B:069、101
豆青釉瓷碗	BcⅡ	1	99B:027
豆青釉刻花高足碗	BbⅡ	1	99B:017
青花瓷碗	AaⅠ	5	91T302③:30，91T303②:43、47，91T402③:24、26
青花瓷碗残片	AaⅡ	1	91T302③:31
青花瓷碗	AaⅢ	2	91T303②:50、51
青花瓷碗	AaⅣ	1	91T402③:27
青花瓷碗	Ab	1	91T402③:21
青花瓷碗	AcⅠ	6	91T302③:32，91T303②:44、45、46、53，91T402③:20
青花釉瓷碗	AcⅡ	1	99B:076
青花瓷碗	Ad	2	91T402③:25、29
青花瓷碗	Bb	1	91T302③:33
青花瓷碗	Ca	2	91T303②:48
青花釉瓷碗	Cb	1	99B:027
青花釉瓷碗	D	1	99B:033
青花瓷杯	Eb	2	91T402③:22、28
青花釉瓷盅碗	Ec	1	99B:035
青花瓷残片	Ed	2	99B:060、078
浅蓝灰釉瓷碗	AcⅡ	3	99B:110、111、072
黄绿釉厚胎瓷碗	Aa	1	99B:113
浅果绿釉瓷碗	Ac	1	99B:062
米黄釉瓷碗	Ad	1	99B:085
黑釉瓷碗	AaⅠ	1	99B:090
黑褐釉瓷碗	AbⅠ	5	91B:013、014、015、087，99B:083
黑褐釉白边瓷片	Ad	1	99B:106
黑釉瓷碗	BaⅠ	2	99B:012、024
黑釉瓷碗	Bd	1	91B:006
白釉瓷盘	Ab	1	99B:026
青花釉瓷盘	AdⅢ	1	99B:062

续表

名称	类型	数量	编号
黄白釉瓷盘	BaⅠ	1	99B:094
白釉瓷盘	BaⅢ	1	99B:40
青绿釉印花瓷盘	Bb	1	99B:019
豆青釉瓷盘	BcⅢ	1	99B:020
青花釉瓷盘	BdⅢ	4	91T303②:52、54，99B:067、080
白釉瓷盘	Ca	1	99B:028
青花瓷盘	DaⅡ	1	91T303②:49
青花瓷碟	DaⅣ	1	91T402③:23
豆青釉瓷盘	DcⅠ	1	99B:037
豆青釉瓷盘	DcⅡ	1	91T402③:30
黑褐釉瓷罐	CaⅠ	1	91B:010
豆青釉刻花瓷罐	Ce	1	99B:022
青黄釉瓷残片	Fb	1	99B:099
黑褐釉腰鼓形瓷罐	Gb	1	91B:009
白釉瓷钵		1	99B:092
黑釉瓷钵		1	91B:004
青白釉瓷盖		1	99B:112
白釉瓷盖		1	99B:032
灰白釉瓷盆	Db	3	99B:005、011、025
黑釉瓷盆	Dd	1	99B:080
酱褐釉瓷盆	Fb	1	99B:089
黑褐釉瓷盆	Fc	1	99B:086
黑釉齿轮壁浅瓷盆	G	1	91B:008
黑褐釉粗瓷瓮（缸）	C	2	91B:003、007
红绿彩瓷片	不成器型	2	91T303②:04、56

1. 明代地层出土瓷片标本统计

（1）白釉碗　14件。

B型　白釉圈足碗，6件。

Bc型Ⅰ式，黄白釉瓷碗，2件。侈口，鼓腹，圆凹底，圈足碗残底片。内壁施釉。底心残留一支钉痕，直径约0.4厘米。釉色黄白色，釉质晶莹光洁，釉面稍有光泽。胎质较细密，土白色。如：99B:023、098。

Be型Ⅰ式，白釉褐花瓷碗，1件。侈口，微鼓腹，圆凹底，圈足碗残底片。内壁施釉。外壁下腹及圈足内外露胎。圈足外壁近直，内壁呈喇叭口状，足底平。外壁白底绘褐花纹饰，图案不详。白底泛黄色，褐釉彩为棕褐，棕黄色。如：99B:034。

Be 型Ⅱ式，白釉黑花瓷碗，1 件。侈口，微鼓腹，圆凹底，圈足碗残底片。内壁施釉。外壁下腹及圈足内外露胎。圈足外壁近直，内壁呈喇叭口状，足底平。内底饰白釉底黑花图案。釉下彩。白化妆土涂底，黑彩绘花纹图案，釉下白色微泛黄，黑色为黑褐色。釉质晶莹光洁。如：99B:045。

Bh 型Ⅳ式，黄白釉瓷碗口沿残片，2 件。瓷器口沿残片。圆唇，侈口，反卷沿瓷片。内外施釉，釉色黄白色。釉质晶莹光洁，细腻，厚润，釉面有光泽。胎质晶莹细密，洁白微有棕色粒。如：99B:044、082。

D 型　白釉侈口，鼓腹，圈足碗，6 件。

Da 型，白釉圆棱唇，侈口，反卷折沿，鼓腹碗，5 件。

Da 型Ⅰ式，白釉瓷碗，3 件。厚圆棱唇，侈口，微鼓腹，圆凹底，圈足碗残片。内沿下微有一道凸棱。内外施釉。釉面黄白色，聚釉部位呈微黄绿色。釉质晶莹光洁。如：99B:041、056。内壁釉色牙白色，外壁下腹部釉色清明，未涂白化妆土色。99B:043。

Da 型Ⅱ式，白釉瓷碗，1 件。圆唇，敞口，圆折沿，微鼓腹碗口沿残片。内外施釉。釉色白色微泛灰色，釉聚唇部位微黄。釉质晶莹光洁。如：99B:058。

Da 型Ⅲ式，白釉瓷碗，1 件。圆棱唇，侈口，反卷折沿，鼓腹碗口沿残片。内外施釉。外壁半挂白化妆土至口沿下 2 厘米，以下施青釉。釉色黄白色，釉聚处微呈黄。釉质晶莹光洁。如：99B:061。

Db 型Ⅱ式，白釉瓷碗，1 件。侈口，圆鼓腹，圆凹平底，圈足碗残片。内壁施釉。外壁中腹以下及圈足内外露胎。足外壁由根至底稍斜削向外撇，内壁呈喇叭口状，足底向内外边稍削滚圆呈脊棱状。釉色黄白色，釉质晶莹光洁。如：99B:039。

E 型　白釉侈口圆鼓腹圆凹底圈足碗，2 件。

Eb 型，白釉瓷碗，1 件。侈口，鼓腹，圆凹底，宽圈足碗残底片。内外施釉。外壁施釉至下腹近底边。圈足内外露胎。足外壁直，内壁圆旋微呈喇叭口状。胎质晶莹细腻，洁白。釉色青白色。釉质晶莹光洁。如：99B:100。

Ed 型，白釉瓷碗，1 件。侈口，圆鼓腹，圆凹底，圈足碗残片。底心压饰菊瓣花朵，内壁刻饰水波纹，图案不详。内外施釉。内底心刮釉一圈。圈足外壁施釉不匀，有露胎。足底刮釉露胎。圈足壁微呈喇叭口状稍外撇。足底平。胎质较薄，晶莹、洁白、细腻釉色洁白，釉质晶莹光洁。如：99B:031（典型）。

（2）青白釉瓷碗　Cb 型，2 件。

Cb 型Ⅰ式，青白釉瓷碗，1 件。圆唇，敞口反卷折沿，圆鼓腹碗残片。内壁底饰凸棱圈一道。内外施釉。外壁半挂釉至中腹部位。釉色青白色微泛黄。釉质晶莹光洁。胎质细密，土黄白色夹微棕褐粒。如：99B:033。

Cb 型Ⅱ式，青白釉瓷碗，1 件。尖棱唇，圆反卷折沿，侈口，鼓腹碗口沿残片。内外施釉。釉色青白色微泛黄。釉质晶莹光洁，釉面亚光。胎质细密，土黄色。如：99B:066。

（3）青釉碗

Ce 型，2 件。圈足碗底残片，内外施釉，内壁施釉，心底刮釉一圈。外壁半挂釉，圈足内外，无釉，足心凹，有旋痕，中心小凸。足底平，无釉，圈足内壁斜。釉色青灰。釉面有光泽。胎质较粗，灰褐色。如：91T402③:31，99B:042。

（4）豆青釉瓷碗　17件。

A型　微鼓腹，11件。

Aa型，豆青釉印花瓷碗，6件。

Aa型Ⅱ式，豆青釉印花瓷碗，4件。圆唇、侈口，斜壁微鼓腹，圆凹心底，圈足碗残片。内壁压饰花纹，图案残缺不详。内外施釉。釉色豆青泛黄色，唇边棱呈棕褐色。釉质晶莹、厚润、亮洁。胎质晶莹细腻，灰白色。内壁压饰缠枝牡丹花朵图案，外壁刻饰叶茎状斜棱纹图案。如：99B:051、054、055、095。

Aa型Ⅲ式，豆青釉瓷碗，2件。厚卷圆棱唇，侈口，斜壁碗口沿残片。内外施釉。釉色豆青泛黄。唇棱边泛灰白色。釉质晶莹光洁，釉面亚光，微涩。胎质晶莹细密，浅灰色。如：99B:053、096。

Ab型Ⅲ式，豆青釉鱼纹刻花瓷碗，4件。侈口，斜壁微鼓腹，圆凹底，圈足碗残片。内壁底心边刻一道圈纹，腹壁刻鱼游水浪间图案纹饰。外壁中腹部位旋刻数道微凸棱圈。内外施釉。内底心刮釉一圈。圈足内外露胎。釉色豆青色微泛黄，釉质晶莹光洁。釉面有光泽，微有大小密布气泡。胎质晶莹细腻，灰色夹微黑粒。胎敲击声清脆。如：99B:016、018、030、050。

Ac型Ⅱ式，灰豆青釉瓷碗，1件。侈口，斜壁微鼓腹，圆凹底心，圈足碗残底片。内外施釉。足底刮釉露胎。圈足外壁直，内壁微呈喇叭口状，足底平。釉色灰豆青色，釉质晶莹光洁。胎质较细密，灰褐色。如：99B:047。

B型　鼓腹，6件。

Ba型，豆青釉印花瓷碗，1件。圆唇，敞口稍反卷沿，鼓腹碗残片。内外壁压饰花纹，内壁饰蔓枝卷草纹，外壁不清晰，模糊残缺不瓣。内外施釉。釉色豆青色微泛褐色。釉质晶莹光洁。胎质晶莹细腻，浅灰色。如：99B:048。

Bb型，豆青釉碗，2件。

Bb型Ⅰ式，豆青釉刻花纹瓷碗，1件。圆唇，侈口宽卷折沿，束颈，圆鼓腹碗残片。内壁中部刻饰一道圈纹，下饰水波纹，图案残缺不详。内外施釉。釉色豆青色泛绿，外壁下腹呈灰白斑痕。釉质晶莹厚润亮洁。胎质晶莹细腻，灰色。如：99B:021。

Bb型Ⅱ式，豆青釉刻花高足碗，1件。侈口，圆鼓腹，圆凹底，高圈足碗残片。外壁残存刻饰的两支花卉图案。内外施釉。足底刮釉露胎。圈足呈翻沿喇叭口状，足底平，外边呈圆唇状。釉色豆青泛微黄色。胎质晶莹细腻，灰色。如：99B:017。

Bc型，豆青釉瓷碗，3件。

Bc型Ⅰ式，豆青釉瓷碗，2件。圆唇，侈口，鼓腹圆凹底，圈足碗残片。内外施釉。釉色豆青色微黄。釉质晶莹，光洁、厚润，釉面有光泽，微有气泡“棕眼”痕。胎质晶莹细密，灰褐色。如：99B:069、101。

Bc型Ⅱ式，豆青釉瓷碗，1件。尖唇，敞圆折沿，鼓腹碗残片。内外施釉。釉色豆青色，釉质晶莹光洁，釉面有光泽，微若橘皮状。胎质较细密，灰褐色夹微黑粒。如：99B:027。

（5）青花瓷碗　28件。

A型　青花圈足碗，19件。

Aa型，青花色彩青翠，9件。

Aa型Ⅰ式，青花瓷碗，5件。鼓腹，圈足碗残片，内外施釉，内壁底心绘双圈草叶图案，青花色彩稍重，图案为双勾填色，笔触清晰。外壁近底部折腹上有圈纹一道，圈足外部有双圈饰，圈足内施釉，足底无釉。胎质细白，釉色厚润。如：91T303②∶43、47。心底稍平，绘凤鸟云气图案，釉色青蓝，青花色彩青翠，淡雅，稍有晕。笔法娴熟，图案气氛热烈。如：91T402③∶24、26。内底绘双圈花草山石图案，外壁绘山石树木图案，近足部绘圈饰，宽窄相辅，如：91T302③∶30。

Aa型Ⅱ式，青花瓷碗残片，1件。圆腹，圈足碗，内外施青花釉，碗内心绘双圈，施菊瓣图案，外壁绘菊花枝藤纹图案，近底外宽圈纹，内绘半回纹饰，足部绘双圈，足底心平，绘双圈纹饰，足底滚圆。如：91T302③∶31。

Aa型Ⅲ式，青花瓷碗，2件。尖唇，侈口，深腹碗残片内外施釉，内壁口沿处二道圈饰，笔触清晰，外壁沿下亦二道圈饰，壁绘图案（不明）双勾填色，轮廓色青重，填色浅淡。胎质青白细腻，釉色光洁。如：91T303②∶50。圆唇，侈口，深腹碗。如：91T303②∶51。

Aa型Ⅳ式，青花瓷碗，1件。圆唇，侈口，宽沿，鼓腹碗残片，内外施釉，绘花草飞鸟图案，单线白描效果，线条流畅娴熟。胎质青白细腻。如：91T402③∶27。

Ab型，青花瓷碗，1件。鼓腹圈足残片，内外施釉，内壁满釉，绘图案有晕色，近底心绘二道圈饰，外壁釉至圈足底边，壁上绘花草图案，近底部有二道图饰。胎质灰白，釉色厚润有光泽，釉面气泡均匀，青花色彩中有铁锈斑点。圈足内施釉，如：91T402③∶21。

Ac型，青花瓷碗，釉色蓝灰，7件。

Ac型Ⅰ式，青花瓷碗，6件。鼓腹，圈足碗残片，内外施釉，内心绘双圈花草图案，青花笔触痕明显，釉色蓝灰，有晕色。外壁施釉至圈足底边，外壁壁上绘花卉图案。近圈足部饰二道纹饰，圈足内施釉，釉有“棕眼”气泡，窄圈足，足底无釉，胎质细密，色青白。如：91T402③∶20，91T303②∶44、45、53。内外壁绘有单圈草叶图案，色青浅灰。如：91T302③∶32、91T303②∶46。

Ac型Ⅱ式，青花瓷碗，1件。圆唇，侈口，微鼓腹碗口沿残片。内外施釉。外壁绘青花纹饰，图案不详。底蓝白色青花色稍晕，蓝中泛灰色。釉质晶莹光洁厚润，釉面亮洁。胎质晶莹洁白细腻。如：99B∶076。

Ad型，青花瓷碗，2件。薄圆唇，侈口，折沿，鼓腹碗残片，内外施釉，内壁口沿部位绘圈饰，单线涡旋纹饰图案，腹部有单圈饰，外壁口沿下有一道圈饰。胎质细腻青白，釉色清淡，光洁。如：91T402③∶25、29。

B型　青花瓷碗，玉璧底。

Bb型，青花瓷碗，1件。宽厚圈足底瓷碗，内外施釉，碗内心绘“且”纹（俗称节节草），外壁至圈足亦绘“且”纹饰，足外圈施釉，足底由外向内斜削，平整，足心足底无釉，釉色淡雅，晶莹光洁。如：91T302③∶33。

C型　青花釉鼓腹，泥鳅背底足碗，2件。

Ca型，青花瓷碗，1件。内外满施釉，内壁有青花点点，色彩青翠，外壁亦有纹饰，圈足根部及外边有两道圈饰，足底无釉，滚圆如“泥鳅背”，圈足内施釉。胎质细腻青白，釉色晶莹。如：91T303②∶48。

Cb 型，青花釉瓷碗，1 件。侈口，鼓腹，圆凹底，圈足碗残片。内外施釉。足底刮釉露胎，内底心青花釉绘饰图案不辨，似草字飞虫，外壁圈足边饰一道圈纹。圈足呈“抓不住”状。胎质晶莹细腻洁白。釉色蓝白泛灰。青花色晕，笔触不清，泛灰。釉质晶莹光洁。如：99B∶027。

D 型　青花釉瓷碗，1 件。尖圆唇，侈口，反卷圆折沿，鼓腹碗残片。内外施釉。内壁口沿绘饰浅褐绿色圈纹一道。外壁饰青色卷曲飞舞线条纹饰，深浅宽窄各不同，反映内容不详。上下边各饰一道圈纹。底蓝白色。青花色稍晕，蓝中泛灰色，色重处微有锈斑。釉质晶莹光洁，胎质晶莹洁白细腻。如：99B∶033。

E 型　青花杯盅碗，5 件。

Eb 型，青花瓷杯，2 件。圆唇，直壁，鼓腹圈足小杯残片，内外施釉，内壁满施釉绘二道圈饰，外壁饰花草图案，单线勾轮廓，青花填色，笔触清晰。圈足部饰宽带纹，圈足内凹，底内施釉，绘二道圈饰，足底无釉，胎质细腻，青白，釉面晶莹，光洁俏丽。如：91T402③∶22、28。

Ec 型，青花釉瓷盅碗，1 件。尖圆唇，敞口，反卷圆折沿，微鼓腹盅碗残片。内外施釉。底色蓝白，内口沿饰二道青色圈纹。外沿下饰宽圈纹一道，腹壁饰圆图案，青色线纹饰底，残缺，内容不详，青花色清淡，微晕。釉质晶莹光洁。胎质薄俏，晶莹洁白细腻。如：99B∶035。

Ed 型，青花瓷残片，2 件。盅碗腹壁残片。内外施釉。内外绘青花纹饰。图案残缺，不详。胎质晶莹细腻洁白。釉色蓝白色。青花色清丽雅致，翠蓝，笔角点痕清晰，釉质晶莹光洁。“草节节”纹饰图案。如：99B∶060、078。

（6）蓝钧瓷片

Ac 型Ⅱ式，浅蓝灰釉瓷碗，3 件。圆唇，侈口，鼓腹碗残片。内外施釉。釉色浅妆灰色，唇口釉呈褐色。釉质晶莹厚润光洁，釉面有细微气泡橘皮“棕眼”痕。胎质较细密，铁灰色。如：99B∶072、110、111。

（7）黄绿釉瓷碗

A 型　素面，2 件。

Ac 型，浅果绿釉瓷碗，1 件。圆唇，侈口，鼓腹碗口沿残片。内外施釉。釉色浅果绿泛白，釉质晶莹光洁，釉面有光泽，微有气泡“棕眼”痕。胎质晶莹细腻，灰白色。如：99B∶062。

Ad 型，米黄釉瓷碗，1 件。侈口，鼓腹，圆凹底，圈足碗残片。内壁施釉。底心刮釉一圈。外壁下腹及圈足内外露胎。釉色浅黄米色，釉质晶莹薄涩，釉面亚光。胎质较细密，土黄色。如：99B∶085。

（8）黑釉瓷碗　10 件。

A 型　斜壁微鼓腹碗，7 件。

Aa 型Ⅰ式，黑釉瓷碗，1 件。侈口，斜壁微鼓腹，鸡心底，圈足碗残底片。内壁施釉。外壁下腹及圈足内外露胎。圈足外壁呈双圆棱箍状，内壁微呈喇叭口状，足底平，外边斜削滚圆。釉色漆黑。釉质晶莹厚润亮洁。胎质晶莹细密，褐色。如：99B∶090。

Ab 型Ⅰ式，黑褐釉瓷碗，5 件。侈口，斜壁微鼓腹，圆凹底，圈足碗残片。内壁施釉。底心刮釉一圈。外壁中腹以下及圈足内外露胎。圈足壁微呈喇叭口状稍外撇。足底平，微斜倾，外边滚棱。釉色漆黑，釉边呈棕褐色。胎质较细密，褐色。釉质晶莹光洁。如：91B∶015。釉色酱褐色。

釉面薄，微涩。如：91B∶014。酱黑釉瓷碗。如：91B∶013、087。黑褐色。如：99B∶083。

Ad型，黑褐釉白边瓷片，1件。口沿残片，圆唇。内外施釉，唇口内外约1厘米施白釉，外壁沿边有压印草叶纹痕。白釉以下施黑褐釉。分界微有棱边。釉质晶莹厚润，光洁。釉面亮洁。如：99B∶106。

B型　鼓腹碗，3件。

Ba型Ⅰ式，黑褐釉瓷碗，2件。侈口，鼓腹，圆凹底，圈足碗残片。内壁涂白化妆土，底心圆心施釉。外壁下腹及圈足内外露胎。圈足外壁呈圆棱箍状。釉色酱黑色。釉质晶莹光洁。胎质细密，灰褐色。如：99B∶012、024。

Bd型，黑釉瓷碗，1件。残底片。圆浅凹底心，圈足碗残底片，碗腹壁胎薄俏。内壁施釉。底心粘砂疵。圈足内外露胎。足外壁直，内壁微呈喇叭口状。釉色黑褐色。釉质晶莹光洁。胎质细密，土黄白色夹棕褐微粒。如：91B∶006。

（9）零星器物

白釉瓷钵，1件。宽厚圆棱圆折沿，敛口，鼓腹钵残片。内外施釉。唇口刮釉露胎。釉色牙白色，微淡绿，釉质晶莹光洁。如：99B∶092。

黑釉瓷钵，1件。侈口，圆鼓腹，圆凹底，圈足钵残底片，内底心边饰一道棱圈。内外施釉。外壁半挂釉至下腹部位。外壁下腹及圈足内外露胎。圈足外壁近直。釉色漆黑色，釉边呈棕褐色。釉质晶莹光洁。胎质较细密实，土黄色。如：91B∶004。

青白釉瓷盖，1件。鼓形壁，圆顶盖残片。内外施釉。内壁顶施釉，边壁露胎。釉色青白色，釉质晶莹光洁，釉面厚润有光泽。胎质晶莹洁白，细腻。如：99B∶112。

白釉瓷盖，1件。方圆棱唇，宽沿，圆顶，平折，斜收敛口尖圆唇子口，内壁圆穹庐状。圆顶宽沿唇边施釉。宽沿底子口内外，内壁露胎。胎质较细密，土黄白色。釉色黄白色，釉质晶莹光洁。如：99B∶032。

（10）瓷盘残片　15件。

A型　平底盘，2件。

Ab型，白釉瓷盘，1件。圆唇，侈口，圆折沿微鼓腹盘残片。内外施釉。釉色青白色，釉质晶莹光洁。如：99B∶026。

Ad型，青花釉盘，依青花不同特征分出各式。

Ad型Ⅲ式，青花釉瓷盘，1件。盘平底残片。内外施釉。釉色蓝白色，内外青花釉绘饰图案。内壁绘饰满盛花卉提篮图案。外壁底饰二道圈纹。青花釉色蓝中泛灰，微晕，不清晰。釉质晶莹光洁，胎质晶莹，细腻，洁白。如：99B∶062。

B型　圈足盘，8件。

Ba型，白釉瓷盘碗，2件。

Ba型Ⅰ式，黄白釉瓷盘，1件。侈口，圆鼓腹，圆凹平底，圈足盘残片。盘内底边饰微凸棱圈一道。内外施釉。底心残存支钉痕，直径约0.2厘米。外壁腹底及圈足内外露胎。釉色黄白色，釉质晶莹光洁。胎质较细密，灰色夹微细黑粒。如：99B∶094。

Ba型Ⅲ式，白釉瓷盘，1件。侈口，口沿残缺，斜腹底，圆凹心，圈足盘残片。内外施釉。圈足内外壁施釉，足底刮釉，足内心施釉不匀，有露胎。圈足壁呈喇叭口状稍外撇。釉色牙白色。釉质晶莹光洁。如：99B∶40。

Bb 型，青绿釉印花瓷盘，1 件。侈口，微鼓腹，斜平底腹，圆浅凹底心，圈足盘残片。内壁压饰花卉枝叶纹图案。内外施釉。外壁半挂釉至腹底中部。外壁腹底及圈足内外露胎。胎质晶莹细腻，铁灰色。釉色青绿色，花叶棱边呈浅褐白色。如：99B∶019。

Bc 型Ⅲ式，豆青釉瓷盘，1 件。圆唇，侈口，圆卷沿，鼓腹盘残片。内壁底压印饰花瓣纹，图案残缺不详。内外施釉。外壁半挂釉至中腹部位。釉色豆青泛灰白色，釉边呈棕褐色。釉稍厚处呈妆浅青绿色。釉质晶莹光洁，釉面亚光。胎质细密，土黄色。如：99B∶020。

Bd 型，青花釉瓷盘，Bd 型Ⅲ式，4 件。圆唇，侈口，宽边沿，深腹盘残片。内外施釉。青花色铺地，色青浅蓝，底釉蓝白色。内外壁绘饰兰草纹饰、风尾草形图案，青花色清淡，微晕，线条笔触清晰。釉质晶莹光洁，釉面有光泽。胎质较薄，晶莹、洁白、细腻。如：91T303②∶52、54，99B∶067（彩版三八，4）、080。

C 型　白釉瓷高圈足盘。

Ca 型，1 件。高足残片。鼓腹，凹平底，高足断缺。内外施釉。内底残留五个支钉痕，状若小米粒。釉色骨白色，釉质晶莹光洁，釉面有光泽。胎质晶莹细密，灰褐色。如：99B∶028。

D 型　“抓不住”底足瓷盘，4 件。

Da 型，青花瓷盘，2 件。

Da 型Ⅱ式，青花瓷盘，1 件。内外满施釉，内心绘双圈花，青色浓重。外壁有纹饰，圈足剖面近三角形，足外边斜成“抓不住”，足底无釉成棱，圈足内施釉，胎质细腻，釉色晶莹。如：91T303②∶49。

Da 型Ⅳ式，青花瓷碟，1 件。内外施釉，底部平，近底部绘双圈饰，花鸟图案，笔触纤细精巧，青花色彩青翠俏丽。外壁施釉至圈足底边，圈足内施釉，心底平，绘二道圈饰，中写“回”字。圈足底无釉，由内向外斜削，足内边有棱，圈足呈“抓不起”形状。胎质细腻，青白，釉色滋润光洁。器形精巧，器内外均有聚釉点痕，橘皮、“棕眼”，气泡大中小不匀。胎釉间有棕黄釉边。如：91T402③∶23（彩版三八，5）。

Dc 型，豆青釉瓷盘，2 件。

Dc 型Ⅰ式，豆青釉瓷盘，1 件。侈口，斜平腹微鼓，圆凹平底，“抓不住”圈足盘残片。内外施釉。圈足内外施釉，足内心釉薄涩，圈足外壁由根至底斜旋收，呈“抓不住”状。胎质厚笨、晶莹、细腻、灰白色。釉色豆青色微泛黄色。如：99B∶037。

Dc 型Ⅱ式，豆青釉瓷盘，1 件。鼓腹圈足小碟盘残片。内外满施釉，内壁施釉，底部似支钉砂痕，外壁施釉至圈足底，刮削露足底，斜面成“抓不起”状。圈足内施釉，心有“豆腐干”饰图案。胎质洁白细腻，较厚，釉色豆青，厚润光洁。如：91T402③∶30。

（11）瓷罐　4 件。

C 型　2 件。

Ca 型Ⅰ式，黑褐釉瓷罐，1 件。鼓腹，圆凹平底，刀旋棱痕明显。圈足底罐残底片。内壁施釉。外壁下腹及圈足内外露胎。圈足外壁由根至底稍向外斜削微外撇，足底稍平，内外斜削滚圆棱状。釉色黑褐色。釉质晶莹光洁。胎质较细密，土黄色。如：91B∶010。

Ce型，豆青釉刻花瓷罐，1件。圆鼓腹，圆凹底，圈足罐残片。外壁刻饰水浪纹花枝图案，整幅内容不详。近底饰一道圈纹。内外施釉。圈足外壁施釉。足底刮釉露胎，内壁心底微沾施薄釉面涩。圈足内外壁近直，足底平，外边斜削滚圆。外壁釉色豆青色，釉质晶莹光洁，浓稠。胎质晶莹细密，浅灰色。如：99B∶022。

F型　圆棱唇，束颈，直领，圆折肩，微鼓腹小罐，依釉色变化分出亚型。

Fb型，青黄釉瓷残片，1件。口沿残片。圆棱唇，微侈口，束颈，矮领，溜折肩，微鼓腹小罐口沿残片。内外施釉。内壁施釉至口沿下，釉色豆青泛黄色，釉质晶莹光洁。胎质较细密，褐灰色。如：99B∶099。

G型　直腰鼓腹形罐。

Gb型，黑褐釉腰鼓形罐，1件。腰鼓形腹壁，圆浅凹内底，圈足底瓷罐残片。内外施釉。外壁半挂釉至下腹部位。外壁下腹及圈足底内外露胎。底圈足部刻饰棱槽一道。足底向内外边斜削呈脊棱状。灰褐色。釉色黑褐色。釉质晶莹光洁。胎质晶莹密实。如：91B∶009。

（12）瓷盆　7件。

D型　侈口斜壁凹平底心圈足盆，4件。

Db型，灰白釉瓷盆，3件。侈口，斜壁，凹平底心，圈足底盆残片。外壁底边外撇成圈足外壁。内外施釉。外壁釉至圈足底边。足底内心露胎。圈足外壁同盆外壁底边稍外撇。胎质稍粗，砂粒明显，白褐色。釉色牙白色微杂浅灰斑痕。釉质晶莹光洁。釉面薄涩。如：99B∶005、011、025。

Dd型，黑釉瓷盆，1件。斜壁微鼓腹，圆凹底，圈足盆残底片。外壁施黑釉，釉边棱薄部位呈棕褐色。内壁施黄白釉绘棕褐釉彩，底心边饰一道圈纹。残留一支钉痕。圈足外壁施釉。足底内心露胎。釉质晶莹光洁，厚润。胎质晶莹细腻，灰褐色。如：99B∶080。

F型　宽厚圆棱唇，微敛口，缩颈鼓腹盆，2件。

Fb型，酱褐釉瓷盆，1件。宽厚圆棱唇，微敛口，缩颈鼓腹盆残片。内外施釉。唇口部刮釉露胎。釉色酱褐色。内壁黑褐为主，杂棕褐点痕，外壁棕褐色为主。如：99B∶089。

Fc型，黑褐釉瓷盆，1件。宽方微凹圆棱唇，圆折沿，束颈鼓腹盆口沿残片。内外施釉。口沿内，唇沿下刮釉露胎。外壁有磨蚀。胎质较细密，土黄白色。釉色黑褐杂棕褐色斑点痕。如：99B∶086。

G型　黑釉齿轮壁浅瓷盆，1件。平唇，侈口，圆凹底，齿轮形外壁，平底盆残片。内外施釉。唇口刮釉露胎，外壁施釉近底边。釉色酱黑色。釉质晶莹光洁。胎质稍粗，土白色夹黑粒。如：91B∶008。

（13）瓮　2件。

黑褐釉粗瓷瓮（缸），C型，2件。圆凹底，斜腹壁，小凹平底瓮（缸）残底片。内外施釉。外壁施釉至下腹部位。外壁下腹及底露胎，胎质晶莹密实，石英砂明显，白糯米色。釉色黑褐色，釉质晶莹粗涩。如：91B∶003、007。

（14）不成器型瓷片　2件。

红绿彩瓷片，2件。白釉之上红绿彩着色。釉色薄透。如：91T303②∶04、56。

2. 各方出土瓷器标本分述如下

T302③层（6C 层）

青花瓷碗

① 青花瓷碗残片，Aa 型Ⅰ式，1 件。

91T302③: 30，青花瓷碗残片，Aa 型Ⅰ式。残长 8 厘米，宽 6 厘米，残高 3.5 厘米，足高 0.7 厘米。青花釉圈足碗残片，内外施釉，碗内底绘双圈花草山石图案，外壁绘山石树木图案，近足部绘圈饰，宽窄相辅，青花釉色淡雅，笔触明显，釉晶莹光洁，足底心施釉，足底平，两侧削棱，足心内凹（彩版三九，2）。

② 青花瓷碗残片，Aa 型Ⅱ式，1 件。

91T302③: 31，青花瓷碗残片，Aa 型Ⅱ式。残长 6 厘米，宽 5.5 厘米，残高 5 厘米，足高 1.2 厘米。圈足圆腹碗，内外施青花釉，碗内心绘双圈，施菊瓣图案，外壁绘菊花枝藤纹图案，近底外宽圈纹，内绘半回纹饰，足部绘双圈，足底心平，绘双圈纹饰，足底滚圆，稍有棱，似“泥鳅背”足。

③ 青花瓷碗底残片，Ac 型Ⅰ式，1 件。

91T302③: 32，青花瓷碗底残片，Ac 型Ⅰ式。长 4.5 厘米，宽 4 厘米，足径 5 厘米，足底高 1.5 厘米。内外施青釉，碗内底绘单圈青花图案，色浅淡发灰，心微凸，外壁近底饰圈纹饰，底圈足，窄边向内斜削，足底不施釉。

④ 青花瓷碗底残片，Bb 型，1 件。

91T302③: 33，青花瓷碗底残片，Bb 型。直径约 6 厘米，残高 1.5 厘米，足径 5.6 厘米，足高 0.8 厘米，足底宽 1.1 厘米。宽厚圈足底瓷碗，内外施釉，碗内心绘“且”纹（俗称节节草），可看到残片至圈足亦绘“且”纹饰，足外圈施釉，足底由外向内斜削，平整，足心足底无釉，胎质细腻，洁白，釉色淡雅，晶莹光洁。

T303②层（6B 层）

（1）青花瓷碗

① 青花瓷碗残片，Aa 型Ⅰ式，2 件。

91T303②: 43，青花瓷碗残片，Aa 型Ⅰ式。残碗底部，长 6 厘米，宽 3 厘米，残高 2 厘米，足径约 4 厘米，足高 0.5 厘米。鼓腹圈足，内外施釉，内底平，边沿饰二道纹饰，中心如花卉图案，色青黑，外壁釉至圈足底，有笔绘图案，圈足内无釉，足底向外侧斜削成尖棱形，足底剖面几近三角形。圈足内可见旋痕。釉色稍暗，胎质细白。

91T303②: 47，青花瓷碗残片，Aa 型Ⅰ式。长 4.5 厘米，宽 3 厘米，残高 1.7 厘米，足高 0.6 厘米。内外施釉，内壁底心绘双圈草叶图案，青花色彩稍重，图案为双勾填色，笔触清晰。外壁近底部折腹上有圈纹一道，圈足外部有双圈饰，圈足内施釉，足底无釉。釉色厚润，胎质细白。

② 青花瓷碗残片，Aa 型Ⅲ式，2 件。

91T303②: 50，青花瓷碗残片，Aa 型Ⅲ式。长 7 厘米，宽 5.5 厘米，尖唇侈口深腹，碗残片内外施釉，内壁口沿处二道圈饰，笔触清晰，外壁沿下亦二道圈饰，壁绘图案不明，釉色光洁，胎质青白细腻。

91T303②:51，青花瓷碗残片，Aa 型Ⅲ式。长 6 厘米，宽 3.5 厘米。圆唇侈口深腹碗残片，内外施釉，内壁近口沿处二道浅青圈饰，外壁口沿下二道圈饰。壁绘花草枝叶图案，双勾填色，轮廓色青重，填色浅淡。釉色光洁，胎质青白细腻。

③ 青花瓷碗残片，Ac 型Ⅰ式，4 件。

91T303②:44，青花瓷碗残片，Ac 型Ⅰ式。残碗底，长 10 厘米，宽 9 厘米，残高 3 厘米，足径 5.5 厘米。圈足，鼓腹，胎质厚笨，内外施釉，碗内心为双圈枝藤图案，微凸，外壁近底部有单圈饰，笔触痕明显，圈足内施釉，“棕眼”较多，足底无釉，由内向外斜削明显，粘砂。青花釉色稍灰（彩版三九，2）。

91T303②:45，青花瓷碗残片，Ac 型Ⅰ式。残底片，长 5 厘米，宽 4.5 厘米，残高 1.6 厘米，足径约 4.6 厘米，足高 0.8 厘米。圈足，内外施釉，内心绘双圈草叶图案，外壁近圈足部饰二道纹饰，圈足内施釉，釉有“棕眼”气泡，窄圈足高 0.8 厘米，足底无釉。青花釉色蓝灰。胎质细密，色青白。

91T303②:46，青花瓷残片，Ac 型Ⅰ式。碗底残片，长 3.5 厘米，宽 3.5 厘米，残高 2 厘米，足高 0.7 厘米。圈足底内无釉，足底无釉，碗内壁外壁绘有单圈草叶图案，色青浅灰。外壁釉至圈足底，外壁釉多有针孔。

91T303②:53，青花碗残片，Ac 型Ⅰ式。长 3.2 厘米，宽 2.5 厘米。碗腹部残片，内外施釉，内残存近底心部双圈纹饰，外壁青花稍灰，有晕色。

④ 青花瓷碗残片，Ca 型，1 件。

91T303②:48，青花瓷碗残片，Ca 型。长 2 厘米，宽 2 厘米，残高 1.2 厘米，足高 0.7 厘米。内外满施釉，内壁有青花点点，色彩青翠，外壁亦有纹饰，圈足根部及外边有两道圈饰，足底无釉，滚圆如“泥鳅背”，圈足内施釉。釉色晶莹，胎质细腻青白。

（2）瓷盘残片

① 青花瓷盘残片，Bd 型Ⅲ式，1 件。

91T303②:52，青花瓷盘残片，Bd 型Ⅲ式。长 6.3 厘米，宽 4 厘米。呈三角形，口沿残片，圆唇宽沿侈口，深腹盘残片。内外施釉，内壁宽沿部位绘花图案，青花色铺地，色青浅蓝，外壁绘兰草纹饰，青色兰叶浓淡相宜。釉色晶莹亮洁。91T303②:54，青花瓷盘底残片。

② 青花瓷盘残片，Da 型Ⅱ式，1 件。

91T303②:49，青花瓷盘残片，Da 型Ⅱ式。长 3.5 厘米，宽 2.8 厘米，残高 2 厘米，足高 0.3 厘米。内外满施釉，内心绘双圈花，青色浓重。外壁有纹饰，圈足剖面近三角形，足外边斜成“抓不住”，足底无釉成棱，圈足内施釉，釉色晶莹，胎质细腻。

（3）不成器型瓷片　2 件。

91T303:04，红绿彩瓷片（探沟内出土）。2.5 厘米见方。可看出白釉之上红绿彩着色。釉色薄透。91T303②:56，红绿釉上彩残片。

T402③层（6C 层）

（1）青花瓷碗

① 青花瓷残片，Aa 型Ⅰ式，2 件。

91T402③：24，青花瓷残片，Aa 型Ⅰ式。长 10 厘米，宽 4 厘米，残高 3 厘米，足高 1 厘米。鼓腹圈足碗残片，内外施釉，内壁近心底处绘二道圈饰，心底稍平，绘凤鸟云气图案，色彩青翠，笔法娴熟，图案气氛热烈。外壁施釉，圈足根及圈足外边饰三道圈饰，圈足内凹施釉，足心绘二道圈饰，色彩淡雅，足底清釉薄施。两边斜削滚圆，中有棱脊微显。釉色晶莹亮洁，色泽青翠俏丽，胎釉间稍可见棕黄釉色边。胎质细腻洁白。

91T402③：26，青花瓷碗残片，Aa 型Ⅰ式。长 6 厘米，宽 4 厘米，残高 3.5 厘米，足高 0.8 厘米。鼓腹圈足瓷碗残片，内外施釉。外壁有单线图案，圈足外侧三道圈饰，宽窄不匀。圈足内施釉，足底无釉，由内向外斜削。釉色稍发青蓝，青花色淡雅，稍有晕，胎质青白。

② 青花瓷碗残片，Aa 型Ⅳ式，1 件。

91T402③：27，青花瓷碗残片，Aa 型Ⅳ式。其一，长 6.5 厘米，宽 5.5 厘米。其二，长 8 厘米，宽 4 厘米。为同一器物残碎片，圆唇侈口宽沿鼓腹碗残片，内外施釉，绘花草飞鸟图案，单线白描效果，线条流畅娴熟。胎质青白细腻。

③ 青花瓷残片，Ab 型，1 件。

91T402③：21，青花瓷残片，Ab 型。长 3.5 厘米，宽 4 厘米，残高 3 厘米，足高 0.8 厘米。鼓腹圈足残片，内外施釉，内壁满釉，绘图案有晕色，近底心绘二道圈饰，外壁釉至圈足底边，壁上绘花草图案，近底部有二道图饰。圈足内施釉，足底平无釉，圈足内外边斜削，使足底变窄。釉色厚润有光泽，釉面气泡均匀，青花色彩中有铁锈斑点，胎质灰白。

④ 青花瓷残片，Ac 型Ⅰ式，1 件。

91T402③：20，青花瓷残片，Ac 型Ⅰ式。长 5 厘米，宽 4.5 厘米，残高 3.5 厘米，足高 0.8 厘米。圈足鼓腹碗残片，内外施釉，内壁满釉，底心绘双圈花草图案，外壁施釉至圈足底边，壁上绘花卉图案。圈足内施釉，足底无釉由内向外斜削，粘釉砂（外足聚釉处呈水绿色）。釉色灰涩，青花色蓝灰有晕。胎质较粗，灰白色。

⑤ 青花瓷残片，Ad 型，2 件。

91T402③：25，青花瓷残片，Ad 型。长 7 厘米，宽 3.7 厘米，残高 2 厘米，足径约 6 厘米，足高 1 厘米。圈足底残片，内外施釉，内壁心施釉，绘云气图饰。釉面涩气泡较多。外壁施釉，圈足内凹施釉，有二道圈饰，中心有字残涣不清。足底平无釉，内外边斜削。釉色厚润光洁，胎质青白细腻。

91T402③：29，青花瓷片，Ad 型。长 5 厘米，宽 3 厘米。薄圆唇侈口折沿鼓腹碗残片，内外施釉，内壁口沿部位绘圈饰，单线涡旋纹饰图案，腹部有单圈饰，外壁口沿下有一道圈饰。釉色清淡光洁，胎质细腻青白。

⑥ 青花瓷杯残片，Eb 型，2 件。

91T402③：22，青花瓷杯残片，Eb 型。长 4.7 厘米，宽 3.5 厘米，残高 3 厘米，足高 0.5 厘米。鼓腹圈足小杯残片，内外施釉。内壁满施釉绘二道圈饰，外壁饰水草图案，圈足部饰宽带饰。圈足内凹，底内施釉，绘二道圈饰，足底无釉，由内向外斜削。胎质细腻，青白，釉面晶莹，光洁俏丽。

91T402③:28，青花瓷残片，Eb型。长6.5厘米，宽2.7厘米。圆唇直壁杯残片，内外施釉，内壁口沿下二道圈饰（宽窄各一），外壁口沿下二道圈饰相同，腹壁绘花草图案，单线勾轮廓，青花填色，笔触清晰。釉色光洁，胎质细腻青白。

（2）青釉瓷片 Ce型，1件。

91T402③:31，青釉瓷片，Ce型。长7厘米，宽5厘米，残高1.5厘米，足径4.4厘米，足高0.5厘米。圈足碗底残片，内外施釉，内壁施釉，心底刮釉一圈。外壁半挂釉，圈足内外无釉，足心凹，有旋痕，中心小凸。足底平无釉，圈足内壁斜。釉色青灰，釉面有光泽。胎质较粗，灰色。

（3）瓷盘残片

① 青花瓷碟残片，Da型Ⅳ式，1件。

91T402③:23，青花瓷碟残片，Da型Ⅳ式。长9.3厘米，宽6.4厘米，残高1.6厘米，足径6.3厘米，足高0.4厘米。内外施釉，内壁满釉，底部平，近底部绘双圈饰，花鸟图案，笔触纤细精巧，青花色彩青翠俏丽。外壁施釉至圈足底边，圈足内施釉，心底平，绘二道圈饰，中写“回”字。圈足底无釉，由内向外斜削，足内边有棱，圈足呈“抓不起”形状。器形精巧，器内外均有聚釉点痕，橘皮、“棕眼”，气泡大中小不匀。胎釉间有棕黄釉边。釉色滋润光洁。胎质细腻，青白（彩版三八，5）。

② 豆青釉瓷碟残片，Dc型Ⅱ式，1件。

91T402③:30，豆青釉瓷片，Dc型Ⅱ式。长4.5厘米，宽3.5厘米。圈足鼓腹小碟盘残片。内外满施釉，内壁施釉，底部似支钉砂痕，外壁施釉至圈足底，刮削露足底，斜面呈“抓不起”状。圈足内施釉，心有“豆腐干”饰图案。釉色豆青，厚润光洁。胎质较厚，洁白细腻。

3. 坝后出土瓷器标本

坝后，坝指明代石坝，坝后指明石坝之东侧，即内侧第6D层。1999年发掘时第一、二探方涉及面较宽，为便于掌握，综合统计。坝后计上层修坝时遗存物，应以明代中期为界，加杂明代前期上溯至宋金时期的遗物。

共出土瓷器标本82件，其中白釉瓷16件。

（1）白釉瓷碗

1）黄白釉瓷残片，Bc型Ⅰ式，2件。

99B:023，黄白釉瓷残片，Bc型Ⅰ式。长8.8厘米，宽5厘米。残高2.7厘米。圈足高0.6厘米，足底宽1.2厘米。瓷碗残片。侈口，鼓腹，圆凹底，圈足碗残片。内外施釉。内底心可见一支钉痕，直径约0.4厘米。外壁下腹底及圈足内外露胎。圈足外壁呈棱箍状，内壁圆旋微呈喇叭口状。足底三分之一向外，三分之二向内稍削滚圆呈脊棱状。足内心凹平，中心微旋凸。釉色黄白色，釉质晶莹光洁，釉面稍有光泽，微有疵痕，有细微晶裂纹痕。胎质稍粗，砂粒明显，土黄红色夹细小棕白砂粒。

99B:098，黄白釉瓷碗残底片，Bc型Ⅰ式。长5厘米，宽3厘米，残高1.3厘米。圈足高0.5

厘米，足底宽 1.4 厘米。侈口，鼓腹，圆凹底，圈足碗残底片。内壁施釉。底心残留一支钉痕，直径约 0.4 厘米。外壁下腹及圈足内外露胎。圈足外壁直，内壁圆旋浅凹微呈喇叭口状。足底三分之一向外，三分之二向内斜削呈脊棱坡状。足内心浅凹平。中心微凸。釉色黄白色，釉质晶莹光洁，釉面稍有光泽，有微细晶裂纹痕。胎质较细密，土白色。

2）白釉黑褐花碗残片，Be 型，2 件。

① 白釉褐花碗残片，Be 型Ⅰ式，1 件。

99B∶034，白釉褐花碗残片，Be 型Ⅰ式。长 4 厘米，宽 3.2 厘米。腹壁残片。内外施釉。外壁白底绘褐花纹饰，图案不详。白底泛黄绿色，褐釉彩为棕褐，棕黄色。釉质晶莹光洁，釉面稍有光泽，有微细晶裂纹痕。胎质较细密，褐色。

② 白釉黑花瓷碗残片，Be 型Ⅱ式，1 件。

99B∶045，白釉黑花瓷碗残片，Be 型Ⅱ式。长 5 厘米，宽 3.8 厘米，残高 2 厘米。圈足高 0.6 厘米，足底宽 0.6 厘米。侈口，微鼓腹，圆凹底，圈足碗残底片。内壁施釉。外壁下腹及圈足内外露胎。圈足外壁近直，内壁呈喇叭口状，足底平。足内心凹平。胎质较细密，土白色。内底饰白釉底黑花图案。釉下彩。白化妆土涂底，黑彩绘花纹图案，黑彩微有凸痕。釉下白色微泛黄，黑色为黑褐色。釉质晶莹光洁，釉面厚润有光泽，有微细晶裂片纹痕（彩版四五，3）。

3）黄白釉瓷碗残片，Bh 型Ⅳ式，2 件。

99B∶044，黄白釉瓷碗口沿残片，Bh 型Ⅳ式。长 7 厘米，宽 2.8 厘米，残高 2.5 厘米。瓷碗口沿残片，圆唇，侈口，反卷沿，鼓腹碗口沿残片。内外施釉。釉色黄白色，釉质晶莹光洁，釉面有光泽，有微细晶裂片纹痕。胎质较细密，土白色。

99B∶082，黄白釉瓷口翻沿残片，Bh 型Ⅳ式。长 5 厘米，宽 1.8 厘米，高 1 厘米。瓷器口沿残片。圆唇，侈口，翻卷沿。内外施釉，釉色黄白色。釉质晶莹光洁，细腻厚润，釉面有光泽，有微细晶裂片纹痕。胎质晶莹细密，洁白微有棕色粒。

4）白釉瓷碗残片，Da 型，5 件。

① 白釉瓷碗残片，Da 型Ⅰ式，3 件。

99B∶041，白釉瓷碗残片，Da 型Ⅰ式。长 5.7 厘米，宽 4.2 厘米，残高 4.7 厘米。瓷碗残片。侈口，圆棱唇，鼓腹碗残片。内沿下微有旋凸凹棱痕二道（不似纹饰）。内外施釉。釉色黄白色。釉质晶莹光洁，釉面有光泽，有微细晶裂纹痕。胎质较细密，土白色。

99B∶043，白釉瓷碗残底片，Da 型Ⅰ式。长 5.6 厘米，宽 2.8 厘米，残高 1.4 厘米。圈足高 0.5 厘米，足底宽 1 厘米。瓷碗残片。侈口，微鼓腹，圆凹底，圈足碗残底片。内外施釉。圈足内外露胎，足外壁由根至底稍向斜削外撇。足底向内外斜削呈脊棱坡状。足内心凹旋，足内壁与心底微有界痕。外壁下腹部釉色清明。内壁釉色牙白色，釉质晶莹光洁，釉面有光泽，有细微晶裂纹痕。胎质较细密，土黄色夹棕褐微粒。

99B∶056，白釉瓷碗残片，Da 型Ⅰ式。长 5 厘米，宽 3.5 厘米，残高 4.2 厘米。厚圆棱唇，侈口，微鼓腹碗残片。内沿下微有一道凸棱。内外施釉。釉面黄白色，聚釉部位呈微黄绿色。釉质晶莹光洁，釉面有光泽，有微细晶裂片纹痕。胎质较细密，土白色。

②白釉瓷碗残片，Da 型Ⅱ式，1 件。

99B:058，白釉瓷碗口沿残片，Da 型Ⅱ式。长 6 厘米，宽 2.2 厘米，残高 2 厘米。瓷碗口沿残片。圆唇，敞口，圆折沿，微鼓腹。内外施釉。釉色白色微泛灰色，釉聚唇部位微黄。釉质晶莹光洁，釉面有光泽，有微细晶裂片纹痕。胎质较细密，土白色夹微棕褐粒。

③ 白釉瓷碗残片，Da 型Ⅲ式，1 件。

99B:061，白釉瓷碗口沿残片，Da 型Ⅲ式。长 6.5 厘米，宽 3.7 厘米。圆棱唇，侈口反卷折沿，鼓腹碗口沿残片。内外施釉。外壁半挂白化妆土至口沿下 2 厘米，以下施青釉。釉色黄白色，釉聚处微呈黄。釉质晶莹光洁，釉面有光泽，有细微晶裂片纹痕。唇边棱釉磨蚀。胎质细密，土黄色。

5）白釉瓷碗残片，Db 型Ⅱ式，1 件。

99B:039，白釉瓷碗残片，Db 型Ⅱ式。长 8.5 厘米，宽 4.4 厘米，残高 4.4 厘米。圈足高 0.7 厘米，足底宽 1 厘米。侈口，圆鼓腹，圆凹平底，圈足碗残片。内壁施釉。外壁中腹以下及圈足内外露胎。足外壁由根至底稍斜削向外撇，内壁呈喇叭口状，足底向内外边稍削滚圆呈脊棱状。足内心凹平。釉色黄白色，釉质晶莹光洁，釉面有光泽，有微细晶裂纹痕。胎质细密，土白色夹细棕粒。

6）白釉瓷碗残底片，Eb 型，1 件。

99B:100，白釉瓷碗残底片，Eb 型。长 3.8 厘米，宽 3 厘米，残高 1.3 厘米。圈足高 0.5 厘米，足底宽 1.3 厘米。侈口，鼓腹，圆凹底，宽圈足碗残底片。内外施釉。外壁施釉至下腹近底边。圈足内外露胎。足外壁直，内壁圆旋微呈喇叭口状。足底平微斜向内倾，外边斜削滚圆。足内心凹平，中心微凸。刀旋痕明显。胎质晶莹细腻洁白。釉色青白色。釉质晶莹光洁，釉面有光泽，微若橘皮状。

7）白釉瓷碗残片，Ed 型，1 件。

99B:031，白釉瓷碗残片，Ed 型。长 6.2 厘米，宽 4.7 厘米，残高 1.6 厘米。圈足高 0.7 厘米。足底宽 0.3 厘米。侈口，圆鼓腹，圆凹底，圈足碗残片。底心压饰菊瓣花朵，内壁刻饰水波纹，图案不详。内外施釉。内底心刮釉一圈。圈足外壁施釉不匀，有露胎。内壁足心露胎，足底刮釉露胎。圈足壁微呈喇叭口状稍外撇。足底平。足内心凹平，中心微凸。釉色洁白，釉质晶莹光洁，釉面有光泽。胎质较薄，晶莹洁白细腻（彩版四四，1）。

（2）青白釉瓷碗 Cb 型，2 件。

① 青白釉瓷碗残片，Cb 型Ⅰ式，1 件。

99B:033，青白釉瓷碗残片，Cb 型Ⅰ式。长 8.5 厘米，宽 5.2 厘米，残高 5 厘米。圆唇，敞口反卷折沿，圆鼓腹碗残片。内壁底饰凸棱圈一道。内外施釉。外壁半挂釉至中腹部位。釉色青白色微泛黄。釉质晶莹光洁，釉面有光泽，有细微晶裂片纹痕。胎质细密，土黄白色夹微棕褐粒。

② 青白釉瓷碗残片，Cb 型Ⅱ式，1 件。

99B:066，青白釉瓷碗口沿残片，Cb 型Ⅱ式。长 4.2 厘米，宽 1.4 厘米，残高 1.3 厘米。尖棱唇圆反卷折沿，侈口，鼓腹碗口沿残片。内外施釉。釉色黄白色，釉质晶莹光洁，釉面亚光，微呈橘皮状，有细微晶裂纹痕。胎质细密，土黄色。

（3）青釉碗残片　Ce 型，1 件。

99B∶042，青釉碗残底片，Ce 型。长 7.6 厘米，宽 5.5 厘米，圈足高 0.7 厘米，足底宽 0.9 厘米。残底片，圆凹底，圈足碗残底片。内壁施釉，圈足内外露胎。圈足壁微呈喇叭口状稍外撇，足底平外边斜削。内心凹平，中心微凸。釉色清，微泛褐绿色，釉质薄涩。足底内心呈棕褐色，似施釉薄近火烧痕。胎质稍粗灰粒明显。灰褐色。

（4）黄绿釉瓷碗残片　A 型，3 件。

① 黄绿釉瓷碗残片，Aa 型，1 件。

99B∶113，黄绿釉厚胎瓷碗残片，Aa 型。长 7 厘米，宽 5 厘米，残高 4.2 厘米。圆棱唇，侈口，圆鼓腹碗残片。内外施釉。外壁半挂釉至中腹部位。釉色黄绿色，唇口部釉呈棕褐色。釉质晶莹薄涩，釉面灰暗。胎质较粗，砂粒明显，厚笨，土白色。

② 浅果绿釉瓷碗残片，Ac 型，1 件。

99B∶063，浅果绿釉瓷碗口沿残片，Ac 型。长 3.4 厘米，宽 2.4 厘米，残高 2.4 厘米。圆唇，侈口，鼓腹。内外施釉。釉色浅果绿泛白，釉质晶莹光洁，釉面有光泽，微有气泡“棕眼”痕。胎质晶莹细腻，灰白色。

③ 米黄釉瓷碗残片，Ad 型，1 件。

99B∶085，米黄釉瓷碗残片，Ad 型。长 7.5 厘米，宽 3.8 厘米，残高 2.4 厘米。圈足高 0.7 厘米，足底宽 0.3 厘米。侈口，鼓腹，圆凹底，圈足碗残片。内壁施釉。底心刮釉一圈。外壁下腹及圈足内外露胎。足外壁由根至底稍斜削外撇，内壁呈喇叭口状，足底平，外边斜削滚棱。足内心凹平，中心微凸。釉色浅黄米色，釉质晶莹薄涩，釉面亚光。胎质较细密，土黄色。

（5）豆青釉瓷碗

1）豆青釉瓷碗残片，Aa 型，6 件。

① 豆青釉印花瓷碗残片，Aa 型Ⅱ式，4 件。

99B∶051，豆青釉印花瓷碗残片，Aa 型Ⅱ式。长 5 厘米，宽 3.1 厘米，残高 1.9 厘米。圈足高 0.5 厘米，足底宽 0.5 厘米。瓷碗残底片。侈口，微鼓腹，圆凹心底，圈足碗残底片。内壁压印花纹图案，残缺不详，内外施釉。足底刮釉露胎。圈足壁微呈喇叭口状稍外撇，足底向内外边斜削呈脊棱状。足内心凹平。足底有粘砂痕。釉色豆青泛黄色。釉边薄部呈棕褐色。釉质晶莹光洁，釉面有光泽，微有气泡“棕眼”痕。胎质晶莹细腻，浅灰色。

99B∶054，豆青釉印花瓷碗口沿残片，Aa 型Ⅱ式。长 6.7 厘米，宽 4.6 厘米，残高 3.7 厘米。口沿残片。圆唇，侈口，微鼓腹。内壁中腹部压饰花纹饰，图案残缺不详。内外施釉。釉色豆青色，微呈绿色。唇口微呈褐色。釉质晶莹厚润、亮洁，釉面有光泽，微有气泡“棕眼”痕。胎质晶莹细腻，灰色。

99B∶055，豆青釉印花瓷碗残片，Aa 型Ⅱ式。长 5 厘米，宽 3 厘米，碗腹壁残片。内壁印饰缠枝牡丹花朵图案，外壁刻饰叶茎状斜棱纹图案。内外施釉。釉色豆青泛黄色，釉质晶莹光洁，釉面有光泽，微有气泡“棕眼”痕。胎质晶莹细腻，灰色。

99B∶095，豆青釉印花瓷碗口沿残片，Aa 型Ⅱ式。长 4 厘米，宽 2.7 厘米，残高 2.2 厘米。圆唇、侈口，斜壁微鼓腹。内壁压饰花纹，图案残缺不详。内外施釉。釉色豆青泛黄色，唇边棱呈棕褐色。釉质晶莹厚润亮洁，釉面有光泽，微有气泡“棕眼”痕，有微细晶裂纹痕。胎质晶莹细腻，灰白色。

② 豆青釉瓷碗残片，Aa 型Ⅲ式，2 件。

99B∶053，豆青釉瓷碗口沿残片，Aa 型Ⅲ式。长 7 厘米，宽 3.5 厘米，残高 3 厘米。厚卷圆棱唇口沿，侈口，斜壁。内外施釉。釉色豆青泛黄。唇棱边泛灰白色。釉质晶莹光洁，釉面亚光，微涩。有细微晶裂片纹痕。胎质晶莹细密，浅灰色。

99B∶096，豆青釉瓷碗口沿残片，Aa 型Ⅲ式。长 4.3 厘米，宽 2.7 厘米，残高 2.5 厘米。圆唇，侈口，斜壁。内外施釉。釉色豆青色。釉质晶莹光洁，釉面有光泽，微有气泡“棕眼”痕。胎质晶莹细腻，浅灰色。

2）豆青釉刻花瓷碗残片，Ab 型Ⅲ式，4 件。

99B∶016，豆青釉鱼纹刻花瓷碗残片，Ab 型Ⅲ式。长 10 厘米，宽 7 厘米，残高 5 厘米。圈足高 0.8 厘米，足底宽 0.3 厘米。侈口，斜壁微鼓腹，圆凹底，圈足。内壁底心边刻一道圈纹，腹壁刻鱼游水浪间图案纹饰，形象生动，技法娴熟。外壁中腹部位旋刻数道微凸棱圈。内外施釉。内底心刮釉一圈。圈足内外露胎。外壁根向内斜削呈棱状。内壁微呈喇叭口状，足底平，内边大斜削呈大喇叭口状。足内心陷凹平。釉色豆青色微泛黄，釉边薄部位呈棕褐色。釉质晶莹光洁，釉面稍有光泽，微有气泡“棕眼”痕。有磨蚀痕。胎质晶莹细腻，灰色夹微黑粒。胎敲击声清脆（图六二，5；彩版四二，4）。

99B∶018，豆青釉刻花瓷碗残片，Ab 型Ⅲ式。长 5.8 厘米，宽 5 厘米，残高 3.7 厘米。圈足高 0.7 厘米，足底宽 0.4 厘米。侈口，斜鼓腹，圆凹心底，圈足。内壁刻饰水浪荷花纹图案，残缺不全。内外施釉。足底刮釉露胎。圈足壁微呈喇叭口状稍外撇，足底平，微向外倾斜，外边斜削，不大规整。足内心凹平。圈足底边有粘砂痕。釉色豆青色，釉边薄部位呈棕褐色。釉质晶莹亮洁，釉面有光泽，微有大小密布气泡，有微细“棕眼”痕。胎质晶莹较细密，灰色（彩版四五，3）。

99B∶030，豆青釉鱼纹刻花残瓷片，Ab 型Ⅲ式。长 5.7 厘米，宽 3.7 厘米。瓷碗腹壁残片。内壁刻饰鱼跃水浪纹图案，形象生动。内外施釉。釉色豆青泛黄，纹饰边棱，呈灰白色。釉质晶莹亮洁，釉面有光泽，可见细微晶裂纹痕。胎质晶莹细腻，灰褐色（彩版四五，3）。

99B∶050，豆青釉刻花瓷碗残底片，Ab 型Ⅲ式。长 4 厘米，宽 2.5 厘米。残高 1.9 厘米，圈足高 0.4 厘米，足底宽 0.3 厘米。侈口，斜腹壁，微鼓腹，圆凹心底，小圈足碗残底片。内壁刻花纹图案，残缺不详。内外施釉。足底刮釉露胎。圈足壁微呈喇叭口状稍外撇。足底平。足内心凹平，中心微凸。足外壁根聚釉呈“抓不住”状。釉色豆青泛黄，釉边薄部位呈棕黄色。聚釉处绿色。釉质晶莹厚润亮洁，釉面有光泽，微有气泡“棕眼”痕，细微晶裂纹痕。胎质晶莹细腻，浅灰色。

3）灰豆青釉瓷碗残底片，Ac 型Ⅱ式，1 件。

99B∶047，灰豆青釉瓷碗残底片，Ac 型Ⅱ式。长 5 厘米，宽 4.3 厘米，残高 2.8 厘米。圈足高 1.2 厘米，足底宽 0.5 厘米。侈口，斜壁微鼓腹，圆凹底心，圈足。内外施釉。足底刮釉露胎。圈足外壁直，内壁微呈喇叭口状，足底平，斜微向外倾，足内心凹平。釉色灰豆青色，釉边呈棕褐色，釉质晶莹光洁，釉面稍有光泽，微呈橘皮状，可见均匀微细气泡，有微细晶裂纹痕。胎质较细密，灰褐色。

4）豆青釉印花瓷碗残片，Ba 型，1 件。

99B∶048，豆青釉印花瓷碗口沿残片，Ba 型。长 4.7 厘米，宽 3.5 厘米。残高 2.8 厘米。圆唇，敞口稍反卷沿，鼓腹碗残片。内外壁压饰花纹，内壁饰蔓枝卷草纹，外壁不清晰，模糊残缺不辩。内外施釉。釉色豆青色微泛褐色。釉质晶莹光洁，釉面稍有光泽，有细微气泡“棕眼”痕。胎质晶莹细腻，浅灰色。

5）豆青釉刻花瓷碗残片，Bb 型，2 件。

① 豆青釉刻花瓷碗口沿残片，Bb 型Ⅰ式，1 件。

99B∶021，豆青釉刻花瓷碗口沿残片，Bb 型Ⅰ式。长 5.3 厘米，宽 4.4 厘米，残高 3.7 厘米。圆唇，侈口宽卷折沿，束颈，圆鼓腹碗残片。内壁中部刻饰一道圈纹，下饰水波纹，图案残缺不详。内外施釉。釉色豆青色泛绿，外壁下腹呈灰白斑痕。釉质晶莹厚润亮洁，釉面有光泽，有细微气泡“棕眼”痕。胎质晶莹细腻，灰色。

② 豆青釉刻花高足碗残片，Bb 型Ⅱ式，1 件。

99B∶017，豆青釉刻花高足碗残片，Bb 型Ⅱ式。长 8.5 厘米，宽 5.5 厘米，残高 4 厘米，圈足高 1.5 厘米，足底宽 0.4 厘米。侈口，圆鼓腹，圆凹底，高圈足。外壁残存刻饰的两支花卉图案，整幅图案纹饰不详。内外施釉。足底刮釉露胎。圈足呈卷沿喇叭口状，足底平，外边呈圆唇状。足内心凹平。足底微有粘砂痕。釉色豆青泛微黄色。釉边呈棕褐色。釉质晶莹光洁，厚润浓稠。釉面有光泽，可见微细气泡“棕眼”痕。胎质晶莹细腻，灰色。

6）豆青釉瓷碗残片，Bc 型，3 件。

① 豆青釉瓷碗残片，Bc 型Ⅰ式，2 件。

99B∶069，豆青釉瓷碗残底片，Bc 型Ⅰ式。长 4.5 厘米，宽 3.2 厘米，残高 1.9 厘米。圈足高 0.6 厘米，足底宽 0.3 厘米。侈口，鼓腹，圆凹底，圈足。内底心边刻一道圈纹。内外施釉。圈足壁微呈喇叭口状稍外撇。足底几内外边斜削呈脊棱状。足内心凹一半。釉色豆青色微泛黄。釉边薄处呈棕褐色。釉质晶莹光洁，釉面有光泽，微有气泡“棕眼”痕。胎质晶莹细腻，浅灰色。

99B∶101，豆青釉瓷碗口沿残片，Bc 型Ⅰ式。长 4.7 厘米，宽 2.4 厘米，残高 2.3 厘米。圆唇，侈口，鼓腹碗口沿残片。内外施釉。釉色豆青色微黄。釉质晶莹光洁厚润，釉面有光泽，微有气泡“棕眼”痕。胎质晶莹细密，灰褐色。

② 豆青釉瓷碗残片，Bc 型Ⅱ式，1 件。

99B∶027，豆青釉瓷碗残片，Bc 型Ⅱ式。长 6 厘米，宽 4 厘米，残高 3.4 厘米。尖唇，敞圆折沿，鼓腹碗残片。内外施釉。釉色豆青色，釉质晶莹光洁，釉面有光泽，微若橘皮状。胎质较细密，灰褐色夹微黑粒。

（6）浅蓝灰釉瓷碗　Ac 型Ⅱ式，3 件。

99B∶110，浅蓝灰釉瓷碗口沿残片，Ac 型Ⅱ式。长 2.5 厘米，宽 2.3 厘米，残高 2.2 厘米。

99B∶111，浅蓝灰釉瓷碗残片，Ac 型Ⅱ式。长 4.5 厘米，宽 2.5 厘米。

99B∶072，浅蓝灰釉瓷碗残片，Ac 型Ⅱ式。长 5.5 厘米，宽 3.8 厘米。若干小片，釉色同，不可黏接，均为碗腹壁残片。圆唇，侈口，鼓腹碗残片。内外施釉。釉色浅蓝灰色，唇口釉呈褐色。由褐至浅蓝灰渐变。釉质晶莹厚润光洁，釉面有细微气泡橘皮“棕眼”痕。胎质较细密，铁灰色。

（7）青花瓷碗

① 青花瓷碗残片，Ac 型Ⅱ式，1 件。

99B∶076，青花瓷碗残片，Ac 型Ⅱ式。长 3.6 厘米，宽 2.3 厘米。圆唇，侈口，微鼓腹碗口沿残片。内外施釉。外壁绘青花纹饰，图案不详。底蓝白色青花色稍晕，蓝中泛灰色。釉质晶莹光洁厚润，釉面亮洁，微有橘皮痕。胎质晶莹洁白细腻。

② 青花瓷碗残片，Cb 型，1 件。

99B∶027，青花瓷碗残片，Cb 型。长 5 厘米，宽 3.6 厘米，残高 2.4 厘米。圈足高 0.5 厘米，足底宽 0.3 厘米。侈口，鼓腹，圆凹底，圈足。内外施釉。足底刮釉露胎，内底心青花釉绘饰图案不辩，似草字，又似飞虫，外壁圈足边饰一道圈纹。外壁下腹部釉面多有漏胎点，釉不融。圈足外壁由根至底内收斜削呈“抓不住”状。内壁微呈喇叭口状，足底平斜向外边倾。足内心凹平，中心微凸。釉色蓝白泛灰。青花色晕，笔触不清，泛灰。釉质晶莹光洁，釉面稍有光泽，微有橘皮痕。胎质晶莹细腻洁白（彩版三九，1）。

③ 青花瓷碗残片，D 型，1 件。

99B∶033，青花瓷碗残片，D 型。长 7.5 厘米，宽 5 厘米，残高 5.4 厘米。尖圆唇，侈口反卷圆折沿，鼓腹碗残片。内外施釉。内壁口沿绘饰浅褐绿色圈纹一道。外壁饰青花色卷曲飞舞线条纹饰，深浅宽窄各不同，反映内容不详。上下饰边各一道圈纹。底蓝白色。青花色稍晕，蓝中泛灰色，色重处微有锈斑。釉质晶莹光洁，釉面有光泽，有细微晶裂纹痕。胎质晶莹洁白细腻（彩版四五，3）。

④ 青花瓷盅碗残片，Ec 型，1 件。

99B∶035，青花瓷盅碗残片，Ec 型。长 3.5 厘米，宽 3 厘米，残高 3 厘米。尖圆唇，敞口反卷圆折沿，微鼓腹盅碗残片。内外施釉。底色蓝白，内口沿饰二道青花色圈纹。外沿下饰一道宽圈纹，腹壁饰圆图案，青花色线纹饰底，勾画似卷龙纹饰，稍残缺，内容不详，青花色清淡，微晕。釉质晶莹光洁，釉面有光泽。胎质薄俏，晶莹洁白细腻。

⑤ 青花瓷残片，Ed 型，2 件。

99B∶060，青花瓷残片，Ed 型。长 4.2 厘米，宽 2.1 厘米。盅碗腹壁残片。内外施釉。外壁青花釉绘“草节节”纹饰图案。内壁饰二道圈纹。釉色蓝白色，青花色蓝微泛灰色。釉质晶莹光洁，釉面有光泽，微有橘皮痕。胎质晶莹细腻洁白。

99B∶078，青花瓷残片，Ed 型。长 2.5 厘米，高 2.3 厘米。呈三角形。腹壁残片。内外施釉。内外绘青花纹饰。图案残缺，不详。釉色蓝白色。青花色清丽雅致，翠蓝，笔角点痕清晰，色重处无锈疵，釉质晶莹光洁，釉面有光泽，微可见气泡痕大小不匀。胎质晶莹细腻洁白。

（8）黑釉瓷碗

① 黑釉瓷碗残片，Aa 型Ⅰ式，1 件。

99B∶090，黑釉瓷碗残底片，Aa 型Ⅰ式。长 6.8 厘米，宽 3 厘米，残高 2.3 厘米。圈足高 1 厘米，足底宽 1 厘米。侈口，斜壁微鼓腹，鸡心底，圈足碗残底片。内壁施釉。外壁下腹及圈足内外露胎。圈足外壁呈双圆棱箍状，内壁微呈喇叭口状，足底平，外边斜削滚圆。足内心凹平。釉色漆黑。釉质晶莹厚润亮洁，釉面有光泽，微有“棕眼”痕。有釉流蚓痕。胎质晶莹细密，褐色。

② 黑釉瓷碗残片，Ab 型 I 式，5 件。

91B∶013，黑釉瓷碗残片，Ab 型 I 式。长 10.3 厘米，宽 8.5 厘米，残高 3.2 厘米。圈足高 1.5 厘米，足底宽 0.5 厘米。内外施釉。内底心刮釉一圈，外壁半挂施釉至下腹部位。外壁下腹底及圈足内外露胎。圈足外壁由根至底斜削稍向外撇，内壁呈喇叭口状，足底稍平，内外斜削滚圆呈脊棱状。足内心凹平，中心旋凸痕。釉色酱黑色，釉边呈棕褐色。釉质晶莹光洁，釉面稍有光泽，微有橘皮“棕眼”痕。胎质稍粗，砂粒明显，土白色。

91B∶014，酱褐釉瓷碗残片，Ab 型 I 式。长 9.5 厘米，宽 6 厘米，残高 2.7 厘米。圈足高 0.6 厘米，足底宽 0.6 厘米。侈口，斜壁微鼓腹，圆凹底，圈足碗残片。内壁施釉。底心刮釉一圈。外壁中腹以下及圈足内外露胎。圈足壁微呈喇叭口状稍外撇。足底平微向个斜倾，外边滚棱。足内心凹平，中心微凸。釉色酱褐色，釉质晶莹光洁，釉面薄，微涩。胎质较密实，土黄色。

91B∶015，黑釉瓷碗残片，Ab 型 I 式。长 8 厘米，宽 5 厘米，残高 2.2 厘米。圈足高 0.8 厘米，足底宽 0.7 厘米。侈口，斜平底腹微鼓，圆凹底，圈足碗残片。内外施釉。足底刮釉露胎。圈足外壁近直，内壁微呈喇叭口状，足底平向外边斜削滚棱。足内心凹平。足内壁底心釉不匀，有漏釉痕。釉色漆黑色，釉边呈棕褐色。釉质晶莹光洁，釉面有光泽，有磨蚀痕，可见微细“棕眼”痕。胎质较细密，褐色。

99B∶083，黑褐釉瓷碗残底片。Ab 型 I 式。长 6.5 厘米，宽 3.5 厘米，残高 2.5 厘米。圈足高 1.5 厘米，足底宽 0.8 厘米。圆凹底，圈足碗残底片。内外施釉。足底刮釉露胎，内底心刮釉一圈。圈足内外施釉不匀，有漏釉部分。圈足外壁直，内壁呈喇叭口状，足底向内外斜削滚圆呈微圆脊。足内心凹，中心有旋凸尖。釉色黑褐色。釉边薄处呈棕褐色，釉质晶莹光洁，釉面稍有光泽，微有“棕眼”痕。胎质稍粗，土白色。

99B∶087，酱黑釉瓷碗残片，Ab 型 I 式。长 9 厘米，宽 6 厘米，残高 3.1 厘米。圈足高 0.6 厘米，足底宽 0.8 厘米。侈口，微鼓腹，圆凹底，圈足碗残片。内外施釉。内底心刮釉一圈，外壁施釉至下腹近底部位。外壁腹底及圈足内外露胎。圈足壁微呈喇叭口状稍外撇，足底稍平微向内斜削，外边斜削滚圆微呈脊棱状。足内心凹平，中心微凸。釉色酱黑色，杂棕褐点痕。釉边呈棕褐色。釉质晶莹光洁，釉面薄，微涩。微有“棕眼”痕。胎质较粗，砂粒明显，土白色。

③ 黑褐釉白边瓷器残片，Ad 型，1 件。

99B∶106，黑褐釉白边瓷器口沿残片，Ad 型。长 1.8 厘米，宽 1.6 厘米。圆唇。内外施釉，唇口内外约 1 厘米施白釉，外壁沿边有压印草叶纹痕。白釉以下施黑褐釉。分界微有棱边。釉质晶莹厚润、光洁。釉面亮洁，黑褐釉面微有“棕眼”痕。胎质较细密，土褐色。

④ 黑釉瓷碗残片，Ba 型 I 式，2 件。

91B∶012，黑釉瓷碗残底片，Ba 型 I 式。长 10.5 厘米，宽 10 厘米，残高 3.2 厘米。圈足高 1.1 厘米，足底宽 0.8 厘米。侈口，鼓腹，圈凹平底，圈足碗残底片。内外施釉，内底心刮釉一圈，外壁半挂釉至下腹部位。外壁下腹底及圈足内外露胎。圈足外壁由根至底稍向外斜削。内壁微呈喇叭口状。足底平，外边斜削滚圆。足内心凹平，刀旋痕明显。釉色酱黑色，釉边呈棕色。釉质晶莹光洁。釉面微有“棕眼”痕，有磨蚀。胎质较粗，土黄色夹微黑粒。有高温近火烧红痕。

99B∶024，黑釉瓷碗残片，Ba 型Ⅰ式。长 10.7 厘米，宽 8 厘米，残高 3.2 厘米。圈足高 1.1 厘米，足底宽 1.3 厘米。侈口，鼓腹，圆凹底，圈足碗残片。内壁涂白化妆土色，底心圆心施釉。外壁下腹及圈足内外露胎。圈足外壁呈圆棱箍状，内壁圈旋圆凹状，足底斜平向外倾，外边滚圆，内边微斜削滚圆，足内心凹平。釉色酱黑，釉边薄部呈棕褐色，釉质晶莹光洁，釉面有光泽，微有"棕眼"痕，有磨蚀痕。胎质细密，灰褐色。

⑤ 黑釉瓷碗残片，Bd 型，1 件。

91B∶006，黑釉瓷碗残底片，Bd 型。长 8.2 厘米，宽 4.6 厘米，残高 1.4 厘米。圈足高 0.8 厘米，足底宽 0.9 厘米。圆浅凹底心，圈足碗残底片。碗腹壁胎薄俏。内壁施釉。底心粘砂疵。圈足内外露胎。足外壁直，内壁微呈喇叭口状。足底向内外边斜削滚棱呈脊棱状。足内心凹平，中心微凸。釉色黑褐色，釉质晶莹光洁，釉面有光泽，有微细"棕眼"痕。胎质细密，土黄白色夹棕褐微粒。

（9）零星小件器物　3 件。

91B∶004，黑釉瓷钵残底片，长 10 厘米，宽 5.5 厘米，残高 2.8 厘米。圈足高 0.9 厘米，足底宽 2.4 厘米。侈口，圆鼓腹，圆凹底，圈足钵残底片，内底心边饰一道棱圈。内外施釉。外壁半挂釉至下腹部位。外壁下腹及圈足内外露胎。圈足外壁近直，足壁圆旋微凹，足底四分之一微向外边斜削，四分之三向内边大斜倾削，微有刀旋凹痕。足内心凹平。釉色漆黑色，釉边呈棕褐色。釉质晶莹光洁，釉面有磨蚀，微见橘皮"棕眼"痕。胎质较细密实，土黄色。

99B∶092，白釉瓷钵残片，长 7 厘米，宽 4 厘米，残高 4 厘米。宽厚圆棱圆折沿，敛口，鼓腹钵残片。内外施釉。唇口刮釉露胎。釉色牙白色，微淡绿，釉质晶莹光洁，釉面有光泽，有细微晶裂纹痕。胎质较细密，土黄色。

99B∶032，白釉瓷盖残片，长 5 厘米，宽 4.3 厘米，残高 3.3 厘米。方圆棱唇，宽沿，圆顶，平折，斜收敛口尖圆唇子口，内壁圆穹庐状。圆顶宽沿唇边施釉。宽沿底子口内外，内壁露胎。釉色黄白色，釉质晶莹光洁，釉面有光泽，有微细晶裂纹痕。胎质较细密，土黄白色。

（10）瓷盘残片

① 白釉瓷盘残片，Ab 型，1 件。

99B∶026，白釉瓷盘残片，Ab 型。长 8.2 厘米，宽 4 厘米，残高 2.2 厘米。圆唇，侈口，圆折沿微鼓腹盘残片。内外施釉。釉色青白色，釉质晶莹光洁，釉面有光泽。胎质细密，浅灰色夹小黑粒。

② 青花釉瓷盘残片，Ad 型Ⅲ式，1 件。

99B∶062，青花釉瓷盘底残片，Ad 型Ⅲ式。长 4.4 厘米，宽 4 厘米，平底盘残片。内外施釉。釉色蓝白色，内外青花釉绘饰图案。内壁绘饰满盛花卉提篮图案。外壁底饰二道圈纹。青花釉色蓝中泛灰，微晕，不清晰。釉质晶莹光洁，釉面有光泽，微呈橘皮状。胎质晶莹细腻洁白。

③ 瓷盘残片，Ba 型，2 件。

99B∶094，黄白釉瓷盘残片，Ba 型Ⅰ式。长 8.3 厘米，宽 3.7 厘米，残高 2.2 厘米。圈足高 0.5 厘米，足底宽 0.6 厘米。侈口，圆鼓腹，圆凹平底，圈足盘残片。盘内底边饰微凸棱圈一道。内外施釉。底心残存支钉痕，直径约 0.2 厘米。外壁腹底及圈足内外露胎。圈足外壁直，内壁呈喇叭口状，足底呈旋凹槽状，外边棱滚圆，足内心凹平。足底粘一残留支钉。釉色黄白色，釉质晶莹光洁，釉面稍有光泽，有磨蚀痕。胎质较细密，灰色夹微细黑粒。

99B:40，白釉瓷盘残片，Ba 型Ⅲ式。长 4 厘米，宽 3.7 厘米，残高 1.5 厘米。圈足高 0.5 厘米，足底宽 0.3 厘米。侈口，口沿残缺，斜腹底，圆凹心，圈足盘残片。内外施釉。圈足内外壁施釉，足底刮釉，足内心施釉不匀，有露胎。圈足壁呈喇叭口状稍外撇。足底平斜微外倾，外边滚棱。足内心凹平，足底有粘砂痕。釉色牙白色。釉质晶莹光洁，釉面亮洁，微有晶裂纹痕。胎质薄，晶莹细腻洁白。

④ 青绿釉印花瓷盘残片，Bb 型，1 件。

99B:019，青绿釉印花瓷盘残片，Bb 型。长 8 厘米，宽 4 厘米，残高 1.8 厘米。圈足高 0.4 厘米，足底宽 0.5 厘米。侈口，微鼓腹，斜平底腹，圆浅凹底心，圈足盘残片。内壁压饰花卉枝叶纹图案。内外施釉。外壁半挂釉至腹底中部。外壁腹底及圈足内外露胎。圈足壁微呈喇叭口状稍外撇，足底平微向外倾斜。足内心凹陷平。釉色青绿色，花叶棱边呈浅褐白色，釉边薄处呈棕褐色，有细微晶裂纹痕。胎质晶莹细腻，铁灰色（彩版四三，4）。

⑤ 豆青釉瓷盘残片，Bc 型Ⅲ式，1 件。

99B:020，豆青釉瓷盘残片，Bc 型Ⅲ式。长 6 厘米，宽 4 厘米，残高 3.1 厘米。圆唇，侈口，圆卷沿，鼓腹盘残片。内壁底压印饰花瓣纹，图案残缺不详。内外施釉。外壁半挂釉至中腹部位。釉色豆青泛灰白色，釉边呈棕褐色。釉稍厚处呈蓝浅青绿色。釉质晶莹光洁，釉面亚光，有微晶裂纹痕。微涩，有磨蚀痕。胎质细密，土黄色。

⑥ 青花瓷盘残片，Bd 型Ⅲ式，2 件。

99B:067，青花瓷盘边沿残片，Bd 型Ⅲ式。长 4 厘米，宽 3 厘米。残高 2.4 厘米。圆唇，侈口，宽边沿盘残片。内外施釉。底釉蓝白色。内外壁绘青花图案，饰凤尾草形图案，青花色清淡，微晕，线条笔触清晰。釉质晶莹光洁，釉面有光泽。胎质较薄，晶莹洁白细腻（彩版三八，4）。

99B:080，青花瓷盘边沿残片，Bd 型Ⅲ式。长 4.6 厘米，宽 1.5 厘米。扁尖圆唇，侈口，宽平卷折沿，鼓腹盘残片。内外施釉。釉色蓝白。唇口边呈棕色。内壁宽边沿青花釉饰宽带一圈，卷沿边饰一道圈纹，外壁宽沿下饰线纹图案，残缺，内容不详。青花蓝中带灰色。釉质晶莹光洁，釉面稍有光泽。胎质晶莹洁白细腻。

⑦ 白釉瓷盘残片，Ca 型，1 件。

99B:028，白釉瓷盘残片，Ca 型。长 4.8 厘米，宽 4.3 厘米，高足残片。鼓腹，凹平底，高足断缺。内外施釉。内底残留五个支钉痕，状若小米粒。釉色骨白色，釉质晶莹光洁，釉面有光泽。胎质晶莹细密，灰褐色。

⑧ 豆青釉瓷盘残片，Dc 型Ⅰ式，1 件。

99B:037，豆青釉瓷盘残片，Dc 型Ⅰ式。长 9 厘米，宽 6 厘米，残高 2.2 厘米。圈足高 0.7 厘米，足底宽 0.3 厘米。侈口，斜平腹微鼓，圆凹平底，内外施釉。圈足内外施釉，足内心釉薄涩，圈足外壁由根至底斜旋收，呈“抓不住”状。内壁圆旋微呈喇叭口状，足底平。施釉后流融无棱。足内心凹平，中心微凸。釉色豆青色微泛黄色。釉边棱呈棕褐色，薄处呈棕色。釉质晶莹厚润亮洁，釉面有光泽，可见细微气泡微有橘皮痕。有细微晶裂片纹痕。胎质厚笨，晶莹细腻，灰白色。

（11）瓷罐残片

① 黑褐釉瓷罐（碗）残底片，Ca型Ⅰ式，1件。

91B∶010，黑褐釉瓷罐（碗）残底片，Ca型Ⅰ式。长9.5厘米，宽6厘米，残高2.3厘米。圈足高0.8厘米，足底宽0.5厘米。鼓腹，圆凹平底，圈足刀旋棱痕明显。内壁施釉。外壁下腹及圈足内外露胎。圈足外壁由根至底稍向外斜削微外撇，内壁呈圆凹状，足底少平，内外斜削滚圆棱状。足内心凹平，中心微有凸，刀旋痕明显。釉色黑褐色，棱边釉色呈棕褐色。釉质晶莹光洁，釉面稍有光泽，有微细“棕眼”痕，有微疵点。胎质较细密，耐火砖土黄色。

② 豆青釉刻花瓷罐残片，Ce型，1件。

99B∶022，豆青釉刻花瓷罐残片，Ce型。长8厘米，宽6.2厘米，残高5.2厘米。圈足高0.9厘米，足底宽0.7厘米。圆鼓腹，圆凹底，圈足罐残片。外壁刻饰水浪纹花枝图案，整幅内容不详。近底饰一道圈纹。内外施釉。圈足外壁施釉。足底刮釉露胎，内壁心底微沾施薄釉面涩。圈足内外壁近直，足底平，外边斜削滚圆。足内心凹平。外壁釉色豆青色。釉边薄处呈棕褐色。内壁釉色清褐色杂棕褐点痕。外壁釉质晶莹光洁浓稠，釉面微有气泡“棕眼”痕，有磨蚀痕。内壁釉面薄，底部涩。胎质晶莹细密，浅灰色。

③ 青黄釉瓷罐残片，Fb型，1件。

99B∶099，青黄釉瓷罐口沿残片，Fb型。长3.8厘米，宽2.5厘米，残高2.5厘米。圆棱唇，微侈口，束颈，矮领，溜折肩，微鼓腹小罐口沿残片。内外施釉。内壁施釉至口沿下，釉色豆青泛黄色，釉质晶莹光洁，釉面稍有光泽，有微细晶裂片纹痕。胎质较细密，褐灰色。

④ 黑褐釉腰鼓形瓷罐残片，Gb型，1件。

91B∶009，黑褐釉腰鼓形瓷罐残片，Gb型。残下腹直径约12.6厘米，残高7.5厘米，圈底足高1厘米，足底宽1.5厘米，底直径11.5厘米。腰鼓形腹壁，圆浅凹内底，圈足底瓷罐残片。内外施釉。外壁半挂釉至下腹部位。外壁下腹及圈足底内外露胎。腹底圈足部刻饰棱槽一道。圈足外壁呈平棱箍状，腹底边削刻形成。内壁圆旋微斜凹，足底向内外边斜削呈脊棱状，足内心凹平。釉色黑褐色，相杂褐色斑痕，釉质晶莹光洁，釉面不匀，厚处有光泽，薄处涩，有磨蚀。胎质晶莹密实，灰褐色。

（12）瓷盆残片

① 白釉瓷盆残片，Db型，3件。

91B∶005，白釉瓷盆残片，Db型。长8.5厘米，宽6厘米，残高3.3厘米。圈足残高1.2厘米，足底宽0.9厘米。侈口，斜壁，凹平底，圈足盆残底片。外壁底边折向外。呈圈足外壁。圈足内壁浅凹圆旋微呈喇叭口状。足底平，外边斜削，外壁呈棱箍状。盆内外施釉。外壁釉至下腹近底边。下腹底边及圈足内外露胎。胎质较细密，土褐色夹微黑粒。釉色牙白色微泛黄。釉质晶莹光洁，釉面亮洁，有微细晶裂纹痕。

91B∶011，白釉瓷盆残底片，Db型。长10.5厘米，宽5.7厘米，残高4.2厘米。圈足高1.7厘米，足底宽0.7厘米。侈口，斜壁，凹平底，圈足盆残底片。外壁底边折痕外撇成圈足边。内壁施釉。外壁下腹及圈足内外露胎。圈足外壁与盆外壁底边同向外斜撇。内壁呈喇叭口状，足底少平向外边斜削滚圆。足底外边呈斜棱状。足内心凹平。胎质较细密，土褐色。釉色牙白色，釉质晶莹光洁，釉面薄涩。有磨蚀痕。

99B∶025，白釉瓷盆残片，Db 型。长 7.5 厘米，宽 5.5 厘米，残高 5.1 厘米。圈足高 1 厘米，足底宽 0.8 厘米。侈口，斜壁，凹平底心，圈足底盆残片。外壁底边外撇成圈足外壁。内外施釉。外壁釉至圈足底边。足底内心露胎。圈足外壁同盆外壁底边稍外撇。内壁呈喇叭口状，足底向内外边斜削滚圆呈脊棱状。足内心凹平。胎质稍粗，砂粒明显，白褐色。釉色牙白色微杂浅灰斑痕。釉质晶莹光洁，釉面亮洁，有微细晶裂片纹痕。圈足外壁，清釉不匀。

② 黑釉瓷盆残片，Dd 型，1 件。

99B∶080，黑釉瓷盆残底片，Dd 型。长 7 厘米，宽 4 厘米，残高 2.3 厘米。圈足高 0.8 厘米，足底宽 1.8 厘米。斜壁微鼓腹，圆凹底，圈足盆残底片。外壁施黑釉，釉边棱薄部位呈棕褐色。内壁施黄白釉绘棕褐釉彩，底心边饰一道圈纹。残留一支钉痕。圈足外壁施釉。足底内心露胎。圈足外壁由根至底向内斜削收敛。内壁呈喇叭口状，足底平内外边稍斜削滚圆。足内心凹平。釉质晶莹光洁厚润，釉面有光泽，褐釉少有光泽，有微细晶裂纹痕。胎质晶莹细腻，灰褐色。

③ 酱褐釉瓷盆残片，Fb 型，1 件。

99B∶089，酱褐釉瓷盆口沿残片，Fb 型。长 7.3 厘米，宽 3.3 厘米，残高 3.3 厘米。宽厚圆棱唇，微敛口，缩颈鼓腹盆残片。内外施釉。唇口部刮釉露胎。釉色酱褐色。内壁黑褐为主，杂棕褐点痕，外壁棕褐色为主，杂黑褐斑点痕，釉边呈棕色。釉质晶莹光洁，釉面有光泽，微有“棕眼”痕，有釉流蚓痕。胎质晶莹细密，灰褐色夹棕褐微粒。

④ 黑褐釉瓷盆残片，Fc 型，1 件。

99B∶086，黑褐釉瓷盆口沿残片，Fc 型。长 10.8 厘米，宽 4.4 厘米，残高 4.4 厘米。宽方微凹圆棱唇，圆折沿，束颈鼓腹盆口沿残片。内外施釉。口沿内，唇沿下刮釉露胎。外壁有磨蚀。釉色黑褐色杂棕褐色斑点痕。釉边呈棕褐色，釉质晶莹光洁，釉面稍有光泽，微若橘皮状。胎质较细密，土黄白色。

⑤ 黑釉齿轮壁浅瓷盆残片，G 型，1 件。

91B∶008，黑釉齿轮壁浅瓷盆残片，G 型。长 8.8 厘米，宽 5.5 厘米，高 4 厘米。平唇，侈口，圆凹底，齿轮形外壁，微斜敛口，平底盆残片。内外施釉。唇口刮釉露胎，外壁施釉近底边。内壁磨蚀。底部平整露胎。釉色酱黑色，釉边棱边呈棕褐色。釉质晶莹光洁，釉面有光泽，微有橘皮“棕眼”痕。胎质稍粗，土白色夹黑粒（彩版四二，2）。

（13）黑褐釉粗瓷瓮残片　C 型，2 件。

91B∶003，灰褐釉粗瓷瓮残底片，C 型。长 11.5 厘米，宽 9 厘米，残高 5 厘米。圈足高 1.6 厘米，足底宽 2.3 厘米。斜腹壁，浅圆凹底，圈足瓮残底片。内外施釉。外壁施釉至圈足边。圈足内外露胎，圈足外壁向外斜撇呈棱箍状，内壁呈敞口喇叭状，足底少平向内外边斜削滚圆呈脊棱状。足内心凹平。刀旋痕明显。釉色灰褐色。釉质晶莹薄涩，釉面磨蚀。胎质厚笨，较细密，土白色。

91B∶007，黑釉粗瓷瓮（罐）残底片，C 型。长 10 厘米，宽 8 厘米。圆凹底，斜腹壁，小凹平底瓮（罐）残底片。内外施釉。外壁施釉至下腹部位。外壁下腹及底露胎。釉色黑褐色，釉质晶莹粗涩，釉面稍有光泽，微有“棕眼”痕。胎质晶莹密实，石英砂明显，白糯米色。

（二）铁器、钱币

本层中有典型明代铁器、明代修筑堤坝时的铁卯锭，从形式、成分为明代铁器资料增加了实物例证。其他的铁器资料无大特色。出土钱币少量的唐代开元通宝，宋代“熙宁元宝”、“熙宁重宝”、“淳化元宝”、“明道元宝”等。在七星柱附近明代地层下40厘米出土钱币以宋钱为主。

明代堤坝

铁卯锭（彩版三七，4）

银锭形铁卯锭，长25厘米，宽14厘米，厚5厘米。两头圆，中部束腰两边圆缺。制作较精细。

木楔形束腰铁卯锭，长22厘米，宽11厘米，厚4厘米，两头平，中部束腰两边斜缺。制作稍粗糙，砂眼孔多。

T203

石层路面上出土开元通宝一枚，直径2.5厘米，方孔圆钱，楷书体，背面有指甲印痕。

99T203③:22，铁马蹬片，椭圆，横径12厘米，纵径13厘米，厚0.5厘米。边沿稍厚有棱，锈蚀严重起渣皮（图八二）。

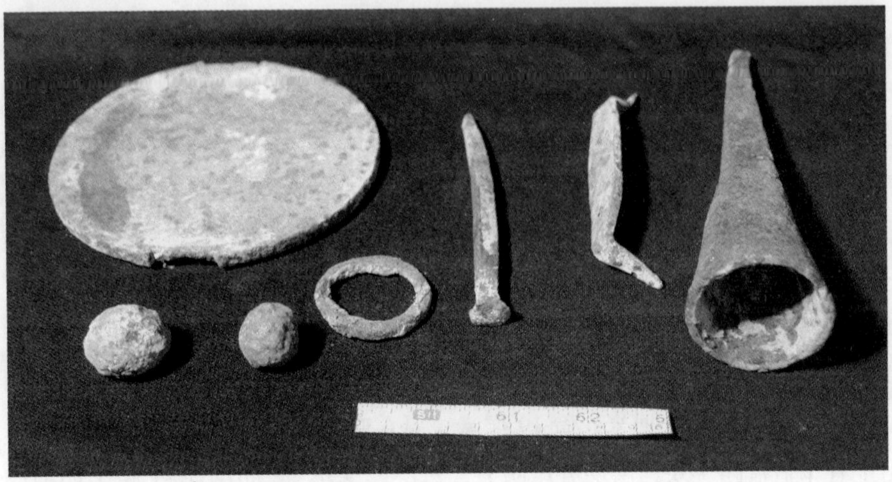

图八二 部分出土小件铁器

1999年10月10日，在挖井点排水沟时，于明代地层下挖40厘米左右，在明正德年碑座东，七星柱6、7号柱西，4、5号柱之间出土七枚铜钱。下午在5号柱东又出4枚铜钱。工程队负责人赵忠勇收集交回。可辨认的7枚，分别为“开元通宝”一枚，“熙宁元宝”一枚，“熙宁重宝”一枚，“淳化元宝”一枚，“明道元宝”一枚等（图八三）。

其他

本层中杂项主要是明代堤坝下加固地基使用的柏木桩，作为工程做法的实物资料。发掘中清理出土有建筑构件、材料，有砖、瓦、猫头、滴水、琉璃10余件。

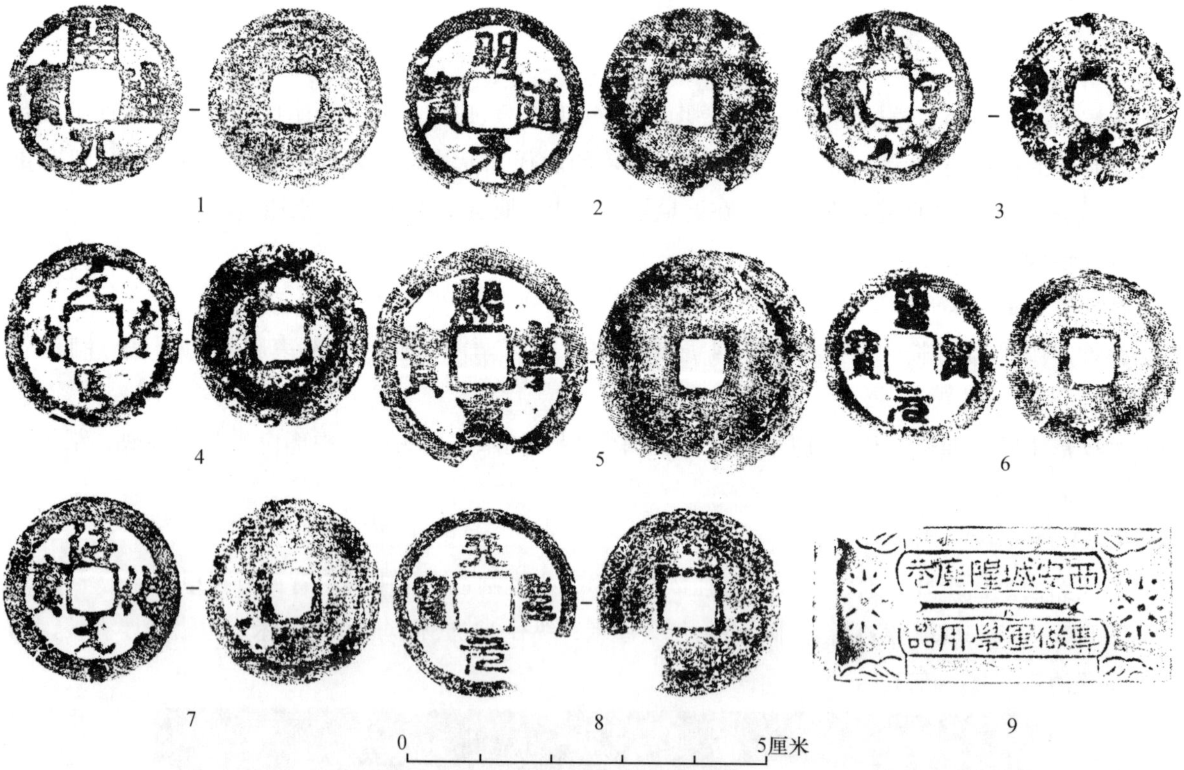

图八三　钱币和牌饰拓片

1. 开元通宝　2. 明道元宝　3. 熙宁元宝　4. 元丰通宝　5. 熙宁重宝
6. □□元宝　7. 淳化元宝　8. 元圣元宝　9. 91T302N2 东北角小砖墙出土牌饰

T302 出土明坝基加固木桩，柏木，长 153 厘米，直径约 13 厘米，下锐尖。

H13 为明代修筑堤坝施工中淋白灰池，长砖围砌，平铺底。

99H13∶015，长方手印痕砖，长 34 厘米，宽 17 厘米，厚 7 厘米，正面素，背面有手拍印痕。

99H13∶016，长方砖，长 37 厘米，宽 19 厘米，厚 6 厘米。方正整齐。

99H13 出土有车辙痕路土块，层层叠压明显，每层厚薄不等。但不似干路土如细皮点心状。因为泥水较多，层压稍厚，层间隔不明显。但明显不是堆积而成，是不断踩压积累而形成。

91T402③层出土建筑材料 3 件。

91T402③∶9，琉璃屋脊残块（数块），其一长 20 厘米，宽 14 厘米，壁厚 2 厘米。有堆塑花，绿琉璃着色，花蕾施黄琉璃色。已变为绿黄色，无光泽。

91T402③∶10，绿琉璃龙图案瓦当，直径 13 厘米，厚约 2 厘米。正面塑舞龙形象，碱蚀严重，形象模糊，后瓦部残缺。与太原明代初期修建的崇善寺琉璃尺寸图案相同。

91T402③∶11，陶瓦当（残），直径约 12.5 厘米，厚约 2.5 厘米，正面有边宽约 1.3 厘米。正面塑兽面威武生动，下部边沿有一“谷”字印纹，后背瓦残缺（图六六，5；彩版三六，3）。

1999～2000 年第二次发掘坝后与第一次发掘 T202、T302 位置相对应。坝后出土小件标本：骨簪一件，铁匕勺一件，残玉环一件。

91T302③:01，骨簪一，长6.8厘米，直径0.5厘米，簪首为八棱锤形，骨质光滑，有红黄斑，尖部似折断后磨平（彩版三五，2）。T302三层面出土。

99B①:匕勺，长14.5厘米，匕宽2.5厘米。椭圆头，柳叶形，刀较薄。扁菱形棱柄。锈蚀严重，面目全非。1号牛前①层石头层下出土。

99B:064，残玉环，长4厘米，直径1厘米，灰白色浸锈黄色。玉质晶莹，多石纹，面磨蚀。

坝后还出土有陶器3件。

99B:001，素面灰陶盆残片。长19.6厘米，宽13.5厘米，残高11.7厘米。方圆棱唇，翻沿儿，微鼓腹盆残片，素面，外壁微有尖叶状红色边痕，不清晰。陶质较细密，灰色。

99B:002，兽面纹瓦当，直径13.5厘米，厚2.5厘米。瓦当面边宽1.5厘米，饰一道圈纹，内饰高浮雕型兽面。呲牙裂嘴，睁目瞪眼，做威武状。陶质较细密，灰色（图六六，6；彩版三七，1）。

99B:093，残兽面纹瓦当，直径14厘米，厚约3厘米。瓦当面边宽1.5厘米，瓦当饰高浮雕兽面，怒目圆睁，做威吓状。陶质较细密，灰色，面涂饰白灰色，剥蚀残缺。

第八章　清代、民国时期

第一节　文化分期

清代的蒲津渡遗址，铁牛、铁人、铁山等已无实际使用功能，只是作为古代遗迹而保留着。泥土淤积掩埋了铁牛地锚的底板与牛腿下部，赞颂铁牛的《开元铁牛歌》表明其作者——乾隆年间蒲州知府周景柱，看到的也只是不完整的铁牛。作为渡口，蒲津渡仍然发挥着作用，南北大道从铁牛旁通过，为保护铁牛，专门修筑了维护铁牛的砖围墙。遗址北部散布着砖石垒砌的建筑遗迹。

第5层遗迹被上层淤土层直接叠压，其年代应该是明末清初。在明代的地层上部出现了一层相对整齐的地层平面（彩版二七，2）。似乎远离了水患干扰。究其原因这一时期是黄河蒲津渡相对平静的一段，据记载这是黄河倒岸，吞噬西岸的一段时期①。

上层冲积砖瓦来自于清代文化层的建筑遗迹（在遗址北部未发掘的部分，据“永济县志”记载曾有“大禹庙”）。与“码头”处石坝相平行的铺地砖面及“铁牛”围墙，墙壁外的硬土路面等遗迹未见于记载，修筑年代应在清代康乾时期，毁于清末民国初。

清代末年黄河再倒岸向东，民国九年（1920年）黄河向东崩塌，大肆向东迁徙。大庆关被围其中，东西皆为大水，羊群全被饿死，河滩牧业几乎绝收。民国二十三年（1934年），河水沿西城墙而流，一股水从七里渡决堤而东南，绕蒲州城东而行，把蒲州围于河心。大庆关被全部冲没。河宽三十里，一片汪洋②。

文化层的遗迹被上述河床底部叠压，被清理出土后的大致情况是，五排探方的每排第一个探方内，由北向南走向的明代堤坝，上层石条散落于堤坝内侧，石堤坝（东）内侧铺砌由大小石块组成的间以白灰的护坝石。其护坝石块有2~3层，厚0.7~1米。而坝（西）外侧用白灰浆勾缝石条，平整坚固。“铁牛”被埋于肚腹部位。下部不详，以致清代人描述铁牛时对其站卧姿势不确定（彩版二九）。清除上层砖瓦冲积层，及堆积杂物和污泥时，可见到石块地面（图八四、八五）。在T202的东部，围绕“铁牛”东侧的一道南北向的砖墙残存及其坚硬的白灰泥土墙基础，在南侧T102向西拐弯，在北侧也向西与石坝码头处砖墙相接成“Π”形，将铁牛、铁人、铁山等围护起来。T302的北部，该墙基向北延伸斜着进入T402。4号铁牛的北侧砖墙相通于南北向的东侧砖墙，在两墙结合处有水道口。“铁牛”北墙西部有斜坡道的踏步，此墙的上部平面为砖铺地一直

---

① 1986年《大荔县历代自然灾害资料辑录》记载清康熙四年至六年连年黄河向西塌岸，移徙。

② 李春荣：《山西黄河今古》第115~125页“黄河小北干流纪实录”。

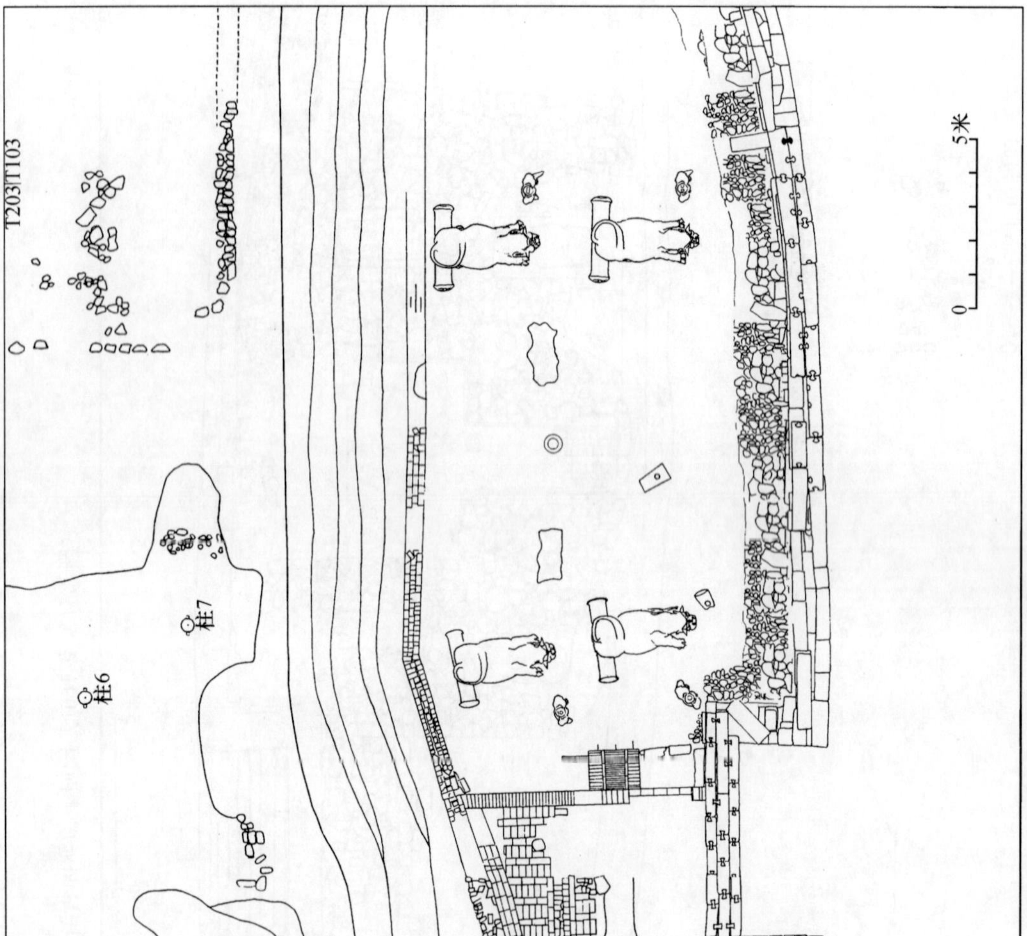

图八四　清代遗迹平面图（1991年4月发掘）

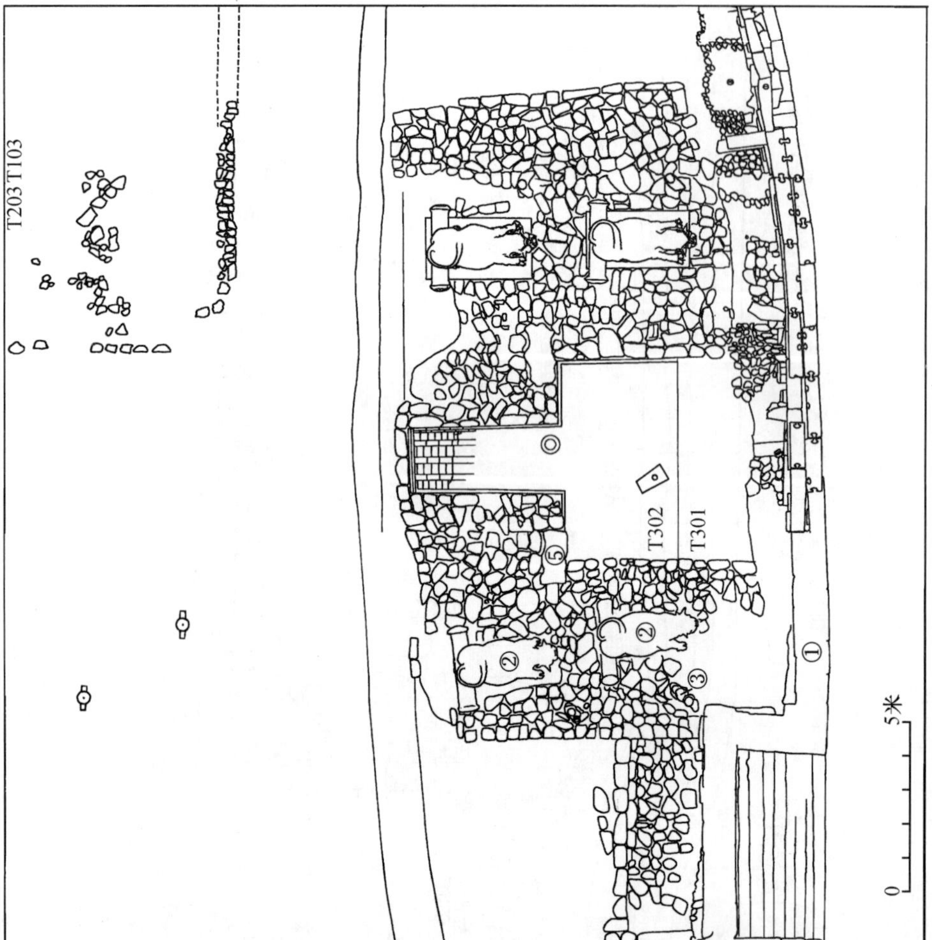

图八五　清代早期地层平面图（1991 年 5 月发掘）

通入 T402，残留面积 10 余平方米，在靠近南北向墙基处有一条相向的地面散水道（图八六）。铺地砖面与石坝码头（现存高四层，其下即石阶，呈“凵”形）的第二层处相平行。码头渡口处没有被掀翻的石条。在 T502 处有一砖石垒砌的墙基，呈“』”状，坐北朝南，其西墙基不甚明确，与坝内护坝石相间杂。围墙基呈“「」”状，与石坝相接。“铁牛”东侧围墙外侧有一条南北向硬土路 L1/a，贯通于发掘遗址，约宽 3 米，其路面路土呈千层饼式的层层淤积叠压，面上有清晰的车辙痕迹，轮距宽约 1.4 米。在遗址的东部，还多为上层冲积扰乱层（图八七）。

图八六 清代遗迹现场（1991 年 4 月发掘）

蒲津渡遗址上部被黄河河床淤沙叠压，从调查情况看，1938 年时站在蒲州西城墙还可看到铁牛的牛角，年老的船工还能描述当年行船船底被遗弃的铁锚的挂漏情况（1991 年铁锚被发掘出土。彩版三七，3）。1962 年时，黄河河水还是从蒲州西城边流过。厚度达 6 米的淤沙，是 1959 年三门峡水库修建时，河水滞缓，泥沙淤积，形成的上部扰乱层。

第 4 层是散乱的砖瓦、骨等物的冲积性堆淤。在冲积层内各探方砖瓦遍布，石头块亦较多，泥沙混杂，结构疏松，下层建筑物废墟附近的堆积呈倾斜状散布，表现从北向南的冲积趋势。大面积的淤积分布厚约 0.4～0.8 米，因其叠压下的建筑遗迹，淤积而异。清代文化层的遗迹被河床底部叠压。除有人、兽骨可见年代不远处，T503 出土有“永济知县李□□监造”印戳字迹条砖尺寸为 36 厘米 ×18 厘米 ×8.3 厘米（图六八，10），T301 出土有手榴弹，T302 出土有民国铜元币。服饰牌有“西安城隍庙巷，专做军学用品”字样，可以明确河床冲积层及破坏性堆积砖瓦的年代为近现代，其形成约在清末或民国初期，结束于 20 世纪 40 年代初。又于 50 年代末时，迅速淤积至现地表。

第 3 层河床淤积层，青灰色的淤沙，厚约 0.2 米，应为河底腐朽物淤污所致。现存石坝基本上同于河床的青灰色淤沙层面，较硬实，亦含少量的碎、砖瓦片。

第 2 层淤砂层，灰黄色粉、细沙层，覆盖大面积的河床，叠压约 6 米，清理上层 3 米淤沙时出土五根铁柱。清理上层 4 米淤沙出土铁牛、铁人等文物。

第 1 层耕土层，灰黄色粉、细沙。厚约 0.4 米。作为滩涂地耕作。含少量现代瓷、瓦片。

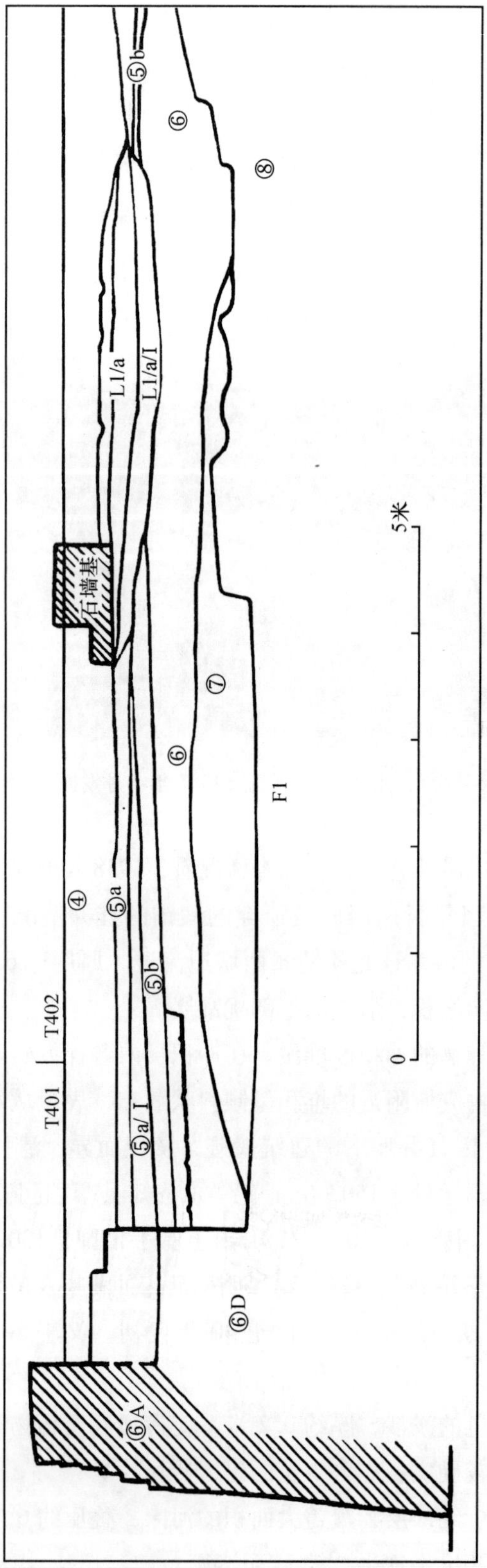

图八七　T401、T402北壁剖面图

第二节　清代、民国文化遗存

一、文化遗迹

1. 房址、石坝

第 5 层发现的房基呈不完整性，以铁牛遗迹为主体，其北边出现两道石墙基础，应该是清代修筑。铁牛三边修建围护砖墙，北部修建砖平台，修排水道，有斜坡踏步进出铁牛遗址。

T502 处有一砖石垒砌的墙基。呈“』”状，南北长约 10 米，残高约 0.5 米。东西按堤坝内设墙宽约 7 米，但其西墙基不甚明确，与坝内护坝石相间杂。房子基础坐北朝南，围墙基则呈“「」”状，与石坝相接（图八八）。

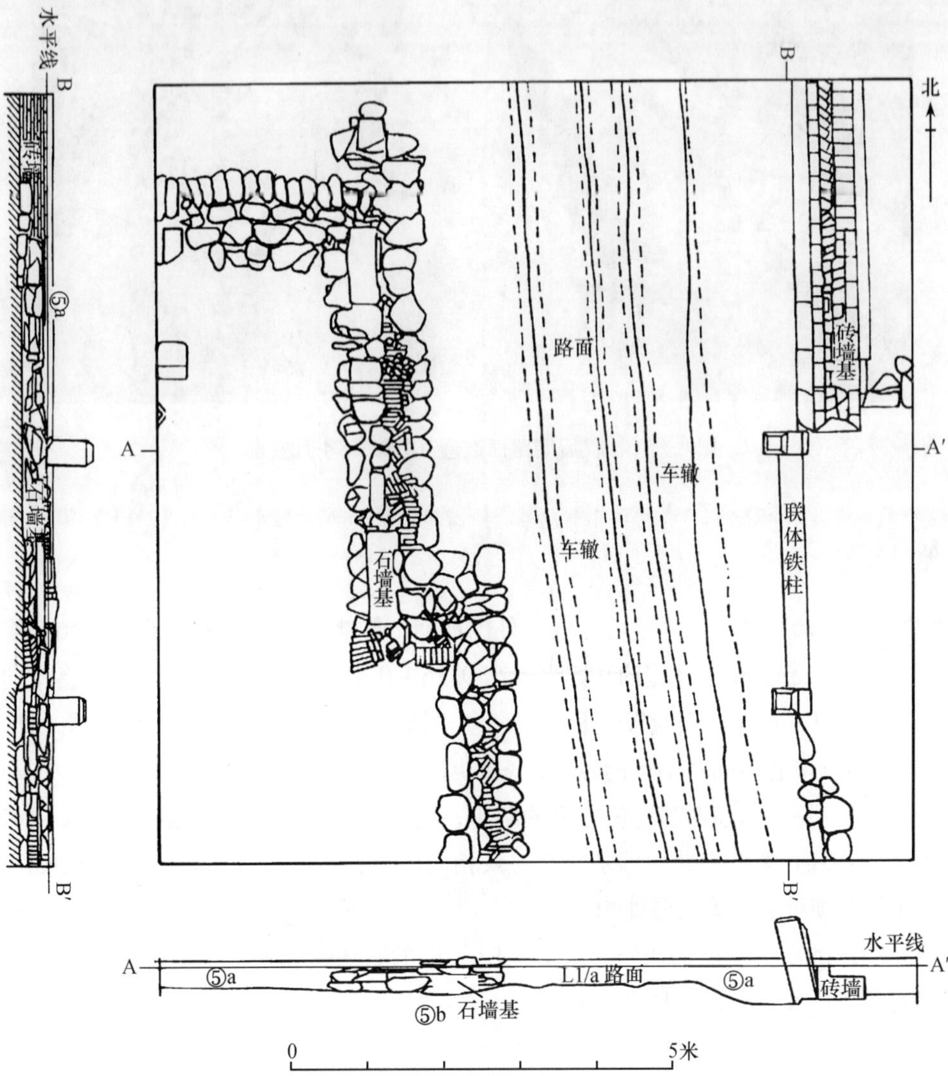

图八八　清代房屋遗迹平、剖面图

本层中从南至北的明代石堤坝，贯穿于 T101 ~ T501，稍带弧度围护铁牛渡口遗址。明代工程告竣，河堤高出水面数尺，堤上又筑女墙，中间设置渡口，形成重城。清代曾有小维修。从发掘情况看到，清代水患致女墙均已被水冲垮掀翻，倒于内侧为多。

2. 道路

L1 路面：沿铁牛东侧围墙的外侧有一条硬土路面，南北向贯通于发掘遗址，约宽 3 米，其路面路土呈千层饼式的层层淤积叠压，面上有清晰的车辙痕迹，车痕碾压历经沧桑，轮距宽约 1.4 米，两股车道并排（图八九）。

图八九　清代后期路面遗迹（1991 年 4 月发掘）

3. 其他

维护铁牛遗迹围墙：铁牛四周地面已低于外围地面。围绕铁牛东侧的南北向砖墙残存及其坚硬的白灰泥土墙基础，长约 30 米，宽约 0.5 米，高 0.15 ~ 0.45 米。在南、北侧砖墙拐弯向西与石坝相接成“Π”形。南、北、东三侧与西部石坝，将“铁牛”围护起来。T302 的北部，即 1、2 号铁牛的北侧砖墙相通于南北向的铁牛东侧砖墙，东侧墙基向北斜着延伸进入 T402（图九〇）。在两墙结合处留有水道口。铁牛北墙西部有斜坡道的踏步，此墙的上平面为砖铺地一直通入 T402，残留面积 10 余平方米，在靠近东侧南北向墙基处有一条相向的地面散水道，残存长度 3.8 米，宽 0.5 米。T302 铺地砖面与石坝码头的第二层处相平行。

码头渡口：在 T402、T302 的西侧，出土“冂”形的石块垒砌渡口，与下层码头相同。明代第 6C 层正德年间渡口已经被覆盖（图九一）。

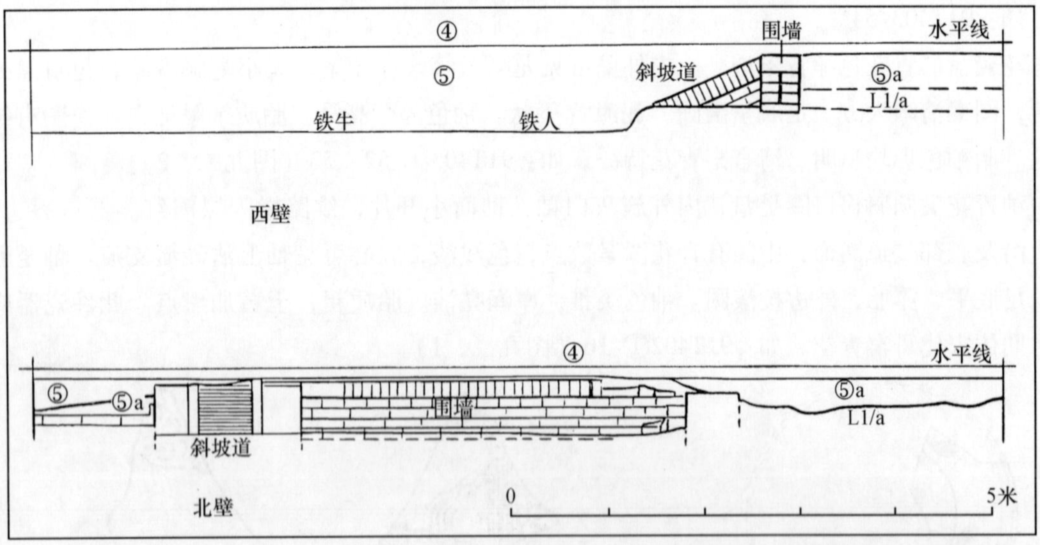

图九〇 T302清代遗迹西壁、北壁剖面图

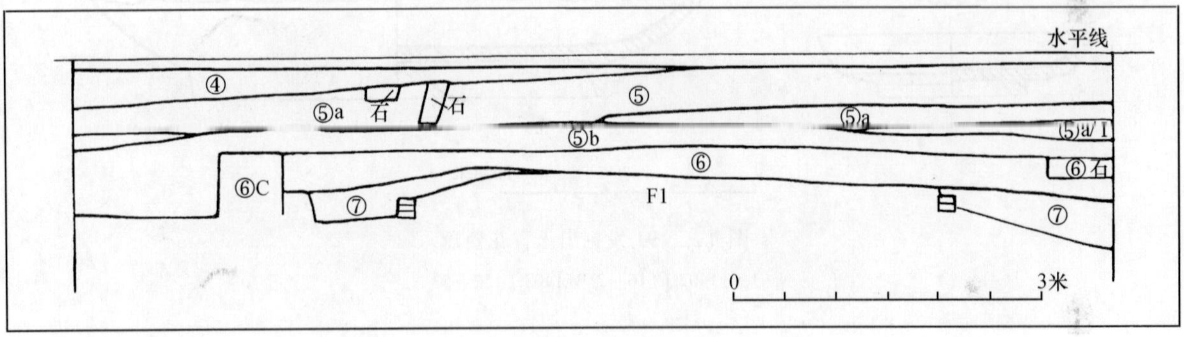

图九一 T402西壁剖面图

二、文化遗物

（一）瓷器

本层中出土遗物以瓷片为多，约120余块，时间跨度从清代至近现代，上部遗物多为河流冲击形成，主要特点是杂、碎。青绿釉、青褐釉、黑油滴釉、青釉、黑釉、白瓷、青花、粉彩、粗瓷等碗盘、盆罐、瓮缸各种形式均出现。在清代地层中，瓷片基本归于青绿釉、青花、白瓷、褐釉粗瓷等，大量是粗瓷笨碗民间日用品，也反映出瓷器的变化，其中有较典型的介休窑白釉褐彩瓷盆残片，酱釉（紫金定）瓷残片，也有少量的较精美瓷片如官窑霁蓝碗。

青花微鼓腹圈足盏碗，外壁绘八宝物图案，图案纤细精巧，色彩淡雅，笔法娴熟。圈足外墙绘三道圈饰，圈足内施釉，足底滚圆呈“泥鳅背”状。足外墙可看到浅淡胎釉边棕黄釉色，内墙则不见。胎洁白细腻，抚摸如糯米粉状感觉，釉色晶莹亮洁，光亮感强。应为典型清代雍正乾隆时期青花瓷。如：91T403∶54。

青花瓷盘的青花色泽青翠透亮。内外壁可见龙鳞云气残存图案，无小笔触现象，色重黑处为多次加色，图案清晰大方。足底呈滚圆“泥鳅背”状。釉色晶莹亮泽。胎质细腻洁白，摸胎有细若糯米感觉。胎釉色形均呈明、清官窑青花特征。如：91T403①∶52、53（图九二，2）。

白釉青花尖圆唇侈口圈足盘，内外施灰白釉，釉面小开片，纹路微闪黑闪红。器口唇边脱釉，内壁边沿及底部二道圈饰，中间有青花图案数点，色浅淡，底心可见釉上沾砂渍支痕。釉至圈足外边底，足底平，露胎，外边棱滚圆。釉色淡雅，厚润亮洁。胎质粗，土黄加黑点。此件瓷器应为明宣德时期仿宋代哥窑青花。如：91T402①∶16（图九二，1）。

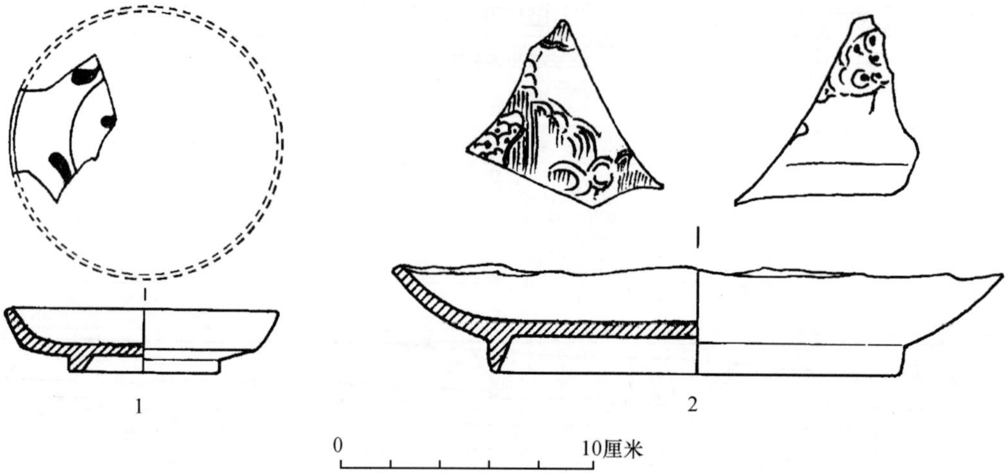

图九二　91 发掘出土青花瓷盘

1. 91T402①∶16　2. 91T403①∶52、53

在地层时代比较明确的情况下，瓷片反映出时代特征，细化了断代。这些时代早于地层的瓷片的出现从另一方面印证了地层的特征，明代后期至清代前期由于黄河向西倒岸，蒲津渡脱离水患，相对稳定。此时期的堆积滞缓，瓷片等器物相对减少。到河水再东移冲至此地留存，已然是数十年后。其次，这些器物经过一段时间的使用保存，破碎后再丢弃也已是数十年后了。

T102、T103、T202、T203、T302、T401、T402、T403、T501、T502、T503，清代至民国时期地层出土瓷片统计（表一二）如下：

表一二　清代—近代地层出土瓷片统计表

名称	类型	数量	编号	备注
白釉圈足碗	BbⅠ	3	91T503②∶70，91T103①∶12、13	
白釉圈足碗残片	BbⅡ	2	91T202∶05，91T203①∶20	
白釉黑花瓷	BeⅢ	1	91T403①∶41	
白釉绿彩瓷片	BfⅡ	1	91T501①a∶9	
白釉残片	Cb	1	91T503②∶71	

续表

名称	类型	数量	编号	备注
白釉瓷残片	Da Ⅰ	4	91T402①:1、2，91T501①a:10、11	
白釉瓷碗	Db Ⅰ	2	91T403①:42、55	
白釉瓷碗残片	Dc	1	91T502①a:32	
白釉瓷碗残片	Ea	1	91T502①a:51	
白釉瓷片	Ec	1	91T502①a:28	
青白釉碗残片	Bc	1	91T203①:17，91T503①:60	
青白釉瓷碗残片	Ca	3	91T501①a:13、14、15	
青白釉酱彩绘瓷碗	Cc	2	91T501①a:16、17	
青白釉瓷碗	D	4	91T402①:3，91T502①a:25、26、27	
豆青釉瓷碗	Bc Ⅳ	1	91T203①:18	
豆青瓷碗	Cc	1	91T403①:44	
豆青釉荷花瓣纹饰碗残片	Cd	1	91T502①a:34	
青绿釉刻花瓷	Aa	1	91T403①:40	
黄绿釉瓷碗	Aa	1	91T103①:14	
黑釉圈足鸡心底碗	Aa Ⅰ	2	91T501①a:1、2	
黑油滴釉瓷片	Aa Ⅱ	2	91T102①:06	
黑釉粗瓷碗	Ab Ⅲ	4	91T103①:15，91T502①a:40、41、42	
黑釉粗瓷碗底残片	Ea	3	91T503①:64、65、66	
黑釉瓷圈足底残片	Bc Ⅱ	1	91T503②:81	
黑釉瓷碗残底片	Da	1	91T503①:61	
黑白釉瓷碗	Db	2	91T501①a:6、20	
黑白间色釉瓷片	Dc	1	91T501①a:7	
黑釉粗瓷罐	Aa	3	91T403①:45，91T502①a:37、38	
黑釉瓷圈足底残片	Ca Ⅰ	2	91T403①:46、56	
黑釉瓷罐残片	Ca Ⅱ	1	91T502①a:54	
酱黑釉瓷罐	Cb Ⅰ	5	91T501①a:3，91T502①a:39、43，91T503①:67、82	
酱褐釉瓷器底残片	Cc Ⅰ	1	91T403①:47	
酱黑釉瓷罐	Eb	2	91T501①a:4，91T502①a:53	
白釉褐彩罐瓷片	Ga	1	91T501①a:8	
青花瓷碗底残片	Aa Ⅰ	3	91T403①:48，91T502①a:45、46	
青花瓷碗残片	Aa Ⅱ	2	91T502①a:49、50	
青花瓷碗残片	Ab Ⅰ	1	91T502①a:47	
青花残口沿片	Ab Ⅱ	1	91T503①:62	
青花碗口沿残片	Ac Ⅰ	3	91T202:07、08，91T502①a:44	
青花瓷碗底残片	Ac Ⅲ	1	91T503①:63	

续表

名称	类型	数量	编号	备注
青花瓷碗	Ba	1	91T202:06	
青花瓷碗	Ca	1	91T403①:54	
青花瓷酒盅	Ea	2	91T401①:03，91T503②:74	
青釉瓷残片	Ba	1	91T501①a:12	与6类同
青釉瓷口沿残片	Ca	1	91T503②:77	
青釉瓷残片	Cc	3	91T503②:76，91T501①a:5，91T503②:75	
青釉碗残片	Cd	1	91T501①a:18	
蓝釉瓷碗口残片	AaⅢ	1	91T503②:79	
蓝釉瓷圈足碗残片	AcⅡ	1	91T503②:80	
青花瓷盘	AdⅠ	2	91T103①:09、10	
青花瓷盘	AdⅡ	1	91T403①:51	
白釉瓷盘	BaⅣ	1	91T402①:4，91T502①a:31	
青花瓷盘	BdⅠ	2	91T403①:49、50	
蓝釉盘口沿残片	BeⅠ	1	91T503②:78	
白釉瓷高足盘	Ca	1	91T202:04	
青白釉瓷盘	Cb	1	91T203①:16	
青花瓷盘	DaⅠ	1	91T403①:52、55	
青花瓷盘残片	DaⅡ	1	91T502①a:48	
青花瓷盘	DaⅢ	3	91T402①:16，91T403①:53、57	
青绿釉刻花大盘	Db	1	91T103①:08	
黑釉瓷盆残片	AaⅠ	1	91T502①a:52	
白釉褐彩瓷盆残片	Ab	1	91T502①a:29	介休窑
黑白釉刻花盆	Cc	1	91T203①:15	介休窑
白釉瓷盆	Ea	1	91T403①:43	
黑釉瓷盆残片	Fd	1	91T503①:68	
黑釉瓷缸残片	C	1	91T502①a:36	
青褐釉瓷缸	B	1	91T102①:05	
白釉刻花瓷枕残片	Aa	2	91T503②:72、73	
白釉珍珠地刻花瓷枕残片	Ab	1	91T502①a:33	
霁青瓷盏碗	零星小件器物	1	91T203①:19	
棕釉瓷片	零星小件器物	1	91T502①a:35	紫金定
酱釉瓷油灯盏	零星小件器物	4	91T302:09、10、11，91T502①:24	紫金定
白釉瓷器物盖残片	零星小件器物	1	91T502①a:30	
青绿釉印花瓷片	不成器型	1	91T102①:07	
黑釉罐纽残片	不成器型	1	91T103①:11	

1. 遗址中出土瓷片

（1）白釉碗　17 件。

B 型　7 件。分出三个亚型。其中，Bb 型 5 件。

Bb 型Ⅰ式，白釉圈足碗残片，3 件。内外施釉，内壁满施釉，底心凹，有支钉痕一个，如大米粒，外壁施釉不到底。圈足内外无釉，足心凹，足底滚圆，有边棱。釉色白，晶莹光洁。胎质较粗，呈土黄色。如：91T503②∶70。底平心凹。墨书“衡？衔？”字。如：91T103①∶12、13。

Bb 型Ⅱ式，白釉圈足碗，2 件。圈足碗残片，碗内心刮釉一圈，外壁半挂釉，圈足外边滚边，足心微凸。釉色黄白。胎质浅黄土色。如：91T202∶05，91T203①∶20。

Be 型Ⅲ式，白釉黑花瓷，1 件。厚圆唇侈口沿残片，内外施釉，内壁口沿部位绘五道黑圈纹饰，上三道有黑斜线勾连，第四道圈饰处微有折痕。外壁口沿下微有棱，上下绘二道圈饰，外壁绘勾线卷纹。胎质较细，灰色夹黑点，釉色灰白，薄有光泽。如：91T403①∶41。

Bf 型Ⅱ式，白釉绿彩瓷片，1 件。圆唇侈口碗残片，内外施釉，内壁唇口边沿和腹部饰单、双圈饰。外壁绘绿彩草花图案，绿彩涩，无光泽，图案俏丽。釉色白中稍带黄色，亮洁。如：91T501①a∶9。

C 型　1 件。

Cb 型，白釉残片，1 件。白釉尖圆唇瓜楞形杯（盏）残片，内外施釉。釉色白，晶莹厚润，有较强光泽，釉面有开片纹。胎薄，胎质细腻洁白。如：91T503②∶71。

D 型　粗瓷碗，7 件。

Da 型Ⅰ式，白釉瓷残片，4 件。白釉瓷圈足碗残片，内外施釉，内心底刮釉一圈，外壁半挂釉至中腹部，足底平。釉色白黄。胎质粗松，土黄色。如：91T402①∶1、2，91T501①a∶10、11。

Db 型Ⅰ式，白釉瓷碗，2 件。圈足鼓腹碗（盘）残片，内壁施釉，内心刮釉一圈，外壁半挂釉，圈足内外无釉，圈足心凹，足底内外斜削，内边有棱，外边滚圆。釉色薄涩，呈淡青白色。胎质细密，呈土黄色。如：91T403①∶42、55。

Dc 型，白釉瓷碗残片，1 件。平底圈足碗残片，内壁施釉，底部刮釉一圈。圈足内墙圆削如盘口，足底滚圆，外墙稍斜内收。釉牙白色，无光泽。胎质粗松，呈土黄色。如：91T502①a∶32。

E 型　洁白细瓷碗，2 件。

Ea 型，白釉瓷碗残片，1 件。白釉圆腹高圈足碗残片，内外施釉，圈足底无釉滚圆。釉色洁白稍带青。釉面晶莹厚润，光泽较强。胎质细腻洁白。如：91T502①a∶51。

Ec 型，白釉瓷片，1 件。圆唇口沿残片，内外施白釉，釉色白带浅绿，釉面晶莹光亮，釉有裂纹。胎较薄，胎质较细，色灰，胎釉交接，胎变黑边。如：91T502①a∶28。

（2）青花瓷碗残片　15 件，分四型。

A 型　圈足碗，11 件。依青花釉色不同特点分三亚型。

Aa 型，圈足碗，釉色青，青翠淡雅，5 件。依圈足深浅分出两式。

Aa 型Ⅰ式，青花瓷碗底残片，3 件。鼓腹圈足碗残片。内外施釉，内壁近底心绘二道圈饰，心绘菊瓣枝叶图案，大笔触，釉色青，色彩淡雅；外壁绘宽道纹饰图案。圈足内凹较深，施釉绘纹饰，足底粘棕黄釉，内外边削棱滚边，圈足底边有粘砂现象。釉色青稍黑，稍有晕。釉质肥润，晶莹有光泽，胎质细腻青白。如：91T403①:48，91T502①a:45、46。

Aa型Ⅱ式，青花瓷碗残片，2件。青花瓷圆腹高圈足碗残片，内外施釉，内底部饰二道圈纹。外壁绘花草图案。圈足外墙绘三道圈饰。圈足内心绘二道圈饰，足底滚圆，内墙边稍有棱痕。釉色青翠清淡晶莹透亮，光泽较强。胎质洁白细腻，摸有糯米粉手感。胎釉间可见浅棕黄釉边。如：91T502①a:49、50。

Ab型，圈足碗，青花聚釉现铁锈疵点，2件。

Ab型Ⅰ式，青花瓷碗残片，1件。青花圈足瓷碗残底，内外施釉，内底心部绘草花图饰，圈足内外施釉，足底无釉，内外斜削成脊。外墙绘二道圈饰，圈足内二道圈中绘草叶纹饰。釉色青，淡灰，光洁。色重呈黑，有铁锈疵点。胎质细腻青白。如：91T502①a:47。

Ab型Ⅱ式，青花残口沿片，1件。青花圆唇，撇沿，圆腹瓷碗残片，内外施釉，内壁口沿二道圈饰，外壁绘“自”纹饰（俗称“草节节”）。釉色厚润晶莹，青花色彩青翠，聚釉有铁锈斑疵点，稍有晕色。胎质青白细腻。如：91T503①:62。

Ac型，圈足碗，釉色青灰，4件。

Ac型Ⅰ式，青花碗口沿残片，3件。青花圈足盏碗残片，圆唇撇口鼓腹，口沿内外边均饰有二道圈纹，内外满釉，内底部有双圈纹，腹底饰三道圈纹，圈足内二道圈纹，足底呈尖棱。釉色青灰，有晕。外壁绘草叶图案，色淡青。釉色光洁，胎质细腻青白。如：91T202:07、08，91T502①a:44。

Ac型Ⅲ式，青花瓷碗底残片，1件。青花瓷深圈足碗残片，内外施釉。圈足心凹，二道圈饰内有“水”字样。圈足内外施釉。足底无釉滚圆。青花色发暗，色淡青色浅灰。胎质细腻，青白。如：91T503①:63。

B型　玉璧底圈足碗。

Ba型，青花瓷碗，1件。青花瓷圈足碗，内底青花，玉璧底圈足，足高1厘米，足宽1.2厘米。釉色滋润，胎质细密，内心薄俏。如：91T202:06。

C型　鼓腹，足底滚圆呈“泥鳅背”状盏碗，依青花色彩分出亚型。

Ca型，青花瓷碗，1件。圈足微鼓腹盏碗残片。内外施釉，外壁绘八宝物图案，图案纤细精巧，色彩淡雅，笔法娴熟。圈足外墙绘三道圈饰，圈足内施釉，足底滚圆呈“泥鳅背”状。釉色晶莹亮洁，光亮感强。胎洁白细腻，抚摸如糯米粉状感觉。如：91T403①:54。

E型　盅，2件。

Ea型，青花瓷酒盅，2件。圆唇撇口鼓腹宽圈足酒盅残片。内外施釉。圈足底无釉。内壁近口沿和底部绘二道圈，内心三点，青色俏丽。外壁近口沿与圈足部位各有一道圈饰。中部绘游鱼戏水图案，鲜活生动，笔触明显。釉色青灰淡雅，釉质晶莹厚润。胎质细腻，青白色。如：91T401①:3,91T503②:74。

（3）青白釉碗残片　11件，分三型。

Bc型，青白釉碗残片，鼓腹，圈足碗，2件。鼓腹圈足碗，内外施釉，内底刮釉一圈，残留刀痕，刮釉圈外少量粘砂痕。外壁半挂釉，残留化妆土色。圈足内外无釉，足心凹，有刀旋痕。圈足内壁斜削，外壁直，足底平，内外边斜削少许。釉色青白稍带灰，釉面光洁。胎质较细密，土黄色夹红黑点。如：91T203①:17，91T503 ①:60。

C 型　青白釉瓷碗残片，圆唇，侈口，鼓腹，圈足碗，5 件。

Ca 型，青白釉瓷碗残片，3 件。圆唇，侈口，圆腹，圈足碗残片，内外施釉，内壁心底刮釉一圈，外壁半挂釉，圈足内外无釉，足内墙斜呈喇叭状，足底平，外墙直。釉色青白，薄涩，有光泽。胎质较细，灰色。如：91T501①a:13、14、15。

Cc 型，青白釉酱彩绘瓷碗，2 件。圆唇，侈口，鼓腹碗口沿残片，内外施釉。口沿部位圆唇稍厚，外壁上半部施青白釉，绘酱釉色草叶纹饰。下部施酱釉，青白釉面薄涩，少有光泽。酱釉厚于青白釉稍光洁，草叶纹饰酱釉薄涩无光泽。胎质较细，青白色夹微黑点。如：91T501①a:16、17。

D 型　青白釉瓷碗，侈口，折腹，圈足，4 件。

圆斜折唇，侈口，折腹，圈足碗残片，内外施釉，内壁底心刮釉一圈，外壁半挂釉，外壁下腹部折腹收底，圈足内外无釉，足心凹，足底平外边滚圆，外墙内收。釉色青白薄涩。为涂青白化妆土施清釉，釉面光洁。胎质较细，青白浅灰夹杂黑点。如：91T402①:3，91T502①a:25、26、27。

（4）豆青釉瓷碗残片　3 件，分两型。

B 型　豆青釉鼓腹，圈足碗。素面为 Bc 型。

Bc 型Ⅳ式，豆青釉瓷碗残片，1 件。内外施釉，外壁施豆青釉，足外釉不到底。圈足收斜面，如“抓不起”形，足底微尖有棱，圈足内施青白釉，有方形青花釉残字。釉色青白，釉质厚润晶莹，胎质青白细腻。如：91T203①:18。

C 型　豆青釉瓷碗。

Cc 型，豆青瓷碗，1 件。圈足碗残底，内外施釉，内壁豆青色稍白，外壁豆青色稍绿。圈足部位聚釉较厚，圈足内施釉，心绘有方形“吉庆”字样图案，足底无釉呈滚圆形，似“泥鳅背”做法。釉面晶莹厚润。胎质细腻，洁白。如：91T403①:44。

Cd 型，豆青釉荷花瓣纹饰碗残片，1 件。豆青釉尖圆唇，侈口，花瓣饰碗残片，内外施豆青釉，外壁有荷花瓣双层刻饰图案。胎质细腻灰色。釉质晶莹厚润，有光泽，釉面有开片纹。如：91T502①a:34。

（5）青绿釉刻花瓷碗　1 件。

Aa 型，腹部残片，内外施釉，内壁有草叶刻花印纹饰，外壁无纹饰。胎质较细，灰色，釉色晶莹厚润，有“棕眼”。如：91T403①:40。

（6）黄绿釉瓷碗　1 件。

Aa 型，瓷碗残片。内外施釉。圈足微向内斜收，足底心内施白釉，足底微圆有棱。釉色黄绿色，胎质细腻灰白。如：91T103①:14。

（7）青釉瓷碗残片　6 件。

B 型　青灰釉色，1 件。

Ba 型，青釉瓷残片，1 件。平底圈足碗残片，内壁施釉，外壁底部圈足内外无釉，圈足心内凹，足底平，外墙内收有凹槽。釉色青白泛灰，薄涩无光泽。胎质较粗松，土黄色。如：91T501①a:12。

C 型　青釉色，5 件。

Ca 型，青釉瓷口沿残片，1 件。青釉瓷薄胎，圆唇，侈口盏残片，内外施青釉，釉色稍绿，釉面厚润晶莹，有较强光泽。胎薄，胎质细密，呈铁灰色，胎釉间胎色呈白色边。如：91T503②:77。

Cc 型，青釉瓷碗残片，3 件。青釉瓷尖圆唇，外翻沿，圆腹，圈足碗残片，内外施釉，唇尖处釉粘砂。釉色青绿，有锈斑迹。釉面晶莹光洁，有开片纹，聚釉处色深绿，气泡多、不匀。胎质较细，色灰。胎釉接触处胎色呈白边。如：91T503②:76。内壁残留压花纹饰，底心刮釉一圈。如：91T501①a:5，91T503②:75。

Cd 型，青釉碗残片，1 件。青釉侈口，直壁，圈足碗残片，内外施釉，外壁圈足内外聚釉粘砂较多，浅圈足，足底平。釉色稍灰黑，釉面晶莹光洁，聚釉处色重。胎质细腻，呈深铁灰色，釉胎边沿呈白色层。如：91T501①a:18。

（8）蓝釉钧瓷碗残片　2 件。

Aa 型Ⅲ式，蓝釉瓷碗口残片，1 件。蓝釉钧窑瓷圆唇，敛口，圆腹碗残片，内外施釉，外壁磨涩。釉色浅蓝带绿，略呈豆青色。釉面厚润光洁，釉面有裂纹。胎质较细，铁灰色。如：91T503②:79。

Ac 型Ⅱ式，蓝釉瓷圈足碗残片，1 件。蓝釉钧窑瓷圈足碗残底片，内外壁施釉，外壁施釉不到底，流釉至圈足边。圈足内外无釉，足心凹，内墙斜削呈喇叭口状，外墙直，足底平，外边稍斜削。釉色蓝灰色，晦暗发涩。胎质较粗，铁灰色。如：91T503②:80。

（9）黑釉碗残片　15 件。

A 型　斜壁微鼓腹，圈足碗，10 件。分两亚型。

Aa 型，黑釉圈足鸡心底碗，3 件。

Aa 型Ⅰ式，黑釉圈足鸡心底碗，2 件。内外施釉，流釉聚心底；外壁半挂至腹中部，圈足内外无釉，足心浅凹有裂纹，旋刀痕清晰，足底由内至外边斜平。足底平，外边削圆。釉色黑，有光泽。胎质粗，灰土色。如：91T501①a:1、2。

Aa 型Ⅱ式，黑油滴釉瓷片，1 件。薄尖唇口，口边酱釉，外壁釉至腹壁，下部露胎，胎质灰。如：91T102①:06。

Ab 型，黑釉粗瓷碗，7 件。

Ab 型Ⅲ式，黑釉粗瓷碗，4 件。黑釉粗瓷束腰圈足碗残片，内外施釉，内底心刮釉一圈，外壁施釉不到底，圈足内外露胎，足底平，圈足外壁直。釉色黑厚，釉面平洁，稍有光泽。胎质粗松，杂砂，土黄色；器物粗犷厚笨。特点黑、粗、笨。如：91T103①:15，91T502①a:40、41、42。

Ab 型Ⅳ式，黑釉粗瓷碗底残片，3 件。黑釉，粗瓷，高圈足碗残片。内外施釉，内壁刮釉一圈，底心微圆凹，外壁圈足内外施釉，釉色不匀。圈足底凹，外墙旋束腰，足底无釉，内外斜削有脊棱。釉色黑，光洁，釉面磨涩。胎质粗，土白色。如：91T503①:64、65、66。

B 型　黑釉鼓腹，圈足碗，1 件。

Bc 型Ⅱ式，黑釉瓷圈足底残片，1 件。黑釉平底圈足碗残片。内外施釉，内底心刮釉一圈，底心稍圆凹，外壁施釉不到底，流釉至圈足边。圈足内心凹较深。内墙斜削呈喇叭口状。外壁斜收，足底平，外边斜削。内壁施褐白釉，釉色碱蚀严重。外壁釉色酱黑色，釉面有光泽。胎质较细密，灰色。如：91T503②:81。

D 型　黑白釉色瓷碗残片，4 件。

Da 型，黑釉瓷碗残底片，1 件。黑釉瓷束颈圈足底碗残片，内外施釉。内壁底稍圆凹，施白釉，刮釉一圈。外壁施黑釉至圈足底边，圈足内凹，心稍凸尖，有部分挂黑釉，圈足内墙斜削呈喇叭口状，外墙由上至下斜削成束颈状，足底无釉滚圆。釉色白釉薄涩，黑釉光洁。胎质细密呈灰色。如：91T503①:61。

Db 型，黑白釉瓷碗，2 件。黑白釉圆腹圈足瓷碗残片，内外施釉，内底部稍平。圈足内外无釉，足心凹，足底平，外墙根旋圆勒根部。内施白釉，釉色青白，心底釉上粘砂圈足痕。外壁半挂青白釉。下半至圈足外施酱黑釉。釉面涩无光。胎质粗松，浅灰色夹黑点。外施酱绿釉不到底，酱黑釉饰图案纹。如：91T501①a:6、20。

Dc 型，黑白间色釉瓷片，1 件。圆底鼓腹圈足碗残片，内外施釉，内壁施青白釉，心底刮釉一圈。外壁施青白釉至下腹部，稍间隔，下施黑釉至圈足底边，剔釉纹饰一道。圈足内施黑釉，足底无釉滚圆，外墙内收一圈凹槽有棱边。釉色晶莹光洁。如：91T501①a:7。

（10）瓷盘残片　16 件。

A 型　平底盘，3 件。

Ad 型，青花瓷盘，3 件。

Ad 型Ⅰ式，青花瓷盘，云气纹。2 件。盘底圈足，足外壁斜削呈“抓不起”状。内壁微凹，足底无釉，胎质细腻青白，盘内饰云气纹。如：91T103①:09、10。

Ad 型Ⅱ式，青花瓷盘，色青黑，有晕色。1 件。盘底残片，底平整，内外施釉，内壁绘图案，图案为双勾填色手法。外壁无纹饰。色青黑，有晕色，釉面灰涩。胎质晶莹细腻，青花色重多为胎底瑕疵不平之处，聚色呈黑青。如：91T403①:51。

B 型　圈足底盘，5 件。

Ba 型Ⅳ式，白釉瓷盘，2 件。圆唇，侈口，圈足盘，内外施釉，外壁半挂至下腹底部，圈足内外露胎，足底平。内壁满施釉，内心微凹，心底釉上沾砂呈圈足渍，平底起折边沿处有圈纹印痕，白化妆土上着清釉。釉色青白，聚釉处稍呈浅绿色。釉质晶莹，胎质细密，黄白色。如：91T402①:4，91T502①a:31。

Bd 型，青花瓷盘，2 件。依青花不同颜料特征分出式样。

Bd 型Ⅰ式，青花瓷盘，青花色青黑，2 件。圈足盘底残片，内外施釉，内壁绘图案色块大，外边圈饰。外壁釉色到圈足，圈足内施釉，足底粘棕黄釉，两边斜削中有脊棱。青花色青黑，泛灰。胎质晶莹细腻。如：91T403①:49、50。

Be 型Ⅰ式，蓝釉盘口沿残片，1 件。蓝釉钧窑瓷圆唇敛口鼓腹盘残片，内外施釉。釉色浅蓝带灰，釉面光洁，唇口部位色呈浅绿。釉面布满大小不匀的气泡，有釉流走痕印。胎质细密呈灰色。如：91T503②:78。

C 型　高足盘，2 件。

Ca 型，白釉瓷高足盘，1 件。高足瓷盘残片，高足外壁有二道箍纹。釉色黄白，稍涩。胎质浅黄。如：91T202:04。

Cb 型，青白釉瓷盘，1 件。平底圈足盘残底片，器内施青釉，底有印纹字，心有粘釉现象，釉色薄涩，外底无釉，圈足心内凹，深于外边。如：91T203①: 16。

D 型　“抓不住”状圈足盘。

Da 型，青花瓷盘，5 件。依青花不同颜料特征，胎质不同分三式。

Da 型Ⅰ式，青花瓷盘，青花色泽青翠透亮，1 件。内外施釉绘彩，内外壁可见龙鳞云气残存图案，无小笔触现象，色重黑处为多次加色，图案清晰大方。外壁釉至圈足底边，圈足内凹无釉，胎釉边沿有浅棕黄釉色，足底呈滚圆“泥鳅背”状。釉色晶莹亮泽。胎质细腻洁白，摸胎有细若糯米感觉。如：91T403①: 52、55。

Da 型Ⅱ式，青花瓷盘残片，釉色青，带灰色，有铁锈点色微晕。1 件。青花浅圈足盘残片，内外施釉，内绘花篮花卉图案，边饰二道圈。花草图案均勾边填色，笔触痕较小。盘底圈足中心二道圈饰绘方块图印纹饰。内外墙斜削。足底无釉，圈足底边有“抓不住”状。釉色青，带灰色，有铁锈点色微晕。釉质细润晶莹有光泽。胎质细腻洁白，稍带青。胎釉间有棕黄釉色。如：91T502 ①a: 48。

Da 型Ⅲ式，青花瓷盘，釉色灰白，3 件。尖圆唇，侈口，圈足盘。内外施釉，足底平，露胎，外边滚棱。器口唇边脱釉，内壁边沿及底部二道圈饰，中间有青花图案数点，色浅淡。底心釉上粘砂渍支痕。釉色灰白，厚润亮洁。釉面小开片，纹路微闪黑红。胎质粗，土黄加黑点。足底无釉滚圆，圈足呈“抓不住”状。如：91T402①: 16，91T403①: 53、57。

Db 型，青绿釉刻花大盘，1 件。两块为一器物之碎块，盘内刻花草纹，盘侈口折沿，边缘饰如意头花瓣纹，壁腹微鼓，外壁有印棱纹，釉色晶莹厚润。胎质细腻，灰白。如：91T103①: 08。

（11）瓷罐残片　15 件。

A 型　黑釉方圆唇外卷，直领瓷罐。

Aa 型，黑釉粗瓷罐，3 件。黑釉方圆唇外卷，直领瓷罐残片，唇沿无釉，内外壁施黑釉，釉面光洁，稍有光泽，胎质粗松，土黄色杂沙。圈足罐残底片，内施黑釉，内底不平整，多有粘砂痕，外壁施釉不到底，底圈足内外露胎，足底平，足底心凹不平整。如：91T502①a: 37、38。厚圆唇，直领，溜肩罐残片，有鼻纽系一。如：91T403①: 45。

C 型　鼓腹圈足罐，9 件。

Ca 型，黑釉瓷圈足底残片，3 件。

Ca 型Ⅰ式，黑釉瓷圈足底残片，2 件。圈足底残片。内壁施釉，内壁底心有釉不匀露胎。圈足外撇，内外无釉，足底小平，内墙圆旋，外边斜削，外墙呈凸棱状。釉色黑，釉面光洁。胎质较松，土黄色。如：91T403①: 46、56。

Ca 型Ⅱ式，黑釉深宽圈足罐残片，1 件。内外施釉，外壁半挂，足底平。釉色黑，光洁。胎质粗松，土黄色。如：91T502①a: 54。

Cb 型Ⅰ式，酱黑釉瓷罐，5 件。酱釉圈足斜壁瓷罐残片。内底心凹，内外施釉，外壁半挂釉，圈足无釉，足底平。圈足内墙圆旋，外墙斜削至器底有内收棱痕。釉色酱黑，薄涩。胎质较粗松，呈土黄色。如；91T501①a: 3，91T502①a: 39、43，91T503①: 67、82。

Cc 型Ⅰ式，酱褐釉瓷器底残片，1 件。器底残片，器壁薄，内外施釉，内壁施酱釉，外壁半挂。圈足内外无釉，足底平，外边滚圆。釉色酱褐色，有光泽。底部近火粘砂烧痕明显。胎质较细。如：91T403①:47。

E型　侈口，斜腹壁，平底罐。

Eb型，酱黑釉瓷罐残片，2件。平底罐残片，器内施釉，器底不平整。外壁平底，外墙边棱斜削。釉色深为酱黑，浅为青黑色，釉不匀。胎质较细密，灰白夹黑点。如：91T501①a:4。釉色黑黄。如：91T502①a:53。

G型　直腰鼓腹罐。

Ga型，白釉褐彩罐瓷片，1件。直腰鼓腹罐残片，子口边沿内外无釉。内壁施酱色釉，外壁施白釉，釉色牙黄，残存浅褐黄纹饰。釉面薄涩有光泽。胎质较粗，土黄色夹黑点较多。如：91T501①a:8。

（12）瓷盆残片　分三型。

A型　斜腹平底盆，2件。

Aa型Ⅰ式，黑釉瓷盆残片，1件。黑釉平底盆残片，内外施釉，内底有支钉痕一，外壁半挂釉。底平，外边斜削棱，底中部稍旋凹。釉色黑，均匀，细密、面涩。胎质较细密，土黄色夹黑点。如：91T502①a:52。

Ab型，白釉褐彩瓷盆残片，1件。白釉敛口，方圆棱边沿瓷盆残片。内外施釉，口沿部位刮釉露胎。内壁涂白化妆土，上绘褐色花草图案，施清釉，褐色在釉面之下。釉色牙白色，釉薄处涩，厚处肥润有光泽。胎质粗松呈土红色。如：91T502①a:29（介休窑）。

C型　宽折沿，圆唇，敛口，鼓腹盆。

Cc型，黑白釉刻花盆，1件。黑白釉刻花盆口沿残片，厚唇，侈口折沿，内壁白釉刻花，边双圈围护饰海涛纹饰。外壁黑釉，胎质粗白厚笨。如：91T203①:15（介休窑）。

E型　圆唇，宽沿，侈口，鼓腹盆。

Ea型，白釉瓷盆，1件。圆唇，宽沿，侈口，鼓腹盆残片。内外施釉。釉色白，微有青灰色，釉面晶莹光洁，有裂纹，斑多点。胎厚笨，质细腻青白。如：91T403①:43。

F型　厚卷重唇，敛口，深腹，圈足盆残片。

Fd型，黑釉瓷盆残片，1件。黑釉厚卷重唇，敛口，深腹，圈足盆残片，唇口无釉，内壁口沿下施黑釉不到底，底稍凹，小平无釉，外壁口沿下施釉至圈足底边，圈足浅平滚圆无釉。釉色黑，厚润晶莹有光泽。胎质较细，土灰色。如：91T503①:68。

（13）瓷瓮缸残片　2件。

黑釉瓷缸残片，C型，1件。粗瓷缸瓮，敛口卷折重唇边沿，口沿露胎，缸内外壁施黑釉，内壁色黑，外壁酱黑杂色，釉色浓厚，稠涩稍有光泽，胎质粗松杂砂。如：91T502①a:36。

青褐釉瓷缸，B型，1件。耸肩，厚卷唇，口沿素胎不上釉。如：91T102①:05。

（14）零星器物

霁青瓷盏碗残片，1件。鼓腹圈足盏碗残片，内施青白釉，外施“吹青”，釉不到圈足底，有轻微流釉，圈足内外斜削成脊，刮釉。釉色晶莹透亮，青色不匀。胎质晶莹洁白细腻。如：91T203①:19。

棕釉瓷碗残片，1件。圈足底瓷碗残片，内外施釉，圈足内外斜削，足底平，刮釉露胎。棕釉呈咖啡色，光亮厚润，微有黑点。胎质洁白细腻。如：91T502①a∶35（紫金定）。

酱釉瓷油灯盏，4件。厚唇平底，腹壁微鼓，盏内施酱色釉，不到口沿，其余则无釉露胎。如：91T302∶09、10、11、91T502①∶24（紫金定）。

白釉瓷器物盖残片，1件。白釉宽边，圆顶，乳钉纽，子口盖残片，外施白釉，内壁无釉，边沿呈圆形。釉色为牙白色，釉面光洁，有较强光泽。胎质粗松，杂砂，黑粒，呈土红色。如：91T502①a∶30。

（15）瓷枕残片　3件。

Aa型，白釉刻花瓷枕残片，2件。白釉瓷枕（平面）残片，釉面黄白色，刻莲花纹饰，釉面光洁，有磨涩，胎质粗，夹砂较多，背面近火粘砂烧痕明显。刻画花纹娴熟流畅。如：91T503②∶72、73。

Ab型，白釉珍珠地刻花瓷枕残片，1件。正面涂白化妆土刻珍珠圈纹图案施釉，背面素胎。釉色白，釉面光洁，有裂纹。刻纹饰呈黑绿色，胎质较粗，灰色。如：91T502①a∶33。

（16）不成型瓷片　2件。

青绿釉印花瓷片，1件。釉色薄，胎质灰。如：91T102①∶07。

黑釉罐纽残片，1件。罐单鼻纽高约6厘米，釉色黑。如：91T103①∶11。

2. 各探方出土瓷片

T102①层（5a层）

（1）黑油滴釉碗　Aa型Ⅱ式，1件。

91T102①∶06，黑油滴釉碗口沿残片，Aa型Ⅱ式。高6厘米，宽3.5厘米。薄尖唇，微鼓腹碗，内外施釉，口边酱釉，外壁釉半挂至腹壁，下部露胎。釉色黑，窑变油滴状。釉质晶莹光洁。胎质细腻，浅灰色。

（2）青褐釉瓷缸　B型，1件。

91T102①∶05，青褐釉瓷缸口沿，B型。长13厘米，高7厘米。青褐釉瓷缸口沿残片，耸肩厚卷唇，内外施釉，唇口沿无釉。釉色青褐色，釉质薄涩。胎质粗。

（3）不成器型瓷片　1件。

91T102①∶07，青绿釉印花瓷片，长4厘米，宽4厘米。内外施釉，釉色青绿，釉质薄，胎质细腻，淡灰色。

T103①层（5a层）

（1）青绿釉刻花瓷盘残片　Db型，1件。

91T103①∶08，青绿釉刻花瓷盘残片，Db型。共两块，其一长23厘米，宽8厘米，胎质0.6～0.8厘米；其二长22厘米，宽9厘米。两块为同一青绿釉刻花盘之碎块，椭圆形侈口折沿盘，腹壁微鼓，盘内刻花草纹，边缘饰如意头花瓣纹，外壁有印棱纹。釉色晶莹厚润。胎质细腻，灰白（彩版五五，1）。

（2）青花瓷盘残片　Ad型Ⅰ式，2件。

91T103①∶09，青花瓷圈足盘底残片，Ad型Ⅰ式。长9厘米，内外施釉，盘内大块涂抹，图案不清。圈足外壁由上而下斜削，呈“抓不起”状。内壁微凹，足底无釉。青花色微晕。胎质细腻青白（彩版三九，2）。

91T103①:10，青花瓷圈足盘底残片，Ad型Ⅰ式。长7.5厘米，内外施釉，盘内饰云气纹。圈足由上而下斜削，呈“抓不起”状，足底无釉。青花色微晕。胎质细白（彩版三九，2）。

（3）白釉圈足碗残片　Bb型Ⅰ式，2件。

91T103①:12，白釉圈足碗残片，Bb型Ⅰ式。长6.2厘米，宽5.5厘米，残高2.2厘米，足径4.9厘米。白釉圈足碗残片，内外施釉，内施白化妆土清釉，外壁清釉半挂，底平心凹。墨书“衡？衔？”字。釉色呈青白色。胎质呈红土色。

91T103①:13，白釉瓷片，Bb型Ⅰ式。长约5厘米，瓷碗腹部残片，内施白釉，外壁半挂釉。

（4）黄绿釉瓷碗残片　Aa型，1件。

91T103①:14，黄绿釉瓷碗残片。Aa型。长5厘米，黄绿釉圈足碗残片，内外施釉，圈足微向内斜收，圈足底心内施白釉，足底微圆有棱。釉色黄绿色，釉质晶莹，胎质细腻灰白。

（5）黑釉碗底残片　Ab型Ⅲ式，1件。

91T103①:15，黑釉碗底残片，Ab型Ⅲ式。长12厘米。碗底直径7.5厘米，圈足宽0.8厘米，高1.2厘米。黑釉高圈足碗底残片，内外施釉，碗内底刮釉一圈，外壁半挂釉至腹下部。底内凹，足底平。釉色黑，釉质薄涩，几近无。胎质粗、厚、笨。

（6）不成器型瓷片　1件。

91T103①:11，黑釉罐纽残片，单鼻纽高约6厘米。釉色黑，釉质晶莹。

T202

（1）白釉圈足碗残片　Bb型Ⅱ式，1件。

91T202:05，白釉圈足碗残片，Bb型Ⅱ式。长11厘米，圈足径6.5厘米，足内高1厘米，足边宽0.7厘米。鼓腹圈足碗残片。内外施釉，内底心刮釉一圈，外壁半挂釉至腹中部。圈足外边滚边，足心微凸。釉色黄白。胎质浅黄土色。

（2）青花盏碗残片　Ac型Ⅰ式，2件。

91T202:07，青花盏碗残片，Ac型Ⅰ式。长约4厘米，残高3.5厘米。圈足外壁高0.7厘米。鼓腹圈足碗残片，内外满釉，内底饰双圈纹，腹底外饰三道圈纹，圈足内二道圈纹，足由上而下内收，足底呈尖棱状。釉色光洁，胎质细腻青白。

91T202:08，青花瓷碗残片，Ac型Ⅰ式。长约4厘米，尖圆唇瓷碗口沿残片，内外施釉，口沿内外边均有二道圈纹饰。釉色光洁，青花色彩稍灰。胎质细白。

（3）青花瓷碗　Ba型，1件。

91T202:06，青花瓷碗残片，Ba型。长0.5厘米，宽2.6厘米，残高1.5厘米。内心薄3毫米。青花瓷圈足碗，玉璧底圈足，足高1厘米，足宽1.2厘米。边向内倾斜，足底足心无釉，胎质细密，釉色滋润，内底青花，内心薄俏。

（4）白釉瓷高柄圈足盘残片　Ca型，1件。

91T202:04，白釉瓷高柄圈足盘残片，Ca型。高4.2厘米，柄径1.6厘米，盘径5.5厘米。柄中有二道箍纹。釉色黄白，稍涩。胎质浅黄。

T203①层（5a 层）

（1）白釉瓷碗　Bb 型Ⅱ式，1 件。

91T203①:20，白釉瓷残碗底，Bb 型Ⅱ式。圈足径 6.7 厘米，足宽 0.8 厘米，足心凹，深 2 厘米。白釉圈足碗残片。内外施釉，碗内心刮釉一圈，外壁半挂，下部露胎。足底由内向外削圆，如圆唇外卷。釉色牙白，釉质薄涩，胎质稍粗，黄白色。

（2）青白釉碗残片　Bc 型，1 件。

91T203①:17，青白釉碗残片，Bc 型。长 7.5 厘米，宽 4.3 厘米，残高 2.5 厘米，足径 4.4 厘米，足高 0.6 厘米，鼓腹圈足碗，内外施釉，内心刮釉一圈，外壁施化妆土半挂釉，圈足外边滚棱，内边稍有棱边，足内心凹，有小凸刀旋印。釉色青白，胎质灰白。

（3）豆青釉瓷碗残片　Bc 型Ⅳ式，1 件。

91T203①:18，豆青釉瓷碗残片，Bc 型Ⅳ式。长 8.5 厘米，宽 3.7 厘米，残高 2.7 厘米，足径约 5.8 厘米，足高 0.8 厘米。豆青釉圈足碗残片，鼓腹圈足碗，内外施釉，外壁施豆青釉，足外釉不到底，圈足由上而下内收成斜面，如“抓不起”形，足底微尖有棱，圈足内施青白釉，有方形青花釉残字。釉色青白，釉质厚润晶莹，胎质青白细腻。

（4）青白釉瓷盘　Cd 型，1 件。

91T203①:16，青白釉瓷盘，Cd 型。长 9.5 厘米，宽 8.2 厘米，足径 7.9 厘米，足高 0.7 厘米。平底圈足盘残底片，器内施青釉，底有印纹字，心有粘釉现象，釉色薄涩，外底无釉，圈足心内凹，深于外边。

（5）黑白釉刻花盆残片　Cc 型，1 件。

91T203①:15，黑白釉刻花盆残片，Cc 型。二片，长 13 厘米，长 11 厘米。黑白釉刻花盆口沿残片，厚唇，侈口折沿，内壁施白釉，刻饰双圈围护水波纹。外壁施黑釉。胎质粗白厚笨（彩版四〇，2）。

（6）零星小件器物　1 件。

91T203①:19，霁青瓷盏碗残片，长 5 厘米，高 2.5 厘米，足径 2.6 厘米。鼓腹圈足盏碗，内施青白釉，外施“吹青”，釉不到圈足底，有轻微流釉，圈足内外斜削成脊，刮釉。釉色晶莹透亮，青色不匀。胎质晶莹洁白细腻（彩版四〇，1）。

T302

零星小件器物，3 件。

91T302:09，酱釉瓷油灯盏，大口直径 5 厘米。

91T302:10，酱釉瓷油灯盏，中口直径 3.8 厘米，高 1.5 厘米。

91T302:11，酱釉瓷油灯盏，小口径 3.6 厘米，高 1.6 厘米。

3 件灯盏器形相同，厚唇平底，腹壁微鼓，盏内施酱色釉，不到口沿，其余则无釉露胎（彩版三五，5）。

T401①层（5a 层）

青花瓷酒盅，Ea 型，1 件。

91T401①:03，青花瓷酒盅（残），Ea 型。口直径约 5 厘米，高 3 厘米，圈足直径 2.1 厘米，足高0.4厘米。圆唇撇口鼓腹宽圈足酒盅残片。内外施釉。圈足底无釉。内壁近口沿和底部绘二道圈，内心三点，青色俏丽。外壁近口沿与圈足部位各有一道圈饰。中部绘游鱼戏水图案，鲜活生动，笔触明显。釉色青灰淡雅，釉质晶莹厚润。胎质细腻，青白色（图六○，1；彩版三七，5）。

T402①层（5a层）

（1）白釉瓷碗残片　Da型Ⅰ式，2件。

91T402①:1，白釉瓷碗残片，Da型Ⅰ式。长10.5厘米，宽8.8厘米，残高3.5厘米，足径6.7厘米，足高0.8厘米。粗瓷圈足碗。碗内心刮釉一圈，底稍平，心微凹，外壁施釉，近底部旋削出棱边，圈足内外无釉，足底平，外侧斜削，底内心有旋痕，干裂缝。釉色黄白发涩，薄釉面有裂纹。胎质较粗。

91T402①:2，白釉瓷碗残片，Da型Ⅰ式。长9厘米，宽7.5厘米，残高3厘米，足径6厘米，足高0.5厘米。圈足碗残片，碗内满施釉，外壁半挂釉。心底有圈足压痕，近底部旋削出棱，圈足内外无釉，足底平，外侧斜削，足心内旋痕跳刀明显。釉色黄白发涩，几近无釉，仅化妆土状。胎质较粗。

（2）青白釉瓷碗残片　D型，1件。

91T402①:3，青白釉瓷碗残片，D型。长7厘米，宽4厘米，残高5厘米，足高0.5厘米。侈口折腹平底圈足瓷碗残片，内外施釉，内心刮釉一圈，外壁半挂釉，近底部削旋出棱，圈足内外无釉，足底平，外边滚圆。釉色青白薄涩。胎质浅灰，稍粗，夹杂黑点。

（3）白釉瓷盘残片　Ba型Ⅳ式，1件。

91T402①:4，白釉瓷盘残片，Ba型Ⅳ式。直径约13厘米，高3.6厘米，足径5.8厘米，足高0.6厘米。圆唇侈口圈足盘残片。内外施釉，外壁半挂至下腹底部。圈足内外露胎，足底平，外边滚圆，内边有棱。内壁满施釉，内心微凹，有旋削跳刀痕。心底釉上粘砂呈圈足渍，平底起折边沿处饰圈纹，白化妆土上着清釉。釉色青白，釉质晶莹，胎质细密，黄白色（图六○，3；彩版三七，6）。

（4）青花瓷盘残片　Da型Ⅲ式，1件。

91T402①:16，青花瓷盘残片，Da型Ⅲ式。长6.7厘米，宽5厘米，高2.5厘米，足高0.5厘米。尖圆唇侈口圈足盘（直径约11厘米）。内外施釉，器口唇边脱釉，内壁边沿及底部二道圈饰，中间有青花图案数点，色浅淡。底心釉上粘砂渍支痕。釉至圈足外边底，圈足内心凹，无釉；足底平，露胎，外边滚棱。釉色灰白厚润亮洁。釉面小开片，纹路微闪黑红。胎质粗，土黄加黑点。

此件瓷器应为明宣德时期仿宋代哥窑青花（图九二，1；彩版四二，1）。

T403①层（5a层）

（1）白釉瓷碗　3件。

① 白釉黑花瓷片，Be型Ⅲ式，1件。

91T403①:41，白釉黑花瓷片，Be型Ⅲ式。长6厘米，宽3.2厘米。厚圆唇侈口沿残片，内外施釉，内壁口沿部位绘五道黑圈纹饰，上三道有黑斜线勾连，第四道圈饰处微有折痕。外壁口沿下微有棱，上下绘二道圈饰，外壁绘勾线卷纹。胎质较细，灰色夹黑点，釉色灰白，薄有光泽。

② 白釉瓷碗残片，Db 型Ⅰ式，2 件。

91T403①:42，白釉瓷碗残片，Db 型Ⅰ式。长 13 厘米，宽 6 厘米，残高 2.8 厘米，足径约 7.8 厘米，足高 0.8 厘米。圈足鼓腹碗（盘）残片，内壁施釉，内底平，心微凹，刮釉一圈，外壁半挂釉，圈足内外无釉，圈足心凹，足底内外斜削，内边有棱，外边滚圆，圈足根内收。胎质细密，呈土黄色；釉色薄涩，呈淡青白色。

91T403①:55，白釉瓷碗残片，Db 型Ⅰ式。长 8.5 厘米，宽 7 厘米，残高 2 厘米，足径 7.5 厘米，足高 0.5 厘米。白釉瓷圈足碗底残片，内壁施白釉，底心圆凹，有旋刀痕，釉色磨蚀露胎，一圈不规则，釉色白。外壁可见涂白色化妆土。圈足内凹，心微有凸尖。足底平，向内斜削。向外滚圆。胎质较粗，土红色，底部近火成黑色；釉色完好处釉面光洁，呈牙白色。

（2）青花瓷碗　2 件。

① 青花瓷碗残片，Aa 型Ⅰ式，1 件。

91T403①:48，青花瓷碗残片，Aa 型Ⅰ式。长 6 厘米，宽 4.5 厘米，残高 3.5 厘米，足高 0.8 厘米。鼓腹圈足碗残片。内外施釉，内壁近底心绘二道圈饰，心绘菊瓣枝叶图案，大笔触，色彩青黑；外壁绘宽道纹饰图案。圈足内凹较深，施釉绘纹饰，足底粘棕黄釉，内外边削棱滚边，圈足底边有粘砂现象。釉色厚晶莹光洁，青花色稍黑，稍有晕。胎质较细，青白色。

② 青花瓷碗残片，Ca 型，1 件。

91T403①:54，青花瓷碗残片，Ca 型。长 4.7 厘米，宽 3 厘米，残高 3.5 厘米，足高 0.6 厘米。圈足微鼓腹盏碗残片。内外施釉，外壁绘八宝物图案，图案纤细精巧，色彩淡雅，笔法娴熟。圈足外墙绘三道圈饰，圈足内施釉，足底滚圆呈“泥鳅背”状。足外墙可看到浅淡胎釉边棕黄釉色，内墙则不见。釉色晶莹亮洁，光亮感强。胎洁白细腻，抚摸如糯米粉状感觉。应为典型清代雍正乾隆时期青花瓷。

（3）豆青瓷圈足碗残片　Cc 型，1 件。

91T403①:44，豆青瓷圈足碗残片，Cc 型。长 5.5 厘米，宽 3.5 厘米，残高 1.5 厘米，足高 0.6 厘米。圈足碗残底，内外施釉，内壁豆青色稍白，外壁豆青色稍绿。圈足部位聚釉较厚，圈足内施釉，心绘有方形“吉庆”字样图案，足底无釉呈滚圆形，似“泥鳅背”做法。釉面晶莹厚润。胎质细腻，洁白。

（4）青绿釉刻花瓷碗残片　Aa 型，1 件。

91T403①:40，青绿釉刻花瓷碗残片，Aa 型。长 7 厘米，宽 3 厘米。腹部残片，内外施釉，内壁有草叶刻花印纹饰，外壁无纹饰。胎质较细，灰色，釉色晶莹厚润，有橘皮、“棕眼”。

（5）瓷盘残片　7 件。

① 青花瓷盘残片，Ad 型Ⅱ式，1 件。

91T403①:51，青花瓷盘残片，Ad 型Ⅱ式。长 7 厘米，宽 5.5 厘米。盘底残片，底平整，内外施釉，内壁绘图案，图案为双勾填色手法。外壁无纹饰。色青黑，有晕色，釉面灰涩。胎质晶莹细腻，青花色重多为胎底瑕疵不平之处，聚色呈黑青。

② 青花瓷盘片，Bd 型Ⅰ式，2 件。

91T403①:49，青花瓷盘片，Bd 型Ⅰ式。长 4 厘米，宽 3.5 厘米。盘底残片，内外施釉，内壁图案青花色青黑，色稍呈灰色，笔触稍大。釉色青灰，多有聚点气泡孔。胎质稍粗松，有空隙，色白。

91T403①:50，青花瓷盘片，Bd 型Ⅰ式。长 5.7 厘米，宽 2.5 厘米，足高 0.3 厘米。圈足盘底残片，内外施釉，内壁绘图案色块大，外边圈饰。外壁釉色到圈足，圈足内施釉，足底粘棕黄釉，两边斜削中有脊棱。青花色青黑，泛灰。胎质晶莹细腻。

③ 青花瓷盘残片，Da 型，4 件。

Da 型Ⅰ式，2 件。

91T403①:52、53，青花瓷盘残片，Da 型Ⅰ式。两件应为同一器物。长 7.5 厘米，宽 5 厘米，残高 4.5 厘米，足高 1 厘米。青花圈足龙盘残片。内外施釉绘彩，内外壁可见龙鳞云气残存图案，青花色泽青翠透亮，无小笔触现象，色重黑处为多次加色，图案清晰大方。外壁釉至圈足底边，圈足内凹无釉，胎釉边沿有浅棕黄釉色，足底呈滚圆“泥鳅背”状。釉色晶莹亮泽。胎质细腻洁白，摸胎有细若糯米感觉。胎釉色形均呈明、清官窑青花特征（图九二，2；彩版四一，2）。

经中国历史博物馆技术室光谱测试，釉表面成分与明代嘉靖官窑青花瓷相近。

Da 型Ⅲ式，2 件。

91T403①:55，青花瓷盘残片，Da 型Ⅲ式。长 4.5 厘米，宽 3.5 厘米，高 2.7 厘米，足高 0.6 厘米。尖圆唇侈口圈足盘残片，口径约 15 厘米，圈足底直径约 8 厘米。内外施釉，口沿边唇内边圆，外边有尖棱。内壁绘青花图案，边沿部位饰圈纹枝叶图案，底部饰一道圈内绘枝叶图案；外壁口沿、圈足根边饰一道圈饰，色淡，图案残存不清。圈足内施釉，胎釉边有浅棕黄釉色，有粘砂痕，足底平无釉，内外边斜削棱。胎质晶白细腻，釉色晶莹亮洁。应为明末清初青花瓷。

91T403①:57，青花瓷盘底残片，Da 型Ⅲ式。长 4.7 厘米，宽 3 厘米，残高 1.5 厘米，足高 0.4 厘米。内外施青花釉，内壁盘底绘双圈饰花草图案，青花色青翠，稍灰，釉面多不平，有磨涩。外壁施釉，光洁厚润。圈足内内凹，饰双圈图案。足底无釉滚圆，圈足呈“抓不住”状。胎质细腻，胎釉间无棕黄釉色。

（6）瓷罐残片 4 件。

① 黑釉瓷罐口残片，Aa 型，1 件。

91T403①:45，黑釉瓷罐口残片，Aa 型。长 7 厘米，宽 4.5 厘米。厚圆唇直领溜肩罐残片，有鼻纽系一，内外施黑釉。釉色薄涩；胎质较粗，呈土黄色。

② 黑釉瓷罐残底片，Ca 型Ⅰ式，2 件。

91T403①:46，黑釉瓷罐残底片，Ca 型Ⅰ式。长 15 厘米，宽 5 厘米，足径约 14.5 厘米，足高 0.5 厘米。罐残底片，内施青釉，外施黑釉，底部圈足满施黑釉，釉色有光泽。胎质较细，灰色。

91T403①:56，黑釉瓷圈足底罐残片，Ca 型Ⅰ式。直径约 5.5 厘米，残高 2 厘米，足径 4.5 厘米。足高 1 厘米。圈足底罐残片，内壁施釉，底心刀旋痕，有釉不匀露胎。圈足外撇，内外无釉，足心凹，旋刀痕明显，足底小平，内墙圆旋，外边斜削，外墙呈凸棱状。釉色黑，釉面光洁。胎质较松，土黄色。

③ 酱釉瓷罐底残片，Cc 型Ⅰ式，1 件。

91T403①:47，酱釉瓷罐底残片，Cc 型Ⅰ式。长 9 厘米，宽 6.5 厘米，足高 0.5 厘米。罐底残片，壁薄，内壁施酱釉，外壁近圈足内外无釉，足底平，外边滚圆。釉色有光泽。底部近火粘砂烧痕明显。胎质较细。

（7）白釉瓷盆残片　Ea 型，1 件。

91T403①∶43、白釉瓷盆残片，Ea 型。长 4.3 厘米，宽 3.6 厘米。圆唇宽沿侈口鼓腹盆残片。内外施釉。胎厚笨，质细腻青白；釉色白，微有青灰色，釉面晶莹光洁，有裂纹，斑多点。

T501①层（5a 层）

（1）白釉瓷碗残片　3 件

① 白釉绿彩瓷残片，Bf 型Ⅱ式，1 件。

91T501①a∶9（①a 乱砖层即第 4 ~ 5 层），白釉绿彩瓷残片，Bf 型Ⅱ式。长 5 厘米，宽 2.5 厘米。圆唇侈口碗残片，内外施釉，内壁唇口边沿和腹部饰单、双圈饰。外壁口沿之下绘绿彩草花图案，绿彩涩，无光泽，绘画笔法娴熟，图案俏丽。釉色白中稍带黄色，亮洁。

② 白釉瓷碗残片，Da 型Ⅰ式，2 件。

91T501①a∶10，白釉瓷碗残片，Da 型Ⅰ式。长 8.5 厘米，宽 5 厘米，残高 2 厘米，足径 6.7 厘米，足高 0.7 厘米。白釉瓷圈足碗残片，内外施釉，内心底刮釉一圈，中心微凸，外壁半挂釉至中腹部，下部至圈足内外无釉，圈足内凹，足底平，外边滚圆。圈足心有黑色字样，不可辨识。釉色白黄。胎质粗松，土黄色。

91T501①a∶11，白釉瓷碗残片，Da 型Ⅰ式。长约 9 厘米，宽 7.2 厘米，残高 3 厘米，足径 7 厘米，足高 0.7 厘米。平底圈足碗残片，内外施釉，底部平刮釉一圈。外壁半挂釉，下部至圈足内外无釉，呈近火烧红粘砂状。圈足心凹，足底平，外边滚圆，足外墙斜削内收。釉色白，亮有光泽。胎质较粗松，灰色。

（2）青白釉瓷碗残片　5 件。

① 青白釉瓷碗残片，Ca 型，3 件。

91T501①a∶13，青白釉瓷碗残片，Ca 型。长 5.7 厘米，宽 4.2 厘米，残高 2 厘米，足径 5 厘米，足高 0.7 厘米。圈足瓷碗残片，内外施釉，内壁心底刮釉一圈，底心微凹圆。外壁半挂釉，圈足内外无釉，足内心凹有旋痕，足内墙斜呈喇叭状，足底平，外墙直。釉色青白，薄涩，有光泽。胎质较细，灰色。

91T501①a∶14，青白釉瓷碗残片，Ca 型。长 8.5 厘米，宽 4.5 厘米，残高 2.6 厘米，足高 1 厘米。圈足平底瓷碗残片，内外施釉，内心底刮釉一圈。外壁半挂釉，底部圈足内外无釉，足心内凹较深，足内呈喇叭口状，足底平，外墙直。釉色青白，釉面薄涩，稍有光泽。胎质较细，灰色夹黑点较多。

91T501①a∶15，青白釉瓷残片，Ca 型。长 5 厘米，宽 4 厘米。圆唇侈口圆腹碗口沿残片，内外施釉。釉色青白，釉面薄涩，有光泽；胎质较细，色青白。

② 青白釉酱彩绘瓷碗残片，Cc 型，2 件。

91T501①a∶16，青白釉酱彩绘瓷碗残片，Cc 型。长 7.1 厘米，宽 5.2 厘米。圆唇侈口鼓腹碗口沿残片，内外施釉。口沿部位圆唇稍厚，外壁上半部施青白釉，绘酱釉色草叶纹饰；下部施酱釉，青白釉面薄涩，稍有光泽。酱釉厚于青白釉稍光洁，草叶纹饰酱釉薄涩无光泽。胎质较细，青白色夹微黑点。

91T501①a:17，青白釉酱彩绘瓷碗残片，Cc 型。长 4.2 厘米，宽 4 厘米。圆唇侈口碗口沿残片，内外施青白釉，釉面光洁。外壁青白釉面绘草叶纹饰，酱釉色釉彩薄涩。胎质较细，青白夹微粒黑点。

（3）青釉瓷碗残片　3 件。

① 青釉瓷碗残片，Ba 型，1 件。

91T501①a:12，青釉瓷残片，Ba 型。长 6 厘米，宽 3 厘米，残高 1.8 厘米，足径 4.5 厘米，足高 0.5 厘米。平底圈足碗残片，内壁施釉，底部有粘砂痕迹。外壁底部圈足内外无釉，圈足心内凹，内墙呈喇叭状，足底平，外边斜削，外墙内收有凹槽。釉色青白泛灰，薄涩无光泽。胎质较粗松，土黄色。

② 青釉瓷碗残片，Cc 型，1 件。

91T501①a:5，青釉瓷碗残片，Cc 型。长 5.7 厘米，残高 3 厘米，足高 1.2 厘米，圈足平底碗残片，内外施青釉。圈足内外施釉，圈足高 1.2 厘米，足底小平外边斜削，露胎。釉色青中带黄绿色，釉面光洁。胎质粗杂，灰色，黑粒较多。

③ 青釉瓷碗残片，Cd 型，1 件。

91T501①a:18，青釉碗残片，Cd 型。长 5.2 厘米，宽 4 厘米，残高 1.8 厘米，足径 3.6 厘米。青釉侈口直壁圈足碗残片，内外施釉。外壁圈足内外聚釉粘砂较多，浅圈足，足底平，粘釉。釉色青稍灰黑，釉面晶莹光洁，聚釉处色重。胎质细腻，呈深铁灰色，釉胎边沿呈白色层。

（4）黑釉碗残片　5 件。

① 黑釉圈足鸡心底碗残片，Aa 型Ⅰ式，2 件。

91T501①a:1，黑釉圈足碗残片，Aa 型Ⅰ式。长 8 厘米，宽 6 厘米，残高 2.5 厘米，足径 5.4 厘米，足高 0.8 厘米。内外施釉，流釉聚心底；外壁半挂至腹中部，圈足内外无釉，足外墙由下至上内收整齐，刀痕明显，足心浅凹有裂纹，旋刀痕清晰，足底由内至外边斜平。釉色黑，有光泽。胎质粗，灰土色（彩版六一，1）。

91T501①a:2，黑釉圈足鸡心底碗残片，Aa 型Ⅰ式。长 6.7 厘米，宽 4.4 厘米，残高 2.2 厘米，足径约 4.8 厘米，足高 0.8 厘米。内外施釉，内心凹；外壁半挂至腹中部，外壁下部圈足内外无釉，圈足内凹，心有凸尖，圈足由内向外呈喇叭口状，足底平，外边削圆。釉色黑，均匀有光泽。胎质较细密，灰色。

② 黑白釉瓷碗，Db 型，2 件。

91T501①a:6，内白外酱釉瓷碗残片，Db 型。长 10 厘米，宽 6.5 厘米，残高 3.2 厘米，足径 6 厘米，足高 1.1 厘米。圈足平底鼓腹碗残片，内施青白釉，心底刮釉一圈，外施酱绿釉不到底，酱黑釉饰图案纹。圈足内凹无釉，足底平，足外墙内收一圈凹槽。釉面薄涩，稍有光泽。釉质粗涩。

91T501①a:20，黑白釉瓷碗残片，Db 型。长 13 厘米，宽 10 厘米，残高 3.7 厘米，足径 6.6 厘米，足高 0.8 厘米。黑白釉圆腹圈足瓷碗残片，内外施釉，内底部稍平有刀旋痕，心微凸。圈足内外无釉，足心凹，有刀旋跳刀痕迹，足底平，外边滚圆，外墙至根内收旋圆勒根部。内施白釉，釉色青白，光滑有光泽，心底釉上粘砂圈足痕。外壁上半部施釉，色青白。下半至圈足外施酱黑釉。

釉面涩，历久磨蚀大多无光泽。胎质粗松，浅灰色夹黑点。

③ 黑白间色釉瓷碗残片，Dc 型，1 件。

91T501①a∶7，黑白间色釉瓷碗残片，Dc 型。长 6.2 厘米，宽 5.5 厘米，高 3.5 厘米，足径约 7 厘米，足高 0.8 厘米。圆底鼓腹圈足碗残片，内外施釉，内壁施青白釉，心底刮釉一圈，外壁施青白釉至下腹部，稍间隔，下施黑釉至圈足底边，下腹部剔黑釉纹饰一道。圈足内施黑釉，足底无釉滚圆，外墙内收一圈凹槽有棱边。釉色晶莹光洁。

（5）瓷罐残片　3 件。

① 酱釉圈足罐残片，Cb 型Ⅰ式，1 件。

91T501①a∶3，酱釉圈足罐残底片，Cb 型Ⅰ式。直径约 5.7 厘米，残高 1.4 厘米，足径 5 厘米。器内施釉，壁胎较薄，内心微凸尖，圈足无釉，足心凹，内墙壁圆缓，足底小留平台，外边斜削滚圆，外墙根内收滚圆。釉呈黑黄酱色，粗涩无光。胎质粗松，土黄色。

② 酱釉瓷罐残片，Eb 型，1 件。

91T501①a∶4，酱釉瓷罐残底片，Eb 型。长 10 厘米，宽 5.5 厘米，残高 2.5 厘米，底径约 9.8 厘米。平底罐残片，器内施釉，器底跳刀旋痕明显，不平整。外壁平底，外墙边棱斜削，有刀旋痕。釉色深为酱黑，浅为青黑色，釉不匀。胎质较细密，灰白夹黑点。

③ 白瓷褐彩瓷罐残片，Ga 型，1 件。

91T501①a∶8，白瓷褐彩瓷罐残片，Ga 型。长 6.3 厘米，宽 3.7 厘米，残高 5.2 厘米。直腰鼓腹罐残片，留子口边沿，口沿边内外无釉。内壁施酱色釉，外壁施白釉，釉色牙黄，残存浅褐黄纹饰。釉面薄涩有光泽。胎质较粗，土黄色夹黑点较多。

T502①层

（1）白釉瓷碗

① 白釉瓷碗残片，Dc 型，1 件。

91T502①a∶32，白釉瓷碗残片，Dc 型。长 5.5 厘米，宽 4.5 厘米，残高 1.8 厘米，足高 0.8 厘米。平底圈足碗残片，内壁施釉，底部刮釉一圈。釉面磨涩，圈足内外无釉，足心凹，内墙圆削如盘口，足底滚圆，外墙稍斜内收。釉牙白色，无光泽。胎质粗松，呈土黄色。

② 白釉瓷碗残片，Ea 型，1 件。

91T502①a∶51，白釉瓷碗残片，Ea 型。长 6 厘米，宽 2.6 厘米，残高 1.8 厘米，足径 4.8 厘米，足高 0.8 厘米。白釉瓷圆腹高圈足碗残片，内外施釉，圈足底无釉滚圆。釉色洁白稍带青。釉面晶莹厚润，光泽较强。胎质细腻洁白。

③ 白釉瓷碗残片，Ec 型，1 件。

91T502①a∶28，白釉瓷碗残片，Ec 型。长 7.5 厘米，宽 2.9 厘米。圆唇口沿残片，内外施白釉，釉色白带浅绿，釉面晶莹光亮，釉有裂纹。胎较薄，胎质较细，色灰，胎釉交接，胎变黑边。

（2）青白釉瓷碗残片　D 型，3 件。

91T502①a∶25，青白釉瓷碗残片，D 型。口径约 16 厘米，高 6 厘米，足高 0.7 厘米。圆斜折唇侈口折腹圈足碗残片，内外施釉，内壁底心刮釉一圈，外壁半挂釉，外壁下腹部折腹收底，平削旋有棱，圈足内外无釉，足心凹，内墙斜呈喇叭口状，足底平外边滚圆，外墙由边至根部内收。釉色为涂青白化妆土施清釉，釉面光洁，有光泽。胎质较细，青白浅灰夹杂黑点（图七三，5；彩版三七，7）。

91T502①a:26，青白釉瓷残片，D型。长6.6厘米，宽4.5厘米，圆唇口沿残片（粘砂）。

91T502①a:27，青白釉瓷残片，D型。长5.5厘米，宽4.7厘米，圆折唇口残片，釉色青白亮洁，胎质较细，青白浅灰夹黑点。

（3）豆青釉荷花瓣纹饰碗残片　Cd型，1件。

91T502①a:34，豆青釉荷花瓣纹饰碗残片，Cd型。长5厘米，宽4.5厘米。豆青釉尖圆唇侈口花瓣饰碗残片，内外施豆青釉，外壁有荷花瓣双层刻饰图案。胎质细腻灰色。釉质晶莹厚润，有光泽，釉面有开片纹。

（4）青花瓷碗

① 青花瓷碗底残片，Aa型Ⅰ式，2件。

91T502①a:45，青花瓷碗底残片，Aa型Ⅰ式。长5厘米，宽2.6厘米，残高3厘米，足高0.8厘米。青花圆腹圈足瓷碗残片，内外施釉，腹部残存二道圈饰，外壁施釉至圈足底边。下腹壁绘卷须茎草叶图案。圈足内施釉，足底无釉，滚边，外边斜削。釉色青，色彩淡雅。釉质肥润，晶莹有光泽。稠黏不匀，聚釉压圈足外墙纹饰。胎质细腻青白，胎釉间呈棕黄色边。

91T502①a:46，青花瓷碗残片，Aa型Ⅰ式。长4.5厘米，宽3厘米，残高2.5厘米，足高0.5厘米。青花瓷圆腹圈足碗残片，内外施釉，内壁底部绘枝叶图案，外围圈饰，图案为勾出枝叶轮廓，浅彩填色，色晕。外壁绘图案晕不清晰。外壁釉色至圈足底边，圈足内施釉，心微凸。足底由内向外斜削成尖棱状。釉色青灰，有晕色。釉质滋润晶莹。胎质细腻洁白，稍呈青色。

② 青花瓷碗残片，Aa型Ⅱ式，2件。

91T502①a:49，青花瓷碗残片，Aa型Ⅱ式。长6厘米，宽3.5厘米，残高3厘米，足高1.2厘米。青花瓷圆腹高圈足碗残片。内外施釉，内壁底心绘图案外饰二道圈纹。圈足外墙绘三道圈饰。圈足内凹施釉，足底内外斜削刮釉滚圆，稍有脊棱。圈足外墙色泛污。釉色青，花色淡雅，青翠。厚润晶莹透亮，有较强光泽。胎质洁白细腻。

91T502①a:50，青花瓷碗残片，Aa型Ⅱ式。长7.7厘米，宽3.7厘米，残高2.5厘米，足径约5.3厘米，足高1厘米。青花瓷圆腹高圈足碗残片，内外施青花釉色，内壁近底部饰二道圈纹。外壁施釉至圈足底边，外壁绘花草图案。圈足外墙绘三道圈饰。圈足内心绘二道圈饰，施釉至足底边，内墙圆旋，足底滚圆，内墙边稍有棱痕。釉色青翠清淡晶莹透亮，光泽较强。胎质洁白细腻，摸有糯米粉手感。胎釉间可见浅棕黄釉边（彩版四〇，1）。

③ 青花瓷碗残片，Ab型Ⅰ式，1件。

91T502①a:47，青花瓷碗残片，Ab型Ⅰ式。长6厘米，宽4厘米，残高1.7厘米，足高1厘米。青花圈足瓷碗残底，内壁施釉，底心部绘草花（灵芝）图饰。圈足内外施釉，足底无釉，内外斜削成脊。外墙绘二道圈饰，圈足内心微凸尖，二道圈中绘草叶纹饰。圈足内墙釉边有粘砂痕。釉色青，色淡灰，光洁。色重呈黑，有铁锈疵点。胎质细腻青白。

④ 青花瓷碗残片，Ac型Ⅰ式，1件。

91T502①a:44，青花碗口沿残片，Ac型Ⅰ式。长42厘米，宽4厘米。青花圆唇撇口碗口沿残片，内外施釉，内壁边二道圈饰，釉色青灰，有晕。外壁绘草叶图案，色淡青，釉面晶莹光洁，有光泽。胎质较细腻洁白。

（5）黑釉粗瓷碗残片　Ab型Ⅲ式，3件。

91T502①a∶40，黑釉粗瓷碗残片，Ab型Ⅲ式。长9.5厘米，宽8厘米，残高3.5厘米，足径7厘米，足高1.2厘米。黑釉粗瓷圈足碗残片，内外施黑釉，内壁施釉，底心刮釉一圈，心微凹，外壁施釉不到底，圈足内外无釉露胎，足心内凹，有刀旋痕，中心有突尖，裂缝，内墙圆旋，足边有棱，足底平，外边滚圆。外壁直。釉色黑，釉面平洁，稍有光泽。胎质粗松，杂砂较多，土黄色。器物粗犷厚笨。

91T502①a∶41，黑釉瓷碗残片，Ab型Ⅲ式。长10.5厘米，宽9厘米，残高3厘米，足径7.5厘米，足高1.6厘米。黑釉瓷束腰圈足碗残片，内外满施釉，内壁底刮釉一圈，心微凹。外壁圈足内外施釉，足底无釉，滚圆。圈足外有束腰圈棱一道。足心平整。釉色黑厚，有橘皮光泽。胎质粗松，杂砂较多，特点黑、粗、笨。

91T502①a∶42，黑釉瓷碗残片，Ab型Ⅲ式。长7厘米，宽4.6厘米，残高3厘米，底径约6.7厘米。黑釉圈足底粗瓷碗残片，内外施釉，外壁半挂釉，圈足下部无釉，圈足心内凹，中心微凸，足底外边滚圆，内边有棱。外墙根部有凹槽一道和刀旋痕迹。釉色黑褐稍粗涩，无光泽。胎质稍粗松，土黄色。

（6）瓷盘残片

① 白釉瓷盘片，Ba型Ⅳ式，1件。

91T502①a∶31，白釉瓷盘片，Ba型Ⅳ式。长7.5厘米，宽7厘米，残高0.9厘米，足径4.2厘米，足高0.4厘米。平底圈足瓷盘残片，内外施釉，圈足外墙施釉，足内凹，部分涂釉，足底平整无釉，平底处可见旋刀痕。釉色光洁，青白色。釉质晶莹，聚釉处稍呈浅绿色。胎质细腻洁白，胎质薄。

② 青花瓷盘残片，Da型Ⅱ式，1件。

91T502①a∶48，青花瓷盘残片，Da型Ⅱ式。长9.5厘米，宽7.5厘米，残高1.5厘米，底径约11厘米。青花瓷浅圈足盘残片，内外施釉，内绘花篮花卉图案，边饰二道圈。底心微凹陷。花草图案均勾边填色，笔触痕较小，技艺普通。外壁施釉，盘底圈足中心二道圈饰绘方块图印纹饰。圈足剖面近三角形，内外墙斜削。足底无釉，内外边斜削，圈足底边呈“抓不住”状，足底有脊棱。釉色青，色彩青带灰色，有铁锈点色微晕。釉质细润晶莹有光泽。胎质细腻洁白，稍带青色。胎釉间有棕黄釉色（彩版三九，1）。

（7）零星小件器物

91T502①a∶35，棕釉（紫金定）瓷残片，长5.5厘米，宽3厘米，残高1.7厘米，足径4.5厘米，足高1厘米。圈足底瓷碗残片，内外施釉，圈足内外斜削，足底平，刮釉露胎。棕釉呈咖啡色，光亮厚润，微有黑点。胎质洁白细腻。

91T502①a∶24，酱釉灯盏，直径5.2厘米，高2.2厘米，底径4厘米。厚圆唇敛口平底灯盏，底平有旋痕。内底施酱色釉，余外均露胎，外壁近火烧粘砂痕明显，釉面薄涩。胎质较粗，灰色。

91T502①a∶30，白釉瓷器盖残片，长8.7厘米，宽6.3厘米，高3厘米。白釉瓷宽边圆顶乳钉纽子口盖残片，外施白釉，内壁无釉，边沿呈圆形。釉色为牙白色，釉面光洁，有较强光泽。胎质粗松，杂砂，黑粒，呈土红色，有近火烧红痕迹（图六〇，2）。

（8）瓷罐残片

① 黑釉粗瓷罐残片，Aa 型，2 件。

91T502①a:37，黑釉粗瓷罐口残片，Aa 型。长 7.5 厘米，高 4 厘米。黑釉方圆唇外卷直领瓷罐残片，唇沿无釉，内外壁施黑釉，釉面光洁，稍有光泽，胎质粗松，土黄色杂砂。

91T502①a:38，黑釉粗瓷罐底，Aa 型。长 11.5 厘米，宽 9.8 厘米，残高 4 厘米，足径 9.5 厘米，足高 1 厘米。黑釉粗瓷圈足底罐残底片，内施黑釉，内底不平整，釉面平涩稍有光泽，多有粘砂痕，外壁施釉不到底，底圈足内外露胎足底平，足底心凹不平整，胎质粗松，土黄色。

② 黑釉瓷罐残片，Ca 型Ⅱ式，1 件。

91T502①a:54，黑釉瓷罐残片，Ca 型Ⅱ式。长 7.2 厘米，宽 3.7 厘米，残高 3.6 厘米，底径约 7.2 厘米，圈足高 1.6 厘米。黑釉瓷深宽圈足罐残片，内外施釉，外壁半挂，施釉至圈足之上，圈足无釉，外墙由上至下斜削少许。内墙呈喇叭口状足底平。釉色黑，光洁。胎质粗松，土黄色。

③ 酱绿釉粗瓷罐残片，Cb 型Ⅰ式，2 件。

91T502①a:39，酱绿釉粗瓷罐残片，Cb 型Ⅰ式。长 7.5 厘米，宽 6 厘米，残高 4.5 厘米。酱绿釉圈足底粗瓷罐残片，内外施釉，外壁施釉不到底，圈足外撇，足底平，外边滚圆，圈足与腹部有束腰箍棱饰。釉色酱绿色，釉面粗涩，胎质粗松。黄白色。

91T502①a:43，酱釉瓷罐残片，Cb 型Ⅰ式。长 7 厘米，宽 4.5 厘米，残高 3.5 厘米，底径约 5.7 厘米。酱釉圈足斜壁瓷罐残片。内壁不平整，内底心凹，跳刀旋痕明显。内外施釉，外壁半挂釉，底圈足无釉。圈足内墙圆旋，底心有微凸尖，足底平。外墙斜削至器底有内收棱痕。釉色酱黑，薄涩。胎质较粗松，呈土黄色。

④ 酱釉瓷罐残片，Eb 型，1 件。

91T502①a:53，酱釉瓷罐残片，Eb 型。长 14.5 厘米，宽 9 厘米，残高 3.5 厘米。平底酱釉罐残片，内壁施釉，平底有跳刀旋痕，外壁露胎，底平心稍凹，边滚削圆状，近火烧结严重。釉色黑黄，施釉薄厚不匀，釉面有光泽。胎质细密，呈灰色，有夹砂黑点。

（9）瓷盆残片

① 黑釉瓷盆残片，Aa 型Ⅰ式，1 件。

91T502①a:52，黑釉瓷盆残片，Aa 型Ⅰ式。长 12 厘米，宽 8 厘米，残高 5 厘米。黑釉平底盆残片，内外施釉，内底有支钉痕一，外壁半挂釉。底平，外边斜削棱，底中部稍旋凹。釉色黑，均匀，细密，面涩。胎质较细密，土黄色夹黑点。

② 白釉褐彩瓷盆残片　Ab 型，1 件。

91T502①a:29，白釉褐彩瓷盆残片，Ab 型。长 12 厘米，宽 3.2 厘米。白釉敛口方圆棱边沿瓷盆残片。内外施釉，口沿部位，刮釉露胎，面涩。内壁涂白化妆土，上绘褐色花草图案，施清釉，褐色在釉面之下。釉色为牙白色，釉薄处涩，厚处肥润有光泽。胎质粗松呈土红色。介休窑较典型瓷色（彩版三七，7）。

（10）白釉珍珠地刻花瓷枕残片　Ab 型，1 件。

91T502①a∶33，白釉珍珠地刻花瓷枕残片，Ab 型。长 5.2 厘米，宽 3.8 厘米，正面涂白化妆土刻珍珠圈纹图案施釉，背面素胎。釉色白，釉面光洁，有裂纹。刻纹饰呈黑绿色，胎质较粗，灰色。

（11）黑釉瓷缸残片　C 型，1 件。

91T502①a∶36，黑釉瓷缸残片，C 型。长 10.5 厘米，宽 7.6 厘米，唇边厚 3.3 厘米，粗瓷缸瓮，敛口卷折重唇边沿，口沿露胎，缸内外壁施黑釉，内壁色黑，外壁酱黑杂色，釉色浓厚，稠涩稍有光泽，胎质粗松杂砂。

T503①（5 层）

（1）青白釉瓷碗残片　Bc 型，1 件。

91T503①∶60，青白釉瓷碗残片，Bc 型。长 7.5 厘米，宽 4.7 厘米，残高 1.8 厘米，足径约 7.2 厘米，足高 0.6 厘米。内外施釉，内底刮釉一圈，残留刀痕，刮釉圈外少量粘砂痕。外壁半挂釉，残留化妆土色。圈足内外无釉，足心凹，有刀旋痕。圈足内壁斜削，外壁直，足底平，内外边斜削少许。釉色青白稍带灰，釉面光洁。胎质较细密，土黄色夹红黑点。

（2）青花瓷碗　2 件。

① 青花瓷碗残片，Ab 型Ⅱ式，1 件。

91T503①∶62，青花碗残口沿片，Ab 型Ⅱ式。长 5.2 厘米，宽 3.5 厘米。青花圆唇，撇沿，圆腹瓷碗残片，内外施釉，内壁口沿二道圈饰，外壁绘“自”纹饰（俗称“草节节”）。釉色厚润晶莹，青花色彩青翠，聚釉有铁锈斑疵点，稍有晕色。胎质青白细腻。

② 青花瓷碗残片，Ac 型Ⅲ式，1 件。

91T503①∶63，青花瓷碗底残片，Ac 型Ⅲ式。长 4.6 厘米，宽 4.4 厘米，残高 1.4 厘米，足径 4 厘米，足高 0.6 厘米。青花瓷深圈足碗残片，内外施釉。圈足心凹，二道圈饰内有“水”字样。圈足内外施釉。足底无釉滚圆。青花色发暗，色淡青色浅灰。胎质细腻，青白。

（3）黑釉碗　4 件。

① 黑釉粗瓷高圈足碗残片，Ab 型Ⅳ式，3 件。

91T503①∶64，黑釉粗瓷碗底残片，Ab 型Ⅳ式。长 8 厘米，宽 7.4 厘米，残高 3.2 厘米，足径 7 厘米，足高 2.2 厘米。黑釉粗瓷高圈足碗残片。内外施釉，内壁刮釉一圈，底心微圆凹，外壁圈足内外施釉，釉色不匀。圈足底凹，心微有突尖，内墙斜削呈喇叭口状，外墙旋束腰，足底无釉，内外斜削有脊棱。釉色黑，光洁，釉面磨涩。胎质粗，土白色。

91T503①∶65，黑釉粗瓷碗底残片，Ab 型Ⅳ式。长 7.8 厘米，宽 7.4 厘米，残高 3.5 厘米，足径 7.7 厘米，足高 2.3 厘米。黑釉粗瓷高圈足碗残片，内外施釉，内底圆凹，刮釉一圈。外壁圈足内外施釉，圈足内外釉色不匀，碱蚀，圈足内凹，内墙斜削呈喇叭口状，外墙斜削内收，足底无釉呈滚圆。釉色黑褐，厚润光洁。胎质粗松，土黄色。

91T503①∶66，黑釉瓷碗残片，Ab 型Ⅳ式。长 9 厘米，宽 9 厘米，残高 3.7 厘米，足径 8 厘米，足高 1.8 厘米。黑釉瓷高圈足碗残片，内外施釉，内底刮釉一圈，宽笨，底心稍凹。外壁施釉不到底。圈足内外无釉，足心内凹较深，圈足墙呈喇叭口状，内墙至底圆削，外墙斜削有棱痕，足底圆削粗糙。釉色黑，釉面稍涩。胎质较粗，呈土黄色。

② 黑釉瓷碗残底片，Da 型，1 件。

91T503①: 61，黑釉瓷碗残底片，Da 型。长 4.8 厘米，宽 3.3 厘米，残高 1.8 厘米。黑釉瓷束颈圈足底碗残片，内外施釉，内壁底稍圆凹施白釉，刮釉一圈。外壁施黑釉至圈足底边，圈足内凹，心稍凸尖，有部分挂黑釉，圈足内墙斜削呈喇叭口状，外墙由上至下斜削成束颈状，足底无釉滚圆。釉色白釉薄涩，黑釉光洁。胎质细密呈灰色。

（4）酱褐釉瓷罐残片　Cb 型Ⅰ式，1 件。

91T503①: 67，酱褐釉瓷罐残片，Cb 型Ⅰ式。长 12 厘米，宽 7 厘米，残高 4.5 厘米。酱褐釉瓷圈足罐残片，内外饰施，内底圆弧形，外壁施釉至圈足底边。近底圈足部位有束腰箍棱一圈，圈足底心凹有旋刀痕，足底平，无釉。釉酱褐色，釉面薄，光洁。胎质疏松多有空隙。

（5）黑釉瓷盆残片　Fd 型，1 件。

91T503①: 68，黑釉瓷盆残片，Fd 型。口径约 22 厘米，高 14.3 厘米，底径 16.3 厘米。黑釉瓷厚卷重唇敛口深腹圈足底盆残片，唇口无釉，内壁口沿下施黑釉不到底，底稍凹，小平无釉，外壁口沿下施釉至圈足底边，圈足浅平滚圆无釉。釉色黑，厚润晶莹有光泽。胎质较细，土灰色。

T503②层（5b 层）

（1）白釉碗　2 件。

① 白釉圈足碗残片，Bb 型Ⅰ式，1 件。

91T503②: 70，白釉圈足碗残片，Bb 型Ⅰ式。长 7 厘米，宽 5 厘米，残高 3.5 厘米，足高 0.5 厘米，内外施釉，内壁满施釉，底心凹，有支钉痕一个，如大米粒，外壁施釉不到底。圈足内外无釉，足心凹，足底滚圆，有边棱。釉色白，晶莹光洁。胎质较粗，呈土黄色。

② 白釉杯残片，Cb 型，1 件。

91T503②: 71，白釉残片，Cb 型。长 3.2 厘米，宽 2.2 厘米。白釉尖圆唇瓜楞形杯（盏）残片，内外施釉。釉色白，晶莹厚润，有较强光泽，釉面有开片纹。胎薄，胎质细腻洁白。

（2）青花瓷盏残片　Ea 型，1 件。

91T503②: 74，青花瓷盏残片，Ea 型。长 3.7 厘米，宽 2.7 厘米。青花瓷圆唇撇口圆腹盏残片，内外施青花釉色，内外壁口沿下均绘双圈饰，外壁绘枝叶纹饰。胎质薄洁白细腻。釉面晶莹清澈，青花发白，青翠淡雅，无疵斑。

（3）青釉瓷碗　3 件。

① 青釉瓷盏残片，Ca 型，1 件。

91T503②: 77，青釉瓷口沿残片，Ca 型。长 3.3 厘米，宽 2.6 厘米。青釉瓷薄胎圆唇侈口盏残片，内外施青釉，釉色稍绿，釉面厚润晶莹，有较强光泽。胎薄，胎质细密，呈铁灰色，胎釉间胎色呈白色边。

② 青釉瓷碗残片，Cc 型，2 件。

91T503②: 75，青釉瓷碗残片，Cc 型。长 5.5 厘米，宽 4 厘米，残高 1.8 厘米，足高 0.4 厘米。青釉瓷圈足碗残底片，内外施釉，内壁残留压花纹饰，底心刮釉一圈，外壁施釉不到底，少量流釉至圈足。圈足内外无釉，足心凹，足底向内外斜削有脊棱（向内三分之二、向外三分之一）。釉色青绿，釉质薄涩，无光泽。胎质较细密，呈铁灰色。

91T503②: 76，青釉瓷残片，Cc 型。长 4.5 厘米，宽 2.6 厘米。青釉瓷尖圆唇外翻沿圆腹器残片，内外施釉，唇尖处釉粘砂。釉青绿色，聚釉有铁锈斑疵点。釉面晶莹光洁，有开片纹，聚釉处色深绿，气泡多、不匀。胎质较细，色灰。胎釉接触处胎色呈白边。

（4）蓝釉瓷碗　2 件。

① 蓝釉瓷碗口残片，Aa 型Ⅲ式，1 件。

91T503②: 79，蓝釉瓷碗口残片，Aa 型Ⅲ式。长 4.3 厘米，宽 4 厘米。蓝釉钧窑瓷圆唇敛口圆腹碗残片，内外施釉，外壁磨涩。釉色浅蓝带绿，略呈豆青色。釉面厚润光洁，釉面有裂纹。胎质较细，铁灰色。

② 蓝釉瓷圈足碗残片，Ac 型Ⅱ式，1 件。

91T503②: 80，蓝釉瓷圈足碗残片，Ac 型Ⅱ式。长 7.6 厘米，宽 4 厘米，三角形状，残高 3.5 厘米，足高 0.7 厘米。蓝釉钧窑瓷圈足碗残底片，内外壁施釉，外壁施釉不到底，流釉至圈足边。圈足内外无釉，足心凹，内墙斜削呈喇叭口状，外墙直，足底平，外边稍斜削。釉色蓝灰色，晦暗发涩。胎质较粗，铁灰色。

（5）黑釉瓷圈足碗底残片　Bc 型Ⅱ式，1 件。

91T503②: 81，黑釉瓷圈足碗底残片，Bc 型Ⅱ式。长 7.5 厘米，宽 6.5 厘米，残高 2 厘米，足径 6.2 厘米，足高 0.8 厘米。黑釉平底圈足碗残片。内外施釉，内壁施褐白釉，底内刮釉一圈，底心稍圆凹，釉色碱蚀严重，剥蚀变质。外壁施釉不到底，流釉至圈足边。圈足内心凹较深。内墙斜削呈喇叭口状，刀旋痕明显。外壁斜收，足底平，外边斜削。外壁釉色酱黑色，釉面有光泽。胎质较细密，灰色。内壁胎釉边呈铁灰色。

（6）蓝釉盘残片　Be 型Ⅰ式，1 件。

91T503②: 78，蓝釉盘口沿残片，Be 型Ⅰ式。长 5 厘米，宽 3.5 厘米。蓝釉钧窑瓷圆唇敛口鼓腹盘残片，内外施釉。釉色浅蓝带灰，釉面光洁，唇口部位色呈浅绿。釉面布满大小不匀的气泡，有釉流走痕印。胎质细密呈灰色。

（7）黑釉罐残片　Cb 型Ⅰ式，1 件。

91T503②: 82，黑釉罐底残片，Cb 型Ⅰ式。长 13.5 厘米，宽 8 厘米，残高 4 厘米。内壁施釉，外壁下部露胎，圈足底心内凹，足底平，外墙与壁斜平。釉色酱黑色，釉面薄涩，稍有光泽，胎质较粗，呈土黄色。

（8）白釉刻花瓷枕残片　Aa 型，2 件。

91T503②: 72，白釉刻花瓷枕残片，Aa 型。长 7.5 厘米，宽 5.6 厘米，胎厚 0.8 厘米。白釉瓷枕（平面）残片，釉面黄白色，刻莲花纹饰，釉面磨涩，胎质粗，夹砂较多，背面近火粘砂烧痕明显。刻画花纹娴熟流畅。

91T503②: 73，白釉刻花瓷枕残片，Aa 型。长 7.5 厘米，宽 3.5 厘米，胎厚 0.7 厘米。白釉瓷枕（平面）残片，釉色面黄白，刻花卉图案，釉面光洁。胎质粗，夹砂较多。

（二）铁器、钱币

本层中铁器资料无大特色。铁锚为近代所遗，20 世纪 80 年代寻访时，上年纪的船家讲述曾在附近行船时被遗弃的铁锚挂破船底。上层冲积层中出土钱币以清代钱币为主，少量的宋代至和元宝、治平元宝（彩版四二，4、5）。

T102①层（5a 层）

91T102①:02，残铁工具把，1 件。长 18.5 厘米（图八二）。

91T102①:03，残铁箍，长 18 厘米。

T202

91T202:01，铁钉二枚，大头方梃，身长 8 厘米，钉帽直径 2 厘米，手工打制（图八二）。

91T202:02，残铸铁器座一，半环，长径 13 厘米，高 3 厘米，喇叭口形（图八二）。

铁渣数块，10 厘米大小不等，可看出锈渣，炭琉璃结核。

T203

T203①即第 5a 层。

91T203①:57，铁锚，1 件。高 45 厘米，下为三钩，上柄煅八棱，尾部有孔，有环、链相连。钩尖分别为 90°、60°、50°，钩间距约 30 ~ 35 厘米。为近代所遗落（彩版三七，3）。

91T203①:10，铁钉，数枚。长 12 厘米，方形梃，圆钉帽径 1 厘米。

91T203①:11，铁疤钉，数枚。长 11.5 厘米，呈柳叶形两头折尖，长约 11 厘米，中部宽 1.5 ~ 2 厘米，厚 3 毫米（图八二）。

91T203①: 锈铁渣结核，数块，结核球三，大小不一，直径约 2.5 厘米（图八二）。

残铁器一，铁三角形器，长 6 厘米，作用不明。

91T203①: 铁圈箍，直径 4 厘米，箍呈四棱形，箍边 0.4 厘米。

T402

T402②即第 5b 层。

91T402②:5，铁片饰，1 件。长 32 厘米，宽 7.5 厘米，一端近椭圆形有钉孔，似为板门上下边饰铁皮。

91T402②:18，铁疤钉，长 11 厘米，宽 1.5 厘米，如柳时形，两端折起。

T501

T501①a 即第 4 ~ 5 层。

91T501①a:19，铁钟残片，长 24 厘米，宽 19 厘米，厚 1.6 厘米，铁钟残片，锈蚀严重，纹饰不清，仅可见有圈饰方斜格纹饰。

91T501①a:23，铁锅，口径 21 厘米，高 8 厘米。尖折唇，侈口，宽沿，圆腹，三支钉。残破，锈蚀严重。

T302

T302 冲积层即第 4 层，出土铜钱（图九三）：

铜元“光绪元宝”一枚，直径 2.7 厘米，厚 1.5 毫米。红铜质，正面，正中为“光绪元宝”楷书，上为“湖北省造”，下为“当十”，左右有满文，背面为龙纹，一圈有洋文字母（图九三，2；彩版三五，7）。

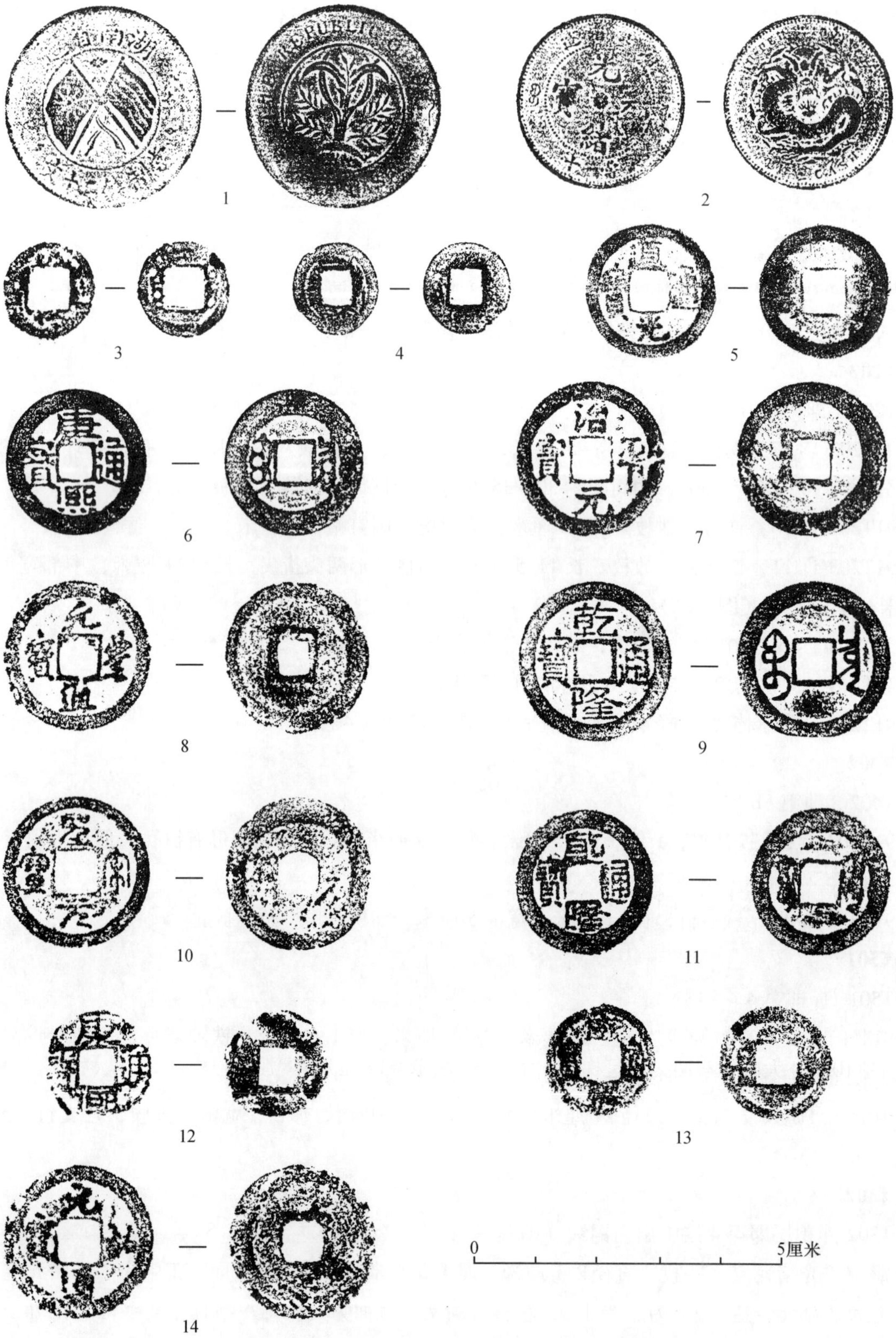

图九三　出土钱币拓片

1～5、13. T302①出土　6、7. T3②出土　8～12、14. T103③出土

铜元“当制钱二十文”一枚，直径3.2厘米，厚1.5毫米。黄铜质，正面为共和五色旗，上有“湖南省造”，下为“当制钱二十文”。背面中心为树枝叶纹饰，周边有西文字母（图九三，1；彩版三五，7）。

“康熙通宝”一枚，直径2.3厘米。方孔圆钱，宽边，隶书体字形，背有满文。

“康熙通宝”一枚，直径1.6厘米。方孔圆钱，楷书体，背满文，薄，剪边。

“康熙通宝”一枚，直径1.7厘米。方孔圆钱，楷书体，背满文，薄。

“乾隆通宝”一枚、直径2.5厘米。方孔圆钱，宽边，楷书体。背满文。

“乾隆通宝”一枚、直径2.3厘米。方孔圆钱，宽边，楷书体。背满文。

“道光通宝”一枚，直径2.1厘米。方孔圆钱，楷书体，背满文。

“治平元宝”一枚，直径2.3厘米。方孔圆钱，宽边光背，楷书字体。

小榆荚钱二枚，直径1.4厘米。方孔圆钱，薄，一面有满文，一面素面。

T502

T502第二层石面即第6B层。其上出土铜钱：

“至和元宝”一枚，直径2.4厘米。方孔圆钱，楷书体字，正面窄边，背面宽沿平背。

（三）其他

本层中杂项出土物中，发掘中清理出土有建筑构件、材料，如砖、瓦、琉璃、脊兽、滴水等。近代遗物有“西安城隍庙巷专做军学用品”牌饰、子弹、手榴弹、弹壳、弹夹等，生活用品有残玉环、石砚、陶塑、叫子等60余件。

T102

T102①层即第5a层。

91T102①:01，铅锡片一件，有柄似盘盏器，长约12厘米。

91T102①:02，残黑釉瓷捏塑叫子一件，如狗形，可吹响，长约5厘米，高3.5厘米，宽2.5厘米。

91T102①:03，马牙一枚。长8厘米，宽、厚约3厘米，骨白色，牙面凹凸明显。

91T102①:04，牙一枚。长4.5厘米，牙使用面光洁平滑。

91T102①:05，牙一枚。长6厘米，高3厘米。三角形齿面，齿纹面凹凸不平，外边凸痕显明。

91T102①:大砖，素面，砖呈梯形。上为38厘米×18厘米×8厘米、下为37厘米×18厘米×8厘米。

T203

91T203①:09，琉璃瓦残片，长10厘米，瓦口径12.5厘米，黄绿釉面，剥蚀较严重，胎质稍红。

91T203①:12，红陶色，高6厘米，圆柱形，如象腿，左右各饰圆轮形纹，似有足爪，足根部饰连续三角纹，两范合拼捏成，平底有一孔，内中空。

91T203①:13，灰白陶色，器形不明，高6厘米，前后两块合成前似手相握，上部残缺，中空平底，有一孔贯通。

91T203①:14，陶狮形残片，长6厘米，半个狮头，卷毛，铃铛，鞍佩饰。

91T203①:21，残坩埚一，直径9厘米，高11厘米，壁厚1厘米，直筒圆底，底厚4.5厘米，黑色，内外呈烧结琉璃状。

T301

91T301:01，骨扳指环，直径3厘米，高2厘米，内径2.2厘米~3厘米。颜色褐黄，表面光洁，内径光滑有骨腔糙壁，一头呈喇叭口状，使用痕迹明显，表面磨光（彩版三五，1）。

T302碎砖层（第4层）

91T302:子弹头，步枪子弹头，长3.5厘米，直径7.5毫米，弹头锐尖（彩版三五，3）。

91T302:镜片，平面圆形，直径4.6厘米，厚0.2厘米，表面光亮，透明磨边，残损（彩版三五，1）。

91T302:铜牌饰，长4.8厘米，宽2厘米。上模印花纹图案，有上下二排字，上为“西安城隍庙巷”下为“专做军学用品”（图八三，9；彩版三六，1）

91T302:05，白色石手镯，残存5.6厘米，直径1厘米，表面粗糙（彩版三五，1）。

91T302:06，白绿玻璃镯，残长6.6厘米，直径约1厘米，半白半绿裹白，质表面粗糙（彩版三五，1）。

91T302:07，白玻璃柱形饰，残长3.6厘米，直径约1厘米，下大上小，乳白色，有印纹，绿料玻璃饰（彩版三五，1）。

91T302:08，手榴弹头，长9.2厘米，弹头长7厘米，直径5.5厘米，铁质，木柄已朽毁，弹头内炸药雷管仍保留（彩版六八，2）。

91T302:02，骨锥，长16.5厘米，利用细骨做成尖锥（彩版三五，2）。

91T302:03，铜管，长8厘米，黄铜皮卷焊而成，表面光洁，两头均断口（彩版三五，3）。

91T302:铜疙瘩扣，残破红铜皮裹成，直径1.2厘米，有扣钮，残（彩版三五，3）。

91T302:料器，如药片，黄白色，直径1.2厘米，厚0.4厘米（彩版三五，1）。

91T302:料器，如半球体，直径1厘米，作用不详。

91T302:料珠，蓝琉璃色，如米粒，1毫米×1.5毫米，一头可见铁丝头。

T302①（第5a层）

91T302①:01，龙首形陶质脊兽，残长22厘米，高16厘米，宽11厘米（彩版三六，5）。

91T302①:02，兽首形陶质脊兽，残长18厘米，高16厘米，宽11厘米（彩版三六，4）。

91T302①:03，筒瓦，长22厘米，宽12厘米，高6厘米，厚2.2厘米。素面。

91T302①:04，筒瓦，长18厘米，宽10厘米，高4.5厘米，厚1.8厘米。素面。

91T302①:05，猫头形脊兽，直径10厘米，正面为兽面纹饰，周边有（乳钉）连珠饰，仅剩头，残。后部瓦断毁。

91T302①:06，滴水，残存半径10厘米。上部凸弧形，下部如意头形，中饰兽首形。

91T302①:07，滴水，残存半径11厘米。上部残，下部如意形，中饰兽首（彩版三六，3）。

91T302①:08，黑琉璃盖钉帽，直径6厘米，高3厘米，如覆盏瓜棱形，上部施黑琉璃色。

91T302①:09，磨扇石片残片，长23厘米，砂石质，凿磨扇痕迹。

91T302①:10，套杆，长23.5厘米，直径5厘米，有弯曲，中部有受力磨损痕迹，一头有铁丝加固，似牲口套绳拉杆。

91T302①:11，兽头骨（狗），长约14厘米，高约10厘米，宽11厘米。

91T302①:12，肢骨，长约15厘米。

91T302①:13，马牙，长约5.5厘米，齿面2.8厘米×2厘米。凹凸不平。

91T302①:14，牙，长5厘米，齿面1.5厘米×1厘米。斜坡面较平滑。

91T302①:15，石砚（残），长9厘米，宽8.5厘米，厚1厘米。墨池圆形，边饰图案，残损不辨，为褐红色页岩质地。

91T302①:16，陶器物残腿，红色陶质，长7.5厘米，宽6厘米，腿高4.7厘米。腿为兽首形饰。平底有制作旋纹。

另有焦炭数块，灰色土焦，大小不等。

T303

第5b层出土铜箭镞一件，长3.1厘米，三角形，镞锋锋利（彩版三五，3）。

T401 冲积层（第4层）

出土子弹壳，子弹夹，捏塑叫子等。

91T401:01，子弹壳，长5.6厘米，直径1.2厘米。底火已用过，步枪弹壳（彩版六八，2）。

91T401:02，子弹壳，长2.4厘米，直径0.9厘米。底火已用过，手枪弹壳。

91T401:03，子弹夹，长5.5厘米，高5厘米，后1.3厘米。铜质。底部有S.F.m字母，两侧有五星。呈梯形，中心有圆孔，直径3.2厘米。下部2毫米处有卡槽，一侧边微折，卡子弹出槽。底部有两个小三角孔，中部凸起（彩版六八，2）。

91T401①:04，黑釉陶羊叫子（残），捏塑，长7厘米，高5.5厘米，宽约3厘米。大羊角形，尾部做哨，上半身施黑釉，下身四腿外张，左边腿残损（图六七，1；彩版三五，6）。

T502①（第5a层）

石砚台，2件。

91T502①:21，长11.5厘米，宽7厘米，厚1.1厘米。长方形仿瓦砚，正面三边0.7厘米边饰，一边与墨池台通，墨池饰圆弧边，池斜凹，饰如意边饰，砚使用不久，破损边背面两侧留边，由下至上斜琢状。砚石黑褐色（彩版六八，1）。

91T502①:22，长7.8厘米，宽6.5厘米，厚0.9厘米，残雕饰平砚。残存四分之一部分，正面角刻饰图案，中为墨池，使用砚池中部薄透致损。砚石，灰色页岩石质（彩版六八，1）。

股骨数块。

T502②（第5b层）

出土动物骨数块。

91T502②:骨，数块，马、骡、蹄足踝骨部位，长6厘米、8厘米不等。

91T502②:55，角骨，长约12厘米。角尖状。

T503①（第5a层）

出土建筑材料琉璃筒瓦，筒瓦，脊兽（残），滴水瓦（残）等。

91T503①:56，琉璃筒瓦，长27厘米，宽15.7厘米，高18厘米，厚2.4厘米。绿琉璃面，剥蚀严重，釉面磨涩无光。

91T503①:57，筒瓦，长24厘米，宽14厘米，高7厘米，厚1.6厘米。素面。

91T503①:58，脊兽（残），长21厘米，宽23厘米，厚8厘米。素灰面，龙首形张嘴瞪眼状。

91T503①:59，滴水（残），宽15.5厘米，瓦残长13厘米，厚1.3厘米。素灰面。滴水长15厘米，宽7厘米。滴水沿饰云头如意形，面饰兽头云气，单棱线围边。背面有指捺印。

T503②（第5b层）

91T503②:69，残坩埚，直径10厘米，残高5厘米，内径6厘米，壁厚1.6~2厘米，平底、圆形坩埚，外壁黏烧结物，砂胎，铁黑色。残损严重。

第九章　蒲州古城的勘察情况

第一节　文 化 分 期

蒲州古城有着深厚的历史文化底蕴，史传舜都蒲坂，故址在蒲州老城东南隅。顾祖禹《读史方舆纪要》谓：蒲州控据关河、山川要会……自古天下有事争雄于河山之会者，未有不明河东为噤喉者……河中之地黄河北来，太华南倚，有羊城砥柱之险，浊河孟门之限，以缳辕之襟带，与关中为表里，建都于此可以总水陆之形式，将关河之气色。春秋秦晋战于河曲，即其地也。战国为魏蒲邑。“秦始皇东巡见长坂，故加反”，称曰蒲坂。西汉仍称蒲坂县，属河东郡。王莽改名蒲城，东汉改为蒲坂县。山西省博物馆青铜藏品中有东汉“甫反田官”。魏、晋、北魏、北齐、北周均名蒲坂县。晋时先后为秦州治、雍州治。北魏神麚元年（428年）为河东郡治。故治在蒲州古城东南二里的外城部位。北周建国第二年（558年）“于河东置蒲州”。隋开皇十六年（596年）蒲坂县移治城东，于蒲坂故城置河东县。大业三年（607年）蒲坂县并入河东县。唐、五代、宋、金、元俱名河东县。唐武德三年（620年）蒲州来治，后为河中府治。《旧唐书·地理志》记载，河中府，隋河东郡。武德元年，置蒲州，治桑泉县（故城在今临晋县东北）。二年，置蒲州总管府。三年，移蒲治河东县，依旧总管府。九年，又置都督府。其年，罢都督府。开元八年，置中都，改蒲州为河中府。其年，罢中都，依旧为蒲州，又与陕、郑、汴、怀、魏为“六雄”。十二年，升为“四辅”。天宝元年，改为河东郡。上元元年，复为蒲州。《通典》记载河东郡蒲州：唐初为蒲州，开元九年五月置中都改为河中府，寻罢仍旧。宋代为河中府治，金天会六年（1128年）降河中为蒲州，天德元年（1149年），复升河中府，元初仍为河中府治。明洪武三年（1370年），废元河中府，改河东县为蒲州。清雍正六年（1728年）置永济县，属蒲州府。民国元年裁府留县。

《西厢记》中有长安忆念蒲东寺句，普救寺距蒲东十余里，恰是而今蒲州西门外。

普救寺距铁牛4公里。东门至鼓楼台500米；至西门约1.5公里。西门至废弃的东城门遗址约3公里（2000年8月10日测量，图二）。

金代之前古城遗迹东西长3公里，南北长2公里。城中鼓楼居东、西城门轴线中稍偏西。四门均残存，东北、西北、东南城角仍较完整的保存于地面之上，城墙遗迹仍存，清晰可辨。在外城东南角夯土中多夹杂有唐代早期瓷片。

《永济县志·蒲州府城》记载：

> 郡城旧为州城，平阳府为即虞都旧城，通志因之……而未尝考其始筑，在元魏之世，魏治河东郡，治蒲阪，又改秦州，行台在焉，周隋因之，至唐为河中节度军使镇城……旧

城所筑，其周几二十里。金哀宗正大八年，元兵攻河中府，金将草火讹可，以兵少力不能守，乃截其中为内城以守。古城东部弃守后收缩至现存城的形式。金建城周八里三百四十九步。元代葺之，元至正十年宣慰使赛因赤答忽怀远，与守御宣抚同知范国英增修，锺迪为之记。明洪武四年千户张盖重筑，用砖裹堞，城高三丈八尺，堞高七尺……西临黄河，东南北凿池，各阔十丈，深一丈五尺，环六里四十五步。嘉靖三十四年，地震城遭破坏。河东道硪事赵祖元知州像重修。尚书卢甥为之记……隆庆元年……复加砖坯，坚固倍昔。

明代的蒲州一度辉煌，作为明代中晚期两任首辅张四维、韩旷的家乡，杨博、王崇古等英才荟萃。明正德十六年《石津记》记载，自成化来仅逾三纪，已六兴工矣，多次对于日渐浸蚀的河岸维修加固。对西城外铁牛等进行了保护。明王崇古《重修黄河石堤记》记载，唐开元中，东西修石岸。铸铁牛，系铁缆，维浮桥。历代河患频仍，河西石岸，铁牛，俱崩没。大庆关基地，洗剥殆尽。东岸势迫蒲城仅数丈。

《永济县志·蒲州府城》记载，清代康熙元年壬寅知州侯康民重修，城又缩小成为如今看到的，城周六里十五步。自为记。至同治七年已阅五十载，渐多倾圮……损输兴修。康熙、同治多次重修，光绪欲修，无资未修。

河中古为大藩重镇，其城郭素号壮峻而完固，唐宋之盛不得见矣，即明中世州萃而居者巷陌常满，既多仕宦，甲宅连云，楼台崔巍，交接睥睨，南廓以外，别墅幽营，贵家池馆，绮带霞映，关城所聚，货别队分，百贾骈辏，河东诸郡，此为其最。今（清光绪年间）飞甍于朝烟，列黄销乎蔓草，郭中计户不及千余，砾石盈于道周，田犁半入城关，比于鲍照所赋，可谓顾之而兴叹矣。

清代末年，黄河河道侧移，西墙已直接受到黄河的冲刷，城西北角已经坍塌，城中多次被黄河侵蚀，1940 年前后，城西部已化为一片野草茫茫的沼泽，只有东门附近和东关还有一部分住户，但也没有像样的人家。人口大概两三千人。六十年代后对城西北角进行加固，城外又修建防洪堤。1991 年发掘时西城的一片水泽，九十年代后期，黄河水量减少，西移。水位下降。古城内的水塘全部干竭。少数养鱼池，也只有靠深水泵抽水维持。古城鼓楼周边仅存几个部队农场，县里农场，造纸厂等少数单位。近几年，黄河滩地种植了芦笋，城里又建起芦笋加工厂，冷清的古城又增添了生气。

现存四周城墙基本完整，东西长 1.5 公里，南北长约 2 公里，四门及瓮城均残存。现存城墙高约 2～4 米，外城墙处多有淤土堆埋。北城门额现存有嘉靖三十四年大地震后重新树立的明代洪武六年城门匾额。

第二节　文化遗存

一、文化遗迹

2000 年 3 月至 8 月，刘永生、张俊才对蒲州古城进行了勘察。蒲州古城位于现永济市西，蒲州镇西北，现西厢通鹳雀楼公路东西贯穿古城。古城保存基本完整，周边城墙保存不等，城内残存城墙高约7～8米，城墙内为夯土，面部裹砖。内墙残损严重，城砖大多被拆除，城墙地基宽约8米，城墙顶面宽约1.5～3米左右。四门均保留有门洞，瓮城可辨，北门内东西马道遗迹明显，城外围跺可辨。城北部保存较好，外部城砖仍完好（图九四～九九；彩版三〇～三四）。城墙西南部残损严重，应该是水患所致，据记载，多次为黄河水患所冲开决口，修筑痕迹明显。现西城门部位城内地表低于城外约1.5～2米。蒲州古城西城门洞内地表高程较铁牛3号牛头顶平处高程低30厘米。如此，门洞地表约为331.4米。从铁牛地面至西门形成渐缓上坡。高度相差不甚明显。西门距渡口铁牛约120米。城墙范围内西南部较大，东北部较小，约8∶3。鼓楼台基居东西门轴线。从鼓楼向南北直通南北两城门。

南城保存较好，马面仍可看到20米×15米的城墩，每墩相距60～70米。南城门、瓮城、马道保存较完整。瓮城现存70米×70米，门朝东开，外墙计算约100米×100米。朝西5座马面，朝东4座。地表保存约3米。南城门楼无存，现城门台上盖有两间小屋，台上残存有石柱础。南城墙上可见金代手印砖、唐代绳纹砖、明代大城墙砖。

图九四　2005年调查蒲州古城外城东南城墙遗迹

图九五　蒲州北城墙遗迹（由东向西观察）

图九六　蒲州西城墙遗迹（由西门向南）

图九七　蒲州西城门内遗迹

图九八　蒲州北城墙城内部分遗迹

图九九　蒲州北城墙上部建筑遗迹

东城门保存更完整些，瓮城内约50米×80米，东城门保存高度约10米。东南城角至东城门有8个马面墩，每墩相距约100米，每座墩17米×20米。城墙保存较好，残存于地上部分约2米，城墙上部保存宽度约3米。城砖分别有绳纹砖、宋金手印砖、明代大城墙砖等。在地表可见到唐代玉璧底白瓷碗残片。

北门石匾额保存完好，门匾额上镌刻楷书大字“北门”。两侧各有小字铭题，左侧为“皇明嘉靖三十五年岁次丙辰九月己亥吉旦”，右侧两行，左为“洪武六年二月吉日立”，右为“山西布政二司守巡河□□参议王光正知事□□”。由此可知此匾额明初立于门额，嘉靖三十四年蒲州大地震后，于嘉靖三十五年重立。北城城墙内墙补修痕迹明显，外为明代大砖，内墙较杂，可见金代薄砖。北城内可见战国陶豆柄，汉代绳纹子口砖，唐代绳纹砖，宋金薄砖，明代大城砖。城墙夯土5～15厘米不等，夹杂汉唐砖瓦，唐代白瓷片、玉璧底、宋耀州瓷片等。北门内东侧马道旁残存一段城墙较原始，较早。砖32厘米×16厘米×6厘米，白灰砌筑四层，厚80厘米。内砌砖块大小不一。在北城门内侧南马面，小砖之外为大砖，37厘米×18厘米×8厘米。模印“永济知县李□□监造”（图六八，10）。此类砖在东门、西门两侧城边等处多有发现，为后期修补所筑。鉴于清雍正六年（1728年）置永济县，属蒲州府。因之此砖为清代维修城所使用。

2005年5月23日，上午，刘永生、张俊才、张军社再次到蒲州城东勘察。据府志记载，蒲州东南有舜帝庙，州东南先建城，传为舜帝时代所建。勘察未发现早期遗迹。东南部位有汉代的遗迹，有汉代的细绳纹陶器残片。在熏风台（南城墙的一座城楼遗迹，取于南风诗意）附近未发现早期遗迹。城墙夯土中夹杂着金元时期瓷片，城内有元明时期瓷片。砖碎块多，有手印。

在转过东南角后，东边的城墙遗迹中发现汉代的细绳纹陶片，又往北一段，地面上的瓷片多有平底和底部中心有浅凹心的白瓷碗残片（图一〇〇，2～5）。外出土的残片类型如铁牛周围的发掘中地表下实际底下出土物。可以判断这里是最早的城墙遗迹。

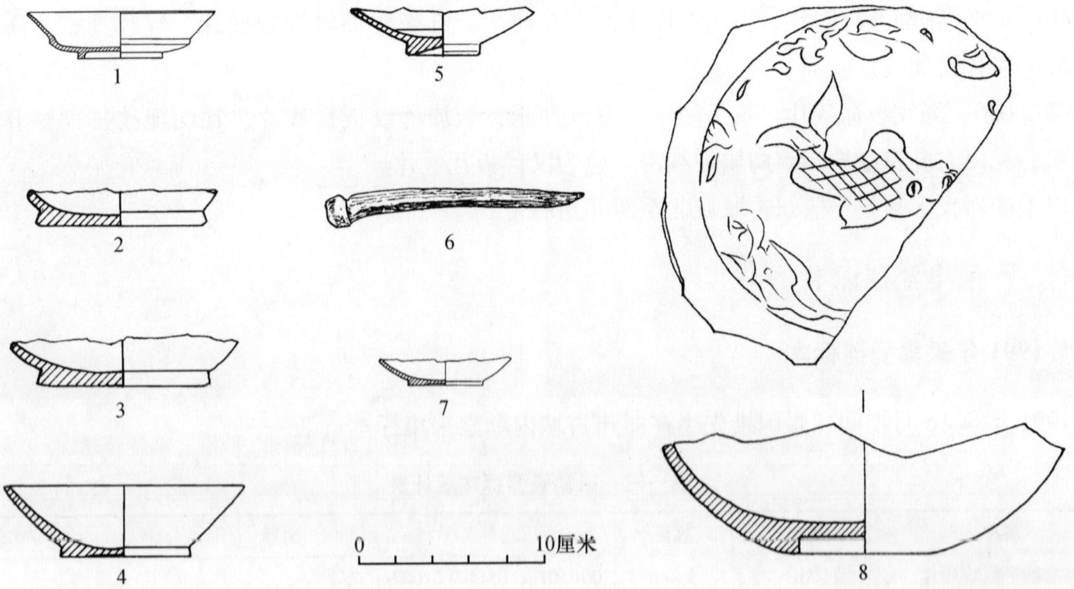

图一〇〇　2005年蒲州城调查采集标本

1. 酱釉圈足盘（05PGWC:005）　2、3. 白釉平足碗（05PGWC:001、05PGWC:002）　4、7. 白釉玉璧底碗（05PGWC:003、05PGWC:004）　5. 黑釉瓷碗（05PGWC:006）　6. 骨簪　8. 青花彩绘金鱼盘（05PGWC:007）

二、文化遗物

蒲州古城四周勘察，在城西沿城外一线，城北沿城内一线，瓷片较多。城南、城西南不多，城北门至西门一线城内亦采集到一些能反映时代特征的有代表性的陶瓷器残片。统一按城边采集标本00C:编号的格式，综合整理如下：

（一）采集陶器标本

00C:043，绳纹鬲足残片，残高7.5厘米，残根宽5.5厘米，夹砂陶鬲残足，实心，扁圆状足底尖平。夹砂褐红色，绳纹饰两边拍制。时代相当于侯马晋国时期，陶器分期B型Ⅲ式。如：《侯马铸铜遗址》XXII T663H114:1，春秋晚期①。

00C:042，彩陶片，长7厘米，宽3.2厘米，灰质陶施红白彩绘，陶质较细密，应为汉代陶器残片。

00C:041，绳纹陶片，长5厘米，宽3厘米，灰质陶片外印绳纹饰，手工控制痕迹。陶质较粗，应为战国至汉陶器残片。

00C:029，绳纹陶片，长8.7厘米，宽5.3厘米，灰质陶片绳纹印模拍制，陶质较细密，应为战国至汉陶器残片。

① 山西省考古研究所：《侯马铸铜遗址》第347页，第四章“B型陶鬲”，文物出版社，1993年。

00C∶028，细绳纹红陶片，长7.5厘米，宽6厘米，红陶质细绳纹罐残片。绳纹细密，陶质较粗，应为汉代陶器残片。

00C∶030，绳纹板瓦残片，长7厘米，宽6厘米，灰质绳纹板瓦残片，瓦面绳纹排列整齐，纹饰较粗，瓦内有乳钉纹拍印。陶质较细密。应为汉代板瓦残片。

以上陶器大多采集于蒲州古城城北至西北角一带。

（二）采集瓷器标本

1. 1991年采集瓷器标本

1991年4~6月期间，张国维先生在蒲州古城内勘察采集标本（表一三）。

表一三　采集瓷器标本统计表

名称	类型	数量	编号
灰白釉平足碗残片	Ab	2	00C∶018，05PGWC∶002
白釉平足碗残片	Ac	7	91PGNC∶054，00C∶022、019、020、039、025，05PGWC∶001
白釉玉璧底碗残片	Ba Ⅰ	9	00C∶016、014、015、017、035、036、038，05PGWC∶003、004
白瓷碗残片	Ba Ⅱ	1	00C∶024
白瓷碗残片	Bb Ⅰ	3	91PGNC∶055、058、070，00C∶013
红绿彩瓷碗残片	Bf Ⅰ	1	91PGNC∶068
白瓷盅盏残片	Bg	1	00C∶012
青白釉宽圈足碗残片	A	2	00C∶001、021
青白釉瓷碗残片	Ca	2	00C∶023、026
青白釉瓷碗残片	Ea	1	00C∶027
青绿釉碗残片	Ac	1	91PGNC∶071
青花瓷碗残片	Aa	2	91PGNC∶069、073
青花碗残片	Ab	1	91PGNC∶076
青花瓷碗残片	Ca	1	91PGNC∶075
黑釉瓷碗残片	Ab Ⅰ	2	91PGNC∶065，05PGWC∶006
黑褐釉瓷碗残片	Ba Ⅰ	1	91PGNC∶052
白釉瓷盘残片	Ba Ⅲ	1	91PGNC∶031
青花瓷碟盘残片	Bd Ⅰ	1	91PGNC∶072
青花深腹盘残片	Bd Ⅱ	1	91PGNC∶074
酱釉圈足盘	Bf	1	05PGWC∶005
青花彩绘金鱼盘	Da Ⅱ	1	05PGWC∶007
酱褐釉瓷罐残片	Ea	1	91PGNC∶056

（1）白瓷碗

① 白瓷碗残片，Ac 型，1 件。

91PGNC∶054，白瓷碗残片，Ac 型。长 5 厘米，宽 4.7 厘米。残高 2.2 厘米。平足高 0.4 厘米。白釉平足碗残片。内壁施白釉，有支钉痕。外壁半挂釉下腹部露胎，足底平，心微凹，露胎。胎质较粗，不密实，釉色土黄。釉面薄涩，如橘皮。

② 白瓷碗残片，Bb 型Ⅰ式，3 件。

91PGNC∶055，白瓷碗残片，Bb 型Ⅰ式。长 7.8 厘米，宽 4.6 厘米，白瓷圆唇，鼓腹碗残片，内外施釉，釉色白，晶莹厚润，亮洁，有光泽，釉面有细微晶裂纹。胎质较紧密土黄色。

91PGNC∶058，白瓷碗残片，Bb 型Ⅰ式。长 7.2 厘米，宽 5 厘米，瓷碗腹部残片，内外施釉，外壁半挂釉，釉色白，釉质厚润晶莹亮洁，有光泽，可见不规则晶裂纹。胎质较紧密，土黄色夹有黑粒。

91PGNC∶070，白瓷圈足碗底残片，Bb 型Ⅰ式。长 4.5 厘米，宽 4.5 厘米，残高 1.3 厘米，足底高 0.5 厘米，足底宽 0.3 厘米。内外施釉。圈足外壁施釉，内心露胎，粘釉点，墨书“新”字，足底平刮釉露釉，刀旋痕明显。釉色白，晶莹，有杂粒留痕。胎洁白细腻，密实。

③ 红绿彩瓷碗残片，Bf 型Ⅰ式，1 件。

91PGNC∶068，红绿彩瓷碗残片，Bf 型Ⅰ式。长 7.5 厘米，宽 5.5 厘米，残高 2.3 厘米，圈足高 0.9 厘米，直径 5.7 厘米，足底宽 0.2 厘米。细花瓷碗残片，圈足鼓腹，内外施釉，圈足高、薄、精、俏。内外施釉，足底边刮釉露胎，呈圆形“泥鳅背”，底心平，朱红彩绘印章一枚，双勾边框，篆书“雍正年制”。胎质洁白细腻，密实。釉质晶莹厚润，细腻青白色，外壁在青底上橘红、绿等彩绘花枝叶图案，釉上彩工艺。

（2）青绿釉碗残片，Ac 型，1 件。

91PGNC∶071，青绿釉碗残片，Ac 型。长 6.5 厘米，宽 5 厘米，残高 1.5 厘米，圈足高 0.5 厘米，直径 4.8 厘米，足底宽 0.4 厘米。内外施釉，内底心刮釉一圈，底呈凹圆。圈足内外露胎，足心施薄釉，呈棕色。足底平，足外棱斜削打棱。内边斜削，心底微凸。胎质细腻，呈灰色。釉色青绿，釉质厚润光洁，刮釉边呈棕色，釉面微显“棕眼”有晶裂纹。

（3）青花瓷碗

① 青花瓷碗残片，Aa 型，2 件。

91PGNC∶069，青花瓷碗残片，Aa 型。长 5.3 厘米，宽 5.2 厘米，残高 1.5 厘米，圈足高 0.6 厘米，直径 4 厘米，足底宽 0.1 厘米。内外施釉，内心底边一道圈饰，内心平，绘图案似鱼（不详），外壁施釉至底边。圈足至底露胎，为刮釉做法。内心凹平，露胎。足外壁斜削，足边斜打棱。胎质晶莹洁白细腻。釉质光洁。釉边呈棕红色，青花色淡青（彩版六四，2）。

91PGNC∶073，青花碗残片，Aa 型。长 5.3 厘米，宽 4.9 厘米，瓷碗口沿一道，腹部绘一道图纹饰。外壁口沿处绘一道圈纹饰，腹壁六瓣花纹饰。釉色青蓝，青花图案色浓重。边稍有晕。釉质晶莹，有光泽，釉面有晶裂。胎质较粗，色土黄（彩版六四，2）。

② 青花碗残片，Ab 型，1 件。

91PGNC∶076，青花碗残片，Ab 型。长 10 厘米，宽 9 厘米，残高 2 厘米。圈足高 0.8 厘米，直径 7 厘米。青花碗底残片，内外施釉，内底青花绘花团，外壁施青釉至圈足底边。圈足外施釉，内心饰二道纹饰，中绘一方形印记，不识。圈足外壁稍斜旋，足内壁直，足底稍内收，足底中棱内外两侧斜削。圈足内壁施釉不匀。青花釉质光洁厚润，青花色鲜艳淡雅，色重处可见铁锈斑。胎质洁白细腻，有隙孔（彩版六四，2）。

③ 青花瓷碗残片，Ca 型，1 件。

91PGNC∶075，青花瓷碗残片，Ca 型。长 5 厘米，宽 3 厘米，残高 1.7 厘米。圈足高 1 厘米。内外施釉。内心底凹圆，圈足外壁根部绘一道圈饰，中绘二道圈饰。圈足内心凸圆，边饰二道圈，中楷书“宣”字和满文一字。圈足高薄壁口稍内收。足底刮目相看釉呈圆形，滚圆如“泥鳅背”。青花绘菊花图案，釉色晶莹亮洁，青花色清新淡雅，勾花瓣轮后晕染填色。胎质晶莹，洁白细腻，密实（彩版六四，2）。

（4）黑褐釉碗

① 黑釉瓷碗残片，Ab 型Ⅰ式，1 件。

91PGNC∶065，黑釉瓷碗底残片，Ab 型Ⅰ式。直径 7 厘米，残高 2.5 厘米，圈足高 1.3 厘米。内外施釉，内底心刮釉一圈，内施褐釉，釉薄光洁。外壁施黑釉，圈足内外均施黑釉，足底刮釉露胎，滚圆棱边。足外壁束颈。内壁呈喇叭口状，足底心刻釉手体书一“大”字，心微凸。釉色黑，厚润亮洁，刮釉边现棕红色。釉面有“橘皮”痕。胎质较密实，土灰色夹黑粒。

② 黑褐釉瓷碗残片，Ba 型Ⅰ式，1 件。

91PGNC∶052，黑釉瓷碗残片，Ba 型Ⅰ式。长 9 厘米，宽 4.3 厘米，残高 3 厘米。圈足底高 0.5 厘米。内壁施黑釉。近底部位可观察到一支钉痕。外壁下腹部露胎，可见一流釉痕。圈足底平，底心凹，心中微凸可见刀旋痕。黑釉色中夹酱点，大小不匀。釉质光洁，可见“橘皮”、“棕眼”。

（5）瓷盘残片

① 白釉瓷盘残片，Ba 型Ⅲ式，1 件。

91PGNC∶031，白釉瓷盘残片，Ba 型Ⅲ式。长 4 厘米，宽 2 厘米，残高 1.1 厘米。圈足高 0.3 厘米，足底宽 0.4 厘米。敞口，斜腹平底，圈足碟盘。内外施釉。内壁底部有凹棱，外壁半挂釉，下腹及圈足部位露胎，圈足底平。釉色白，釉质晶莹光洁，厚润有晶裂纹。胎质较紧密，黑灰夹黑粒较多，近外壁边高温所致黑胎。

② 青花瓷碟盘残片，Bd 型Ⅰ式，1 件。

91PGNC∶072，青花瓷碟盘残片，Bd 型Ⅰ式。长 6.2 厘米，宽 4 厘米，残高 1 厘米。圈足高 0.5 厘米，直径 4 厘米，足底宽 0.7 厘米。内心底平。内外施釉。圈足外壁斜削，足根与壁中部各绘一道圈饰，圈足内心凹，露胎，足底由外向内斜削。青花色淡雅清丽，釉质晶莹厚润，有光泽。胎质细腻洁白，晶莹，稍泛青色。

③ 青花深腹盘残片，Bd 型Ⅱ式，1 件。

91PGNC∶074，青花深腹盘残片，Bd 型Ⅱ式。长 8.6 厘米，宽 7 厘米，残高 2.7 厘米。圈足高 0.2 厘米，直径 5.7 厘米。青花，敞口，深鼓腹，平底盘残片。内外施釉，内壁二道双勾纹，青花绘花草鱼鸟图案。图案下部为水边花草，水中游鱼，中为陆地树木花草，两只鸟飞向花中。圈足外边青花色绘一道圈饰磨混不清。外边斜削，呈“抓不住”状，内心施釉不匀，足底中棱两边斜削边棱，胎质洁白细腻，密实。釉质晶莹光洁，厚润有光泽。青花色淡雅，色重处可见铁锈点（彩版六四，2）。

（6）酱褐釉瓷罐残片，Ea型，1件。

91PGNC:056，酱褐釉瓷罐残片，Ea型。长4厘米，宽2.8厘米，残高1厘米。褐釉罐底残片，内壁底心可见制作旋痕，底心薄。内壁施酱褐色釉，外壁下腹及平底露胎，底平稍微凹，胎薄仅0.2厘米。胎质较细密，土灰色。釉色酱褐色，薄涩。

2. 1999年调查采集瓷器标本

99T1C:026，黄釉陶香炉残片，长7.7厘米，宽6.2厘米，残高6厘米。黄釉平卷沿方尖唇，束颈溜肩，鼓腹圆底三足陶香炉残片，内施黄釉至颈部，外施黄釉至下腹部，足施釉。黄釉色光洁亮泽，胎质为红陶土烧制（彩版六一，2）。

99T1C:013，印花白瓷碗残片，长7.2厘米，宽4.3厘米。白釉瓷圆唇侈口，圆腹碗残片。内壁印花，饰水波浪纹及团云，飞禽展翅图案，线条细致，整齐流畅。纹饰清晰，有凸棱感。内外施釉。胎质细腻洁白，胎薄俏，器形精巧。釉色牙白晶莹光洁，有光泽，釉面放大可见釉裂纹（图六三，2；彩版六一，5）。

99T1C:006，青绿釉刻花碗残片，Aa型，长15.8厘米，宽5.5厘米，高3.8厘米。腹底部分，长14厘米，宽12厘米，高3.5厘米。圈足直径7.6厘米，足高1厘米，足底宽0.2厘米。上下残片釉质同，但残缺不可连接。侈口圆唇，鼓腹圈足碗残片。内外施釉，内壁刻饰缠枝牡丹图案，中心四朵牡丹花，两两对称，呈二方连续，缠枝围绕卷叶补空花团锦簇，外围花瓣纹饰边。外壁刻饰放射状斜棱，近口沿下围有圈饰。图案线条流畅，刀法犀利，釉面光洁厚润，纹饰高凸鲜明，釉色青黄，晶莹亮洁，有裂纹，一半色泽稍深。圈足内外壁斜削，足心微凸。施薄釉，足底无釉。釉边现浅咖啡色。胎质紧密，色稍灰，夹黑点（图六一，2；彩版六二，1）。

99T1C:005，黑釉浅碗残片，长10.8厘米，宽8.5厘米，高3.6厘米；圈足高0.5厘米，直径7厘米，足底宽0.8厘米。黑釉尖圆唇，撇口，微鼓腹浅碗残片。内外施釉，内底心刮釉一圈。内心近平，外壁半挂釉。圈足内外露胎。足底平，足外边抹棱，根部内收束颈，足内心凹陷，底有旋刀痕。釉色黑，釉质稍涩，有亚光。如橘皮状。胎质紧密，色浅灰夹黑粒较多。明代正德十六年《石津记》碑龟座下出土（图六二，4；彩版六二，2）。

99T1C:012，黑釉浅碗残片，长11.5厘米，宽8厘米，高3.6厘米；圈足高0.6厘米，足底宽0.7厘米。黑釉侈口圆唇，微鼓腹折棱浅瓷碗残片。内外施釉。内底心刮釉一圈。内心底胎较薄。外壁半挂釉。圈足内外露胎。圈足外边抹棱，滚边，根部稍内收，足底平，足内心凹近平。釉色酱黑，面有光泽稍涩，橘皮状。胎质稍粗，土灰色（图六二，2；彩版六二，2）。

99T1C:019，豆青釉瓷碗残片，长8厘米，宽4.5厘米，残高2.5厘米；圈足高0.5厘米。侈口瓷碗残片。内外施釉，内壁饰印花图案，底心刮釉一圈。外壁施釉至圈足根。圈足内外露胎，圈足底两边斜削，中有脊棱，足内心凹。足外边粘砂。釉质薄，可见晶裂棕眼。磨蚀涩，无光洁。胎质较细密，色灰白（彩版六三，1）。

99T1C:003，黄绿釉瓷碗残片，长8.3厘米，宽6.2厘米。侈口碗下腹部残片。内外施釉。内壁印饰荷叶、荷花图案，近底心刮釉一圈，压饰一道圈。釉色黄绿，釉面涩，有裂纹，胎较细密，土白夹黑粒（彩版六三，1）。

99T1C∶018，绿釉刻花碗残片，长7厘米，宽5.5厘米，高4.1厘米；圈足高1厘米，足底宽0.4厘米。绿釉刻花鼓腹圈足碗残片，内外刻花纹饰，内外施釉，内心刮釉一圈。外壁釉至圈足边，圈足露胎，内心凹，内壁斜削。釉色光洁，釉面厚润有裂纹。胎质细腻，灰色夹黑点（彩版六三，1）。

99T1C∶023，棕釉瓷碗残片，长6.5厘米，宽3.1厘米，残高2.5厘米；圈足高0.6厘米。棕釉直腹敞口圈足碗残片。内外施釉。内底心凹陷，外壁施釉至圈足。圈足心施釉，足底脊棱向两侧斜削，刮釉露胎。釉色棕色，晶莹亮洁，釉面有“棕眼”痕。胎质灰白细腻，密实（彩版六三，2）。

99T1C∶014，深蓝釉瓷碗残片，长7.5厘米，宽3.5厘米，残高3厘米；圈足高0.7厘米，足底直径3.8厘米，足底宽0.8厘米。深蓝釉鼓腹圈足碗残底片。内壁施淡青白釉，内底微平。外壁施深蓝釉至圈足底边。圈足足底由外向内斜削。足心内凹露胎。釉色晶莹厚润，光洁明亮，分布有不匀的深色釉点。胎质细密洁白（图六二，3；彩版六三，2）。

99T1C∶032，白釉褐彩盆残片，长25厘米，宽15厘米，残高10厘米，底直径约33厘米。直壁敞口圈足盆残片。外壁釉不到底，内壁满施釉，壁有酱褐色行书字装饰，内底绘花草纹饰，技法娴熟，笔锋遒劲。釉色光洁，化妆土施青釉，花草字迹呈咖啡色，于釉下绘成。底边斜面出削外棱。圈足底平，足内边斜削，底可见旋制痕。内墙斜削与盆底旋成三角形凹痕，足底外边斜削。白釉色稍黄，釉面厚润光洁。有釉裂。黑褐釉为白化妆土绘咖啡色彩，外罩清釉。稍有凸痕。胎质较粗，色土黄（图六一，4；彩版六三，3）。

99T1C∶009，黑釉瓷碗残片，长14厘米，宽12厘米，高8.6厘米；圈足高0.8厘米，足底宽0.6厘米。黑釉侈口圆唇，鼓腹，圈足碗残片。内外施釉。内壁满施釉，底心部位微凹可见支钉痕。外壁下腹部釉色不匀，有流痕。圈足外壁粘流釉，余则露胎，足内心凹于外壁根部。足底稍见棱向内外边斜削。釉色黑亮，晶洁有光泽。可见“棕眼”痕。胎质较粗松多见隙孔，胎色灰夹黑粒（彩版六四，1、2）。

99T1C∶008，绿釉刻花碗残片，Ce型，长22厘米，宽16.5厘米，高7.5厘米；圈足直径6.5厘米，足高0.8厘米，足底宽0.5厘米。侈口，反卷圆唇，腹微鼓碗残片，内外施釉，内壁刻饰荷叶、荷花图案，疏朗大方，卷草围饰。内心微凹。外壁釉近圈足部，不匀有漏釉，足底向内外斜削，刮釉露胎，足心微凸施薄釉。釉色浅绿，釉质厚润，晶莹亮洁，有裂纹，气泡多大小分布不匀。胎浅灰，较密实。近足底釉有焦黑烟火色（图六一，3；彩版六五，1）。

99C∶003，青花瓷碗残片，直径6厘米，残高1.5厘米；圈足高1厘米，足底宽1.3厘米。瓷碗底残片。内底近平，施青花釉色，画“自”形纹饰（俗称“草节节”），圈足外壁施釉，青花色绘二道圈饰。圈足底边向内斜平倾，刮釉露胎。足底内心凹，露胎。青花色青翠，色重处深蓝。釉质厚润，磨蚀严重，面涩，釉多有瑕疵。釉面气泡匀密。胎质洁白细腻。

91C∶068，白釉花瓷碗残片，Bf型，长7.5厘米，宽5.5厘米，残高2.3厘米；圈足高0.9厘米，直径5.7厘米，足底宽0.2厘米。细花瓷鼓腹，圈足碗残片。内外施釉。圈足高、薄、精、俏。呈圆形“泥鳅背”，足底边刮釉露胎，底心平，朱红彩绘印章一枚，双勾边框，篆书“雍正年制”。外壁在青底上橘红、绿等彩绘花枝叶图案，釉上彩工艺。釉质晶莹厚润，细腻青白色，胎质洁白细腻，密实（彩版六八，3）。

3. 2000 年调查采集瓷器标本

（1）白釉碗

① 灰白釉平足碗残片，Ab 型，1 件。

00C:018，灰白釉平足碗残片，Ab 型。长 4. 8 厘米，宽 3 厘米，残高 1. 7 厘米，底足高 0. 5 厘米。内壁施釉，底心可见一支钉痕，直径约 0. 3 厘米。平底边壁直，底平心微凹，足边棱斜削。釉色灰白陈旧，黄且不匀。釉面光洁，有细微晶裂纹。胎质较细密，土灰色夹黑粒。

② 白釉平足碗残片，Ac 型，5 件。

00C:022，白釉平足碗残片，Ac 型。长 10 厘米，宽 5. 2 厘米，残高 2. 8 厘米。平底足高 0. 6 厘米。内施白釉内底有支钉痕，每个支钉痕直径约 0. 6 厘米。底心稍削。残存外壁与平底足露胎。底临外边斜削，外壁直底面平旋，内心微凹。釉色黄白，釉面光洁，有小晶裂纹。胎质较粗土黄色，有隙孔。

00C:039，白釉平足碗残片，Ac 型。长 6 厘米，宽 5. 2 厘米，残高 2 厘米，平底足高 0. 3 厘米。内壁施白釉，底心平，心底可见两支钉痕，每钉痕直径约 0. 3 厘米。外壁残存半挂釉边，外壁下腹部及平底露胎。平底足内心稍凹，可见刀旋痕，外壁直，外边棱斜削。釉色黄白，晶莹光洁，釉面有晶裂纹。胎质较粗，土黄色夹黑粒（彩版六〇，4）。

00C:019，白釉平足碗残片，Ac 型。长 5. 2 厘米，宽 4. 2 厘米，残高 1. 6 厘米，平底足高 0. 5 厘米，足直径 5 厘米。内壁施釉，底心可见两个支钉痕，大小各一。平底足边凹，刀旋痕明显，边棱斜削。釉色黄白，釉面暗涩，白化妆土上施釉，蚀面严重。胎质较密实，土黄色。

00C:020，白釉平足碗残片，Ac 型。长 4 厘米，宽 2. 7 厘米，残高 1. 7 厘米，平底足高 0. 5 厘米。内壁施釉，残存外壁及平底足露胎。平底足边壁直，底平心微凹，刀旋痕明显。足边棱斜削。釉色黄白，釉面光洁，有晶裂纹。胎质较粗，土黄色。

00C:025，白釉碗残片，Ac 型。长 9 厘米，宽 6 厘米，残高 5. 5 厘米。瓷碗口沿残片，侈口，厚卷唇，鼓腹。内外施釉，釉色黄白，釉面光洁厚润，有细微晶裂纹。胎质较粗，土黄色夹黑粒。

③ 白釉玉璧底碗残片，Ba 型Ⅰ式，3 件。

00C:016，白釉玉璧底碗残片，Ba 型Ⅰ式。长 7 厘米，宽 4. 6 厘米，残高 1. 7 厘米。玉璧底高 0. 6 厘米，直径 6 厘米，玉璧底边宽 1. 6 厘米。内壁施釉，底心可见两个支钉痕，每钉直径 0. 3 厘米。釉面磨蚀已涩，有细微晶裂纹。残存外壁及底露胎。底边壁由根向外斜削半壁，余侧直，底平向心微凹，外边棱斜削。内心浅凹，有刀旋痕。釉色黄白。胎质较粗，土黄色夹黑粒较多。

00C:017，白釉玉璧底碗残片，Ba 型Ⅰ式。长 7. 8 厘米，宽 5. 3 厘米，残高 2 厘米。玉璧底足高 0. 6 厘米，直径 7. 6 厘米，边宽 1. 7 厘米。内壁底微圆凹，内外施釉，外壁半挂施釉近底。外壁底部露胎，底足外壁由根至底边稍斜面削。底壁边棱斜削。足底平稍向内倾斜。底心凹，有刀旋痕，足内壁圆旋。釉色黄白，釉质薄涩。胎质较粗，土黄色。

00C:038，白釉玉璧底碗残片，Ba 型Ⅰ式。长 7.5 厘米，6 厘米，残高 3.5 厘米。玉璧底足高 0.6 厘米，边宽 1.5 厘米。平底直腹，内外施釉，内壁施釉，底心可见一支钉痕，直径约 0.3 厘米。外壁半挂釉，白色化妆土涂至近底部。余则与底露胎。底边壁直，边棱斜削。玉璧底边内斜，内心稍凹。刀旋痕明显。釉色黄白，晶莹亮洁，有光泽。釉面有细微晶裂纹。胎质较粗，土黄色（彩版六〇，4）。

④ 白釉宽圈足碗残片，Ba 型Ⅰ式，4 件。

00C:015，白釉宽圈足碗残片，Ba 型Ⅰ式。长 5.2 厘米，宽 4 厘米，残高 3 厘米。宽圈足高 0.6 厘米，足 1.5 厘米。内壁底心圆凹，底心边有折痕，内外施釉，底心有一支钉痕，钉痕直径 0.3 厘米。外壁施釉近底，底部及宽圈足内外露胎。足底平外边斜削棱滚边，内边斜旋，内心凹。釉色牙白，晶莹亮洁，有光泽，釉面有细微晶裂纹。胎质密实，土黄色夹黑粒。

00C:035，白釉宽圈足碗残片，Ba 型Ⅰ式。长 9 厘米，宽 4 厘米，残高 2 厘米。宽圈足高 0.6 厘米，足底 1.4 厘米，直径约 7.8 厘米。内壁施釉，内底有一支钉痕，钉痕约 0.3 厘米。外壁底部及足内外露胎，圈足底平，足外壁边棱斜削，内壁施削呈喇叭口状，内心凹，中心稍凸。釉色黄白，晶莹亮洁，釉面有细微晶裂纹。胎质较粗，有隙孔，土黄色。

00C:036，白釉宽圈足碗残片，Ba 型Ⅰ式。长 11 厘米，宽 10 厘米，高 7.3 厘米，碗口直径约 18 厘米。圈足高 0.6 厘米，足底宽 1.3 厘米。圆唇，口深腹外微鼓，内底心圆凹。宽圈足，足外壁由根至外斜削，足底向内倾斜，外边棱斜削，稍平。内壁呈喇叭口状，内心凹。碗壁内外施釉，内壁满施，底部可见两支钉痕，钉痕直径约 0.3 厘米，外壁半挂釉，下半无白色化妆土仅施青釉至近底。底及圈足内外露胎。釉色牙白，晶莹厚润，有光泽，釉边沿有棕色边。胎质较粗，砂石英颗粒明显，色土黄为主（图六三，10；彩版六〇，4）。

00C:014，白釉宽圈足碗残片，Ba 型Ⅰ式。长 12 厘米，宽 7.2 厘米，高 4.5 厘米。足底宽 1.1 厘米。尖唇撇口敞壁折腹圆凹底。宽圈足，足外壁由根向底斜削。足底稍平，向内外边斜面削。内壁呈喇叭口状，内心凹。碗内外壁施釉，内壁满施，内底心可见一支钉痕，钉痕直径约 0.3 厘米。外壁施釉至圈足内外露胎。釉色牙白，晶莹亮洁，有光泽，釉面有细微晶裂纹。胎质细密坚实，土黄色。

⑤ 白瓷碗残片，Ba 型Ⅱ式，1 件。

00C:024，白瓷碗口沿残片，Ba 型Ⅱ式。长 6.2 厘米，宽 2.5 厘米。残高 3 厘米，圆唇，敞口，深腹碗残片，内外施釉，釉色黄白，釉质光洁，釉面有微细晶裂纹。胎质较粗，土黄色。

⑥ 白瓷碗残片，Bb 型Ⅰ式，1 件。

00C:013，白瓷碗残片，Bb 型Ⅰ式。长 8 厘米，宽 5.5 厘米，残高 1.9 厘米。圈足高 0.5 厘米，直径 4.8 厘米，足底 0.4 厘米。内壁施釉，内壁底心稍凹，边有凹痕，底心三个支钉痕，钉痕 0.2 ~ 0.3 厘米。外壁施釉至圈足底边，圈足底平露胎，足外壁棱边滚圆，内壁露胎圆旋，足内心凹，底心留刀旋实尖。釉色牙白，釉面多有明显裂痕，釉面有光泽。胎质密实坚硬，深灰色。

⑦ 白瓷盅盏残片，Bg 型，1 件。

00C:012，白瓷盅盏残片，Bg 型。长 5.5 厘米，宽 2.7 厘米，残高 3.5 厘米。尖圆唇，敞口，深鼓腹盅盏残片，胎薄，内外施釉，釉洁白细腻，晶莹光洁。胎质洁白细腻。

（2）青白釉碗

① 青白釉宽圈足碗残片，A 型，2 件。

00C:001，青白釉宽圈足碗残片，A 型。长 7.7 厘米，宽 5 厘米，残高 2.6 厘米。足高 0.6 厘米，足底宽 1 厘米，直径 6 厘米。瓷碗残片。内外施釉，外壁施釉近底足，流釉明显。外壁近底和宽圈足外露胎，足外壁边削棱，根滚圆。足底平向内斜，内心凹，刀旋痕明显。釉色青白，釉厚润光洁，有光泽。胎质洁白细腻。

00C:021，青白釉平足碗残片，A 型。长 5 厘米，宽 4 厘米，残高 3.5 厘米。平底足高 0.6 厘米。内壁施釉，残存外壁及平底足露胎。平底足边壁直，边棱斜削，足底平心微凹，刀旋痕明显，属玉璧底雏形，留边痕迹明显。釉色青白，晶莹光洁，可见晶裂纹。胎质较粗，土黄色夹黑粒较多。

② 青白釉瓷碗残片，Ca 型，2 件。

00C:026，青白釉瓷碗口沿残片，Ca 型。长 6 厘米，宽 3.7 厘米。圆唇，敞口，微鼓腹碗残片。内外施釉，釉色青白，釉面均匀晶莹亮洁。胎质稍粗，土灰色。

00C:023，青白釉瓷碗口沿残片，Ca 型。长 10 厘米，宽 3.2 厘米。圆唇，敞口，鼓腹碗残片。内外施釉，釉色青白，釉质晶莹厚润，釉面有晶裂纹。胎质细密，灰色夹黑粒。

③ 青白釉瓷碗残片，Ea 型，1 件。

00C:027，青白釉瓷碗口沿残片，Ea 型。长 5.2 厘米，宽 4.2 厘米，残高 4 厘米。圆唇，敞口，浅腹碗残片，内外壁施釉，釉色青白，釉质厚润光洁，晶莹有光泽，釉面有微细晶裂痕，胎质细腻洁白，有隙孔，夹黑粒。

共计白釉平足碗残片 6 件，白釉玉璧底碗残片 3 件，白釉宽圈足碗残片 4 件，青白釉宽圈足碗残片 2 件。以上白釉、青白釉瓷片，尤其是平底、玉璧底瓷片，应该是典型的唐代中期瓷器特征。多为城东、城外墙土坡、渔塘边采集。虽不是刻意专门采集同一瓷片，但亦不便做出数量论证。只供判定参考。

4. 2005 年调查采集瓷器标本

2005 年在蒲州古城外城东南角再做调查，更证实了外城城东北部应该是唐时期城墙遗迹。采集部分标本。

（1）白釉碗

① 白釉平足碗，2 件。

白釉平足碗残片，Ab 型，1 件。

05PGWC:002，白釉平足碗残片，Ab 型。长 10 厘米，宽 5.2 厘米，残高 2.5 厘米，平底足高 0.8 厘米。内壁施白釉，底心平，心底可见两支钉痕，每钉痕直径约 0.3 厘米。外壁残存半挂釉边，外壁下腹部及平底露胎。平底足内心微凹，可见刀旋痕，外壁直，外边棱斜削。釉色灰白，晶莹光洁，釉面有晶裂纹。胎质较粗，土黄色夹黑粒（图一〇〇，3）。

白釉平足碗残片，Ac 型，1 件。

05PGWC:001，白釉平足碗残片，Ac 型。长 5.2 厘米，宽 4.2 厘米，残高 1.5 厘米，平底足高 0.7 厘米。瓷碗残片，内壁施白釉，底心平，心底可见一支钉痕，每钉痕直径约 0.3 厘米。外壁残存半挂釉边，外壁下腹部及平底露胎。平底足内心稍凹，可见刀旋痕，外壁直，外边棱斜削。釉色黄白，晶莹光洁，釉面有晶裂纹。胎质较粗，土黄色（图一〇〇，2）。

② 白釉玉壁底碗残片，Ba 型Ⅰ式，2 件。

05PGWC:003，白釉玉壁底碗残片，Ba 型Ⅰ式。长 6.5 厘米，宽 4.2 厘米，残高 3.6 厘米，玉壁底高 0.4 厘米，玉壁底边宽 1.2 厘米。圆唇，敞口，斜壁玉璧底碗残片，内壁施白釉，底心平，外壁残存半挂釉边，外壁下腹部及平底露胎。底足内心稍凹，外壁直，外边棱斜削。釉色牙白，晶莹光洁，釉面有晶裂纹。胎质稍粗，土白色（图一〇〇，4）。

05PGWC:004，白釉玉壁底碗残片，Ba 型Ⅰ式。长 7 厘米，宽 4.6 厘米，残高 1.7 厘米。玉壁底高 0.6 厘米，玉壁底边宽 1.6 厘米。内壁施釉，底心可见一个支钉痕，直径 0.3 厘米。残存外壁及底露胎。底边壁由根向外斜削半壁，余侧直，底平向心微凹，外边棱斜削。内心浅凹，有刀旋痕。釉色牙白。胎质细腻，青白色（图一〇〇，7）。

（2）黑釉瓷碗残片，Ab 型Ⅰ式，1 件。

05PGWC:006，黑釉瓷碗残底片，Ab 型Ⅰ式。长 8.8 厘米，宽 5 厘米，残高 2.3 厘米。圈足高 0.8 厘米。敞口，斜壁微鼓腹，圈足碗残底片。内壁施釉。内底心刮釉一圈，外壁半挂下腹及圈足内外露胎。圈足底呈喇叭状，外边斜削滚圆。釉色黑褐色。釉质晶莹，厚润亮洁，釉面有光泽。胎质晶莹细密，褐色（图一〇〇，5）。

（3）瓷盘残片

① 酱釉圈足盘，Bf 型，1 件。

05PGWC:005，酱釉圈足盘，Bf 型。酱釉圆唇，敞口，收腰，折腹。圈足盘残片，残长 16 厘米，宽 9 厘米，高 4.5 厘米，圈足高 0.8 厘米。内外施釉。足底平，刮釉露胎。釉色黑褐色。釉质晶莹，厚润亮洁，釉面有光泽。胎质晶莹细密，褐色（图一〇〇，1）。

② 青花彩绘金鱼盘，Da 型Ⅱ式，1 件。

05PGWC:007，青花彩绘金鱼盘，Da 型Ⅱ式。残长 10.3 厘米，宽 7.2 厘米，高 3.4 厘米。鼓腹平足盘残片，盘底平足似圈足脱落形成，底内心凹平。内外施釉。内底平，一道圈内绘金鱼水草图案。水草为青花色，金鱼棕红色，鼓眼黑睛，网饰鱼鳞，鱼尾飘摆，形象生动。青花釉色淡有晕，色重处有锈疵。胎质细腻，青白（图一〇〇，8）。

（三）采集骨器标本

2005 年在蒲洲古城外城东南角调查时，采集骨簪 1 件。

骨簪，1 件。长 7 厘米，簪中部宽约 0.5 厘米。骨质。头部锐尖，中部为方形，尾部修饰成圆锤样式（图一〇〇，6）。

第十章 结 语

蒲津桥是世界上最早的浮桥。唐代开元盛世改建完成著名的蒲津渡浮桥。作为桥头地锚，铁牛的形象以其精湛的工艺造型、高超的铸造技术、实用的工程价值，历来为世人所瞩目。是古代交通、冶金、桥梁、科技、雕塑等历史的重要实物例证。加之宋代著名工程专家怀丙和尚运用浮力和杠杆效应，从黄河中捞铁牛的故事被编入小学课本而广泛流传，铁牛更是家喻户晓。后因黄河河道抬高变迁，铁牛等被没在黄河中已有百年，完全看不到也已五十年，渡口与铁牛被埋入河中淤沙内。1989 年在蒲州古城西门外被再次发现，呼吁保护铁牛的报道不断见诸报端。

1991 年和 1999 年经国家文物局批准，对蒲津渡遗址进行了两次科学发掘，揭示出渡口遗址的面貌，搞清了铁牛周边的地层情况。1991 年对遗址进行科学发掘，清理出土了渡口遗址的明代以后地层和东岸的四头铁牛、四尊铁人、两座铁山、三个铁墩及七根排列成北斗星状的铁柱等文物。1999 年又进行了第二次发掘，全面揭示了作为地锚的铁牛的全貌，揭示了渡口的宋代和唐代地层遗迹。铁牛、铁人等文物是唐开元年间作为地锚用于固定铁索浮桥的工程遗物。其中每只铁牛重约 50～75吨不等。气势恢宏的铁牛、铁人、铁山和七星柱等既表现了唐代冶金铸造的高超技艺，也为后人留下了极其珍贵的文化遗产。

蒲津渡遗址的发掘揭示了从现今地表一直到唐代地层遗物遗存的情况，揭示了铁牛作为蒲津浮桥桥头地锚的变化历史，证实了蒲津浮桥当年建造的辉煌成就，再现了工程建造者工程技术的高超技艺，再现了唐代雕塑艺术的技术水平和冶炼铸造技艺水平，体现了宋代的工程技术水平和大型物件移动修复的高超技艺水平。发掘中认真、严谨，严格按照科学发掘要求对不同时代的文化层仔细分析、判断，揭示出不同时代的各自特点，印证了各时代文化的特征。以下我们分别作出判断，以求方家指正。

第一节 对唐代时期遗址文化遗存的认识和判断

蒲津桥已发现迄今为止最大的一组唐代铁器群。对唐代地层的判断，主要依据地层的发掘。在 TG5 中，相对应的是第六层路面（L2/i 层）之下，第八层路面（L2/k 层）的地层中出土瓷片明确表现出唐代特征。白瓷碗残片可以看出均为唐代平足底特征。1 号铁牛锚柱底下 0.8 米左右地层中的出土物明显地表现出唐代特征，如白釉碗 Ac 型（001N：105、001N：106）白釉平足底瓷碗。在探沟发掘第 6 层（第 10a 层）看到路经过较大规模整修，第三层道路（L2/h 层）的两侧加固木桩、挡板，路面的中间夹横木加固。再下层则尽是唐代遗物，见不到宋代遗物。可以判断为唐代地层。在第 12 层的第六层路面（L2/i 层）下沉积沙较厚，反映出当时路面曾被泥沙淤积。此段时间，路面有所破坏，上层路面正是修复路面的举措。之下路面出土的瓷片反映出唐代早中期特点。因此判断这是唐代中早期路面。

从宋代地层中蒲津桥铁牛等地锚的埋藏位置判断，唐代蒲津桥的地锚位置应该在宋代地锚位置的前方，即西部靠近河岸位置。铁牛是在抬升后向后、向东迁徙的。延续了引桥道路的使用。桥面的宽度保持了唐代桥面的宽度。根据勘测判断，在明代堤坝前面 15 米处有一条坝高 7 米的石堤，坝下有木桩加固地基，我们判断唐代蒲津桥地锚铁牛应该安置在此石坝之东。再之西 15 米还有一条高 12 米的石坝。应该是唐代黄河的河堤。

关于唐代蒲津桥铁牛，《新唐书》、《唐会要》、《资治通鉴》、《通典》等史书多有记载，文人墨客多有赞颂，《全唐诗》有记录。

《资治通鉴》二百一十二卷记载：

开元九年，正月，丙辰，改蒲州为河中府，置中都官僚，……十二月；壬辰，……新作蒲津桥，熔铁为牛以系絙。

《通典》① 卷一百七十九，“州郡九”中记载：

唐虞所都蒲坂也，春秋时地属魏，及晋献公灭魏，以其地封大夫毕万。毕万之后十代至文侯列为诸侯，与韩、赵三分晋地属魏。至惠王以安邑近秦，乃徙都大梁。秦兼并天下置河东郡，历两汉不改。魏晋亦然，后魏亦为河东郡兼置雍州，及属秦州，后周改为蒲州。亦兼置河东郡。隋初郡废。炀帝初州废，复置河东郡。大唐初为蒲州，开元九年五月置中都改为河中府，寻罢仍旧。或为蒲州，或为河东郡，领县八：河东，汉蒲坂县。

春秋秦晋战于河曲，即其地也，有蒲津关，后魏大统四年造浮桥，九年筑城为防。大唐开元十二年，河两岸开东西门各造铁牛四，其牛下并铁柱连腹入地丈余，并前后铁柱十六。

黄河沿岸多有铁牛用于镇河镇水的神物。由于在中华文化中有阴阳五行之说。土为坤，牛为坤，土克水，水来土屯，以牛来镇水。

蒲津桥东岸桥梁工程浮桥地锚，重要遗物为唐开元铁牛四尊、铁人四个、两座铁山、铁墩柱四座、七星状铁柱一组。出土时这些铁器锈蚀斑驳，面目全非。

铁牛每尊 45～75 吨不同。牛体大硕壮，形象生动，牛呈现为着力后坐状。长约 300 厘米，宽约 110 厘米，高约 150 厘米。每头牛的后部位有一横轴，长 220 厘米。轴头有纹饰各不相同。如清代蒲州知府周景柱所形容“观其矫角、昂首、体蹲而力赑，足以任重，足以励猛，坚足以地觝，强足以距。其目似怒，其耳如聆，其处有度，其伏甚固”。牛造型体格高大，体质强健。头部方正。肩部宽厚，中部宽深，肋长而开张。背腰平直宽长，长短适中，结合良好。背腰平直，荐尾略高，尾甩在牛背。四肢端正，粗壮结实，两前肢相距较宽，蹄大坚实。头较大，颈短粗，垂皮发达，鬐甲高而宽；牛角基粗壮形似犀牛角。

牛下各有六根斜柱，形成完整的铁牛地锚的锚柱。

每尊牛外侧各有牧牛铁人一尊。高约 190 厘米。形象各异，“或作先牵，或作回叱。其面目意

① （唐）杜佑：《通典》，浙江古籍出版社影印，1988 年。

色，各宛然肖发”。1、2、3号铁人均袒胸赤膊，下身系围裙，从2、3号铁人围裙的错缝可清楚看出这种极简单的装束，2号铁人围裙叠错缝在左侧腿边，1、3号铁人围裙叠错缝在前档部位。4号铁人的服饰是典型的唐人服饰，头上戴前踣式幞头，襕袍，文官形式。4号铁人襕袍领口明显左领翻折前胸，右领翻折帔于后背，腰间系带，袍的前襟掠起掖在左侧腰际，襟角垂于左腿外侧，右袖脱出斜拢掖在右侧腰间，为半臂袍。袍内穿无领半袖“背子”，也称半臂。铸造时遗留的模范接缝被误认为翻领。内身着长袖衫，袖口挽于小臂。足穿尖足靴。左拳曲折胸前，右臂收贴，右手握持成持物状。神情自得，眼帘微合。一副小吏形象。其余三人均为身强力壮的形象，为稳重的铁牛形象增加了气势。

有排列成北斗七星状的铁柱七根，五根单立，两根横连。斗口朝西，斗柄指北。两座铁山。四个铁柱墩。铁器群总重约300余吨。

铁器的时代是大家关注的问题。①史书记载明确，是为蒲津桥所兴建。②后世有捞牛，修复桥梁的记载。但并没有再做铁牛等的记载。③在生产力相对低的情况下，要想修筑铁牛，并不是随意就可以做成的。应该是需要一定的准备，必须是纳入国家的规划才可以完成。凭州县的力量不易完成。如此大的工程必然会有所记录，成功会有一定赞颂。④最重要的是经过冶金史专家的科学检测，对铁器的成分分析可以确认主要的铁质文物是唐代的。铁牛是同时代的，铁人、铁山、铁柱等亦是同一时代的，都是唐代蒲津桥的地锚遗物。

尤可注意的是唐朝政府河工部于西元七三七年颁布许多诏令原稿的断简残篇，在这里我们知道那些守桥吏，水手和竹木匠永守此职，并免除兵役和其他徭役，在大水时活动于防卫危险的浮木之冲击，并注意于结冰时解除所有缳结。替换之平底船（浮桥脚船）在专用之造船厂制造，并须有全桥之半数供应备用，对于必须之竹缆的制造，储存和定期试验都有规定。

日本僧人圆仁在《入唐求法巡礼行记》卷三记载：

> 唐开成五年（840年）八月十三日早晨，从临晋县出发，午后到河中节度府，黄河自西向南而流，黄河从河中府正北向南流到河中府南，便向东流，经北入舜西门出，侧有蒲津关，到关得勘入，便渡黄河，浮船造桥，阔二百步许。

大中九年（855年）日本僧人圆珍和尚再次路过蒲州，对蒲津桥亦做了简单描述记录。《余芳编年集》圆珍请弘传真言止观两宗官牒款状云：“止同州城，次渡蒲关。……见黄河两岸各有铁牛四头，以鏁系脚缚船为浮船之基。”时盖铁緪虽废，而铁牛仍存也。

在日本人砺波护著，韩升编，韩升、刘建英译的《隋唐佛教文化》第七章中记载，圆珍的尚书省司门过所之二“大中九年十一月十九日下”后粘着一纸，接缝写着“蒲关，十二月四日，勘出”，出自蒲津关关丞某郢之手。说明了蒲津关确有守卫的吏丞，有守关的公务。这是最准确的记录官吏守卫桥关的实物例证。

世界知名的桥梁专家唐寰澄先生的话作为本篇的结语：

> 这次大唐铁牛与铁人等的发现不同于扬军阵、耀帝威的秦兵马俑；亦不同于宣佛法、炫珍宝的释迦舍利；也不同于讲五行、为厌胜的镇冰石犀。这是一个具体的工程建设，是中国劳动人民对世界桥梁、冶金、雕塑事业的贡献，是世界桥梁历史上唯我独尊的永世无价之宝。

第二节　对北宋时期文化遗存的认识

在距现地表6米以下即发现宋代地层围护桥头的石围堰。宋代晚期蒲津渡遗址路面距现地表约7米。宋代桥梁使用通道为第8~9层的东西道路。宋代中期路面距现地表约8~9米，呈北高南低走势，铁牛移放位开口地表距现地表约8米。从1、2、3、4号牛坑内可见开掘基槽，之下3米处铺筑石块约1米做基础，堆放胶泥土约2米加固地基，而后开挖置牛坑位及周边排水工程设施。此第9层地层是此次发掘确定时代的关键地层。在TG1中发现灶坑，TG4中再次发现两个灶坑，相对应的在铁牛埋藏坑边发现排水槽，判断该第8层地层是北宋修复蒲津桥工程过程中所为。在相应的地层中，出土的瓷器表现出鲜明的宋代瓷器特征。

时代的确定主要依据上下层位的叠压，埋藏物件（牛下柱出土木板^{14}C年代测定），地层中出土的最晚钱币（宋代“太平通宝”、“景德元宝”），大量宋代典型瓷器残片及建筑材料（用砖尺寸、纹饰特征）等。

发掘后呈现在观众面前的北宋时期遗迹，是清晰的石围堰拱卫铁牛地锚桥头遗迹和积石基础，铁牛、铁人、铁山、铁柱墩，后有北斗七星状铁柱护卫，一幅古渡桥头雄浑壮阔的景象。

2000年10月30日，韩汝玢老师告知：社科院考古所^{14}C实验室仇士华已将1号牛柱底发现木板做^{14}C测定，于9月11日电话告知韩老师，结果为（988±45）年。具体由冼自强完成测试工作。实际结果为［988±（50~150）］年，相当于北宋1020~1120年。为铁牛埋藏于宋代地层增加了参考数据。以此证实，铁牛二次搬迁移动为北宋时期（960~1127年）。

发掘情况表明，铁牛的埋藏坑位于宋代地层，在1号牛底板下4米出土北宋真宗时期“景德元宝”钱币，2号牛底板下2.2米出土北宋“太平通宝”钱币。1号铁牛南侧和2号牛左右，周边夯土夯层厚10厘米；在夯层中出土有瓷碗片，“景德元宝”和“开元通宝”。

3号牛下填土中出土“元祐通宝”。4号牛东H15出土25枚铜钱，铜钱锈斑较厚，有一部分看不清字迹，可辨认出的有“咸平元宝”、“天禧元宝”、“祥符通宝”、“元祐通宝”、“崇宁重宝”、“开元通宝”、“皇宋通宝”等。根据其堆积判断应为宋代移动铁牛修复桥梁时期的生活垃圾坑。有宋英宗治平四年（1067年）桥复修后其他朝代的铜钱，是由4号牛东北角积水坑扰乱所致。

铁牛确属二次移动后的效果。铁牛置于宋代堆积胶泥上，周边有宽约3米的护卫石围堰基础。

宋代历史资料中记载了怀丙捞铁牛复修蒲津桥的故事。《宋史·怀丙传》记载：

> 僧怀丙，真定人。巧思出天性，非学所能至也。河中府浮梁用铁牛八维之，一牛且数万斤。后水暴涨绝梁，牵牛没于河，募能出之者。怀丙以二大舟实土，夹牛维之，用大木为权衡状钩牛，徐去其土，舟浮牛出。转运使张焘以闻，赐紫衣。

《初学记》中记载：

> 宋河中府浮梁，用铁牛八维之，一牛且数万斤。治平中，水暴涨绝梁，牵牛没于河，募能出之者。真定僧怀丙以二大舟实土，夹牛维之，用大木为权衡状钩牛，徐去其土，舟浮牛出。

《宋史·张焘传》记载：

张焘字景元，枢密直学士奎之子也。迁天章阁待制、陕西都转运使。……蒲津浮桥坏，铁牛皆没水中，焘以策列巨木于岸以为衡，缒石其杪，挽出之，桥复其初。

《宋史》第三十一册记载，宋仁宗嘉祐年间（1056～1063年）河涨桥坏。宋英宗治平四年（1067年）桥复修。

最值得参考的是南宋吴曾著《能改斋漫录》卷十三河中府浮桥条中的记载：

河中府河有中潬，其上有舜庙及井。唐明皇始为浮桥，铸铁为牛，有铁席，席上为铁柱。埋之地中，以系桥絙。张燕公为之赞。自是桥未尝坏，……及刘元瑜知河中府，河水大涨，不得决泄，桥遂坏。铁牛皆拔，流数十步沉于河中。中潬亦坏。自是不能复修。津济阻碍，人畜数有溺死者。英宗时，有真定僧怀丙，请于水浅时，以絙系牛于水底，上以大木为桔槔状。系巨舰于其后，伺水涨，以土石压之，稍稍出水，引置于岸。每岁止于出一牛。至治平四年闰三月，新桥乃成，然中潬亦终不能立也。

这是至今最详细的宋代修复蒲津浮桥的文字记录。

从遗存情况可以明确看出，铁牛是在宋代重新移位后建成的新桥头地锚。同时也印证了宋代怀丙和尚捞牛重建蒲津桥的真实性。虽说记载中只是记录了西岸铁牛的情况。但发掘地层与遗存物均证实，在宋代曾进行了大规模的移动重建蒲津桥工程。铁牛周边的排水槽也反映出当年的雨水较多，工程的时间较长，采取用砖砌成排水槽的方式防止雨水留存牛坑，以保证铁牛地锚的埋藏工程顺利进行。

从《大唐六典》记载中可以看到，自建桥始，蒲津桥的维护就由国家财政负责，专职官员管理，专门材料供应，专门水手负责，仅木匠就常备有15人，保证了蒲津桥的比较长期的使用。《永济县志》记载，宋朝开始由蒲州官员兼管河桥。

第三节 对金元时期文化遗存的认识

唐代蒲津桥铁牛地锚等在北宋移位复建后，使用至金末，浮桥毁于战火，之后再未能完整复建使用。金元时期是蒲津渡遗址的重要分界时期，遗址发掘出的第7层遗迹现象，也从侧面证实了这一点。

在距现地表6米以下即发现宋代地层围护桥头的石围堰。宋代晚期蒲津渡遗址路面距现地表约7米。宋代桥梁使用通道为东西道路。宋代中期路面距现地表约8～9米，呈北高南低走势，铁牛移放位开口地表距现地表约8米。在相应的地层出土物中，瓷器表现出鲜明的宋代瓷器特征。

在北宋时期重建蒲津桥桥头遗迹的上部，分布在铁牛的北部有略呈方形的建筑遗迹，在两组铁牛之间东西方向道路使用频率降低，甚至被损坏。而铁牛的后部出现了南北方向的大道。从遗迹情况可以看出此一时期遗址中灰坑较多，有被破坏或遗弃的情形。

时代确定依据上下层位的叠压和埋藏物件（金元时期建筑遗迹呈现在观众面前，石围堰拱卫铁牛地锚桥头遗迹清晰，石砌路面和积石基础，铁牛、铁人、铁山、铁柱墩，后有北斗七星状铁柱护卫。侧旁有金代建筑遗迹）。从建筑用材尺寸亦可以判断出，出土砖的尺寸为金代所通用。

宋朝着蒲州官员兼管河桥。金朝时，专门设立护桥官“津吏”，负责管理桥梁。同时，河桥还设水手二百余人，为护桥专业队。《永济县志》卷三记载，“设大庆关勾管河桥官员，掌解系浮梁，济度舟楫，巡河修埽”……率埽兵四时工役，栽植杨柳，预备物料，讥察奸伪等。在桥头的建设也会相应增强，建筑遗迹应该是此时期所为。

从发掘情形分析，北宋时期复建蒲津桥后桥梁交通状况良好，一直延续至金代。专门设立桥官“津吏”，加强了对蒲津桥的管理维护，桥头还建立起遮阳避雨的建筑设施。

在两组铁牛之间的东西道路上表现出从西向东深入的挖掘破坏遗迹，应是一种破坏道路阻止上桥的行为。在同一层面还发掘出多个不规则灰坑。这从侧面证实金末元初的战争对于蒲津桥争夺的激烈。这次的破坏使蒲津桥再也未能恢复往昔辉煌。当然，还有着其他种种政治经济上的原因，使得蒲津桥的地位和重要性大不如前。黄河自然环境的变化，蒲津渡已不适合建筑相对永久性的浮桥，到明代初年徐达建浮桥也只是临时的军事举措而已。

第四节　对明代文化遗存的认识和判断

考古发掘的遗迹情况可以比较明确地判断明代的地层。发现的遗迹主要有：明代石堤坝，蒲津渡渡口，码头口，堤坝下柏木桩地基，堤上铁卯榫加固工程遗迹，铁牛周围砖石护围地基（由南北方向的石块砌成大路路基），明代正德十六年立《石津记》碑（断裂）及碑座，明代修堤工程中淋灰池。

唐玄宗铸铁牛为浮桥，功绩浩大。在明代正德年间（1506～1521年）已经是“荒陵土坡，断岸曲磴，无异无人境”。历代河患频仍，河西石岸铁牛俱崩没，大庆关基地洗剥殆尽。东岸势迫蒲城仅数丈。发掘遗址中显示，在1、3号铁牛前（西部）多有扰乱，乃是修筑堤坝时所破坏与填充。明代石堤修筑坚固，形成保护铁牛的一道堤坝。

TG1中，两个铁牛底板向后倾斜，3号铁牛底板向后倾斜12°，4号铁牛底板向后倾斜10°。两个铁牛底板下残留有手纹砖，平卧错缝，经清理，该砖与其下面填土与铁牛不是同时期的，经铲刮平面，两个铁牛两侧均有明显的界线，可以确定是后期坑的堆积，且是人为形成的。土色呈深褐色，泛黑，结构略密，砂性较大，土中包含有小炭粒，花砂粒或小块，铁锈块，遗物极少。

现存的蒲州古城应该是金代所建城池，周边八里三百四十九步。明洪武四年裹砖，高三丈八尺，堞高七尺。嘉靖三十四年，地震城坏。从北门门额上题记可以看出嘉靖三十四年大地震后重新树立门额。

发掘所见到的石堤坝是明代所修建。从堤坝所用石材和铁锭、护堤卵石等材料分析，与明代南京刑科给事中史鲁所撰《石津记》相吻合。碑文记录了明正德十四年（1519年）山西参议王天瑞率蒲州知州王俊民等组织民工维修加固蒲州城西黄河堤坝，保护蒲津渡铁牛遗物的政绩。明确记载了明代正德十四年修筑石堤的历史，石堤的堆积情况也印证了碑文所记史实。“石工三十人，北踰龙门山，东陟虞乡麓，琢石条成板，长五六尺，籍民之有车船者运载之，得石八千余片，市松柏木桩七千余株，钩心铁锭一万余斤，石灰十七万斤，用夫匠二百余名，长二千五百尺。”正德年间，沿城创修石堤，下钉柏桩，上垒条石，中贯铁锭。五十余年，城恃为固。士民诵之。

清代《永济县志》卷十八记载了明代王崇古撰《重修黄河石堤记》，更明确记载了明代正德至万历年间几次修筑石堤的历史。

嘉靖癸丑（嘉靖三十二年，1553年），雨水内浸，堤间倾毁。前守道东海杜公重事修砌，仅完三载。岁乙卯（嘉靖三十四年，1555年），地道违经。夹河东西大震。城复于隍堤庙尽崩坏。河流直与岸平。每涨辄入城门。岁壬戌（嘉靖四十一年，1562年），河浸城南古鹳雀楼址。城岌岌待倾。时郡守岷峡张公，募民急运杂石数万下填湍激，逼水西旋，城免陷没。隆庆庚午（隆庆四年，1570年）夏，河大涨，高丈余，环浸蒲城。近城居民隙地田园皆涌泥沙数尺许。

万历八年（1580年）至万历十一年（1582年）修筑完成的堤坝“高出河数尺，上列女墙，间设渡口，屹然如建重城”。

明代堤坝，石条上多有简单记铭，如“石工”、“三十”等。加固连接石块使用束腰榫卯连接，使用的束腰银锭形状铁卯，含硫（S）量大于0.6%。来自矿石，FeS形式进入生铁中。来自燃料，煤中的有机硫化物及无机硫酸物含量较高，使炉料中硫含量增加，而当时炉渣的脱硫能力较低，因此，有较多的硫进入铁中。用煤，解决燃料缺乏之忧，降低成本。煤燃烧温度较高，从技术上用煤炼铁需要强化鼓风，使炉温上升，提高冶铁效率。

明末的小北干流已是河道不时变化的“三十年河东，三十年河西”了，我们从明末清初顾炎武的诗文中可以看出一些端倪。

明顾炎武摘自《亭林诗文集》[①]：蒲州西门外铁牛唐时所造以系浮桥者今河徙十余里矣。

唐代浮梁处，遗牛制尚新。
一朝移岸谷，千载固风尘。
失水元龙没，依城鹳雀邻。
应无丞相问，傥与牧童亲。
世变容易老，年深战伐频。
无穷怀古意，舍尔适西秦。

顾炎武到蒲津渡遗址时正是黄河向西移动时期。应该是在1662～1664年间游至蒲津渡。他记录了当时所见情景。与黄河的变迁是相符合的。地层中第5b层相对比较平静的情况，反映出明末清初的遗址现象。

永济县蒲州治黄指挥部的李春荣同志在《山西黄河今古》中记载，1665年，清圣祖康熙四年，连年黄河向西移徙，“连年河西决，啮人庐墓甚众，没田一千余顷。东北被害尤甚”。

地层堆积中，最上层为粉沙层、扰乱层，文化层上部为碎砖破瓦夹杂瓷片等，应该是水流冲击形成。其次为遗迹遗存层面，遗迹相叠压的是土铺大道下石砌路面，铁牛东北边的南北向石铺大道。铁牛周边的石铺层面，明显的可以分为第6B、6C两层，两次大的维修。明代正德十六年所立《石津记》碑座、断碑。明代修筑的石堤，码头口，数次维修遗迹，修筑工程时使用的淋灰池等这

① 顾炎武（1613～1682年），原名绛，字忠清；明亡后改名炎武，字宁人，亦自署蒋山佣。江苏昆山人。因故居旁有亭林湖，学者尊为亭林先生。他一生辗转，行万里路，读万卷书，创立了一种新的治学方法，成为清初继往开来的一代宗师，被誉为清学“开山始祖”。

些都应是明代遗迹。

从采集到的瓷片可以看出元明时期瓷器特征，以青绿釉，豆青釉为主；瓷碗为主，黑釉、酱黑釉浅敞口碗为主，白瓷碗残片较多等。

蓝釉钧瓷碗残片，紫金定（酱色）釉瓷碗残片，深蓝釉瓷碗残片，黄釉陶香炉残片，白釉褐花盆残片，外壁釉不到底，内壁满施釉，壁有酱褐色行书字装饰，内底绘花草纹饰，技法娴熟，笔锋遒劲。釉色光洁，化妆土施青釉，花草字迹呈咖啡色，于釉下绘成。底边斜面出削外棱。圈足底平，足内边斜削，底可见旋制痕。胎质土黄，有空隙。白瓷枕残片，蓝釉钧瓷碗口沿残片等元明时期瓷器特征。从地层中发掘出土的瓷片明显地表现为明代时期器物，如青花、豆青釉、白瓷、黑釉、酱褐釉粗瓷碗等。

发掘出土的钱币亦为断代提供了一定的依据。

第五节　对清代至民国时期文化遗存的认识和判断

考古发掘的遗迹第5层地层情况可以比较明确地判断为近现代的堆积扰乱层和清代地层。

清代蒲津渡渡口遗迹有：铁牛护卫墙的建筑遗迹，南北方向土铺面大道，铁牛周围砖石护围地基（南北方向石块砌成）。遗址北部残存着砖石砌筑的房屋遗迹、砖铺路面等。遗址东部地面之上遗留有失落的船锚。

T1中，两个铁牛底板向后倾斜，下半已被泥土掩埋。经铲刮平面，两个铁牛两侧均有明显的界线，可以确定是后期的堆积，且是自然和人为共同形成的。土色呈深褐色，泛黑，结构略密，砂性较大，土中包含有木炭粒、花砂粒或小块。在活动层面上部多为砖石瓦砾，河水冲击堆积层。再之上则为淤沙，厚约6米。

蒲州城在明洪武、嘉靖、隆庆至清康熙、同治多次重修，光绪欲修，无资未修。

清代光绪十二年（1886年），修订乾隆十九年（1754年）版《永济县志》，在开元铁牛词条中对铁牛描述为“今视牛甚壮，巨状皆蹲伏，腹没入地，尾后有大轴横縍之，轴首花纹模制甚工，牛人皆精泽照吐，久为伟观也”。《永济县志》中记录了时任蒲州知府的周景柱撰写的《铁牛铭》。描写的应当是乾隆年间看到的铁牛景象。在发掘中有铁牛护卫墙，铁牛被埋至牛肚子位置，形成“皆蹲伏，腹没入地”的情景，护卫墙东为南北通行大道，正是此段时间的状况。

永济县蒲州治黄指挥部的李春荣同志在《山西黄河今古》中记载1665年，清圣祖康熙四年，连年黄河向西移徙，“1667年，清圣祖康熙六年，黄河渭河皆大涨。黄河向西塌岸，移徙”（大荔县历代自然灾害资料辑录）。

据李春荣撰《山西黄河古今》记载，清乾隆元年至道光初年（1736～1821年），河道主流距蒲州城二十余里，清咸丰年间（1851～1862年）河道主流距蒲州城三十里。民国九年（1921年）河道主流距蒲州三十里，冯玉祥组建陕西省平民县，县政府设在黄河东岸大庆关。民国二十三年（1934年）黄河涨大水，之后，主流向东移徙，直至冲毁大庆关，沿蒲州西城而流。之后几年，河临蒲州城下。平民县政府被迫西移至陕西，1950年，平民县正式撤县，并入朝邑县。也就是说至1934年后，铁牛逐渐被黄河水淹没。在民国十年的县城平面图中，还可看到标在西门外的铁牛

（图五）。

发掘过程中冲积层中出土的钱币也反映出上层为清代堆积层。

T302 冲积层出土铜钱：

“湖北省造”“光绪元宝”一枚。“湖南省造”“当制钱二十文”铜元一枚。“康熙通宝”、“治平元宝”铜钱各一枚，小榆荚钱二枚。

T302 碎砖层出土铜钱“乾隆通宝”、“乾隆通宝”、“道光通宝”、“康熙通宝”、“康熙通宝”各一枚。

T203 石层路面上出土“开元通宝”铜钱一枚。但这并不能改变文化层的时代。虽有唐宋时期的钱币，但更多的是清代钱币。

地层堆积中，最上层为粉沙层、扰乱层，文化层上部为碎砖破瓦夹杂瓷片等，应该是水流冲击形成。其次为遗迹、遗存层面，铁牛东北边的护卫墙，护卫墙东边的南北向土铺大道，铁牛北边的建筑遗迹，砖铺地面和石砌墙小建筑。这些都应是清代遗迹。

清代遗迹叠压的是土铺大道下石砌路面和铁牛周边的石铺层面。

第六节　对蒲津渡遗存的分析判断

1. 蒲津渡浮桥

政治局势造就了历史上军事要地，经济形势的需求造就特殊的经济地位，重要地理位置确立交通的重点工程——蒲津渡浮桥。

蒲州蒲津渡自古为兵家必争之地，取道关中的重要通道，历史上许多名人志士在这里留下了足迹。河东物阜民丰，文人荟萃。尤为重要的是河东的盐和山西的铁，是极其重要的战略物资。占其地利，占据粮仓，掌握盐铁，就掌握了战略主动权。历代对于盐铁的管理亦是严格的，史书对此多有记载，尤其是唐代记载更详细。

《新唐书·食货志》志第四十四“食货四”记载：

“唐有盐池十八，井六百四十，皆隶度支。蒲州安邑，解县有池五，总曰‘两池’，岁得盐万斛，以供京师。”

“顺宗时……河中两池盐，斗钱三百。”

“两池盐利，岁收百五十余万缗。四方豪商猾贾，杂处解县，主以郎官，其佐贰皆御史。盐民田园籍于县，而令不得以县民治之。”

“贞元中，盗鬻两池盐一石者死，至元和中，减死流天德五城，（度支使皇甫）鎛奏论死如初。一斗以上杖背，没其车驴（驴），能捕斗盐者赏千钱；……鬻两池盐者，坊市居邸主人、市侩皆论坐；盗刮卤土一斗，比盐一升。”

“其后兵遍天下，诸镇擅利，两池为河中节度使王重荣所有，岁贡盐三千车。……”

《旧唐书·食货志》志第二十八“食货上”：

“开元元年十一月，河中尹姜师度以安邑盐池渐涸，师度开拓疏决水道，置为盐屯，公私大收其利。"

"元和六年闰十二月，度支卢坦奏：'河中两池颗盐，敕文只许于京畿、凤翔、陕、虢、河中、泽潞、河南许汝等十五州界内粜货。……"

"大和三年四月，敕安邑解县两池榷课，以实钱一百万贯为定额。……及大中年，度支奏纳榷利一百二十一万五千余贯。"

"初，玄宗以前，亦有盐池使。景云四年三月，蒲州刺史充关内盐池使。"

对于河东盐池的控制，从以上记载中可见一斑。河东是富有的粮仓，汾晋之粟以给京师，作为京畿的蒲州，蒲津渡的重要性也尽在不言中。

山西晋东南的阳城、晋南地区的翼城等地冶铁生产是有传统的。太原古称并州，并州铁亦多被赞颂，唐代杜甫在《戏题画山水图歌》云："焉得并州快剪刀，剪取吴淞半江水。"任华《怀素上人草书歌》云："锋芒利如欧冶剑，劲直浑是并州铁。"明代李时珍《本草纲目》记载："《宝藏论》云：铁有五种，荆铁出当阳，色紫而坚利，上饶铁次之……太原蜀山之铁顽滞。"

对于这些重要战略物资的运送加重了交通的压力。《隋书·食货志》中记载："户口岁增，诸州调物，每岁河南自潼关，河北自蒲坂，达于京师，相属于路，昼夜不绝者数月。"

2. 铁器群

遗址遗物的保存以四尊唐代铁牛为代表，辅之以四尊铁人，两座铁山，四个铁柱墩，北斗七星状铁柱组成气势恢弘的世界最大规模的古代运用于桥梁工程技术的低硅灰口铁的铁器群。

蒲津渡遗址最吸引人的是气势恢弘、硕大无比的桥头铁牛，已被树立成蒲津渡遗址的典型形象展示于外界。

四尊铁牛分南北两组前后相随列阵于渡口，铁人分别于外侧做御牛状，造型生动，制作精美，体现了盛唐时期的艺术造型风格。自 1991 年考古发掘后，对铁牛、铁人、铁山、铁柱墩、北斗七星状铁柱等分别进行了金相分析、成分检测、硫印实验测试等科学测定。四铁牛、四铁人虽形态稍有异，特别是南边一组铁牛底座有 40 厘米厚底板，而北边一组仅见 5 厘米左右底板，西北部位牛下底板几乎不见，但经检测得知，四牛均为低硅灰口铁铸成，且成分一致，金相相同，应是同时期铸成。特别是东南部位铁牛厚底板下发现支撑骨架为钢筋条，经北京科技大学冶金史研究所做成分检测证明为唐代所制成的钢筋条。铁质成分的分析不能证实有宋元以后的铸造成分。每尊牛后轴头花纹图案各不相同，均为盛唐风格。

铁人、铁山、铁柱墩、北斗七星状铁柱等铁质文物成分检测均为低硅灰口铁。在七星柱个别铁柱的柱头部位硫印测试显示含硫较高，可能是锈层厚，测试面的制作表面不净，锈层中存在硫化物（由于细菌作用产生）等原因造成的。

铁器群的材质组织及成分研究表明，本遗址铁器群是以低硅灰口铸铁件为主，含硫不高，是木炭冶铸的产物。唐代用低硅灰口铁铸造大型铸件，应是中国冶铸史上的重大成就之一。

蒲津渡遗址铁质文物为低硫低硅灰口铁。低硫灰口铁的发明与使用是中国古代冶金史在技术上的又一飞跃，是十七世纪以前居世界领先地位的十大钢铁技术之一。

这批铁牛铁人含硅（Si）量小于 0. 24%，含碳（C）量 3. 53%～4%。

中国古代生铁中含硅量约0.1%~0.3%。硅是促使生铁中的碳变成石墨的元素。从现代生产观点看，如果生铁中含硅量低于1%很难得到灰口铁，只有碳硅达到4%时才能获得。为此在冶炼铸造时必须适当提高硅含量或铸造前向化铁炉中加入适量中间合金硅铁，否则就会造成炉冷事故，使冶铸不能顺利进行。

古代获得低硅灰口铁在技术上是控制铸造时的冷却速度，实验证明冷却速度对铸铁石墨化影响很大，冷却越慢，越有利于石墨化。

在铸范外部采用必要的保温措施造成缓慢的冷却条件，从而获得低硅灰口铁。从铁牛下部锚柱中部保存的大量木炭残渣痕迹，可以判断这正是为造成缓慢冷却所采用的保温措施。

磷（P）含量较大，铁牛铁人等为0.8%~1.2%。使用含磷较高的铁矿石为原料所致，可增加流性，以利铸大件。

铁牛铸造是采用传统泥范浑铸法进行的，牛角、牛耳、后轴及牛身板下铁柱是预先铸成的。

铁柱墩发现四个，铁山两座，均与史料记载有所不同。推测是由于历史的变化，沧桑更替，使桥发生了许多变化。但实物残留的遗迹确切记载了遗物存在的使用价值。

3. 重要价值

遗址的科学发掘为许多学科的研究提供了极有价值的资料，为研究唐、宋两代的政治、经济、文化、交通、冶金、桥梁工程技术等均提供了可贵的资料。

黄河古渡是交通史上弥足珍贵的实物例证。蒲津渡浮桥是桥梁史上最重要的浮桥例证。我国著名桥梁专家茅以升曾非常关注黄河蒲津浮桥，其弟子世界知名的桥梁专家唐寰澄对蒲津渡的发掘评价很高，对铁牛的出土予以极高赞誉，尤其认为铁牛在桥梁工程的价值应重新加以认识和评价。牛下斜柱桩的构造和作用是古代桥梁工程的典范。“这次大唐铁牛与铁人等的发现不同于扬军阵、耀帝威的秦兵马俑；亦不同于宣佛法、炫珍宝的释迦舍利；也不同于讲五行、为厌胜的镇水石犀。这是一个具体的工程建设，是中国劳动人民对世界桥梁、冶金、雕塑事业的贡献，是世界桥梁历史上唯我独尊的永世无价之宝。”

铁器群的发掘出土在冶金史上有着重要的价值，铁牛的铸造工艺代表了唐代低硅灰口铁铸造水平。低硅灰口铁的发明使用是中国古代冶铁史在技术上又一飞跃。铁牛等大型铸件是珍贵的实例，是数百年工匠长期实践经验的总结。起地锚作用的铁牛，牛后轴及牛下柱桩的斜撑形式都表明了我国低硅灰口铁冶炼铸造技艺水平运用于工程技术的进步程度，是中华民族的骄傲。

在雕塑铸造、造型艺术上铁牛等造型既有盛唐时期的雄浑大气，又有着雍容富贵之气魄，写实与夸张相结合。唐代铁牛、铁人等形象，可以与著名的昭陵六骏相媲美。这种写实主义的杰作，反映出唐代的艺术审美观念和艺术成就。

在考古学上虽说此为唐代遗物宋代移动之文物。但蒲津渡遗址的发掘为唐代以来黄河渡口的变化、黄河变迁提供了珍贵资料，尤其是唐代地层以上11米全部取土样保存，为研究黄河的环境变化提供了实物资料，这是前所未有的。

从唐代地层至地表层的立体土样的取样是在中国科学院资深院士、著名材料科学家、中国科技考古学会理事长柯俊先生指导下进行的，随着这项研究工作的深入，将为黄河自唐以来含沙量的变化，水土流失的变化，上游植被的破坏等研究提供可信数据，同时为黄河流域环境治理提供可借鉴的资料。

对于蒲津渡浮桥的构造与历史地位我们借用现有的资料做简单阐述：

《大百科全书·土木工程》“浮桥”（钱冬生）：

用船或浮箱代替桥墩，浮在水面的桥梁。军队采用制式器材拼组的军用浮桥，则称舟桥。浮桥的历史记载以中国为早。《诗经·大雅·大明》记载：“亲迎于渭，造舟为梁。”记载周文王姬昌于公元前1154年在渭河架浮桥。东汉光武帝建武十一年（35年），公孙述在今湖北宜都、宜昌间架设长江浮桥。西晋武帝泰始十年（274年）杜预在今河南孟津附近的黄河架设河阳浮桥，曾持续使用达800多年。

在国外，波斯帝国居鲁士大帝于公元前537年在美索不达米亚修建过浮桥，泽尔士一世于公元前481年为进军欧洲曾在赫勒斯滂（现为达达尼尔海峡）建浮桥，以连接欧亚大陆。

浮桥的结构形式有两种：①传统的形式是在船或浮箱上架梁，再铺桥面。②舟梁合一的形式，或船只首尾相连，成纵列式，将舟体紧密排列成带式。为保持浮桥轴线位置不致偏移，在上、下游需设缆索锚碇。为与两岸接通，在两岸需设置边渡梁或跳板。为适应水位涨落，两岸还应设置升降码头或升降栈桥。

浮桥可用于人行、公路、铁路。其构造并不复杂，架拆也方便，但维修费用高。

对于蒲津浮桥，史书上已有记载。关于它的作用和价值，李约瑟在《中国之科学与文明》①（第十册）中予以客观的评价（附录四）。

第七节　蒲津渡遗址中铁质文物的造型特点

1. 唐代铁人的服饰考证与铁人身份的探索

铁人出土后多有人对其进行考证，由于铁人身上锈层较厚，不辨真身，致使判断不准确，贻误视听。经过科学保护处理后，铁人身形展露无疑，为认识研究提供了必备的条件。

铁人作为铁牛地锚的辅助形象，塑造为管理驾驭牛的人，增强了人对铁牛的控制能力，人对自然的控制力，体现了一种人对浮桥的管理。铁人全力以赴的形象表现出任务的艰巨，责任的重大，丝毫不敢懈怠，以保证浮桥的平安、畅通。

1、2、3号铁人均袒胸赤膊，下身着围裙，从2、3号铁人围裙的错缝可清楚看出这种极简单的装束，2号铁人围裙叠错缝在左侧腿边，1、3号铁人围裙叠错缝在前裆部位。

1号铁人的发式为头发抓集到头顶，有巾带自后脑向前集束打结，留巾带角在左右额角。铸造时留下缺损口，头顶部破损。

2号铁人的发式，头发集中在头顶，宽束环折叠于头顶，系束发带，巾带自前额向后打结，两

① 李约瑟：《中国之科学与文明》（第十册）第309页，台湾商务印书馆，1976年。

长带飘于脑后。

3号铁人的发式较特别，头发分左右两束梳理于头顶，各有束发带集束，另有一宽束发巾布带自脑后向前额系束打结，巾带布头留于左右两额边。3号铁人的左右两臂有臂钏圈，应为金刚圈，力士更显孔武有力。

这种着装以往资料不多见，反映的应是劳动者劳动过程中的简单着装。唐阎里本《步辇图》中有一个人物头饰一条带子。

在金代翻刻的《重修政和澄类备用本草》插图一三二，描述了山西“解盐”生产情况，有戴幞头、赤上臂、下身着简单围护布裙的盐工在担、抬盐。在元代的《宝宁寺水陆画》绘有赤上身、下身着围护布裙的胡人形象。

4号铁人的服饰是典型的唐人服饰，让我们仔细观察分析一下。头上戴前踣式幞头，襕袍，文官形式，无豹尾佩饰。铁人襕袍领口明显左领翻折于前胸，右领翻折帔于后背，腰间系带，袍的前襟掠起掖在左侧腰间，襟角垂于左腿外侧，右袖脱出斜拢掖于右侧腰间，为半臂袍。袍内着无领半袖“背子”，也称半臂。铸造时遗留的范缝被误认为翻领。内着长袖衫，袖口挽于小臂。足穿尖足靴。

参考唐开元二年戴令言墓出土俑。李重润墓壁画中幞头、襕袍。参考李贤墓壁画有似翻领式襕袍，实则为一般襕袍。陕西出土的唐开元四年张士贵墓中有牵马陶佣着装与此相似，着半臂袍。《敦煌二二窟壁画》人物着半臂服饰。西安南里王村韦迥墓出土俑有着半臂者。唐鲜于庭诲墓出土的西域人俑着幞头。《唐人游骑图》着幞头者，为踣式幞头，圆领衫，乌皮六缝靴。4号铁人头戴幞头，与其相同，应同为侍从人员或有一定身份的管理人员。

唐高祖李渊（618~636年）于武德七年（624年）颁布新律令，即著名的“武德令”，其中包括服装的律令，一般场合所穿的公服（又称从省服）和平时燕居的生活服装常服（又称燕服），吸收了南北朝以来在华夏地区已流行的胡服、特别是西北鲜卑民族服装以及中亚地区国家服装的某些成分，使之与华夏传统服装相结合，创制了具有唐代特色的服装新形式。其中像缺胯袍、盍裆、半臂、勾衣、大口裤等都是例子。缺胯袍就是直裾、左右开叉式的长袍，又称四楑（音撰，衣缘也）衫，它可以和幞头、革带、长鞠靴配套，成为唐代男子的主要服装形式。

古代男子用的一种头巾，也称“幞头”（古人以皂绢三尺裹发，有四带，二带系脑后垂之，二带反系头上，令曲折附项，故称“幞头”）。太宗尝以幞头起于后周，便武事者也。2号铁人头上装饰即以绢巾裹发，两带系脑后垂之。

幞头，古代男子二十而冠，戴的是冠帽，身份卑贱的人戴帻。帻本是一种包头布，用以束发。在关西秦晋一带称为络头，南楚江湘一带称为帕头，河北赵魏之间称为幧头，或称之为陌头。使用时就是用一块巾布从后脑向前把发髻捆住，在前额打结，使巾布两角翘在前额作自然的装饰。1号铁人头上装饰即如此，头上发髻缺损，残留的巾布两角翘在前额。

上下衣相连的服装称襕衫（古代士人之服。因其于衫下施横襕为裳，故称）、襕袍（古代的一种公服。因其于袍下施横襕为裳，故称）。

唐代官服发展了深衣制的传统形式，于领座、袖口、衣裾边缘加贴边，衣服前后都是直裁的，在前后襟下缘各用一整幅布横接成横襕，腰部用革带紧束，衣袖分直袖式和宽袖式两种，窄紧直袖的称为构衣，《释名》说它“言袖夹直，形如沟也”。这种款式便于活动。宽袖大裾的款式则可表现潇洒华贵的风度，称圆领衫、袍，上至帝皇，下至厮役都可以穿。幞头、圆领、革带、长鞠靴配套的服饰，一直流传到明代。

度支、户部，盐铁门官等服细葛布，无纹绫，绿暗银蓝铁带。未有官者，服粗葛布、官施绿铜铁带。《旧唐书。舆服志》记载：梁制云，袴褶，……唯褶服以靴。靴，胡履也，取便于事，施于戎服。

4 号铁人的衣着为戴幞头，着裲衫，胡履，该是属于下级管理人员。为工作方便，脱右臂袖掖于腰间，左衣襟撩起折于左侧腰间。

铁人四尊，1、2、3 号铁人的形象轮廓分明，眼睛大，眉拱高，颧骨较高，鼻梁略显鹰隼，嘴唇稍显丰厚。发分梳、在头顶挽成髻形。这些形象明显地与中原人有区别，他们到底源于何处？

在唐代的文学作品中，多有“昆仑奴”角色，他们虽为人所役使，却往往身怀绝技，品行善良。有善泅水而勇捷，能入深水取宝，有的能飞檐走壁，救人于急难之中。凡此种种，不一而足。

昆仑国是外国名的译名或译音，指南海诸地的“昆仑”，或指非洲东岸的马达加斯加岛，是若干地名的代称。究竟是哪些地名的代称，目前还没有形成一致的看法。昆仑奴大抵由外国贾人贸易或诸国使臣贡献而来，因此称之为奴[①]。学者认为，昆仑二字，为阿拉伯或波斯文 Kara-n（Kan-Lan）的音译，其义为黑。实际上，昆仑奴也都是卷发黑身的民族，他们往往是被强迫或诱拐为奴的人。

一种说法认为，“昆仑”一词是用来形容黑色或近黑的东西，所以黑人也被称为“昆仑”，也用来形容人的皮肤呈黑色的，如魏晋南北朝时期晋代孝武李太后皮肤有点黑，当时的人就称她为“昆仑”。

《新唐书·南蛮志》记载：

> 林邑国，汉日南象林之地，在交州南千余里。其人拳发色黑，俗皆徒跣，得麝香以涂身，一日之中，再涂再洗。拜谒皆合掌顿颡。自林邑以南，皆卷发黑身，通号为“昆仑”。
>
> 婆利国，在林邑东南海中洲上。其地延袤数千里，自交州南渡海，经林邑、扶南、赤土、丹丹数国乃至焉。其人皆黑色，穿耳附榼。
>
> 男子皆拳发，被古贝，布横幅以绕腰。风气暑热，恒如中国之盛夏。谷一岁再熟。有古贝草，缉其花以作布，粗者名古贝，细者名白㲲。贞观四年，其王遣使随林邑使献方物。

昆仑奴既为奴，就必是被人驱役的，从铁人的形象和身着可以窥其一斑。他们保留了自己的特征。中亚（印度、锡金、斯里兰卡）人的特征为，轮廓分明，眼睛大，眉拱高，鼻梁略显鹰隼，嘴唇稍显丰厚，徒跣，布横幅以绕腰。另一种类型的特征为：发微曲，向后分梳、在脑后挽成髻形，浓眉大眼、颧骨较高。肤色为黑，可以认为他们的原型是受波斯、阿拉伯等国影响很深的居民，他们之中可能有来自东非、北非的土著居民，也有来自西域及南亚一带的黑肤居民。这与铁人的造型有共同之处。

---

① 黄时鉴：《中西关系史年表》，浙江人民出版社，1994 年。

昆仑奴在唐宋传奇中有描述，这些人被奸商贩卖到中原，在官宦家为奴。但他们多身怀绝技，融入到当地社会中，有技艺，为人忠直，吃苦耐劳，忠于职守，成为一支特殊人群。昆仑奴广泛存在于唐代社会的各个方面，他们在华的劳作为唐代文化增添了异彩。蒲津渡铁人取其形象，驾驭铁牛、管理浮桥。

当然，也有人认为铁人是守桥吏、水手和竹木匠，在做撑船肢势，是为稳固桥头浮梁。那些人永守此职，并免除兵役和其他徭役。抑或有人发挥想象，附加民族形象。

2. 铁牛造型的探索

铁牛造型从古至今为观赏者称颂，铁牛每尊 45 ~ 75 吨各不相同。牛体大硕壮，形象生动，牛呈现为着力后坐状。长约 300 厘米，宽约 110 厘米，高约 150 厘米。每头牛的后部位有一横轴，长 220 厘米。轴头有不同纹饰。如清代蒲州知府周景柱所形容“观其矫角、昂首、体蹲而力赑，足以任重，足以励猛，坚足以地觝，强足以距。其目似怒，其耳如聆，其处有度，其伏甚固”。牛形状体格较高大，骨骼粗壮，肌肉丰满，体质强健。头部方正。肩部宽厚，中部宽深，肋长而开张。背腰平直宽长，长短适中，结合良好。背腰平直，荐尾略高，尾甩在牛背。四肢端正，粗壮结实，两前肢相距较宽，蹄大坚实。头较大，颈短粗，垂皮发达，鬐甲高而宽；牛角基粗壮形似犀牛角。

铁牛的形象坚实稳重，雄浑大气。但它的艺术形象源于何处？综观我国的牛种不难发现，以永济为中心，有着我国三大黄牛品种：秦川牛、南阳牛、晋南牛。他们都是体格高大，适于役用的。尤其是秦川牛，是中国体格高大的役用牛种之一（图一〇一）。秦川牛产于陕西省关中地区，因“八百里秦川”而得名，以渭南、临潼、蒲城、富平、大荔、咸阳等 15 个县、市为主产区。秦川牛属较大型的役肉兼用品种。体格较高大，骨骼粗壮，肌肉丰满，体质强健。头部方正，肩长而斜。中部宽深，肋长而开张。背腰平直宽长，长短适中，结合良好。荐骨部稍隆起，后躯发育稍差。四肢粗壮结实，两前肢相距较宽，蹄叉紧。公牛头较大，颈短粗，垂皮发达，鬐甲高而宽；角短而钝，多向外下方或向后稍弯。公牛角 14.8 厘米。

图一〇一　秦川牛参考照片

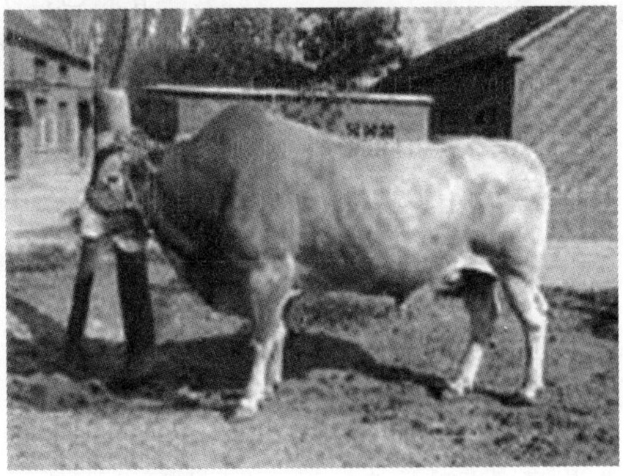

图一〇二　南阳牛参考照片

南阳牛属较大型役肉兼用品种（图一〇二）。主产区为河南省南阳地区的白河和唐河流域，见于唐河、邓州、新野、镇平、社旗、方城等市县。是我国黄牛中体型最高大的品种。体高大，肌肉较发达，结构紧凑，体质结实，皮薄毛细，鼻镜宽，口大方正。角形以萝卜角为主，公牛角基粗壮，母牛角细。鬐甲隆起，颈粗短，肩部宽厚。体质结实而匀称，肌肉丰满发达。胸深宽而背腰平直，肋骨明显，荐尾略高，尾细长。四肢端正而较高，筋腱明显，蹄大坚实。公牛头部雄壮，额微凹，脸细长，颈短厚稍呈弓形，颈部皱褶多，前躯发达。成年公牛体重850公斤左右。南阳牛体格高，步伐快，是著名的“快牛”。成年牛载重1000～1500公斤，可日行30～40公里。南阳地区所处地理位置较偏僻，土质坚硬，需要体大力强的牛进行耕作和运输，群众素有选锱大牛的习惯。

图一〇三　晋南牛参考照片

晋南牛在我国黄牛中，属大型役肉兼用品种（图一〇三），主产区在山西省南部汾河下游的晋南盆地，包括运城地区的万荣、河津等10县市和临汾地区的侯马、曲沃等县市。体躯高大，胸围大，背腰宽阔，被毛为枣红色。成年公牛607公斤左右。

由此可以判定，铁牛取形于秦川牛的雄健体形、南阳牛的高大和粗壮角形、晋南牛的后躯部之优点塑造而成。

3. 蒲津渡铁牛体重测量方法

测前准备工作：

首先大体量出铁牛总长度、牛宽、后轴长及直径、牛高以及南边两牛下铁座的长与宽等数值，取其最大值设计做上下两个大木箱及后轴头小箱和一个供测量用的标准箱。

上下木箱。长度均是3.4米（以下均以内经计），箱宽18米和14米，高均是0.85米，分为四扇箱壁，用时两头用木卡棍卡紧成一箱体。因后轴较长，故将箱壁后轴两头处开一个长宽各50厘米的豁口，豁口上半部是方形，下半部是圆形。箱体组装成后，后轴两端露在箱外，将做的后轴小箱接装在豁口处，使一端轴头装在小箱内，另一端暂用一60厘米×70厘米大小 、中开50厘米圆孔、分成两块的三合板卡住后轴，紧贴在大箱内壁，以防内装沙土流出。

测量过程：

待测铁牛底座下平面以上障碍物，为石头面土层，铲除后，将低于该平面的部分用土填平，使铁牛座下面四周平整，并铺上一周塑料薄膜，使开箱测量时沙土不损失，便于集中。把各箱装成一体后，铁牛便置于箱中，在空隙处填满沙土，刮平。将各箱体积之和（包括两端后轴头箱所装沙土）相加，算出总体积数。再把箱内沙土取出，用做好的标准箱测量其箱数，并计算出所装沙土体积总数。两数相减便是铁牛之体积数，铁牛体积数乘以铁的比重数（即7800公斤/立方米）便得出铁牛之重量。因南边两铁牛铁座较厚，箱体高度有限，只取铁牛座上平面为沙测方法数值。加之铁座体积计算数，再加座下六根铁柱之值，北边两牛只加座下六根铁柱值，便是铁牛总重量数。

铁牛测量共用八天时间。每天7～8人工作（图一〇四）。工作过程相互穿插进行，将第一只铁牛装箱填满沙后，并不马上取沙，先把待测铁牛地面整理好后，可装箱时再一鼓作气，把已测铁牛箱内沙土用标准箱量出数值。测下一铁牛时，先选择一块地面整平，夯实，铺上塑料薄膜，把上箱组装于上，将沙土装满刮平备用。再将需测牛用下箱装好后，用上箱内之沙土，全部装入待测牛之

图一〇四　1991年5月测量铁牛体积重量情形

箱体内，不足再用标准箱量沙装入直至装满为止。算出所装沙土之数，用总箱体积数减去所装沙土数即是牛之体积，再求出铁牛重量。流水作业法已将四铁牛重量测出，列表于后，供参考（表一四）。

表一四　铁牛重量　（单位：吨）

铁牛编号	牛体重量	牛座重量	腹下柱重	总重	备注
1	26.575	23.81	22.598	72.983	腹下柱以3.5米计
2	31.414	15.329	22.598	69.342	
3	27.689		22.598	50.287	
4	26.832		22.598	49.430	

4. 七星柱的设置

七星柱排列于遗址中到底有何价值意义，是每个到过蒲津渡遗址的人都会提出的问题。在史书中，看不到对七星柱的记载。但经过检测，铁的成分质量是一致的，应该是同时期所为。铁柱可能是浮桥初期的桥头地锚柱，由于不能荷负浮桥重载，而重新集束造成铁牛地锚。而将剩余的树立于遗址内。另一种看法认为，这些铁柱是为备用铁链而设置的，反向的出脚有利于铁链的缠绕。即便如此，为什么要排列成北斗七星的形式呢（图一〇五）？这又成了问题。

北极星，从天文学上看，在近万年内和今天形状基本一致，这个相对恒定性决定了它的重要价值。北斗星是最方便的天然工具指示方向，使用方便。北斗星斗柄围绕北极星的变化还可以准确地显示一年四季，具有重要的天文历法意义。北斗星实际上成为悬挂在所有北方地球人头上的一个精确时针。

图一〇五　七星柱排列形式

古时把节气称“气”，每月有两个气：前一个气叫“节气”，后一个气叫“中气”。二十四节气同农历闰月的安排有着密切的关系。在农历中，以立春为二十四个节气的头一个节气。二十四个节气的名称，是随着斗纲所指的地方并结合当时的自然气候与景观而命名。所谓斗纲，就是北斗七星中的魁、衡、杓三颗星。随着天体的运行，斗纲指向不同的方向和位置，其所指的位置就是所代表的月份。如正月为寅，黄昏时杓是指寅，半夜衡指寅，白天魁是指寅；二月为卯，黄昏时杓是指卯，半夜衡是指卯，白天魁是指卯，其余的月份类推。

如此推算，经过几个月的观察，发现蒲津渡遗址中七星柱所显示的斗纲指示所代表的月份应该是农历11月底到12月初。每当农历12月初时，前半夜的夜空中，北斗七星位置在东北方，它的形状倒映下地面，就与蒲津渡遗址中七星柱的排列形式位置相吻合。地面七星柱斗口指的位置引伸开去指向是西安，即唐代的长安。表示出一种拱卫紫薇中央的象征意义。

《资治通鉴》二百一十二卷记载，“开元九年，正月，丙辰，改蒲州为河中府，置中都官僚，……十二月；壬辰，……新作蒲津桥，熔铁为牛以系絙”。

《唐会要》八“桥梁目”云：“开元九年十二月九日，增修蒲津桥，絙以竹苇，引以铁牛。命兵部尚书张说刻石为颂。”按：九年正月改蒲州为河中府，置中都，六月罢。增修蒲津桥可能与建中都有关。且张说为兵部尚书在九年，至十一年为中书令，由王晙继任兵部尚书。尤为作颂，当在九年之证。

这种巧合不知是宋代人复修蒲津桥时有意为之，还是唐代工程完工的标识性建筑，宋代又按原样修复。

5. 铁器群硫印测试

按照北京科技大学韩汝玢教授的指导和要求，2001年4月18～25日，山西省考古研究所组织人员对蒲津渡遗址的铁器群进行了硫印测试。

测试对象：蒲津渡遗址出土的铁牛、铁人、铁柱、明代石坝上的铁锭等。

使用材料：硫酸、蒸馏水、溴化银相纸、酸性定影液。

操作方法：①蒸馏水配制硫酸5%稀释液，溴化银相纸浸两分钟覆于测面5分钟，取下后用蒸馏水冲洗，而后用酸性定影液定影。②使用蒸馏水对测试对象进行清洗，去处硫酸残留物，保证测试对象的清洁。

操作人员：刘永生、张俊才。

4 月 18 日，对明代石坝上的铁卯锭（图一〇六）进行测试，测试结果见图一〇七、图一〇八。

4 月 23 日，对明代石坝上的铁卯锭进行测试，结果硫含量呈阳性（图一〇九、一一〇）。

4 月 19 日上午，对七星柱（图一一一）、铁山（图一一八）、铁柱墩（图一一五）分别进行测试。测试结果见图一一二、图一一三、图一一六、图一一七、图一一九。测试得硫含量微量。

图一〇六 束腰铁卯锭

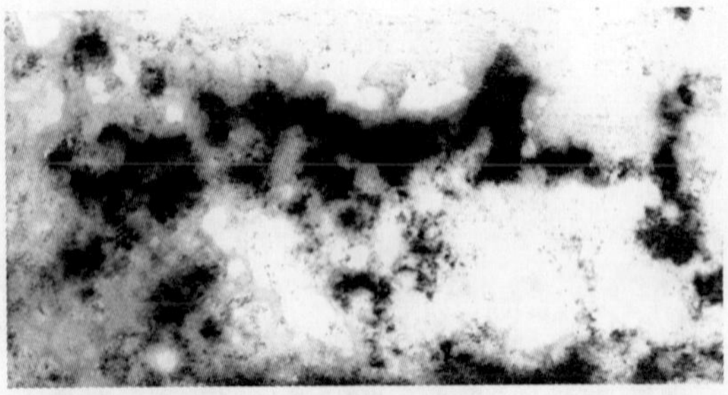

图一〇七 铁卯锭测试

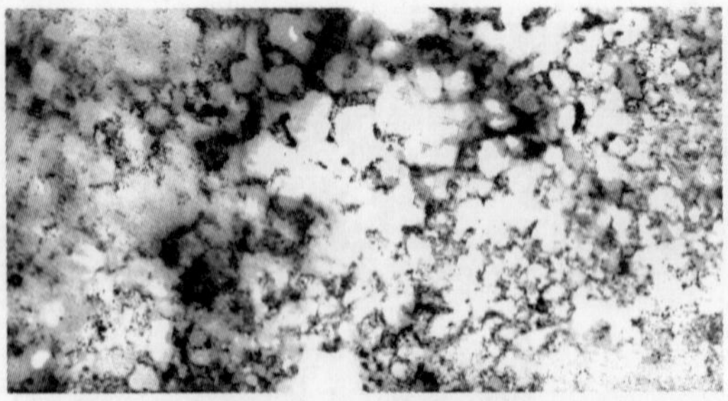

图一〇八 铁卯锭测试

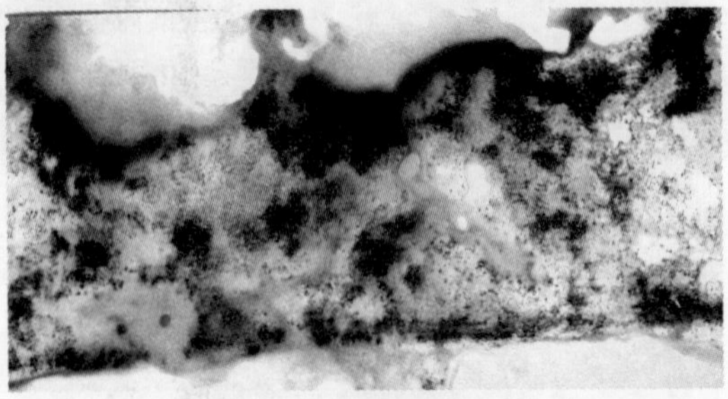

图一〇九 铁卯锭测试

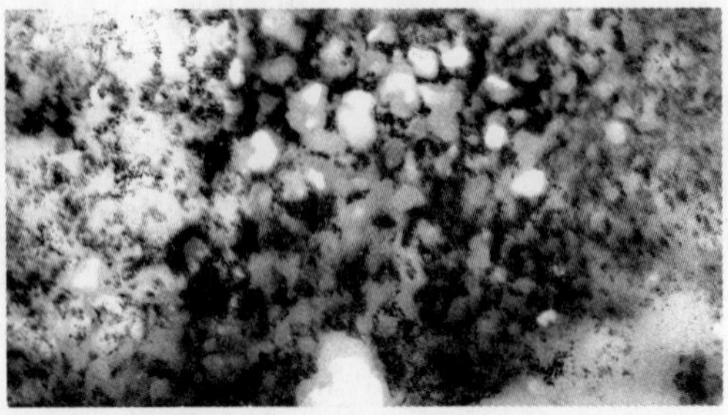

图一一〇 铁卯锭测试

图一一一 七星柱

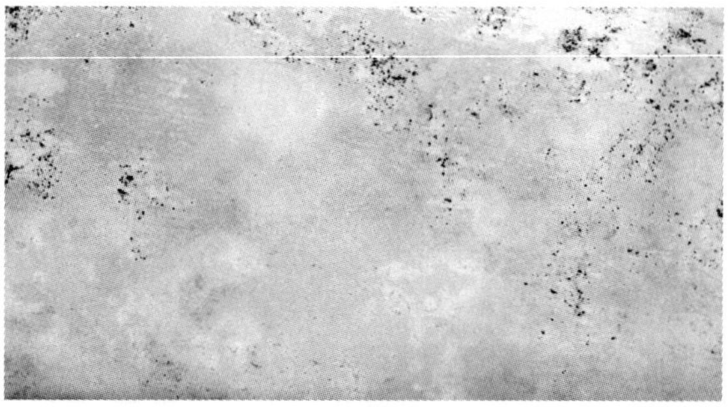

图一一二　H 形联体柱方柱中部测试

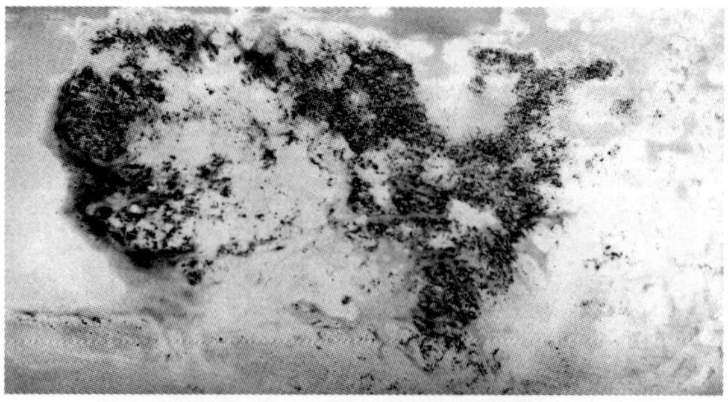

图一一三　2 号柱第二出脚顶部测试

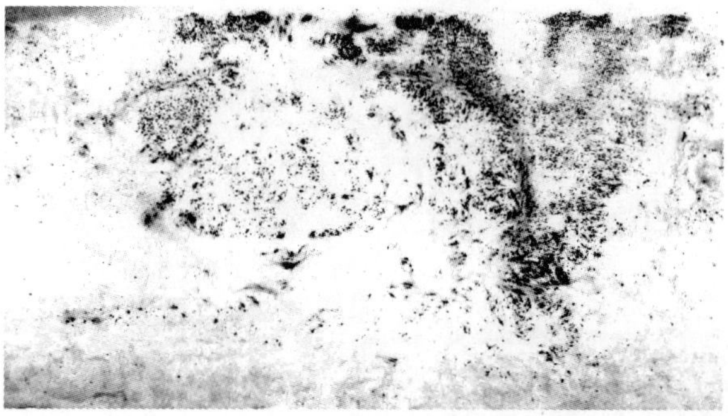

图一一四　2 号柱第二出脚顶部测试

4 月 23 日下午，2 号柱第二出脚顶部测试，测得硫含量微量（图一一四）。

4 月 24 日下午，对铁牛（图一二〇）、铁人等分别进行测试。

测试结果：1 号铁牛右蹄面测得硫含量微量（图一二一～一二三）。

4 月 24 日，下午，2 号牛下柱前排右侧柱下部侧边（图一二四、一二五），结果硫含量微量（图一二六～一二八）。

图一一五　铁柱墩

4 月 25 日上午，测试 3 号铁牛脊背肩头部位（图一二九），硫含量不大（图一三〇～一三二）。

4 月 24 日下午，测试 4 号铁牛脊背部位浇口旁左部位（图一三三），结果硫含量不大（图一三四、一三五）。

4 月 25 日，测试 4 号铁人肩部（图一三六），结果显示，含硫量不大（图一三七）。

经过多次不同品种分别测试，将结果送北京科技大学韩汝玢教授等分析鉴定，发现铁牛、铁人、铁山、铁柱、铁柱墩等铁质的含硫量是基本属于同一类型。冶炼方法和所用材料是相同的，可以认为属同一时期冶炼铸造。而明代石坝上的铁锭含硫量与铁牛等有较大差别，明显有时代差别的不同。

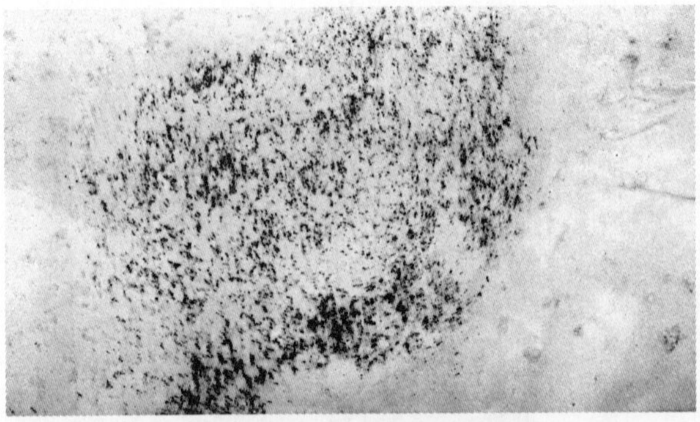

图一一六　4月19日，铁柱墩上部测试

图一一七　4月23日，铁柱墩上部侧边测试

图一一八　铁山

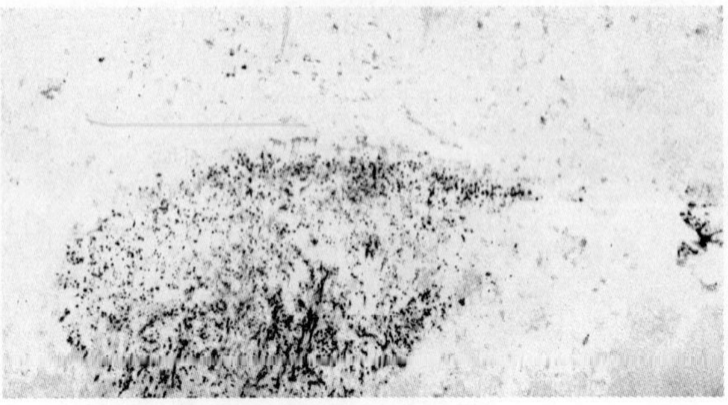

图一一九　铁山测试

图一二〇　1号铁牛

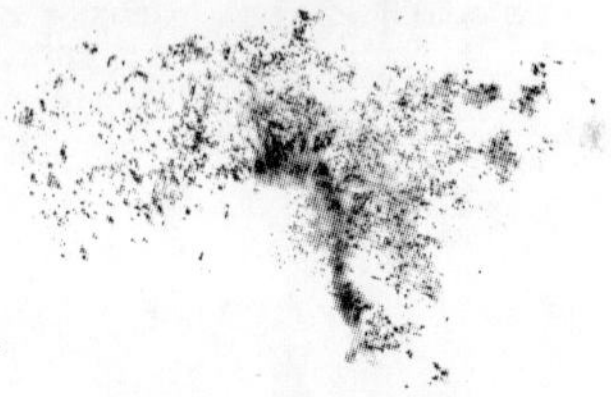

图一二一　1号铁牛测试结果之一

图一二二　1号铁牛测试结果之二

图一二三　1号铁牛测试结果之三

图一二四　2号铁牛

图一二五　2号铁牛前右侧柱

图一二六　2号牛前右侧柱测试结果之一

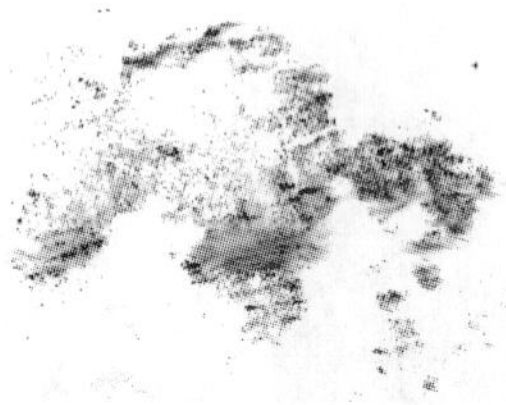

图一二七　2号牛前右侧柱测试结果之二

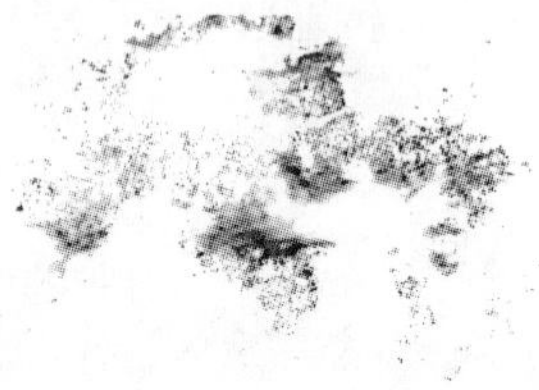

图一二八　2号牛前右侧柱测试结果之三

图一二九　3号铁牛

图一三〇　3号铁牛测试结果之一

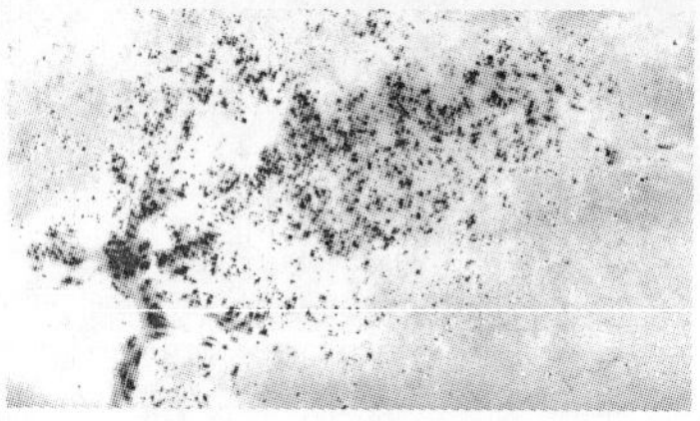

图一三一　3号铁牛测试结果之二

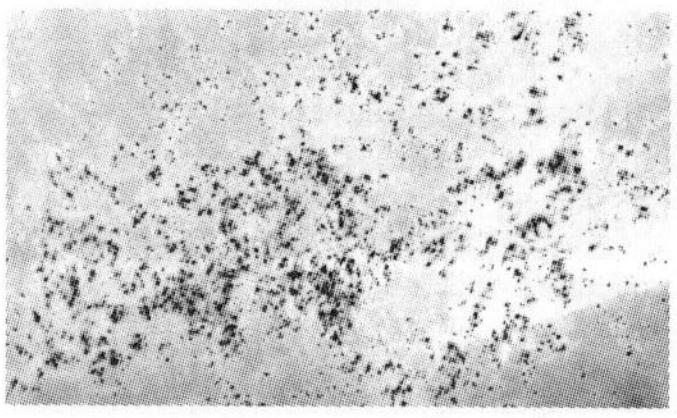

图一三二　3号铁牛测试结果之三

图一三三　4号铁牛

图一三四　4号铁牛测试结果之一

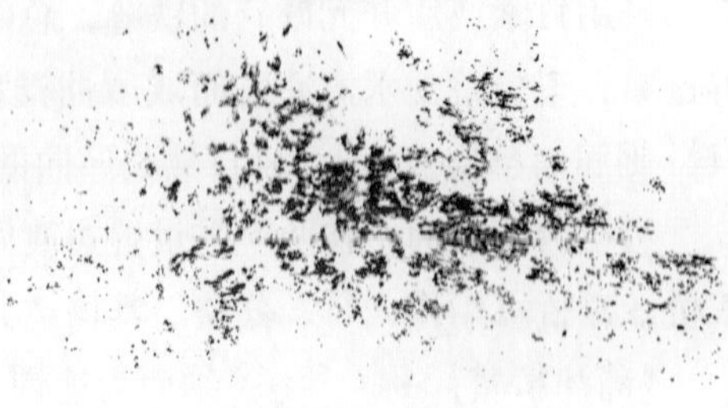

图一三五　4号铁牛测试结果之二

图一三六　4号铁人

图一三七　4号铁人肩部测试结果

第八节　蒲津桥断想

我们所看到的铁牛、铁人、铁山和铁柱以及在牛、人前面的一道石堤岸（已为明代所更动）是黄河浮桥东岸桥头结构的一部分。

桥是什么样的？多大桥跨？铁链又是如何锚于牛、柱之上？桥延续几百年是如何管理的？要解决这些问题，需要历史考证、实物观察和桥梁知识三方面的结合，还要有客观的科学的根据。我们从桥梁专家唐寰澄先生的一篇文章中可以看到专家对蒲津桥的推测，试作以下分析：

1. 桥是什么样的?

浮桥的结构形式有两种：①传统的形式，是在船或浮箱上架梁，再铺桥面。②舟梁合一的形式，或船只首尾相连，成纵列式，将舟体紧密排列成带式。为保持浮桥轴线位置不致偏移，在上、下游需设缆索锚碇。船只横向用木固定以保持一定的距离，再在船上铺桥板加栏杆，便成“直浮桥”。

造建浮桥有两种方法，然而此段黄河河床并不稳定，且洪流急而深，抛锚、定着都不容易。因此，采用竹索或唐开元以后的铁链，总的锚定在岸边，其间再排挂船只，铺上桥面，索或链不能绷得过紧，于是桥受水流冲击而成“曲浮桥”。所以唐·阎伯屿的《河桥赋》称：“疏其间（疏排船只）则屈而且抱。”曲浮桥自然是屈曲的，可是“抱”又是什么意思呢?

为与两岸接通，在两岸需设置边渡梁或跳板。为适应水位涨落，两岸还应设置升降码头或升降栈桥。浮桥可用作人行、公路。其构造并不复杂，架拆也方便，但维修费用高。

《蒲津桥赞》称：“……结而为连锁，镕而为铁牛，偶立于两岸，襟束于中潬。锁以持航，牛以系缆。……”“中潬”即河中的沙洲。说明当年蒲州段黄河分为两派，中隔沙洲，一派为主流，一派为支流。因东牛在蒲州城西门外，可以确定东流为主流，历史记载亦如此。唐张说《奉和圣制晓渡蒲关》：“蒲阪横临晋，华芝晓望秦。关城雄地险，桥路托天津。……”也表现了桥两跨情形。

唐文宗大和年间（828～835年）河中府任中丞在中潬之上修建河亭。唐代李商隐（813～858年）有诗《题新创河亭》：

万里谁能访十洲，新亭云构压中流。
河鲛纵玩难为室，海蜃遥惊耻化楼。
左右名山穷远日，东西大道鏁轻舟。
独留巧思传千古，长与蒲津作胜游。

描述了蒲津渡蒲津桥中潬的河亭。证实了黄河两流，造桥两处，束襟中潬。

岑参有《宿蒲关东店，忆杜陵别业》诗（《全唐诗》）云：“关门锁归客，一夜梦还家。晓闻秦树鸦”，当即在河之东岸关城之外。盖大河东西两岸各有关城，河之中渚又有中潬城。日本圆仁和尚通过时“过七重门”正是三城的写照。

2. 桥跨有多大?

桥的宽度从目前考古发掘情况看，东西向引桥的唐代路面的宽度为7米，发掘路面中车辙宽度1.4米左右，车宽按2米计算，可以容纳三辆车并行。按车双向行驶，略有行人道。桥面的宽度应该亦是7米左右。船舰应比此略长，加栏固索。

3. 船只

两座浮桥，假如是同样的桥跨，在720米左右的河宽中，需要排多少船只呢?

《蒲津桥赞》和《通典》都说千艘，此数必然有些夸张，千艘船只满排在两派之中，毫无间隙，船宽仅只0.72米，按黄河现有木船尺寸，既称为“舰”，画有鹢首，疏其间距，以利流冰通过，同时又限于距木和桥面梁的尺寸，船只至中的距离估计约4~6米，船只约2.2~3米，共需船只180~120只。故连舰只能是百数。

根据浮桥的构造，需要用两船先用距木和桥面联成一组组的“方舟”，再在方舟之间搁上联结桥面，自然连成稳定而且关节活络的浮桥。

4. 铁链

“根据上述从历史记载中推测出的桥跨和可能排列的船只数，需要用科学的计算验证铁链尺寸。今按黄河流速、风速、浮桥的不同曲度、桥上荷载船只吃水等因素，通过计算，八根铁链，链环节每股直径为25~33毫米。至于右岸支流可用少数或较细的铁链，或甚至还用竹索。”①

铁链虽然好，史书中记载，时间不很久，就已经又恢复使用竹索了。开元增修，不但铸铁牛镇两岸，以系缅，且铸铁连锁为缅以系舟航，又中束于中潭也。然铁链亦未能持久，故其后又用竹笮。《新唐书》一八二李固言传，其出为河中节度使。“蒲津岁河水坏梁，吏撤笮用舟，邀丐行人。固言至，悉除之。”此为唐代中叶仍用竹笮之证②。大中九年（855年）日本圆珍和尚经过蒲津桥看到的亦非铁索的记载。

5. 锚定

《河桥竹索赋》称：“桥因索而袭固，索以桥而用长，力虽参与索铁，系或固于苞桑。”浮桥的铁链需要锚定。“苞桑”乃是系桥的木桩。如此粗的铁索，木柱或铁柱的锚着力是不够的。根据唐先生修建时长江大桥的经验，锚着施工桥墩用的船只，需用大体积，数十吨重的长方形混凝土锚块，其前端如铲嘴，吃入河床之中。

《方舆类编·职方典》称唐·开元铁牛：“其牛并铁柱（牛下铁柱）入地丈余。前后铁柱三十六，铁山四，夹两岸以维舟梁。”从发掘出来的铁牛，可看到每牛前端下，有和牛身座相联的角度合理的数根铁柱，埋在地中，便是近代整体锚前端铁嘴的布局，蒲津浮桥每岸各四只铁牛便是类似的，特殊形式的重铁锚，可以承受水平拉力。

每头牛的臀部有“大轴横绱”，绱就是牛后横轴的专门名称，横轴两端伸出牛旁，可以系链。

《通典》卷一百七十九“州郡九”河东郡“蒲州条”记载，“唐初为蒲州，开元九年五月置中都改为河中府，寻罢仍旧。……大唐开元十二年，河两岸开东西门各造铁牛四，其牛下并铁柱连腹入地丈余，并前后铁柱十六。”

按历史记载，铁山四，铁柱十六。目前发掘出土铁山二座，铁柱墩四个。从铁山架口的磨损程度观察，可以将其置于铁牛前用于分列铁索。若如此，则在1、2号牛前左右各有一座用以分列两牛后轴铁索。3、4号牛亦同样。四铁山犹如节控四组链索的“琴码”。铁柱墩发掘出土四

① 唐寰澄：《开元铁牛唯我独尊》，《古代美术》，1991年。
② 严耕望：《唐代交通图考》篇三“长安太原驿道”，上海古籍出版社，2007年。

个，可以分为高低两类，均有交叉孔。铁柱的使用和排列拟每根铁索前后使用两个铁柱墩，高低柱墩和交叉孔可以调节链索的高低，以保证铁索不拉入土中。另一种作用是可用于绞紧铁索，这在建设部门的两点较远距离布线中采用类似的器物。亦可用于“带梢”的处理。八根链索需使用铁柱墩十六个，如此则形成“前后铁柱十六”。对于三十六的说法，一则疑后世笔误，二则如今想不出如何排列。

开元十二年（724 年）以后，蒲津浮桥成为永久性的固定浮桥；一百多年后，唐文宗开成五年（840 年）八月十三日（当时文宗已卒，武宗继立），日本僧人圆仁在《入唐求法巡礼行记》卷三记载，入唐求法的途中，经过了规模宏大的蒲津桥：“唐开成五年（840 年）八月十三日早晨，从临晋县出发，午后到河中节度府，黄河自西向南而流，黄河从河中府正北向南流到河中府南，便向东流，经北入舜西门出，侧有蒲津关，到关得勘入，便渡黄河，浮船造桥，（有作浮桥连舟，）阔二百步许。黄河西（两）流，造桥两处。南流不远两派合。却过七重门，向西行五里，到河西入八柱寺宿。”这是迄今发现对蒲津桥的最详细准确的记录。数年后，大中九年（855 年）日本僧人圆珍和尚再次路过蒲州，对蒲津桥亦做了简单描述。《余芳编年集》圆珍请弘传真言止观两宗官牒款状云：“止同州城，次渡蒲关。……见黄河两岸各有铁牛四头，以鏁系脚缚船为浮船之基。”时盖铁缅虽废，而铁牛仍存也。

桥建成后，文人墨客多有赞颂，却都只是诗人的语言，使人不得要领，只能体会。

唐张说《奉和圣制度蒲关应制》：“蒲阪横临晋，华芝晓望秦。关城雄地险，桥路扼天津。……”

唐皮日休《河桥赋》：

……观其步高于空，履险于深，其形也若剑倚天外，其状也若龙横水心，其高也若大虹之贯天，风吹不动，其状也若巨鳌之压海，浪泛不沉，曙色霍开，济者相排，如川失水，一物时来，蹄响如雨，车音若雷，有贤有俊，有隶有台，有贫有嵝，有货有财。噫，前王之道，深有旨哉。在水则河桥晓济，在路则四关尽开，木之与陆，一贯而来。所以大同其轨，广纳其材，岂梁之昉乎。……

宋璟《蒲津迎驾》：

回銮下蒲阪，飞旆指秦京。……　防拒连山险，长桥压水平。……

张九龄《奉和圣制早渡蒲津关》：

魏武中流处，轩皇问道回。……　龙负王舟渡，人占仙气来。……　东顾重关尽，西驰万国陪。……

徐安贞《奉和圣制早度蒲津关》：

仙掌临秦甸，虹桥辟晋关。两都分地险，一曲度河湾。……

苏于沛《开元铁牛歌》：

吾闻石犀远镇蜀江壖，铁犀夜吼沔江烟。蒲津渡口又见觳觫四，大书制自开元年。当日河流太震荡，下注孤城如覆盎。既无强弩射洪涛，复难烧角照夔魍，乌饽之力雄且豪，夹岸维桥猛于象，角能分水尾摇风，神物光怪谁能仿，从此河形流向西。荒滩荦确分高低，麦陇亲亲沙漠漠，半埋踏石追风蹄，喜逢圣世休征列，河伯效灵龙守穴。年来德水庆安澜，何用鑪鞲（炉鞲）烛天重铸铁。

金代董解元《西厢记》的描述：

（张）生到蒲州，乃今之河中府是也。……黄河哪里最雄？无过河中府。〈仙吕调〉〈赏花时〉……【尾】东风两岸绿杨摇，马头西接着长安道。正是黄河津要，用寸金竹索，缆着浮桥。

这是与蒲津桥最有关联的戏剧，金代董解元诸宫调中描绘蒲津桥用了竹索缆着浮桥。这应该是作者当时所能见证的情形。

元王实甫《油葫芦》：

九曲风涛何处显，只除是此地偏。这河带齐梁，分秦晋，隘幽燕。雪浪拍长空，天际秋云卷；竹索缆浮桥，水上苍龙偃。东西溃九州，南北串百川。归舟紧不紧如何见？恰便似弩箭乍离弦。

这是元代王实甫在《西厢记》中描写男主角张生（君瑞）渡过黄河到山西，在前往普救寺途中所唱的小曲。描绘蒲津桥“竹索缆浮桥，水上苍龙偃。”明显是承袭了董解元的词句。

6. 蒲津桥的管理如何？

历代官府设有“津吏”与专门的修筑队伍。《永济县志》卷三记载，“设大庆关勾管河桥官员，掌解系浮桥，济度舟楫，巡河修埽”……率埽兵四说工役，栽植杨柳，预备物料，讥察奸伪等事。《朝邑县志》卷一中也有在大庆关设“巡检司”的记载。

西厢记故事中要抢崔莺莺的是蒲津桥的守桥将孙飞虎，将兵作乱。唐蒲关乃屯军之处。是岁浑太师薨，丁文雅不善御军，其将孙飞虎半万兵叛，劫掠蒲中。如何见得？《莺莺本传歌》为证。歌曰：“河桥上将亡官军，虎旗长戟交垒门，凤凰诏书犹未到，满城戈甲如□屯。……”

【正宫】【文序子缠】诸师长，权且住，略听开解：不幸死了蒲州浑太师，把河桥将文雅，荒淫素无良策。乱军失统，劫掠蒲州，把城池损坏。

飞虎笑曰：“适来法聪所言，真有莺莺。我想：河桥将丁文雅，好色嗜酒之外，百事不能动其情。我若使莺莺靓妆艳服献之，文雅必大悦，可连师据蒲，虽朝廷兴兵，莫我御矣。”

【脱布衫】得莺莺后便退干戈，不得后目前生过。……

面对孙飞虎的纠缠，张生请来白马将军解围。白马将军驻军蒲关。

（张生曰：）白马将军姓杜，名确。今镇守蒲关，素得军心，人莫犯之。与仆为死生交。……杜将军曰：“尔等以浑太师薨后无人统制，丁文雅恣其酒色，稍失训练，因为掠闹，想无叛心。汝等父母妻子，皆处旧营，一忘国恩，悉皆诛戮。我今亲拥貔貅，振英武，杀尔无主乱军，易如刈草。但恐其间有非叛者，吾实不忍。”又曰：“军中不叛者，东向弃仗坐甲；叛者西向作队，以备死战。”言讫，军中皆弃仗向东坐甲。杜取孙飞虎斩之，余众悉免。

戏剧故事本不应做判断依据，但金代董解元描写蒲津桥有军队驻扎管理，蒲关有军队镇守，从侧面表现了蒲津桥的情形。

7. 浮桥的维护

维修与管理是一项十分艰巨而复杂的任务，养护这些重要桥梁是需要大量的财力、物力和人力。

《元和郡县志》记载，“蒲津关今造舟为梁，其制甚盛，每岁征竹索价，谓之桥脚钱，数至二万”（唐宪宗元和元年至十五年，即公元806～820年）。

李约瑟著，陈立夫主译，台湾商务印书馆1976年出版的《中国之科学与文明》（第十册）第309页记载：

> “从第八世纪起我们也知道关于的很多资料，尤可注意的是唐朝政府河工部于西元七三七年颁布许多诏令原稿的断简残篇，在这里我们知道那些守桥吏，水手和竹木匠永守此职，并免除兵役和其他徭役，在大水时活动于防卫危险的浮木之冲击，并注意于结冰时解除所有缧结。替换之平底船（浮桥脚船）在专用之造船厂制造，并须有全桥之半数供应备用，对于必须之竹缆的制造，储存和定期试验都有规定。”

1984年中华书局影印发行的《大唐六典》六典七，十三“水部郎中员外郎条”记载：

> 凡天下造舟之梁四，河三洛一，河则蒲津、大阳、盟津，一名河阳。洛则孝义也。……巨梁十有一皆国工修之，其余皆所管州县随时营葺。……大阳、蒲津竹索每年令司竹监给竹，令津家水手自造，其供桥杂匠料须多少预申所司，其匠先配近桥，人充浮桥脚船，皆预备半副自余调度，……大阳、蒲津桥于岚、石、隰、胜、慈等州伐木送桥造。河阳桥置水手二百五十人，大阳桥水手二百人，仍各置木匠十人，蒲津桥十五人。孝义桥所须竹索取河阳桥退者以充。其大津无梁皆给船人，重其大小难易以定其差等。

由此可见，蒲津桥的维修是纳入当时的国家计划的，是有固定编制的常备工程。正是这样的不断维护才使得蒲津桥使用了几百年。

然铁链亦未能持久，故其后又用竹笮。《新唐书·李固言传》（卷一九五·列传一百七）记载，武宗立，……出为河中节度使。“蒲津岁河水坏梁，吏撤笮用舟，邀丐行人。固言至，悉除之。”此为中叶仍用竹笮之证。唐武宗会昌年间（841～846年）。

《资治通鉴·唐纪》记载，唐昭宗“天复元年（901年）二月乙卯，张存敬引兵发晋州，已未，至河中，遂围之，王珂势穷，将弃京师，而人心离贰，会浮梁坏，流澌塞河，舟行甚难。”可见浮桥使用中亦常有损坏，影响交通。

8. 使用后期情况如何？

南宋吴曾在《能改斋漫录》中记载“及刘元瑜知河中府，河水大涨，不得决泄，桥遂坏。铁牛皆拔，流数十步沉河中。中潬亦坏。自是不能复修。津济阻碍，人畜数有溺死者”。

一座竹索浮桥，变为永久性的黄河浮桥，其功绩实不可磨灭，历史上记载开元十二年以后浮桥有损坏的记录有，唐武宗年间（841～846年）、唐昭宗天复元年（901年），据张说建铁链桥后分别是117、177年。近代材料的桥梁，法定寿命也不过100到120年。桥由唐至宋、金末元初、连续使用期间虽时有损坏，但经维修保养，500余年间一直在为交通服务。

从发掘的地层层位可以看到唐末到宋时期的道路面淤积层较厚，淤积层间隔时间较短，淤积频率冲快。预示黄河泛滥冲大，桥头渡口不断受到冲击，道路不断抬高。蒲津桥已受到严重威胁。宋代水涨梁绝，重修桥头地锚采取抬高地基的方式。

宋治平二年（1065年）八月，黄河流域大暴雨，水淹汴京宫阙。河中府水冲浮桥西岸，铁链牵西牛入河。治平三年（1066年），转运使张焘奏明宋英宗，由河北真定和尚怀丙出计，打捞成功，诏赐怀丙紫衣。

在元金南宋鼎革之际，元兵攻击守在黄河以北的金国。金国守讲侯小叔，拆断蒲津浮桥。南宋宁宗嘉定十六年（1223年），元将石天应攻下河中府，恢复浮桥。侯小叔旋即又攻破之，石天应死，侯小叔烧绝浮桥。次年，元将穆呼哩又攻下蒲州，修复浮桥。金将史泳图再复河东。南宋理宗绍定四年（1231年），元兵又得河中。如此八年的拉锯战中，蒲津浮桥焚而绝，断而续者有好多个反复。有人认为，蒲津浮桥的存在到此就结束了。事实上后来直到元末明初，明太祖洪武二年（1369年），大将军徐达攻到河中，由恢复被元兵破坏的浮桥取陕西。

明正德十六年史鲁撰文《石津记》记载当时（正德十四年，1519年）的情景，“唐元宗铸铁牛为浮桥，功绩浩大，若兹而荒陵土坡，断岸曲磴，无异无人境”。《永济县志》卷十八刊明代万历年间王崇古撰《重修黄河石堤记》记载了明代（万历八年，1580年）看到的情景，“历代河患频仍，河西石岸铁牛俱崩没，大庆关基地洗剥殆尽”。《朝邑县志》记载，今西岸存三牛，其一牛仍在河中。

9. 蒲津桥是为杨贵妃回乡省亲修建的吗?

二十世纪五十年代出版的日本作家水野清一、日比野丈夫著《山西古迹志》中记载，永济有一种说法，传说蒲津桥的修建是当年唐明皇为杨贵妃回乡省亲而修造，加固舟桥，以确保贵妃往来的安全。永济的同志为了给蒲津渡旅游增添一些新奇神秘的意境，着力渲染蒲津桥是为杨贵妃回乡省亲方便而修建的故事。连小有名气的作家也随声附和。殊不知这只是赋予蒲津桥的美好传说。对于这些我们不妨作个简单的考察。

（1）蒲津桥的建造年代唐代开元九年，公元721年。

（2）唐玄宗到蒲津桥的时间从史书上看应有两次。一次是开元十一年（723年）二、三月间到汾阴祭祀后土；另一次是开元二十年（732年）十月至十二月间到汾阴祭祀后土。

（3）杨贵妃生于唐代开元七年（719年），死于唐天宝十五载（756年）。活了三十八岁。

（4）开元九年时杨贵妃三岁，建桥不可能与其有关系。开元十一年，唐玄宗从蒲津桥通过时，杨家小女也才五岁，当然不可能陪王伴驾。这时杨贵妃还没入唐玄宗的眼，自然不会为这个“养在深闺人未识”的将来的贵妃修建工程浩大的蒲津桥。

（5）开元二十年，唐玄宗再次经过蒲津桥，杨贵妃十四岁了，此时仍看不出玄宗已注重到“杨家有女初长成”。

（6）开元二十四年（736年），唐玄宗将已是寿王妃的十八岁的儿媳杨玉环召内禁中，而为寿王另聘韦昭训女。这才使善歌舞，邃晓音律，智算警颖，迎意辄悟的“太真”得幸。此时宫中称其也还只是“娘子”。

（7）天宝四载（745 年）八月壬寅，唐玄宗将二十七岁的太真封为贵妃。此后，杨家“得道”，恩宠声焰震天下，四方献饷结纳，门若市然。到天宝十载（754 年）她三十三岁时杨家的势力风头盛到顶峰，“见它第有胜者，辄坏复造，务以环侈相夸诩，土木工不息”。“奇服秘玩，变化若神。四方争为怪珍入贡，动骇耳目。”此时的声威势力可以达到八面威风了，可以荣归故里，然她的父母亲人还能住在蒲州永乐镇“独头村”吗？不由得会使人产生疑问。早年她就是在叔叔家长大。省亲的故事恐怕只能是仰望天空的普通百姓的美好愿望，是奢望与同情的结合。

（8）天宝十五载（756 年）六月丁酉，为安定军心，在马嵬，杨贵妃被赐死，时年三十八岁。情意缠绵的长恨歌，为后世留下的是无限的同情与遐想。

附录一　石　津　记[①]

大河自下龙门至蒲为第一要津（也）[②]，［故］[③] 城频乎其东，东高而西下，（降水之后□□于大患，）水浒之堤即城垣之壖，时

湍悍冲激则溃啮石菑，而垠岸倾颓，路为陿阨〈狭厄〉[④]，（皆于时转输），甚者浸及垣址矣。司牧者（弗）［不］忍民

患，（□□懿楗土木），尝竭修缮之力。近者二三年，远者六七年，仍复决焉。是以自成化来〈成化共 23 年，1465～1487 年〉仅踰三纪，（而）已六兴工矣，（无□

乎民，尝告劳旅，尝病济也。）正德己卯〈正德十四年，1519 年〉夏，山西参议三原王公天瑞，分守兹土，刚方简靖，不劳蒙咸，慎绍贤考。端毅公之

（经国，）［绪，为国为民，］惟怀永图。（弗有不转宁吉焉）。故莅蒲首事，于河属其官吏耆老而告曰，黄河西

城之堑也，修河所以固城也，（起门以□□）。乃率知州王君俊民、叶君鹄前后咸其勤命，判官

完震董其役，守御（千户）所吏目周镛，（州所□）程工用（其工直），石工三十人，北踰龙门山，东陟虞乡

麓，琢石（条）成板，长五六尺，籍民之有车船者运载之，得石八千余片，市松柏木桩七千余株，钩心铁锭一万余斤，（石灰

十七万斤），用夫匠（二）［三］百余名，长二千五百尺，毕工期年又五月，民罔知其有劳，州罔知其有费，无疆之功成矣。乡之大

夫士民皆称［权］颂之。佥谓予当碑其事记，曰河中者，上自积石，下至入海，皆其最中处也，故河渎庙于兹，

所谓水之灵府也，昔魏武侯浮中游叹曰，山河之固。唐元宗铸铁牛为浮桥，功绩浩大，若兹而荒陵土坡，

断岸曲磴，无异无人境，（未）历几亿兆［千百］年，（更几乎万代，英贤□几百十人，岂徒步皆□之中），盖有数焉，亦有待于

吾王公也，人协心力，坎应灵异，工之将及，水退濑见，（谓河□之□相非欤，故）谛视而遥

---

① 明正德十六年史鲁撰文《石津记》，按石碑行列字迹排列。文献所见《石津记》记载于《永济县志》（光绪版）卷十九。本文将石碑碑文与文献进行互证。

② （）为石碑所镌字迹，县志中漏字，约 86 字。题款文字 38 字。

③ ［］为县志中所记录文字，与碑文相悖，约十字。

④ 〈〉为笔者按。

观之，方版促郁，楞缩（林立），壁横

千仞，玉堑金池，（波澜田轨，而）浮光涌彩，使武侯生此（时）又当何如，其叹赏也，唐张说为蒲津桥赞文，至今传此，功不次

于铁牛浮桥。（然）予非说俦也，喜其事而忘其陋，窃附于先哲之后云。

（正德十六年仲夏吉日

赐进士第前徵仕郎

南京刑科给事中郡人史鲁撰　　　生员王　书　　　铁笔王强镌）

附录二　重修黄河石堤记*

粤稽禹贡，禹导河积石四曲下壶口。东流直冲蒲城西岸，城依河为堑，历城南流经雷首复东流，绕蒲南境，回视蒲城在河中央，历代表蒲为河中郡，建河渎西海庙，祭于委礼也。蒲城河西为大庆关。夹河对岸每岁夏水涨，岁多冲陷。

唐开元中，东西修石岸，铸铁牛，系铁缆，维浮桥。历代河患频仍。河西石岸铁牛俱崩没，大庆关基地洗剥殆尽。东岸势迫蒲城仅数丈。

明初，河崩城北。前守臣尝建河堤，外树椿木，内填土石，颇称坚壮阻河西移。遗近河膏腴滩地数千顷。民籍耕牧。逮正德中（1506～1521年），复东崩将及城隩。时陕三原故端裕公季子讳承祥，以少参分守河东，沿城创修石堤，下钉柏桩，上垒条石，中贯铁锭。五十余年，城恃为固。士民诵之。

嘉靖癸丑（嘉靖三十二年，1553年），雨水内浸，堤间倾毁。前守道东海杜公重事修砌，仅完三载。岁乙卯（嘉靖三十四年，1555年），地道违经。夹河东西大震。城复於隍堤庙尽崩坏。河流直与岸平。每涨辄入城门。岁壬戌（嘉靖四十一年，1562年），河浸城南古鹳雀楼址。城岌岌待倾。时郡守岷峡张公，募民急运杂石数万下填湍激，逼水西旋，城免陷没。隆庆庚午（隆庆四年，1570年）夏，河大涨，高丈余，环浸蒲城。近城居民隙地田园皆涌泥沙数尺许。惟渎海庙基近河地，卑水环注，败云外独未入，民咸趋内避水，说者谓河渎有灵，时故襄毅杨公家居，议创修堤防，顾州鲜积贮，检前甃砖城故牍，括富民银钱数千两，募夫沿河筑土堤三百余丈，卫城垣越五六载，水冲浸堤半就圮。万历庚辰（万历八年，1580年）夏，河自迤北南流，直冲蒲城，西岸古七里渡，日崩数十武，迫古护岸，势将直抵峨眉原，绕出蒲城东南矣。士民震恐罔措时，守道王公方奉亟入贺万寿，率郡守何公肃祀渎海庙，仿张岷峡故事，运石填湍濑，稍杀内浸。王公行即以事状白抚台高公，请建石堤时当宁方务节省，戒新作高公重难之，王公执议拯溺，恐缓则莫救蒲郡万室，宗戚士民咸惧，胥溺堤当急建费诚难恤。高勉王公行俟，徐图之时，武林宋公署守道事何守复具状告急。宋公轸念民殃，亲按时河势如痌瘝在躬，撰文责己祈祷渎庙。未几水渐缓，即鸩工估费，先河冲激起，七里渡至古越城计五百三十四丈，中分东西两段，东高十二尺，西高十尺，底阔四尺，顶三尺许。用工料银六千七百有奇。费颇钜，民恐复严搜刮，咸思逃避。予闻切殷忧力白台司，请议发官银易木石，率民力事工作，庶公私兼利宋公目击民艰，执议固请军门金台郑公，洎高抚公按台新安黄公盐台，德清房公皆报可乃檄平阳郡守南阳王公尽发府贮，岁收各属大户余名银如数充工用定委先通府。今州守辽阳郑君至州率州判延安王君珦专督工作。何守司出纳，募民领价觅

---

* 《永济县志》（光绪版）卷十九，明代万历年间王崇古撰。

柏椿石匠，采石河津之干柴沟，督县尹阎君监打造，临晋尹刘君集窑户即条山烧石灰。自冬徂春，木石稍备，复募沿河船户顺流运发，刻期兴作。适守道王公丁内，艰归，东海胡公以大参代任，至蒲遍阅河浒，相度水势，恐堤薄不足捍激流，议石堤内加顽石三尺，杂筑灰土，以固内基。仍用米汁和灰砌石，铁锭贯注以固外。凡三月而东工完。夏水稍退，免内浸，又中秋后河水渐浅，石运稍滞。郑何二君每祷渎庙，水辄浅数尺，至壬午（1582 年）春，工始竣。比及城角，而止沿城西面南至渎庙，故岸虽存，率卑薄浸溃莫御涨漫。士民咸乞接修长堤，庶保城庙。宋公会胡公命郑何二君，估工费南北长七百八十五丈，应用银一万三千九百余，中分三段，高厚如西，工期三年可续完。二公复白军门郑公，新抚台安邱辛公，按台华州刘公，盐台临邑邢公咸允，从事仍檄府王公，续发银如数，督郑何及诸委官刻期续修。适胡公移镇岢岚，陇右栗公以少参代任，至蒲首事督建率遵成议，选委文武各属分趋任事。先完二工乃何守王判先后转官去，未几，郑君擢守蒲毕力经营越三载，而先后工竣，高出河数尺，上列女墙，间设渡口，屹然如建重城，王公起复至都适栗公，晋臬司巡河东王公复以原官补守道，既至而后工未竣，仍督各官急催完工，清查支费，得余银若干定，议修葺城垣门堞之崩缺，文庙学宫，舜禹庙之破坏，重建首阳夷齐祠。凡蒲境应祀故庙胥修饰维新，率缘堤工撙节，王公经略焉，通计新堤自北徂南长一千三百一十九丈。先后工费银二万六百有奇。肇工于万历庚辰，历辛巳（壬）午癸（未），未越四载。经始于王宋二公执议度费，继督于胡栗二公，选委运料，大工底绩。前守何力任艰虞，心力俱竭。今守郑始终督建，四载劳瘁。今堤成河远城安，民赖诸公之德施蒲，民孔厚惟予不文，世家河中与闻，二议乐观厥成，常期表实河浒，彰诸公具美翻思。蒲古舜都，当尧之时洪水方割，河中先受河患，禹平水土，既载壶口，即今河津禹门，斧凿痕尚在，历世既远，陵谷变迁，地道违经，岸土易倾，河流转激，东滩西没，远率数十里，非禹迹之故矣。官民随势堤防，动至冲城没垒。民载胥溺，然非心大禹溺由己溺之心，祗勤俭，不自满，假之德，何克格神乎，上下永弭水患。今睹诸先后同心，上下协衷，可建大工，永障河患。令睹河洛者思禹功，蒲士民万室奠安，百世永赖，目睹河堤当思诸公功德，如思禹云，宜勒贞珉，卑传百世。王公讳基，号封沧；宋公讳应昌，号桐罔；胡公讳来贡，号顺庵；栗公讳彤庭，号瑞轩；王公讳汝鲁，号确斋；何守讳允升，号晋吾；郑守讳文彬，号三桥；王判讳珣，号凤池。继州判严汝聘始终监造石运，守御千户所千户刘增、孙继统，增以死勤事没于工。分委镇抚段金，百户李斌，荣河丞赵以庄，猗氏典史朱文林咸效劳绩，例得备书。铭曰：

瞻彼大河，源泄子天。禹导积石，流荡中原。龙门既辟，东迫舜阡。崩溺靡常，陵谷变迁。爰恃堤障，遏彼狂澜。河渎有神，鉴我民艰。至诚可格，济危扶颠。有斐群公，一德后先。四历寒燠，六易臬藩。视民犹己，拯溺保安。协衷集思，创建堤垣。屹如山立，蜿如龙蟠。危城永保，万世生全，泽流大河，德并条山，禹功可继，舜坻永延。功垂不朽，名勒青编，受天笃祐，君子万年，后有作者，尚鉴铭言。

附录三　长安太原驿道节录*

“太祖西征马超、韩遂，夜渡蒲津关，即谓此也。”检魏志亦无蒲津关之名。不知关名蒲津究何始也。然观通监此条，不能迟于南北朝末期。又周书三九韦瑱传“镇蒲津关，带中潬城主”，尤为强证。至唐通称蒲津关，见通典一七三冯翊郡朝邑县目及史记淮阴侯传的索隐等处。前引六典六刑部司门条，当唐盛时，上关仅六座，潼关、蒲津关各居其一，是地位相同。新书方镇表河中格，“至德元载，置河中防御守捉蒲关使。二年，升河中防御为河中节度兼蒲关防御使。”又通鉴二一八，至德元载，有蒲关防御使吕崇实，是天下有变，其见重固亦与潼关同置防御使也。元和志云，蒲津关在河东县西四里。又朝邑县云：“县西南［盖东南之譌（讹）］有蒲津关。”寰宇记四六蒲州河西县，“蒲津关在县东二里，通西北鄜、延、银、夏之路。”又河东县，“蒲津关在县西二里，后魏大统四年，造舟为梁，九年筑城，亦关河之巨防。”按通鉴二二八，后汉乾祐元年，“郭威自陕州。白文珂自同州，常思自潼关，三道攻三道攻河中。……白文珂克西关城，栅于河西。”西关城殆即河西县东二里蒲津关之西城也。河西有西关城，当对东关城而言。东城殆即寰宇记河东县西二里者。岑参有宿蒲关东店诗（全唐诗三函八册参集二）云：“关门锁归客，一夜梦还家。晓闻秦树鸦”，当即在河之东岸关城之外。盖大河东西两岸各有关城，河之中渚又有中潬城，如河阳桥有南北中三城之制。

中潬城，圆仁行纪卷三，自太原“到河中节度府……有蒲津关，……渡黄河，浮船造桥，阔二百许步。黄河西（两）流造桥两处，南流不远两派合。却过七重门向西行五里到河西县。”是此处河中有洲，故流分为二。前引周书韦瑱传，西魏大统八年已置中潬城，有专人防守。盖即在此河读上也。通鉴一八四，隋义宁元年，李渊起兵，“朝邑法曹靳孝谟以蒲津、中潬二城降。”是隋仍旧置。下文考蒲津桥引张说蒲津桥赞仍谓中潬为河桥中间襟束也。

蒲津桥，三国魏志武帝纪，汉建安十六年，曹讨马超、韩遂，“潜遣徐晃……夜渡蒲坂津，据河西为营。”盖以津在蒲坂故名。后乃省称蒲津。苻健时有蒲津监寇登，见御览一六四引十六国春秋。又通鉴一五六，梁中大通六年，高欢退屯河东，“筑城于蒲津西岸。”是也。隋唐时代通称蒲津矣。通典四六，蒲州河东县，“有蒲津关，后魏大统四年造浮桥。九年筑城为防。”寰宇记四六作“造舟为梁”。按秦本纪昭襄王十五年初作河桥。正义：“此桥在同州临晋县东，渡河至蒲州，今蒲津桥也。”此言盖是。有通典一七三，朝邑有河桥，“秦后子奔晋，造舟于河，通秦晋之道。”则浮桥之制早已有之，不始于大统也。通典四六续云：“大唐开元十二年，河两岸开东西门，各造铁牛四，其牛下并铁柱，连腹入地丈余，并前后铁柱十六。”寰宇记“铁牛四”下有“铁人四”三字，

---

* 严耕望：《唐代交通图考》篇三，上海古籍出版社，2007 年。

又最后有“桥跨河，至今存”。又新志河中府河西县目云：“有蒲津关，开元十二年铸八牛，牛有一人策之。牛下有山，皆铁也，夹岸以维浮桥。”此云开元十二年更修浮桥，于两岸各铸铁牛四，铁人四以维之。而唐会要八桥梁目云：“开元九年十二月九日，增修蒲津桥，緪以竹苇，引以铁牛。命兵部尚书张说刻石为颂。”通鉴亦书于九年，云：“新作蒲津桥，溶铁为牛以系緪。”按九年正月改蒲州为河中府，置中都，六月罢。增修蒲津桥可能与建中都有关。且张说为兵部尚书在九年，至十一年为中书令，由王晙继任兵尚。尤为作颂当在九年之证。又据前引各条，似此次增修浮桥惟铸铁牛铁人于两岸以镇之而已。然检张说蒲津桥赞（全唐文二二六）云：“城中有四渎，黄河是其长。河上有三桥，蒲津是其一（另二桥当指太阳桥，河阳桥）。隔秦称塞，临晋名关，关西之要冲，河东之辐辏，必由是也。其旧制，横緪百丈，连舰十艘，辨修笮以维之，系围木以距之，亦云固矣。然每冬冰未合，春汛初解，流澌峥嵘，塞川而下，如础如臼，……绠断航破，每岁不有。虽残渭南之竹，仆陇坻之松，败辄更之，罄不供费，……以为常矣。开元十有二载（一作九年十二月），皇帝闻之曰：嘻，我其虑哉！……通其变……相其宜，授彼有司，俾铁代竹，取坚易脆。……于是大匠蕆事，百工献艺，……结而为连锁，镕而为伏牛，偶立于两岸，襟束于中潬，锁以持航，牛以系缆，……又疏其舟间，画其鹢首，必使奔澌不突，积凌不溢。新法既成，永代作则。”

是则此次增修，不但铸铁牛镇两岸，以系緪，且铸铁连锁为緪以系舟航，又中束於中潬也。然铁链亦未能持久，故其后又用竹笮。新一八二李固言传[1]，出为河中节度使。“蒲津岁河水坏梁，吏撤笮用舟，邀丐行人。固言至，悉除之。”此为中叶仍用竹笮之证。《余芳编年集》圆珍请弘传真言止观两宗官牒款状云：“止同州城，次渡蒲关。……见黄河两岸各有铁牛四头，以镤系脚缚船为浮船之基。”时在大中九年。盖铁緪虽废，而铁牛仍存也。

此浮桥至宋代初年仍见在。能改斋漫录卷一三河中府浮桥条，可供参考，兹并录之：“河中府河有中潬，其上有舜庙及井。唐明皇始为浮桥，铸铁为牛，有铁席，席上为铁柱。埋之地中，以系桥緪。张燕公为之赞。自是桥未尝坏，……及刘元瑜知河中府，河水大涨，不得决泄，桥遂坏。铁牛皆拔，流数十步沉河中。中潬亦坏。自是不能复修。津济阻碍，人畜数有溺死者。英宗时有真定僧怀丙，请于水浅时，以緪系牛于水底，上以大木为桔槔状。系巨舰于其后，俟水涨，以土石压之，稍稍出水，引置于岸。每岁止出一牛。至治平四年闰三月，新桥乃成，然中潬亦终不能立也。”

河东县西去长安约三百二十里，为蒲州河中府之治所，开元中尝置中都，盖以位居长安、洛阳、太原之间，当三都联络交通之枢纽也。

---

① 李固言传见《新唐书》卷一九二，列传一百七。

附录四 《中国之科学与文明》节选*

"浮桥在欧洲由来甚古，因为萨摩斯岛（Somos）的希腊籍曼特罗格耳人（mandroclcs）据可靠的报告，曾于西元前514年古波斯王大流士一世远征塞西亚（Scyths）时，在博斯普鲁斯（Bosphorus）海峡上筑了一座浮桥。"

由于它的地理位置在潼关大河套以北山西边界附近，故取名为蒲津桥，又由于定期修理，故能持续好几百年之久，为跨越黄河三大浮桥中的老大且最有名的一座①。西元七〇〇年所作之初学记类书提起此桥②，而恰好现在我们得知日本和尚圆仁曾于八四〇年赞赏过它。他估计它的长度约为一千尺。我们久已熟悉此桥，因为在本书26我们读到西元七二四年用生铁铸成牛形的铁锚以固定浮桥缆之索事，并且知道僧人怀丙怎样于西元一〇六五年用巧妙的方法寻回这些被猛烈洪水冲走的铁锚。从第八世纪起我们也知道关于保养这些重要桥梁的很多资料，尤可注意的是唐朝政府河工部于西元七三七年颁布许多诏令原稿的断简残篇，在这里我们知道那些守桥史，水手和竹木匠永守此职，并免除兵役和其他徭役，在大水时活动于防卫危险的浮木之冲击，并注意于结冰时解除所有缳结。替换之平底船（浮桥脚船）在专用之造船厂制造，并须有全桥之半数供应备用，对于必须之竹缆的制造、储存和定期试验都有规定。蒲津桥常是重要的战略渡河地点。例如西元1049年契丹辽国反抗西夏国的战役中，辽将萧蒲奴固守此桥为主要交通线，后来他们的军队撤退时经过此桥。如在所有的其他文明国家一样，浮桥常在军事行动中列为要图，因为它们非常容易搭造，也非常容易拆除。

"然而以上种种并不能阐明此种设备的最早使用时代。虽然诗经上提及西元前第十一世纪周文王之事，但是坚持浮桥之创始是那时代的事殊为不智，说它是西元前第八或第七世纪之物已够公平了。诗经对于浮桥的辞句回响于汉朝全代，如西元八七年班固所作之东都赋，而远及后代仍旧流传不绝。这样看来，浮桥是中国非常古老的创设，毫无可疑，又因诗经之作一定在西元前第一千年的上半期，看起来似乎周文王的匠人，不论他们是谁，是萨摩斯岛曼特罗格尔人的前驱。但是巴比伦人的技巧远较两者早着先鞭，又是无可惊异之事。"

---

* 李约瑟著，陈立夫主译：《中国之科学与文明》（第十册）第309页，台湾商务印书馆，1967年。

① 其他两座是公元637年丘行恭所建之大阳桥，地点在陕州，北周要冲，和公元274年杜预所建之河阳桥，地点在孟县附近。连同洛阳下游洛水上之孝义桥。它们成为值得赞扬的四座浮桥，在唐朝典籍中常有提及，如《唐六典》中曾一一列举，并在《日知录》（公元1673年）卷十二第十九页中加以撮要论述。见罗英（一），280页以下，301页以下。

② 《日知录》卷七第一一三页上下。于公元721年大加修理。

附录五 《全唐诗》赞颂蒲津浮桥诗句

赋得浮桥

李世民

岸曲非千里，桥斜异七星。
暂低逢辇度，还高值浪惊。
水摇文鹢动，缆转锦花萦。
远近随轮影，轻重应人行。

登蒲州逍遥楼

李隆基

长榆息烽火，高柳静风尘。
卜征巡九洛，展豫出三秦。
昔是潜龙地，今为上理辰。
时平乘道泰，聊赏遇年春。
黄河分地络，飞观接天津。
一览遗芳翰，千载肃如神。

蒲津河亭

唐彦谦

宿雨清秋霁景澄，广亭高树向晨兴。
烟横博望乘槎水，日上文王避雨陵。
孤棹夷犹期独往，曲阑愁绝每长凭。
思乡怀古多伤别，况此哀吟意不胜。

孟冬蒲津关河亭作

吕 温

息架非穷途，未济岂迷津。
独立大河上，北风来吹人。
雪霜自兹始，草木当更新。
严冬不肃杀，何以见阳春。

奉和圣制度蒲关应制

张 说

蒲坂横临晋，华芝晓望秦。
关城雄地险，桥路扼天津。
楼映行宫日，堤含宫树春。
黄云随宝鼎，紫气逐真人。
东咏唐虞迹，西观周汉尘。
山河非国宝，明主爱忠臣。

浮桥

隐 峦

横压惊波防没溺，当初元创是军机。
行人到此全无滞，一片江云踏欲飞。

附录六《宋史·僧怀丙》与《宋史·张焘》节录*

僧怀丙，真定人。巧思出天性，非学所能至也。

赵州交河凿石为桥，铸铁贯其中。自唐以来相传数百年，大水不能坏。岁久，乡民多盗凿铁，桥遂欹倒，计千夫不能正。怀丙不役众工，以术正之，使复故。

河中府浮梁用铁牛八维之，一牛且数万斤。后水暴涨绝梁，牵牛没于河，募能出之者。怀丙以二大舟实土，夹牛维之，用大木为权衡状钩牛，徐去其土，舟浮牛出。转运使张焘以闻，赐紫衣。寻卒。

张焘字景元，枢密直学士奎之子也。

迁天章阁待制、陕西都转运使。蒲津浮桥坏，铁牛皆没水中，焘以策列巨木於岸以为衡，缒石其杪，挽出之，桥复其初。

焘才智敏给，常从范仲淹使河东。至汾州，民遮道数百趋诉，仲淹以付。焘方与客弈，局未终，处决已竟。

---

* 《宋史·列传二百二十一·方技下·僧怀丙》，《宋史》第三十九册，第13519～13520页；《宋史·列传第九十二·张焘》，《宋史》第三十一册，第10700～10701页，中华书局，1985年。

附录七 捞 铁 牛*

宋朝的时候，有一回黄河发大水，冲断了河中府城外的一座浮桥。河两岸拴住浮桥的八只大铁牛，也被大水冲走了，陷在河底的淤泥里。

洪水退了，马上要重修浮桥。可是有哪个大力士能把那么笨重的铁牛一只一只捞起来呢？人们正在议论纷纷，一个和尚说："我来试试看。铁牛是被水冲走的，我还叫水把它们送回来。"

和尚先请熟悉水性的人潜到水底，摸清了铁牛沉在哪儿。他让人准备两只很大的木船，船舱里装满泥沙，慢慢地行驶到铁牛沉没的地方。船停稳了，他叫人把两只船并排栓的紧紧的，用结实的木料搭个架子，跨在两只船上。又请熟悉水性的人带了很粗的绳子潜到水底，把绳子的一头牢牢地拴住铁牛，绳子的另一头绑在两只大船之间的架子上。

准备工作做好了。和尚请水手们一起动手，把船上的泥沙都铲到黄河里去。船里的泥沙漫漫的少了，船身慢慢地向上浮，拉住铁牛的绳子越绷越紧。靠着水把船向上托的浮力，铁牛从淤泥里一点一点地向上拔。

船上的泥沙搬空了，铁牛也离开了河底。和尚让水手们使劲划桨，两只大船终于把水里的铁牛拖回到岸边。

和尚用同样的办法把一只一只大铁牛都拖了回来。

这个和尚名叫怀丙，是当时出色的工程家。

---

* 二十世纪八十年代全国统一教材小学语文课本第六册。

附录八　开元铁牛　唯我独尊*

唐寰澄①

山西省是中华民族文化遗产的宝库，是中国古代建筑、雕塑的博物馆，其中也应该包括中国古代桥梁，1989年出土，近日仿制并在太原和北京展出的山西永济县古蒲津浮桥的开元铁牛就具体地说明了这一点。

唐代开元铁牛乃是有实际功能的艺术珍品，是技术和艺术有机结合的典型，是世界桥梁史上唯我独尊的永世无价之宝，这一结论是有根据的。

一、历史渊源

中国古时称为三代的盛世，尧建都于平阳（今山西省临汾县境），舜建都于蒲（今山西省永济县境），禹建都于安邑（今山西省运城县境），以山西为中心，四方巡狩。殷商和西周，虽然山西已不是政治中心，然而春秋晋国是中原一霸，晋国和战国的魏国，大部分时间都于安邑。东西方的往来必经晋、魏。当年古蒲津是东西方交通，也是秦晋之间交往的黄河上一个渡口。

春秋鲁昭公元年，亦即秦景公三十六年（前541年），秦景公的弟后子鍼投奔晋国，带了千乘家财，从身西韩城县南、夏阳津渡口，架设浮桥，逃到晋国。这里离蒲津不远。所以唐代人徐坚所著《初学记》写道：“公子鍼造舟处在蒲坂夏阳津，今蒲津桥是也”。秦后子的浮桥是蒲津浮桥的开始。

战国后期，秦国的势力强盛，侵略诸侯。秦昭襄王五十年（前257年），［秦昭襄王十五年（前292年）］攻略魏国，改蒲州为河东郡，并正式在蒲津渡口，架设起长期使用的浮桥。以后秦统一天下，秦始皇二十九年（前218年），东巡、在芝罘刻石“旋、遂之琅琊，道上党入”归来时便道经蒲津浮桥。

从此之后，在历史上不断地有关于这座桥的攻、守、断、续的记录。

唐朝从山西太原起兵开国。唐武德三年（620年），隋将王行本投降李渊，李渊到蒲州，修复了隋大业十三年（617年）被隋将屈突通所破坏了的河桥。

唐贞观十二年（638年）唐太宗李世民到蒲州，此时战局已初定，唐太宗坐辇车过浮桥，留下了“赋得浮桥”的七律一首。

---

* 原载《古代美术》，1991年。

① 中国桥梁专家、原铁道部大桥工程局总工程师、教授级高级工程师。

唐杜佑《通典》记载，从后魏到唐开元以前，这是一座用竹索拉紧于两岸，排挂船只，上破桥板的竹木浮桥，船间距较密，索力不足，两端锚柱不固，经常被流冰或洪水冲坏，于是有建议改为铁链浮桥。

关于蒲津浮桥改用铁牛锚定铁链的方法始于何年，历史上便有两种记载。《资治通鉴》和《唐六典》都说是唐开元九年（721 年），并说："命兵部尚书张说刻石为颂"。可是其他记载都称唐开元十二年（724 年）。特别是张说的《蒲津桥赞》大书："……开元十有二载……"时张说已由兵部尚书提升为中书令以代前中书令（宰相）张嘉贞，查《唐书》等史籍，开元十一年，唐玄宗李隆基曾由东都洛阳，绕道潞州（山西长治）、并州（即于此时改称太原）、晋州（山西临汾）、汾阴（山西万荣）而到河中府（即蒲州）。在蒲州住了八九天之久，再过浮桥，回长安。

为什么要在蒲州逗留这样长的时间？于是作逻辑的推测。唐开元九年已有反映竹索浮桥不耐久，易坏的问题。十一年，皇帝亲临决策，于是《蒲津桥赞》记道："……皇帝闻之曰，嘻，我其虑哉……授彼有司，俾铁代竹……"开元十二年功成，张说作赞，就把说活时间记在开元十二年了。

不管怎么说，公元 724 年，蒲津浮桥起了划时代的改变，成了永久性桥梁，两岸各铸有铁牛四，各重数万斤，四铁人策之，铁山二，前后铁柱十八。《新唐书·张说传》说："开元文物彬彬，说力居多。"留给我们十分宝贵的遗产。

一座半永久性的竹索浮桥，变为永久性的黄河浮桥，其功绩实不可磨灭，历史上记载开元十二年以后浮桥有损坏的最近记录是唐昭宗天复元年（901 年），距张说建铁链桥后一百七十七年，而近代材料的桥梁，法定寿命也不过一百到一百二十年。何况桥由唐、宋、元、明、虽时有损坏，但维修保养，千余年间一直在为交通服务。

宋治平二年（1065 年）八月，黄河流域大暴雨，水淹汴京宫阙。河中府水冲浮桥西岸，铁链牵西牛入河。治平三年（1066 年），转运使张焘奏明宋英宗，由河北真定和尚怀丙出计打捞成功，诏赐怀丙紫衣。

在元金南宋鼎革之际，元兵攻击守在黄河以北的金国。金国守讲侯小叔，拆断蒲津浮桥。南宋宁宗嘉定十六年（1223 年），元将石天应攻下河中府，恢复浮桥。侯小叔旋即又攻破之，石天应死，侯小叔烧绝浮桥。明年，元将穆呼哩又攻下蒲州，修复浮桥。金将史泳图再复河东。南宋理宗绍定四年（1231 年），元兵又得河中。如此八年的拉锯战中，蒲津浮桥焚而绝，断而续者有好多个反复。有人认为，蒲津浮桥的存在到此就结束了。事实上后来直到元末明初，明太祖洪武二年（1369 年），大将军徐达攻到河中，由恢复被元兵破坏的浮桥以取陕西。

只要两岸铁牛尚在，有锚定铁链的地方，浮桥随时都可以架设起来。

明隆庆四年（1570 年），河水大涨，蒲州城内都被淹了。主流又改道由靠东岸蒲州，移向西岸朝邑，于是中潭和西牛全部没入河中，东牛亦变而位于浅滩之上。之后二百年间，河道摆来摆去，越摆离蒲州越远，只遗下东边一组铁牛，在蒲州西门城墙外河滩上供后人凭吊。

黄河每年涨落，洪水时仍然两岸之间一片汪洋。水落泥土淤积，这样涨涨淤淤，河床越抬越高。东边的铁牛，在民国初年一次大水之后，被全部埋在河滩之下，古蒲州西门，亦被淤埋剩下上半个门洞。

民国时代，地方上曾多次挖掘，未得要领。永济县博物馆在上级指示领导下，再度进行开挖，终于在1989年7月31日，第一个铁人出土，8月7日全部挖见。

1991年3～5月，考古开挖完成。东部一组铁人铁牛等又惊讶地出现在这一代炎黄子孙面前。

按最宽余的计算，蒲津浮桥前后存在了2111年，而较严格的算法亦为1626年，唐代开元铁牛铸成至今实足已有1267年。西牛呈现在世间共846年，东牛前呈现在世间1187年，埋没在土中已78年。今朝盛世，又得重放异彩。这几个数字，在人类历史上已足是惊人的了。

按世界桥梁史，西方最早的浮桥记录是由希腊历史学家希洛杜吐斯 Herodotus（前484～前425年）即春秋周景王三十六年到战国周威烈王元年所记，波斯王达由斯 Dayius（前521～前485年，即春秋周景王二十四年至周敬王三十五年），在公元前493年（春秋周景王二十四年或鲁哀公二年），命令萨摩斯（Samos）人曼图洛克尔斯（mandrocles）在枯水时期，修建了军用临时性的浮桥以跨现土耳其的博斯普鲁斯 Bospueos 海峡以进攻希腊。这一记载，晚于公元前十二世纪周文王“亲迎于魏，造舟为梁”的浮桥近八百年。也晚于蒲津浮桥四十八年，并且世界上任何其他国家，从来没有一座浮桥能有如此长达两千年的时间为交通事业服务。

二、技术分析

我们今天所看到的东岸一组铁人、铁牛、铁山和铁柱（已有缺数），以及在牛、人前面的一道石驳岸（已为明代所更动），如果不说清楚，可能还不知道是黄河浮桥结构的一部分。

桥是什么样的？多大桥跨？铁链又是如何锚于牛、柱之上？解决这些问题，并进行复原，得下一番工夫，需要历史考证、实物观察和桥梁知识，三方面的结合。有客观的科学的根据。

三、桥是什么样的？

建造浮桥有两种方法，其中之一是用众多船只，每船依次单独抛锚于河中，船只横向用木（距木）固定以保持一定的距离，再在船上铺桥板加栏杆，便成“直浮桥”，然而此段黄河河床并不稳定，且洪流急而深，抛锚、定着都不容易。因此，采用竹索或唐开元以后的铁链，总的锚定在岸边，其间再排挂船只，铺上桥面，索或链不能绷得过紧，于是桥受水流冲击而成“曲浮桥”。所以唐阎伯屿的《河桥赋》称：“疏其间（疏排船只）则屈而且抱。”曲浮桥自然是屈曲的，可是“抱”又是什么意思呢？

《蒲津桥赞》称：“……结而为连锁，鎔而为铁牛，偶立于两岸，襟束于中潬。锁以持航，牛以系缆……”“中潬”即河中的沙洲。说明当年蒲州段黄河分为两派，中隔沙洲，一派为主流，一派为支流。因东牛在蒲州城西门外，可以确定东流为主流，而历史记载正是如此。

唐文宗大和年间（828～835年）河中府任中丞在中潬之上修建河亭。李商隐有诗道：

万里谁能访十洲，新亭云构压中流。
河鲛纵翫难为室，海蜃遥惊耻化楼。
左右名山穷远日，东西大道鏁轻舟。

独留巧思传千古，长与蒲津作胜游。

可见桥亭是一个“云构”复杂，有“巧思”的建筑，造在中潭之上。

唐薛能诗亦说得很清楚：“河擘双流岛在中，岛中亭上正南空……”充分说明了蒲津浮桥是由两座曲浮桥，古代左右衣襟一样，相会合（襟束）在中间岛上。这样桥式，黄河上的唐孟津、河阳浮桥也是如此。所以唐张仲素《河桥竹索赋》说：“或指远岸而孤引（一座浮桥）或自中滩而对出（两座浮桥）”。两座曲浮桥，便形成“抱”的姿势，曲而抱的双桥，中亭和河山的气势，构成一幅绝美的图画，成为黄河胜景，可以长作流连游览，不用跋涉万里去访十州的景色了。

果然，唐文宗开成五年（840 年）日本僧人圆仁于八月十三日下午过蒲津浮桥时看到便是：“浮船造桥，阔二百步许，黄河西流[①]（主流），造桥两处，南流不远，两派合。”此次展出，曾建议做双桥，中亭的大模型，以使广大群众了解蒲津浮桥的总规模的气势，因时间不及而暂罢。

四、桥跨有多大？

在历史文献中，称颂桥梁的文字不少，但具体谈到桥长的只发现三个记录。

《蒲津桥赞》称：“横絙百制，连舰千艘”。

《通典》记：“横絙百丈，连舰千艘”。

《入唐求法巡礼行记》所记为：“二百步许”。根据唐制，一制为十八尺，一步为六尺，而一尺平均为0.3 米，于是三种尺寸为：张说称絙长约540 米，杜祐为300 米，而圆仁为360 米。到底以那一个为准呢？现取主持建造者张说和步量者圆仁两个亲见者之说。桥用各根约540 米的链长，锚于牛、柱之后，得约360 米的曲浮桥，每边锚定长度为45 米，这就比较合理了。这是主流的桥跨，支派上的浮桥可能与之相近而略小。

五、船　　只

两座浮桥，假如即使是同样的桥跨，即在720 米左右的河宽中，需要排多少船只呢？

《蒲津桥赞》和《通典》都说千艘，此数必然有些夸张，千艘船只满排在两派之中，毫无间隙，船宽仅只0.72 米，按黄河现有木船尺寸，既称为“舰”，画有鹢首，疏其间距，以利流冰通过，同时又限于距木和桥面梁的尺寸，船只的间距估计约4 ~6 米，船只长约2.2 米到3 米，共需船只180 ~120 只。故连舰只能是百数。

根据浮桥的构造，需要先用船只、距木和桥面联成一组组的“方舟”，再在方舟之间搁上联结桥面，自然连成稳定而且关节活络的浮桥。

---

① 黄河西流为黄河两流似更合理。

六、铁　链

根据上述从历史记载中推测出的桥跨和可能排列的船只数，需要用科学的计算验证铁链尺寸，今按黄河流速、风速、浮桥的不同曲度、桥上荷载船只吃水等因素，通过计算，八根铁链的链环节每股直径为25～33毫米。至于右岸支流可用少数或较细的铁链，甚至用竹索。

东岸的铁牛群已没有铁链存在，在开挖中亦无发现。但西牛群是带着铁链一起沉入河中，则西牛开挖之后可以予以证实和弄清了。

七、锚　定

《河桥竹索赋》称："桥因索而袭固，索以桥而用长，力虽参与索铁，系或固于苞桑。"浮桥的铁链需要锚定。"苞桑"乃是系桥的木桩。如此粗的铁索，木柱或铁柱的锚着力是不够的。根据我们修建长江大桥的经验，锚着施工桥墩用的船只，需用大体积，数十吨重的长方形混凝土锚块。其前端如铲嘴，吃入河床之中。蒲津浮桥每岸各四只铁牛便是类似的，特殊形式的重铁锚。

《方舆类编，职方典》称唐代开元铁牛："其牛并铁柱（牛下铁柱）入地丈余。前后铁柱三十六，铁山四，夹两岸以维舟梁。"从发掘出来的铁牛，可看到每牛前端下，有和牛身座相连的数根铁柱，埋在地中，便是近代整体锚前端铁嘴的布局，可以承受水平拉力。

每头牛的臀部有"大轴横缗"，缗就是牛后横轴的专门名称，横轴两端伸出牛旁，可以系链，牛前有带交叉孔的短柱（?），现只三柱北边一组两牛后有七根柱排列如北斗七星，所以挖出来前后柱数共计十根，和记载中十八根数字不符，根据现有位置和锚定需要，似乎缺少了南边两牛后的七星柱，和一根前柱。

铁链又是如何和牛、柱相连的呢?

铁链将通过前柱的交叉孔，盘绕于牛后横轴的两端，如此粗的铁链所受的拉力，不能只绕于轴上而尾链不作处理，否则将会松动和滑脱，链的后端还要向后延伸，近代俗称为"带梢"，分别盘于七星柱上，使最后末梢的链不受力量。盘排在七星柱的小横轴上，锚定才全部完成，也许只有这样的布局，才能稳住铁链并比较容易地在枯水季节调整索长或修理浮桥，复原模型就采取了这一布置。七星柱中只用了斗的四根，斗柄三柱，其中两柱相连，格局不同，估计为盘挂备用铁链之用。前柱的作用因有不同看法，故模型中从略。

蒲津浮桥的形式，世界上找不到一座先例，不论古桥或近现代桥，却唯独出现在中华民族文化的摇篮——黄河之上。

八、艺术成就

功能和技术上的需要，锚块可以采用简单的形状，同样能发挥作用，为什么要铸成铁牛和铁人呢?

在北京颐和圆昆明湖边上，十七孔石拱桥桥头，铸有一头卧看湖水的铜牛。铜牛背上，有乾隆皇帝所作，以篆体书写的铭文。文道：“夏禹治河，铁牛传颂，义重安澜，后人景从。制寓刚戊，家取厚坤，蛟龙远避，讵数鼍鼋，潆此昆明，潴流万顷，金写神牛。用镇悠永……”

意思就是说，夏禹治理黄河的时候，传说就铸有铁牛。它的作用是镇压波涛，后来人就景仰而模仿。用火（火刚，属戊）来炼制，取法于地上牛的形象（地为坤、坤为牛，见《易序卦传》），使（兴风作浪的）蛟龙都要远避，更不要说鼍和鼋了。这浩浩荡荡的昆明湖，汇流有万顷的湖水，用铜铸了这头牛，永远镇守在河边……

牛之所以能镇水，是假想波涛是由水怪所兴起。根据中国五行学说，土克水，而丑为牛、丑属土，转了两个弯，牛可克水，其实，镇水的牛是犀牛。犀牛在水中可以称一霸，据说犀角可以分水。因此，春秋，秦蜀守李冰在造都江堰工程时刻有五头石犀。

大禹治水，铸造铁牛，仅仅是个传说并且值得怀疑（如有则亦在山西境内）。因为当年还没有进入铁器时代，不可能有铸大铁牛的技术，要是石犀，倒是可信的了。

中国现存在大小河边镇水的各种石或铁牛数以百计，而歌颂牛镇水的诗赋铭记也不少。可是唐代诗人杜甫并不相信这种说法，他在《石犀行》诗中认为以土掩水，用牛车奔忙在治水土地之上，这才是牛的作用。

不管从那一方面，后人克服自然力量的不足，需要借助“神牛”来镇澜安流。这也是合乎当年的科学水平和浪漫主义色彩，或者是牛在运土治水的方面起到了积极的作用，有功于世，铸牛像在岸边，以作纪念，岂不亦是中华民族在艺术上的追求。

唐开元铁牛，除了功能技术上的必需外，具有艺术上第一个含义。因为《蒲津桥赞》称：“所以厌水物，奠浮梁”。《河桥赋》说的是：“却顿铁牛，骇浮川之魍魉”。清乾隆二十年（1755 年）《蒲州府志》载周景柱《开元铁牛铭》亦提到李冰犀牛，说：“牛之足以胜水怪而镇其患者久矣。”

从美学的观点，建筑物的装饰的内涵，必须和建筑本身的功能和目的相统一，这样才增加其情趣和意境，达到高度的艺术水平。现在牛的主题是“奠浮梁”即锚定浮桥，和“厌水物”即镇压水怪，牛的造型便要从这两个目的出发。

《开元铁牛铭》形容铁牛是以三岁（?），阉过的（犍），黑唇黄（犉），雄（牡）的秦牛为模本，予以力的夸张。牛排成两列，面向黄河，非常“壮实”而又“雄特”。“矫角、昂首、体蹲而力屃（孔武有力）”。那就是发掘出来后我们所看到的前面两足向前斜撑，后体下蹲，一身肌肉突起，孔武有力，带紧铁链的姿态。

“其目似怒”，眼睛圆睁突出。“其耳似晤”，耳朵竖起聆听。一方面也是用力后的情态，另一方面便是监察着“水怪”的动静。

铁牛配有“或作先牵，或作迴叱”，姿态不同，亦是孔武有力，一文三武的四个铁人，双手都做握器物状，两拳成孔，可能当年还存在有一定的“道具”，人和牛虽是独立存在，然呼应配合。牛的动态因人而生，牛服从人的命令，人是牛的主宰，两者的表情都是气韵生动。较之希腊著名雕塑“拉奥孔”人蛇之间互相紧张而制约的情态实有过之。然而体量之大，其形态服从于浮桥实用功能目的的需要，则为“拉奥孔”所不及。

铁人身上的穿着和牛的套具，可作研究盛唐时代服饰的依据，有人认为四个铁人代表四个民族，这是一个极好的假设，可以继续仔细地研究其体形和穿戴，加以考证，找出根据。

比真牛略大，各重数吨的铁牛，当年作造型和铸造亦是一个绝技。永济有煤铁，而山西的铸造业也是出名的。《开元铁牛铭》说："巧倕共工，妙范在中"。当年集中了名工巧匠"既陶既模，剖型而始成厥功"，是先造型后做陶模，再铸铁而成。其铸造的方法，按《蒲津桥赞》："赋晋国之一鼓，法周官之六齐"，是用山西常用有名的标准容量熔铁炉，采用铁锡等合金所铸造。所以当年"肤泽晶莹，若灿金英"。虽然铸造至今已有1267年，而其中78年被埋于水土之中，其下部已较斑驳，上部仍吐露着金属的光辉。值得提出的是，铁牛的造型与唐韩滉的《五牛图》中的牛极为相似，这不是偶然的。这种风格与有唐一代的那种雄浑博大的气势是一致的，简约夸张，粗犷豪放，具有很强的感染力。

西欧国家，特别是希腊、意大利、法国等，古代雕塑精美绝伦，可是一般都是独立的，或作为建筑物的装饰。在桥梁建筑方面，中外都有过从雕塑的狮子口中吐铁链作小跨悬索桥的栏杆索。然而如此巨大的主体工程的主体受力部分，以技术和艺术相结合的构造，蒲津浮桥的唐开元铁牛是唯一独特和珍贵的实例。

总的说来，得出蒲津铁牛唯我独尊的结论是完全有根据的。

西面的一组牛仍埋在永济岸侧河滩之下，用近代技术，完全可以无损的探出其位置，进行开挖，估计还可能挖掘到铁链和木舟的残骸。现在有不同意见，认为留在土中，可以永久保存，这是担心出土之后，后代如有战乱，破坏力极大，无法控制。然而鉴于出土的东牛，下半身已锈剥严重，则在黄河滩下，地下水位流动，恐怕已是"折戟沉沙铁半销"了。及时挖出，得复古蒲津桥全貌。

文物之乡的山西，还有不少古桥及其遗迹可供我们发掘和研究，以弘扬中华文化，增强民族的自尊和自信，为近代桥梁事业，推陈出新作出贡献。

附录九　2000年工地发掘日志关于唐代遗迹的发掘节录

3月29日　　　　晴　　　　周三

上午，TG5清理底部。距3号牛北2米左右，出现与T2内1号牛南侧同样现象，木桩排列，上置横木于路中央，近端部用楔卡挤，上覆土为路面。两侧木桩护路基，南北路面宽近7米。路高程约327米，成西高东低走势，从出土的平底白瓷片看，应该为唐代路面遗迹。此为大收获。

上午在探坑内录像，拍照，取资料。

探坑东部距坑口4米，西部有下控集水坑距坑口4.2米。可在坑壁剖面观察到6层路土遗迹。距坑口1.6米为护路横木，横木下为40厘米左右沙土，塌方严重。此层位下路土堆积较平均。在第6层地面下，坚实路土换为较软褐土。

下午5时左右，杜高生在清理底部，下挖到4.8米处，一锹挖通层压水，小水涌出，黑沙翻涌而出，不一会儿水渐大。迅速取土样、沙样，升起离坑。

水10分钟之间即（出水20厘米）平到4.6米（距坑口）。水花渐大，考虑如此下去，有继续扩大趋势。恐危及两壁，大块塌方，以致影响支护铁牛的南北两组支撑基桩。遂决定淘水后堵漏。用胶泥土填充，加土石回填。决定后立即实施。

张军社下坑淘水，探出出水洞口已有拳头大小，用石球填塞，稍缓滞出水，四壁亦开始渗水如汩汩溪流。从上层沙中取得胶泥土，迅速倒入踏实。此时南北两壁出现塌方情况。军社眼疾手快，躲过南壁大块塌方土块，急速撤离现场。前后10分钟，紧急之时几十秒，真让人心提到嗓子眼了。人的安全第一，万万不敢大意。抓绳吊上军社，小伙的脸上也是一脸惊恐。

为保住探坑，将周边石块填入坑内，又填土充实近1米。如此暂缓了水的上升，看来明日需再充填。保证两侧不再塌方危及支牛基础。

3月30日　　　　晴　　　　周四

上午，到现场观察。探坑内出水又已1米有余。两壁继续塌方。如此发展将严重威胁两侧基桩。遂决定抽排水而后回填一定坑位，以保证探坑安全。

取东西路面的上层土石回填，找石头回填，一层石一层土，填充至距坑口1.6米，至下午完成。

上午，将南侧小探坑清出，基本搞清南组铁牛周边黄土，石块北侧边沿、深度。中间路面的形式亦观察得很清楚。照相、录像完毕。至下午5点半，西壁塌毁。

下午，欲取样，拔唐代路基西侧基桩未果。2号铁牛支护完成，卸载成功。

3月31日　　　　晴，下午大风沙尘　　　　周五

上午，探坑中水位已升至坑中木横杆之上，距坑口仅15米多的位置，横杆上部路土层已坍塌至上层路土下层，水在昨日垫起土石30厘米。南边探沟中已渗水。

2号牛卸载稍有偏差，依牛倾斜方向，东南角沉5厘米，东北角沉2厘米，西北角升2厘米，西南角升1厘米。落于地面钢架之中。下午工程队将最东一座八字形钢梁架拆除，将料用于1号铁牛下部支护。

T2的TG6继续清理，北组铁牛埋藏坑东南角清出坑边剖面，知距坑底（牛下锚柱底部）40厘米有路，上面一层黄沙5厘米，之上均为垫土（杂土），至坑边排水渠砖基底部。之上为黄土垫层至最晚东西路面。侧壁看出杂土层从东向西渐薄。层下为黄沙土，西部土层厚30多厘米，被明代堤坝打破。而东部至铁牛后部位的土层厚仅5厘米，分布不匀。

从目前情况观察判断，铁牛就位前曾大面积地做垫层基础，石头铺面，胶泥土铺垫，夯土铺垫，开挖基槽，周边做排水渠。铁牛到位后回填垫高，此范围在什么位置，须做细致工作。在两组牛之间路土上下再寻开口线，在T4开挖探沟找寻胶泥土边沿及杂土垫层基础面，探寻时代。

风很大，满面黄沙。芦笋开始收了，大量民工涌入永济，到处可见待雇劳工。

夜里响起第一声春雷，春风化雨。

探方内遭殃了，北边塌方，覆盖了出土的灶坑。

山西考古报告

黄河蒲津渡遗址

（下）

山西省考古研究所　编著

刘永生　主编

科 学 出 版 社

北　京

贰　蒲津渡遗址铁器群近期抢救保护项目研究报告

蒲津渡遗址铁器群近期抢救保护项目研究报告综述

一、项目摘要

黄河蒲津渡遗址铁牛等是唐开元年间（724 年）蒲津浮桥的桥头地锚工程遗物，铁牛、铁人、铁山、铁柱等的组合是目前所发现同时期遗存中最大的铁器群。开展蒲津渡遗址的研究对古代黄河中游经济，文化，交通史，冶金史，桥梁史，以及冶炼、铸造、艺术等有重要的参考价值。出土后生存环境的巨大改变对铁质文物的保护是一个极大的挑战，自然也会引起社会各界的极大关注。1993 年山西省文物局批准成立铁器群抢救保护研究课题组，对铁牛等实施有效保护。1996 年保护方案经国家文物局组织专家论证原则同意。1997 年国家文物局批准保护工程方案。经过 12 年的研究，在分析铁质文物保护的不同特点、借鉴他人经验及教训的基础上，不断修改、调整保护方法和方式。2004 年经国家文物局批准，确定最终的保护实施方案。同年，全面完成了保护工程中改变周边恶劣环境，实现铁牛、铁人整体抬高调整后的“软着陆”，完成了现代（电化学阴极保护、施涂缓蚀剂）与传统的文物保护方法相结合的综合保护工程，使地面上和地面下的所有铁质文物保护都进入了良性保护的控制范围（图一三八～一四〇）。

二、前　言

永济市黄河蒲津渡遗址于 2001 年被国务院公布为全国重点文物保护单位。这是我国首次发掘的大型黄河古代渡口遗址。以铁牛形象著称的蒲津浮桥桥头地锚，是我国古代桥梁工程史上的杰作。遗址中出土的以铁牛为代表的大型铁器群，是目前我国乃至世界上发现的同时期的最大的铁器群。古代大型田野铁质文物的保护是目前世界性难题。蒲津渡遗址文物保护工程是一项需要慎之又慎的保护工程。

三、课题研究背景和目的

位于山西省永济县蒲州古城西门外的蒲津渡遗址是黄河古代著名的三大渡口之一。早在战国秦昭襄王时，就已在此架设浮桥以通秦、晋，唐代开元盛世改建完成，是世界上最早的浮桥。作为桥头形象的铁牛以其精湛的工艺造型、高超的铸造技术、实用的工程价值，历来为世人所瞩目，是古代交通、冶金、桥梁、科技、雕塑等历史的重要实物例证。加之宋代著名工程专家怀丙和尚运用

图一三八　1990 年 11 月蒲津渡遗址发现现场

图一三九　锈迹斑斑的铁牛、铁人的保存环境

图一四〇　1991 年铁人出土环境

浮力和杠杆效应，从黄河中捞铁牛的故事被编入小学课本而广泛流传，铁牛更是家喻户晓。后因黄河河道抬高变迁，铁牛等被没在黄河中已有百年，完全看不到也已五十年。渡口与铁牛被埋入河中淤沙内，遗址面低于黄河水平面约5米，1989年铁牛等在蒲州古城西门外被再次发现，山西永济蒲津渡遗址铁器群自出土以来，一直受到社会各界的广泛关注。由于出土后，全靠四周不停抽水得以维系，铁牛等也不时被淹没成“水牛”，其铁质文物表层锈迹斑驳，呼吁保护铁牛的报道不断见诸报端。

1991年和1999年经国家文物局批准对蒲津渡遗址进行两次科学发掘，揭示出渡口遗址的面貌，搞清了铁牛周边的地层情况。1991年对遗址进行科学发掘，清理出土了渡口遗址的明代之后地层和东岸的四头铁牛、四尊铁人、两座铁山、三个铁墩及七根排列成北斗星状的铁柱等文物。1999年又进行了第二次发掘，全面揭示了作为地锚的铁牛的全貌，揭示了渡口的宋代和唐代地层遗迹。证实铁牛、铁人等文物是唐开元年间作为地锚用于固定铁索浮桥的工程遗物，其中每只铁牛重约50~75吨。气势恢宏的铁牛、铁人、铁山和七星柱等表现了唐代冶金铸造的高超技艺，也为后人留下了极其珍贵的宝物（彩版六九）。

铁质文物的保护是文物保护中的薄弱环节，对此国内外有关专家做了很多有益的尝试，但对在田野中外露的大型铁质文物的保护尚无成功经验。面对日益腐蚀严重的铁牛等铁器文物，时任中国社会科学院考古所所长的徐苹芳先生给我们推荐去请教中国科学院资深院士、世界著名材料学专家柯俊先生。柯先生分析铁牛成分后指出：元代之前的铁器，由于它的冶炼方式决定它的成分是低硫铁，腐蚀损坏的速度不会像说的那样快。蒲津渡遗址铁牛等是目前所发现的同时代最大的铁器群。铁质文物的保护要认真研究，科学进行，不要急于行事。在经过了几个单位的保护技术方案比较论证后，最后确定由山西省考古研究所、中国历史博物馆（2002年并入中国国家博物馆，为便于说明仍沿用了原批准名称）、北京科技大学共同组成课题组研究铁牛等的保护。

另外一些从事防腐研究的专家们也都为保护铁牛纷纷献计献策，中国文物研究所刘玉玲应邀亲自到永济工地考察，提出保护建议；华北电力试验研究所窦照英先生在动力设备的腐蚀与防护研究卓有成就，热情洋溢的自荐希望为保护尽绵薄之力；郑州铁路局苗松波先生更是热情推荐在东莞明飞公司研制的铁器防腐新产品，要为保护文物做贡献。

四、本课题的研究方法

山西省人民政府和国家文物局曾多次组织国家级论证会，专家们也多次呼吁：“进行铁牛防锈蚀工作已刻不容缓，应抓紧制定实施方案。”

根据这一精神，国家文物局和山西省文物局在1993年初组织了由山西省考古研究所牵头，中国历史博物馆科技部和北京科技大学冶金史研究所、腐蚀工程系联合参加的“蒲津渡遗址铁器群近期抢救保护研究课题组”。

课题组特邀著名世界材料科学家、中国科学院院士、中国科技考古研究会理事长、北京科技大学教授柯俊先生担任课题组顾问（彩版七○，1）。

山西省考古研究所刘永生研究员担任课题总负责人，负责对环境的监测和保护工程及铁质文物保护的组织实施。商彤流研究员、张俊才高级技师负责文物保护的实施。

由中国历史博物馆负责铁质文物地上部分的腐蚀保护。中国历史博物馆科技部周保中研究员，潘路研究员（现任中国国家博物馆文物科技保护中心主任）、姚青芳研究员、杨小林副研究员等担任化学保护方案的研究和制定。

由北京科技大学负责铁质文物地下部分的腐蚀保护。北京科技大学冶金与材料史研究所韩汝玢教授担任了铁质文物的成分分析检测和冶金史技术的研究。腐蚀与保护工程系吴荫顺教授、何积铨教授担任铁质文物地下埋藏部分的电化学保护技术研究。

杜水生、梁宏刚等博士都参加了课题组的工作。

联合课题组由山西省考古研究所负责统一协调领导。对蒲津渡遗址铁器群进行全面研究保护。

根据分工，中国历史博物馆承担地上部分方案设计（彩版七一），北京科技大学承担地下部分方案设计，山西省考古研究所负责当地环境检测与总体协调工作。

经过两年的研究，三方完成了各自方案的研究设计工作，并将研究报告向国家文物局和山西省人民政府及时作了报告。

经过5年多的实验研究，开始对铁柱、铁人实施保护措施；又经历了两年的不断调整，改进保护技术。随着保护工程的进行，保护条件的改善，铁牛等铁质文物脱离了低洼潮湿的恶劣环境，铁人、铁牛的真实面目显示出来，仍旧生气勃勃。

我们在保护的过程中首先解决的是铁牛原有的应力发生变化后如何保持平衡问题；其次在表层清理、脱盐、干燥和缓蚀剂使用中因地制宜，选用符合当地环境特征的缓蚀剂，起到保护作用；第三在电化学的保护上采用了先进有效的方式，可以直接监测保护的实施；第四是工作人员坚持不懈，在12年的时间里，锲而不舍地进行实验、观察、检测，孜孜不倦，潜心研究，不断改进，最终取得了收获（彩版七〇，2～4）。

五、本课题研究成果的理论意义和现实意义

蒲津渡遗址现存遗址环境已经改变，考虑到原地、原位、原貌保护的困难，1997年国家文物局批准同意的蒲津渡遗址保护工程方案，确定遗址原位升高12.2米，下做隔水层。对蒲津渡遗址铁器群采用整体提高的保护方案，从根本上解决了黄河地下水对其的危害，使文物脱离恶劣的地下环境，也节省了大量的人力和物力，同时解决了地上、地下接点保护上的难题，使整体保护工作更易操作、进行。

北京科技大学通过分析铁牛等的铁质成分、金相分析，专门铸造出与其相同的低硅低硫灰口铸铁试片。试片在实验室进行加速试验，研究了带锈铸铁在含盐湿砂（浸透3.5% NaCl溶液的细砂）中的腐蚀行为。测定了小试片的极化曲线，线性极化测量极化电阻Re。并对大试片利用失重法测得平均腐蚀速度，分析砂锈层的生成对铸铁腐蚀的影响。研究表明，在含盐湿砂中生成了较厚砂锈层的带锈铸铁的腐蚀速度和电化学行为与铸铁相差很大。锈层内电化学状态的不均匀产生电偶腐蚀电池，加剧了不均匀腐蚀。所以较厚砂锈层不仅不能阻碍腐蚀过程继续发展，而且还有加速腐蚀发展的趋势。在对带锈铸铁在3.5% NaCl溶液中的腐蚀行为进行了研究，得出了与此相似的结论。

在蒲津渡遗址区域铁牛、铁柱附近的土壤中进行了模拟铁质文物的带锈铸铁现场保护实验研究。埋藏分别做1个月、6个月、1年、2年、3年、5年电化学保护检测试验。如：分析了铁质文物表面锈层的组成和结构；铁质文物周围土壤的土质、含水量、水质成分、水中含盐量、土壤电阻率和活性较高的腐蚀性菌类的品种和数量等的检测；铁质文物锈层及沙土锈与周围的条件和环境变迁等因素的关系；模拟文物铸铁样品在现场土壤中的腐蚀行为；在现场土壤中，模拟文物铸铁样品的镁合金牺牲阳极和锌合金牺牲阳极的阴极保护试验等。

实践证明，在黄河蒲津渡遗址的环境条件下，用电化学的方式对埋藏在地下的铁牛等铁质文物进行保护时，镁阳极的效果要优于锌阳极。

铁牛等铁质文物的保护经验和教训将为全国同类型的铁质文物提供可借鉴的有益的经验。

六、课题实施方法的确立

气势恢宏的铁牛、铁人、铁山和七星柱等即表现了唐代冶金铸造的高超技艺，也为后人留下了极其珍贵的宝物。但是，由于地下埋藏环境恶劣，土壤中含有大量的二氧化碳、厌氧菌、硫酸盐还原菌及氯化物，加上铁牛群出土后保存环境突变，大量氧气的侵入和大气风化，冻融的影响，使遗址上铁器处于腐蚀日益严重的状态。

铁质文物的保护需要有一定的环境条件。出土的铁牛等低于水平面，要保护需要四周不停地抽排水，增加了保护的经费和难度，不可预见的因素较多，原地、原位、原貌采取做五面封箱体的方式对铁牛等的保护方案，对环境无大改变，但要在后续的保护中投入大量的保证干燥的费用。对存在于大气环境的铁质文物的保护不能简单地将铁质文物盖房子保护，沧州铁狮子、临淄车马坑的保护为我们提供了经验教训。鉴于沧州铁狮子移动后着陆受力不匀造成损坏原因，此次特别注意到了铁牛的软着陆问题。

根据由山西省考古研究所、中国历史博物馆、北京科技大学三方共同制定的《永济蒲津渡遗址铁器群的近期抢救保护方案》，为此，我们首先对文物所处环境进行了调查。

1. 铁器群及周围环境宏观监测

根据课题分工，山西省考古研究所除负责整个课题的协调工作之外，主要负责对铁器群及其周围环境的宏观监测，包括以下几部分：铁器群所处位置的干湿度变化规律；水位的变化规律；气候状况、抽水量等；自然因素（风吹、雨淋）对铁器群的影响。

现根据1993年7月至1994年4月之间的连续记录及近年的多次实地考察和部分测试数据，汇报如下：

（1）干湿度变化规律

为了解在不同季节、不同气候下铁器群周围干湿度的变化规律，利用干湿度计在现场进行连续观察，每天记录三个数据，分别为早8:00；中12:00；晚7:00。在观测的前两个月采用一个表，第三个月用一个表为主，另设三个参考表，主表位于遗址中荫棚下，距离地表2米左右。根据对所测数据的初步观察，所设参考表的数据与主表所测数据的初步观察，所设参考表的数据与主表所测数据基本相符。故仅将主表所测数据以直方图形式表示，同时天气状况及水位、电力供应状况一起汇入直方图中，以利观察其相关情况。

1）在七、八月份，相对干湿度为一年中最高，平均在80%～90%，且在一天中变化不大，似乎以中午略高于早晚。

2）大约在九、十、十一这三个月中，相对干湿度变化较大，早上最高达80%～90%，晚上次之达60%～70%，中午最低达40%～50%，为全年中相对干湿度次高期。

3）从十二月至次年二、三月份，由于所使用仪表的精度问题，也许是由于气温偏低，所测的同一时刻干度、湿度，大部分数据相同，因此无法计算其相对干湿度，仅有的几个数据，只能作参考，实难看到其真实情况，其值域主要集中在80%左右，且以80%左右的数据居多。

4）三、四月份，所观察到的数据仍然存在上述问题，但数据的可利用率比上一阶段有所提高，基本上以早上较高，达80%左右，中午、晚上较低为40%～50%。

总之，从全年来看，铁器所处环境的相对干湿度大部分在80%以上，一般都在50%以上，就文物保护而言，远远高于其文物保护专家提议的最好在30%以下的湿度指标。

（2）水位变化

以两个井中水位观察点，一个位于铁器群西北为1号位，一个位于东南为2号位。在地上选相对零点，所测水位的数据全为负数。

根据记录，水位的变化主要受抽水情况的影响，一般在电力供应正常情况下水位可得到控制，停电时则水位急剧上升，一般达0.5～1米。

（3）气候状况

气候仅区分阴、晴、雨三种状态，雨天主要集中在七至十月份。

（4）自然因素对铁器群的影响

1）由于风吹、日晒，加之环境潮湿，铁器群在锈蚀过程产生的铁的氧化物与泥沙混合，大量附着于铁器表面，至使铁器表面形成大量结块，尤其是铁牛、铁人的面部由于泥沙等浮锈堆积，有的面目都难以认出。

2）为了保护遗址面，曾在遗址面上堆积厚50厘米的一层沙，由于该地水位较高，铁牛、铁人腿部以下处于淹没状态，加速了这些部位的腐蚀速度，尤其1、2号铁人长期处于水没状态的腿部不断剥落变细，急需处理。

3）由于泥沙淤积，遗址坝前区原来用以排水的沟已经淤平，雨水、地下渗水倒灌入遗址，遗址面已无法排干。

（5）结论

铁器群所处环境十分恶劣，相对干湿度终年在80%以上，夏秋两季达90%以上，及时排水降低湿度仍属当务之急，权宜之计。

1997年3月国家文物局批准确定铁牛等原位升高12.2米的保护方案。1999年10月至2000年4月经过第二次发掘后，对铁器群分别进行了平移和原位抬升，改变了铁质文物的生存环境，使铁器群脱离了恶劣的环境，为下一步的保护创造出新的条件。对自然的影响应继续监测，以保证铁器群文物长期保护。

2. 化学保护方案确立的依据

中国历史博物馆负责地面上文物保护技术方案的确定、实施及分析检测方面的工作，从对铁器群现场及附近地区土壤、地下水、地面水、土壤湿度和地面水位周期性变化的考察、分析得知，地下水微显浑浊，偏咸；pH 为 7.92～8.30。

① 水中游离 CO_2：经现场检测，水中有相当数量的侵蚀性 CO_2，侵蚀性 CO_2 与氧共存时对铁器的侵蚀强烈。

② 耗氧量：14～37mg/L，大大高于标准水的耗氧量：10mg/L，说明水污染严重，水中厌氧菌——硫酸盐还原菌有相当高的菌量，对铁器造成危害。

③ 氯离子含量：415～514mg/L，生活水为 2～100mg/L，黄河水为 30mg/L。其氯离子含量高于黄河水十几倍，对铁器形成极大危害。

④ 总碱度：16.86me/L，HCO^{3-}：456～927mg/L，高出黄河水 162mg/L 五倍左右，造成游离 CO_2 的大量形成。

⑤ 硬度：19.40mg/L，为极硬水。水中的 Ca^{2+}：134.67mg/L，Mg^{2+}：141.06mg/L，高于黄河水 Ca^{2+}：39.1mg/L，Mg^{2+}：17.9mg/L 数倍。利于生成 Ca^{2+}、Mg^{2+} 的保护性沉淀。

⑥ SO_4^{2-}：250～826mg/L，高于黄河水 82mg/L 数倍，其对缓蚀剂的影响类似氯化物。

⑦ 当地土壤为细沙土。

⑧ 铁器的锈层经 X 射线分析检测其成分为：$Fe_3O_4 \cdot \alpha - Fe_2O_3 \cdot FeO(OH)$。

通过对环境和铁器保存现状的分析，可以看出铁器群所处的环境是极恶劣的，其对铁器群的危害是相当严重的。不过，我们也注意到由于其处于弱碱性环境，地下部分的腐蚀速率将不会很高，而地上部分则是因环境的突变，大气中的氧及酸性气体的侵蚀和残留在铁器表面土层和锈层中的有害因素，会导致铁器进一步的加速腐蚀。为减缓这种腐蚀，必须尽早进行保护处理。

从我们查阅的大量铁质文物保护的资料表明，目前在工业和文物保护界金属铁器的保护方法主要有：①酸性介质中缓蚀钝化处理；②碱性介质中缓蚀钝化处理；③低压氢等离子体还原法；④液氨保护处理法；⑤索氏洗涤处理法；⑥阳离子交换树脂法；⑦阴极保护法；⑧激光保护处理法；⑨化学还原洗涤法；⑩电解还原洗涤法；⑪涂层封护保护法，等等。

酸性介质中保护，采用磷酸、鞣酸等；碱性介质中保护，采用亚硝酸盐、磷酸盐、钼酸盐、铬酸盐、倍半碳酸盐及 BTa 等。

一般来说，在实际应用时都是几种方法组合使用。但是就各种方法作用的原理，可分为两大类：一类为洗涤还原去除铁器上的有害锈蚀；另一类为铁器的钝化缓蚀处理。铁器上的有害锈蚀主要是指铁器上的氯化物（如羟氯化铁、二价三价铁的氯络离子等）和铁器上的酥松锈蚀（如铁的氢氧化物等）。而铁器的钝化缓蚀处理是指通过化学方法在铁器的表面形成一层致密的保护膜。对文物的处理和工业上不同的是所形成的保护膜不能影响文物的质感和外观。

因为铸铁更适宜于保护在碱性环境下，且蒲津渡遗址铁器群实际处于弱碱性环境中，若选用酸性试剂如磷酸，那么由于磷酸钙等的沉积将影响铁器表面络合物的完全形成，反而易加速铁器的腐蚀。另外，从实验室所作的磷酸加鞣酸方法和碱性方法的对照试验结果亦证明，对于铸铁，碱性环境要优于酸性介质环境。

在碱性介质的选择中，有以亚硝酸钠为主，另外还有钼酸盐、铬酸盐及混合盐的协同作用等。经筛选比较后，我们确认以亚硝酸盐为主，辅以其他盐类之法效果最佳。

具体处理过程如下：

首先以机械剔除器物表面的松锈、土垢；再以大量的蒸馏水冲洗（自来水中有大量对铁器有害的离子），为防止蒸馏水对铁器的腐蚀（实验证明蒸馏水对铸铁的腐蚀亦较严重），要加入 0.4% 的亚硝酸盐，并在冲洗后强制干燥。在冲洗过程中，以化学还原法实施脱盐，同时监测洗涤液中氯离子含量的变化，待清洗彻底后，强制吹风脱水，等完全干燥后再涂布缓蚀剂。

缓蚀剂配方为亚硝酸钠 20%，铬酸钾 1%，酸钠 5%，并辅之以甲基纤维素、高分子吸水材料和细锯末粉为附着剂。

此配方经实验室在新、旧铁器、铸铁试样及铁质文物上作过的试验和加速腐蚀试验后，保护效果优良，其对铁质文物外观、颜色基本无影响，完全符合对铁质文物保护处理的要求。

值得一提的是，无论采用何种配方缓蚀，其缓蚀前的脱盐与干燥问题都是十分重要的。

综上所述，将蒲津渡遗址铁牛群整体提高的最新保护方案使得铁牛群长久、安全得到保护成为可能，简易了保护操作难度，并使铁牛群地上、地下部分的保护合为一体。通过实验室分析，实验所制订的具体化学保护方案为：①表面机械保护处理；②化学洗涤除有害离子；③化学缓蚀处理；④渗透加固处理；⑤表面处理。经实验和实际操作的检验证明，以上方法是切实可行的。

3. 电化学保护方案确立的依据

北京科技大学负责铁质文物地下部分电化学的保护方案的确定，实施及分析检测方面的工作。经检测确定铁器群主要铁件的成分为低硫低硅灰口铁。

（1）实验室内的前期实验研究结果

根据实验室内的前期研究和分析结果，基本了解了蒲津渡遗址区域内铁质文物的材料性质、腐蚀状况，以及金属腐蚀锈层及沙土锈的形成规律等。特别是研究掌握了带有较厚沙土锈铸铁与裸表面铸铁之间不同的腐蚀规律和阴极保护规律。确定了带锈铸铁完全被保护时所需的稳态保护电流密度的数值范围（明显大于裸表面铸铁所需电流），并探知了带锈铸铁被保护的初期所需时间也相对更长，需要的电流更大；研究了在模拟土壤中电化学阴极保护对带锈铸铁的保护作用，以及对铁质表面颜色及锈层是否有影响；等等。

（2）现场保护的前期试验研究结果

同期，还在现场进行了相关的检测和实验研究。并根据实验室内的研究结果，在蒲津渡遗址区域附近的土壤中进行了模拟铁质文物的带锈铸铁现场保护实验研究。在现场土壤中，模拟文物铸铁样品的镁合金牺牲阳极和锌合金牺牲阳极的阴极保护试验。

阳极棒经过 5 年埋藏试验，图一四一左为镁阳极腐蚀较轻，右为锌阳极腐蚀较重。图一四二为试片埋藏后效果。这一方案实施后。地上部分将会大大延缓其腐蚀速度；地下部分将得到保护，第一次镁阳极可以使用 15 年以上，以后只要按时更换阳极，可得到永久性保护。当地下部分实施后，如果地上部分经历潮湿、水浸环境，阳极保护装置自动对地上部分起到一定的保护作用。

图一四一　现场实验后镁阳极和锌阳极棒

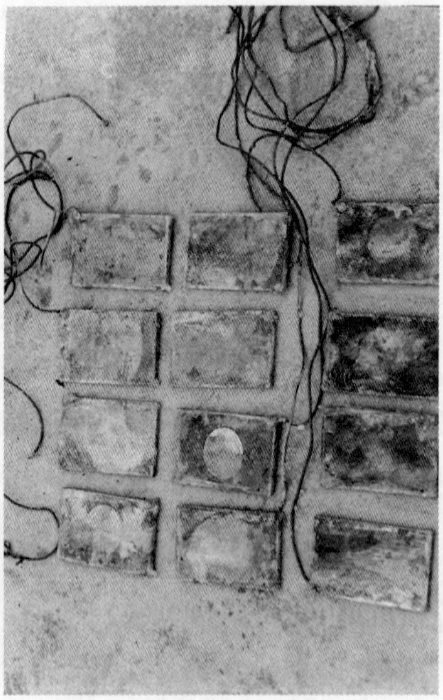

图一四二　现场实验后被牺牲阳极保护的模拟铸铁文物的试片

（3）专家论证会结论

在现场和实验室检测、试验、分析研究的基础上，本项目组提出了蒲津渡遗址现场铁质文物保护方案（地下部分）交由文物保护专家进行评审。国家文物局也于1996年2月12日召开了国家文物局文物保护专家组对该保护方案进行了认真地评审和论证。2004年2月25日国家文物局委托中国文物信息咨询中心对保护工程方案和铁质文物保护方案进行了论证。原则同意了保护工程方案。

在认真听取了项目组的研究报告和保护方案后，文物局领导和各位专家们还仔细地询问了阴极保护的原理、模拟文物铸铁样品在现场的阴极保护效果，以及现场实施的可行性。会上，专家们还反复查看了现场取回的被阴极保护和未被保护的铸铁对比样品：被电化学阴极保护的样品，在埋入地下几年后取出，表面仍是光亮如初，表面上当初机械加工时留下的痕迹仍清楚可见；而作为对比的未被保护的样品却锈蚀严重。

经过评审，专家们最终认为：现代工业界正在普遍使用的阴极保护技术，对于埋于地下的古代铁质文物的保护也完全适用，效果非常好。因此，论证会作出决定：蒲津渡遗址铁质文物埋地部分的现场保护应采用电化学阴极保护技术。

（4）蒲津渡遗址现场地下部分的建筑规划和设计思想

2002年5月在国家文物局委托中国工程院召集的对蒲津渡遗址保护工程方案咨询会上，专家们提出建议：蒲津渡遗址现场的建筑方案应将先前的原位提升、下部重新掩埋的设计方案进行修改。作为古代著名的蒲津渡浮桥锚柱的工程遗物，它的意义价值与普通的镇水铁牛不可同日而语，它是重要的桥梁科学遗物，铁牛下部的锚柱也应展出让人参观，即，四个铁牛原位提升后，北侧前后两个牛的下部仍将按原设计用级配砂重新掩埋；由钢筋混凝土围墙将级配砂围住，并支撑着上部的铁牛基座（围墙南北跨度 8 米左右）。而南侧两个牛的下方将建一个地下室，铁牛下部的锚柱将穿过地下室的混凝土顶板，斜向伸进地下室内以便展出。四个铁人及七根铁柱（七星柱）的下部仍将用级配砂直接掩埋。

4. 铁质文物现场保护应遵循的原则

国家文物局早在 1992 年就已确定了“原地、原位、原貌保护”的方针。但由于文物出土时的水平面高度远远低于距离不远的黄河水平面，地下水经常淹没铁牛等文物，使得现场环境条件非常恶劣。因此，国家文物局同意了将整个遗址平面原地提升、原貌复原的保护方案。根据国家文物局的指示精神，本课题组认为，蒲津渡遗址现场铁质文物的保护应该遵循以下几项原则：

① 原貌保护的原则。无论采用何种保护方法，都应以不改变文物的外观和形貌为前提。

② 采用的保护方法不仅不应损伤和破坏文物的表面，更应达到使外层铁锈内的基体得到完全保护、控制腐蚀的继续发展的目的。

③ 采用的保护方法不应是永久的（但可持续）、不可逆转的、不可替代的。应该给未来可能产生的更先进、更好的保护技术，留有可施展的空间。

④ 采用的保护方法应对周围的环境无污染。

⑤ 不能采用可形成较厚覆盖膜的保护方法；最好采用可渗透外锈层到达基体表面的水溶性缓蚀剂，憎水、透气、无毒、无膜（或凝固时间长、成膜较薄、透明、无色、无光泽）。

⑥ 保护方案中，此次牺牲阳极的保护设计年限为 15～20 年以上。

七、保护方案实施结果

根据以上的各项依据和保护原则，确立了本保护方案。保护方案可根据铁质文物周围的环境不同分为两大部分：保护工程对环境的改善；对铁器群铁质文物的直接保护。铁质文物保护又分为地上表面部分和地下埋藏部分。地下部分又可分为与土壤直接接触的埋地部分和与空气直接接触的地下室部分。

1. 现场保护的环境条件

宏观环境：蒲津渡遗址铁器群为黄河浮桥桥头之构件，因黄河河道变迁泥沙淤积才深埋于地下，因此出土后其位置比现今黄河水面低 6 米左右，近年虽然由于干旱水位降低，自 2000 年 4 月经过第二次考古发掘后，基本搞清了遗址的地层后，对铁器群进行了原位抬高和暂时移位搬迁。使铁器群脱离水浸状态。再加上铁牛抬高出地表，彻底摆脱水浸。

理化生环境：通过对铁器群上铁锈、铁器附近土壤、地下水、地表水、黄河水样的对比分析得知：铁牛所处的环境中 Cl^- 高出黄河水十几倍，SO_4^{2-} 高出数倍，HCO^- 高出五倍，这些有害离子对铁器群产生很强腐蚀作用。浅层水氯离子含量严重超标，对铁器有较大的威胁。

2002～2004 年当地雨水测试 pH 在 6 左右（表一五），对铁质文物影响不大。

表一五 2002 年 9 月 10 日采集蒲津渡遗址雨水分析（永济市环保监测站检测分析）

Cl^- mg/L	SO_4^{2-} mg/L	Na^+ mg/L	Ca^{2+} mg/L	Mg^{2+} mg/L	pH
20.8	2.84	15	2.81	1.21	5.6

生物环境：土壤中有害菌异养细菌和铁细菌的含量很高，分别达 10^6 个/克土，10^5 个/克土，中性硫化细菌也很高，尤其是硫酸盐还原菌也达 10^5 ~ 10^6/克土，这些菌对金属腐蚀起相当重要作用。

（1）相对环境的改变

遗址平台在原遗址面层抬高 12.2 米。现今现场地表海拔 337.5 米，加上黄河滩永济段预测百年淤洪量 1 米为 338.5 米，铁牛锚柱长约 3.8 米，所以从原发现位置 326.3 米抬升 12.2 米达到保护工程预计高度。平台的填料采用 3∶7 灰土，用传统方式夯实围护，中心 2∶8 灰土垫实碾压混成一体。外侧用青石维护。填高 5 米。表面做 10 厘米水泥砂（近土色）。上部复原按考古发掘揭示的明代渡口遗址面复原：卵石铺砌的路面和铁牛周围石砌遗址面，明代石堤坝，金元房屋遗迹，七星状排列铁柱，明正德十六年石碑等。

围栏采用青石护栏望板，高 90 厘米，厚 12 厘米，东南北三边封闭，西边与参观平台、台阶相接。平台明水流畅，不积水，护栏边留排水孔。

关于牛箱设计，基础部分从发掘部位到地表 10 米有余用碎石填充。在支护铁牛钢架顶升过程中，对下部压实起了一定作用，尤其是在千斤顶部位，不断的承压移动使填充碎石得到一定挤压；在顶升至现今位置已经三年的时间，未发现有稍大的变形移动。

牛箱下部位是自古以来的黄河岸边，为轻亚黏土土质。周边为古代处理加固的地基，北、东、南均有大石块围护，宽度约 3 米，厚积三层石块，约 50 厘米。西边为明代堤坝，砂石条块堆砌，约存 3 米高，其上部条石被编号拆除，平台工程完成，复原地表明代遗迹面。

牛箱体地基承载力经山西省第八地质工程勘察院 120kg 超重型动力触探测试，确定经处理后砂石垫层为不液化层，牛箱区承载特征值大于 348kPa。可以承载牛箱的制作和上部荷载。

平台范围承载特征值大于 240kPa。

牛箱体积分为两组：1、2 号牛为北组，内径 14 米 ×8 米 ×5.4 米。3、4 号牛为南组，内径 14 米 ×8 米 ×5.4 米。

牛箱体厚度 40 厘米。下部封底，以利于牛箱内干度条件的自然调节（为牛箱的整体性考虑，做满堂红砼基础）。

牛箱地基为级配碎石填充。

牛箱应为独立个体，不应与参观平台连体。独立有益于铁牛的保护，不会因参观平台基础与牛箱基础的不同而发生不均匀沉降引起分裂。

牛箱基础位于河岸之上，土质为轻亚黏土，而参观平台的位置在古河床中，土质为粉砂。两者相连合部位是两种土质分界部位，基本压于明代堤坝位置。

1、2 号铁牛下部锚桩将采用电化学保护方式。为检测与控制便利，在两牛箱相邻部位留出若干可通导线的孔洞，用塑钢管相连，以利回填土时加置保护设施。3、4 号牛箱北部可置留一个 200 厘米 ×9 厘米的龛洞，以利保护设施置放和检测。

3、4 号牛箱预留照明、检测线路管道。

（2） 牛箱内钢梁的置换

1）铁牛材料的机械性能和顶升

本材料系低硫低硅灰口铁，但灰口铁的种类也较多，按我国 gP—976—67 灰口铁性能标准，灰口铁抗拉强度 fe 为≥10kg/mm^2，（即 fe≥100mPa），因此本工程取 98mPa，采用千斤顶上顶，在上升时可以严格控制行程，保证几点上升时同步，因此其差异变形也可以保持相当小。千斤顶“满行程”后的换撑。每一点加力点可有两个千斤顶的位置，即在换撑前，待梁架下部用板材加垫支撑，用另一附近的备用千斤顶临时加撑，以木板垫受力，取下原千斤顶，这样逐步换撑的办法，以保证在千斤顶调幅时应力重分布不至太大而引起裂缝。提升铁牛保证加提升点的位移差在最小范围内。在加载状态时，保持加载速度以安全稳妥为准，确保万无一失。

2）关于局部受压强度的复核

铁牛技术资料先设立局部受压施加荷载为 15T，系面荷载，以三点受力为考虑的原则，按此计算，最大荷载为 75.9T，即每点应为 25T 左右，最小以 56.8T 即每点受载约 19 吨，均≯15T。因此其取载 15T。调整为按 25 吨计，其每点受压面积（按安全度考虑）最小支承面积为 25×9800/64＝38 平方厘米。为确保其支承面均有效，在钢梁上加设枕木，枕木宽度宜≥15 厘米，以使其受载时，枕木可以使应力塑性分布，避免局部应力集中。而钢架的设计中，其横梁跨中，各应力点与支柱的相对挠度，也控制到越小越好（荷载按西荷三之受力计算）。

“铁牛”的顶升是一件十分细致的工程，构件的断面也不清楚（牛肚和柱桩的详细资料不清楚），因此很难用事先计算来控制其应力状态。在顶升和 3 年多放置的过程中梁架起到了重要的作用。

钢梁的设置对于顶升铁牛起到了安全保护的作用，但到位后铁牛对梁架的依赖又给保护中钢梁的置换带来隐患。在置换的过程中采取了极其稳妥的办法：对于锚柱下部发生变化的用钢梁交换支撑替换原梁架；其他则用上部支撑和下部木板垫支逐步割除支架。保证牛的变化在最小范围，成功换置钢梁架。

（3）“软着陆” 的实施

“软着陆” 分为两部分：其一，钢骨混凝土梁在牛体底板平托；其二，牛下锚桩的稳定加固，采用双保险的办法稳固铁牛。

在完成牛箱基础上，进行铁牛顶升到位，按发掘出土面貌复位，以牛箱为依托支撑，横向设置梁架，利用梁架，加工变换为以托置铁牛底板为骨架的固定梁架，置稳固铁牛。割除铁牛下部支架，形成与考古发掘过程中支护铁牛格局。保证铁牛的稳固后，对其下部进行填埋，拟采用材料和操作方式的两种形式配合完成：

1）采用级配砂方式填置大部

牛下锚桩在上部支护稳后，为避免空吊，造成斜桩断裂隐患，应采用锚桩顶端部位垫枕木支护。六根锚分别处理，垫实即可，不允许加强支撑。

用级配砂填 15 厘米后震动捣实，要保证均匀。之后在 336.4～341.4 米均采用分层填置震动方式完成填实。牛箱底部封底。

这样的优点是，均匀、密实，对文物无损伤，保证锚桩均匀受力。但也有缺点，级配砂 15 厘米振捣操作无规范，沉积不均匀。

2）采用灰土夯填方式填置锚柱周围

铁牛上部支护完成稳固，锚桩顶端用枕木垫支到位，锚柱周边30厘米采用3∶7灰土，即3成白灰，7成素土，人工搅拌均匀。

填充夯实：336.4～341.6米，每30厘米一层，均匀铺好，用人工加机械夯实。锚桩间隙用直径5厘米木棍捣实。每50厘米高度应检测一次（若干点）。

其优点是，灰土垫层成功经验多，便于操作检测。灰土既密实又干燥，尤其是白灰对铁器的锈蚀有一定抑制作用。但缺点是，其均匀性不如水沉砂，锚桩间隙不易均匀填实，尤其在有冶炼铸造遗痕需保留的部位，更为困难。

3）采取补充措施，在锚桩间歇采用级配砂填充。

1、2号牛箱填充高度341.6米。3、4号牛箱内填充高度339.2米，锚桩下部埋深1米。

以上方式将牛箱填充到位时，铁牛都应当是受力均匀，锚桩稳固。上部支撑的钢架已可以安全拆除。牛底板下的钢骨混凝土底梁可以放心安全地制作。

在支模前将重载钢轨放置到位，在钢轨与牛底板间加入经沥青煮浸的榆木质垫木，要尽量垫实。支模完成后灌入混凝土，在未凝固前撤除原钢梁，允许铁牛在相当小的范围内有一定沉降，以钢轨为底，垫木支撑，混凝土围护，使牛底板与钢骨梁接触面更均匀，"软着陆"完成。

需要强调的是，为保证铁质文物的安全、稳妥，考虑到施工现场水质中含氯离子对铁质文物的不利影响，听取专家意见，特意在制作铁牛周围混凝土的用水时，使用的是从较远距离取的深井水，以降低现场水质对铁质文物的不利影响。

2. 地上部分化学保护方案的实施

蒲津渡遗址抢救性保护课题自1993年展开以来，对遗址区的环境、土壤、地下水及土壤中的腐蚀微生物进行了全面的检测、分析，并根据分析和实验室模拟实验的结果制定了前期保护方案。1994年秋天对4号牛实施了保护措施。1996年我们继续完成了部分实验室的定性、定量实验工作。蒲津渡遗址铁牛群整体提高的保护方案，这是从根本上解决黄河地下水害的方法，使文物脱离恶劣的地下环境，对文物的科学保护工作十分有利；同时它也解决了地上、地下接点保护上的难题，使整体保护工作更易操作、进行，还节省了大量的人力和物力。

中国历史博物馆负责地面上文物保护技术方案的确定、实施及分析检测方面的工作。同时，对中国历史博物馆端门十二门铸铁铁炮进行保护处理，以积累经验。几年的风风雨雨证明，我们所设计的地上实行化学处理保护方案思路是正确的，通过对方案和实施步骤的进一步改进，可以确保其对大型铸铁器物有较强的实施性并具有明显直观的处理效果。

通过环境分析与铁器保存现状看，虽然从分析中得知在土壤和地下水中铁细菌、硫酸盐还原菌和氯化物成分比较高，但是由于铁器处在碱性环境中，因此地下部分铁器的腐蚀速率不应很高。现在的变化，主要是因为文物出土后保存环境突变，大量氧气的侵入和大气风化的结果。

2002年后对现场环境、自然条件再做调查分析，2004年实施保护中对现场条件实施监测，以掌握自然条件变化（图一四三、一四四）。

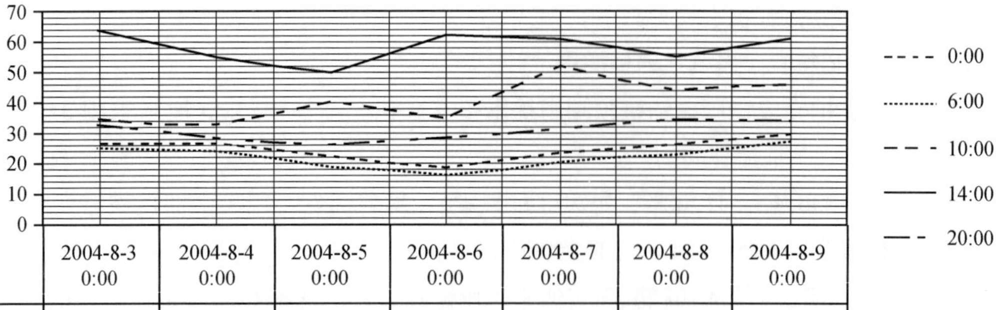

	2004-8-3 0:00	2004-8-4 0:00	2004-8-5 0:00	2004-8-6 0:00	2004-8-7 0:00	2004-8-8 0:00	2004-8-9 0:00
0:00	26.5	26.3	22.4	18.1	23	26	29.3
6:00	24.6	24.1	19.3	15.9	19.6	22.9	26.6
10:00	34.3	33.1	39.8	34.9	52.2	44.1	46
14:00	63.6	54.7	50.4	61.7	61.4	55.1	60.6
20:00	33.1	28.2	26.4	28.2	31.3	34.4	33.9

图一四三　保护现场不同时间温度示意图

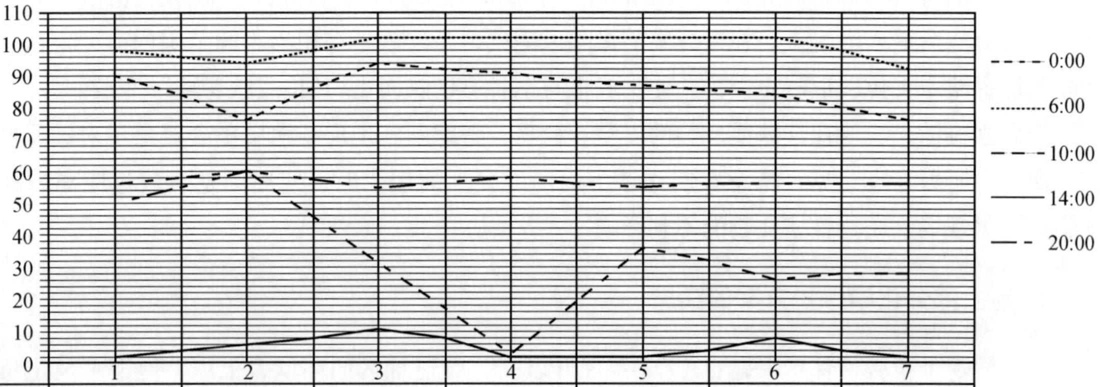

	1	2	3	4	5	6	7
0:00	88.5	75.3	92.3	87.8	84.3	80.9	74.1
6:00	95.8	92.5	99.9	99.9	99.9	99.9	90.5
10:00	54.6	57.9	28.3	0.6	34.1	25.2	25.6
14:00	0	4.8	8.6	0	0	5.6	0
20:00	47.9	58.3	53.4	56	53.6	54.7	54.5

图一四四　保护现场不同时间湿度示意图

现在文物的地面以上部分处理以减缓这种由环境突变产生的加速腐蚀，特别是文物在地上和地下临界部分尤为关键。因为在这临界部分微环境始终在变，在地下和锈蚀层中氯化物的影响下，会大大加速铁器的腐蚀。

蒲津渡遗址铁牛群抢救性保护的处理是针对铁牛群现有的物理防护条件制订的，是为了将来全面永久性的保护而进行的前期工作。现在的保护不宜过多干预文物现状，只进行必要的裂隙加固和结构补全。铁牛群保护的最终目的是尽可能延缓遗址上所有器物的风化、腐蚀速率，最大限度将文物主体及所存外在的和内含的所有历史信息留给后人，因此现在的保护处理遵守“最小干预”和“不改变文物原状”的保护基本原则。

（1）设计方案的实施与疑问

经过对各种方法及对现场的情况条件详尽的分析和讨论之后，我们认为在机械、化学除锈、化学还原之后采取在碱性介质中钝化处理，最后再在文物表面做封护处理，是蒲津渡遗址铁器群切实可行的最佳保护方案。

对铁牛群首先采取机械和化学除锈主要是考虑三点：①要尽可能去除铁器锈蚀中的的氯化物，因为通过分析我们知道铁牛群的锈蚀层中含有大量的氯化物；②要尽可能用洗涤的方法除去器物上的氯化物，而器物上的锈蚀厚度对氯化物的扩散速率影响很大；③通过实验知道，锈蚀对缓蚀剂的缓蚀效率影响极大。采取化学还原的目的是为了扩大氯化物在洗涤过程中的扩散速率。众所周知，器物上氯化物的去除是由扩散和溶解两步来完成，而其决定速度的控制性步骤在扩散。通过公式 $Q=2AC_0$（DT/）$^{1/2}$可以看出铸铁的脱盐速度是由扩散理论控制的，而器物上锈蚀层的孔隙度极大地影响氯化物的扩散速率，通过还原来增大器物表层的孔隙度，从而达到去除氯化物的目的。在碱性介质中钝化处理，考虑的是现场的碱性环境（土壤和地下水的 pH 为 7.5～9.0），对于像铁牛这样的大型铸铁铁器用氢还原法、液氨法和阳离子交换树脂等方法是不切实际的。

从理论上我们知道，铁器在干燥空气中的氧化，尽管氧化作用的热力学推动力很大，却是个非常缓慢的过程。在这种“干态”下形成的氧化膜很薄、致密且无害，并且它对进一步的氧化和腐蚀还起到一定的阻滞作用。但是，当铁器处于湿态就完全不同了，其由于复杂的溶解、氧化和再沉积等过程，倾向于形成疏松多孔的氧化膜。在没有氯化物等其他电解质的情况下，其主要反应为：①铁的氧化反应，由于生成 $Fe(OH)_2$、FeO（OH）等，使溶液的 pH 降低，另外由于复杂的锈蚀层的再氧化作用生成较致密的 r-Fe_2O_3和 Fe_3O_4使这种氧化反应速度逐渐受阻；②氧的还原反应及特殊情况下的析氢反应。

将国家标准物质中心的混标溶液配制成不同浓度的标准系列，在与相同的工作条件下做一条通过原点的标准工作曲线。测试条件：

色谱柱：ionpac；ASII—HC（4×250mm）；淋洗液：30mmoi/LKOH；进样量：25μL；淋洗源：淋洗液发生器；流速：1.0mL/min；温度：30℃；检测器：ASA4—4mm。

分析结果表明：一号铁柱内部的锈水中含有主要氯离子、硫酸根离子（图一四五）。三号铁柱表面的露水中含有大量的氯离子（图一四六）。

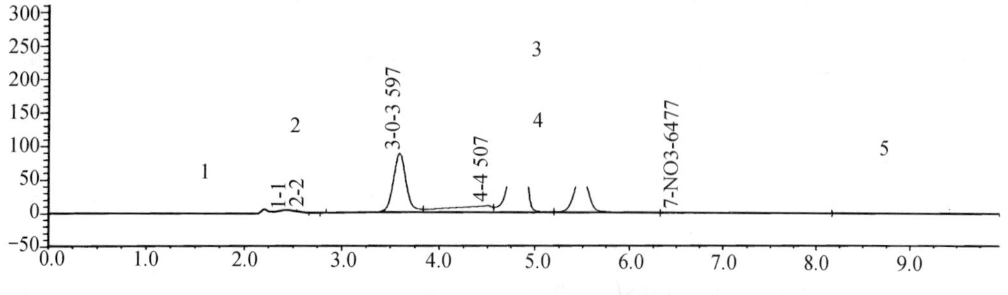

图一四五　一号铁柱内部的锈水的色谱检测结果

色谱峰：1. F^-　2. Cl^-　3. SO_4^{2-}　4. NO_3^-　5. PO_4^{3-}

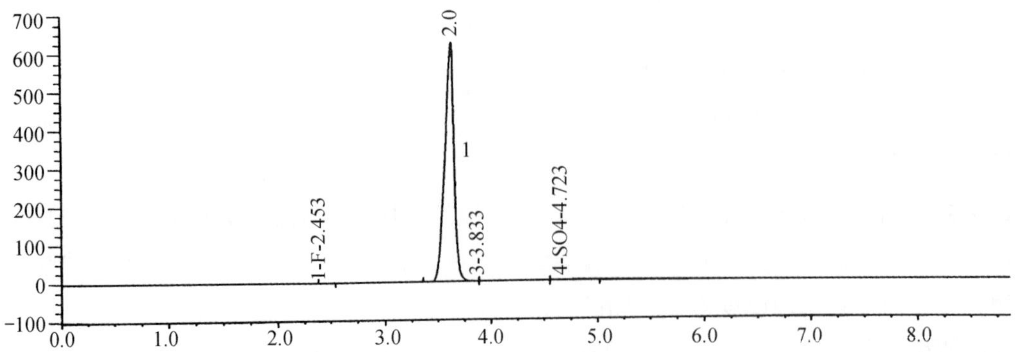

图一四六　三号铁柱表面露水的色谱检测结果

色谱峰：1. Cl^-

铁器埋藏环境中有氯离子和其他电解质，它们可大大加速铁器的腐蚀。尤其是氯化物，由于氯离子离子半径小，所以它的钻透能力很强，另外它的电负性很强，它能破坏或取代金属的氧化物，形成可溶盐。在氯化物等可溶性电解质作用下，铁器表面不能形成致密的铁的氧化物保护膜，并且由于所形成的酥松的腐蚀产物具有一定的蓄水作用，在酸性或碱性和一定湿度的环境条件下，铁器的腐蚀会继续周期性地进行下去。这也是为什么在铁器保护中一定要尽可能去除锈蚀层中的氯化物。

由于保护后的铁牛群仍要处于露天的环境中保存，要抵御日晒、雷雨、风蚀和冻融等自然侵害，必须进行必要的缓蚀和封护处理，根据理论和实践经验，所选择的材料必须要满足耐老化性强、无有害残留、具有可再处理性、透明无光泽与金属附着性好、无污染和基本不改变文物原貌的要求。

（2）具体实施过程

首先以机械剔除器物表面的松锈、土垢。采用一些机械和机电设备辅助，但不能伤害金属本体，从局部开始，逐渐扩展。清洁时按照腐蚀类型和腐蚀深度进行清洁，局部可用蒸馏水冲洗或使用棉花等擦洗（自来水中有大量对铁器有害的离子），为防止蒸馏水对铁器的腐蚀（实验证明蒸馏水对铸铁的腐蚀亦较严重），要加入0.2%的亚硝酸盐或铬酸盐，并在冲洗后强制干燥。在冲洗过程中，以化学还原法实施脱盐，同时监测洗涤液中氯离子含量的变化，待清洗彻底后，强制吹风脱水，等完全干燥后再涂布缓蚀剂，并辅之以甲基纤维素、高分子吸水材料和细锯末粉为附着剂。对部分裂隙和结构缺陷进行加固时，应尽量选用原铁锈材料，以保持原有外观。在最后的表面处理过程中，采用复合多层处理，以达到对不同部位、深度的全方位保护（图一四七、一四八）。

此配方经实验室在新、旧铁器，铸铁试样及铁质文物上作过的试验和加速腐蚀试验后，保护效果优良，其对文物外观、颜色基本无影响，完全符合对文物保护处理的要求。

保护过程中要尽量减少试剂的氧化，再适当增加蒸馏水的冲洗量，即可达到良好的效果。

综上所述，将蒲津渡遗址铁牛群整体提高的新的保护方案使得铁牛群长久、安全得到保护成为可能，而且还降低了操作难度，使铁牛群地上、地下部分的保护合为一体。通过实验室分析、实验所制订的具体化学保护方案步骤：①表面机械保护处理；②化学洗涤除有害离子；③化学缓蚀

图一四七　保护工程实施现场之一

图一四八　保护工程实施现场之二

处理、纸浆脱盐；④渗透加固处理；⑤表面防护处理。经实验和实际操作的检验证明是切实可行的。

（3）保护措施的调整

地上部分化学保护方案的实施由中国国家博物馆（中国历史博物馆）从2002年开始在铁人部分实施，2004年在铁柱、铁牛部分实施，出现了保护层维护时间经过半月就发生锈蚀和实施后颜色较重的情况。山西省考古研究所的专业人员在原定的化学保护方案上做了适当调整。在清理表面土锈浮层后，采用煤油清理表层，晾干后呈现灰白色；用纯净水清理表面，加热烘干；涂饰由松节油、石蜡为主要成分的缓蚀保护层；用布揩去浮层，达到保护。其特点是，铁质颜色保持本色，表层无明显涂层变化；经过8个月的露天日晒雨淋，冬夏气温变换，铁器群维持原状，无明显锈蚀发生。之后，又经过半年、一年、一年半几个阶段的实施和观测，得到同样的效果。由此可以判定，这种处理方法对于铁牛等铁质文物的保护是切实可行的一种方法。这样平时只进行一般的养护，定为1～2年进行一次维护，即可达到保护目的。该方法简便易行，保护效果明显。

3. 地下部分保护方案的实施

地下部分电化学实验分两部分同时进行。

首先，在现场埋试片，定期检查试验结果。实验分三组，一组加镁阳极保护，一组加锌阳极保护，最后一组未加保护，经过一个月、半年、一年、二年、五年的取样分析，认为镁阳极保护最好。

其次，为了取得更为确切的数据，在实验室中对低硅铸铁的腐蚀行为及保护方案进行了严格实验，结果表明：

① 铸铁的腐蚀速度随时间推移呈加速趋势；带锈铸铁的铁层具有一定的保护作用，不应全部剔除。

② 对于带锈铁采用牺牲阳极的阴极保护方案是切实可行的；采用镁阳极可以很快达到保护效果，在水溶液为介质的条件下，采用锌阳极效果也好。从实验结果看，镁阳极、锌阳极均能起到作

用，但镁阳极因其驱动电流大，在泥沙为介质的遗址区能起到更好的保护效果，选用牺牲镁阳极保护方案，需 60 ~ 80 根镁阳极，每根重 11 千克。

③ 对于像蒲津渡遗址铁牛群这样的大型铁器构件，在设计阳极的安装位置时应注意：距通电点愈近处得到的保护电流也越大，保护电位亦越负；电极不宜设在管线两端，否则易造成过保护和欠保护。

在展示部分的南边一组铁牛下部，将采用既可渗入锈土下又可对铁质进行保护防护的缓蚀剂。

（1）埋地部分保护方案

埋地部分拟仍采用已获国家文物局文保专家组批准的电化学阴极保护方法进行保护。若按阴极保护方法的两种供电方式，还可分为外电源阴极保护和牺牲阳极阴极保护。

保护目标：被保护的主要部件的保护电位应达到 - 0. 85V ~ - 0. 9V（vs. CSE）以负；或者，主要部件的开路电位由于实施阴极保护而负移 100mV。

实施保护后控制表显示出保护电位稳定在 - 1000mV，槽压 - 4 ~ - 15V，表示牛箱内各自阳极之间电阻大，输出电流没大的变化。

（2）外电源阴极保护部分

鉴于北侧前后两个铁牛及其旁铁人下部锚柱完全裸露，被保护的面积很大，需要的保护电流相当大，而其周围空间相对狭小、不易埋入大量牺牲阳极，且今后不易更换阳极。因此拟采用外电源阴极保护的方法（图一四九，保护面积约 110 平方米）。

外电源阴极保护方法的保护原理仍是电化学阴极保护原理，它与牺牲阳极阴极保护方法的最大区别在于：它是由外电源通过辅助阳极向被保护体提供保护电流的。与牺牲阳极法比较，它的优势是：①辅助阳极体积小，便于在混凝土支撑围墙内埋设；②使用寿命远远长于牺牲阳极；③外电源输出电压高、功率大、供电稳定、输出电流可测可控，保护效果好。但该方法需要现场有电网长期供电，且一次性投入的费用相对于牺牲阳极法要高。

保护设备拟放置在相邻的地下室通道内，通过电缆将电源负极与埋于混凝土墙围内铁牛的不同部位连接，将电源正极与数个辅助阳极连接，并将长效参比电极的屏蔽电缆线从混凝土围墙内引出。

在每个铁牛前后左右以及不同高度位置拟放置四个长效参比电极，两个铁人只在其中一个下部放置一个长效参比电极。测试桩置于相邻的地下室通道内（注意：地下室通道内预留电缆线的走线管道。地下室内备有独立的电源接线箱）。

铁牛基座与下部混凝土板间，以及级配砂与混凝土板之间的部位采用缠绕镁阳极带的方式以保护。

（3）牺牲阳极阴极保护部分

由于南侧两个铁人和七星柱下部将直接被级配砂掩埋。因此锚柱地下部分仍拟采用牺牲阳极阴极保护的方法（图一五〇）。

采用镁合金牺牲阳极。阳极分别埋于各铁柱周围的不同深度位置，并通过电缆经测试桩与铁柱电连接（采用阳极的规格与数量与保护设计的年限有关。此批阳极消耗以后，可重新更换阳极材料，继续进行阴极保护）。

七星柱在其不同深度埋置两个长效参比电极，将测量屏蔽线引入测试桩。测试桩置于该柱旁的测试井内。

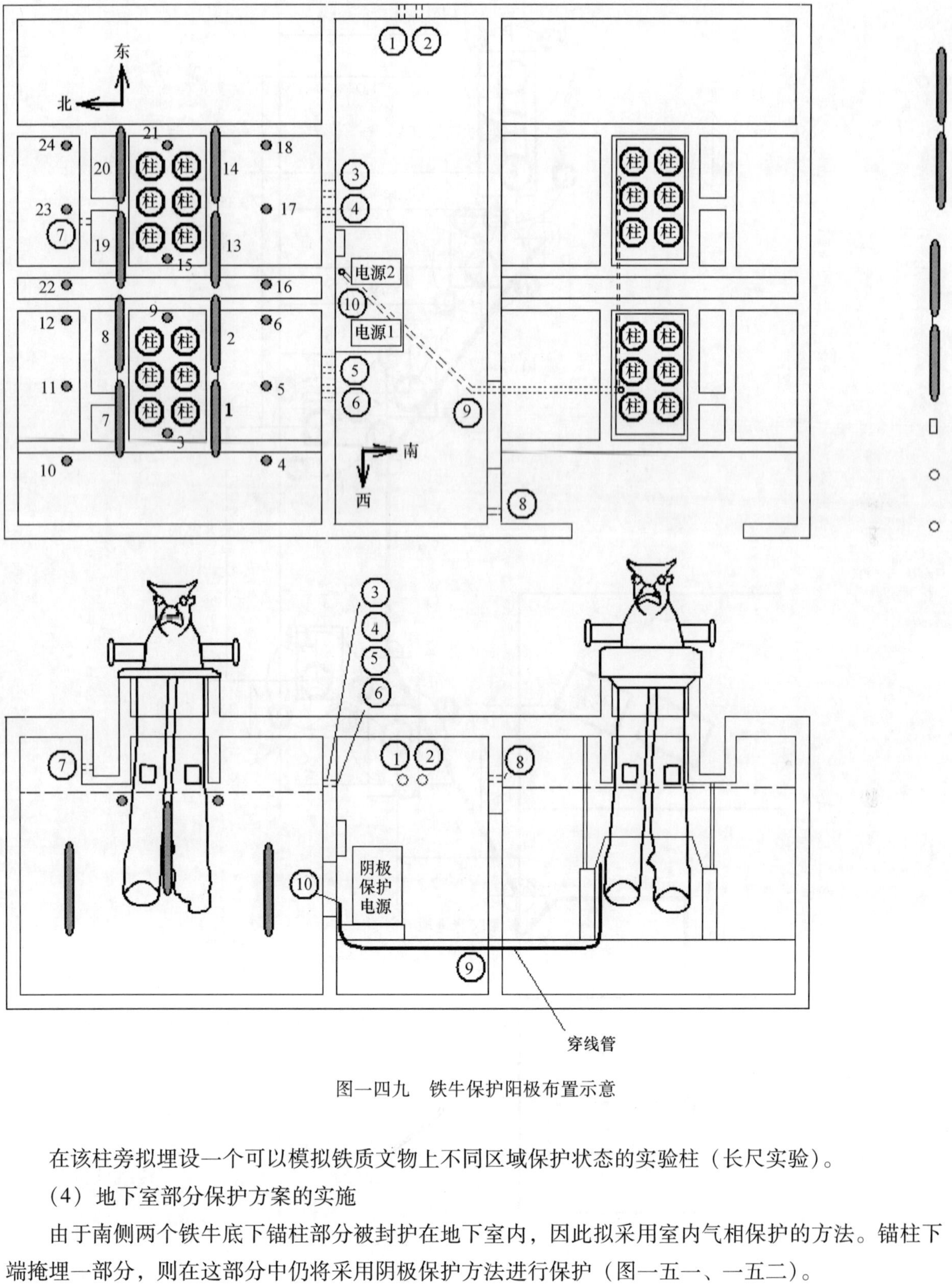

图一四九　铁牛保护阳极布置示意

在该柱旁拟埋设一个可以模拟铁质文物上不同区域保护状态的实验柱（长尺实验）。

（4）地下室部分保护方案的实施

由于南侧两个铁牛底下锚柱部分被封护在地下室内，因此拟采用室内气相保护的方法。锚柱下端掩埋一部分，则在这部分中仍将采用阴极保护方法进行保护（图一五一、一五二）。

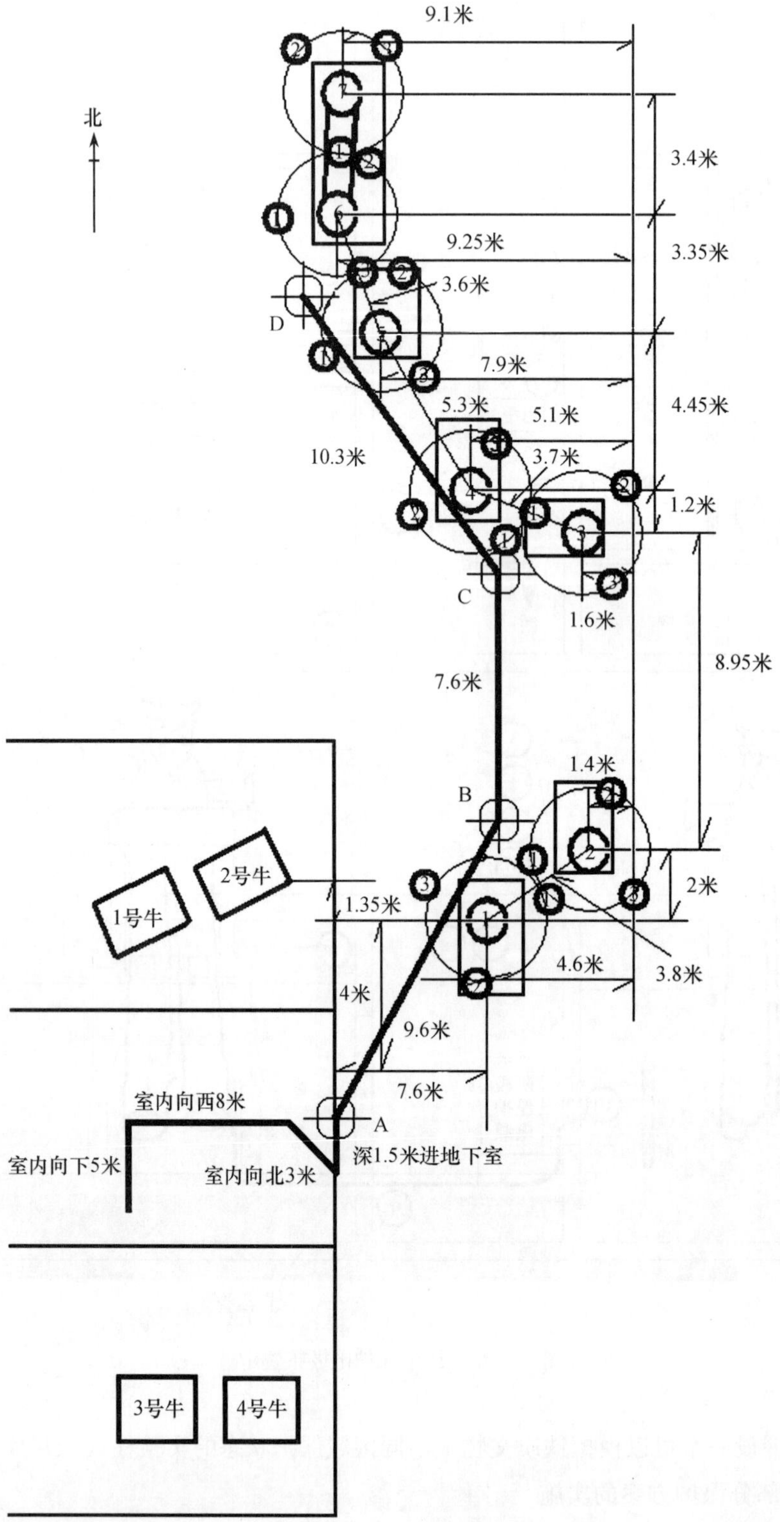

图一五〇　七星柱阳极布线

图一五一　1号和2号牛地下室施工铁牛下锚柱保护情形

图一五二　铁牛下锚柱实施阴极保护现场工作情形

地下室内选用的保护方法：

① 地下建造排水设施；安置轴流风机排风，控制室内环境湿度，确保干燥。

② 3、4 号牛箱由于钢筋混凝土箱体干燥需一定时间，在相对的一段时间内，采用了玻璃幕墙围护，内置白灰防潮，保证锚柱的干燥。同时采用室内气相挥发型缓蚀剂。

③ 采用带有缓蚀剂的水溶性涂层。

由于此部分的建设方案出台时间很短，故相应的防腐方法还未得到很好的对比和必要的验证。进行实验室内的加速对比验证实验，以确保最终的保护方案在现场可行、有效，且费用相对低廉。

采用外加电流阴极保护的方法，与牺牲阳极阴极保护的方法相比，大大降低了地下保护工程施工的操作难度，满足了地下埋置阳极材料空间的要求。

铁牛的所有支架全部拆除，否则会遮蔽保护电流，阻止其均匀到达铁牛表面。其次，若有个别部位与铁牛相连，则更增大保护材料的使用量。

阳极材料必须埋在封闭箱内部，在铁牛与阳极之间不能妨碍电流流动和分布的结构。

（5）电化学保护实施前现场前期的准备工作

① 为了提高现场保护的质量，遗址现场备网电电源。地下室内配有电源接线板。

② 铁牛下部所有的支撑架全部拆除。

③ 级配砂应尽量清洁且细小。

④ 混凝土围墙上不同位置的多个预留孔，保证承载，又应适合电缆线的引出和今后参比电极的更换。

⑤ 保护方案设计和整体建筑设计人员之间、保护工程实施进度与整体工程进度间的沟通与协调。

八、工程组织及实施

保护工程方案的实施在 2004 年经过国家文物局正式批准同意后全面展开，经过半年多完成。

保护工程由山西省考古研究所主持实施，铁质文物保护地上部分的保护由中国国家博物馆科技保护中心和山西考古所负责组织实施，地下部分的保护施工工程由北京科技大学铁质文物保护课题组负责组织和实施。

九、工程经费投入及决算

（1）铁牛群化学保护处理经费决算

包含化学试剂费，材料及工具费，人工及劳动保护费（由于野外工作并接触大量有毒、易燃、易爆化学药品，劳动补助应包括健康补助费），脚手架费，专家差旅费，市内交通，材料及工具运输费，勘测、实验及方案设计费，样品分析检测费，竣工资料整理、打印费，专家鉴定及验收会务费等，共计 19 万多。

图一五一 1号和2号牛地下室施工铁牛下锚柱保护情形

图一五二 铁牛下锚柱实施阴极保护现场工作情形

地下室内选用的保护方法：

① 地下建造排水设施；安置轴流风机排风，控制室内环境湿度，确保干燥。

② 3、4 号牛箱由于钢筋混凝土箱体干燥需一定时间，在相对的一段时间内，采用了玻璃幕墙围护，内置白灰防潮，保证锚柱的干燥。同时采用室内气相挥发型缓蚀剂。

③ 采用带有缓蚀剂的水溶性涂层。

由于此部分的建设方案出台时间很短，故相应的防腐方法还未得到很好的对比和必要的验证。进行实验室内的加速对比验证实验，以确保最终的保护方案在现场可行、有效，且费用相对低廉。

采用外加电流阴极保护的方法，与牺牲阳极阴极保护的方法相比，大大降低了地下保护工程施工的操作难度，满足了地下埋置阳极材料空间的要求。

铁牛的所有支架全部拆除，否则会遮蔽保护电流，阻止其均匀到达铁牛表面。其次，若有个别部位与铁牛相连，则更增大保护材料的使用量。

阳极材料必须埋在封闭箱内部，在铁牛与阳极之间不能妨碍电流流动和分布的结构。

（5）电化学保护实施前现场前期的准备工作

① 为了提高现场保护的质量，遗址现场备网电电源。地下室内配有电源接线板。

② 铁牛下部所有的支撑架全部拆除。

③ 级配砂应尽量清洁且细小。

④ 混凝土围墙上不同位置的多个预留孔，保证承载，又应适合电缆线的引出和今后参比电极的更换。

⑤ 保护方案设计和整体建筑设计人员之间、保护工程实施进度与整体工程进度间的沟通与协调。

八、工程组织及实施

保护工程方案的实施在2004年经过国家文物局正式批准同意后全面展开，经过半年多完成。

保护工程由山西省考古研究所主持实施，铁质文物保护地上部分的保护由中国国家博物馆科技保护中心和山西考古所负责组织实施，地下部分的保护施工工程由北京科技大学铁质文物保护课题组负责组织和实施。

九、工程经费投入及决算

（1）铁牛群化学保护处理经费决算

包含化学试剂费，材料及工具费，人工及劳动保护费（由于野外工作并接触大量有毒、易燃、易爆化学药品，劳动补助应包括健康补助费），脚手架费，专家差旅费，市内交通，材料及工具运输费，勘测、实验及方案设计费，样品分析检测费，竣工资料整理、打印费，专家鉴定及验收会务费等，共计 19 万多。

（2）电化学保护经费决算

根据保护方案所需的辅助阳极材料、牺牲阳极材料、填包料、电缆电线、热缩材料、参比电极、外电源及其配套设备、测试仪表设备装置等的供货方报价，以及实验室预研、实验室模拟、现场模拟、实验及施工材料、现场施工、调试、维修、检测、劳务、差旅等费用，保护经费合计为58万余。

十、后期的测试与管理

对于遗址平台从建造过程中建立标准点监测平台沉降，半年一次，严密观测变化情况。尤其对于牛箱部分更要进行严密监测，2005 年 1 月工程结束确定 10 个基点，9 月观测纪录平台南侧发生 3 ~ 4mm沉降变化，北侧变化在 0 ~ 1mm。牛箱部分无不均匀变化。变化在正常范围。

铁质文物保护应不定期的维护，对雨雪之后的铁牛、铁人更应及时清理积水。以利长久保护；适当时间再涂以缓蚀剂。

在施工后期，将对整个阴极保护系统进行调试和检测。施工完毕后三年内，将密切监测设备运行情况（拟采用自动检测装置和自动记录存储装置），检测保护效果。

三年后将定期进行保护系统的检测和铁质文物保护情况的检查，随时将整理好的检测结果及保护系统的运行情况上报给有关部门。积极配合山西省考古研究所和当地文物保护系统的管理工作，维护保护系统的正常运行。积极提供现代保护科技发展的新成果和成熟技术，使国家珍贵文物得以长久保存。

十一、保护方案实施后反思

铁牛等文物的保护经过时间的检验，进一步的监测取得更有益的经验。其大面积的保护效果较好，但在铁牛后轴轴头的花纹部位，锈蚀剥落花纹缺损还有待解决。

作为国保单位的蒲州古城与蒲津渡遗址，整个遗址的保护规划滞后。保护方案的实施，造成现场环境变化，遗址抬高后与附近的蒲州古城城墙高度形成反差。

应加强整体规划，发挥各级地方积极性，保护好古城和蒲津渡遗址铁器群，使文物得到更好保护。加强管理，避免因强调追求经济效益，而造成的轻文物保护、急功近利的偏差。使文物保护工作有可持续发展的动力。

后　　记

从 1993 年蒲津渡遗址铁器群近期抢救保护研究课题组成立，至 2005 年 1 月完成保护工程，铁质文物保护到位。又经过 10 个多月观测，保护效果达到设计要求。蒲津渡遗址铁器群保护从此进入良性循环进程。在这十多年的时间里，国家文物局和省文物局给予巨大的支持和信任，地方各级领导和同志们给予积极配合。课题组同志付出了艰辛的劳动，特别是德高望重的柯俊院士总是热情洋溢，认真指导，一丝不苟，每次见面总要将情况问得清清楚楚，给我们极大的支持和帮助。中国工程院陈肇元院士对铁牛保护最后的“软着陆”不吝赐教，为完成保护工程提供了巨大的支持。上海建筑科学研究院原院长王溥先生在铁牛提升阶段给予了积极的支持和帮助。在这里衷心感谢为保护铁器献计献策的各位先生。今天取得的成绩是大家共同努力的结果。如有不足只是我们工作不到位，我们将继续努力。

参考书目

[1] 韩汝玢．中国早期铁器（公元前5世纪）的金相学研究［J］．文物，1998，（2）．

[2] 北京钢铁学院《中国冶金史》编写组．中国冶金简史［m］．北京：科学出版社，1978.

[3] 张艳成，吴荫顺，何积铨．带锈铸铁在3.5% NaCl溶液中的腐蚀行为研究［J］．腐蚀与防护，1998，（2）．

[4] 张艳成，吴荫顺，何积铨．带锈铸铁在含盐湿砂中的腐蚀行为研究［J］．材料保护，1999，（2）34－36.

[5] 影响钢铁大气腐蚀的因素［J］．材料保护，1989，22（2）：15.

[6] 祝鸿范，周浩．出土铁器文物的脱盐清洗研究［J］．文物保护与考古科学，1995，（1）．

[7] 祝鸿范，周浩，蔡蓝坤．铁器文物保护中锈层化学稳定转化的研究［J］．文物保护与考古科学，1995，（2）．

[8] 许淳淳，于凯，于森．试验研究铁质文物复合封护剂防蚀性能研究．腐蚀与防护，第25卷第6期，2004.

[9] 潘路，杨小林．大型铁质文物现场保护的实验研究．中国历史博物馆馆刊，1998，（2）152－156.

[10] 窦照英．动力设备的腐蚀与防护研究．华北电力试验研究所，1982. 25－32.

附1 铁质文物的日常保护基本要求与操作

铁质文物的保护是遗址博物馆的重要工作，对于铁质文物的变化应该做好日志记录，长时间的科学记录会为保护提供最基本的数据资料。在平时对于铁质文物应进行一般保护，为长期保护创造良好的生存环境。

（1）对于铁质文物应经常进行清除尘垢，保证表面清洁。

（2）雨雪后应及时清除积水，避免积水成锈。

（3）对于局部少量轻微表层锈蚀，应用干抹布擦拭。

（4）对于出现较大面积的表层锈蚀，应当首先用铜丝刷清除表层锈迹。用煤油进行清洗，晾干后应将表面擦拭干净，随后将缓蚀剂涂之表层，溶释后将表面浮迹擦拭。

（5）缓蚀剂的操作使用应当选择室外温度20°C以上进行。

（6）根据蒲津渡遗址气温、湿度环境，缓蚀剂主要成分：松节油30%，石蜡30%，煤油、鞣酸若干。

（7）对于表层局部出现的细裂纹和渗出的黄白结晶粉末，应密切注意变化。对于后轴分裂铁块要注意保存、粘接。

附2 阴极保护外电源kHV120a/30V恒电位仪的基本操作步骤

恒电位仪是铁质文物阴极保护的主要设备，它的正常运作为铁质文物地下部分带锈保护创造了良好的条件。保证设备的正常运作是保护的基本条件。

第一步：准备程序

未通电以前：

(1) 先将设备面板上的“停止——运行”开关至停止状态（逆时针扭转一下）。

(2) 再将“手动调节和自动调节”电位器逆时针旋转到不能再旋转为止。

(3) 再将电位测量开关打到C1或C2上（逆时针扭到头，然后再顺时针扭转1—2下）。

(4) 将“手动——自动”开关打到自动上（顺时针扭转一下）。

第二步：操作程序

上面操作完成后，就可以送电：

(1) 先打开设备左下焦电源开关（kO）。先看看面板上是否“停止指示灯”亮，如果故障灯也亮，就将面板上的“复位按钮”按一下。如果只有停止灯亮就可以将面板上的“停止——运行”开关打到运行状态（顺时针扭转一下）。

(2) 然后看看面板指示灯是否“运行”灯亮，如果还是“停止和故障”灯亮，就可以调节“自动调节”电位器（注：慢慢调节，顺时针旋转调大）。调到所相应的值，设备正常运行（设备正常运行电位应调到15V左右）。

要求：

(1) 建议定期开控制室门通风，设备尽量保持干燥，防止元器件腐蚀损坏。

(2) 设备接好大地，防止雷击。

(3) 重新启动设备必须按照规定程序操作，以防止冲击电流过大烧坏器件。

(4) 发现设备发生故障时，应及时通知管理部门与厂家联系维修。

注：设计安装——北京科技大学材料学院联系人：何积铨

设备厂家——青岛三立新电器有限公司

附录一　山西永济蒲津渡遗址出土铁器群的材质分析研究

北京科技大学冶金与材料史研究所*

北京科技大学冶金与材料史研究所自1993年接受此课题后，先后派出5批10人次赴永济蒲津渡遗址进行实地考察和测量，结合取样，对铁器群的材质组织、成分、厚度、尺寸、重量、铸造工艺以及锈蚀层结构等进行了实验研究工作。本项研究是国家文物局“山西永济蒲津渡遗址出土铁器群保护研究”课题的一部分，有关出土铁器群的防腐蚀研究、地下阴极保护方案的研究与实施等结果，将有专文报告。现仅将我所分析研究的相关内容报告于下。

一、铁器群材质组织及成分的研究

研究铁器群材质的组织必须取样才能进行金相学实验。在山西省文物考古研究所领导的支持下，在不损害铁器群主要形貌的前提下，选择铁器群残破处取铁样，取样部位及分析方法如表一所示。

表一　铁器群铁质样品

样品编号	取样部位	分析方法
4275	1号牛（西北牛）底座右后脚心残处铁块	金相
SXN1、SXN2	2号牛（东北牛）底板左侧铁块	金相、SEM能谱分析
4310	2号牛后轴	金相、SEM能谱分析
4328	2号牛后脚底盘	金相
4403	2号牛后轴下铁柱（北）东北角后爪外层	金相
4407、4408	3号牛后底板南侧中后部上沿	金相
4409	3号牛下柱桩第三组（后排）北部带锈铁块	金相
4410	4号牛后底板前部下沿	金相
4411	4号牛后底板南侧中前部上沿铁锈块	金相
4406	4号牛底板下铁条	金相、^{14}C测年

* 本所参加此课题的人员为韩汝玢、吴坤仪、苗长兴、谢逸凡教授进行了X射线相分析，李前懋教授进行了岩相分析和指导，刘建华、姚建芳参加了金相实验，祁乃春、杨启璋二位总工程师参加了测厚工作，本文由韩汝玢执笔。

续表

样品编号	取样部位	分析方法
4412	4号牛下柱桩后排南柱下部	金相
4397	1号铁柱浇口处	金相
4274、4400	2号铁柱锈块	金相、SEM能谱分析
4330	3号铁柱锈块	金相
4329	躺地墩	金相
4387	躺地墩（后出土）	金相
4311	北铁山	化学分析
4386	南铁山底板	金相
4413	金元地层出土铁柱墩	金相
4326、4405	明代银卯锭	金相

铁器样品经过镶样、磨光、抛光后，用4%硝酸酒精溶液浸蚀，在金相显微镜和扫描电子显微镜下，观察显微组织，并选择相同铁样在扫描电镜能谱分析仪中对基体及夹杂物进行成分测定。由于扫描电镜能谱分析仪中Si（Li）探测器仅对原子序数≥11的元素灵敏，因此铁器样品中的碳、氧、氢等轻元素不能检测。样品的成分分析采用扫描电镜能谱无标样分析法进行。在剑桥S—250mk3扫描电镜及LinkaN10000能谱仪显示的X射线能谱曲线上，扣除背底，将某元素特征X射线峰值面积与显示的各元素特征X射线峰值面值和之比值，归一处理后，定为该元素的百分含量。测量时激发电压20kV，考虑到铸造组织的成分偏析，电子束尽可能大，放大倍数尽可能小，使样品被扫描面积尽可能大，在样品截面的不同部位测定3次，取平均值，得到该样品的主要成分。由于取样条件限制，仅对北铁山（4311）进行了碳、硫、硅的化学分析，碳为3.53%，硫0.031%，硅0.062%，金相组织观察结果见表二；为了弥补成分分析样品的不足，对4件样品又进行了扫描电镜能谱分析，结果见表三。

表二　铁器群金相组织的鉴定结果

样品号	取样部位	金相组织观察结果	备注：“×”乘以放大倍数
4275	1号牛右后脚心底板	过共晶白口铁，一次粗大渗碳体和莱氏体共晶组织	照片1（×100）
4328	2号牛脚底板	灰口铁，基体为片状珠光体及少量铁素体，珠光体数量>80%，石墨片长度在100倍显微镜下为10～15毫米，属3级	照片2（×100）
SXN1	2号牛底板左侧	灰口铁，基体为粗片状珠光体及少量铁素体，珠光体数量>85%，石墨片长度在100倍显微镜下为10～15毫米，属3级	照片3（×100）
4310	2号牛后轴	灰口铁，基体为粗片状珠光体及少量铁素体，珠光体数量>60%，可见有MnS夹杂，石墨片长度在100倍显微镜下为10～20毫米，属3级	照片4（×200）
4403	2号牛后轴下铁柱东北角后爪外层	亚共晶白口铁铁，有较多的铁锈，影响夹杂物形貌观察，残存渗碳体和磷共晶	照片5（×200）

续表

样品号	取样部位	金相组织观察结果	备注：“×”乘以放大倍数
4407	3号牛后底板南侧中后部上沿	灰口铁，基体为粗片状珠光体及铁素体，珠光体数量约40%，石墨长度同上，属3级，可见有磷共晶及FeS夹杂	照片6（×200）
4408	3号牛后底板南侧中后部上沿	另一块样品组织是亚共晶白口铁，渗碳体和珠光体，有少量灰褐色夹杂	照片7（×200）
4409	3号牛下柱桩第三组（后排）北部带锈铁块	锈蚀严重，样品组织粗大，仅留下白口铁中的渗碳体	照片8（×200）
4410	4号牛后底板前部下沿	亚共晶白口铁，渗碳体及珠光体，夹杂物形貌不清	照片9（×200）
4411	4号牛后底板南侧中前部上沿铁锈块	锈蚀严重，仅残留原白口铁中的渗碳体，夹杂物形貌不清	照片10（×250）
4412-1	4号牛下柱桩后排南柱下部	锈蚀严重，仅残留原白口铁中的渗碳体，局部仍有层状珠光体，夹杂物形貌不清	照片11（×200）
4412-2	4号牛下柱桩后排南柱下部	锈蚀严重，残留白口铁中的渗碳体及珠光体，可见蓝褐色夹杂	照片12（×200）
4406	4号牛底板下铁条	含碳不均匀的低碳钢，因含碳不均匀分层，含碳为0.05%～0.2%，局部锈蚀，夹杂物形貌不清，锻件	照片13（×100）
4397	1号铁柱浇口	锈蚀严重，仅留白口铁中的渗碳体，锈蚀处有原珠光体痕迹	照片14（×200）
4400-1	2号铁柱锈块	共晶白口铁	照片15（×200）
4400-2	2号铁柱锈块	粗大的渗碳体、磷共晶及莱氏体	照片16（×200）
4274	2号铁柱	灰口铁，基体为粗片状珠光体及少量铁素体，珠光体数量>80%，石墨片长度在100倍显微镜下为10～20毫米，属3级	照片17（×200）
4330	3号铁柱	白口铁，组织粗大，白色为渗碳体，余为莱氏体，铸铁中的碳全部成为化合状态析出	照片18（×100）
4329	躺地墩	低碳钢和熟铁锻打而成，含碳不均匀，有的组织含碳<0.06%，晶粒变形，夹杂物为硅酸盐头杂为主，分布不均匀，含碳高处组织为铁素体及珠光体，在显微镜下有浮凸组织	照片19、20（×100）
4387	躺地墩（后出土）	亚共晶白口铁，组织粗大，珠光体锈蚀，夹杂物形貌不清	照片21（×200）
4386	南铁山底板	锈蚀严重，仅留渗碳体	照片22（×200）
4413	金元地层出土铁柱墩上部锈块	锈蚀严重，留渗碳体	照片23（×200）
4326	明代银卯锭	亚共晶白口铁铸成，硫化铁夹杂分布较多，白色为渗碳体，深色为珠光体	照片24（×125）

表三 铁器群铁质样品扫描电镜能谱分析的结果

样品号	取样部位	扫描方式		元素（%）									
				Mg	Al	Si	P	S	Cl	K	Ca	Mn	Fe
SXN1	2号牛底板左侧	面扫	①	0.41	0.25	0.13*	1.124	0.04*	0.1	0	0	0.49	97.56
			②	0.27	0.04	0.15*	1.18	0.05*	0.05	0.015	0.05	0.31	97.89
			③	0.03	0.01	0.17	1.32	0.16*	0.23	0.02	0.11	0.52	97.44
		平均					1.20					0.44	97.60
		夹杂物点扫		0.71	0.55	0.70	0.5	0	0.11*	0	0.07	0.23	97.14
		夹杂物点扫		0	0.51	0.70	0.03*	1.12	2.49	1.07	0.77	0.24	93.1
SXN2	2号牛底板左侧	面扫	①	0	0	0.17*	1.22	0.14*	0.676	0.016	0.08*	0.39	97.31
			②	0.14*	0.03*	0	1.14	0.13*	0.077*	0.004	0.21	0.51	97.77
			③	0.095*	0.19*	0.16*	1.19	0.09*	0.23	0	0	0.355	97.70
		平均					1.18					0.42	97.60
4310	2号牛后轴照片25 05-003	面扫	①	0.025*	0.26*	0.16*	0.82	0.15*	0.16*	0	0.1*	0.32	97.78
			②	0.06*	0.16*	0.15*	0.82	0.06*	0.02*	0.12*	0.07*	0.44	98.2
			③	0.28*	0.36	0.23	0.73	0.27	0.15*	0	0.04*	0.33	97.62
		平均				0.18	0.79	0.16*				0.36	97.87
		夹杂物点扫		2.87	15.8	30.7	0.94	1.11	0.38	3.60	22.3	0.27	22.0
		夹杂物点扫		0	0.01*	0.05*	0	39.90	0	0	0	57.8	2.21
4274	2号铁柱照片26 05-001	面扫	①	0	0.14*	0.09*	1.06	0.26	0.06*	0	0	57.8	2.21
			②	0.03*	0.25*	0.25	0.6	0.06*	0	0	0	0.62	97.8
			③	0.23*	0.04*	0.37	0.65	0.14*	0.04*	0	0.07*	0.31	98.4
		平均				0.24	0.77	0.15				0.48	98.0
		夹杂物A点扫		0	0	0	0	40.0	0	0	0.04*	58.4	1.58
		夹杂物B1点扫		0.69	0.3	0	16.0	0.57	0.06*	0	0.31	0.34	81.8

注：*表示该元素含量已接近仪器测量精确范围的下限，该数据仅供参考，但该元素确实存在。

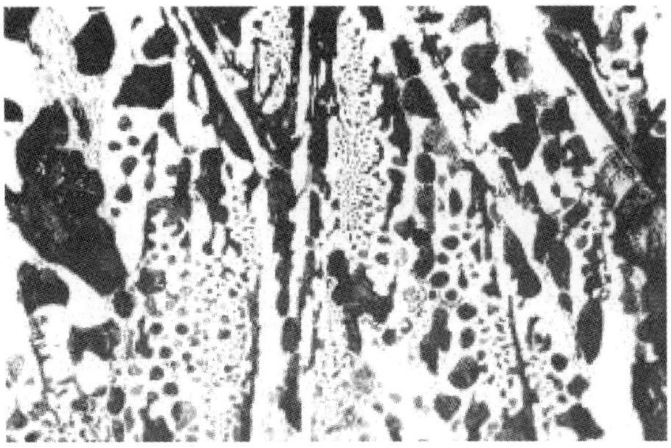

照片 1　4275（1 号牛后脚心底板）金相组织

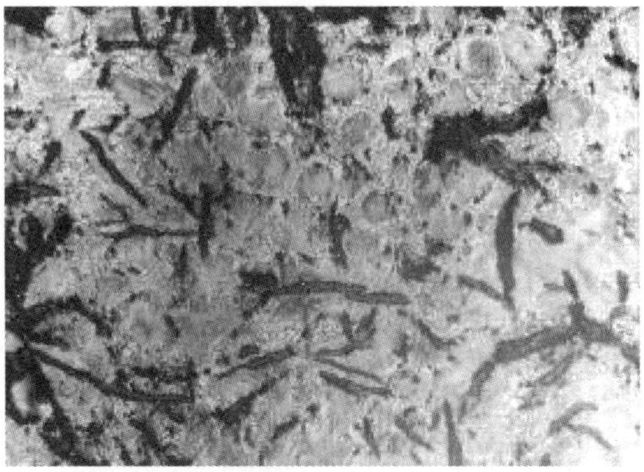

照片 2　4328（2 号牛脚底板）金相组织

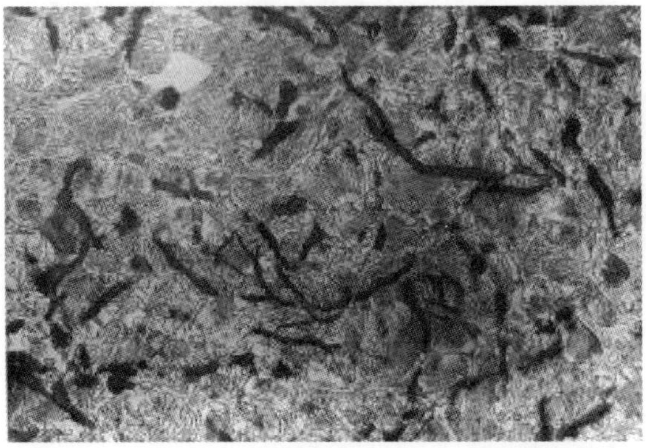

照片 3　SXN1（2 号牛底板左侧）金相组织

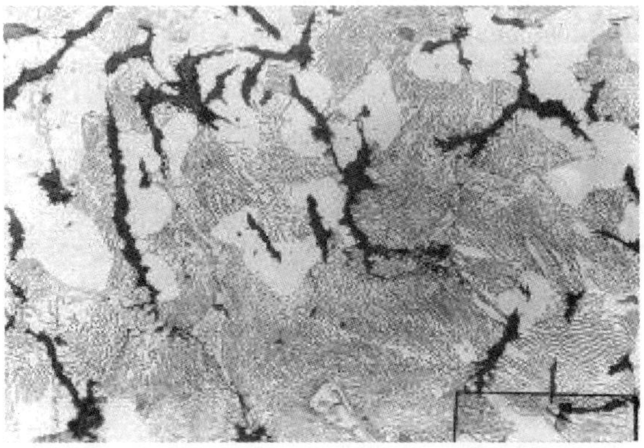

照片 4　4310（2 号牛后轴）金相组织

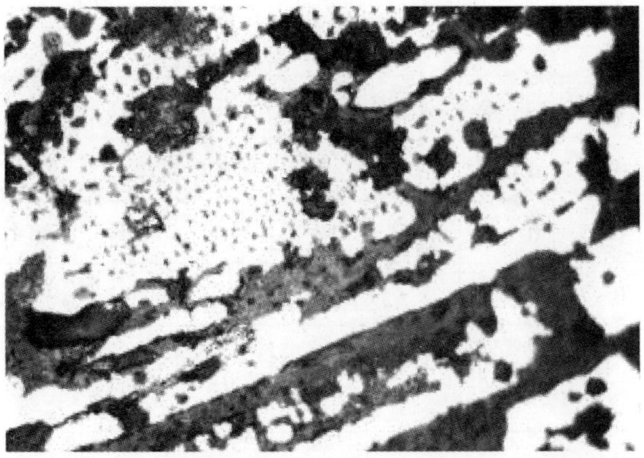

照片 5　4403（2 号牛后轴下铁柱东北角后爪外层）金相组织

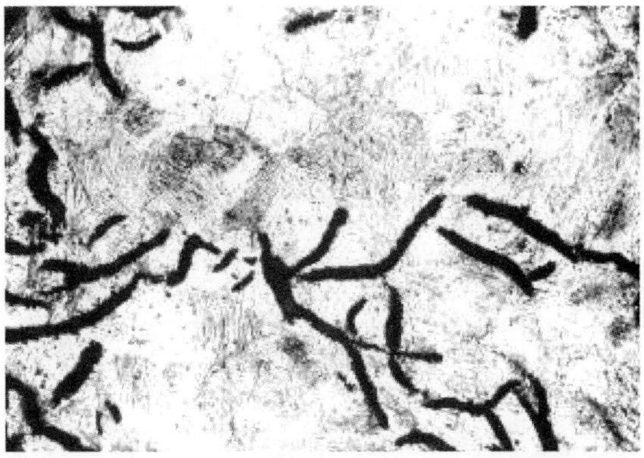

照片 6　4407（3 号牛后底板南侧中后部上沿）金相组织

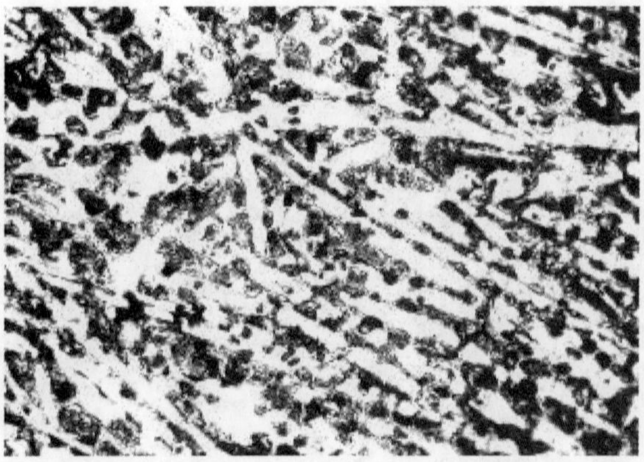

照片 7　4408（3 号牛后底板南侧中后部上沿）
金相组织

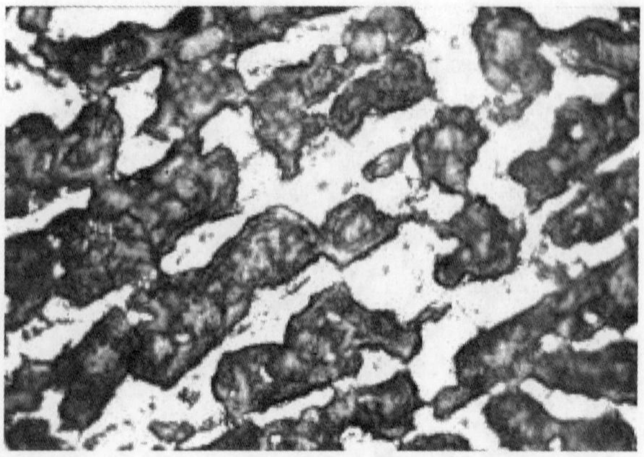

照片 8　4409（3 号牛下柱桩第三组北部带锈铁块）
金相组织

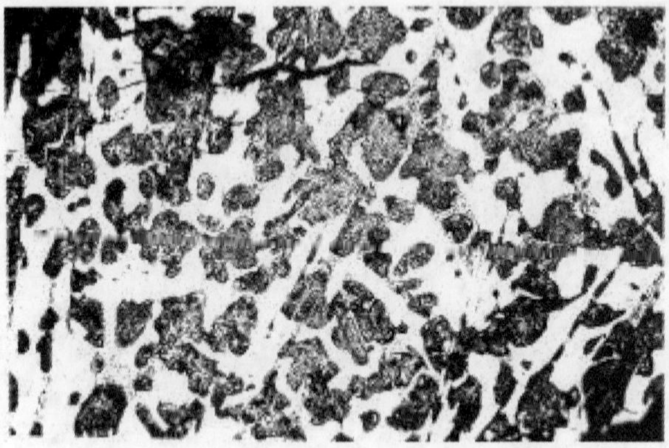

照片 9　4410（4 号牛后底板前部下沿）
金相组织

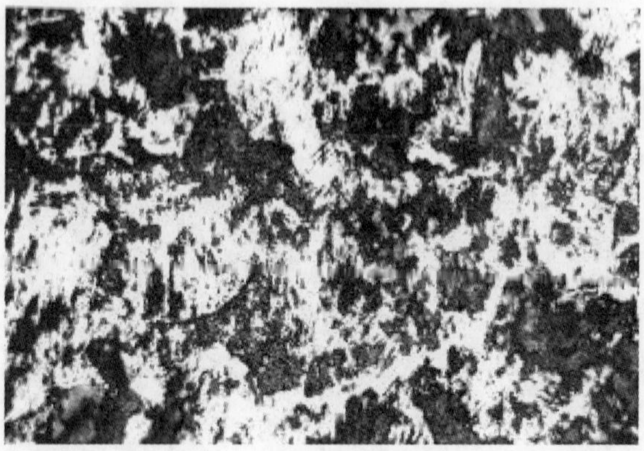

照片 10　4411（4 号牛后底板南侧中前部上沿铁锈块）
金相组织

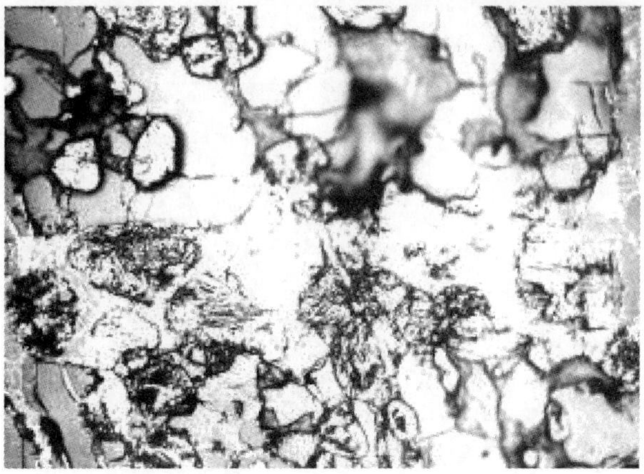

照片 11　4412-1（4 号牛下柱桩后排南柱下部）
金相组织

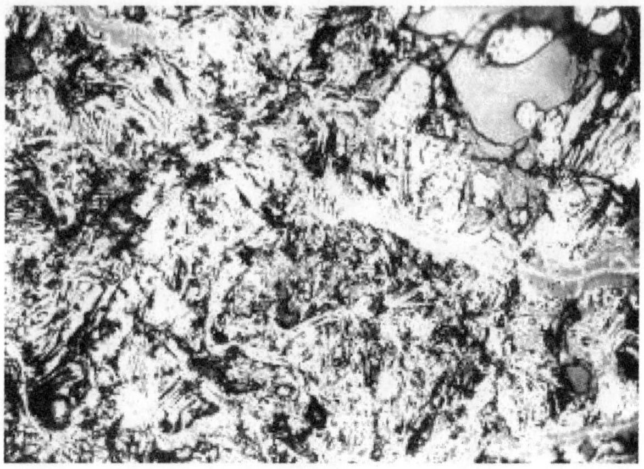

照片 12　4412-2（4 号牛下柱桩后排南柱下部）
金相组织

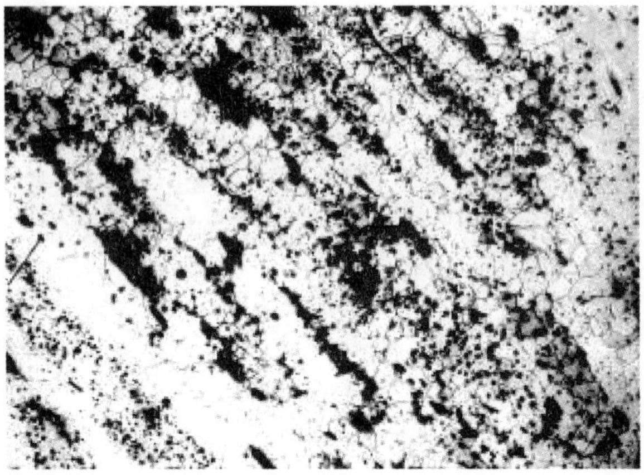

照片 13　4406（4 号牛底板下铁条）金相组织

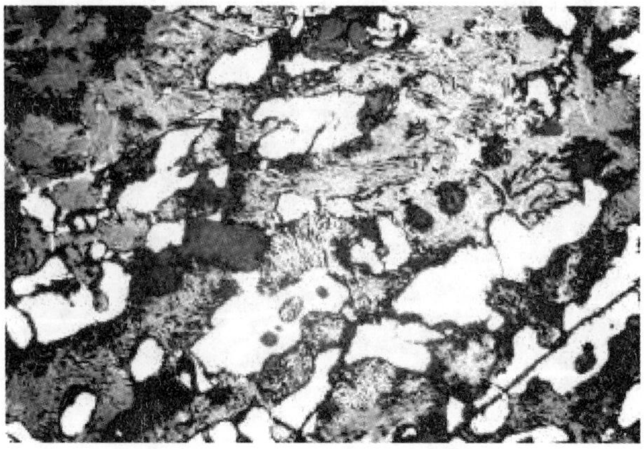

照片 14　4397（1 号铁柱浇口）金相组织

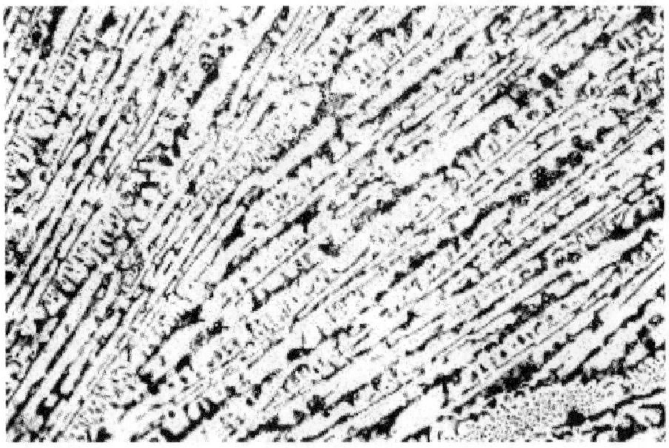

照片 15　4400-1（2 号铁柱锈块）金相组织

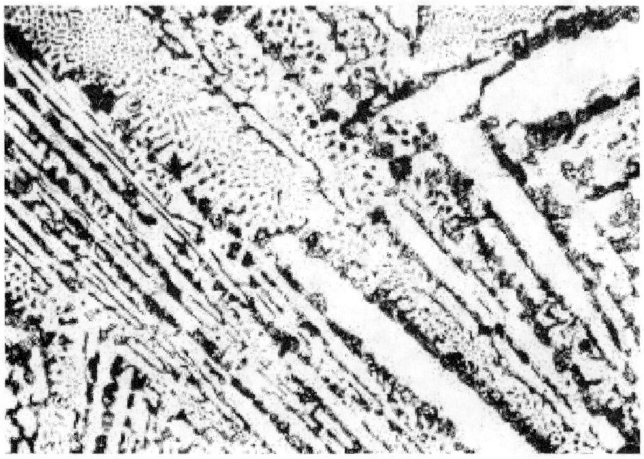

照片 16　4400-2（2 号铁柱锈块）金相组织

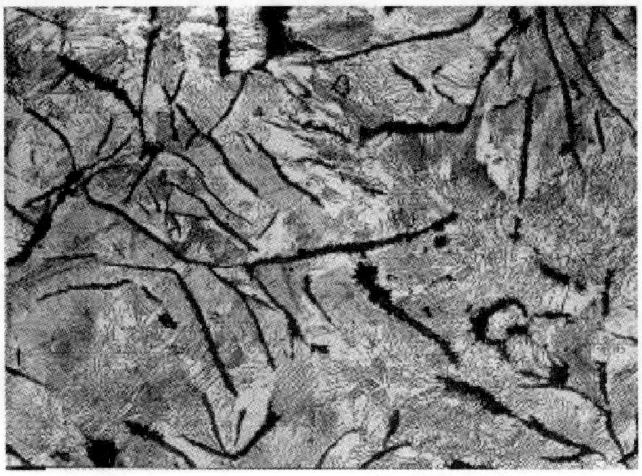

照片 17　4274（2 号铁柱）金相组织

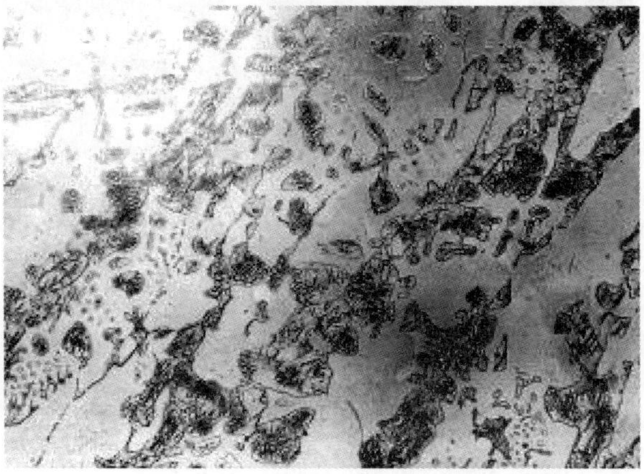

照片 18　4330（3 号铁柱）金相组织

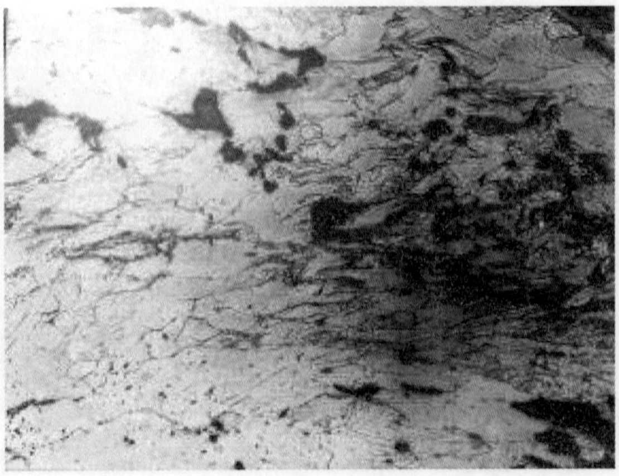

照片19　4329－1（躺地墩）金相组织

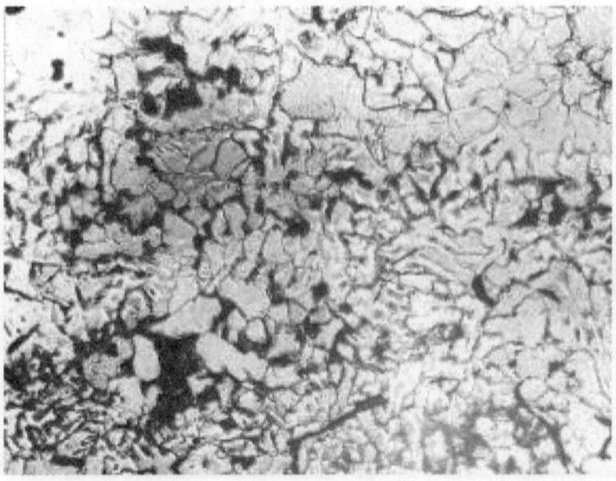

照片20　4329－2（躺地墩另一块样品）金相组织

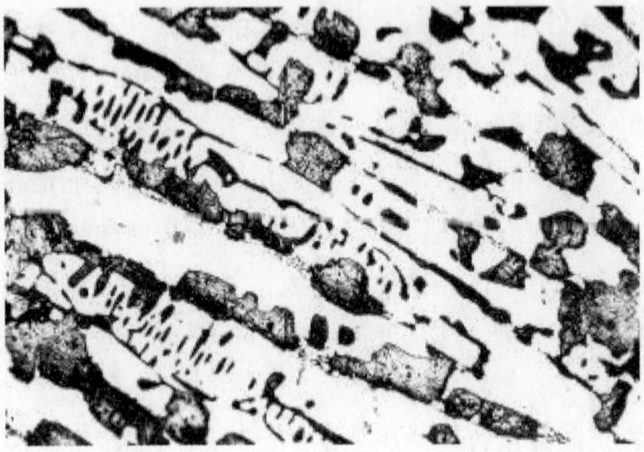

照片21　4387（后出土躺地墩）金相组织

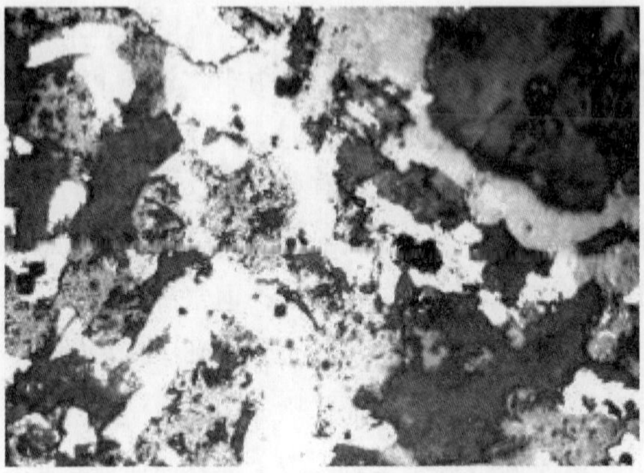

照片22　4386（南铁山底板）金相组织

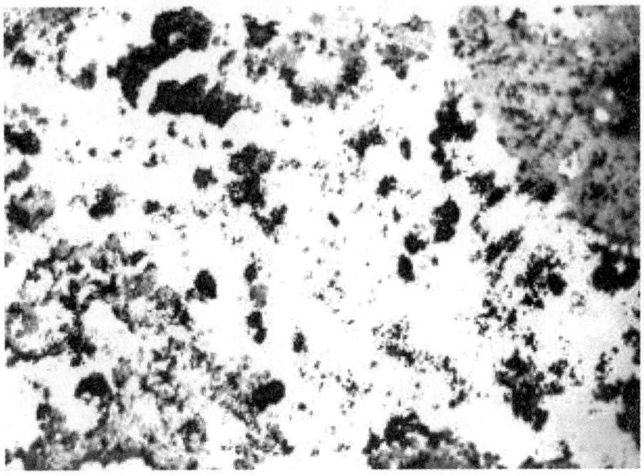

照片23　4413（金元地层出土铁柱墩上部锈块）金相组织

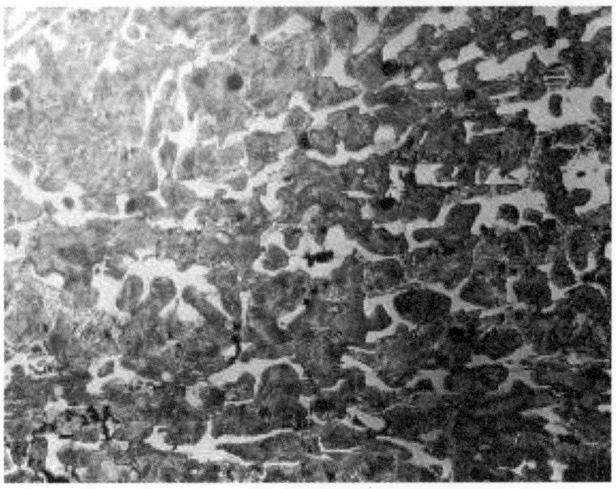

照片24　4326（明代银卯锭）金相组织

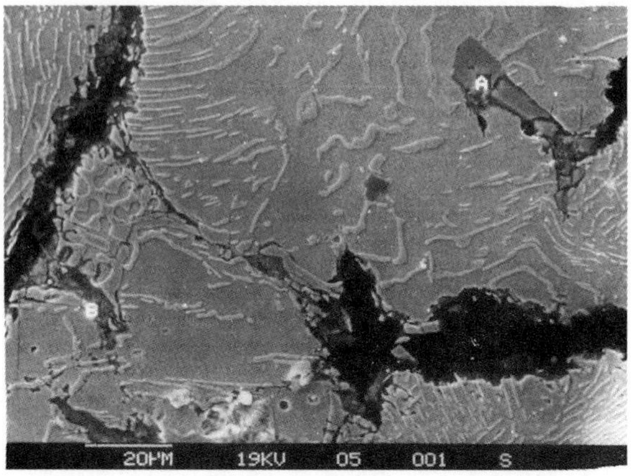

照片25　4310（2号牛后轴）扫描电子显微镜二次电子像（05-003）

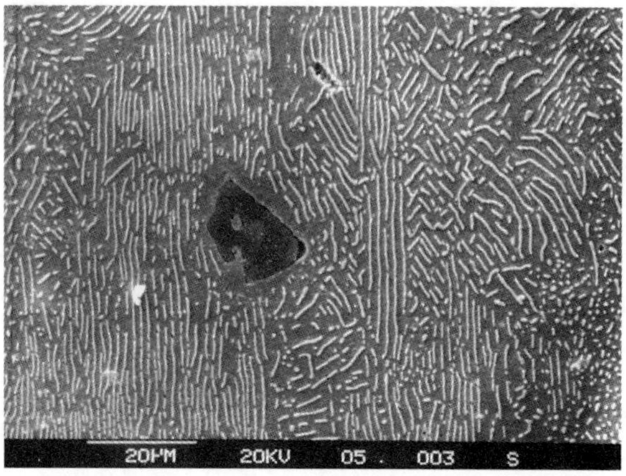

照片26　4274（2号铁柱）扫描电子显微镜二次电子像（05-001）

从上述在遗址出土铁器群各件的破损处随机取样24件所进行的金相组织观察可知，1号、2号牛下底板有白口铁、灰口铁组织，铁牛下柱桩取样的部分都是白口铁制成，2号铁人是灰口铁制成（陈建立取样作测年用告知），2号铁柱也是灰口铁和白口铁制成。同是一件铸件组织却不相同，同时代制作的铸件组织也有差异，这表明当时制作大型铸铁件的技术不稳定，也可以表明它们不是在同一时间完成的。当时冶铸大型铸铁器物的技术中，不会知道这些铸铁器的内部成分是何种组织结构，而且也不可能一次铸成；但永济蒲津渡大型低硅灰口、白口铸铁件的制成，并用于制成黄河渡口浮桥结构的事实，可以充分看到唐代冶铸工匠的智慧和经验，这是低硅铸铁用于桥梁工程上的最早实物证据，令世人惊叹！

铁器群的硫印实验：为了探查蒲津渡遗址出土的铁器群是否均为唐代的制品，利用硫印实验应是较好的方法。硫印法主要是用以显示金属中硫化物分布的一种宏观检测方法。设备及操作简单，检验可直接在金属制品上进行，同时对于大型铁质文物来说选用硫印法是适宜的。

硫印实验的基本原理是：铁器文物中的硫化物与相纸上的稀硫酸发生反应，生成硫化氢气体，硫化氢气体与相纸上的溴化银作用生成棕色的硫化银沉淀。化学反应式：

$$MnS\ (或\ FeS) + H_2SO_4 \rightarrow MnSO_4\ (或\ FeSO_4) + H_2S\uparrow$$

$$H_2S + 2AgBr \rightarrow Ag_2S\downarrow + 2HBr$$

先将铁器文物表面用砂纸除锈，使金属暴露，用水冲洗保持清洁。试面的制备光洁度愈高，硫印实验效果愈好。将涂有溴化银的相纸，浸泡在2%~5%硫酸水溶液中约2分钟，将相纸药面紧贴在待测的铁器文物试面上（用手压紧），经5分钟后揭下，将相纸用清水冲洗，再进行定影冲洗和烘干，得到硫印照片。在相纸上呈现的棕褐色斑点，即为铁器文物中硫化物聚集处，依斑点的数量、大小、色泽深浅和分布，可评定铁器中含硫量的高低及均匀性，硫印实验的部位及结果如表四。

表四　硫印实验部位及结果

铁器名称	实验部位	实验结果	结论或备注
铁质银锭卯	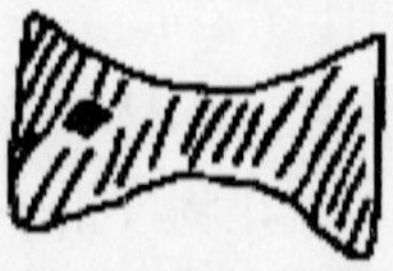	硫印呈阳性 含硫量较高（++）	明代石坝中的铁质（铸铁）银锭卯为石坝连接构件，长25、宽约15、原约厘米
3号铁柱	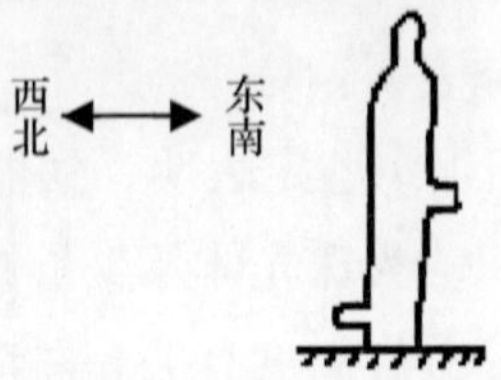	硫印呈阳性（+） 含硫也比较高但比银锭卯含硫量低	
H型构件	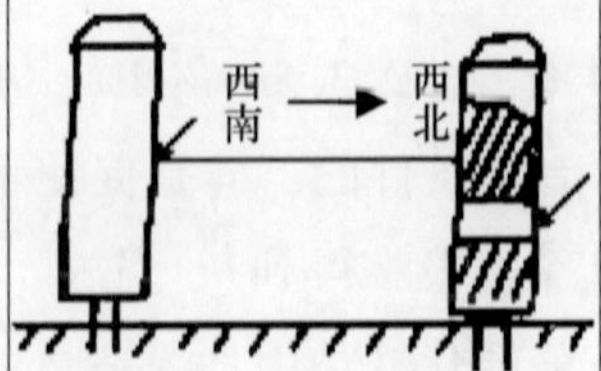	硫印呈阴性（-） 含硫量不高	
4号铁柱	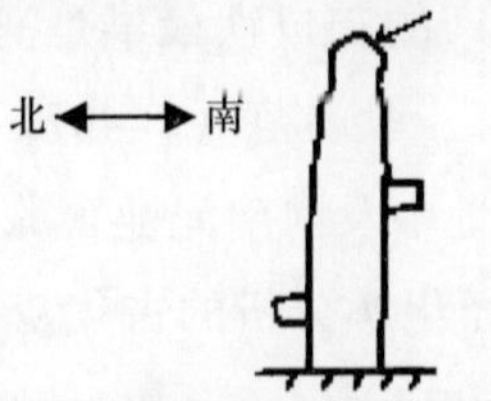	硫印呈阳性（+）比3号铁柱低	
西北铁人（1号铁人）	头顶部破损处	呈阴性（-）	
西北铁人（1号铁人）	牛颈处（背）	呈阴性 含硫量不高（-）	
东北牛（2号）后轴北头破损处	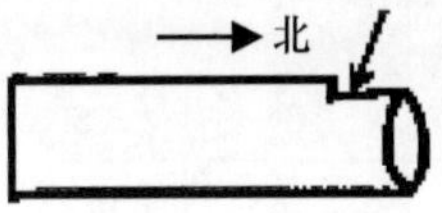	呈阴性 含硫不高（+）	
东北牛（2号）底盘	底盘东南角	含硫偏高（+）	
北铁山	山脚底板部东北角	含硫不高（-）	
十字铁桩（立者）	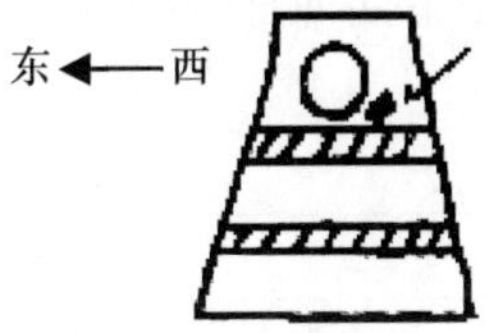	呈阴性（-）	
十字穿孔铁桩（躺者）	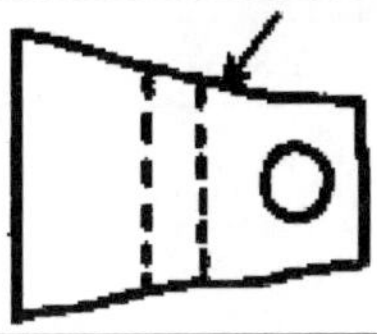	呈阴性（-）	

硫印实验表明唐代制作的铁牛、铁人各部位硫印实验显示阴性，H 型构件、北铁山及两件十字铁桩，亦为阴性，表明含硫量 <0.1%，冶铸制作时是用木炭作为燃料的，遗址石坝中的铁质银卯锭为垒制石坝的石板的连接构件，硫印实验呈明显的阴性（++），含硫量较高 >0.6%，是明代冶铸制作时使用煤（或焦）作燃料的佐证。3 号、4 号铁柱及 2 号牛铁板、后轴的硫印实验呈阳性（+），可能是锈层厚，试面制作表面不净，锈层中存在硫化物（由于细菌作用产生）等原因造成的。因此用硫印法推测 3 号、4 号铁柱制作年代是唐代或宋元以后的尝试，没有获得成功。

永济蒲津渡遗址铁器群的材质组织及成分的研究表明：

第一，铁牛、铁柱中有的是灰口铁铸成①，金相组织鉴定表明，铁器文物样品显示的片状石墨的长度及分布，虽略有差异，但均属 3 级，基体组织均为珠光体及少量铁素体，珠光体数量及片间距略有差异，这是与生铁中奥氏体的成分、晶粒度、分解温度有关。白口铁的组织粗大，锈蚀中残留有较多的渗碳体。

第二，成分分析表明，这批铁器含硅量 <0.24%，含碳 3.53%~4%，是属于低硅灰口铁。中国古代生铁中含硅量约 0.1%~0.3%，这是符合当时冶炼条件的，硅是促使生铁中的碳变成石墨的元素。从现代生产观点看，如果生铁中含硅量低于 1%，很难得到灰口铁，只有碳硅和达 4% 时才能获得。为此在冶铸时必须适当提高含硅量或在铸造前的化铁炉中加入适量的中间合金硅铁，否则就会造成炉冷事故使冶铸不能顺利进行。中国古代生产的灰口铁最早是河北满城刘胜墓（前 113 年）发现的，车锏（1:2046），铁范中锄内范（2:3118），镢内范（2:4073）都是灰口铁铸件[1]。以后在河南巩县铁生沟、郑州古荥、南阳等汉代冶铸遗址中及河南渑池窖藏铁器中，又发现了 30 余件，占河南出土鉴定的生铁制品的 1/6（约 17%）[2]，经化学分析的古代灰口铁成分如表五所示，表明它们大都是低硅的灰口铁，含硅 <0.22%，碳硅之和已达 4%，故可顺利铸成实用器，且组织为灰口铁。

表五　河南出土灰口铁器物化学成分统计

器物名称	原编号	时代	出土地点	化学成分%				
				C	Si	Mn	S	P
铁片	T13:7	汉	巩县铁生沟[3]	3.8	0.22	0.09	0.04	0.29
生铁		汉	郑州古荥[4]	4.0	0.21	0.21	0.09	0.29
浇口铁		汉	郑州古荥	3.8	0.12	0.05	0.02	0.29
小型锤范	H1:18	汉	镇平窖藏[5]	3.9	0.16	微量	—	0.52
铁钻	62	汉魏	渑池窖藏[6]	4.15	0.04	0.02	0.03	0.34
铧范	419	汉魏	渑池窖藏	4.4	0.10	0.11	0.029	0.24
新华铧范	420	汉魏	渑池窖藏	2.31	0.21	0.19	0.031	0.38
I 式范	346	汉魏	渑池窖藏	3.46	0.07	0.05	0.028	0.38
铁狮子	4181	宋	桐柏淮渎庙[7]	3.80	0.14	0.033	0.012	0.105

① 生铁中的碳全部或大部以自由状态片状石墨形式存在，使其断口呈暗灰色故称灰口铁。

古代获得低硅灰口铁在技术上是控制铸造时的冷却速度，实验证明冷却速度对铸铁石墨化影响很大，冷却越慢，越有利于石墨化。因此，低硅灰口铁的发明与使用是中国古代冶铁史在技术上又一飞跃，是17世纪以前居世界领先地位的十大钢铁技术之一。永济蒲津渡遗址铁器群使用了低硅灰口铁制作大型铸件，迄今为止尚属年代较早的实例。古代工匠制作大型铸件时，可以在铸范外采用必要的保温措施造成缓慢的冷却条件从而获得低硅灰口铸铁，这也是数百年工匠长期实践经验的总结。

第三，关于硫含量，这批铁器硫印实验除石板银卯锭显示明显阳性，其硫含量应大于0.6%外，其余铁器中的硫含量均小于0.1%，表明这批铁器除明代银卯锭外，均是用木炭作燃料冶铸的，夹杂物分析表明铁器中是以MnS形式偶见于铁质材料之中。

第四，关于磷含量，由表三知铁器成分分析显示磷含量在0.8%~1.2%，较表5中测得0.1%~0.52%高，在金相组织中也见有磷共晶。

铁中的磷主要来自炼铁矿石，铁矿石伴生的为磷灰石，冶炼时，磷灰石中所含的磷酸钙分解为P_2O_5及CaO，P_2O_5极易全部被还原为磷进入生铁，是不能脱除的元素，因此生铁含磷量取决于铁矿石中的磷含量，因此永济铁器群冶炼时是使用了含磷较高的矿石为原料，铸造生铁时含磷适当增高，可改善流动性，有利于铸造大型铸件。

第五，关于锰含量：表三成分分析锰含量为0.36%~0.44%，冶炼时炉料中的锰的氧化物只有部分还原成金属，并进入生铁中，共还原的程度与炉温有关，这点与硅有某种程度的类似情况。锰在古代生铁中含量很低，表五中测得的锰为0.02%~0.21%，是铁矿石中含有少量锰的矿物所致，而不是有意在炉料中加入的。

第六，金相鉴定除躺地墩是锻件，而后出土的躺地墩是白口铁制成，南铁山样品锈蚀严重，但仍可见残留的渗碳体；明代的银卯锭4326的组织显示的是亚白口铁组织。

二、测 厚 实 验

课题组借用了价值数万元的进口设备USTP-12超声波探伤仪，赴永济蒲津渡遗址现场对铁器群进行了测厚实验。

测试仪器USTP-12超声波探伤仪由德国krauterkramer公司（简称kk公司）制作，该仪器功率大，增宜余量可达410分贝，钢板穿透可达8~10米（标定）（国产仪器标定为4米），且可自动调节，使用功能较好。超声波探伤仪是利用材料的声学性能差异对超声波传播的影响，来检验材料内部缺陷的无损检验方法，多应用于检测金属铸锭、坯料、中厚板、大型锻件和形状比较简单的制件中所存在的夹杂物、裂缝、白点分层等缺陷，探测管材周向、轴向裂缝，划伤，焊缝中的气孔夹渣，未焊透等缺陷。广泛采用的是观测声脉冲在材料中反射情况的超声脉冲反射法。根据仪器示波屏上反射信号的有无，其所在位置及相对大小。由于永济铁器群为铸件，内部有缺陷和组织不均匀，利用USTP-12型超声波探测仪对其进行超声脉冲反射法测厚是首次尝试，祁乃春、杨启璋两位高级工程师为了作好赴现场实地测量工作，测试前作了较充分的准备，专门制备了灰口铸铁试棒Φ26×260毫米，并设置有横通的Φ2毫米圆孔及河南出土的铸铁农具作为标样进行预测，取得初步经验。赴现场进行实测的情况如照片27所示。

祁乃春、杨启璋二位总工在现场调试仪器

在现场调试USTP-12超声波探伤仪

用USTP-12测铁牛后轴的厚度

在现场测1号牛身体的厚度

二位总工耐心反复测量

在现场测3号牛的厚度

照片 27　工程师在现场进行超声测厚实验

测试条件：扫描比例为1∶4，用灰口铸铁试棒作灵敏度调整。

使用频率：探头1mHz（Φ20）。

耦合剂：45号机油。

强度：铁牛4分贝，试棒6分贝。

测试方法：用角向磨光机及砂纸在铁器群的有关部位，打磨出Φ20毫米的小平面，取值稳定测量1次，若不稳定则测量3次取平均值，为了测试仪器的可信度用牛角（实心）作测量实验，测得牛角厚约160毫米，与用工具实测一致。利用USTP-12型超声波探测仪对铁器群测量结果见表六。

使用USTP-12超声波探伤仪检测可以认定，铁牛、铁牛后轴、铁柱、铁人都不是实心的，其内有泥芯，1号牛厚约200毫米，尾部似略薄。3号牛背部厚约220毫米，前腿处更厚。牛后轴Φ500毫米，厚200毫米，铁柱厚约88毫米，4号铁人厚约154毫米。

由于铁器群制作不规范，内壁厚薄不均匀，牛各部位依其造型需要，背、腰、尾部厚度有差异，且每尊铁牛的厚度不一致，再加上铁器群表面锈蚀，表面粗糙不平整，有的由于有纹饰，内表面倾斜不平，此外铸铁组织存在缺陷等均影响测量厚度的结果，因此这组实测数据仅供参考。

表六　测厚结果　（单位：毫米）

检测部位		厚度			平均值
1号牛腰	部位1	184	186		185
	部位2	164	194	196	180
	部位3	232	234	240	235
尾部		166	164		165
牛后轴	部位1	200			200
	部位2	196	200		
2号牛臂部	方铁块	185	160		172
3号牛前腿右上侧部位		272	276		274
4号铁人	后背交领处	140			
	前胸	170	180	152	167
1号铁柱	上部	92	84	84	87
	中部		88		

三、尺寸测量及重量

1. 测量铁牛各部位的尺寸（表七）

表七　铁牛测量结果　　（单位：毫米）

部位	1号牛（西北）	2号牛（东北）	3号牛（西南）	4号牛（东南）
牛鼻→牛尾（最长处）	2990	3000	3000	3090
底盘→牛角尖（最高处）	1590	1580	1580	1515
牛头顶高	1420	1520	1445	1420
牛头宽	660	650	605	685
牛背高	1450	1600	1520	1530
牛腰高	1230	1355	1273	1250
牛胯（最宽处）	1350	1410	1355	1310
牛骶高	1265	1390	1325	1317
牛尾骨高	1260	1390	1325	1317
牛脸宽	460	490	535	600
牛脸长	未测	880	890	840
牛嘴长	390	425	370	390
牛嘴宽	390	425	370	390
牛腹宽	1150	1270	1180	1290
底盘宽	无	80	38.5	无
后轴	640、900、780 2340	730、709、860 2290	86、717、818 2350	740、830、780 2350
水线距地表高度	960	955	1115	955

2. 测量铁人尺寸（表八）

表八　铁人尺寸测量结果

部位	1号铁人（西北）	2号铁人（东北）	3号铁人（西南）	4号铁人（东南）
身高	1810	1745	1615	1590
胸围加臂	1555	1460	1470	1665
腰围	1245	1190	1190	未测
头高	30	315	33	31.5
臂围	1540	1470	1345	1375

3. 根据实测尺寸分别估算铁器群的重量（表九）

（1）铁牛

铁牛高度：取从牛角尖至牛尾骨的平均值（即牛头顶高、牛背高、牛腰高、牛胯高、牛骶高、牛尾骨高相加，除以6）。

铁牛长度：取从牛鼻到牛尾的长度，其中包括后轴半径。

铁牛宽度：取牛腹宽。

表九　计算铁牛重量所选取的尺寸如下　（单位：毫米）

	1号	2号	3号	4号
长	2990	3000	3000	3090
宽	1150	1270	1180	1290
高	1329	1444	1372	1357
臂厚	195	172	222	(200)
按实心计重（吨）	35.6	42.9	37.9	42.2
芯重（吨）	18.1	24.4	17.3	21.6
牛实重（吨）	17.5	18.5	20.6	20.6
加入牛板下铁柱*（吨）	35.14	36.14	38.24	38.24

*每尊牛下设有6根铁柱，每根尺寸为Φ400×3000毫米，以实心计每支重2.94吨，6支重17.64吨。

（2）铁人尺寸及重量估计

头按立方体，身按圆柱体。截面直径取表八实测胸围（加臂）、腰围、臂围之和的平均值计算，铁人足下铁柱因情况不详未计算在内。1号铁人重2.15吨，3号铁人重1.7吨，2号铁人重1.2吨，4号铁人重2.16吨。

（3）七星铁柱尺寸及重量估计

七星铁柱尺寸以Φ400×3000毫米计，七星铁芯尺寸以Φ200×3000毫米计，计算得每支铁柱重8.8吨，5支铁柱总重44吨。

（4）H型构件重量估计

H型构件计算重量约6.82吨。

四、铸造工艺的初步分析

根据现场观察，本遗址铁器群的铸造工艺使用了传统的泥范法进行。用生铁铸造大型器物始于唐代，迄今已知最早的是山西临汾天云寺内的铁佛头。临汾大云寺始于唐贞观六年（632年），历代重修。金顶宝塔内奉有释迦弁尼铁铸佛光之头，高约丈八（6米），周长七围（一说直径5米），佛头中空，相传是藏佛经的地方。用生铁铸造铁牛是唐开元十二年（724年）为改建蒲津渡口浮桥建造的，与当时社会政治、经济形势发展的需要密切相关，同时表明山西铁矿资源丰富，冶铁技术进一步发展，铸造技术更加成熟。

照片 28　铁牛耳外包铸痕

用泥范法铸造金属器物有悠久历史，工匠已积累了丰富的实践经验，铁牛应是在原地挖坑采用地坑泥范法浑铸而成，铸成后不再移动。牛头上的角、耳、牛后轴，包括铁牛底板下铁柱是预先铸成。先铸成的牛角，嵌在牛头的外范内，牛角为实心，在牛角、耳的根部清晰可见外包的痕迹突出牛头平面，如照片 28 所示。

铁牛底板在 1 号、4 号下未见，铁牛和底板下设有 6 根铁柱，直径 40 厘米，长至少 3 米斜插于地下，铁柱是否实心目前尚不清楚。实测 1 号铁牛下铁柱与铁牛底平面呈 75°（底板夹击与水平地面呈 5° ~ 6°），如照片 29 所示。因此铁牛下铁柱亦应是铸好斜插于地下准备铸造铁牛的位置上，并且要与铁牛范或苡范连接，形成地锚结构，如照片 30 所示。

推测工艺是，先制作牛泥范模，包括底板、牛腰下山，牛外形各部纹饰，身上的皱褶，尾、鼻、眼及装饰物，将已制好的 6 根铁柱包含其下。待泥模阴干后，作外范，将牛身、牛头、牛背等分割成若干外范块，在牛背前峰与头颈处有一椭圆形外范包住牛头，牛脸可能为 1 块范，将已制好的牛耳、牛角嵌入（照片 28）。牛身腹部外范设置情况去锈层后可见明显的铸铁范缝（照片 32）。2 号牛背部从头顶到牛尾可见 5 块范组成（照片 31）。外范制成后，分割外范块，作好每块外范的定位装置，阴干待用。将泥牛模削减 170 ~ 220 毫米作为铁牛壁厚，得到光滑表面的牛的内范，然后设立浇冒口，合外范，定位，设置好预先铸成的后轴于外范的适当位置并固定。铁牛的后轴，也是先铸成的，轴包在牛臀部的情况，仍清晰可见（照片 33），每支牛包裹的尺寸与深度均不一致。后轴亦有内芯，轴壁厚 20 厘米，内芯直径约 10 厘米，在暴露的部分尚未发现浇冒口及芯撑的痕迹。

照片 29　1 号铁牛下铁柱与牛体底平面呈 75°
（底板与地面呈 5° ~ 6°）

在整体牛外范外采取加固措施（如用土堆），待化铁炉中生铁熔化，温度适宜时即可浇注，由于每只铁牛属大型铸件，一二只化铁炉是不够的，有可能是在土堆四周筑炉，四面用泥作槽道，笕注而下。

牛的浇注系统采取的是立浇系统，浇口、冒口位置设在头顶部、颈部、背和腰部，各牛设置的位置不同。1 号牛有处浇冒口，腰部靠后的高峰处有一处缩孔，缩孔内壁光滑，深约 3 厘米，缩孔直径3.5厘米，此牛仅设一个浇口（照片31）。3号牛头顶颈部最高处有浇冒口，颈部明显（照片34）。4号牛在头顶、颈部及背之间最高处及腰部均设有浇冒口，头顶浇口直径9厘米，腰部浇口10厘米，最高处有一处补铸成形成的裂纹（照片35）。

由以上可知1号和2号牛在头顶处设有浇口，在牛身最高处亦设浇冒口，3号和4号牛在头顶最高处及颈部设浇冒口，1号和4号牛都曾进行过补浇。

铁人亦是用泥范法整体浇注而成，头部和身体均可见明显的合范缝，但由于锈蚀严重，外范数目不清，铁人的浇口设在头顶处，铁人足下亦有铁柱，与铁人是分铸还是整体连接，需待再发掘后确定。

七星柱经测厚知其有内芯，柱厚约8.7厘米，柱上部可见范缝（照片36），两层范缝之间距离为40厘米，还发现一处铸造缺陷凹坑。

照片30　铁牛下6根铁柱形成地锚结构

照片31　2号牛背范铸缝及浇口

照片32　铁牛防护处理后露出的铸造范缝

照片33　1号牛后轴与牛体和牛下山座

照片34　3号牛除锈后可见的浇冒口

照片 35　补铸形成的范缝

照片 36　铁柱上的范缝及铸件缺陷

照片 37　模拟唐代灰口铁试片的金相组织

五、腐蚀模拟实验用铁样的制作

按照对蒲津渡遗址出土唐代铁器群成分与组织鉴定结果，设计腐蚀模拟实验用铁样，成分为：碳 >4%，硅 0.1%~0.2%，锰 0.3%~0.6%，硫 0.05~0.2%，磷 0.8%~1.2%，亦即低硅灰口铁。购工业纯铁（DF297Fe）：碳 0.051%，硅 0.02%，锰 0.02%，磷 0.003%，硫 0.015%，镍 0.02%，铜 0.02%，铬 0.03%，钒 0.002%。磷铁：磷 19.34%，硫 0.29%，锰 0.48%，硅 1.58%，碳 0.09%，余为铁。

石墨用石墨电极。

在北京科技大学铸工实验室 50kg 感应炉冶炼，由于冶铸条件与古代条件相差较大，用现代的设备及原料得到低硅灰口铸铁是需要采取特殊的工艺措施。经过试验，冷却速度必须掌握好，获得灰口铁的成品率较低，经过总结，保证冶炼得到唐代成分的灰口铸铁需要：①改进了样品的形状及尺寸，长方形、方形锭边角冷却速度不宜控制而白口化造成加工困难，因此再冶炼时改为圆棒试样；②试棒作木模；③砂型预热；④浇注后缓冷（铸模埋于砂坑中）；⑤冶炼时需注意控制温度，加入石墨时要均匀搅拌；⑥控制好浇注温度。

冶炼6炉获得：ϕ18×500毫米、ϕ50×500毫米圆棒64支，50毫米2×600方棒10支、50毫米×600长方棒4支。

所得试样经河北省迎春机械厂和我校机工厂加工成试片，经过丰、铣、切、磨、线切割等多种加工方法获得大试片ϕ50×5毫米，30片；小试片ϕ15×5毫米，470片；试棒ϕ50×150毫米，20根；ϕ15×100毫米，64根，共84根，成品率70%。

试片经取样进行化学分析，结果如表一〇。

表一〇　试片化学成分*　（Wt%）

试片	C	Si	Mn	S	P
小片1	4.41	0.21	0.17	0.034	0.78
小片2	4.48	0.21	0.20	0.035	0.78
小片3	4.58	0.23	0.23	0.033	0.90
小片4	4.084.06 4.994.71 4.25	0.21	0.21	0.033	0.79
圆片	4.65	0.21	0.21	0.036	0.80

*化学成分在我校中心化验室测定。

试片的鉴定结果表明，实验用试片硅、磷成分控制较好，硫、锰略低于设计成分，未影响金相组织，主要是碳含量偏高且有的试片分布不均匀，石墨条粗大，有磷共晶。长方形、方形棒尖角部分及圆棒边部有部分组织为白口铁，造成加工困难，但试片组织较薄津渡遗址铁器群组织状态不好，对腐蚀模拟试验的影响是有益的，保证了不同条件下进行腐蚀速度、埋片试验的要求。

六、锈蚀产物的研究

（1）偏光显微镜观察

锈蚀在偏光显微镜下进行物相观察。在北京科技大学地质教研室用Olymous（奥林帕斯）偏光显微镜下观察4328（2号牛后脚底板下铁锈），4277（1号铁人脚部锈），4341（4号柱中部红褐铁锈），将上述3个锈样制成光片，在单偏振光下观察，结果是：

4328（2号牛后脚底板下铁锈）：含有10%的石墨条，在单偏振光下呈肉色，锈层产物多数是含结晶水的Fe_2O_3，偏光下呈蓝灰色，因为结晶水数量不同，反射色亮度不一致，显现深浅差异。

4277（1号铁脚部锈）：最外层为外来的石英及黏土形成的坚固外壳，内层主要为$Fe_2O_3 \cdot nH_2O$，石墨条分布较均匀，有Fe_3O_4量较多，可见Fe_3O_4内已有局部Fe_2O_3。

4341（4 号柱中部锈层）：铁锈分层有许多裂纹，是不同时期形成锈蚀产物时体积膨胀所致，锈蚀产物先形成 Fe_3O_4 在单偏光下呈亮色，仍保留有原来金属组织形貌以后形成 $Fe_2O_3 \cdot nH_2O$，蓝灰色，含结晶水不同显现深浅不同，石墨条分布不均匀，在单偏光下呈肉色。

（2）扫描电镜能谱分析仪分析

选取铁锈样品 4312、4313 在扫描电镜能谱分析仪下进行微区成分分析，结果见表一一。

表一一　铁锈样品扫描电镜能谱分析结果

<table>
<tr><th rowspan="2">样品号</th><th rowspan="2">取样部位</th><th rowspan="2" colspan="3">扫描方式</th><th colspan="10">Al 元素（%）</th></tr>
<tr><th>Mg</th><th>A</th><th>Si</th><th>P</th><th>S</th><th>Cl</th><th>K</th><th>Ca</th><th>Mn</th><th>Fe</th></tr>
<tr><td rowspan="7">4312</td><td rowspan="7">1 号铁人脚部铁锈
照片 28
05-004
照片 39
05-005</td><td rowspan="3" colspan="2">面扫</td><td>①</td><td>0</td><td>0.13*</td><td>0.11*</td><td>0.94</td><td>0.26*</td><td>0.26*</td><td>0.8*</td><td>0.6</td><td>0.30*</td><td>97.3</td></tr>
<tr><td>②</td><td>0.27*</td><td>0.26*</td><td>0.12*</td><td>0.70</td><td>0.18*</td><td>0.18*</td><td>0.14*</td><td>0.49</td><td>0.18*</td><td>97.4</td></tr>
<tr><td>③</td><td>0.54*</td><td>0.6*</td><td>1.34</td><td>0.52</td><td>0.23*</td><td>0.23*</td><td>0.11*</td><td>1.68</td><td>0.37*</td><td>94.9</td></tr>
<tr><td rowspan="4">点扫</td><td rowspan="4">外夹缝内</td><td>A</td><td>12.2</td><td>10.7</td><td>14.2</td><td>0.39*</td><td>1.70</td><td>0.89</td><td>1.47</td><td>42.4</td><td>1.03</td><td>14.70</td></tr>
<tr><td>B</td><td>1.92</td><td>18.4</td><td>25.7</td><td>1.02</td><td>0.45</td><td>1.15</td><td>4.57</td><td>16.5</td><td>0.71</td><td>29.56</td></tr>
<tr><td>C</td><td>0.93</td><td>0.03*</td><td>1.2</td><td>0.07*</td><td>0.03*</td><td>0.29*</td><td>0</td><td>0.31</td><td>0.26*</td><td>96.7</td></tr>
<tr><td>D</td><td>1.37</td><td>4.1</td><td>6.5</td><td>0.29*</td><td>0.34</td><td>0.38</td><td>0.82</td><td>0.26</td><td>0.4*</td><td>85.5</td></tr>
<tr><td rowspan="9">4313</td><td rowspan="9">4 号铁柱铁锈</td><td rowspan="5" colspan="2">点扫
照片 40
05-006</td><td>A</td><td>0.2*</td><td>0.21*</td><td>0.01*</td><td>10.37</td><td>0</td><td>0.01*</td><td>0</td><td>0.13*</td><td>0.26*</td><td>88.8</td></tr>
<tr><td>B</td><td>0.06*</td><td>0</td><td>0.07*</td><td>0.35</td><td>0.56*</td><td>0.02*</td><td>0.8*</td><td>0.12*</td><td>0.29</td><td>99.1</td></tr>
<tr><td>C</td><td>1.0</td><td>0.29*</td><td>0.25*</td><td>1.95</td><td>0.11*</td><td>0</td><td>0.78*</td><td>0.48</td><td>0.57</td><td>53.3</td></tr>
<tr><td>D</td><td>0.65*</td><td>0</td><td>0.38</td><td>0.08*</td><td>0.02*</td><td>0</td><td>0</td><td>0.99</td><td>0.29</td><td>97.6</td></tr>
<tr><td>E</td><td>0.63*</td><td>0</td><td>0.36</td><td>0.69</td><td>0.16*</td><td>0</td><td>0</td><td>0.93</td><td>0.28</td><td>97.0</td></tr>
<tr><td rowspan="4" colspan="2">照片 41</td><td>A</td><td>3.12</td><td>0.36*</td><td>2.34</td><td>0.87</td><td>0.97</td><td>0.34</td><td>0.13*</td><td>2.76</td><td>0.54</td><td>88.6</td></tr>
<tr><td>B</td><td>0</td><td>0.02*</td><td>0.8</td><td>0.25*</td><td>0.63</td><td>1.40</td><td>0</td><td>0.11*</td><td>0.10*</td><td>96.7</td></tr>
<tr><td>C</td><td>0.21*</td><td>0.05*</td><td>0.34</td><td>0.17*</td><td>0.18*</td><td>0.16*</td><td>0</td><td>0.17*</td><td>0.24*</td><td>98.7</td></tr>
<tr><td>D</td><td>0</td><td>0</td><td>0.07*</td><td>0.52</td><td>0</td><td>0</td><td>0</td><td>0.22</td><td>0.19*</td><td>99.0</td></tr>
<tr><td rowspan="3"></td><td rowspan="3"></td><td rowspan="3" colspan="2">点扫
照片 42
05-008</td><td>A</td><td>2.44</td><td>0</td><td>0.44</td><td>0.71</td><td>0.13*</td><td>0.13*</td><td>0.18*</td><td>8.7</td><td>0.98</td><td>86.3</td></tr>
<tr><td>B</td><td>2.51</td><td>0.15*</td><td>0.16*</td><td>0.90</td><td>0.52</td><td>0.12*</td><td>0.06*</td><td>44.9</td><td>0.29*</td><td>50.4</td></tr>
<tr><td>C</td><td>0.84</td><td>0.06*</td><td>0.54</td><td>0.62</td><td>0.4*</td><td>0.4*</td><td>0.22*</td><td>0.82</td><td>0.60</td><td>96.2</td></tr>
</table>

* 同表三注。

由扫描电镜能谱分析可知：

① 当在扫描电镜中用面扫或点扫 4312（1 号铁人脚部）锈蚀层成分时均可检测出有磷、硫、氯含量不同，照片 38（05-004）A 点是 1 号铁人铁锈的外层，硫、氯含量高，B 点是在裂缝处，磷、硫、氯均高，C 点、D 点是锈蚀的内层。4313（4 号铁柱）亦有有类似的情况。

② 同一锈层中的不同部位检测出的成分含量有较大的差异，如 4313（4 号铁柱）铁锈，照片 40（05-006）、照片 41、照片 42（05-008）及表中所列 A、B、C、D 各点的数据。

③ 4312（1 号铁人脚部）锈层中有分布均匀的石墨条，如照片 39（05-005）所示。

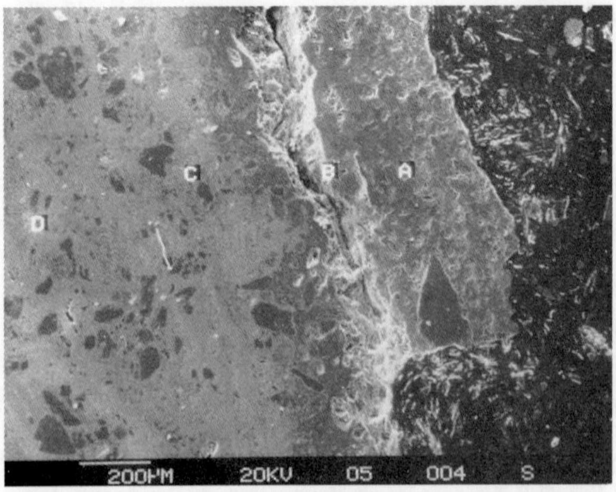

照片 38　1 号铁人脚部铁锈扫描电镜二次电子像 05-004

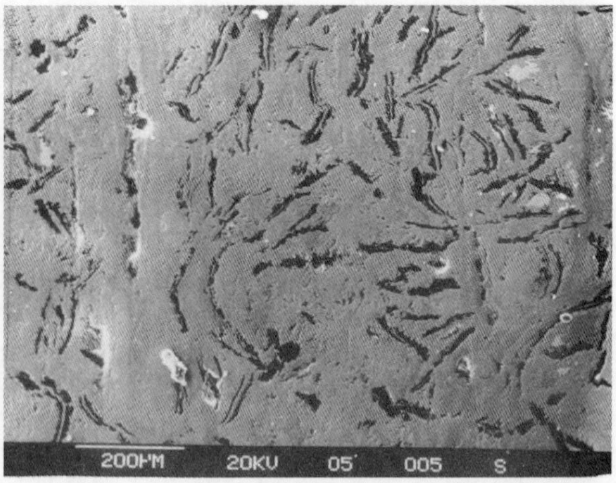

照片 39　1 号铁人脚部铁锈扫描电镜二次电子像 05-005

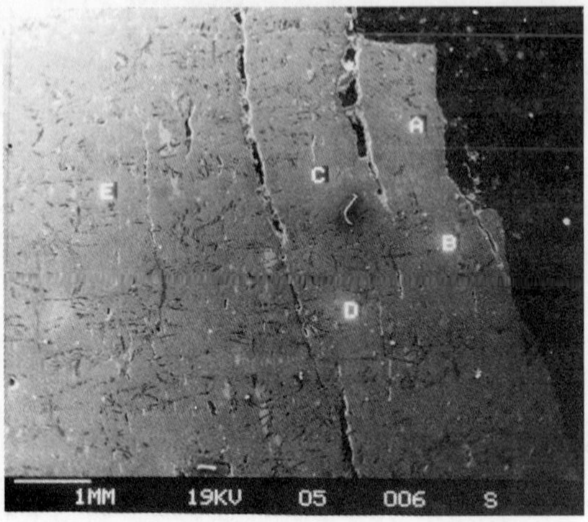

照片 40　4 号铁柱铁锈扫描电镜二次电子像 05-006

照片 41　4 号铁柱另一处铁锈扫描电镜二次电子像

④ 扫描电镜能谱分析有些部位成分中含有较多的镁、铝、硅、钾、钙等元素，是数百年多次黄河泛滥带来泥土砂石沉积物造成的，不同年代形成的显然会有不同。

（3）锈蚀层 X 射线相分析

为了进一步判定锈蚀层的结构，选择本遗址铁器群的不同器物，不同状态，不同高度的铁锈进行了 X 射线相分析，样品选取的部位及锈蚀状态如表一二所示。

进行 X 射线相分析的器物共 9 件，取样 14 处，共 16 个样品，作了 22 次相分析。X 射线相分析用日本理学 DmaX—rBX 射线衍射仪进行的。

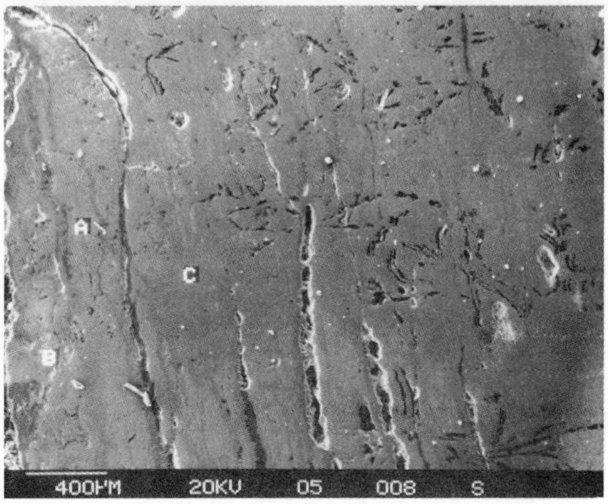

照片 42　4 号铁柱另一处铁锈扫描电镜二次电子像 05-008

表一二　进行 X 射线相分析的锈层取样处

序号	器物	取样处	样品号	状态
1	1 号牛	背部浇口	4314	块状锈
		左腹下	4315	块状锈
		轴左侧	4318	块状锈
2	2 号牛	腹下	4339	土锈
		轴右侧	4319	土锈
3	3 号牛	后轴	4320	块状锈
4	4 号牛	腹下	4321	块状锈
		腹下	4332	土锈
5	1 号人	腿	4312（4277）	块状锈
6	1 号柱	顶部	4335（A）	白色块状锈（外部）
			4335（B）	黑色块状锈（内部）
		中下部	4336	土锈
7	3 号柱	中部外皮	4340	红色块状锈
8	4 号柱	中下部	4341	块状锈分层测七次
9	H 柱	北侧立柱	4342	土锈（粉状）
			4342（K）	土锈（块状）

测试条件：Cu 靶，单色，波长 1.5405A，40kV，100mA，扫描范围 10°～120°。鉴定结果见表一三、表一四。

表一三　铁牛、铁人锈蚀层 X 射线相分析结果

物相卡片号	1 号牛			2 号牛		3 号牛	4 号牛		1 号人	注
	背浇口	左腹下	轴左侧	腹下	轴右侧	轴	腹下	腹下	腿部	
	4314	4315	4318	4339	4319	4320	4321	4332	4277	
FeO 6－615							√			
$Fe_2O_3$16－895	√	√	√		√	√	√		√	ε 型
$Fe_2O_3$25－1402 39－238						√		√	√	γ 型方晶系 β 型方晶系
$Fe_2O_3$32－469										
$Fe_2O_3$24－81						√			√	γ 型方晶系
$Fe_2O_3 \cdot 1.2H_2O$ 22－1117		√			√	√	√		√	
$Fe(OH)_3$ 22－346					√					
$Fe_3O_4$19－629			√		√		√		√	
FeOOH 13－87	√	√	√	√	√		√	√		
r－MnS3－1062 3－799	√	√	√				√ √		√	
$FeS_2$24－76 11－151	√				√	√	√		√ √	

续表

物相卡片号	1号牛			2号牛		3号牛	4号牛		1号人	注
	背浇口	左腹下	轴左侧	腹下	轴右侧	轴	腹下	腹下	腿部	
	4314	4315	4318	4339	4319	4320	4321	4332	4277	
FeS 23-1121 10-437	√			√	√				√	
$Fe_3S_4$16-713					√		√	√	√	
$Fe_7S_8$26-79			√							
Fe_3C 6-670						√			√	
$Fe_5C_2$20-508	√					√				
FeC 6-686		√								
$Fe_2C_2$17-897									√	
$Fe_7C_4$17-333		√								
C(4H) 25-284			√							石墨
C(10H) 26-1077			√							
C(12H) 26-1076						√				
C(6R) 26-1079			√		√				√	
$SiO_2$33-1161	√	√	√	√	√			√		
26-31	√	√	√		√		√	√		
$Al_2O_3$16-394	√	√	√		√		√		√	
$Al_2O_3·H_2O$5-355							√			
$KFeCl_3$27-403				√			√			
长石类	√	√	√	√	√		√	√		
FeSi 22-632		√								
Fe_2Si 26-1141		√					√			
$FeAl_2O_4$3-894		√								
$MnAl_2S_4$26-1231					√					

表一四 铁柱锈蚀层X射线相分析结果

物相卡片号	1号柱			3号柱	H型柱	
	顶部白色锈	顶部黑色锈	中下部土锈	中部外层	北侧立柱土锈	块状锈
	4335a	4335B	4336	4340	3442	4342k
FeO 6-615				√	√	
$Fe_2O_3$16-895	√	√		√	√	√
$Fe_2O_3·1.2H_2O$ 22-1117		√			√	
$Fe_2O_3·H_2O$ 8-98					√	
$FeSiO_3$17-548				√		
$Fe_2SiO_4$20-1139					√	
Fe_7SiO_{10}22-1118					√	
$Fe_3S_4$10-437	√					
$FeS_2$26-801		√				
FeS 15-37						√
C(6R) 26-1079	√					
$SiO_2$33-1161	√	√	√	√	√	√
$CaCO_3$24-27	√					
长石类	√	√	√	√	√	√
白云母7-42			√		√	√

本实验 X 射线相分析选用的是 d 值比较法。方法是将实验分析得到的 d 值，与国际 X 射线学会制作的标准卡片（简称 JCPDX，旧称 ASGM），给出的 d 值进行比较，实验测量的 d 值与标准卡片 d 值之间相差限在 ±0.01～0.03 之间，三条最强的衍射线峰必须出现，同时还有其他的较强的线出现，才能认定此种化合物存在于被测样品之中。通过谢逸凡教授自建的计算机 JCPDX 数据库，对可能存在于铸铁中的锈蚀产物如铁的氧化物、硫化物、氯化物、氢氧化物、碳化物、硅酸盐、碳酸盐、石英以及各种长石类黏土进行查找。由于本遗址铁器群的锈蚀是数百年形成的产物，且伴随着无数次黄河泛滥的沉积物，因此锈蚀层中存在着多相混合物，含量多少不一，造成 X 射线衍射峰较，使 X 射线衍射图上的最强线或次强线实际上并非单物质构成，而是某些物质的次强线或再次强线重合的结果，造成 X 射线相分析的困难，因此需要多次尝试，反复查找，深入细致地进行，才能逐一确定被测样品中的物相及其化学式，工作量是较大的。当被测样品中某种化合物含量较少时，它的衍射强度较弱，在衍射图上很难分辨，从而影响相分析的灵敏度。为了测定锈蚀内层与外层之间的差异，选取 4341（4 号柱中下部块状锈），在同一样品分层剥离进行 X 射线相分析，不同层的 X 射线衍射图鉴定结果见表一五。

表一五　4341　4 号柱中下部锈块剥层 X 射线相分析结果

物相卡片号	4341－1	4341－2	4341－3	4341－4	4341－5	4341－6	4341－7	注
FeO 6－615				√			√	
$Fe_2O_3$16－895	√	√	√				√	ε 型
$Fe_2O_3$33－664			√					六方晶体
$Fe_2O_3$25－1402	√							γ 型，正方晶系
$Fe_2O_3$32－469	√							β 型，立方晶系
$Fe_2O_3$24－81			√					γ 型，正方晶系
$Fe_2O_3$1.2H_2O 22－1117	√	√		√		√		
$Fe(OH)_3$22－346				√	√			
$Fe_3O_4$19－629		√						
$Fe_2O_4$26－1136								
$FeS_2$26－801		√						
$Fe_3S_4$10－437	√							
FeS 11－151				√	√	√		
$Fe_3S_4$16－713							√	
$Fe_7S_8$24－79							√	
Fe1－xS 29－724					√			
$FeCl_2$1－1106	√					√		
$FeCl_2\cdot 2H_2O$ 25－1040							√	
$KFeCl_4$18－1024			√					
Fe_3C 6－670				√	√			
Fe_2C 26－783							√	

续表

物相卡片号	4341－1	4341－2	4341－3	4341－4	4341－5	4341－6	4341－7	注
C(4H) 19－268						√		石墨
C(6R) 26－1079			√					菱形晶系
C(12H) 26－1076			√	√	√	√	√	六方晶系
$SiO_2$33－1161	√							
$CaCO_3$5－586	√							
长石类	√	√	√				√	
白云母	√			√		√	√	

由X射线相分析的结果可知：

① 锈蚀层中主要的产物是Fe_2O_3，还有含水量不同的铁的氧化物如$Fe_2O_3\cdot1.2H_2O$，$Fe_2O_3\cdot H_2O$，$Fe(OH)_3$等，亦有少量的FeO、Fe_3O_4和铁的氯化物$FeCl_2$等。

② 锈蚀层中大都存在有Al_2O_3、石英SiO_2，钾钙长石类黏土、白云石，其含量多少不同，在土锈中含量较多，如4336（1号柱中下部外层土锈）、4335（A）（1号柱上部白色块状锈）含$CaCO_3$较多。

③ 块状锈4341相分析的结果未显示出明显的不同，均有Fe_2O_3、$Fe_2O_3\cdot1.2H_2O$、$Fe(OH)_3$、Fe_3O_4，且发现有铁的碳化物和氯化物。

④ 原灰口铸铁组织中的石墨片，在偏光显微镜和扫描电镜二次电子相中均显现，X射线相分析中亦有反应，但有的石墨结构已经改变；原组织中的渗碳体Fe_3C在相分析的检测中偶见，并且还存在有其他的碳化铁，表明原有的渗碳体Fe_3C的结构亦发生了变化。

⑤ 原灰口铸铁组织中的夹杂物是以MnS形式存在，数量较少，X射线相分析中发现多种铁的硫化物，如FeS，这应是埋葬环境中细菌作用的产物。按照miller⑧给出的反应式：

水的分解：　$8H_2O \rightarrow 8H^- + 8(OH)^-$

阳极反应：　$4Fe \rightarrow 4Fe^{2-} + 8e$

阴极反应：　$8H^- - 8e \rightarrow 8H$

细菌卷入产物：　$SO_4^{2-} + 8H \rightarrow S^{2-} + 4H_2O$

$Fe^{2-} + S^{2-} \rightarrow FeS$

$3Fe^{2-} + 6(OH)^- \rightarrow 3Fe(OH)_2$

总反应：　$4Fe + SO_4^{2-} + 4H_2O \rightarrow 3Fe(OH)_2 + FeS + 2(OH)^-$

表明存在细菌会对铁的腐蚀产生明显的影响。本遗址铁锈的X射线相分析结果检测发现较多的铁的硫化物，对细菌的有害作用得到了证实。

根据永济蒲津渡遗址铁器群北京科技大学冶金与材料史研究所承担的研究工作报告可知：

① 铁器群的材质组织及成分研究表明，本遗址铁器群是以低硅灰口铸铁件为主，含硫不高，是木炭冶铸的产物，在唐代用低硅灰口铁铸造大型工程铸件，应是中国冶铸史上的重大成就之一。

② 经测厚实验知，铁牛、铁人、“七星”铁柱都不是实心的，对地面上现有的上述铁器文物的

尺寸、重量及分布，重新测定是有意义的。

③ 铁牛铸造是采用传统泥范浑铸法进行的，牛角、牛耳、后轴及牛身板下铁柱是预先铸成的，对铁器群铸造工艺的研究，尚应配合再发掘进一步深入。

④ 克服困难制作了相当数量唐代低硅灰口铁的试片，基本满足了兄弟单位进行腐蚀及保护实验的要求。

⑤ 对铁器群锈蚀进行了较系统的研究工作，研究表明，铁器群的土锈以泥沙为主，确实应该去除；块状铁锈中存在有硫、氯、磷、碳等有害元素的产物，且发现有许多裂纹，这应引起采取保护措施的极大重视，同时还发现了细菌的产物，表明铁器群所处的恶劣环境必须尽快改变，并采取有力的隔水保护措施。

参考文献

[1] 北京钢铁学院金相实验室．满城汉墓部分金属器的金相分析报告，载：满城汉墓发掘报告．北京：文物出版社．1980.

[2] 苗长兴，等．从铁器鉴定论河南古代钢铁技术的发展．中原文物，1993，4.

[3] 中国冶金史编写组，河南省博物馆．关于“河三”遗址的铁器分析．河南文博通讯，1980，4.

[4] 丘亮辉，于晓兴．郑州古荥镇冶炼遗址出土铁器的初步研究．中原文物，1983（待刊）．表五郑州古荥资料均来源于此．

[5] 郑州工学院机械系．河南镇平出土的汉代铁器金相分析．考古，1982，3.

[6] 北京，钢铁学院材料系．河南渑池窖藏铁器检验报告，文物，1976，8. 表五渑池窖藏资料均来源于此．

[7] 柯俊，等．河南古代一批铁器的初步研究．中原文物，1993，1.

附录二　永济黄河蒲津渡遗址铁质文物群电化学保护工程验收报告*

何积铨　吴荫顺

（北京科技大学）

1. 前言

永济黄河蒲津渡遗址铁质文物群保护项目组是于1993年4月5日由山西省文物局专文批复同意，由山西省考古研究所、中国历史博物馆（现为中国国家博物馆）、北京科技大学冶金史研究所（现更名为冶金与生态工程学院冶金与材料史研究所）及表面科学与腐蚀工程系（现更名为材料科学与工程学院腐蚀与防护中心）三个单位四个部门共同参加组建的，并由世界著名材料学家、中国科学院院士、中国科技考古研究会理事长、北京科技大学教授柯俊先生担任项目组顾问。项目组自成立后，立即积极开展工作，由山西省考古研究所负责统一领导，由中国历史博物馆负责铁质文物地上部分的腐蚀保护，由北京科技大学负责铁质文物地下部分的腐蚀保护。

经过现场和实验室的多年努力工作和实验验证，项目组已按计划完成了对铁质文物进行现场保护的前期研究和实验性技术准备，并通过了国家文物局文物保护专家组对该保护方案的论证。

根据国家文物局2002年7月29日的文物保函及山西省文物局和山西省考古研究所2002年8月9日关于落实蒲津渡遗址铁质文物保护技术方案的意见，我们北京科技大学铁质文物保护研究组，针对蒲津渡遗址现场建筑的新规划和重新设计，不断改进和重新调整了铁质文物地下部分的保护方案，并由山西省文物局（及山西省考古研究所）汇总，于2004年2月25日在北京向国家文物局做出了“蒲津渡遗址保护工程设计方案及铁器群保护实施方案的报告”。2004年3月11日国家文物局对该项工程的实施方案做出了专函（文物保函［2004］268号）批复，3月16日山西省文物局也做出了相应的专函（晋文物函［2004］54号）批复。

根据以上各级主管部门和相关专家在各个阶段的指示意见，我们北京科技大学铁质文物保护研究组在山西省考古研究所蒲津渡遗址文物保护队的统一领导及现场配合下，于2004年至2005年，针对蒲津渡遗址现场建筑的新规划，最终确定并实施了铁质文物地下部分的电化学阴极保护方案。

---

* 本文只对铁牛、铁柱埋地部分进行铁质文物群电化学保护分析。

2. 蒲津渡遗址铁质文物群保护项目的基本原则

国家文物局早在1992年蒲津渡遗址铁质文物群出土之时就已逐渐确定了对遗址整体实施“原地、原位、原貌保护”的方针。但由于文物出土时的水平面高度位置远远低于距离不远的黄河水平面，地下水经常淹没铁牛、铁柱等铁质文物，使得整个铁质文物现场的保护环境和条件十分恶劣。因此，国家文物局及时调整了原有保护方针，同意并批准了将整个遗址平面原地提升、原貌复原的保护方案。根据国家文物局的指示精神和文物保护的基本原则，本课题组也及时调整并提出了蒲津渡遗址现场铁质文物保护应该遵循的几项原则：

① 原貌保护的原则。无论采用何种保护方法，都应以不改变文物的外观和形貌为前提。

② 采用的保护方法不仅不应损伤和破坏文物的外形、外貌，更应达到使外层铁锈内的基体得到完全保护，达到控制腐蚀继续发生、发展的目的。

③ 采用的保护方法不应是永久的（但可持续）、不可逆转的、不可替代的，应该给未来可能产生的更先进、更好的保护技术，留有可施展的空间。

④ 采用的保护方法应对周围的环境无污染。

⑤ 不能采用可形成较厚覆盖膜的保护方法，最好采用可渗透外锈层到达基体表面的水溶性缓蚀剂，其应憎水、透气、无毒、无膜（或较薄）、透明、无色、无自身特殊光泽。

⑥ 本次保护方案中，电化学阴极保护的设计年限为10～15年以上（主要消耗部件应可更换、延续）。

而电化学保护方法，恰恰能够基本满足上述原则和要求。电化学保护方法不需要除去文物表面的锈蚀产物，不必要区分和去除有害锈，可以带锈进行保护，因而不会大量破坏文物表面的外貌，所以也就不会改变文物的外观和形貌。另外，电化学保护是直接利用了金属腐蚀反应的逆反应过程进行的保护，因而它是目前在电解质环境中的最佳保护方法。它既不会产生有毒、有害的物质而污染环境，又可以不断更新、保持持续的保护作用，还可以随时停止或取消该保护方法更换成其他更有效的保护方法，不会留下不可逆转的保护性破坏。

3. 蒲津渡遗址铁质文物群电化学保护方案确立的依据

（1）实验室内的前期实验研究结果

根据实验室内的前期研究和分析结果，基本了解和掌握了蒲津渡遗址区域内铁质文物的材料性质、腐蚀状况，以及金属腐蚀锈层及沙土锈的形成原因等。特别是研究掌握了在地下水位变化区域带有较厚沙土锈的带锈铸铁与裸表面铸铁之间不同的腐蚀规律和阴极保护规律。主要的研究内容（详见各项研究报告）包括：

① 分析出了铁质文物表面锈层的组成和结构。

② 利用现代冶金技术和铸造技术模拟制作出了与蒲津渡遗址文物铁器材质完全相似的铸铁材料——模拟古代低硅低硫灰口铸铁。

③ 为进行现场和实验室保护实验和实施技术的研究，制作了大量的实验模拟样品（包括带锈样品和片状、柱状样品）。

④ 研究对比了裸表面铸铁和带锈铸铁的电化学行为。掌握了带锈铸铁与裸表面铸铁电化学极化的不同规律。

⑤ 确定了在地下水位变化下，带锈铸铁完全被保护时所需的最大和稳态保护电流密度的数值范围（明显大于裸表面铸铁所需电流）；并探知了带锈铸铁被保护的初期稳定所需时间也相对更长，需要的电流更大。

⑥ 研究了在模拟土壤中电化学阴极保护对带锈铸铁的保护作用，以及对铁质表面原有颜色及锈层是否有影响，等等。

（2）现场保护的前期试验研究结果

同期，在遗址现场也进行了相关的检测和实验研究；并根据实验室内的研究结果，在蒲津渡遗址区域附近的土壤中进行了模拟铁质文物的带锈铸铁现场电化学阴极保护的实验研究。包括：

① 被保护铁质文物的外观尺寸、材质、金相组织结构、化学成分等。

② 铁质文物表面锈层的组成和结构。

③ 铁质文物周围土壤的土质、含水量、水质成分、水中含盐量、土壤电阻率，以及活性较高的腐蚀性菌类的品种和数量等的理化检测。

④ 铁质文物锈层及沙土锈与周围的条件和环境变迁等因素的关系。

⑤ 模拟文物铸铁样品在现场土壤中的腐蚀行为。

⑥ 在现场土壤中，模拟文物铸铁样品的镁合金牺牲阳极和锌合金牺牲阳极的阴极保护试验；等等。

（3）专家论证会结论

在现场和实验室检测、试验、分析研究的基础上，本项目组提出了蒲津渡遗址现场铁质文物保护方案（地下部分）交由文物保护专家进行评审。国家文物局也于1996年1月召开了会议，由国家文物局文物保护专家组对该保护方案进行了认真评审和论证。

在认真听取了项目组的各个研究报告和整体保护方案后，国家文物局领导和文物保护专家组的各位专家们仔细地询问了阴极保护的原理、模拟文物铸铁样品在现场的阴极保护效果，以及现场实施的可行性。会上，专家们还反复查看了埋藏于现场的模拟铁质文物的铸铁样品：被锌和镁牺牲阳极电化学阴极保护的铸铁样品，在埋入现场铁牛周边地下几年后取出，表面仍是光亮如初，样品表面上当初机械加工时留下的痕迹（花纹）仍清楚可见；而同样埋深0.8～1米，作为对比的未施加电化学保护的铸铁样品，经现场几年的埋置后已开始锈蚀。

经过评审，专家们最终认为：现代电化学阴极保护技术，对于埋于地下的古代铁质文物的防腐蚀保护也完全适用，效果非常好。因此，论证会作出决定：蒲津渡遗址铁质文物埋地部分的现场保护应采用电化学阴极保护技术。

（4）根据专家学者建议更改的蒲津渡遗址地下部分建筑方案

根据专家学者提出的建议：蒲津渡遗址现场的建筑方案应将先前的原位提升、下部重新掩埋的设计方案进行修改。每个铁牛下部的六根锚柱结构整体呈后倾状、非常特殊，体现了前人的智慧与技艺，也应部分展出让后人参观。

因此，新变更的遗址复原保护施工方案为：四个铁牛原位提升后，北侧前后两个牛（1号和2号牛）的下部仍将按原设计方案，采用级配砂重新掩埋下部锚柱，承载并稳固住铁牛及其下六根锚柱的全部重量和造型，并由钢筋混凝土围墙将级配砂围住；再以钢筋混凝土的承重主副梁，支撑住上部压下的铁牛基座（围墙南北跨度 5 ~6 米左右）。而南侧两个牛（3 号和 4 号牛）的下方将建一个地下室，同样以钢筋混凝土承重主副梁支撑住上部的铁牛基座，但铁牛下部的锚柱将穿过地下室的混凝土顶板，斜向伸进地下室内，以便展出。3 号和 4 号铁牛下的锚柱底部向上的三分之一部分仍以级配砂填埋，以分散承载所有锚柱的重量。四个铁人的下部锚柱也将在混凝土顶板上设计留出的方槽中用级配砂直接掩埋。地下室外的遗址地面上，七根铁柱（七星柱）的下部锚柱将直接在夯实的黄土中掩埋。

4. 金属腐蚀的电化学保护原理

蒲津渡遗址埋于地下的铁质文物的腐蚀是电化学腐蚀，因而采用电化学方法进行阴极保护应是最恰当的方法。

电化学阴极保护其实就是要在电解质介质中对被保护金属施加一定的阴极电流，使其电位阴极极化到一定的保护电位，使被保护金属的腐蚀速度大幅度下降。而如果要使金属达到完全的保护，则必须使整个金属的电极、电位都降低到该金属在给定电解质溶液中的平衡电位以负。电化学阴极保护的原理如图一所示。

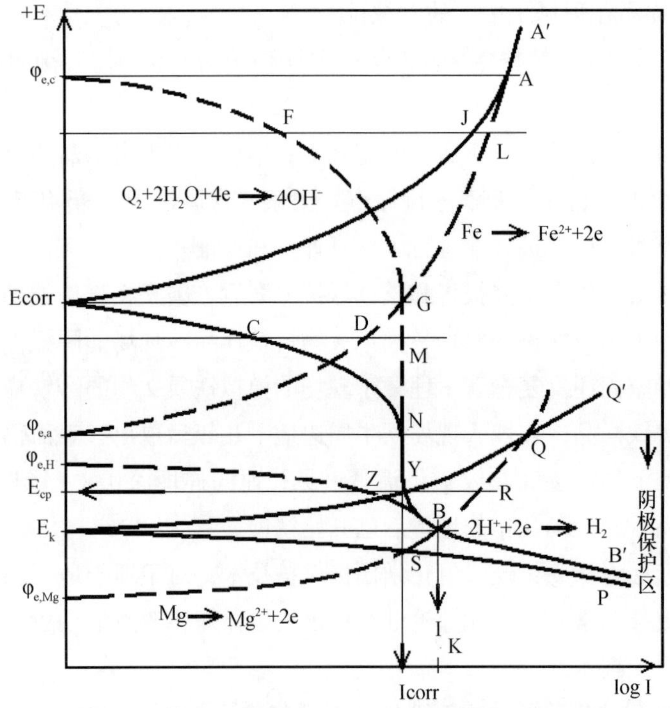

图一　铁在中性水溶液中的外加电流阴极保护及镁牺牲阳极阴极保护原理示意图

根据混合电位理论，金属表面上的阳极氧化反应和阴极还原反应在电极上发生耦合以后，各自偏离了各自的平衡电位（$\varphi_{e,a}$和 $\varphi_{e,c}$）产生了各自的过电位，从而共同建立起一个混合电位，即金属在该电解质中的自然腐蚀电位 Ecorr。此时，氧化反应速度与还原反应速度相等，即等于金属的腐蚀电流 Icorr，如图一所示。图一给出了铁在中性水溶液中的真实阳极极化曲线（$\varphi_{e,a}$DgLAA'）和真实阴极极化曲线（$\varphi_{e,c}$FGmNYBB'），以及该体系的表观阳极极化曲线（EcorrJAA'）和表观阴极极化曲线（EcorrCNYBB'）。

当阴极极化导致金属的电位负移时，该金属上外加的阴极保护电流（负电流 C 点）等于此时阴极极化后的阴极还原反应电流 ic（M 点）与阳极氧化反应电流 ia（D 点）之差。当阴极极化使金属电极电位负移降至阳极反应的平衡电位 $\varphi_{e,a}$时，外加的阴极极化电流（N 点）就应该等于所有阴极反应的电流之和，而此电极电位下的阳极氧化电流 ia 已降至为零，金属上的腐蚀已被完全阻抑了，即获得了完全的阴极保护。

按照阴极保护技术的两种供电方式区分，可分为外加电流阴极保护技术和牺牲阳极阴极保护技术。

外加电流阴极保护技术是在某一电解质介质环境中将被保护金属与阴极保护电源（直流电源）的负极相连作为阴极，将同处于该电解质环境中的辅助阳极与阴极保护电源的正负极相连作为阳极，利用外电源向被保护体提供外加阴极电流，使被保护金属的电极电位发生阴极极化，电极电位负移（或降至 $\varphi_{e,a}$），从而降低或彻底防止金属的腐蚀。

牺牲阳极阴极保护技术则是在该电解质介质环境下选择一种开路电极电位 E_k（自然腐蚀电位）比被保护金属（Fe）的自然腐蚀电位 Ecorr 更负的活泼金属或合金（如 Mg），并把它与同处于该电解质环境中的被保护金属（Fe）进行保护性电连接，利用这种电位较负的活泼金属（如 Mg）与被保护体金属（Fe）之间所构成的电极电位差，向被保护体提供阴极极化电流（实际上是提供了更大的阴极反应面积、改变了反应速度控制机制、甚至是增加了新的阴极反应），使被保护体的电位负移至 Ecp。由于向外提供阴极电流的阳极（如 Mg）会因此而加速自身总的阳极腐蚀速度（由 B 点增加到 R 点），故被称为牺牲阳极（不要混淆牺牲阳极金属的自腐蚀速度 Z）。

5. 蒲津渡遗址铁质文物群电化学保护方案

根据以上的保护原则、保护原理和各项依据，确立了此次蒲津渡遗址铁质文物地下部分的保护方案。

本保护方案根据铁质文物周围的环境不同分为两大部分：与土壤直接接触的埋地部分和与空气直接接触的地下室部分。

（1）铁质文物埋地部分保护方案

埋地部分采用已获国家文物局文保专家组批准的电化学阴极保护方法进行保护。按阴极保护方法的两种供电方式区分，又分为外加电流阴极保护和牺牲阳极阴极保护两个方案。

保护指标：

① 被保护体的阴极保护电位应达到 -0.9V ~ -0.85V（vs. CSE）以负；

② 或者，被保护体的开路电位在实施了阴极保护后而负移至少 100mV；

③ 保护年限设计按 15 年设计（定期更换后可持续保护）；

④ 蒲津渡遗址铁质文物地下各部分的被保护面积估算参见表一。

表一　铁质文物各部分被保护面积的估算

外电流阴极保护面积估算		
名称	表观尺寸（米）	面积（平方米）
被埋 2 个铁牛基座的底面	2.8×1.6	8.96
整体被埋的 2 个铁牛基座下 12 个锚柱柱面	3.6×直径 0.4	54.29
12 个锚柱底面（外形及平整度很差）	直径 0.4	1.51
增加 12 个锚柱上 2 个方头表面积	边长 0.2	3.84
表观面积小计		68.6
考虑表面不平整度后增加 0.5 的系数		102.9
7 个铁柱地下部分柱面	3.6×直径 0.4	31.65
7 个锚柱底面积（外形及平整度很差）	3.6×直径 0.4	0.88
增加 7 个锚柱地下 1 个方头表面积	边长 0.2	1.12
表观面积小计		33.65
考虑表面不平整度后增加 0.5 的系数		50.4756
总表面积合计		153.3756
牺牲阳极阴极保护面积估算		
名称	表观尺寸（米）	面积（平方米）
2 牛基座下 12 个锚柱被埋部分	1.6×直径 0.4	24.12
12 个锚柱底面（外形及平整度很差）	直径 0.4	1.51
4 铁人地下柱	1.5×直径 0.4	8.04
表观面积合计		33.66
考虑表面不平整度后增加 0.5 的系数		50.5
地下室内气相保护的面积估算		
名称	表观尺寸（米）	面积（平方米）
2 牛基座下 12 个锚柱裸露部分	2.3×直径 0.4	34.67
增加 12 个锚柱上至少 1 个方头表面积	边长 0.2	1.92
表观面积合计		36.59
考虑表面不平整度后增加 0.5 的系数		54.89

1）1 号和 2 号铁牛地下锚柱部分的外加电流阴极保护

鉴于北侧前后两个铁牛（1 号和 2 号铁牛）下部的锚柱将完全掩埋，被埋部分的保护的面积很大，并且完全裸露，需要的保护电流相当大。而其周围空间相对狭小，不易埋入大量牺牲阳极，且今后也不易更换阳极。因此采用外电流阴极保护的方法为最佳方案（保护面积约为 100 平方米）。

外电流阴极保护方法的优势是：①辅助阳极体积小，便于在混凝土支撑围墙内埋设；②辅助阳极选择自腐蚀速度小、输出电流大的微溶阳极，其使用寿命远远长于牺牲阳极；③外电源输出电压高、功率大、供电稳定、输出电流可测可控，保护效果好。但该方法需要现场有电网长期供电，且一次性投入的费用相对于牺牲阳极法要高。

电化学阴极保护电源设备放置在相邻的地下室通道内，通过粗电缆将电源正极与埋置于每个铁牛四周的12（×2）个辅助阳极（高硅铸铁棒）连接。各辅助阳极在铁牛四周边的具体分布和埋置状态参见图二和图三。各阴、阳极电缆线的连接部位、布线路径及线缆标记参见表二至表四）。将电源负极与埋于混凝土支撑墙内的铁牛的不同部位连接，再在每个铁牛（1号和2号铁牛）下部锚柱的前后左右以及不同高度位置各埋置4个长效参比电极（线号标注：1A/2A/3A/4A/1B/2B/3B/4B）；并将1号铁牛和2号铁牛下部每对铁柱以粗电缆进行电连接，并将各铁牛下的三对锚柱分别引出三根地线（线号标注：1地/2地），以确保铁牛下各部位的电连接导电良好（电阻为零）。所有的电连接点均采用标准的三层玻璃钢制作方式防护。所有相关的信号线均采用屏蔽线，做好线标（表五）后，与电源线分开布线、固定，并从混凝土围墙内引出至地下控制室。

由图二可见，由于铁牛基座下与钢筋混凝土梁板之间，以及混凝土梁板与铁牛锚柱根部之间空间狭长，外加电流很难到达该部位，所以必须将横卧在铁牛锚柱两侧的四根辅助阳极（图三），以及铁牛前后两根的辅助阳极尽量向上、向锚柱根部埋置。同时，在该外加电流阴极保护方案的基础上，再焊接带状镁牺牲阳极，并直接缠绕在该部位的锚柱根部，采用额外增加带状牺牲阳极的方式进行局部加强保护。

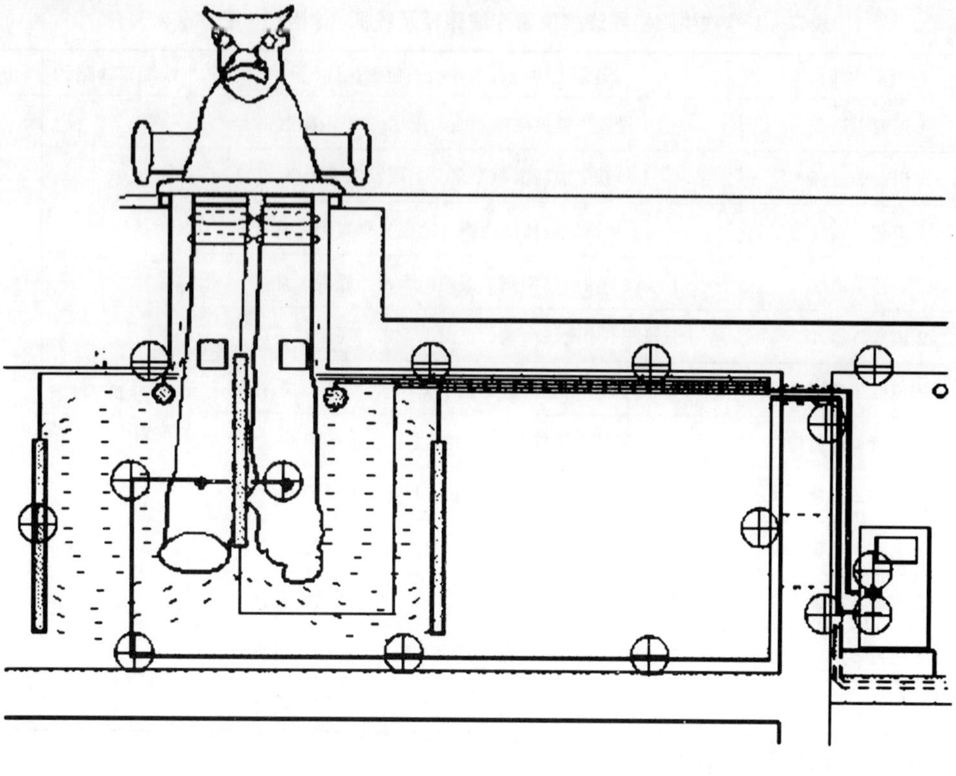

图二　蒲津渡遗址1号、2号铁牛地下锚柱的辅助阳极布置及外加电流阴极保护实施示意图

（底板与锚柱连接处的柱根部位虚线圈带为镁牺牲阳极带）

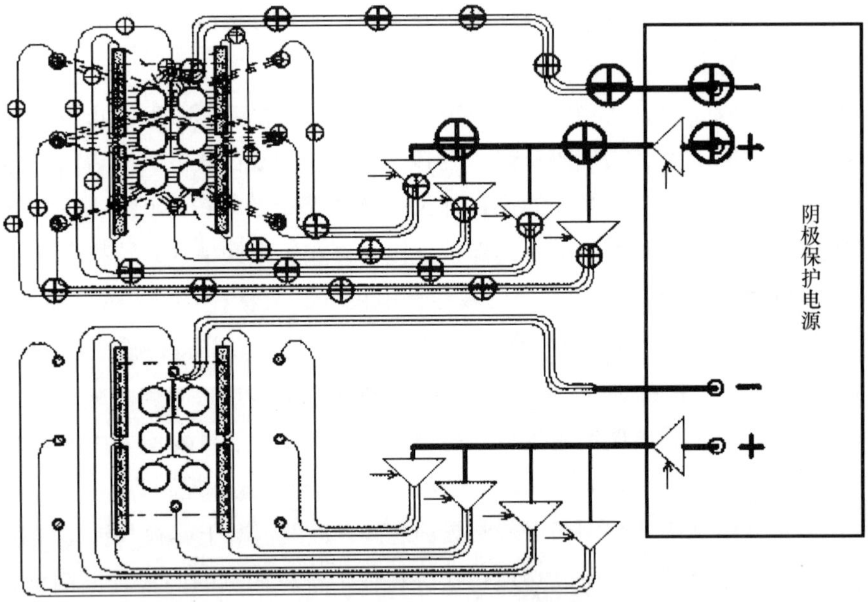

图三　蒲津渡遗址 1 号、2 号铁牛地下锚柱的辅助阳极布置及外加电流阴极保护实施俯视示意图

表二　1 号铁牛阳极线连接位置走线路径及线标（粗缆 10 平方毫米）

编号	控制室内线标	各阳极电缆源头连线点位置描述	线缆布线路径	出线孔位置
1	1 道蓝 1 道红	1 号铁牛锚柱南侧靠西、上层、水平阳极	走西跨西梁东侧	地下控制室北墙西边西侧孔⑥*
2	1 道蓝 2 道红	1 号铁牛锚柱南侧靠东、上层、水平阳极		
3	1 道蓝 3 道红	1 号铁牛锚柱前西侧、上层、垂直阳极		
4	2 道蓝 1 道红	1 号铁牛西南柱南侧、偏西 1.5 米、底层、垂直		
5	2 道蓝 2 道红	1 号铁牛中南柱南侧、正南 1.5 米、底层、垂直		
6	2 道蓝 3 道红	1 号铁牛东南柱南侧、偏东 1.5 米、底层、垂直		
7	1 道蓝 1 道黄	1 号铁牛锚柱北侧靠西、上层、水平阳极		
8	1 道蓝 2 道黄	1 号铁牛锚柱北侧靠东、上层、水平阳极		
9	1 道蓝 3 道黄	1 号铁牛锚柱后东侧、上层、垂直阳极		
10	2 道蓝 1 道黄	1 号铁牛西北柱北侧、偏西 1.5 米、底层、垂直		
11	2 道蓝 2 道黄	1 号铁牛中北柱北侧、正北 1.5 米、底层、垂直		
12	2 道蓝 3 道黄	1 号铁牛东北柱北侧、偏东 1.5 米、底层、垂直		

* 西侧孔⑥见图四、图五所示，后表同。

表三　2号铁牛阳极线连接位置走线路径及线标（粗缆10平方毫米）

编号	控制室内线标	各阳极电缆源头连线点位置描述	线缆布线路径	出线孔位置
13	1道蓝1道红	2号铁牛锚柱南侧靠西、上层、水平阳极	走东跨西梁东侧	地下控制室北墙东边西侧孔④
14	1道蓝2道红	2号铁牛锚柱南侧靠东、上层、水平阳极		
15	1道蓝3道红	2号铁牛锚柱前西侧、上层、垂直阳极		
16	2道蓝1道红	2号铁牛西南柱南侧、偏西1.5米、底层、垂直		
17	2道蓝2道红	2号铁牛中南柱南侧、正南1.5米、底层、垂直		
18	2道蓝3道红	2号铁牛东南柱南侧、偏东1.5米、底层、垂直		
19	1道蓝1道黄	2号铁牛锚柱北侧靠西、上层、水平阳极		
20	1道蓝2道黄	2号铁牛锚柱北侧靠东、上层、水平阳极		
21	1道蓝3道黄	2号铁牛锚柱后东侧、上层、垂直阳极		
22	2道蓝1道黄	2号铁牛西北柱北侧、偏西1.5米、底层、垂直		
23	2道蓝2道黄	2号铁牛中北柱北侧、正北1.5米、底层、垂直		
24	2道蓝3道黄	2号铁牛东北柱北侧、偏东1.5米、底层、垂直		

表四　1号铁牛和2号铁牛阴极线连接位置走线路径及线标（粗缆16平方毫米）

编号	控制室内线标	线缆名称	各阴极电缆源头连线点位置描述	线缆布线路径	出线孔位置
25	1道红	1号铁牛阴极线	1号铁牛前南柱——北柱	走西跨西梁东侧	北墙西边西侧孔⑥
26	2道红		1号铁牛中南柱——北柱		
27	3道红		1号铁牛后南柱——北柱		
28	1道黄	2号铁牛阴极线	2号铁牛前南柱——北柱	走东跨西梁东侧	北墙东边西侧孔④
29	2道黄		2号铁牛中南柱——北柱		
30	3道黄		2号铁牛后南柱——北柱		

表五　1号铁牛和2号铁牛以及2号铁人的地线和参比电极线的接点位置布线路径和标记

序号	线缆描述	控制室内线标	线缆名称	各地线及参比电极位置描述	线缆布线路径	出线孔位置
31	双芯细屏蔽、打一个结扣	1道蓝	1号铁牛参比线 1A 2A 3A 4A	1号铁牛北前柱后底部	走西跨东梁西侧	地下控制室北墙西边东侧孔⑤
				1号铁牛北后柱前中上部		
32	单芯细屏蔽	3道蓝		1号铁牛南中柱前上部		
33		4道蓝		1号铁牛南中柱后底部		
34		1道红	1号铁牛地线 1地	1号铁牛南前柱		
35		2道红		1号铁牛南中柱		
36		3道红		1号铁牛北后柱		

续表

<table>
<tr><th>序号</th><th>线缆描述</th><th>控制室内线标</th><th>线缆名称</th><th>各地线及参比电极位置描述</th><th>线缆布线路径</th><th>出线孔位置</th></tr>
<tr><td rowspan="2">37</td><td rowspan="2">双芯细屏蔽</td><td rowspan="2">1 道黄
1 道蓝</td><td rowspan="4">2 号铁牛
参比线
1B
2B
3B
4B</td><td>2 号铁牛北前柱上部（西北角）</td><td rowspan="7">走东跨东梁西侧</td><td rowspan="7">地下控制室北墙东边东侧孔③</td></tr>
<tr><td>2 号铁牛北中柱后下部</td></tr>
<tr><td>38</td><td rowspan="5">单芯细屏蔽</td><td>1 道黄
3 道蓝</td><td>2 号铁牛南中柱前中上部</td></tr>
<tr><td>39</td><td>1 道黄
4 道蓝</td><td>2 号铁牛南中柱后下部</td></tr>
<tr><td>40</td><td>1 道黄</td><td rowspan="3">2 号铁牛
地线
2 地</td><td>2 号铁牛北前柱</td></tr>
<tr><td>41</td><td>2 道黄</td><td>2 号铁牛北中柱</td></tr>
<tr><td>42</td><td>3 道黄</td><td>2 号铁牛南后柱</td></tr>
<tr><td rowspan="2">43</td><td rowspan="2">双芯细屏蔽、打一个结扣</td><td rowspan="2">无颜色标记</td><td>3 号铁牛参比线</td><td>3 号铁牛北侧中锚柱下部</td><td colspan="2" rowspan="4">由地下控制室门下穿管至中部北墙根再向上穿出</td></tr>
<tr><td>3 号铁牛地线</td><td>3 号铁牛北侧中锚柱下部</td></tr>
<tr><td rowspan="2">44</td><td rowspan="2">双芯细屏蔽、打两个结扣</td><td rowspan="2">无颜色标记、双芯、打两个结扣</td><td>4 号铁牛参比线</td><td>4 号铁牛北侧中锚柱下部</td></tr>
<tr><td>4 号铁牛地线</td><td>4 号铁牛北侧中锚柱下部</td></tr>
<tr><td rowspan="2">45</td><td rowspan="2">双芯细屏蔽</td><td rowspan="2">无颜色标、线整体打一个结扣</td><td>2 号铁人参比线（红线）</td><td>2 号铁人下锚柱西侧</td><td rowspan="2">走东跨东梁西侧</td><td rowspan="2">地下控制室北墙东边东侧孔③</td></tr>
<tr><td>2 号铁人地线（蓝线）</td><td>2 号铁人下锚柱北侧表面</td></tr>
</table>

由于 1 号和 2 号铁牛下部裸露的锚柱完全掩埋在整个牛箱中，因此对牛箱中钢筋混凝土支撑梁和附近的钢筋混凝土顶板横梁都采用 PVC 板进行覆盖包裹，以防保护电流外泄，造成混凝土结构中钢筋的杂散电流腐蚀。

地下室混凝土围墙对应位置上有 6 个预留孔（图四、五），便于穿线。东墙上①孔和②孔穿入的缆线为室外七星柱地下保护的各类线缆。北墙上⑤孔和③孔穿入的缆线为 1 号和 2 号铁牛下的信号线；④孔和⑥孔穿入的缆线为 1 号和 2 号铁牛下的阴、阳极电源线。北墙上的两个方孔为铁牛下的施工人孔，施工完毕后已砌筑封死。地下室内备有独立的电源接线箱和通风扇。

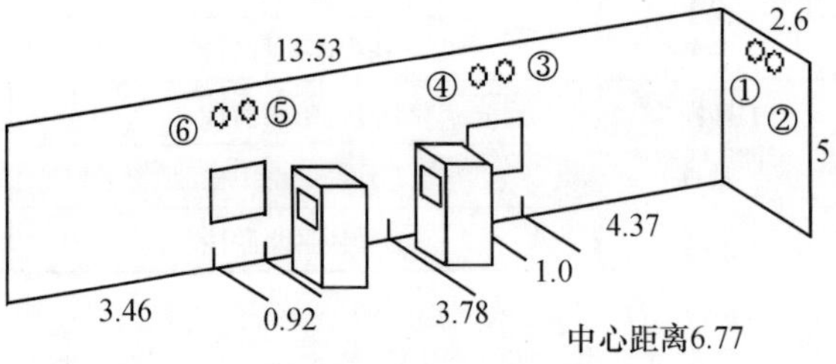

图四　蒲津渡遗址地下控制室东、北墙穿线孔位置尺寸示意图

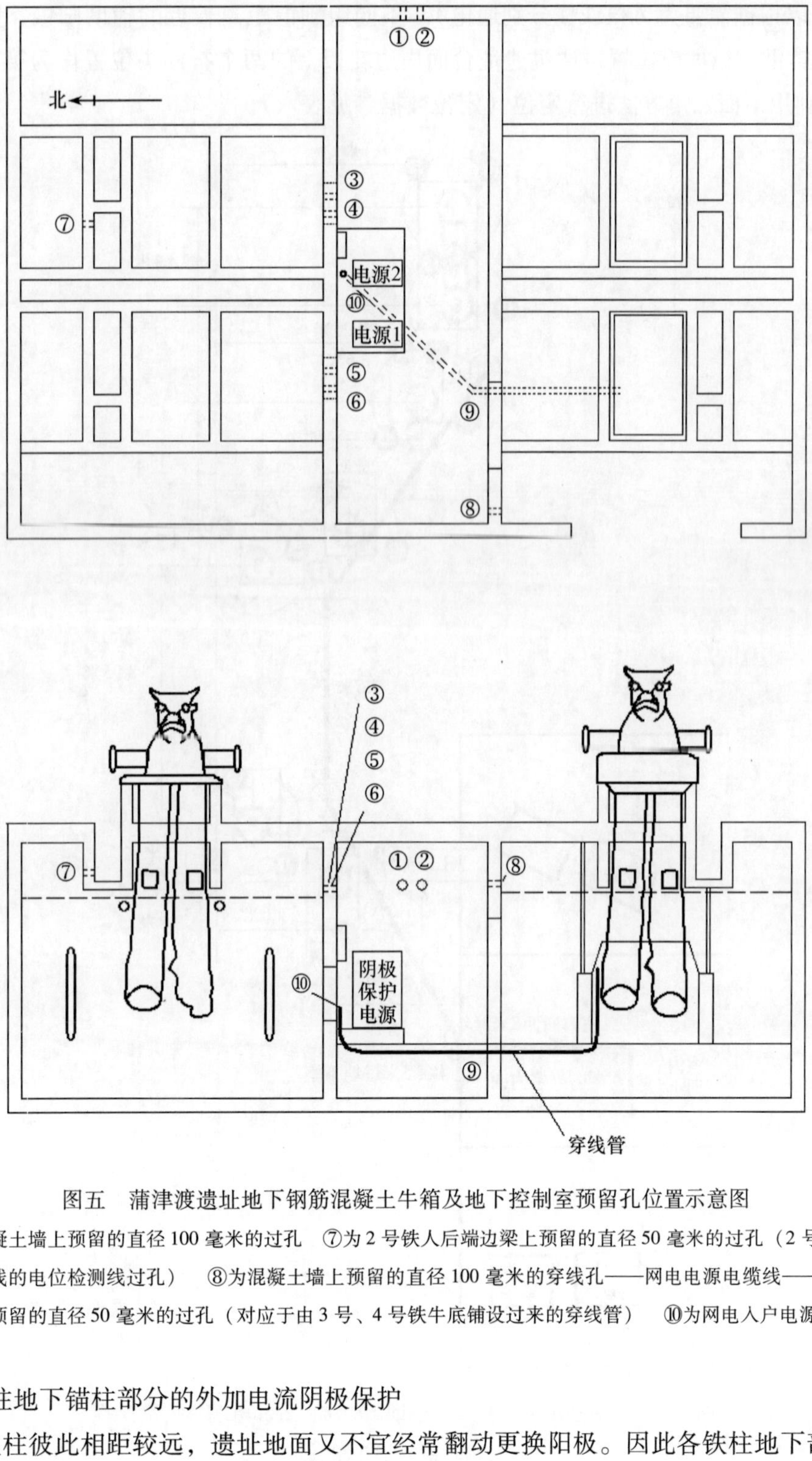

图五　蒲津渡遗址地下钢筋混凝土牛箱及地下控制室预留孔位置示意图

①~⑥为混凝土墙上预留的直径100毫米的过孔　⑦为2号铁人后端边梁上预留的直径50毫米的过孔（2号铁人的地线和参比电极线的电位检测线过孔）　⑧为混凝土墙上预留的直径100毫米的穿线孔——网电电源电缆线——直至配电箱　⑨为门下边预留的直径50毫米的过孔（对应于由3号、4号铁牛底铺设过来的穿线管）　⑩为网电入户电源配电箱位置

2）七星柱地下锚柱部分的外加电流阴极保护

由于七星柱彼此相距较远，遗址地面又不宜经常翻动更换阳极。因此各铁柱地下部分也采用外加电流阴极保护的方法分别进行保护（保护面积约为50平方米）。每一铁柱周围等距等夹角（120°）地围绕分布着一组三个高硅铸铁辅助阳极棒（垂直埋设），通过电缆线分别集结到主干线上的集线点A、B、C和D四个结点上（参见图六），再分别通过粗电缆连接到地下室内阴极保护电

源的正极（可以根据需要为 7 根铁柱分别通电）。不同组别但距离较近的辅助阳极，则采用半圆形绝缘板隔离。辅助阳极埋设位置可通过遗址台面周边花板上的两个石柱头位置作为第 1 和第 2 参考点（图七）、利用平面三角方法进行定位（定位数据参见表六）。

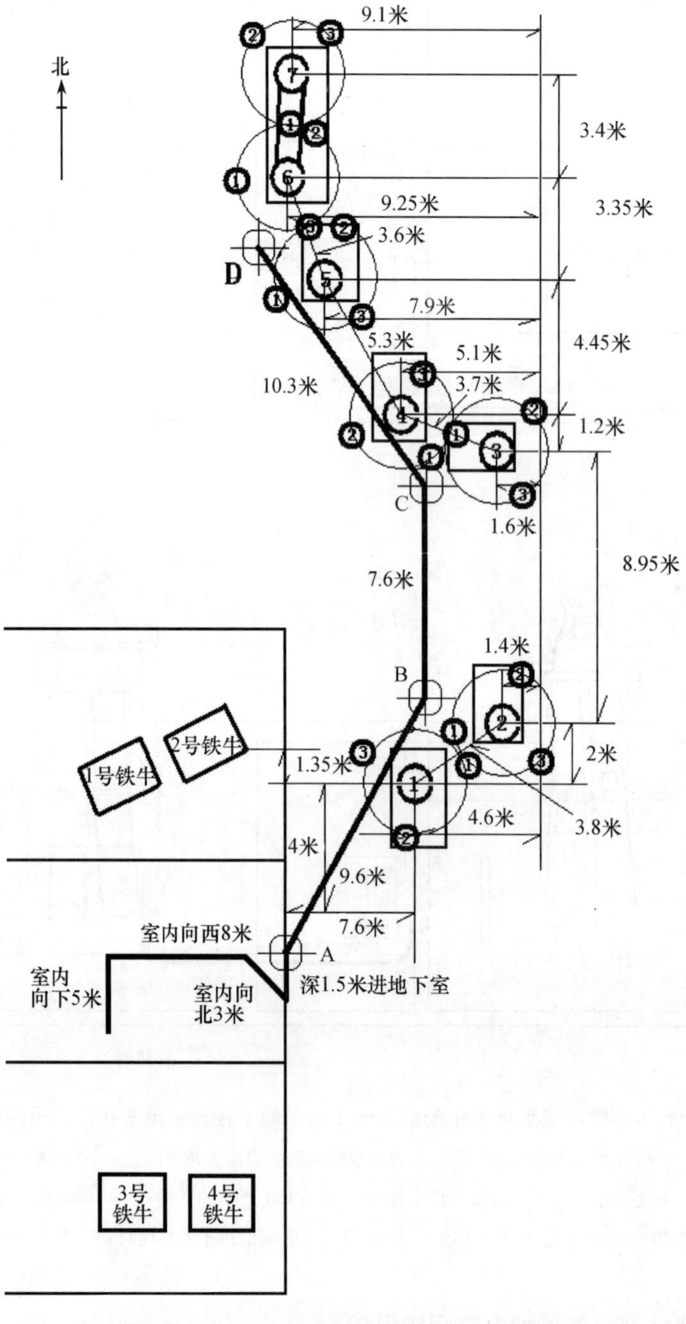

图六　蒲津渡遗址七星柱及其辅助阳极坑位置和电缆集结位置的相对距离示意图

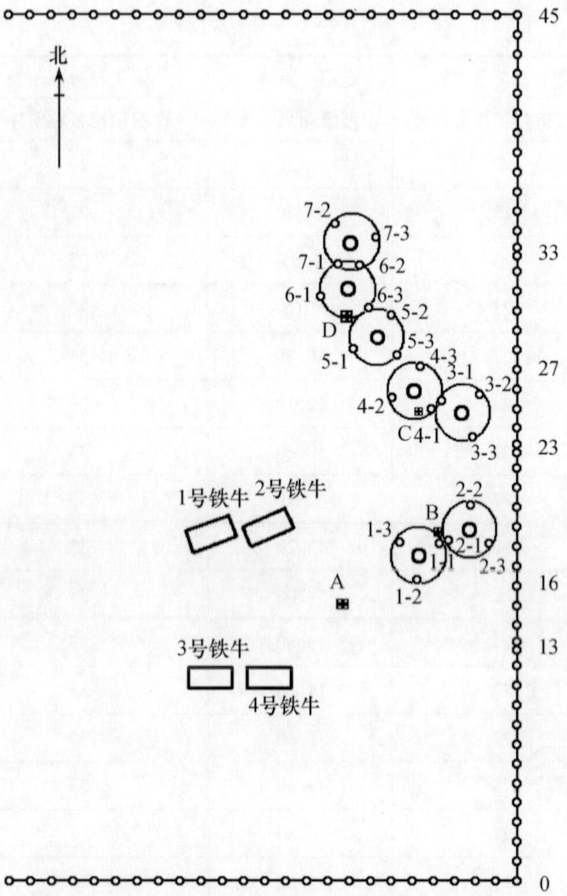

图七　蒲津渡遗址七星柱周边辅助阳极编号和位置分布及电缆集结位置示意图

表六　蒲津渡遗址七星柱辅助阳极位置和导线集结点位置平面三角定位数据表

定位点名称	第1参考点位置 青石护栏板柱头序号	定位点距第1 参考点距离（米）	第2参考点位置 青石护栏板柱头序号	定位点距第2 参考点距离（米）
1号铁柱	14	8.35	16	7.05
1号柱的1号阳极	14	7.95	16	6.10
1号柱的2号阳极	14	7.95	16	7.30
1号柱的3号阳极	14	10.50	16	9.00
2号铁柱	14	7.70	16	5.25
2号柱的1号阳极	14	8.70	16	6.65
2号柱的2号阳极	14	9.40	16	6.80
2号柱的3号阳极	14	6.45	16	3.80
3号铁柱	23	4.65	27	4.95
3号柱的1号阳极	23	6.65	27	6.40
3号柱的2号阳极	23	4.95	27	3.20
3号柱的3号阳极	23	3.00	27	5.55

续表

定位点名称	第 1 参考点位置 青石护栏板柱头序号	定位点距第 1 参考点距离（米）	第 2 参考点位置 青石护栏板柱头序号	定位点距第 2 参考点距离（米）
4 号铁柱	23	6.20	27	7.35
4 号柱的 1 号阳极	23	6.90	27	7.20
4 号柱的 2 号阳极	23	9.85	27	9.45
4 号柱的 3 号阳极	23	9.05	27	6.80
5 号铁柱	27	10.25	33	11.85
5 号柱的 1 号阳极	27	12.20	33	13.80
5 号柱的 2 号阳极	27	10.20	33	10.10
5 号柱的 3 号阳极	27	8.60	33	11.60
6 号铁柱	27	13.20	33	12.30
6 号柱的 1 号阳极	27	14.00	33	14.00
6 号柱的 2 号阳极	27	13.80	33	11.40
6 号柱的 3 号阳极	27	11.60	33	11.70
7 号铁柱	27	15.00	33	12.00
7 号柱的 1 号阳极	27	13.80	33	11.40
7 号柱的 2 号阳极	27	16.80	33	13.25
7 号柱的 3 号阳极	27	15.02	33	10.85

说明：

① 七星柱及其相应三个辅助阳极位置的确定：1、2 号铁柱及其三个阳极的定位三角中的另两个点是 14、16 号柱头；3、4 号铁柱及其三个阳极的定位三角中的另两个点是 23、27 号柱头；5、6、7 号铁柱及其三个阳极的定位三角中的另两个点是 27、33 号柱头。

② 四个铁牛位置确定：相对于 1 号柱。

③ A、B、C、D 各点位置的确定：A 点是由其相对于第 3、16 号柱头的距离确定的；其余各点是由相对于近旁七星柱的位置确定的。

每一铁柱也分别引有阴极电缆线（接于地下室内阴极保护电源负极）和测量地线（双股屏蔽线之蓝线）、柱旁分别埋置一个长效参比电极（双股屏蔽线之红线），参见图八。所有通电电缆和屏蔽信号线（线号标注：柱 1/2/3/4/5/6/7）分别穿管、经主干线上的 D、C、B 集线点，盖砖埋地，由 A 点进入地下室。线缆规格及线标参见表七和表八。

各七星柱相对于其参比电极的电位，在地下室内由专门设计的多通道腐蚀电位自动监测仪按设定时长进行定期检测，并自动记录数据至大容量活动储存盘。

另外，在各七星柱埋地部分的地表层内采用带状镁阳极直接缠绕，并以石灰土夯实，用以局部加强铁柱在地表交界处的保护。

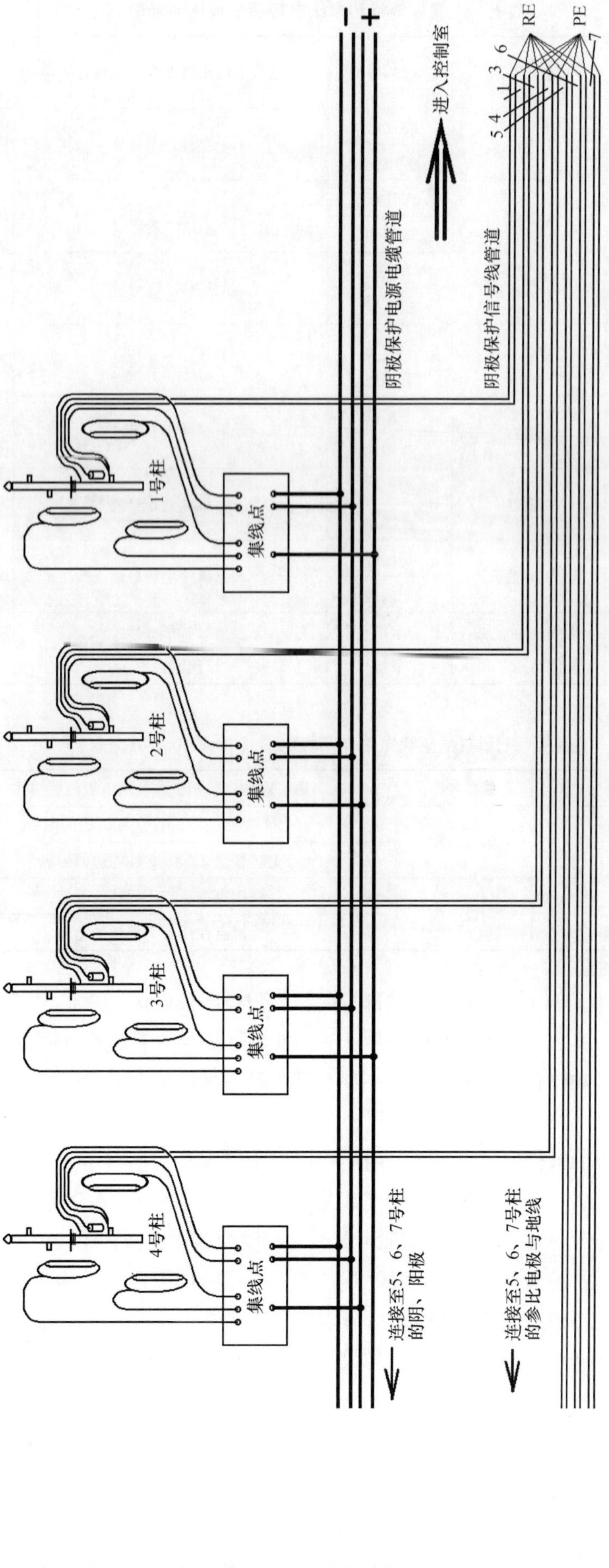

图八　蒲津渡遗址七星柱周边各辅助阳极线、阴极线及参比电极线和地线布置示意图

表七　七星柱地线和参比电极线的规格和标记

编号	线缆描述	控制室内线标	线缆名称	源头连线点或阳极及参比电极位置描述	出线孔位置
46	双芯细屏蔽	1 道白	参比红	七星柱之 1 号柱	东墙北孔①
			蓝接地		
47		1 道红	参比红	七星柱之 2 号柱	
			蓝接地		
48		2 道白	参比红	七星柱之 3 号柱	
			蓝接地		
49		2 道红	参比红	七星柱之 4 号柱	
			蓝接地		
50		3 道白	参比红	七星柱之 5 号柱	
			蓝接地		
51		3 道红	参比红	七星柱之 6 号柱	
			蓝接地		
52		3 道黄	参比红	七星柱之 7 号柱	
			蓝接地		
57	双芯细屏蔽、打一个结扣	无颜色标、线整体结一个扣	未接	预留备份	东墙北孔①
			未接	预留备份	

表八　七星柱的阴极电缆和阳极电缆（粗缆 16 平方毫米）

编号	控制室内线标	线缆名称	源头连线点或阳极及参比电极位置描述	出线孔位置
53	1 道白	阳极电缆	七星柱之 1、3、6、7 柱周边的阳极	东墙南孔②
54	2 道黄		七星柱之 2、4、5 柱周边的阳极	
55	3 道红	阴极电缆	焊接点在所有 7 根柱的下部	
56	无颜色标		焊接点在所有 7 根柱的上部	

3）3 号和 4 号铁牛及四个铁人地下锚柱部分的牺牲阳极阴极保护

由于作为软着陆方案之一，南侧两个铁牛（3 号和 4 号铁牛）下的所有锚柱下端被埋于作为依托和固定的沙土、中砂和碎石（级配砂）中；四个铁人的下部锚柱也采用同样的材料进行分隔式固定埋置。

因而，此种情况下的最佳保护方案是采用牺牲阳极阴极保护方法（参见图九）。其中，在 3 号和 4 号铁牛锚柱下各埋置一个长效参比电极（线号标注：3 号/4 号），在 2 号铁人下部锚柱旁埋置一个长效参比电极（线号标注：2 人）。双股屏蔽线之红线为参比电极、蓝线为地线。

所有被牺牲阳极保护的面积合计约为 50 平方米。所有牺牲阳极材料均采用镁合金牺牲阳极。牺牲阳极分装在阳极包中的阳极填料中，然后分别埋于各铁锚柱周围，并通过电缆经测试桩与各个铁锚柱电连接（采用阳极的规格和数量与保护设计的年限有关。牺牲阳极消耗以后，可重新更换牺牲阳极，继续进行阴极保护）。

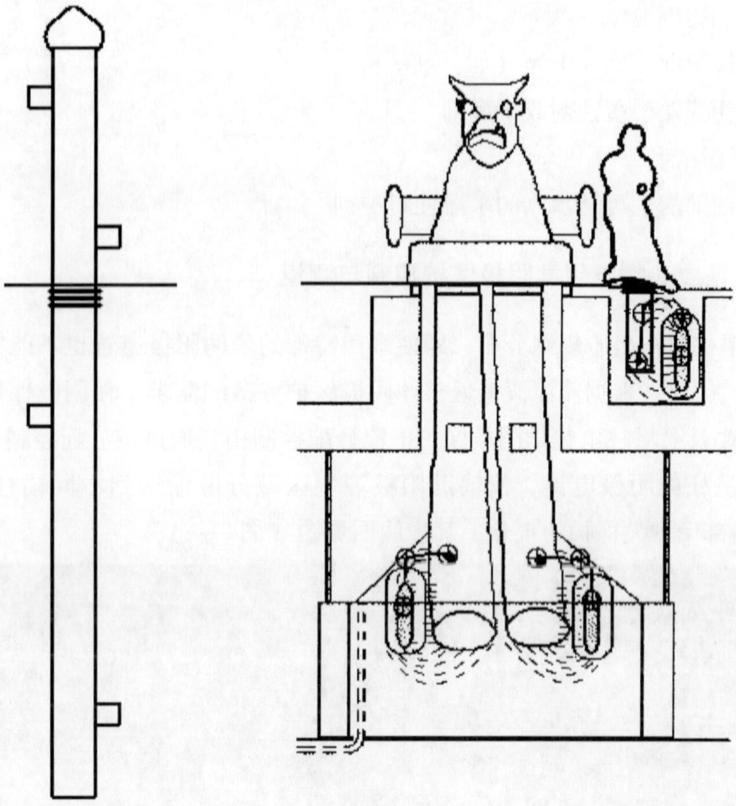

图九　蒲津渡遗址 3 号、4 号铁牛及铁人地下锚柱牺牲阳极阴极保护实施示意图
（七星铁柱及铁人下部锚柱的根部虚线圈带为镁牺牲阳极带）

四个铁人下部的锚柱根部和七星柱在埋地的土壤表层部分，由于供氧相对充足且雨水容易聚集，地下的阴极保护电流又不易到达表层土壤，因而此部分铁柱极易发生界面腐蚀。为了控制此部分的腐蚀，不仅采用了传统的碱性处理保护方法（利用大量的石灰粉与土壤搅拌回填），还额外在这一表层土壤中的铁柱根部焊接缠绕了镁牺牲阳极带（参见图九地表层中虚线圈带）。

另外，由于承载托举 1 号和 2 号铁牛底板的钢筋混凝土主梁和次梁墙板必须设计得很高很厚很结实，且必须十分靠近下部锚柱（几乎紧紧围绕锚柱一周），因而只能根据现场情况，临时更改原有保护设计方案。将镁牺牲阳极带分别缠绕到 1 号铁牛和 2 号铁牛下部锚柱与铁板连接之处的根部，并与铁牛锚柱焊接（参见图二——锚柱根部虚线圈带为镁牺牲阳极带）。以期通过增加镁牺牲阳极对锚柱根部的保护作用，弥补过近的钢筋混凝土支撑梁板对下方辅助阳极发出的外加阴极保护电流的遮蔽。前提条件是 1 号和 2 号铁牛底板下的回填土要填实才可便于均匀导电。

（2）铁质文物地下室部分保护方案

为了展示蒲津渡遗址铁牛下部锚柱结构的独特设计与制作，南侧两个铁牛（3 号和 4 号铁牛）底板下的锚柱上半段被暴露在外，未被掩埋（图九），两侧由玻璃窗封护。因此，除铁锚柱下段被掩埋部分采用牺牲阳极保护外，暴露在橱窗内的锚柱（被保护面积约为 55 平方米），采用了室内气相保护的方法进行保护。

室内保护方法可选用：

① 控制室内环境湿度，确保干燥（如：抽湿机）。

② 采用室内气相挥发型缓蚀剂或干燥剂。

③ 采用渗透型缓蚀剂。

④ 采用带有缓蚀剂的、可透水汽的水溶性封护剂。

6. 蒲津渡遗址铁质文物电化学阴极保护控制与测量

由于铁牛下部锚柱结构呈不规则分布，即使采用特殊的辅助阳极布置也不能完全保证阴极电流的全面、均匀覆盖。因此，根据蒲津渡遗址整体阴极保护方案的需求，在阴极保护电源控制室设计安装了1号/2号铁牛及七星柱电化学阴极保护电流分配控制柜。通过该分配控制柜，可以将输送到1号/2号铁牛和七星柱的阴极电流，按辅助阳极埋置区域分散输送到不同锚柱的不同部位（图一〇），避免出现局部区域欠保护的现象，其连线图见图（图一一）。

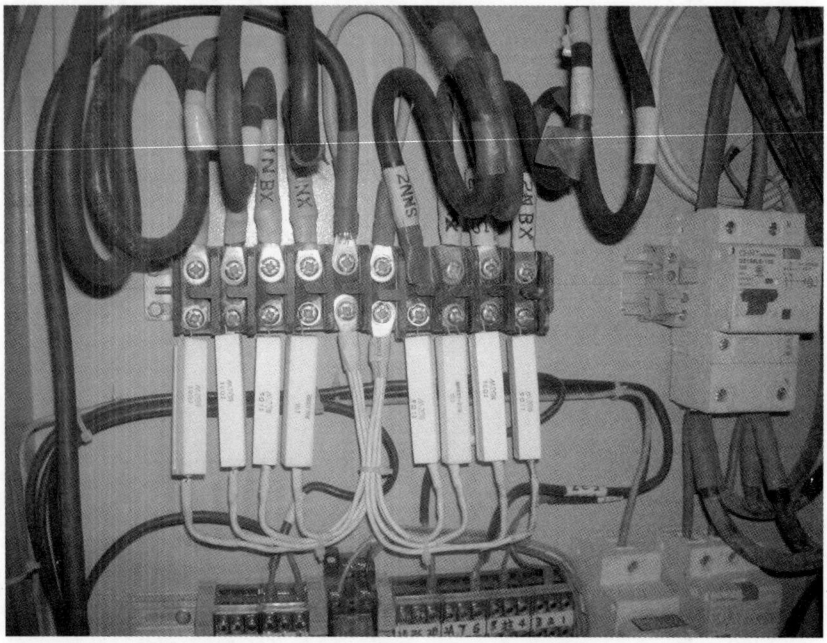

图一〇　地下室内控制柜电流输出线接线端子照片

通过该分配控制柜，还可以检测铁牛各部位阴极保护的电极电位（包括七根铁柱的阴极保护电位）（图一二）。

该分配控制柜还可在电网临时断电时，提供被保护文物电极电位检测和记录的短时间蓄电池供电（图一三）。继电器接控制12V电源的正极。在交流220V供电时，继电器接通12V直流线性电源，为设备提供12V直流电，同时接通充电器为蓄电池进行充电；交流220V断电时，继电器接通12V蓄电池电瓶，继续为设备提供12V直流电。

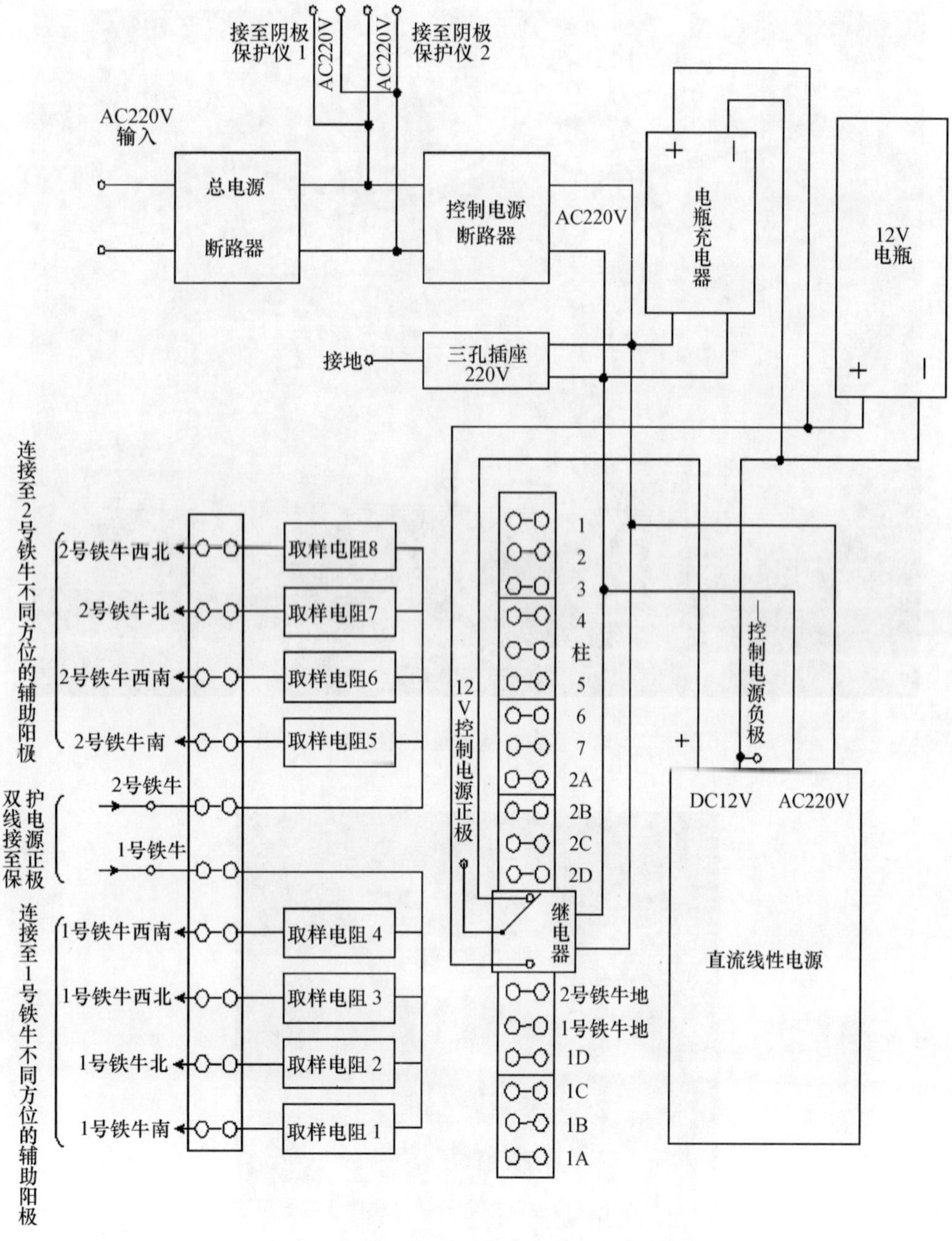

图一一　地下室内 1 号、2 号铁牛电化学阴极保护电流分配控制柜线路图

7. 保护实施前现场前期的准备工作

① 为了提高现场保护的质量，遗址现场应具备可长期供电的网电电源，地下室内应配有电源接线板。

② 铁牛下部所有的型钢支撑架应全部拆除。

③ 级配砂应尽量清洁、细小、填实。

图一二　地下室内控制柜测量线接线端子照片

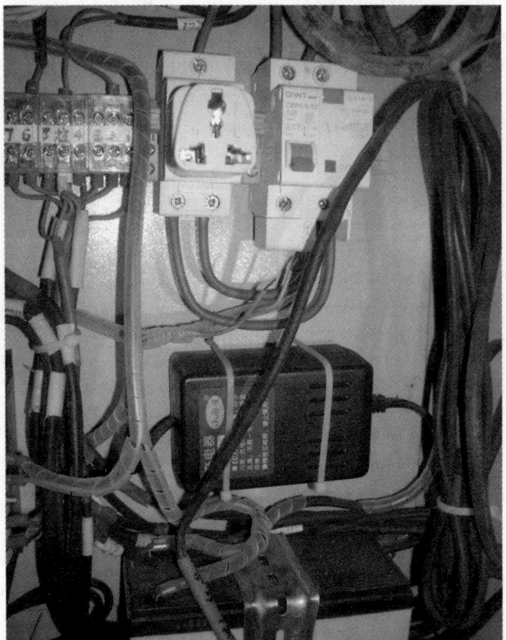

图一三　地下室内控制柜蓄电池接线照片

④ 混凝土围墙上不同位置应留有多个预留孔，既应保证承载，又应适合电缆线的引出和今后参比电极的更换。

⑤ 加强保护方案设计和整体建筑设计人员之间、保护工程实施进度与整体工程进度间的沟通与协调。

施工材料和设备需提前运到现场保存。其中，辅助阳极选用高硅铸铁阳极。其外观如图（图一四）所示。

图一四　高硅铸铁辅助阳极棒

8. 工程组织及现场实施

2004 年经过国家文物局正式批准同意后，保护工程全面展开。经过半年多的工作，初步完成了保护工程。

整个工程在山西省考古研究所的统一领导和规划下，由北京科技大学铁质文物保护课题组负责组织和实施地下部分的阴极保护施工工程。

根据遗址整体的施工进度，结合地面上七星柱的落位施工，首先进行七星柱的阴极保护施工安装（图一五）。按设计要求安装辅助阳极、参比电极，并布置各种电缆的穿管、走线，测定各阳极位置和集线点位置。

铁牛下的电化学阴极保护工程实施前，先经过软着陆托换后，需逐步拆除地下室内提升铁牛的工程支撑架（图一六），避免以后遮挡阴极保护电流。具体施工顺序为：由于铁牛下部已被大量工字钢焊接支撑并托举到位，铁牛基座底板已坐落在枕木之上，因而只能先浇筑周边混凝土围墙，然后浇筑主副支撑梁并封顶；浇筑前将枕木置于铁牛基座铁板与副梁模板之间，以便实现软着陆托换（其间，由于主副梁离锚柱太近、太高，遮挡阴极保护电流，所以临时决定将镁阳极带缠绕在锚柱根部与底板之间）；待混凝土浇筑、硬化、养护之后，切割锚柱周边的所有工字钢；封顶上铁牛锚

图一五　地面上实施七星柱电化学阴极保护工程

图一六　地下室内实施电化学阴极保护工程前拆除 1 号和 2 号铁牛提升架

柱位置留有长方形通孔和另外两个倾倒级配砂的工程预留方孔（南墙上也开有两个工程预留人孔）；用级配砂逐渐填满锚柱间所有空隙，同时埋设长效参比电极和辅助阳极，固定混凝土梁的绝缘板和电缆线；局部点水保湿后，最终填满整个铁牛下部的锚柱周边，然后封孔、垫土。

全部拆除完提升支撑架后，安装好铁柱上的阴极线、地线及参比电极，开始用级配砂回填。同时按设计位置和距离安装 1 号铁牛和 2 号铁牛下周边的所有的辅助阳极（图一七）。施工完毕后，各阳极安装位置如图一八所示。

图一七　1 号和 2 号铁牛地下室回填工程及辅助阳极安装施工过程

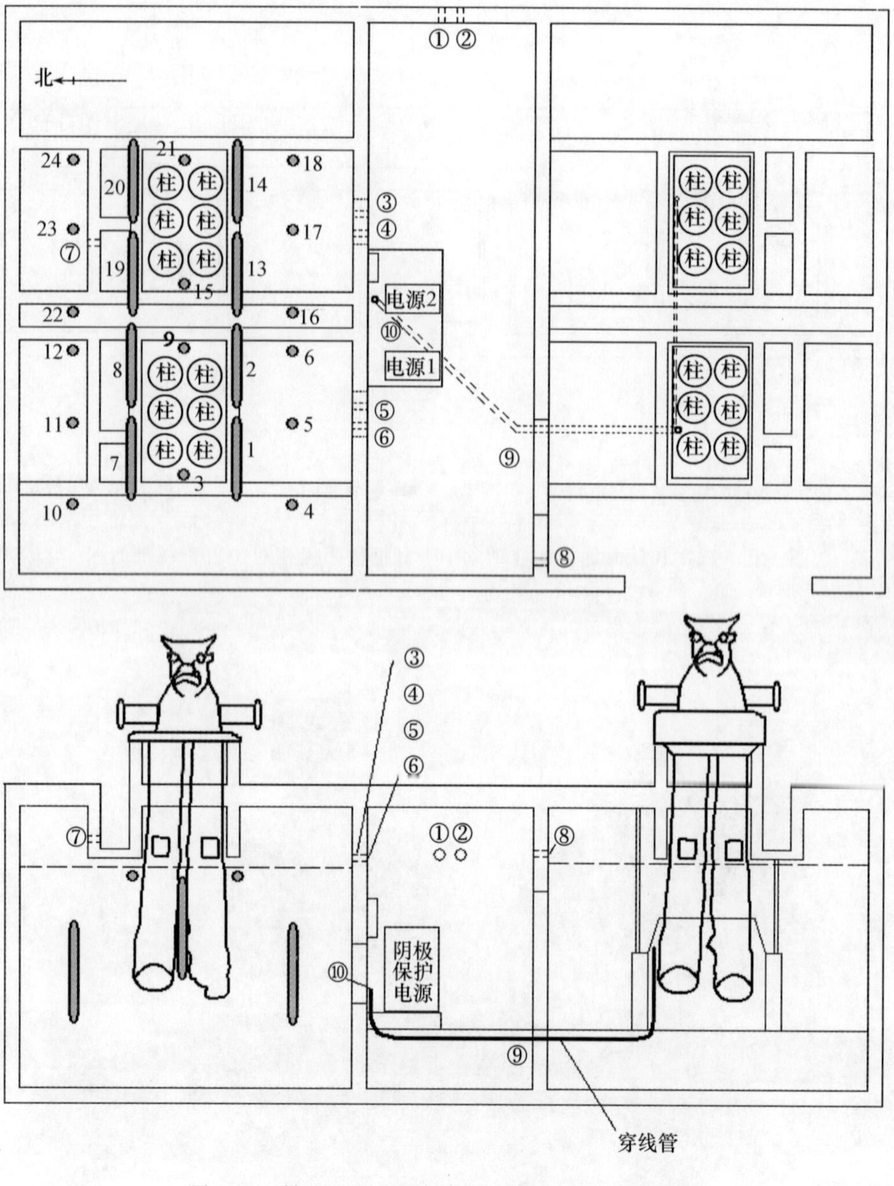

图一八　铁牛地下室阴极保护辅助阳极布置示意图

1号铁牛和2号铁牛地下的辅助阳极埋置完毕后，安装地面上铁人下部的牺牲阳极和参比电极，以及3号铁牛和4号铁牛下的牺牲阳极与参比电极，然后进行设备连接与调试。保护现场的整体概貌如图一九所示。最后，恢复地面上的原始地面（图二〇）。

9. 后期的测试与管理

在施工后期，对整个阴极保护系统进行调试和检测（图二一）。施工完毕后，密切监测设备运行情况（采用自动检测装置和自动记录存储装置），检测保护效果。定期进行保护系统的检测和铁质文物保护情况的检查（图二二）。积极配合山西省考古研究所和当地文物保护系统的管理工作，维护保护系统的正常运行。积极提供现代保护科技发展的新成果和成熟技术，使国家珍贵文物得以长久保存。

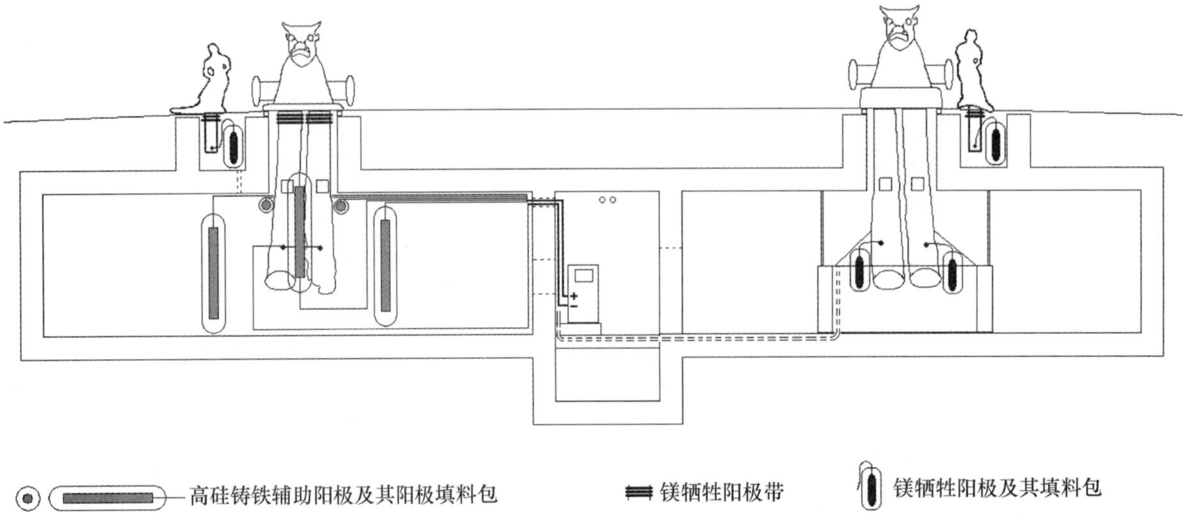

图一九　铁牛和铁人地下锚柱辅助阳极和牺牲阳极相对位置正视剖面图

图二〇　在3号铁人铁牛下安装好牺牲阳极后恢复了原始地面

图二一 安装连接并开始运行阴极保护系统后进行的设备调试

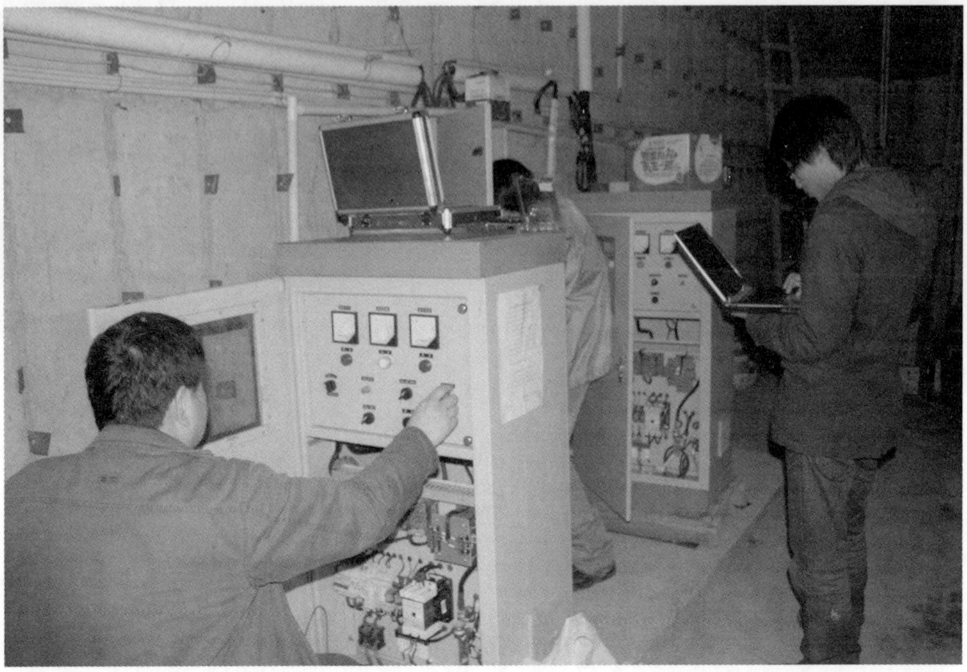

图二二 运行一段时间后2009年复查控制室内铁牛及七星柱阴极保护设备的运行情况

10. 该项保护工程的特点和创新

通过大量和长期的实验室及现场的实验研究，在国内首次尝试利用现代电化学阴极保护技术对古代大型铁质文物进行保护。

由于工程的特点和大型铁质文物构造的复杂性，首次采用了不同辅助阳极独立控制通电的方式，可以更好地控制大型异构铁质文物和分散铁质文物在各个局部区域的阴极电流的均匀分布。不仅首次实现了埋地环境中对铁质文物的带锈保护，而且首次实现了对大型、异形的铁质文物的电化学阴极保护。

由于构造的复杂性，外加阴极保护电流不易到达铁质文物处于地表面层部位，特别是地表的石头路面将导致在石缝中电流传递困难。因此，本项目中，首次采用了牺牲阳极带与外加电流的联合保护方式，对地表层部位进行了保护。

本项目的阴极保护设备具备了防雷击、防断电（短期断电时仍可进行电位监测）、可更换控制模式等多种功能和特点。

附录三　模拟蒲津渡遗址文物铸铁的腐蚀研究

王　宁　何积铨　韩汝玢

（北京科技大学）

1. 引言

唐代蒲津渡遗址是我国第一次发掘的大型渡口遗址，该遗址出土的大量铁质文物也是我国目前最大的铁质文物群。这批铁质文物在出土前后经历了一个从地上到地下、再从地下到地上，以及多次水淹的环境转变，使得原有埋藏环境中的平衡不断被打破。目前，也总有人不断在怀疑铁牛在气相环境中似有腐蚀加剧、锈蚀层严重脱落等现象，所以非常有必要针对其所处的不同环境进行腐蚀研究。

2. 试验

（1）试验材料及环境

在不损害铁器群主要形貌的前提下，选择铁器群残破处取铁样，运用SEM能谱分析检测，结果显示这批铁器为低硅低硫高碳灰口铸铁。根据其组织成分，试验采用模拟蒲津渡遗址铁器群的低硅低硫高碳灰口铸铁试样，本文称其为模拟唐代灰口铸铁，其化学成分见表一。

表一　试验铸铁试样的化学成分（wt%）

元素	C	Si	Mn	S	P	Fe
蒲津渡遗址铁质文物	3.53	0.062	0.4	0.031	1.2	余量
模拟唐代灰口铸铁	4.00	0.15	0.3～0.6	0.05～0.1	0.8	余量

蒲津渡遗址铸铁文物的金相组织检测（图一）表明，铁质文物中石墨为粗大的片状，石墨片长度在100倍显微镜下为12～25毫米，属3级，基体组织为珠光体及少量铁素体，珠光体数量大于80%。模拟唐代灰口铸铁试样中为片状石墨（图二），石墨长度为3级，其组织为珠光体基体上分布有大量片状的石墨，这与蒲津渡遗址铁质文物的显微组织基本相似。

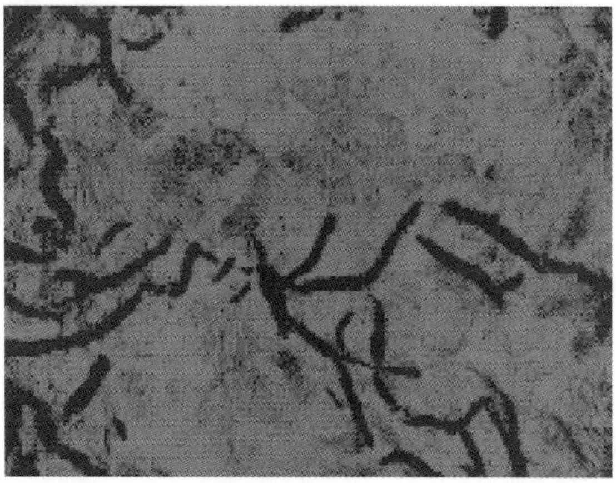

图一　蒲津渡遗址铁质文物金相显微组织[1]

图二　模拟唐代灰口铸铁金相显微组织

蒲津渡遗址的铁质文物在出土时就已锈蚀严重，器物的基体上均生成了很厚的锈层。为了研究厚的锈层对铁质文物腐蚀的影响，即研究锈层可以抑制文物的进一步腐蚀还是加速其腐蚀行为，本试验选用了在实验室潮湿砂土中埋藏 13 年已生成较厚锈层的模拟唐代灰口铸铁试样（以下称带锈铸铁），其具体形貌见图三。

图三　带锈铸铁试样

蒲津渡遗址出土铁质文物在完全出土前大致经历了三种环境变化，即完全浸泡于当地的地下水中；由于黄河改道，遗址水位下降后，铁器群文物部分埋于饱水的砂土中；随后又暴露于大气环境中。因此为了尽可能真实地再现并研究其腐蚀变化，试验中模拟设置了三种环境来研究模拟唐代灰口铸铁的腐蚀情况，即地下水溶液、含有地下水溶液的砂土中、暴露于大气环境。在砂土环境中又分为：浅埋在砂土中，即铸铁试样上覆盖的砂土厚度小于 1 厘米；较深的埋在砂土中，即以试样的上表面为基准，埋入深度为 15 厘米。之后向砂土中浇入模拟的遗址地下水溶液，埋放较深的铸铁试样在试验过程中一直处于饱水的状态，而浅埋的砂土每隔 3 天补入模拟的地下水溶液，使其不断处于潮湿与干燥的交替状态。地下水溶液按照蒲津渡遗址地下渗水（表二）的离子浓度及 pH 模拟配置，配置的具体比例见表三。

表二　蒲津渡遗址地下渗水的离子浓度（mg · L^{-1}）及 pH

离子	Cl^-	HCO_3^-	CO_3^{2-}	SO_4^{2-}	Ca^{2+}	Mg^{2+}	Na^+
离子浓度	517. 6	1261. 6	—	758. 89	80. 04	106. 53	598. 4
物质的量浓度（mol · L^{-1}）	0. 01458	0. 02068	—	0. 007905	0. 002	0. 0044	0. 02602
pH	7. 74						

在配制模拟蒲津渡遗址地下水溶液时，选用了 $NaHCO_3$、$CaCl_2$、Na_2SO_4、NaCl、$MgSO_4 \cdot 7H_2O$ 几种分析纯的化学试剂。

表三　模拟蒲津渡遗址地下水溶液的离子浓度及 pH

离子	Cl^-	HCO_3^-	CO_3^{2-}	SO_4^{2-}	Ca^{2+}	Mg^{2+}	Na^+
离子物质的量浓度（mol · L^{-1}）	0. 01458	0. 02068	—	0. 00791	0. 002	0. 0044	0. 03828
pH	7. 6 ~ 7. 8						

（2）实验方法

在模拟地下水溶液和砂土中分别运用埋片法和电化学极化法来探讨模拟文物铸铁的腐蚀规律，在盐雾箱内用模拟的蒲津渡遗址雨水溶液（表四）代替盐溶液，对其进行模拟大气环境中的加速腐蚀研究。

按照蒲津渡遗址雨水的检测结果配制模拟雨水溶液[2]，用 7. 8mg$CaCl_2$，10. 2mg$MgCl_2 \cdot 6H_2O$，4. 2mgNa_2SO_4，20. 2mgNaCl 在 1000mL 蒸馏水中配成模拟雨水溶液。

表四　模拟雨水溶液与遗址现场雨水的离子浓度（mg · L^{-1}）及 pH

离子名称及 pH	Cl^-	SO_4^{2-}	Na^+	Ca^{2+}	Mg^{2+}	pH
模拟雨水溶液	20. 8	2. 84	9. 3	2. 81	1. 21	5. 9
遗址现场雨水	20. 8	2. 84	15	2. 81	1. 21	5. 6

3. 试验结果与分析

（1）埋片法下铸铁试样在地下水溶液和砂土中的腐蚀结果

模拟唐代灰口铸铁试样浸泡于模拟地下水溶液中，在浸泡的第 10、20、30、60、90、120 天时分别拿出两块试样，酸洗除锈称重，利用埋片失重法计算铸铁试样在溶液中的腐蚀速度。试样在溶液中的腐蚀数据和由失重求出的腐蚀速度列于表五。

表五　模拟灰口铸铁试样在模拟地下渗水溶液中的腐蚀重量数据及腐蚀速度表

埋样时间（天）	试样号	W_0 [g]	W_t [g]	ΔW [g]	ΔW [mg]	$\Delta\overline{W}'$ [mg]	$\overline{V}$ [mg/（cm^2·d）]
10	LMC1	85.4883	85.4448	0.0435	57.3	57.3	0.081
	LMC2	87.5604	87.5141	0.0463			
20	LMC3	88.3363	88.2376	0.0987	105.6	48.3	0.068
	LMC4	92.3830	92.2954	0.0876			
30	LMC5	98.1966	98.0540	0.1426	124.1	18.5	0.026
	LMC6	87.3901	87.3092	0.0809			
60	LMC3	88.3363	87.9558	0.3805	473.5	349.4	0.164
	LMC4	92.3830	91.8413	0.5417			
90	LMC5	98.1966	97.6666	0.5300	544.8	71.3	0.033
	LMC6	87.3901	86.8755	0.5146			
120	LMC6	87.3901	86.6752	0.7149	759.2	214.4	0.101
	LMC5	98.1966	97.4381	0.7585			

注：LMC—代表在模拟地下水溶液中的模拟唐代灰口铸铁试样；由于试验样品数量限制，在此试验中部分样品被重复使用。

同样用埋片法得到模拟唐代灰口铸铁在砂土中的腐蚀速率，以及带锈铸铁在模拟地下水溶液和砂土中的腐蚀速率，结果见图四所示。

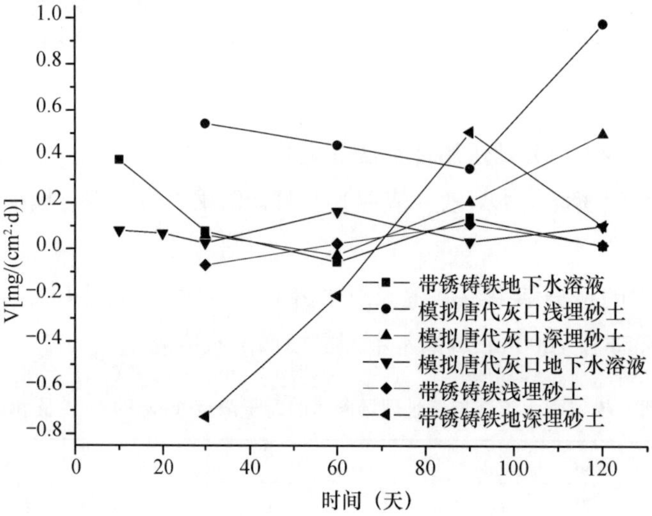

图四　试样在模拟地下水溶液和埋在砂土中时腐蚀速率随时间的变化

由图四可以看出，在地下水溶液埋片试验中，除第20天时的平均腐蚀速度较大外（可能是在第20天的取样称重中，有大量的砂锈掉落），铸铁试样在模拟地下水溶液中的腐蚀差异不大。具体来看，带锈铸铁试样的平均增重腐蚀速度在第一个月内变化幅度较大，在之后的三个月内，其平均腐蚀速度变化幅度减弱，而且腐蚀速度也相对比较小。模拟唐代灰口铸铁试样在整个试验过程中的平均腐蚀速度变化比较平稳，且腐蚀速度相对较小，其在第二个月内的腐蚀最严重，但速度也只达到0.164mg/（cm^2·d）。地下水溶液中，模拟唐代灰口铸铁与带锈铸铁试样的腐蚀速度有一定差别，但规律不明显。

深埋在砂土中时，带锈铸铁试样的平均腐蚀速度变化比较大，其在第一个月到第二个月时的平均腐蚀速度均为负值，这可能是由于试样的锈层比较厚，金属基体的腐蚀缓慢，在饱水的砂土中，锈层中的粉状锈物严重流失，致使在重量计算中有较大的偏差，进而影响到实验结果的分析。此外带锈试样在第三个月的速度为0.508mg/（cm^2·d），也是相对比较大的。模拟唐代灰口铸铁试样在第一个月内的腐蚀速度较小，但在之后的时间段内，都在逐渐增大，在第四个月时达到0.499mg/（cm^2·d），除第90天时的腐蚀速度外，模拟唐代灰口铸铁的腐蚀速度均比带锈铸铁试样的腐蚀速度较高。

浅埋在含有地下水溶液砂土中时，在整个实验过程中模拟唐代灰口铸铁的平均腐蚀速度均大于带锈铸铁试样的腐蚀速度。

（2）电化学极化法——铸铁试样在地下水溶液和砂土中的极化行为

从图五来看，总体上模拟唐代灰口铸铁试样随着在地下水溶液中浸泡时间的延长，试样的零电流电位有所正移，其中在60天时的腐蚀电位最正，其腐蚀速度一直减小，到90天时腐蚀速率达到相对最小值，但随后又逐渐增大。

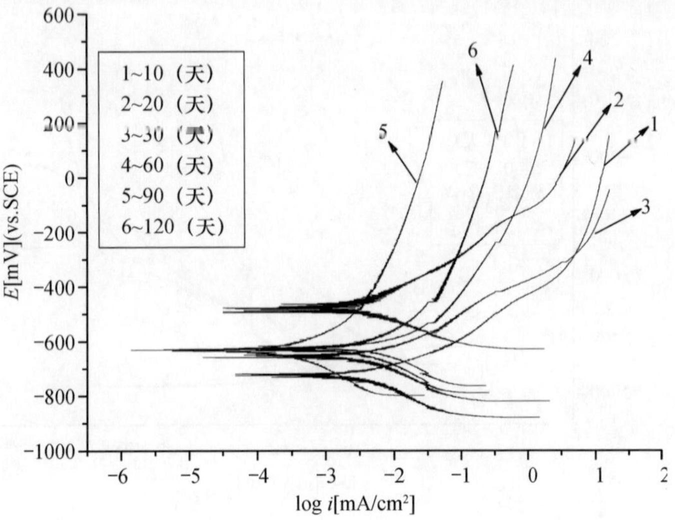

图五　模拟唐代灰口铸铁在模拟地下水溶液中的极化曲线

从图六可以看到，模拟唐代灰口铸铁试样浅埋在含有地下水溶液砂土中时，在第一个月时的零电流电位相对最正，但其腐蚀速率也相对最大，而第四个月时的电位则最负，试样在第三个月时的腐蚀速度达到相对最小值，随后又逐渐增大。

从图七来看，模拟唐代灰口铸铁试样深埋在含有地下水溶液砂土中时，在第一、二、四这三个月时的零电流电位基本一致，看似均有一小段钝化区，且第一和第四个月的腐蚀速度较一致，都较大，而第二个月时的腐蚀速度相对略小一些。相比之下试样在第三个月时的零电流电位有所正移，且其腐蚀速度相对最小。

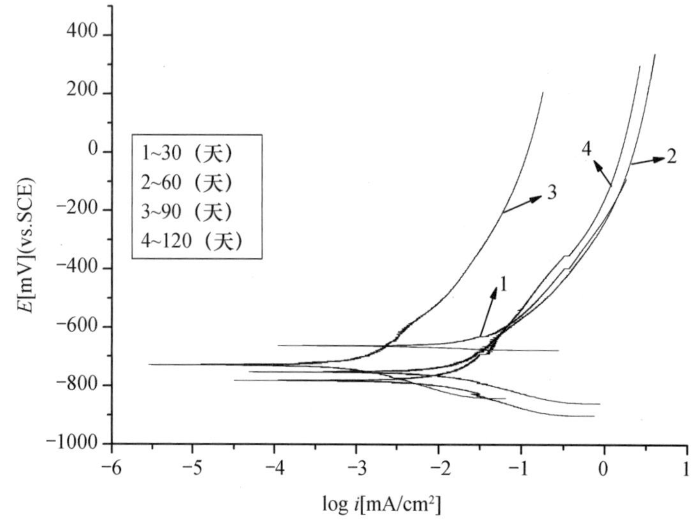

图六　模拟唐代灰口铸铁浅埋在含有地下水溶液砂土中的极化曲线

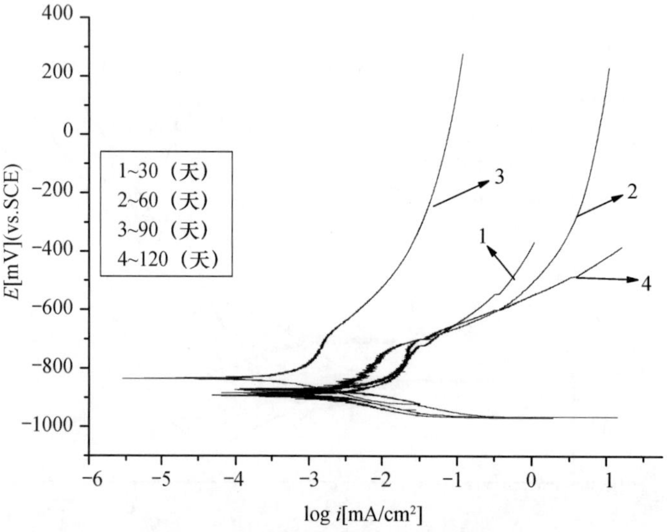

图七　模拟唐代灰口铸铁深埋在砂土中的极化曲线

从图八可以看出，带锈铸铁试样在地下水溶液中基本都处于钝化状态。随着浸泡时间的延长，试样的维钝电流密度逐次明显减小，尤其是第三个月时的电流密度减小的幅度很大，其电流密度也最小。试样在四个月内的零电流电位变化也仅在100毫伏范围之内，带锈试样的腐蚀行为比较弱且较稳定。

从图九来看，带锈铸铁试样浅埋在含有地下水溶液砂土中时基本上处于不稳定的钝化状态下，试样在第一个月时的零电流电位相对最正，而在第四个月时的电位则最负。第三个月时，试样的维钝电流密度明显最小，而其他三个时间段的电流密度较小且差异不是很大。

从图一〇来看，带锈铸铁试样深埋在含有地下水溶液砂土中似有钝化的趋势。在第一个月时，试样的零电流电位相对最正，其他三个时间段的电位差异不大且较负。试样在第三个月时的腐蚀速度相对最小，而第二和第四个月时的腐蚀速度相对比较大。

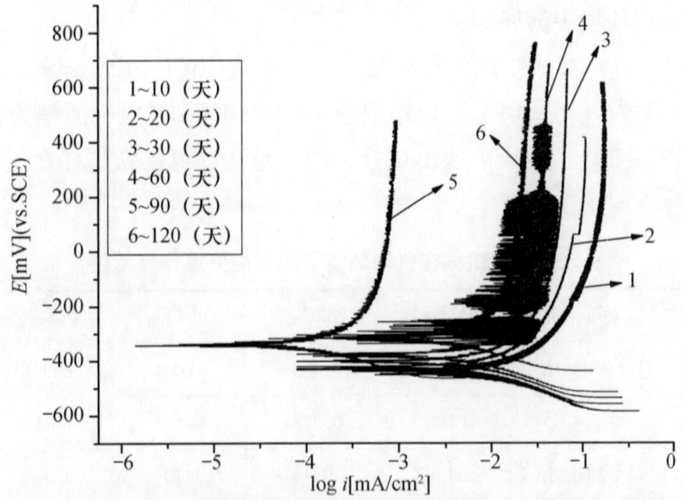

图八　带锈铸铁在模拟地下水溶液中的极化曲线

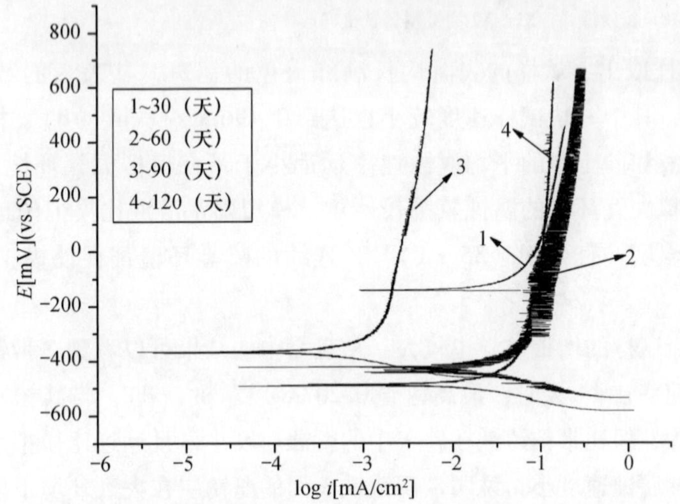

图九　带锈铸铁浅埋在含有地下水溶液砂土中的极化曲线

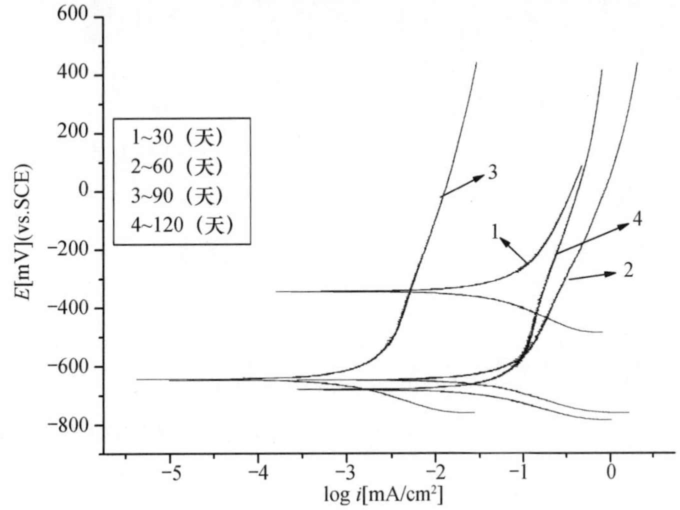

图一〇　带锈铸铁深埋在砂土中的极化曲线

（3）模拟铸铁在气相环境中的腐蚀

将两块模拟唐代的灰口铸铁试样挂于盐雾箱中，按照《GB/T10125—1997 人造气氛腐蚀试验盐雾试验》进行试验，温度为（35±1）℃，连续喷雾14天（336小时），溶液为模拟的当地雨水，试样正面与垂直方向呈15°～30°。14天后取出试样，用失重法计算铸铁试样在气相加速环境下的腐蚀速率，具体结果见表六。

表六　铸铁试样在气相环境下的腐蚀失重计算结果

试验时间（天）	试样号	W_0［g］	W_1［g］	ΔW［g］	$\Delta\overline{W}$［mg］	S（cm^2）	$\overline{V}$［mg/（cm^2·d）］
14	L1	90.2916	89.9244	0.4804	480.4	69.18	0.496
	L2	82.4095	81.7443	0.7784	778.4	68.88	0.807
	X1	231.38	231.82	0.44	440	151.5	0.207
	X2	98.0892	98.0313	0.0579	57.9	69.46	0.060

注：L1、L2为模拟唐代灰口铸铁试样；X1、X2为带锈铸铁试样。

14天后将两块试样取出，试样的表面均长满红褐色的锈斑，从表六的数据显示来看，模拟铸铁的腐蚀速度较大，其中一块试样速度较小也达到0.496mg/（cm^2·d）。相比之下，模拟唐代灰口铸铁在地下水溶液和砂土中的平均腐蚀速率远远小于其在模拟大气环境下的加速腐蚀速度。这可能主要是由于模拟大气环境的腐蚀氛围较严重，模拟雨水溶液比模拟的地下水溶液偏酸，而且大气环境试验中，温度一直处于（35±1）℃，连续的喷雾环境都促使模拟唐代灰口铸铁的腐蚀加剧。

两块带锈铸铁平行试样的增重差异也较大，从表六中的结果可以看到，带锈铸铁在模拟大气环境下加速腐蚀的腐蚀速率在14天时，最高达到0.207mg/（cm^2·d），与其相同时间在地下水溶液中的腐蚀速度相比较大，但比带锈铸铁在砂土中的腐蚀速度小，且远远比模拟唐代灰口铸铁在模拟大气环境下加速腐蚀的腐蚀速度小，说明带锈铸铁表面的厚锈层在大气环境下阻碍了铸铁基体的腐蚀，有一定的保护作用。

3. 讨论

此外从表七可以看到，唐代灰口铸铁的平行试样在模拟大气环境加速腐蚀试验中，14天时的腐蚀速度分别为0.496mg/（cm^2·d）、0.807mg/（cm^2·d）。根据铸铁试样在各环境下随时间延长，腐蚀速度基本逐渐变大的规律来看，铸铁试样在模拟加速气相环境下的腐蚀速度最大。

表七　地下水溶液及砂土中模拟唐代灰口铸铁的腐蚀失重速率［mg/（cm^2·d）］

埋置环境	实验时间（天）					
	10	20	30	60	90	120
浅埋砂土中	—	—	0.542	0.448	0.348	0.977
深埋砂土中	—	—	0.061	-0.027	0.206	0.499
模拟地下水溶液	0.081	0.068	0.026	0.164	0.033	0.101

从埋片法、电化学极化法以及气相加速腐蚀试验结果可以得知，模拟唐代灰口铸铁在地下水溶液中的腐蚀速度最小，在砂土中的腐蚀速度次之，在模拟加速大气环境中的腐蚀速度则相对较大。

在砂土和水溶液中，铸铁的腐蚀主要为耗氧腐蚀。当铸铁埋于砂土时，砂土中的氧气部分存在于砂土的孔隙与毛细管中，部分溶解在水溶液中。由于砂土中的含氧量与其湿度和结构有密切的关系，由于湿度和结构的不同，砂土中的含氧量相差就特别大，进而造成氧浓差电池的腐蚀。此外试验中，铸铁是水平埋放在砂土中的，这样氧到达铸铁上下两个面的速度和量就有一些差别，会形成氧浓差电池腐蚀。由于氧量相对较少，铸铁的下表面就可能成为阳极区，腐蚀主要就集中在这一区域，造成局部腐蚀[3]。因此与水溶液中铸铁的腐蚀相比，铸铁在砂土中的腐蚀速度较大。

铸铁浅埋在砂土中时，由于是每隔三天被浇一次水溶液，所以铸铁在砂土中一直处于干燥潮湿交替的状态。铸铁处在饱水的砂土中时，其腐蚀中消耗的氧都是由水溶液和砂土中的孔隙来传输，但是当砂土处于干燥状态时，外界的氧通过砂土的孔隙较容易传输到铸铁基体，随后浇入水溶液，铸铁的腐蚀就加剧。如此不断地干湿交替，使铸铁的腐蚀明显大于深埋在砂土中的腐蚀速度。

从表八显示的数据来看，在整个试验过程中，带锈铸铁在地下水溶液与浅埋在砂土中的腐蚀速度差别不大，但其深埋在砂土中的腐蚀速度则远大于其他两种环境下带锈铸铁的腐蚀速度。由带锈铸铁在不同环境中的极化结果，也可看到一致的规律。

表八　地下水溶液及砂土中带锈铸铁的腐蚀增重速率 [mg/（cm^2·d）]

埋置环境	实验时间（天）					
	10	20	30	60	90	120
浅埋砂土中	—	—	-0.069	0.023	0.109	0.018
深埋砂土中	—	—	-0.727	-0.202	0.508	0.103
模拟地下水溶液	0.385	-0.933	0.077	-0.056	0.137	0.014

带锈铸铁的平行试样在模拟大气环境加速腐蚀试验中，14天时的腐蚀速度分别为0.207mg/（cm^2·d）、0.060mg/（cm^2·d），其介于带锈铸铁在地下水溶液和砂土中的腐蚀速度。同时，带锈铸铁在大气环境下的腐蚀速度远小于模拟唐代灰口铸铁在模拟加速大气环境下的腐蚀速度，即带锈铸铁表面的锈层可能抑制了裸表面基体腐蚀的进一步发展。

由试验结果，可以得出带锈铸铁在地下水溶液中的腐蚀速度较小，在模拟加速大气环境下的腐蚀速度次之，带锈铸铁深埋在砂土中的腐蚀速度相对最大，这与裸表面的模拟唐代灰口铸铁随含氧量增加腐蚀速度增大的规律不一致，此现象还有待于今后的进一步研究。

同时依据埋片法和电化学极化实验结果得出，在模拟地下水溶液和模拟大气环境中，带锈铸铁试样的腐蚀速度基本上均小于模拟唐代灰口铸铁试样的腐蚀速度，即铸铁表面的厚锈层阻碍了铸铁基体的腐蚀。埋放在砂土中时，从埋片法得出带锈铸铁的腐蚀速度均小于模拟唐代灰口铸铁，但极化法的试验结果显示，带锈铸铁的腐蚀速度均略大于模拟唐代灰口铸铁的腐蚀速度。这种不一致性，还有待于进一步的探讨研究。

4. 结论

铸铁的埋放环境不同，其腐蚀行为有所差异。铸铁在模拟加速大气环境中的腐蚀最为严重，其次是在砂土中的腐蚀状况，铸铁在地下水溶液中的腐蚀较为稳定且程度较弱。铸铁在地下水溶液中的自然腐蚀电位比其在砂土中的电位较正。

在地下水溶液和模拟加速大气环境中，带锈铸铁试样的腐蚀速度基本上均小于模拟唐代灰口铸铁试样的腐蚀速度，即铸铁表面的厚锈层阻碍了铸铁基体的腐蚀。

参考文献

[1] 山西永济蒲津渡遗址铁器群保护课题组．内部资料．

[2] 杨小林．蒲津渡遗址铁人现场保护录．见：中国化学会应用化学委员会编．文物保护与修复纪实，广州：岭南美术出版社，2004.（11）：53－61.

[3] 张艳成．带锈铸铁的腐蚀和阴极保护．硕士学位论文．北京：北京科技大学，1996.

附录四　模拟文物铸铁的阴极保护行为*

张艳成[1]　何积铨[1]　吴荫顺[1]　韩汝玢[1]　刘永生[2]　杜水生[2]
（1. 北京科技大学　2. 山西省考古研究所）

唐代蒲津渡遗址出土的铁牛、铁人、铁山和七星柱等铁器群在出土以后，由于环境变异，在原来已锈蚀生成很厚锈层的基础上遭受更加严重的腐蚀，急需保护。但传统的保护处理方法（除锈、缓蚀性涂层封护处理等）[1,2,3]对于铸铁文物的埋地部分不是很适用，因为原地、原位保护使得恶劣的保存环境难以明显改善，原貌保护不希望破坏锈层。铁器文物埋地部分的腐蚀主要是电化学腐蚀过程，而阴极保护则能从根本上控制电化学腐蚀过程。本文研究这种已生成较厚锈层的带锈铸铁在3.5% wtNaCl溶液中的阴极保护规律，为确定对其施行阴极保护的可能性和可行性提供理论和技术基础。

1. 试验方法

试验材料为模拟唐代蒲津渡遗址铁器群的组织成分炼制而成的低硅低硫高碳灰口铸铁。其成分为(质量分数,%)：C 4，Si 0.15，P 0.8，S 0.05~0.1，Mn 0.3~0.6，Fe 余量。试片尺寸为60 mm×50 mm×5 mm，涂层铸铁是在裸铸铁试片的表面涂覆一层聚苯乙烯涂料（平均厚度为60μm）。带锈铸铁是裸铸铁在含盐湿砂（浸透3.5% NaCl溶液的湿砂介质）中埋片600 d已生成较厚锈层的试片。

带锈铸铁、涂层铸铁和裸铸铁分别浸于3.5% wtNaCl溶液（模拟土壤溶液）中施加恒电位阴极保护。阴极保护电位分别选择−1400~−800 mV（SCE），实验周期30 d。文中电位均相对于饱和甘汞电极（SCE）。

2. 结果与讨论

带锈铸铁、裸铸铁、涂层铸铁分别在−1000 mV下阴极保护的电流密度随时间变化的$\lg i \sim \lg t$曲线如图一所示。图一表明阴极保护初期，带锈铸铁所需阴极保护电流密度远大于裸铸铁的情况，直到10 d左右时，才趋于稳定，它的数值与裸铸铁的稳态阴极保护电流密度大致相等。还可看出，

* 本文原刊于《腐蚀科学与防护技术》1997年第9卷第3期，228~230页。

带锈铸铁的 lg$i$ 与 lg$t$ 在很长时间内呈较好的线性关系，而裸铸铁的 lg$i$ 与 lg$t$ 只在 1000 s 内呈直线关系，且重现性不好，而涂层铸铁的几乎无直线关系。

利用线性回归分析处理可求得 rusty（1）和 rusty（2）的直线方程分别为：

$$\lg i = 2.809 - 0.607 \lg t \quad t \in (900\ \text{s},\ 20\ \text{d}),\ 相关系数\ r = -0.995 \tag{1}$$

$$\lg i = 2.808 - 0.605 \lg t \quad t \in (900\ \text{s},\ 20\ \text{d}),\ 相关系数\ r = -0.992 \tag{2}$$

而裸铸铁的 bare（1）和 bare（2）的直线部分方程分别为：

$$\lg i = 1.806 - 0.695 \lg t \quad t \in (3.6\ \text{s},\ 15\ \text{min}),\ 相关系数\ r = -0.997 \tag{3}$$

$$\lg i = 1.767 - 0.812 \lg t \quad t \in (3.6\ \text{s},\ 15\ \text{min}),\ 相关系数\ r = -0.994 \tag{4}$$

带锈铸铁表面有较厚的坚硬的砂土与铁锈的黏结层。恒电位保护时，主要的阴极反应耗氧反应和析氢反应都将受到扩散控制。因其复杂状态，在短时间内很难达到稳态扩散，该扩散可能是非稳态扩散[4]。在非稳态扩散步骤为控制步骤时，扩散电流密度 i 为：

$$i = nFD \times (c^0 - c^s) / (\pi D t)^{1/2} \tag{5}$$

为了转化成线性关系便于分析，对式（5）两边取对数，得：

$$\lg i = \lg [nFD \times (c^0 - c^s) / (\pi D)^{1/2}] - 0.5 \lg t \tag{6}$$

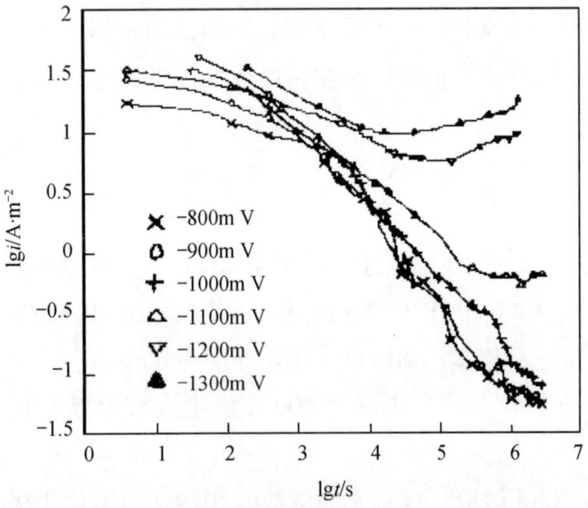

图一　不同表面的铸铁浸于 3.5% wtNaCl 溶液在 -1000mV 下阴极保护的 lg$i$ ~ lg$t$ 曲线

由试验数据分析求得带锈铸铁的电流密度和时间的关系方程与反应受非稳态扩散控制的理论关系式相吻合，只是方程中 lg$t$ 的系数 -0.6 与理论关系式中的 -0.5 有些偏差。这是由于实际阴极反应电流密度还受电化学过程和充电电流的影响，且多个阴极反应相互影响也会引起偏差。在施加保护的最初短时间内，带锈铸铁的 lg$i$ 与 lg$t$ 不呈线性关系。这是因为在 t 很小时，i 很大，即扩散传递的速度是很大的，这时体现出电极过程非扩散步骤的迟缓性。随着时间的延长，非稳态扩散的等效扩散层厚度 $\delta = (\pi D t)^{1/2}$ 将增大，扩散过程逐渐达到稳态，从而使保护电流密度最终达到一个稳态值。

裸铸铁被保护初期，lg$i$ 与 lg$t$ 呈线性关系，但斜率系数偏离 -0.5 较大，可以认为是由于裸铸铁表面有在空气中形成的氧化膜的作用，使得在保护初期短时间内阴极反应受非稳态扩散步骤的控制，但其受电化学步骤的影响比较大。随后，氧化膜的影响消失后，裸铸铁的阴极保护电流密度逐渐趋于稳定。

带锈铸铁在不同保护电位下阴极保护电流密度随时间变化的 lg$i$ ~ lg$t$ 曲线，如图二所示。-800mV和 -900mV 保护时，其阴极电流密度的变化规律同 -1000mV 保护时很接近。而 -1100mV、-1200mV 和 -1300mV 保护时，曲线 lg$i$ ~ lg$t$ 在一段呈线性之后而有上升的趋势。线性段的持续时间较短，即非稳态扩散步骤控制的时间较短；保护电位越负，该控制时间越短。这是因

为保护电位在比 -1100mV 更负时，阴极反应的过电位增大，使得阴极反应加快，阴极过程中析氢反应所占份额增大，当气泡开始从锈层孔隙中析出，锈层的扩散阻力逐渐减小，保护电流密度有增大的趋势。

带锈铸铁表面较厚的砂锈层使其阴极保护电流密度在保护初期较长时间内受非稳态扩散步骤控制，所以保护初期其阴极保护电流密度衰减缓慢，使得较长时间内需要较大的保护电流密度。而保护电位太负时，锈层易受到破坏，所需保护电流密度显著增加，保护效率显著降低。这是带锈铸铁表面较厚砂锈层对其阴极保护规律的影响。

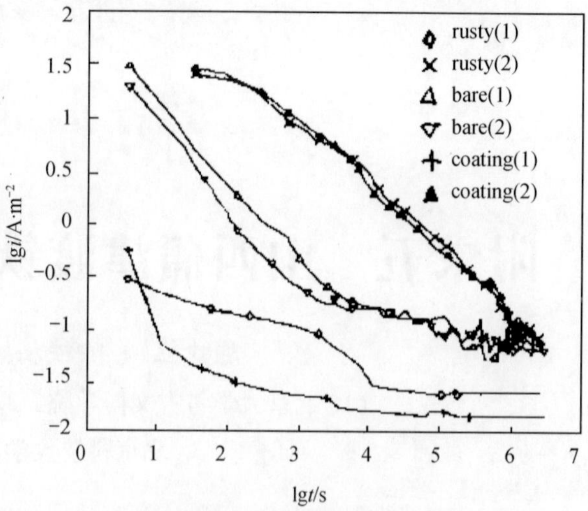

图二　带锈铸铁浸于 3.5% wtNaCl 溶液在不同保护电位下的 lg$i$ ~ lg$t$ 曲线

参 考 文 献

[1]　Golden J, Mayne J E O. Br. Corros. J., 1978, 13: 145.

[2]　Robert Walker. J. of Chemical Education, 1982, 59 (11): 943.

[3]　方佑龄，赵文宽. 化学通报，1991，(2)：15.

[4]　李荻. 电化学原理. 北京：北京航空航天大学出版社，1989. 304.

附录五　山西蒲津渡铁器的 AMS-^{14}C 测年研究

陈建立[1]　陈铁梅[1]　王建平[2]　韩汝玢[3]

（1. 北京大学考古文博学院　2. 中国国家博物馆文物科技保护部

3. 北京科技大学冶金与材料研究所）

蒲津渡遗址位于山西省永济市西约 13 公里处（蒲州古城西门外），黄河故道淤泥之中，是唐代历史上著名的古渡口。蒲津渡自古以来就是联系陕晋的交通要道，如隋唐时期“诸州调物，每岁河南自潼关，河北自蒲坂，达于京师，相属于路，昼夜不绝者数月”，蒲州桥成为当时联系京师长安和中原的命脉。唐开元八年（720 年）唐王朝定蒲州城与陕、郑、汴、怀、绛并称六大雄城。次年改蒲州城为河中府，定为中都，这一年十二月，增修蒲州桥。开元十二年升蒲州河东郡为近畿四辅之上辅，蒲州城的地位愈加重要，随“铸八牛、东西岸各四牛，以铁人策之，其牛并铁柱入地丈余，前后铁柱三十六，铁山四，夹岸以为舟梁”，这次改建，是从春秋鲁昭公时期始设浮桥至明洪武年间的 1900 余年历史中最大的一次改建。元末明初，蒲津渡铁桥废弃并逐渐淹没于黄河淤泥之中。1989 年蒲津渡遗址被发现，并于 1991 年对遗址进行了初步的清理发掘，完整出土了大型铁牛和铁人等文物，发掘清理出铁牛 4 尊，每尊铁牛旁各立一铁人（图一），铁牛下还发现有铁板、铁柱及地锚结构，铁牛尾部设有铁制横轴，在遗址中还出土长约 6 米、直径约 40 厘米的铁柱和 H 型铁柱，还有铁山墩等铁质文物群，在考古学、桥梁建筑、冶炼铸造、黄河水文变迁等学科领域，有着十分重要的研究价值。但是，由于遗址铁器位于现地平面约 8 米以下，自出土之时起，铁牛群所处的环境恶劣，保护形势十分严峻。据记载该铁器群在宋代曾经过修缮，为准确判定它们的年代，分别在 1 号铁人、2 号铁人、4 号铁牛下铁条和南侧铁山选取 6 件铁样品进行 AMS-^{14}C 年代测定。

1. 铁器的^{14}C 测年的研究

早期炼铁是使用木炭作为燃料的，在冶炼过程的高温下铁与渗入的碳形成合金，炉渣等冶铁遗物中也含有一定的碳，所以直接利用铁器和冶铁遗物进行^{14}C 测年，可为推断冶铁技术的起源和传播问题提供直接的年代学证据。其实直接利用铁器和冶铁遗物进行测年已引起国际学术界的重视。1969 年 van der merwe 出版了关于利用铁器测年的一部著作，讨论了利用铁器进行^{14}C 测年的问题[1]。我国仇士华等为解决中国何时使用煤炼铁这一问题，选择部分铁器进行了常规^{14}C 年代测定，综合年代测定结果、文献记载和考古发掘资料，指出宋代才开始使用煤冶铁[2]，这是符合历史事实的。但是这种常规^{14}C 方法需要的铁器量较大，这对于比较宝贵的考古样品来说取样比较困难，限制了其应用范围。随着^{14}C 年代测定技术的发展，特别是仅需要极少量炭样品的 AMS-^{14}C 法的普及，

图一　蒲津渡铁人（左）、铁牛（右上）和从铁人上取下的铁屑用于^{14}C 测年（右下）

近年来国际上对铁器进行^{14}C 年代测定的研究亦逐年增多[3]，在测量方法上可以说已经比较成熟，但在年代结果的解释方面还有更加深入考虑的可能[4]。

2. 蒲津渡遗址出土铁器的 AMS-^{14}C 年代测定

为了解蒲津渡遗址出土铁器群所反映的技术水平和年代，分别自 1 号铁人（Yongji1、Yongji2 和 Yongji3）、2 号铁人（Yongji4）、4 号铁人下铁条（Yongji4406D）和南侧山铁柱（YongjiT1）取小块铁样品进行材质判定和 AMS-^{14}C 年代测定。

处理铁器样品的程序是首先将铁器表面的锈蚀去除，然后将剩余的金属清洗，之后用钳子或小钻将金属破碎成小于 4mm 的小块并再次清洗，干燥之后按照样品的碳含量称取一定量的样品与 CuO 及脱硫剂混合密封于 6mm 的石英管中，然后在 850℃加热 3h，使铁中的碳变为 CO_2，后利用冷阱对 CO_2进行纯化以除去其他气体，最后利用 H_2作为还原剂铁粉为催化剂将 CO_2制成 1. 5mg 左右的石墨，将石墨与铁粉一起装入加速器靶中，在加速器质谱仪上测定碳的同位素比值，并进行年代计算，样品处理程序如图二所示。样品的材质、^{14}C 年代、树轮校正年代及 δ^{13}C 值如表一所示。在利用^{14}C 浓度计算年代时，采用^{14}C 的半衰期为 5568 年，1950 年为纪年起点，误差为 1 个标准方差，采用下载的国际标准树轮年代校正软件 Oxcal3. 9（2003）进行树轮校正。

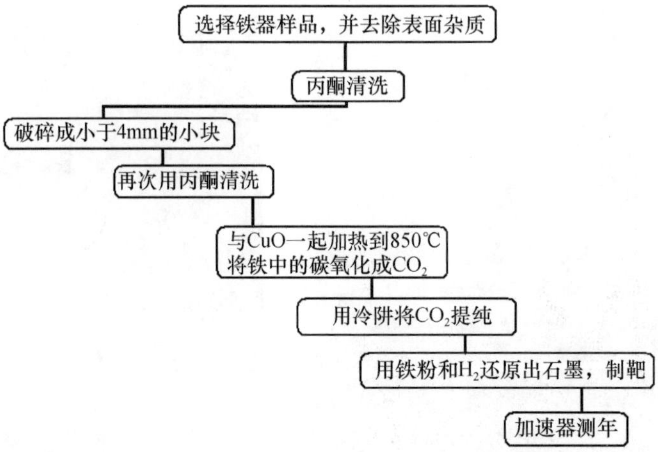

图二　铁器样品 AMS-^{14}C 测定样品处理程序

表一　样品材质和年代测定结果

样品号	实验室编号	样品名	材质	$\delta^{13}C$ 值	年代（BP）	树轮校正年代
Yongji1	Iaaa－31134	1 号铁人	灰口铁	－26.2‰	1530±40	430AD（25.1%）520AD
						530AD（43.1%）600AD
Yongji1－2	Iaaa－31135	1 号铁人	灰口铁	－22.4‰	1460±40	560AD（21.6%）590AD
						595AD（46.6%）645AD
Yongji2	Iaaa－31136	1 号铁人	灰口铁	－23.5‰	1430±40	600AD（68.2%）660AD
Yongji3	Iaaa－31137	1 号铁人	灰口铁	－27.9‰	1430±40	600AD（68.2%）660AD
Yongji4	Iaaa－31138	2 号铁人	灰口铁	－28.4‰	1370±40	640AD（68.2%）688AD
Yongji－4406D	Iaaa－31140	4 号铁牛下铁条	碳钢	－21.6‰	1910±40	20AD（68.2%）140AD
Yongji－T1	Iaaa－31139	南侧铁山	灰口铁	－26.2‰	1410±40	600AD（68.2%）665AD

3. 两点讨论

（1）蒲津渡铁器测年结果的准确性问题

对于永济蒲津渡铁器，Yongji1、Yongji1-2、Yongji2 和 Yongji3 等 4 件样品取自 1 号铁人不同部位，Yongji1 和 Yongji2 是同一件样品，不同之处在于后者用丙酮清洗的次数较多，杂质去除得更加彻底，其余几件样品均采用了与此相同的办法进行清洗。根据测定结果可以看出，1 号铁人 4 件样品除 Yongji1 较其他 3 个样品年代稍稍偏老外基本上是相同的，2 号铁人（Yongji4）和南侧山铁柱（YongjiT1）的^{14}C 年代也基本上与 1 号铁人相同。这几件铁器的 AMS-^{14}C 测定结果与文献记载蒲津渡始建于唐开元十二年（724 年）基本吻合。但前者较早。然测定结果依然比记载的要早。原因在于冶炼生铁所使用的木炭年龄可能要早于铁器的生产和铸造年代，这点也很好理解，因为烧制木炭的木材不可能是一年生的，可能使用了有几十年树龄的木头烧制而成，故渗入铁中的碳是其综合效果，所以测定结果与实际铸造年代稍有差别是可以理解的。4 号铁人下铁条（Yongji4406D）金相组织观察与其他样品不同，年代测定结果也较早，经树轮校正以后可早到东汉，有可能使用了前代的废钢料重新锻打制成，这也与金相检测结果相符。所以这个结果也表明直接利用铁器进行^{14}C 测年是可以得到较为可信的结果的。

尽管大部分铁器和冶铁遗物中可以找到能够利用^{14}C 测年的碳，这点为直接测定铁器和冶铁遗物、遗址年龄提供了最直接的样品保证，但是由于在冶炼过程中可能有死碳的介入，或者铁器在后期的退火、渗碳、脱碳等热处理过程中又有新碳的引入，这样会导致样品的^{14}C 年龄与真实年龄有较大误差，所以分析铁器和冶铁遗物中碳的来源，对于有关铁样品的^{14}C 测年结果的解释具有重要作用，故直接利用铁器进行 AMS-^{14}C 还存在一些问题需要深入研究。

笔者和合作者在利用铁器测年方面初步进行了一系列探索，包括考古调查、模拟试验、金相鉴定、年代测定等工作发现：①在冶铁过程中添加的石灰石等助熔剂在炼炉的还原区的上部已经受热分解，释放的 CO_2 直接向上排出炼炉，故石灰石等对铁器中碳的影响较小；②铁器在长期埋藏过程中产生的锈蚀中基本不引入外界的碳，即使引入也可以通过一定的物理、化学方法在前处理阶段除去，对^{14}C 年代的影响亦较小；③考古调查发现古代炼铁木炭烧制年代与生长、砍伐年代一般情况下相差不大；④在冶铁过程中，碳主要以元素碳而不是以化合物的方式渗入铁中，形成铁碳合金，而从 CO 和 CO_2 还原出元素碳并渗入铁中的机会较小；⑤主要影响铁器年代测定的只有使用的燃料，从测定的古代铁器的 δ^{13}C 值上看，大部分接近木炭的 $-25.0‰$左右，表明铁器中的碳主要来自木炭。以上五点可以在一定程度上说明，直接利用铁器并结合与铁器制品同出土的木炭样品的测年，可以得出比较准确的反映铁器的年龄，但是对经过退火和渗碳以后的铁器样品进行 AMS-^{14}C 测年时，需要考虑到后期碳的影响，这点我们在模拟试验中亦得到证实，详细情况将另文讨论。

（2）铁器的 AMS-^{14}C 测年在中国铁冶金考古中的应用

多年的研究初步展示了中国早期铁器的发展状况，逐步认识了有关古代钢铁技术体系的发展过程，但是最重要的关于中国冶铁技术起源的问题还没有解决，这也是国际学术界关注的热点。

在黄河中游的河南、山西和陕西等地发现了目前中国较最早的人工冶铁制品，如河南三门峡虢国西周墓地发现了目前中国最早的人工冶铁制品，其年代约为公元前 9 ~ 前 8 世纪[5]；在山西曲沃天马 - 曲村晋文化遗存中出土早期铁器 3 件，年代属于春秋早期偏晚（约公元前 8 世纪）的过共晶白口铁残铁器 1 件，含碳约为 4.5%，属于春秋中期（约公元前 7 世纪）的 2 件，1 件是铁条为块炼铁锻制而成，另一件是残铁片为过共晶白口铁，含碳约 4.4%[6]；另外在陕西陇县和长武县也分别发现了属于春秋早期的铜柄铁剑和铁匕首[7]。通过对全国 20 个省市出土的属于公元前 3 世纪约 4000 件铁器的制作技术比较研究，表明三晋地区是战国时期中国冶铁中心之一，是出土属于公元前 5 ~ 前 3 世纪前的铁器最多的地区[8]。除铁器外，这一地区也发现了汉代以前钢铁冶炼及铸造遗址多处，其中属于战国时期的有河南登封阳城、西平酒店、新郑仓城，山西夏县禹王城的大城；汉代遗址有河南的新安孤灯、鹤壁故县、温县招贤村、荥阳、临汝夏店、登封阳城、巩县铁生沟、南阳北关瓦房庄、鲁山望城岗、桐伯、南召和郑州古荥，陕西的凤翔南古城，山西的古魏城和禹王城等。河南登封阳城铸铁遗址出土战国早期化铁炉，炉子形同化铜炉，说明当时的鼓风和筑炉技术已经可以达到熔化生铁的要求，并且该炉与化铜炉同出[9]，在一定程度上反映了冶铁与冶铜的关系，这点值得深入研究，可能为冶铁的起源提供线索。河南西平酒店冶铁遗址出土战国至汉可能为中国最早的椭圆形冶铁竖炉一座，直径 1.7 ~ 2.1 米，炉内径约 1 米，残高 2.25 米[10]，但其具体年代和使用方法还需要准确判定。2000年发掘的鲁山望城岗冶铁遗址发现的汉代特大椭圆冶铁竖炉炉基及其系统遗迹，是继河南巩县铁生沟和郑州古荥汉代冶铁遗址后的又一重大发现，出现了许多前所未有的新的技术上和设计上的特点，如在同一竖炉炉基及其旁边发现4个不同年代、不同大小、不同炉型的冶铁竖炉，较为系统的反映了炼铁竖炉的炉型转变过程，为进一步探究汉代生铁冶炼的技术水平以及技术进步的过程提供了极其珍贵的实物资料，但是其具体制作技术和转变年代还需要进一步理清[11]。由此可见黄河中游的河南、陕西、山西地区是中国早期铁器及钢铁技术发达地区，也是中国钢铁技术起源地的可能性之所在，故深入、系统研究其发展状况是必要的。

长江中下游的古代楚国地区包括现在的河南省南部和湖北、湖南、安徽、江苏、浙江等地，发掘的比较重要的楚国遗址有楚都纪南城和大冶铜绿山古铜矿，还发掘了几千座楚墓。这些遗址和墓葬中出土了大量有关古代金属冶炼的遗物，其中的铁器资料也异常丰富，表现为春秋晚期至战国早期铁器数量日益增多，种类也日渐丰富。如在湖南湘乡出土了7件属于春秋中期的铁器，出土的春秋晚期楚国的铁器，有块炼铁，也有白口铁，这些出土铁器器类简单，形体薄小，是铁器出现不久的征象，而战国早期以后，无论在种类还是在数量方面都较前期丰富[12]。遗憾的是，关于古代楚国出土铁器的金相实验及其年代学的研究十几年来没有大的进展，况且该地区具有丰富的矿业资源和悠久的冶铜技术，所以深入研究出土铁器的年代及其制作技术可为探讨中国铁器的起源提供科学论据。

黄河上游的甘肃、青海和宁夏等地出土早于公元前5世纪的早期铁器已有50多件，其中属于春秋早期的有青海湟源莫布拉出土铁刀1件、甘肃永昌三角城和蛤蟆墩出土铁器4件和灵台景家庄出土铜柄铁剑1件，共6件。其余40余件样品的年代为春秋战国之际，分别出土于甘肃宁县和庆阳，宁夏的固原、西吉、中卫和彭阳等地，经过金相鉴定的仅出土于宁夏的4件铜柄铁剑，材质为块炼渗碳钢。这批铁器样品的年代与中原地区相比亦是比较早的，所以与周边地区钢铁技术的关系值得进一步考察，这需要对更多的出土铁器进行分析研究。

自古以来，新疆就是中西文化和技术交流的重要通道，故新疆出土铁器需要特别值得重视，因为它们涉及与世界最早产生冶金术的西亚地区的交流问题。近年考古发现新疆地区出土年代较早（西汉以前）的铁器，见于报道的有30多处，其中^{14}C年代早于公元前5世纪的有15处。根据考古发掘资料，陈戈先生指出新疆地区自公元前1000年左右进入早期铁器时代[13]。但是由于该地区所处地理位置的特殊性，与中亚、中原地区文化技术交流频繁，研究新疆地区出土的铁器，应该是科技考古非常重要的内容。遗憾的是，总体而言出土铁器的墓葬有^{14}C测年的数据较少，并且年代误差较大，如部分墓葬的^{14}C数据上限下限可差500多年，数据的使用受到限制；有的出土铁器墓葬的详细资料尚未公布；有的墓葬出土铁器恰很少有陶器共存，与墓葬群的分期对应不好；而且新疆出土铁器小件器物较多，且锈蚀严重，仅有很少一部分进行了金相学的研究，材质多为块炼铁和块炼渗碳钢，仅有新疆克里雅河流域的圆沙遗址出土早于公元纪年的铸铁。根据对与新疆邻近的甘肃出土的部分铁器的金相分析表明，甘肃河西走廊的沙井文化有块炼铁和铸铁并存的现象，这对于探讨中国铁冶金起源具有重要意义[14]。在民丰、库车和乐浦等地发现了汉代冶铁遗址，但是其制作技术也没有经过科学分析。由于新疆地区出土的早期铁器的冶金学特征及其年代，涉及中国古代人工冶铁起源、钢铁技术发展以及文化技术交流等诸多重大问题，已引起国内外众多学者的关注，因此应尽早对新疆地区出土铁器进行年代学和冶金学的系统性研究。

据此可知中国古代先进钢铁技术的起源有两种可能，一是在中原地区独立起源；二是从西亚传到新疆，再经甘肃河西走廊传到黄河中游地区。由于研究所限，目前还不能判定是自外来文化传播而来的，还是独自发明的这一重大问题。但是这两个观点的论据还不充分，中间的缺环还很多，如特别缺少直接关于铁器和冶铁遗物的年代学数据，另外关于早期铁器的制作技术、各地区之间的冶铁技术关系、早期铁器的发展及其与中华文明的进程之关系等问题也亟须进行更加深入的研究，所以利用年代学、冶金学和金相学的方法系统研究这一课题，对于解决中国冶铁技术是本地发明的，还是外地传入的问题具有重要的学术意义，也是国际学术界关注的问题。在研究上述几个地区钢铁技术发展的同时，也应对其向周边国家的传播给予关注。中国古代先进的液态生铁冶炼技术通过中国的东北地区传播到朝鲜半岛，并进而传播到日本列岛，极大促进这些地区的文化发展，所以先进的冶铁技术又对东亚地区的发展起到重要作用，也应受到学术界的重视，特别是最近日本学者根据高精度 AMS-^{14}C 年代结果将弥生文化的开始时间提前了 400 ~ 500 年[15]，其中关于日本早期铁器和冶铁技术从何而来的问题又引起广泛的争议[16]。总之，在整个亚洲地区范围内对冶铁技术的发展进行年代学和制作技术的比较研究，可以揭示更多有关中国冶铁技术的起源、交流和发展的规律。这些问题的解决，一方面依赖于考古发掘工作，另一方面也依赖于对已有的考古资料利用现代自然科学手段进行检测。如果直接对出土铁器和冶铁遗物进行测年，建立中国早期铁器年代序列，则可能为解决这一重大问题提供有效帮助。

4. 结论

根据蒲津渡铁器群出土铁器的 AMS-^{14}C 测定结果可以看出，蒲津渡铁器群的制作年代是没有问题的，即铸造于唐开元十二年（724 年）或稍早，这个结果亦表明利用 AMS-^{14}C 测年方法直接对铁器或者锈蚀进行测年，可以给出较为可信的铁器铸造和制作年代信息，也显示了这种方法在研究中国古代钢铁技术史，特别是研究中国钢铁技术的起源具有重要意义。

参考文献

[1] Van Der Merwe. The Carbon-14 Dating of Iron. Chicago: University of Chicago Press, 1969.

[2] 仇士华，蔡莲珍．我国古代冶铁燃料的碳十四鉴定．中国考古学研究．北京：文物出版社，1986.

[3] Creswell Rg. The Radiocarbon Dating of Iron Artifacts Using Accelerator Mass Spectrometry. Journal of the Historical Metallurgy Society 25, 1991 (2): 76 – 85.

Creswell Rg. Radiocarbon Dating of Iron Artifacts. In: Long A, kra RS. Proceedings of the 14th International ^{14}C Conference. Radiocarbon 34, 1992 (3): 898 – 905.

Eylon D. On the Radiocarbon Dating of Iron. Proceedings of the Fifth International Conference on the Beginnings of the Use of Metals and Alloys, Gyeongju in korea, 21 – 24 April 2002. 161 – 168.

Cook AC, Wadsworth J, Southon JR., et al. AMS Radiocarbon Dating of Rust Iron. Journal of Archaeological Science 30, 2003 (1): 95 – 102.

Chen Jianli, Minoru Sakamoto, Mineo Imamura, et al. The Radiocarbon Dating for Iron Objects Unearthed from Wangchenggang Iron Smelting Site at Lushan County, Henan Province, China. Symposium in Research Center for Nuclear Science and Technology at the University of Tokyo, Dec. 11 – 13, 2003, Tokyo in Japan.

Mineo Imamura, Minoru Sakamoto, Chen Jianli. AmS-14C Dating and Iron, The History of Iron-Its Technology and Culture-Symposium of the Japanese Iron and Steel Society, Feb. 21, 2004, Tokyo in Japan.

[4] Craddock PT, Wayman ML, Jull AJT. The Radiocarbon Dating and Authentication of Iron Artifacts, Radiocarbon 44, 2002 (3): 717 – 732.

[5] 韩汝玢，姜涛，王保林．虢国墓出土铁刃铜器的鉴定与研究．见：河南省文物考古研究所，三门峡市文物工作队．三门峡虢国墓．北京：文物出版社，1999. 559 – 573.

[6] 韩汝玢．天马 – 曲村遗址出土铁器的鉴定．北京大学考古系商周组，山西省考古研究所．天马 – 曲村 1980 – 1989. 北京：科学出版社，2000. 1178 – 1180.

[7] Han Rubin. Iron and Steel Making and It's Features in Ancient China. Bulletin of the Metals Museum, vol. 30, 1998 (2): 23 – 37.

[8] 段红梅．山西侯马地区出土战国铁器的金相学研究——初论中国钢铁技术第一次大发展．北京科技大学博士学位论文，2001.

[9] 河南文物研究所，中国历史博物馆考古部．登封王城岗与阳城．北京：文物出版社，1992.

[10] 国家文物局．中国文物地图集 – 河南分册．北京：中国地图出版社，1991. 446.

[11] 河南文物考古研究所，鲁山县文物管理委员会．河南鲁山望城岗汉代冶铁遗址一号炉发掘简报．华夏考古．2002 (1): 3 – 11.

[12] 黄展岳．试论楚国铁器．湖南考古辑刊（第二辑）．长沙：岳麓出版社，1984.

[13] 陈戈．关于新疆地区的青铜时代和早期铁器时代文化．考古，1990（4）．

[14] Qian Wei, Chen Ge. The Iron Artifacts Unearthed from Yanbulake Cemetery and the Beginning Use of Iron in China. Proceedings of the Fifth International Conference on the Beginnings of the Use of Metals and Alloys, Gyeongju in Korea, 21 – 24 April 2002. 189 – 194.

[15] Mineo Imamura, Minoru Sakamoto, Shin-ichiro Fujio. The Beginning of Yayoi Period: New Dates and Re-evaluation, (Abstract) 18th International Radiocarbon Conference. Sept. 1 – 5, 2003. 168.

[16] 春成秀而．弥生时代早前期の铁器问题．考古学研究，50，2003（3）：11 – 17.

叁　蒲津渡遗址保护工程竣工报告

蒲津渡遗址保护工程竣工报告综述

1988年永济县为开发旅游资源，寻找埋藏了几十年的蒲州城西门外黄河故道下的黄河铁牛，1989年8月挖掘出土4尊铁牛和4尊铁人，及铁柱等蒲津渡遗物。面对在地表下7米，基本泡于泥水中的已生锈的铁牛等文物，保护问题引起各级领导的关注。

蒲津渡遗址保护工程是在1990年10月经山西省人民政府同意，1991年3月经国家文物局批准，由山西省考古研究所牵头组织省、地、县联合考古队对蒲津渡遗址进行考古发掘后，提出的一项文物保护工程。

一、施工前准备工作

1. 方案的制订情况

蒲津渡遗址保护工程方案的确定经过了较长时间的斟酌和酝酿（彩版八七、八八）。先期曾对遗址原地原位原貌保护方案进行了多次专家论证，终因保护方案中多种不确定因素和经费困难未能付诸。

1997年3月，国家文物局批准了将铁牛原位提升12.2米，复原考古发掘渡口遗址的方案。要求做好考古发掘，搞清楚铁牛下部和周边地层环境情况。

1999年8月，保护工程经招标确定由山西省工程咨询公司建安处中标，开始加固地基工程和铁牛支护。1999年9月，进行了第二次考古发掘。基本搞清了铁牛和埋藏地层。

目前所确定的工程保护方案是由山西省考古研究所遵照国家文物局和山西省文物局的指示精神，委托山西省九川建筑工程公司制作（彩版七七）。

2002年5月9日，中国工程院在京召开蒲津渡遗址保护工程方案咨询会。受国家文物局委托，中国工程院土木、水利与建筑工程学部组织召开会议。中国工程院周干峙、周京、叶可明、陈肇元、黄熙龄、付熹年等院士与徐苹芳、杨嗣信、张在明等9名院士、专家对方案进行审定，提出了修改意见。在补充各种资料后，2002年底，经山西省建筑科学研究院完成设计。

2004年2月26日，受国家文物局委托，中国文物信息咨询中心在北京文博大厦三楼召开关于蒲津渡遗址保护工程方案和铁质文物保护方案的专家论证会，对山西省文物局上报的保护方案进行论证。中国文物信息咨询中心王立平总工主持了会议。参加论证会的专家有中国工程院院士、清华大学土木工程系陈肇元教授，中国科学院院士、中国建筑科学研究院黄熙龄研究员，国家文物局文物保护专家组组长、中国文物研究所研究员王丹华，国家文物局专家组成员、中国文物研究所研究员黄克忠，故宫博物院研究员陆寿麟，中国文物研究所研究员崔兆忠，中国文物研究所研究员张之平，河北省古建所副所长、高级工程师刘智敏。专家对保护工程方案进行认真讨论咨询后，确定了目前实施的保护工程方案。

2004 年 3 月 10 日，国家文物局文物保函［2004］268 号文关于蒲津渡遗址（黄河铁牛）保护工程方案和铁器群保护实施方案的批复。正式批复实施保护工程方案。

2. 施工场地方面

1992 年，由永济县人民政府确定蒲津渡遗址保护工程占地范围。施工在保护范围内进行。场地是原为黄河淤漫地开辟的耕地，施工场地内为考古发掘遗址和堆土范围。

3. 对文物的安全保护措施

蒲津渡遗址保护工程中的文物为以唐开元年间铸造的铁牛、铁人为主的铁器群和明代前后的石堤坝、遗址面层等，多不便移动。由当地政府成立的蒲津渡遗址博物馆建立安全保卫值班制度，负责文物安全。施工单位对保护文物有专项规定，对施工工人进行文物安全教育，施工中对文物保护提出专项要求，职责到组，责任到人。保证了文物在施工过程中的安全。

4. 临时设施

工地办公使用 1993 年国拨保护经费修建的部分工作用房。施工队又盖了部分民工工棚，建了一间临时发电机房。

5. 水、电、路三通问题

三通问题此次施工前已经解决。

施工一般用水，采取使用就地原有井，抽地下水的办法解决。但该水含氯离子严重超标，对铁腐蚀严重。在制作牛箱混凝土时采用了 10 里之外，经检测符合标准的深井水，以拉取水方式解决用水。制作铁牛支撑钢骨的混凝土梁，采用纯净水，以保证施工质量。

由于供电极不正常，经请示后购买了 60 千瓦的发电机配合使用，确保施工用电。

6. 施工单位的选用

铁质文物保护单位的选择，是先由文物保护专家的推荐，由各单位设计技术线路，经国家文物局组织专家论证，最后筛选确定由原中国历史博物馆和北京科技大学负责铁质文物保护工作。1993 年，山西省文物局批准，由山西省考古研究所牵头，组织三家单位，成立铁质文物保护研究课题组进行工作。

工程施工单位的选取采用了公开招标的办法来确定。前期工程选用了山西省工程咨询公司建安处（后企业改制归入山西省九川建筑工程公司，名称改为山西省九川建筑工程公司）。2004 年 5 月，经山西省文物局党组决定，后期工程公开招标，选施工队伍。山西省考古所委托山西北方建设工程招标代理中心组织招投标，山西省第五建筑工程公司中标。6 月底开始组织进场施工。

二、完成的工程项目

2004年6月重新选择施工单位后，蒲津渡遗址保护工程经过了6个月紧张施工，截至2004年12月31日，全部工程基本竣工。

1. 工程分前后两期四阶段

前期自1999年8月开工至2002年春节前。工程队为山西省建筑工程咨询公司建安处，工程分为两阶段。

后期，自2002年4月至2004年12月基本竣工。工程分为两阶段：前段工程队是前期延续的山西省九川工程公司，后段工程队是经省局决定再次公开招投标中标的山西省建五公司（彩版七五、七六）。

2. 工程分三部分

工程分土建、铁质文物保护、文物遗址的考古发掘和复原三部分。工程的特殊性决定了工程中几部分相互出现交叉，以保护文物为目的的工程要求，大大增加了工程的难度，延长了工程的工期。

（1）文物遗址的考古发掘和复原

经国家文物局批准，文物遗址的第二次考古发掘工作于2000年4月结束，经国家文物局张柏副局长携考古专家徐苹芳、张忠培等亲聆现场检查，对发掘质量和收获表示满意。

文物遗址的复原于2005年1月上旬全部完成。再现了经过考古发掘后具有较好观赏价值的蒲津渡遗址明代遗迹。对于唐代铁牛、铁人等采用原状展示的形式，铁牛下的地锚柱采取在下部开设展室的办法予以展示。对于宋代时期铁牛的埋藏环境用埋藏坑的具体情形加以示意，怀丙和尚捞铁牛的历史用船形予以喻义。发掘的唐代遗迹用出土物加以展示。对于考古发掘所获资料运用地面显示示意方式，明代堤坝采取地上原状复原，地下部分示意的方式。在钻探中发现的明代堤坝以西两堤坝在相应的位置进行标示（彩版八三，2）。明代“石津记”石碑破裂，不便在室外展示，移进展厅进行展示和保护。

遗址复原面积1700平方米。复原明代条石堤坝63米，仿石墙200平方米；石铺路面400平方米，护坝石块60立方米。房屋建筑遗迹25平方米（彩版七八）。

（2）铁质文物保护

铁质文物保护按照国家文物局批准同意的方案实施保护。中国国家博物馆和山西省考古所完成铁质文物地面以上部分的保护，北京科技大学完成了地下部分的电化学保护。使铁质文物改变了以往锈迹斑斑的惨状，得到了有效的保护（彩版七二、七三）。

铁质文物的保护，铁人、铁山、铁柱、铁墩等在保护过程中经过五次移动，做到了文物完整无缺。达到了长期保护的目的（彩版七四）。

（3）土建部分工程

土建部分完成了铁牛抬升 12.2 米后的遗址平台的制作，平台高 5 米，长 63 米，宽 36 米。面积 2268 平方米。台阶长 20 米，宽 45 米。平台下部为 600 余平方米的展厅，其中，3-4 号牛箱内展示铁牛锚柱的展厅面积 110 平方米，展示明代堤坝的展厅 520 余平方米。配电和监控设备室、库房等约 100 平方米。两组牛箱之间有 37 平方米的间隔为阴极保护检测仪器设备和库房。

地面以上完成土方约 2 万立方米。碎石方约 5000 立方米。三七灰土夯土墙 2500 立方米，夯土平台 5000 立方米，青石约 330 余立方米，台阶条石约 2000 米，挂青石板 100 平方米。平台青石栏板 160 米。混凝土约 1200 立方米，钢筋约 200 吨，水泥约 600 余吨。毛石石材 100 立方米。灰土白灰约 1000 吨。水磨石地面约 500 平方米。玻璃天窗 65 平方米。不锈钢防护栏杆 28 米。防火门 2 个，木门 5 个，展厅大门 2 个。展厅零星照明灯具若干。监控设备弱电线路安装。

3. 工程部分调整情况

土建部分工程为保证牛箱的稳定性，根据工程实际状况听取了设计院地基方面专家意见，取消在牛箱下部打桩稳定的方式，将牛箱的条形基础变成满堂砼基础。

根据当地情况，工程做了一定调整。毛石挡土墙制作，由于保护环境，近几年禁止开山取石，毛石多为前些年所存，且多山皮水锈。调整为青石表面。由 3 米厚的毛石挡土墙调整为 0.4 米的青石墙面。挡土采用传统夯土墙方式，主要由 2.5 米宽的三七灰土夯筑而成。达到了平台挡土侧压力的要求。平台采用灰土碾压填实，与夯土墙错台相接，保证了平台的整体性。

原设计的平台面层排水通道，埋竖管贯穿石墙，制作复杂，隐患较多。调整采用了传统的在地伏石下开小孔，直接排水方式。简化了做法，达到了排水畅通的目的。

作为大家都关心的整个工程的关键部位——铁牛的“软着陆”，主要在于钢架的置换。无设计标准，无规范依据。采取了慎之又慎的态度，提出几种方法到北京再次请教专家院士。最后采取在铁牛底板下钢骨混凝土梁的钢骨的上部垫经沥青煮过的榆木，下部支模填混凝土的方法。在未凝固前下放牛，压出泥浆。前期用木头支撑，有一定柔性，水泥凝固后有较大面承托。在铁牛的锚柱下部用木板承托，木楔支撑，外部用级配砂石围护，安全平稳完成“软着陆”。在钢梁置换过程中，对钢骨混凝土梁中钢骨的选择采用了重载铁路钢轨，保证了梁架的绝对安全。

3、4 号铁牛下部锚柱展示，根据铁质文物的保护要求，铁质文物外部围台用玻璃墙封闭，内置干燥剂。保证在牛箱内混凝土未彻底干燥之前锚柱少受外部环境影响，而又不影响参观。牛箱内安置排风扇强制通风。取消牛箱前部四扇门。

4. 工程经费使用情况

前后期综合工程总计：1027.62 万元。详细决算待审计后确定。

5. 后期第二阶段经费超支原因分析

① 牛箱基础条形变更满堂砼基础，增加经费。

② 基础以下用级配砂石处理地基，应增补（原预算未作）。

③ 图纸设计为防水、防潮、抗渗混凝土，原预算未作，应增补。

④ 现预算材差增加。

⑤ 原设计展厅为毛料石墙，改为混凝土墙增加费用。

⑥ 北牛箱内填砂石、白灰保护牛腿，原预算未计，应增补。

⑦ 运输费用增大。钢材等由于设计需要高质量材料，赴太原等地采购，随着运费调整，加大了成本。

⑧ 展厅东墙面仿古处理，原预算未作，应增补。

⑨ 大台阶原预算只作了回填素土，未考虑压实、削坡和灰土部分，应增补。

⑩ 展厅墙体原设计为料石，预算偏低。

⑪ 原预算钢筋含量增加 103 吨，费用增加。

⑫ 石材的调整。外墙毛石墙调整为青石，平台 3∶7 灰土垫土调整为 3 米宽的夯土墙；展厅 3 米厚的毛石墙调整为 0.3 米的钢筋混凝土墙。

⑬ 建材价上涨浮动，把握不准。砂石材料价格渐高；灰土用料，白灰价格随煤价上涨，高出运城市当季调整价，仍供不应求，为抢工期无奈接受市场价格。

⑭ 市场不规范，10 月份前都按电价 0.81 元/度电计费。高出正常电价 0.56 元/度电 0.25 元/度电。经再三交涉联系到 10 月份以后仍按 0.61 元/度电收取。

⑮ 电力严重不足，购买发电机加大了成本。尤其在 11 月后，柴油涨价更加大了成本。

⑯ 冬季施工加大了费用成本。

⑰ 设计经费审核环节项目和设计费用增大支出。

另外，取消牛箱基础打桩工程，平台排水沟工程，展厅屋顶面装饰，和方整石展厅屋面。空调部分全部取消，使用轴流风机排风换气，装饰部分基本全取消。与预算土建工程部分相比较，土建工程中核减项目达 35 万余元。但预算中漏项较多。部分装饰工程和部分空调工程经过调整基本取消，换成简单实用的墙面刮白和排风机，节省了支出。

土建工程中，部分工程项目由于预算项目无定额标准，结算难度较大，五公司主动放弃工程，造成由甲方直接负责工程有：如要求按照传统方法建筑的 2300 立方米平台夯土墙；青石墙面的砌筑；展厅顶部的天窗制作；展厅的水磨石地面；防火门的制作安装。

6. 节支采取的部分措施保证了施工经费的节约运作，在保证工程质量，按设计要求的前提下，节省资金完成了工程项目

调整施工做法，节约经费开支。在夯土墙做法和青石、青石墙面砌筑，以及天窗的制作方面多是采用这样的办法。节省近三分之二开支。

调查市场行情，货比三家，选经济实惠的原材料使用。水泥的采购和钢化玻璃的采购及防火门、花岗岩板材等的采购使工程材料更实惠。

精打细算，自己多动手，减少浪费，降低成本。在铁质文物保护的工作过程中，利用废边角石材砌做平台面层，达到少花钱多办事的目的。工程中基本没有废弃材料，物尽其用。

协调周边环境，争取各方面的支持，减少工程阻力，节省资金。在当地各级政府的大力协助

下，工程得以顺利进行。最突出的是工程用土量较大，但矛盾也较多。经永济市文物局和当地领导的帮助和支持，各个矛盾迎刃而解，节约购买土的钱数万元。

7. 工程遗留问题

① 弱电线路安装完成，监控设备的选定和作业有待保卫部门推荐审定。
② 工程预、决算的审核经费。
③ 设计经费、工程监理费用尚需增加。

8. 外部遗留问题

① 留存工程资金因领导变换，未找到相关手续，未能追回。
② 部分配套资金未到位。

三、组织管理情况

（一）管理规章制度

1. 蒲津渡遗址保护工程工作程序

蒲津渡遗址是全国重点文物保护单位，蒲津渡遗址的保护工程受到各级领导的重视。保护工程由国家文物局审核批准立项，从中央到地方都投入了保护资金，组成了由山西省文物局负责的工程领导组。山西省考古所为工程法人单位。2004 年 5 月 12 日，省文物局党组会议决定调整保护工程责任人，重新确定工程法人。现将新的工作程序确定如下：

工程总责任人：山西省文物局党组书记、局长施联秀
工程主管局长：山西省文物局党组副书记、副局长高可
工程主管处室：山西省文物局文物管理处
工程法人单位：山西省考古研究所
单位法人：山西省考古所所长石金鸣
工程项目法人：山西省考古所副所长海金乐
工程项目负责人：山西省考古所刘永生
工程项目办公室：山西省考古所
工程项目会计：任建霞；出纳：韩丁香
工程监理：山西省建筑监理总公司张俊义
工程聘用工程技术监督组：王象晋
文物复原技术组：商彤流、张俊才
文物保护课题组：北京科技大学韩汝玢、何积铨
文物保护课题组：中国国家博物馆潘路、姚青芳

工作期间要按照工作程序，分级管理，逐级汇报请示。工程变更和经费使用更要严格请示报告制度。没有得到批准不允许自作主张。

2. 项目负责人职责

国家重点文物保护单位蒲津渡遗址的保护工程是由国家文物局批准，山西省文物局管理的重要文物保护工程。指定山西省考古所为工程法人单位，负责工程的具体实施。工程项目法人代表为山西省考古所副所长海金乐。课题项目负责人为刘永生。

项目负责人应熟悉项目内容、要求、标准，安排好工程计划，对文物保护提出具体意见，制定详细保护措施，协调建设单位、监理单位、设计单位、施工单位矛盾，统一步调，合理调配，安全高效完成保护工程。

① 请示法人代表批准行使开工、暂停施工、停工、复工、工期顺延、变更合同、价款调整、支付处理、索赔职权。

② 组织工地每周一上午召开由建设单位工程师、监理单位总监、施工单位项目经理参加的碰头会，研究工程进度和存在问题及解决问题的办法，并负责督促实施。

③ 及时向法人代表汇报工程进度，提出用款计划，写出工作情况报告稿上报省考古所。经省考古所审核后报送省文物局和有关部门。

④ 组织工程中期检查，完工的检查验收。要求做到工程资料齐备，技术单完整准确，工程日志真实可信，自检报告简明扼要。

3. 建设单位工程师职责

建设单位山西省考古所聘请副总工程师王象晋负责工程技术、质量工作和工程项目结算。作为总工程师，要忠于职守，严肃认真，不弄虚作假，不文过饰非。

负责技术、质量，处理监理请示、协调设计、施工工作以及工程的项目结算等。

工程师的指令、通知由其本人鉴定后，以书面形式交项目经理，项目经理在回执上签署姓名和收到时间后生效。确有必要时，工程师可发出口头指令，并在48小时内给予书面确认。工程师不能及时给予书面确认的，应在发出口头指令7天内完成书面确认。延误时间未予答复造成的后果应予承担责任，并及时上报建设单位法人。

工程师可委派工程师代表，在工程师授权范围内发出的指令、通知，与工程师发出的指令、通知具有同等效力。

工程结束时，工程师应以书面形式简明扼要地向建设单位报告负责期间工作情况。

4. 监理工程师职责

山西省建筑监理有限公司受山西省考古研究所委托，承担蒲津渡遗址保护工程的监理工作。派出监理总监张俊义到工地实施监理。监理负责工程进度、投资全面控制以及合同信息管理。

经工程项目法人批准行使工程开工、暂停施工、停工、复工、工期顺延、变更合同、价款调整、支付处理、索赔等。

5. 施工员职责

为保证工程的安全高效，特请工地施工员若干名，负责工程质量的日常监督。

施工员要听从工程师的安排，忠于职守，严肃认真，坚持有工程开工就有施工员在场。坚决贯彻工程师的指示，代表工程师与施工单位交涉，参与管理。要熟悉工程内容、质量、技术要求。做好每日、每事纪录。不允许隐瞒，不允许自作主张，要及时如实向工程师请示汇报工程情况。与监理工程师不断取得联系，求得监理的支持，与施工单位施工人员及时沟通，相互理解，坚持原则，保证工程的高质量竣工。发生工程纠纷时，要冷静处理，避免激化矛盾。

工程进行中对于关系到工程质量的技术参数，如材料的使用、混凝土配比、检测数据，要记录清楚。

工程结束或施工员中途离去要将记录原件交回办公室。

6. 蒲津渡遗址保护工程办公室工作程序

蒲津渡遗址保护工程办公室是直属山西省考古研究所领导的外出办事机构，负责保护工程方案的实施。

法人代表：海金乐

办公室：海金乐、刘永生、赵参军、侯政民

项目负责人：刘永生

工程设计总工：李奭夫

特聘副总工程师：王象晋

工程总监理：张俊义

铁质文物保护课题：刘永生

文物地面以上表面保护：中国国家博物馆潘路、姚青芳

文物地下部分阴极保护：北京科技大学韩汝玢、吴荫顺、何积铨

遗址复原课题：刘永生、商彤流、张俊才

办公室按照国家文物局批准的保护方案，组织完成实施方案制作，并报省文物局批准后组织实施。

工作过程中要及时请示汇报，通报工程进展情况。协调好地方关系，发挥各方面的积极性，安全稳妥地完成铁牛的保护工作。

严格掌握工程情况，组织好设计、施工、监理的协调统一。

负责向上级申请经费，组织施工。严格财经纪律，配备专职财务管理人员。工程经费要强化管理，保证花好每一分资金。每月结算一次，发现问题及时纠正。

要求工作人员严守纪律，廉洁高效。

（二）材料采购

基本由中标的施工单位负责材料的采购管理使用。对于施工单位不能完成或要价太高的部分工

程，为降低成本和保证质量，由建设单位采取亲自组织施工或市场选材提供材料的方式解决。

（三）技术管理

施工中通过会审图纸基本统一思想，按图施工。施工单位由项目经理负责，工长直接安排，技术员负责操作。其他施工技术要求按照规范操作。监理工程师负责工程技术质量。

出现问题，由原设计单位负责解释设计图纸，工地施工和监理工程师负责技术监督检查，报项目负责人向建设单位法人汇报。请示后确定解决办法通知施工单位。

（四）财务管理

保护工程经费在永济中国银行有专款账户存储，保护经费入该账户后支出使用。后期工程会计、出纳韩丁香由建设单位省考古所安排负责经费支出，专款专用，不得挪作他用。工程款项由建设单位法人负责安排，工地零星支出由项目负责人负责。

工程结算由施工单位按月做工程进度表，经工地工程师检查，项目负责人审核，报项目法人批准，由会计拨付。

工程进度款暂付实数80%。

建设单位直接负责的工程部分要依据工程合同办事。

（五）安全保卫

保卫工作建设工地四周主要由当地蒲津渡遗址博物馆统一负责，要求施工单位对民工加强文物安全教育，开放旅游景点的教育。工地建筑材料安全由施工单位安排值班。工地高空作业除必要的栏杆、安全网、安全帽外，写标牌明示，关键部位设立了安全岗负责监督。

在上级领导的正确领导下，在运城市、永济市各级文物部门积极支持下，经过建设、施工、设计、监理和各协作单位的认真工作和积极努力，顺利完成了保护工程的艰巨任务（彩版七九至彩版八六，工程已经过自查）。

2005年1月27日，省局组织工程验收组对工程进行检查验收，同意给予良好工程的称号。

附录一　关于山西蒲津渡遗址古浮桥铁牛起吊的建议

王　溥

（上海建筑科学研究院）

一、关于铁牛材料的机械性能

本材料据有关方面称系灰口铁，但灰口铁的种类也较多，按我国 GP-976-67 灰口铁性能标准，灰口铁抗拉强度 fe 为≥10kg/mm²，（即 fe≥100mpa），因此本工程取 98mpa，应为可以。但是抗压强度为 640mpa，其来源不清。我国黑心可锻铸铁，最低强度的 KT30-6，抗压层强度为（6-0.2），等于 21kg/mm²，即 210mpa，≮所取 640mpa，且此为可锻铸铁，因此这一点宜进一步阐明或澄清。至于其他各项性能指标如泊桑比、延伸率、弹性模量，均与我国有关规定的最低可铸铁规定相符或相近，应该说，如果本“铁牛”确为可锻灰铸铁，则是可以采用的数据值。

二、关于工程的具体建议[①]

1. 关于局部受压强度的复核

铁牛技术资料（见山西省咨询公司建安处 99-11 附一资料一，以下省称附一资料），设立局部受压施加荷载为 15T，其取值的根据不知为何？按照本工程系面荷载，一般以三点受力为考虑的原则，按此计算，最大荷载为 75. 9T，即每点应为 25T 左右，最小为 56. 8T，即每点受载约 19 吨，均≯15T。因此其取载 15T，似乎太小。若按 25T 计，则其每点受压面积的（按附件一的安全度考虑）最小支承面积应为 $25\times9800/64=38\mathrm{cm}^2$。为确保其支承面均有效，建议在钢梁上加设枕木，枕木宽度宜≥15cm，或垫有厚 2cm 的硬橡皮，以使其受载时，橡皮或枕木可以使应力塑性分布，避免局部应力集中。而刚架的设计中，其横梁跨中，各应力点与支柱的相对挠度，也应进一步控制到越小越好（荷载可按西荷三之受力计算）。

① 具体建议按所取者材料性能均为准确计。

2. 关于加载方式的探讨

（1）关于铁牛的提升

如果受载能完全按铁牛埋在泥中时的受力状态提升，即铁牛的铁底板坐于沙上，沙外以铁箱相套，然后整体提升牛箱。这固然是最佳的理想方案，但是该铁箱的侧面力，要按土力学原则进行侧向应力计算，估计其外加工字形梁的截面会相当大。

（2）关于千斤顶上顶或滑轮上提的方案比较

采用滑轮提升的办法，可以连续保持最小的差异变形，因此比较可靠，但是要做特殊支架，价格较高，而且几个滑轮均要保证同步提升。

采用千斤顶上顶，在上升时可以严格控制行程，保证几点上升时同步，因此其差异变形也可以保持相当小。但是问题在于千斤顶“满行程”后的换撑。因此建议每一点加力点可有两个千斤顶的位置，即在换撑前，用另一附近的备用千斤顶临时加撑，待调幅后，再以原千斤顶受力，取下临时千斤顶，用这种逐步换掌的办法，以保证千斤顶在调幅时应力重分布不至太大而引起裂缝。

但不管采用上述两种方法中的哪一种提升铁牛，均需写出操作规程，保证加提升点的位移差在最小范围内。

（3）关于2号铁牛的提升

2号铁牛实际上已经将荷载加到钢架的受力点上了，从目前情况来看，在局部受压及冲切上似乎问题不大。在加载状态时，应保持加载速度相当慢，否则应考虑乘以1.3~1.5的动力荷载系数。

（4）需要注意的问题

提升或稳定时，切忌用钢丝绳套于牛下部的柱桩上。特别是1号牛北部第一根钢丝绳斜向吊住柱桩，这使该部件在起吊时牛肚与柱间受到一个横向的弯矩和剪力，将使该柱被折断，以致整个牛肚破坏，这是极为危险的一个吊装和稳定的办法。

此外，即使如1号牛的第二根钢丝绳那样垂直于牛肚，也应在钢丝绳的曲率变化大的地方加橡皮或木块，以防止应力集中。

（5）关于提升过程中的测试

在提升时应在铁及钢架上测试及应力、变形和挠度。测试的办法，最简单的办法是用手持应变仪，也可用应变片的办法，总之，具体办法可以请土建结构测试单位或力学测试单位负责，控制提升过程中铁牛关键部位的应力变化，以防止出现裂纹。

三、结　论

本“铁牛”的提升是一件十分细致的工程，一方面材料的性能不明确，一方面荷载的状态（铁牛是空心还是实心）不清楚，构件的断面（牛肚和柱桩是空心还是实心）也不清楚，因此很难用事先计算来控制其应力状态。

此外 1 号牛的状态与底板与其他牛均不一样，应用专门的提升方案。为此要保证该工程在提升过程中不出现裂缝或不出现重要裂缝，除了上述几点不成熟的建议外，在提升时保持相对小的提升速度是重要的一个办法，这样一旦出现问题，也容易纠正。但不论怎样，上述许多建议只是一个不成熟的看法，仅供工程组的技术人员参考。

后记：2000 年 4 月 13 日下午，上海建筑科学研究院院长王溥先生从华山车站下车，我们将他接到永济，第二天一早来到永济铁牛工地现场，查阅了设计图纸说明，与施工的任平等人进行了详细的交谈，在现场认真做了分析考察，下午，王先生将写好的意见又与我们进行了斟酌。当天下午 6 点我们将其送到华山车站，乘车离去。虽说来去匆匆，前后一天，但而今看来，他的严谨的工作作风，丰富的工作经验，均体现出深厚的功底，他的建议是切实可用的。（编者）

附录二　保护工程平台夯土墙施工依据*

一、筑　　基

诸殿、阁、堂、廊等基址开掘，出土在内，若去岸一丈以上，即别计搬土功，方八十尺，谓每长、广、深、方各一尺为计，就土铺填打筑六十尺，各一功。若用碎砖瓦，石札者，其功加倍。

二、筑　　城

诸开掘及填筑城基，每各五十尺一功。削掘旧城及就土修筑女头墙及护崄墙者亦如之。

诸丁二十步内供土筑城，自地至高一寸，每一百五十担一功。自一丈以至二丈每一百担，自二丈以上至三丈每九十担，自三丈以上至四丈每七十五担，自四丈以上至五丈每五十五担同。其地步及城高下不等，准此细计。

诸纽草萋二百条，或斫橛子五百枚，若刬削城壁四十尺，般取膊椽功在内，各一功。

三、筑　　墙

诸开掘墙基，每一百二十尺一功。若就土筑墙，其功加倍。诸用萋、橛就土筑墙，每五十尺一功。就土抽纴筑屋下墙同；露墙六十尺亦准此。

---

* 录自《营造法式注释》第十六卷“筑城、筑基、筑墙功限”。

附录三　蒲津渡遗址保护工程部分土建工程施工图

山西省建筑科学研究院

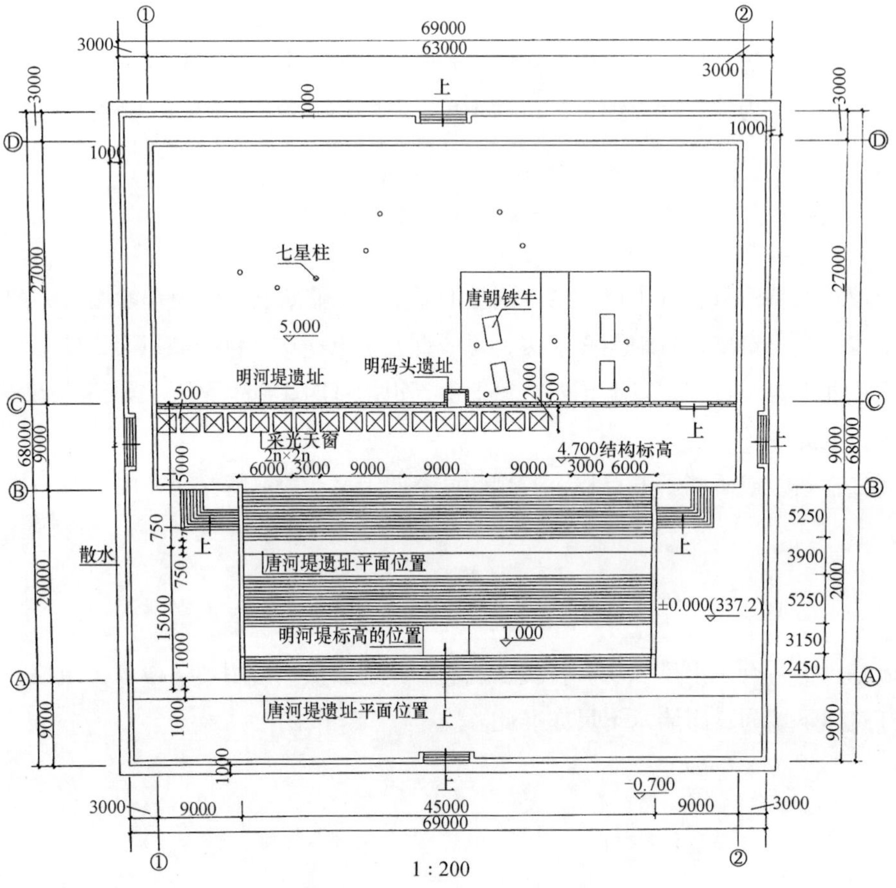

图一　保护工程地上部分平面图

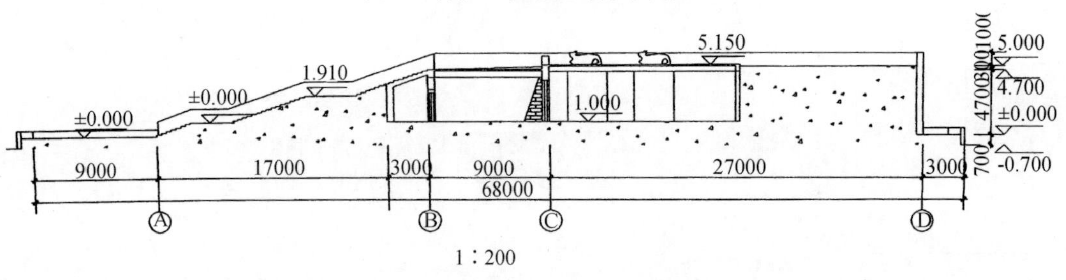

图二　保护工程地上部分剖面图

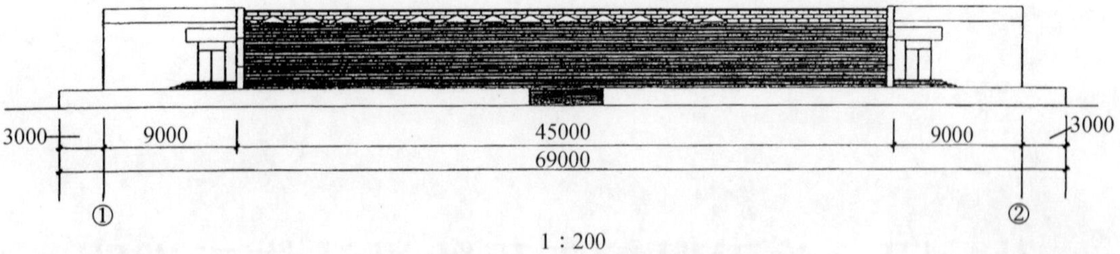

图三　保护工程地上部分西立面图

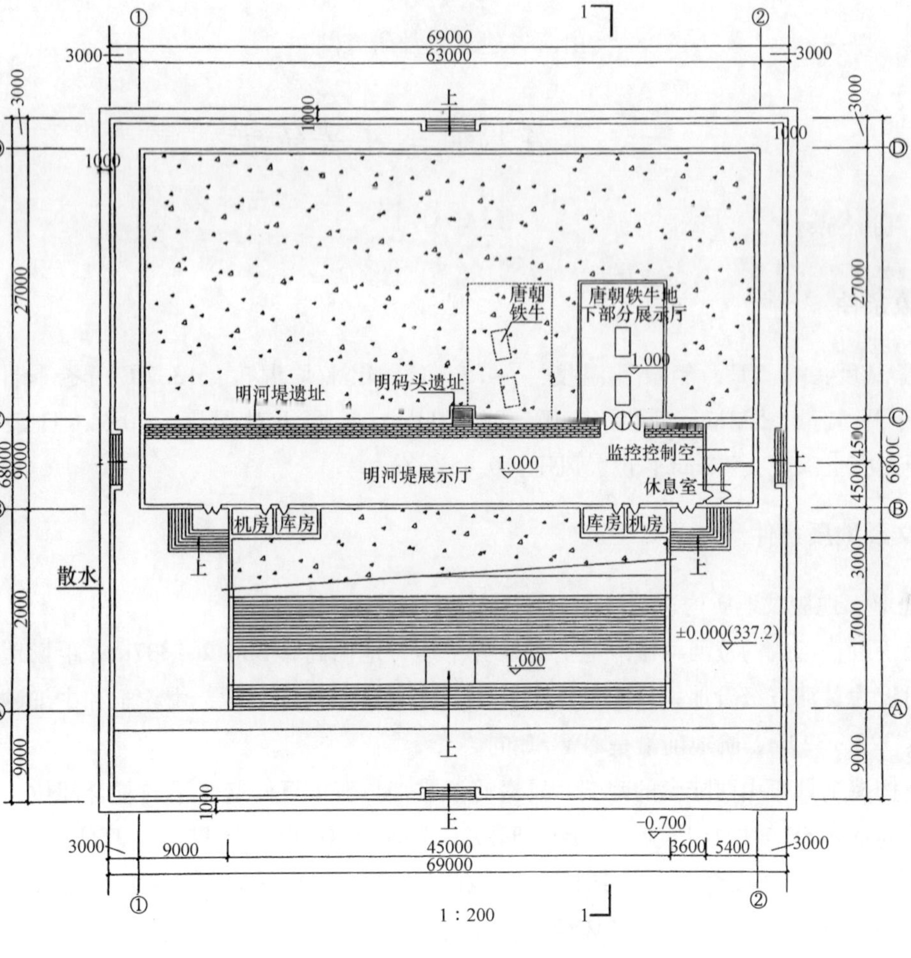

图四　保护工程地下部分平面图

附录四　关于保护工程的设计施工说明

李爽夫
（山西省建筑科学研究院）

一、工程设计的主要依据

（一）自然条件

1. 气象条件

年最高温度：41.5℃，年最低温度：－15.3℃，年平均温度：13.7℃，冬季日平均温度：－0.8℃，年降水量：533mm，夏季气压：964.4hPa，夏季相对湿度：70%，日最大降水量：112mm，最大冻土深度：500mm，最大风压：0.45Kn/m^2。

2. 水文及地质条件

（1）地形、地貌及地质构造

场地处于近代形成的黄河河漫滩地上，地势平坦，地面高程336.2～337m，距场地区正东3km的西厢村附近为黄河三级阶地，地面以下深14m左右还有一埋藏阶地，由粉土和中细砂层构成，阶地顶面高程322～323m，阶地前沿呈NW-SE向。

场地在构造上处于山西陆台的南端，属秦岭褶皱带与新华夏构造体系的复合部位，自中生代开始，本区域受NW-SE向的挤压应力作用，形成一走向为NE20°，斜贯运城西部长约80km，宽约20km的沉降带，黄河正发育在沉降带上。这一沉降带仍在缓慢下降，接受着近代沉积，场地所属区域地震活动比较频繁，烈度大，破坏性强，地震基本烈度为8度。

（2）地层及岩性

场地范围在勘探深度50m内均为第四系全新统松散冲积层（Q4），根据土层的性质和特征自上而下分为六层。

第一层：粉细砂层，全层总厚度6～7m，层底高程330m左右。

主要是黄河近三四十年的冲积堆积物，颗粒均匀，呈浅黄色，主要矿物成分为石英，长石和少量云母片。在深度1～2m之间夹薄层粉质黏土，结构疏松，此层在工程前期已全部挖除，在工程地基范围内已全部用压实碎石代替。

第二层：粉砂与粉土互层。层底高程约322m，粉砂呈褐灰色、灰色，颗粒均匀，振动有液化现象，厚度变化大，场区东部较薄，西部较厚，室内试验结果为：天然含水量 W =24.7%，天然容重 r=1.81g/cm^3，干容重 rd=1.48g/cm^3，孔隙比 e=0.8，不均匀系数为2.85，比重 G=2.67，钻孔标贯击数平均为 N62.5=8.9 击，相对密度 Dr=0.52，呈稍密状态，按设防烈度8度考虑，通过对场区5个钻孔的计算，平均液化指数 I_{CE}=19.8，液化等级属严重类别，综合判定允许承载力特征值 f_{ak}=98kPa。粉土颜色深而暗，以灰黑和黑色为主，厚度不一，呈东厚西薄趋势，在埋藏阶地前沿消失，室内试验结果为天然容重 r=1.99g/cm^3，干容重 pd=1.57g/cm^3，天然含水量 W=22.5%，孔隙比 e=0.71，液性指数 Il=0.45，呈可塑状，局部呈软塑状，压缩系数 a_{1-2}=0.26mPa^{-1}，具中等压缩性，综合判定容许承载力特征值 f_{ak}=78kPa。

本层在工程地基范围内已经挤密碎石桩处理，处理深度到高程321~330m，全部消除液化，综合判定处理后地基的容许承载力特征值 f_{ak}=200kPa。

第三层至第六层：略（详见省水利勘探院地质勘察报告）。

关于地下水分布特征，场区地下水富存于第四系松散孔隙含水层中，含水层地质结构控制着地下水储存、分布、径流和排泄条件。根据含水层的埋藏条件和含水层的特点，可将场区地下水划分为第四系孔隙潜水和承压水两种类型，在埋藏阶地以西及其上部的含水层中，地下水为孔隙潜水，在埋藏阶地之中的含水层，地下水为浅层承压水，潜水含水层由粉细砂、中细砂层组成，含水层厚度在阶地上部为6m左右，其下部的隔水层为10~20m之间的粉土和粉质黏土层，在埋藏阶地以西厚度为33~35m。地下水的补给来源主要为侧向补给及降雨和灌溉入渗补给。水位的变化受黄河水位的影响较大，地下水位年变化幅度据省地矿局水文二队的资料，在2m左右，高水位在汛期的8~10月份，低水位在4~6月份，1991年勘察潜水含水最高水位为333.4m，1999年9月实测考古发掘区静止水位为331.6m。承压水赋存于埋藏阶地内的中细砂层中，承压含水层深度为20~36m（高程316.2~300m），隔水顶板为10~20m之间的粉土和粉质黏土，本承压含水层地下以侧面补给为主，其次古河床区潜水水位较高时，亦有补给，承压含水层西边界与潜水含水层相连，与潜水水力联系密切。

地下水水质条件：

pH=7.5~8.0，浸蚀性 CO_2=0，电导率1400，Cl=154.21mg/l（4.35me/l），SO_4=175.8mg/l（3.66me/l），Ca=63.93mg/l（3.19mg/l），HCO_3=324.63mg/l（5.32me/l），CO_3=0，Mg=52.37mg/l（4.31me/l），K+Na=145.75mg/l（5.83me/l），总硬度7.5me/l，总碱度=147.17mg/l（5.32mg/l），属 Cl-HCO_3-Na-Ca-Mg 型淡水，对普通混凝土无侵蚀性。

（二）设计依据

本工程根据国家现行规范和规程进行设计，并将国家文物局文件关于“蒲津渡遗址铁质文物保护技术方案的意见函”（文物保函［2002］686号）和中国工程院《关于山西蒲津渡遗址浮桥锚旋及铁牛保护方案的咨询意见》中的要求落实在工程的设计中。另外在设计过程中参考了山西九川建筑工程有限公司《蒲津渡遗址保护工程300米遗址层面铁质文物复原保护技术方案》。

有关本工程设计依据的详细说明详见《蒲津渡遗址保护工程施工图》，参考附录三。

二、工程设计的规模和设计范围

本工程分为地上和地下展示区两部分。地上部分包括唐代铁牛、铁人、七星铁柱等铁质文物，明代河堤渡口、民宅及渡口地面遗址。地下部分包括唐代铁牛斜锚柱展示区、明代河堤展示区及附属用房。具体布置详见附录三。

三、设计指导思想和设计特点

（一）指导思想

1. 工程概述

本工程为永济市蒲津渡遗址保护工程。遗址位于永济市以西，黄河东岸，与陕西隔河相望。蒲津渡作为黄河渡口，从唐朝至明朝其重要地位是不容忽视的，也是当时联系两岸经济及人员往来的重要纽带。随着黄河这条地上悬河河床的不断加高，河道的偏移，渡口遗址作为历史遗迹，深深地埋藏于黄土之下。通过文物工作者的不懈努力，蒲津渡遗址终于重见天日。

蒲津渡遗址无论从历史、人文、工程设计上都有其重要的历史及现实意义。因此对它的保护就显得尤为重要。蒲津渡遗址主要包括明代黄河河堤、渡口、七星柱、黄河铁牛、民宅遗址及渡口地面遗址等。按照文物部门及院士的意见和要求，为了防止地下水对遗址尤其是铁牛等铁质遗址的不断侵蚀，以及展示的需要，遗址原样提升 12m，即提升至现在场地上 5m 处，并设铁牛斜锚柱展示厅。

2. 建筑设计

根据文物及相关部门的意见，遗址在很好保护的前提下，也要具有参观展示功能。所以整个保护工程分为文物保护部分和展示部分。文物保护分为遗址复原，铁牛托换（软着陆）提升后的支撑及铁牛地下部分的防水问题。遗址复原由文物部门完成。铁牛“软着陆”见结构设计。地下防水见建筑构造部分。展示部分分为地上展示部分和地下展示部分。

地上展示着重从环境及整体展示效果上着手。由于遗址提升至地面上 5m，展示面积为 27m × 63m，体量相当庞大。为了突出地上平台入口及削弱土台的厚重感，同时避免人们错误认为“现状”即“原状”，所以展示平台入口只留有西侧入口。而其他面周围均种植较密的高大植物，以阻挡视线，将人们的视线逐渐引导至展示平台。人们由遗址西侧步入展台下，踏上 ± 0. 000 平台，45m 宽的台阶便展示在人们面前。台阶分三段，每个平台均有不同的含义。台阶起步处为象征唐代堤坝遗址的水平位置，1. 000m 标高平台象征明堤坝坝底标高，2. 930m 标高平台为另一道象征唐代堤坝的平面位置。每个平台相对应遗址处均用肉红色花岗岩铺地标识，并将相关资料刻于铺地上，使人们在向地面遗址靠近时对这处遗迹有更深刻的认识。通过大台阶，人们可登上 4. 700m 的标高平台。六十多米长，九米宽的平台（即地下展厅屋面）将明代堤坝的地上部分充分地向人们展示了出来，并给人们提供了一个很好的参观场所。由平台右侧台阶翻过堤坝就可到达遗址展示平台。登上平台，蒲津渡遗址便充分展示在了人们面前。站在铁牛背后，当年蒲津渡车水马龙的景象好像就在眼前。

地下展示的主要是堤坝下半部分及铁牛地锚部分。由大台阶下至 ±0.000 平台，由台阶两侧进入 4.700m 平台下部的展厅。长长的展厅将明堤坝完整地展示了出来，透过平台上的天窗，将阳光引进室内，斑驳的光影，更有一种历史的厚重感。堤坝对面墙上用文字图片将那段曾经的历史一一向人们述说。顺着堤坝人们就进入了展厅右端的铁锚展示厅，这里铁牛千年屹立的秘密就暴露在面前。地上地下展区将遗址完整地展现在了人们的面前。

3. 内外装修

外部设计：为了更好地展示遗址，不破坏遗址的原有环境，同时也为了就地取材，设计中建筑室外地面及台阶、挡墙等均采用灰色花岗岩和青砖。对于土台侧墙则力求回避人工砌筑的痕迹，使其如同从地下升起。外部灯光均为地灯。±0.000 平台四周均匀铺设的地灯，将夜色中的遗址衬托了出来。顺着台阶，地灯光带将人们引至遗址平台。平台上，地灯以局部照明的方式，将遗址中的精华一一展示。这样既烘托了展览气氛，将展品很好地展示出来，又不致使现代的文明显得不合时宜。

内部设计：由于展厅开窗会破坏外部的展示效果，所以没有开侧窗。但为了展示光线的要求，从几方面作了努力。

① 内部装修材料均采用浅色材料，以增加漫反射光。地面采用金花米黄大理石铺地。墙面用防霉防菌的白色涂料喷涂，顶棚用纸面石膏板吊顶，喷涂墙面涂料。这也使堤坝更明显地展现出来。

② 在展室顶部，开设采光天窗（固定，并采用安全玻璃），以增加室内自然观的照明。同时天窗在满足构造要求下应尽量减小高度，减小对上部平台参观视线的影响。

③ 室内除对宣传的文字照片采取局部照明外，对于堤坝、铁锚则采用均匀照明，使视线较完整。

4. 防水措施

由于遗址中遗物多为铁质，所以防水防锈就十分重要。由于铁牛、七星柱露出地面，主要为地面防锈（由文物部门提供防锈措施）。而铁锚就为地下防锈，实际就是地下防水。由于遗址抬高地面 5m，所以地下水的影响几乎没有。因此主要问题是地面降水的影响。设计中采取了两个措施。一，组织好遗址平台的地面排水。在牛箱部位加大排水坡度，使降水不至聚集下渗，影响地锚。而其他部位也采取有组织排水，将地面降水汇入排水沟，及时排走，防止下渗。二，遗址地面下铺混凝土垫层，进一步减少了水下渗的可能。遗址土台由 3∶7 灰土回填并分层夯实。水下渗更加困难，而水通过毛细现象上升也不可能。

对于铁牛和牛箱也采取了措施。一，将铁牛基座处的牛箱顶抬高，防止水的灌入。基座结合处，用沥青油膏密封。牛箱采用防水混凝土。二，顶板做两层防水。侧壁外加大石灰量夯实。而牛箱基础采用条基，假设有水，铁质文物均应由文物部门对其表面进行处理，从根本上防止文物锈蚀（措施由文物及专业部门制定）。

（二）结构专业

1. 概述

本工程由地上和地下两部分组成。

地下部分由铁牛地锚填埋箱（以下简称1、2号牛箱）、铁牛地锚展示厅（以下简称3、4号牛箱）、明代堤坝展示厅及附属用房两部分组成。地上部分由铁质文物露天展示平台、明代堤坝露天展示平台和露天大台阶组成。

2. 单体设计

（1）结构形式

铁牛地锚填埋箱和铁牛地锚展示厅采用钢筋混凝土箱式结构。明代堤坝展示厅及附属用房采用砖混结构。侧墙为石砌挡土墙，屋盖采用钢筋混凝土平板。

铁质文物露天展示平台由三七灰土夯填而成，周围为石砌挡土墙。大台阶由三七灰土夯填而成，周围为石砌挡土墙。

（2）地基基础

铁牛地锚填埋箱和铁牛地锚展示厅均采用钢筋混凝土灌注桩基础。由钢筋混凝土牛箱与其下部钢筋混凝土桩基组成的铁牛底座整体性和抗震性能好，并具有沉降小的优点。另外在桩基设计中考虑了以下问题：

① 大面积填土引起的负摩阻力问题。

② 液化土层的摩阻力予以扣除。

计算表明，采用此方案很好地解决了由于展区大面积填土引起的场地不均匀沉降和地震加剧对地基沉降的影响。明代堤坝展示厅及附属用房采用钢筋混凝土条形基础，挡土墙采用浆砌片石基础。

3. 铁牛托换方案

经设计人员进行多方案比较，按照“软着陆”的原则提出了两个实施方案。这些方案均采用了一些预制构件，给铁牛将来的移位创造了条件。

（1）依靠级配砂托换的方案

此方案的依据是历史上大部分时间铁牛的受力状态与托换过程中铁牛的受力状态相类似。具体步骤方案如下：

① 打钢筋混凝土灌注桩。

② 做桩承台。

③ 施工时，在牛箱体四周的钢筋混凝土墙侧，除预留穿钢梁的洞口外，还需按照文物保护单位的要求预留穿电线的预留孔洞、预留人孔等。

④ 穿钢梁做新托换钢支架。

⑤ 将铁牛从原有钢支架托换至新做托换钢支架上，拆除原有钢支架。

⑥ 开始顶升铁牛。

⑦ 顶升铁牛至文物保护单位要求的高度，并调整铁牛至文物保护单位要求的平面位置。

⑧ 在牛箱内底部填级配良好的中砂分薄层拍打密实，要求分层检验，压实系数大于0.97。

⑨ 填至斜锚柱下500cm时，在斜锚柱下500cm，左右500cm的范围内填松散的焦渣薄层拍打。周围为石砌挡土墙。

⑩ 继续在牛箱内填级配良好的中砂分薄层拍打密实直至牛箱侧墙顶，要求分层检验，压实系数大于0.97。

⑪ 拆除铁牛下部原有钢支架。

⑫ 对铁牛底板的下表面按照文物保护单位的要求进行铁牛底板的防腐、隔离、防水等处理。必要时加临时支撑，其目的为防止铁牛过大的竖向位移而引起斜锚柱受力。

⑬ 进行牛箱的钢筋混凝土顶板的施工，并按照图纸的要求预留洞口。

⑭ 施工支承铁牛的钢筋混凝土边框梁，并在边框梁上预留放置钢骨混凝土预制梁的梁窝。

⑮ 放置钢骨混凝土预制梁。

⑯ 干硬性水泥砂浆塞填于铁牛底板与钢筋混凝土边框梁之间，并保证填满填实。

⑰ 在干硬性水泥砂浆初凝前，将牛箱内填埋的中砂从牛箱下部逐步均匀清除干净，从而保证铁牛缓落于干硬性水泥砂浆上并保证铁牛与牛箱顶板上的钢筋混凝土边框梁和预制钢骨混凝土梁为面接触。

⑱ 拆除新做钢梁和钢架，封堵牛箱侧墙和顶板上的预留洞口。

（2）完全靠新做钢支架托换的方案

此方案的依据是铁牛现有的受力状态已经维持十余年之久，铁牛未发生损坏。具体步骤方案如下：

① 打钢筋混凝土灌注桩。

② 做桩承台。

③ 施工时，在牛箱体四周的钢筋混凝土墙侧，除预留穿钢梁的洞口外，还需按照文物保护单位的要求预留穿电线的预留孔洞、预留入孔等。

④ 穿钢梁做新托换钢支架。

⑤ 将铁牛从原有钢支架托换至新做托换钢支架上。

⑥ 拆除原有钢支架。

⑦ 开始顶升铁牛。

⑧ 顶升铁牛至二次托换高度，该高度比文物保护单位要求的高度高500cm左右。

⑨ 将铁牛底板下表面现有裸露部分，按文物保护单位的要求进行防腐、隔离、防水等处理。

⑩ 进行牛箱的钢筋混凝土顶板的施工，并按照图纸的要求预留洞口。

⑪ 施工支承铁牛的钢筋混凝土边框梁，并在边框梁上预留放置钢骨混凝土预制梁的梁窝。

⑫ 钢筋混凝土边框梁顶面铺50cm厚干硬性水泥砂浆（梁窝部分不铺）。

⑬ 在干硬性水泥砂浆初凝前，将铁牛逐步均匀下落至干硬性水泥砂浆上，从而保证铁牛与牛箱顶板上的钢筋混凝土边框梁之间为面接触。

⑭ 将原有钢梁撤出用预制钢骨混凝土梁逐根代替，并将铁牛底板底面新裸露部分按照文物保护单位的要求进行处理。

⑮ 在预制钢骨混凝土梁顶面铺 50cm 厚干硬性水泥砂浆。

⑯ 在梁窝与预制钢骨混凝土梁底之间塞铁件将预制钢骨混凝土梁顶起，从而保证铁牛底板与预制钢骨混凝土梁之间为面接触。

方案（1）的优点是简单，且与铁牛的考古发掘前的受力状态类似。缺点是铁牛的最终位置与考古要求可能有偏差。另外，斜锚柱有可能受力。

方案（2）的优点是锚桩不受力，有利于保护文物，位置随意调整。缺点是原钢底座托换及铁牛底座防腐，隔离处理难度较大，不易达到文物保护的要求。

（三）水暖和空调专业

1. 设计依据

① 建筑设计平剖图。

②《供暖通风设计手册》、《空气空调设计手册》、《通风与空调工程施工验收规范》、《通风与空调工程施工验收规范》、《机械设备安装工程施工验收规范》。

③ 当地自然气候条件，室内工艺要求，展厅使用前进行室内换气，而后关闭通风系统，打开空调调节室内空气。

2. 设计范围

① 通风排、送风系统：排风系统采用机械排风，排风量每小时换气次数六次。送风系统机械送风，设计送风量参考排风量的一半以上，其余送风量靠自然门窗气流补充。排、送风系统风道均设有防火阀、消声器。

② 空调系统采用一管双制、风管式分体机组，空调送风系统采用通风的排风系统送风，空调回风系统采用通风送风系统回风。

3. 设计参数

（1）室外设计计算参数

夏季空调室外计算（干球）温度：31.2℃。

夏季通风室外计算温度：28℃。

夏季空调室外计算（湿球）温度：23.4℃。

冬季空调室外计算温度：－15℃。

冬季通风室外计算温度：－7℃。

冬季空调室外计算相对湿度：51%。

当地夏季大气压力：93.229kPa。

当地冬季大气压力：91.92kPa。

（2）空调室内设计计算参数

夏季空调室内计算温度：27℃。

夏季空调室内计算相对湿度：60%。

冬季空调室内计算温度：18℃。

冬季空调室内计算相对湿度：35%。

室内设计噪声小于60dB。

4. 设计风道材料采用镀锌铁皮，保温材料采用玻璃棉毡，保温厚40mm。风口采用可调式双层百风口

（四）电气专业

本工程为文物保护工程，因此根据文物部门对保护文物的特殊要求及现场的实际情况，对电气做如下设计：

① 为突出文物的特殊性，本设计室外照明根据建筑要求，尽量采用隐蔽型地灯来突出文物，使其有一种自然简朴的感觉。因此上本设计采用180套金属卤化物泛光灯安装于整个建筑物的外侧，间距为1.5米。另外，在建筑物的入口台阶上，使用六组光带，颜色均为暖白色，使整个建筑物的轮廓更加完美地表现出来，并且更加有层次感。七星柱及铁牛照明分别采用金属卤化物泛光灯及投光灯来表现七星柱的立体感及神秘感和铁牛的雄壮及历史的沧桑，共同体现我们对文物的尊重。

② 室内照明，本次设计考虑到内部实际布置只有到建筑物建成后才能确定，因此本次考虑了主干线的予埋和四台照明配电箱及两台应急照明配电箱。室内照明及插座的布置根据二次装修时一并考虑。

③ 监控系统的设置主要满足以下目的：

保护文物不受不法分子偷盗；监控游客的数量，调节入馆参观的游客人数，避免造成严重拥挤，保护游客的生命安全；监控展馆的票款收支，避免票款流失。采用电缆桥架把各监控点的数据收集至监控室，监控室采用多屏幕电视进行监控，整个系统增减很方便。

（五）消防专篇

本工程耐火等级为一级。由于文物遗址室外环境及约600平方米的展览厅，均无易燃易爆建筑设施或物品，本工程火灾危险性为乙级。

由于遗址距水源较远，结合本工程具体情况，故消防系统不设置室内消火栓给水系统，或自动喷水灭火系统。采用移动式灭火器、泡沫灭火器。

四、对施工条件的要求

根据本工程的特点，对施工条件提出以下要求：

① 桩基施工应选择有经验的施工单位。

② 针对铁质文物的特点，土建和设备安装单位应严格按照文物保护单位的要求予以配合。

③ 铁牛的托换工作，应做到慢速、平稳、均匀，并请有经验的单位实施。

蒲津渡遗址保护工程大事记*

1989 年

8 月 7 日

永济县为开发旅游资源，组织找寻探测蒲津渡唐代铁牛，经过一年多工作。县文化局副局长樊旺林带县博物馆同志挖掘，发现铁牛、铁人等。省文物局拨 5 万元资助。

11 月 5 日

永济县委、县政府在永济召开唐代开元铁牛保护利用论证会，为开发保护利用铁牛献策，有人建议搞铁牛公园、铁牛馆。

11 月

国家文物局副局长黄景略、山西省文物局文物处处长杨子荣到永济工地，对挖掘工作提出意见。

1990 年

10 月 20 日

吴达才副省长在永济召集省计委、财政、文物、旅游、水利及政府人大有关部门召开关于研究搬迁、保护铁牛的现场协调会。省文物局贾立业局长、杨子荣处长、省古建所柴泽俊所长、省考古所刘永生副所长、商彤流副主任等参加会议。会上否定了永济县委托山西省水利设计院制订的铁牛馆设计方案，确定由文物部门对遗址做科学发掘工作搞清地下情况后，再制订保护方案，并由省文物局组织实施（彩版一，2）。

12 月

省文物局张亚平副局长带队在永济召开协调会。组织成立考古发掘领导组：张亚平任组长，地县各出一领导，省考古所王克林所长参加。确定由省考古所牵头省、地、县联合组成考古发掘队对蒲津渡遗址进行发掘。省文物局成大生副处长，省考古所王克林所长、刘永生副所长、杨富斗站长、商彤流副主任，运城地区文化局付仁杰副局长、张国维科长，永济县文化局樊旺林副局长等参加会议。决定由杨富斗担任考古队领队，报请国家文物局批准后立即开展工作。省所责成刘永生负

---

* 大事记由刘永生执笔。

责此项工作。确定发掘范围为东西30米，南北50米。

1991年

1月22日

省政府副秘书长王锚深召集会议要求永济铁牛发掘应尽快开工，指出开口不要太大，摸好底。省文物局贾立业局长、张亚平副局长参加会议。

3月上旬至5月下旬

经报请国家文物局批准，杨富斗担任领队，由省考古所牵头组织的省、地、县联合考古发掘队，进行了第一次科学考古发掘。蒲津渡遗址考古队队长杨富斗，副队长张国维、樊旺林。办公室主任商彤流。队员：刘永生、张俊才、王传勋、王勇、邢晋中、张银才、张红等。

发掘面积1800平方米，开挖10米×10米探方15个。发掘土方9000立方米。发掘主要文化层为明代地层、清代地层，近现代河床堆积4.5米，下为近代地层叠压。遗址自然地表高程336.5米左右（黄海标高）。发掘出明代石堤，路面，明正德年间石碑，码头口遗迹。蒲津渡唐代蒲津浮桥遗留的铁牛四尊，牛皆面西，前后排列，南北分列成两组。牛外侧旁各有一牵牛铁人，形态各异。四牛间并列铁山两座，铁墩三个。铁牛东北方排列铁柱七根，呈北斗星状，五根单体圆形，两根连体方柱形。遗址北半部清出金、元时期建筑遗迹一座。基本搞清了明代蒲津渡遗址。

铁牛气势恢弘，形态矫健，前腿蹬而后腿蹲作用力状。牛尾后有横轴为系铁索用。牛下有铁山底板，1号牛底板标高329.7米左右。南边一组底板厚40厘米。底板下有六根圆铁柱，入地长3米余。

省政府拨30万元专项保护经费资助此项目。

5月11、12日

国家文物局和山西省文物局在永济县召开蒲津渡遗址考古发掘及保护现场办公会（彩版八六，1）。

国家文物局张柏副局长带领国家文物局专家组考古专家组张忠培先生（前故宫博物院院长）、中国社会科学院考古研究所研究员刘观民先生、研究员张彦煌先生、国家文物局局长秘书屈胜瑞等专家到永济工地视察。现场办公会上听取了考古队领队杨富斗先生的汇报。肯定了这次发掘的成功，认为这是新中国成立以来对大型渡口遗址的首次科学发掘，确定遗址保护“原地、原位、原貌”原则，要求尽快制定保护方案上报。省文物局张希舜局长，文物处杨子荣处长，省考古所王克林所长等陪同。地、县有关领导也参加了办公会议。

5月20日

山西省委书记王茂林到发掘工地视察，要求尽快给省政府写报告，送录像，提出保护意见，让省长们讨论。

6 月 12 日

省文物局（晋文物字〔1991〕35 号）文件呈省政府“永济蒲津渡遗址发掘及保护方案报告”，提出保护工程两种方案。①沉箱式将遗址与水源隔断建成原址博物馆，估算资金 2500 万元；②充水式隔断现行渗水，采用净化水淹没保护造成原址博物馆，估算资金 1700 万元。

7 月 18 日

山西省人民政府吴达才副省长在北京向国务院汇报蒲津渡遗址保护工作。随同有省政府罗广德副秘书长，省计委郑达谦总工，省文物局张希舜局长，永济县县委孙秉晨书记，及省考古所刘永生副所长，蒲津渡遗址考古队杨富斗队长，永济县文化局樊旺林副局长。

对于遗址的保护，国务院徐志坚副秘书长听取汇报后指出既然发掘了就要保护好，要求尽快拿出比较具体的保护方案：一，以国保文物标准要求保护好文物。二，尽快制定保护方案上报。三，经费请各方支持。

国家文物局张柏副局长，国家计委朱一兵处长，财政部孙建平处长，国务院四局尹局长等一同听取了汇报。

国家文物局张柏副局长明确，对遗址以国保单位对待，做方案，划范围，设立保护机构。

7 月 30 日

省计委总工郑达谦召集文物水利建设冶金科委等厅局领导或总工参加会议，省政府罗广德副秘书长到会讲话，安排专家们到永济实地考察，制定保护方案。

8 月 6、7 日

根据吴达才副省长指示省计委在永济召开遗址保护工程方案讨论会。要求省水利勘察设计院补充水文地质资料，提出保护工程可行性研究报告，重点在地下防水处理的技术措施及投资估算方面。

11 月 20 日

《山西文物精华展》在北京中国历史博物馆开幕，蒲津渡遗址铁牛模型在展览中展出。引起各方面对蒲津渡遗址保护的关注。同年，国家文物局拨遗址保护经费 100 万元。

1992 年

3 月 27 日

省政府（晋政发〔1992〕32 号）文件向国务院呈报“关于实施我省永济黄河蒲津渡遗址保护工程方案有关问题的请示”。请就我省提出的保护工程方案进行国家级论证，并倾向于深层防渗保护方案。

6月17日

国家计委办公厅（计办社会〔1992〕292号）文件“关于山西省永济黄河蒲津渡遗址保护工程方案有关问题的复函”，建议国家文物局和山西省工程咨询公司及其他有关部门对建设方案进行咨询论证。遗址保护工程所需建设资金，经论证和审核后，属于基本建设投资范围的项目，请纳入省基建投资计划逐步解决；属于文物抢救性保护方面的开支，原则上也应由省安排，在抢救过程中确因资金不足可考虑在国家重点文物保护专项资金中予以适当支持。

7月31日

省文物局（晋文物字〔1992〕96号）文件呈国家文物局“关于请国家文物局组织有关部门对我省‘永济黄河蒲津渡遗址保护工程方案’进行国家级论证的申请报告”。

8月20日

省文物局（晋文物字〔1992〕101号）文件向国家文物局上报“关于永济黄河蒲津渡遗址前期保护方案等有关问题的请示”。方案提出用钢板围护四周，封闭四壁渗水和四壁坍塌，保护遗址面等措施设想。

9月6日

省文物（示字〔1992〕25号）文，向省政府呈“关于召开永济蒲津渡遗址保护方案国家级论证会的请示”，根据国家文物局提名，由省政府和国家文物局名义邀请中央有关单位和我省专家17名组成专家组对方案进行论证。

10月8~10日

15名文物考古、工程地质、水文地质、工程技术等方面的专家和学者在山西省永济县对蒲津渡遗址保护方案进行国家级论证。专家组组长由中国社科院考古研究所所长徐苹芳担任。论证结果：

① 重申原地、原位、原貌保护原则，要求按国保单位标准编制保护方案。

② 对山西省水利勘察设计院提出的深层、浅层保护方案提出论证意见。

对防渗都应考虑综合治理防护措施，包括各种形式的排水、自然通风及环境治理等；对防震抗震措施要按烈度8度设防标准设计；对铁质文物进行冶金、文物考古、技术保护等专题研究；对遗址保护时考虑与蒲州城遗址保护相结合，要统一规划（彩版八六，2）。

10月10日，论证意见书签字。参加论证会的领导有国家文物局副局长张柏，山西省政府副秘书长罗广德，山西省文物局局长张希舜，副局长张亚平，运城地区魏副专员，永济县委书记孙秉晨等。

11月3日

省文物局（晋文物字〔1992〕28号）文，上报省计委请求批准将列入92年度计划的100万元蒲津渡遗址保护工程经费改为工程前期费用。

11 月 11 日

山西省文物局与山西省工程咨询公司签订蒲津渡遗址保护工程咨询协议书。建立协作领导组：省计委总工郑达谦担任组长，省文物局局长张希舜、省工程咨询公司经理侯林荫任副组长。领导组负责对遗址保护工程咨询的确定、部署、协调、审定。由咨询公司督促完成保护工程方案，深层浅层两方案。要求 12 月底完成方案，1993 年 1 月上旬、中旬召开第二次国家级论证会。

12 月 1 日

山西省水利勘察设计院提交“山西省蒲津渡口遗址保护工程地质勘察报告”。山西省工程咨询公司做出蒲津渡遗址地下防护工程方案。

12 月 29 日

由山西省政府组织在太原召开省级专家论证会，对山西省水利勘察设计院方案和山西省咨询公司方案进行论证。省计委总工郑达谦担任专家组组长。省政府副秘书长罗广德、省文物局局长张希舜、副局长张亚平等参加了会议。

论证结果：

① 认为浅层五面封闭结构的防护方案思路正确，结构合理，隔水可靠，施工可行，造价较低，工期较短。

② 封底倾向于钢筋混凝土顶管方案，以此做主推荐方案上报。

1993 年

2 月 12、13 日

由山西省人民政府和国家文物局组织在北京召开了“蒲津渡遗址保护工程方案的第二次国家级论证会”。山西省副省长吴达才、国家文物局副局长张柏主持了会议。国家计委、财政部、国家科委、国家文物局有关处室、山西省文物局局长张希舜、副局长高可等参加了会议。16 位专家组成专家组。组长徐苹芳、副组长黄景略、郑达谦（彩版八六，3）。

论证意见：

① 鉴于钢筋砼墙加钢筋砼顶底板方案基本合理，技术可行，在保证质量上更可靠，绝大多数专家同意这一方案。

② 要求施工中注意古遗址地下勘察资料收集要准确可靠，要充分考虑会出现的各种不利因素，制定切实可行和有效的技术措施，做到质量可靠。

提出意见：应抓紧制订铁牛防腐实施方案；应开始上部建筑方案设计工作。

2 月 13 日

论证会专家参加审议了铁质文物保护课题组的保护建议。中国文物研究所李化元，中国历史博物馆科技部潘路，北京科技大学冶金史研究室韩汝玢、防护与腐蚀系吴荫顺分别介绍了保护方案的技术路线。

2月18日

在太原，由省计委总工郑达谦召集省文物局、省计委设计处、省工程咨询公司研究落实北京论证会意见，完善上报工程方案，议定遗址保护上部博物馆建设招标意见。

3月初

铁质文物近期抢救保护方案课题组组成。由山西省考古研究所牵头，中国历史博物馆科技部和北京科技大学冶金史教研室、防护腐蚀系参加。

4月5日

省文物局（晋文物计便字第2号）“关于对永济蒲津渡遗址铁器群近期抢救保护方案课题组工作计划的批复”，批准课题组工作方案。

课题组负责人刘永生（省考古研究所副所长）。请中国科学院院士、世界著名材料科学家柯俊先生担任顾问。中国历史博物馆科技部周保中、潘路、姚青芳等负责铁质文物地上部分保护方案的制订。北京科技大学冶金史研究室韩汝玢，防护与腐蚀工程系吴荫顺、何积铨等负责铁器成分分析，样品制造和地下部分保护方案的制订。山西省考古研究所杜水生、商彤流等负责遗址环境变化，气候水文温湿度等综合情况的监测分析，提出保护意见。

课题组随即开始分项工作。

8月12日

省计委向省政府办公厅请示指出：蒲津渡遗址地下防护工程该项目总投资3470多万元。属基建投资，国家计委明确属基建投资由我省投资。

从我省实际情况看，建议黄河蒲津渡遗址博物馆暂不搞，先把发掘出来的铁牛、铁人等文物封闭保护起来。

张维庆副省长8月26日批示：黄河蒲津渡遗址已经开发，要想办法予以保护，如果建博物馆资金有困难，能否采取其他措施，请文物局和计委一起商量一个具体意见。

郭裕怀副省长9月2日批示：根据当前的财务状况，同意计委意见，文物局要积极配合。

1994年

1月31日

江泽民总书记在省委书记胡富国、省长孙文盛等领导陪同下亲自视察了永济蒲津渡遗址并指示，这是国宝，一定要保护好。同时要求中办主任曾庆红为铁质文物的保护请国家文物局做一次汇报。

2月15日

山西省财政厅、山西省文物局以（晋文物字〔94〕6号）文呈财政部，国家文物局“关于申请解决蒲津渡遗址保护工程经费的报告”。

2 月 16 日

省文物局局长张希舜带队到北京向国家文物局汇报，同省财政厅厅长袁崇信联合向国家财政部、国家文物局汇报江总书记视察情况，申请该项经费。财政部有关领导要求尽快上报经审定的保护方案。

3 月 29 日

山西省计委、省文物局以（晋计基科字〔1994〕178 号）文向国家计委、国家文物局上报“关于黄河蒲津渡遗址保护工程申请列项的报告”。报告列出地下防护工程南北长 70 米，东西宽 40 米，面积 1800 平方米，总投资 1810 万元。

8 月 6 ~ 19 日

全国人大科教文卫委员会副主任委员聂大江率领的执法检查组一行 8 人在山西省对《文物保护法》的执行情况进行了检查，检查组在永济进行了实地考察，并和当地人大政府的负责同志进行了座谈。检查组在《关于山西省〈文物保护法〉执行情况的报告》中指出，有的地方不按文物法规定的程序履行报批手续，挖掘重要的地下文物，导致在保护上十分被动的局面，但在向检查组汇报文物工作的汇报材料中，仍把这种挖掘当做“大无畏精神”（汇报材料原文），当做一件大功劳予以肯定。在某县县委、县人大、县政府三家联合署名的汇报材料上，居然写道“……使人们认识到发掘文物，保护文物是公民的义务，人人有责”。

10 月

铁质文物保护课题组在对文物进行一系列测试研究的基础上，逐步施行现场实物试验并取得一定数据。北京科技大学课题组用分析出的数据铸成与唐代铁牛等铁质文物同样成分的铁棒，制成试片到现场埋藏获得极有价值的防腐数据。现场做牺牲阳极实验也获取到可靠资料。中国历史博物馆课题组对 4 号铁牛进行除土锈涂缓蚀剂保护。省考古所用一年多时间，不间断对现场进行每日抽水量监测，现场环境温湿度监测，对铁质文物所处环境水质进行综合检测分析。将获取的大量数据进行综合分析后，对现场环境做出科学判断报告。

1995 年

5 月

课题组写出“永济蒲津渡遗址铁器群保护方案研究报告”上报山西省文物局。

6 月 14 日

省文物局（晋文物字〔1995〕43 号）文，将“关于实施永济黄河蒲津渡遗址铁器群保护方案的报告”呈省政府和国家文物局。针对遗址现场保护环境恶劣，铁质文物处于黄河水平面 6 米之下，地表层靠不断抽水得以维持，相对干湿度终年在 80% 以上，并且早晚干湿变化悬殊，有害菌非常活跃，对铁质文物有严重危害。拟采用两种方式进行保护：一，地上外露部分除土锈涂缓蚀剂；二，地下部分用牺牲镁阳极的阴极保护方式。

11 月

山西省政府批准同意上报的铁器群保护方案，拨 30 万元保护经费。

1996 年

1 月 23 日

山西省文物局（晋文物字〔1996〕5 号）文，向国家文物局呈“关于黄河蒲津渡遗址地下防护工程方案的报告”。

在分析研究以往地下工程保护基础上，遵循经济、合理、切实可行的指导思想，再次拟订两方案：一，移动遗址内文物做钢筋砼墙底板整体防护后复原；二，原位升高复原保护方案。经费概算分别为 1746 万元和 1487 万元。

1 月 28 日

国家文物局在京召集专家论证山西省文物局上报的蒲津渡遗址铁器群近期抢救性保护方案，国家文物局张柏副局长主持会议，国家文物局有关处室，国家文物局考古专家组，科技和文保专家组专家，山西省文物局张希舜局长，张亚平副局长及铁质文物保护课题组人员参加了会议。德高望重的课题组顾问中科院院士柯俊先生专程参加会议。经过认真讨论通过了保护方案，同意实施。

同时，与会专家讨论了 1 月 23 日上报的保护工程方案。部分专家提出，若无好的办法保护可埋掉。对此文物保护专家提出不同意见，认为已在潮湿环境中暴露多时，埋回去会对铁质文物产生一系列不利影响。

4 月

山西省郭步殿、马翠珍等 31 名人大代表联名提案，呼吁黄河铁牛急需保护。呼吁要制止地方当局发掘另一组铁牛的行动。

4 月 26 日

《北京青年报》登载“黄河铁牛求救”一文，对此做了报道。采访国家文物局副局长张柏、考古专家徐苹芳，对埋回去的意见提出忧虑。

4 月 27 日

国务委员李铁映在山西省视察工作时，亲临永济视察蒲津渡遗址，多次讲话要求保护好遗址，保护好铁牛等铁质文物。指示“要尽快采取抢救保护措施，把牛和水隔开，不能让国保铁牛再腐蚀下去了。”

5月3日

永济市人民政府编制“永济唐开元铁牛保护工程设计方案”，提出保护工程方案有二：一，不锈钢板结构；二，钢筋砼结构。一方案估算1000万元；二方案估算596万元。

两方案均对古石堤下部基础不做挖动，以此提高地基承载能力。对考古发掘和铁质文物保护均未提出意见。

方案比较后认为，方案一工程造价高昂，不锈钢能耐蚀多长时间估不透；方案二自重大，受地基不均匀沉降影响明显，铁牛铁人下部铁柱局部防渗防漏处理应采用普通钢板焊接并浇注到砼内，施工繁琐，施工工期长。

5月6日

运城地区行署（运署请字〔1996〕23号）“运城地区行政公署关于解决唐铁牛抢救保护工程所需经费的请求”上报省政府。确定钢筋砼墙加焊接整底板方案。此项保护工程概算资金596万元。根据李铁映同志意见，请国家解决300万元，省政府解决100万元，运城行署解决100万元，永济市自筹96万元。

5月20日

在运城行署报告后省政府薛军副省长批示；省政府解决100万元，省计委、财政各出一半。刘振华副省长签，同意。

运城地区行署（运署请字〔1996〕23号）“运城地区行政公署关于解决唐铁牛抢救保护工程所需经费的请求”转呈国务院办公厅。

同年年底，省财政铁牛保护工程专项经费50万元下拨到运城行署。

9月13日

国家文物局（96）文物文字第861号“关于永济唐铁牛抢救保护工程所需经费和方案的意见”。对国务院办公厅（办字1719号）转国家文物局的（晋政发〔96〕79号）山西省人民政府“关于解决永济唐铁牛抢救保护工程所需经费的请求”和永济市人民政府“永济唐开元铁牛保护工程设计方案”一，要求山西省文物局在前一阶段化学防腐保护工作论证实验基础上会同永济市人民政府、山西省考古研究所及保护课题组进一步研究制定铁质文物抢救保护工程方案。二，要求方案可在原提出的几种方案基础上结合技术条件，经费数额条件的限制，落实领导同志的指示，原则上允许采取在不损坏文物的条件下，暂时移动文物，做好隔水层后复原文物位置；如何将铁牛和水分开，要研究论证提出具体方案。三，考虑到整个蒲津渡遗址的全貌，也可考虑采取提高现文物所在高度位置，遗址上不再加盖附属展馆，采取开放式展览的方法，这样可以减少保护工程上的基建项目经费便于实施。

由考古部门制定发掘计划，在施工前完成有关发掘工作，获取尽可能多的实物资料。

10 月 13 日

山西省文物局（晋文物字〔96〕81 号）“关于呈报‘蒲津渡遗址保护工程方案’的报告”上报国家文物局。

根据1996 年9 月13 日（国家文物局〔96〕文物文字第861 号）文意见，山西省文物局10 月3 日完成蒲津渡遗址地下防护工程方案，提出原位升高复原保护方案，对地震液化问题地基的处理，省考古所派杜水生专程咨询了煤炭设计院王步云大师，采用了地质大师王步云先生的建议，用毛砂卵石填充垫实，以此解决了困扰多年的基础问题。

10 月 14 日

国家文物局在京组织专家论证会，国家文物局副局长张柏主持会议。国家文物局专家组、北京科技大学、全国政协办公厅、中国文物报等单位有关人员参加会议，山西省文物局副局长高可带领山西有关人员参加会议，会上首先听取了永济市文物局樊旺林副局长对永济保护工程方案的介绍。其次，由山西省考古所刘永生介绍了山西省文物局保护工程方案，之后，专家们对工程方案展开了热烈讨论，肯定了后一方案。会议要求山西省文物局尽快组织技术人员补充完善保护工程方案。

10 月底

中国历史博物馆课题组和北京科技大学课题组分别提出铁质文物保护方案，山西省考古研究所提出考古发掘方案。

11 月 12 日

（国家文物局〔96〕文物文字第 1084 号）“关于对蒲津渡遗址保护工作方案批复”：在现在条件下，同意你局提出的对铁牛等铁质文物移位保护，对蒲津渡遗址进行回填保护的方案。

要求尽快充实、完善铁牛等铁质文物移位保护的方案。可考虑原地抬高和横向抬高两种方案。其中包括详细的考古发掘、吊装、运输等方面的方案，报国家文物局组织专家论证后审批。要求组织有关部门和单位尽快研究制订工作时间表。

经费仍重申由省市共同出资，以国家给予适当的补助的方式加以解决。

11 ~12 月

省文物局责成刘永生组织有关专家和省考古研究所有关人员到永济现场实地考察，与当地有关领导共同商议制订方案问题。

12 月

省计委安排的永济铁牛保护经费 50 万元，列入 1997 年全省计划内。

1997 年

1 月 6 日

经省文物局领导同意，省考古研究所与省咨询公司建安处签订保护工程承包合同，由建安处负责施工设计，要求施工设计方案制订考虑配合文物发掘，文物提升和临时迁移保护、就位安装，全部土建工程及配套专业工程。

1 月

省文物局（晋文物字〔97〕3 号）“关于呈报蒲津渡遗址保护工程方案的报告”上报国家文物局。

1 月 15 日

铁质文物保护课题组在北京科技大学召集会议，研究铁质文物保护的实施问题。

1 月 19 日

国家文物局文保司孟宪珉召集会议，修缮管理处处长晋鸿奎、副处长傅清远参加，听取山西省文物局上报保护方案工作情况汇报。明确该项目由工程管理处负责。

3 月 9 日

国家文物局再次组织专家对上报方案进行论证，孟宪珉副司长主持会议。制订方案的省工程咨询公司原总工朱一鸣，建安处工程负责人任平在会上介绍工程方案，解答咨询。会后傅清远处长对工程具体施工问题又进行了详细的探讨。

3 月 10 日

国家文物局下达（文物保函〔97〕77 号）“关于永济黄河蒲津渡遗址保护工程方案的批复”。

① 原则同意所报原址顶升或提升 12.2 米，下做隔水层的保护方案。请你局在基本查清遗址下部情况的基础上再次组织具有起重施工经验的专业人员进行具体研究，本着科学、安全合理和经济的原则，做出具体施工技术设计。

② 在施工设计与实施过程中，要紧密结合工程进行考古发掘，认真提取相关的实物资料和科学严谨的现场记录。

③ 施工中要严格注意文物安全和施工人员安全，不得有任何疏忽，作到万无一失，同时要科学，严密组织施工。

经费意见仍同以往一致。

3 月 15 日

省文物局（晋文物字〔97〕15 号）文，上报省政府“关于实施永济黄河蒲津渡遗址保护工程方案的请求”。

请求组织成立工程领导组；协调关系，落实地市经费；实施工程方案。

4月

山西省工程咨询公司建安处在充分论证基础上做出“蒲津渡遗址保护工程施工组织设计”及工程设计图纸。经省文物局领导组织有关人员审定后上报国家文物局，正式确定吊升方案。

4月14日

国家文物局批准刘永生担任蒲津渡遗址发掘领队。

原上报实施工作计划因经费未到位而顺延。

7月

财政部、国家文物局（财文〔1997〕262号）文下达“关于补助1997年全国重点文物保护专项补助经费的通知”（第一批），安排蒲津渡遗址保护经费150万元。

运城地区文化局，永济市文物局提出按照地市1996年上报方案施工问题。

9月25日

经数次协商调整无效，原定9月动工，次年3月竣工的计划搁浅。

1998年

4月5日

国家文物局张柏副局长会同省文物局郭士星局长等在永济现场办公，鉴于地市对于工程设计、经费、和主持工作人员意见较大，郭局长提出由地方负责意见，张柏副局长再次明确工程应由省文物局负责。

7月初

人民代表报刊登，人大代表呼吁“救救黄河大铁牛”图文消息。7月9日，孙文盛省长阅报后批示：请薛军同志安排文物局再想办法，采取保护措施。7月16日，薛军副省长批示：铁牛保护问题，已催办多次，一直未落实，请省文物局，运城行署速查明原因，提出意见。

8月5日

省文物局局长郭士星，副局长高可带领有关处室、考古所及工程有关人员前往永济现场办公。拟组成工程领导组，按薛军副省长批准的实施意见开展保护工程。召开了省地市有关人员的会议，听取了各方面意见和施工单位的施工组织设计和资质情况，并且在工地现场听取了施工单位的施工计划。

此次工作因工程总指挥及对施工单位资质等有意见分歧而未能达成一致。

8月17日

由省文物局组织聘请省建设部门资深专家省建设监理总公司总监陈梓明、副总监段学伟对省咨询公司建安处拟承担蒲津渡遗址保护工程在技术和资质进行考察。结论是：施工方案是可行的，采取的技术措施有针对性，较可靠，又有“中化二建”参与，咨询公司建安处完成这个工程应当没问题。加上强化管理，监理把关，朱一鸣总工挂帅，工程也并不复杂，可以放心。

1999 年

1 月 7 日

省文物局（晋文物字〔1999〕7 号）文件给省考古研究所“关于下达蒲津渡遗址文物保护工程任务的通知”决定：

① 这项文物保护工程是过去考古发掘、文物保护等项工作的继续，仍由你所继续全面负责工程的管理和实施。考虑到工作的延续性，你所可聘请刘永生同志继续主持工地的文物保护事项；杨富斗同志任专家组召集人，负责专家的组织、协调和工程技术的指导、监督；邀请省建筑监理总公司负责该工程的业务监理。

② 根据专家考察意见，我局同意由省工程咨询公司建筑安装处承担蒲津渡遗址原址提升的一期保护工程，请你所按照工程要求，作好设计预算合同的审定和开工前的各项准备工作，尽快开工。

③ 为保证工程的顺利进展，要设立工程专项账户，配备专职会计、出纳，保证专款专用，前已下达或核定的经费，要尽快全部转入工程专户。

④ 请运城地区文化局、永济市文物局主动向当地政府汇报，取得支持，积极配合，协助省考古所，以最短的时间，最优的质量，最低的投资，达到最佳的效果，圆满完成这一重要的文物保护任务。

1 月 21 日

刘永生收到 7 号文件，立即着手与考古所协商动工事宜，与咨询公司协商签定协议办理开工报告。对咨询公司建安处作出的施工预算送省工程监理总公司对施工预算审核。

4 月 1 日

省文物局（晋文物函字〔1999〕11 号）文给省考古研究所“关于批准蒲津渡遗址第一期保护工程施工预算设计的通知”对考古所报送的永济蒲津渡遗址第一期保护工程预算设计及山西省工程监理总公司对施工预算的审核报告，认为该预算设计基本符合国家文物局批准的保护方案原则和保护工程实际，原则同意蒲津渡遗址第一期保护工程总价 3012417.07 元的施工预算设计。工程总价不包括考古发掘、铁质文物保护及遗址文物拆除复原、资料整理等项费用，请你所按实际需要做出预算报省局审批。

4 月 23 日

铁牛保护工作会

地点：省文物局二楼会议室

主持人：郭士星

参加人：高可、宁立新、王永先、董养忠、张庆捷、商彤流、刘永生。施工单位：朱一民、孙

总、任平

郭士星：召开铁牛保护工程工作会，研究如何具体实施。现方案确定已四年，至今未动工，各方面都很关心，都有意见。领导群众都很关心，希望能尽早动工。出现了很多扯皮，对一些问题有分歧。永济一要任总指挥；二，工程队自己安排；三，经费问题（地市经费不到位），省地市不太协调。

国家文物局张柏明确，省局必须承担组织领导责任。永济不参加领导组，主要由省承担，交省考古所，请刘永生主持。做了一些组织准备工作，预算也存在一些问题，主要研究开工前具体准备工作。

要以大局为重，眼看文物损坏心疼，要排除一切干扰动工，动不了工得不到保护。永济对方案的意见，不同意提升。操作不得力，也存在一些问题，考古所应把此当大事来抓，科学、安全、合理。

高可：工作会，一个内容，研究开工前的准备工作。强调要求各有关方面坚决按国家局有关批示意见实施操作，尽快开工。争取汛期前完成主体，年底完成。立即安排实施计划意见。文物处负责，考古所安排好。开工前手续要完善，严谨。

张庆捷：遇到的困难，一，地方关系；二，经费问题；三，工程队的矛盾问题。

高可：要有开工报告，合同。

郭士星：作为一项文物保护工程，以往的文物保护领导组不再存在，但要积极配合好。

① 文物局直接领导，高可分管，日常工作文物处负责。

② 委托考古所管理，刘永生主持。

③ 工程队问题上要慎重，保质保量。永济的不协调问题至关重要。要搞好。正式签合同；经费问题，已到位，要专户、配专门会计。

4月27日

运城地委宣传部王大高部长，永济市委石丙录书记到太原反映意见，认为保护工程违反了《建筑法》有关规定。不同意省局决定。

刘永生找到《建筑法》有关规定，国家文物局对文物保护项目有关规定和我省对文物保护工程有关规定。明确认定蒲津渡遗址保护工程是符合国家明令规定的，合法程序工程项目。将有关条款摘录送有关领导。

4月29日

在省政府渊谊堂会议厅，根据薛军副省长指示，省政府办公厅王虎成主任代表省政府召开协调会，研究蒲津渡遗址保护工程工作。

蒲津渡遗址保护工程协调会

主持人：王虎成

参加人：省文物局高可副局长、宁立新处长、董养忠，省博物馆刘永生，运城地区文化局付仁杰局长，永济市委石丙录书记，省招标办王主任

高可介绍保护工程方案确定情况，施工、监理队伍选定情况，均符合法律和有关规定程序。

王虎成主任明确：蒲津渡遗址保护工程方案国家文物局批准就是最后决定，最高决策，以此为准不再争论。省文物局的保护工程做法符合法律规定，是合法的。但大家都是关心保护工程，提的意见也是合理的。铁牛保护工程既要执行国家文物法律法规，又要执行《建筑法》，按基本建设程序办事的原则。要实行工程项目法人制，明确省考古研究所要切实负起法人责任。对施工队伍的选定可以再搞个议标程序，做到双保险。对建筑监理单位维持已选定的山西省建筑监理总公司。建设工程要有法人单位，要有终身负责思想。要抓紧做好工作。

对工程配套经费问题，地市配套资金各 100 万元。王主任要求到会地市领导同志明确表态，参加会的领导也都作出了承诺，表示可以做主，能够落实。

省政府这次协调会，解决了多年来一直争论不休的问题，统一了思想，明确了任务，是蒲津渡遗址保护工程实施方案的真正开端。

4 月 30 日

省文物局在文物处办公室召开会议，明确考古所是保护工程建设项目法人单位，全权负责保护工程建设，尽快组织选择施工队伍的议标工作。

7 月 2 日

山西省考古所在太原华苑宾馆组织建筑及文物专家 15 人，对竞争保护工程的几支施工队伍进行议标。特邀省招标办、运城地区招标办和运城地区文化局、永济市文物局有关领导参加。经过评标、投票，最后山西省工程咨询公司建安处中标。

8 月

省文物局拟组织以高可副局长为组长的省地市工程领导组。下设办公室、工程技术专家组，考古发掘队与铁质文物保护课题组。协调地市关系，全面开展工作。

8 月 18 日

施工队伍进入永济蒲津渡遗址保护工程施工现场，开始工程准备。

9 月 20 日

第二次田野考古发掘工作正式开始。

由于田野考古发掘中发现遗址区的文化层埋藏状况异常复杂，与预计情况有很大差异，各种成因背景的文化层多达 16 层，铁牛下部的埋藏深度比预期深度多出一半有余。为彻底搞清也必须搞清遗址的地层及文物埋藏情况，考古发掘比预计延长四个月。另外由于铁牛临时加固支撑跨度由原定的 3 米加大到 7 米，支撑方式不得不做相应改变，增加了工作量和工作难度。施工现场用电设施变压器的不适应，农电送电的极不正常，增加了租用变压器和柴油发电机支出经费，加之排水场地选择出现的困难，都加大了费用的支出和延长了工程进度时间。由于遗址及文物埋藏的不可预见性、复杂性和文物的价值，导致了田野考古工作发掘、铁牛加固支撑及顶升的难度加大，其技术含量又很高，国内目前又无成熟经验可以借鉴，为保证工程万无一失，采取了相对保守的技术措施，加大了投入，增加了时间。

2000 年

1 月 6 日

孟宪民司长与张忠培先生一同到永济发掘工地检查工作。

张忠培：①主要解决唐代地面的问题，这要和铁牛的发掘紧密联系；②渡口，黄河河岸变迁，筑堤的关系，冲刷，淤积，地层必须解决，缺环的问题（不使用的年代），渡口的变迁。③唐代挖坑埋铸铁牛，就地铸造，分铸。求证铁牛的就地铸造，唐代地面以论证黄河河岸的变迁。不要以文献为准，要以地层关系为准。确证唐地面有一些线索，但不能确证，要把七星柱的埋藏关系再分别搞清楚、解决：①不同时代的地层；②河岸的变迁，关系；③铁牛如何铸造。用考古学来看年代问题。其间可有中断，如淤沙。可对部分的泥土、瓷片做化验。写报告时一定要说清楚各时代变迁。唐铁牛可与昭陵六骏相比美，与蒲州城联结，与黄河联结起来搞开发。只有大唐才有这种气魄，铸造如此宏大、精美的铁牛，在保护文物的情况下，加大利用程度。

孟宪民：提升方案，当时考虑黄河已经上升，气魄应大点。不止一个景观，是个站立在河滩之上的露天艺术品，做个比较大点的规划。没有这个渡口码头，就没有蒲州城。不要仅限于搞馆舍。（不同于兵马俑）搞景区规划，国外保护也是在考古人员带领下搞复原工程。

4 月初

田野考古发掘基本告一段落。

4 月 18 日

在永济召开"蒲津渡遗址田野考古发掘检查和铁牛顶升方案现场论证会"。国家文物局张柏副局长带领国家文物局谢辰生顾问，修缮管理处傅清远处长，考古专家组中国考古学会长、前中国社会科学院考古研究所所长徐苹芳先生，中国考古学会副会长、前北京故宫博物院院长张忠培先生，北京科技大学韩汝玢教授等专家到工地现场检查，山西省文物局高可副局长带有关处室领导和考古专家王克林、陶正刚、吴振录等参加。运城地区和永济市的有关领导也参加了会议。在现场听取了工地主持人的汇报，检查了发掘地层、遗迹、发掘记录、图纸和出土文物。

下午，在永济富源大酒店召开座谈会。张柏副局长主持会。对于铁牛周围的蒲津渡渡口遗址继续做不做；铁牛提升的安全；对文物保护的处理方法；落于何处，如何恢复遗址等几个问题发表意见。一，地层关系基本搞清楚了，铁牛在宋代地层，搞清了唐代地层，铁牛是如何提上来的，要不要继续做，前半部分被河水冲了，码头没了，没法做了。二，提升问题。只能说东西是宋代地层的牛，不能说唐代；码头是唐宋之间，堆积不厚；河面水的提高有关，黄河唐以来变化如何提高的，提到 12 米能保多少年。工程是按 100 年考虑。整个景观变化，这个高差发生矛盾，动态的考虑，整个自然景观。提升后如何办，挖下去，想挖但可能性如何？

徐苹芳先生谈到，这次发掘搞清楚了埋藏地层在宋代。探坑的发掘搞清楚了，就这样了，不能再做了。发掘的现场和图对不上。往深打一条探沟，应该将铁质文物的保护走在提升之前。

会议肯定了田野考古发掘取得的成果，并决定考古发掘告一段落，下一步转入实施文物保护工程。国家文物局张柏副局长强调各级政府一定要将经费尽快到位，永济市长潘和平提出永济财政没有经费支持这项工作。只能以贷款方式提供96万元工程费，以后用铁牛博物馆的收入来还款。

5月

保护工程开始实施后，为确保文物的绝对安全，在无先例情况下，精心施工，经过努力，到7月底，安全顶升4米。并完成了液化地基的碎石桩处理。

8月

因经费没能及时跟进，经多次协调无效，被迫停工。

2001年

11月25日

永济蒲津渡遗址保护工程协调会

地点：永济工地

会议主持：高可

参加人：赵参军、傅仁杰、张庆捷、石金鸣、罗新、侯政民、傅强、李监理工程师、甲方工程师台工、刘永生、任平。

张庆捷汇报工程进展情况。工程：起抬高到位高度，铁牛下筑30厘米垫层，铁板封底，回填碎石二万立方。经费：仍没落实。方案：没尽快到位。时间：与原预定晚三天左右。前提是质量第一，今年能干多少干多少。

侯政民：讲到农行贷款过程，月底争取到位96万。3万月底可以到位。

张庆捷：黄院士提出软着陆方案，工大雷教授计算后提出用碎石。最后的方案应尽快到位。北京科技大学的情况应再催一下。

石金鸣：运城的经费已落实了。

高可：工程进展正常，对任平的表扬。工地款60万进账。①经费问题，必须尽快到位。双喜的13万尽快追回；②建立相关制度，工程管理制度，监理制度。强调配合甲乙和驻地单位问题。③铁牛，工程，安全意识，三个确保。④宣传问题，低调处理，管好人封住嘴。

强调：①软着陆方案，尽快形成正式文件。②防锈问题，作好衔接。③效果问题，考虑到旅游功能总体效果。

下午，在永济富源大酒店高可召集会议，确定遗址平台修改原则，东部北部切出一块到西南边，西部出台阶，西部加宽成平台为照相参观方便，下部需要展示堤坝，做成展厅式。经费另行考虑。研究加宽平台时强调："任平是专家，我就听任平的"。

刘永生提请设计时要注意明代堤坝西部的地基处在河道粉沙层。遗址平台主要部分在明代堤坝以东河岸轻亚黏土层。沉降会不同。要注意不均匀沉降。

11 月 26 日

上午，张庆捷主持在工地现场确定原放线遗址平台位置做调整。加宽平台的位置尺寸：东部切9米移到西边；北边切3米移到南边。出现的相应地基问题，任平考虑调整。

对于调整形成文字意见，在场人员张庆捷、石金鸣、罗新、刘永生共同签字。刘特意提出，经费要保证，否则不能干。

刘永生取原上报设计图纸交甲方驻现场工程师台工（澮台敬恩）。

2002 年

3 月 26 日

高可召集蒲津渡铁牛碰头会，董养忠、石金鸣、任平参加。关键词：方案、经费、开工、待定。

高可：任平的设计方案按程序已经上报国家文物局，目前尚未批复。关于经费，超出596万的缺口资金，国家和省里如何解决？目前还没有结论，因为方案还没有批准，但估计不成问题。

现在已经春暖花开了，再不开工可能会有麻烦，人大、政协、新闻界再闹一下怎么办？方案没有批准以前，与方案主体没有太大关系的工程有没有？能不能做？如果可以做，安排一下尽快开工。考古所的工地负责人和工程人员尽快安排。定下方案后，我们需要召开一次各方代表大会。

要求法人单位负起责任，加强工地工程管理，严格财务制度，工程单位要一鼓作气，保质保量，圆满完成任务。工地需要注意安全、规范管理。

石金鸣已被任命为考古所所长，与任平认识一下，交换一下联络号码，互相配合，把铁牛工程一定做好。

任平：不影响方案的工程有，可以做，鞠躬尽瘁干好工程。

石金鸣：一，目前我对铁牛的事情不了解，海金乐在翼城协调和领导抢救性发掘，因此我们还没有召开所务会，还没有具体分工由谁来管理铁牛。二，铁牛的方案没有下来。三，铁牛经费没有着落。鉴于上述原因，现在我说不出什么意见。我们会尽快定下分管人员，届时我建议召开一次文物局、考古所、地方有关单位、工程方和监理方参加的会议，各自的工作与责任说清楚，有的应该协议化、规范化、合法化。

3 月 27 日

石金鸣召集考古所所务会，施联秀（讲完话因事离会）、李福明、张庆捷、海金乐、宋建忠、马升参加，谈到关于铁牛的管理分工。

石金鸣：铁牛是我们所的大事情，张庆捷同志是新一届班子的书记兼副所长，之前他亲自抓铁牛管铁牛，工作比较熟悉。考虑到工作的连续性，建议继续由张庆捷同志分管蒲津渡的工作。工地如果需要人，庆捷可以随时调动任何人，所里对铁牛项目一定会全力支持。

张庆捷表示他不能管理铁牛。原因是他身体不好，心脏不好；与任平共事很有困难，心脏病发作过好几次。正因为如此才向党组辞去了所长职位，所以不能再管了。此外，张庆捷还讲了他与任平之间的一些琐事，评价任平是不讲信誉的。

石金鸣：庆捷不愿接受铁牛管理，我们以后再讨论此事。

3 月 28 日

施联秀召集研究关于铁牛的事情，高可、李福明、石金鸣、张庆捷、董养忠参加。

施联秀就蒲津渡工程目前的方案、资金、财务、开工等问题咨询了高可、张庆捷、董养忠和石金鸣。对 5 个月内竟然要不到方案表示震惊；对有关工作效率低、财务不清楚等提出了批评；最后决定：张庆捷迅速提交迄今为止（包括罗新管理时期）铁牛项目的完整的财务报告；去国家文物局催一催，尽快研究铁牛方案；工地开工，先干与方案无紧要关系的工程。

石金鸣：由于考古不懂基建工程，与乙方打交道到目前为止，一直处于被动、茫然、有劲使不出的局面，建议局党组重新安排其他单位负责铁牛工程，考古所只能做遗迹面的复原工作（施联秀局长表示理解，并认为让考古所管工程应是过去文物局领导的决策失误）；我对工程现状尚不了解，建议等最后方案批准后再考虑动工；目前工程经费缺口近 180 万，加上考古复原工程和配套工程，估计约 250 万～300 万；这么大的经费缺口从哪里解决？工程一开始进行，万一半途后续经费到不了位怎么办？到时候恐怕不好收场；请大家考虑。

张庆捷回答施联秀咨询过程中提到，目前已经花了约 530 万。

3 月 28 日 18 时

高可召集铁牛碰头会，董养忠、石金鸣、任平参加。

高可：局里已经决定铁牛立即开工，你们两家（甲乙）尽快开工；先干不涉及方案主要内容的部分；工程一定要尽心、尽力、尽职、尽责。任平要迅速进入工地，看看下周二能不能开工；石金鸣那里要尽快落实工地负责人。

任平：力争下周开工。罗新在工地还有一些没有结的账，（高局长：什么账?）有些是我们的，还有永济公安局的。

3 月 29 日晚

石金鸣：所务会讨论认为，刘永生是目前监管铁牛工程的最佳人选，理由是：①迄今为止，考古所内最熟悉和了解铁牛的人。②铁牛工地工作时间最长的人。③参与国家、省级有关铁牛讨论会、论证会、保护会最多的人。④蒲津渡遗址的发掘者；工程后期考古复原工作的负责人。⑤工作认真，原则性强、作风硬朗。建议刘永生承担这项重要任务。考古所将全方位给予支持。

刘永生：任平的工程队，按照他过去的做法和目前状况，应该考虑不用他。目前工程是有一定的困难，但也不像某些人讲得那么玄乎，任平一再强调工程的难度和重要性，主要目的是不断地增加工程量和投资。新方案下来后，任平能否按国家局的方案干下去都值得怀疑。如果有东西制约他、如果他改变过去的做法、老老实实地干，用他也不是不行。

任平的方案有问题，正常情况下国家文物局不会批准。如：铁牛抬高 12 多米后，完全不应该再做防潮工程，而现在擅自用了 40 吨钢材做双层钢板大工程，估计费用在 30 万左右；现在的钢结构工程可能不符合铁质文物的磁场阴阳平衡。

目前有三种办法：①改方案。②另做一个方案，通过比较选择其一。③任平的方案大框架不动，砍掉不合理的部分，减少预算。

任何方案都要在经费到位的前提下才能做，否则我们还会被动。方案合理确定后，上下左右少干扰。我理解所里的困难，知道铁牛目前的处境，我会尽力的。

石金鸣：请刘永生尽快拿出一个报告，内容包括对工程现状的看法、对任平新方案内容的主要意见、自己的一些建议和想法。

如果不要任平的工程队和方案，我们需要考虑以下后果：①新方案的重新设计、工程的重新招标、确认和项目重新启动，必然会延长工期，而铁牛不能及时落地保护。②工程队的重新认识和协调、新工程队的合作和建设达不到我们的期望值，也可能比任平强不了多少。③任平通过法律的手段，正当地、讹诈地与我们无限期地打官司，我们不懂有关法律，是否有把握肯定能赢？万一输掉，我们会赔了夫人折了兵，铁牛保护方面很可能会出现连锁负面影响。所以要慎重周密地考虑。

我认为的最佳三部曲：一，尽快行动，通过多方面的专家修改、完善、确定方案；二，无论什么渠道尽快落实资金。三，依法依德教育任平，前者是制定签署一系列合同和协议，用法律约束他；后者是靠沟通和信誉促使他放弃对抗与贪婪，我们合作把工程顺利完成。

3月30日12时

高可召集石金鸣，谈铁牛工地。张庆捷电话谈，铁牛一个支柱出现新的裂缝，赶快与任平联系，让他立即去永济与张庆捷和侯政民一起到现场查看。所里有无必要再安排人去（与任平联系上，交代任务）。石金鸣提议与刘永生联系，争取让他去考察，因为他负责铁牛保护。

3月30日14时41分

任平电话通知石金鸣：已经查看了现场，1号牛的某一支柱下部有铁锈脱落现象，关于裂缝，去年就有。去年就知道里边是空的，曾用焊条从砂眼处捅进去，半米多不见底。铁锈脱落下一小堆，可能是参观的人用脚踹的结果。

石金鸣要求保护好现场，找张庆捷一块看一看。

3月30日18时38分

张庆捷电话通知石金鸣：昨天下午，铁牛博物馆的人告知：铁牛掉皮，最厚的达5厘米。今天上午去看，裂缝比较多；着地的地方碎开了，这是以前没有的，及时给高可电话反映了情况。这种现象有两种可能：①铁锈自然脱落造成的裂缝。②吃力作用造成的。我们希望是前一种，但不能忽视后一种的可能。

石金鸣联系刘永生，尽快让他与你会合前往现场细细考察，拿出客观的记录和说明。

3月31日上午

石金鸣通知刘永生出差到永济蒲津渡遗址，与张庆捷、任平共同考察一下铁牛裂缝和脱皮现象；摄像、照相、文字，详细记录目前铁牛保存现状，以及应该采取的措施，形成文字报告。

4 月 21 日

召开所务会会议，决定派刘永生同志负责蒲津渡保护工程项目，直接向山西省考古研究所和法人石金鸣负责，工作由石金鸣直接安排。会议还决定提前为刘永生研究员配备笔记本电脑一部；另外在铁牛工程经费安排手机一部，供刘永生同志永济工地使用。

4 月 22 日

计算机进入山西省考古研究所工程项目管理阶段。

4 月 26 日

山西省永济黄河蒲津渡遗址保护工程实施工作会议

目前存在的问题：一，施工方案的不确定。二，工程部门的不配合。三，工程经费的不落实。四，对工程的认识不一致。

解决问题的设想：

一，搞一个切实可行便于操作经济实用的工程方案。

二，组织一支能配合工作，有施工经验的工程队伍，乙方与监理要各司其职，责权利明确。

三，工程已超出预算，工程量亦加大，文物保护难度增强，经费应相应落实。

四，甲方负责监督方案的实施与调整，工程经费的管理。乙方负责工程方案的实施。监理负责工程质量的把关与工程经费的核算。

五，工程要做到严格、紧张、有序、透明。工作计划要切实周密，各方专家协调要严谨，工作进度阶段明确要及时通报。

六，对前期工作，经费、遗存问题做冷冻隔离处理。避免纠缠以往事务。

提出对工程的意见：存在问题的“四不”：工程方案不确定、队伍不配合、经费不落实、认识不一致。解决问题的六条建议：尽快确定切实可行的工程方案；组织能配合工作的工程队伍；落实超出经费来源；各方明确职责、各司其职；工作进程中严格规范、严谨透明；前期冷冻处理不纠缠。

以上意见如能认同落实则可顺利展开工作。

4 月 27 日

山西省考古研究所（晋考字〔2002〕5 号）关于任命刘永生同志为蒲津渡遗址保护工程负责人的通知

经 2002 年 4 月 21 日山西省考古研究所所务会研究决定，任命刘永生同志为永济蒲津渡遗址保护工程负责人，其职责是代表山西省考古研究所及法人石金鸣负责蒲津渡遗址的文物保护、工程监督、质量监理、工作协调等，请相关单位和部门给予大力支持和协作。

特此通知

2002 年 4 月 27 日

4 月

现状及工作进展情况：

永济蒲津渡遗址保护工程是一项延续了十三年的文物保护工程，备受社会各界住瞩目，各级领导也十分关心。文物部门投入了大量的人力物力，工地负责人也几经易人，已成为文物部门的老大难工程。

经国家文物局批准的保护工程要求是原位升高 12.2 米。铁牛提升至目前地表，从原位已升高 10.5 米。距提升到位还有 1.7 米。这个高度是根据自然地表 337 米为基础，百年淤洪 1 米予以确定，铁牛以铁锚桩最下部高出地表 1 米为基准。目前现场看到的是铁牛抬升过程中的支撑钢架，以及原定围护铁牛的钢板支架。

铁人、铁柱等文物被移至工地外围地面保存。

考古所重新确定工地负责人接手工程。对工地工程和经费情况进行了简单交接。

5 月

保护工程重新调整加强力量。

保护工程法人单位：山西省考古研究所。法人代表：石金鸣。工程实行课题负责形式。

刘永生负责课题总协调。办公室人员：商彤流、张俊才、任建霞、韩丁香，特聘施工员王象晋和谵台敬恩，运城市文物局张国维，永济市文物局侯政民、姚俊鹏。省建筑监理总公司张俊义、施工监理员。

工程修订设计单位：山西省建筑科学研究院　责任人：李爽夫

工程监理：山西省建筑监理总公司　责任人：孙纬民

施工单位：山西省九川建筑有限公司　责任人：于旭光　工地负责人：任金平

铁质文物保护地上部分：中国历史博物馆　责任人：潘路　姚青芳

铁质文物保护地下部分：北京科技大学　责任人：韩汝玢　吴荫顺　何积铨

遗址文物的搬迁复原：刘永生、商彤流、张俊才、王银才等

发掘报告的整理：刘永生、商彤流、张国维、樊旺林、韩汝玢、何积铨、潘路等

蒲津渡遗址保护工程目前经费状况（略）

5 月 9 日

国家文物局在北京委托中国工程院对上报的工程方案进行咨询，九位院士专家对工程方案提出修改建议。

5 月 10 日

中国工程院在京召开蒲津渡遗址保护工程方案咨询会

2002 年 5 月 9 日在北京科学会堂三楼 318 会议室中国工程院土木、水利与建筑工程学部办公室受国家文物局委托组织召开蒲津渡遗址保护工程方案咨询会（彩版八七，2）。

主持人：陈肇元　清华大学、中国工程院院士

参加人：

张柏　国家文物局副局长

朱晓东　国家文物局科技教育处处长

阎亚林　国家文物局文保司考古处

工程院邀请的九位院士专家分别为：

周干峙　原建设部副部长，中国科学院、中国工程院院士，建筑学、城市规划专家

周　镜　铁道部铁道科学研究院研究员、中国工程院院士，岩土工程专家

傅熹年　建设部中国建筑科学研究院研究员、中国工程院院士，古建工程专家

叶可明　上海建工集团总公司顾问总工、上海东方明珠电视塔设计者、北京国家大剧院施工主持老总、中国工程院院士，建筑结构及施工专家

黄熙龄　中国建筑科学研究院、中国工程院院士，地基基础工程专家

陈肇元　清华大学土木工程系教授、中国工程院院士，混凝土结构专家

徐苹芳　中国考古学会理事长、中国社科院考古所研究员，文物考古专家

杨嗣信　北京市建工集团总工、北京国家大剧院施工总监，建筑结构及施工专家

张在明　北京建筑勘察设计研究院总工，岩土工程专家

中国工程院土木、水利与建筑工程学部办公室谢冰玉主任、王振海博士，山西省文物局文物处董养忠副处长，山西省考古研究所刘永生研究员。工程方案设计单位九川建筑公司于旭光总经理、任平工程师（工程队负责人）。

会议开始前张柏副局长发表讲话表明对工程方案的态度，重点请院士专家对铁牛保护的软着陆问题咨询，以保证铁牛保护工程方案的万无一失。代表张文彬局长对各位专家表示谢意。

山西考古所刘永生介绍了遗址铁牛的保护情况，九川公司任平介绍了工程方案的制作情况。

针对工程方案与会专家各自发表了独到的见解，对工程的保护与方案的制订有极重要的借鉴价值。周干峙院士对铁牛地锚作为工程史上不可多得的实物例证和艺术化的重要价值表示了极大关注，认为保护中应将牛下锚柱展示出一部分，并对工程设计与材料使用筹划献策。其他院士积极附议支持。对方案中的隔水、防渗箱体工艺技术、填充材料、抗震安全系数、都予以了认真的考虑并提出合理建议。对于方案重点“软着陆”问题是讨论最热烈的话题，意见最后集中为采用双保险方式：牛下部锚柱埋填增大均匀受力的砂和采用砼底板垫砂，托置牛身底板。院士专家们用其丰富经验和渊博的知识将一些技术难题予以解答。考虑到工程的特殊性和紧迫性，建议没看过现场的专家们应尽快到工地看看，尽快确定实施工程方案。工程学部办公室谢主任表示希望本月 26 日山西应县木塔工程论证会时陈肇元、傅熹年等院士要去参加会，届时可顺便再请几位院士一同前去。同时要求山西最好拿出修改后的方案在现场看后即可提出意见。对于文物部门与山西同志的急迫心情，院士专家们表示极大理解，对工程方案予以一定的肯定，鼓励工程设计单位尽快完成修改方案。上午会开到 12 时之后才结束，用餐后院士们不顾上午的劳累放弃已安排的休息房间，继续对方案的一些具体问题进行研究。陈肇元院士做总结发言。

会议对一些问题的意见：

① 文物的复原状况。去年10月10日已确定铁牛、铁人等文物复原原貌，按发掘明代遗址状况复原。不再考虑变更。

② 工程方案中隔水、防渗。设计标准太高了。超过主席纪念堂的地下防渗，在抬升的情况下没必要花很多钱这样做。设计标准要降下来。这里的防水、防渗相对来讲已不是太大问题。

③ 载牛的箱体。搞双层钢板60厘米以上砼箱体没必要，侧压力没有想象的那样大。台箱花钱太多。有钢筋砼箱体即可以了。下部不应钢板封底，最好与地通有利于渗水往下，亦有利于牛下潮湿度的调节，避免过湿或过干。下部要留有排水通道。

④ 软着陆问题。方案中钢板封底和锚柱端砼杯口不妥，搞不好会使锚柱受损，不应采用。建议分双层处理：上层钢筋砼架空层垫砂托牛底板，上部底板受力。下层用级配砂回填大部分，上部分用砼层封顶。锚柱均匀受力。傅熹年院士建议用灰土夯填，既不会松又有硬度和柔度。柱端与底要有一定厚度空间。填充不要用水泥灌浆，看不见是良心账，可逆性较差。

⑤ 支护铁牛钢架的置换。用提吊的方式安全系数更大些。铁牛的重心在后半部，转换过程应切实地注意变化。

⑥ 开放式保护牛下锚柱的处理。选一个牛将牛下锚柱一侧用玻璃钢封护，切出一个面来，铁锚柱的圆形不规则处可用透明硅橡胶之类材料填充挤实。使人可以看到铁牛地锚做为古代工程文物的重要价值。玻璃钢的使用安全程度是有技术保证的，海洋馆8米高的水压力没问题，牛下锚柱的侧视4米应不会发生问题，还可以采用隔断加固以增加安全系数。设计出让人可以到牛下参观的空间。

⑦ 箱体、台基在不均匀沉降和地震时对地基的影响。箱体和台基的重量对加固后的地基仍是有很大压力的，会有不同程度的下沉。表面工程要注意不同变化。

⑧ 对工程方案的修改意见。肯定了方案的基础，在该方案上做修改。难度减小，经费减少，工程量减少，安全系数增大。应尽快完成修改方案。

山西省考古研究所

6月8日

中国工程院土木、水利与建筑工程学部主任陈肇元院士、叶可明院士，在结束了应县木塔保护方案论证会之后，专程赴永济蒲津渡遗址保护工程工地考察。学部办公室王振海博士一同前往。省文物局董养忠副处长、省考古所石金鸣所长和刘永生陪同介绍情况。现场考察后，两位院士陈述了个人对保护工程方案的建议和意见。

① 铁牛下部的地锚结构是蒲津渡遗址最有科学价值的遗迹之一，一定要看牛下的斜桩。应该将其下部锚柱展示出来。从铁牛现状看能够做到。陈院士希望四头牛下部全展示；叶院士认为至少可展示南边一组两个牛下部，这样做比展示一侧更易操作。

② 铁牛要以托底板为主，下部锚柱埋固为辅加以稳固。牛下底板部分是可以支托的，有足够的面积可以支撑。当然支点要均匀，底部支托是最安全的。下部柱端要埋固。支托混凝土板做好后移动牛到预定位置。用吊支的方法来做。现在的支撑不是很科学。铁牛支托用两种办法，南边一组有厚底板就用托底板支撑完全可以，下部开放以供游客进入内部参观；北边一组则用上托下埋的方式解决。

③ 完全用埋6根锚柱固定铁牛的办法似不妥。过去曾提出的柱端用杯口浇灌固定，可逆性没有了，上部还有压力，铁柱受弯超过极限会断裂。前次方案有三个缺点，一是看不见下部；二是下部受力断裂也看不到；三是不能保证时间长了不进水，进去水出不来。

④ 用两种方式，北边一组下部做盲沟，南边一组下边人可以进去，可以做盲沟，在低处亦可做排水井。防水要求低了，可以大大降低费用。省下的钱可以做漂亮的不锈钢支架。

⑤ 要注意铁牛表面裂纹现象及其保护，应避免自然水渗入的热胀冷缩。铁牛材质中的变化已有电位差，要考虑阴极保护的作用。牛与钢架之间要有绝缘材料，这样才可能更有效地保护铁质文物。

⑥ 钢架的托换可采用逐步托换的方法，吊起几厘米撤换，浇好混凝土后再施以复位。

⑦ 这次考察收获不小，增加了感性认识，工程院会尽快完善5月9日的意见并及时回复国家文物局，以便尽早启动工程。

运城市文物局赵参军局长、李百勤副局长，永济市文物局侯政民局长和九川公司的张立副总经理、项目负责人任金平与技术人员等，到蒲津渡遗址保护工程工地现场陪同院士们考察并参与了讨论。

6月19日

关于山西省蒲津渡遗址保护工程办公室人员调整的通知

中国人民银行永济分行、中国建设银行永济分行：

2002年3月，山西省蒲津渡遗址保护工程法人单位——山西省考古研究所调整领导班子，法人代表更换为石金鸣。工作也做相应调整，保护工程项目负责人刘永生，工程办公室会计任建霞、出纳韩丁香。请有关单位周知并予以协助支持。以往有关印鉴同时作废。

山西省考古研究所

7月3日

下午，全国政协副主席张思卿带数十名委员一行在永济考察，专程到蒲津渡遗址保护工程工地察看了工地现场。国家文物局副局长张柏、省文物局副局长高可、运城市委书记黄有全、永济市委书记潘和平等领导陪同考察。

在现场委员们听取了工程负责人刘永生简单的情况介绍，询问了他们所关心的一些文物保护问题。永济市潘和平书记亦给委员们介绍了有关情况。对铁牛的造型、重量、工程作用、文物价值，委员们都很感慨。对铁质文物的保护，委员们表示了极大的关注。古代铁质文物保护是世界难题，尤其是暴露于田野的大型铁器群，更是没有可借鉴经验。对铁质文物的保护，中国历史博物馆和北京科技大学专家经过多年研究、实验，取得可靠的办法；为确保保护工程做到万无一失，国家文物局专门请中国工程院组织进一步论证工程方案。目前已经基本确定工程原则，不久将会付诸实现。张思卿副主席了解后感慨地讲，有人写文章讲，沧州铁狮子到底几条腿？支架破坏了铁狮子的均衡受力，铁狮子坏了，支架也影响了美观。要汲取沧州的铁狮子的教训，不能再犯保护性破坏的错误，铁牛保护要做好，要慎重。

这次来的委员中有些是大家十分熟悉的，有原中央电视台台长杨伟光、著名表演艺术家于洋、李维康、著名漫画家毕克官等。于洋已是第二次来工地了，他对文物的保护很关心，问这问那。毕克官是一位文物保护的积极倡导者，对铁牛的保护表示了极大的关注。谴责了有些人不负责任的鼓动挖国宝，挖王陵，结果是破坏了文物。

委员们对工程的介绍和文物保护的措施表示满意。

7月6日

下午，全国政协副主席王兆国一行在山西省委书记田成平、省委副书记刘泽民等领导的陪同下到蒲津渡遗址保护工程工地考察。

在现场，王副主席一行听取了工程负责人的简单的情况介绍，陪同的领导也不时地补充着有关情况。王副主席仔细地听着。当讲到铁牛抬高时，他问道，铁的保护是在水里好？还是外边好？讲解汇报，铁质文物在水下是相对稳定的。出土后改变了环境，现场水土中的有害物质和水土临界潮湿环境对铁质文物危害很大。经专家论证，国家文物局批准，采用了原位抬高的办法脱离潮湿环境，为铁质文物保护创造好的保护条件。经过了几年时间，现在看这一办法是成功有效的。铁牛等铁质文物的变化趋于稳定，再采取涂缓蚀剂和电化学的保护方法。能够取得较好的效果。大型铁器的保护现在仍是世界难题，无成功经验可借鉴。现在我们抬高的办法是好的。田成平书记插话说，铁器保护脱离水面，抬起来会更好。王副主席听后高兴地点点头。在铁人旁，刘泽民副书记高兴地给客人介绍铁人的服饰。王副主席认真看后说，这是典型的唐装。谈到铁人有似藏族形象表示唐朝时的大团结时，王副主席认真地说，西藏是元代才隶属元朝中央政府的。临离开时，王副主席专门与接待的同志一一道别。

陪同考察的还有省委秘书长申联彬、运城市委书记黄有全、永济市委书记潘和平、永济市人大常委会主任、永济市政协主席等领导同志。

7月5日

上午，山西省人大副主任张秉法带文物执法检查组一行在永济检查文物工作，专程到蒲津渡遗址工地检查了保护工程工作情况。运城市人大常委会主任陈永信、省文物局副局长高可等领导陪同。永济市人大常委会主任与市政府有关领导同志随同检查。

在工地现场，工程负责人介绍了保护工程的目前进展情况，高可副局长补充强调了铁牛铁质文物保护是目前世界难题，没有非常成功的经验可以借鉴；保护工程的关键是软着陆，汲取了沧州铁狮子的沉痛教训，对铁牛的保护方案国家文物局慎之又慎，请中国工程院把关审核，9位院士出谋划策，这是文物保护项目上前所未有的。目前已经确定了保护原则，不久即可实施了。

省人大张秉法副主任详细询问了铁牛等的保护措施，软着陆的具体做法。运城市陈永信主任感慨地说，有时慢也是一种保护，有经验了，可以做得更好。

8月8日

收到经省文物局转发的国家文物局批复对保护工程的意见。

国家文物局2002年7月25日（文物保函〔2002〕686号）关于蒲津渡遗址铁质文物保护技术方案的意见函，主要意见有：

一，2002年5月召开的中国工程院土木、水利与建筑工程学部专家咨询会上，专家认为现有的铁牛软着陆方案仍不属理想方案。请你局尽快组织有设计资质的专业单位，根据专家咨询会的意见（附件），研究和制定由铁牛底板下的箱体混凝土顶板（梁）主要承受重量的设计方案，与现有方案进行比选。

二，可适当简化铁牛封闭埋置箱体的防水方案，采用混凝土自防水的形式，并应在箱体内设置可靠的观测与排水装置。

三，应制订有效措施，切实防止由于展区场地抬高而引起场地不均匀沉降和加剧地震对地基沉降的影响。

四，应抓紧制订铁质文物的防锈保护方案，在此之前可考虑临时的防雨措施。

五，你局应先组织进行铁牛软着陆方案的施工模拟工作，对托换施工过程、埋置夯实方法以及可能出现的铁牛沉降与倾斜问题等进行检验与测试，并根据模拟实验结果，对方案进行必要的补充和修改。

六，请你局按照上述意见责成有关专业单位对方案进行必要修改和补充后，再报我局审批。

原函另附有中国工程院“关于山西蒲津渡遗址浮桥锚碇及铁牛保护工程方案的咨询意见”。

8月9日

完成关于落实蒲津渡遗址铁质文物保护技术方案的意见的报告

8月8日收到省文物局转发的国家文物局（文物保函〔2002〕686号）关于蒲津渡遗址铁质文物保护技术方案的意见函。按照省局领导的指示，随即组织有关人员对国家文物局的意见逐条进行了研究，加深了理解。在酝酿的基础上统一认识，提出以下意见：

（1）针对目前的情况，有必要再次考虑加强设计力量。

① 设计单位要有较好信誉，较高资质；设计要正规，完善。

② 要高标准完成设计。应按申请国家文物保护科技奖要求完成工作。完成设计上报国家文物局再审。要拿得出手，能代表山西的工作水平。

③ 经费上应按要求给予；时间上要求紧凑、要求快。

（2）外形设计

原定设计加扩展部分，设计概算要分开，新加出扩展部分经费要注明。

对沉降和地震状态变形的预防要计算清，要有对策，要保证不会因此变化而大变形。

（3）保护铁牛的两组不同处理设计

① 南边一组：下部锚柱要展示，采用托底与下部埋藏结合。有展示空间、上下便捷。北边一组：用托底和埋藏方式填实。

② 要注意文物复原的位置与形状。

（4）软着陆和托换技术设计

① 软着陆采用双保险办法：上部托底钢筋混凝土的制作与箱体关系要细化，要搞清楚。渗水与

排水的设置与下部相通。下部用级配砂水沉法回填。10 厘米砂，水沉一次，可否达到所需压强密度。用实验的办法取得数据。测试符合要求后推广使用。

② 托换采用吊升的办法让铁牛复位，箱体做支点，梯形钢梁支架，吊绳钢缆一定要保险，以利下部空悬而换置现有钢架。确定箱体大小、范围；取消现底部钢板，以利渗水和保证一定的弹性、柔韧性。

（5）上部回填防渗设计

应在级配砂基础之上采用三合土夯实做上层隔水。箱体部分如此处理。大面积则可用砂土回填（约 4 米），分层夯实，此层为总填土 85%；再垫三合土夯实（约 30～40 厘米），此层为总填土 10%；混凝土拌料封顶（约 10～20 厘米），此层为总填土 5%。在其上筑遗址复原的房基遗迹、石头路面、堤坝遗迹等，在七星柱周边要做到效果如正常土地颜色。

地表的自然流水要顺畅，遗址复原面保证不聚水。

（6）进行模拟实验，取得有利数据。

（7）防锈、防雨的临时设施，根据目前情况可暂缓考虑

（8）铁质文物的保护方案

立即准备到北京与北京科技大学、中国历史博物馆通报以上情况。铁质文物的保护方案已于 1996 年 2 月，在北京通过了国家文物局组织的专家论证会论证。同意北京科技大、中国历史博物馆实施保护方案。由于工程方案的调整，一直未能进入实施。阴极保护方案可根据目前的工程构思立即着手设计，完成上报实施方案；表面缓蚀剂处理的保护方案也同时完成上报实施方案。保证工程的统一性。

（9）初步方案拿出后，再到北京请陈肇元等院士专家指正。以期再上报时一举成功

（10）近期工作

① 抓设计方案。

② 保护工程方案与铁质文物保护方案的协调。

③ 方案经费的概算，增加部分要尽快落实，尽早落实。避免开工后经费不够再出现停工。

④ 确定南北两组箱体的方位、范围，将工程分为两部分：其一，铁牛、铁人的软着陆、托换、限定在大箱体范围。其二，遗址及七星柱的复原保护，外围砼墙完成后主要是回填、复原遗址；包括拓展的西部平台、台阶等工程。

先完成大平台、七星柱复原。充分利用秋季的施工季节。其余工作协同，不间断进行。方案、经费保证工程顺利进行。

8 月 19 日

下午在考古所三楼会议室开会商议落实国家文物局意见的实施意见。石金鸣主持，局文物处董养忠副处长、小白，九川公司任金平、李工，山西省建筑设计院张总、小宋等参加。刘永生介绍近日工作情况。针对所里正式上报的意见，会上确定：①加强设计力量，请山西省建筑设计院设计新方案。按要求争取一月完成。②模拟实验再请示国家文物局。③尽快将今年的增加经费计划上报局里。④铁质文物保护实施方案要抓紧完成，一同上报。⑤对没有争议的项目应该开始工作，如大平

台、七星柱等复位。

将有关资料交设计院张总，如水文地质资料、保护工程范围图等。

8 月 20 日

上午在历博与潘路、姚青芳交换意见，要求历博尽快完成上报的实施意见；签订协议；经费要切合实际，要合理；对铁人、铁柱、铁山等可先进行保护工作，分两部分进行更好。

下午到北京科技大，见韩汝玢老师、吴荫顺老师、何积铨老师，通报目前工作情况。介绍国家文物局意见，所里的意见和想法。要求：①尽快完成上报的实施方案；②经费要重新核算，做出预算；③要与所里签订协议。

著名的材料科学家、中国科学院院士柯俊先生是铁质文物抢救保护研究课题组的顾问，得到消息就专门来与课题组同志们商议对目前情况的对策，他认真听了工程院专家的各种意见，提出：①铁牛的工程作用较造型价值高得多，斜柱的工程意义不可低估。②铁牛下柱应设法让看到部分实物状态，甚至一个侧面。③要做好宣传，要将一些工作做在前头，让方案等机会，利用时机要选好。

目前国家文物局非常重视这一工程，请工程院专家咨询，应该把这一工作作为一项大的工程考虑。要复建一部分桥，有利于展示古代桥梁工程，加深对铁牛的工程价值的认识。还可以从总体设计上考虑增加一些古代重要桥梁的模型。要让参观的人有新感受。对软着陆和托换，先生将认真考虑后答复。他要求对地震的影响要特别的注意，要计算清楚。平台要注意，更要注意铁牛周围的设计。要注意软与硬的关系，硬了易折，有柔才能抗震，要考虑地震时上下的震动和横向的摇摆对建筑物的影响。

8 月 22 日

永济姚俊鹏、张森来所，将目前情况向其通报，将国家文物局意见和所里的实施意见复印交其带回。与运城市文物局张国维联系，将目前工作情况向其通报。请转告赵局长等。

8 月 22 日

与石金鸣确定给设计院的设计委托：

关于蒲津渡遗址保护工程的设计委托

山西省建筑设计研究院：

由我所承担的永济黄河蒲津渡遗址文物保护工程已经进行了一段时间，工程也做了很多工作。由于遗址中铁牛的保护是工程中的重点，铁牛的特殊情况决定了工程有一定的难度。保护方案虽经几次反复，仍有一些需要改进的部分。尤其是今年 5、6 月间，由国家文物局委托中国工程院土木、水利与建筑工程学部组织有关专家对原方案提出的咨询意见，认为现有的铁牛软着陆方案仍不属理想方案，要求尽快组织有设计资质的专业单位，根据专家咨询会的意见，研究和制订由铁牛底板下的箱体混凝土顶板（梁）来承受主要重量的设计方案。据此我所选定了在我省资质高、实力强、信誉好的省建筑设计院，请贵院给予支持。请贵院组织最好的设计人员完成此项工作。我们希望在确定任务后一个月完成设计。费用按有关规定办理。具体设计任务是：

① 熟悉现有现场水文地质资料和已有设计的基础上，根据中国工程院专家咨询会意见，做出蒲津渡遗址保护工程设计方案。

② 工程范围包括：遗址抬高复原平台的设计；铁牛南北两组“软着陆”方案的设计，铁牛抬高到位（升高约一米）复原和目前支架的托换；铁牛底板下的箱体混凝土顶板（梁）主要承受重量的设计；抗震和防水防渗设计；南边一组铁牛下部可进出参观空间的设计，包括进出通道和通风、采光、照明；铁质文物保护地下部分电化学保护的预留设施的设计；南边一组铁人下部柱桩埋置箱体的设计。另外有明代堤坝前延展平台与阶梯的设计；参观明代堤坝通道以及采光设施的设计。对已发现确认的古代两条堤坝的位置的地面显示设计。

③ 设计书应按规范要求完成，图纸、概算应齐备。能代表山西的省级设计水平。

以上委托未尽事宜，允双方协商确定。

山西省考古研究所

8月29日

接省文物局8月22日（晋文物函〔2002〕142号）关于蒲津渡遗址保护工程及铁质文物保护的意见。①同意加强设计力量意见。②好的意见在方案中体现。③不同意现场模拟实验。④铁质文物保护方案9月底一并上报。⑤加强领导，强化管理。新情况及时专题报告。

9月11日

上午8点半，省建设监理总公司孙纬民、段总来所。将目前工作情况与之通报：甲方变更法人代表，换主持人；国家文物局委托中国工程院咨询方案意见和国家文物局意见，省文物局意见。

我所对工程意见；乙方工程队队伍的变更，咨询公司变成九川公司；法人的变更，朱一鸣换成华二建的刘建纬；工地负责人由任平换成了任金平；九川公司无法人资格，经理是于旭光，队伍已经悄悄转换；下一步请监理公司如何工作？协议续签，经费增加。原本半年的工程拖了四年还没完。对设计单位有何意见？对施工单位有何意见？希望老总们给予指教。对监理施工员李金量的工作不能满意，关没把好，他自己心里清楚，但碍口识羞没及时向甲方讲清楚，而是全都签字。使我们失去了把握主动的机会。希望再开工时选一位认真负责的人员。为我们把好关，用好钱，把好工程质量。后半年能否再做些没争议的工程，以不失时机，把工程往前赶。

两位老总对设计单位没大的意见。要求设计出来交他们把把关；对施工队伍则建议此时换队伍，以避免下一步再被动。换正规队伍。不纠缠旧账，问题留待最后解决；监理施工员的问题，是不负责任。再开工要选好人；设计大盘定后当然可以做工程，但要考虑上级变动工程设计；设计出来后再续签协议。

9月

两条腿走路，积极主动开展工作。

针对目前的情况，省文物局及时指出工作重点，调整工作方法，批准了所里的工作计划。

按照省文物局对我所工作计划的批复意见，安排了保护工程中可进行的工作。为保证工程的顺利进行，与施工单位续签了协议，调整了项目经理，九川公司副总经理张立亲自坐镇指挥；与工程监理续签了协议，更换了监理工程师，由在鹳雀楼负责监理的张俊义总监理主持；为加强对现场的管理，特聘了有施工管理经验的两名施工工程师，一名专盯工地，一名负责综合运作，保证工程能按规范要求顺利进行。

9 月 25 日

上午与监测站王站长协商，尽快完成检测，三个测样，要求 8 个指标，每个需经费 118 元，按 1992 年省环保局检测经费标准收费。29 日可取结果。

由杨孟冬负责采样：

① 9 月 12 日在蒲州古城西门外收集的雨水一瓶。

② 9 月 14 日在蒲津渡遗址博物馆工地收集的雨水一瓶。

③ 9 月 25 日上午收集的遗址博物馆水塔自来水一瓶。水井原来深 30 米，下部已淤积，现实际深 12 米。属浅层水。

检测项目：Cl^-、SO_4^{2-}、HCO_3^-、CO_3^{2-}、Na^+、Ca^{2+}、Mg^{2+}和 pH。

监测站女站长讲到每次雨水都要检测，必要时可参考。她讲，永济的雨水属中性，pH 显示酸性不大。黄河滩浅层水水质不好。

李英民具体办理送检手续。

9～10 月

铁质文物的地上部分是由中国历史博物馆科技部负责承担的。保护方案经过两年的实验室工作和现场实验，1996 年 2 月在国家文物局和山西省人民政府于北京举行的专家论证会上已获得通过，同意实施保护。由于保护工程的不到位而一直未实施。考虑到今年保护工作的顺利开展，保护工作也提到日程。中国历史博物馆和北京科技大学分别制定的铁质文物保护实施方案已经完成，由我所铁质文物近期抢救保护研究课题组汇总上报。决定先进行移位于地面的铁人表面保护。中国历史博物馆进一步完善了保护实施方案，并与我所签订了合作协议。

10 月 15 日

历博派出了由科技部副主任潘路带队一行 5 人到永济工地，我所派出技术室张俊才同志配合进行保护工作。经过专家们精心细致的处理，去除了铁人表面的浮土浮锈，去除了铁人表面的存水附着物，使铁人面目一新。随后又进行了清洗、烘干、少量修复、涂缓蚀剂、封护、着色等工序，完成了铁人的初步保护。经过一段时间的观察，将再采取下一步保护措施。

初步完成四尊铁人的地面以上部分的保护工作，铁人的保护工作为我们展现了生动形象的铁人造型，参观的人都为之感叹。

10 月 23 日

全国人大王汉斌副委员长由省委副书记侯伍杰等陪同参观了保护工作现场，侯伍杰副书记详细询问了保护工程的情况。

10 月 25 日

8 月底，我所按省文物局同意意见，正式委托山西省建筑设计院进行保护工程方案的修改设计。由省建筑设计院五所总工宋宁担任主设计。原拟 9 月底拿出初步设计，由于保护工程前期施工资料没有，铁牛下部的垫层情况不明，给设计带来一定困难。现交出初步方案。

工程正式开始，按计划对平台挡土墙进行施工。开挖基础后，考虑到地方领导同志希望平台上部加盖顶的要求建议，根据基础情况，两次请设计院专家进行现场确认。重新调整基础工程，进行换土。将不适合做基础的粉砂挖出，换为碎石级配砂碾压填实。11 月底完成挡土墙基础工程。原拟上冻前完成的挡土墙工程由于工程的调整，做相应调整。

蒲津渡遗址保护工程按照省局批准工作计划，我所组织进行了保护工程的外围施工。

10 月 26 日

到达永济，与监理张总会晤，确定下步工作安排。要求监理到位。

九川开始工作，正在开挖挡土墙的基础。南边在基坑外需开挖换土加碎石级配处理。

10 月 27 日

王象景发现东边也是在基坑外，北边也同样。需要设计院采取措施。与宋宁联系请其马上来提出意见。

在挡土墙基础施工中又发现平台下部的垫层没有达到原设计要求，造成对设计的变更。省设计院总工张步成对初步设计提出较多意见，决定由原省设计院总工李兴福（结构专家）参加设计，加强力量。

工地下挖挡土墙基础发现基础都在沙土上，并没在碎石基础之上。南边、东边、和北边全出现此问题。

10 月 29 日

设计院宋宁、邵总来永济。到工地，会同监理张俊义、小贾，施工队任金平、李为东，建设单位刘永生一同到工地观看挡土墙基槽。针对基础底部没有发现垫碎石和无加固碎石桩，挡土墙无法进行。

11 月 3 日

设计院宋宁和邵总到工地检查。监理杨工、师工受张总委托同到工地，检查观看基槽。刘决定开挖探沟检查基础。东边一条，长 7 米，宽 1 米，深 2.9 米。上部为沙土层压，2.6 米下有 20 厘米碎石，在下又有不均匀碎石，此层为发掘坑的外边二层平台面。距地表已是 4.6 米。南边一条，长 6 米，宽 1 米，深 50 厘米至 2 米不等，南半部边缘深约 1 米。有不等的碎石垫层，中线以北均在碎石垫层上，往南则寥寥无几。总的说，南边基础不到位；东边基础 1.7 米以下至 4.6 米基本全是沙土；地表下 4.6 米有过碎石桩处理基础，北边挖两个探坑，1 米见方，深 80 厘米，均为沙土垫层，大部在没处理的沙土上，边界石基础下部碎石不均匀，有的地方仅有 10 厘米。

邵总认为，仅这一点碎石桩，4 排、5 排，不足以加固基础，起不到多大作用。只能重新做处理。换土打基础，约需 20 万。

11 月 10 日

关于永济蒲津渡遗址保护工程地基问题的紧急报告

省文物局：

按照省文物局 9 月 30 日号文件的意见。我所完成了工程前的准备工作，对可以进行的工程部分与九川建筑有限公司签订了施工合同，并拨出开工备料款。与山西省建筑监理总公司续签了监理合同。委托山西省建筑设计院进行保护方案的修订设计，并请山西省建筑设计院首先做出先期进行的平台挡土墙设计图。10 月 18 日，我所该项目负责人会同设计院本项目设计主持宋宁，省建筑监理总公司该项目监理工程师张俊义、九川公司副经理彭怀旺、张立及工地项目负责人任金平到现场共同定点划线，决定进行遗址平台挡土墙的施工。挡土墙基础宽 5 米，深 1.7 米。建成的挡土墙高度在 ±00 以上 5.7 米。

10 月 25 日，清理出墙基基础时，发现基础没有经过原设计地基处理。仍是黄河近几十年淤积的粉砂层。11 月 3 日至 11 月 9 日，按省设计院要求，经核查证实基础地表下 1.7 米为碎石回填，以下 4 米基本是粉砂回填，2.5 米下部夹杂着少量碎石层，厚度 10～15 厘米不均，北边、东边下部有碎石桩处理，宽度 7 米，可见 5 排碎石桩，桩距 1～1.2 米不等，排列不均；南边内侧 6 米上部为碎石垫层，地表下 5 米处可见 3 排碎石桩，外侧大半为无扰动粉砂层和回填粉砂，下部没有发现碎石桩。

蒲津渡遗址保护工程由我省上报国家文物局的方案和国家文物局 1997 年 3 月批准的方案。遗址保护范围抬高平台为南北 63 米，东西 30 米，设计地基处理范围在此基础向外扩展 3 米。除西边基础在明代堤坝以外古河床不处理，南、东、北三面均应处理。简单地说在海拔 332 米左右，在工程范围 69 米 ×33 米应进行碎石桩加密处理。铁牛发掘坑及 332 米以上应按砂石级配碾压。1999 年 9 月，由山西省工程咨询公司建安处经招标确定承揽蒲津渡遗址保护工程，图纸和工程内容并未见变更意见。工程进展至 2001 年 11 月，由省局主持修订保护工程方案时仍是以此工程为基础。确立修订方案为，平台向西向南各移 3 米；西边扩 6 米平台接台阶。如此平台基础稍发生变化，但基础仍在原设计范围内。仅南边已到原设计边缘需稍做处理。因此我所在拟订今年工作计划时决定进行平台挡土墙的施工。准备就绪，开工清理基础时发现上述问题。10 月 28 日，立即请设计、监理有关人员到场就上述问题研究处理意见。

山西省建筑设计院副总工程师邵平是地基处理专家，10 月 28 日和 11 月 3 日两次到现场考察，他针对现场情况提出：平台挡土墙基础放在近几十年形成的河床粉砂层上是不行的，要进行基础处理。办法有两种，一是进行打砂石桩加密；另一是挖开基础换土进行基础处理。

为了准确把握基础情况，省设计院设计主持决定，由于在已开挖的基础坑范围未见原设计的基础处理，以外边为界各向外扩挖 4 米，深 1.7 米。清理底部再决定采取何种办法处理。11 月 3 日，在开挖范围内再进行探沟开挖确认：基槽南部大半在基础范围之外未做处理，少半为碎石垫层处理过；北部、东部大部在已进行过碎石桩处理的海拔332米平台上，但碎石桩排数不足，宽度窄，起不到加固基础作用。碎石桩之上又垫沙土2.6米以上，已不可再做基础垫层。决定采用换土方式处理，在已开挖的基坑内，再挖宽12米、深4米、底部8米的基础坑。采用砂石级配垫实碾压，作为基础。

要开挖规定的基础需要将上部已堆积的碎石料移开，大约石方2000立方。开挖基础土方1800立方。两项费用合计需约2.5万元。挡土墙的基础处理经与设计人员初步估算约需经费20万元。两种处理方法不同，所需经费相差不大。综上所述22.5万元经费支出，均为意想不到的重复发生费用。但又是必须进行的工作。请允许工程追加以上经费支出。

目前工程都在等待基础的处理。请局领导指示。

山西省考古研究所

11月12日

上午，在省设计院专门召开建设单位和设计单位协调会，设计院张步成总工请结构专家李兴福、地基专家邵平、设计主持宋宁和我所项目负责人、特聘工程师共同分析设计要点，按照国家文物局的要求，参考工程院院士意见，确定设计原则。

11月19日

与宋宁通电话：设计方案完成时间要确定；着重考虑平台填实；挡土墙设计要编号盖章；对冬季施工应考虑可行性、价位比，与春季施工比较，出民工换场费和冬季施工费。今天小雪，气温骤降已到0°C以下。

对基坑中碎石桩分布做测量记录：北部长24米，宽55米，排列5行，间距1米；东部，长63米，宽55米，排列5行，间距1米，不均匀；南部，长25米，宽35米，排列3行。在地表下5米余发现碎石桩头，直径35厘米，不密实。

王象晋在设计院与五所所长谈协议。设计院计较的是工程的价值重要性，管理的复杂和出差多等问题，并提出签了协议再安排设计人员。全然不顾委托书已到设计院近3月。而当时确定是1月完成设计。我要求一定要确定完成设计时间，设计院答复：12月5日交方案。

下午，小雪又下起来。

经质量检测人员检测，确认基坑垫层基本可达到标准密实度要求。

11月23日

关于蒲津渡遗址保护工程更换设计单位的请示

省文物局：

我所8月22日行文委托山西省建筑设计研究院进行蒲津渡遗址保护工程的修订设计。至今已有3个多月，但设计院始终不能全力以赴地对待此项工作。原拟9月底交设计方案。经过一催再催，直至10月下旬才拿出一份十分草率的初稿。距离设计要求甚远。虽说施工前期资料拿不出对设计有一定影响，但设计院投入力量的不足应是主要原因。虽经省建筑设计研究院张步成总工11

月初加强了设计力量，请原总工结构专家李兴福帮助设计，但设计院五所仍不能全力进行设计。五所领导在协商设计经费时，提出索要 45 万元设计费，表现出没有诚意的做法。加之设计院至今仍未全力投入设计，鉴于此种情况，我们认为设计院所谈 12 月 5 日前交设计的承诺会大打折扣。如此无法完成预定计划。我们的意见：12 月上旬地基处理可完工。如若开始做挡土墙，1 月过新年、春节，工作时间受影响较多。目前永济气温已至零度以下，已不宜做混凝土工程，为保证工程质量，拟停止冬季施工。全力抓设计，另辟新路，尽快完成设计任务。保证今年内将设计方案上报国家文物局。

以上意见如无不妥，请批准执行。

山西省考古研究所

12 月下旬

省设计院实在无法完成设计，遂进行了调整。12 月 30 日，与李兴福总工确定由山西省建筑科学研究院李奭夫牵头组织完成设计，下午与李工具体交底。将设计意见复印转交李工。李工为清华大学毕业的高材生。目前设计正由山西省建筑科学研究院李奭夫组织人员突击完成。

按省局要求，我所集中全力在冬季停工期间完成保护方案设计、修订和上报审批工作。以保证开春不误工时地展开工作，尽早完成保护工程。

保护工程得到各方面的大力协助，所里全力支持。永济市文物局和遗址博物馆的同志为食、宿、工作提供了大量方便。运城市文物局领导专门抽调施工工程师支援保护工程的顺利进行。监理工程师认真负责。施工单位不断改进，工程严格规范，加强了科学管理。经过一段时间的磨合，各方面将协作得更好。

10 月 15 日 ~12 月 15 日

工作两个月，完成了保护工程平台挡土墙基础和西部参观平台及台阶部分基础的处理。完成基础工程土石方量 12000 立方米；移动场地碎石 3000 立方米。结算工程经费 50 万元。

下一步将要进行的是平台挡土墙的施工，铁牛保护箱体的施工，以及参观平台和台阶的施工。这些工程均为钢筋混凝土工程。目前永济的天气已进入寒冬，天寒地冻。连日来气温多为 -6 ~ -4℃。地表冻结 8 厘米左右，已不宜混凝土施工。如若进行冬季施工工程处理，经费加大较多。加之冬季白天工作时间短，工效不高。至此，经我所请示省文物局批准，今冬工程小结。明春及早开工。

附：关于永济黄河蒲津渡遗址保护工程设计意见

（1）平台设计

平台的填料采用配比灰土，填高 5 米。之上 50 ~ 60 厘米三合土垫实，表面做 10 厘米水泥砂（近土色）。上部复原按考古发掘揭示的明代渡口遗址面复原：卵石铺砌的路面和铁牛周围石砌遗址面；明代石堤坝；金元房屋遗迹；七星状排列铁柱；明正德十六年石碑等。

要求：混凝土自防水工程，明水流畅，不积水，挡土墙边要留有排水孔。

围栏采用青石护栏望板，高 80 厘米，厚 12 ~ 15 厘米，东南北三边封闭，西边与参观平台、台阶相接。

（2）牛箱设计

基础部分，从发掘部位到地表10米有余用碎石填充。支护铁牛钢架在顶升过程中，对下部压实起了一定作用，尤其是在千斤顶部位，不断的承压移动使填充的碎石得到一定挤压。从顶升至现今位置已经有两年时间，未发现有较大的变形移动。

牛箱下部位是自古以来的黄河岸边。为轻亚黏土土质。并且周边为古代处理加固的地基，北东南均有大石块围护，宽度约3米，厚积三层石块，约50厘米。西边为明代堤坝，砂石条块堆砌，约存3米高，其上部条石被编号拆除，平台工程完成将被复原于地表遗迹。

牛箱箱体地基承载力可以承载牛箱的制作。

牛箱体积分为两组：1、2号牛为北组，内径13米×7米×5.4米。3、4号牛为南组，内径14米×8米×5.4米。

牛箱体厚度40厘米。下部不封底，以利于牛箱内干湿度条件的自然调节（若为牛箱的整体性考虑，可做条形基础）。

牛箱地基为碎石填充稍有级配。

牛箱应为独立个体，不应与参观平台连体。独立有益于铁牛的保护，不会因参观平台基础与牛箱基础的不同而发生不均匀沉降引起分裂。

牛箱基础位于河岸之上，土质为轻亚黏土，而参观平台的位置在古河床中，土质为粉砂。两者相连合部位是两种土质分界部位，基本压于明代堤坝位置。

1、2号铁牛下部锚桩将采用电化学保护方式。为检测与控制便利，需在两牛箱相邻部位留出若干可通导线的孔洞，用塑钢管相连，以利回填土时加置保护设施。3、4号牛箱北部可置留一个80厘米×50厘米龛洞，以利保护设施置放和检测。

3、4号牛箱应预留照明、检测线路管道。

（3）“软着陆”设计

分两部分。其一，混凝土牛体底板平托；其二，牛下锚桩的稳定加固。用双保险的办法稳固铁牛。

在完成牛箱的基础上进行铁牛顶升到位，按发掘出土面貌复位。以牛箱为支撑，横向设置吊架，利用现有支架，加工变换为以托置铁牛的底板为骨架的固定梁架，吊置稳固铁牛。割除铁牛下部支架。形成于考古发掘过程中支护铁牛的格局。保证铁牛的稳固后，对下部进行填埋，拟采用材料和操作方式有两种形式：

① 采用水沉砂方式。牛下锚桩在上部支护稳固后，为避免空吊，造成斜桩断裂隐患，应采取在锚桩顶端部位垫枕木加以支护。六根锚分别处理，垫实即可，不允许加强支撑。用级配砂填15厘米后水沉震动，要保证均匀。之后由336.4～341.4米，均采取分层填置，用水沉震动方式完成填实。每50厘米高度应检测一次承载强度（若干点）。牛箱底部不封底，水沉砂做法，其自然排水受到336.4米的垫层阻隔，应在牛箱底边部位设排水渗水通道，让水沉砂后的废水流出。

优点：均匀，密实，对文物无损伤，保证锚桩均匀受力。

缺点：级配砂15厘米，水沉振动操作无规范，沉积不均匀。

② 采用灰土夯填方式。铁牛上部支护完成后，锚桩顶端用枕木垫支到位，采用2:8 的灰土填充夯实（不要夯死）。2:8，灰土采用 2 成白灰，8 成素土，人工搅拌均匀。填充夯实，从 336.4 ~ 341.6 米，每 20 厘米一层，均匀铺好，用人工加机械夯实。锚桩间隙用直径 5 厘米的木棍捣实，每 50 厘米高度应检测一次（若干点）。

优点：灰土垫层成功经验多，便于操作检测。灰土既密实又干燥，尤其是白灰对铁器的锈蚀有一定抑制作用。

缺点：均匀性不如水沉砂。锚桩间隙不易均匀填实，尤其在有冶炼铸造遗痕需保留的部位，更为困难。

补充措施：在锚桩间隙采用级配砂填充。

1、2 号牛箱填充高度 341.6 米，3、4 号牛箱内填充高度 339.2 米，锚桩下部埋深 1 米。

以上任何方式将牛箱填充到位时，铁牛都应当是很均匀受力，锚桩稳固。上部支撑的钢架已可以安全拆除了。铁牛后轴部位，如底板下方用竖立枕木支撑一排，就更万无一失了。牛底板下的混凝土底板可以放心安全的制作。

（4）混凝土底板的设计

铁牛实现“软着陆”的重要步骤，牛箱下部锚桩部位大部被填实，上部钢架可以拆除。将牛底板下横向支撑牛体稳固的钢架作为混凝土底板的骨架进行铺设。

混凝土底板厚 40 厘米，长宽与牛箱外侧等同。底板上部与铁牛底板下部接触部位，1、2 号牛底板下部多不平整，有突出 30 厘米左右的大小不等的铁块。3、4 号牛下部底板较厚，且底部基本平整。

要求接触部位应有阻隔材料，此材料应有一定弹性空间。

用喷砂固化铸模方式填充混凝土底板上部至铁牛底板下部间隙，形成均匀承载，稳定固化效果。

混凝土底板中部与锚桩接触部位应有 1 ~ 2 厘米间隙。不可将混凝土底板与锚桩浇连，以利锚桩处于软着陆状态下，有轻微调整的空间和有充分可逆性，不致剥离混凝土时伤及锚桩。

混凝土底板制作要为喷砂固化间隙留出 10 ~ 20 厘米空间。支撑后轴部位竖排枕木可注浇其中。

按 1、2 号牛箱填充高度至 341.6 米。钢筋混凝土 40 厘米，达 342 米。已近牛底板，底板下有参差不齐的突出铁块。在牛底板下与混凝土底板上层间用喷砂固化间隙。

3、4 号牛箱内要可以进入参观，应有足够空间。牛下锚桩部位支撑稳固和“软着陆”状态，又需要下部有一定厚度和一定弹性、柔性。

箱内下部填实高度为 339.2 米。而混凝土底板高度是 341.6 米。2.5 米的活动空间明显不足。因此考虑保留锚桩周边的 1 米填土，而将箱内其余部位填土清至 338.2 米。箱内环锚桩空间 2.5 米宽，高度可达 3.5 米。参观者所站立的地面为锚桩顶端所达长度。如此，空间高度与感观效果都较好。

下部填土采取垫实再取出的做法，优点是大面积填土垫层夯实均匀，死角少，缺点是费工。

其次可采用加筋土夯实的方法，工程范围可局限于锚桩周边 1 米的范围，外边用 40 厘米厚的青石围护。

水沉砂方式的做法为，在338.2米的部位，筑距锚桩周边1米的钢筋混凝土围墙，高1米，厚20厘米。用级配砂回填，水沉振动，每15厘米一层，上部用混凝土封护。

锚桩下部完成后即可进行钢筋混凝土底板的承托工作。

方法一：

将牛箱内填土充实至与1、2号牛箱同等的高度，在锚桩稳固的情况下，换置支撑钢架。和混凝土底板施工，和铁牛底板下层与混凝土底板上层间隙填充后。再从西边参观通道部位将多余土清出。

优点：稳妥安全，混凝土底板不用支撑模板，牛底板下支护钢梁易操作，托换安全系数大。

缺点：费工于填实部分。

方法二：

锚桩下部填实至339.2米时（或水沉砂填实锚桩1米），即锚桩下部有一定稳固基础后，用支撑模板方式进行混凝土底板施工。

要求：3、4号牛体积大，重量大，混凝土底板应加筋加厚，以保证承载安全。厚度50厘米（达到安全系数），钢筋加大为直径20毫米，铁牛后轴部位更应加大至直径保险系数。

3、4号铁牛后轴部位，可采用加立木支撑，辅助托置铁牛底板，混凝土底板完成即可拆除（圆木直径30厘米，柞木质量，支撑于后轴部位铁底板下，3、4号牛各2根）。

优点：稳妥，安全，一次成型。

缺点：前次支护铁牛钢架，牛底板部位钢架不宜换置，给铁质文物地下部分实施的阴极保护增加一定麻烦。

以上两种方法，不管使用哪一种都要求钢筋混凝土底板两端与铁牛箱连结。避免底板错位对铁牛锚桩形成横剪切力。

混凝土底板的施工应预留铁人复位的孔洞。1、2号铁人在1、2号铁牛北侧（牛的右侧）。孔径1米，用灰土填埋，应稍高于地面，以利排水。3、4号铁人在3、4号铁牛南侧（牛的左侧）。孔径1米，应在底板下部做盆底托置。铁人下部桩柱长约1.4米。

盆底设计：1米×1米×1米。厚度30厘米，承载铁人约3吨。盆底要与底板相连，以利整体受力均匀。

在混凝土底板上部（3、4号牛箱北侧），4号牛右侧还应考虑铁山的复位承载。铁山重约1.5吨。

(5) 3、4号铁牛下部锚桩参观空间的设计

黄河蒲津渡遗址唐代开元年间铸造的铁牛，作为蒲津浮桥桥头地锚，是有着极其重要价值的文物，在桥梁工程史上是不可多得的工程例证。

对铁牛下部锚桩的展示，是了解铁牛价值的需要，是进一步展示中华民族优秀文化的需要。对锚桩的展示设计思路：应使参观者一目了然地理解铁牛的作用；对蒲津浮桥桥头地锚实用价值有所了解；感受古代工程的宏伟、博大。设计要求如下：

① 正门开在牛箱西边，高3米，宽32米，门扉四扇，中二，旁各一，透明玻璃钢材质。

② 四壁刮白，四壁日光灯照明，地面光面花岗岩铺砌。

（6）明代堤坝复原的参观通道设计

明代正德年间修筑的黄河堤坝是1991年考古发掘的重要收获，坝高4米，石坝由石灰石和砂石堆砌。雄浑壮观。坝底出土的用以加固坝基的柏木桩。位于铁牛北侧的斜坡石阶码头口，增添了渡口气氛，将延续使用了上千年的蒲津渡渡口表现出来。对黄河堤坝的维护工程遗迹也反映了古代黄河治理中筑坝保民的成果。

参观平台的设计，掩盖了明代堤坝的正面展示，设计将参观平台架空，下部进入室内参观复仿的明代堤坝。堤坝展现50米。参观空间50米×5米。顶部自然采光用20毫米的磨砂钢化玻璃，面积1米×20米，上部可采用金字塔排列。

在码头口部位，凹台阶部位可用钢化玻璃平铺封护。尺寸约1米×2米。

进入参观室的通道，从337.2米起步，经两段或斜坡至参观室。地表高度338.2米。

方案一：

从中部穿行，进入参观室，通道高3米，宽3米。平面用斧剁青石铺砌。室内用黄色光面花岗岩板铺砌。两壁刮白，室内西壁及顶部刮白。

方案二：

从参观平台南北两侧进入参观室内，门道高3米，宽2.5米。平面用黄色光面花岗岩板铺砌。两壁通道部分及室内西壁、顶部刮白。

（7）参观平台台阶的设计

从地表336.4米起（场地336.4～337米不匀），确立平台±00为337.2米。337.2～338.2米为第一层台阶，338.2～340.2米为第二层台阶，340.2～342.1米为第三层台阶。

第一层台阶为以黄河百年淤积系数为考虑的抬升地表，应明确予以标示。

第二、三层为明代堤坝高度，和铁牛的锚桩下伸长度。此高度可做到铁质文物百年内居于地表之上，有益于铁质文物的保护。

要求：台阶高度10～13厘米，宽度35厘米，石灰石材质，平整斧剁面。歇步平台宽1.5米。

（8）关于第二、三条石坝显示设计

按地质勘探资料显示，在明代堤坝（又称第一条石坝）以西分别有两条石坝，走向与明石坝大致相同。第二条石坝在明代石坝向西15米左右，坝顶埋深15米。石坝堆砌高7米，坝底有柏木桩加固地基，石坝为肉色花岗岩材质。

第三条石坝由明代石坝向西30米左右，坝顶埋深17米，石坝堆砌高12米。石坝为肉色花岗岩材质。

据考古发掘资料判断，二、三条石坝居于唐代地层中，应当是盛唐时蒲津渡、蒲津桥的重要遗迹，这些应在保护工程中有所展示，给予记录，以增加遗址的文化资料内涵。

表现方式为，在地表工程相对应的位置加以记录。

在第二步歇步平台，恰在距明代堤坝西15米左右距离，用肉色花岗岩石条平铺1.5米。在一端用镌刻文字注明第二条石坝勘探资料。

在337.2米平台（±00）上台阶前的部位（恰在距明代堤坝西30米左右距离），用花岗岩石条平铺2米。贯穿同层平台，在一端同样用镌刻文字注明第三条石坝勘探资料。

（9）337.2米平台的设计

作为±00地表展示，以主题建筑向外扩展3米形成±00平台，四边各筑长5米，阶高10～13厘米，阶宽30～35厘米，台阶3～5步。

平台平面垫三合土，上层10厘米混凝土。四周用传统工艺大砖围砌，面层以青石压边。

（10）铁人、铁山、铁墩、铁柱等的复位设计

铁人等文物是遗址中不可或缺的遗迹，应该在工程进行中陆续复位。在平台工程完成后就可将七星柱等较大铁构件依位复原。铁人、铁山、铁墩可待铁牛"软着陆"和托底混凝土底板完成后依位复原。

埋桩部分基本采取挖坑后填埋三合土（灰土3:7）捣实的做法。应保证铁质文物周边不积水。

阴极电化学保护同时实施。

（11）明代石坝、石铺路面、金元建筑遗迹和宋代护牛石垒遗迹的复原设计

待平台上部工作基本完成，可陆续开展此工作，明代石坝复原要用白灰米浆砌筑。上部复原2～3层，反映工程特点。明代用于坝体整合的铁榫卯，应给予展示。大体可由北至南渐次递减，以利展示石坝结构，又利于参观。

石铺路面的复原，依原编号渐次复位。金元房屋基础遗迹和护牛石垒亦可同期渐次复位。

（12）关于照明造型灯的设计

在3、4号牛参观室内，应有足够的照明设备，四壁采用日光灯照明。

在明代堤坝的参观通道，上部有玻璃透明采光，可再适当配置照明设备，以备夜间观测检查。

在参观平台两侧可设置造型灯，直射铁牛等文物，以便于夜间掌握文物周边情况。

在337.2米平台可设置2～4个照明灯具。

（13）安全监控系统设计

可采用红外线布控，在控制平台周边地带和在参观室内设置报警设施。亦可考虑在参观室通道两侧台阶下部设置若干间工作人员休息室和监控、配电室等（只是无自然采光，阴凉不好长住）。

2002年12月26日草于南华门宾馆

2003年

1月2日

与李爽夫、白工、张工共议设计方案，确定原则。台阶45米；两端入口；设计通风、空调、加大输电；照明多用地灯；建筑要先确定，不要大变动。

1月3日

九川彭怀旺到宾馆谈与咨询公司建安处关系，属于入股，仍有法人代表资格，仍独立。九川不负责他的债权债务。工地的石子应为任平所有。

王象晋与九川任金平、李亚东及彭怀旺到定额站为有关问题咨询。确定原则后又重新作十一月结算。

1 月 8 日

九川于旭光来电话要求立即结算，钱不能少，少了不干。再次提出任平的事与其无关。现在是新开工，但又不承认是转包。强调是新选定。对于设计提出是九川设计，不应给设计院。不认共同确定。并威胁结清目前款，不干下步工程。对前段一概不负责。

李奭夫带白工、张工送来十二张图纸，包括建筑、结构、通风、用电等项目，设计说明还欠缺。要求 10 号完成。李工担心设计与省院的矛盾不好解决。将省院张步成的态度告诉李后，李才放心。

1 月 10 日

与九川共同出具请求，向定额站咨询。省建设厅标定站：现有蒲津渡遗址保护工程结算过程中甲、乙双方因套用定额子目存在分歧，请贵站根据定额编制原理作以解答。

1 月 13 日

设计人员再次要求提供工程地基资料。

1 月 23 日

最后确定设计报告、预算。李奭夫、王象晋、小苏到所里共同确定预算数字。较昨日加出 100 万元，昨日忘了平台回填土大项。

1 月 24 日

李工将设计图纸、说明和预算文本送到所里，共 10 份。综合铁质文物保护实施方案，共同成文送呈省文物局。

山西省考古研究所晋考字（2003）第 1 号文件

关于蒲津渡遗址保护工程设计修订方案和铁质文物保护实施方案的报告

省文物局：

按照省文物局 2002 年 8 月 7 日（晋文物函〔2002〕133 号）转发的国家文物局（文物保函〔2002〕686 号）关于蒲津渡遗址铁质文物保护技术方案的意见，我所组织有关人员对国家文物局的意见认真进行了研究，委托山西省建筑科学研究院对工程方案进行修订。针对工程院院士提出的意见和建议，综合系统考虑了完善方案的措施。现制定出保护工程设计方案、图纸和预算，呈请省局审核。

（略）

山西省考古研究所

1 月 27 日

将所里呈文报告并设计图、说明、预算及铁质文物实施方案 2 套送省局。交董养中副处长。给国家局准备材料 6 份，预算 2 份。所里留 2 份。

2月4日

张颔先生谈到永济工程，要求记好日记，认为这是很好的资料。对遗址的认识和对保护的工作都应记录下来。

2月20日

关于重新开工前的准备工作给九川公司的函

九川建筑工程有限公司：

计划3月初开工，请尽快将前期工程资料找回，以利后期工程的顺利进行。为规避工程今后的麻烦纠纷，开工之前签订工程延续合同，以相互约束。

请2月底前给予明确答复。以利工作安排。

山西省考古研究所

2月20日，给省文物局的函，（晋考函字〔2003〕1号）。

关于永济蒲津渡遗址保护工程春季开工请示

省文物局：

永济蒲津渡遗址保护工程去冬停工后，按局领导指示，向有关领导及时通报了情况，配合安排了安全保卫工作。两节期间经过留守同志和蒲津渡遗址博物馆同志认真负责的工作，保证了工地的安全和馆内参观的正常进行。

大地回春，又进入了春季的施工季节。我所对工程情况进行详细研究，认为根据目前的情况，应当不误时机的抓紧这段大好时光。使保护工程再前进一步。

工地施工组织协调仍按去年课题组人员组织实施。

施工队伍由于九川公司至今仍不能交出前期施工资料，致使保护工程受影响，并且不愿负责工程前期责任，后续协议至今不能签订，工程资金分文不愿垫付，对后期工作造成诸多影响。我所已于近日致函九川公司，要求明确答复以上问题。否则再糊涂下去遗患无穷。如若仍不能达成协议，应考虑重新选队伍。

监理工程去年换人之后认真负责，前期工程的遗留问题还需要监理负责，可仍由省建筑监理总公司承担。

工程开工急需资金，所余资金应付工程捉襟见肘，请局领导给予资助。

以上报告妥否，请批示。

山西省考古研究所

2月26日

与建筑科学设计院的协议正式签订盖章。设计费10万元，第一次付出4万元；此次（今日）再付2万元。剩余款项待到国家文物局审定设计，修改后依次付与。

2月28日

下午任金平送复函，要求尽快签订协议，但对前期资料只愿尽力。答复：前期资料半年无结果，光许愿不见成果，致使困难重重；合作无具体行动，资金又不愿垫付一分，结算时胡搅蛮缠，如此合作结束也罢。要见具体行动，不要虚于应付。请转告于总和其他领导。

3 月 3 日

设计院李奭夫取走设计协议 2 份。

文物局文物处董养忠副处长要求所里安排到京送永济的报告：山西省文物局 2 月 18 日（晋文物发〔2003〕10 号）文件，“关于报送蒲津渡遗址保护工程设计方案及蒲津渡遗址铁器群保护实施方案的报告”上报申请经费 452.88 万元。

3 月 4 日

向石金鸣汇报近日工作进展，与九川的交涉意见。

安排今晚往北京，到国家文物局送报告。

已有的设计图 8 份：省文物局 2 份（文物处 1 份、高可副局长 1 份），送国家文物局 2 份，以上 4 份均有工程预算，铁质文物保护实施方案为相随附件。省所办公室存档 1 份，有设计图、说明，铁质文物保护实施方案。其余 3 份有设计图、说明，铁质文物保护实施方案。备用。施工单位还需 5 份。设计确定后再请设计院复制。

3 月 5 日

到国家文物局考古处送铁牛保护工程材料。考古处关强处长听取汇报，对去年的工作，工程基础和铁人保护物理性处理，领导都满意。方案完成上报，以国家局意见和工程院专家意见为准对设计做修改。关于盖棚之事听取柯俊等先生的意见，暂不设计盖顶。

与孟宪民司长谈到铁牛保护工作。孟司讲，铁牛保护是重大科研课题；可以搞阶段成果；应该搞铁器保护大课题研究，与柯俊先生合起来一起搞。作详细调查，目前铁器保护资料收集工作，得出科学的保护办法，形成系统的科学的管理。

到北京科技大见韩汝玢、何积铨。通报保护工作进展，国家文物局的意见，征求对保护措施意见。韩老师拿出湖北当阳的铁塔保护出现的问题照片，说明对于涂缓蚀剂要十分慎重，目前铁人的情况也要引起注意。对于孟宪民司长的意见。韩老师积极配合，要求能尽早有结果。

继续交换意见。对广东同志的涂料，由于没有成型的配方，致使不断的配比实验，费工误事。到目前为止，涂料实验结果还是不能渗透到铁质内，仅是表面一层。不知会不会出现当阳铁塔问题。还在实验。尤其是要在带锈铁块上实验。以观察渗透性，保护能力。

3 月 6 日

到省局向高可汇报北京情况，国家局的意见。高要求专门抓紧搞钱。不可报告上去等待。向石金鸣汇报进京情况，国家局意见，孟司的意见。石表示要有针对性地上报项目，申请经费支持，信息要及时分析，掌握情况，对铁质文物的保护可以选适当时机申请立项。

潘路来电话，永济姚俊鹏一个铁质文物的保护课题申请，潘路已签了意见，请省所提意见。我意：此项目尚在进行中，一家是否可以申请两项课题。请历博同志考虑。铁人的保护请历博同志到现场再观察。采取有效措施。潘路说听永济同志讲，还比较好，上半没问题。最好到现场考察。

3 月 12 日

上午，在文物局高可副局长办公室开会。

高可主持，参加人：石金鸣、董养忠、刘永生。

议题：蒲津渡遗址保护工程目前工作情况。

高可副局长主持会，指出目前工程面临的三个问题：设计修订方案；施工经费；施工队的问题。

刘永生汇报近来工作情况，方案修订按国家局意见完成，于上周送交国家局文物一处，待批；施工经费开工后就要紧张，省局应该想办法，开工并保证经费不挡手；施工队九川对前期任平的问题，拒不接受，一再强调与九川无关。前期资料不交，我所意见：在考虑周到的情况下，不应将问题一直拖下去。可以重新开始，另选施工队。

董养忠副处长意见：本月底要到国家局送材料，再催文物处尽快答复设计方案；经费省局应该考虑一些，开工就不好再停工，要有经费保证；对施工队的问题，应该有了结，不好应该换队伍，不可一直糊涂下去。实在不行就果断处理。

石金鸣所长意见：设计方案送国家局应该尽快跑，催，已确定，局里要加大力量，所里协助，尽力办好；经费问题应争取到位。

高可总结意见：近来一段工作不错，不可懈怠。今年无论如何要完工，这是局里的形象问题，不能老这样，每年提心吊胆，今年人代会没提，明年不会不提。要想尽一切办法完工。下一步工作：上报的方案抓紧催，盯紧。尽快审批预算。经费突破较多，希望在国家局争取补助 200 万元以上，省里再补些就好办了。所里也可催，局里催，多渠道催。近日应再去一次，处里所里一同去，争取经费在今年经费里安排上；省里经费应考虑些。工程要开工，国家和省局正常经费不赶趟。目前只有 80 万，局里借些，所里垫些，施工单位垫些。另外还可想些办法，从别的单位借些，搞些社会投资。不违反文物法的原则，企业投资，文物部门共同受益，分成，就可成。施工单位要尽快办，尽快确定，开工。九川公司不能按我们的要求做，可以换，但要有理、有利、有节。重要的条件是垫支。

石金鸣要求：对于所里垫支经费问题，局里要有明确意见和经费数额，保证有这些经费。

3 月 14 日

九川公司彭怀旺、张立、任平、任金平来所谈工程协议开工事。

在二楼阅览室刘永生与其会谈：要求明确九川与咨询公司关系，九川要负责任；前期工作情况资料要交出，以利今后工作设计，施工；施工队要有积极态度，可否先垫支部分资金开工，保证工程可以进行。

彭总意见：前期仍有任平负责，尽量帮助寻找回前期资料；垫支问题不可能，有钱后再施工；于总 12 月底的意见已明确了。

任平意见：咨询公司建安处不存在了，目前出外都是九川名义，考古所的意见是合理的，这是内部问题；以往采取的措施都是有文字和签字的，是合理的，沙土回填是罗新同意的，没有规范，怕多花钱。只能是那样处理；对前期的工程资料，可以复印资料给考古所，任平还说了许多关于基础处理问题的意见。

刘永生表示对这些问题应该拿出文字依据，有初步意见后可以请双方法人面谈，确认下步工作。任平的其余问题可待专人专事处理。对于他讲到的领导施加压力问题，明确表示不存在目前施加压力。按科学精神办事，有理有据，工程要经得住检查和时间考验。不能靠拍胸脯，说大话，要有依据。

下午，王象晋电话询问九川意见如何？将上午情况告知。王意见，垫支最好是100万元。工程就好办了。

上午，在张庆捷办公室，张庆捷拿出资料证明2001年9月10日的上报材料中咨询公司建安处已在括号内，出面的是九川公司。说明当时已并入九川了。在2001年12月1日的日记中记载了对任平和罗新要审查台工事情详细记录和看法感受。

3月16日

杨孟冬通报：西厢的土10元/立方米，并且要求一车100元，不论多少。白灰清华的70元/吨。青石是闻喜的石料，60多元/米。

3月20日

监理公司张总来电话询问工程准备工作。要求对前期的工作应有明确了断。

3月24日

与九川彭怀旺通话询问九川意见，答复：正在催任平交资料，还要几天。对垫资一事，要求施工开始后，少量垫支可以，先垫不好办。我答复：要紧是快有明确意见，以利决定下步工作。不可再拖下去。

3月26日

再次与九川联系，要求尽快明确答复考古所的要求。

3月27日

与九川公司彭怀旺联系，要求九川尽快拿出意见。否则明确放弃，所里将另选施工队伍。

将九川情况告石金鸣。石要求九川尽早答复。不要耽误大工期。

傅强来电话：告知永济市文物局今天宣布，局里分工，铁牛工程由傅强副局长负责。询问工程何时可开工，五一快来临，工程与旅游有何矛盾。将目前的工作进展与其通报。

3月31日

张立来电话：要求订协议，将任平的遗留问题搁置。答复：不合适。九川公司应该负责。前后是一体的，责任应该分清，此事不可能越过。于旭光、任平应主动。

打印关于春季工作的意见送办公室请石金鸣审批。

关于蒲津渡遗址保护工程开展春季工作的意见

山西九川建筑工程有限公司：

2月28日的便函收到，3月14日彭怀旺和张立两位副总与任平、任金平到考古所又进行了协商。双方都表示了对工程进展的关注。

任平对前一阶段的工作简单做了讲解。对于山西省咨询公司建安处并入山西九川建筑工程有限公司一事明确表示，咨询公司建安处作为法人单位已不复存在，目前以建安处为基础的人员出外揽工全用九川公司名义。九川公司负责咨询公司建安处前期工程责任，这是九川公司内部问题。

对于企业改制咨询公司建安处并入九川公司，九川公司担任了法人，就应该负责该公司的债权责任。正是这样，经公开招标的蒲津渡遗址保护工程才由九川公司继续组织进行。

对于前期工程资料，九川有责任负责督促有关人员交出，去年开工前就要求交出前期资料以利工程的顺利进展。任平作为前期工程的主要责任人，3月14日明确说要将资料先复印交出，然而，我所数次催促，16天已过，未见一纸资料交出。不知如此简单之事还要多长时间。

为不耽误工期，保证工程高质量完工。希望施工单位理解，在目前施工经费所余不多，后续经费尚未下拨到位前，请施工单位适当垫支部分资金。保证施工顺利进展。此事希望贵公司能有明确意见。

以上情况已与负责工程的监理公司交换意见，监理公司张俊义总工认为：前期工程责任必须由九川公司法人单位负责，前期的资料应该交出。对工程适当垫支要求是合理的。

目前签订新的协议，需要将以上的问题明确。望贵公司能明确答复我所。时不我待，工程不适长时间拖延。如久拖不决，我所将另行考虑工程施工安排。

山西省考古研究所

4月1日

与运城赵参军局长通电话，通报最近工作情况。

王象晋到所里来谈石料的选用，井陉石料价格70元左右，没计运费。加上运费比曲阳的便宜。料的质量一样。可以参考。

4月20日

解决问题的设想和建议

蒲津渡遗址保护工程是一项文物保护的大工程，国家文物局明确要求由省级文物单位承担的文物保护课题项目。我所在文物保护方面经过十几年的工作，积累了大量的经验和教训。为做好这一工作准备了必要的条件——人员、资料。我所最具备工作条件。对工程要求的理解是做好这一工作的条件。有省局的全力支持，这件事一定可以完成好。为我省文物事业赢得荣誉。

① 一个切实可行，便于操作，经济实用的工程方案。

目前的方案已经上报，方案容纳了国家文物局和专家的意见，保护铁牛等主要文物为主，为铁质文物保护创造软着陆保护环境，展示铁牛作为桥头地锚的重要文物价值；也体现了地方领导和群众的意见，尽量为展示文物，发挥文物作用创造良好的环境条件；考虑到永济的地方特点。积极催促国家局尽早批复方案，必要时到北京给专家们作解释工作，征求他们的意见。保证方案能有更多专家理解和支持。及早批准，按图施工。

② 组织一支有经济实力，能垫支部分经费，能配合工作，有施工经验的工程队伍，乙方与监理要各司其职，责权利明确。

施工队伍问题，目前工作是希望施工单位垫一部分资金至少50万元，以利工程顺利进行。这样建设单位也主动些。但九川公司还有一定难度。

对于企业改制咨询公司建安处并入九川公司，九川公司担任了法人，咨询公司建安处作为法人单位已不复存在，目前以建安处为基础的人员出外揽工全用九川公司名义。九川公司必须负责咨询公司建安处前期工程责任，负责该公司的债权责任。这样，经公开招标的蒲津渡遗址保护工程才由九川公司继续组织进行。

对于前期工程资料，九川有责任负责督促有关人员交出，去年开工前就要求交出前期资料以利工程的顺利进展。直至目前还没办好。

对于工程造成的损失中监理公司的责任，要保留追究的权利。

③ 工程已超出预算，工程量亦加大，文物保护难度增强，经费应相应落实。

保护工程经费需要尽快落实，争取请国家局多支持些。也请省财政予以支持。

工期要提前，需要有充足的经费，我所已垫支50万元。但开工仍显捉襟见肘，为保证不误工时，早日完工，希望省局能再垫支100万元，即可保证开工。进行先期辅助工程。后续资金及时跟进，工程可保证顺利完成。

④ 甲方负责监督方案的实施与调整，工程经费的管理。乙方负责工程方案的实施。监理负责工程质量的把关与工程经费的核算。

⑤ 工程要做到严格、紧张、有序、透明。工作计划要切实周密，各方专家协调要严谨，工作进度阶段明确要及时通报。

⑥ 对前期工作，经费，遗存问题做冷冻隔离处理。或组织专门人员对前期工作做阶段结算。避免纠缠以往事务。

4月23日

上午，省文物局召开局长办公会议研究蒲津渡遗址保护工程工作。

施联秀局长主持，参加人：高可、李福明、罗清宇副局长，张茂英组长，高晓明主任，宁立新处长，董养忠、程书林副处长，记录：彭某。考古所参加人员：石金鸣所长、刘永生。时间：10：10～12：20。

刘永生先汇报目前工作进展情况：工程现状；经费情况；工程超支预算原因；建议。

对此项工作的意见：

董养忠：上报工程方案国家局已经专家审阅，同意。五一前可以批复。经费要有详细超支项目，总的工程预算要清楚。总量要有。

高可：预算可批多少批多少；经费要搞清楚，原596万，分项列清，子项多少，预算多少，超支多少，现在预算多少；预算上报没经省里审核就上报了，请国家局审核。

4月24日

省局要求张庆捷、罗新、石金鸣、刘永生将保护工程中经费使用情况28日前书面汇报局里。

蒲津渡遗址保护工程的经费支出情况

省文物局：

接省局4月24日通知，要求提供保护工程期间：

一，工程完成状况，依据工程方案所支出的准确经费使用细目；

二，工程方案各子项目中，超预算和方案以外的经费支出细目；

三，超支经费使用情况说明；

四，下一步工作的建议。

现将我负责经手的情况汇报如下：（略）

4月29日

石金鸣要求将三人经费使用情况汇总一个材料。

蒲津渡遗址保护工程追加经费的报告

省文物局：

我省永济市黄河蒲津渡遗址是全国重点文物保护单位，是我国首次发掘的大型黄河古代渡口遗址。遗址中出土的以铁牛为代表的大型铁器群，是目前我国乃至世界上发现的同时期的最大的铁器群。古代大型田野铁质文物的保护是目前世界难题。蒲津渡遗址文物保护工程是一项需要慎之又慎的保护工程。永济蒲津渡遗址保护工程是一项延续了十三年的文物保护工程。备受社会各界住瞩目，各级领导也十分关心。文物部门投入了大量的人力物力。

蒲津渡遗址是著名黄河古渡口，蒲津浮桥是世界上最早的浮桥，以铁牛形象著称的蒲津浮桥桥头地锚，是我国古代桥梁工程史上的杰作。唐代开元盛世改建完成的著名蒲津渡浮桥。作为桥头形象的铁牛以其精湛的工艺造型、高超的铸造技术、实用的工程价值，历来为世人所瞩目。是古代交通、冶金、桥梁、科技、雕塑等历史的重要实物例证。加之宋代著名工程专家怀丙和尚运用浮力和杠杆效应，从黄河中捞铁牛的故事被编入小学课本而广泛流传，铁牛更是家喻户晓。后因黄河河道抬高变迁，渡口与铁牛被埋入河中淤沙内。自1989年被再发现，1991年经国家文物局批准对遗址进行科学发掘，清理出土了渡口遗址的明代之后地层和东岸的四头铁牛、四尊铁人、两座铁山、三个铁墩及七根排列成北斗星状的铁柱等文物。1999年又进行了第二次发掘，全面揭示了作为地锚的铁牛的全貌，揭示了渡口的宋代和唐代地层遗迹。

国家文物局和山西省人民政府先后多次组织专家论证保护工程方案，尤其是2002年国家文物局委托中国工程院组织了九位院士专家对工程方案进行咨询，组织如此多的院士专家对文物保护工程项目的咨询是前所未有。对保护工程的重视可见一斑。

2003 年 1 月 15 日由山西省建筑科学研究院组织人员集中力量，按照国家文物局和工程院院士专家意见完成方案设计修订任务。保护方案于 3 月初送呈国家文物局审批。

经费到位情况（略）。

（1）现状及工作进展情况

经国家文物局批准的保护工程要求是原位升高 12.2 米。铁牛提升至目前地表，从原位已升高 10.5 米。距提升到位还有 1.7 米。这个高度是根据自然地表 337 米为基础，百年淤洪 1 米予以确定，铁牛以铁锚桩最下部高出地表 1 米为基准。目前现场看到的是铁牛抬升过程中的支撑钢架，以及原定围护铁牛的钢板支架。

铁人、铁柱等文物被移至工地外围地面保存。经过中国历史博物馆科技部专家处理过的铁人，眉目清晰，形象生动，显示出高超的技艺水平。

（2）造成保护经费超原预算费用的原因是多方面的

主要原因有：铁质文物保护的难度大，保护工程方案的变更和实际施工方案的长时间不确定也客观的加长了工期，增加了经费开支。

保护工程范围内的地下水难于控制，排水时间延长，难度加大；地下遗迹情况复杂，发掘时间延长，排水、用电费用加大；施工单位预算、费用加大，造成不必要的支出；施工队工程管理上的不到位造成工程的浪费和返工，形成较大缺口；地方配套资金迟迟不能到位，也影响了工程的正常进展，加大了费用的发生；（以下略）。

山西省考古研究所

5 月 21 日

副省长宋北杉到文物局调研，石金鸣汇报永济蒲津渡遗址保护工程的进展情况。

5 月 22 日

石金鸣通报昨日汇报情况。宋的意见，前些年的意见，应该埋掉。如今责任到底该谁负。谁看了都会有意见。目前缺经费问题，可以到国家局去谈一谈。

当年挖就是非法的，应该坚决制止非法发掘。

施联秀的意见，对工程考古所不了解，局里不应该管此事，对于乱挖古墓的行为不松口坚决制止，榆次的私挖北齐墓情况就是这样。

我的意见告石金鸣：现在工作已做大半，方案已出，应该咬紧牙关干下去，争回失去的荣誉。如现在放弃给地方，将被永远定于耻辱柱上。无回头之日。应该三思。

11 月 14 日

国家文物局信息咨询中心要求送 10 套保护工程方案，请李工速印 10 套，交建科院。

12 月 24 日

到永济，检查工作情况。25 日，到工地现场，看到情况严重，即刻打报告，向文物局反映情况。27 日，返回太原，29 日，向所里汇报后拟文上报省局。

12 月 30 日

永济蒲津渡铁牛保护工作已刻不容缓（晋考字〔2003〕19 号）]

省文物局：

12 月 25 日，到永济铁牛工地，看到铁牛下部的锚桩柱头又有大的变化，不容忽视。特报告如下：

一，铁牛下部锚桩柱头严重碎裂，原先的着力点多已碎裂。尤其是 1、2 号牛的锚桩，后排一组已面目全非。原本的圆柱体桩头，1 米范围大块的碎落，风化，1 号牛下锚桩后排桩柱头碎裂得已变为半个尖锥形。第二排柱桩也已受力破碎。2 号牛的后排锚桩多已碎裂，已不能受力。现在的牛全部由钢架受力支撑。但支承点的受力不均匀是令人担忧的。继续下去将直接威胁铁牛的完整和安全。

判断原因：原先受力于软地基的桩头，垫钢板后反力于柱头，压碎质量本不很好的桩头。

解决建议：尽快实施保护计划，去除钢板，尽快创造出受力均匀的软着陆环境，缓解柱桩的继续碎裂。

二，铁牛下的钢板受力不均，发生周边翘起较大变化。两组铁牛下原本较平整的钢板，都出现了铁牛架的下部直接接触点着地，而不直接压的部位，四周部分变化翘起，形成空鼓现象。

判断原因：铁牛下部基础处理不到位，出现下沉，虽有钢板阻隔，仍然发生变化重量将钢板压翘。

解决建议：对牛下部的地基进行加固，去除钢板。使铁牛处于自然的有弹性的基础上，以保证软着陆的实施。

蒲津渡铁牛保存现状令人担忧，保护工作刻不容缓，我们认为应该尽快实施保护方案，不能让碎裂现象继续。否则将可能出现更大问题。

山西省考古研究所

原函附现场考察照片。

2004 年

2 月 26 日

上午 9 点，在文博大厦三楼中国文物信息咨询中心召开论证会，研究蒲津渡遗址保护工程和铁质文物保护方案（彩版八七，3）。

蒲津渡遗址保护工程方案和铁质文保护方案在京通过论证［蒲津渡遗址保护工作情况通报（2004）第 1 号］

2004 年 2 月 26 日，受国家文物局委托，中国文物信息咨询中心在北京文博大厦三楼召开关于蒲津渡遗址保护工程方案和铁质文物保护方案的专家论证会，对山西省文物局上报的保护方案进行论证。

国家文物局张柏副局长出席会议并做了重要讲话。中国文物信息咨询中心王立平总工主持了会议。参加论证会的专家有中国工程院院士、清华大学土木工程系陈肇元教授，中国科学院院士、中国建筑科学研究院黄熙龄研究员，国家文物局文物保护专家组组长、中国文物研究所研究员王丹华，国家文物局专家组成员、中国文物研究所研究员黄克忠，故宫博物院研究员陆寿麟，中国文物研究所研究员崔兆忠，中国文物研究所研究员张之平，河北省古建所副所长、高级工程师刘智敏。

山西省考古研究所蒲津渡遗址保护工程项目负责人刘永生研究员用幻灯片形式简单介绍了蒲津渡遗址保护工作的历史和现状。工程方案设计单位山西省建筑科学研究院高级工程师、项目总工李奭夫介绍了工程方案的设计。铁质文物保护方案设计单位中国国家博物馆科技部潘路副主任介绍了铁质文物保护地上部分保护的设计和实施，北京科技大学材料学院何积铨副教授介绍了对地下部分保护的设计和实施。

专家们事前对两个方案进行了仔细审阅，会上对方案的细节认真地进行了咨询和讨论，并提出改进建议。经过四个多小时的讨论，到会专家都同意原则通过方案，并当场签字，通过了论证意见。

意见要求“软着陆”采用第二方案（即支好底板再撤钢架），并进一步完善施工方案；在完善施工方案时，装饰材料的颜色应与历史、环境和谐；铁质文物地下部分保护可考虑应用新技术，使用柔性材料。

参加会议的还有国家文物局文保司宋新潮副司长、考古处李培松处长和阎亚林同志；中国文物信息咨询中心杨志军副主任和杨博同志；山西省文物局高可副局长、文物管理处董养忠副处长和山西省考古研究所石金鸣所长；北京科技大学材料史研究所韩汝玢教授；运城市文物局侯学金副局长；永济市文物局侯政民局长；蒲津渡遗址博物馆姚俊鹏馆长等共30余人。

会后，陈肇元院士将对工程设计中新的要求专门与设计人员交换了意见。铁质文物保护设计人员与保护工程设计人员就协调、合作及具体要求事项也专门进行了研究。

省文物局高可副局长要求设计人员会后立即着手完善施工方案，争取尽快开始保护工程的施工。

山西省考古研究所

3月4日

王象晋、刘永生共同前往凯的设计事务所见李奭夫，商议完善方案的细则。议定下周二出发到永济现场详细考察、再确定具体意见。

3月10日

与设计院马工到现场考察研究牛箱基础桩制作和钢梁的置换。原打算用的钢梁架作牛箱壁内钢架，目前看来不可再用。只能拆除。

王象晋、马工、刘永生共同研究上午考察后的意见。分析实际情况，确定牛箱不再打基础桩；采用加大发片基础的办法解决稳固问题；关于置换，在先做牛箱的基础上用细沙灌注稳固牛的下部后做支架，稳定后将沙取出留部分固定铁牛。对沙的密度要测试，保证起作用。要留除沙的孔洞。

研究采用石材做南边牛箱的内壁，加大坚硬程度。

有一涨价因素要注意：钢材大涨，还在涨；水泥也在涨价。将要直接影响造价。给不足的经费再加困难。

3 月 19 日

接省文物局（晋文物函〔2004〕54 号）文关于蒲津渡遗址保护工程方案和铁器群保护实施方案的批复及国家文物局（文物保函〔2004〕268 号）文关于蒲津渡遗址（黄河铁牛）保护工程方案和铁器群保护实施方案的批复。

关于蒲津渡遗址（黄河铁牛）保护工程方案和铁器群保护实施方案的批复（国家文物局文物保函〔2004〕268 号）

山西省文物局：

你局《关于报送蒲津渡遗址保护工程设计方案及蒲津渡遗址铁器群保护实施方案的报告》［晋文物发（2003）10 号］收悉。经研究，我局批复如下：

① 蒲津渡遗址（黄河铁牛）保护工程设计方案符合文物工作方针和文物保护的要求，我局原则同意该设计方案和铁质文物的防锈保护方案。

② 关于铁牛托换的实施方案可在第二方案，即新钢支架托换方案的基础上开展设计。设计中应充分考虑铁牛底板与箱体之间的防水，并注意地震等因素的影响。

③ 应补充展室采光天窗的防水设计。展室内外地面的设计应与蒲津渡遗址的环境协调。

④ 蒲津渡遗址铁质文物的保护应注意地上与地下部分的衔接；可考虑采用柔性阳极带技术。

⑤ 请你局组织方案原设计单位按照上述意见，对方案进行必要修改、完善。修改后的方案和施工方案由你局审批并报我局备案。

⑥ 请你局具体负责该工程的组织和管理工作，切实保证工程质量和安全，并请及时将工程进展情况报我局。施工中应注意试验与测试，确保文物本体的安全与稳定。

此复。

2004 年 3 月 10 日

关于蒲津渡遗址保护工程方案和铁器群保护实施方案的批复山西省文物局（晋文物函〔2004〕54 号）

省考古研究所：

根据国家文物局《关于蒲津渡遗址（黄河铁牛）保护工程方案和铁器群保护实施方案的批复》意见，原则同意铁牛托换的第二方案和铁质文物的防锈保护方案。但需按以下意见进行修改、完善：

（1）在铁牛托换的第二实施方案，即新钢支架托换方案的基础上开展设计。设计中要充分考虑铁牛底板与箱体之间的防水，并注意地震等因素的影响。

（2）蒲津渡遗址铁质文物保护，可考虑采用柔性阳极带技术，设计中要注意地上与地下部分衔接处的保护。

（3）应补充展室采光天窗的防水设计。

（4）展室内外地面的设计应与蒲津渡遗址的环境协调。

请你所责成有关单位根据上述意见对方案进行修改完善后，务于4月15日前报省局审核，待批准后尽快组织实施。施工中要认真做好实验与测试，确保文物本体的安全与稳定。

此复。

2004年3月16日

（抄送：运城市文物局、永济市文物局）

接国家文物局批复后施局长3月15日批复，请高可局长阅批。

高可副局长同日批复：请养中、金鸣、永生同志阅，并请养中同志近日组织省考古所有关同志就落实国家局批复意见，尽快顺利实施保护工程等有关事宜，商量个意见。重点研究：①工程如何组织；②经费如何落实；③如何确保铁牛安全，保证今年国庆前顺利完工。

3月23日

电话请示施联秀局长，要求汇报工作，答复：等高局长回来一起说。

3月24日

上午，给九川公司发函，催促答复下步工程合作与签订合同问题。

关于蒲津渡遗址保护工程重新开工致九川公司的函

九川建筑工程有限公司：

我所与你公司合作的蒲津渡遗址保护工程，2002年6月之前为一阶段，之后为另一阶段。在后一阶段的工作中虽说工程能够进行，但却由于前段遗留问题多有制约。尤其是工程资料的不健全和工程主要部位铁牛下部回填的不确定因素，为工程的正常进行造成了诸多难题。也为进一步修订的工程设计增加了难度和工程经费。合同一直未续签。现工程方案已经过国家文物局批准，准予实施。鉴于以上情况，我所意见：计划4月开工，为规避工程今后的麻烦纠纷，开工之前需签订工程延续合同，以相互约束。

请3月底前给予明确答复。以利工作安排。

山西省考古研究所

2004年3月23日

3月26日

彭怀旺答复，要求签订合同。对于垫付资金问题，有些难度。请求尽快答复。要求换工长、管理员，前段工程的负责问题。

高可局长谈工程经费国家局答应明年可以安排。施局长提出要将工程交永济，高表示不同意。

3月29日

将设计意见向石金鸣汇报，商量下步工作，到永济工地看准备情况。与宋建中等谈情况。

李戫夫到所里谈完善设计意见，建科院4条意见，无实质性意见，只有第4条明确天窗防水采用设计规范具体条目。不适合。交谈后落实具体的修改意见，修改成详细文字。

3月31日

工地整理基本完成，下一步的主要问题是用电困难，停电情况严重。安排英民打听发电机，可否租到一部。也可考虑接供水电源，要看是否经济。

大家的意见都倾向于不要再开会论证方案了，实际一些，请专家分别谈谈，提意见解决具体问题。

4月6日

与韩老师通话，催完善的方案。通报牛箱的基础桩27米，韩老师坚决反对。要求计算震动对牛的影响。

4月7日

与凯的设计所李爽夫协商牛箱的基础打桩问题：工作场地所限打桩有问题；震动也有问题；铁牛的下部已不允许大的震动。应改动设计，不打桩最好。

李同意改为筏片基础，但最好加固地基，防止液化，采用水泥注浆方式，对地基要做测检。

王象晋负责下午到设计院找部工询问检测和做注浆工程的队伍。

要求设计10号拿出设计修改意见。

4月15日

关于呈送修订蒲津渡遗址保护工程方案和铁质文物保护方案意见的报告

省文物局：

遵照国家文物局（文物保函〔2004〕268号）批复意见和局省（晋文物函〔2004〕54号）批复意见，我所立即组织设计单位有关技术人员认真研究和分析了批复意见。3月10日和29日两次到现场又进行了实地考察，分析了现场实际情况，具体细化了工程方案，对工程的实施进行了模拟设计。对现场核实后拟再次对设计进行修订，主要意见如下：

一，为防止不均匀沉降，设计在牛箱下打12根基础桩，每根直径80厘米，深27米。在操作上有困难。其一，现场两组牛之间不便展开打桩机械；其二，打桩机械大功率震动对铁牛和支架近距离、较长时间的震颤影响有较大的不可预见因素，难以掌握。

二，为减少不均匀沉降，原施工完成的碎石回填地基，因缺少可靠检测依据，需补充进行检测，依有效资料再进行设计。另外，对回填基础需进行灌浆法加固，使基础形成一体，增加可靠因素。

三，在灌浆法加固的基础上，对牛箱的设计做变动，加大筏片基础，以稳固牛箱。这样既可以应对不均匀影响，又易于操作。

四，其他修订项目：增加检查室；牛箱按100年高性能钢筋混凝土设计；铁牛托换分组进行，认真总结经验，完善改进技术；展室采光天窗防水按有关规范执行。

五，对于铁质文物的保护，北京科技大学也有针对性的提出采用柔性阳极带存在的弊端：使用寿命短；发流量较低，不适宜单独采用；价格相对偏高。对地上地下衔接部分的保护提出相应意见和建议。

以上意见妥否，请指示。

山西省考古研究所

原报告附有：山西省建筑科学研究院 2004 年 4 月 14 日《设计通知单》；北京科技大学铁质文物保护组 2004 年 4 月 8 日《关于国家文物局和山西省文物局对蒲津渡遗址铁器群保护实施方案批复意见的若干说明》。

4 月 19 日

李总送来设计通知单，按上周会商意见改动，牛箱仍为两个，中间相连。底板用筋相应减小。减少费用。

联系运城 214 队进行地基检测施工，确定进工地时间在周三早上。

交设计变更单给办公室，附于文件送省局。

九川公司张总来所里送意见书。要签合同；结算前期经费；无力垫支经费。将所里的意见明确告诉张总，不出垫支款难以继续。

4 月 22 日

接颜工电话，214 队探测车已到工地。立即与王工趁车前往。颜工带三人到工地，刘光明已安排食宿。饭后开始布探。签合同，预付 2500 元给颜工。

牛箱位置由东南向西北排列 3 个点。台基基础摆一个，形成三角或一条线。开始进行 1 号点的测探，3、4 号牛箱东侧钢架东南第一根向正东 258 厘米。214 队的技术员到场，闻工已年逾七旬，精神还好。

午饭后立即开始工作。下午 3 点完成 1 号点测探，深 10.9 米。耗时 6 个小时。拔探杆 2 小时。

再安排 2 号探测点在两牛箱之间。距东侧钢架外边 6.1 米，距 3、4 号牛箱北边钢架外侧 2.7 米。2.2 ~ 3.2 米深度击打 258 锤。其中 2.5 ~ 3 米击打 100 锤，余 20 厘米击打 120 锤，测探的 10 厘米击打 24 锤。为今日最费力的一段。今日工作结束。

4 月 23 日

与王象晋同到工地，安排 2 号孔测探继续。

2 号孔打不下去，撤探。4.4 ~ 4.5 米深度，81 锤仍下不去。撤探。

安排 3 号探孔。在 1、2 号牛的北边。距北侧边沿（垫层）11.8 米，东侧垫层边沿延长线西侧 7.8 米。3 号孔深 10.5 米。

在遗址平台的边墙基础部分，开始 4 号孔，11 ~ 17.2 米深打击 453 锤。测探。

向西北边移动，仍在边墙基础，重设 5 号孔。11 ~ 12.2 米打击 100 锤。停探。

探测结束，取得有效的成果。

王、闻同车北去。

4月27日

到凯的设计事务所，商议检测报告。李总提出两点意见：要综合意见，对地基的判断。液化和地承载力。

4月28日

安排刘光明到运城214队找程自刚完善检测报告。程自刚提问地下垫层情况、深度、范围，以便出报告时参考。

4月30日

刘光明送回检测报告交设计李总。李认为这样就好设计了，可以出变更文件。

王象晋来所取走检测意见一份。

5月11日

局党组开会，研究永济铁牛的保护工程，刘做简单汇报。

局党组开会选定工程负责人。要求表态，局长、副局长表示年底完不成辞职，海金乐表示要随同。刘表示可以受开除党籍处分。前提是经费保证、不发生天灾人祸。

5月12日

上午，9：30在高可副局长办公室召开铁牛保护工作碰头会，这是保护工程组成新班子的第一次会议。

主持人：高可

参加人：董养忠、宋建忠、海金乐、刘永生

议题：一，贯彻党组会决议；二，商量安排下步工作

要求形成个纪要，齐心协力，出谋划策，共同努力，集思广益。

宋建忠要求局里明确具体要求。

董养忠要求明确工程不做部分，招标工作谁来做。

刘永生介绍目前工程情况，施工队情况，设计意见。

高可副局长要求：

一，坚定不移贯彻执行党组决定，落实好，保证按时完成好。①高度重视，作为政治任务看待，所里要将此事摆上重要议事日程。抓好完成好。永生专职全力以赴工地为主。②组成得力班子得力人员，专职会计，专职土建工程师。③把好财务关用钱关，少花钱多办事，财务制度形成文字上报局。严格财务制度。④文物处加强管理。⑤对工程项目加强管理，工地管理要形成文字。⑥注意协调地方关系，让地方理解帮助。⑦工程实行公开招标，与九川的前期谈判工作做好，不要因此而引发官司。⑧与工程有关的同志要洁身自好，廉洁奉公，做到翻江倒海亦无关。⑨高度负责，一丝不苟，齐心协力完成好此事，创造良好工作氛围。刘永生与分管领导海金乐要协调好。局里直接承担责任的是高可。

注意与文物处汇报，工程进展要及时汇报。

二，下步工作：

① 与设计部门沟通，删、改方案。

保证铁牛安全，不能打桩做基础可以按整体基础修改；勤俭节约，空调换排气扇，大理石换青色毛石；删除的明确出设计变更，为招投标创造条件。

② 制招标文件依法办事，请甲级招标单位办，省招投标公司，招标办编文件。

对施工单位要求：垫支 30 ~ 50 万，资质甲级，收费丙上。与九川的协调在开标前解决好。

课题问题，铁质文物不招标。

③ 时间：开标至发标 20 天时间。12 日开始，一星期完成准备，20 天完成招标，6 月底正式开工，7、8、9，9 月底完主体，12 月底全部交工。

三，制度：

① 工作日志，详细日志。与之有关的都记。

② 办简报通报。

③ 请假制度。

④ 及时汇报工作。

⑤ 一系列管理制度，文字管理制度上报批准。

⑥ 凡与铁牛有关的事，急事急办。

请李工来拿会计事务所审核报告。同时提出设计要求。

蒲津渡遗址保护工程设计变更要求意见

李总：

您好！

根据省文物局 2004 年 5 月 11 日局党组扩大会议决议和 5 月 12 日高可副局长主持的铁牛保护工程工作碰头会意见，对保护工程设计方案提出以下修改意见：

① 工程原设计中采用大理石贴面部分，换做青石材质毛料石。

② 工程原设计中的空调改用换气设施。

③ 牛箱地基水泥桩，可根据地质检测资料数据，换改为便于施工的加大筏片基础工程做法，保证牛箱安全。

④ 对于修改变更的部分应做出预算。

⑤ 对于山西兴晋会计事务所有限公司所做的审核意见请提出意见。

⑥ 未竟事宜请 2 日以内来所面议。

⑦ 下步工程将采用公开招标的做法进行，招标过程还需要一定时间，考虑到工程规定的时间（9 月 30 日前完成工程主体）已经很紧张，请各位尽量抓紧时间进行工作。

此致

敬礼

考古所刘永生

5 月 13 日

张建安、段总来所谈招标事宜。

与李福明谈前天会议的表态问题。

与王工协商如何进行招标，如何完成设计，如何施工。提出对于施工单位的要求。

① 资质要甲级，收费采用丙上类。要有大型物件起吊工作经验。

② 中标单位施工前应交纳工程保证金 30 万 ~50 万元。

③ 石材用井陉石料，辅助以曲阳石材。

④ 水泥一定要用大水泥。

⑤ 施工单位派出的项目经理和工长应该有较丰富的施工经验。

⑥ 在施工期间，与甲方的配合，以保证质量，严守规范为前提，否则随时可以辞退。

⑦ 九川公司作为前期施工单位，应将前期工程做一了断，参加投标。方宜进行下步工程。

向小董汇报招标事宜，请局里能推荐一个招标公司。董表示请示了罗局长，罗表示你们自己选，不参与。

要求能与审预算的会计事务所当面协商。董安排明日见面。

5 月 14 日

会计事务所姚所长与刘工到所通告审预算情况。一切都是按文物局意见办。当然也有现场实际核算。

下午请监理公司的张建安来所谈招标的事。请张建议招标公司，张提出山西北方招标代理有限公司成立较早、信誉较好，原属省建委；山西国阳招标代理有限公司原属省计委咨询公司，较有权势；太原并辉招标代理有限公司原属市城建委，信誉亦较好。收取代理费用为工程造价 1%~3%。

原定今日下午王工来所谈招标事宜，发生变化王工住了医院。探望王工，王住在杏花岭医院，检测心脏病情况。

5 月 17 日

将上周工作情况向海金乐通告，监理公司意见、会计事务所意见、王象晋意见，对招标的意见。海金乐要求了解过去的工作程序和工地情况。要求设计院李总将设计修改于本周完成。

5 月 18 日

高可副局长询问招标事宜，要求向张茂英汇报请示。刘永生转告海金乐，请他向张请示，同时请纪检以后参与此事，以防嫌疑。海金乐告知张纪检，听请示后要向罗局长通告，协商后最后定。将海金乐的通告电话告知高局长，高表示这样好，都知道一下有利工作，不担嫌疑。刘希望要求尽量快些，以争取施工时间。

王象晋在医院病床上关心招标事，电话询问局里的意见。

将前年的有关文件汇总转海金乐参阅。

小韩草拟保护工程财会制度。

5 月 19 日

与石金鸣商谈工程目前的问题和解决意见。对整理报告之事，石主张继续完成为妥。

海金乐告知张茂英推荐北方招标代理有限公司负责此次招标。约定下午商谈有关事宜。山西北方建设工程招标代理中心朱晓钢、牛建国来所在海金乐办公室商谈工程代理事宜。朱要求将九川公司的事作一了断，再开始工作。

我的意见是同时进行。牛表示要请示领导后再确定。海金乐将今天的情况向高可汇报。

给九川公司彭总通电话，要求明天到所里来商量如何了断。

5 月 20 日

高可在其办公室谈工程进展情况，要求尽心竭力认真对待。处理好周边关系。

王象晋来所里谈招标注意事项。与招标公司谈，要求尽量缩短招标时间，为完成好工程，争取工作时间。

朱晓钢取走工程预算图纸回去编招标文件。

上午，彭怀旺对停止原协议有不同看法，要求结算清后，然后才自行中止协议。

修改协议中文字，表述为结算后中止协议，要求不影响招标工作。

下午，九川公司对协议有不同意见。彭总坚持要求结清后一阶段工程经费，对于前一阶段任平的工程结算只协助完成结算，不愿负责任。协议流产。只好搁置。

找出 2001 年 12 月九川公司的公告文，明确表示要对前阶段工程负责。张庆捷 2001 年 12 月 10 日在任平的协议副本上签字，收到九川文件后应在副本上盖章，但文本上却没有盖章。也就是没有与九川直接发生协议关系（咨询公司建安处 2001 年 10 月下旬与九川签协议，11 月正式改制并入九川）。

据此，在与九川谈不到一致时，不理会其意见不可能发生官司纠纷。尤其是在其已同意招标的情况下，更不应该有麻烦。

招标公司传真来招标公告文本和时间安排。今天发布招标通告，6 月 16 日结束。

高可要求将工作进展情况向其汇报，明后天休息天选时间汇报。

5 月 24 日

通知王工，招标中心开始发布通告，应标单位应开始工作。九川公司不配合工作只好搁置。

海金乐向高可汇报。招标中心朱晓纲来所商议有关招标事宜：水泥如何表述；保证金如何更规范；结算材料包死不包死等。电话告知张建安：要求监理公司介入并帮助。

李总电话：设计中的问题较多，完成还需要四天时间。空调变，电器亦要变。出图要时间。

审核招标文件。确定 29 日到永济，30 日接待应标单位，介绍工程现场情况。

5 月 25 日

审看招标文件，对建筑面积 1700 平方米提出修改意见，应为 3200 平方米较妥。其余文字中的小修改：交招标保证金日期，工地介绍情况时间，预付工程款 10% 等。

王象晋来所谈应标事宜，请其动员省建总公司、十三冶六处参加竞标。但总公司人员表示不再愿意参加。六处报名没带十三冶公司的委托函，恐难参加报名。

5 月 26 日

招标中心朱晓纲来电话通知：到目前为止仅有十三冶与省建五公司两家报名。这样就有流标可能。通知王象晋询问省建总公司是否来。总公司表示不再参加。

5 月 27 日

到下午四点，仅有两家应标，近乎流产。海金乐向局里张纪检汇报，张要求邀标，再请几家以利运作。

与朱晓纲谈，邀标为时已晚。只好再请推荐几家，一种办法是让已报的两家各请一陪家；另一种办法适当延长报名时间，再做一些工作，争取再有几家。

省建一公司在鹳雀楼的施工队伍，经永济侯局长介绍，要求参加招标，刘永生告知其直接向招标中心报名。

请王工再与六处同志谈，是否可以开出十三冶公司介绍委托。答复没办法。只好放弃。

王工再找到一家省建总公司的宝莲公司，但是二级公司不可报名，要求其到总公司开出介绍。宝莲公司开出了总公司的委托，送往招标中心。

到下午下班时间，朱晓钢告知有五家：昨日两家，今日又增加省建总公司运城分公司，省建一公司，省建总公司宝莲公司。可以进行下一步了。

5 月 28 日

上午到时代复印社复印图纸 22 张，五份。到李爽夫总工处取修改变更图纸。4 张/8 份，分别为建设施工、结构、空调、电气。要求将预算送来。

高可电话询问进展情况，将进行情况告知。

朱晓纲到所确定应标者四家：省建五公司，十三冶三公司，省建一公司，省建总公司宝莲公司。省建总公司运城分公司因晚于宝莲公司，未开出总公司委托。

确定 31 日到永济应对，31 日上午 9：30 到铁牛工地集合，介绍工程情况，答疑。

付给朱晓钢图纸五份。四份交应标单位，一份作标底。

5 月 30 日

海金乐、刘永生、王象晋、朱晓钢、任宝玉到达永济。省建总公司应标单位到达。住富源大酒店。

张俊义监理电话通告省建一公司李工报名参加招标，并介绍一公司在鹳雀楼施工情况。

请监理张总明日到工地参加情况介绍。

高可副局长电话询问目前的工作进展，要求组织好，介绍清楚。

6 月 3 日

将招标中心的答疑问题交王象晋、李总办公室，请予考虑，争取明天能面谈。

6 月 5 日

下午，开会答疑，招标中心牛建国、葛工、王工（注册造价师），王象晋、李奭夫、海金乐、刘永生参加。对于应标单位提出的 80 余个问题一一做了回答。到晚七点半才结束。

刘、王对于有关问题作了有准备的回答。30 多个问题；李总则书面回答了问题。造价师也比较满意，双方共同协调，互相理解，共同划定了工程和材差。

海金乐提出不可预见费用，牛工答复可以确定 3%～5%。

6 月 6 日

审稿参加人有刘永生、海金乐、王象晋、牛建国、小郑（李总代表）。

牛建国带来昨日会议纪要，答疑问题。审稿，对建筑面积不再表述；增加不可预见经费 3%；钢窗、钢门价格做变更，钢门为 160 元/平方米。

复印件送李总有意见可电话通知牛工。

6 月 7 日

招标中心朱晓钢、王象晋、刘永生共同答疑，对 14 个问题一一解答。朱晓钢回中心发电子邮件答疑补充。

6 月 11 日

到历博见潘路、姚青芳，潘对于工作的条件和时间提出要求，表示如不能达到要求，就不参加此项工作了。要求：将铁人、铁柱横向搁置，晾两个月；工作要有遮阳盖，雨季不好干；时间条件要合适。要求国家博物馆将工作计划写成文字寄到所里。

海金乐电话谈高可对近几天的工作提出的意见，王象晋电话讲标底稍高。450 万元。

6 月 13 日

到所里与海金乐商议预算大的问题，并对于大的部分提出修改意见：将石料挡土墙基础缩小，3 米变 1 米，顶部变为 40 厘米，预算基数会大大下降。180 万可以减掉 100 余万，这样就可以合理一些，300 余万元。

立即通知招标中心朱晓钢，询问可否变动，答复 24 小时外可以。于是请朱晓钢立即电话先通知应标单位，随后海金乐通知张茂英，请做标底的同志给予变更。

海金乐通知完毕，高可电话质问，批评重大变更不请示不汇报。

高可办公室召开党组扩大会，讨论上午的变更。招标中心朱晓钢参加，罗青宇、张茂英、海金乐、刘永生参加。高可主持。结果是：大部分同志同意变更，但变更时间稍嫌少一些，但不违法。有的领导认为也可以不变更，最后再决定。高可批评，嫌不汇报；到北京不请示；最近事紧不准离开太原。

6 月 25 日

下午，海金乐请五公司中标经理来所研究如何展开下一步工作。李生军、工长，刘永生参加。6 点 20 结束。

五公司李生军在所里谈：招标书中让利 30 万元，原因：①政府工程；②资金不会拖欠；③有利益因素。

对于挡土墙的变更，五公司坚持在平台下的两面墙体均为石料，并且均为 800 元/立方米。利润较大。所以目前要减少石料，表现出了极大不愿意。坚持要减项目。要设计亲自变更，追问当时变更是否有设计人员同意。

对于毛石的理解，认为只是不规则石料砌筑。如此说来，毛石可以保证展室部位的安全吗?

展室部位必须是箱体形结构，要求整体性要好。同时，要考虑到地基基础的不同，对今后的影响变化。

最后达成协议，工程分两步走：其一，在太原等待签协议，会审图纸，签合同；其二，到永济做施工前的准备工作，开账户，安排吃住，工棚，联系用材渠道。

① 工程数首次限定在 300 万元，核对工程数。五公司对于肥厚部分工程的正常核减不同意。但我所明确对于虚加的部分不会允许进入工程合同。对于挡土墙的答疑，设计和甲方的意见是明确的，变更和加材差的只是土台外部挡土墙部分。绝不会是展室内墙，我在意见中曾明确，展室内看到的明代石坝复原部分是水泥斧剁勾缝，仿石料。现在做出的预算与原设想的出入太大，有表述的不明确和理解的不一致。

② 工程经费数额我们在尽力向局里争取，再增加一些，但不可能多。

③ 工程滞纳金 30 万元汇入工程账户。

④ 工程开工通知由考古所请示，文物局下达。以应付当地建筑部门的询问。

⑤ 一周以内完成合同签订；工地准备。

⑥ 对于签合同的原则，其一，认同中标价，工程依变更据实调整。其二，调整图纸，重新预算，再签合同。显然，第二不合适。

⑦ 应该以工程预算经兴晋会计师事务所审核底单为依据签合同，据实际发生结算，部分材料由甲供。但是，总数不要突破文物局的预定额。

通过今天的协商看到问题很多，对于图纸应该再认真研究，不敢大意。

7 月 1 日

关于蒲津渡遗址保护工程施工用电需购发电机的请示

省文物局：

蒲津渡遗址保护工程按照省局指示，工作已经全面展开。近期工作采取两条腿走路的办法：一方面会审图纸签合同；另一方面施工单位进入现场开始做施工准备。6 月 25 日开始，一周完成准备工作。

目前摆在面前的需首要解决的大事是电的问题。

工地现场缺电情况非常严重，每天只有一小时的供电时间。经与市里有关领导协商，袁副市长讲永济市今年用电缺口五分之三。实在难以满足施工用电。正值酷暑时节，用电压力无法缓解。

本着保证工程正常进行，又精简节约的原则，经与施工单位、设计单位协商，施工用发电设备应该配备50千瓦以上发电机。市场调查后得知50千瓦国产发电机需2.7～2.9万元。每小时耗柴油7公升，每日按10小时计需用70公升柴油，约需费200元左右。

工程结束，柴油发电机可以折旧出售。所收经费归入工程经费，这样较为经济。前期工程缺电是由工程部门租发电机使用。工程支出经费较大。由于用电是甲方应做的三通一平范围，发电机由施工单位购置，使用按台班计算，费用较高。为节省经费支出，我所的意见，购买发电机，经费需在工程经费暂支出。

以上意见当否，请指示。

山西省考古研究所

7月2日

下午4点，在考古所刘永生办公室协商问题。参加人有李奭夫、王预算师、王象晋、刘永生、海金乐。大部分问题共同确认，意见一致。

对于第一个问题，李认为没有设计依据，变更要合理可以倒提要求：如施工要求灰土达到一定要求标准，可以在表面贴附石料。

第二个问题，可以做一定变更设计，改为钢筋混凝土箱体结构。

第四个问题，明确为级配砂石垫层。

对设计图纸的意见与建议

① 挡土墙的变更（1-1）是否合理，需认定，设计后正式变更。

② 西边平台（展厅）两边用石料挡土有问题，原设计意图为混凝土箱体，双向挡土，如今上部要现浇平台、采光窗、大的横梁，而东西两侧为石料挡土墙。此位置恰在地基分区接缝地带，我的感觉是否整体会好些。如明确后，应有文字或大样图。

③ 原设计意图，西部台阶部位为下部空如楼台阶，所以将空出部分围隔成工作办公用房。而今感到下边的房间为专门制作。

④ ±00与自然地平间为级配砂石？还是素土？须明确，此范围较大，级配砂石或灰土都有一定影响。

⑤ 牛箱间门洞未明确，北部可确定上大下小两门洞，南部一门。门部位与上部结构柱矛盾，建议开门向东移。

⑥ 对于部分与文物保护专项技术有关的变更，由现场研究决定（后补办有关手续）。

7月8日

工地动工，王象晋同五公司技术人员共同确定保护工程基线。确定平台西部边线全在原基础之内。

7月18日

刘永生主持为铁质文物保护准备条件，张俊才、张军社、姚俊鹏等参加。请刘丙寅的吊车将铁人、铁柱起吊放平置于平台之上，周围围护防护网。平稳地安放到位，准备请中国国家博物馆的潘路等技术人员到场。

7月19日

决定蒲津渡遗址保护工程会审图纸的通知

省建五公司、省建设监理有限公司、山西省建筑科学研究院：

蒲津渡遗址保护工程在各方努力下，做了大量工作。为保证工程顺利进行，确定7月24日上午9时，在永济施工现场会审图纸，请有关人员准时参加。

山西省考古研究所蒲津渡遗址保护工程办公室

7月21日

关于蒲津渡遗址保护工程铁质文物保护工作开工请示

省文物局：

蒲津渡遗址保护工程铁质文物保护实施方案经国家文物局原则同意。按照国家文物局和省文物局的要求，中国国家博物馆和北京科技大学对实施方案进行了修改完善。

中国国家博物馆文物科技保护中心在实施方案中提出新的要求，要将铁人、铁柱横置于工作台，经晾晒后实施保护工作。与前一阶段的竖立工作有一定的差别。并且要求在工作区域进行围护，以保证工作顺利展开。这样在进行保护工作期间需要适当隔离观众，对此我所与地方有关领导交换了意见，取得了谅解和共识。为完成化学保护工作创造了良好的工作环境。

北京科技大学课题组对于国家文物局和省文物局的意见和建议进行了认真讨论，并提出了完善保护工作意见。

① 对于采用带状阳极的意见：考虑到该产品寿命短；发流量较低，不适宜单独采用它对于锚柱进行整体的长期的保护；价格相对偏高。决定主体仍采用块状牺牲阳极和外电源方法进行长期的保护。在锚柱上部与地表衔接的部分采用带状阳极进行局部加强保护的设计。

② 对于地上与地下衔接区域的保护：采用了加强保护的设计，缓蚀剂保护范围向地下衔接区域延伸；将衔接界面适当向上移动，避免最薄弱的部位处于地下与地上衔接的界面处，又便于地上的部分操作。

目前，以上两个单位的同志都到工地做了安排，准备7月下旬展开工作。具体工作计划，待开工后依工程进展情况再确定上报。

我所组织有关同志对于铁质文物保护工作进行了认真讨论研究，同意以上工作安排，并安排了配合工作的人员。争取尽快开展工作，协调各方关系，积极安全稳妥完成此项工作。

以上报告当否，请批示。

山西省考古研究所

7 月 24 日

上午，在工地会审图纸，参加会议的有设计院李奭夫高工，带四名设计工程师，施工单位李生军经理带四名工地工程技术人员，监理工程师张俊义总监带 2 名监理工程师，建设单位刘永生与王象景副总工程师及工地施工员张军社、秦选青、刘光明，还有永济文物局党圣召、蒲津渡遗址博物馆姚俊鹏等。

下午，对图纸提出修订意见，设计单位做了解释。达成一致意见后出意见书。送达施工单位。建设单位备案。

7 月 25 日

安排拆除围护的钢板梁架。

普救寺副所长李瑛帮助联系山东嘉祥石工窦可田做石工活，谈妥 800 元/立方石料，明天具体谈协议。这次价格有些低，考虑可以在 820 元/立方米完成，以保证质量。

7 月 28 日

清理场地。在工地开协调会，五公司提出应迅速确定水泥厂家。水泥应尽快进场。与邢晋中同到新绛水泥厂考察。发现道路不好，正在修路。不便运输。只好另辟蹊径。同时，考察了当地的青石材料，1300 元/立方米，因价格高而放弃。与山西水泥厂和洛阳黄河水泥厂、陕西耀县水泥厂一一联系。最后，决定到洛阳考察。

到洛阳黄河水泥厂见到该厂副厂长，及推销员。向厂长求援，厂长大力支持。因洛阳今年要大搞建设，已决定水泥不外流。作为大水泥，名牌产品，供不应求。看到我们的诚意，从支持保护文物工作角度出发，同意给予 1000 吨水泥。钱到就发货，火车运输，车皮由厂长负责安排，深深让人感动。

返回工地立即安排，先确定 500 吨水泥以解燃眉。确定水泥货源，签定协议从太原汇款。到洛阳具体监督水泥发货。

8 月 4 日

蒲津渡遗址保护工程重新开工准备工作完成铁质文物保护工作全面展开

省文物局加强了对蒲津渡遗址保护工程的领导，5 月 11 日，局党组决定由山西省考古所副所长海金乐担任蒲津渡遗址保护工程法人代表。确定今年 9 月 30 日前完成保护工程主体；12 月 31 日前完成全部保护工程；工程队采用公开招投标程序决定；工程所需经费由公开招标后确定，省局负责筹措解决缺口资金。局领导立下军令状。决心按期保质完成此项工程。

省考古所作为法人单位，领导同心协力，调集有生力量，全力以赴组织具体实施。首先委托山西北方建设工程招标代理中心通过公开招投标，6 月 14 日，确定了省建五公司为新一阶段施工单位。6 月 28 日，施工单位开始进入工地，做各项施工准备工作。平整场地，整理基础，清理障碍，确立基础标高基点。7 月初，针对今年电力紧缺情况，经请示省文物局批准后，购买了工程备用发电机。7 月 24 日，永济工地建设、监理、施工、设计单位进行图纸会审。再次确定建筑的 ±00；统一对图纸中的分歧意见；对于工程中的重点部分提出要求标准和处理意见。目前，考古所与省建五公司已正式签署了施工合同，考古所已收到了施工单位的履约保证金，并且按合同要求拨付了施工单位工程预付款。建设施工各方已基本完成各项准备工作，等待批准正式施工。

铁质文物保护工作已全面展开。原则按地面分界，中国国家博物馆文物科技保护中心负责地面以上文物部分的保护；北京科技大学铁质文物保护课题组负责地面以下文物部分的保护。在交界部分，相互交错向对方延伸50厘米实施保护。省考古所与以上两个单位都签署了课题合作协议，国家博物馆和北京科技大学的专家们都到工地做了工作安排。7月上旬开始进入工地。

为便于做好保护工作，按照国家博物馆文物科技保护中心技术要求，将铁人、七星柱平置于工作台上，日夜进行温湿度监测。

为了达到最好保护效果，国家博物馆的专家们选择了最热的季节施工，近日保护工作进入对文物的缓蚀封护阶段，工作时间选在了太阳最好的中午时间，专家们工作认真负责，一丝不苟。三伏天的黄河滩，骄阳似火，地表温度能有50~60°C。不干活已汗流浃背。工作的专家们身穿工作服，浑身冒汗，个个脸晒得像炼钢炉前的炉前工，尤其是一些看似柔弱的女将们，她们没有叫苦的，没有偷奸耍滑的，都很兢兢业业。她们的工作作风感染了周围的同志，工作精神令每个在场的同志钦佩。

保护工作的每一步进展，都得到了从省局领导到地方各级组织的支持和帮助。省文物局施联秀局长、高可副局长不断询问工程进展情况，督促指导进展工作。省局各处室给予积极配合、协助。省局已下拨保护工程经费100万元。

考古所海金乐副所长专程到永济，会见了正在永济做考察工作的运城市文物局赵参军局长，永济市委宣传部郭一民部长、袁广春副市长，以及市文物局侯政民局长、党圣召书记等，通报了省局意见和所里的工作安排，对于保护工作给参观带来的不便，请当地领导给予支持协助。当地领导都表示：同意省局安排；对文物保护工程，给予无条件支持；小局服从于大局，工作服从于保护工程要求；全力以赴共同完成好蒲津渡遗址文物保护工程。

目前，保护工程办公室在各方大力支持下，工作积极展开。办公室加强了制度建设，明确各部位职责，强化财务管理制度。聘请的施工工程师、监理工程师、现场技术员责任明确，严格认真。后勤安排得当，保证了各项工作顺利进行。

山西省考古研究所

8月5日

蒲津渡遗址保护工程重新开工的请示

省文物局：

蒲津渡遗址保护工程在局党组的指导下，经过考古所组织具体实施，通过公开招投标，确定了省建五公司为新一阶段施工单位。6月28日开始进入工地，做各项施工准备工作。于7月24日在永济工地建设、监理、施工、设计单位进行图纸会审。再次确定建筑的±00；统一对图纸中的分歧意见；对于工程中的重点部分提出要求标准和处理意见。目前，考古所与省建五公司已正式签署了施工合同，考古所已收到了施工单位的履约保证金，并且按合同要求拨付了施工单位工程预付款。

建设施工各方已基本完成各项准备工作，请省局给予检查、指导，批准正式施工。

蒲津渡遗址保护工程施工项目：

① 遗址复原保护平台，长63米，宽36米（包含9米展室平台），高4.7米。三七、二八灰土夯筑。外围石料砌筑。

② 铁牛保护钢筋混凝土箱体，长18米，宽15米，高4.7米。牛箱分为两组，一组全部填充，另一组大部展示，下部可填充1.7米有一定弹性的碎石与4∶6灰土材料或级配砂材料。检测材料密度、强度后再予确定。牛箱底部制作根据地基检测数据和工作现场局限，变更原打桩基础为“满堂红”筏片基础。

③ 铁牛升高和钢梁置换。牛箱在现有基础上开始作牛箱墙体和部分基础，墙体完成后，做升起梁架。铁牛升起后完成箱底，起升到位，切割下部钢架，随之填充碎石与4∶6灰土材料或级配砂材料，以利形成“软着陆”效应。其次完成箱顶和混凝土与钢梁的置换。

④ 铁牛下部锚柱展室和明代堤坝展室。南边一组铁牛下部锚柱作部分展示。锚柱下部顶端为安全稳妥，做1米高的支护埋藏保护。由台基围护。堤坝展室内明代堤坝为混凝土做成，划出石缝显示石材效果。在最下部20厘米做部分坝基加固柏木桩示意效果（贴木材示意）。变更原石料墙体为钢筋混凝土墙体。

利用展室空间设置工作室。展室顶部设10个天窗供自然采光。

⑤ 台阶，宽45米，长20米，高4.7米台阶。在遗址展台西部设台阶，分三层歇步平台，一层高1米，二层高约2米，三层达到4.7米。分层标示黄河不同时期堤坝位置。

⑥ 平台、台阶护栏，采用青石护栏。

⑦ 展室通风设施的安装，用电设备的安装，安全保卫设备的安装，均按基本要求设置。

⑧ 铁人、铁山、铁墩、七星柱、石铺路面等文物遗迹的复原展示，在平台完工后陆续完成。

⑨ 铁质文物保护的实施已有专文呈报。国家博物馆负责的表面防锈工作正在铁人、铁山、铁柱、铁墩部分进行，铁牛部分的保护在完成牛箱、平台后实施。北京科技大学负责的铁质文物下部的电化学保护将在施工过程间实施。

施工单位正在完成整体施工方案和铁牛顶升与钢架置换方案。完成后即刻上报。

以上请示如无不妥，请批准施行。

山西省考古研究所

王象晋对海鑫钢材提出意见，要求用长钢材料。立即通知工地监理小陈，请转达通知五公司。

李经理到所里：提出8条意见，尤为海鑫钢材大为恼火。经解释后，稍缓和。在价格相差不多的时候，请尽量采用长钢材料，李经理说，需从临汾进货。请示王工后答复：主材用长钢的，其余可以少调整。对牛箱与展室的沉降缝，李经理认为，设计应坚持原设计。王工认为，应考虑甲方意见。

8月7日

与刘丙寅正式签订筑夯和白灰合同。

王工与李爽夫谈牛箱与展室留沉降缝事，李听了后表示应该考虑。要牛箱着重点尺寸，与牛的距离，门的位置。下午测量后电话告知。

对于牛的具体位置，以图纸为准较好，图纸就是对照了发掘图绘制的。

对于推倒片石基础，王认为，不要返工，可以改进。以免影响施工单位情绪。

历博同志在烈日下工作情形。16时48分地表温度59℃，无湿度。

王意见：片石刷好就可用，水泥要用好的；展室基础垫层可以用威顿水泥，但要保证质量。

8月8日

开始打垫层，C15混凝土，威顿牌32.5普通硅酸盐水泥，垫层厚10～15厘米，连续工作18小时完成此项工作。

材料员送报钢材价格情况：太原有长钢材料，3500元，运费150元。长治钢材价格稍便宜，但运费220元，目前无ϕ16毫米直径现货，其他无货。同意从太原运货。

8月9日

牛箱水泥垫层工作一夜至此完成。

请示王象晋片石基础东墙内侧不加固，外侧进行加护高、宽各60厘米片石基础。这样，内侧的夯土墙就可保证宽一些，整体好一些。夯土不出问题，整个就不会出问题。外部有强化围护，也保证不出问题。

王同意此做法，要求：贴紧目前基础起加护基础。片石要求无风化，无山皮水锈。清华的水泥检验合格，可以做砌石使用。检验结果近期指标很好，28天看强度。

考察石料。下午可以安排北边基础片石砌筑。准备夯土墙夯筑。

8月10日

牛的支撑梁按图纸确定基准。现场划线后看出，前后适当向中靠些，就很好了。两侧要视底板确定。施工队李工长划线后看到牛的支撑梁，应向中收缩，紧凑些。

8月11日

安排到洛阳催水泥。

工长要求确定牛下横梁位置，在图纸基础上，将3、4号牛的后梁向柱根部移动，强梁也适当后移，90厘米梁以不影响斜锚柱为准。1、2号牛按图纸位置。在顶升移动时后移到位，同样让后梁承重，两侧夹紧。对于展室内东墙和展室南北两端，要求混凝土墙出斜面效果，有收分15～25厘米。画出墙面示意图，请工长参考。考虑出平台送料通道置于北侧，展室东侧留6米通道，2米之后台内开道，外边用原通道。便于台面上的施工，铁人的安置和铁柱铁山等搬迁到位。收口在后侧，稍影响主体完成。展室基础垫层模板基本完成。

8 月 12 日

局里对于使用青石仍不满意，要求计算多出多少经费。经计算约多 15 万元。这部分是五公司不愿负责的部分工程。

8 月 15 日

昨天已发两车水泥，今天准备继续安排。

李经理来电话：对王工的决定表示许多不满。对用粉沙表示极大不满；对于夯土的填垫；对于水泥的晚到表示检测要 28 天，我不禁问，是否要等一月后才可浇筑混凝土。李说不是这样。

8 月 17 日

上午开碰头会，李经理、王工、监理小陈、刘以及李工长对于一些技术问题统一意见：同意五公司的安排；对于水泥配比带回五公司、水利科学研究院检测；水泥再等一天；到铁路去追车皮下落。蒲州车站站长来电话：水泥车皮已到，请立即安排卸货运输。五公司李工长安排明天早上到车站办理有关手续。

8 月 18 日

安排张军社随小赵到车站办理提水泥手续。开介绍信，与货单上名称有出入，车站要求有担保。请铁牛馆担保，印章不在不能办。电话通知水泥车皮又办理 6 列，已装车封车，待运。4 ~ 5 天可达蒲州站。车站指出：货 12 时前必须提完，否则罚款。张军社来电话：堡子村的村长要过路费，50 ~ 100 元/车皮。后升到 200 元/车皮。最后经过艰苦交涉，150 元了事。此钱不能列入水泥费用，单列支出。118 吨水泥安全运回。

与李瑛交涉要求其尽快协商，明天送土。不可耽误工期。

运城市安全检查组提出：施工没在市备案，要令停工。同时提出要工人戴安全帽。

钢筋工绑扎基本完成。支模基本结束。小李工长焦急等待混凝土配比。王象晋询问李生军混凝土配比率，明天要开罐。浇注水泥基础。李经理很着急，测试石子太大，需要 1 ~ 3 石子。原本估计水泥不会到。如今水泥到了就是工程安排的事了。

好事多磨，政令不通，各自为政设卡。个个都是土皇帝，却少了过去的理解与协调。

8 月 19 日

验收钢筋，基本合格，需要加工的地方：垫层下部要加高，要有 4 厘米空间，构成混凝土保护层；有焊接的位置要焊实，不可点焊；里边的杂质要清干净；旁边的保护层要支好。李延军听取意见，完成改进。

海金乐电话：高可说开工就不批了。对工程变更部分要专文报告。协商后认为应有。告海金乐：变更均已送走，不是没报。

李经理电话告知水泥 C30，配比，以狮头为例。带回太原检测洛阳水泥各种性能数据。

五公司李工长安排开灌。老魏发现塔吊的吊斗钢丝绳不结实，避免了事故，表扬奖励。

8月20日

又发生锁门事件，请侯局长来工地处理协调。近来馆里个别人员利令智昏，为小利害大局影响工程进度，破坏正常的工作步骤，到了无法忍耐的地步。侯局经过几方面的协调，终于使两家坐到一起，李瑛和秦书记把话摊开达成一致。问题基本解决。

下午，海金乐电话，王象晋到所里将几天现场情况告诉海，海感慨，此事难做。

灰土搅拌测试了半方，用王工规定的无底方斗，每次0.125立方米。

浇注水泥正常进行，牛箱基础底板完成少一半。配比基本可以。张军社和小秦轮开班在工地监督。

下班时间又发生锁门事件，李师傅说拉灰的人将门锁起。询问英民，无此事，只好将此与李延军工长讲，请其协调。请俊鹏将工作程序打印放大。

8月21日

水泥到站，安排卸货运送。堡子村一大早就将水泥送到工地开始了运送。安排小赵与军社到站台监督，到下午8点就将货全送回工地，至此水泥问题再不会挡手了。堡子村再次挡道，收买路钱，且派两老汉出面，最后交200元完成任务。完成水泥运送，355吨。

董养忠带张国维、古建所常一民副所长及古建所两同志到工地检查工作，对工地称赞好，重点了解夯土平台的排水如何解决，石墙与灰土间的渗水如何解决。一一解答，后将设计院的变更意见交董带回。对于工地的情况要求市里同志积极配合，不要再设置障碍。

送走董处长，安排运送土。一上午送土210立方。到下午又送十几车。白灰加的少，达不到规定标准3:7，颗粒太大不利拌匀，要加强此项工作。

混凝土牛箱基础浇筑完成，进入养护。前天的可以拆模板了，少量出现不匀蜂窝。问题正像王工所说高度43厘米，整错2厘米。

8月22日

牛箱基础出现问题：蜂窝麻面；保护层太少甚至没有；厚度不够等。

张总监到工地发现问题，提出要求施工单位停工整顿。浇铸混凝土不合格。

张总监召集建设、施工单位开会，提出意见：浇铸尺度不够；蜂窝麻面；去模板太早，损坏后素灰补面；保护层不够；模型工箍筋尺寸太大，致使保护层没余地；出现问题素灰补面，不黏接；U形槽不当。要求停工整顿。

李延军表示接受意见，立即开会整顿，抓紧处理提出的问题，写出书面整改意见。

根据李的表现和意见，同意在工作进程中整改。张表示同意。

刘丙寅的灰土搅拌，白灰不足，要按比例搅拌。保证质量。

石工在第二层石头，安排留缝。

王象晋谈到今天李经理到工地找到他，讲清楚了一阶段取费标准0.8，应该给。结账时需要再加5万元。这样就要付出30万元。明天到所里与海金乐说清楚，照付。

将今天的情况向王象晋通报，王的意见：按照张总停工整顿意见办，把一些问题彻底纠正一下，保护层一定要达到要求。加的部分要有黏结剂，模板油的部分要刷净，否则粘不住。对于底层要派人仔细检查，清除隐患。向李经理通报今天的情况，张总的停工整顿意见。李表示：现在是正常施工，出现问题，同意张总整顿意见，纠正出现的问题。

8 月 23 日

昨天的整改不到位，甚至有掩盖做法，为引起警觉，保证工程质量，与监理通报情况后决定，停工整顿。正式发停工通知。

8 月 24 日

侯局长到工地协调，将西厢秦书记请来谈包土方事。对运输付款问题有疑问。答复：尽可放心，付钱时双方到场，避免纠纷。

再包土方事：甲方办，要税票，立即结算；乙方办，免票据，分期结算。请予考虑。

秦书记表示：全力支持工作；协调关系；对承包工程土方认真考虑。保证不再发生问题。

与潘路谈，请历博同志能在九月份完成铁人保护工作。潘路讲要到把铁人立起来再处理。铁牛完不成就推到下一年度。

张总监察工地后认为：问题已经解决，可以复工。立即下复工通知。要求：加强管理；分包部分纳入总管理，适当出费用，如石墙、夯土墙，要有详细图纸资料；要加强安全管理；电要特别加强。要将图纸资料准备齐全。变更要一事一单，作好资料。最好能将费用也说清楚，增加与否，避免找后账。李工长对此心服口服。

8 月 25 日

浇展室墙基础混凝土，至晚 11 点基本结束。挡土墙基础清理，准备明天开始垫土碾压。底层 3 米宽开始。

青石墙第二层完成。开始放线，开始计算石料收风。

开工进展顺利　各项工作进入程序

蒲津渡遗址保护工程在各级领导的关心和支持下顺利开工。开工以来，各工段互相配合，互相协调，逐渐适应了工作特性，进入正常协调发展阶段。

中国国家博物馆负责的铁质文物保护工作，省考古所和蒲津渡遗址博物馆给予积极配合。至 8 月 16 日，第一阶段完成了铁山、铁柱、铁墩的除锈保护；对铁人进行了第二次清理表面的工作。潘路、姚青芳两位文物保护专家都亲临现场指导除锈保护工作。

保护工程施工全面展开。在工作中严肃认真，精简节约，积极稳妥。建设单位、施工单位不断交换意见，互相理解，协调一致。施工工程师和现场监理互相协作，保证了高标准、高质量施工。

在铁牛牛箱基础的混凝土浇灌中，开始由于部一些工人工作责任心不强出现了部分蜂窝麻面、部分保护层不够、部分钢筋制作不严格遵守规定尺寸。工程张总监理立即会同建设和施工单位到现场认真检查，签发通知，要求施工单位停工整顿。施工单位从经理到工长积极配合整顿，写出整顿意见报监理审核，严格按照操作规程要求每一道程序，责任到组。返工改进。召开班组负责人会，查责任，结合经济处罚。一一落实监理指出的问题。经过整整一天的整顿，彻底解决了施工存在的问题。请监理复查，请求复工。监理检查后认为合格，正式同意复工。此后的工作中工程质量有了明显的改进。

对于工作中出现的好人好事，及时表扬，突出事件予以奖励。施工进程中，混凝土工组魏学增组长在夜间施工作业中及时发现塔吊吊斗的钢丝绳临近断裂，立即通知工长，停止运行，更换新钢丝绳。避免了事故的发生。保护工程办公室在加强安全生产教育的同时，公开表彰魏学增同志认真负责的行为，并发给保护文物有功的荣誉证书。取得了积极的效果。

协调地方关系，保证施工的顺利进展。在施工中由于当地个别人员的因素，使得运送施工材料出现了障碍。永济市文物局侯政民局长得知后立即赶到工地，请来当地村支书和当事人员协调、疏导，并要求文物单位工作人员无条件地支持、保证工程顺利进行。很快就疏通了关系，保证了施工运输畅通。

目前，牛箱和展厅基础混凝土浇筑已完成，牛箱墙体钢筋绑扎正在进行。当地进入雨季，对工程有一定影响。如密林似的钢筋和模板支好后，铁牛在短时间将被遮挡，影响参观。遗址保护平台挡土墙片石基础已完成，石墙砌筑开始进行。平台灰土开始填筑。各工段协调一致，工程按计划顺利进展。

山西省考古研究所

8月26日

刘丙寅开始做夯土墙。每层30~25厘米厚。1米高度用轧道机碾压。1米以上用夯筑。开始摸索经验，规范做法。下午，渐渐得法。5点，雨下大了，只好停工。将垫好的碾压到位。

与潘路通电话，要求到现场处理铁人，减少舆论压力，适当处理。

要求窦老板在现场用切割解决收分角石料。加强石料选定。

8月27日

天阴，丙寅抓紧施工，抢时间。不耽搁。在昨天基础上铺25厘米再碾压。到中午时分吃饭后立即施工。小雨淅沥淅沥地下着。

要求石工饭后立即施工，抢时间。今天给民工买20顶草帽，以利继续施工。

监理张总下午验收牛箱墙体钢筋。基本合格。

下午，挡土墙的基础进行很艰难。雨不时干扰，工人一直干到天黑，工人很劳累。完成1米基础。

8月28日

王象晋电话要求，青石边墙收分3%，我（刘永生）坚持要5%，对于夯土墙的碾压做法王表示同意。对于混凝土基础王要求返工。停工整顿。

对王意见表示同意。请监理张总提出意见。张表示同意。

8月29日

王象晋电话：牛箱基础混凝土问题较多，正在返工。预计周四可完成。要求统一管理并交给五公司2万元。这样太多，3%计算，5000元就可以解决问题。

对于监理和王工提出的意见。原则同意。

王工作出要牛箱墙身工程继续完成决定。

8月30日

向海金乐汇报工地情况。海谈到，局里高可开会要求不再顶升或尽量少顶升。但是没有形成文字。小董到工地也没再提此事，应是不予理睬为妥，否则谁负此责。

工地情况：五公司在整修不成功部分；刘在进土和灰，准备轧道机上墙压土；石工做青石收分3%。对工地情况答复意见：对五公司出书面文字停工整顿；对夯土墙要采取合理办法保证正常施工，保证经济合理、科学；对石工要保证5%收分，不可以再小，否则夯土打不住，容易塌开。

与王工交换意见，对于收分3%可以保证不出问题（不知此以何处资料为准）。机械上墙何以保证外侧到位，内侧多加几尺自然可以，但此也将造价大大抬高了。

9月1日

火车运输水泥到站，运输回工地。洛阳水泥大部运送回工地，剩8吨，采用退款办法结账。

9月2日

上午请张总到工地，同检查混凝土质量，追查原因。

开碰头会，主要议题：牛箱混凝土基础出现的问题如何解决；下步工程如何进行。

刘永生主持，王工、张总、李经理、李延军、陈海龙参加会议。共同确定：牛箱基础混凝土问题本不应发生，45厘米厚的混凝土无论如何不会出问题。但就是有问题；接口部分浮渣；底板部分蜂窝；西部的蜂窝麻面。明确底板部分凿开后暂不处理，待底板合注时处理；西部可处理；3、4号牛箱边墙可在处理好接口部分时继续施工；底板部分开凿后检查，不要匆忙做。部分继续进行的前提是混凝土施工的技术力量要绝对保证。对下一段的工作；紧牛箱的制作，排除困难加紧工作；展厅的工作正常进行；几个小问题，展厅两端斜面的做法，采用后补办法。展厅内的东墙亦如此；对于魏学增开工时发现塔吊吊斗结绳快断裂，及时更换避免了事故。应予奖励，将荣誉证交李经理，并200元。对于协助墙体和青石部分，李经理表示需要设计同意，有技术保证。1%~3%管理费。

李经理要求设计人员尽快交钢骨混凝土图纸标准。要求在顶升到位时请专家到现场指导。

9月3日

将开工报告盖章后交施工单位，监理。

与李奭夫电话联系，尽快交顶板图纸设计。李要铁人位置图。

任金平电话要王工同到定额站。电话告诉王工：可以同去，但要文字答复。并且不可以付该项目款，不合理。答复后往上告。不可重复计算费用。

中午，小雨渐渐停下了。

检查夯土部分工程，宽度要掌握好，要整体推进，不可太碎。检查石料，质量不好，有石纹水纹铁锈纹，与窦讲好要把好关。石材进入视线范围阶段，一定要保证质量。

下午，检查铁人除锈保护，效果极差，真交不了账。铁山的效果也不好。

9月4日

拍照铁山、铁人、铁柱等生锈情况，扩片寄给历博潘路、姚青芳，请求给予重视处理。

取结修1图纸，复印标示铁人位置后寄设计李总。

工地上，牛箱西边混凝土边沿去除浮渣，加厚施工完成，3、4号牛箱墙身模板基本完成。原浮渣处理完毕。

青石砌筑进展顺利。夯土墙碾压也正常。窦老板要求再汇款，说明情况，按合同进行。不到付款时机。

感觉平台前的台阶稍宽了一点。40米之内更合适。目前略显宽些。

9月6日

刘丙寅继续用小轧道机碾压夯土墙。推土机清出北边场地。推掉一棵桐树（馆里给他顶工钱的），请吊车吊走明代石碑（史鲁石津记）腾开场地。

侯局长电话询问国庆节可否参观。答复积极努力。争取可以参观。

灰土再次翻搅均匀多了。

与小李商定，把工程进度安排好。20号可以达到那步，28日可以完成到什么程度。如今要一天一天计算好。而今感觉是控制不了。

窦老板要求再垒两层石头。开始搭脚手架。工人要回家收秋。

要计算夯土墙需要多少土方，缺多少。目前基础上完成任务要1430立方灰土。约1000方黄土；430方白灰。折实方840立方。

牛箱墙壁模板基本支好，准备明天浇注。

商议对于铁人等文物采取一些办法，除表面锈蚀。用打蜡和涂松节油、机油等办法试一下。

李生军经理到达工地，准备明天的混凝土墙体施工。李延军谈到要加“莺莺”沙。答复对于配合比，要等王工等到现场后确定。

9月7日

石墙继续，夯土墙暂停。与刘丙寅讲：要心中有数，灰土缺多少，还需要进多少灰、土。

监理张总到工地检查牛箱模板支护。张总要求对牛箱基础部分掏出的洞尽快补齐。作录像记录。张总对夯土墙提出要求：要支模加筋，夯实边沿。五公司李生军与张总以及永济质检站站长共同商议混凝土配比中，加细沙28千克/斗。张总同意此做法。

刘丙寅想替五公司垫中心夯土，以利不支模顺利完成夯土墙。

中午，要求对加细沙表态。我的意见：张总同意我可以同意，但要求一定要检测，符合质量要求，达到c30标准。

对于站长的加沙理论，指出应该根据当地特点，正式出标准数据。明确示人。有具体数据可以掌握。而不可以随意加减。

省人大李寥源副主任到工地检查工作。给李主任做简单介绍。李很认真地听。并给许多赞扬的话。

9月8日

九川公司任金平到所里要求海金乐给其重新打印的呈定额站请示报告盖章。海不同意。我也不同意。在以往的文字上盖章可以，但新出就没多少道理。我不是现在再要求定额站裁决。任要求给盖章我坚决不同意。

将此转告王象晋，请其在与定额站见面时掌握。王意见，不再处理。

对工程要求做好记录以便掌握质量进度。

对于混凝土配比，加细沙情况告王工。李生军经理回太原。

3、4号牛箱墙体混凝土浇筑完成。一切顺利。

安排张俊才到市里购买油墩布准备擦铁人。

要求石工在完成7层时加一层30厘米长的丁字头石料。

牛箱模板基本完成。因参观纠纷不断，馆里准备停止参观几天。无可奈何。

9月9日

墙体养护。继续支1、2号牛的墙体模板。

在永济建材市场购买铁刷、小砂轮片、棉轮，订购布轮50个，150元。

石材垒墙没石料，需尽快进料。模板支护牛箱墙体。李延军管理中从安全出发，检点支架不准与架杆套在意一起混吊，以免脱落发生事故。

李延军安排混凝土堵洞，按照张总意见办。

9月10日

早六点，1、2号牛箱墙体混凝土浇筑完成。

打磨铁人铁锈，效果较好。打蜡会更好。

要求夯土墙筑板加固。石工支架板。高度已达2.5米高。石料墙高度1.75米（7层）。

9月11日

到永济购电缆线，布轮。用于铁质文物保护。

五公司要求近期再支付30万元。解决民工回家过十五。不好搞。

3、4号牛箱除去模板，感到效果不理想。仍有蜂窝麻面。

铁人除锈后用布轮打磨、蜡擦拭，张俊才、邢晋中、刘永生操作。

刘丙寅夯土工程2.5米高度，压宽面只有1.8米。要求立即加护板。刘老板要求将里侧的夯土也交他管理。答复不可能。

9月12日

邢晋中、张俊才到永济购买石蜡，购得地板蜡9.5元/盒。

下午，再到永济购回石蜡700克。

有煤油和蜡防护擦拭到铁人上，有一定效果。暂时不沾水。

五公司的工作主要整修展厅模板。对于在北边的部分修坡道，里面核心开工。我们辛苦有之，科学不足。

9月14日

对铁人进行保护性处理。石蜡用松节油化开后可涂。

到牛箱上端拍录像，记录工程阶段质量。

李延军送来铁牛顶升施工方案，请提意见。

首先核实牛的顶升高度，一一核对纪录；总提升1700厘米左右；顶起后下部用级配砂或灰土；考虑用枕木垫牛底板，形成软着陆；不允许高举低放，要实体推进；高出不可50厘米，应掌握在10厘米以内。签注意见后立即复印，随后交于监理审阅。下午交李延军。

9月15日

铁人的处理是比较好的。2、4号人没锈迹。松节油稍显多了。

五公司今天要求验收展厅的墙模，准备下午开罐。北部要用刘老板的吊车浇注混凝土。展厅墙接牛箱码头口部位至后浇带，混凝土浇筑完成。

对于顶升牛的问题。李经理谈意见：高度+470厘米。图纸高度还要加25厘米小梁，隔水，支护牛的底板。这样与昨天要求的485厘米高度发生矛盾。我意见是不再升高。在470厘米高度想办法。支撑梁下降10厘米。以让出顶升高度。

铁人的效果较好。经过中午太阳晒后，观感上更好了。

牛箱外墙模板拆除，在东边出现有20厘米见方的两块蜂窝狗洞，在3、4号牛箱与过渡箱接茬部位下部出现60厘米长15~20厘米宽的蜂窝空洞。小块不计。

李经理提出：今晚就处理空洞。此时越快越好，减少影响。

李经理专门来说明情况，请予谅解。李已开会加强管理。技工有些畏难情绪。李做了教育和安抚；对于民工回家收秋，李也做了安排。

今天停电引起注意，明天打混凝土，一定要保证用电。

9月16日

展厅墙体开始浇注，从东中部开始，准备40小时完成。

设计人员两次电话询问，铁人形状如何？重心在何处？是否可与牛同用一梁。请设计到现场观察后再设计。

铁人的处理暂告一段，出现的小锈点是锈没尽所致。再工作注意除浮锈后加蜡油封护。

再次停电。军社与张俊才到西厢取回电瓶，发电再干。

潘路发短信，明日到运城。与姚俊鹏联系，请姚明天安排车接站。

五公司浇注水泥由于塔吊臂长不足，不可到达东北、西北角。请刘丙寅吊车协助调运，速度明显加快。

夯土墙的宽度达到4米。五公司准备顶升铁牛。备料作准备。

9月18日

进牛箱内观察顶牛准备工作。任师傅介绍准备工作。以前的千斤顶为安全保险不使用。现在用50吨的千斤。顶窝6厘米换成8～9厘米。

牛箱内观察发现西墙有蜂窝麻面。有几处。

潘、杨准备好红外线等烤铁柱。而后再涂蜡封护。

五公司任师傅带队顶升准备工作完成，启动顶升工作。挂红放鞭。平稳起升6厘米。支垫木板支撑。支升过程后重。基本平稳。下午升36厘米。任师傅年岁大了，耳稍背点。

建议用六个千斤，避开后重。平稳齐升。要为后期牛的复位准备好条件。

9月20日

顶升铁牛的工作继续开始。

潘路等到工地，继续完成铁柱保护。

返回工地。刘丙寅组织工人开始夯土墙。

4号牛铁牛完成顶升80厘米。用木板垫实，槽钢垫实。跨于两侧基础。

牛顶升起来后，近国庆节，要为旅游准备条件。可以看到升起的牛。平台边搭架。

从水费电费小事上都要注意。大方背后是心疼花的钱。要计算电费涨价费用是多少。55分/度电，增加变成80分/度电。

每一度就有25分。用电多了就是问题。按塔吊计算，14千瓦/小时，若按10小时计。140千瓦/日。30日计4200千瓦。多计1050元。

一台空调1200瓦，如按10小时计12千瓦，一月30天计360千瓦，多计25分多收90元。

9月21日

3号铁牛开始顶升。至下午5点，顶升高度到80厘米。支护槽钢后暂停。由于塔吊正浇注展厅南面混凝土墙体。没空吊木料进1、2号牛箱。

小陈来工地检查，展厅南部墙体模板后开始浇注。

拆开展厅东北边模板后，墙体出现的蜂窝麻面的现象比较多。露筋情况发现两处约8～15厘米大小。甚至有狗洞形式的空洞在西墙北屋西北角位置。真是不知这样的工程如何说好。

潘路、杨小林今天再次处理铁柱，加大腊的含量进行涂抹。下午的火车返回北京。

模板拆开，北边的展厅与夯土墙接口开始清除基础。李延军要求尽快补起来。我同意。但要求一定按处理要求办理。

询问石工做一个角要多长时间？答复：两个小时。如此说来用电的事要讲清楚。十六个角，32

小时。80 分/度电，25.6 度电，合 20.48 元。即使加上其他磨平的用电 40 元就算尽了。要 300 元电费真是抓冤大头。

对于搭起的临时台阶，要保证安全。不可草率，造成事故隐患。

9 月 22 日

进牛箱纪录 1、2 号牛的顶升情况。

李生军到工地，提出几个问题：设计要尽快完成，图纸会审意见一并完成。工地的签单要总监签字。具体的问题是：水平台的边墙用红砖还是青砖，答复用当地的红砖。平台的面上用何材料，斧剁面青石板吗？答复拟采用水泥面。李提出：防水问题如何解决？平台下部用夯土垫实，应没多大问题。对于遗址平台面上的排水，李担心混凝土边与石料边的渗水，答复用故宫的办法，明水通过拦板下开小口解决，石材下用凸出石料形成多道阻隔解决。龙头走明水辅助。石工留两人坚持，今天完成北墙石墙与展厅混凝土北墙的对接。

将铁牛的平移要求面告李经理。1、2 号牛向东平移到主梁支撑部位。约 1 米。

给设计李总电话，要求到现场，李答到 28 号后可来。

要求张俊义总监到现场，张在太原，不便到，提出验收钢筋等单后签。与张谈到混凝土配比变化后混凝土浇筑未见多好。张谈：混凝土强度不会有问题。

清除铁人周围的防护网。考虑铁人的锈点，采用缝纫机油加蜡的办法，除锈封护。

夯土墙运土完成 500 立方。李经理对于给公司运土表示，土质和速度都不满意。

对于国庆节游人参观，李经理提出较好意见：导引，安全警示，台阶要搭好，保证安全。与姚俊鹏谈搞好配合，迎接十一。注意李经理提出意见，施工与游人要分开区域。

夯土墙完成到青石墙第 10 层。

9 月 23 日

李经理要回太原，提出几个问题要解决：电费 80 分/度电，不合适，应按 55 分/度电；水泥可以按需求逐渐扣除；石灰价钱太高，差 28 元/吨；钢材差价；土 6 元/立方。需要由会议确定。会审图纸的文字要尽快成文。

9 月 24 日

石工门前堆放白灰事越闹越厉害。到中午依然如此，与小陈下通知，要求五公司停工处理。

市文物局侯局长、党委书记到工地慰问，运城市文物局赵参军局长、李百勤副局长到工地慰问，带来两箱梨、一箱舜都醇（6 瓶）、一箱干红（6 瓶）、8 份月饼。

地、市文物局领导在工地仔细了解工程进展，提出指导意见。对混凝土墙的效果表示不能满意，蜂窝麻面太多。

与侯局长谈：电费问题，应该按正常电费记取，不应该将变压器移动费用加入日常电费中。变压器的移动费用需要甲方负责。工程可以出个大头，其他部分出小头，一次性解决。

平台的南边与展厅相接部位开始砌毛石基础墙。上边随后就可以封口。

级配砂如何配比：石子2-4，1577千克/立方米；加水洗砂1788千克/立方米，密实度增强。测试结果，应级配使用。捣密实，配比采用4∶6（6成石子），采用分层加入办法掺入。

中午，下起了小雨。越来越大。

要求李延军尽快解决冲突。李调来铲车清除白灰，向南边移动放灰位置。化解冲突。

9月25日

石工今天筑平台南边与展厅接口部位青石。刘丙寅则完成南北接口夯土填筑。

选青的母亲73岁，她6岁时，到蒲州城赶集，在城边看过铁牛在水中露出头角和尾巴的样子，印象很深。

用煤油擦拭铁人效果较好。水不沾铁，如露珠下。

上午，开始浇注展厅西墙至此展厅墙全部完成。开始支顶模板。

对于顶升铁牛工作，要求任保福及技工师傅在牛升到位前30厘米时做好牛的角度调整，避免到位后不好调整。

铁牛下填充级配砂石2-4，石子掺水洗砂的比重较纯石子重211千克/立方米，密实度自然要好。

对于混凝土的蜂窝麻面，陈海龙意见：大的凿开处理补齐，小的用1∶1灰抹平。让小李工长查找原因再改进工艺，避免再发生此类现象。

请张俊才带简报稿回所交海金乐，上报局里。查找发电机震动原因，因垫圈损坏导致。更换后恢复正常。再次停电，近日电又不正常。发电机发挥作用，保证工地正常施工。

9月24日

牛箱内基础混凝土完成。对填充料提出意见，牛箱内填级配砂石的配比可否用2-4砂石填充。

根据前期抬升铁牛的情况，结合论证会专家的意见，拟用级配砂石办法有三：①水沉砂，用中细砂水沉法填充，此方法已为论证时专家提出不应再让牛下柱桩浸湿的意见所否定。②2-4砂石填充为顶升垫层所证实可用。③2-4砂石再掺水洗砂增加密实度，使之有更好稳固性，同时还保持一定的弹性，保持了在一定的“软”基础“着陆”。

经定量检测证明，级配砂较纯砂石重多约211千克/立方米。由此决定采用（2-4）砂石6∶水洗砂4掺配，填充牛箱下部空间，用钢钎捣实。以上配比方法开始实施。

9月25日

对铁牛顶升的意见

9月25日，五公司将4号铁牛顶升至115厘米。下部完成55厘米基础底板（10厘米垫层计入），级配砂石4∶6，填充层60厘米。

对五公司顶升起重组长任保福及两位主持顶升的技术人员提出意见：铁牛已接近顶升到位的高度。要根据设计说明所表示的铁牛出土时形状，留出到位标高下30厘米的空间，调整位置、角度。到位后基本固定。根据固定位置，制作牛箱顶板及置换梁架，不得有误。

保证顶升到位的铁牛是出土时的形式，牛箱顶板及置换的梁架要据实做好调整。这是铁牛保护工程的心脏部位，成败得失，此是关键部位。要求万无一失。

山西省蒲津渡遗址保护工程办公室　刘永生

9月26日

±0.00标高平台挡墙墙身调整意见

展厅墙身基础根据现场实际已做出调整。依此类推。±0.00标高平台挡墙墙身亦做出相应调整。

① -70厘米以下90厘米基础，调整为50厘米。保证冬季不受影响为妥。

② 泄水口雨水管出口设置取消，用泄水口走明水。

③ ±0.00地面+50厘米挡墙调整为+30厘米。

④ ±0.00地面2，用混凝土平铺面层，设置伸缩缝，局部用肉红色花岗岩（麻毛面）铺砌。

⑤ 其余部分见设计图纸，以图为准（建施2、5）。

山西省蒲津渡遗址保护工程办公室　刘永生

纪录牛箱填料的级配砂石配比为（1-2）石子6：水洗砂4，分层填充捣实。

给五公司下通知单：对铁牛顶升意见，对平台挡墙墙身调整意见。

牛箱内3、4号牛的参观门距3号牛下柱太近，需要将护台做成圆或八角形才可不影响进出。门需要三扇。中间固定1米宽玻璃门，两侧各1.3米向两侧开的门，上下设轨道。

平台南边与展厅相接，石头垒砌封口，与石墙同步12层，夯土层也到达此高度。

五公司拌土。准备填遗址平台中间部位。轨道机价格抬高，不好成交。

在展厅混凝土墙的后浇带部位，两侧开模型板出现狗洞情况。南边更厉害些。

严格把关　精心施工“十·一”前保护工作进入新阶段

省文物局：

蒲津渡遗址保护工作在省市有关部门领导的关心和支持下，工程施工技术人员不断加强管理水平，进展基本顺利。

9月24日，运城市文物局赵参军局长、李百勤副局长、永济市文物局侯政民局长、党圣召书记等领导专程到工地检查工作，认真听取了工地负责人的工作汇报，到工地现场检查工作情况，对工程质量提出了建设性意见。对国庆期间，施工与旅游的问题提出具体意见和建议。要求在保证工程进展顺利的情况下，适当开放旅游场地。保证旅游人员的安全和舒适。同时送月饼、水果等，对施工工作人员表示节日慰问。

保护工程由于雨季的影响，阴雨使得工程进展受到一定的限制。在施工中，施工人员和工地监理认真负责，严格把关，高标准，严要求，一丝不苟。当牛箱基础混凝土浇筑出现了部分质量问题时，要求施工单位停工整顿。施工单位也积极配合，不断加强管理，对出现的施工质量问题实事求是，不隐讳，配合整顿，加强质量意识。工程项目经理李生军为保证混凝土质量，专门从其他工地调来有几十年经验的老师傅到工地把关，保证牛箱墙体的浇注质量。

对于铁牛的到位顶升，施工单位专门做出施工方案。专门请了有四十年起重经验的任保福工程师担任起重队队长，请有起重资格的有经验的技术工人掌握控制千斤顶。在工地现场，一人指挥，其他人员服从命令，按顶升行程6厘米，支撑木板一层。绝对保证抬升的平稳、安全。到9月25日，铁牛普遍顶升80厘米。3、4号牛的牛箱底板开始浇注封底。目前的铁牛已平稳置于牛箱内，再经过适当的调整复位。牛箱内就可以填充保护垫层级配砂石。待混凝土强度达到技术要求时，就可考虑钢梁的置换和封顶。施工方案要求在置换钢梁架时，聘工程专家到现场给予指导。保证万无一失。

展厅墙体混凝土浇筑于9月26日全部完成。已开始展厅顶板（展示平台）的支模。遗址复原平台墙体完成3.2米，平台夯土墙同步完成。平台内填土由于混凝土墙体模板拆除影响而滞后，目前已开始夯筑。

整体工程由于雨季、收秋民工减少和未预料的工程质量原因影响，比原计划滞后10～15天。目前施工单位正调整施工力量，加强施工管理，要求在十月份将耽误的时间赶回来。十一期间，施工单位不停工，调整施工部位，避免施工与参观的交叉干扰。

铁质文物的保护，铁人、铁柱经过中国国家博物馆和我所的文保技术人员精心施工，保护效果明显改善。

各级领导都很关心工程进展，省局领导不断询问工程情况，高可副局长在病床上仍关心工地情况，我所海金乐副所长在公务车调不开的情况下，乘火车亲临工地传达局领导指示，解决困难，掌握工程进度。

保护工程开始以来，不断有各方面领导和游客参观，绝大多数人对于保护工程表示满意，对施工表示理解，对前景表示乐观，对未来充满信心。

山西省考古研究所

9月28日

安排石工继续垒石头。第13层完成。

进牛箱内观察，1、2号牛地板已完成，可以考虑后移铁牛工作。3、4号牛顶升空间已不大，要考虑参观门的设置，护牛台的设置，尖圆形状前头。有利于进出。

将铁人站起来，为十一旅游参观创造条件，加强安全措施。与李延军核实30日开会事宜。铁人站立工作一切顺利，最后加30分钟的班完成护人台的垒砌。

5点35分全部结束。将馆里的人员全动员干活劳动。八月十五下午还不早早放假，真有点不近人情。但为了明天的工作，只好委屈一点。

十五月亮圆，少量云遮月。黄河滩里静，千里共婵娟。

9月29日

铁人立起后，发现被土靠近的部位有锈蚀生长很快。对铁人背部进行清理。

王象晋来到工地，对工程检查，对混凝土表示不满。

对铁人的处理采用先煤油清理表面，干后再用地板蜡涂拭。雨前结束。最后用松节油、掺煤油加蜡处理。

9月30日

清晨，下中雨，请李总到现场，参加工地协调会。

参加会议的有：王工、张总、李总、陈监理、军社、李延军、小刘工程师等。

会议界定七个问题：针对变化，主要问题集中在牛箱的顶板。

10月1日

天晴了，国庆节今天天气真好。一片阳光灿烂。

安排军社小秦擦拭铁山上油腊。

何积铨来电话询问：是否有380伏的电。

参观的人渐渐多起来。五公司做好的台阶发挥作用。游人方便了。干活与安排的有了纠纷。姚俊鹏等要求停工，与五公司和馆里协调，增加安全员，维护游客安全，保证工程进展。

碾压基础，开始进灰土分步碾压。开始填土碾压后的问题是，灰土不匀，垫层稍厚。今天要碾压1米多厚。5天完成3米多高的垫层。

李生军为了搞好展厅的顶板，又买了三合板，要求使用，在材料中加价。一平方米加6元，3688多元。王工出核定单。展厅顶面支模进展顺利，完成五分之三面积。

对于纪要，李生军起草打印出来，仔细斟酌，有不合适处，修订后明天再还李。对于会审图纸的纪要至今未见，要抓紧上报。

进钢材准备展厅顶部绑筋。

10月2日

李生军谈：门子的问题要考虑。顶升1、2号铁牛，和移动铁牛准备工作已完成，向东移动1米，3、4号铁牛不动为好。

填土铲车挂断了石工的龙门架。石工继续砌北边石料。

修改纪要，加入扣除预付款问题。分批扣除200万。

王工的手拇指有肿，今天出变更单7~10。从展厅顶层做法到铁牛的移动、平台填土的做法和出现的问题。

询问游客对参观的意见：大多表示理解，基本没意见，有的游客对目前的工程表示赞赏。重申，顶升铁牛高度12.2米，工程照此安排。完成高度342.2，以2号牛的底板为准。

后浇带的支模太软与钢筋太紧密，填土中加入的沙土多了，压不实。

争议对于工程的评价，说你优良不容易。但种种因素又必须搞成优良工程。我现在理解为什么那多优良工程出事。

10月3日

到铁牛箱内观看2号铁牛平移1米，经核对图纸看到可以再移30厘米。2号牛定位后确定1号牛的位置。

与李生军、王象晋共同确定，展厅门采用金属门。

对于填土充满矛盾，质量不能保证，要求加强管理。下通知单，对质量提出具体要求：配比合适；搅拌均匀；不能有大块；要碾压到位；及时取样检测。

10 月 4 日

垫土工作有所改善。李经理亲自到场监督。

到牛箱内仔细观察，感到 3、4 号牛必须改变位置，向后移 50 厘米（向东移），为门前空出进门位置。

1、2 号牛一再移动，再有 40 厘米就可以升高到位。

下午，施工放线平台挡墙墙身。感到有些窄，李生军亦有同感，经商量确定：向外扩 50 厘米。两侧台阶向西移就宽台阶部位。

与李生军交换意见：加强质量意识，将此工程做成优质工程；加强管理，抓紧抓好，不再出混凝土问题，让人有种吃了苍蝇的感觉；3、4 号牛的位置移动（向东移 50 厘米）；平台挡墙墙身南北东向外扩 50 厘米。

10 月 5 日

牛箱内的任保福师傅将牛移偏了位置，1 号牛与 2 号牛不在一条线上了。1 号牛挡了 2 号牛的铁索通道。出现明显的不合理。将图纸与任师傅看过确定回归，移回 30 厘米。到下午，任回归 16 厘米，不到位就填了砂石，增加了难度，特别是升起不均匀，严肃制止。要求必须我方人员在场才可移动。

与李经理、工长共同协商确定：牛箱顶层完成后 4.7 米。小反梁 25 厘米，加各种材料防水、保温、硬面混凝土 20 厘米，在文物面复原石块 20 厘米，达到 65 厘米。铁牛升起高度 5.35 米。达到 342.35 米。3 号牛的底板高度下部在 342.15 米，不超规定高度。既可完成垫层要求，又可达到规定高度。基本圆满。

对于 1、2 号牛，底板高度要控制到 60 厘米（最低点），就可以空出复原遗址石面高度。以牛箱牛为最高点向外延伸。完成排水需要。

填土工程完成 2.5 米。提出与挡土墙的接茬，按照 50 厘米回退压接。刘丙寅挡土夯墙收口 2.5 米。最上 1 米要两侧挡椽中间拉筋压实。

平台挡墙墙身基础挖掘太费事，挖不下去，压实的砂石做得很好。

展厅顶模板上加三合板明显平整了。

在牛箱里看到不合适的移动，要求立即改正。保持牛在一道线。

与王工联系：平台挡墙墙身基础不深挖，确定为 12 厘米，做好基础，不实处可以深挖作基础。平台挡墙墙身 37 砖墙，钢筋混凝土圈梁压顶，120 厘米厚，240 厘米宽。靠石墙升高 15 厘米。这样到展厅门前就成一步台阶了。3 米宽的台面混凝土不加筋，展厅顶面混凝土加筋网。平台挡墙墙身压顶圈梁配筋由 12 变为 8，箍筋也变。墙身高度 820 厘米，埋 120 厘米。王工说的 2∶4 墙有点薄，填土碾压易挤出来，采用了 3∶7 墙做法。

10 月 6 日

清早，雾很大，能见度只有 50 米。

牛箱内准备好后，开始移动 1、2 号牛。1 号牛又回归 15 厘米。角度以前后牛底板为准偏南 8°~10°。2 号牛取底板北边与 1 号牛东北角齐。

吊线控制底板角度的移动，千斤顶顶移，下支枕木。

到黄河边看黄河，水很小，黄河人家饭店的船都成了旱船。

李延军将挡墙墙身南北的台阶向西移动 2.5 米。

杨小林电话询问何时可到工地开始工作。答复：可以先来工地做铁柱等文物。其他可在 10 月下旬安排。

1、2 号牛经过 3 小时移动，基本满意。参加人：任保福、李师傅、张军社、秦选青、刘永生、民工一人。

李延军谈砖的选择 120 元/千，运费 30 元/千。考虑石砌挡墙，延军认为价格比砖贵 3000~4000 千元。到郭里选石粉。

10 月 7 日

刘丙寅开始大规模展开工作，垫土，碾压，今天完成 50 厘米，宽 3.2 米，椽杆挡土。牛箱内 2 号牛顶几到 1.6 米。还需要调整角度。

展厅顶部钢筋进展不快。平台挡土墙墙基础南部开始进行。基础找平后出地面 3:7 墙。

石工开始做 14 层条石。准备收北边口。商议确定：最后 4 层砖，3 层 60 厘米的，顶层要压 40 厘米宽，60 厘米长的石材，减少接缝，突出 10 厘米，上面要地袱压一层。地袱再退回 10 厘米。20 厘米厚，40 厘米宽，1 米长。约 200 米长。地袱下下凿出排水小口若干。

问题出在展厅南北墙面如何处理突出 10 厘米的问题。不行就只好抬高一层，需要考虑 470 厘米以上的层面高度结构。考虑让老窦作石板挂砌的工作。

王工与李延军通话时要求，挡墙基础要夯实处理，最好先夯土后筑墙。

铁山的处理目前最好。既有铁的质感又对锈的处理到位。保护层也处理得好。经过人的摸擦就更好了。

10 月 8 日

平台挡墙墙身进展很快。西南角划线后，超出原碾压基础 1 米多，西边出基础两米。调整：西南边作基础深 1 米，回填级配砂石，在此基础上完成挡墙。形成与大基础同样效果。西边退回 3 米，让出机井口。散水多做些。到展厅外墙 26 米（20 米台阶，6 米平台）。

监理张总验收展厅顶面钢筋，提出改进意见。下午调整后开始浇注。

与李延军商量：展厅顶面 470 厘米边沿加高 20 厘米与遗址平台连平以上压地袱 20 厘米做栏板。出水按此考虑。

与窦老板确定：加 20 厘米厚，1 米长，40 厘米宽的石材（与地袱同），计 160 米。

与曲阳宋联系：栏板完成多少？答复：160 米。请其确认后暂停继续。待定大台阶两边工程后继续。拟想法：正面大台阶两边用栏板显小气，不协调。应采用挡墙石栏。

与李延军确定：平台挡墙西边台阶 5 米变更为 10 米。其他部位南东北台阶宽度不变，维持 5 米。确定：平台挡墙内填土压实后展厅南北两侧挂板做法。在下部砌三层石料，以上挂青石板。

要求北京科技大学何老师尽快进入工地开始工作。牛已顶升到位，要填充砂石了。与韩老师通电话告知情况。

请示王工后确定，平台挡墙南半基础 1 米深，1 米宽，级配砂石垫压后完成墙身。通知李延军执行。

王象晋提出展厅顶板太厚了，图纸就是这样，无奈。

浇注混凝土工作进展顺利。小秦、军社倒班盯工地。

10 月 9 日

展厅顶部混凝土浇筑出现小细纹，张总、王工要求遮塑料布防止干裂纹，意见很坚决。李工长很不情愿地接受了。

看到混凝土上层保护层只有 1、2 厘米，要求保证设计质量。牛箱内填料没塔吊，暂停。

下午主要问题：混凝土配比石子（1-3）质量太差，多半石粉。为保证混凝土质量，要求五公司李工长严格要求，石子过筛，进料要把好关口，对不合格材料不准进场。挡住了两车石子。

施工单位的哑巴都哇哇地指责石子大小不适合。真是逼得哑巴都说了话。

对李工长、小赵、李英民、刘老板讲，要创造优良工程，大家要各负其责。保证工程各部位优良。否则，我决不会签字这样的工程是优良工程。大不了是脸上下不来。难得不能再难了就不难了。材料问题解决不了就停止施工。不可将质量建立在材料都不能保证基础上。

调整材料后质量明显好转，干净整洁。（1-3）石子、（2-4）石子都好了。

10 月 10 日

与李延军商谈：要把握牛箱总高度 342. 2 米。在 470 到位后掌握必须高度。

对于水泥的混凝土浇筑要把好关。顶层面上要做 1∶1 的水泥砂。一次成型。对于台阶的扶手统一做实心式；散水采用漫散形式排水法。

雨较大，工地停工。下午，雨渐渐停了。工地开始往 1、2 号牛箱内填沙子、石子。

王工检查工地：对砌挡墙表示不满，认为工人技术不高。指出要做好清水墙，砖非要对好缝，应该 8 块砖 96 厘米，如按 1 米做就不好对缝。

对于展厅南北挡墙的挂板，应采用石料，算好石料尺寸定做。不要裁减现做，浪费石料。

王工要求看混凝土浇筑后浇带墙身，没准备好。对于牛箱间铁柱的位置加 3 根 18 ~ 20 厘米钢筋辅助。

王工出核定单：平台挡墙墙身台阶的移动，西移南北台阶口，加宽 50 厘米。西边台阶加宽至 10 米。关于电器，调整散水位置的地灯为 10 组。牛前的灯调至南侧边沿。

与李生军联系，钢筋工不够，应加强力量，15 日根本打不完展厅顶面混凝土。

10月11日

1、2号牛顶升到位稍做调整，即位。老窦的石墙有个别不规矩处须做切磨。

钢筋工力量加强，进度快了些。平台挡墙基础基槽填砂石，轧道机压不实，吨位太小。

10月12日

与老窦核实展厅南北墙石料尺寸，约15立方米，40吨。

1、2号牛定位。3、4号牛处理地平准备调整牛的位置。1、2号牛进入主要是考虑如何置换纲架工作了。展厅顶部钢筋又完成一部分，请张总来验收钢筋。下午要浇混凝土。对于展厅顶部出现的裂纹，要求李延军重视处理。保证厚度。

张总到工地验收钢筋部分工程。

对于混凝土的砂石配比，小秦提出，（1-3）的石子沙土太多，又出现了前几天的情况，材料不好。到工地与李生军协商，调整配比保证质量。李提出，不要用在场的（1-3）石子料，换为（2-4）石子，取缔莺莺沙，加一锨水泥。要求出试块样送检，保证达到C30混凝土要求。对于牛箱中间空间，我的意见支两堵墙为好，增加两侧墙的支撑力，减小空间。口头告诉李延军在两组牛之间的中心部位加3根钢筋，辅助支撑大铁墩的置放。

与李延军协商，如非要用（1-3）石子（钢梁筋太密），可以过筛使用。保证质量。将今天的调整混凝土配比意见书面送五公司李工长。今夜浇注展厅顶层混凝土。

10月13日

3、4号牛的顶升开始最后阶段。要求后移50厘米以上。3、4号牛图纸相距1.6米。现在相距2.08米，完全可以移动。

与李延军商议：出水全往西，最易出的地方。牛箱内的铁人位置配筋图，送李延军后发现不可操作。1500厘米的铁人“吊兰盆”，把空间占得所剩无几。

下午，与李生军商议：吊兜不可超过牛下的梁90厘米，够用即可，实在不行时可用下部支顶柱方式解决铁人问题。

牛箱内任师傅等操作顶升，熟练工太少，一天一换，工人素质太差，全仗以往的支架好。5个行程顶不动4号牛，地基砂石不到位不紧密。

李生军要求将经费拨到48万，加退还的履约保证金10万元。

刘丙寅的夯土又起50厘米，还有75厘米。石工要在北墙留口。须再起4层石料，其上再留口。

李生军安排将现有的不合格石子填牛箱。明天进好石子。

展厅顶板钢筋基本结束。

与窦老板商议石料问题。确定地袱石的长度要紧缩，200米变成160米，将原有宽度40米调整为35米。作成鱼脊形扶手面石，出檐石160米，宽50厘米。窦提出要加工本费用，答复：容考虑后答复，不要影响工程进度。

交代张俊才注意牛的顶升；刘光明注意老窦的工程安排进度；军社、小秦要发现问题及时请示汇报。

10 月 15 日

将近期情况向董养忠通报。与其商议展厅内换成水泥面，董同意。

到曲阳看石栏板的制作。与宋联系，材料在井陉，决定到现场。从井陉下高速。

到井陉枣林口村石料厂。斜栏板基本完成。

10 月 16 日

与曲阳宋经理等谈妥：栏板不合适的调整换好的。纹饰要刻到位，要圆润；中心图案的部位要铲一刀；斜坡上的栏板不再需要，出材料款和工钱 6000 元。目前的材料不是最好，一定要再选时严格要求。20 日争取进场，一月之内完成。达成口头协议，工钱 140 元/块，30 块。600 元/立方米。斜板有不到 3 立方米。约 1800 元。

10 月 17 日

到设计单位找李总，确定：铁人的"篮"坑深度净 70 厘米，到 47 厘米。铁牛的支撑梁高 90 厘米加到 105 厘米。靠近牛的平行梁取消。具体位置现场调整。

到建材市场考察，山东红 2 厘米厚 75 元/平方米。火烧板效果。灵丘红需要 105 元/平方米。国外进口料需要 350 元/平方米。青石板材 3 厘米厚 45 元/平方米。

10 月 20 日

下午，五点回到永济工地。回到工地，将配筋图交小李工长；安排钢筋工的工作。塔吊已撤出，正在垫前面平台的基础。确定大台阶部分要用好土垫压。无荷载部分可用沙土回填；对于原剩的土沙，李要加工后使用，答复：待考虑后答复。

平台挡墙南北东基本垫完。平台的挡土墙整个效果都看到了。

石料的龙头已到，样式显胖了些，龙角显大了。地袱石到了 3 块，20 厘米厚。

牛的移位，4 号牛到位，3 号牛因支架支顶，尺寸不能到位，只东移了 30 厘米。要求：切掉长出部分，牛要到位。张俊才担心 2 号牛的置换钢梁不够结实。必须万无一失。晚上再看平台前的台阶显小，与几人商议后决定：西面的台阶口阔宽 5 米，达到 15 米。混凝土台阶。

小李工长谈，展厅顶的炉渣 19 元/立方米。王工已同意使用。看过后质量较好。比预计价高 4～5元，共 400 立方米。计 2000 元。

国博杨小林等 3 天后到工地。要求买 50 个瓷灯口。考虑电线负荷不够，要注意电线的负荷。

10 月 21 日

到运城，考察石材。结果是运城石材市场不健全，永济没有市场。此事还需寻找大城市，太原、西安、洛阳。

李延军要求确定散水方向。以利于进炉渣上顶层。同意李的意见。要求李在作明代堤坝的位置置 8 号钢丝加固摔浆墙面。要求将 3、4 号牛间的钢材去掉长余部分，缩小间距为 1.5 米，归到位。

刘丙寅拿来电业部门的发票 81 分/度电。要求兑现。此款为服务行业电费标准。如何才可变成施工用电。海金乐到工地，谈向局里申请经费汇报。

对于平台的西入口再次讨论，15～20米。多数人主张20米。

10月22日

对3、4号牛位置进行校对。3号牛需后移50厘米；前沿抬高25厘米。4号牛前沿下降10厘米。模工与起重工发生交叉矛盾。要求：调整工序，互相尊重。对钢梁置换的工作提出意见：支架太小，影响混凝土梁的置换。不可随意，应有好的预案，作出图纸。

天凉了，在牛箱顶记录时间稍长手都展不开。

核对图纸定位龙头水口。窦老板要钱，答复：一星期后可以支付。将条石墙的部分结算，再付点台阶款。

刘光明、李英民到电业局询问电费的事。答复：工业用电59分。农电所可以解决这事，要协商解决。

九九重阳节，老人免费参观。各地老人组织参观团陆续到来，场地爆满。老人面带笑容，有的自带挎篮，装水果干粮出来参观。有的村组织了豪华旅游车送老人们参观。其乐融融。

曲阳石工到场7人，明天石材到工地。安排住西厢小饭店。

刘丙寅要求解释电费问题，不愿给五公司垫电费。答复：我们是文物保护工程，不是商业用电行业，工程施工用电不是有收入的，不可收取商业用电费用价。与农电所协商解决。要求工地白灰抹拉模片；对于展厅内堤坝墙应拉8号钢筋，增强甩泥强度。

10月23日

曲阳石工栏板到工地，30吨全部到货。付车费，借给曲阳宋5000元现金。

对曲阳的栏板，大家反映好，做工明显比上次看好。有所改进，技术水平含量高了，顺眼了。对于龙头的修改应该按我的意见办会更好。今天下雨后看到效果比较好。

牛箱内的置换不能让人满意。随意改动方案，让人不放心。老任到场，没具体方案，随意性太大。目前已成为挡手的最大因素。要尽快解决。

卸完栏板石，损耗一块板和一个柱头。厂家预备了4块材料板和若干石柱。

李延军询问天窗玻璃形状和材料质量。答复：小金字塔形，钢化玻璃，毛砂面。

10月24日

钢筋到场，王工到工地。要求设计施工一同商议牛箱收顶和铁牛钢架置换。

通知李奭夫到现场，李生军协工程师到现场。要求任师傅拿出设计意见书面文字。任说一个字也写不了。简直是不负责任。要求设计总工到现场解释。

窦老板工人11人，石墙勾缝。曲阳工人无法工作，地袱石没到。因下雨被阻。

与姚俊鹏谈电费不应收商业用电，应有施工用电。

刘丙寅说到供电所所长家谈妥，61～62分/度电。

铁牛馆会计将维修屋顶的税票137元送来要求支付。同意，随后处理。

将地袱石、出檐石摆放到位看效果如何，大家看后都说好。出檐 10 厘米，地袱再收回 10 厘米。

对于炉渣掺拌水泥，配比水泥太少，王工要求，1∶6。量方操作。与王工商议：适当将散水抬高。

10 月 25 日

2 号牛钢架置换出现四角不均匀。西北角降 2 厘米，口字钢被压变形，不起作用了。西南角下降 1 厘米，东南角下降 1.5 厘米，东北角开始无下降，下午看到下降 1 厘米。牛无变化。但任的做法不妥当，随意性太大。保险系数不够。

五公司李生军与周总同到工地，等待明天的协商会，与周见面时将对任师傅的意见和担心明确表示。

展厅顶部炉渣找平层基本做完。

结算部分工程项目，李延军拿出结算单：平海峰地机械费用一个台班，觉得不妥，只 3 个小时，120 元/小时，算 8 小时不妥。盖发电机房 50 个工太多，20 个工已是很多了。要求小秦、军社做好记录。准备结算。

10 月 26 日

开碰头会，协商解决铁牛置换钢架和牛箱封顶。

参加人：五公司周总、李经理、设计李总、监理陈海龙，建设单位王工。刘主持。到现场观察，对 2 号牛置换不满意。

确定：3、4 号牛之间共用一主梁，避开钢架，这样基本可以下步工作了，解决了几天来困扰不前的工作。修改龙头龙角，出檐开始铺筑。

潘路到永济。

工地黄土进不来，李经理非常不满意。请李瑛帮忙。督促原定的送土车继续送。

10 月 27 日

蒲津渡遗址保护工程现场工作会议纪要

时间：2004 年 10 月 26 日星期二上午 10 点

地点：蒲津渡遗址博物馆甲方办公室

人员：

省考古研究所：刘永生、王象晋

省建筑科学研究院：李奭夫

省建筑监理总公司：陈海龙

省建五公司：周鸿恩、李生军、李延军、任保福

蒲津渡遗址保护工程项目负责人刘永生就当前铁牛钢套架托换进展缓慢，主要方法不明确，特请设计院李奭夫总工程师、省建五公司总工周鸿恩、项目经理李生军到永济工地现场，共同研讨如何保证在文物安全的状态下，加快工期；用切实可靠的方法确定托换方案和混凝土梁板浇筑方案。

经与会人员结合现场实际研究后共同认定：

① 在现有铁牛套架的状态下，对四个铁牛的套架保持现状。对已经置换的2号牛肚下已经抽取的钢梁恢复进去，其余三尊牛除3号牛须按刘永生提出的复原要求往东再移50厘米外，暂时一律不做调动（因混凝土主梁支模而必须切割的不在此限）。强调一切钢架置换工作要等主梁、次梁混凝土达到设计强度80%之后，经过同条件混凝土试块检测合格后再行操作。

② 在现有混凝土墙上增加3根直径16的二级螺纹钢，长度为1500厘米，直径8的一级钢筋，箍筋间距150厘米，焊接网片作梁垫，本着贴近牛身的原则，首先把1、2和3、4牛箱的主次梁的支模、置筋、浇筑完成，然后再进行"软着陆"工程。程序不得随意更动。

③ 因地制宜，要求把3、4号牛箱的中间主梁合并为一条梁，配筋不变，用六肢箍连接处理，在主次梁交接处用吊筋2根直径20毫米的二级螺纹钢。要求施工按设计配筋要求画出配筋截面图先报甲方、监理，然后在模内设置。

④ 设计图按2004年5月26日有设计人员签字的结修1图为准，梁高90厘米，宽40厘米，次梁高75厘米，宽35厘米。要求主次梁一次浇注成型，为贴近牛身可利用钢筋梁垫，离开原有暗柱移动位置。

⑤ 3、4号铁牛箱的梁板支模一律用新竹胶板，不得用钢模板，卡具用对拉螺栓，混凝土C35。不得用受潮水泥（即现有码垛的上下两头各两袋），所用碎石、砂，一律过筛，水洗。施工中不得马虎配比，特别是水灰比要严格准确（若含水多应扣减）。

⑥ 在置换钢套架时，要求施工单位先行计算，做出方案，然后操作，不能贸然切割。

⑦ 在次梁以上贴近牛身部位的构件，下星期由设计单位出方案。

⑧ 9月25日和10月18日设计院所出图纸的说明均应参照执行。

蒲津渡遗址保护工程办公室

曲阳工人开始进入工地，地袱石没完成，工作受影响。

龙头流水，必须外移，要加固定筋。到永济买电锤580元。

与海金乐通电话，海谈：给局里施局、高局、董处汇报要经费事，都同意给经费，但没确定给多少。

1、2号牛之间可以拉筋互为支撑。张师傅讲：1号牛的钢架抬高后出现了焊缝断裂的情况，不敢再将3号牛抬高。

对3、4号牛支钢架的工作提出意见，要保证不要动主梁支架。

李生军要求：按原设计105标配筋，不要按90标。多用钢筋1吨多。我的意见听设计院意见为主，不要出现超筋现象。

修改龙头龙角部位。用钢筋头20～18厘米的固定滴水后部。考虑平台的龙头不均衡，应加几个。初步确定再增加5个，展厅部位加4个，东墙加1个。

李奭夫要求五公司将牛的准确位置和人的要求位置绘图电传到太原，以利完成设计。王工明天要到设计事务所索取图。

台阶垫土进展顺利，完成到第二步台阶位置。

看钢筋配筋太密了，超筋现象应就这样。密不透风，直径32毫米的螺纹钢排得满满的。应尽快解决。将感觉告诉工长，请予以高度重视。

10月28日

李延军将铁牛和铁人的准确位置画图电传到凯的设计所李总处。

曲阳石栏杆开始安装，今天完成9块，存在的问题是立柱根基太浅。

台阶垫土部分继续，达到3米高度。

打印26日会纪要交李延军。

潘路：明天要到洛阳，这次就到此为止，明年再来。我的意见：今年保护工作必须完成，我要按自己的办法处理，年底完成任务。潘：明年与姚俊鹏继续保护。我：那是以后的合作问题，今年工作要完成。有国家博物馆要完成，没有也要完成。

王工今天到设计所协商设计，李生军上午在设计所谈设计牛箱的钢筋配制。要求以10月的图为准。又将人箱支撑了大通长。我觉得不妥，要求仍应作小人箱。

加强管理，调整力量，取得黄金周双赢成果

省文物局：

为顺利完成蒲津渡遗址保护工程的施工任务。9月30日在工地召开了建设、设计、监理、施工各方在内的协调会，统一思想，协同步调，完善设计，强化施工管理。经过充分的讨论，解决了一些工程中挡手的具体问题。施工单位对工程做出具体安排，决心在10月调整施工力量，将前段耽误的时间赶回来。

“十·一”黄金周期间，施工单位不能停工，蒲津渡遗址博物馆需要开馆接待游客。面对这一矛盾，办公室同志将施工单位和永济市文物局、遗址博物馆的有关人员请到一起，仔细讲解双方的利益。互相理解，互相体谅，在互相允许的范围之内尽量为对方提供方便。前提条件必须保证游客安全。

划出施工区域，旅游区域。在交叉部位，增派安全员。施工单位为让游客能更好地观看铁牛，搭起安全可靠的临时阶梯。在接待过程中，游客对铁牛保护工程表示理解和支持。自觉遵守有关规定。

由于管理得法，工程在“十·一”期间没有停工，加紧工程进度，蒲津渡遗址博物馆在节日期间也获得了较好的经济收入。

工程进度已完成展厅主体混凝土浇筑、遗址平台的青石墙体、夯土墙的主体工程，牛箱主体。

下步进行工程：铁牛钢架的置换，牛箱的封顶；展厅顶层保温防水层制作；展厅天窗、墙面、房间分割、地面制作、电器，通风管道等内装修工程；台阶制作；散水平台；文物遗址面的复原；铁牛等铁质文物的除锈保护和阴极保护的实施。

总体看工程已完成70%，工期基本按计划进行。

10月份，施工单位强化管理，调整施工程序，合理安排力量。赶回了一部分时间。10月25日，在工地召开协商会，建设、监理、施工、设计单位就目前工地出现的问题，统一意见，协商解决办法。

目前存在问题：工程进度要加快，上冻前完成建筑水泥工程，牛箱封顶。对支撑牛的钢架置换要尽快取得突破进展，迅速实施，为其他工作程序合理施工让路。解决施工用电电费按商业用电费用收取的问题。到位的经费已告罄，为保证工程顺利进展，工程经费的落实已成为当务之急。

山西省考古研究所

10 月 29 日

昆明运来的阳极材料运费垫支 4000 元。何积铨的大阳极棒，检查一箱装 20 个。

对栏板安装提出具体要求：立柱根部不可少于 10 厘米，面部要修理加工。要求栏板安装精益求精，一丝不苟。山东的做法比河北好，精细些，活做得好。今天完成遗址平台的南边栏板安装。

到永济换转账支票，电锤 580 元。

目前账面尚剩余 57 万元，其中履约保证金 20 万元已动用 13 万元，仅剩 7 万元。

10 月 30 日

牛箱里开始垫砂石垫层，填土。要求在北部不要做斜墙。合适不合适？再仔细斟酌。

小陈提出：垫土部分出现橡皮翻浆应该整理，加石块加固；对石工要求：加铁垫支撑稳固。

何积铨老师到工地后，立即赶到现场。见到实际施工现状后提出要求：支牛的主梁、次梁占地太大；要求次梁外移 5 厘米（1 米多高的钢筋混凝土主梁和近 2 米高的混凝土次梁及挡墙，几乎完全紧靠铁牛底板和牛下的 6 根柱腿，阴极保护电流很难由埋于下方的辅助阳极上直线传递上来）；但钢梁已摆好，混凝土梁的模板也已钉好，钢筋也已绑扎好了，移 5 厘米实在是恼人。通控制室的线孔要预留，但又无准确位置方案。无法满足。要求何老师拿出具体准确意见方案再协商。

刘掌柜等在平台上看后都认为工程快，变化快，效果好。曲阳石栏杆拉线后明显整齐了。

何积铨老师等检查已到货的阳极。53 根铸铁长棒；66 个铸铁焊铁铲块；28 根带螺丝柱的铸铁小铁棒，27 根小铸铁棒。镁牺牲阳极带，阳极填料袋，阳极填料粉。

下午，六点，天下起小雨。

对何积铨老师提出在七星铁柱上先焊阳极接头以争取时间的意见，说不可以。无法保证运上平台不断裂。

11 月 1 日

绘制石墙堤坝形制，对于石坝仿制形，同意小朱的意见，待完成大型后用电切割机切出石线格即可。

寻找资料绘出明码头样式。确定尺寸交李延军。

西边的台阶开始切除虚土成型。3、4 号牛支牛主梁次梁绑筋，支模。

栏板基本完成了东部石栏安装。条石完成北部伸缩缝东部工作。

李奭夫要求询问北京科技大学专家，钢梁上包不锈钢可否。答复不可以。是否可垫橡胶，李认为不可，老化太快。

何积铨老师今天带领技术工人及研究生将阳极带分别缠绕到 1 号牛下部锚柱与铁板连接之处的根部。以期通过增加镁牺牲阳极带对锚柱根部的保护作用，弥补过近的钢筋混凝土支撑梁板对外加阴极保护电流的遮蔽。

当晚加班运送土垫展厅地面。

11 月 2 日

何积铨老师带领技术工人及研究生继续做阳极带的缠绕工作，并在施工图上标示出线孔的位置要求。在 1、2 号牛南侧出 4 个孔出控制线，空室东壁 2 个出线孔引入七星柱控制线。

3、4 号牛箱门下出线孔 1 个，西南角出线孔 1 个。空间北墙设配电盘 1 个。220 伏电。

将台阶石材不足部分告诉窦老板。增 900 米。

要求李延军在展厅内尽量多留点空间。可以出水就行。李说可以有 3% 坡度出水。门槛部分高出 3 厘米。

11 月 3 日

何积铨发短信：一圈很低的梁不仅影响阴极保护，而且保护电流穿过钢筋时，还会造成杂散电流腐蚀。如何处理？待何来工地再研究。

展厅开始打垫层，12 厘米厚。

11 月 4 日

对石工提出要求：尽量少浪费，展厅南北墙要注意西墙的叠压。

张俊义总监到工地检查提出：栏板不应集中在一点。牛箱中两根梁并合时应该在中间加隔板。钢筋主梁钢筋太多了。28 毫米钢筋 13 根增为 16 根。太多了。

台阶面整理基本完成。

11 月 5 日

预备开会，张总没到，下午，开会研究。图纸要求：在主梁上排列直径 28 毫米的钢筋 22 根。

将北科大的保护方案打印交王工。出变更加穿墙孔。

展厅开始抹墙工序。电器开始查管线。对遗址复原问题展示，想展示唐代遗迹，路面侧视面。但高度有矛盾。

开会确定：钢筋配筋主梁、次梁基本不变；骨料检测我拿到北京完成；设计验收钢筋只好联系等待。李总明天到工地。

11 月 6 日

等待李总到现场。直到下午 5 点半才乘火车来到工地。

张总下午才到工地。共同商议，确定主梁配筋没问题，决定开始浇注混凝土。

石工做展厅南墙。展厅内做小房间的地面填土和抹灰。大台阶的模板开始制作。决定下部加网片直径 8 个的钢筋，周边长 150 网格。10 厘米厚混凝土垫层。

老窦也提出，大台阶歇步平台应该作成石面。从何处找钱？

王工一直电话与张勤联系对主梁的配筋。一根梁按 80 吨荷载计算。配筋直径 28 毫米的螺纹钢 17 根。确实有些大。1、2 号牛仅有 50 吨。何况是全没下部后钢筋混凝土梁仅是支撑作用。

不是全荷载直接压载梁部。3、4 号牛的荷载较大，也是起支撑作用为主。后部的梁应给大些。

10根32毫米的钢筋应是可以的。

王工计算出，3、4号牛的次梁钢筋不够大，应再加2根直径18毫米的底筋。

下午，在等待中度过。张总迟迟到，李总迟迟不到。我们几人有点团团转。

看过铁人和铁山、铁柱保护没大的变化。有一位观众对张俊才说：三次看牛，第一次不要钱，锈得很厉害；第二次5元，人还是锈得厉害；第三次15元，整好了。

开始浇注混凝土牛箱顶板和1、2号牛的主梁、次梁等。

11月7日

到永济接张总和李总到工地开会。1、2号牛的顶板浇筑基本完成。开会对目前钢筋的问题争取达成一致。会中要求对工地水泥保管、振捣工素质、沙子水洗等问题请李经理做出解释。对配筋过多之事李总要调查后再定。对于牛支架的钢梁置换，垫块等未明确。

要求次梁尽量贴近牛。钢筋加量。1、2号牛箱封顶。

李总提出：为文物保护将应力尽量扩散；文物百年。建议开个小型专家会。

支垫可以考虑橡胶支座。增加科技含量。

再三考虑后，李总电传，主梁钢筋要加大增加。次梁也要增加。6根变8根。

大台阶开始支模，布筋，用混凝土C20。

研究决定：王工明天与李经理返回太原，到设计院询问，钢筋考虑问题是否计算了8级地震。不好操作。

下部工作安排：拆模垫土；大台阶；展厅抹墙。散水平台。都可以工作。

11月8日

模板打开，出现大的狗洞，蜂窝，台阶也不好，太粗糙。

开始安排铁牛表面除锈土工作。张俊才带领。

到下吕芝定做“银锭卯”铁件。100件，12元/个。4元/千克，大的15斤，7.5千克，小的9斤，4.5千克。定金200元，交小秦具体办理。铁件在堤坝的复原中用。

王工电话：设计有道理，改钢筋配筋。3号牛前主梁不动。3、4号牛中间合并的梁加筋。拆开模板还箍筋。加成10根一排。4号牛后部主梁要加宽。明天早上王工来现场指挥。

11月9日

请三个民工处理1、2号牛表面浮土锈。张俊才带领工作。

刘丙寅开始完成夯土墙工作最后部分。在470部位加高10厘米。

王工乘小焦开的车来工地安排3、4号牛主梁的修改变更。变更的原因是计算将各种因素综合分析后加百年1.2倍，该加到现在的钢梁截面。王工认可。

王工要求将4号牛下的钢筋截断给后梁让路。将底板下的沙模清理为垫层准备条件。

张军社指出展厅南墙石面西头高了。测量确实高了3厘米。下午返工。

与北京联系，姚青芳说可以做石材的氯离子分析。同时告诉杨晓林转告潘路。

11 月 10 日

天变冷了。时间不等人。昨夜的台阶浇筑得明显比较好。周口的模工工作素质比林州的高。从组织性、纪律性、技术性来看，周口农民已进入工人行列，林州的还是农民。

铁牛的保护工作已开始清除浮锈。1 号牛的前腿后边有道早期的缝。

安排准备带到北京检测的混凝土的骨料、水。

展厅内抹墙工作继续，台阶支模进展顺利。3、4 号牛返工主梁进展艰难。拆开了 4 号牛后主梁。

11 月 11 日

出发到北京。

李总电话：到北京找陈肇源院士请教。垫的材料三种：水泥、木材、橡胶。明天到北京确定。到北京住新屿宾馆。电话要求到富源酒店取李奭夫电传的设计变更。

11 月 12 日

到历博科技部。将混凝土骨料交杨小林。8 个样品测试：①水样，②莹莹砂，③水洗砂，④水洗砂，⑤（1-3）石子，⑥（1-3）石子，⑦（2-4）石子，⑧（2-4）石子。测氯离子含量，pH。

潘路交给参考的广东用的橡胶。白色透明。

到北京科技大学见到韩汝玢老师，将到京想法告韩老师。请吴荫顺老师，咨询垫底材料。

吴老师提出用沥青砂裹木的办法垫底（彩版七七，3）。

对于铁质文物保护，吴老师提出要有实验室的加速测试，涂料应该由数据说话，办法是可行的，要有理有利。

11 月 13 日

与韩老师联系，试片的选择，待何积铨回来安排。按照盐雾腐蚀箱的测试要求安排试片。李奭夫要求再与陈肇元联系，待其回来，问其垫支材料的选择。

到故宫午门前，核实栏杆尺寸，90 厘米比较合适。

11 月 14 日

李奭夫电话回答陈院士明天才可回来。

到建材市场参观材料。看到钢梁喷砂的效果。到二里沟建材中心参看建材标准，效果。橡胶多为胶液体，黏合剂。下午到西单参观建材效果的使用。

11 月 15 日

到清华找陈肇元，与李奭夫一起找到办公室。答复是 15 日从上海返回，只好再等明天。到材料实验室找到阎老师（所长）。谈到使用材料时阎老师建议用复合水泥。

中午，到何老师办公室取试片 12 片，做材料测试用。阴潮气候和烟雾腐蚀。

询问到橡胶研究所在角门。14路汽车起始站。南四环至三环路之间。

与李奭夫到橡胶所与胡所长交谈。胡认为应该使用硅橡胶自然流制。80元/千克，总需约3万元。

11月16日

到历博看石材骨料检测结果。下午才可做出。

下午四点，到工程院见陈肇元院士。与陈院士谈工程进展情况。经过仔细认真研究，分析了各种可能。目前要解决的主要难题：钢梁置换；软着陆的垫层与做法。

陈院士主张：干咽性水泥不宜填实；橡胶变形太多；木头不好操作。对于清华阎老师建议的复合水泥，陈认为不太妥，不起大用。对于垫层中加木块的办法陈认为很好。水泥包外边但要挤出浆，不会出现压下去撑不住情况，形成软着陆。

11月17日

与李奭夫联系：将测试的水中含氯高。采用何办法可以减少不利因素。答复：用纯净水。80方混凝土，造价太贵。换深井水。

告诉李生军采用深井水（运水）。钢骨梁以后的混凝土制作必须用深井水，保证质量。

通知工地施工、监理负责人，赶快停止使用现场水打混凝土，换采用深井水。

张俊才询问牛是否可以打磨。答复：可以先仔细清理表面。用煤油清洗。

何老师询问院士的意见。告诉：采用木料为骨水泥混凝土封护。橡胶不宜使用，其一年限不长，其二变形太大（彩版七七，3、4）。

11月18日

到所里见海金乐汇报工地工作进展，到北京情况。

海金乐、宋建中听取汇报。对于资金缺口，局里的意见，考古所暂垫款。

局里文件下达后，所里给永济工地拨款100万元。加原有50万元，共150万元。全部到位。海要求不再拨款完成工程。我认为：材差物价上涨部分不应在其内。项目可以尽量俭省，但该有的经费应该保证有。因为谁都不可能将物价上涨因素计算出。小的可忽略，大的却不能。

11月19日

刘永生主持开碰头会，参加人：李生军、王象晋、张俊义、李延军、小刘技术员。

解决问题：安排最近工作，统一分歧意见。展厅内屋里不吊顶，不做保温材料。展厅墙面用仿瓷涂料，刮白。台阶散水加宽到1.5米。遗址平台混凝土层12厘米。牛下小反梁留出10厘米空间。备软着陆。穿中间空当用道轨为骨裹混凝土。上部垫木材。遗址复原面层网片，下午考虑后取消。网片只在展厅顶面使用。

11 月 22 日

打大孔。准备装阳极棒。在铁柱周围，每点 120 度。距离柱中心 1. 8 米。铁柱坑完成。阳极棒坑完成 8 个（共需做 14 个，加大坑可置一个，总共 21 个）。

11 月 23 日

高标准，严要求，精益求精保证文物万无一失

省文物局：

施工进入十一月份，保护工程进到新的阶段。重点工作集中到牛箱部位。钢梁置换、牛箱封顶、铁牛的铁质保护。

三项工作是保护工作的核心。工程成功在此一举。全体参加工作的同志对此是明确的。为确保工程五公司同志全力以赴，加班加点。设计院的同志在原设计基础上，再三核对牛位置的变化调整。调整支撑牛的主梁配筋结构。五易其稿，钢筋配筋不断调整。从 13 根直径 28 毫米的 90 厘米/40 厘米混凝土梁，调整到 30 根直径 32 毫米的 105 厘米/60 厘米混凝土主梁。保证在各种情况中绝对安全。按 100 年文物安全的要求设计。

建设单位和设计单位李总一同再到北京，将预计方案向专家请教。专程到清华大学和中国工程院请教陈肇元院士，对“软着陆”的工作方案和材料进行了认真的分析和研究。最后确定采用硬杂木材做防腐处理后做成骨架用混凝土封护。混凝土未凝固前木材支撑。形成“软着陆”的效果，混凝土凝固后全面承托。凝固过程成为由木材为骨，混凝土承托的托换。此方案经请教中国国家博物馆、北京科技大学和清华大学的多位专家，都认为较为稳妥，不失为目前的切实可行方案。专家们也给出了很多好建议和方法。对保证文物安全和长久都极为有益。

对于铁质文物的保护。中国国家博物馆文物技术保护中心潘路主任到工地亲自监督操作，对铁人、铁柱、铁山进行保护。北京科技大学何积铨教授调整教学时间，带专业技术人员到工地检测保护设备仪器，以保证设备仪器及时有效用于文物保护。在实行正常保护的同时，利用合作单位中国国家博物馆的高科技手段对文物当地混凝土材料和水进行离子色谱分析检测，获悉工地浅层水的成分中氯离子含量明显偏大，对铁质文物是较大威胁。立即停止工地混凝土制作使用浅层水，换为深水井的“甜水”，以保证将损害减小到最低程度。保证混凝土的质量能达到设计要求。

永济工地施工现场进入本月中旬后，天气气候渐渐变冷，为保证工程质量，调整工作时间，采取有效措施。如：在牛箱内采用生火加温，保证混凝土的凝固质量。白天完成混凝土制作，晚上加盖保温设备。

工程进展：平台基本完成；文物遗址的复原陆续展开，铁柱（七星柱）已平安“归位”；铁牛表面清理和保护工作开展顺利。参观的各类游客反映良好。对工程表示理解和满意。

为工程按时完成，省文物局调整协调经费，保证了工程的顺利开展。

山西省考古研究所

11 月 24 日

要求刘丙寅安排吊车到工地调整铁柱位置。9 点半到场，10 点半完成，一切顺利。

调整勺柄成向西倾斜10°，形成受力拉动样。恢复发掘时形状。中枢柱调整出脚方向向西南移位20厘米，形成与发掘出土时位置。

11月29日

1、2号牛基本完成清理打磨锈蚀工作。铁牛焕然一新，黑又亮。3、4号牛张俊才继续细细清理。

王工电话：设计张勤要求铁牛下穿的钢材应是235型，强度好些。要求到北方市场购买26厘米的钢板加工。对于钢轨不放心，显小。但要求合成口字形，这样问题是不如工字形强度大。

12月1日

到永济购买石蜡、地板蜡、松节油，保护铁牛使用。将铁牛用煤油清洗除锈。

侯政民说：市长书记都说，铁牛的保护比想象的好得多。

12月2日

为了不再打磨，抢时间先涂一层蜡。煤油清洗后，涂地板蜡，用松节油化解，用喷灯加热后溶解；用煤油化解用刷揉开结厚的蜡。对于后轴头花纹用煤油清洗，适当加热后清理。

处理后的牛黑又亮，人们一下接受不了。游客反映，不如锈点好，有沧桑感。牛身边出水珠，越烤越厉害。气温太低了。

王工电话：钢轨883规格找不到数据，设计张勤不同意签字。网上查到但没出处，仍不放心，但同意使用。

883是包头生产的钢轨。数据表示可以承受28米200余吨的强度。我们只有1.6米长，况且是辅助。王工说：钢轨要12米就可以了，在买的地方截开。

12月4日

王工电话：883的数据找到了，是高碳钢。普通钢0.18%，此材料0.65%。需再请教设计院老专家。

何老师继续在牛下部安装阳极保护线路。对于3、4号牛箱内地面，何老师主张适当抬高。我表示同意。可否抬到45厘米。建线的部位显高，选正面也不好。

分出不同类型，涂试片。3%石蜡/松节油，25%石蜡/松节油，加10%煤油。地板蜡加松节油、煤油稀释。涂2层，各4片。

12月5日

配石蜡25%涂试片。3%涂试片。地板蜡涂试片。松节油稀释，掺煤油。试片做好后标示送何老师，进行加速腐蚀的防护效果对比实验。

12 月 6 日

何老师共同检查牛下部安装线路情况。何老师要求，电源进控制室 220 伏，70 安。

3、4 号牛到控制室的预埋管线内径大于 16 ~ 20 毫米。要两段，为参比电极走线。注意电缆线和焊点的安全。下次要找个焊工焊铁人下部。

12 月 7 日

潘路等开始涂缓蚀剂。但将颜色搞得很深，黑又亮。加丹柠酸所致颜色加深。要求潘路将 2 号牛的后轴缺损部位填平。潘将铁锈皮粘在表皮，给今后增加锈蚀表皮。不妥。

12 月 12 日，

王工将重载钢轨 296 段裁成 180 段，废 115 材料。

牛下的钢梁支得不理想。对于 1 号牛置换成第 2 排一根为好。对于晚上干活置换牛叫停。腿间空建议用铁皮支模。穿孔垫实压得走模挤出浆最好。不可等待下降。

要将支架先松动后才可拆断大架。

12 月 13 日

3 号牛箱斜锚柱顶在前主梁影响顶升调整。王工要打掉 30 厘米主梁。我认为不可行。找曲阳工人帮助将主梁靠牛柱下边打掉 10 厘米，空出上升空间。避免大的破坏。

1 号牛后座下用方木支护，用干咽性水泥填实。2 号牛应用同样方式办理。

2 号牛穿钢轨的空当用铁皮围成模板，木头垫实干咽性水泥填实。

3 号牛后座下用铁板垫支干咽性水泥。4 号牛下同样，但我认为，应多用木头垫护，保证“软着陆”的作用。王工怕木头坚持不了几年。我认为南禅寺的木料至今还在。

保证现有木头做“支骨”，混凝土作“肉”。随着水泥的凝固，渐变成水泥作“骨”，木头作“肉”。混成一体。4 号牛后座多置一块木头，保证大面积着陆。

12 月 14 日

铁牛置换进入关键时刻，王工要负责 3、4 号牛的升降。1、2 号牛由任师傅做。

任师傅的办法不理想，任师傅整理 1 号牛下，穿横钢轨，在正反上意见不同，王要反，任要正。我支持正。大多数人主张正，最后决定正置，认为正可以使混凝土裹得更结实，好置放。长出 20 厘米。

支撑升牛的架子不结实。需要再考虑。

安排堤坝的复位。明天开始工作。

12 月 15 日

2 号牛的置换完成到位，未发生变异。3 号牛的置换在实施中。对于堤坝的摆放调整到位。

12月16日

永济富源酒店308房间现场办公会

参加人：高可、董养忠、海金乐、李百勤、侯政民、刘永生、商彤流、李延军、党圣召

主持：董养忠

刘介绍工程进展情况，李延军要求给拨一些进度款。

李百勤：工程像雨后春笋般发展变化。侯局长说：工程大气，非常满意，一将难求。①考虑问题全面，保证双赢；②有好的敬业精神；③工作扎实。

海金乐：地方各级的大力支持帮助，非常感谢；至今看到有底了，要保证安全，保证质量；时届年终，付点款给施工单位。

高可：1998年以来开心的一次。①按党组要求年底可以顺利完成工程任务非常欣慰；向施工单位、建设单位、驻地单位表示感谢；建设单位施工单位，运城、永济市里互相支持互相理解。②考古所加强工程管理，派出得力人员，从财力物力给予强有力支持。③在协调配合方面，年底了，要加强安全，施工人员要再教育，保证工程圆满结束。要特别注意，不要留下隐患、遗憾。

时间安排：①年底完工，应该排出倒计时工作表。②1月底工程结束验收，质量、经费都要有竣工报告。整体工程验收决算。1月18日前，省博物院预展，之后，年内验收，搞个接收仪式，当地政府经费支出。

再三表示感谢。

12月19日

牛箱里1、2号牛的底部开始垫石子，切除铁架。建议用支顶后排铁柱的办法进行换置。比全面支垫办法好，简易实用。

12月20日

牛箱内支顶锚柱工作重点放在支好完整的柱子。整体受力。不可将工作浪费在作大架平摆上。用木板垫底石块支撑吃力。有木板和石子做可调整因素，比钢铁强。

1、2号牛支垫基本结束。可以切割钢架了。柱质量糟糕，有错范，空洞，聚渣。加上前一阶段的顶碎裂，已不敢支顶受力。

12月21日

1、2号牛箱内切割钢架，2号到下午全完成。明天割1号牛的钢架。

用溜槽运送垫土很好。坡上有点打滑。3号牛用后支撑办法处理。前部空出需要做好前支撑再操作。60°支顶较稳妥。

牛箱内确定围台尺寸。前部用砖当支垫，内模板墙。

台高150厘米，前脸150厘米宽，八字墙150厘米，边墙距两侧墙250厘米；后边宽150厘米，八字墙100厘米。前脸距门125厘米。箱内地面后高前低，坡度50厘米。用白水泥完成地面。围台厚20厘米。从展厅地面三步到牛箱室内地面。每步台阶高13厘米。

目前可见到锚柱 2 号牛后组南侧（右侧），空洞、浮渣、碎裂、腐蚀都有。严重损坏，不可逆转。

12 月 22 日

3 号牛支垫，用榆木垫在前两排柱底，后排下支后顶，支顶到位换出钢架。2 号牛整理到位。

12 月 24 日

上午，军社取回了石碑标示。下午将明代石坝说明安置到位。

决定明代石坝码头口用石条复原砌筑。

4 号牛换钢梁，支稳牛下，用千斤顶撑。下部锚柱支撑稳后切割钢架，牛下支撑要将位置尺寸固定好以免过头。

4 号牛平稳下降到位。用沙子石子作垫层，用松动办法使其压实下降，分 5 步将 10 厘米下降到位。落于垫木上形成“软着陆”效果。

要庆祝立碑，置换完成。今天是平安大吉。

12 月 25 日

牛箱内 4 号牛下，切割最后的支架。置换工作顺利完成。

12 月 26 日

蒲津渡遗址保护工程遗址平台砌石工程完工。

12 月 27 日

起吊顺利，铁人复位完成。放炮庆贺铁人归位。平安就位，抬升成功，至此大功告成。

12 月 28 日

吊车准备好，运输车也准备好了，到永济城南运石头。“蒲津渡遗址”标志石运回立在台阶前右侧，正位于两牛之间。

蒲津渡遗址保护工程崭新面貌迎新年

省文物局：

在省局直接指导下，在地方各级领导的关心支持下，经过建设单位、施工单位的努力，大干五个月，蒲津渡遗址保护工程大功告成，工程进入扫尾阶段。

（1）保护工作基本完成

截至 12 月 24 日，成功实施铁牛钢架平稳置换。铁牛“软着陆”顺利完成。铁牛已安置于由木垫、混凝土承托的平台面。下部由垫木、砂石级配填料垫层护底。保证实现了安全稳妥，有柔性有强度的“软着陆”。支撑钢架置换采用了最安全稳妥的方法，应力变化平稳转移，未发生差异。

12 月 27 日，平稳、安全完成铁人、铁山、铁墩复位。明代石坝、遗址复原工作大部完成。工作坡道拆除后，将陆续完成遗址石头面的摆置复原。遗址平台完工，展厅内基本完工。

铁质文物保护表面处理基本完成，经过近三个月的观察，达到预期要求。阴极保护已全部到位，监测仪器开始工作。

需要进一步完成的工程部分：配电设备的安装；安全监控的安装；展厅墙壁涂料须待墙面干透再刷涂；施工现场外部环境的清理。

（2）同心协力共筑辉煌

12 月 15 日，省局高可副局长、董养忠处长，运城市吴菊仙副市长、运城市文物局赵参军局长、李百勤副局长，永济市委宣传部郭一民部长、永济市文物局侯政民局长到工地视察工作。对工程进展和工程质量表示满意。对下步工作进行安排。第二天专门召开工作现场会，要求工程 2005 年 1 月底前进行验收交接。要求在工程最后阶段加强安全意识，圆满完成工作任务。

由于近一阶段连续雨雪，天气寒冷，气温低，工作时间短，进度受到一定影响。混凝土局部质量不好，表面冻裂出现返工。工地施工单位和工人同志不畏严寒，想出多种办法，保证工程质量。在铁牛钢梁置换过程中，两位 70 岁的老工程技术人员，废寝忘食顶风冒雪工作在第一线，每一个支点，每一个置换都斟酌再三，直到铁牛平稳落地。不辞辛劳的工作精神感动了在场的工人干部。

负责实施铁质文物阴极保护工作的北京科技大学何积铨教授工作一丝不苟。在施工与保护工作交叉时，为不影响工程施工进度，抢时间赶工期，带领工人每天加班工作到深夜。

工程本着精简节约办事的原则，对每一笔开支都精打细算。时界年关工地工人情绪稳定，都表示要同心协力完成扫尾工程。蒲津渡遗址将以崭新面貌迎接新一年的到来。

山西省考古研究所

12 月 31 日

电化学保护仪器连同线路检测，下午基本结束。

高可发来短信，表示感谢。新年祝福给合作同志。

2005 年

1 月 1 日

新年第一天，清晨霞光漫天。

1 月 2 日

海金乐代表文物局李福明副局长和所里慰问工地同志。

1 月 9 日

安排遗址标字涂成绿颜色。年款红颜色。

局里给所里的公文，要求本月 20 日前将竣工报告和决算上报文物处。

1 月 21 日

将竣工报告稿送海金乐审。海送文物处，小董提出意见。要求更详细。

1 月 27 日

安排汇报展版面陈列。

董养忠带 8 位工程专家来工地验收。同意工程合格。提出意见：完善手续，设沉降观测点，对遗址复原堤坝勾缝材料不满意，应照传统办法做，白灰米浆（彩版八四）。

张俊义、王象晋、刘永生签字通过竣工报告。

1 月 28 日

省文物局、运城市、永济市有关领导参加了竣工仪式。正式进行工程竣工交接（彩版八八）。

1 月 30 日

到永济见侯政民局长，将保护工程的控制室钥匙交侯局长。

2 月 2 日

全所工作总结会，介绍蒲津渡遗址保护工程工作情况。

2 月 3 日

在税务大厦开会，奖励蒲津渡遗址保护工程顺利完工作出的贡献奖 3000 元，分别给参加工作的商彤流、张俊才、邢晋中、韩丁香、任建霞、刘光明等同志。

后 记

金秋送爽，硕果累累，全国人民喜气洋洋，共同欢庆祖国繁荣昌盛，赞美这美好的新时代，建设我们可爱的家园。金色的季节是收获的季节。经过二十年的不懈努力，蒲津渡遗址发掘保护工程终于告一段落，将前段工作做简要总结。向祖国汇报，以此向祖国华诞敬献一份礼物。

黄河蒲津渡遗址铁牛等是唐开元年间（724 年）蒲津浮桥桥头的地锚工程遗物，铁牛、铁人、铁山、铁柱等的组合是目前所发现同时期遗存的最大的铁器群，开展蒲津渡遗址的研究对古代黄河中游经济、文化、交通史，冶金史、桥梁史、冶炼、铸造、雕塑、美术、艺术等有重要的价值。1989 年出土后的生存环境对铁质文物的保护造成极大的威胁，引起社会各界的关注。1990 年 10 月，经山西省人民政府决定组织文物考古专业队伍对蒲津渡遗址进行考古发掘。1991 年 3 月至 6 月，经国家文物局批准，由山西省考古研究所牵头与地市文物部门组队对蒲津渡遗址进行科学的考古发掘。随后，由山西省人民政府与国家文物局联合组织有关专家对遗址出土的铁质文物的保护进行了多次论证。1993 年山西省文物局批准成立铁器群保护研究课题组，对铁牛等实施有效保护。1996 年保护方案经国家文物局组织专家论证原则同意。1997 年国家文物局批准保护工程方案。经过 12 年的研究，分析铁质文物保护的不同特点，借鉴经验，吸取教训，调整保护方式方法。1999 年 10 月至 2000 年 4 月，经国家文物局批准，由山西省考古研究所组队对遗址进行了第二次考古发掘，搞清了铁牛等文物埋藏的地层情况。之后，组织专家对遗址出土文物的保护方案进行了多次论证，并采取了一定的保护措施。2004 年经国家文物局批准，确定实施保护方案。同年完成保护工程改变环境，采取现代和传统的保护方式方法结合，实现铁牛调整变化后的“软着陆”，涂缓蚀剂和电化学保护方法结合，使铁牛等铁质文物保护进入良性循环。

永济市黄河蒲津渡遗址 2001 年被国务院公布为全国重点文物保护单位。这是我国首次发掘的大型黄河古代渡口遗址。以铁牛形象著称的蒲津浮桥桥头地锚，是我国古代桥梁工程史上的杰作。遗址中出土的以铁牛为代表的大型铁器群，是目前我国乃至世界上发现的同时期的最大的铁器群。古代大型田野铁质文物的保护是目前世界难题。蒲津渡遗址文物保护工程是一项需要慎之又慎的保护工程。

在这本报告中我们分三部分：一，考古发掘报告；二，铁器群近期抢救保护项目研究报告；三，蒲津渡遗址保护工程竣工报告。由于工程延续时间长，参加人员多，虽然希望能将收获与教训尽量做到详细记录，总结报告不能够面面俱到，详尽叙述，只能将关键的问题与主要的部分做出记录。

一、考古发掘报告

1991 年和 1999 年经国家文物局批准对蒲津渡遗址进行两次科学发掘，揭示出渡口遗址的面貌，搞清了铁牛周边的地层层位情况。1991 年对遗址进行科学发掘，清理出土了渡口遗址的明代之后地层和东岸的四头铁牛、四尊铁人、两座铁山、三个铁墩及七根排列成北斗星状的铁柱等文物。1999 年 10 月至 2000 年 4 月，进行了第二次发掘，全面揭示了作为地锚的铁牛的全貌，揭示了渡口的宋代和唐代地层层位遗迹。铁牛、铁人等文物是唐开元年间作为地锚用于固定铁索浮桥的工程遗物。考古发掘证实铁牛等浮桥工程遗物是经过搬迁重新建立在宋代地层之上。与史书记载相符合。其中每只铁牛重约 50 吨至 75 吨不等。气势恢宏的铁牛，铁人，铁山和七星柱等即表现了唐代冶金铸造的高超技艺，也为后人留下了极其珍贵的宝物。

1988 年，参加发现铁牛工作的有：樊旺林、张贵、牛自强、李茂林等。

1991 年 3 ~ 6 月，参加发掘工作的有：杨富斗、张国维、樊旺林、刘永生、商彤流、王传勋、张俊才、王勇、邢晋中、胡金彪、张银才、张王俊、陈根山、段会儿、郭辉、张彦录、张军社、王玉海、孟守欢、张红等。

1999 年 9 月至 2000 年 4 月，参加发掘工作的有：刘永生、商彤流、张国维、樊旺林、张亚平、张俊才、邢晋中、李永智、张银才、张王俊、张彦录、张辛卫、张军社、秦选青、杜高生、王立中、姚俊鹏、杨孟冬、李英民、张森、张红等。

考古发掘报告的编写由山西省考古研究所刘永生总负责完成。第三章第一节 1991 年第一次考古发掘部分由商彤流执笔完成。发掘现场的照片由王传勋拍摄。对于桥梁结构的研究专门收集了桥梁专家唐寰澄的《开元铁牛　惟我独尊》。

二、铁质文物保护报告

铁质文物的保护是文物保护中的薄弱环节。对于铁质文物的保护国内外有关专家作了很多有益的尝试。但对在田野中外露的大型铁质文物的保护尚无成功经验。铁牛 1989 年出土后，由于表层土锈龟裂使铁牛有一种即刻要土崩瓦解之势。铁牛、铁人锈蚀得面目全非，关心的同志大声疾呼抢救铁牛。时任中国社会科学院考古所所长的徐苹芳先生给我们推荐去请教中国科学院资深院士、世界著名材料科学专家柯俊先生。柯先生分析铁牛成分后指出：元代之前的铁器，由于它的冶炼方式决定了它的成分是低硫铁，腐蚀损坏的速度不会像普通人们说的那样快。蒲津渡遗址铁牛等是目前所发现的同时代铁器中最大的铁器群。铁质文物的保护要认真研究，科学进行，不要急于行事。

山西省人民政府和国家文物局曾多次组织国家级论证会，专家们也多次呼吁：“进行铁牛防锈蚀工作已刻不容缓，应抓紧制定实施方案。”

1993 年 3 月，山西省人民政府和国家文物局在北京召开国家级专家论证会，对于文物保护的技术线路方案经过比较，同意山西省考古所、中国历史博物馆（2002 年并入中国国家博物馆，为便于说明仍沿用了当时批准名称）、北京科技大学组成课题组研究铁牛等的保护。联合提出的铁质文物保护技术线路。

根据这一精神，山西省文物局在1993年3月批准了由山西省考古研究所牵头，中国历史博物馆科技部和北京科技大学冶金史研究所、腐蚀工程系联合参加的蒲津渡遗址铁器群近期抢救保护研究课题组：

特邀著名世界材料科学家、中国科学院资深院士、中国科技考古学会理事长、北京科技大学教授柯俊先生担任课题组顾问。

由中国历史博物馆负责铁质文物地上部分的腐蚀保护。中国历史博物馆科技部周保中研究员，潘路研究员（现任中国国家博物馆文物科技保护中心主任）、姚青芳研究员，杨小林副研究员等担任化学保护方案的研究和制定。

由北京科技大学负责铁质文物地下部分的腐蚀保护。北京科技大学冶金与材料史研究所韩汝玢教授担任了铁质文物的成分分析检测和冶金史技术的研究。腐蚀与保护工程系吴荫顺教授、何积铨教授担任铁质文物地下埋藏部分的电化学保护技术研究。

山西考古研究所刘永生研究员担任课题总负责人，负责对环境的监测和保护工程及铁保的组织实施。商彤流研究员、张俊才高级技师负责文物保护的实施。杜水生、梁宏刚等博士都参加了课题组的工作。

联合课题组由山西省考古研究所负责统一协调领导，对蒲津渡遗址铁器群进行全面研究保护。

根据由山西省考古研究所、中国历史博物馆、北京科技大学三方共同制定的《永济蒲津渡遗址铁器群的近期抢救保护方案》，山西省考古研究所负责环境的检测，首先组织对文物所处环境进行检测，取得了当地不同季节时间环境和温湿度变化的详细资料。中国历史博物馆承担文物地上部分保护方案设计。北京科技大学承担文物地下部分方案设计，课题组北京科技大学的专家们通过分析铁牛等的铁质成分，金相分析，专门铸造出与其相同的低硅低硫灰口铸铁。在现场与实验室分别进行测试，最终得出切实可行的操作措施。经过两年的研究完成了各自方案的研究设计工作。将研究报告向国家文物局和山西省人民政府及时做了汇报。

又经过五年多的实验研究，开始在铁柱、铁人表面上实施保护措施。再经历了两年的不断调整改进保护技术，随着保护工程的进行，保护条件的改善，铁牛等铁质文物脱离了低洼潮湿的恶劣环境。在实施保护过程中，铁人、铁牛的面目显示出来，仍旧精气十足。保护的过程中首先解决的是铁牛原有的应力发生变化后如何保持平衡的问题；其次在表层清理、脱盐、干燥和缓蚀剂使用中因地制宜，选用符合当地环境特征的缓蚀剂，起到保护作用；第三在电化学的保护上采用了先进有效的方式，可以直接监测保护的实施；第四是人员坚持不懈。先后经过12年时间，工作人员坚持不懈、锲而不舍经过多年的实验和观察、检测，孜孜不倦，潜心研究，不断改进，取得了收获。铁牛等铁质文物的保护经验和教训将为全国同类型的铁质文物提供可借鉴的有益的经验。

注重于防腐研究的专家们也都为保护铁牛纷纷献计献策，文物研究所的刘玉龄应邀到文物发掘现场考察，提出铁质文物保护的建议。华北电力试验研究所窦照英先生在动力设备的腐蚀与防护研究卓有成就，热情洋溢地自荐，希望为保护尽绵薄之力。郑州铁路局苗松波先生更是热情推荐在东莞明飞公司研制的铁器防腐新产品，要为保护文物做贡献。国外的文物保护专家们也应邀到永济进行考察，与我们课题组的文物保护专家进行研讨。对他们的关怀与帮助再次表示衷心的感谢。

永济蒲津渡遗址铁器群的近期抢救保护研究报告的编写由山西省考古研究所总负责，环境检测部分由杜水生执笔；地上部分的文物保护由国家博物馆科技保护中心潘路、姚青芳、杨小林执笔完成；地下部分的文物保护由北京科技大学材料学院腐蚀与保护工程系吴荫顺教授指导、何积铨教授执笔完成；铁质文物的检测报告部分由韩汝玢教授执笔完成。对铁质文物的深入研究吸收了北京科技大学冶金与材料史研究所《山西永济蒲津渡遗址出土铁器群的材质分析研究》，何积铨《永济黄河蒲津渡遗址铁质文物群电化学保护工程验收报告》。王宁、何积铨、韩汝玢《模拟蒲津渡遗址文物铸铁的腐蚀研究》。陈建立、陈铁梅等的《山西蒲津渡铁器的 AMS-^{14}C 测年研究》，等相关资料。

三、蒲津渡遗址保护工程土建工程报告

蒲津渡遗址文物保护工程现存遗址环境发生了改变，原地、原位、原貌保护有较大困难。蒲津渡遗址铁器群整体提高的保护方案，是从根本上解决黄河地下水害的方法，使文物脱离恶劣的地下环境，也节省大量的人力和物力，更对文物的保护十分有利，解决了地上、地下接点保护上的难题，使整体保护工作更易操作、进行。1997 年国家文物局批准同意的蒲津渡遗址保护工程方案，确定遗址原位升高 12. 2 米。

保护工程方案经过多次论证，尤其是在中国工程院的论证，聘请了九位院士专家参加，正像原国家文物局副局长张柏所说，在文物保护工程的论证方面可以说是空前的，足以见得这项保护工作的重要性和国家局对这项保护工程的重视。

沧州铁狮子、临淄车马坑的保护为我们提供了经验教训。鉴于沧州铁狮子移动后着陆受力不匀造成损坏，特别注意到了铁牛的软着陆问题。

在铁牛的抬升工作中，上海建筑科学研究所王溥所长亲临现场指导工作，为保护工程献计献策。工程前期任平同志为平稳抬升铁牛做了细致严谨的工作，保证了铁牛的稳妥抬升。

在发掘保护过程中，从中央到地方，各级领导给予了极大的关怀和帮助。1994 年初，江泽民总书记视察时予以高度评价，指示在场的地方各级领导，这是国宝，要保护好。

1997 年，国家文物局批复山西省文物局上报的保护工程方案。按照省人民政府协调会的意见，决定对保护工程施工队伍进行议标确定。山西省工程咨询公司建安处中标进行施工。

1998 年，省文物局调整保护工程领导组，由考古所副所长罗新负责保护工程。

1999 年，参加保护工程工作的有：罗新、张奎、澹台敬恩、王才才。

2001 年，省文物局党组决定加强保护工程领导力量，由考古所所长张庆捷直接负责保护工程，副所长石金鸣协助负责工程资金协调。

2002 年，省考古所领导调整后，决定石金鸣担任保护工程法人代表，刘永生负责工程协调。参加保护工程工作的有：商彤流、张俊才、王象景、张军社、秦选青。

2004 年，山西省文物局党组决定调整保护工程领导组，由省考古所副所长海金乐担任工程法人代表，刘永生担任工程负责人。5 月，省文物局决定，对施工队伍重新进行公开招标选择，山西省省建五公司中标接手继续进行施工。经过艰苦努力，2004 年年底完成保护工程。

保护工程的设计是经过了较长时间的斟酌和众多专家的论证，最终由山西省建筑科学研究院设

计完成，工程设计总工李奭夫与设计人员多次到现场考察，不断修正方案，保证了设计的严谨性。保护工程工作经过公开招标，山西省省建五公司中标，工程中公司经理李生军，项目经理李延军，工程总监理张俊义，对工作认真负责严格要求，保证了工程的顺利。

我们特聘项目副总工程师王象景同志为工程的成功进行做出了极其重要的贡献，工作兢兢业业，一丝不苟，对工程极其负责。在按照传统工程要求完成的夯土台基和部分，应该感谢刘丙寅的民工和山东嘉祥、河北曲阳的石工，他们的辛勤工作，保证了工程的质量。

保护工程按照高标准严要求完成了，但仍然有不足和遗憾之处，有待于日常工作的补充完善。

蒲津渡遗址保护工程竣工报告的编写主要参考了水电部山西省水利勘察设计院《蒲津渡遗址保护工程地质勘察报告》；山西省工程咨询公司建安处、山西省建筑设计研究院、山西省建筑科学研究院的保护工程建筑设计施工方案；山西省九川建筑工程公司、山西省第五建筑工程公司的保护工程竣工报告；山西省考古研究所保护工程领导组工程竣工报告；山西省考古研究所牵头，中国历史博物馆科技部和北京科技大学冶金史研究所、腐蚀工程系联合参加的蒲津渡遗址铁器群近期抢救保护研究课题组结题报告等综合而成。刘永生、何积铨负责完成。报告中将原文中的资金使用明细做了必要省略。专门收集保留了王溥先生《关于山西蒲津渡遗址古浮桥铁牛起吊的建议》，山西建筑科学研究院李奭夫的《关于保护工程的设计施工说明》，还有《保护工程平台夯土墙施工依据》，《蒲津渡遗址保护工程部分土建工程施工图》。

大事记是许多先生建议而附加的部分。大事记采用繁简结合的做法，原本看似简单的“豆腐账”，理出来后，才知道经历的过程，将理想的结果映衬得更加清晰。成功在于积累，磨砺亦是收获。

自 1990 年起，至 2004 年工程告一段落。从国家文物局的领导到省文物局的领导全都倾注了极大的精力。张柏副局长带领有关专家前后 5 次到现场检查指导工作，参加了多次关于保护蒲津渡遗址的汇报论证工作，为保护好蒲津渡遗址文物倾注了大量的心血。多次指示要将蒲津渡遗址报告编成考古发掘和文物保护研究的综合报告。文物局专家组的黄景略、徐苹芳、张忠培、王丹华、黄克忠、陆寿麟、周保中等先生为保护蒲津渡遗址献言献策，孟宪民司长多次亲临现场指导考古发掘工作，确定考古主攻方向。确定文物保护工作的重心和规模。指出要做个大点的规划，要认识到没有这个渡口码头，就没有蒲州城。

国家博物馆科技部先后参加课题组的同志还有宋曼、宋书悌、马燕如、李艳萍、张月玲、王建平、成小林、胥谞、马立志、王志强、程玉冰、胡东波等。另外还有宁夏自治区博物馆王萍、山东省博物馆梁宝霞等。

北京科技大学先后参加课题组的同志还有吴坤仪、苗长兴、张琳、方智、谢建辉、张艳成、王尚君、陈伟、周华、王宁、刘冀伟、李成华、秦波、王湛、邢东伦，等等。

尊敬的柯俊先生作为课题组的顾问，给予我们的工作极大的支持和帮助。我们初次求教时竟然是贸然闯入的，对于我们的唐突，先生没流露出丝毫不悦，而给予了热情接待，认真听取汇报，对不妥之处，并未指责。同时，柯先生首次提议采用电化学的办法进行铁质文物的保护。之后，任何时间去求教，总是耐心听汇报，认真分析情况，热情予以鼓励。在我们的工作陷于迷茫时，为我们的工作明确思路，指明方向，鼓励我们大胆细致地工作。工作告一段落时，有了成绩时，先生与我们一同高兴。使我们感到总有一只巨大的手支撑着我们，使我们受益匪浅，今天取得的成绩应该与他老人家的支持有不可分割的联系。

考古发掘第一阶段是杨富斗先生担任领队，他合理策划，精心组织，在黄河滩中拒水排沙，于乱石泥污中辨明鸿爪，分析文化地层。遵照考古发掘的原则和程序工作，为揭示蒲津渡遗址面目开了好头，为第二次发掘工作打了好的基础。本想第二次发掘再请先生把关，事业未竟，不幸其撒手而去。

应该特别感谢的是徐苹芳、张忠培两位先生，他们对蒲津渡遗址的考古发掘工作和文物保护工作从始至终给予了极大的关怀和帮助。徐苹芳先生首先推举柯俊先生参加对铁质文物的研究与保护。为我们后来的工作开启了铁质文物的保护和多学科领域的研究与探索。张忠培先生则是从考古发掘的程序和目的，在标准要求上给予关键的指导。在我们的发掘工作陷于迷茫无措之际，指出唐代渡口和唐代铁牛必须揭示出唐代历史地层、地貌、文化特征。唐代铁牛可与昭陵六骏相比美，要与蒲州古城联结，与黄河联结起来搞开发，只有大唐才有这样的气魄，铸造如此精美宏大的铁牛。这些要求激励我们深入探索，揭示出了唐代地层的文化面貌。在报告的编写上，张先生给予热情指导，使我们加深了对考古资料的认识和提高。

陈肇元院士、叶可明院士、黄熙令院士先后到工地现场考察，指导保护工程的实施。陈肇元院士在铁牛去处支架后的“软着陆”上给予重要的指导，保证了工程的圆满完成。

在大家的指导下我们的工作才得以取得今天的成绩。在总结前段工作的时候，我们再次感谢他们的辛勤指导。

在保护工程的完成过程中，山西省文物局、地市文物局的历届领导和同志们给予了极力的支持，省文物局局长贾立业、张希舜、郭士星、施联秀、张一、张亚平、高可、李福明、宁立新等，运城市文物局傅仁杰、赵参军、李百勤等，永济市宣传部李长安部长、市文物局侯政民、党圣召、傅强等领导，他们都为保护工程的顺利完成做出了积极的贡献。山西省考古研究所的历届领导王克林、张庆捷、石金鸣、宋建忠等对于蒲津渡遗址的保护倾注了更多的心血，多亲自参加了保护工作，为完成发掘报告的编写设立专题科研经费，保证了编写工作顺利完成。

回首往昔，要感谢的人不计其数，要感动的事如电影一般闪现在眼前，一项工程的完成集中了多少人的智慧，岂止是这几页纸所能书写记录的。陆游名句：“古人学问无遗力，少壮功夫老始成。纸上得来终觉浅，绝知此事要躬行。”如今再读颇感深刻。

我们做完这项文物保护工程的一阶段时，我们怀念为工程作出奉献的同志。千里之行始于足下，我们的保护工作还要继续做下去，祖国的文化遗产要从我们的手中传承下去。我们只是完成了我们应该做的一部分工作。

编　者

Abstract

The Yellow River Pujindu Archaeological Site Protection Project was approved by Shanxi provincial government in October 1990 and the State Cultural Relics Bureau in March 1991. After the joint Archaeological Team of Shanxi Provincial Institute of Cultural Relics and Archaeology, who took the lead and organized provincial, local and county archaeological teams, excavated Pujindu Archaeological Site, a cultural relics protection project was proposed.

The Yellow River Pujindu Site was located in the west gate of old Puzhou city, and it was wholly covered in the Yellow River beach after 1930s. The soleplate of the iron bull in the site was at the altitude of 331m, but the altitude for the earth's surface was between 336m and 337m when archaeological excavation proceeded; the Yellow River course changed westwards 3km, and its horizontal plane was normally at the altitude of 334m in May. Under the river beach was water rich strata with sands. Therefore, decreasing the water level was a primary task. The first excavation in 1991, there were eight holes at the depth of 15m as pumping wells, four of which were draining water continuously for controlling water level, assuring the archaeological excavation of distinction among soil horizons. Four iron bulls were recovered in the site, each of which stood an iron man besides, and iron plates, pillars and structure of anchor block were discovered under the bulls with iron horizontal axis set up by the tails. In the site, iron hills, piers, five six-meter-high pillars and an H-shape pillar were also found, arraying like the Big Dipper.

From upper to bottom of Pujindu ferry site of Qing dynasty, the findings of archaeological work have revealed orderly: the guarding stonewall of iron bull construction remains, the north-south direction soil pavement avenue; Pinjindu ferry of Ming dynasty, a quay, a stone dam, groundsills under the dam, reinforcement project remains of iron mortise and tenon above the dam, masonry retaining wall foundation around iron bulls, stone blocks of the north-south direction parkway roadbed; a piece of stele and its base, Shijin Record, were set up in 1521, and numbers of architectural remains of Jin and Yuan dynasties, etc.

The ancient ferry of the Yellow River was a precious example of substance in traffic history. The raft bridge of Pujindu was a significant example of bridges in bridge history. A well-known Chinese bridge export, Mao Yisheng, paid much attention to the Pujin raft bridge, whose apprentice was Tang Huancheng, also a bridge expert, highly praised the construction and effects of the iron bull declivity pillar-bases were discovered in the east side of Pujindu, and he regarded it as a model of the ancient bridge project, it's necessary to know and evaluate the raft bridge of Pujindu again in bridge history.

The four iron bulls were very huge and vivid, and the weight of each was differently between 45 to 75 tons; the whole bull was in the tractive situation and crouched down. There were six protrusive slanting pillars under each bull, and the whole iron bull ground anchor pillar was formed. Each bull was about 300cm in length, 110cm in width, and 115cm in height. There was a cross shaft, 220cm in length, behind each bull, and different decorations were on the shaft head.

Each bull stood besides an iron man, about 190cm in height, with various images. "Some were pulled with force, and some were screaming to respond. The facial expressions were various, as if hairs were shown". No. 1, No. 2 and No. 3 iron men were all bare their chests wearing aprons below, and No. 4 iron man dressed in classical Tang's attire with decorations overhead, like a civil servant.

There were two iron hills, four ironpillar-bases were excavated, in addition, seven iron pillars were arraying like the Big Dipper, whose head westwards and body pointing to the north, and five of the pillars were stand-alone, the other two were across joined. The total weight of the group of iron artefacts was about 300 tons.

The imposing iron bulls, iron men, iron pillars and any other iron artefacts represented superb techniques of metallurgy in Tang Dynasty, which were invaluable treasures for the later generation. The excavation of the group of iron artefacts in the history of metallurgy was of great value, the iron bull and other iron ones were produced by foundry technique of traditional muddy casting of mud mould. The invention and use of low silicate grey cast iron was once again a leap in ancient China iron smelting, and it was one of the ten iron steel technologies ahead in the world of 17th century. Manufacturing the iron bull and any other large scale artefacts were summary of long-lasting practical experience of artisans over hundreds of years. The effect of ground anchor for the iron bull, backshaft and slanting anchor of columnar pillar under the iron bull represented the use of low silicate grey cast iron on producing large scale iron artefacts in China of Tang dynasty, and it's the initial application on engineering technology of raft bridge for technological change, so all of these were proud and precious example for later generation. On 25th July 2001, the "Pujindu and Puzhou Old City Archaeological Site" was designated as the fifth batch for the cultural relics of state institutions for protecting major cultural relics.

However, the group of iron artefacts were soaked and corroded in water during the Yellow River course change and flood, thereafter, all of them were buried underground by the river soils and sands. Long time buried in the odious environment of the underground, there were plenty of iron bacteria, sulfate reducting bacteria, chloride and any other electrolyte salt. In addition, after excavation of the site, the old environment caused to undergo mutation, the effects of much oxygen invading, atmospheric weathering, freeze-thaw action and so on, and the lost of external pressure, so the iron artefacts in the site were eroded badly day after day. Due to research value of great importance for Yongji Pujindu Archeological Site in the academic fields of archaeology, architecture of bridge history, metallurgy, the Yellow River hydrological changes and so on. In 1993, the State Cultural Relics Bureau approved that Shanxi Provincial Institute of Cultural Relics and Archaeology, who took the lead and organized an issue team of "Shanxi Yongji Pujindu Archaeological

Site Excavating Group of Iron Artefacts Preservation" : comparing and riddling research of cast iron material analysis and identification, surface descaling and protective material on the excavated group of iron artefacts; particularly for the buried part of the group, feasibility laboratory research and live simulation experiment research of electrochemical cathodic protection were carried out. From a prudently scientific point of view, the specific and construction schemes of electrochemical cathodic protection should be applied in the field over and over again.

In March 1997, the State Cultural Relics Bureau approved and assured the whole protection scheme of the iron bull and so on were upraised 12. 2m in situ. After the second excavation between October 1999 and April 2000, layers of the site were clarified, and all the samples of the soil, Tang dynasty layer above 11m, were collected and preserved; especially, iron bulls, iron men, iron pillars and vertical anchor structure of large scale under the surface were discovered. Systematic and accurate material data were provided for the research of ferry change, layer change, historical development of the Yellow River Pujindu, even for the final assurance of the protection scheme.

During twelve years' research and preparation, analytical comparison was done on different iron cultural relics schemes and former protection projects' traits and qualities, the iron bull protection scheme were continuously adjusted and improved after trials and errors. In 2004, practical scheme of Yongji Pujindu Archaeological Site Protection Project was approved and started by the State Cultural Relics Bureau. In the same year, the Ministry of Works finished the environmental conditioning of large scale in the project, and the iron bull was upraised and "soft-landing" on the original situation. Modern and traditional protection methods were conducted in combination, the iron bulls and men, etc on the surface were treated protectively, sized with the corrosion inhibitor and the protective agent; delicate decorations on the appearance of the cultural relics were shown, and the originalities of the iron cultural relics were recovered. According to the complex shapes and different surrounding environments of the potentials, the electrochemical cathodic protection was designed on the buried parts in the whole area, applying the impressed current cathodic protection approach and sacrificial anode cathodic protection technique. Different sections of the protective potential monitoring and diversities of power supply controlling were implemented, so the buried part of the iron bull and any other iron cultural relics were in the normal protection domain of the electrode voltage.

In the end of 2004, the original appearance of the site was restored, and the upraising protection project of it was done. In 2005, Pujindu Archaeological Site Museum was established. During a year in the open air, exposing to the sun and rain in different seasons of various temperatures, the group of iron artefacts retained status quo ante without obvious corrosion. The iron color remained the same, and there was no evident change in the protection surface. Obviously, applying different protection schemes, on the surface and buried, in the situation of reconciling at the same time, the whole iron bull protection was in the virtuous circle. This was also the first successful example of outdoor protection, for iron cultural relics of broad scale, in use of integrated approaches on electrochemical cathodic protection.

Except forarchaeological monograph contents, some contents of great significance were included:

1. Report of recognition and protection for the group of iron artefacts
2. Report of archaeological site protection project
3. Events chronicle of Pujindu archaeological site protection project

Among the contents, "Material Analysis Research on the Group of Iron Artefacts" is directly served to the protection requirement of the archaeological site for further knowing the material. This is a perfect example for the close cooperation and combination on preservation of cultural relics and archaeometry.

From now on, checks of the protection system and protection situation examines of the iron cultural relics should be persisted. Testing results and operational aspects should be reported to related departments in time. New achievements and matured technologies for technical development of cultural relics preservation should be actively provided. Local management of cultural relics protection system should be done with close collaboration in order to maintain its normal operation. The formulation and implementation of all the measures could prolong the preservation of precious cultural relics of the nation.

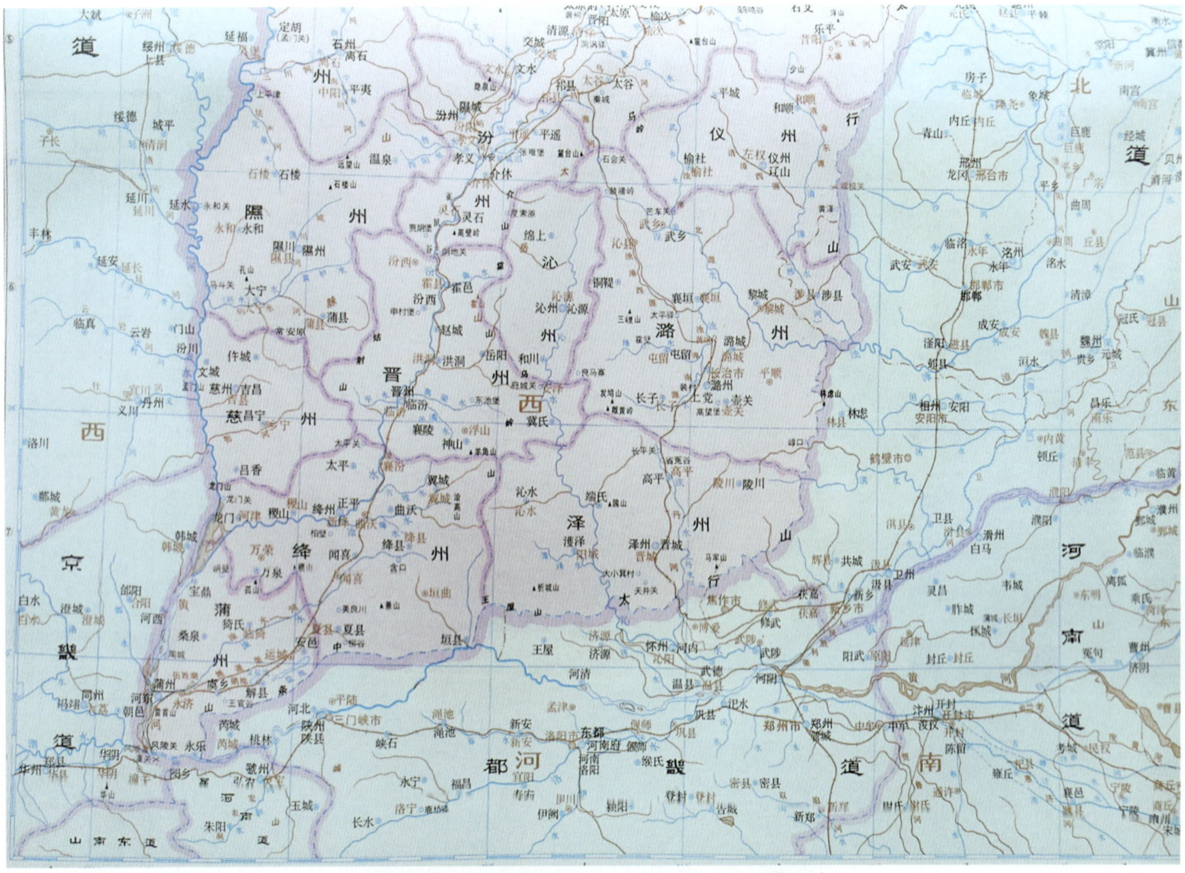

1. 唐代蒲州位置图（摘自《中国历史地图集》）

2. 1990年10月蒲津渡遗址情形

唐代蒲州地理位置和1990年的蒲津渡遗址

1. 1991年3月蒲津渡遗址发掘布方工作场面

2. 1991年4月铁牛、铁人出土时情形

1991年蒲津渡遗址布方情况和铁牛、铁人出土时情形

1. 铁牛后横轴轴头

2. 2000年铁牛地锚情形

铁牛后横轴轴头和地锚

1. 1991年发掘出土时的铁人情形

2. 2005年实施保护后4号铁人情形

铁人出土时和保护后

1. 1991年5月考古发掘清代遗迹与明代第一层石铺面

2. 1991年5月考古发掘明代第二层石铺面

清代遗迹和明代石铺面

1. 1991年6月发掘出土明代码头口及坝底柏木桩

2. 1991年5月蒲津渡遗址发掘情况

明代码头

1. 1991年6月第一次考古发掘完成遗址平面

2. 1999年发掘前遗址平面

1991年发掘后和1999年发掘前遗址平面

彩版八

2000年4月发掘出的唐代地层中引桥道路加固设施

1. 2000年4月4号铁牛地锚发掘出土的埋藏地层

2. 2000年4月3、4号铁牛地锚发掘出土的埋藏地层

3、4号铁牛地锚的埋藏地层

1. 2000年3月宋代地层中发掘情形

2. 1999年10月铁人出土情形

宋代地层和铁人出土情形

1. 1999年12月七星柱单体柱出土情形

2. 1999年12月七星柱联体柱出土情形

七星柱出土情形

1. 国家文物局张柏副局长和谢辰生、徐苹芳、张忠培等先生等检查工地

2. 国家文物局张柏副局长、考古专家徐苹芳先生检查考古发掘工地

专家、领导检查工地

1. 2000年4月发掘现场

2. 2005年完成保护工程后的铁牛、铁人状况

2000年发掘现场和保护后的铁牛、铁人状况

1. 2000年考古发掘现场

2. 2000年4月TG5发掘剖面

2000年发掘现场和TG5剖面

1. 2号铁牛东侧排水槽遗迹

2. 2000年4月发掘清理出土石围护堰

排水槽和石围护堰

1. 3号铁牛埋藏坑

2. 蒲津渡遗址出土的蒲津桥铁牛地锚情形

3. 铁人出土后情形

3号铁牛、地锚和铁人

1. 2005年铁牛、铁人情形

2. 实施保护措施后的2号铁牛、铁人

保护后的铁牛、铁人

1. 1号铁牛情形

2. 3号铁牛、铁人情形

1号铁牛和3号铁牛、铁人

1. 1999年12月发掘出土宋金时期的东西道路遗址

2. 2000年4月发掘出土唐代晚期的东西道路遗址

宋金时期至唐代晚期相关道路遗迹

1. 加固路面的横木和后部加楔情况

2. 加护路面木桩档板

加固路面的木构件

1. 铁牛地锚出土情形

2. 4号铁牛地锚出土情形

铁牛地锚出土情形

1. 1999年铁人发掘出土情形

2. 2004年铁人移动复位时情形

铁人出土时和移动复位时情形

1. 1999年发掘出土Z3与建筑遗迹

2. 1999年发掘两组铁牛之间东西方向道路遗迹发掘情形

1999年发掘Z3、建筑和道路遗迹

1. TG5发掘情形

2. TG6发掘情形

TG5、TG6发掘情形

1. 发掘出土排水设施遗迹

2. 1999年房屋遗迹与TG1发掘情形

排水设施、房屋遗迹和TG1

1. 1999年发掘金元时期道路遗迹

2. 南北向路面与东西向路面的“牙石”

3. 1999年发掘出土路面裂痕遗迹

金元时期相关道路遗迹

1. 1999年发掘出土金元路面情形

2. 1991年发掘出土明代晚期遗迹

3. 1999年发掘明代淋灰池遗迹

金元时期路面和明代晚期遗迹

1. 1990年出土的明代石碑

2. 加固后的明代石碑

3. 明代石碑碑座现状

4. 1991年发掘出土的明代遗迹（由南向北）

明代石碑和遗迹

1. 1991年发掘现场

2. 1991年发掘现场

1991年发掘现场

1. 蒲州东门遗迹

2. 蒲州南门遗迹

3. 蒲州城中鼓楼遗迹

蒲州东门、南门和鼓楼遗迹

1. 蒲州西门城门洞

2. 蒲州西门瓮城

3. 蒲州西城墙遗迹（由南向北观察）

蒲州西门、瓮城和西城墙遗迹

彩版三二

1. 蒲州北门内遗迹

2. 蒲州北门遗迹

3. 北门门额

蒲州北门遗迹

1. 蒲州北门及瓮城遗迹（由西向东观察）

2. 北城马道遗迹

3. 蒲州北城墙城外部分遗迹

蒲州北门、瓮城、马道等遗迹

1. 蒲州东北城角及北城墙遗迹

2. 蒲州古城外城东南城角及城墙遗迹

蒲州东南、东北城角

1. 白绿玻璃镯（91T302：06）、白玻璃柱形饰（91T302：07）、白色石手镯（91T302：05）、镜片、骨扳指环（91T301：01）、料器（左→右）

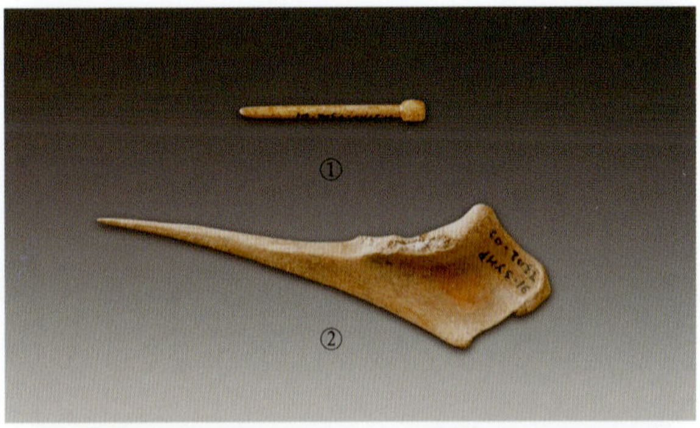

2. ①骨簪（91T302③：01）、②骨锥（91T302：02）

3. 铜管（91T302：03）、铜疙瘩扣、子弹头、91T303出土刀箭镞（左→右）

4. 陶泥塑（91T303②：01、02、03）

5. 灯盏（91T302：09、91T302：10、91T302：11）（左→右）

6. 黑釉陶羊叫子（91T401①：04）

7. 91T302出土铜元（正、背）

出土器物标本

彩版三六

1. 91T302：铜牌饰、弹夹（91T401：03）（左→右）

2. 91T302：铜圆（正、背）

3. 滴水（91T302①：07）、瓦当（91T402③：11）（左→右）

4. 兽首形脊兽（91T302：02）

5. 龙首形脊兽（91T302：01）

6. 八角覆莲砖台座（99T2：030）

7. 残圆形覆莲砖台座（99T1C：032）

8. 瓦当残片（99T1：001）、灰陶器物残件（99T1：046）（左→右）

出土器物标本

1. 兽面纹瓦当（99B：002）

2. 瓦当残片（99T1C：031）

3. 铁锚（91T203①：57）

4. 明代铁卯锭

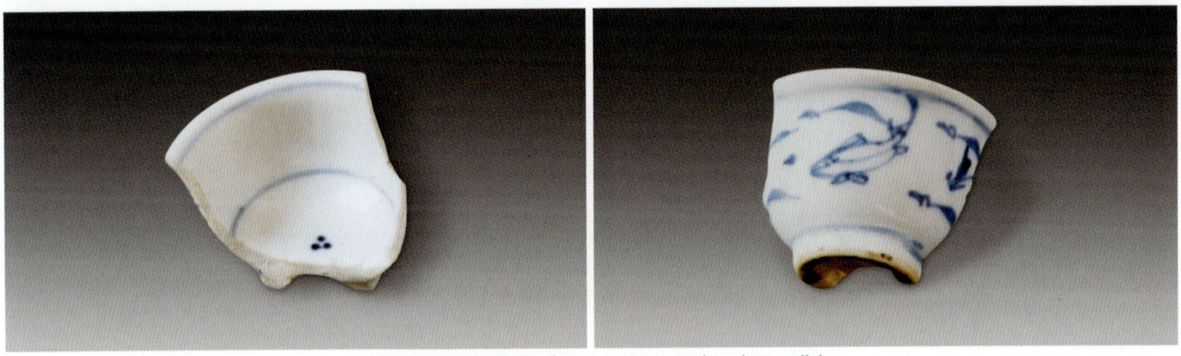

5. 青花瓷酒盅残片（91T401①：03）（正、背）

6. 白釉瓷盘残片（91T402①：4）

7. ①白釉褐彩瓷盆残片（91T502①a：29）、②棕釉瓷碗残片（91T502①：35）、③青白釉瓷碗残片（91T502：25）

出土器物标本

1. 豆青釉瓷碗片（91T302：18）、青绿釉刻花瓷碗残片（91T303②：34）（左→右）

2. 黑釉瓷碗残片（91T402③：12）

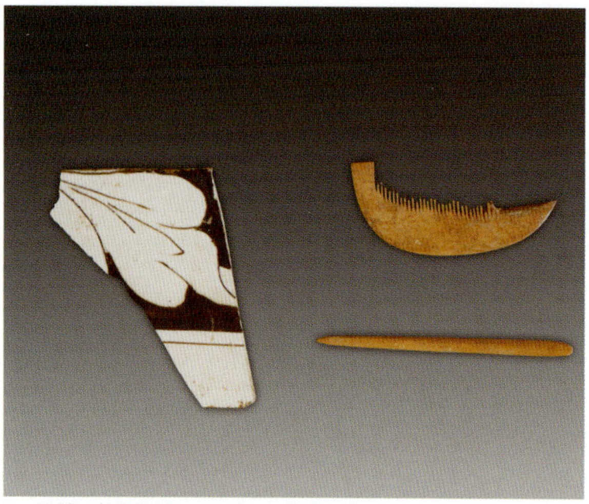

3. 骨簪（00H17：151）、骨梳（00H17：152）、白釉褐底花饰瓷枕残片（00H17：092）

4. 青花瓷盘边沿残片（99B：067）

5. 青花瓷碟残片（91T402③：23）（正、背）

出土器物标本

1. 青花瓷碗残片（99B：027）、青花瓷盘残片（91T502①a：48）（左→右）

2. 青花瓷盘残片 [①（91T103①：10)、②（91T302③：30)、③（91T103①：09)、④（91T303②：44)]

青花碗、盘残片

1. 青花瓷碗残片（91T502①a：50）、霁青瓷盏碗残片（91T203①：19）

2. 黑白釉刻花盆残片（91T203①：15）

出土瓷器标本

1. 青绿釉刻花碗残片（91T303②：34）

2. 青花瓷盘残片（91T403①：52、91T403①：53）（正、背）

出土瓷器标本

彩版四二

1. 青花瓷盘残片（91T402①：16）

2. 黑釉齿轮壁浅瓷盆残片（91B：008）

3. 黑釉瓷碗残片（00H16：048）

4. 出土钱币（91T203、91T302）（正、背）

5. 91年发掘出土清代钱币（正、背）

出土瓷器标本和钱币

1. 宋金钱币（正、背）

2. 青绿釉瓷钵残片（00F：033）、浅蓝灰釉瓷碗残片（00F：012）（左→右）（正、背）

3. 黑釉瓷碗残底片（00F：035、00F：043）*（左→右）（正、背）

4. 豆青釉鱼纹刻花瓷碗残片（99B：016）、青绿釉印花瓷盘残片（99B：019）（左→右）（正、背）

出土瓷器标本和钱币

* 器物出土的编号为临时编号，整理时按遗迹整体发掘年代整体编号。例如房基发掘时间为1999～2000年。所以可能存在同一器物的编号出现年份不一致的情况。

彩版四四

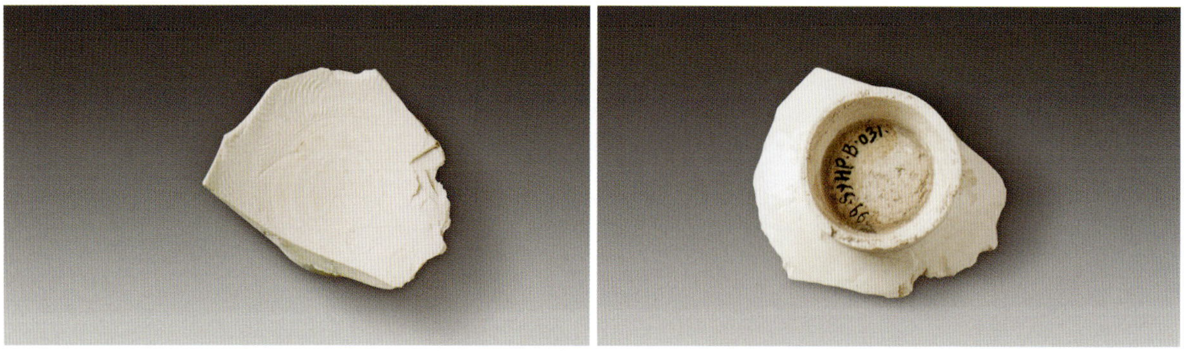

1. 白釉瓷碗残片（99B：031）（正、背）

2. ①白釉棕褐花瓷碗残片（00H16：024）、②红黄彩釉瓷碗残片（00H16：057）、③黄釉刻花纹瓷碗残片（00H16：033）、④黑釉剔花罐残片（00H16：032）、⑤蓝釉瓷碗残片（00H16：049）

3. 棕褐釉双耳罐残片（00H9：003）

4. 白釉瓷盘残片（00H9：011）、黑褐釉瓷碗瓷片（00H9：007）（左→右）（正、背）

5. 瓷片（00H9：049）、黑釉油滴瓷碗残片、白瓷片（99B：020）（左→右）（正、背）

出土瓷器标本

1. ①酱褐红釉瓷罐残片 (99T3： 088) 、②酱红釉瓷罐口沿残片 (99T3： 019) 、③黑釉刻花罐残片 (99T3： 085)

2. 酱褐釉瓷碗残片（99T3： 056）

3. ①白釉黑花瓷碗残片（99B：045）、②青花瓷碗残片（99B：033）、③豆青釉鱼纹刻花残瓷片 (99B：030) 、④豆青釉刻花瓷碗残片 (99B：018)

4. ①黑釉刻花纹瓷盆残底片（00F：009）、②白釉褐花瓷盘残片（00F：032）

5. ①白釉瓷碗残片（00H14：025）、②白釉褐花碗残片（00H14：023）、③蓝釉瓷碗残片（00H11：006）、④三彩釉瓷碗残片（00H14：024）（正、背）

6. 黑釉瓷碗残片（00ZN：020）

7. 黑褐釉瓷碗残片（00H17：070）

出土瓷器标本

彩版四六

1. 黑褐釉瓷碗残片（00H17：078）（正、背）

2. 黑釉瓷碗残片（00H17：087）

3. 黑釉瓷碗口沿残片（00H17：093）

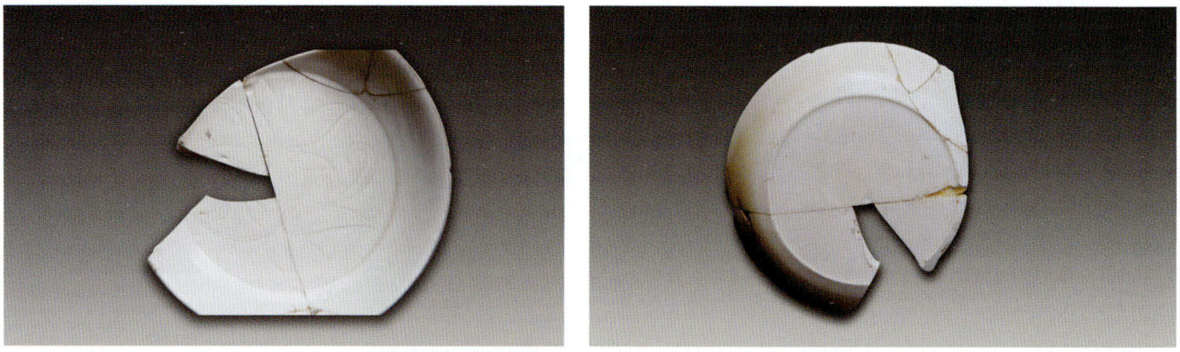

4. 白釉平底瓷浅盘残片（00H17：091）（正、背）

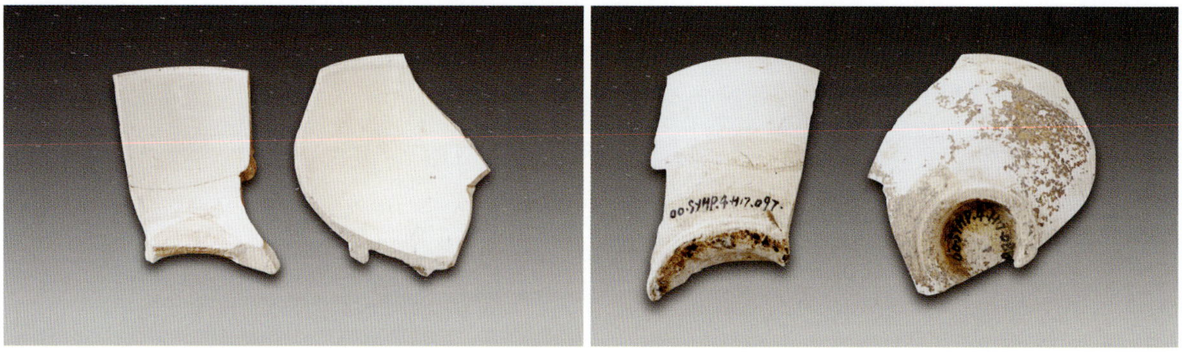

5. 白瓷碗残片（00H17：097）、白瓷碗残片（00H17：088）（左→右）（正、背）

出土瓷器标本

1. 浅灰果绿釉瓷碗残片（00H17：098）、蓝釉瓷碗残片（00H17：110）（左→右）（正、背）

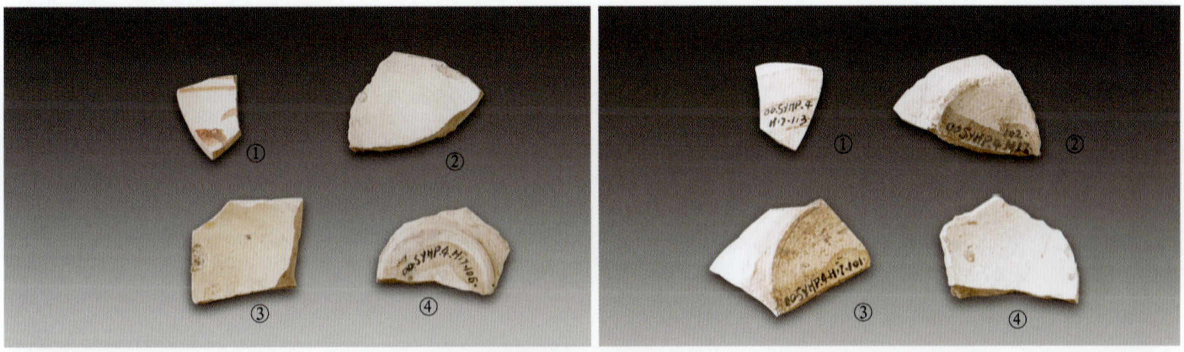

2. ①白釉红彩瓷碗残片（00H17：113）、②白釉平足瓷碗残片（00H17：102）、③黄白釉玉璧底瓷碗残片（00H17：101）、④白釉平足瓷碗残片（00H17：106）（正、背）

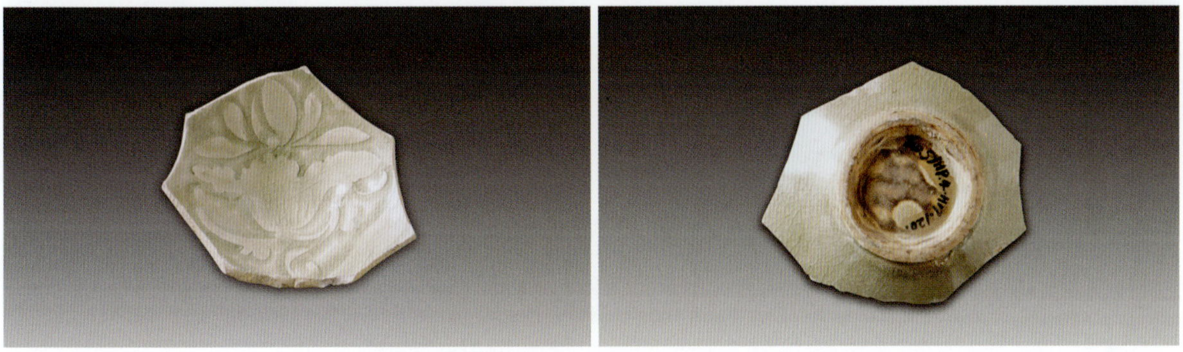

3. 豆青釉刻花瓷碗残片（00H17：120）（正、背）

4. 绿褐釉瓷盘残片（00H17：126）（正、背）

出土瓷器标本

彩版四八

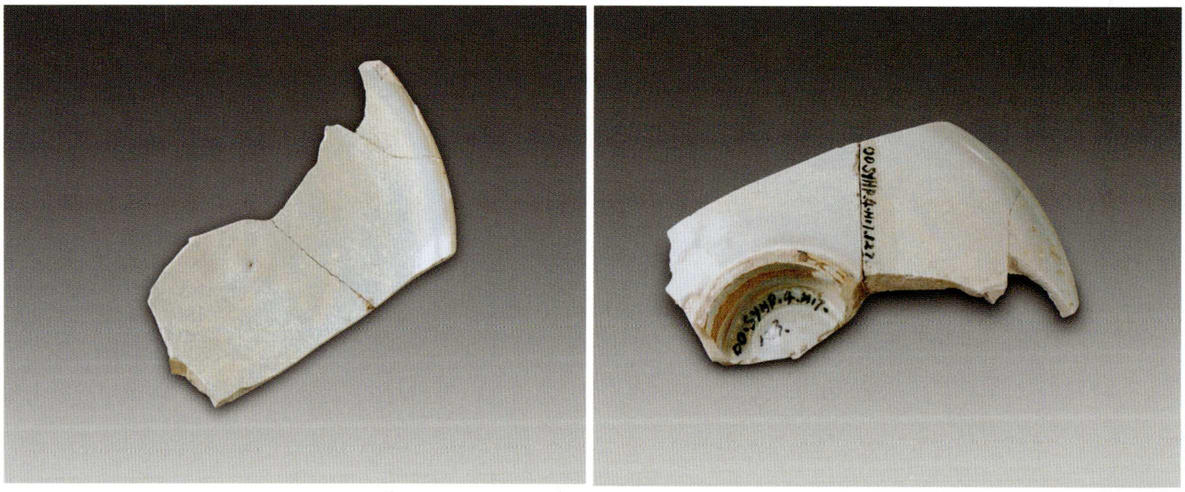

1. 蓝灰釉瓷盘残片（00H17：127）（正、背）

2. 豆青釉瓷盘残片（00H17：129）（正、背）

3. 白釉瓷刻花碗残片（99B：031）

出土瓷器标本

青釉荷叶边瓷碗（99T3：140）

青釉瓷碗

彩版五〇

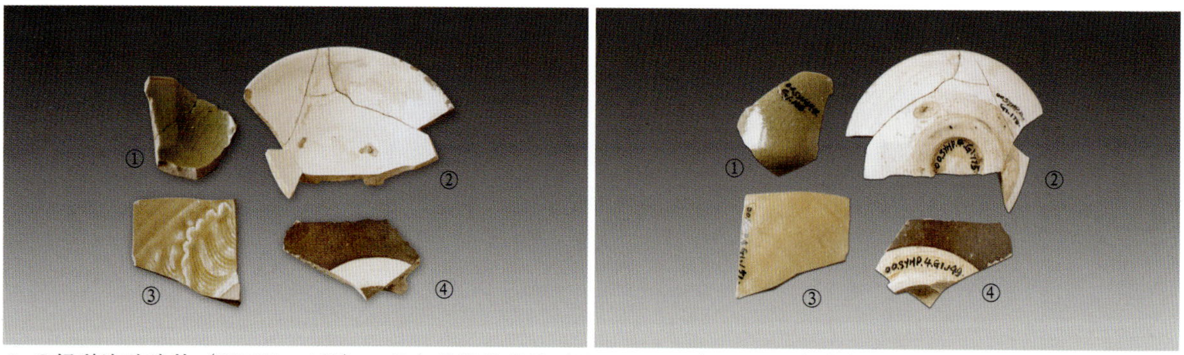

1. ①绿釉瓷碗残片（00TG1：168）、②白釉瓷碗残片（00TG1：175）、③豆青釉印花瓷碗残片（00TG1：151）、④褐釉瓷碗残片（00TG1：149）（正、背）

2. ①浅豆青釉瓷碗口沿残片（00TG1：160）、②黄绿釉瓷碗残片（00TG1：165）、③白釉瓷碗口沿残片（00TG1：183）、④黑油滴釉瓷碗残片（00TG1：190）、⑤酱褐釉灯盏残片（00TG1①：177）（正、背）

3. 豆青釉刻花瓷碗残片（00TG4④：197）、白釉瓷碗残片（00TG4④：209）（左→右）（正、背）

4. 豆青釉瓷碗残片（00TG4④：225）（正、背）

出土瓷器标本

1. 白釉瓷碗底残片（00TG4④：224）、黑釉灯盏碗（00TG4④：222）（左→右）（正、背）

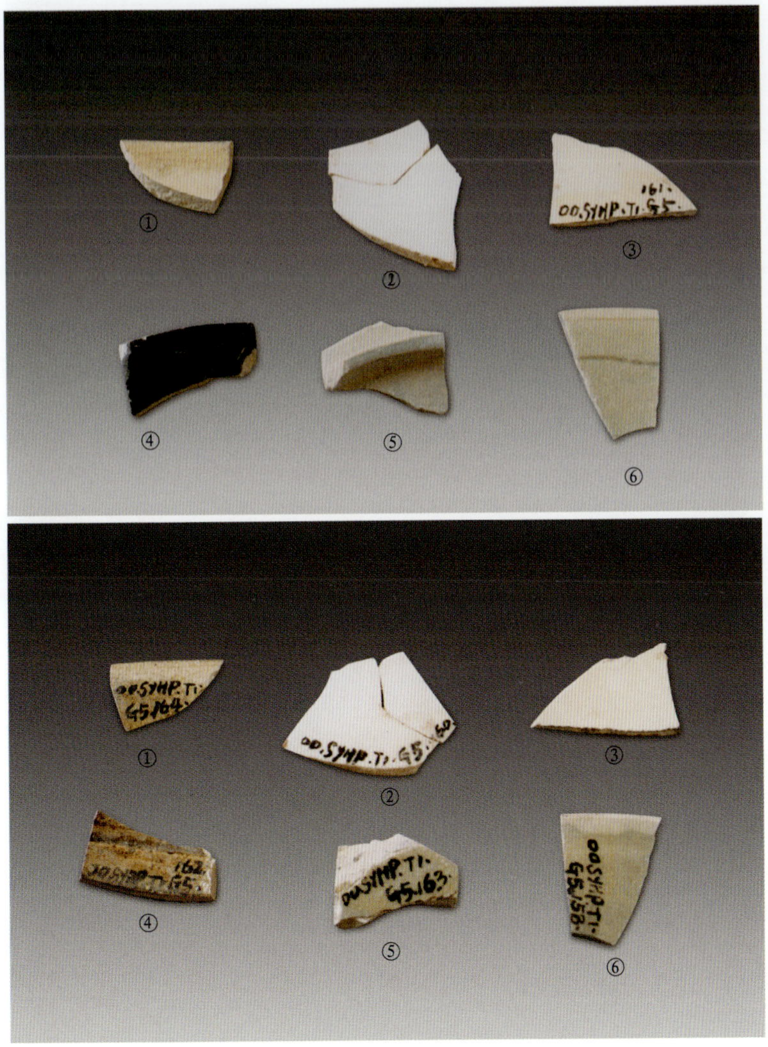

2. ①青褐釉瓷碗口沿残片
（00TG5.8.④：164）、
②白釉瓷片
（00TG5.8.④：160）、
③白釉瓷片
（00TG5.8.④：161）、
④黑褐釉罐瓷片
（00TG5.8.④：162）、
⑤灰釉瓷盘底残片
（00TG5.8.④：163）、
⑥豆青釉碗口沿残片
（00TG5.8.④：158）（正、背）

出土瓷器标本

彩版五二

①黑釉罐残片（00TG5.6.③：156）、②白釉瓷碗残片（00TG5.6.③：145）、③褐灰釉瓷器残底片（00TG5.6.③：148）、
④豆青釉瓷碗残底片（00TG5.6.③：154）、⑤白釉瓷器底残片（00TG5.6.③：150）、
⑥白釉瓷碗底残片（00TG5.6.③：147）（正、背）

出土瓷器标本

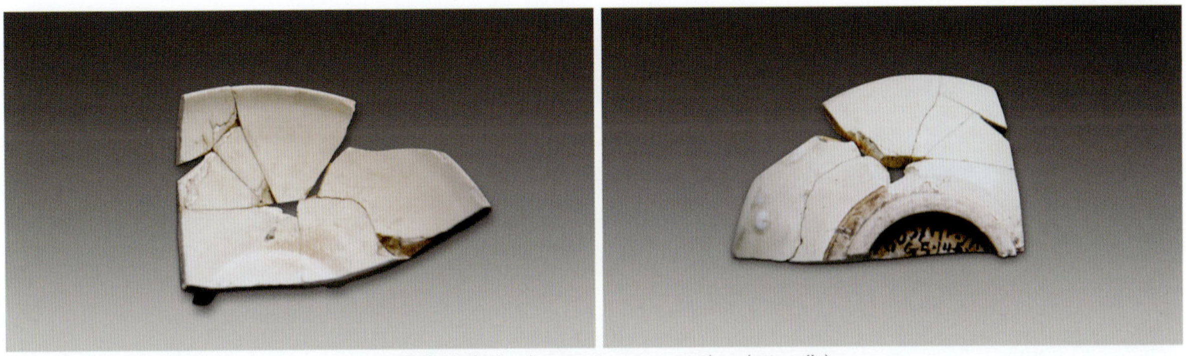

1. 白釉瓷碗残片（00TG5.4.②：146）（正、背）

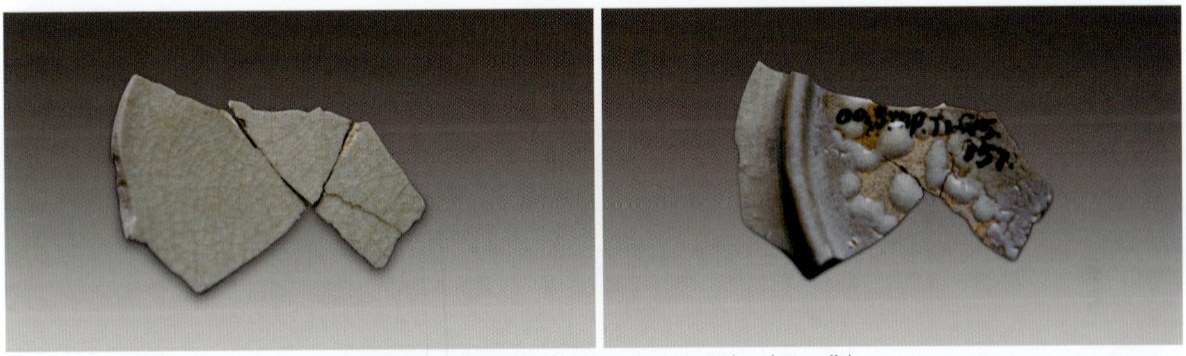

2. 豆青釉瓷盘残底片（00TG5.4.②：157）（正、背）

3. 白釉平足底瓷碗残片（00TG5.14.⑦：169）、白釉瓷碗残底片（00TG5.14.⑦：170）（左→右）（正、背）

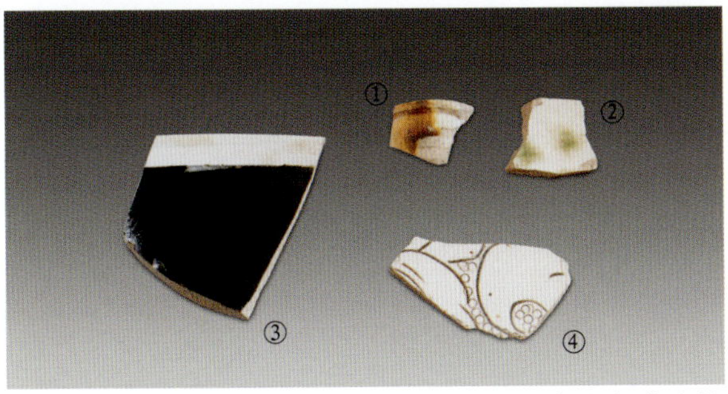

4. ①白绿釉彩残片（001-2N：132）、②素胎瓷罐残片（001-2N：089）、③白釉珍珠地刻花瓷枕残片（001-2N：072）、④黑釉白边瓷碗残片（002N：076）

5. ①灰白釉瓷碗残片(00TG5.12.⑥:178)、②绿琉璃彩釉残片(00TG5.12.⑥:134)、③灰白釉瓷碗残片(00TG5.12.⑥:179)、④褐釉瓷片(00TG5.14.⑦:191)、⑤灰白瓷碗残底片(00TG5.12.⑥:183)、⑥白釉瓷碗残底片(00TG5.12.⑥:175)

出土瓷器标本

彩版五四

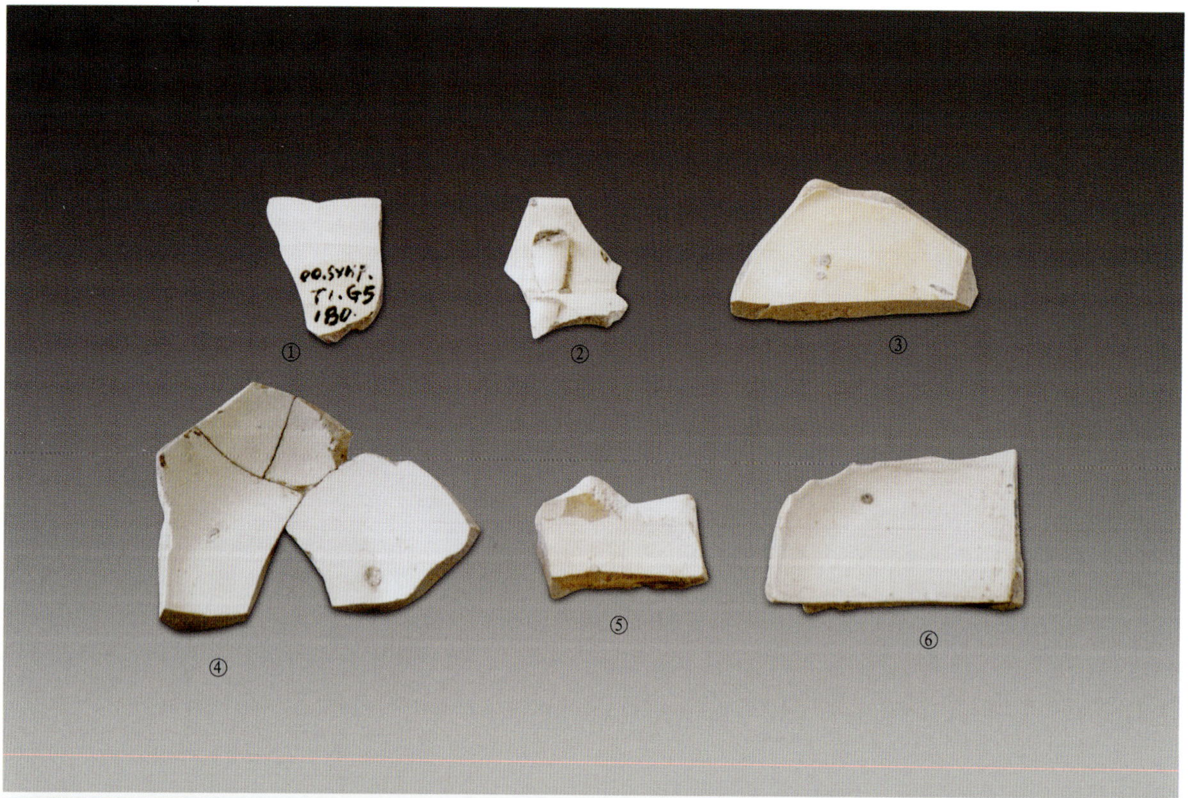

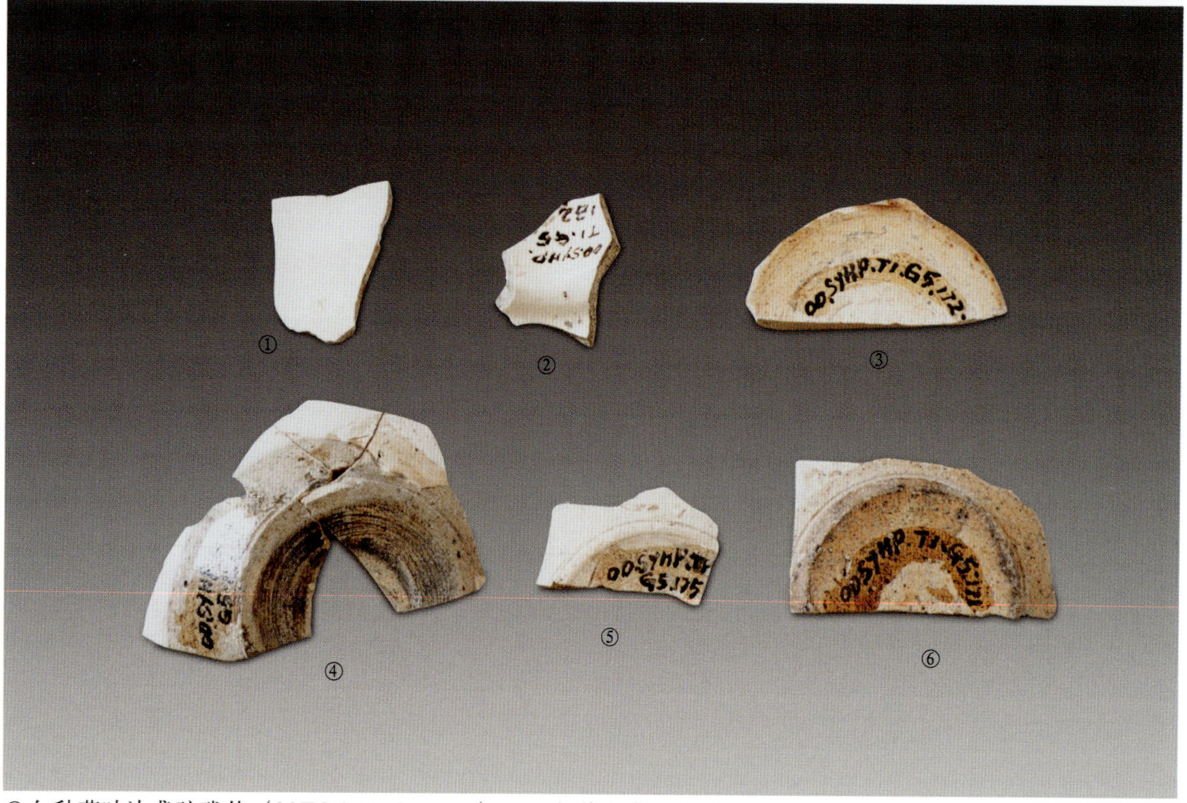

①白釉荷叶边盏碗残片（00TG5.12.⑥：180）、②白釉瓷罐残片（00TG5.12.⑥：182）、③～⑥白瓷碗残片［（00TG5.12.⑥：172）、（00TG5.12.⑥：174）、（00TG5.12.⑥：175）、（00TG5.12.⑥：171）］（正、背）

出土瓷器标本

1. 青绿釉刻花瓷盘残片（91T103①1：08）（正、背）

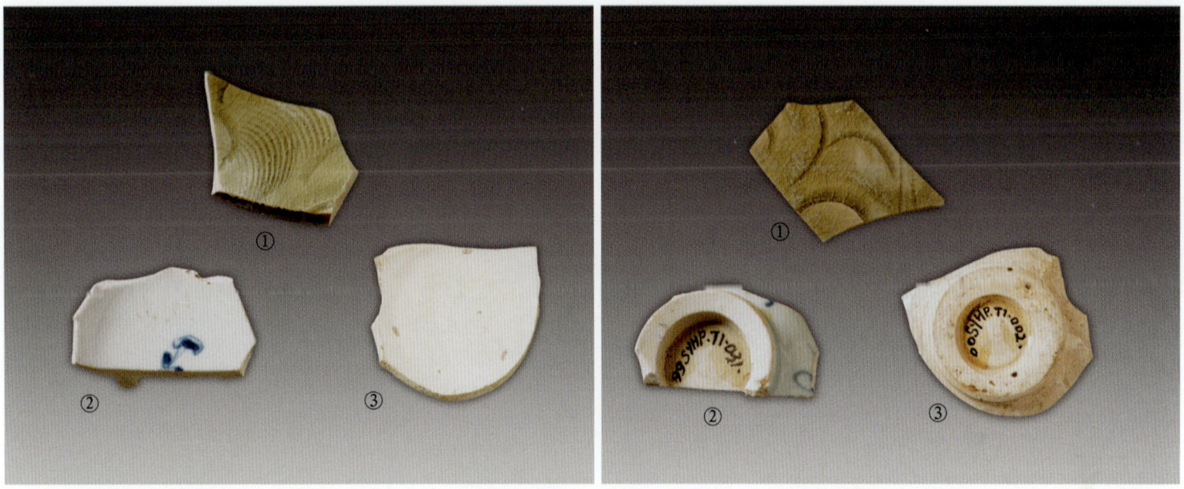

2. ①豆青釉刻花瓷碗残片（99T1：040）、②青花瓷碗残片（99T1：031）、③白瓷碗残底片（00T1：002）（正、背）

3. ①黑褐釉瓷罐残片（003N：106）、②白釉瓷盏碗残片（003N：089）（正、背）、③白釉褐花瓷残片（003N：104）、④白釉瓷碗残底片（003N：090）（正、背）

出土瓷器标本

1. ①豆青釉瓷碗残片（004N：137）、②白釉瓷碗残片（004N：122）、③黑釉瓷碗残底片（004N：145）（正、背）

2. 白瓷碗残片（99T2：006）（正、背）

3. ①黄釉刻花碗残片（99T2：013）、②豆青釉印花瓷碗残片（99T2：016）、③豆青釉瓷罐残片（99T2：015）、④白釉瓷碗残片（99T2：010）（正、背）

出土瓷器标本

1. 褐釉浅碗残片（99T2：012）（正、背）

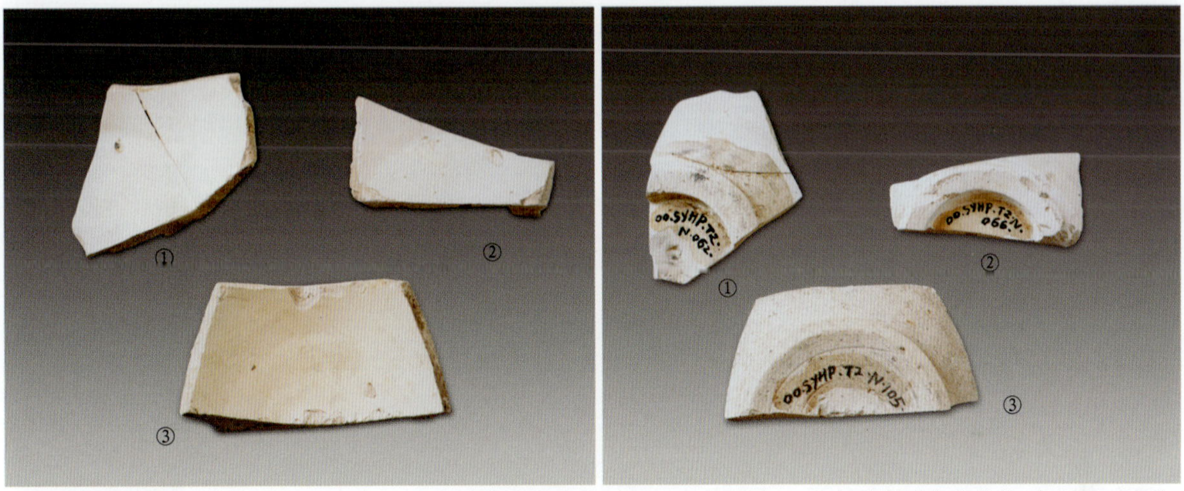

2. ①白釉瓷碗残片（001-2N：062）、②白釉瓷碗底残片（001-2N：066）、③白釉瓷平底碗残片（001N：105）（正、背）

3. 豆青釉瓷碗残片（001-2N：074）（正、背）

出土瓷器标本

彩版五八

1.①豆青釉印花瓷碗残片（001-2N：075）、②青灰釉瓷碗残片（001-2N：123）、③豆青釉刻花瓷碗残片（001-2N：133）、④豆青釉刻花瓷碗残底片（001-2N：067）（正、背）

2. 豆青釉瓷盏座残片（00H17：103）

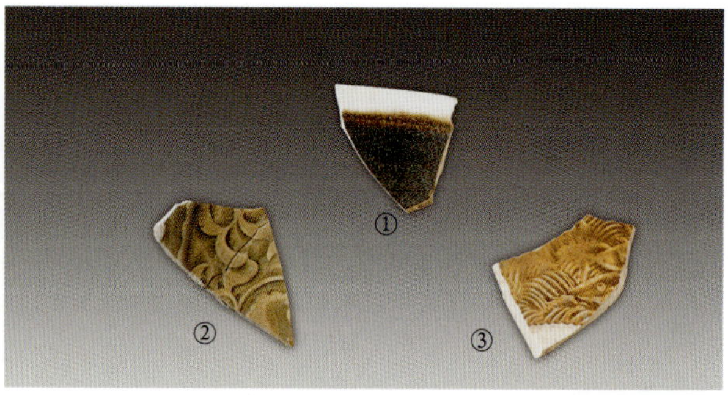

3. ①黑白釉瓷碗残片（00TG6⑤：139）、②豆青釉刻花瓷碗残片（00TG6⑤：142）、③黄褐釉瓷碗残片（00TG6②：133）

4. ①豆青釉瓷碗残片（99TG2③：92）、②白釉瓷器盖残片（99TG2③：182）、③彩绘陶俑残片（00TG2④：210）、④蓝琉璃彩釉残片（99TG2③：194）、⑤绿琉璃彩釉残片（99TG2③：204）、⑥白釉褐花瓷残片（99TG2③：209）

5. ①豆青釉印花瓷碗残片（00H17：100）、②豆青釉刻花瓷碗残片（00H17：119）、③褐绿釉刻花瓷碗残片（00H17：111）

6. 蓝灰釉钧瓷碗残片（99T3：093）、黄釉刻花碗残片（99T3：003）（左→右）

出土器物标本

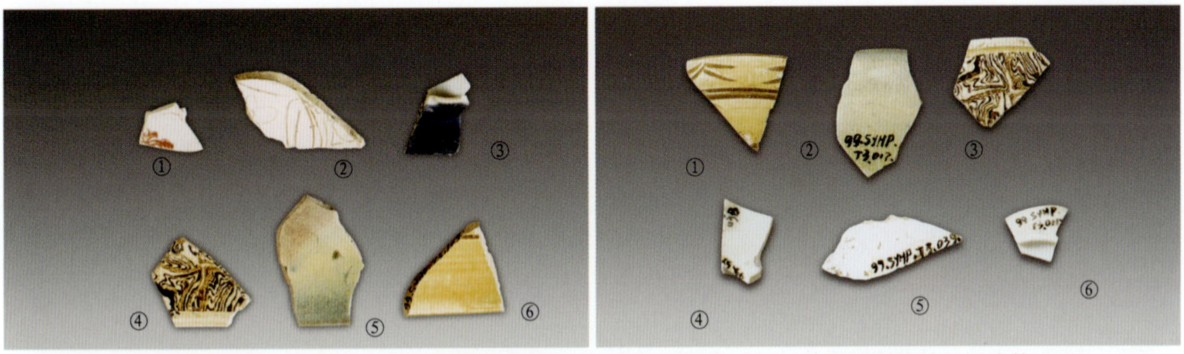

1. ①黄绿釉刻花碗口沿残片 (99T3：109)、②蓝褐釉瓷碗口沿残片 (99T3：017)、③绞胎釉瓷碗口沿残片 (99T3：129)、④霁兰瓷片 (99T3：038)、⑤彩绘白瓷片 (99T3：039)、⑥红绿彩白釉瓷碗残片(99T3：011) (正、背)

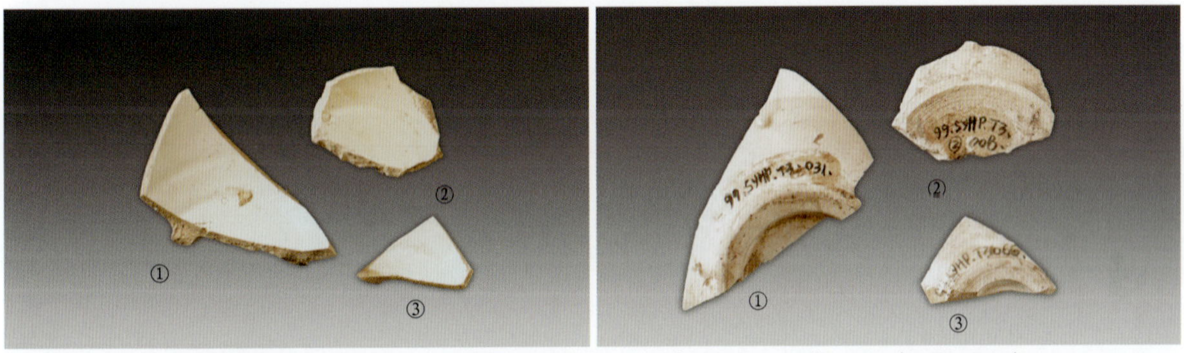

2. 白釉瓷碗残片（正、背）[①（99T3：031）、②（99T3②：008）、③（99T3：066）]

3. 蓝灰釉钧瓷盘残片（99T3：041）、豆青釉瓷盘残片（99T3：042）（左→右）（正、背）

4. 豆青釉印花瓷碗残片（99T3：051）（正、背）

出土瓷器标本

1. 豆青釉刻花瓷碗残片（99T3：050）（正、背）

2. 黑釉瓷碗底残片（99T3：118）、黑褐釉瓷碗残片（99T3：030）（左→右）（正、背）

3. ①黑油滴釉瓷碗残片（99T3：122）、②黑油滴釉瓷碗残片（99T3：110）、③酱釉瓷碗口沿残片（99T3：087），④酱褐釉瓷碗残片（99T3：083）（正、背）

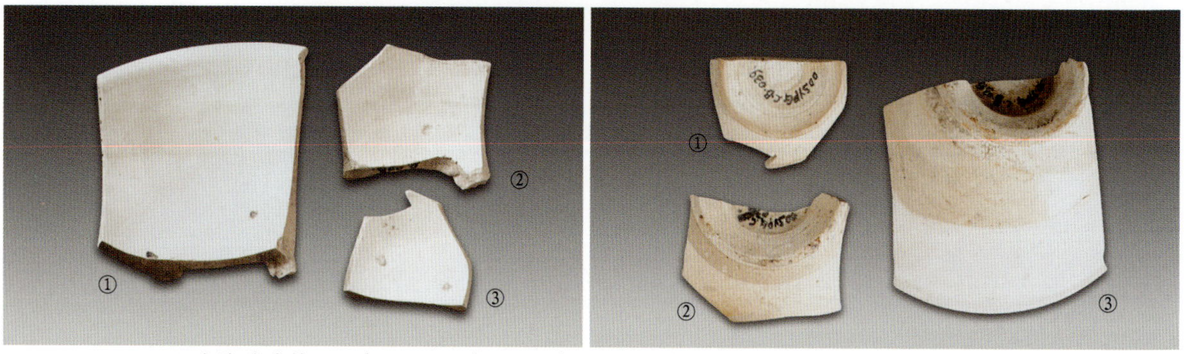

4. 白瓷碗残片 [①（00C：036）、②（00C：038）、③（00C：039）]（正、背）

瓷器标本

1. 黑釉圈足碗残片（91T501①a：1）、红彩绘白瓷片（左→右）

2. 黄釉陶香炉残片（99T1C：026）

3. 豆青釉瓷碗残片（99T3：060）

4. 酱黑釉瓷罐残片（99TG2③：199）

5. 印花白瓷碗残片（99T1C：013）

器物标本

1. 青绿釉刻花瓷碗残片（99T1C：006）（正、背）

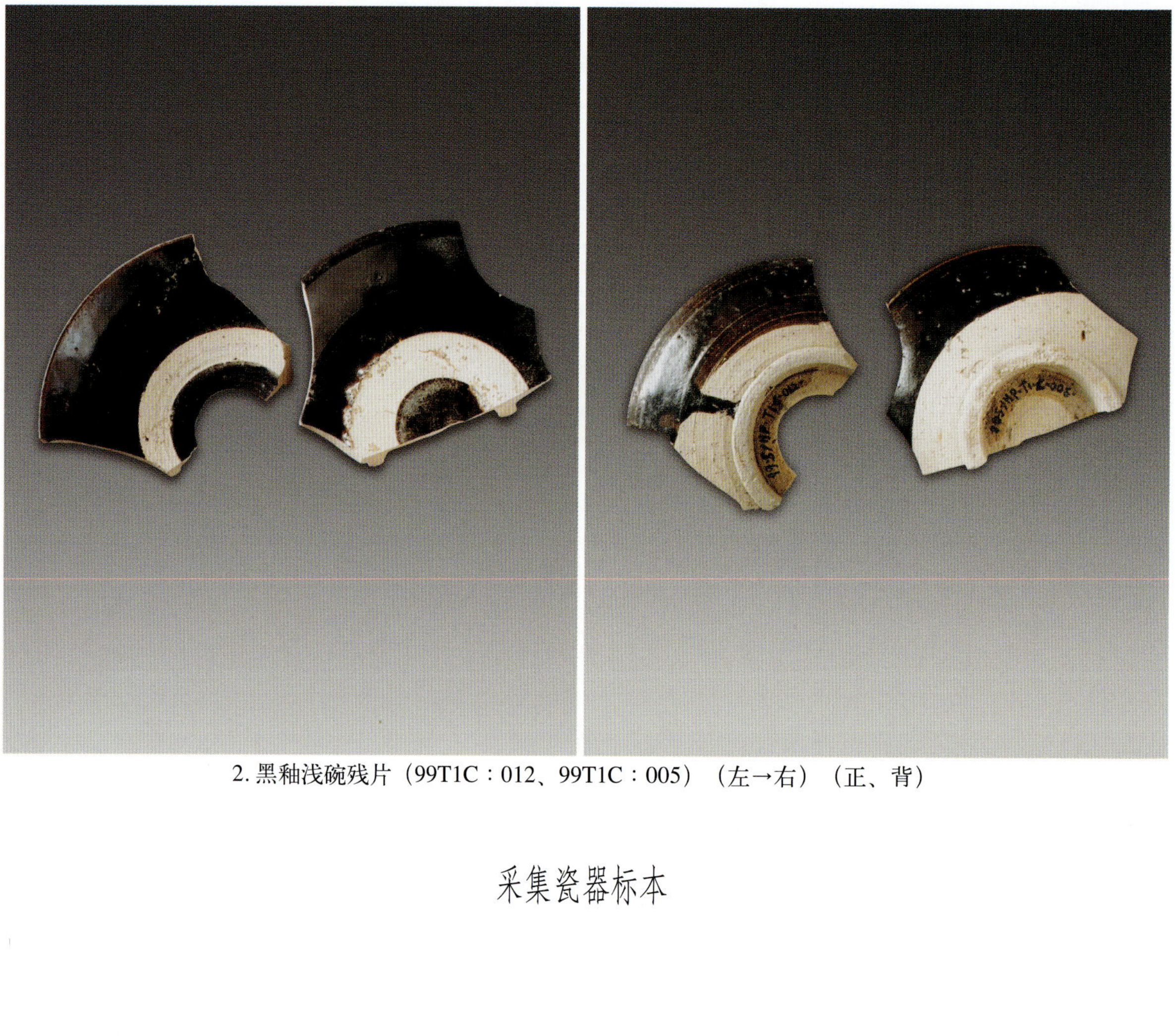

2. 黑釉浅碗残片（99T1C：012、99T1C：005）（左→右）（正、背）

采集瓷器标本

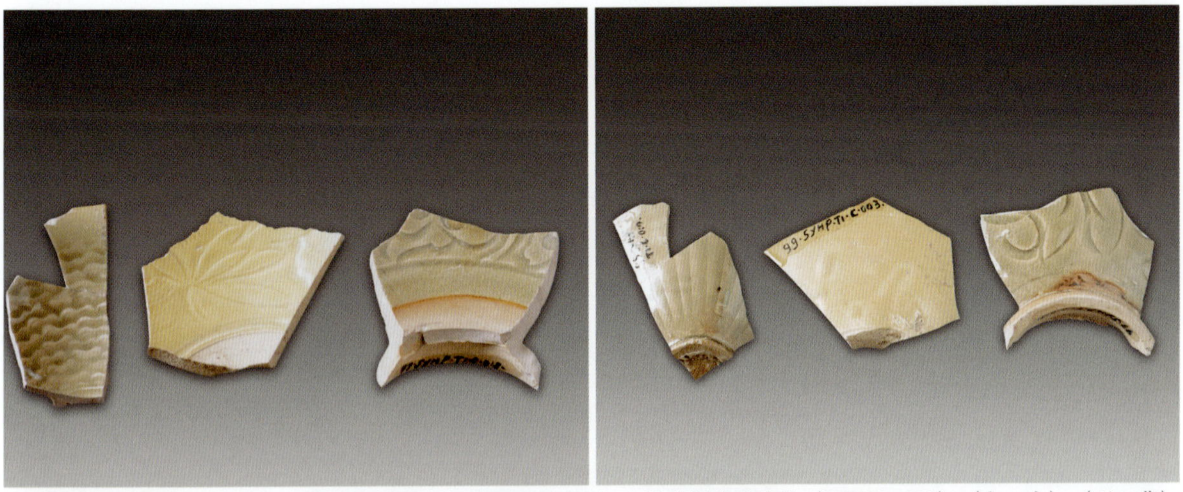

1. 青釉瓷片（99T1C：019）、黄绿釉瓷碗残片（99T1C：003）、绿釉刻花碗残片（99T1C：018）（左→右）（正、背）

2. 棕釉瓷碗残片（99T1C：023）、深蓝釉瓷碗残片（99T1C：014）、刻花纹瓷片（99T1C：025）（左→右）（正、背）

3. 白釉褐彩盆残片（99T1C：032）

采集瓷器标本

彩版六四

1. 黑釉瓷碗残片（99T1C：009）（正、背）

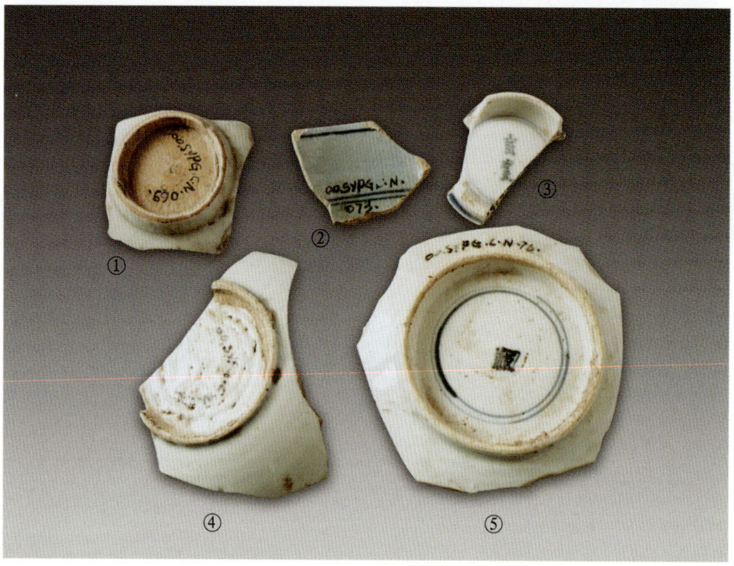

2. 青花瓷碗残片 [①（91PGNC：069）、
②（91PGNC：073）、
③（91PGNC：075）、
④（91PGNC：074）、
⑤（91PGNC：076）]（正、背）（注：
标本上编号00为2000年重写时统编号）

瓷器标本

1. 绿釉刻花碗残片（99T1C：008）

2. ①白瓷黑彩瓷片、②红绿彩瓷片、③白瓷小碗瓷片（正、背）

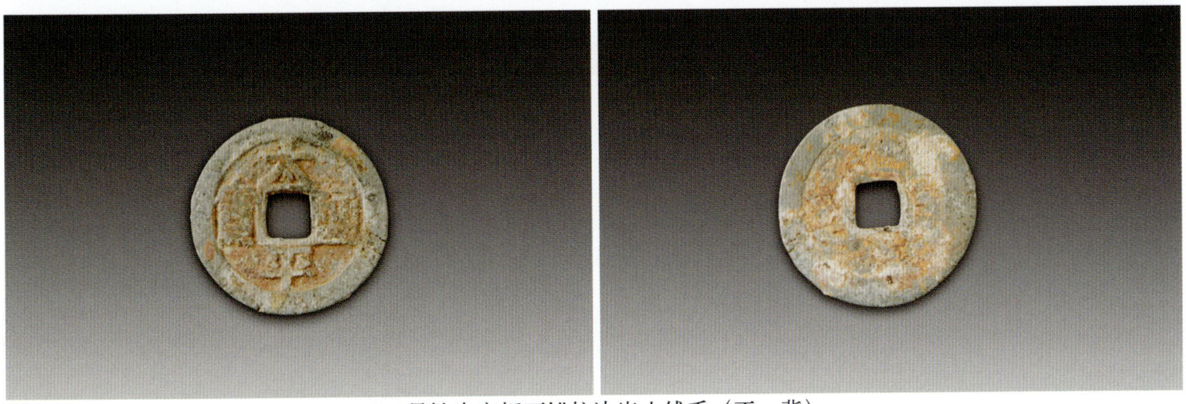

3. 2号铁牛底板下锚柱边出土钱币（正、背）

瓷器标本和钱币

彩版六六

1. 钱币（正、背）

2. 钱币

3. 05年蒲州城外考察采集部分标本

瓷器标本和钱币

1. 青花彩绘金鱼盘（05PGWC：007）（正、背）

2. 白瓷碗残底片（05PGWC：004）

3. 白瓷碗残底片（05PGWC：003、05PGWC：001）（左→右）（正、背）

采集瓷器标本

1. 石砚台（91T502①：22、91T502①：21）（左→右）

2. 手榴弹头（91T302：08）、子弹壳（91T401：01）、子弹夹（91T401：03）（左→右）

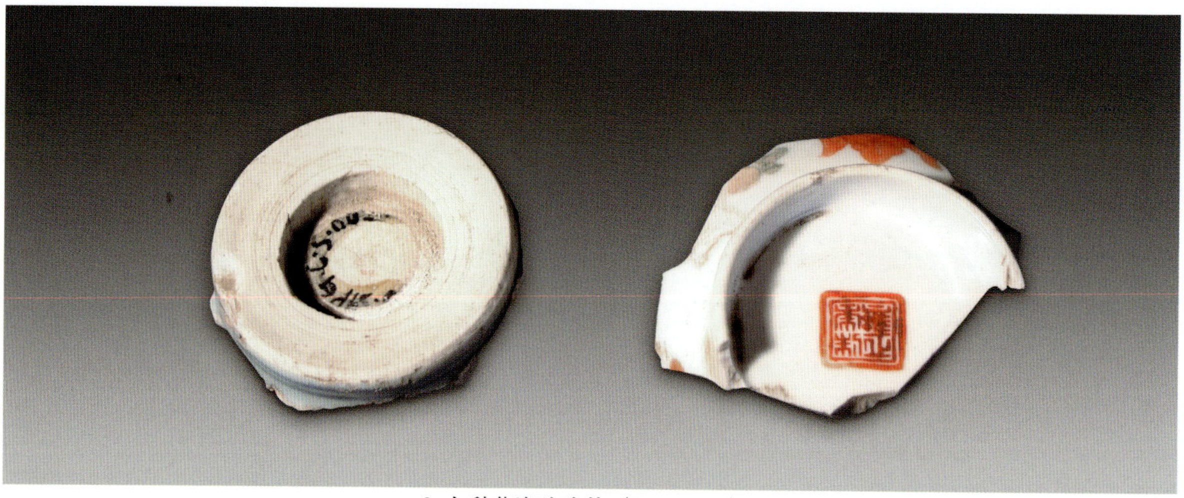

3. 白釉花瓷碗残片（91C：068）

瓷器标本

1. 1991年发掘出土时铁人情形

2. 4号铁牛背部铸造痕迹

3. 2000年发掘出土铁牛下锚柱残留铸造痕迹

4. 2004年铁牛下锚柱损坏情形

铁质文物出土后状况

1. 1997年中国科学院资深院士柯俊先生在工地现场考察

2. 2000年铁质文物保护课题组部分专家在发掘工地做现场调查

4. 2002年国家博物馆课题组在现场

3. 1993年北京科技大学课题组在现场考察

铁质文物保护课题组工作情形

1. 2004年11月保护工地现场

2. 2004年对铁牛实施保护措施

3. 2004年11月国家博物馆文保专家在工地现场

对铁牛表面实施保护措施情形

1. 2005年实施保护措施后1号铁牛、铁人情形

2. 1、2号铁牛后轴图案

3. 4号铁牛情形

4. 1、2、3、4号铁人后背视情形

对铁质文物实施保护措施后情形之一

1. 2005年2号铁牛、铁人等实施保护措施后情形

2. 2号铁牛后轴部位情形

对铁质文物实施保护措施后情形之二

彩版七四

1. 2005年实施保护措施后1号铁牛铸造痕迹

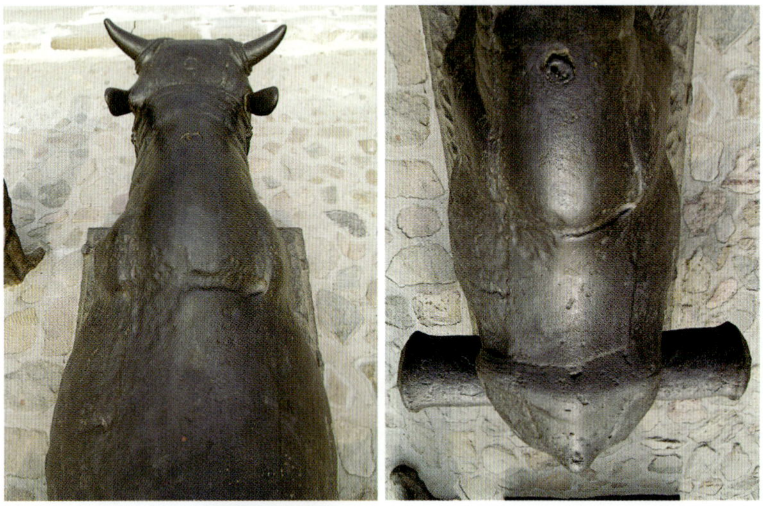

2. 3号铁牛背部铸造痕迹（前、后）

4. 七星柱铸造痕迹

5. 4号铁牛后轴使用磨损痕迹

铁牛、铁柱的铸造痕迹和铁牛地锚后轴使用痕迹

1. 旭日初升的蒲津渡遗址

2. 2004年7月设计、施工、监理有关人员会审保护工程土建工程部分图纸

保护工程工作现场情形

1. 2004年繁忙的保护工程工地

2. 2004年保护工程工地情景

保护工程工地情形

1. 2004年顶升铁牛工作现场

2. 2004年铁牛顶升12.2米后保护工程情形

3. 牛底板下用重载钢轨垫木块混凝土填实支护

4. 锚柱下部用木版支撑级配砂石垫支撑护

5. 保护工程铁牛顶升过程

铁牛顶升工作情形和铁牛实施“软着陆”措施情形

1. 2004年12月铁人归回铁牛旁

2. 2004年12月复原明代堤坝遗迹

保护工程遗址复原情形

1. 2005年保护工程土建工程完工情景

2. 2005年七星柱情形

遗址保护工程完工情形

1. 1号铁牛、铁人情形

2. 2号铁牛、铁人情形

铁质文物实施保护措施后情形之一

1. 3号铁牛、铁人情形

2. 4号铁牛、铁人情形

铁质文物实施保护措施后情形之二

1. 4号铁牛头部情形

2. 2005年实施保护措施后的4号铁牛、铁人

铁质文物实施保护措施后情形之三

1. 保护工程平台台阶标示出的遗址地下情形

2. 标示采用铭刻题记显示

3. 夕阳下的蒲津渡遗址

遗址保护工程平台情形

1. 蒲津渡遗址保护工程竣工情形

2. 保护工程竣工后情形

保护工程竣工情形之一

1. 3、4号铁牛、铁人地面情形

2. 3、4号铁牛下锚柱展示情形

保护工程竣工情形之二

彩版八六

1. 2005年1月遗址保护工程竣工

2. 参加保护工程建设部分工作人员

3. 2005年实施保护措施后的蒲津渡遗址

保护工程竣工情形之三

1. 1991年5月国家文物局副局长张柏在工地主持召开考古发掘与保护现场办公会情形

2. 1992年10月国家文物局、山西省人民政府召开遗址保护方案国家级论证会现场考察情形

3. 1993年2月国家文物局、山西省人民政府在京召开遗址保护方案第二次国家级论证会

遗址保护工程方案产生过程之一

1. 2001年9月山西省文物局在京召开保护工程方案论证会

2. 2002年5月9日受国家文物局委托中国工程院在京召开蒲津渡遗址保护工程方案咨询会

3. 2004年 2 月26日，受国家文物局委托中国文物信息咨询中心在京召开关于蒲津渡遗址保护工程方案专家论证会，通过山西省文物局上报的保护工程方案

遗址保护工程方案产生过程之二